*Les grandes démocraties
contemporaines*

DROIT FONDAMENTAL
COLLECTION DIRIGÉE PAR
STÉPHANE RIALS

DROIT POLITIQUE ET THÉORIQUE

Les grandes démocraties contemporaines

PHILIPPE LAUVAUX

PROFESSEUR À L'UNIVERSITÉ DE PARIS II
ET À L'UNIVERSITÉ DE BRUXELLES

Avec la collaboration de Jean-Paul Lepetit

PRESSES UNIVERSITAIRES DE FRANCE

À la mémoire du Pr André Mathiot

Les remerciements de l'auteur vont, en particulier, à Mlle Caroline Davison et au Pr Armel Le Divellec, ainsi qu'aux P^{rs} Stefano Ceccanti, Denis Baranger, Carlos-Miguel Pimentel et à M. Thierry Rambaud pour l'aide précieuse qu'ils ont apportée à la mise en œuvre de cette nouvelle édition.

ISBN 978-2-13-053248-9

Dépôt légal — 1re édition : 2004, mai
Réimpression de la 3e édition refondue : 2008, mai

© Presses Universitaires de France, 2004
6, avenue Reille, 75014 Paris

Sommaire

Avant-propos 9

PREMIÈRE PARTIE INTRODUCTIVE

DÉMOCRATIE ET ÉTAT DE DROIT

Chapitre 1 / Les principes 15

    Section I – La démocratie, principe de liberté : l'ambivalence de l'héritage classique 18
    Section II – La démocratie, principe de légitimité : les équivoques modernes 35

Chapitre 2 / Les fondements institutionnels 63

    Section I – La concurrence démocratique 63
    Section II – Les expressions du principe démocratique 90
    Section III – Le constitutionnalisme et l'État de droit 139

Chapitre 3 / Les systèmes constitutionnels 175

    Section I – La classification des systèmes 175
    Section II – Inventaire des systèmes 189
    Section III – Fondements de la classification 219

DEUXIÈME PARTIE

**LES DÉMOCRATIES DE COMPROMIS :
LES ÉTATS-UNIS, LA SUISSE**

Chapitre 1 / Les États-Unis 259

    Section I – Les données constitutionnelles 266
    Section II – Les institutions dans le cadre politique 349

Chapitre 2 / La Suisse 399

   Section I – Les données constitutionnelles 403
   Section II – Les institutions dans le cadre politique 426

TROISIÈME PARTIE
LES DÉMOCRATIES DE COMPÉTITION : LES RÉGIMES PARLEMENTAIRES

Chapitre 1 / La Grande-Bretagne 443

   Section I – Les données constitutionnelles 460
   Section II – Les institutions dans le cadre politique 535

Chapitre 2 / La Suède 577

   Section I – Les données constitutionnelles 581
   Section II – Les institutions dans le cadre politique 598

Chapitre 3 / Le Japon 623

   Section I – Les données constitutionnelles 629
   Section II – Les institutions dans le cadre politique 648

Chapitre 4 / La République fédérale d'Allemagne 671

   Section I – Les données constitutionnelles 681
   Section II – Les institutions dans le cadre politique 725

Chapitre 5 / L'Italie 777

   Section I – Les données constitutionnelles 790
   Section II – Les institutions dans le cadre politique 862

Chapitre 6 / L'Espagne 957

   Section I – Les données constitutionnelles 965
   Section II – Les institutions dans le cadre politique 1009

Index des noms 1037

Index des matières 1045

Table des matières 1047

TABLEAU DES ABRÉVIATIONS

BverfGE   *Bundesverfassungsgerichts Entscheidungen (Recueil des décisions du tribunal constitutionnel fédéral)*
NED   *Notes et Études documentaires*
Pouv.   *Pouvoirs*
RDP   *Revue du droit public et de la science politique en France et à l'étranger*
RFDC   *Revue française de droit constitutionnel*
RFSP   *Revue française de science politique*
RIDC   *Revue internationale de droit comparé*

DU MÊME AUTEUR

La dissolution des assemblées parlementaires, Paris, Economica, 1983.
Le parlementarisme, Presses Universitaires de France, Paris, PUF, coll. « Que sais-je ? », 2ᵉ éd., 1997.
Parlementarisme rationalisé et stabilité du pouvoir exécutif, Bruxelles, Bruylant, 1988.
Destins du présidentialisme, Paris, PUF, coll. « Béhémoth », 2002.

Avant-propos

Une étude comparative des grandes démocraties contemporaines, autres que la France, pose une question de méthode et une question de choix.

Cet ouvrage ne devant pas faire double emploi avec un traité d'institutions politiques comparées, l'approche comparatiste a été subordonnée ici, afin d'offrir au lecteur un système de référence aisé, à l'option en faveur d'une série de monographies très synthétiques, simplement juxtaposées. L'inconvénient évident d'une telle méthode est atténué par une introduction générale, historique et théorique, qui fait l'objet d'une première partie, et est articulée sur la notion de démocratie, ses critères juridiques et politiques, et sur la classification des systèmes constitutionnels répondant à ceux-ci.

Sur le premier point, il n'est évidemment pas question de reprendre ici, même synthétiquement, les innombrables développements théoriques auxquels a donné lieu la recherche d'une définition de la démocratie. La perspective qui est celle des monographies composant ce livre est d'emblée orientée vers le droit positif des démocraties du type occidental, répondant à cette définition minimale : un régime institutionnel dans lequel la désignation des gouvernants est résolue pacifiquement, au terme d'élections régulièrement disputées, et ne vaut que pour un temps limité.

Auparavant, à travers le rappel de quelques doctrines et formules classiques, il importe de cerner les critères fondamentaux de la démocratie, ensuite de préciser ces critères par l'analyse des fondements institutionnels des démocraties contemporaines. La place des éléments doctrinaux et théoriques, dans le cadre de cette introduction, est cependant limitée. Il a paru préférable d'en développer quelques-uns, qui résultent d'un choix inévitablement arbitraire, plutôt que de tenter d'opérer une impossible synthèse exhaustive. La méthode utilisée fait une part très large à la citation, en tâchant toujours d'éviter qu'elle soit isolée de son contexte. Plutôt que par une paraphrase éventuellement biaisée, elle permet d'exprimer chaque thèse ou théorie et de la confronter aux objections issues des autres[1].

La réédition de l'essai sur la démocratie de Hans Kelsen[2], l'un des plus considérables théoriciens modernes du droit, et dont l'influence sur le développement de l'État de droit moderne, par l' « invention » du contrôle spécialisé de la constitutionnalité des lois, se fait aujourd'hui si prégnante dans l'évolution du droit constitutionnel en Europe occidentale, a été l'occasion de prendre cet ouvrage comme fil conducteur à travers ce parcours sélectif des fondements du concept de démocratie.

Sur le second point, relatif à la classification des systèmes institutionnels démocratiques, on a repris ici la distinction traditionnelle entre régimes parlementaires, présidentiel et directorial, dont il faut souligner la valeur pédagogique sur le plan du droit constitutionnel, même si elle apparaît moins adéquate dans le domaine de la science politique. Il convient cependant d'en réinterpréter le fondement et, après avoir rappelé celui qui procède des modalités du principe de séparation des pouvoirs, souligner que ce fondement théorique se double d'un autre plus pratique et cependant pleinement constitutionnel : l'aménagement du principe de majorité.

Quant au choix de ceux de ces régimes qui seront décrits dans les pages qui suivent, il comporte inévitablement aussi une part d'arbitraire. Le critère de dimension ne saurait être, en dépit de la lettre du titre, seul déterminant. Ainsi, de même que les États-Unis constituent le modèle unique du régime dit *présidentiel,* la Suisse est le seul régime *directorial* et, à ce titre d'abord, il s'imposait de la retenir. Au surplus, nul ne contestera que, selon un critère qualitatif, il s'agit effectivement d'une démocratie importante. Pour les régimes parlementaires, le critère de dimension revêt, à raison de

---

1. V. sur ce point la notion de « communauté des juristes », élargie ici aux politistes, *in* Ch. Atias, *Épistémologie juridique,* Paris, PUF, cette collection, 1985, p. 145.
2. *La démocratie, sa nature, sa valeur,* Paris, rééd. Economica, 1988, avec une préface de M. Troper.

leur nombre, un caractère plus notable, mais ne saurait encore être décisif. La Grande-Bretagne constitue le modèle du parlementarisme classique. L'Allemagne fédérale, celui du parlementarisme dit rationalisé. L'Italie continuait jusqu'il y a peu, pour les uns, de manifester la réalité du parlementarisme « absolu », pour les autres, celle de la particratie. L'Espagne présente le modèle d'une transition légale entre régime autoritaire et régime démocratique. On a aussi retenu la Suède, « modèle », elle aussi, du parlementarisme scandinave. En dehors des pays occidentaux proprement dits, le Japon témoigne de ce que la démocratie parlementaire peut être transposée en dehors des pays de population européenne ; mais l'Inde, qu'elle peut aussi s'adapter en dehors des pays développés. Le cas de l'Inde pose en effet l'une des questions les plus essentielles quant à l'avenir du régime démocratique : celle de savoir s'il est déterminé par des conditions sociologiques et économiques propres aux pays occidentaux et industrialisés. Cette question est trop complexe, par toutes les implications qu'elle soulève, pour être traitée dans le cadre d'un ouvrage essentiellement juridique. Elle n'est probablement pas susceptible d'une réponse nette et catégorique. Selon Raymond Aron, « qu'il y ait peu d'exemples de démocratie libérale en dehors de l'Occident ne prouve pas que les Occidentaux aient une définition spécifique de la liberté ni que cette sorte de régime ne soit pas la superstructure normale de la société industrielle »[1] ; et il observe qu'à l'appui de la théorie selon laquelle il y aurait corrélation nécessaire entre le niveau de développement et les institutions démocratiques, on peut invoquer le cas du Japon, tandis que celui de l'Inde y apporte une exception spectaculaire. Il n'a pas été possible d'inclure un chapitre consacré à l'Inde dans le présent manuel. L'Inde est cependant envisagée parmi les grandes démocraties dans la partie introductive, en attendant d'y pouvoir consacrer une monographie à l'occasion d'une édition ultérieure.

---

1. *Essai sur les libertés,* Paris, Calmann-Lévy, coll. « Pluriel », 1977, p. 81.

PREMIÈRE PARTIE INTRODUCTIVE
DÉMOCRATIE ET ÉTAT DE DROIT

Chapitre 1
Les principes

1 UN PRINCIPE MODERNE ET UNIVERSEL. — La démocratie est avant tout un principe de légitimité qui est essentiellement – mais non exclusivement : ainsi, la démocratie antique – lié à la modernité. Mais, en tant que tel, il est revendiqué aujourd'hui par la plupart des régimes existant dans le monde. « Nous vivons à l'époque de la légitimité démocratique, constate Burdeau, il est naturel que chacun l'invoque. Mais une légitimité ne se définit qu'en s'opposant. Et comme aucune formule politique ne se soucie de servir de repoussoir, il en résulte que le terme de démocratie, gonflé de contenus contradictoires, en est parvenu à ce point qu'il perd toute pertinence. »[1] Même constat chez Kelsen : « À la suite des révolutions bourgeoises de 1789 et de 1848, l'idéal démocratique était presque devenu une évidence de la pensée politique (...). Libéralisme et socialisme n'accusent pas de divergence d'idéologie à cet égard. Le mot d'ordre démocratie domine les esprits, aux XIXe et XXe siècles, d'une façon presque générale. Mais, précisément pour cette raison, le mot, comme tout mot d'ordre, perd son sens précis. Par le fait que, pour obéir à la mode politique, on croit devoir l'utiliser à toutes les fins possibles et en toute occasion, cette notion, dont on a abusé plus que d'aucune autre notion politique, prend les sens les plus divers, souvent très contradictoires, lorsque même le vide intellectuel que recouvre habituellement la langue politique vulgaire ne la dégrade pas au rang d'une phrase conventionnelle, ne prétendant

---

1. *Traité de science politique*, Paris, LGDJ, t. V, 1985, p. 512.

plus à aucun sens précis. »[1] Citons encore un écrivain français, qui remarque en termes caustiques : « Le dernier degré de corruption pour un mot, c'est précisément de pouvoir servir à tout le monde, et celui de démocrate en sera bientôt là, je le crains. M. Ford attache beaucoup de prix à ce pseudonyme, M. Staline y tient également, M. Maritain le revendique au nom de saint Thomas (...). Je préfère donc, pour ma part, le décliner. »[2] Et l'on pourrait ainsi multiplier les citations qui mettent en évidence ce caractère universel et, pour cette raison même, en fin de compte quasi dérisoire, du concept de démocratie comme principe de légitimité. Principe universel, mais avant tout principe moderne. Sans qu'il soit besoin de faire appel à la célèbre typologie triale de Max Weber – qui distingue légitimité traditionnelle, charismatique et rationnelle –, il suffit ici d'opposer la légitimité démocratique et moderne à la légitimité traditionnelle.

La légitimité démocratique moderne postule que les hommes sont par nature égaux en droits et que les inégalités sociales ne peuvent justifier de restriction à l'égalité politique, aux droits politiques que tous les hommes possèdent à raison de leur humanité même. Ce principe d'égalité naturelle commence à s'imposer dans le droit à la fin du XVIIIe siècle, consacré par la Déclaration d'indépendance américaine de 1776 et la Déclaration des droits de l'homme et du citoyen de 1789.

La légitimité traditionnelle se fonde sur des critères opposés. Aussi bien la démocratie antique – basée sur une notion oligarchique de citoyenneté – que la société féodale et la monarchie d'Ancien Régime avec sa société d'ordres ou états reposent sur l'idée que la seule qualité d'homme ne constitue pas en soi un titre à la jouissance de la liberté et des droits politiques.

Cette distinction entre légitimité démocratique moderne et légitimité traditionnelle paraît, pour notre propos, plus utile que les catégories de Max Weber. Celles-ci, en effet, sont plus pédagogiques que pratiques et tendent à induire une confusion entre rationalité et modernité. La légitimité traditionnelle n'est pas dépourvue de rationalité. Pour les aristotéliciens et les scolastiques, il est rationnel de se fier à la tradition. Pour la philosophie politique moderne après Des-

---

1. *Op. cit.*, p. 51.
2. G. Bernanos, *Français, si vous saviez,* Paris, Gallimard, 1961, p. 158.

cartes, au contraire, il est rationnel de rejeter la tradition comme un ensemble de préjugés. Il s'en déduit que le principe de légitimité qualifiée par Max Weber de rationnel est avant tout moderne : il résulte d'une révolution du concept de raison. Mais la politique étant l'un des domaines de la croyance, celle-ci n'inspire pas moins le principe de légitimité moderne que celui de légitimité traditionnelle. La raison moderne est toujours susceptible de se corrompre, et le principe de légitimité qu'elle supporte peut, en revendiquant un statut de vérité scientifique, dégénérer en idéologie : interaction corruptrice de la science et de la croyance. Ce n'est donc pas que la démonstration rationnelle de la validité du principe de légitimité démocratique soit encore à faire, c'est plutôt qu'elle n'est pas à faire. La validité des institutions démocratiques, en revanche, se manifeste dans leur fonctionnement : c'est le régime qui, aujourd'hui, est le support naturel de l'État de droit et de la liberté individuelle, la validité de ces critères étant aussi, inévitablement, une question de conviction. Cependant l'État de droit n'est pas lié à la légitimité démocratique : les régimes modernes qui tous se réclament de la démocratie ne sont pas tous des États de droit, et l'État de droit s'est constitué dans le moule du principe de légitimité traditionnelle.

D'autre part, l'universalité de la démocratie comme principe de légitimité procède d'abord d'une identification entre démocratie et liberté. Fondée sur la conception moderne de la liberté, la démocratie repose essentiellement sur l'héritage du libéralisme classique. Mais cet héritage n'est pas monolithique. On peut y distinguer sommairement une conception anglo-saxonne, qui prévaut dans les institutions anglaises du XVIIIe siècle avant d'inspirer les mouvements libéraux européens et la révolution américaine : c'est celle de la liberté individuelle sous le règne du droit par la limitation du pouvoir ; et une conception issue du rationalisme français, principalement incarnée par Rousseau qui, partant de l'idée de liberté créatrice du droit, aboutit au pouvoir illimité de la « volonté générale », conception prévalant avec la Révolution française. Les deux traditions s'opposent dans leurs définitions du droit et de la souveraineté. La première école s'inspire d'une notion moderne de droit naturel et soutient que le droit préexiste et est supérieur à la législation ; la souveraineté dont le pouvoir de faire la loi est l'expression est ainsi limitée par le droit. La deuxième est d'inspiration positiviste et suppose qu'il est possible, au départ d'un « contrat social », qui implique une table rase, de construire tout l'ordonnancement juridique de manière volontariste. Le droit se confond avec la loi, expression de la volonté générale qui s'identifie elle-même à la souveraineté de l'État et n'est limitée par aucune norme supérieure.

Section I
La démocratie, principe de liberté : l'ambivalence de l'héritage classique

I | LA LIBERTÉ PAR LA SOUVERAINETÉ DÉMOCRATIQUE

2 LE CONTRAT SOCIAL. — La démocratie est, dans la théorie de Rousseau, un régime où les rapports entre les hommes sont réglés d'après deux principes essentiels : la liberté et l'égalité : « Si l'on recherche en quoi consiste le plus grand bien de tous, qui doit être la fin de tout système de législation, on trouvera qu'il se réduit à deux objets principaux, la liberté et l'égalité. »[1] De ces deux objets, l'un est positif : la liberté ; l'autre, négatif : l'égalité. « C'est en effet l'idée de liberté, et non celle d'égalité, qui tient la première place dans l'idéologie démocratique (...) : chacun doit être le plus libre possible, donc tous doivent l'être également ; par suite, chacun doit participer à la formation de la volonté générale, donc tous doivent y participer de façon égale. »[2] Premier théoricien de la démocratie pure, Rousseau apparaît comme l'un des fondateurs de l'individualisme libéral, notamment à travers la Déclaration des droits de l'homme et du citoyen de 1789. Mais la liberté selon Rousseau n'est pas envisagée, comme dans la doctrine libérale qui va de Locke à Montesquieu, à Burke, dans l'ordre des moyens ; elle l'est essentiellement dans l'ordre des fins, conditionnée par le devenir d'une complète identification entre gouvernements et gouvernés. De

---

1. *Contrat social*, II, 2.
2. H. Kelsen, *op. cit.*, p. 85.

ce que la liberté est conçue comme une fin, il s'ensuit une transformation dialectique de l'idée de liberté qui engendre conséquemment celle de l'idée de démocratie. Ainsi, dans la théorie du *Contrat social,* la règle de l'unanimité est conçue comme la garantie de l'égalité et de la liberté des participants à l'acte fondateur de l'État. Cette expression de la souveraineté populaire, qui répudie le principe représentatif, implique normalement la démocratie directe : « La volonté ne se représente point. » Mais Rousseau restreint l'application du principe d'unanimité à l'acte de fondation de l'État qui, seul, requiert la participation de la volonté subjective de tous ses acteurs et, une fois cette opération censée acquise, construit à l'opposé de sa première théorie une doctrine de la volonté générale, « expression anthropomorphique de l'ordre étatique objectif, valable indépendamment de la volonté des individus », selon les termes de Kelsen. Ainsi, commente ce dernier, « la règle qui, pour la procédure de création de l'État, entièrement fondée sur l'idée de liberté, constituait une protection de la liberté individuelle devient par la suite une chaîne pour elle, dès le moment où l'individu ne peut plus se soustraire en droit à l'application de l'ordre social. Or, en fait, la fondation de l'État, la création originaire d'un ordre juridique sont des hypothèses théoriques. On naît le plus souvent dans un État préexistant, sous l'empire d'un ordre juridique à la création duquel on n'a pas participé, et qui doit par suite apparaître immédiatement comme une volonté étrangère. Seule se pose la question des compléments ou des modifications à apporter à cet ordre. Et, de ce point de vue, c'est, au vrai, le principe de la majorité absolue – et non de la majorité qualifiée – qui représente l'approximation la plus grande de l'idée de liberté ». C'est ainsi que la majorité en vient à signifier la volonté générale et que la liberté, initialement conçue comme l'autonomie du sujet, change de sens : « Les transformations de l'idée de liberté – qui, ayant à l'origine signifié la liberté de l'individu de toute domination étatique, en arrive à signifier sa participation au pouvoir étatique – marquent en même temps la séparation de la démocratie d'avec le libéralisme. Si on le tient pour satisfait dans la mesure où les sujets de l'ordre étatique participent à sa création, l'idéal démocratique n'a plus rien à voir avec la mesure dans laquelle cet ordre étatique saisit les actes des individus qui le créent, c'est-à-dire avec le degré jusqu'auquel il restreint leur "liberté". Même un État où la puissance étatique sur l'individu recevrait une extension illimitée, c'est-à-dire où la "liberté individuelle" serait totalement anéantie et l'idéal libéral intégralement nié, pourrait encore constituer une démocratie, pourvu que l'ordre étatique fût créé par les individus qui y sont soumis (...). Le sujet de la liberté va changer en même temps que le sujet du pouvoir.

« Si l'idée de Rousseau que le sujet aliène sa liberté tout entière pour la recouvrer comme citoyen est si caractéristique, c'est précisément parce que cette distinction du sujet et du citoyen indique le changement total d'angle de vision sociale et le déplacement complet de la position du problème (...).

« À la liberté de l'individu se substitue, comme revendication fondamentale, la souveraineté du peuple ou, ce qui est tout un, la liberté de l'État. Le mot d'ordre n'est plus l'individu libre, mais l'État libre. Telle est la dernière modification dans le sens de l'idée de liberté. Ceux qui ne veulent ou ne peuvent suivre l'évolution qu'accomplit ainsi cette notion par l'effet d'une logique immanente peuvent critiquer la contradiction qui existe entre son sens initial et son sens final, et renoncer à comprendre les déductions du plus éminent analyste de la démocratie, qui ne recula pas devant l'affirmation que le citoyen n'est libre que par la volonté générale et que, par suite, en le contraignant à y obéir, on le force à être libre. »[1]

La justification donnée par Rousseau à ce primat absolu de la volonté générale créatrice d'une liberté hétéronome est célèbre : « Quand l'avis contraire au mien l'emporte, cela ne prouve pas autre chose sinon que je m'étais trompé, et que ce que j'estimais être la volonté générale ne l'était pas. Si mon avis particulier l'eût emporté, j'aurais fait autre chose que ce que j'avais voulu, c'est alors que je n'aurais pas été libre. » Par là, Rousseau est apparu aux théoriciens du libéralisme comme « le plus terrible auxiliaire de tous les genres de despotisme » (Benjamin Constant)[2]. Sous un angle plus

---

1. *Ibid.*, p. 22-24, et *Contrat social*, IV, 2.
2. V. M. Gauchet, art. « Benjamin Constant », *in* F. Furet et M. Ozouf (dir.), *Dictionnaire critique de la Révolution française*, 1998, p. 958. Philippe Raynaud observe cependant que la volonté générale, aussi absolue soit son ascendant, suppose des restrictions : elle ne saurait porter sur des catégories singulières (le peuple souverain ne saurait être juge (Ph. Raynaud, *in* C. Lucas (dir.), *The Political Culture of the French Revolution*, Oxford, Pugamon Press, 1988, p. 145-146.

moderne, il se présente dans ces pages du *Contrat social,* comme un prophète de l'État totalitaire, quelles que soient par ailleurs la richesse, la complexité et les nuances de sa doctrine politique, inspirée à certains égards d'un jusnaturalisme très classique, et (pour parler comme un de ses tout premiers lecteurs) quel que soit l'abus que l'on a souvent fait de ses idées, souvent mal saisies, falsifiées, exagérées[1]. Au surplus, Rousseau est, longtemps avant Marx, un contempteur des « libertés formelles ». Négligeant *l'Habeas corpus,* le *Bill of Rights,* l'ensemble des libertés anglaises, il écrit : « Le peuple anglais pense être libre, il se trompe fort ; il ne l'est que durant l'élection des membres du Parlement : sitôt élus, il est esclave, il n'est rien. »[2] Dès le *Contrat social,* l'ambivalence de l'héritage classique de la doctrine démocratique est frappante.

L'influence de cet ouvrage sur l'œuvre constitutionnelle de la Révolution est considérable, tant sur le fond que sur le plan de la méthode, avec une prédilection marquée pour la déduction d'après des concepts abstraits du droit, de l'État, du pacte social et surtout de la souveraineté.

3 THÉORIES RÉVOLUTIONNAIRES DE LA SOUVERAINETÉ. — À cet égard, on a opposé généralement les deux conceptions démocratiques de la souveraineté, celle de la souveraineté nationale et celle de la souveraineté populaire, comme correspondant à deux moments successifs, et par hypothèse contradictoires, de l'œuvre constituante révolutionnaire : les Constitutions de 1791 et de 1793. De ce point de vue, seule la seconde serait une œuvre entièrement inspirée du *Contrat social.* Selon la première conception, la souveraineté réside de manière indivise dans la nation, la collectivité nationale dans son ensemble. Diverses conséquences en résultent : la représentation est la règle, à l'exclusion des procédures de démocratie directe ; elle est générale, s'accommode de l'existence d'organes héréditaires et d'une conception de l'électorat-fonction, laquelle, appuyée par un solide contresens (portant sur l'interprétation d'un discours de Barnave), permet de justifier rétrospectivement un suffrage censitaire, non démocratique : elle assure en outre l'indépendance des gouvernants à

---

1. Mme de Bentinck (lettre du 2 décembre 1794).
2. *Contrat social,* III, 15.

l'égard des gouvernés. Aussi n'est-ce pas un hasard si, comme l'a démontré Guillaume Bacot, cette théorie est née en réalité sous le régime de Juillet[1]. Ce n'est que par anachronisme qu'elle a été appliquée à la Révolution. La théorie de la souveraineté nationale ainsi comprise triomphe avec l'établissement définitif de la République, et on peut même dire qu'elle n'a pas été étrangère (comme essentiellement modérée) à son acceptation. Elle est alors consacrée par le plus grand publiciste français de l'époque, Carré de Malberg[2]. À la réserve de l'interprétation déformante soutenue par une doctrine quasi unanime (des exceptions se sont trouvées), le principe de la souveraineté nationale proclamé à l'article 3 de la Déclaration des droits de l'homme est resté le principe fondamental du droit public français, affirmé par toutes les constitutions jusqu'en 1958, sauf la Charte de 1814. Relue à la lumière de ce principe, la Constitution de 1791 était vouée à s'inspirer d'une conception plus spécifique de la représentation, consacrant l'entière autonomie de la volonté des organes représentatifs et l'intangibilité de leur fonction (notamment par le rejet du droit de dissolution), mais qui, par l'effet du prisme évoqué, était réputée ne comporter nullement un droit d'expression pour les individus qui composent la collectivité nationale, ni même pour la minorité d'entre eux, investis du pouvoir d'élire des représentants. « On peut donc dire, écrit Burdeau, que la souveraineté nationale, telle que la conçurent les hommes de la Révolution, est exclusivement un principe de légitimité, mais n'implique aucunement que le peuple réel soit le seul moteur de la vie politique. Bien au contraire, la souveraineté nationale est un concept doctrinal imaginé pour satisfaire le postulat démocratique de l'origine populaire du pouvoir tout en écartant de son exercice l'action du peuple concret. »[3] Mais, ainsi que le fait observer le même auteur, la Révolution concilie les deux conceptions de la souveraineté dans la souveraineté du citoyen, et l'opposition entre la théorie de la souveraineté nationale telle qu'elle

---

1. G. Bacot, in *Droits*, 6 (1987), p. 67-78 ; v. note suivante.
2. Voy. G. Bacot, *Carré de Malberg et l'origine de la distinction souveraineté du peuple - souveraineté de la nation*, Paris, Édition du CNRS, 1985 ; O. Beaud, La souveraineté dans la *Contribution à la théorie générale de l'État* de Carré de Malberg, *RDP*, 1994, p. 1251 et s. ; M. Gauchet, *La révolution des pouvoirs. La souveraineté le peuple et la représentation, 1789-1799*, Paris, Gallimard, 1995 ; Ladan Laroumand, *La guerre des principes. Les assemblées révolutionnaires face (...) à la souveraineté de la nation*, Paris, EHESS, 1999.
3. *Op. cit.*, t. VI, 1987, p. 417.

vient d'être rappelée et celle de la souveraineté populaire, qui est celle de Rousseau dans le *Contrat social* et trouverait son expression dans la Constitution de 1793, est essentiellement formelle. En effet, comme il résulte clairement de l'analyse de Kelsen, précédemment citée, les individus dans lesquels le *Contrat social* place l'origine de la souveraineté ne sont pas des êtres réels dont la volonté est déterminée par les intérêts subjectifs. « La volonté de l'être réel n'a pas plus d'importance dans la théorie de la souveraineté populaire que dans celle de la souveraineté nationale. L'homme ne compte qu'en tant que citoyen, soit que ce titre lui vienne de son appartenance à la nation souveraine, soit qu'il le doive à sa participation à la volonté générale. Et, de fait, c'est dans cette conception du citoyen que se réconcilient les deux thèses que l'on a coutume d'opposer, et elles se réconcilient sur un plan qui fait le lien des préoccupations constantes de la pensée révolutionnaire : l'unité primordiale, et qui ne saurait être trop chèrement sauvegardée, de la collectivité nationale. En effet, qu'ils la conçoivent nationale ou populaire, la souveraineté est toujours, pour les hommes de la Révolution, une volonté unifiée et unanime. »[1] L'influence de Rousseau, à travers sa distinction entre sujet individuel et citoyen, se marque aussi bien dans les deux théories révolutionnaires de la souveraineté, également inspirées d'une conception unanimiste et abstraite de la « volonté générale » et du peuple qui est censé l'exprimer. Ce système des souverainetés réputées opposées et par d'aucuns même contraires, nationale et populaire, est de grande importance pour l'histoire des idées comme pour celle, postérieure, des institutions [2], mais au regard de la réalité historique il faut bien dire qu'il est largement illusoire.

4 LE PEUPLE SELON LA RÉVOLUTION. — Ce n'est pas le lieu de faire ici la théorie de la souveraineté à la Révolution, mais quel que soit la manière de dominer les diverses faces du problème, la solution manifeste l'unité foncière du concept. Sous les différentes formes qu'a revêtues l'idée au cours de la période, peuple abstrait,

---

1. *Ibid.*, p. 419.
2. Le meilleur exemple et le plus récent tient à l'article 3 de l'actuelle Constitution de 1958 (qui a été repris, comme on sait, de celle de 1946). V. M. Troper, « La souveraineté nationale appartient au peuple ». L'article 3 de la Constitution de 1958, *La théorie du droit, le droit, l'État*, Paris, PUF, coll. « Léviathan », 2001, p. 299-313.

peuple artificiel, peuple idéal, de même que celle de l'être réel qui le compose, la volonté du peuple réel est dépourvue de sens pour la souveraineté révolutionnaire. C'est le cas non seulement, ce qui peut paraître cohérent, dans la théorie de la souveraineté de la Constituante, mais aussi dans celle, plus prégnante au fur et à mesure de la radicalisation de l'événement révolutionnaire, de la souveraineté telle que les jacobins l'instrumentent. La distance d'avec le peuple réel résulte pour les promoteurs du régime de 1791, comme elle le sera encore pour les thermidoriens à l'origine du Directoire, d'une volonté, hypocrite ou avouée, que l'on trouve aussi chez les constituants américains, de faire passer la volonté populaire par le filtre de la représentation et d'organiser sur une base populaire le pouvoir d'une oligarchie[1]. Dans la pensée montagnarde, elle procède d'une falsification, à caractère idéologique, de la réalité. « L'appel aux électeurs, écrit Augustin Cochin, est puni de mort comme le crime contre-révolutionnaire par excellence : c'est que les ennemis du peuple sont trop nombreux, plus nombreux que lui, et le mettraient en minorité. »[2] Peut-on voir alors dans la Révolution la mise en pratique des principes démocratiques poussés à l'extrême ? Selon Philippe Bénéton, « les principes démocratiques qu'invoquent les révolutionnaires sont insérés dans une doctrine particulière (l'idéologie) qui en subvertit, en falsifie le sens. Le peuple des révolutionnaires n'est pas le peuple réel, il est un être de la raison idéologique, il n'a d'autre identité concrète que celle (variable) que lui confère l'idéologie ». Ainsi Robespierre, Saint-Just « saluent le Peuple en acte dans les "journées populaires" puis après la chute des girondins identifient le Peuple avec la représentation ; ils prônent la démocratie directe puis à la fin de la période la déclarent inutile maintenant que le peuple a des représentants fidèles... Cette substitution d'un Peuple abstrait et fictif au peuple réel n'est pas la conséquence extrême du principe démocratique mais une rupture radicale qui justifie les usurpations tout en armant les usurpateurs de la toute-

---

1. V. l'argumentation de Sieyès à l'Assemblée nationale le 7 septembre 1789 : « La très grande pluralité de nos concitoyens n'a ni assez d'instruction ni assez de loisirs pour vouloir s'occuper directement des lois qui doivent gouverner la France ; leur avis est donc de se nommer des représentants » ; et l'analyse qu'en fait R. Carré de Malberg, *La loi expression de la volonté générale*, Paris, rééd. Economica, 1984, p. 17.
2. *La crise de l'histoire révolutionnaire*, Études d'histoire révolutionnaire, Paris, 1921, p. 51.

puissance du Peuple. La toute-puissance du Peuple ou sa volonté souveraine n'est pas elle-même dans ce contexte une idée démocratique poussée jusqu'à ses limites, elle est une idée démocratique falsifiée parce que subordonnée à la représentation idéologique du Peuple : les principes démocratiques donnent ici des armes à ceux qui, au nom d'une surréalité idéologique, se proclament les représentants du Peuple. En d'autres termes, les principes révolutionnaires ne sont pas la version extrême ou corrompue des principes démocratiques. Ils sont autre chose qui dénature les principes démocratiques et permet à ceux qui s'en réclament de prendre appui sur ces principes dénaturés pour usurper le pouvoir et faire peser sur le peuple réel le joug du Peuple abstrait »[1]. Président de l'Assemblée constituante, Virieu quitte le fauteuil pour appeler au devoir de « résister à l'oppression de la multitude, la plus dangereuse de toutes les oppressions »[2]. Un lauréat du prix Rossi (Charles Borgeaud, en 1892), coutumier d'un certain bonheur d'expression, a exprimé cette idée : « On est constamment obligé, dans le langage courant, de dire : *Le peuple souverain,* alors que pour être exact, il faudrait dire : *Le corps électoral,* qui parle en son nom. Cela n'est pas une raison pour qu'ils soient identiques. Il arrive aussi qu'on dise : *Le peuple,* quand il ne s'agit que d'une fraction du corps électoral (...). C'est ce que faisaient les Jacobins de 1793 lorsqu'ils menaient les sections de Paris aux tribunes de la Convention nationale et les appelaient : "Le Peuple français". Mais l'illusion des mots ne dure qu'un temps. Dès que le véritable souverain s'aperçoit qu'on en profite pour lui attribuer des volontés qu'il n'a pas, il a sa manière de remettre les choses en place ».

En tant que phénomène spécifiquement idéologique, la Révolution s'arrête avec la réaction thermidorienne [3]. Ces conceptions ne laissèrent dans l'histoire constitutionnelle française que des traces très édulcorées, ayant trait essentiellement à la nature de la loi

1. *Introduction à la politique moderne,* Paris, Hachette, coll. « Pluriel », 1987, p. 328.
2. Le 27 avril 1790. Il démissionna le lendemain. Déjà, le 9 septembre 1789, la veille de débats qui décidèrent de tout (v. n° 56), le même avait eu le courage de qualifier de « démagogues » la part de ses collègues complices des *motionnaires,* constat qui fut le prétexte d'un tumulte indescriptible, et aboutit à la démission (pour surmenage) du président de l'Assemblée, La Luzerne. Qu'on ne se méprenne pas. Virieu n'appartient nullement au parti réactionnaire (il n'eût pas été porté à la présidence) : il a été l'un des XLVII, ces dissidents de l'Ordre de la noblesse qui ont désobéi en se réunissant aux Communes le 25 juin 1789.
3. Sauf à omettre, sous le Directoire, la persécution théophilanthropique contre les prêtres.

« expression de la volonté générale » et à l'intangibilité des assemblées. Mais elles préfigurent, par leur radicale nouveauté, la révolution bolchevique de 1917 et l'établissement plus durable du pouvoir idéologique qui fut celui de la « démocratie marxiste ». La souveraineté démocratique, détachée du peuple, son support, devient effectivement, conformément à la théorie de Rousseau, créatrice de « liberté » par la contrainte. Là est le ressort de l'État totalitaire du XXe siècle (v. n° 12).

II | LA LIBERTÉ PAR LE GOUVERNEMENT MODÉRÉ

5 LE MODÈLE ANGLAIS SELON MONTESQUIEU. — Pour Montesquieu, le meilleur gouvernement est celui où la liberté concrète des sujets est garantie : ce doit être un gouvernement modéré, un État où le pouvoir trouve ses limites. Tel est le cas du régime représentatif anglais. Dans le chapitre de l'Esprit des lois sur la Constitution d'Angleterre[1], Montesquieu s'inspire des principes développés par Locke dans son Essai sur le gouvernement civil, ouvrage rédigé au lendemain de la révolution de 1688. Invoquant l'autorité de Tacite *(De moribus Germanorum)*, il voit l'origine des institutions représentatives dans les libertés des anciens Germains : « Ce beau système a été trouvé dans les bois. »[2] Le recours à ce motif, qui en soi relève de la falsification historique, et qui vaudra à Montesquieu de déclencher préventivement une controverse célèbre, n'a rien d'original (son invention remontait à deux siècles) mais il prend tout sens si l'on considère que depuis le gouvernement d'Angleterre Montesquieu entend filer un parallèle avec le système qu'il appelle d'autre part – le choix du mot n'est pas innocent – « gothique » (v. n° 17). Au point d'origine, il y a la séparation des pouvoirs telle que (sans qu'il soit besoin ici de remonter à plus haut) les *true whigs,* comme Harrington, Sidney[3], s'en font une idée pointilleuse – Sidney la scella de son sang – mais encore assez mal cadrée. Réduit à lui-même, le

---

1. *De l'Esprit des Lois,* XI, 6 ; cf. encore V, 19 ; VI, 5 ; XIX, 27.
2. *Ibid.,* XI, 6.
3. Les deux noms d'auteur cités dans le célèbre chapitre de Montesquieu.

principe est d'une grande simplicité : la loi a une portée générale et l'autorité qui l'édicte ne saurait être celle qui l'exécute. La notion va être cernée par Locke, théoricien par excellence de la *Glorious Revolution,* attaché à la reine Marie et séide de Guillaume III, dont les *arcana imperii* marqueront aux États-Unis la conception qu'auront les « pères fondateurs » des pouvoirs présidentiels (v. n° 61). Étant venu sur place (après son devancier Maffei) faire une étude du climat d'idées, Montesquieu ne manque pas d'intégrer à son enquête les thèses, singulièrement « modernes », de Bolingbroke, la tête pensante des *tories,* qui six ans auparavant était exilé en France encore. Cela fait, il éclaircit définitivement et érige en forme la théorie de la séparation des pouvoirs (même s'il n'emploie lui-même jamais l'expression), principe d'organisation essentiel à la modération du gouvernement. Ce principe d'organisation, dans la pensée de Montesquieu, est l'équivalent dans le « beau système » des « canaux moyens » de la monarchie « gothique » (la monarchie continentale tempérée traditionnelle), l'expression « canaux moyens » étant impliquée dans cette dernière par l'absence de séparation des pouvoirs. Locke distinguait essentiellement le pouvoir législatif, le pouvoir exécutif et le pouvoir confédératif, celui de faire la paix et la guerre. Montesquieu met l'accent sur la puissance de juger, qu'il distingue de la puissance exécutrice de l'État et du pouvoir de faire les lois. La séparation de ces fonctions, dans le régime anglais, résulte de l'expérience historique et ne comporte aucun aspect systématique. Locke, en dépit de l'expression abstraite de sa pensée, coordonne les éléments de l'expérience anglaise. Il en va de même de Montesquieu, sous réserve d'une certaine idéalisation de son modèle. La séparation des pouvoirs n'est destinée qu'à protéger la liberté par la fragmentation de la puissance de l'État. La sentence est entre toutes célèbre : « C'est une expérience éternelle que tout homme qui a du pouvoir est porté à en abuser ; il va jusqu'à ce qu'il trouve des limites. Qui le dirait ? La vertu a besoin de limites. Pour qu'on ne puisse abuser du pouvoir, il faut que par la disposition des choses le pouvoir arrête le pouvoir. »[1] La séparation des pouvoirs ne procède pas d'une théorie qui vaudrait par elle-même : elle est le prin-

---

1. *Ibid.,* XI, 4.

cipe d'une « faculté d'empêcher » (laquelle est rigoureusement coordonnée à la faculté de statuer, ce qu'on n'a pas voulu lire au texte). Cette faculté double aboutit à un contrôle des pouvoirs les uns par les autres. Dans cet ordre, la Constitution de 1791 n'est nullement étrangère en substance à la conception mise en exergue par Montesquieu. Mais, en cet endroit, les commentateurs ont été déconcertés quand il s'est agit de prendre en compte le rejet délibéré par le constituant – rejet concrétisé depuis août à novembre 1789 – d'un analogue du type britannique fondé sur le caractère français, ou, pour dire mieux, la mise au pinacle d'un modèle spéculatif et an-historique qui en est la figure inversée[1]. La perplexité des interprètes, qui ne parvenaient pas à concilier ce rejet officiel de la part des constituants de 1791 avec une réelle influence (s'agissant de la distribution des pouvoirs) de Montesquieu sur eux, a induit deux présupposés contradictoires. Le premier est que le rejet aurait été appelé chez les constituants par une connaissance au fond assez superficielle des institutions britanniques. C'est là une idée inexacte. Nombre d'entre eux, et pas seulement Lévis (taxé d'anglomanie), en eurent au contraire une connaissance remarquable. À l'endroit de ceux des constituants les plus sensibles à l'efficience comme au prestige du paradigme britannique[2], cette prévention s'accompagne du mensonge qui décrit en termes de pure acculturation l'influence dans ces circonstances du modèle invoqué, alors qu'en réalité, pour ceux qui prendront le nom d'*impartiaux*, il s'agissait de renouveler, comme le grand constitutionnaliste que fût devenue Pauline de Lézardière s'employait à illustrer[3], une tradition nationale jadis commune pendant de longs siècles à la France et l'Angleterre (v. n° 17). De cette tradition, l'Angleterre, une fois dissipés les mirages du Witenagemot, était même, à bien voir, plus redevable que la réciproque. Les ravages

---

1. Mably opposait à Montesquieu : « Le roi (en Angleterre) peut beaucoup de choses sans le parlement ; le parlement, au contraire, ne peut rien sans le roi. Où est donc cette balance à laquelle on attribue des effets si salutaires ? » (G. Bonnot de Mably, *De l'étude de l'histoire*, Paris, 1783, p. 193). Si l'on opère un renversement de termes, on a exactement la Constitution de 1791.
2. « On demande comment il faut distribuer les pouvoirs pour que les citoyens soient libres. À cette question la réponse est toute prête : l'Angleterre possède depuis longtemps des institutions favorables à la liberté : Que la France suive son exemple » (Mme de Staël, *Considérations sur la Révolution française*, II, 23).
3. L'essentiel des papiers de Mlle de Lézardière, et bien plus, ce qui en faisait la trame, a péri pendant les guerres de Vendée.

de l'idéologie rendirent l'option intenable. Le second présupposé part au contraire du constat d'une connaissance satisfaisante du gouvernement d'Angleterre au plan topique, lors des débats de l'été 1789, mais, pour être concilié avec l'option de rejet officiel prise par les constituants (dont on peut difficilement nier d'autre part que la pensée de Montesquieu n'ait eu quelque prise sur eux), le célèbre chapitre de l'Esprit des Lois devait en conséquence faire l'objet d'une ré-interprétation qui ne tarda pas à être érigée en vulgate[1]. Ce parti pris épistémologique a induit plusieurs graves méprises à l'endroit du principe de la séparation des pouvoirs (v. n° 51).

À la doctrine de la séparation des pouvoirs se joint, chez Montesquieu, une conception du régime représentatif également déduite du modèle anglais : le parlement est bicaméral parce que cela renforce la faculté d'empêcher. Les députés élus sont les représentants mais non pas les « commis » de leurs électeurs : leur mandat n'est pas impératif ; la représentation est destinée à filtrer la volonté populaire. Selon Montesquieu, le peuple est très apte à choisir ses représentants, mais sa compétence s'arrête là : « Le grand avantage des représentants c'est qu'ils sont capables de discuter des affaires. Le peuple n'y est point du tout propre. »[2] Cette conception sera, un peu plus tard, en Angleterre même, celle de Burke, telle qu'il l'expose dans son célèbre discours à ses électeurs de Bristol. Elle est celle d'un autre commentateur des institutions anglaises, De Lolme, selon qui « une constitution représentative met le remède entre les mains de ceux qui sentent le mal, mais une constitution populaire met le remède entre ceux qui le causent »[3].

Le régime représentatif est complété, dans la conception parlementaire (au sens de l'Ancien Régime) de Montesquieu, par l'existence de corps intermédiaires dont les droits propres sont un frein supplémentaire à l'oppression. Idéalisé, le gouvernement modéré selon Montesquieu n'en correspond pas moins aux traits essentiels du régime anglais du XVIIIe siècle, peu démocratique dans son principe, libéral par son fonctionnement.

1. Pour la vulgate, cf. J.-J. Chevalier, De la distinction établie par Montesquieu entre faculté de statuer et faculté d'empêcher, *Mélanges Hauriou*, Paris, Sirey, 1929, p. 137 et s. ; Ch. Eisenman, L'Esprit des Lois et la séparation des pouvoirs, *Mélanges Carré de Malberg*, 1933.
2. *Esprit des lois*, XI, 6.
3. *Constitution de l'Angleterre*.

6 LE GOUVERNEMENT REPRÉSENTATIF : L'ANGLETERRE DU XVIII ͤ SIÈCLE. — La pratique du gouvernement représentatif en Angleterre ne s'est pas accompagnée d'une théorisation de ses principes. En particulier, on ne trouve pas en Grande-Bretagne de théorie de la souveraineté. La « glorieuse révolution » de 1688 est essentiellement d'ordre juridique et non conceptuel.

Après la défaite de Jacques II, Guillaume et Marie reçoivent la couronne du Parlement lui-même et non plus en vertu d'un titre héréditaire de droit divin, comme lors de la restauration de Charles II. Les rapports entre le roi et les chambres s'en trouvent modifiés, mais on n'éprouve pas le besoin de formuler une théorie de la souveraineté qui fonderait la suprématie parlementaire. Si le Parlement est souverain, c'est en tant qu'il continue de réunir autour du roi les Lords et les Communes selon les termes de la proclamation intervenue, en 1660, à l'issue des guerres civiles et de la dictature de Cromwell : « Conformément aux lois anciennes et fondamentales de ce royaume, le pouvoir y est et doit y être exercé par le roi, les Lords et les Communes. » Mais les assemblées ont conquis la souveraineté en légalisant le changement de dynastie. Le roi a perdu la qualité de source du pouvoir, devenant le premier représentant de la Couronne en Parlement, et c'est le principe de représentation qui s'en trouve consacré. À compter de cette période, l'annualité des réunions du Parlement est indirectement assurée par les dispositions du *Bill of Rights* de 1689 sur la levée du contingent et de l'impôt. Le principe déjà ancien du consentement parlementaire à l'impôt y est confirmé et étendu à la création et l'entretien des troupes armées en temps de paix. La chambre des Communes, qui, des deux assemblées, exprime le consentement populaire, prend une place prépondérante. À la fin du XVIII ͤ siècle, le Parlement accorde les crédits nécessaires pour financer la guerre contre la France sur une base annuelle : ainsi faut-il le réunir tous les ans. Cette introduction pragmatique de l'annualité des sessions contribue à installer définitivement le régime représentatif. Le caractère démocratique de celui-ci est cependant extrêmement limité en raison des pratiques de corruption électorale qui sont à la discrétion de l'aristocratie et de la Couronne et tendent à ôter aux élections leur caractère aléatoire. « Or, écrit Burdeau, cette circonstance qui, logiquement et vraisemblablement partout ailleurs, aurait dû aboutir à un effacement complet de la démocratie, eut, au contraire, pour résultat d'en favoriser l'établissement durable. Les Anglais ont eu cette chance, méritée par leur patience et leur civisme, de faire l'apprentissage des institutions démocratiques sans que la volonté populaire puisse, dès le début, donner à plein au risque d'emporter le mécanisme. »[1] Du reste, à l'époque, le défaut n'est pas perçu comme tel par ceux qui voient dans le régime anglais le modèle du gouvernement modéré.

7 LA CONSTITUTION AMÉRICAINE. — Selon la Déclaration d'indépendance de 1776, « le juste pouvoir des gouvernants émane du consentement des gouvernés ». Par rapport à cet état d'esprit, la Constitution de 1787 traduit une réaction modérée qui s'exprime dans l'aménagement concret des principes démocratiques.

L'idée de base des constituants américains, instruits par l'expérience anglaise, procède de la distinction entre le peuple et le pouvoir, qui rejoint celle, classique, entre la société civile et l'État. Le constituant de Philadelphie a la conviction que le pouvoir absolu est dangereux quelle que soit sa source : une majorité populaire peut agir d'une façon non seulement incompétente, mais encore tyrannique et injuste à l'égard d'une minorité. La volonté populaire doit trouver ses limites dans les libertés de l'individu. Les dix premiers amendements à la Constitution, adoptés en 1790, établissent ce partage entre les droits inaliénables des personnes et les éléments de souveraineté, les pouvoirs, que le peuple délègue aux organes de l'État. « Par là, écrit Burdeau, l'individu se place à l'abri de la souveraineté collective. Il a retiré son enjeu de la sphère où s'exercent les pouvoirs émanés de la souveraineté parce que la souveraineté elle-même n'est pas une puissance absolue, mais une puissance qui ne s'étend pas aux droits individuels. (...) L'individu est protégé contre l'arbitraire des gouvernants parce qu'il appartient au peuple souverain ; mais il est aussi protégé contre la souveraineté du peuple, car ses droits essentiels sont antérieurs à l'établissement de la souveraineté, ne lui doivent rien et sont exclus du domaine qu'elle régente. Cette réserve du droit individuel par rapport à la souveraineté pourra s'atténuer en conséquence des progrès de l'idée démocratique ; elle ne disparaîtra jamais complètement de la mentalité

---

1. *Op. cit.*, p. 424.

politique américaine. Pratiquement, elle conduit à poser en règle que la volonté du corps électoral ne peut pas tout. C'est cette règle que sanctionne le contrôle de la constitutionnalité des lois dont les juges n'auraient jamais pu s'arroger l'exercice s'ils n'avaient précisément trouvé un appui dans la conception de la souveraineté limitée du peuple. »[1]

La séparation des pouvoirs est conçue dans le même esprit de protection contre l'arbitraire. Elle n'est pas un cloisonnement entre les fonctions mais consiste en une technique de « freins et contrepoids » *(checks and balances)* par laquelle sont assurées diverses facultés d'empêcher, tendant à garantir le gouvernement modéré. C'est le système appelé par Sieyès de l'équilibre. Le duc de Noailles en a condensé l'idée lorsqu'il a écrit que chacun de ces trois pouvoirs a ses intermittences de force et de faiblesse, que l'égalité entre eux n'est qu'une égalité de compensations successives[2]. Ce principe, qui s'applique aux trois pouvoirs classiques, ne vaut pas moins pour la balance des deux chambres et du pouvoir exécutif. « Un pouvoir unique finira nécessairement par tout dévorer. Deux se combattront jusqu'à ce que l'un ait écrasé l'autre. Mais trois se maintiendront dans un parfait équilibre, s'ils sont combinés de telle manière que quand deux luttent ensemble, le troisième, également intéressé au maintien de l'un et de l'autre, se joigne à celui qui est opprimé et ramène la paix entre eux »[3] (v. n° 106).

Enfin, le régime représentatif est voulu, comme par Montesquieu, par Burke, par Sieyès, comme un moyen de canaliser et de rationaliser la volonté populaire. Selon Madison, il s'agit « d'épurer et d'élargir l'esprit public en le faisant passer dans un corps choisi de citoyens dont la sagesse saura distinguer le véritable intérêt de leur patrie »[4].

8 LA DÉMOCRATIE CLASSIQUE : LE PRIMAT DU LIBÉRALISME. — Le régime représentatif et la séparation des pouvoirs apparaissent ainsi comme les fondements institutionnels du gouvernement modéré qui est celui de la démocratie libérale. Mais ce régime,

---
1. *Op. cit.*, p. 428-429.
2. Duc de Noailles, *Cent ans de République aux États-Unis*, Paris, Calmann-Lévy, 1886.
3. Lally-Tollendal, *Archives parlementaires*, VIII, p. 515.
4. *Le Fédéraliste*, n° 10, , trad. fr., 1902, p. 73.

avant d'être la démocratie, est le libéralisme. Le terme de démocratie n'apparaît nulle part dans les actes fondateurs – déclarations des droits, Constitution américaine –, mais il est vrai qu'il ne s'agit que d'une question de langage, parce que les « pères fondateurs » (cette option a été brillamment défendue par Madison) ont entendu fonder sur la base du gouvernement représentatif un État populaire, une *République* (non une démocratie), et que l'on voulait éviter la confusion avec la démocratie antique, entendue comme un type impur, parce que non modéré, parmi les régimes envisagés par la théorie classique héritée d'Aristote. « Le régime occidental a été pensé à l'origine comme un régime de type moderne et comme un régime mixte. »[1] Sa modernité procède de la conception moderne, individualiste et élargie de la liberté, opposée à la liberté strictement politique des Anciens (la participation aux affaires de la Cité), conformément à l'analyse de Benjamin Constant[2]. Son caractère mixte tend à garantir concrètement ce principe nouveau de liberté par la représentation et la séparation des pouvoirs. Bien loin d'être démocratique dans sa conception, le régime représentatif est à la fois un correctif de la démocratie, un moyen d'assurer, sous un couvert démocratique, un gouvernement oligarchique, ainsi qu'un régime adapté au rôle limité assigné à l'État par la doctrine libérale. Comme l'explique Burdeau, c'est le rôle restrictif de l'État, garant de l'individualisme, qui s'oppose à voir dans l'assemblée élue une représentation des électeurs en tant que tels, laquelle pourrait déterminer des moyens d'action de l'État en faveur des catégories qu'ils constituent[3]. Dans les conditions sociales et économiques du XIXe siècle et avec un suffrage censitaire, cette conception ne va nullement à l'encontre des intérêts oligarchiques mais au contraire les favorise.

Au surplus, si le peuple envisagé par la démocratie libérale classique n'est pas, comme celui des montagnards sous la Révolution, un peuple imaginaire, une représentation idéologique, il est réduit aux seules catégories qui, en fonction des conditions et des concep-

---

1. Ph. Bénéton, *op. cit.*, p. 175.
2. V. *De la liberté des Anciens comparée à celle des Modernes*, éd. de M. Gauchet, Paris, Le Livre de Poche (1980), rééd. 1989.
3. *Op. cit.*, p. 434 : « En assignant à la politique un domaine singulièrement exigu, cette conception autorise à circonscrire d'autant les sources d'inspiration de l'action politique. »

tions sociales de l'époque, sont jugées dignes et capables de choisir des représentants. La démocratie américaine originelle va jusqu'à s'accommoder, pour préserver l'union fédérale, de l'esclavage des Noirs dans les États du Sud. Le vote des femmes, quelle que soit leur condition, n'est pas plus envisagé qu'aujourd'hui celui des jeunes enfants. Les conditions de cens qui restreignent le suffrage à des degrés divers selon les pays sont réputées être des garanties de capacité et de responsabilité. Aussi bien, en principe, la question n'est pas celle de la représentation des individus mais celle du corps national. Le caractère fictif et idéaliste de cette conception est d'autant moins mis en évidence que la légitimité représentative coexiste, dans la plupart des pays, avec celle de monarques héréditaires. Les conflits qui s'ensuivent, ou les simples virtualités de conflit, tendent à occulter le caractère non démocratique de la représentation. Ailleurs, aux États-Unis, c'est la conception particulièrement restrictive de l'État, et surtout de l'État fédéral, qui masque la fiction. Dans les deux cas se manifeste le primat du libéralisme sur la démocratie. La formule de Lincoln à Gettysburg, qu'a reprise la Constitution française de 1958 : « gouvernement du peuple, par le peuple et pour le peuple », est à ce moment, et à cet endroit particulièrement, la plus éloignée qui soit de la réalité. Ce décalage résulte d'une certaine conception de l'égalité.

9 UNE CONCEPTION RESTRICTIVE DE L'ÉGALITÉ. — La démocratie libérale procède d'une conception purement juridique de l'égalité : l'égalité de statut, opposée aux différences d'ordre caractérisant la société traditionnelle. Il s'agit donc d'une égalité devant les droits qui sont affirmés par la conception moderne du droit naturel, laquelle inspire les deux grandes déclarations de la fin du XVIIIe siècle : la Déclaration d'indépendance américaine de 1776 et la Déclaration des droits de l'homme et du citoyen de 1789. Cette égalité de principe ne met pas en question les inégalités, notamment sociales et économiques, autres que celles contre lesquelles elle s'établit : les inégalités d'ordre et de naissance, les privilèges légaux. Elle tend essentiellement à l'égalité des chances sur un plan juridique sans prendre en considération la question des moyens. Selon la terminologie juridique traditionnelle, il s'agit essentiellement d'une égalité civile impliquant une capacité de jouissance mais non d'une égalité politique définie par une capacité d'exercice. Les restrictions au suffrage sont, dans cette perspective, considérées comme normales. De même qu'aujourd'hui la citoyenneté active s'acquiert à l'âge de la majorité, elle ne peut alors s'obtenir qu'en réunissant les conditions de sexe, de fortune, d'instruction qui sont réputées déterminer la capacité d'exercer les droits politiques. À partir de là, l'extension du suffrage est censée devoir résulter des progrès inéluctables de la société que l'établissement de l'égalité civile avait précisément pour objet de rendre possibles. S'agissait-il d'une illusion liée au caractère foncièrement optimiste de la philosophie libérale ? Il faut admettre que le principe égalitaire et l'égalité effective des droits civils contenaient en puissance l'égalité des droits politiques. L'établissement du suffrage universel (au moins masculin) répond en effet à un processus simultané et quasi uniforme dans la plupart des démocraties libérales classiques.

Section II
La démocratie, principe de légitimité :
les équivoques modernes

I | Un principe unique et réducteur

10 Le poids de l'histoire. — La tendance croissante au positivisme juridique a conduit nombre d'auteurs contemporains à des analyses de la notion de démocratie très différentes de celles des classiques. Mais les perspectives ont essentiellement été modifiées par des bouleversements historiques et de profondes évolutions constitutionnelles. Bouleversements historiques : la révolution bolchevique russe de 1917 réussit à installer de façon durable un régime idéologique et totalitaire se réclamant de la légitimité démocratique ; un peu plus tard, un autre régime totalitaire, le national-socialisme, advient au pouvoir par les voies légales de la démocratie parlementaire. En dépit de cette connivence profonde de ces régimes dans leur modernité radicale, illustrée un moment par le pacte germano-soviétique, les nécessités de la guerre et le jeu des alliances aboutissent à une confusion des valeurs, un consensus apparent tendant à présenter la victoire contre l'Allemagne nazie comme celle d'un principe de légitimité démocratique unique. La double perspective du primat d'un tel concept et du positivisme juridique ambiant conduit à envisager la démocratie libérale ou occidentale et la « démocratie marxiste » *in pari materia,* comme deux phénomènes dissemblables mais globalement du même ordre. Évolutions constitutionnelles : dans le même temps, toutes les démocraties libérales qui subsistent avaient connu la révolution du suffrage universel et le développement de partis de masse, avec, en conséquence, de sensibles modifications dans le fonctionnement des institutions représentatives classiques. L'une des constantes des conceptions classiques de la démocratie est l'absence de référence à un pluralisme politique structuré par des partis, ceux-ci n'existant encore que sous une forme élémentaire. L'une des constantes des analyses modernes est la référence permanente aux partis politiques qui tendent à faire partie intégrante de la définition même des différentes expressions du principe démocratique. La réflexion théorique fondamentale s'en trouve reléguée à l'arrière-plan, et il s'en faut que les théoriciens contemporains puissent se prévaloir de la part d'influence qu'ont exercée si durablement les classiques. Les équivoques persistent dans la détermination d'une définition de la démocratie. Mais ce qui semble désormais acquis, c'est l'identification entre la démocratie occidentale et l'État de droit moderne. Quand M. Gorbatchev déclarait qu'il voulait faire de l'URSS un État de droit, l'important n'était pas qu'il reconnaisse ainsi ce que chacun savait – que l'URSS n'était pas un État de droit –, mais que ce principe d'État de droit soit invoqué plutôt que celui de démocratie. L'État de droit moderne est l'héritier de l'État de droit occidental prédémocratique, et la continuité de la primauté du droit s'affirme au-delà de la révolution accomplie lors du passage de la légitimité traditionnelle à la légitimité démocratique.

11 Un monopole réducteur et manichéen. — Avec la défaite des Empires centraux en 1918, le principe de légitimité monarchique disparaît de la carte constitutionnelle européenne, tandis que la révolution de 1917 avait renversé l'Empire russe, resté à l'écart de la tradition juridique des monarchies de l'ancienne Europe. La victoire de la Grande-Bretagne, de la France, des États-Unis, puissances démocratiques, sur l'Allemagne et l'Autriche monarchiques est perçue comme celle de la démocratie sur les « survivances de l'Ancien Régime » (Arno Mayer). La conscience d'un tronc commun de racines juridiques communes entre États vainqueurs et vaincus disparaît sous le poids d'une vision unilatérale de la responsabilité des drames de la guerre et avec le triomphe définitif, que permettait la dislocation de l'Empire austro-hongrois, du principe des nationalités. Les célèbres 14 points du président Wilson traduisent bien l'état d'esprit qui résulte de la victoire chez les Alliés. Mais c'est dans le cadre des nouveaux États nés après la guerre que s'exprime le plus significativement cette répudiation des anciennes formes du constitutionnalisme. Les nouvelles constitutions, notamment celle de l'Autriche, en 1920, dont Kelsen est l'inspirateur principal, et de manière générale tous ces textes parfois appelés « constitutions de professeurs » tendent à l'établissement de régimes d'assemblées assortis d'exécutifs subordonnés : l'existence même d'un exécutif indépendant est disqualifiée comme une survivance indue du principe monarchique. La plupart de ces régimes n'ont pas tardé à connaître des crises et se sont rapidement orientés vers d'autres voies. Il en est résulté l'établissement de régimes autoritaires dans l'ensemble de l'Europe centrale et orientale. L'Allemagne fait plus ou moins exception à cette tendance : le principe de légitimité dynastique est répudié en 1918, mais le Reich demeure, et la Constitution républicaine qui lui est donnée en 1919 fait la part à un exécutif qui procède de la légitimité démocratique. C'est dans ce contexte constitutionnel, et en en respectant formellement les règles, que Hitler et le parti nazi conçoivent leurs premières entreprises de captation du pouvoir. Au début des années 1930, l'État de droit qui existait dans toute l'Europe centrale monarchique avant 1914 a disparu ou est sur le point de céder aux systèmes totalitaires dans la plupart des pays. Loin de se trouver le garant, qu'il est dans la tradition libérale anglo-saxonne, de l'État de droit, le principe de légitimité démocratique est invoqué comme le fondement des systèmes totalitaires nouveaux. Ainsi, constate Carl Schmitt, « le bolchevisme et le fascisme sont, comme toutes les dictatures, antilibérales mais pas nécessairement antidémocratiques »[1]. Une conception manichéenne et totalement irrationnelle oppose sans considération d'aucun autre critère l'ancien et le nouveau. Un exemple parmi d'autres : après les élections allemandes de juillet 1932 qui avaient augmenté de façon considérable la représentation nazie au Reichstag (elle passait de 107 à 230 sièges sur 608), Hitler était resté dans l'opposition et le gouvernement von Papen - von Schleicher, appelé le « ministère des Barons », maintenu en fonction jusqu'à des nouvelles élections convoquées en septembre. Léon Blum fait à ce propos cet étonnant « aveu » : « Von Papen et von Schleicher, ne nous lassons pas de le répéter, incarnent la vieille Allemagne d'avant 1914, dont la Révolution victorieuse a, par un irréparable malheur, laissé subsister les fondations et les cadres, l'Allemagne impériale, féodale, patronale, piétiste, avec son sens massif de la discipline, son orgueil collectif, sa conception à la fois scientifique et religieuse de la civilisation. Hitler, au contraire..., ici les définitions sont plus difficiles, mais nous pouvons bien dire cependant qu'il symbolise un esprit de changement, de rénovation, de révolution. Dans le creuset du racisme hitlérien bouillonnent confusément, à côté de certaines traditions nationales de la vieille Allemagne, tous les instincts contradictoires, toutes les angoisses, toutes les misères, toutes les révoltes de l'Allemagne nouvelle. Qu'en sortirait-il le moment venu, dans quel moule viendrait se fixer le jet de métal en fusion ? Nul ne peut le dire exactement, mais c'est contre cette virtualité mystérieuse et formidable que les hommes de l'Allemagne impériale, appuyés sur la Reichswehr, opposent aujourd'hui leur barricade. En ferai-je l'aveu ? Si je me plaçais sur le plan du "devenir", la victoire de von Schleicher me paraîtrait encore plus décevante, encore plus désolante que celle de Hitler. »[2]

C'est que Blum, parmi d'autres dirigeants dans les démocraties occidentales, ne voit pas en Hitler le plus grave danger pour ces régimes et pense que ce danger vient de Mussolini, mais aussi, et surtout, de la Pologne de Pilsudski, des « cléricaux autrichiens » et de l'archiduc Othon dont il ne craint rien tant que la restauration[3].

1. *Parlementarisme et démocratie,* Paris, Seuil, 1988, p. 115.
2. *Le Populaire,* 3 août 1932 (cité par J. Bariety, v. n. 25).
3. J. Bariety, Léon Blum et l'Allemagne, in *Les relations franco-allemandes, 1933-1939,* éd. coll. int. CNRS, 1975, n° 563, p. 41.

On ne peut que rappeler le mot de Giraudoux constatant qu'au moment de la remilitarisation de la Rhénanie le Quai d'Orsay poursuivait tranquillement sa politique séculaire : l'abaissement de la maison d'Autriche. Une opposition aveugle entre un principe traditionnel de légitimité, pourtant virtuellement éliminé, et un principe démocratique connoté de populisme et de démagogie tend ainsi à occulter l'opposition fondamentale qui sépare les régimes totalitaires des États de droit. Tel est l'effet réducteur du monopole du principe démocratique, de la référence commune à la légitimité démocratique des régimes libéraux et des différentes formes de totalitarisme. Sans doute, la prise de conscience de l'erreur ainsi commise a-t-elle été assez rapide en ce qui concerne le nazisme, dont l'inspiration antidémocratique a d'emblée été perçue par beaucoup et dont les pratiques totalitaires s'étalaient au grand jour. Mais les régimes totalitaires léninistes n'ont-ils pas longtemps réussi à imposer leur qualification de « démocraties populaires » ?

12 Deux types de démocratie ? — Partant de la considération que la démocratie constitue un principe universel de légitimité, nombre de constitutionnalistes contemporains ont en effet considéré deux types de régimes démocratiques : les démocraties occidentales ou libérales et les démocraties orientales ou marxistes. Selon Burdeau, « il ne servirait de rien, pour redonner un sens (au terme de démocratie) de la définir rationnellement, car il faudrait encore qualifier ces régimes qui seraient exclus de cette définition et expliquer pourquoi ils se prétendent démocratiques. Quant à utiliser les qualificatifs "réelle", "formelle", "vraie", "populaire", "organique", c'est accepter à l'avance une conception subjective de la démocratie qui n'est certes pas dépourvue de valeur pour celui qui y adhère, mais qui, scientifiquement, n'a même pas le mérite de proposer une définition précise. Force est donc de tenir pour acquise l'existence de deux types de démocratie »[1]. Telle est aussi la conception de Georges Vedel : à partir d'un élan unique vers la liberté, la démocratie diverge en deux courants selon qu'elle est réfractée par une conception spiritualiste ou matérialiste. L'une « porte des régimes politiques représentatifs, tempérés, libéraux, en éveil, sinon en

---

1. *Op. cit.*, t. V, p. 512.

défiance contre la mainmise de l'État sur la vie économique, tournés vers le respect de la liberté entendue comme une valeur déjà existante, réalisée et vécue. L'autre porte les régimes de démocratie directe et de gouvernement des masses, socialistes et planificateurs, tournés vers la liberté de demain et vers l'œuvre de libération de l'homme qui en est la condition »[1]. Nombre d'analyses récentes sont allées en sens contraire, et c'est avec le renouveau du libéralisme, le déclin de prestige du marxisme dans la pensée contemporaine, comme en général de toutes ces doctrines dont l'ambition est de perfectionner l'humanité future au dépens de l'être humain présent, le rôle de la littérature « dissidente » de l'Est, les développements de la soviétologie (et les ouvrages d'Alain Besançon) et de l'analyse du phénomène totalitaire que s'est affirmée l'idée d'une différence irréductible de nature entre « démocratie et totalitarisme », selon l'un des titres les plus célèbres de Raymond Aron. Le point de départ de la classification des régimes politiques modernes réside, selon Aron, dans la distinction entre parti unique et pluripartisme. Ce critère permet de distinguer les régimes qualifiés de constitutionnels-pluralistes qui sont, depuis la généralisation du suffrage universel, les régimes démocratiques, et les régimes à parti unique ou monopolistique. Le pluralisme des partis implique la concurrence politique pacifique qui s'exprime par la pratique d'« élections contestées », c'est-à-dire d'élections librement disputées selon des règles établies et admises : c'est en cela que le régime est « constitutionnel ». Le principe des élections contestées comporte des conséquences essentielles : l'exercice du pouvoir est essentiellement temporaire, susceptible d'être remis en cause à l'occasion de chaque scrutin régulièrement tenu et, d'autre part, l'existence d'une opposition est tenue pour légale et normale dans le fonctionnement des institutions politiques. Il s'ensuit que l'exercice du pouvoir ne doit pas être seulement légal (conforme au droit, essentiellement aux règles constitutionnelles) mais « modéré », de telle sorte que l'opposition, la minorité, ne soit pas tentée de sortir de la légalité mais trouve au contraire son avantage dans le débat institutionnalisé.

À l'opposé, le monopole de l'activité politique par un seul parti détermine un système étatique d'une autre nature : l'État n'est plus

---

1. G. Vedel, *Manuel de droit constitutionnel*, Paris, Sirey, 1949, rééd. 1984, p. 246-247.

un « État de partis » mais un État partisan, indissociable de l'idéologie qui est celle du parti unique, et obligé ainsi de limiter la liberté de discussion politique : « Puisque l'État pose comme valable absolument l'idéologie du parti monopolistique, il ne peut pas laisser officiellement mettre en question cette idéologie. En fait, la limitation de la liberté de discussion politique varie en degré selon les régimes de parti unique. Mais l'essence d'un régime de parti unique, où l'État est défini par l'idéologie du parti monopolistique, c'est de ne pas accepter toutes les idées, de soustraire nombre d'idées partisanes à la discussion ouverte. »[1] Cependant il existe différentes catégories de régimes à parti monopolistique, selon la nature plus ou moins englobante de l'idéologie en cause et le degré d'emprise de l'État sur la société. Nombre de partis uniques, dans les pays non développés, sont seulement des alibis, dépourvus de contenu idéologique, au pouvoir d'une oligarchie ou d'un chef plus ou moins charismatique. Ces partis n'ont que peu ou pas d'emprise sur la société, alors que, dans les régimes totalitaires, dont le modèle était l'Union soviétique, le parti se confondait avec l'État qui prétendait englober totalement la société.

Certes, reconnaît Aron, les partis ne sont qu'une institution parmi d'autres, qui n'a même pas d'existence officielle dans certaines démocraties classiques : pourquoi faire du nombre des partis le critère de la *summa divisio* entre les régimes politiques modernes ? C'est que ce critère correspond à une situation du fait : « L'opposition qui semble dominer l'Europe actuelle est celle des régimes où un parti unique révolutionnaire se réserve le monopole de l'activité politique, et des régimes où des partis multiples acceptent des règles pacifiques de concurrence (...). Dès lors, ce qui importe avant tout, à l'époque où la souveraineté démocratique est acceptée comme évidente, c'est la modalité institutionnelle de la traduction du principe démocratique. Parti unique et partis multiples symbolisent deux modalités caractéristiques de la traduction institutionnelle de l'idée de la souveraineté populaire. »[2] Ainsi, Aron admet l'existence d'un principe unique de légitimité mais déduit de l'opposition entre régimes à partis multiples et régimes à parti unique une véritable dif-

---

1. *Démocratie et totalitarisme*, Paris, Gallimard, coll. « Folio », 1965, p. 82.
2. *Ibid.*, p. 97. Souligné dans le texte.

férence de nature, qui se marque d'autant plus que le parti unique est celui d'une idéologie englobante.

Tel est le fondement de sa distinction entre démocratie et totalitarisme. Cette analyse rejoint partiellement celle de Giovanni Sartori, pour qui « le fait que l'on parle de "démocraties populaires" n'est pas la preuve qu'elles existent, c'est-à-dire que le pouvoir du peuple soit, dans ces régimes, d'une manière ou d'une autre opérant »[1]. L'expression de démocratie populaire est évidemment redondante et, si elle a un sens, c'est par rapport à l'idée de démocratie directe – opposée à celle de démocratie représentative – et qui était, après Rousseau, celle de Marx. Or il est évident que les régimes de type soviétique n'étaient pas des démocraties directes : « Leur objectif, lorsqu'elles ne l'ont pas déjà atteint, est la planification totale. Or la planification totale et la démocratie directe s'excluent mutuellement. (...) Le progrès vers la démocratie directe suppose la disparition des domaines réservés aux seuls experts ; au contraire, le progrès vers la planification totale suppose que tout soit dirigé d'en haut par une avant-garde technicienne. »[2] L'autre caractéristique des régimes de type soviétique se trouvait dans le système du parti unique. Sartori se réfère ici à Kelsen qui observe que si, comme le soutenait Staline, « un parti politique n'était que le parti d'une classe, et s'il ne pouvait y avoir pluralité des partis que lorsqu'il existe des classes antagonistes, il n'y aurait aucune raison de ne pas accorder une liberté complète aux partis politiques en Union soviétique »[3]. Mais, souligne Sartori, la seule remarque de bon sens à retenir de toute la littérature apologétique des systèmes communistes est que « la dictature et le parti unique (y) étaient et demeurent "nécessaires". C'est peut-être vrai mais, s'il en est ainsi, que vient faire ici la démocratie ? Car soutenir que dans une certaine situation il est nécessaire d'avoir recours à la dictature revient à soutenir que dans cette situation la démocratie est impossible. Si je n'ai parlé que de la démocratie de type occidental, c'est qu'il ne semble pas qu'il en existe d'autres ; en d'autres termes, c'est parce que je ne crois pas qu'un nom suffise à conférer la qualité démocratique »[4]. La critique de Sartori se précise

---

1. *Théorie de la démocratie*, Paris, A. Colin, 1973, p. 325.
2. *Ibid.*, p. 335.
3. Cité *ibid.*, p. 340.
4. *Ibid.*, p. 340-341.

à l'endroit de la théorie de Burdeau, et notamment de sa distinction entre la démocratie gouvernée (classique, représentative) et la démocratie gouvernante (l'autogouvernement, l'identité entre gouvernants et gouvernés), dont les « démocraties populaires » auraient effectivement franchi le seuil[1] : « Burdeau n'a fait qu'habiller de neuf et d'une terminologie moderne la vieille distinction entre démocratie directe et démocratie représentative ; il projette dans l'avenir un modèle du passé. De cette manière, il émet un faux diagnostic aussi bien que de faux pronostics. »[2] Un faux diagnostic car les « démocraties populaires » ne sont pas des démocraties gouvernantes ; de faux pronostics car la démocratie vraiment directe, la démocratie pure, est, comme l'avait pressenti Rousseau, inventeur de la notion « contraire à la nature des choses »[3].

Sartori note encore : « Il est correct de dire que la science ne peut pas choisir entre la conception occidentale et la conception orientale de la démocratie, mais à une condition : que ce soit réellement le cas, que ce soit une alternative correcte. C'est précisément ce que le politiste, non moins que le théoricien politique, doit découvrir. Autrement, sous prétexte de neutralité – à la manière de Ponce Pilate – il ne cherche plus la connaissance et cesse d'être un savant. Et s'il découvre que le choix en cause n'existe pas en tant que choix entre démocraties, il lui appartient justement de définir la véritable alternative. (...) Ce qui est ici en cause n'est absolument pas le caractère souhaitable de telle démocratie par rapport à telle autre, mais de savoir s'il est bon d'écrire "démocratie" là où, pour faire comprendre à l'Ouest comme à l'Est ce dont on traite, il faudrait écrire "dictature". Ce n'est pas prendre parti ; ou alors, c'est prendre le parti de la science contre le mensonge. (...) Le mot "démocratie" doit obligatoirement être employé dans un sens qui se rapporte à sa signification historique et sémantique, d'une manière qui ne se trompe pas. Et je considère que c'est là un devoir scientifique, une règle que le politiste doit appliquer, du moins s'il veut que sa science existe en tant que science. »[4] L'universalité du principe de légitimité démocratique ne suffit pas à permettre de qualifier

---

1. V. G. Burdeau, *La démocratie,* Paris, Le Seuil, 1966.
2. *Op. cit.,* p. 75.
3. Ce que vise en réalité Rousseau par cette formule est l'exercice par le peuple du pouvoir exécutif.
4. *Op. cit.,* p. 350.

de démocratie les régimes autoritaires et plus encore les régimes totalitaires qui prétendaient s'appuyer sur la volonté populaire : la revendication par ces régimes du label « démocratie » se réduit à ce qu'ils se réclamaient d'un principe de légitimité qu'ils ne respectaient ni n'entendaient pas respecter.

13 LE CRITÈRE MINIMAL. — La notion la plus simple, la plus élémentaire de démocratie suppose non seulement que le pouvoir repose sur le consentement du peuple, ce qui était aussi le cas des régimes traditionnels, mais surtout qu'il ait sa source dans le peuple. Dans les « démocraties populaires », la source populaire du pouvoir résultait d'une hypothèse qui n'était jamais vérifiée par des procédures adéquates. Et la notion de peuple procédait d'une représentation idéologique, une abstraction équivalant à une falsification idéologique de la réalité. Certes, le « peuple » dans les démocraties libérales ne se confond pas entièrement avec le peuple réel : « Le peuple, c'est essentiellement le corps électoral tel qu'il s'exprime notamment au travers du système des partis dans les diverses modalités de scrutin : législatifs au moins, présidentiels et référendaires s'il y a lieu. Il s'agit donc d'une notion juridique, mais non d'une fiction : le corps électoral, c'est-à-dire l'ensemble des citoyens actifs est ce qui, fonctionnellement, tend le plus à s'approcher du peuple réel en tant que celui-ci est concerné par le fait politique. Et la démocratie existe dès lors que cet ensemble de citoyens a le pouvoir de choisir librement ses dirigeants à intervalle périodique, ce qui implique celui de les révoquer. Les "démocraties populaires" sont de manière évidente, à cet égard, des démocraties fictives : un peuple imaginaire y détient le pouvoir, le peuple réel y est sujet. C'est donc dénaturer le sens des mots que parler de "démocratie" s'agissant de ces régimes : non seulement le pouvoir n'y a pas sa source dans le peuple, mais en violant ainsi le principe démocratique dont ils se réclament, ils ne peuvent même pas se prévaloir du simple consentement du peuple. »[1] Ce critère fonctionnel du libre choix des dirigeants est nécessaire et suffisant pour distinguer les régimes démocratiques des autres. Il permet, dans un premier temps, de faire l'économie d'autres critères dont l'usage est généra-

---

1. Ph. Bénéton, *op. cit.*, p. 156.

lement reproché à l'école libérale par l'école positiviste. Il ne permet pas, en effet, de définir la démocratie occidentale en ce que celle-ci est essentiellement libérale. Son degré d'application est donc limité mais il est essentiel. Ainsi, il permet de classer parmi les démocraties l'Inde des années 1970, à l'époque de l'état d'urgence proclamé par le Premier ministre Indira Gandhi. Ce régime d'inspiration britannique avait alors perdu les principaux caractères de démocratie libérale que lui confère sa constitution : suppression de la liberté de la presse, arrestation des dirigeants de l'opposition, campagnes de stérilisation forcée, révision constitutionnelle, en 1976, tendant à préparer la dérive vers un régime de type marxiste. Mais, ayant perdu les élections de 1977, Indira Gandhi s'est retirée sans contestation et a laissé le pouvoir à la coalition des partis de l'opposition. Tel est le premier et le plus sûr critère d'un régime démocratique. De ce point de vue, on peut rejeter doublement l'argumentation de Georges Vedel (dans son célèbre Manuel de 1949) qui, admettant, comme on l'a dit, l'existence de deux conceptions également « vraies du seul point de vue de la démocratie », en déduit que le critère qui permet de les départager est extérieur et supérieur à la notion de démocratie, parce qu'il engage une philosophie fondamentale et un système de l'univers. « Ni les Grecs, écrit Georges Vedel, quand ils dessinaient une certaine image de l'homme et du monde, ni l'Évangile quand il affirmait la dignité et la valeur de l'homme racheté, ni Saint Louis donnant le modèle d'un pouvoir qui soit un service n'avaient en vue le gouvernement démocratique, et cependant, entre tant de sources, celles-là sont essentielles pour comprendre la civilisation qui a donné naissance à la conception occidentale de la démocratie. »[1] Ce faisant, Georges Vedel scrute les sources profondes de la démocratie libérale, opposée en tant que telle aux systèmes totalitaires, mais cette réflexion qui rend compte de l'origine jusnaturaliste de la démocratie libérale n'est pas en soi indispensable pour distinguer les régimes démocratiques, éventuellement non libéraux, de ceux qui ne le sont pas, quoiqu'ils s'en réclament. L' « autre conception de la démocratie » se réduit à un système totalitaire qui, se prévalant du principe de légitimité démocratique, à l'encontre même du critère minimal qui vient d'être défini, appa-

---

1. *Op. cit.*, p. 249.

raît dans l'histoire comme une forme de pouvoir purement nouvelle – *proles sine matre creata* – et peut-être aussi désormais comme une simple parenthèse[1]. En effet, pour établie qu'elle fût intellectuellement et juridiquement, l'inanité d'une double conception de la démocratie ne s'est finalement imposée qu'à l'épreuve des faits, à la suite de l'effondrement, aussi rapide qu'inattendu, du système soviétique. Sans doute il était clair dès longtemps que ceux des pays d'Europe qui avaient été inclus par la force dans l'orbite du système soviétique rejoindraient le modèle constitutionnel européen de démocratie dès qu'ils auraient retrouvé la liberté de choisir le mode de leur gouvernement. C'est ce qui s'est rapidement produit dès après la chute du mur de Berlin (novembre 1989) avec, cependant, le maintien de certaines poches de fixation (Serbie, Albanie, Roumanie jusqu'en 1996). L'ensemble des pays « satellites » se sont ainsi dotés d'institutions démocratiques en établissant – ou, le cas échéant, en rétablissant – le régime parlementaire. En Russie, cependant, la question de l'instauration d'institutions démocratiques se présente de manière plus complexe (v. n° 55 *bis*) et qui n'induit pas forcément à l'optimisme quant à l'idée d'un développement inéluctable du modèle démocratique dans le monde, qui consommerait la « fin de l'histoire » (F. Fukuyama)[2].

14 Une conception positiviste relativiste : Kelsen. — Pour Kelsen, le plus éminent représentant moderne du positivisme juridique, « la démocratie est simplement une forme, une méthode de création de l'ordre social »[3]. Cette conception procède d'une définition du droit en termes de forme législative, de loi au sens formel du terme, œuvre d'un législateur. Cette loi peut recevoir n'importe quel contenu. Tout État est par définition un État de droit, car toute activité de l'État est par définition de nature juridique, créant un ordonnancement juridique : « L'assertion selon laquelle il n'existe pas d'ordonnancement juridique *(Rechtsordnung)* sous un régime despotique est complètement dépourvue de sens. (...) Dénier cette qualification d'ordonnancement juridique n'est rien

---

1. V. J. Baechler, *La grande parenthèse (1914-1991). Essai sur un accident de l'histoire,* Paris, Calmann-Lévy, 1993.
2. V. *Commentaire,* 1989, n° 47.
3. *Op. cit.,* p. 89.

que naïveté et présomption dérivant des idées sur le droit naturel. (...) Ce qui est interprété comme étant une volonté arbitraire n'est autre que la possibilité légale donnée à l'autocrate d'assumer toute décision, de déterminer de manière inconditionnelle les activités des organes subordonnés et d'abroger ou changer à tout moment les normes précédemment annoncées, soit de manière générale, soit dans un cas particulier. Une telle situation est une situation de droit, même si on peut la juger désavantageuse. Elle a aussi ses aspects positifs. Les appels à la dictature, qui ne sont pas rares dans l'État de droit moderne, le montrent très clairement », écrit Kelsen dans ses *Allgemeine Staatslehre*, en 1925. De là il s'ensuit plus tard que, « du point de vue de la science juridique, le droit sous le régime nazi était le droit. Nous pouvons le regretter, mais nous ne pouvons nier que ce fût le droit »[1]. Bien loin de contenir l'idée d'une garantie constitutionnelle du droit, cette notion formelle d'État de droit s'apparente à une tautologie. Définissant ainsi État de droit et démocratie en termes purement formels, Kelsen en déduit que « même un État où la puissance étatique sur l'individu recevrait une extension illimitée, c'est-à-dire où la "liberté" individuelle serait totalement anéantie et l'idéal libéral intégralement nié, pourrait encore constituer une démocratie, pourvu que l'ordre étatique fût créé par les individus qui y sont soumis »[2]. Il s'agit là en somme du critère minimal qui a été précédemment défini et pour lequel nous avions utilisé l'exemple de l'Inde en 1975-1977. Il s'agit là, dans une hypothèse poussée à l'extrême, du sens normal et positif du terme « démocratie » qui ne se confond pas avec celui de « démocratie libérale » ou « occidentale » mais qui s'y trouve au moins contenu. La démocratie moderne qui tend à se confondre avec la démocratie du type occidental – même, en période normale, dans le cas de l'Inde – fait siennes, en tant qu'héritière de la démocratie libérale classique, les notions de liberté individuelle et d'État de droit, mais celles-ci peuvent lui rester étrangères. Le positivisme kelsénien paraît ainsi conduire à ce type de démocratie aux antipodes du gouvernement modéré. Et à ce positivisme pourrait se

---

1. *Das Naturrecht in der Politischen Theorie*, 1963. Textes cités *in* Ph. Nemo, *La société de droit selon F. A. Hayek*, Paris, PUF, 1987, p. 166.
2. *La démocratie*, préc., p. 22. C'est nous qui soulignons.

superposer un fidéisme démocratique en vertu duquel, selon Jouvenel, l'idée de source légitime du pouvoir supplante celle de l'emploi légitime du pouvoir[1]. Mais cette association du positivisme juridique et du fidéisme démocratique, répandue dans la conception courante de la démocratie moderne, n'est pas du tout le fait de Kelsen dont la conception positiviste est à la base d'une réaction cohérente contre le fidéisme. Il se défend d'une conception métaphysico-religieuse de la démocratie en vertu de laquelle le peuple détiendrait la vérité et le sens du bien et ne reconnaît pas plus un « droit divin » du peuple qu'il n'admet celui des princes. Kelsen, à cet égard, tient à prendre ses distances à l'endroit de Rousseau lorsque celui-ci « pour justifier la force obligatoire des décisions de la majorité, l'autorité de cette majorité, allègue que la minorité s'est trompée sur le contenu vrai de la volonté générale ». Mais, poursuit Kelsen, « chacun le sent, les défenseurs de la démocratie recourent alors à une argumentation entièrement étrangère à son essence »[2]. Quelle est donc cette « essence » de la démocratie dans la vision positiviste de Kelsen ? Elle réside dans une conception relativiste des valeurs régies par l'ordre politique : « La démocratie estime la volonté politique de tous égale, de même qu'elle respecte également toutes les croyances, toutes les opinions politiques, dont la volonté politique est simplement l'expression. (...) La domination de la majorité, si caractéristique de la démocratie, se distingue de toute autre domination parce qu'en son essence la plus profonde, non seulement elle suppose par définition même, mais encore reconnaît politiquement et, par les droits et libertés fondamentaux, par le principe proportionnaliste, protège une opposition – la minorité. »[3] Cette observation se fonde également sur une donnée positive : « Une dictature de la majorité sur la minorité n'est à la longue pas possible du seul fait qu'une minorité condamnée à n'exercer absolument aucune influence renoncera finalement à une participation purement formelle »[4] ; ce qui s'est effectivement produit dans les assemblées sous la Révolution. Le fonctionnement même du principe majoritaire suppose le droit à l'existence de la minorité, et la possibilité pour

1. *De la souveraineté,* Paris, Librairie de Médicis, 1955, p. 8.
2. *Op. cit.,* p. 90.
3. *Ibid.,* p. 92.
4. *Ibid.,* p. 59.

celle-ci d'exercer une influence dans le processus de décision, du moins dans le système de démocratie représentative, et plus particulièrement de démocratie parlementaire. De l'existence légale de la minorité, il résulte non pas la nécessité, mais au moins la possibilité d'une protection constitutionnelle de la minorité, expression supérieure du principe de légalité. En fin de compte, la conception kelsénienne de la démocratie implique une idée d'autolimitation qui revêt plusieurs aspects. « Si elle écarte cette autolimitation que représente le principe de légalité (...) la démocratie se dissout en effet elle-même. » Et, s'agissant de la protection constitutionnelle de la minorité, « elle signifie, cette autolimitation, que le catalogue des droits et libertés fondamentaux, jusqu'alors instrument de protection de l'individu contre l'État, devient un instrument de protection de la minorité, d'une minorité qualifiée, contre la majorité simplement absolue ; que les mesures qui touchent à certains intérêts nationaux, religieux, économiques ou spirituels ne peuvent être décidées contre l'opposition de cette minorité, supposent donc qu'elle soit d'accord avec la majorité »[1]. En mettant en évidence cette notion d' « essence » de la démocratie, la conception positiviste de Kelsen semblerait se teinter d'un certain idéalisme (mais il ne s'écarte pas d'une logique toute fonctionnelle de la démocratie représentative), et, en prenant en considération la qualité de certains intérêts, sa conception de la légalité, ou de l'État de droit, converge *de facto* avec celle des tenants du droit naturel moderne. Le positivisme kelsénien aboutit ainsi à une notion constructive du constitutionnalisme postulant un contrôle de la constitutionnalité de la loi par une juridiction spécialisée : c'est un des apports récents les plus importants au développement de l'État de droit contemporain (v. n° 42).

15 CRITIQUE DU POSITIVISME FIDÉISTE. — Le fidéisme démocratique consiste, à l'intérieur du système de démocratie occidentale ou libérale, à poser le primat de la source démocratique du pouvoir sur le contenu libéral des normes. L'essentiel est que soit obéie la volonté de la majorité, exprimée au terme d'une procédure régulière, certes, mais sans considération de son contenu. Cette idée implique à terme la possibilité d'une oppression de la minorité par

---

1. *Ibid.*, p. 58.

la majorité et, sur le plan de la conception du droit, que l'opposition « a juridiquement tort parce qu'elle est politiquement minoritaire », selon la formule ciselée d'un député français en 1981. Montesquieu avait prévu cette tendance à la confusion entre le pouvoir du peuple et la liberté du peuple dans les démocraties[1]. Bonald, qui se rattache – n'en déplaise au préjugé – au courant modéré au sens de Montesquieu, a parlé des *crimes des majorités* (il souligne le mot)[2]. Le régime démocratique est envisagé comme un système de procédure apte à produire mécaniquement une décision dont la valeur n'est pas sujette à caution. « Cette foi démocratique est, en effet, une foi dans une mécanique »[3], et c'est en cela qu'elle touche à la conception positiviste kelsénienne. Or, dans l'État de droit, la valeur de la norme juridique n'est nullement déterminée par le fait que le législateur soit ou non démocratiquement désigné. Cette question détermine aussi une opposition entre libéralisme et démocratie qu'Hayek développe en ces termes : « Le libéralisme est une doctrine disant ce que le droit doit être, alors que la démocratie est une doctrine disant de quelle manière doit être déterminé ce que sera le droit. Le libéralisme considère comme souhaitable que seulement ce que la majorité accepte devienne effectivement la loi, mais il ne croit pas que la règle de la majorité soit en elle-même un critère suffisant pour déterminer ce qu'est une loi bonne. Son but est de persuader la majorité d'observer certains principes. Il accepte la règle de la majorité comme méthode de décision, mais non comme une source faisant autorité pour déterminer le contenu même de la décision. Pour le démocrate doctrinaire, au contraire, le fait que la majorité veuille quelque chose est une base suffisante pour considérer cette chose comme bonne ; pour lui, la volonté de la majorité détermine non seulement ce qui est loi, mais ce qu'est une bonne loi. »[4] La critique libérale met donc l'accent sur la synthèse qui doit s'opérer entre principe démocratique et principe libéral dans les

---

1. *De l'Esprit des lois*, XI, 2.
2. « Y aurait-il une justice *inamissible* dans les masses ? Certes, il faudrait avoir bu les eaux du Léthé pour oublier les *crimes des majorités*, et les lois qu'elles ont fait taire ; et les trônes qu'elles ont renversés ; et les autels qu'elles ont brisés ; et l'infamie qu'elles ont fait asseoir sur le tabernacle du Dieu vivant ; et le sang du juste qu'elles ont répandu » (Bonald, *Les vrais principes opposés aux erreurs du XIXe siècle*, 1833, p. 161).
3. Ph. Bénéton, *op. cit.*, p. 191.
4. *The Constitution of Liberty*, p. 103-104, cité *in* Ph. Nemo, *op. cit.*, p. 121.

démocraties du type occidental, qui sont définies comme des régimes mixtes.

Raymond Aron fait sienne, mais en la nuançant, l'opposition définie par Hayek : « Je ne suis pas un "démocrate dogmatique" et je rejoindrais volontiers Hayek : la démocratie, plus un moyen qu'un but, est le régime qui, surtout à notre époque, donne la meilleure chance de sauvegarder la liberté (celle du libéralisme européen). J'ajouterai cependant que le lien entre cette liberté et la démocratie est plus étroit que ne le suggère la formule moyen-fin. La démocratie marque l'aboutissement logique de la philosophie libérale. Les élections, la concurrence des partis, les assemblées ne constituent après tout que des procédures pour choisir les gouvernants ; ce choix ne détermine pas les objectifs que se proposeront les élus. Mais ces procédures, à condition d'être respectées, garantissent le transfert du pouvoir d'un homme ou d'un groupe à un autre homme ou à un autre groupe. »[1] Ainsi il existerait bien une vertu en quelque sorte mécanique, inhérente à la démocratie, qui n'est sans doute pas relative au contenu de la loi, mais résulte du critère minimal de définition retenu précédemment : la liberté du choix des dirigeants à intervalle régulier est de nature à prévenir la dérive d'un régime démocratique. Cela est encore illustré par le cas de l'Inde en 1977 : le respect par Indira Gandhi de la procédure démocratique a permis l'accession au pouvoir des partis de l'opposition et, par suite, le rétablissement d'un régime de liberté. Le développement historique, où le droit à sa part, a consacré la démocratie par essence comme un gouvernement mixte[2]. Et c'est en assumant sans faille cet apparent contradictoire que se fait la démocratie (laquelle s'édifie sur la contradiction). Le cas de la plus grande démocratie du monde est exemplaire à cet égard (v. n° 44). Il reste que le fidéisme démocratique est l'un des facteurs qui tendent, de manière récurrente à l'époque contemporaine, à atténuer, voire à effacer le caractère mixte, démocratique et libéral, des régimes du type occidental. Cependant ces tendances sont bornées par les fondements institutionnels spécifiquement libéraux, mais non essentiellement démocra-

---

1. *Essai sur les libertés*, préc., p. 121.
2. Sur la démocratie contemporaine comme gouvernement mixte, v. P. Pasquino, Constitutional adjudication and democracy. Comparative perspectives, *Ratio Juris,* 11, n° 1 (mars 1998), p. 38 et s.

tiques, du régime mixte de démocratie occidentale que sont notamment la séparation des pouvoirs, le principe de légalité des actes administratifs, le contrôle de constitutionnalité des lois, c'est-à-dire les garanties de l'État de droit moderne.

II | L'ÉTAT DE DROIT

16 Repères historiques. — Le modèle de légitimité traditionnelle qui prévaut au moment de l'émergence des principes d'égalité naturelle et de démocratie présente des traits spécifiques de constitutionnalisme qui préfigurent l'État de droit moderne. Le système politique le plus répandu dans l'Europe classique, creuset des idées nouvelles, est la monarchie absolue. Elle est aussi dite de droit divin, non pas en ce sens qu'elle serait une théocratie mais parce que, étant de façon immémoriale le pouvoir établi, elle est tenue pour partie de l'ordre institué par la Providence. La monarchie absolue tire ainsi sa légitimité de la tradition, de sa propre antiquité qui par elle-même l'inscrit dans l'ordre divin, à travers la Providence ordinaire, naturelle. Ce régime n'est absolu que dans son principe – le roi est absolu dans la mesure où il est souverain, où il n'est soumis à aucune autorité qui lui serait supérieure – et n'implique pas un exercice despotique du pouvoir ni, plus fondamentalement, une conception absolutiste de la souveraineté. Royer-Collard a pointé en cet endroit qu'« absolu » a le sens de « non arbitraire ». Cette monarchie traditionnelle n'exerce pas son pouvoir dans une société composée d'individus égaux en droit mais constituée en ordres ou états aux droits, privilèges et devoirs distincts. De cette stratification sociale, héritée du Moyen Âge, résulte une multitude de contre-pouvoirs. Mais, plus fondamentalement, la souveraineté est limitée par la loi, au sens classique du terme, revêtant trois figures : celle de la loi divine, qui s'impose au monarque en tant que dispensateur de la justice ; celle de la loi naturelle, par quoi il doit respecter les droits civils de ses sujets ; celle de la constitution coutumière de l'État, désignée en France sous le nom des lois fondamentales. Dans ce type de monarchie, enseigne Montesquieu, le souverain, contrairement au tyran ou au despote, gouverne selon des lois fixes et établies, et en vue du bien commun. Ainsi, « la France, écrit Guy Coquille en 1642, est une monarchie tempérée par les lois » *(Institution au droit des Français)*. À l'égard de ces lois fondamentales s'opère une forme de contrôle de constitutionnalité des actes du monarque, comme l'illustrent l'exemple de la cassation du testament de Louis XIV et l'annulation de l'édit de juillet 1714, qui violaient la théorie statutaire de dévolution de la couronne, par l'édit de juillet 1717 : « Puisque les lois fondamentales de notre royaume nous mettent dans une heureuse impuissance d'aliéner le domaine de notre couronne, nous faisons gloire de reconnaître qu'il nous est encore moins libre de disposer de notre couronne même. » De manière générale, en France et, *mutatis mutandis,* dans plusieurs monarchies continentales, le dépôt des lois auprès des cours souveraines permet de vérifier la non-contrariété des actes de l'exécutif législateur à la constitution coutumière en instituant un droit de remontrance auprès du souverain, qui reste toutefois, en dernière instance, le juge suprême de la constitutionnalité. Ce système d'État de droit monarchique met plus l'accent sur l'intérêt de l'État que sur celui des sujets. Mais la soumission à l'autorité y repose sur une certaine qualité de la nature des rapports entre le prince et les sujets : « Quelque soumis que fussent les hommes de l'Ancien Régime aux volontés du roi, écrit Tocqueville, il y avait une sorte d'obéissance qui leur était inconnue : ils ne savaient pas ce que c'était que se plier sous un pouvoir illégitime et contesté, qu'on honore peu, que souvent on méprise, mais qu'on subit volontiers parce qu'il sert ou peut nuire. Cette forme dégradante de la servitude leur fut toujours étrangère. »[1] « Il n'y a que les sujets des États monarchiques qui sachent garder la mesure dans l'obéissance. Si Bonaparte avait voulu se faire Dieu, le collège des prêtres était tout prêt. »[2]

Mais c'est évidemment au départ de la tradition anglaise de l'État de droit que sa réception s'est opérée dans la plupart des États modernes. À la différence de la tradition française, l'anglaise met l'accent sur les droits individuels des sujets. Le règne de droit

---

1. *L'Ancien Régime et la Révolution*, II, 11.
2. « Il aurait été adoré ; et peut-être nos *Brutus* et nos *Cassius*, ces fiers ennemis des rois, lui doivent quelque reconnaissance pour leur avoir épargné cette dernière honte » (Bonald, *Œuvres*, 1845, VI, p. 82).

(the rule of law) résulte d'une longue pratique constitutionnelle et juridique où le juge a joué un rôle essentiel. La *rule of law* est consacrée par quelques textes fondamentaux, notamment la pétition des droits (1628), l'*Habeas corpus* (1679) et le bill des droits (1689) qui définissent les libertés et droits concrets des individus et permettent de les garantir. C'est au nom de ces mêmes droits, *the rights of an Englishman,* selon la formule de Burke, que les colons américains se soulèvent contre la Grande-Bretagne. Ces droits sont réaffirmés et développés dans la Déclaration d'indépendance puis, après l'élaboration de la Constitution, ils seront garantis par les dix premiers amendements et implicitement confiés à la garde du pouvoir judiciaire. Par bien des aspects, la Déclaration des droits de l'homme et du citoyen de 1789, en proclamant des droits égaux et inaliénables, se rattache et prolonge cette tradition. Par d'autres, et notamment la conception de la loi comme « expression de la volonté générale », elle s'en écarte et au surplus ne peut disposer d'aucune garantie solide des droits proclamés, du fait de l'anéantissement par la Révolution du judiciaire en tant que pouvoir. En Allemagne enfin, la notion moderne d'État de droit *(Rechtsstaat)* a été dégagée dans les années 1860 par certains théoriciens (Bähr, Gneist) afin de trouver un fondement juridique au contrôle par le juge des actes administratifs. Cette notion s'est dès l'origine constituée autour de la question des droits fondamentaux de l'individu mais dans le contexte d'un État dont le fondement reste celui de la légitimité monarchique[1].

De manière générale, et à des époques variables, l'État de droit s'est formé dans le creuset des régimes de légitimité traditionnelle, et l'État de droit moderne, centré sur les droits fondamentaux des personnes, a précédé la démocratie politique cependant qu'il était implicitement fondé sur une logique démocratique.

17 NÉCESSITÉ D'UNE RUPTURE. — Il existerait ainsi une contradiction entre les deux logiques qui sont à l'origine de l'État de droit, l'une monarchique, l'autre démocratique. L'État de droit,

---

1. Sur le concept de *Rechtsstaat*, v. O. Jouanjan (dir.), *Figures de l'État de droit. Le Rechtsstaat dans l'histoire intellectuelle et constitutionnelle de l'Allemagne*, Strasbourg, Presses Universitaires de Strasbourg, 2001, et L. Heuschling, *Rechtsstaat, Rule of Law, État de droit*, Paris, Dalloz, coll. « Nouvelle bibliothèque des thèses », 2001.

explique Jean Baechler, vient à maturité aux XVIᵉ et XVIIᵉ siècles :
« En matière d'organisation politique, les élites européennes se
virent proposer, pratiquement en même temps, deux modèles différents : le modèle anglais de monarchie constitutionnelle et le modèle
français de monarchie absolue. L'un et l'autre sont conformes au
passé et à l'esprit de tous les Européens. (...) Les deux modèles
européens peuvent être perçus comme très légitimes, car tous deux,
non seulement plongent leurs racines dans le passé le plus respecté,
mais s'empruntent leurs traits les plus saillants, de sorte que les
contemporains pouvaient ne pas prendre conscience de leurs logiques contradictoires. »[1] Au XVIIIᵉ siècle, Montesquieu distingue les
deux modèles, l'un anglais et représentatif, « ce beau système trouvé
dans les bois », et l'autre continental et monarchique, « le gouvernement gothique » qu'en adepte de l'école germaniste il tient pour également issu de la lente et bienfaisante corruption des institutions
franques. Mais il ne les oppose que dans la mesure où il déplore le
déclin de cette monarchie tempérée en monarchie absolutiste[2].
L'insertion, qui autrement serait assez étrange, du despotisme parmi
les formes de gouvernement lui sert à cet égard de mordant. Non
que Montesquieu ait prétendu que la monarchie française serait despotique – ce qui d'ailleurs établirait un contradictoire – mais il
pointe une dérive dangereuse. Comme l'écrit Philippe Raynaud,
pour Montesquieu il a existé en France une forme de liberté différente de celle des anglais, tout aussi estimable – et pas moins favorable au développement du commerce et de la civilité[3] –, mais elle a
été ruinée par les tendances « despotiques » de la monarchie française[4]. Il y a là un processus subtil de suggestion dont l'influence
diffuse a été considérable et qui a fini par convaincre en France
qu'une Révolution devenait inévitable. Au XVIIᵉ siècle, le modèle de
monarchie constitutionnelle l'emporte définitivement en Angleterre
avec la Révolution de 1688 ; le modèle de monarchie absolue
l'emporte en France après l'échec de la Fronde : « Les deux mo-

---

1. *Démocraties,* Paris, Calmann-Lévy, 1985, p. 527.
2. V. S. Rials, *Révolution et contre-révolution au XIXᵉ siècle,* Paris, DUC/Albatros, 1987, p. 81.
3. Pour la civilité, Hume aurait écrit sans nul doute « plus favorable ». Comme le remarque Philippe Raynaud, « Hume est moins hostile au régime français ("absolutiste") que Montesquieu ». Sur le premier point, en 1789, les exportations de la France étaient le double de celles du Royaume-Uni.
4. Ph. Raynaud, La philosophie politique devant les partis, *Mélanges Pierre Avril,* Paris, Montchrestien, 2001, p. 110.

dèles, quoique issus d'une même histoire, sont séparés par un abîme, sinon dans la réalité quotidienne, du moins dans leurs fondements et leur finalité. On ne peut pas passer de l'un à l'autre de manière organique, il y faut une rupture. (...) La conséquence est d'importance, moins pour les régimes que pour les consciences collectives et le développement idéologique ultérieur. Chaque nation européenne doit son régime polycentrique (*i.e.* démocratique) à une révolution fondatrice. La révolution, d'événement banal et regrettable qu'elle était dans la tradition antérieure, va être valorisée comme un événement exceptionnel et positif. Il n'y a qu'un pas à franchir pour lui conférer une majuscule et la sanctifier au titre de passage saint et obligé vers un monde meilleur. Il ne faut pas s'étonner si les intellectuels du XIXe siècle ont inventé la Révolution et en ont fait la grande prêtresse de l'Histoire, en défi à tout bon sens et à toute réalité historique. »[1] Tel est en particulier le destin de la Révolution française. Qu'elle ait été ou non un bloc, selon l'expression de Clemenceau, est une question historique qui ne saurait être débattue ici, mais on peut constater que c'est ainsi que l'a reconstituée la IIIe République, pourtant libérale, parce qu'il ne s'agissait ni de vérité historique ni, encore moins, de logique juridique, mais de concevoir un mythe fondateur.

18 CONTINUITÉ JURIDIQUE ET UNIFORMISATION DU DROIT. — Si la nécessité d'une rupture historique s'est partout imposée, il n'en allait pas nécessairement de même en ce qui concerne celle d'une rupture juridique : celle-ci paraît peut-être plus radicale qu'elle ne le fut, comme l'a suggéré Tocqueville, en France, avec la Révolution, mais elle l'était au moins pour ce qui est de la conception de la souveraineté ; la révolution anglaise de 1688, quant à elle, établissait définitivement la souveraineté parlementaire mais en ce sens précis et restreint qui signifie la souveraineté du roi en parlement *(king in parliament)*, c'est-à-dire des organes législatifs, contre les prétentions à la souveraineté du roi en conseil *(king in council)*, l'exécutif législateur. Selon Baechler, une évolution millénaire très complexe où interviennent tant les institutions – telles que le devoir de conseil féodal, le pouvoir de la bourse, etc. – que les luttes et les

---

1. J. Baechler, *ibid., loc. cit.*

conflits entre monarchie, féodalité, Église, villes et communes, tendait à la formation de cet État de droit dont la monarchie constitutionnelle anglaise issue de la *Glorious Revolution* de 1688 est la première transcription institutionnelle conforme. Cet État de droit abouti « était ce vers quoi cheminait l'Europe depuis mille ans au moins. L'Europe entière, non l'Angleterre seule. L'Angleterre n'a fait que précéder l'Europe dans la transcription institutionnelle d'une situation politique objective d'équilibre entre la société civile et l'État. Si dans un premier temps, au XVIIIe siècle, c'est le modèle français et absolu qui semble l'emporter, c'est le modèle anglais et constitutionnel qui finit par triompher au XIXe siècle »[1].

Du point de vue juridique, la généralisation du modèle britannique s'accommode de quelques nuances tenant aux modalités du pouvoir constituant qui réalise la transcription du modèle. Le modèle est reproduit lorsqu'il résulte d'un mouvement révolutionnaire accompagné d'un changement dynastique, comme en France en 1830, ou de l'appel à un prince étranger qui accepte une constitution à l'élaboration de laquelle il n'a pas pris part, comme en Belgique en 1831. Si la Constitution belge réalise la transcription la plus réussie du modèle anglais contemporain, la Charte de 1830, s'agissant de l'origine du pouvoir, est beaucoup plus proche du modèle initial. La Charte révisée repose, non sans paradoxe, sur une transaction entre l'autorité dont elle émane et celle qu'elle établit[2], configuration hétérogène qui était en soi précisément celle issue de la *Glorious Revolution*. Louis-Philippe, qui est « à côté du trône », suivant la formule de Guizot[3], accepte la Charte aux conditions qu'on lui a soumises, mais du même mouvement que la couronne lui est déférée. Léopold Ier (en Belgique) adhère à une Constitution qui a été édictée dès avant son règne. Au-delà, une hypothèse de réception complète mais hybride par le mode d'adoption du modèle anglais existe, dont le meilleur exemple est peut-être la Constitution espagnole de 1837 (v. n° 286). Le cas s'en rencontre lorsque la conti-

---

1. *Ibid.*, p. 526.
2. V. A. Laquièze, *Les origines du régime parlementaire en France*, Paris, PUF, coll. « Léviathan », 2002.
3. « Amenés par la violence à rompre violemment avec la branche aînée de notre maison royale, nous appelions à la branche cadette pour maintenir la monarchie en défendant nos libertés. Nous ne choisissions point un roi ; nous traitions avec un prince que nous trouvions au côté du trône » (F. Guizot, *Mémoires pour servir à l'histoire de mon temps*, 1859, II, p. 26).

nuité dynastique est maintenue, contrairement à 1688 et 1830, et que le monarque régnant participe de façon formelle au processus constituant visant à établir un texte répudiant de façon explicite la souveraineté monarchique. Il existe enfin un cas – symétrique du précédent – de réception complète du modèle anglais, où le principe du gouvernement représentatif est avoué de manière au moins implicite mais où l'acte constitutionnel émane unilatéralement du monarque : ce processus a intéressé surtout l'Espagne encore (v. n° 286) et l'Italie (v. n° 258) mais il a laissé jadis des traces aussi au Danemark et aux Pays-Bas ainsi qu'au Luxembourg. Tout au contraire des types précédents, le système de la charte octroyée au sens le plus strict ne réalise qu'une adaptation réduite du modèle anglais. La concession et l'octroi impliquent que le principe d'autorité reste exclusivement monarchique, seules les modalités de son exercice font l'objet d'une réglementation constitutionnelle. Tel est le régime institué juridiquement par la Charte de 1814, qui servira de modèle aux constitutions octroyées dans les États allemands et en Autriche : c'est celui de la monarchie limitée dans lequel ont coexisté les deux principes de légitimité, les deux logiques de l'État de droit. Le principe légal restait celui de l'autorité monarchique ; le principe démocratique n'existait que par une concession du premier, mais il était en mesure de l'emporter, progressivement, en fait. L'uniformisation progressive du modèle occidental de l'État de droit moderne impliquait en effet celle de la responsabilité du pouvoir. La naissance du pouvoir ministériel, réalisée d'abord sous le couvert du principe monarchique, permettait un développement du principe démocratique déterminé par celui du rôle de l'opinion publique. Hegel avait observé, dans son essai *Sur le « reform bill »*, que dans les constitutions monarchiques du XIXe siècle la formation du ministère était toujours devenue le centre de la contestation et de la lutte, en dépit du droit de nomination inconditionnellement reconnu à la couronne, et qu'il en résultait une tendance à contraindre le gouvernement à installer son quartier général à la Chambre des députés[1]. L'histoire constitutionnelle des États européens au XIXe siècle est ainsi celle d'une progressive « démonarchisa-

---

1. Il y a là chez Hegel une claire réminiscence d'un passage du *gouvernement représentatif et de l'état actuel de la France* (v. n° 66).

tion », d'une dissolution de principe monarchique au profit du principe démocratique ; mais cette situation ne se présente pas de manière uniforme : en France, elle tient par la révolution (1830, 1848) ; en Grande-Bretagne, elle procède d'une évolution exemplaire qui maintient intacts les formes juridiques anciennes et le prestige de la couronne, et cette évolution sert de modèle à d'autres États (Scandinavie, Pays-Bas) ; en Europe centrale, elle se heurte à des réactions durables (Metternich, Bismarck) sans exclure des concessions significatives : le suffrage universel est instauré dans l'Empire allemand en 1871 et en Autriche en 1907, avant même son introduction dans certains régimes parlementaires comme la Grande-Bretagne. Ainsi, la continuité juridique est-elle variable selon l'ampleur de la rupture historique qui a marqué la primauté du principe démocratique sur le principe monarchique, et la valorisation du choc révolutionnaire dans la conception de la démocratie très inégale selon les pays. Le mythe fondateur de la Révolution occulte, en France, la réalité historique de la lente formation de l'État de droit, alors que les étapes de celle-ci sont mises en évidence dans l'histoire d'Angleterre. Le régime démocratique moderne représente plus l'accomplissement du modèle d'État de droit enraciné dans l'histoire occidentale qu'il n'est le produit de théories de la démocratie.

On constate qu'il existe dans l'Europe du XIXe siècle, ainsi qu'en Amérique du Nord, un modèle d'État de droit, d'État soumis au droit, garanti par des formes de constitutionnalisme qui trouvent leur enracinement et leur inspiration tant dans l'ancienne tradition monarchique que dans les principes libéraux et démocratiques. La puissance publique s'y trouve soumise aux normes qu'elle a édictées, et ce principe est assuré par l'existence d'organes juridictionnels agissant au nom du souverain mais indépendants de lui. Ce modèle tend à une certaine uniformisation de l'ordonnancement juridique. Ainsi que le relève Kelsen, « le fait que l'autocratie comme la démocratie tend, au cours du procès de sa réalisation, à instituer pour la législation un organe spécialisé, collégial et par là du type d'un parlement ; le fait que d'autre part la démocratie crée nécessairement, comme l'autocratie et en partie par les mêmes raisons, un appareil bureaucratique pour la fonction exécutive conduit à un certain rapprochement dans la structure réelle des États modernes, dès qu'ils ont atteint certaines dimensions et un certain niveau de civilisation. Ce rapprochement dans leur structure réelle n'entame d'ailleurs pas la diversité de leurs idéologies opposées. C'est la même tendance vers l'unification qui se fait sentir dans le domaine constitutionnel quant aux formes politiques, et dans celui du droit matériel. Car on ne peut méconnaître aujourd'hui que les législations civiles et pénales des États modernes n'aient cessé de se rapprocher toujours davantage les unes des autres »[1].

Pour aller plus loin

19 La bibliographie est ici d'une étendue désarmante : de sorte que faire œuvre utile revient à poser simplement quelques jalons. Les auteurs sont distribués sous deux rubriques : celle des classiques contemporains et celle des ouvrages proprement actuels.

I. — DES OUVRAGES FONDAMENTAUX

L'ouvrage essentiel en la matière est celui de C. Friedrich, *La démocratie constitutionnelle*, Paris, PUF, 1958 : vaste synthèse historique et théorique qu'il faut lire et qui contient, après chaque chapitre, de très riches bibliographies. Une réédition d'un opuscule majeur, irritant de présupposés mais qui s'est avéré une des contributions les plus solides au développement pratique de la notion, Hans Kelsen, *La démocratie : sa nature, sa valeur*, Paris, Economica, 1988. C. Schmitt, *Parlementarisme et démocratie*, Paris, Seuil, 1988, rééd. : un auteur plus fameux que lu, qui sort du purgatoire ; des catégories rétives mais des visées saisissantes. À l'endroit de F. von Hayek, une approche par Ph. Nemo, *La société de droit selon Hayek*, Paris, PUF, 1987. R. Aron, *Démocratie et totalitarisme*, Paris, Gallimard, coll. « Folio », 1965 : les lucidités austères de Raymond Aron ; une confrontation avec F. von Hayek peut s'avérer profitable. Giovanni Sartori, *Théorie de la démocratie*, Paris, Armand Colin, 1973, un esprit toujours en garde, d'une grande acuité, héritier des grands libéraux italiens théoriques. G. Burdeau, *La démocratie*, Paris, Le Seuil, 1966 ; *Traité de science politique*, Paris, LGDJ, 1985, rééd., t. 5 : un juriste qui découvre la science politique (a pu verser dans des subornations de concepts que sa rigueur même avait prévenues) ; cet ouvrage vaut d'être utilisé comme thesaurus tant par la richesse des aperçus que par les glanes gisant en bas de page. G. Vedel, *Manuel de droit constitutionnel*, Paris, Sirey, 1949, rééd. 1984, lequel vient à nouveau d'être réédité par Dalloz, 2002 : les intégrations solides propres à cet auteur mais datées en l'espèce ; gagne à être confronté à Burdeau. Capitant, *Démocratie et participation politique*, Paris, Bordas, 1972, dans la lignée du *Contrat social*, le « vain combat pour une constitution démocratique ». J. Baechler, *Démocraties*, Paris, Calmann-Lévy, 1985 : grand ouvrage, empreint d'universalisme classique dans la tradition aristotélicienne. Leo Strauss, *Qu'est-*

---

1. *Op. cit.*, p. 74.

ce que la philosophie politique ?, Paris, PUF, 1992 (1re éd., 1959). Hannah Arendt, *Qu'est-ce que la politique ?*, Paris, Seuil, 1995. J.-Fr. Revel, *Comment les démocraties finissent*, Paris, Grasset, 1988 ; *Le regain démocratique*, Paris, Grasset, 1993. John Rawls, *Libéralisme politique*, Paris, PUF, 1995 (1re éd., 1993). Jürgen Habermas et John Rawls, *Débat sur la justice politique*, Paris, Cerf, 1997. Fr. Furet, *Le passé d'une illusion*, Paris, Laffont, 1996. B. Guillarme, *Rawls et l'égalité démocratique*, Paris, PUF, 1996. P. Manent, *Histoire intellectuelle du libéralisme. Dix leçons*, Paris, Calmann-Lévy. Une part appréciable de classiques contemporains sont rassemblées aux Presses Universitaires de France dans la collection « Léviathan », qui comprend une cinquantaine de titres. La variété et l'étendue des sujets traités dispenseront de citer ici les ouvrages autrement que de façon ponctuelle.

II. — DES ESSAIS RÉCENTS

Sur les concepts, v. J.-M. Denquin, *Science politique*, Paris, PUF, 1996 ; dans cette collection, 5e éd., avec les renvois bibliographiques ; Ph. Bénéton, *Introduction à la politique moderne*, Paris, Hachette, coll. « Pluriel », 1987, qui opère la dénonciation du système régnant de compromission vague entachant la détermination du concept de démocratie.

Démocratie et idéologie : P. Quantin, *Les origines de l'idéologie*, Paris, Economica, 1987 ; L. Jaume, *Le discours jacobin et la démocratie*, Paris, Fayard, 1989 ; S. Bowles, H. Gintis, *La démocratie postlibérale : essai critique sur le libéralisme et le marxisme*, Paris, La Découverte, 1987. Sur le ressort du la volonté générale chez Rousseau : Ph Raynaud, la déclaration des droits de l'homme, *in* C. Lucas dir., *The Political Culture of the French Revolution*, Oxford, Pergamon Press, 1988, p. 145-146. Remarquables développements sur l'idéologie montagnarde, dont l'auteur démêle le caractère de régression, dans Ladan Laroumand, *La Guerre des principes*, Paris, EHESS, 1999.

Sur la Constitution américaine : G. Wood, *La création de la République américaine, 1776/1787* (1972), trad. fr., Paris, Belin, 1987.

Sur le principe classique de balance (comme obviant au contrôle de constitutionnalité), J. Elster, Limiting Majority Rule. Review in the revolutionary epoch, *in* E. Smith (dir.), *Constitutional Justice in the Old Constitutions*, La Haye, Londres, Boston, Cluwer, 1995, p. 3-21.

Le gouvernement de l'opinion T. H. Qualter, *Opinion Control in the Democracies*, New York, St Martin's Press, 1985 ; G. Mermet, *Démocrature : comment les médias transforment la démocratie*, Paris, Aubier, 1987.

La question de l'efficience : J. Leca, R. Papini, *Les démocraties sont-elles gouvernables ?*, Paris, Economica, coll. « Politique comparée », 1985.

Essais et prospections : C. Lefort, *L'invention démocratique*, Paris, Fayard, 1981 ; A. Rouquie, *La démocratie ou l'apprentissage de la vertu*, Paris, Métailié, 1985 ; M. de Poncin, *La démocratie ou le rêve en morceaux*, Paris, Albatros, 1986 ; L. Cohen-Tanugi, *Le droit sans l'État*, Paris, PUF, 1985 ; G. Hermet, *Aux frontières de la démocratie*, Paris, PUF, 1983 : les conditions de la démocratie en Amérique latine ; G. Hermet, *Le peuple contre la démocratie*, Paris, Fayard, 1989 ; A. Arblaster, *Democracy*, Londres, Sage, 1987 ; B. Guillarme, Rawls et le libéralisme politique, *Revue française de science politique*, XLVI, 2 (1996), p. 321 et s. ; Ph. van Parijs, *Qu'est-ce qu'une société juste ? Introduction à la pratique de la philosophie politique*, Paris, Seuil, 1991 : bonne synthèse et spécialement du débat communautariens, utilitaristes, libertariens et pragmatistes ; L. Graziano, Le pluralisme. Une analyse conceptuelle et comparative, *Revue française de science politique*, XLVI, 2 (1996), p. 195 s. ; J. Leca, La démocratie à l'épreuve des pluralismes, *Revue française de science politique*, XLVI, 25 (1996), p. 225 s. ; J.-P. Clément, L. Jaume et M. Verpeaux (dir.), *Liberté, libéraux et constitutions,* Paris, Economic, acoll. « Droit public positif », 1997 ; S. Milacic, *Démocratie représentative et gouvernement d'opinion : complémentarité ou contradiction ?,* Colloque d'Istanbul, mai 1997 ; A. de Jasay, *L'État. La logique du pouvoir politique,* Paris, Les Belles Lettres, 1994 (éd. orig. : 1985) ; J. Vauvilliers, *Théorie générale des devoirs d'État,* Paris, Economica, 1995 ; J. Chevalier, *L'État de droit,* Paris, Montchrestien, 1994 ; M.-J. Redor, *De l'État légal à l'État de droit,* Paris, Economica, coll. « Droit public positif », 1992 ; M. Troper, Le concept d'État de droit, *in* (du même) *La théorie du droit, le droit, l'État,* Paris, PUF, coll. « Léviathan », 2001, chap. XVII, p. 267-281 (très pédagogique en ce qu'il distingue liminairement les termes d'*État de droit, Rechtsstaat, État légal, Rule of Law*) ; aux fins d'approfondissement, v. la thèse remarquable de L. Heuschling, *Rechtsstaat, Rule of Law, État de droit,* Paris, Dalloz, coll. « Nouvelle bibliothèque des thèses », 2001. Sur le *Rechtsstaat* en lui-même, concept moins dédaigné que celui (corollaire) du *Monarchischprinzip,* mais qui n'avait guère suscité d'intérêt marquant depuis Carré de Malberg, v. O. Jouanjan (dir.), *Figures de l'État de droit. Le Rechtsstaat dans l'histoire intellectuelle et constitutionnelle de l'Allemagne,* Strasbourg, Presses Universitaires de Strasbourg, 2001 (excellent, très riche ouvrage) ; Carlos-Miguel Herrera (dir.), *Le droit. Le politique. Autour de Max Weber, Hans Kelsen, Carl Schmitt,* Paris, L'Harmattan, 1995 ; Ph. Raynaud, *Max Weber et les dilemmes de la raison,* Paris, PUF, 1987 ; G. Hermet, *Culture et démocratie,* Paris, Albin Michel, 1993 ; *Le passage à la démocratie,* Paris, Presse de la Fondation des sciences politiques, 1996 ; D. Rousseau (dir.), *La démocratie continue,* Paris, LGDJ, 1995 ; *Revue internationale des sciences sociales* (Unesco/Érès), n° 129 (août 1991) : *Repenser la démocratie.* Institutionnalisme, majorité ou consensus, société civile, religion, médias : très remarquable livraison, qui comprend un bel article de Gellner ; Nicolas Tenzer, *Le tombeau de Machiavel. De la corruption intellectuelle en politique,* Paris, Flammarion, 1997 : excellent essai, décapant et limpide.

Chapitre 2
Les fondements institutionnels

Les éléments institutionnels qui fondent le régime démocratique en tant que tel se définissent en premier lieu par des élections au suffrage universel librement et régulièrement disputées dans un cadre de concurrence politique, impliquant essentiellement le pluralisme partisan. Il convient ensuite d'envisager les modèles organisationnels de fonctionnement des institutions démocratiques : le régime représentatif moderne, tel que le conditionnent les différents modes de scrutin, et les procédures de démocratie directe. On examinera enfin les éléments institutionnels qui caractérisent le mieux le régime mixte de démocratie occidentale ou libérale : le constitutionnalisme et l'État de droit.

**Section I
La concurrence démocratique**

I | LA DÉMOCRATIE ÉLECTIVE

20 L'EXTENSION DU SUFFRAGE. — La démocratie classique ayant posé le primat du libéralisme sur la démocratie proprement dite, ou, si l'on veut, de la liberté sur l'égalité, l'accession au suffrage universel ne s'est effectuée qu'assez lentement. Elle s'imposait cependant comme le terme logique du principe d'égalité naturelle qui s'était affirmé à la fin du XVIIIe siècle, corollaire de celui de la liberté individuelle : la liberté de chacun doit être la plus grande possible, donc tous doivent être également libres. Il s'ensuit que tous doivent participer également au libre choix des gouvernants. La France et la Suisse sont les seuls pays, en Europe, où le suffrage universel masculin s'est imposé rapidement, et de manière définitive, dès 1848 (la loi rétrograde du 31 mai 1850 en France fut sans lendemain). Il avait été instauré une première fois en France par la Constitution de 1793 mais sans être effectivement appliqué. Une petite République à qui cette Constitution est redevable, celle de Pennsylvanie, ne faisait qu'approcher du suffrage universel véritable (votaient l'ensemble des contribuables sans condition de cens). Ce dernier sera introduit en 1826 dans l'État de New-York, l'État (pour lors) le plus peuplé des États-Unis. Cette consécration en deux temps, propre à l'Europe, comportant une proclamation symbolique, non suivie d'effet, à la faveur d'un événement révolutionnaire, puis une instauration définitive au terme d'une période plus ou moins longue de suffrage restreint, correspond à l'expérience de plusieurs pays européens, mais essentiellement dans le contexte de monarchie limitée, où la représentation parlementaire n'avait pas acquis un poids décisif (Allemagne, Autriche, Pays-Bas). Dans la plupart des pays européens, et particulièrement en Grande-Bretagne, il s'agit d'une instauration progressive, mais lente, qui se réalise par l'élargissement des conditions de cens et l'abolition des autres critères de sélection des citoyens actifs. En Grande-Bretagne, jusqu'en 1832, le système était moins essentiellement censitaire que fondé sur des franchises locales traditionnelles très diversifiées. La sélection était donc le fait du hasard, et, par voie de conséquence, des villes d'origine récente n'étaient pas représentées, tandis que des bourgs dépeuplés continuaient d'élire des députés aux Communes (v. n° 131). Le *Reform Act* de 1832 établit un suffrage censitaire quasi uniforme et réorganise la répartition des sièges. Le corps électoral (moins de 500 000 électeurs avant la réforme) s'en trouve augmenté de quelque 50 % mais reste de l'ordre de 7 % de la population. Il est progressivement accru avec les réformes ultérieures, en 1867 et 1884. Le suffrage universel n'est établi qu'en 1918, et certains critères « capacitaires » ne sont abolis qu'après la seconde guerre mondiale. De façon prémonitoire, Disraëli (dans *Coningsby*) avait très bien vu que le premier *Reform Act,* en traitant la chambre du tiers état comme la chambre du peuple, et non comme celle d'un ordre parmi d'autres (celle du commun peuple), avait admis, par le fait, le principe du suffrage universel. C'est au même moment, de manière générale, que la plupart des pays d'Europe ont instauré le suffrage universel « pur et simple » : au Danemark en 1915, en Belgique, aux Pays-Bas, en Italie et en Suède (où il existait depuis 1909 pour la Chambre basse) en 1919. Cependant, les pays vivant jusqu'alors sous le régime de la monarchie limitée l'avaient aussi pratiqué. En Autriche, le suffrage universel fut introduit à titre accessoire en 1896, complètement en 1907. L'Allemagne l'avait instauré au plan national dès 1869-1871, mais nombre d'États n'y connaissaient que le suffrage universel des contribuables, et le royaume de Prusse pratiqua jusqu'à la fin un système mutilé par des classes censitaires, le fameux *Dreiklassenwahlrecht*. En 1919, le suffrage universel pur et simple est établi ou confirmé dans un contexte parlementaire en Allemagne et en Autriche de même qu'en Finlande. Dans la plupart des cas, il s'agit d'un suffrage universel masculin, sauf en Grande-Bretagne (pour les femmes d'au moins trente ans) et en Suède. Le suffrage féminin s'étend ensuite progressivement. Les pays qui les premiers ont connu le suffrage universel masculin sont les derniers à l'instaurer : la France en 1945, la Suisse en 1971 seulement.

Le cas le plus complexe en ce qui concerne la généralisation du suffrage est celui des États-Unis. La Constitution (sect. II, art. Ier) laisse aux États la compétence de déterminer leur droit électoral, et celui-ci détermine aussi l'élection des organes fédéraux, ce qui permettait notamment de laisser en suspens la question de l'esclavage. Durant une première période, le suffrage était, dans tous les États, restreint aux seuls propriétaires. La transition vers un suffrage généralisé des citoyens blancs de sexe masculin – les Noirs étant forcément exclus de la citoyenneté par la législation esclavagiste des États du Sud – s'effectue dans les années 1820-1840. En 1870, après la guerre de Sécession, est adopté le 15e amendement qui dispose que le droit de vote des citoyens des États-Unis ne peut être refusé ou restreint à raison de la race, de la couleur ou de l'état antérieur de servitude. Mais les discriminations raciales persistent, en violation de la Constitution, sous des formes diverses durant près de cent ans et ne sont définitivement abolies que dans les années 1960 (v. n° 78). Le suffrage féminin qui existait depuis 1869 dans le Wyoming a été rendu obligatoire en 1920 par le 19ᵉ amendement. Lors du référendum sur l'acceptation de la Constitution de 1793 en France, les femmes votèrent dans quelques assemblées primaires et même parfois les enfants, manière émouvante de compenser un taux d'abstention qui fut énorme. Fait assez méconnu, le vote féminin fut introduit, toujours en France, par le projet de loi Martignac (1829), visant à soumettre à l'élection les conseils généraux : les femmes étaient en droit de voter par procureur (celles qui répondaient aux conditions de cens). Dans les nouvelles démocraties de type occidental établies en Orient, essentiellement au Japon et en Inde, le suffrage universel pur et simple a d'emblée été instauré par les textes constitutionnels en dépit des conditions *a priori* défavorables (notamment en ce qui concerne le statut de la femme) mais comme un acquis définitif de la tradition démocratique, un critère qui ne peut désormais être remis en cause.

Cette introduction d'emblée du suffrage universel dans des contextes institutionnels vierges aurait pu, selon une idée assez répandue, conduire à des impasses. On considère que le fait que la généralisation du suffrage au siècle dernier, en Europe et aux États-Unis, n'ait pas été accomplie d'un seul coup a permis d'opérer plus facilement l'intégration progressive des forces démocratiques dans les formes classiques du gouvernement représentatif. À cet égard, s'il y avait un jour pour le suffrage universel, la réclamation du major Cartwright (*Take your choice,* 1776), la motion, repoussée en 1780, d'un duc de sang royal (celui de Richmond) ou le jacobinisme affiché, en 1798, du premier pair d'Angleterre (le duc de Norfolk), les menées des démagogues chartistes (comme Hunt) apparaissent pour ce qu'elles sont. Mais, inversement, l'hypothèse d'un suffrage universel trop longtemps différé peut peser sur la stabilité d'un régime. Ce fut le cas, en France, de la Monarchie de Juillet. C'est alors qu'on vit une part des légitimistes, reprenant une idée dont les *ultras* en 1815-1816 avaient été bien proches, réclamer le suffrage universel – Genoude fit de la prison pour cela. De même, les jacobites en Angleterre, dans leur décri de l'oligarchie, avaient au siècle précédent défendu des vues quasiment républicaines, comme on peut s'en convaincre par les écrits de Samuel Johnson, qui fut des leurs. Au vu du précédent du régime de Juillet, la question avait été résumée en ces termes, non dépourvus d'un certain cynisme, par Prévost-Paradol dans *La France nouvelle* : « La tendance d'une société démocratique est d'accorder tôt ou tard le droit de suffrage à tous les citoyens qui la composent ; mais cette extension inévitable du droit de suffrage peut se produire avec une sage lenteur et suivre le progrès des lumières, ou bien elle peut être soudaine et précipitée dans sa marche par le choc des révolutions. (... Mais) ces inconvénients trop visibles du suffrage universel, prématurément accordé ou acquis, ne sont point sans compensation. La première de toutes, c'est qu'alors même que le corps électoral se laisse conduire trop docilement par le pouvoir, il acquiert le sentiment de sa force (...) et en vient à comprendre que les révolutions matérielles sont aussi inutiles que funestes, puisque la volonté populaire peut l'emporter légalement sur tous les obstacles.

« *Le suffrage universel a encore cet avantage qu'on ne peut rien inventer, ni proposer au-delà pour séduire l'imagination populaire,* et que les agitateurs ne peuvent revendiquer aucun moyen plus radical de connaître et de satisfaire la volonté du plus grand nombre. Le suffrage universel est donc, à ce point de vue, un secours pour l'ordre matériel et la paix publique, avantage considérable chez les nations fatiguées par les révolutions et avides de repos (...). »[1]

Ces considérations pourraient valoir *mutatis mutandis* pour les États qui ont accédé d'emblée à la démocratie. Alors que dans la plupart des cas des pays issus de la décolonisation, comme de ceux de l'Amérique latine, ce sont les inconvénients de cet accès direct au suffrage universel qui l'ont emporté, déterminant des réactions autoritaires durables, pour le Japon et l'Inde, la démocratie s'est au contraire trouvée affermie par la vertu de son principe de légitimité même, et il en est résulté des régimes politiques d'une notable stabilité, évidemment confortée, dans le premier cas, par la prospérité économique et le niveau d'éducation de la population.

Les seules limites existant aujourd'hui dans les démocraties quant à l'exercice de la citoyenneté sont relatives à l'âge et à la nationalité. Une tendance générale s'est dessinée, après la seconde guerre mondiale, vers un abaissement à dix-huit ans de l'âge requis pour le droit de vote. Quant à la possession de la nationalité, elle

---

1. Rééd. Paris, Garnier, 1981, p. 173-174. C'est nous qui soulignons.

reste une règle générale pour les élections à caractère national, mais on relève des exceptions de plus en plus nombreuses pour les élections locales (art. 8 du traité de Maastricht).

21 LES RÈGLES DE LA CONCURRENCE. — Le suffrage universel est la première condition de la démocratie moderne mais elle n'est pas une condition suffisante. Les procédures qui régissent la concurrence politique doivent encore tendre à assurer l'authenticité de l'expression du suffrage[1]. La compétition électorale doit être libre et régulière. Pour assurer la liberté de l'électeur a progressivement été imposé le secret du vote. Le secret du vote fut réclamé *a cor et à cri* dans la République de Genève. Il y fut l'objet dès 1707 de représentations aux fins de l'instaurer au sein du Conseil général, qui détenait la souveraineté dans cette République. Il est facultatif dans la Constitution montagnarde de 1793 – ce qui revient, dans le fait, à imposer le vote public. Sous le régime censitaire, le président du collège était à même de poser les yeux sur la mention portée au bulletin dès lors que celle-ci, manuscrite, requérait d'être rédigée auprès de lui ; il est clair dans un tel système (le suffrage y était très restreint) qu'un nombre inquiétant d'électeurs étaient connus de lui. Cette nécessité du secret n'a été perçue que relativement récemment : ainsi, en Grande-Bretagne dès 1872, aux États-Unis à partir de 1888. Le vote secret constitue pourtant le seul moyen d'éviter que soient exercées des pressions sur les électeurs. Le principe de liberté de l'électeur comprend aussi généralement le caractère facultatif du vote. Quelques régimes démocratiques ont cependant institué le vote obligatoire (Australie, Belgique). Les motifs de cette instauration ne sont pas toujours ceux qu'on croit. L'introduction d'un suffrage plus étendu, combien plus du suffrage universel, a presque toujours pour effet dans un premier temps d'augmenter le taux d'abstention, à la fois de la part d'un grand nombre de nouveaux électeurs, mais aussi de la part rétive de l'ancien électorat restreint (G. Hermet). Lorsqu'il fut instauré en Belgique (en 1893), le suffrage universel fut précautionné avec le vote plural (qu'avaient préconisé Bluntschli et John S. Mill) : pour compenser la loi du nombre, on voulut obliger à se rendre aux urnes ceux des électeurs

---

1. La question de l'égalité du suffrage est envisagée avec celle des modes de scrutin.

qui disposaient de deux ou de trois voix. Hors du contexte d'un élargissement massif du suffrage à l'occasion d'un seul et même scrutin, le vote obligatoire n'offre guère de justification. Accessoirement, il peut se comprendre à l'endroit de grands électeurs, dans le cadre du suffrage indirect. En réalité, la liberté de l'électeur ne s'en trouve pas substantiellement amoindrie dès lors que le secret du vote lui permet de voter « blanc », ce qui revêt, dans un contexte de vote obligatoire, une signification analogue à celle de l'abstention. La question du bulletin de vote peut également faire l'objet d'une réglementation. Il est préférable que le bulletin revête une présentation uniforme et ne comporte que des mentions autorisées. Sous le Second Empire, en France, le candidat officiel avait droit à l'affiche blanche, et ses bulletins (par là évidemment distingués) étaient les seuls à être imprimés aux frais de l'État. L'usage de signes distinctifs par les partis ou les candidats peut également donner lieu à des abus, particulièrement dans l'hypothèse où une partie importante du corps électoral serait illettrée. Ainsi, en Inde, l'usage de figures d'animaux est susceptible d'influencer le comportement et la décision de très nombreux électeurs. Cette utilisation de symboles animaux, pourtant plus neutre dans ce contexte, a fait l'objet de controverses aux États-Unis. Le choix de la couleur des bulletins doit également être neutre et ne pas peser sur la liberté du choix des électeurs dans un milieu culturel ou religieux déterminé. La détermination du jour des élections doit également non seulement permettre de faciliter la participation des citoyens, mais aussi ne pas heurter les interdits religieux d'une partie de la population.

La régularité des opérations électorales constitue l'autre aspect essentiel de la concurrence démocratique. Tout régime démocratique dispose d'une législation et d'une réglementation tendant à prévenir la fraude en matière électorale et à la réprimer. Mais les situations sont évidemment très diverses selon les pays, et au sein des pays mêmes, selon les régions, certaines d'entre les régions d'un pays donné continuant de cultiver des « traditions » de fraude électorale, et certains partis politiques étant réputés s'y livrer plus facilement que d'autres. De manière générale, les opérations électorales sont confiées à la surveillance de commissions électorales qui désignent les responsables du déroulement des élections dans les différentes circonscriptions. Les opérations doivent avoir lieu dans des bureaux de vote qui comportent des présidents et des assesseurs chargés de garantir l'ordre et d'assurer le déroulement libre et régulier des opérations de vote. Il arrive que ces fonctions de contrôle immédiat reviennent à des magistrats municipaux (sous le Second Empire, c'est le maire qui mettait le bulletin dans l'urne) ou judiciaires. Ce dernier système, comparé à l'autre, est naturellement le seul dont la note d'intégrité ne soit pas *a priori* suspecte. La Belgique là encore faisait figure de modèle en ce qu'elle a mis en pratique très tôt l'ensemble de ces garanties. Un tel luxe de précautions offrait un cachet d'étrangeté pour la France de Waldeck-Rousseau. D'autres règles sont instituées pour le décompte des voix et la proclamation des résultats, qui visent à préserver le principe du secret du vote et l'attribution régulière des suffrages. Ces règles essentielles au fonctionnement d'un régime démocratique sont plus ou moins strictement respectées selon les pays. Leur respect global conditionne en tout état de cause le caractère authentiquement démocratique d'un État : on peut se référer à cet égard aux pays qui connaissent habituellement le gouvernement d'un parti *dominant* et opposer sous cet aspect des pays comme l'Inde naguère et, il y a peu encore, le Mexique (v. n° 22). Le respect des règles relatives à la régularité des élections implique au surplus que celle-ci puisse être contestée par toute personne intéressée. Dans la plupart des régimes démocratiques, le règlement du contentieux des élections relève soit du pouvoir judiciaire, soit d'une juridiction spécialisée – et ce peut être la juridiction constitutionnelle –, soit encore, dans le cas d'élections parlementaires, éventuellement de l'Assemblée elle-même, et le cas échéant – lorsque l'élection a lieu au suffrage indirect – de l'assemblée électorale (à l'endroit des grands électeurs qui la composent). Tel était le système en Grande-Bretagne jusqu'en 1868, qui existait encore en France sous la IVe République et qui subsiste dans nombre de pays, comme les États-Unis et le Japon ; en RFA, le Bundestag reste juge de la régularité de l'élection de ses membres mais il peut être fait appel de sa décision devant le Tribunal constitutionnel fédéral. En Grande-Bretagne, dans les régimes du type britannique, en Inde et en Espagne, le contentieux électoral relève du pouvoir judiciaire.

II | LE PLURALISME POLITIQUE

Si l'on fait sienne l'analyse de Raymond Aron rappelée précédemment (v. n° 12) on admettra d'emblée que la démocratie postule le pluralisme partisan. Le fondement libéral de la démocratie suppose une liberté de choix politique. Dès lors qu'un parti ne se trouve plus en compétition avec d'autres, il change de nature, et, par voie de conséquence, l'État qu'il domine, le régime qu'il incarne, change également. Mais si le pluralisme partisan est inhérent à la démocratie, il ne présente pas les mêmes caractères dans tous les pays. Et l'importance des partis est telle dans les démocraties modernes que toutes les questions qui s'y rapportent, et en particulier celles qui sont relatives à ce qu'on qualifie de *système de partis,* présentent une importance considérable.

22 NAISSANCE DES PARTIS MODERNES. — Les partis sont apparus dès les débuts du régime représentatif, sous la forme d'une bipolarisation naturelle : on le constate tant en ce qui concerne la Grande-Bretagne que les États-Unis, et aussi la Suède du XVIIIe siècle. On peut également rappeler que c'est, sous la Révolution française, à l'occasion des débats de la Constituante sur le veto royal qu'a pour la première fois été faite la distinction entre la gauche et la droite, clivage promis à une riche destinée, qui s'est cristallisé en avril 1790 (vote sur la motion du chartreux Dom Gerle), et duquel il existe un témoignage exceptionnel de précocité[1]. Ces partis prémodernes étaient très différents des organisations politiques structurées, permanentes, spécialisées et encadrées de professionnels que sont les partis politiques contemporains. Les partis modernes résultent en tant que tels de l'universalisation du suffrage et ont acquis leurs caractères propres dès lors que la vie politique a cessé d'être le monopole de notables, ainsi qu'elle l'était à l'époque classique du libéralisme. Les systèmes de partis ont ainsi transformé en profondeur les conditions de fonctionnement des régimes libé-

---

1. Un membre de la Constituante rapporte que, dès la fin du mois d'août 1789, il a été contraint de quitter « la partie gauche, où bien j'étais condamné d'y voter tout seul et par conséquent condamné aux huées des tribunes » (*Journal du baron de Gauville,* Paris, éd. d'E. de Barthélemy, 1864).

raux, démocratisés par l'établissement du suffrage universel. La sélection des dirigeants est dominée par les partis, et le fonctionnement concret des institutions d'un État est déterminé par leurs rapports avec le système de partis existant.

Les partis modernes sont nés soit de l'institution parlementaire – notamment pour les plus anciens d'entre eux –, soit en dehors de cette institution. Le premier élément qui se trouve à l'origine des partis modernes est le groupe parlementaire, réunion de représentants appartenant à la même tendance politique. Ces groupes se sont naturellement donné les moyens d'assurer la réélection de leurs membres par la constitution de comités électoraux à l'échelon des circonscriptions. En Grande-Bretagne, ces comités, appelés *caucus* – terme également utilisé aux États-Unis –, ont joué, à partir du second *Reform Act* de 1867, un rôle important pour l'enregistrement des nouveaux électeurs sur les listes[1]. En France, le comité *Aide toi le Ciel t'aidera* est parvenu à faire rétablir en un temps record, en vue des élections de 1827, un nombre impressionnant d'électeurs, exclus par divers subterfuges dans la main des préfets, au point de parvenir même à compenser les dégrèvements, pour eux légaux, soit intervenus d'office, soit opérés à dessein sous Villèle[2]. De manière générale, la formation des premiers partis de type moderne, à la fin du siècle dernier, résulte de la fédération des groupes parlementaires et des comités électoraux. Mais d'autres partis se sont constitués en dehors de l'institution parlementaire, sous l'impulsion de mouvements ou de forces non essentiellement politiciens. Tel est le cas des partis socialistes ou travaillistes, tenus, au départ, en dehors de l'institution parlementaire, par un système de suffrage non démocratique, et liés de manière générale aux mouvements syndicaux de défense des intérêts ouvriers. Ainsi, le parti travailliste anglais est né, en 1899, de la coopération entre les syndicats, le *Trade Unions Congress,* et une célèbre société de pensée, la *Fabian Society*. Le parti social-démocrate allemand, mis hors la loi sous Bismarck, est

---

1. V. M. Ostrogorski, *La démocratie et les partis politiques,* Paris, Seuil, coll. « Points, Politique », 1979.
2. On connaît la réponse de Lord Aberdeen à son ami Guizot : – « Voilà une maison qui me rappelle une action de violence. Le fermier était contre moi. » – « Vous l'avez chassé ? » – « Non, j'ai diminué son fermage d'une guinée. Il n'a plus été électeur » (cité par G. de Broglie, *Guizot*). Le duc de Newcastle, avant le *Reform Act,* chassait dans ce dessein ses tenanciers indociles en arguant qu'il était maître de ses biens. Depuis, on avait beaucoup appris.

né et s'est développé, dans un premier temps, complètement à l'extérieur du cadre étatique, tout en étant le modèle le plus ancien du parti de masse organisé. Le parti social-démocrate suédois est également né à partir du mouvement syndical mais s'est plus rapidement intégré aux institutions parlementaires. Ces partis ont été créés dès le XIXe siècle. Mais c'est surtout au XXe siècle que les partis ont été constitués par des forces non intégrées dans les institutions parlementaires : certains partis confessionnels (d'autres s'étaient formés au XIXe siècle), comme le parti populaire italien de don Sturzo, qui a précédé la démocratie chrétienne, ou, en France, le MRP ; les partis communistes, parfois nés dans la clandestinité ; les partis fascistes ; en France encore, un parti comme le RFP, puis l'UNR, autour du général de Gaulle.

Aux États-Unis, c'est, à l'origine, l'attitude des partis à l'égard du fédéralisme qui confère à leur formation un caractère non parlementaire. Par la suite, les partis apparaissent essentiellement comme des machines électorales et sont de ce fait étroitement liés aux institutions parlementaires, mais sans que se soit imposée la cohérence qui existe à cet égard en Europe (structure des partis, discipline de vote).

23 L'ÉTAT DÉMOCRATIQUE, ÉTAT DE PARTIS. — Le citoyen d'une démocratie ne peut avoir, par la seule vertu de son droit de vote, aucune influence réelle dans le choix des dirigeants. La démocratie représentative n'est, depuis l'universalisation du suffrage, en état de fonctionner que par le moyen des partis qui viennent servir de courroie de transmission entre le citoyen et l'État. Selon la définition bien connue de Joseph La Palombara, la notion moderne de parti repose normalement sur quatre éléments[1] : 1 / le parti est porteur d'une idéologie ou, du moins, le produit d'une culture politique ; 2 / le parti est une organisation à caractère plus ou moins durable et permanent ; 3 / le parti vise, normalement, non pas nécessairement à conquérir et exercer le pouvoir mais au moins à participer à l'exercice du pouvoir ; 4 / le parti cherche à s'assurer le soutien populaire : dans un régime démocratique, le parti est nécessairement un groupement volontaire, mais l'adhésion qu'il suscite

---

1. *Political Parties and Political Development,* Princeton University Press, 1966.

est plus ou moins forte, selon qu'il s'agit des cadres professionnels, des militants, des adhérents, des sympathisants et enfin des simples électeurs. Dans un régime démocratique où les partis répondent à cette définition moderne, la démocratie est nécessairement un *État de partis,* qui s'oppose naturellement à la notion d'*État partisan* qui caractérise les régimes de parti unique[1].

Parmi les grandes démocraties qui sont étudiées ci-après, seule la Suisse apparaît comme ne répondant pas complètement à cette notion d'État de partis, non pas à raison d'un archaïsme des partis politiques suisses mais du fait de l'importance et des particularités des procédures de démocratie directe et de la configuration du système constitutionnel de l'État fédéral (v. n° 127).

La notion d'État de partis correspond à celle de neutralité, de « laïcité » idéologique de l'État, ainsi qu'à la nécessité de concilier les intérêts des différents groupes sociaux : « étant donné l'opposition des intérêts, qui est d'expérience et qui est ici inévitable, la volonté générale, si elle ne doit pas exprimer exclusivement l'intérêt d'un seul et unique groupe, ne peut être que la résultante de ces oppositions, un compromis entre intérêts opposés. La formation du peuple en partis politiques est en réalité une organisation nécessaire pour que ces compromis puissent être réalisés, pour que la volonté générale puisse se mouvoir dans une ligne moyenne »[2]. Le gouvernement d'un pays démocratique, en ce sens, revient à transformer en norme de l'État la résultante de la volonté des partis ; c'est notamment à ce niveau que peuvent être distinguées les différentes formules constitutionnelles ou systèmes de démocratie représentative : régime parlementaire, présidentiel, directorial, selon l'application plus ou moins stricte du principe majoritaire, selon que prévaut plus ou moins, à travers le système de parti existant, la loi de la majorité ou la tendance au compromis. Aussi bien, l'importance des systèmes de partis est telle qu'une classification des régimes politiques peut être fondée sur leurs propriétés, leurs différences et leurs similitudes. Dans un premier temps, ainsi qu'on l'a vu avec Raymond Aron, il est possible de distinguer les démocraties de tous les autres régimes politiques modernes en ce que celles-là sont des « régimes constitu-

---

1. R. Aron, *op. cit.,* p. 81.
2. H. Kelsen, *op. cit.,* p. 33-34.

tionnels-pluralistes », admettent le principe de concurrence politique, le pluralisme. Ce pluralisme doit bien entendu être effectif, réel, encadré dans des procédures régulières. À cet égard, s'il est facile de discerner les cas de pluralisme grossièrement fictif, comme il existe dans certains pays de l'Est, il peut être plus malaisé de distinguer ceux de pluralisme factice : cette situation peut être définie comme celle d'un État où règne un parti dominant qui dispose et utilise des moyens de falsifier les conditions de régularité de la concurrence politique. Un exemple durable de ce type est celui du Mexique où, jusqu'en 1997, dans un cadre de pluralisme politique, le parti révolutionnaire institutionnel, au pouvoir depuis la révolution, fut en état de manipuler les opérations électorales de telle sorte que les résultats soient dépourvus de caractère aléatoire. Dans un tel cas, l'État devient un État partisan et cesse d'être démocratique, d'être un État de partis. Cette tendance existe à l'état endémique dans les régimes de type présidentialiste – corruption du modèle démocratique du régime présidentiel – notamment en Amérique latine, mais elle est plus souvent récurrente que vraiment durable : elle permet des intermèdes de démocratie, comme le montrent les cas du Chili, de l'Argentine et du Brésil actuellement.

Au contraire, dans les régimes démocratiques, tous les partis disposent en droit de chances égales de participer au pouvoir, dans le cadre d'élections régulières. Cela n'exclut pas l'existence de partis dominants. Un régime démocratique donné ne se définit pas par l'effectivité d'une alternance au pouvoir ; il suffit que celle-ci soit rendue possible par la régularité des procédures de concurrence politique. L'existence d'un parti durablement dominant – les cas les plus notables sont ceux du parti du Congrès en Inde et du parti libéral-démocrate au Japon – est l'une des raisons pour lesquelles, dans la détermination d'un système de partis, le critère du nombre n'est pas par lui-même essentiel et qu'il convient de l'examiner en relation avec celui de la dimension des partis considérés.

24 STATUT DES PARTIS. — Les constitutions classiques se présentent comme des cadres juridiques formels de l'aménagement du pouvoir : elles ne connaissent que les organes de l'État et ne consacrent pas l'existence des partis politiques, qui sont tenus pour des pouvoirs de fait. Cette situation perdure dans nombre de pays, bien que les partis soient devenus des éléments essentiels des systèmes constitutionnels démocratiques. Tel est le cas aux États-Unis et en Suisse. En Grande-Bretagne, les partis ne font l'objet d'aucune consécration écrite mais ils sont depuis longtemps intégrés dans l'édifice constitutionnel coutumier du royaume. Les constitutions plus récentes, en revanche, tendent à conférer aux partis politiques un statut constitutionnel. La Constitution italienne de 1947 est la première qui reconnaisse aux partis un rôle dans la « détermination de la politique nationale » (art. 49). Mais c'est la Loi fondamentale allemande de 1949 qui fait la part la plus importante aux partis politiques en leur conférant un véritable statut constitutionnel, par un texte (l'article 21) qui précède les dispositions relatives aux pouvoirs constitués et prévoit notamment que l'organisation partisane doit répondre aux principes démocratiques. L'article 21 LF prévoit en outre la possibilité de faire prononcer l'inconstitutionnalité et l'interdiction des partis qui chercheraient à porter atteinte à l'ordre fondamental, libéral et démocratique, de la RFA. La Constitution espagnole de 1978 s'est, sauf sur ce dernier point, inspirée de la Loi fondamentale allemande. La nouvelle Constitution suédoise de 1974 reconnaît également le rôle prééminent des partis dans la formation de la volonté démocratique. De manière générale, en l'absence de disposition constitutionnelle à cet effet, le rôle des partis dans les régimes démocratiques est implicitement consacré par la législation électorale et, le cas échéant, les règles relatives à leur financement, qui sont très variables d'un pays à l'autre. Elles sont particulièrement élaborées en Allemagne fédérale, complétant ainsi le statut qui résulte de la Loi fondamentale, mais leur effet n'en demeure pas moins peu probant (v. n° 236).

25 Les systèmes de partis. — Il ne s'agit ici que de rappeler sommairement les données essentielles qui sont développées dans la plupart des traités de science politique afin que le sens des termes utilisés ne donne lieu à aucune équivoque. Le système de partis de chacune des grandes démocraties envisagées dans cet ouvrage fait l'objet d'un examen séparé. On se limitera ici à quelques exemples destinés à éclairer les définitions. Un système de partis se caractérise, selon la définition reçue, par le nombre des partis, leur dimension et les alliances partisanes.

La question du nombre des partis doit être envisagée en relation avec celle du mode de scrutin. L'influence du système électoral dans un régime politique donné ne peut cependant être dissociée de celle du système des partis dans son ensemble. Ces deux facteurs étant interdépendants, l'un est choisi ou maintenu en fonction de ses effets prévisibles sur l'autre, conditionnant alors le comportement des partis et, dans une moindre mesure, celui du corps électoral. Ainsi, le système majoritaire à un tour favorise le maintien du bipartisme, même contre la volonté de l'électeur, et la représentation proportionnelle tend à perpétuer la configuration existante des partis, ou bien même à favoriser la naissance, puis le développement du multipartisme. Mais, par ailleurs, la représentation proportionnelle, même conjuguée avec le multipartisme, n'est pas nécessairement un obstacle dirimant à l'apparition d'une majorité parlementaire.

Comme l'a montré D. W. Rae, les majorités parlementaires d'un seul parti, qui sont assez rares, sont le plus souvent fabriquées par la loi électorale[1].

Il n'est pas rare, en particulier, que ce soit un mode de scrutin proportionnel qui permette à un parti n'obtenant pas la majorité absolue sur le plan électoral de récolter cette majorité en sièges dans une assemblée. Tout système électoral comporte un effet inévitablement déformant, d'où l'importance relative de ce facteur, pris isolément, par rapport à l'élément fondamental que constitue le système des partis.

En ce qui concerne le nombre des partis, la *summa divisio* est, selon Maurice Duverger, celle qu'il convient d'opérer entre bipartisme et multipartisme ; mais il s'agit seulement d'un premier critère de classification, qui ne prétend pas rendre compte de toute la diversité des systèmes de partis[2]. Le nombre des partis doit évidemment être considéré à l'échelon de la représentation parlementaire, non pas à celui de la compétition électorale, sans quoi l'on ne pourrait, dans un système pluraliste, jamais parler de bipartisme. Même dans cette perspective, on relève peu de cas de bipartisme pur. Le modèle qui s'en approche le plus, parmi les grandes démocraties, est

---

1. *The Political Consequences of Electoral Laws,* New Haven, Yale University Press, 1969.
2. V. *Les partis politiques,* Paris, A. Colin, coll. « Points, Politique », 1980.

sans doute celui des États-Unis, mais c'est un cas particulier, car les deux grands partis représentés au Congrès se présentent essentiellement comme des fédérations des partis implantés dans les États. La Grande-Bretagne connaît un bipartisme moins rigoureux mais réel, car il comporte normalement deux partis ayant également vocation majoritaire, qui réunissent ensemble entre 80 et 90 % des voix et la quasi-totalité des sièges à la Chambre des Communes. Les principaux régimes du type britannique se présentent de manière analogue. La notion de bipartisme ne peut être prise en considération qu'en fonction de la faible dimension des groupes politiques qui n'ont pas vocation majoritaire. Ainsi le bipartisme pur existait en Nouvelle-Zélande, jusqu'à la réforme électorale de 1993 qui a instauré un type de scrutin proportionnel dont l'effet immédiat, aux élections de 1996, a été l'émergence du multipartisme. Mais si la dimension des groupes secondaires vient à croître, le bipartisme peut s'en trouver altéré, comme le montrent à diverses reprises depuis 1957 l'exemple du Canada et, exceptionnellement (1974), celui de la Grande-Bretagne (v. n° 157).

Entre le bipartisme et le multipartisme, il faut cependant mentionner le tripartisme, en tant que configuration particulière mais généralement assez peu durable, car elle est susceptible d'évoluer tantôt vers le bipartisme de fait, tantôt vers le multipartisme. Ainsi, l'Australie connaît un tripartisme d'apparence, le parti agrarien étant quasiment intégré au parti libéral, face au parti travailliste. L'exemple le plus intéressant, et relativement durable, de tripartisme est celui de l'Allemagne fédérale (v. n° 239), mais, depuis 1983, il faut à nouveau considérer que ce pays est en situation de multipartisme.

En ce qui concerne le multipartisme, différentes hypothèses sont envisagées, essentiellement en fonction du critère de dimension : soit il s'agit d'un multipartisme avec parti dominant, soit encore d'un multipartisme pur. Selon la définition qui en a été donnée par M. Duverger, le parti dominant se caractérise moins par sa dimension que par la différence qui existe entre lui et les autres partis. C'est pourquoi le terme de parti pivot est également utilisé, en considération du fait qu'un tel parti peut aussi se trouver dans l'opposition. Il est le pivot de la vie politique en ce sens que les gouvernements sont constitués autour de lui ou par un réflexe d'opposition des autres partis à son endroit[1]. Ainsi, cette notion de parti pivot n'est valable que dans le cadre du fonctionnement des régimes parlementaires, qui postule clairement l'alternative majorité-opposition. Le terme de parti dominant reste le plus parlant et est utilisable, le cas échéant, en dehors des régimes parlementaires : en Suisse, le parti radical a longtemps été le parti dominant. On peut rapprocher cette notion de parti dominant de celle de parti à vocation majoritaire. Dans les systèmes bipartisans, les deux partis ont normalement vocation majoritaire ; en cas de multipartisme avec parti dominant, un seul parti est susceptible d'obtenir la majorité à lui seul : soit que ce parti soit pratiquement toujours au pouvoir, comme le parti libéral-démocrate au Japon, ou qu'une certaine alternance se produise en faveur des partis d'opposition, qui n'ont d'autre recours que de s'unir s'ils veulent participer au pouvoir. Dans cette hypothèse, à laquelle correspondent aujourd'hui les cas de l'Inde, de la Suède et de l'Espagne, c'est le comportement des partis, leurs alliances et leur aptitude à la bipolarisation qui infléchissent la structure multipartisane. En revanche, dans l'hypothèse où le parti dominant n'a pas (ou n'a plus) vocation majoritaire, on tend vers le multipartisme pur : c'est le cas de la Suisse, depuis l'instauration de la représentation proportionnelle.

Le multipartisme est dominé par la question des alliances – dernier élément d'un système de partis – selon qu'il existe ou non une aptitude à la bipolarisation. Le comportement des partis peut, à cet égard, être plus déterminant que leur nombre. L'aptitude à la bipolarisation peut aussi bien résulter d'une alliance que de la nécessité d'une prise de position sur une question déterminée. Ainsi, comme on l'a vu, l'existence d'un parti dominant à vocation majoritaire suscite normalement une alliance entre les partis moins importants, si du moins elle ne se heurte pas à des obstacles d'ordre idéologique. Mais la bipolarisation peut aussi se manifester entre deux coalitions à vocation majoritaire (c'est, par exemple, le cas en Israël et, plus récemment, en Italie ; ce pourrait l'être demain en RFA). Dans d'autres situations de multipartisme, en revanche, les partis ne sont pas en mesure de fournir au corps électoral des moyens d' « identifi-

---

1. Le terme de parti pivot est aussi utilisé dans une autre hypothèse qui correspond à la situation du petit parti libéral en RFA (v. n° 242).

cation stable et de déchiffrage des luttes politiques » (Georges Lavau). Il s'agit notamment des systèmes de multipartisme où le parti pivot occupe le centre de la configuration politique, rendant ainsi virtuellement impossible la formation d'une coalition regroupant les autres partis. Tel fut le cas de la démocratie chrétienne en Italie, continuellement au pouvoir de 1946 à 1994. On trouve là un élément du système politique résultant d'une situation purement objective mais qui contribue, en raison de l'impossibilité de l'alternance, à rendre plus difficile l'application du principe majoritaire.

26 Typologies des partis. — Parmi les typologies de partis élaborées par les politistes, la plus célèbre en France est celle de Maurice Duverger. Celui-ci oppose, sur le fondement d'un critère essentiellement organisationnel, deux types principaux de partis : les partis de cadres et les partis de masses. La différence ne réside pas dans la dimension des partis, leur importance numérique, mais dans leur structure. Les premiers sont des partis de notables, décentralisés, peu soucieux de l'enregistrement d'adhérents ou de la perception de cotisations, où le rôle dirigeant appartient généralement aux parlementaires. Les seconds sont des partis de militants, dotés d'un appareil, de responsables permanents, qui se caractérisent par l'enregistrement des adhésions et la perception des cotisations, et connaissent une organisation centralisée dans laquelle les élus sont généralement subordonnés aux dirigeants de l'appareil.

À la première catégorie se rattachent les partis les plus anciens, partis de notables caractérisant la période de la démocratie libérale classique. En France, l'exemple type en est le parti radical. À la seconde se rattachent les partis socialistes, contemporains du suffrage universel, et aussi les partis idéologiques, communistes et fascistes ; l'exemple type le plus ancien de parti de masses est le parti social-démocrate allemand.

Cette classification présente une valeur pédagogique certaine en tant qu'elle est clairement reliée aux conditions historiques de la naissance des partis modernes (v. n° 21). Mais elle ne peut rendre compte de la diversité et de la complexité des systèmes de partis existants. Maurice Duverger indique en effet que « plusieurs types de partis restent en dehors de ce schéma général. Les partis catholiques et démocrates-chrétiens d'abord, qui occupent une place à peu près intermédiaire entre les partis anciens et les partis socialistes. Les partis travaillistes ensuite, constitués sur la base des syndicats et des coopératives, suivant un mode de structure indirect (...) Les partis agraires, dont la diversité d'organisation est très grande, et dont le rôle demeure limité à quelques pays... »[1]. Les exceptions sont en fin de compte si nombreuses que cette classification perd une grande partie de son intérêt. Encore n'incluent-elles pas certains partis apparus plus récemment et qui n'entrent pas dans les familles classiques mentionnées. Mais le défaut principal de la classification est corollaire de sa qualité principale : son fondement est historique et son intérêt épistémologique, lié à l'histoire des systèmes de partis, mais elle ne rend pas compte de l'évolution de ceux-ci, qui tend vers une certaine uniformisation. Cette critique rejoint partiellement celle qui a par ailleurs été adressée à l'encontre de la typologie de Duverger : elle conduit à présenter les partis de cadres comme un modèle archaïque, dépassé, et les partis de masses comme un modèle d'avenir et progressiste. Cette inflexion appréciative est d'autant plus mal fondée que le critère de la typologie est celui de la structure organisationnelle. Ainsi que l'observe Yves Mény, « la typologie de Maurice Duverger a le mérite de la clarté, de la pédagogie, mais elle souffre d'être établie à partir d'une variable unique, l'organisation. Que d'autres variables soient introduites, et le panorama devient beaucoup plus flou : peut-on considérer sur la base de leurs structures organisationnelles que le parti conservateur soit un parti de cadres et le PSU un parti de masses ? Certes, si l'on applique le paradigme de Maurice Duverger, mais, comme on le pressent, cette "classification" soulève au moins autant de problèmes qu'elle n'en résout »[2]. On constate par ailleurs qu'à l'époque actuelle, la plupart des grands partis ne sont pas des partis de masses. Ceux qui comptent le plus grand nombre d'adhérents sont ceux que Duverger citait à titre d'exceptions, ces *partis indirects* auxquels l'adhésion résulte automatiquement (sauf volonté contraire expresse) de l'affiliation à un syndicat : tel est le cas du parti travailliste anglais, du parti social-

---

1. *Op. cit.*, p. 46.
2. *Politique comparée. Les démocraties,* Paris, Montchrestien, 1987, p. 88.

démocrate (ou travailliste) suédois. Les autres grands partis le sont par le nombre d'électeurs plus que par celui des adhérents, y compris parmi les grands partis socialistes, qui étaient présentés comme les modèles des partis de masses : le parti socialiste en France et en Espagne, le parti social-démocrate en RFA tendent à se confondre avec les grands partis de droite ou du centre – tels le parti conservateur anglais, le RPR en France, la démocratie chrétienne en RFA et en Italie – dans une vaste catégorie indifférenciée, qualifiée, faute de mieux, de partis d'électeurs. Ce terme, utilisé par Giovanni Sartori et par Jean Charlot, recouvre dans sa généralité ceux qui sont utilisés par ailleurs dans divers contextes nationaux ; ainsi celui de parti « populaire » *(Volkspartei)* qui désigne en RFA l'un et l'autre des deux grands partis et qu'en particulier le parti social-démocrate revendique depuis l'abandon, au congrès de Bad-Godesberg, de ses références marxistes (v. n° 241). Cette notion correspond approximativement à celle, dégagée par Otto Kirscheimer[1], de *catch-all party* (parti attrape-tout), parti interclassiste, cherchant à obtenir les suffrages d'électeurs d'origines sociale, professionnelle, religieuse et, le cas échéant, ethnique différentes. Peuvent entrer dans cette catégorie la plupart des grands partis européens précités, quelle que soit, à gauche, au centre ou à droite, leur position sur l'échiquier politique, mais aussi les grands partis dominants dans les démocraties nouvelles (Inde, Japon) et même les partis américains. Comme le note encore Yves Mény, « tous les partis sont obligés d'emprunter, dans le cadre de la compétition électorale, des traits, des pratiques qui leur sont en principe étrangers. Des partis de cadre traditionnels sont obligés d'adopter des stratégies ou des structures empruntées aux partis de masses (programme, recrutement d'adhérents) tout comme les partis de masses tendent à se rapprocher de caractéristiques propres aux partis de cadres (pragmatisme des programmes, autonomie du groupe parlementaire par exemple) »[2]. L'évolution récente conduit vers une certaine indifférenciation. Il en résulte qu'une classification par le simple inventaire descriptif des familles ou courants politiques garde un certain intérêt.

1. *In* J. Palombara, M. Weiner (ed.), *op. cit.*
2. *Ibid., eod. loc.*

27 Classification par familles politiques. — Seuls les partis des pays européens peuvent toutefois utilement faire l'objet d'une classification selon les familles qui s'y rencontrent de manière plus ou moins uniforme : familles libérale, conservatrice, démocrate-chrétienne, socialiste, communiste, auxquelles on peut ajouter les courants centriste et/ou agrarien ainsi qu'écologiste. Le système de partis japonais présente plus d'un trait commun avec ce modèle européen. Mais il n'en va pas de même en Inde. Enfin, le système le plus extratypique est certainement celui des États-Unis.

La famille libérale est à l'origine même de la naissance de la démocratie qui continue de porter sa marque. La réalisation de l'essentiel de son programme, coïncidant avec l'instauration du suffrage universel, a conduit à un certain effacement, et à une importante réduction d'influence politique de ce courant dont les principes ont en somme, à quelques exceptions près, été adoptés et ensuite assumés par les autres familles de partis. Le qualificatif « libéral » est aujourd'hui porté par des partis bien différents et n'est pas constitutif en soi de l'appartenance à la famille libérale traditionnelle. Ainsi, au Japon, de même qu'en Australie, le parti libéral appartient plutôt au courant conservateur, et c'est à ce titre qu'il est un parti de gouvernement. Partout ailleurs, sauf au Canada, les partis libéraux sont des partis d'importance réduite alors que plusieurs constituaient au XIXe siècle des partis de gouvernement souvent à vocation majoritaire : c'est évidemment le cas du parti libéral britannique, héritier du vieux parti whig, du parti radical suisse, des partis libéraux belge, italien, suédois... Dans certains de ces cas, ces partis n'occupent plus qu'une place marginale dans la vie politique du pays ; même quand le parti libéral anglais bénéficie d'un nombre important de suffrages, à l'occasion d'un vote de protestation contre les deux grands partis (1974) ou d'une alliance électorale (1983), le mode de scrutin ne lui assure à la Chambre des Communes qu'une représentation dérisoire. En Italie, le PLI et le parti républicain, de très faible importance, ont participé habituellement aux gouvernements de coalition jusqu'en 1994. En Suisse, le parti radical reste l'un des trois grands partis à l'échelon fédéral. Le cas le plus intéressant est celui de la RFA où le petit parti FDP a joué un rôle de pivot, essentiel dans la détermination des coalitions gouvernementales.

L'importance de la famille des partis conservateurs est très variable selon les pays. Le modèle reste évidemment le parti conservateur britannique, qui a succédé en 1835 à l'ancien parti tory, parti de gouvernement par excellence, qui a son équivalent au Canada et en Nouvelle-Zélande. La dénomination n'est pas utilisée dans d'autres pays sauf, mais non officiellement, en Suède où le parti des modérés est le principal parti d'opposition à la social-démocratie et le point fort des rares coalitions bourgeoises. La situation est analogue dans les autres pays scandinaves. Dans d'autres pays, le courant conservateur se confond plus ou moins avec le courant chrétien (RFA) ou se répartit entre celui-ci et le courant libéral (Italie, Benelux), ou encore se confond avec ce dernier (Japon, Australie). En Espagne, le courant conservateur est représenté par un parti à l'origine plus nettement marqué à droite que ses équivalents européens, le parti populaire. La famille conservatrice est globalement caractérisée par une culture politique valorisant la tradition et certaines valeurs morales et, sur le plan économique, assumant les principes du libéralisme de manière parfois plus radicale que le courant du libéralisme politique.

La famille démocrate-chrétienne est essentiellement issue du catholicisme – même si elle est désormais pluriconfessionnelle en RFA et aux Pays-Bas : « La naissance et le développement des partis démocrates-chrétiens, écrit Yves Mény, sont eux-mêmes conditionnés par les autres composantes du paysage politique et en particulier par l'existence de partis libéraux ou radicaux qui constituaient une menace directe contre l'Église et les catholiques. Il est remarquable à cet égard que la démocratie chrétienne a totalement échoué dans l'Espagne postfranquiste et qu'elle est totalement absente d'Irlande où tous les partis proclament leur allégeance à l'Église. »[1] Les partis démocrates-chrétiens actuels sont donc les successeurs des anciens partis dénommés catholiques, opposés en tant que tels aux partis libéraux et radicaux (Suisse, Belgique) ou qui ont été constitués sous des dénominations plus neutres, tel le *Zentrum* allemand, fondé sous Bismarck et influent sous la République de Weimar, ou le parti populaire italien, créé dans l'entre-deux-guerres après la levée du *non expedit* prononcé lors de l'annexion des États

---

1. *Op. cit.*, p. 62.

pontificaux. L'évolution récente des partis démocrates-chrétiens a tendu vers une certaine déconfessionalisation en même temps que vers la diversification. Au départ hostile à la fois au libéralisme économique et au socialisme, la démocratie chrétienne a exprimé des tendances divergentes se rapprochant de l'un ou de l'autre. Les deux partis les plus importants, la démocratie chrétienne italienne (jusqu'en 1994) et la CDU-CSU allemande, se sont ralliés à l'économie de marché – la prospérité économique aidant et la volonté de l'électorat allant clairement en ce sens – de telle sorte que ces partis sont en même temps l'expression principale du courant conservateur. La spécificité démocrate-chrétienne continue cependant de se manifester dans le domaine de l'enseignement et en matière éthique et familiale.

La famille la plus uniformément répandue et souvent la plus importante est le courant socialiste – les États-Unis étant évidemment l'exception, ainsi que le Canada. Les partis de la principale mouvance socialiste sont, de façon quasi générale, et même lorsqu'ils sont par exception de faible importance comme naguère en Italie, des partis de gouvernement. On y trouve des partis à vocation majoritaire tels le parti travailliste britannique et ses équivalents en Australie et en Nouvelle-Zélande ainsi que les partis socialistes français, espagnol, grec et autrichien, ou quasi majoritaire, en RFA, en Israël, au Portugal et en Suède. Le parti social-démocrate est le parti pivot dans les autres pays scandinaves : les coalitions gouvernementales se font par réflexe d'opposition à son endroit dès lors qu'il n'est pas au pouvoir avec un gouvernement minoritaire.

Les partis socialistes sont encore des partis de gouvernement dans les pays du Benelux, en Suisse ainsi qu'en Italie (avant la quasi-disparition du PSI en 1994). Dans ce dernier cas comme en Irlande, la faible importance du parti est compensée par le caractère indispensable de sa collaboration avec la DC d'une part, le *Fine Gaël* d'autre part. Il n'est guère qu'au Japon où les socialistes soient durablement écartés du pouvoir. En Inde, le parti du Congrès est officiellement socialiste, en conséquence de quoi l'Inde est qualifiée, depuis le 42e amendement à la Constitution (1976), de république socialiste.

Cette famille est très variée. En Europe ses trois principaux courants sont cependant convergents : le courant travailliste britannique et nordique, le courant social-démocrate germanique et le courant pragmatique contemporain des pays latins. Le terme de social-démocratie est celui qui qualifie le plus adéquatement cette convergence (pour les pays scandinaves il est plus utilisé que celui de travaillisme). Elle se caractérise par l'abandon des références au marxisme, l'adhésion à un système d'économie mixte (abandon des programmes radicaux de nationalisations) et le primat en faveur de l'action gouvernementale, en vue d'une transformation légale et progressive de la société. Sur le plan de la tactique politique, l'alliance avec les partis communistes est presque généralement répudiée, même s'il est parfois encore compté sur leur soutien extérieur (Suède). C'est le SPD allemand qui le premier a effectué sa modernisation idéologique lors du congrès de Bad-Godesberg (1959), alors qu'il était écarté du pouvoir. Dans la plupart des autres pays, c'est l'exercice même du pouvoir qui a déterminé une démarche analogue. Paradoxalement, c'est en Grande-Bretagne que l'on peut relever une exception relative à la tendance générale qui vient d'être définie ; le parti travailliste, cependant bien moins doctrinaire que les partis socialistes du continent, n'a pas entrepris la modernisation prônée par son leader Gaitskell en 1959 et, après avoir pourtant occupé le pouvoir à deux reprises, a connu une certaine radicalisation jusqu'à son recentrage effectué par Tony Blair et son retour au pouvoir en 1997. À l'opposé, le modèle européen du parti socialiste comme parti moderne d'électeurs, peu marqué idéologiquement, est le parti socialiste espagnol.

Les partis communistes, qu'ils se soient détachés du tronc socialiste ou soient nés dans la clandestinité, ont récemment connu un déclin rapide. La légalité de leur action politique dans un régime de démocratie libérale posait au départ une question de légitimité qui, dans presque tous les cas, a été résolue pragmatiquement. Il a été admis, comme l'écrit Maurice Duverger, que « même des partis totalitaires, comme le parti communiste, contribuent en certains pays à l'existence de la démocratie »[1] ; on ne relève qu'une exception en RFA où le parti communiste a été interdit, en 1956, par le tribunal constitutionnel fédéral (v. n° 236). Les communistes ont été présents dans plusieurs gouvernements occidentaux au lendemain de la

---

1. *Op. cit.*, p. 465.

guerre (France, Italie, Finlande, Belgique) mais ne l'ont plus ensuite été que de façon exceptionnelle (Finlande, France). Dans les pays du type britannique, ils n'ont jamais accédé au parlement et ont actuellement cessé d'être représentés dans d'autres pays pratiquant pourtant le scrutin proportionnel (Autriche, Belgique, Pays-Bas, Suisse). Le déclin du parti communiste a été rapide en France et en Espagne où il est victime à la fois de l'érosion de l'ancienne classe ouvrière et des fructueuses tentatives de récupération de son électorat par le parti socialiste. Mis à part le cas de l'Inde où le parti communiste est localement puissant – et détient le gouvernement dans un État de la fédération – l'exception la plus notable au radical déclin des partis communistes est celui de l'Italie où il est resté le deuxième parti du pays jusqu'en 1992. Ayant effectué alors sa conversion en parti du type social-démocrate – au prix d'une dissidence de l'aile orthodoxe – il est devenu le principal parti de gauche italien.

Le courant des partis agrariens est nettement moins universalisé que les familles politiques dont il vient d'être question. Il est essentiellement situé dans les pays scandinaves, mais on le trouve aussi en Suisse et, en tant que tendance d'un des deux partis à vocation majoritaire, en Australie. Sauf dans ce dernier cas, la dénomination officielle de ces partis a changé, et ils ont généralement adopté l'étiquette de partis centristes. La réduction considérable de la population agricole dans les pays industrialisés a imposé cette reconversion en partis d'électeurs, peu marqués idéologiquement, naturellement centristes, et qui restent de dimension relativement faible (autour de 10 % des votes en Suède et en Suisse). Dans d'autres pays, le rôle de parti du centre est tenu par le parti démocrate-chrétien (pays du Benelux), par le parti libéral (RFA) ou par un parti social-démocrate détaché du tronc socialiste (Portugal).

Le plus récent des courants politiques est celui des partis écologistes, qui reste cantonné en Europe. Créés et orientés essentiellement en vue du traitement de la question écologique *(Single issue parties)*, ces partis n'ont *a priori* pas de référence politique déterminée et sont susceptibles d'attirer des électeurs venant d'horizons différents. Leur influence proprement politique fut d'abord limitée aux pays du nord de l'Europe, particulièrement en RFA et en Suède.

La question la plus délicate que pose une classification des familles politiques est celle des partis américains. On peut assurément les définir comme des partis libéraux – au sens classique et européen du terme, et non au sens américain qui implique une orientation à gauche. Mais les clivages politiques se situent plus à l'intérieur de chacun des partis qu'entre les deux : les partis démocrate et républicain ont tous deux une aile conservatrice et une aile libérale et, de façon plus générale, toute question importante, qu'elle soit politique, militaire, économique, sociale, est susceptible de révéler des divisions au sein de chacun d'eux. Par ailleurs, l'absence d'un parti du type social-démocrate et, plus généralement, de l'idéologie socialiste aux États-Unis a donné lieu à d'abondantes analyses et explications. Cette singularité – dont il résulte que si le bipartisme existe aux États-Unis et permet l'alternance, il n'y existe pas de véritable alternative – permettrait de situer le système de partis américains dans la phase de consensus pré-idéologique des premiers partis européens, en tout cas des partis anglais. On peut rapprocher cette situation de celle de deux pays où le travaillisme est resté très faible : le Canada et l'Irlande avec, dans ce dernier cas, la prégnance d'un consensus religieux très fort et unique en Europe.

28 L'ALTERNANCE. — Selon Jean-Louis Quermonne, « on peut définir l'alternance au pouvoir comme un transfert de rôle conduisant deux partis ou deux coalitions à vocation majoritaire à exercer tantôt le pouvoir, tantôt l'opposition »[1]. L'alternance n'est donc possible que dans un système de libre concurrence politique où existe un consensus minimal sur la nécessité de la continuité de l'État. En principe, l'alternance sera rendue d'autant plus facile et plus fréquente que ce consensus sera plus large. Mais ces conditions de fond peuvent très bien être réunies sans que l'alternance soit effectivement réalisée. Sa réalisation dépend aussi, en effet, de la nature du régime constitutionnel – parlementaire, présidentiel ou directorial – et du système des partis. Cette double variable n'autorise guère qu'une classification pragmatique – dont on peut donner quelques éléments et quelques exemples – en fonction du degré plus ou moins complet de l'alternance, depuis l'alternance

---

1. *Les régimes politiques occidentaux*, Paris, Le Seuil, coll. « Points, Politique », 1986, p. 64.

« absolue » du type britannique jusqu'à la non-alternance. Seul le régime parlementaire moniste – dans lequel l'exécutif est purement gouvernemental et n'est responsable que devant le Parlement (v. n⁰ˢ 53-55) – favorise l'alternance absolue, mais si cette condition est nécessaire, elle est loin d'être suffisante : l'alternance absolue ne peut être réalisée que dans le cadre d'un système bipartisan. C'est ainsi qu'elle caractérise le fonctionnement du régime politique britannique et des autres régimes du type de Westminster (Canada, Nouvelle-Zélande, Australie) où le gouvernement est constitué par l'état-major du parti qui obtient la majorité à la Chambre basse. En revanche, d'autres régimes parlementaires monistes, l'Inde et le Japon, ont durablement connu un régime démocratique sans alternance, déterminé par la vigueur d'un parti dominant. Mais cette situation n'est pas le propre des nouvelles démocraties non européennes. Elle tend aussi à caractériser la Suède où le parti social-démocrate est au pouvoir depuis plus de cinquante ans, sauf durant trois législatures (1976-1982 et 1991-1994). L'absence d'alternance peut encore résulter du rôle exercé par un parti naguère dominant et resté parti pivot, comme la démocratie chrétienne en Italie jusqu'en 1994 (v. n° 25).

Dans les régimes parlementaires dualistes modernes (parfois appelés semi-présidentiels) et dans le régime présidentiel américain, l'alternance absolue – abstraction faite du rôle joué par les systèmes de partis – ne peut être assurée que si l'élection du chef de l'État et l'élection parlementaire sont contemporaines et concordantes. Cela peut être réalisé en régime parlementaire dualiste par l'effet du droit de dissolution qui appartient normalement au chef de l'État : tel est le cas en France en 1981 où l'élection de François Mitterrand à la présidence de la République conduit à celle d'une majorité socialiste à l'Assemblée nationale lors du scrutin législatif provoqué par la dissolution. Ce pourrait être également réalisé dans le régime présidentiel américain dans la mesure où les élections présidentielles coïncident avec le renouvellement intégral de la Chambre des représentants et celui d'un tiers du Sénat – et dans la mesure où la concordance politique entre président et Congrès serait déjà établie avant ces élections. Tel n'est pourtant pas habituellement le cas – en dépit du bipartisme – de telle sorte que l'alternance aux États-Unis est presque toujours une alternance incomplète. Mais cette situation n'a pas la même portée qu'en régime parlementaire dualiste, car dans la double perspective du régime présidentiel fondé sur la séparation des pouvoirs et du bipartisme américain, l'exercice de la fonction présidentielle n'est pas conditionné par la concordance. L'alternance significative, aux États-Unis, est celle qui affecte la présidence. Dans les régimes parlementaires dualistes, en revanche, seule l'alternance absolue est décisive, mais les deux formes relatives de l'alternance – présidentielle et parlementaire – sont également significatives.

Enfin, dans le régime directorial suisse tel qu'il fonctionne depuis trente ans, et dans un contexte de multipartisme, la non-alternance est en quelque sorte institutionnalisée : la « formule magique » de gouvernement associe au pouvoir les quatre principaux partis depuis 1959. La démocratie suisse existe ainsi non seulement sans alternance, mais aussi sans autre opposition que celle des petits partis (v. n° 123). Cette situation ne perdure que par la volonté des grands partis eux-mêmes, et donc des électeurs qui continuent de leur faire confiance.

Ainsi, la libre concurrence politique qu'implique la démocratie postule que l'alternance puisse être réalisée mais non qu'elle doive l'être effectivement. La même cause produit des effets en apparence opposés : le consensus politique entre les partis favorise l'alternance absolue dans les régimes du type britannique, tandis qu'il crée la non-alternance dans le régime suisse et l'alternance relative dans le régime américain. Chacune des formes constitutionnelles de la démocratie détermine ainsi sa propre logique de pluralisme politique et du principe majoritaire (v. chap. 3).

Section II
Les expressions du principe démocratique

Toutes les grandes démocraties contemporaines sont représentatives, car la démocratie occidentale n'a connu son aboutissement, par l'instauration généralisée du suffrage universel, que dans la matrice des régimes représentatifs, oligarchiques ou censitaires, qui l'ont précédée. Au XIXᵉ siècle, seuls la Suisse et certains États fédérés américains ont fait la place à des procédures de démocratie directe à côté des institutions représentatives. À l'époque contemporaine, cette coexistence des deux expressions du principe démocratique s'est élargie à quelques-unes des grandes démocraties, tandis que d'autres s'en tiennent au régime strictement représentatif.

29 LES DÉFINITIONS CLASSIQUES. — À la notion de démocratie représentative, la doctrine classique oppose les notions de démocratie directe et de démocratie semi-directe.

La démocratie directe est le régime dans lequel les citoyens exercent directement au sein d'assemblées populaires le pouvoir législatif et celui d'administration. Ce système postule donc une complète identité entre gouvernants et gouvernés et implique l'absence d'organes étatiques et la confusion entre les pouvoirs. Tel était l'idéal de Rousseau, dont il convenait qu'il n'était réalisable que dans le cadre de très petits États. La démocratie directe est en effet encore pratiquée dans les cantons montagnards de la Suisse, deux fédérés aux temps médiévaux, dont l'un des trois cantons originaires, ainsi que dans un autre canton dont l'intégration remonte au début de l'ère moderne : les citoyens s'y réunissent en *Landsgemeinde* (v. n° 110). C'était aussi le régime des cités grecques, où la démocratie directe reposait sur une définition oligarchique de la citoyenneté (celle-ci ne l'était pas moins dans les cantons alpestres, n'était sans doute que Nidwald et Obwald ne pratiquaient pas l'esclavage). Ce type de gouvernement est évidemment impraticable dans les démocraties modernes, même dans de petits États. C'est par cette raison que les procédures de consultation *(Volksanfragen)* tombèrent en désuétude après la Réforme dans les cantons suisses de plus d'étendue. Aussi, sauf cette révérence à la tradition, les termes de « démocratie directe » qualifient-t-ils maintenant le plus souvent les procédures référendaires qui coexistent dans certaines démocraties avec les institutions représentatives : c'est ce que la doctrine classique désigne par la notion de démocratie semi-directe, régime réalisant une combinaison de la démocratie directe et de la démocratie représentative. On appelle parfois votation l'acte par lequel le corps électoral exprime sa volonté sur une question constitutionnelle, législative ou administrative, et ce terme s'oppose à celui d'élection qui est le choix d'une personne, d'un représentant. Mais le terme générique qui désigne l'intervention directe du peuple dans les processus juridiques de décision est celui de référendum, qui est pris alors dans un sens large, et recouvre plusieurs types distincts de procédures.

À l'opposé, la démocratie représentative exclut toute intervention directe du peuple autre que celle de la désignation de représentants. Ce régime entre dans la catégorie plus large du régime représentatif, qui n'est pas nécessairement démocratique et qui, de fait, ne l'a pas été avant l'établissement du suffrage universel. Nombre de régimes représentatifs censitaires reposaient cependant déjà sur le principe démocratique. En ce sens, un régime représentatif est celui dans lequel les gouvernants, ou une partie d'entre eux du moins, exercent le pouvoir non pas en tant que titulaires d'un droit propre mais en vertu de leur qualité de représentants qu'ils tiennent généralement d'une élection. De même, la démocratie représentative est le régime dans lequel la désignation des représentants – du moins de ceux qui siègent dans la Chambre basse du Parlement – procède de l'élection directe au suffrage universel. En tant que régime représentatif, la démocratie représentative admet deux conceptions de la souveraineté, celle de la souveraineté nationale et celle de la souveraineté populaire, traditionnellement présentées comme opposées (v. n° 3). De la théorie de la souveraineté populaire, la démocratie représentative retient essentiellement que, chaque citoyen étant individuellement titulaire d'une part de l'autorité souveraine (selon la formule célèbre de Rousseau), l'électorat est un droit et non pas seulement une fonction. Certains régimes démocratiques en déduisent aussi la légitimité du recours aux procédures de démocratie directe coexistant avec les institutions représentatives. En revanche sont répudiés ces autres corollaires de la souveraineté populaire que sont la toute-puissance d'une assemblée unique et le principe du mandat impératif. De la théorie de la souveraineté nationale, la démocratie représentative déduit que la volonté de la nation, entité abstraite, distincte des individus, en tant qu'elle est orientée vers les intérêts permanents du corps social, n'est pas réductible à celle de la majorité de l'heure. En conséquence, elle admet que des freins et contrepoids soient aménagés en vue de limiter plus ou moins fortement les pouvoirs de l'assemblée élue directement. Elle peut servir à défendre la théorie qui veut que la Constitution en soi recèlerait des principes supérieurs à la Constitution elle-même (v. n° 44)[1]. Enfin, la démocratie représentative implique que les représentants ne sont pas les commis de leurs électeurs. Leur mandat est qualifié de *général,* car ils représentent la nation en son entier et non leur circonscription ou leurs électeurs particuliers, et de *représentatif* en tant qu'ils ne sauraient être liés par des instructions émanant de ceux-ci : le mandat impératif est prohibé.

Avec la généralisation du suffrage universel, c'est cette conception mixte de la souveraineté que tente d'exprimer la formule de l'article 3 de la Constitution française, qui prévaut dans la plupart des régimes démocratiques, même si l'accent est souvent mis sur la discordance existant entre la théorie du mandat représentatif et la réalité politique, en raison des liens entre les élus et leur parti.

I | LE PRINCIPE REPRÉSENTATIF

30 THÉORIES DE LA REPRÉSENTATION. — Le concept de représentation est particulièrement riche dans le domaine juridique. Sans même parler de ses applications en droit privé, il a pu être utilisé, dans le cadre des institutions politiques, selon des techniques et des sens ainsi que sur des fondements extrêmement divers. Les origines de la représentation sont anciennes : bien avant les révolutions américaine et française, les anciennes monarchies européennes et les républiques urbaines avaient posé les fondements théoriques et fonctionnels de régimes représentatifs qui ne procédaient pas du principe démocratique. La monarchie française d'Ancien Régime, en particulier, connaissait un système de représentation organique dans lequel la personne du roi incarnait l'État, ainsi que l'exprime la formule célèbre attribuée à Louis XIV. Carl Schmitt, cependant, objecte qu'il faut se garder de confondre cette notion transcendante de représentation *(Repräsentation),* qui s'applique au monarque d'Ancien Régime, avec sa notion fonction-

---

1. M. Gauchet, *La révolution des pouvoirs. La souveraineté, le peuple et la représentation, 1789-1799,* Paris Gallimard, 1995, p. 45.

nelle *(Stellvertretung)* qui s'applique à la démocratie moderne et revêt une connotation technique et matérialiste[1]. Cependant, ces deux conceptions antagonistes sont loin d'épuiser le concept juridico-politique de représentation. Elles constitueraient plutôt deux extrêmes entre lesquels on peut encore distinguer des formes anciennes et des formes modernes qui possèdent chacune leur propre logique et leurs propres fondements. Il en est ainsi des anciens « états » ou « ordres » que l'on trouve sous des formes assez semblables dans la plupart des pays d'Europe, et qui ont subsisté bien avant dans le XIXe siècle, en Suède et dans certaines parties de l'Allemagne. L'un des traits communs de cette forme de représentation était la pratique du mandat impératif, liant les représentants à leurs électeurs et les privant en conséquence de la substance d'un véritable pouvoir délibérant. L'un des premiers actes constitutifs du parlementarisme anglais sera, avec la disparition du système des ordres au profit du système bicaméral, la rupture avec le principe du mandat impératif au bénéfice du mandat représentatif, dont l'idée sera reprise par les constituants révolutionnaires américains et français. En France, en 1789, Sieyès s'est fait le champion de l'indépendance des députés à l'égard des électeurs en insistant sur les inconvénients de consultations répétées des électeurs par les députés ; toutes les autres raisons qu'il invoque sont doctrinales mais ne viennent servir qu'à justifier ce qui était pratiquement nécessaire. Et c'est pour permettre aux états généraux de délibérer en toute liberté sur toutes les questions qu'il conviendrait de leur soumettre que le roi s'était prononcé pour l'abandon du mandat impératif dont certains ne s'estimeront d'ailleurs pas, pour autant, déliés[2]. De manière générale, c'est cette manifestation d'indépendance des assemblées à l'égard du corps électoral qui marque le début des institutions représentatives modernes en tant qu'elle permet de les distinguer des formes anciennes d'assemblées d'états. La notion moderne de représentation telle que Burke la définit dans le discours à ses électeurs de Bristol a pour corollaire, en même temps que pour fondement, une théorie de la souveraineté du Parlement

---

1. O. Beaud, Sur une distinction de Carl Schmitt, *Droits,* 1987, n° 6, p. 11-20.
2. Ord. du 24 janvier 1789, art. 45 : « Les pouvoirs dont les députés seront munis devront être généraux et suffisants pour proposer, remontrer, aviser et consentir, ainsi qu'il est porté aux lettres de convocation. »

– qui s'était imposée en Angleterre avec la révolution de 1688 – ou une théorie de la souveraineté nationale – qui est celle de la Révolution française et particulièrement de la Constituante – dont les conséquences, nonobstant la diversité des événements et des institutions, sont analogues : elles établissent une « démocratie sans le peuple ». Certes, cette conséquence n'est pas, en soi, inévitable. En Grande-Bretagne, on voit resurgir la théorie du *mandate,* liée à une conception démocratique du droit de dissolution (v. n° 136), et l'extension du suffrage puis finalement l'établissement du suffrage universel, dans un contexte de bipartisme, tendent progressivement à remettre au peuple le choix des gouvernements. En France, la Constitution de 1958 a finalement rompu avec les dogmes de la souveraineté et de l'intangibilité des assemblées qui caractérisaient la « République des députés ». Mais il reste que cette conception, propre à la démocratie libérale classique, de la représentation « filtre », cette conception élitiste ou, du moins, oligarchique, de la représentation (v. n°s 5 et s.), n'est pas un pur produit de l'histoire. C'est la structure même de la représentation qui induit l'oligarchie, lors même que les connotations aristocratiques ont disparu sous la pression du gouvernement d'opinion moderne, conditionné par les moyens de communication de masse. Cette tendance est-elle en soi contraire au principe démocratique ?

31 CRITIQUE DÉMOCRATIQUE DE LA REPRÉSENTATION. — La plus célèbre des critiques de la représentation est celle de Rousseau : « La volonté ne se représente point ; elle est la même, ou elle est autre : il n'y a point de milieu. »[1] À cela fait écho la formule de Kelsen : « Combien l'idée de représentation a peu d'affinités avec le principe démocratique, on le reconnaît au fait que l'autocratie se sert de la même fiction. »[2] Cette notion de fiction se retrouve fréquemment dès lors qu'il s'agit de dénoncer non seulement les contradictions entre démocratie et représentation, mais aussi le caractère illusoire de la démocratie elle-même. Kelsen relève : « La théorie de la représentation a pour rôle de légitimer le Parlement du point de vue de la souveraineté du peuple. Mais cette *évidente fic-*

---

1. *Du Contrat social,* III, 15.
2. *Op. cit.,* p. 78.

tion, destinée à dissimuler la réelle et considérable atteinte que subit l'idée de liberté du fait du parlementarisme, n'a, à la longue, plus pu remplir son office : elle a au contraire fourni aux adversaires de la démocratie l'argument que celle-ci se fonde sur une affirmation d'une fausseté flagrante. (...) Le caractère fictif de l'idée de représentation n'attira naturellement pas l'attention tant que dura la lutte de la démocratie contre l'autocratie (...). Mais aussitôt que le principe parlementaire eut pleinement triomphé (...) il devenait impossible que la critique n'aperçût pas la grossière fiction dont était entachée la thèse – développée déjà à l'Assemblée nationale française de 1789 – que le Parlement n'est en son essence rien d'autre qu'un corps représentant le peuple, dont seule la volonté s'exprimerait dans ses actes. Et ainsi, il n'y a pas lieu de s'étonner que, parmi les arguments qu'on produit aujourd'hui contre le parlementarisme, figure en première ligne la révélation que la volonté étatique dégagée par le Parlement n'est nullement la volonté du peuple, et que le Parlement ne peut exprimer cette volonté du peuple pour la simple raison que, d'après les constitutions des États parlementaires, le peuple ne peut pas même exprimer une volonté – en dehors de l'élection du Parlement. »[1] La critique démocratique du régime représentatif, assimilé ici par Kelsen au régime parlementaire, a été développée en France par Carré de Malberg, qui distingue quant à lui régime représentatif et régime parlementaire. Critiquant le fonctionnement des institutions de la IIIe République, il y voit la persistance du concept antidémocratique des constituants de 1791 selon lequel l'assemblée a seule le pouvoir d'exprimer la volonté de la nation sans que le corps électoral puisse intervenir. À ce régime représentatif, caractérisé par la toute-puissance et l'intangibilité de l'assemblée élue, il oppose le régime parlementaire qui implique, notamment par le jeu de la dissolution, la nécessité d'une union et d'un accord permanent entre les élus et les électeurs, et admet la combinaison avec les procédures de démocratie directe[2]. Mais à côté de cette critique positive, tendant au réformisme institutionnel, il faut considérer les critiques radicales qui reviennent fréquemment sur le thème de la fiction, développé par Kelsen – mais qui ne le fait

---

1. *Ibid.,* p. 40-41.
2. *Contribution à la théorie générale de l'État,* Paris, rééd. CNRS, 1962, t. II, p. 361 et s.

pas sien et propose aussi pour sa part une conception positive du parlementarisme envisagé comme un compromis entre l'idée de liberté et celle de nécessaire division du travail – et insistant sur le caractère illusoire du pouvoir qu'exerce le peuple soi-disant souverain à travers le système de représentation politique : son mécanisme essentiel, le suffrage universel, serait ainsi dirigé « contre la démocratie »[1].

32 NÉCESSITÉ ET NATURE JURIDIQUE DE LA FICTION. — La démocratie directe étant inadaptée à la dimension et à la diversité des tâches de l'État moderne, la représentation se présente comme une nécessité inéluctable. Sieyès, qui a apporté les vues les plus profondes sur la théorie de la représentation, a exprimé cette évidence sur le mode plaisant lorsqu'il écrit que dénier le système du gouvernement représentatif, c'est comme si l'on voulait prouver aux citoyens qui ont à écrire quelque part, à Bordeaux par exemple, qu'ils garantiraient bien plus sûrement leur liberté entière en se réservant de porter eux-mêmes leurs lettres au lieu de destination. Mais ce constat d'absolue nécessité peut, par son caractère d'évidence, s'accommoder des critiques qui viennent d'être évoquées : la représentation est inévitable mais elle n'est pas démocratique, elle est fiction et illusion. Cette opinion, qui peut être fondée d'un point de vue social ou psychologique, ne l'est pas d'un point de vue juridique. À cet égard, Rousseau, qui raisonne habituellement au départ d'abstractions et de fictions juridiques, confond, lorsqu'il dénonce le système représentatif, le point de vue juridique et le point de vue psychologique. Et ce n'est pas un hasard si sa pensée, si influente dans la Constituante, n'a sur ce point pas été prise en considération, car elle est incompatible avec sa théorie de la « volonté générale », qui n'est pas la somme des volontés particulières, et dont il résulte que chaque député n'a pas à représenter la volonté de la fraction du peuple qui l'élit, mais celle du peuple en son entier. Dans la démocratie directe, le peuple constitue l'organe politique collégial suprême de l'État, et l'identité est complète entre gouvernants et gouvernés. Si les cantons suisses qui pratiquent la démocratie directe devaient y renoncer, il ne s'ensuivrait pas que le

---

1. Ph. Braud, *Le suffrage universel contre la démocratie*, Paris, PUF, 1980.

citoyen aurait cessé d'être organe partiel de l'État. Son droit se serait simplement réduit à participer à la création d'un autre organe, doté par la constitution nouvelle des pouvoirs qui auparavant appartenaient directement à la collectivité des citoyens. L'assemblée devient ainsi l'organe de volonté du peuple. Dans la démocratie directe comme dans la démocratie représentative, le peuple est organe de l'État, mais, dans le premier cas, la volonté de l'organe est le fait du peuple lui-même, dans le second, le fait d'un organe créé par lui. Ainsi c'est par les assemblées que le peuple se trouve juridiquement organisé : tout Anglais, selon une conception ancienne, est réputé personnellement présent dans le Parlement, et tous les actes du Parlement sont censés portés à la connaissance de tous les sujets dès lors qu'ils ont reçu la sanction royale. Cette conception est certainement l'une de celles qui, plus que les constructions abstraites, permettent le mieux de comprendre le concept juridique de représentation, et il est remarquable qu'elle associe à la fiction juridique de la représentation cette autre fiction indispensable à l'organisation de la société par le droit : le principe selon lequel nul n'est censé ignorer la loi. Ainsi, le propre de la fiction juridique est moins son caractère fictif que sa nature de procédé de droit, par quoi elle constitue un élément de cohérence nécessaire à l'ordonnancement juridique.

Chaque député représente le peuple tout entier en tant qu'il concourt à former la volonté du peuple. Ce principe général n'est pas entamé par l'existence et le jeu des groupes et des partis, puisque dans le régime de démocratie directe, où la volonté populaire n'est pas une fiction, le processus de décision n'est pas fondamentalement différent. Les organes représentatifs sont ainsi, selon la terminologie du juriste allemand Jellinek[1], des organes secondaires, organes d'un organe primaire de l'État qui est le peuple au sens juridique, c'est-à-dire cette partie du peuple réel auquel la constitution reconnaît le droit de vote, dans la démocratie moderne : l'universalité des citoyens adultes. Sur cette base, il est vrai, comme l'a démontré Carré de Malberg dans sa critique du fonctionnement des institutions de la IIIe République, que le principe représentatif peut se trouver privé de fondement démocratique dès lors que l'on

---

1. *L'État moderne et son droit,* Paris, 1913, 2e partie, p. 219 et s.

pose que la représentation entraîne, de la part du peuple, abandon de ses droits aux représentants. Mais le peuple n'est pas seulement un organe de création dont les pouvoirs s'épuiseraient avec la désignation des représentants. Entre ceux-ci et le peuple, l'élection établit un rapport organique qui implique un lien de dépendance politique. Il résulte de l'action de l'opinion publique, qui ne peut être considérée du point de vue juridique, mais revêt un aspect politique important, que les représentants, sans avoir juridiquement de compte à rendre à leurs électeurs, se trouvent cependant sous leur contrôle effectif et permanent. Dès lors que l'on reconnaît au corps électoral le pouvoir d'élire des représentants, dès lors surtout que cette élection ne vaut que pour un temps donné, qu'elle est remise périodiquement en cause, on lui confère nécessairement un pouvoir de décision qui va au-delà du choix des personnes. Ce pouvoir peut être renforcé par des facteurs proprement politiques mais aussi par les institutions que Carré de Malberg préconisait pour assurer au régime représentatif un caractère démocratique : la dissolution et certaines procédures de démocratie directe, tel le référendum abrogatif, qui permettent de vérifier la conformité de la volonté des représentants à celle des représentés. Il reste que cette articulation entre la volonté populaire et l'exercice du pouvoir ne saurait être garantie. La reconstitution, sous une forme moderne, du mandat impératif relève du mythe constitutionnel : les propositions que faisait Kelsen à cet effet – suppression de l'immunité parlementaire, contrôle radical des partis sur les députés – visaient sans doute à la réforme du régime représentatif, mais tendaient moins à sa démocratisation qu'à l'institutionnalisation de la toute-puissance des partis, dont il dénonçait également le fonctionnement non démocratique[1]. Il reste aussi, par ailleurs, comme le souligne Philippe Bénéton, que si les démocraties contemporaines sont, par nécessité, représentatives, elles le sont sans véritable théorie de la représentation, ou au nom d'une théorie incertaine. L'ancienne conception, de type aristocratique, a vécu, même si certains de ses attributs juridiques subsistent, comme la prohibition du mandat impératif. Mais une conception nouvelle ne s'est pas imposée pour autant[2]. Tout au

---

1. *Op. cit.*, p. 47 et s., et p. 35.
2. *Op. cit.*, p. 208.

plus peut-on avancer que la notion de représentation tend à s'effacer devant celle – non juridique, et méliorative du point de vue des critères de la démocratie moderne – de représentativité.

33 REPRÉSENTATION ET DÉMOCRATIE MODERNE. — Il existe dans les démocraties modernes une évidente distorsion entre la théorie du régime représentatif et la réalité politique. En tant qu'État de partis, l'État démocratique contemporain connaît un régime assez éloigné de la théorie classique du régime représentatif. Sans qu'il ait été besoin des réformes préconisées par Kelsen et dont il vient d'être question, c'est par une logique inhérente à la nature des partis modernes que s'est imposée la subordination des élus aux partis qui les font élire. Il ne saurait pour autant s'agir d'une forme nouvelle de mandat impératif. Outre que celui-ci reste prohibé en droit, et que l'immunité parlementaire continue de présumer les élus exempts de toute responsabilité à l'égard de leurs électeurs, les programmes et les engagements électoraux conservent généralement un caractère imprécis et ne sauraient, en tout état de cause, prévoir l'ensemble des questions qui devront être résolues durant une mandature. Il ne peut, dans ces conditions, exister aucune forme d'engagement contractuel à l'égard des électeurs, et les élus continuent de se voir reconnaître une part d'autonomie essentiellement dépendante du caractère plus ou moins discipliné de leur engagement partisan. Dès lors, ainsi que l'observe Stéphane Rials, « même si le gouvernement d'opinion, porté dans ses flancs d'abord par le suffrage universel puis par le développement des moyens de communication de masse, a subverti en pratique le régime représentatif, la représentation-dépossession ne cesse de subvertir en retour les percées apparentes de la démocratie. Y a-t-il ainsi institution confortant davantage la qualité de représentant suprême d'un homme que le référendum tel que le pratiquait de Gaulle ? (...) »[1]. C'est pourquoi l'exigence de démocratisation en vient à se réduire à celle de représentativité. Le constat de la nécessité de la représentation est celui du caractère inévitable de l'oligarchie. La conception classique du régime représentatif était celle d'une aristocratie élue ; celle de la démocratie moderne serait plutôt celle d'une médiocratie représen-

---

1. Représentations de la représentation, *Droits,* préc., p. 8.

tative des différentes catégories de gouvernés de manière à ce que soit réduite la distance entre ceux-ci et les gouvernants. Sont ainsi pris en compte des critères de représentativité d'ordre géographique (et, éventuellement, ethnique) et social, ainsi que ceux ayant trait à l'âge et surtout au sexe. La sous-représentation traditionnelle des femmes dans le personnel politique conduit certains partis, comme le parti social-démocrate allemand, à adopter des systèmes de quotas garantissant un partage plus ou moins équilibré des candidatures aux mandats politiques entre hommes et femmes.

Cette exigence moderne de représentativité ne saurait cependant faire oublier la tendance à la professionnalisation de la politique par l'intermédiaire exclusif des partis. Robert Michels, le premier, et très lucide, analyste des partis modernes, avait noté cette propension oligarchique d'un système représentatif fondé sur des formations politiques organisées : « Il est possible de représenter dans certains cas isolés – questions nettes et simples, délégation de brève durée – (...) mais une représentation permanente équivaudra toujours à une hégémonie des représentants sur les représentés. »[1] Cette tendance revêt cependant des aspects différents selon le type de fonctionnement du régime démocratique.

34 LA DÉMOCRATIE MÉDIATISÉE OU « PARLEMENTARISME ». —
Dans le régime représentatif classique, le choix des gouvernements par les gouvernés est essentiellement un choix médiatisé. Il se réduit, dans la plupart des cas, à l'élection des membres d'une (parfois deux) assemblée législative. L'élection du titulaire du pouvoir exécutif par le peuple n'est envisagée que par la Constitution des États-Unis : encore l'est-elle par le truchement d'électeurs présidentiels sans mandat impératif, moyennant d'importants correctifs dus au fédéralisme et sous réserve d'un système d'élection subsidiaire par la chambre, dont le constituant pouvait penser qu'il deviendrait la règle (v. n° 72). En France, l'élection directe du chef de l'État par le peuple, instituée par la Constitution de 1848, ouvre la voie au césarisme et laisse, de ce fait, un traumatisme durable. Dans la plupart des régimes parlementaires, c'est un monarque

---

1. *Les partis politiques. Essai sur les tendances oligarchiques des démocraties,* Paris, Flammarion, 1914, p. 37, rééd. 1971.

héréditaire qui se trouve à la tête de l'État, monarque dont la légitimité et les pouvoirs sont également inscrits dans une théorie de la représentation. La première république parlementaire française, en 1875, confie l'élection du chef de l'État au Parlement. En Suisse, le directoire exécutif est élu, de la même façon, par les chambres réunies. Quant aux organes secondaires du pouvoir exécutif, les ministres, ils procèdent normalement du chef de l'État sous réserve, en régime parlementaire, de leur responsabilité devant la chambre élue. Dans le cadre du régime mixte qu'est la démocratie classique, c'est en fin de compte à cette dernière institution qu'il appartient d'incarner le principe démocratique : elle seule est censée exprimer le choix des gouvernants par les gouvernés. Cette conception résulte, en France, de la tradition révolutionnaire de souveraineté du pouvoir législatif et de subordination de l'exécutif. Mais cette explication ne vaut pas en dehors du contexte français, notamment en ce qui concerne les régimes des monarchies parlementaires, celui de la Grande-Bretagne et ses épigones. Aussi, de manière générale, c'est dans la valeur attachée à la formule du pouvoir délibérant qu'il faut trouver la raison de cette identification entre l'expression du principe démocratique et l'élection de l'assemblée législative. L'opinion de Woodrow Wilson, président des États-Unis en 1913 mais qui fut d'abord le partisan du *gouvernement congressionnel* (v. n° 56), traduit bien cette idée : « Le gouvernement par la discussion est le seul genre de gouvernement acceptable pour un peuple qui essaie de se gouverner lui-même. »[1] Elle recèle un paradoxe évident puisqu'elle postule que la décision politique naît de la discussion elle-même, qui ne peut intervenir qu'entre les représentants, au sein d'une assemblée, et non de la volonté du peuple, du gouvernement du peuple par lui-même. La démocratie n'est ainsi conçue que médiatisée, et si le mandat impératif est prohibé, c'est parce qu'il rendrait la délibération inutile et ferait procéder la décision du simple comptage des mandats. C'est là une critique qui se rencontre fréquemment aujourd'hui lorsqu'on déplore l'abaissement du rôle du Parlement et le fait que les assemblées soient réduites à une tâche d'enregistrement. Dans cette perspective, la règle de la majorité n'a guère qu'une valeur convention-

---

1. *Le gouvernement congressionnel*, Paris, 1900, p. 323,

nelle ou fonctionnelle, qui suppose un exercice essentiellement modéré du pouvoir. La volonté du peuple n'existe pas en tant que telle ; elle doit d'abord être dégagée, puis formulée par les représentants, et c'est en cela qu'elle est plus exactement qualifiée par les termes de volonté de la nation ou volonté générale. Les procédures de démocratie directe n'ont évidemment aucune place dans ce système. Mais, de plus, la désignation directe par le peuple des gouvernants effectifs, des détenteurs du pouvoir exécutif, est envisagée avec une méfiance que ne suffit pas à expliquer la crainte d'une dérive vers le césarisme. Ainsi, c'est le régime présidentiel des États-Unis, fondé sur la séparation des pouvoirs, que Kelsen dénonce en écrivant : « Lorsque, dans la république présidentielle, le pouvoir exécutif est confié à un président qui n'est pas désigné par le Parlement, mais directement élu par le peuple, et lorsque l'indépendance de ce président investi de la fonction exécutive vis-à-vis de la représentation nationale est assurée encore d'autre façon (*i.e.* par la séparation des pouvoirs), il en résulte – si paradoxal que cela puisse apparaître et, en dépit de ce que, vraisemblablement, on se proposait – *plutôt un affaiblissement qu'un renforcement du principe de la souveraineté du peuple.* Car lorsqu'en face du peuple des électeurs, qui compte des millions d'individus, on place comme élu un unique individu, *l'idée de la représentation du peuple perd nécessairement sa dernière apparence de bien-fondé. Ce qui dans une assemblée comme le Parlement, qui réunit tous les partis populaires, est encore possible : que de la coopération de toutes ces forces se dégage quelque chose que l'on puisse considérer comme une volonté nationale, cela est impossible chez le président désigné par élection populaire directe,* par suite entièrement indépendant du Parlement, incontrôlable d'autre part par le peuple lui-même, corps immense et incapable d'action, tout comme chez un monarque héréditaire (...). Entre l'autocratie d'un monarque héréditaire qui invoque la formule de la représentation et la pseudo-démocratie d'un empereur élu, la différence n'est pas très grande. »[1] Il est clair que, pour Kelsen, la démocratie est identifiée au régime de la discussion, que la volonté populaire ne préexiste pas à sa formulation par le Parlement, conçu comme le siège de l'organisation du peuple

---

1. *Op. cit.*, p. 77-78. C'est nous qui soulignons.

en partis, et que l'élection directe du chef de l'exécutif par le peuple constitue une aliénation de la souveraineté populaire.

Ces idées ont prévalu assez longtemps. Le monopole de l'expression démocratique par le Parlement était fondé sur une considération d'ordre théorique : la hiérarchie des pouvoirs était liée à une hiérarchie des organes. La IIIe République française est l'incarnation de ce modèle de démocratie représentative médiatisée. Le pouvoir législatif y est souverain parce qu'il se confond avec celui du Parlement et que celui-ci représente la nation. Le pouvoir exécutif est essentiellement conçu comme organe d'exécution et est donc naturellement subordonné, n'ayant pas, par lui-même, le caractère représentatif. L'influence de ce modèle de la IIIe République, seule république parlementaire au début du siècle, a été très importante sur le mouvement constitutionnel consécutif à la première guerre mondiale, dans lequel Kelsen a joué un rôle notable (v. n° 55). L'idée prévaut, comme on l'a vu, qu'assurer l'indépendance de l'exécutif, notamment par son élection populaire, c'est s'écarter du principe démocratique parce que, par sa nature même, l'exécutif ne pourrait incarner ce principe. Le régime démocratique s'identifie donc à ce que Kelsen appelle le « parlementarisme » (qui ne se confond pas ici avec le régime parlementaire au sens strict (v. chap. 3) mais est défini comme « la formation de la volonté étatique directrice par un organe collégial élu par le peuple sur la base du suffrage universel et égalitaire, c'est-à-dire démocratique, et prenant ses décisions à la majorité »)[1]. Dans sa forme accomplie, la démocratie médiatisée se caractérise donc par le fait que le Parlement est le seul fondement du pouvoir politique et elle tend à impliquer un parlement gouvernant ou ce qu'il est convenu d'appeler un régime d'assemblée. Tel fut effectivement le cas durant certaines périodes de la IIIe République, et tel était l'idéal de ces « constitutions de professeurs » élaborées au lendemain de la première guerre mondiale, en réaction aux régimes antérieurs de monarchie limitée. Mais la démocratie médiatisée recouvre aussi des formules moins radicales et plus actuelles. Elle se rencontre dans des régimes parlementaires juridiquement équilibrés, où le rôle de participation de l'organe exécutif à l'exercice du pouvoir législatif est reconnu,

---

1. *Op. cit.*, p. 38.

conformément au modèle britannique, et où il n'existe donc pas de subordination de l'exécutif au Parlement. Il y a démocratie médiatisée dès lors que ce sont les états-majors des partis représentés au Parlement qui décident librement, sans tenir compte de la volonté (réelle ou présumée) du corps électoral, de la formation et de la dislocation des formules de gouvernement. La démocratie médiatisée ne se confond donc pas avec le système, essentiellement français et désormais suranné, de la « République des députés » (R. Priouret). Elle est conforme au modèle de démocratie contemporaine qu'est l'État de partis, dans lequel aussi bien le Parlement que ses membres sont, en tant que tels, réduits à la portion congrue dans le processus de décision politique. Elle est donc simplement déterminée par le système des partis : exclue dans les hypothèses de bipartisme (Grande-Bretagne) ou de bipolarisation rigide (Suède), elle domine dans les systèmes de multipartisme pur (Italie, autres pays scandinaves et pays du Benelux) et se rencontre parfois dans le cas de tripartisme avec parti pivot (RFA). En régime parlementaire, la démocratie médiatisée se caractérise par le fait que les majorités et les gouvernements changent, dans l'espace d'une même législature, sans consultation du corps électoral. Cette caractéristique ne prend cependant tout son sens que lorsqu'elle se traduit par la rupture de l'alliance préélectorale passée devant les électeurs. On rappelle souvent à cet égard les précédents mémorables, sous la IIIe République, de l'éclatement du Cartel des gauches (1926), de l'Union des gauches (1934) et du Front populaire (1937). Cette situation ne se présente guère dans les hypothèses de multipartisme pur à l'époque actuelle, car les alliances préélectorales y sont exceptionnelles. Mais on en relève un exemple, très controversé, en RFA en 1982, dans un système de tripartisme avec parti pivot (v. n° 250). Cette forme de démocratie médiatisée peut coexister, dans les États contemporains, avec des procédures de démocratie directe (Italie).

35 LA DÉMOCRATIE IMMÉDIATE. — On préférera ici ce qualificatif, peut-être inélégant, à celui parfois employé par les politistes, de démocratie directe, par révérence à la définition juridique traditionnelle de ces termes. La démocratie immédiate, ou « démédiatisée », consiste dans l'intervention du corps électoral dans le choix et l'orientation des gouvernants effectifs, c'est-à-dire – à l'époque actuelle en particulier – de l'exécutif. Mais cette forme de démocratie n'est pas absolument liée à l'époque contemporaine. Elle existe nécessairement, depuis l'origine, dans le régime présidentiel américain, même s'il est vrai que l'attitude du constituant de 1787 est plutôt celle d'une certaine méfiance à l'égard de l'exécutif et que, dans le cadre du gouvernement *congressionnel* ainsi institué, nul ne pouvait imaginer que le président deviendrait l'exécutif démocratique le plus puissant du monde, l'élection présidentielle ayant radicalement changé de caractère par rapport à ce que le constituant avait envisagé. Mais la démocratie immédiate existe aussi – sous une forme indirecte et d'ailleurs peu démocratique eu égard au suffrage restreint – en Grande-Bretagne dès l'époque classique. En dépit de la formule rabâchée depuis le XIXe siècle, selon laquelle le gouvernement anglais serait une commission exécutive de la Chambre des Communes, il apparaît que, dans le cadre du « gouvernement de parti » qu'est très précisément le cabinet britannique, l'exécutif, et en particulier le premier ministre, peut se réclamer d'un mandat populaire et au fond – sous réserve des déformations inhérentes au système électoral – d'un mandat populaire à peu près directement donné. La personnalisation démocratique du pouvoir est à peine moindre au XIXe siècle, avec des hommes comme Gladstone et Disraeli, qu'à l'époque actuelle, et quelle que soit l'importance du rôle des Communes au siècle passé, le régime britannique n'a jamais été celui d'une démocratie médiatisée et son gouvernement celui d'un exécutif commis de la Chambre basse. Vers 1860, John Stuart Mill écrit, parlant de la Chambre des Communes, « qu'en fait de législation comme d'administration, la seule chose dont une assemblée représentative soit capable n'est pas de faire la besogne elle-même mais de la faire faire, de décider à qui on la confiera, et une fois qu'elle est faite, de lui accorder ou de lui refuser la sanction nationale »[1]. Si, dès cette époque, le rôle subordonné de la majorité parlementaire est clairement connu, sa cause l'est peut-être moins, car on postule que c'est encore à elle de désigner les hommes à qui est reconnu le rôle d'impulsion. Or à cette époque le gouvernement est encore compris comme l'organe de la Couronne et déjà perçu comme mandaté par le corps électoral. Le rôle du Parlement,

---

1. *Le gouvernement représentatif*, Paris, Guillaumin, 1865, p. 115.

comme Bagehot le notait, peut se comparer à celui des « grands électeurs » américains[1], et il n'est pas substantiellement différent de celui de la Couronne : il est de confirmer formellement la désignation du chef de l'exécutif dont le nom est connu en même temps que le résultat des élections. Ce modèle de démocratie immédiate, si précocement pratiqué en Grande-Bretagne, c'est à l'époque contemporaine toutefois, où la primauté de l'action gouvernementale est définitivement reconnue et assuré le rôle du gouvernement par rapport à celui du Parlement, qu'il prend tout son sens et qu'il se répand en dehors du cadre des régimes de type britannique, partout où le système des partis le rend possible. Ce modèle est susceptible de prévaloir ainsi, désormais, et fût-ce de manière intermittente, dans toutes les démocraties où existe au moins un parti à vocation majoritaire. On le voit à l'œuvre dans toutes les grandes démocraties parlementaires aujourd'hui.

Ce système de désignation de l'exécutif sur la base d'un programme législatif qu'il lui appartient de réaliser avec le soutien d'une majorité parlementaire n'est pas le seul qui contribue à la démocratisation du principe représentatif. Avec la fin de la première guerre mondiale et la création de plusieurs nouveaux États républicains, l'élection directe du chef de l'État par le peuple, jusque-là apanage du régime présidentiel, va être adoptée par certaines républiques parlementaires : l'Allemagne de Weimar et la Finlande (1919), l'Autriche (1929), plus tard l'Irlande (1937) et l'Islande (1944), avant la France (1962) et le Portugal (1976). Cette élection doit en principe renforcer la position du chef de l'État à l'égard du Parlement, mais la pratique n'a pas toujours confirmé l'orientation « démédiatisée » que l'on avait voulu imprimer à ces régimes (v. n° 57).

En outre, les procédures de démocratie directe elles-mêmes sont susceptibles de valoriser le principe représentatif dès lors qu'elles revêtent un caractère plus ou moins « plébiscitaire ». En dehors du cas de la Suisse, où ces procédures, multiformes et d'usage fréquent, s'intègrent dans le fonctionnement ordinaire des institutions, ce caractère « plébiscitaire » se rencontre fréquemment, même en Italie, et même s'il ne revêt pas le caractère décisif d'une question de

---

1. *La Constitution anglaise*, Paris, Germes Baillière, 1869, p. 21.

confiance qui était le sien dans la pratique gaullienne du référendum, destinée à conforter le principe de représentation incarné dans un homme (v. n° 33).

II | Techniques de la représentation : les systèmes électoraux

La représentation par l'élection populaire directe du chef de l'État est, en fait, par le petit nombre de cas, et en droit, par la rareté plus grande encore d'hypothèses réellement significatives, un système relativement marginal dans les démocraties contemporaines. Le système électoral et, plus particulièrement, le mode de scrutin utilisé pour les élections parlementaires reste donc d'un intérêt décisif pour le fonctionnement des institutions démocratiques, notamment dans ses rapports avec le caractère plus ou moins médiatisé de celui-ci par le système des partis. Ce dernier facteur est, on l'a déjà dit (v. n° 25), le plus fondamental, et la question du mode de scrutin ne doit pas être envisagée isolément mais plutôt dans un rapport d'interaction avec le système partisan, étant entendu que le mode de scrutin a pu, à un moment donné, influencer de façon décisive la formation dudit système. Ces considérations positivistes ne sauraient par ailleurs faire oublier que les débats sur les modes de scrutin sont également chargés de connotations de nature quasi morale et qu'ils mettent en jeu des conceptions différentes de la démocratie. Dans la démocratie représentative, le peuple étant un organe constitutionnel, un corps organisé en vue de désigner des représentants, les systèmes d'après lesquels ceux-ci sont élus sont en quelque sorte des modes d'organisation du peuple. Les systèmes électoraux sont ainsi, dans les démocraties représentatives modernes, avec les systèmes de partis, à la base de toute l'organisation politique. Nous examinerons par la suite le système électoral utilisé dans chacun des pays envisagés ci-après, dans ses implications avec le fonctionnement des institutions. Il suffira ici de rappeler quelques éléments de définition et de chronologie.

36 Les modes de scrutin. — Du point de vue technique, on distingue essentiellement les modes de scrutin majoritaires de ceux basés sur la représentation proportionnelle, mais il existe en outre des systèmes mixtes. Au surplus, il se rencontre des systèmes qui, sans être mixtes (en dépit des confusions répandues à cet égard), réalisent une figure en apparence paradoxale, celle de la proportionnelle dite personnalisée ou bien du scrutin majoritaire à effet proportionnel imparti. Ainsi, systèmes majoritaire et proportionnel, pour être opposés, ne sont pas nécessairement contradictoires.

Avec le système majoritaire est élu le candidat ou la liste de candidats qui obtient le plus grand nombre de voix. Au sein de ce type de système peut être opérée une distinction entre scrutin uninominal, scrutin plurinominal, au sens restreint, et scrutin de liste, ainsi qu'entre scrutin préférentiel et scrutin à un ou deux tours (au suffrage universel direct, le scrutin à trois tours n'est pas sans exemple mais très rare et résulte en fait souvent d'un défaut de quorum). Du fait de particularités, le mode de scrutin préférentiel (qu'on ne confondra pas avec le vote préférentiel) sera traité à part (cf. *infra*). Le scrutin uninominal suppose que le territoire soit divisé en autant de circonscriptions qu'il y a de sièges à pourvoir ; celles-ci sont donc de dimension réduite, ce qui permet d'établir, en principe, un certain rapport de proximité et de personnalisation entre l'élu et les électeurs, mais pose évidemment la question du découpage des circonscriptions, qui doit tendre à sauvegarder au suffrage son caractère égalitaire. Ce même problème se pose aussi dans le cadre du scrutin majoritaire de liste où, en revanche, l'opération électorale exprime nettement – du moins lorsque la liste est bloquée – le choix d'une orientation, l'option en faveur d'un parti plutôt qu'en faveur d'un homme. Lorsque, au sein d'une liste, l'électeur peut exprimer des préférences, la liste est simplement fermée (seul l'ordre varie). La liste est à géométrie variable quand (l'électeur disposant de plusieurs voix) le cumul est permis sur un même nom. Lorsqu'il y a possibilité de panachage, la liste devient ouverte. Le scrutin plurinominal, au sens strict, suppose, pour lui, que, dans le cadre d'une même circonscription où plusieurs sièges sont en compétition, le vote soit pluriel : l'électeur dispose d'autant de voix, et parfois moins (c'est le vote limité : cf. *infra*), qu'il y a de sièges. Dans le scrutin majoritaire à un tour, le candidat ou la liste sont élus à la simple pluralité des voix, sans que soit pris en considération le nombre de suffrages récoltés par l'ensemble des concurrents. Dans le scrutin à deux tours, au contraire, un candidat ou une liste doit emporter la majorité absolue des voix, c'est-à-dire la moitié plus un des suffrages valablement exprimés pour être élu dès le premier tour ; faute de quoi un second tour est organisé, à l'issue duquel est élu le candidat qui obtient la majorité relative.

À l'opposé, la représentation proportionnelle est un mode de scrutin (sauf anomalie) à un tour portant sur des listes, le cas échéant, apparentées, ou des candidatures individuelles associées, mode qui tend à assurer à chacun des groupements en compétition un nombre d'élus en rapport avec l'importance des suffrages qu'il a obtenus. Le problème liminaire que pose le système proportionnel n'est donc pas celui du découpage des circonscriptions mais celui de leur amplitude, c'est-à-dire le nombre moyen de sièges à pourvoir par circonscription. D'où le calcul du quotient de population qui termine le nombre de sièges, suivant que le quotient comprend les non-citoyens (de tradition en France) ou pas. S'ajoutent à cet égard les fractions, dont l'absence de prise en compte est dommageable (ainsi sous la IIIe République) : si l'on ne retient pas les fractions, un parti au dessous de la barre séparé par un petit nombre de voix d'un autre situé au dessus n'obtient pas de siège, n'est pas assez nuancé. L'autre question (en jeu déjà au stade précédent, dans le rapport des sièges à la population), question cruciale, est celle des restes, qui sont les suffrages inemployés à l'issue de la répartition des sièges au quotient (électoral cette fois). Le quotient est le nombre de suffrages qui donne droit à un élu (le quotient naturel se calcule par l'opération d'un dividende, qui est le nombre des suffrages valablement exprimés, et d'un diviseur, qui est celui des sièges à pourvoir). On distingue les différentes proportionnelles essentiellement en fonction, d'une part, de la dimension et (le cas échéant) de l'emboîtement des circonscriptions, d'autre part, de la méthode utilisée pour le décompte ainsi que l'*attribution* des restes, difficulté principale qui s'attache au système. Lorsque la circonscription est unique, ou du moins qu'il n'existe de circonscriptions que pour les candidatures, la proportionnelle est absolument intégrale. Ce procédé s'accompagne généralement du nombre uniforme (le quotient qui donne droit à un siège est préfix, déterminé par la loi). Dans ce système, le nombre des sièges de l'Assemblée à élire est flottant (il augmente ou diminue en fonction du volume des suffrages exprimés). Lorsque, en revanche, plusieurs circonscriptions au sens fort existent – la répartition des sièges au quotient se fait par circonscription –, mais que le décompte des restes persiste d'avoir lieu sur le plan national, on parle de proportionnelle simplement intégrale. Il faut dénoncer ici l'usage courant du mot (d'origine journalistique) qui emploie l'expression de proportionnelle intégrale dans le sens de proportionnelle entière, de système entièrement proportionnel. Lorsque, enfin, au contraire, le décompte des restes se maintient dans le cadre des circonscriptions, la proportionnelle est dite approchée ou imparfaite. Une fois que le décompte des restes a été opéré, il convient de ventiler en fonction de ceux-ci les sièges non pourvus, autrement appelés *sièges en l'air,* qui sont les sièges non attribués à la suite de la première opération (celle qui consiste à diviser les suffrages par le quotient ou le nombre uniforme). Cette opération peut revêtir une complexité accrue dans un système de proportionnelle intégrale, qui vise à reproduire les moindres nuances des votes exprimés, et où, afin d'affiner le calcul portant sur les sièges restants, peuvent être érigés différents niveaux d'opérations (ainsi en était-il dans la loi électorale allemande de 1920, qui fut un modèle dans son genre). Il est de tradition d'opposer, pour l'opération de distribution des sièges en l'air, la méthode de la plus forte moyenne à celle des plus forts restes. À cette distinction classique, des politistes ont suggéré naguère de substituer une classification – à l'origine purement instrumentale – fondée sur les quotients (angl. « quota ») et les diviseurs. Le mode de calcul réalise en effet le nœud du système : de prémisses simples, mais procédé souvent laborieux, si l'on recourt aux quotients ; élaboré, et même sophistiqué (sériel), mais de résultat quasi immédiat, dans le cas des diviseurs. Cette classification (de Balinski et Young)[1] ne recoupe qu'imparfaitement la classique : la méthode des diviseurs recouvre de fait les proportionnelles à la plus forte moyenne, mais on ne saurait réduire la classe des quotients aux plus forts restes. D'autre part, elle n'est guère pédagogique, car il n'y a pas de quotient effectué sans diviseur, ni de diviseur effectuable qui ne revienne à produire un quotient. La méthode des diviseurs la plus célèbre est celle de D'Hondt. Elle consiste à diviser successivement par la série des nombres natu-

---

1. M. L. Balinski et H. Peyton Young, *Fair Representation,* New-Haven - Londres, Yale University Press, 1982.

rels les suffrages obtenus par chaque liste, et ce autant de fois qu'il y a de listes ; à classer par ordre décroissant d'importance les produits, autant de fois encore qu'il y a de listes ; le dernier produit est retenu pour dénominateur commun : la division opérée alors, grâce à ce nombre répartiteur, des suffrages recueillis respectivement par les listes permet d'assigner à chacune le nombre de sièges par un calcul immédiat. L'autre méthode de diviseurs la plus employée, du moins en Europe, est celle de Sainte-Laguë (dont l'équivalent américain est celle de Webster). La méthode de Sainte-Laguë retient pour diviseurs les nombres premiers. Elle est surtout appliquée dans une variante, la Sainte-Laguë modifiée (méthode de l'équilibrage), qui consiste à répéter, en deuxième rang, le premier terme de la série, en l'assortissant de la décimale 4. Quant à la méthode des quotients, la plus reçue est celle d'Hagenbach-Bischoff. Celle-ci revient, pour produire le quotient, à ajouter une unité au diviseur, soit le nombre des sièges à pourvoir plus un. Encore qu'il réalise un système à part (v. *infra*), le vote unique transférable relève en principe de la méthode des quotients. Le mode le plus célèbre, celui de Hare, emploie le quotient naturel. Dans la pratique, au sein de ce système, il est recouru aujourd'hui à un quotient affiné. Ce dernier offre le même point de départ que la méthode d'Hagenbach mais augmente de surcroît d'une unité le résultat de l'opération.

Certains modes de scrutin résultent d'une tentative de compromis entre principe majoritaire et principe proportionnel. Ce sont les modes de scrutin à « compensation proportionnelle » (Pierre Martin) ou « scrutins majoritaires proportionnalités » (Roberto D'Alimonte). Ces systèmes mixtes comportent néanmoins inévitablement une dominante, majoritaire ou proportionnelle, et il peut arriver qu'au sein d'un même système, au rythme des élections, l'emporte tantôt le vecteur majoritaire, tantôt le proportionnel. On peut dégager sommairement deux grands types de scrutin mixte. Le type simple est étanche, il procède par cloisonnement, le volant majoritaire et le volant proportionnel (dans le degré d'amplitude retenu pour chacun) opérant l'un à part de l'autre. Le type complexe au contraire est perméable : les voix inemployées au majoritaire (celles qui se sont portées sur les perdants) sont prises en compte et *appliquées* au volant proportionnel. C'est le principe des vases communicants.

C'est une erreur courante de confondre les modes de scrutin mixtes avec ces modes originaux – en réalité purs de tout mélange – que sont la proportionnelle personnalisée et son symétrique, le majoritaire à effet proportionnel imparti, ou scrutin restreint. La proportionnelle personnalisée consiste, à l'intérieur d'un système entièrement proportionnel (et qui peut même obéir, par surcroît, à la proportionnelle dite intégrale), à ce que l'attribution d'un nombre important de sièges – souvent la moitié – intervienne suivant le scrutin majoritaire uninominal. Le scrutin y est uninominal en ce que, par un tempérament, on personnalise une proportionnelle qui demeure entière (là où dans un mode de scrutin mixte, la part attribuée au majoritaire peut être de liste) ; et dans la mesure où la proportionnelle est intacte, ce mode de scrutin est aussi à un tour (là où les modes mixtes s'accordent aisément avec deux tours). Le pendant majoritaire de la proportionnelle personnalisée, le scrutin majoritaire à effet proportionnel imparti, est un scrutin plurinominal dans lequel l'électeur, dans le cadre d'un vote pluriel (qu'on ne confondra pas avec le vote plural : v. n° 21), dispose de *moins de voix qu'il n'y a de sièges à pourvoir*. C'est le vote limité, ou scrutin restreint (parfois appelé vote non transférable). Ce mode, quoique purement majoritaire, emporte presque imparablement un effet proportionnel. Ainsi, pour prendre un exemple, dans une circonscription où cinq sièges sont à pourvoir, si l'électeur ne dispose que de quatre voix, une formation qui passe 20 % des suffrages est pratiquement assurée d'emporter un siège (si l'électeur n'a que trois voix pour cinq sièges, 10 % des suffrages suffisent tangentiellement à une liste pour être représentée). Ce mode, qui ne laisse pas d'être entièrement majoritaire, emporte un effet d'autant plus proportionnel que le scrutin est plus restreint. Lorsque l'électeur, à l'opposé, dispose de deux voix alors que trois sièges sont en jeu, on a le scrutin binominal : ce mode n'offre que très imparfaitement un cachet de proportion.

La mise en regard de ces deux derniers types, modes de scrutin mixtes et modes originaux, appelle plusieurs constats. Le premier est que les systèmes majoritaire et proportionnel peuvent bien être juxtaposés à parts tant soit peu égales : on réalise alors un scrutin mixte authentique, mais dont les effets sont aléatoires. À partir de là, le constat utile, et d'ailleurs paradoxal, est que chacun de ces systèmes, soit proportionnel, soit majoritaire, est susceptible de produire des effets propres à l'autre dès lors qu'on lui affecte seulement une note empruntée au système rival : tels sont le scrutin personnalisé ou bien le scrutin restreint. Au surplus, en durcissant, à l'intérieur d'un même système électoral, l'un des éléments intrinsèques, on induit ce système à outrepasser ses limites et l'on provoque un ordre de résultats – voulu plus efficace ou, même, drastique – auquel peu, somme toute, de modes du système opposite (majoritaire, tout spécialement) s'avèrent capables de parvenir. Ce sont les modes de scrutin dits renforcés. Ce terme n'est pas bien choisi (il peut laisser penser que le mode de scrutin en serait plus intense alors qu'il s'agit précisément du contraire) mais il est en usage. Parmi ceux-ci, on s'attachera seulement à la proportionnelle de ce nom, parce que la conséquence y est plus inattendue (le système majoritaire lorsqu'il n'est pas employé de manière brutale emporte forcément, au plan global, une dose de proportionnalité). La proportionnelle « renforcée » désigne un mode de scrutin dans lequel une formation n'est autorisée à participer à la distribution des restes qu'autant qu'elle a obtenu les voix d'un nombre préfix important d'électeurs. Lorsque la condition ne porte pas simplement sur les votants mais sur les inscrits, le renforcement est naturellement plus sévère. Dans la mesure où l'assignation des sièges restants n'est pas toujours opérée du premier coup, il est loisible de fixer un seuil encore plus ardu pour la distribution suivante. Une autre technique, au sein de ce système, consiste à attribuer d'office l'ensemble des sièges restants ou bien une dose de sièges supplémentaires à la liste qui a obtenu la majorité relative. Toutefois, cette option ne peut être pleinement réalisée que dans le cadre d'une circonscription unique. Aussi s'accorde-t-elle au plus haut point avec les élections locales. Le but de la proportionnelle renforcée, en dégageant un effet de seuil qui profite aux plus grandes formations, est de favoriser la constitution d'une majorité de gouvernement. Comme il résulte des tables de Nohlen[1], une proportionnelle devient « renforcée » lorsque avec un peu moins de 45 % des suffrages une formation ou coalition est quasiment assurée (sauf distorsion)

---

1. Dieter Nohlen, Panorama des proportionnelles, *Pouvoirs,* n° 32 (1985), p. 38-39, et Wahlrecht und parteien system, *UTB,* 1527 (1989), p. 134-135.

d'obtenir la majorité des sièges à pourvoir. Une proportionnelle optimale de la plus forte moyenne ne peut y parvenir qu'en approchant des 48 %. Avant la réception de la proportionnelle renforcée, on pouvait tendre à avantager les grands partis, dans le cadre d'une proportionnelle approchée, en cantonnant le nombre de sièges par circonscription, en calculant le quotient sur le nombre des inscrits et/ou par le recours à des proportionnelles de plus forte moyenne optimales (D'Hondt) ou tranchantes (Imperiali). Il est dorénavant toujours recouru à cet expédient classique, lequel vient donc étayer la proportionnelle renforcée. Par surcroît, cette dernière est susceptible d'être combinée à un système mixte. Elle revient alors à attribuer une prime considérable, et parfois énorme, à la majorité : à tout le moins de l'ordre de la moitié des sièges.

Enfin, à côté de la division d'ensemble entre systèmes majoritaire et proportionnel, il faut encore mentionner un mode de scrutin *sui generis*. Le vote y est unique mais assorti de préférences ou d'options de transfert de voix : l'électeur classe les candidats en indiquant lequel a sa première puis deuxième préférence, et ainsi de suite, chaque préférence étant affectée d'une valeur qui, dans la plupart des systèmes, est égale mais peut se voir affecter au contraire un coefficient. On peut appliquer à ce type de scrutin le principe majoritaire, auquel cas on obtient un scrutin comparable à celui du scrutin majoritaire à deux tours, mais en faisant l'économie du second tour – avec cette différence cruciale que l'effet réducteur qu'emporte le second tour est dilué dans le flot des préférences : c'est le scrutin dit préférentiel. Ou bien on peut appliquer le principe proportionnel qui, par des transferts compliqués, assure l'utilisation de tous les suffrages. Ce mode de scrutin a reçu le nom de vote unique transférable.

36 *bis*LES EFFETS DES MODES DE SCRUTIN. — Le tour unique emporte des effets abrupts : un déplacement de voix infime peut y faire l'élection. Il produit à l'occasion des résultats paradoxaux (une élection globale gagnée avec moins de voix que le parti adverse) ou à contre-emploi (absence de majorité absolue en sièges). Il arrive même que les deux figures, celles de l'injustice et de l'inefficacité, se cumulent (v. *infra*). C'est un lieu commun de dire de ce mode de scrutin qu'il suscite, et même provoque, le bipartisme.

Pour être exact, il emporte un duopole et, en réalité, ne fait que maintenir le duopole. L'existence consacrée de deux partis de gouvernement n'exclut nullement la représentation d'autres formations, mais, forts du système et de la discipline qu'elle implique, les partis à vocation majoritaire parviennent en général à reconstituer leur position dominante. L'effet binaire emporté par le tour unique dans un scrutin à la simple pluralité n'est efficace sur le plan de l'élection globale qu'autant que s'y prêtent des éléments étrangers à la mécanique électorale, comme la culture et l'histoire politiques (B. Chantebout). Le caractère tranché du mode de scrutin à un tour se vérifie dans le cadre du scrutin uninominal (la loi du cube, v. n° 158) ; dans le cadre d'un scrutin de liste, au sens strict, ce trait est encore renforcé. L'autre inconvénient du scrutin (majoritaire) de liste bloquée ou même du scrutin plurinominal lorsque le nombre des sièges à pourvoir par circonscription est important est que l'électeur voit son choix piégé. Le scrutin à deux tours, quant à lui, qu'il soit uninominal ou de liste, emporte l'effet de rassemblement attaché au second tour : il favorise par essence les cartels. Mais cet effet de coalition ne s'avère solide et durable qu'à mesure et suivant qu'il est satisfait à divers conditionnements : la réglementation des candidatures, l'interdiction de nouvelles candidatures entre les deux tours, l'exigence d'un seuil de participation déterminé par les résultats du premier tour (pour participer au second) et, le cas échéant, le ballottage[1] au sens large (ne peuvent concourir au second tour que les candidats ou listes qui ont figuré au premier) et/ou au sens le plus strict (seuls peuvent se maintenir au second tour les deux candidats ou listes arrivés en tête au premier). C'est l'absence de ces divers conditionnements qui explique que le scrutin dit d'arrondissement n'ait pas permis sous la IIIème République de dégager des majorités stables et cohérentes, autres que de circonstance. Le fait est d'autant plus singulier que le ballottage au sens large avait été pratiqué sous le régime censitaire, qu'il fut aboli lors de l'instauration du suffrage universel et que, dans la mesure où le mode de scrutin de 1848 fut rétabli pour les élections de 1871, il demeura aboli, sans qu'on ait la volonté de

---

1. À l'origine *ballotto* est attaché à la simple opération de voter. Dans la République de Venise, *mettere balotto* a un sens équivalent à « déposer son bulletin ». Le sens actuel a été appelé par l'itération du vote.

revenir là dessus lorsqu'on rappela le scrutin d'arrondissement. Les républicains opportunistes songèrent bien moins encore au ballottage au sens le plus strict, dont l'introduction en France remonte à 1793. Le scrutin à deux tours n'est pas tellement différent suivant qu'il est uninominal ou non, si ce n'est dans le cas de liste bloquée. Sa figure normale – scrutin qui, de ce fait, tient en lisière les formations extrêmes – est le quadripartisme bipolaire.

Au sein des proportionnelles, suivant que la liste est bloquée, fermée, entrebâillée ou ouverte, on induit toute une gamme d'effets. La liste fermée à ordre variable, qui emporte le vote préférentiel, est susceptible d'offrir prise, dans un contexte défavorable, aux trames des partis. La liste purement ouverte (panachage) rejoint dans ses effets le vote unique transférable, mais il est très rare que l'électorat, lorsque le panachage est permis, use à plein de son pouvoir de suffrage : le procédé n'intéresse à l'ordinaire qu'une minorité d'électeurs. Quand le vote intervient par listes, celles-ci peuvent être, le cas échéant, apparentées.

La proportionnelle, soit absolument, soit simplement, intégrale favorise à l'excès l'émiettement ; appliquée sans frein, elle est synonyme de représentation soit agonistique, soit erratique (cf. *infra*, n° 37). À la suite d'expériences amères, ce mode de scrutin exige désormais des palliatifs. Le plus efficace consiste (pour éviter une trop grande dispersion des voix) à ce que la loi électorale fixe un seuil en dessous duquel un parti ne peut pas être représenté ou ne peut participer à l'attribution des restes : la barre varie entre 1,5 % (chiffre peu éloigné du quotient ou du nombre uniforme) et 5 %, pourcentage qu'il paraît difficile de dépasser – encore qu'il lui est arrivé de l'être – sans froisser la logique proportionnaliste. Le seuil d'exclusion peut aussi être appliqué naturellement à la proportionnelle approchée, auquel cas par renfort, mais il y devient superfétatoire lorsque le nombre de sièges par circonscription n'est pas important.

Si l'on s'attache au mode de distribution des sièges, la proportionnelle aux plus forts restes avantage les entités ou formations moindres. Comme, de surcroît, elle emporte certains effets paradoxaux, dont l'un est qu'une hausse de population ou de suffrages peut se solder par une diminution de sièges[1], elle n'est plus guère en

---

1. Fr. Bon, *Pouvoirs*, n° 32 (1985), p. 150.

faveur. Aussi n'y est-il de nos jours plus recouru dans le cadre d'élections générales, sauf exception (v. *infra*). En revanche, il lui arrive encore d'être employée pour équilibrer la répartition des sièges entre circonscriptions, et ce dans le but évident d'avantager les petites collectivités (à plus forte raison, dans un État composé). Il est d'usage de dire que la proportionnelle à la plus forte moyenne, au contraire, favorise les grands ensembles, mais cela ne peut être posé en règle que lorsqu'elle est calculée en toute rigueur (valeur optimale) : la méthode de D'Hondt, parmi d'autres, produit ce résultat ; celle d'Imperiali en représente une forme accentuée. Lorsque, dans l'échelle des plus fortes moyennes, celle retenue est la plus faible, cette proportionnelle favorise les petits ensembles (à l'instar donc du plus fort reste) et, aussi bien, quand cette moyenne est médiocre n'avantage-t-elle ni les grands ni les petits : tel est le propre, spécialement, de la moyenne arithmétique. La méthode la plus célèbre dans cet ordre est celle de Sainte-Laguë. Le mérite de la plus forte moyenne n'est pas qu'elle profite aux grands ou au moyens groupes, c'est que, à l'endroit des formations politiques, elle encourage les regroupements. C'est un mode proportionnaliste qui imprime à la représentation une structure. Les formations qui mettent en commun leur électorat sont assurées pour chacune d'autant de sièges que si elles avaient brigué séparément les suffrages. Alors même que la logique, à tout le moins tactique, de la proportionnelle est d'encourager la division, la plus forte moyenne offre l'intérêt d'enrayer ce penchant.

À l'endroit des modes de scrutin authentiquement mixtes, on ne saurait attacher d'effets *a priori* : on peut en concevoir un nombre infini, et, par suite, la considération nécessite chaque fois d'être particulière[1]. Il n'y en a pas moins une loi qui détermine que l'effet proportionnel y est le double de la proportion des sièges affectés à la part proportionnelle (P. Martin). Si le volant proportionnel est par exemple du quart des sièges, l'effet proportionnel est de la moitié. Dans l'exemple choisi, un parti reçoit moitié moins de sièges qu'il n'en aurait obtenu si le système avait été entièrement proportionnel. Autre exemple : si la part proportionnelle est des deux cinquièmes,

---

1. Cf. André Blais et Louis Masicotte, Mixed electoral systems : An overview, *Representation*, 33 (1996), p. 115 et s.

le parti obtient les quatre cinquièmes des sièges auxquels il aurait eu droit à la proportionnelle entière, et ainsi du reste.

Il en va autrement des scrutins *non mixtes* que sont la proportionnelle personnalisée et le majoritaire à scrutin restreint (vote limité). La proportionnelle personnalisée, lorsqu'elle intervient à dose suffisante (au moins la moitié des sièges à pourvoir) et que la proportionnelle – dont on a dit qu'elle porte ici sur l'ensemble des sièges – s'accompagne, dans le cas où elle est intégrale, de précautions (clause de barrage), conduit à un système bipolaire atténué, lequel est, au surplus, relativement favorable à l'ambivalence propre à chacun des versants du clivage fondamental. Le fait bipolaire y est atténué de manière significative dans la mesure où le tiers parti, même de dimension réduite ou diminuée, est presque à tout coup (sauf l'enjambement provoqué par une « grande coalition ») un ingrédient nécessaire de la majorité gouvernementale. C'est le système du « deux partis et demi » (J. Blondel). Au-delà, celui-ci n'exclut pas l'émergence d'autres partis. À plus long terme, les potentialités du système sont à même de tendre vers le bipartisme, mais dans la mesure où cette évolution – induite au départ par l'interaction de la note majoritaire – ne devient prononcée qu'autant qu'elle s'augmente de facteurs politiques, elle peut s'avérer très réversible (ainsi en Allemagne). Dans la figure symétrique, celle du système majoritaire à vote limité, le caractère proportionnel imprimé de fait est d'autant plus accusé que le nombre de sièges à pourvoir est important et que le scrutin est plus restreint. Aussi ce mode ne réalise toutes ses virtualités qu'à partir du moment où plus de trois sièges sont en jeu et que l'électeur ne dispose que d'une seule voix. Cette variante intensive contraint les différentes formations à doser au plus près le nombre de leurs candidats pour optimiser le résultat (un nombre excessif intervenant à contre-emploi). Elle favorise à l'excès, au sein de chaque parti, les tendances (c'est un mode de scrutin segmentaire ou clanique). À l'opposé, le scrutin binominal (deux voix pour trois sièges à pourvoir), en tant qu'il n'emporte qu'un effet très amorti de proportion, a vocation soit à perpétuer un duopole tempéré, soit à provoquer une bipolarisation, par réduction du multipartisme.

Pour ce qui est enfin des modes de scrutin dits renforcés, ils tendent à dessein à dégager une majorité de gouvernement. Les mixtes renforcés par définition aggravent cette logique.

Il reste à dire un mot de ces modes subtils que sont le scrutin préférentiel et le vote unique transférable. Le scrutin préférentiel, dans la mesure où il organise une série de duels qui peut s'avérer abstruse, est susceptible de donner lieu à des choix irrationnels (c'est le *paradoxe de Condorcet*) ; le vote unique transférable n'offre pas prise à ce reproche, mais les opérations de dépouillement, déjà peu simples suivant le mode précédent, y atteignent à une rare complexité, du moins lorsque la loi électorale est sincère. Cet inconvénient est le prix payé pour une implication optimum de l'électeur : à s'attacher au vote unique transférable, on constate aisément que le pouvoir de suffrage y dispose de plus de latitude que dans toute proportionnelle classique, même de liste ouverte[1]. L'intérêt plus général de ces deux modes est qu'ils contraignent les partis à adopter une figure consensuelle (qui conditionne le recueil des préférences ou des transferts). Sur le plan des résultats, les deux systèmes n'entretiennent entre eux que des nuances : le premier conduit au bipartisme atténué ; le second, plutôt au tripartisme inégal.

36 *ter* Mise en œuvre. — Le mode de scrutin de tous le plus élémentaire, uninominal à un tour, est par excellence le scrutin « à l'anglaise » ; il est répandu dans les pays anglo-saxons, à commencer par les États-Unis et le Canada ; pour des raisons idoines qui tiennent à sa simplicité, il s'applique aussi dans la plus grande démocratie du monde, l'Inde. Au majoritaire, les scrutins de liste à un tour sont désormais peu employés : le système qui concerne les grands électeurs présidentiels aux États-Unis est pratiqué par une survivance. Dans le cadre d'un tour unique, le système majoritaire peut engendrer des résultats contestables, à plus forte raison associé au scrutin de liste (les élections des présidents Hayes et Benjamin Harrisson, en 1876 et 1888, v. n° 83), ou indécis (la figure du *hung Parliament*). Il arrive que ces deux inconvénients se cumulent : ainsi à la suite des élections de 1974 en Grande-Bretagne (v. n° 157).

On ne comprend pas ici le scrutin plurinominal au sens propre et restreint comme un scrutin de liste. Assorti d'un tour unique, ce dernier a été expérimenté en France en 1848, avec pour circonscrip-

---

1. M. J. Carey, S. Soberg et M. Shugart Soberg, Incentives to cultivate a personal vote : A rank ordering of electoral formulas, *Electoral Studies*, XIV, 4, 1995, p. 417.

tion le département, et a été remis en vigueur en 1871. Si le scrutin plurinominal s'accorde plus naturellement avec un seul tour, il arrive qu'il soit associé à deux : ainsi en est-il en Suisse, pour le Conseil des États, s'agissant des cantons. Néanmoins, lorsque le nombre des sièges à pourvoir par circonscription est important, le scrutin plurinominal tend à rejoindre, qui plus est assorti d'un second tour, la logique du scrutin de liste.

L'exigence de la majorité absolue est héritée du droit canon (les élections conventuelles ou capitulaires), et comme le palliatif minimum de la *sanior pars*. Elle trouve son origine dans les institutions romaines. Moins le collège électoral est étendu, et plus le nombre de tours a tendance à s'accroître. Ainsi, avec la monarchie parlementaire, le régime censitaire s'accompagne-t-il de trois tours. Première grande nation du vieux continent à pratiquer désormais sans interruption le suffrage universel, la France se soumet en 1852 au scrutin uninominal à deux tours, mais dans le contexte de candidatures officielles. Le scrutin de liste à deux tours a été pratiqué au XIXe siècle en Belgique, où il était associé, pour certaines circonscriptions, au scrutin uninominal, pareillement à deux tours. Dans toute son étendue, ce dernier mode a été appliqué en France – où il prit le nom de scrutin d'arrondissement – pendant toute la IIIe République, à l'exception des élections de 1885, 1920 et 1924 : lors de ces deux derniers scrutins, on fit l'essai d'un mode mixte. Le scrutin d'arrondissement, « champ clos et vigne du seigneur » (Joseph-Barthélemy), sous le mode tout spécial qu'il a connu en France, était un prodige d'iniquité. Gambetta descendit du fauteuil pour lui opposer le scrutin de liste, alors tenu pour le scrutin républicain, lequel fut adopté guère après sa mort. Le danger que représente un tel mode de scrutin dans un contexte démagogique obligea de le répudier dès après les élections dangereuses de 1885. En 1927, le rétablissement du scrutin d'arrondissement s'explique cette fois par l'échec du mode mixte qu'avaient favorisé les radicaux-socialistes, dès lors même qu'après cette expérience décevante, les socialistes n'étaient pas en situation de promouvoir la proportionnelle entière. Avant 1914, le scrutin uninominal à deux tours est implanté dans l'Europe méditerranéenne : en Italie, il fut même rétabli en 1891, après une décennie d'expérience de scrutin restreint. Il ne l'est pas moins dans l'Europe médiane : dans l'Allemagne du

Sud et au-delà ainsi qu'en Suisse, pour les élections fédérales, où il coexistait avec le tour unique. Il ne subsiste plus aujourd'hui qu'en France. En Italie, certains politistes (G. Sartori) préconisent, et des acteurs du jeu politique réclament, d'en faire l'application au mode mixte en vigueur pour les législatives, lequel ne comporte qu'un tour. Le système proportionnel est bien établi dans la grande majorité des démocraties du vieux continent ; il faisait figure d'exception rare dans les pays anglo-saxons – du moins sur le plan national ou fédéral. On assiste cependant depuis quelques années à un mouvement de rapprochement qui conduit dans ces derniers à l'adoption de systèmes mixtes – les lois de dévolution pour l'Écosse et le Pays de Galles de 1998 l'organisent pour l'élection des parlements concernés – ou bien de la proportionnelle personnalisée – ainsi en Nouvelle-Zélande. Quant au scrutin restreint, il a été abandonné dans sa variante intensive en 1994 (v. *infra* le cas du Japon).

La proportionnelle de listes est pratiquée dans une infinité de cas, depuis la liste bloquée (Allemagne), la liste fermée, à ordre variable (Belgique), la liste incomplète (Suisse), la liste neutre (Suisse), la liste ouverte (Suisse, Luxembourg). L'ordre variable, ou vote préférentiel, est en vigueur, sauf exception marquante (ainsi l'Allemagne ou l'Espagne), dans la plupart des pays qui connaissent la proportionnelle (il a été introduit en Suède en 1995). Lorsque le nombre des préférences est raisonnable (moins de quatre) et que ce mode s'applique de manière impolluée, il ne présente que des avantages. Associé à un contexte partitocratique, il appelle des effets pervers. Le vote préférentiel a été abrogé en Italie (du moins alors pour la Chambre) par le référendum de juin 1991. C'était l'un des ressorts du clientélisme. Dans l'ensemble considéré, le cumul n'existe qu'en Suisse : deux voix portées sur un ou plusieurs candidats, ce qui revient à répéter (une seule fois) sur le bulletin un ou plusieurs noms, en biffant par compensation les noms d'autant d'autres candidats, qui par là se trouvent exclus. La liste incomplète permet de canceller sur le bulletin le nom d'un ou plusieurs candidats purement et simplement. Le panachage autorise l'électeur de composer son bulletin à sa guise pour autant qu'il puise les noms parmi les candidatures déposées. Il peut se combiner avec le cumul et la liste incomplète. La liste ouverte réclame le panachage ou les candidatures libres. Elle est pratiquée en Suisse et au Luxembourg ainsi qu'en Finlande. La liste ouverte est neutre lorsque l'électeur peut panacher son bulletin rien seulement qu'avec des noms de candidats, sans faire mention de parti ou d'intitulé de liste. Ce qui définit la candidature libre est que l'électeur n'est pas réduit à fixer son choix à l'intérieur des candidatures déposées. Reste le cas des bulletins incomplets ou surabondants, dont le traitement pose des problèmes qu'il serait trop long d'expliquer ici.

Une autre question est celle des apparentements. Ceux-ci obéissent à des procédés si différents qu'on peut difficilement parler d'une même notion, suivant que l'affiliation à différentes listes est permise ou non ou que l'apparentement concerne une circonscription ou plusieurs. Le procédé peut s'avérer probe (Belgique, Italie, Finlande) ou improbe (ainsi de la loi de 1951 en France ou, pour l'Italie, à la même époque, de la *loi scélérate*). Les candidatures associées (vote unique transférable) sont en usage en Irlande.

La proportionnelle absolument intégrale n'est plus employée qu'en Israël, avec les effets délétères qu'on lui connaît, même si elle s'y accompagne d'une légère clause de barrage (1,5 %) : par suite, il arrive que le gouvernement y soit à la merci d'un seul député. La proportionnelle intégrale (les circonscriptions ne valant que pour les candidatures) demeure en usage aux Pays-Bas, sans seuil requis : cela vaut actuellement à une formation qui réunit moins de 1 % des suffrages d'être représentée au Parlement. Ce pays est le dernier en Europe à illustrer la proportionnelle intégrale non précautionnée (autrement dit sans clause de barrage), à la réserve d'un tempérament (v. *infra*). L'Italie aura été l'ultime grande démocratie à pratiquer sans entrave (autre que nominale) une proportionnelle simplement intégrale. Au demeurant, même après la réforme historique de 1993, la part consentie à la proportionnelle y satisfait encore mais assortie d'un seuil d'exclusion efficace (v. n° 260).

Dans la grande majorité des démocraties est pratiquée la proportionnelle approchée.

La proportionnelle aux plus forts restes n'est plus guère en faveur. Elle subsiste en Italie après la réforme de 1993 pour l'élection du quart des députés, mais comme tempérament d'un système unique en son genre (v. n° 260). Et si l'actuel projet de constitution italienne réserve les plus forts restes pour la répartition des sièges entre les régions, c'est en vertu de la logique de l'équilibre suggérée plus haut.

La plus forte moyenne est le système auquel il est le plus recouru. En France, il a été introduit, sans mélange, en 1946 et remis en vigueur (mais avec listes bloquées et clause de barrage) pour les élections de 1986. Parmi les proportionnelles de plus forte moyenne optimale, l'Imperiali était employée en Italie pour la première répartition ; elle visait par suite à réduire le nombre des sièges restants, lesquels depuis là étaient attribués aux plus forts restes. La méthode de D'Hondt demeure utilisée (mais seulement en l'absence d'apparentement) en Belgique, ainsi qu'aux Pays-Bas (où elle y modère les effets de la proportionnelle intégrale), en Italie (mais non à elle seule), dans les pays Ibériques, les républiques de la Scandinavie, en Autriche, et l'était naguère en Allemagne. La Sainte-Laguë modifiée, espèce spécialement modérée de la plus forte moyenne, est un trait typique des royaumes scandinaves. Parmi les méthodes des quotients, celle d'Hagenhach-Bischoff est pratiquée en Suisse, au Luxembourg et, depuis 1985, en Allemagne. Le quotient affiné décrit plus haut (assorti au vote unique transférable) est en usage en Irlande.

Le Japon a abandonné en 1994, pour le mixte, un mode de scrutin éprouvé (il remontait à 1925) et subtil, mais générateur d'effets néfastes : le vote limité à outrance, appelé vote unique *non* transférable à un tour, qui est la variante intensive, avons-nous dit, du scrutin restreint. Le nouveau mode de scrutin était prévu à l'origine pour conjuguer à part égale le majoritaire et la proportionnelle, mais le compromis qui a présidé à son adoption a conduit à restreindre quelque peu la part de proportionnelle, ramenée aux deux cinquièmes (pour le détail, v. sous les n°s 194 et 199 *bis*). Le mode de scrutin japonais, au contraire de l'italien, est un mixte étanche (v. n° 194). Le système italien, instauré comme au Japon en 1994, est un mixte perméable très sophistiqué, qui se double, pour la seule élection des députés, d'un tempérament original apporté à la pièce maîtresse du système, laquelle est désignée sous le nom de *scorporo* (v. n° 260). Ce mode de scrutin est, sur un mode raffiné, un avatar du système Weill-Blum-Reynal. D'autre part, depuis 1989, plusieurs essais ont été faits en Europe orientale de modes de scrutin mixtes.

Il faut en venir aux modes de scrutin originaux, abusivement confondus avec les mixtes, que sont la proportionnelle personnalisée et le scrutin restreint. On traitera d'abord de ce dernier, dès lors qu'il vient d'être parlé de son abrogation au Japon. Le scrutin restreint y était appliqué suivant un mode intensif : l'électeur ne disposait que d'une seule voix, alors que trois à cinq sièges étaient à pourvoir par circonscription. Cependant, on ne saurait réduire le scrutin restreint à ce type extrême, et il connaît des variantes mesurées : celles-ci, *a contrario,* consistent à donner à l'électeur plus d'une voix. Le scrutin restreint, préconisé, à la suite de John S. Mill, par le belge Émile de Laveleye, a été instillé, dans toute la gamme, en Espagne en 1878 et, dans sa variante faible, en Italie en 1882 (dans ce dernier pays, spécialement, sous l'influence de Laveleye). La variante minimale consiste à ce que l'électeur dispose de deux choix pour trois sièges à pourvoir. Ce mode de scrutin a été pour la première fois, semble-t-il, mis en œuvre au Royaume-Uni (à la suite d'un débat aux Communes auquel participe John S. Mill) par le *Reform Act* de 1867 (amendement de Lord Cairns), lequel prévoyait une dizaine de circonscriptions de ce type. C'est le scrutin binominal, dont on a vu plus haut les effets. La forme moyenne du scrutin restreint est, topiquement, celle qui a cours en Espagne pour l'élection du Sénat : l'électeur y dispose de trois voix pour quatre sièges à pourvoir.

Le mode symétrique du scrutin restreint est autrement célèbre, c'est la proportionnelle personnalisée. Ce système est principalement en vigueur en Allemagne. Les descriptions qui en sont faites consistent le plus souvent à le ravaler au rang d'un scrutin mixte. Au contraire, le mode de scrutin en vigueur en Allemagne (v. n° 224) est entièrement proportionnel, et il obéit même à la proportionnelle intégrale. Un mode de scrutin comparable a été introduit, avons-nous dit, en Nouvelle-Zélande, par la réforme de 1993.

Sans rapport avec les deux scrutins analogiques précédents, la proportionnelle dite renforcée, qui obéit à une logique propre (favoriser des majorités de gouvernement). Elle est utilisée en Espagne – où elle se conjugue avec une correction classique, celle qui tient à la dimension réduite des circonscriptions – et, de manière plus prononcée, en Grèce. Les mixtes renforcés pour eux sont sinon toujours draconiens (cf. la loi Acerbo, v. n° 258), du moins assez implacables : ainsi de la loi roumaine de 1926, fameuse en son temps (l'actuel mode de scrutin pour les municipales en France en donne une assez bonne idée).

Il reste à dire un mot des deux modes de scrutin analogues et, à certains égards, *sui generis,* que sont le préférentiel et le vote transférable. Le scrutin préférentiel, organisé par le projet de constitution française de 1793, dit girondin, a été introduit en Australie en 1919, et il trouve en Angleterre des défenseurs (v. n° 162). Son analogue (dans le champ de la proportionnelle), le vote unique transférable, a donné lieu, et ce dès avant les proportionnelles classiques, à l'invention de plusieurs méthodes (v. n° 37). Il semble que la première application qui en ait été faite remonte à 1855, au Danemark[1]. Le vote unique transférable voit éclore, peu de temps après, les méthodes de Hare et de Droop. Ce mode de scrutin est et demeure par excellence celui de l'Irlande. La revendication du vote unique transférable est récurrente en Grande-Bretagne (v. n°s 37 et 162).

37 L'ÉVOLUTION DES PRATIQUES. — L'usage généralisé du système majoritaire au XIXe siècle peut être rapporté à la théorie de l'électorat-fonction qu'implique le régime représentatif pur en vigueur à cette époque, qui ne suppose pas que les assemblées se présentent comme un reflet de l'opinion publique. Son ancienneté même lui confère par ailleurs une objectivité, un caractère de convention admise, de telle sorte que ses conséquences parfois aberrantes ne sont pas ressenties comme inadmissibles par l'opinion, parce qu'elles résultent de règles dont on ne saurait dire qu'elles ont été établies pour favoriser l'un ou l'autre concurrent. Cependant, si ce caractère aléatoire continue d'être généralement accepté, c'est aussi parce que des réformes ont été faites, et des adaptations périodiques continuent d'être réalisées, pour assurer une certaine égalité du suffrage. Joint au système majoritaire, un découpage inégal des circonscriptions dénature en effet complètement son expression, qu'un tel découpage soit le fait du hasard ou de la tradition, comme c'était le cas en Grande-Bretagne jusqu'en 1832 *(Reform Act),* ou d'une manipulation par les autorités, comme le *Gerrymandering,* dénoncé aux États-Unis dès le début du XIXe siècle. À l'époque contemporaine, le découpage des circonscriptions est donc périodiquement revu et corrigé, en Grande-Bretagne sur la base de propo-

---

1. V. E. Naville, *Rapport sur l'état de la question électorale,* Genève, avril 1871, p. 51.

sitions élaborées par des commissions *(boundary commissions)*, présidées par le speaker de la Chambre des Communes, et aux États-Unis sous l'impulsion de la Cour suprême, attachée depuis les années 1960 – notamment en raison des implications raciales de cette question – à faire prévaloir le principe d'un suffrage égalitaire : « *One man, one vote.* »

Le mouvement proportionnaliste s'est développé à partir de 1846, et il doit à l'origine à la fois aux précurseurs du socialisme en France (Considerant) et aux tenants du libéralisme radical britannique (J. S. Mill) Au moins cinq modes de proportionnelles fleurissent entre 1855 et 1863, dont les systèmes produits – tout deux en 1857 – par Thomas Hare et H. R. Droop. John Stuart Mill s'empresse, dès 1861, de promouvoir l'invention. Ces modes de scrutin subtils ne connaissent néanmoins qu'un succès d'estime ou ne trouvent d'application que restreinte, ainsi de la loi d'Andrae, au Danemark, en 1855 (v. n° 36 *ter*). La complexité qui s'attache au vote transférable aura contrarié leur réception. Aussi, lorsque le système proportionnel commence à être introduit avec une certaine étendue, les politiques s'orientent-elles vers les proportionnelles classiques, d'un maniement plus simple. La proportionnelle aux plus forts restes, sur le plan élémentaire, ne pose guère de problèmes de calcul. On ne saurait en dire autant de la proportionnelle à la plus forte moyenne. Une date importante, au sein de ce dernier type de proportionnelle, signale la préconisation, en 1882, par Victor D'Hondt, professeur de droit civil à la Faculté de Gand, d'une méthode claire de diviseurs itératifs[1]. La réception du système de D'Hondt n'en a pas moins été tributaire à l'origine d'occurrences politiques, celles qui firent désirer l'introduction de la proportionnelle au parti qui polarisait alors la Belgique (le Parti catholique), et ce aux fins de sauver son vieux rival (le Parti libéral), déchiré de l'intérieur et voué au déclin par la montée en puissance d'un tiers parti (socialiste). D'abord introduite en marge, la proportionnelle devint complète en Belgique en 1899. Et ce fut la méthode de D'Hondt qui fut retenue. Cette date est importante du fait que le système représentatif belge, qui du même mouvement s'ouvre alors à la démocratie, constitue un modèle en Europe. L'expérience belge

---

1. V. D'Hondt, *Système pratique et raisonné de représentation proportionnelle*, Bruxelles, 1882.

sera analysée et commentée par la doctrine, elle servira d'argument aussi pour convaincre l'étranger (Jacques Velu). Quelque temps à peine avant que la Belgique ne s'initie à la proportionnelle, certains cantons helvétiques pilotes, sous l'impulsion d'Ernest Naville, ont réalisé une réforme similaire à partir de 1891. En France, sous la IIIe République, la commission du suffrage universel de la Chambre a débattu de quatre rapports tendant à instaurer la proportionnelle (entre 1905 et 1911), la Chambre ayant même adopté un projet, en 1911. En Grande-Bretagne, l'idée est prise en charge par des associations qui se constituent pour tenter d'imposer ce mode de scrutin. La *Proportional Representation Society* (plus tard *Electoral Reform Society*) publie une série de *tracts* à partir de 1885.

L'argumentation proportionnaliste est double : arithmétiquement, il s'agit d'assurer une juste représentation ; politiquement, il importe à la démocratie de garantir la représentation d'un maximum de courants d'opinion et, en particulier, des minorités. Cette conception s'éloigne de la conception classique de la représentation puisqu'elle tend à considérer que les minorités ne sont pas représentées dans la mesure où le mode de scrutin ne leur permet pas d'obtenir de sièges au Parlement. Mais elle en demeure proche par le caractère nécessairement médiatisé de la démocratie que la RP est censée favoriser. Ainsi, pour Kelsen, la proportionnelle permet non seulement de valoriser le rôle des partis dans le fonctionnement de la démocratie, mais elle favorise aussi la recherche et la réalisation des compromis. Elle est donc un instrument de gouvernement délibératif, dans lequel la décision politique se dégage de la discussion, ce qui correspond à une tradition du régime représentatif ; mais, par un autre côté, elle permet de rompre avec la conception abstraite du principe représentatif, de telle sorte que les électeurs n'avouent pour représentants que ceux qu'ils ont contribué à élire. Pour cette raison, Kelsen est favorable à un système de proportionnelle absolument intégrale, sans circonscription, la division territoriale du corps électoral apportant un « trouble organique dans le fonctionnement du système proportionnaliste »[1]. Sans méconnaître le danger de morcellement des partis que comporte ce système, Kelsen considère qu'il ne fait que transposer de l'échelon du corps électoral à celui du

---

1. *Op. cit.*, p. 60.

Parlement, qui s'y prête mieux, l'intégration politique des partis qu'exige le principe majoritaire. La RP est ainsi conçue comme l'instrument de la démocratie médiatisée, cette notion n'ayant pour Kelsen aucune connotation péjorative.

À l'opposé, se fondant sur l'observation critique du fonctionnement de la République de Weimar, un auteur comme Ferdinand Hermens voit la proportionnelle, du moins sous la forme intégrale qui était celle de ce régime, comme un instrument de dissolution des institutions démocratiques[1]. La proportionnelle intégrale, augmentée d'un contexte de désarroi, emporte des effets effrayants dans un système de partis en eux-mêmes très structurés comme ils le sont traditionnellement en Allemagne. Dans un système moins frontal, ou plus délétère, qu'elle contribue d'ailleurs à encourager, elle aboutit à fragmenter inconsidérément la représentation et en même temps à la « catégoriser »[2]. Mais il n'est pas de proportionnelle qu'intégrale. D'autres ont opposé encore (pour reprendre les termes d'un constat objectif d'Émile Giraud) que la proportionnelle en soi présente ce défaut de dispenser les candidats d'une campagne individuelle et tend par suite à abaisser d'une façon générale la valeur politique des élus. Ces critiques quelque peu systématiques n'ont pas enrayé le succès de plus en plus large de la RP en Europe, du moins assortie nécessairement dorénavant de clause de barrage, dans le cas où la proportionnelle est intégrale, ou soit qu'on recoure à la proportionnelle approchée. Par un renfort, la proportionnelle approchée peut être doublée d'une telle clause, mais, ainsi qu'on a vu, la clause peut être superfétatoire suivant le système adopté.

Ainsi, le principe de la RP a été constitutionnalisé non seulement en Belgique, en Suisse et en Suède, mais aussi dans les trois démocraties occidentales les plus récentes, la Grèce, le Portugal et l'Espagne. On assiste d'autre part, ainsi qu'on a vu, à un regain de faveur des scrutins mixtes. La difficulté qui s'attache aux systèmes mixtes est que leur méthode de conception relève de l'éclectisme (il est par suite passablement contradictoire qu'ils puissent déboucher sur une synthèse

---

1. *Democracy or Anarchy : A Study on Proportional Representation,* et *Europe between Democracy and Anarchy,* Indianapolis, Université Notre-Dame, 1941.
2. Pour s'en tenir à des exemples décents, il y avait quatre partis agrariens dans la Lettonie d'entre deux guerres ; en Estonie, à la même époque, un parti des propriétaires fonciers oscillait entre un et trois sièges.

véritable) et que cet effort d'ingénierie s'inscrit souvent en porte-à-faux avec le climat et la culture politiques du pays concerné. Ces systèmes, à envisager les choses de façon un peu sommaire, s'inscrivent dans un autre contradictoire : ou ils sont simples, et ils aboutissent à un placage parfois maladroit et souvent malencontreux, ou ils sont complexes, et ils n'échappent pas alors au grief d'imprimer à des votes émis au majoritaire une implication proportionnelle et/ou à faire élire à la proportionnelle des candidats battus au scrutin uninominal, et ce avec les voix mêmes qui ont conclu à leur défaite.

38 Le suffrage indirect. — Quoique d'une importance mineure à l'époque actuelle, le suffrage indirect n'en reste pas moins l'une des techniques de la représentation tout à fait compatible avec le principe démocratique, dès lors qu'ainsi que l'exprime l'article 3 de la Constitution de 1958, il est universel et égal. Ce caractère égalitaire ne doit cependant pas s'entendre dans un sens absolu. En effet, le suffrage indirect, qui reste en usage pour l'élection de certaines chambres hautes, peut être mis en œuvre de manière à faire prévaloir le caractère d'institution fédérale, ou du moins de représentation territoriale que revêt la seconde chambre et qui implique une certaine parité, ou du moins un équilibre entre les États ou collectivités ainsi représentés plutôt qu'un rapport de proportionnalité à l'importance de leur population. Il reste que les assemblées ainsi élues sont considérées comme moins démocratiquement représentatives que celles qui procèdent du suffrage direct. Aussi ce système a-t-il, particulièrement dans les États fédéraux, progressivement fait place à l'élection directe : ainsi aux États-Unis, en Suisse, en Australie. Il reste en vigueur en Inde et, dans un cadre d'État unitaire, en France et au Japon. En Italie et en Espagne, au contraire, le Sénat est élu au suffrage direct.

III | Les procédures de démocratie directe

39 Référendum et régime représentatif. — La combinaison de procédures de démocratie directe avec le régime représentatif a été l'une des propositions développées, dans l'entre-deux-guerres, notamment par Kelsen et Carré de Malberg, pour favoriser une démocratie plus réelle et contrecarrer la tendance à la souveraineté des assemblées parlementaires. Spécialement sous la forme du référendum abrogatif, la combinaison relève du système des contre-pouvoirs : elle vise à tempérer le pouvoir de la majorité gouvernante (M. C. Mortati). Cette insertion de procédés référendaires dans le système de la démocratie représentative – mise en œuvre dans certaines constitutions après la première guerre et qui a trouvé son expression la plus complète pour un grand État dans celle de Weimar – n'était pas absolument neuve : elle existait, depuis la fin du XIXe siècle, aux États-Unis, à l'échelon des États fédérés, et surtout en Suisse. Les procédures actuelles de démocratie directe dérivent à la fois de celles propres à la Suisse prémoderne comme de celles de la Nouvelle-Angleterre précontemporaine. Au premier cas, il s'agissait de formes de démocratie directe assez rudimentaires telles qu'elles trouvaient à s'exercer à la fois dans les *Landsgemeinden* (v. n° 110) des cantons primitifs comme aussi d'autres cantons alpestres et dans les grands cantons à travers les consultations appelées *Volksanfragen*. En Nouvelle-Angleterre, les *orders* ne devaient rien à la démocratie : c'étaient des *covenants* de caractère privé et religieux conclus entre eux par les colons qu'inspirait l'idéal congrégationaliste[1]. Ce n'est qu'après que ces votations pour ainsi dire vétéro-testamentaires ont été transmuées par la doctrine du *Contrat Social* qu'elles ont rejoint le modèle de la démocratie directe. À ce titre, là encore, la part avancée du modèle américain a eu à la Révolution française une influence considérable sur le courant jacobin. Avec la Révolution, ces idées passent en Suisse où elles triomphent définitivement à la Régénération en venant s'enraciner dans le terreau de la démocratie ancestrale ou, pour dire vrai, en ranimer des vestiges.

À l'ère révolutionnaire, on passe du référendum constituant, en Nouvelle-Angleterre – 1778-1779 –, au référendum par dénombrement de votes individuels sur un immense territoire[2] – une conquête de l'idéal jacobin. En 1793, ce mode de votation est assorti du veto

---

1. Les *orders* du Connecticut et du Rhode-Island ont tenu lieu à ces États de Constitution respectivement jusqu'en 1818 et 1843.
2. Les *Volksanfragen* offraient quelque ampleur puisqu'elles s'appliquaient dans les grands cantons de la Suisse mais elles opéraient par corporations ou communes, non par recension d'atomes de volonté.

constituant obligatoire (l'idée en avait été lancée par Bergasse dès 1789) et du veto facultatif sur les lois. Les jacobins de simple observance (et c'est comprendre ici les girondins comme les montagnards) s'en tiennent là. Ce sont les projets visionnaires de Gracchus Babeuf à qui l'on doit l'invention du référendum d'initiative, autrement dit visant à faire adopter une proposition positive. L'articulation de l'initiative sur des bribes de régime représentatif, lequel pour ce courant de pensée est forcément résiduel (plus encore que pour les montagnards), y est très remarquable[1]. La forme archaïque du référendum d'initiative se trouve dans la *Landsgemeinde*, tel qu'à Uri ce dernier s'exerçait à travers le droit de *Siebengeschlecht* (le concours de sept lignages était requis pour introduire une proposition). Les Cahiers des États Généraux de 1789 (en France) en sont dans la forme une expression encore d'ancien style. À cette occasion, une esquisse de l'initiative au sens « moderne » se dégage des Instructions du duc d'Orléans à ses commettants, probablement l'œuvre de son secrétaire des commandements, Choderlos de Laclos. Le référendum créatif appliqué à grande échelle n'en a pas moins paru longtemps une utopie. Rehberg (le fondateur de l'École du droit historique) est très sévère à l'endroit du plan de Laclos. L'idée entre-temps ayant mûri (au point d'en devenir praticable), le référendum d'initiative va être préconisé avec un grand talent par Victor Considerant, converti par les écrits de Rittinghausen (un membre de la Constituante de la Paulskirche, v. n° 209), juste dans le moment où, par un étrange contraste, le plébiscite domine en France[2]. Ce décri rejaillit sur le référendum en soi, lequel ne trouve plus guère de défenseur (avec une constance depuis 1851 qui l'honore) que dans Laboulaye, un libéral pourtant. Le référendum d'initiative est pour la première fois adopté par le canton de Vaud en 1845. Il trouve son expression la plus complète en 1869 dans plusieurs cantons, à commencer, exemplairement, par celui de Zurich[3], lequel jusque-là n'avait connu que le régime représentatif pur. Il avait été introduit au niveau fédéral par le constituant

---

1. Les plans de Babeuf sont connus par Philippe Buonarroti (*Conspiration pour l'égalité dite de Babeuf*, 1828).
2. V. F. Bluche (dir.), *Le Prince, le Peuple et le droit. Autour des plébiscites de 1851 et 1852*, Paris, PUF, coll. « Léviathan, 2000.
3. Constitution de Zurich du 18 avril 1869, art. 29.

de 1848 mais seulement en matière constitutionnelle[1]. Le projet de Constitution fédérale rejeté par le peuple et les cantons en 1872 prévoyait le référendum d'initiative à l'endroit des lois ordinaires. La révision totale de 1874 s'en est tenue à l'égard de ces dernières (ainsi que des arrêtés fédéraux) au référendum abrogatif. Il a fallu attendre la révision de février 2003 pour remettre en cause ce dispositif (v. n° 118 *bis*).

La technique du référendum s'est souvent heurtée à des difficultés, tant juridiques que politiques, ces dernières étant les plus souvent évoquées : crainte du pouvoir personnel – en France, notamment, où l'idée du référendum restait associée à la pratique plébiscitaire du Second Empire –, hostilité des partis et du personnel politique. Il n'y a pas en dernière instance de différence de nature entre un plébiscite et un référendum[2]. Le plébiscite, dans sa forme léonine, celle qu'il a revêtu sous le Consulat et l'Empire (encore aux Cent Jours), impose d'exprimer la votation, susceptible d'être motivée, sur des registres publics. Aussi la note du plébiscite sous le Consulat révèle une participation assez considérable, la principale assise du régime commençant. Une telle participation n'en traduisait pas moins un sentiment de réel soulagement auquel le pouvoir imprima par artifice un tour d'adhésion (v. Camille Jordan, *Vrai sens du vote national sur le Consulat à vie*). La forme la moins entachée de captation est celle, en France, qu'il a revêtue le 8 mai 1870, lorsque le régime césarien se fut convaincu (pour reprendre une formule célèbre) de devenir sérieux, en répudiant la fiction et le simulacre. Dans ses instructions aux préfets, Émile Ollivier (dont J.-M. Denquin a relevé qu'il emploie le mot « référendum » depuis 1868[3]) écrivit : « Votre devoir de fonctionnaires, c'est d'employer, comme l'a dit M. le ministre de l'Intérieur, l'activité la plus dévorante pour dire et faire comprendre à tous les citoyens que leur devoir est de venir au scrutin et d'y exprimer leur opinion. »[4]

Dans les grandes démocraties que nous envisageons, le référen-

---

1. Encore dans un premier temps fut-il contesté que l'initiative populaire pût porter sur une révision partielle. La Constitution de 1874 n'ayant toujours pas résolu ce cas perplexe, l'Assemblée fédérale en 1880 confirma l'interprétation restrictive. La révision de 1891 a tranché l'équivoque en ajoutant au texte les mots « totale ou partielle ».
2. J.-M. Denquin, *Référendum et plébiscite*, Paris, LGDJ, 1976.
3. J.-M. Denquin, *op. cit.*, n. 12, p. 5.
4. Discours au Corps législatif, 9 avril 1870.

dum de décision à l'échelon national n'existe constitutionnellement qu'en Suisse, en Italie et en Espagne. Il est prévu, mais non organisé non plus que pratiqué en RFA (art. 20 LF). En Suède, le Parlement a la possibilité discrétionnaire de procéder au référendum de consultation (art. 4 du chapitre VIII de la Constitution). Mais dès lors qu'est préservé ce caractère consultatif, il n'est pas absolument besoin d'habilitation constitutionnelle ; or il n'en reste pas moins que même cette forme atténuée de référendum, qui ne diminue pas la portée du principe représentatif[1], se rencontre peu. Le référendum consultatif national est inconnu aux États-Unis et au Japon. Il a été utilisé en Grande-Bretagne, en 1975, à l'échelon national, puis à l'échelon local, en 1979, 1997 et 1998.

La compatibilité du référendum de décision avec les principes du régime représentatif continue de soulever certaines difficultés du point de vue de la théorie juridique. Celles-ci sont résolues de manière pragmatique dès lors que c'est la Constitution elle-même qui décrète la coexistence entre principe représentatif et procédure de démocratie directe : outre le cas de la France, c'est donc celui de la Suisse (depuis le XIXe siècle) et de l'Italie et de l'Espagne. Mais c'est la pertinence même des objections qui fait défaut si on veut bien y voir le pendant inversé de celles qui sont émises à l'encontre du principe représentatif et qui contestent aux élus la qualité d'organe de la volonté populaire (v. n° 32) : « Si on dénie aux individus concrets le droit de vouloir au nom de la nation, pourquoi leur reconnaît-on celui de désigner les hommes qui jouiront de ce pouvoir ? Pourquoi surtout remettre périodiquement cette désignation en cause ? »[2] Il reste qu'en dépit du caractère obsolète du régime représentatif pur dans le contexte des démocraties modernes, marquées par le gouvernement d'opinion, l'introduction du référendum de décision dans un système constitutionnel qui porte la note du principe représentatif classique présente des risques d'incohérence. Ce problème se pose pour les constitutions les plus anciennes et les plus rigides, par exemple celle des États-Unis, où il est admis que la Constitution ne peut évoluer que dans son propre cadre et sa propre logique. C'est ainsi que la question s'est posée de savoir si la

---

1. Telle n'était cependant pas l'opinion des partisans du régime représentatif pur, comme Esmein.
2. J.-M. Denquin, *op. cit.*, p. 33.

« clause de garantie » par laquelle « les États-Unis garantissent à chaque État membre de cette union une forme républicaine de gouvernement » (art. IV, § 4 de la Constitution) ne faisait pas obstacle à l'introduction de procédures de démocratie directe dans les constitutions des États fédérés, où ces diverses procédures ont du reste été dès longtemps pratiquées[1]. Elle a été résolue par la négative (v. n° 73), mais de telle sorte que cette concession à l'autonomie constitutionnelle des États se présente, telle une soupape de sûreté, comme une confirmation de l'immutabilité du système représentatif au sein de la Constitution fédérale.

40 LES TECHNIQUES DE RÉFÉRENDUM. — Parmi les procédures de démocratie directe, c'est-à-dire le référendum au sens large, on distingue traditionnellement trois formules : l'initiative populaire, le veto populaire et le référendum au sens strict.

L'initiative populaire est l'acte par lequel une fraction du corps électoral intervient pour proposer une loi ou une révision constitutionnelle. La proposition peut se limiter à des principes que d'autres organes (le Parlement et l'exécutif) seront chargés de formuler, ou au contraire comporter un texte déjà élaboré. Les mécanismes de la procédure sont également variables : l'initiative populaire peut être suivie uniquement d'une procédure parlementaire traditionnelle, ou doit faire l'objet d'une votation par le peuple, sans intervention parlementaire, ou encore comporter les deux. En Suisse, l'initiative populaire n'existe au niveau fédéral qu'en matière constitutionnelle, et non législative, mais elle peut avoir pour objet indirect, et pour effet, de susciter une initiative législative des autorités fédérales (v. n° 121). En Italie (et en Espagne, sous réserve d'une loi d'application de cette disposition constitutionnelle), l'initiative existe en matière législative mais elle n'a pas d'effet contraignant et le Parlement peut ne pas la prendre en considération.

Le veto est la décision prise par le corps électoral de refuser qu'une loi normalement adoptée par le Parlement, ou éventuellement qu'une mesure administrative prise par l'autorité compétente, *et qui lui est soumise pour sanction* entre en vigueur ou continue

---

1. V. A. Auer, *Le référendum et l'initiative aux États-Unis*, Bâle et Munich, Helbing und Lichtenhahn, 1999.

d'avoir effet juridique. Lorsque le veto est obligatoire, son expression n'est pas forcément comprise dans un délai, même si c'est le plus souvent le cas. En l'absence de délai (préfix), tant que cette expression ne se donne pas jour, dans un sens ou dans l'autre, la norme demeure en suspens. Dans le cas du veto facultatif, en revanche, le déclenchement de la procédure est nécessairement compris dans un délai limité depuis la date soit d'édiction (fût-ce par provision), soit de mise en vigueur de la norme. C'est ce qui pour l'essentiel différencie le veto facultatif du référendum abrogatif. Car lorsque la procédure de référendum abrogatif est obligatoire, elle tend à s'identifier à celle du veto. En général, le veto obligatoire intervient en matière constitutionnelle. Mais il arrive qu'il puisse jouer aussi à l'endroit des lois ordinaires, en vertu d'un *pouvoir de révision* que s'est réservé le peuple. Ce pouvoir en ce cas s'exerce à certaines époques marquées (lorsque par exemple les Assemblées parlementaires ont achevé de siéger) et, en tant qu'il est obligatoire, opère en principe *in globo*. D'autre part, on peut distinguer le veto populaire rigoureux et celui au sens large.

Le principe du veto populaire au sens propre et strict, qu'on serait mieux inspiré d'appeler veto civique, parce qu'il se décompte sur les électeurs inscrits, est que *valent acceptation* les abstentions, les votes blancs et même, le cas échéant, les *non* lorsque le rejet du collège est unanime et que le nombre des votes n'a pas été porté sur les procès-verbaux. Le décret dit des deux tiers, en France, dont la Constitution de l'an III était subrepticement lestée, et (de façon moins couverte) la *Gronwet* du Royaume-Uni des Pays-Bas de 1815 furent tenus pour adoptés à la suite de manipulations ou d'une interprétation de la part des autorités qui revenaient à assimiler la procédure à celle d'un veto populaire. De manière cette fois régulière, la Constitution suisse de 1802 fut adoptée par défaut des conditions exigées pour que ce type de veto l'emporte (v. n° 108). Dans la procédure de veto populaire, il est loisible, même si c'est superfétatoire, que les votes favorables à la norme contestée soient recensés, comme il advient pour un veto simple ou un référendum abrogatif. Dans ce type de veto très conditionné, l'expression des votes favorables à la norme n'obéit à une nécessité que si l'on introduit un différentiel entre les collèges où le veto a obtenu la majorité et ceux où c'est l'inverse. Cette formule vise à donner un avantage supplémentaire au maintien de la norme en cause. La procédure de veto populaire, comme pour tout veto, peut être obligatoire, ainsi qu'on a dit, ou facultative. Le veto populaire facultatif à l'endroit des lois ordinaires a été introduit pour la première fois en Europe dans le canton de Saint-Gall en 1831. Fait bien remarquable, ce veto facultatif a été introduit en vertu d'une procédure, d'ailleurs illégale en l'espèce, de veto populaire obligatoire.

Le veto populaire au sens large, ou veto simple, ne doit pas être confondu avec le précédent. Ce système est celui, en 1793, du projet girondin et de la Constitution montagnarde. La majorité requise s'y calcule d'après les suffrages exprimés. La procédure de veto est déclenchée par une fraction déterminée du corps électoral à l'intérieur d'un délai préfix – ce dernier est si court dans la Constitution de 1793 qu'il en était (sciemment) impraticable[1] – ou il est l'effet d'un veto *ad referendum* émané d'un pouvoir constitué. Ce peut être auquel cas celui d'une Assemblée parlementaire (en général une chambre haute), mais il est beaucoup plus fréquent que ce soit un veto exécutif. Cette idée d'un *veto translatif*, dont la suspension (ou non) est remise à une décision du peuple, a été défendue par quelques membres de la Constituante en 1789, parmi eux Dupont de Nemours. Il arrive que la votation populaire sur cet objet réclame de surcroît qu'une fraction d'électeurs en aient formulé la demande après qu'est intervenue la déclaration liminaire de suspension de la norme, laquelle survient donc à l'initiative de la minorité parlementaire ou du pouvoir exécutif. La République de Weimar conjuguait l'ensemble de ces procédures, outre le référendum proprement dit, spécialement celui d'initiative.

Le référendum au sens strict est une expression de la volonté du corps électoral qui fait partie du processus d'élaboration de l'acte constitutionnel, législatif ou, le cas échéant, administratif, sans cependant, lorsqu'il est facultatif, qu'intervienne la condition d'un délai spécial depuis la « date d'apparition » de la norme. C'est en cela qu'il se différencie, avons-nous vu, du veto. Dans les deux premiers cas, ce processus peut comporter d'abord une phase parlementaire. Les modalités de référendum sont très variables, selon la

---

1. Constitution du 24 juin 1793, art. 59

matière sur laquelle il porte, les conditions de son déclenchement, sa portée juridique. Quant à la portée juridique, le référendum peut être, comme on l'a déjà signalé, de décision ou de simple consultation et, dans ce dernier cas, il intervient normalement avant la phase parlementaire. Telle est la pratique dans les pays qui s'en tiennent au principe de la compétence législative exclusive du Parlement, comme la Grande-Bretagne et la Suède. En Suisse, au contraire, tous les référendums sont de décision. Quant à la matière, on distingue habituellement le référendum constituant, qui porte sur l'adoption d'une constitution élaborée par une assemblée ou sur la révision d'une constitution existante[1], du référendum législatif, qui porte sur une loi ordinaire et dont le domaine d'application peut être général, ou comporter des exclusions, ou encore être spécialisé. Mais le référendum peut aussi porter sur un acte d'administration et de gouvernement au sens large : le cas le plus important est celui de la ratification des traités internationaux, visé à l'article 11 de la Constitution française de 1958, et qui a donné lieu à des consultations dans plusieurs pays européens, relatives à l'adhésion de ceux-ci à la CEE puis à la ratification du traité de Maastricht. La question des conditions du recours au référendum est celle qui appelle le plus de distinctions. À cet égard, on oppose d'abord le référendum obligatoire au référendum facultatif ou d'initiative. Le référendum obligatoire est celui qui, dans certaines hypothèses, est imposé de plein droit par la Constitution : c'est le cas, en Suisse, de tout processus constituant, alors qu'en France le référendum constituant n'est obligatoire que si la proposition de réviser la Constitution émane du Parlement. Le référendum facultatif procède, selon les constitutions, d'initiatives diverses : ce peut être l'initiative populaire, qui s'exerce par voie de pétition ou celle de collectivités de droit public (les cantons en Suisse, les régions en Italie) ; ce peut être aussi celle des organes du pouvoir législatif ou du pouvoir exécutif et éventuellement celle de leur compétence conjointe. Le référendum d'initiative, surtout s'il est à l'initiative du peuple, est soumis en général à des conditions plus restrictives de déclenchement que le référendum

---

1. Le premier rejet dans cet ordre est celui qui intervint au Massachusetts en 1778 lorsque les assemblées primaires refusèrent de consentir au projet adopté par la Cour générale (Parlement). Un rejet similaire eut lieu dans le New-Hampshire l'année suivante.

abrogatif. Ces deux types de référendum voient leur résultat comptabilisé d'après les suffrages, moyennant le cas échéant un quorum, surtout s'il est d'initiative, mais il n'est pas rare pour les référendums d'initiative en matière constitutionnelle que la majorité des électeurs inscrits soit requise (ainsi encore à Weimar). Les référendums d'initiative parlementaire échappent en général aux conditions de quorum. Le référendum d'initiative parlementaire peut être déclenché par une décision de la majorité – c'est l'une des hypothèses visées à l'article 11 de la Constitution française, mais qui suppose le consentement du chef de l'État : il y a donc compétence conjointe – ou encore appartenir à une minorité. Dans ce cas, ainsi qu'on a vu, il s'agit d'un type de référendum abrogatif qui est à la disposition de l'opposition à l'encontre des textes adoptés par la majorité. En Irlande et au Danemark, cette faculté est donnée à un tiers au moins des députés ; en Espagne, pour la révision de la Constitution, à un dixième seulement des membres de chacune des chambres. Le référendum à l'initiative de l'exécutif peut résulter d'une compétence discrétionnaire ou d'une compétence conjointe avec le Parlement. De ce dernier type, on peut mentionner les cas de référendum de révision constitutionnelle tel qu'il existe en France, où le président garde cependant la possibilité de réunir plutôt un congrès des deux chambres, ainsi que les cas de référendum consultatif pratiqué en Grande-Bretagne, en Suède et en Espagne. Le référendum dont le déclenchement appartient discrétionnairement au pouvoir exécutif est celui qui soulève le plus de controverses, en raison de ses connotations « plébiscitaires » et antiparlementaires. On ne le trouve dans aucune des grandes démocraties que nous envisageons. En France, son usage par le président de la République est subordonné, en droit, à une proposition préalable du gouvernement.

Section III
Le constitutionnalisme et l'État de droit

Dans le contexte des régimes démocratiques modernes, la notion de constitutionnalisme s'identifie avec la limitation du pouvoir par la constitution et, en définitive, avec la soumission de l'État au droit. « Par définition, écrit Carl Friedrich, une démocratie de type constitutionnel est une démocratie qui n'accorde pas "tout" le pouvoir à la majorité. »[1] Le constitutionnalisme et l'État de droit préexistent, on l'a dit, à la démocratie. Mais c'est dans le cadre des régimes démocratiques modernes qu'ils connaissent les développements les plus complets et les plus élaborés.

I | LA PRIMAUTÉ DE LA CONSTITUTION

41 LA NOTION MODERNE DE CONSTITUTION. — On oppose traditionnellement les constitutions écrites aux constitutions coutumières mais cette distinction est quelque peu théorique. Aucune constitution n'est complètement écrite ou complètement coutumière. Il reste que les constitutions essentiellement coutumières sont rares à l'époque moderne. Dès la fin du XIXe siècle, les constitutionnalistes pouvaient constater, non sans une certaine satisfaction, que la grande majorité des pays considérés alors comme civilisés disposaient d'une constitution écrite et que les pays dotés jadis d'institutions représentatives vigoureuses mais demeurées longtemps coutumières (comme le Wurtemberg, à ce titre au XVIIIe siècle souvent donné en modèle) étaient désormais pourvus d'une constitution rédigée (depuis 1819, dans l'exemple cité). À la fin donc du XIXe siècle, la Grande-Bretagne et les grands-duchés de Mecklembourg faisaient exception. Moins d'un siècle auparavant, la situation était exactement inverse. Les premières constitutions écrites au sens moderne du mot ont été la Constitution suédoise de 1720 et les constitutions des colonies anglaises d'Amérique du Nord ; le procédé acquiert une portée universelle à partir de la Constitution fédérale américaine de 1787 et de la Constitution française de 1791. C'est par ces deux textes en effet que s'impose le concept dominant de constitutionnalisme moderne : celui de *rigidité*. Il signifie qu'une distinction est faite entre pouvoir constituant, seul souverain, et

---

1. *La démocratie constitutionnelle,* Paris, PUF, 1958, p. 15.

pouvoirs constitués (législatif, exécutif et, le cas échéant, judiciaire). Que Sieyès – à juste titre, en plus d'un sens – s'en soit prétendu l'inventeur n'empêche pas (l'érudition a débusqué un devancier dans un auteur carolin, Lawson) que la chose ne soit ancienne (elle repose sur une distinction de la scolastique), antique même[1]. Le pouvoir constituant se distingue du pouvoir législatif constitué tant par la procédure suivie, notamment quant à l'exigence de majorités qualifiées, que par ses compétences et par l'effet de ses actes, mais non nécessairement d'un point de vue organique : ce peuvent être les mêmes organes qui détiennent le pouvoir législatif et le pouvoir constituant à la fois. Du moins en est-il fréquemment ainsi lorsqu'il s'agit du pouvoir constituant *dérivé,* auquel il incombe de réviser la constitution existante suivant les règles instituées par elle. Le cas du pouvoir constituant *originaire,* qui établit une constitution nouvelle, est plus complexe ; en outre, le pouvoir constituant dérivé entretient avec celui-ci une relation qui, sauf à n'établir entre eux (comme le fait le constitutionnalisme de stricte obédience) qu'une pure et simple différence de degré, pose de difficiles problèmes théoriques dans son articulation au principe démocratique non moins qu'au positivisme du droit. Le pouvoir constituant originaire se présente sous des formes variables, essentiellement déterminées par les circonstances historiques qui président à l'instauration d'un régime constitutionnel plus ou moins nouveau. Parmi les grandes démocraties que nous envisageons, on peut distinguer plusieurs types de situation. La constitution nouvelle peut être élaborée en complète continuité avec la précédente et selon ses règles de révision : c'est le cas de la Suisse, avec la Constitution de 1999, et de la Suède, avec la Constitution de 1974. Elle peut être aussi l'aboutissement d'un processus de transition pacifique et légale, mais sans continuité avec la précédente constitution : c'est le cas de la Constitution espagnole de 1978. Elle peut encore être élaborée à la suite de la conquête de l'indépendance : c'est le cas des États-Unis et de l'Inde, où la Constitution marque en plus le terme d'un processus fédératif, de la création d'un État fédéral. Enfin, l'élaboration d'une nouvelle constitu-

---

[1]. Pour autant, on se gardera de prétendre que la célèbre action de *graphè paranomôn* dans la démocratie athénienne implique une distinction du même ordre.

tion peut encore être déterminée par la disparition ou la caducité des institutions antérieures, déterminées par des circonstances historiques telles que la guerre : c'est le cas en Italie (Constitution de 1947), au Japon (Constitution de 1946) et en RFA (Loi fondamentale de 1949) avec, dans les deux derniers cas, une autonomie limitée par la puissance étrangère. Ce qui frappe au terme de cette énumération des textes fondamentaux des grandes démocraties contemporaines, c'est la faible importance de l'intervention directe du peuple dans le processus constituant originaire : soit à raison de l'ancienneté du texte, comme aux États-Unis, soit à raison des circonstances, comme au Japon et en RFA, soit encore, de manière plus générale, par l'effet du primat resté considérable du principe représentatif. Seules la Constitution espagnole et la Constitution suisse ont été ratifiées par référendum. L'intervention directe du corps électoral dans la révision, totale ou partielle, de la constitution n'est obligatoire qu'en Suisse et au Japon. De même, seule la Suisse reconnaît, en matière constituante, l'initiative populaire. L'intervention indirecte du corps électoral dans le processus de révision constitutionnelle n'est pas davantage assurée : aux États-Unis, le système de la convention constitutionnelle, assemblée élue en vue de la révision, n'a jamais été utilisé, et ce sont les organes du pouvoir législatif qui ont effectué les révisions successives de la Constitution. Une certaine part d'intervention du corps électoral est cependant ménagée lorsque le processus de révision est étalé sur deux législatures, permettant ainsi au peuple de peser sur la composition de l'assemblée à qui appartient la décision : c'est le cas en Suède, où existe aussi, depuis la révision de 1979, une possibilité de ratification par référendum.

La signification de la rigidité constitutionnelle, telle qu'on l'a conçue à l'âge classique du constitutionnalisme, est double : elle doit assurer une certaine stabilité et consacrer aussi la supériorité des normes fondamentales sur les normes ordinaires, spécialement celles qui émanent du législateur. La stabilité est garantie par les règles particulières concernant la procédure de révision, règles plus contraignantes, notamment quant aux majorités et aux délais, que celles qui s'imposent au législateur ordinaire. La supériorité implique normalement que les actes contraires à la constitution sont frappés de nullité juridique, mais cette sanction a gardé longtemps, dans la plupart des pays, un caractère théorique, du moins en ce qui concerne les normes législatives, le législateur étant l'organe hiérarchiquement le plus élevé parmi les pouvoirs constitués et, en dernière instance, le juge de la constitutionnalité de ses propres règles. Les États-Unis font exception à cette tendance jadis générale puisqu'un contrôle de constitutionnalité par le juge ordinaire s'y est établi dès 1803.

La seule contre-épreuve au principe de la rigidité constitutionnelle se trouve en Grande-Bretagne. Le Royaume-Uni possède une constitution au sens matériel du terme ; l'essentiel des règles en est d'origine coutumière, mais il existe aussi des règles écrites, et le Parlement peut les modifier à tout moment en adoptant une loi : il n'y a pas de différence ni de hiérarchie entre loi constitutionnelle et loi ordinaire. Les principes de cette constitution britannique n'en sont pas moins très strictement respectés. Ce respect procède d'une « conscience constitutionnelle » impliquant le maintien de principes et de procédures facilement modifiables en droit en même temps qu'intangibles dès lors que l'opinion continue d'y adhérer. Ce modèle britannique de constitution non rigide, susceptible d'adaptations progressives quand elles paraissent faire l'objet d'un consensus national, est quasi unique dans les démocraties occidentales, mais son caractère exemplaire est tel qu'il relativise la portée des vertus qui sont prêtées au principe généralisé de rigidité constitutionnelle. Celui-ci présente en effet deux inconvénients majeurs : d'une part, il est susceptible de n'être pas respecté si le législateur n'est pas soumis à un contrôle ; d'autre part, une trop grande rigidité peut faire obstacle aux aménagements et modifications nécessaires, de telle sorte que la constitution se trouve figée et ne soit plus en mesure d'encadrer la réalité du pouvoir. Ces inconvénients peuvent être évités, ou du moins atténués, par l'action d'un juge constitutionnel. Mais se pose alors la question de la légitimité de cette instance.

42 Le contrôle de constitutionnalité des lois. — La primauté de la constitution sur les autres normes ne peut être effectivement assurée que par l'existence d'un pouvoir, de nature juridictionnelle, de vérifier la conformité de tous les actes de la puissance publique à la constitution. Ce contrôle juridictionnel est admis dans tous les États de droit en ce qui concerne les actes du pouvoir exécutif ou ceux du pouvoir judiciaire. La sanction doit être, selon les cas, l'annulation ou l'inapplicabilité – le prononcé de la nullité relative – de l'acte reconnu inconstitutionnel. En revanche, le contrôle de la conformité des actes du pouvoir législatif à la constitution s'est heurté à des obstacles et à des difficultés qui ont trouvé des solutions différentes selon les États. L'absence d'un tel contrôle constitue naturellement une brèche dans la construction de l'État de droit moderne basé sur le constitutionnalisme. Mais il ne faut pas perdre de vue qu'à l'époque du constitutionnalisme classique la loi elle-même, dans une mesure comparable à la constitution, est censée, dans des domaines autres que ceux couverts par celle-ci (droit civil, pénal...), être l'expression de règles générales et quasi immuables, et non le moyen juridique de réaliser une politique volontariste susceptible d'engendrer des atteintes aux situations individuelles normalement protégées par la constitution. Ainsi, les risques de violation de la constitution par le législateur étaient notablement moins fréquents et moins graves au XIXe siècle qu'aujourd'hui. Par ailleurs, le contrôle de constitutionnalité s'est heurté à un obstacle en quelque sorte psychologique dès lors que dans la plupart des États existait une confusion organique entre pouvoir constituant et pouvoir législatif, même si une différence fonctionnelle était clairement établie. C'est peut-être l'une des raisons pour lesquelles le contrôle de constitutionnalité a si rapidement été admis aux États-Unis. Le constituant américain est l'inventeur, après ceux des États ayant conquis l'indépendance en 1776, de la notion moderne de constitution. Il a voulu une constitution particulièrement rigide pour protéger les termes du pacte fédéral fondateur. À raison de la nature fédérale de l'État, le pouvoir constituant ne se confond pas avec le législateur fédéral puisque, dans l'hypothèse où les deux chambres du Congrès adoptent un amendement à la Constitution, celui-ci n'entre en vigueur qu'après ratification par des conventions spéciales ou les législatures dans les trois quarts des États. Cette distinction et, d'autre part, la superposition de deux niveaux étatiques, et donc de deux législateurs compétents dans leurs domaines respectifs, induisaient à envisager clairement le pouvoir constituant comme le seul véritable souverain et évitaient une sacralisation du pouvoir législatif incompatible avec l'idée de constitution (v. aussi n° 7). Cette sacralisation, en revanche, s'est imposée en France, et comme l'œuvre, sinon l'inconséquence, du constituant lui-même. La Déclaration de 1789, précédant la Constitution de 1791, définit la loi comme l' « expression de la volonté générale » au sens de la doctrine de Rousseau et constitue ainsi le législateur en pouvoir souverain. En effet, comme l'a montré Carré de Malberg, cette conception enlève à la distinction des lois constitutionnelles et des lois ordinaires sa base principale qui est la reconnaissance d'une volonté supérieure à celle du pouvoir législatif. Elle a prévalu en 1791 et laissé des traces durables dans le droit français. Jusqu'en 1958, il en résultait que la primauté de la constitution sur la loi était essentiellement formelle. Sans revêtir le même caractère absolu qu'en France, cette conception s'est également imposée dans nombre de pays européens durant le XIXe siècle, ainsi en Italie et en Belgique. Dans les régimes de monarchie limitée, en Allemagne et en Autriche, c'est une notion analogue de la souveraineté, non plus du principe parlementaire mais du principe monarchique, qui fait obstacle à l'instauration d'un contrôle de constitutionnalité des lois. En Allemagne, les arguments de von Mohl en faveur de ce type de contrôle ont été considérés comme incompatibles avec les fondements de la constitution monarchique. En Autriche, les mêmes objections ont plus ou moins prévalu, mais les lois fondamentales de 1867 instituent néanmoins un tribunal d'Empire compétent pour sanctionner les violations des droits individuels par des actes de l'exécutif légalement pris, ainsi que ceux du législatif dans le cadre des conflits de compétence de type fédératif. De manière générale cependant, le contrôle de constitutionnalité reste, durant le XIXe siècle, une particularité du droit constitutionnel américain qui résulte d'ailleurs de l'initiative du pouvoir judiciaire lui-même – c'est le célèbre arrêt de la Cour suprême Marbury v. Madison en 1803 – et non de la Constitution mais qui n'en a pas été moins appelée par l'interprétation « quasi authentique » de celle-ci opérée dans le *Fédéraliste,* en l'occurrence par Hamilton : dans cette décision, la Cour affirmait que le pouvoir des tribunaux ordinaires de vérifier la conformité de la loi à la Constitution est une conséquence naturelle du pouvoir de juger et que le juge n'a pas seulement la faculté mais encore le devoir de procéder à cette vérification s'il en est requis. Il s'ensuit les caractéristiques de ce type de contrôle : il incombe à toute juridiction, qu'elle soit fédérale ou d'État, et quel que soit son niveau ; il s'agit essentiellement d'un contrôle par voie d'exception ; la sanction est en principe celle de l'inapplicabilité dans le litige et entre les parties en cause, mais l'autorité des arrêts de la Cour suprême et le principe du *stare decisis* interdisent d'appliquer ultérieurement – sauf revirement de jurisprudence – une loi déclarée inconstitutionnelle. Ce mode de contrôle, non envisagé par la constitution, s'est étendu au Canada et, en Europe, à la Grèce ainsi qu'aux pays scandinaves : en Grèce comme en Norvège les prodromes en remontent à 1854. En Suède, il ne revêt cependant qu'une portée très limitée (v. n° 173). Dans d'autres pays, en revanche, c'est la constitution qui reconnaît expressément au pouvoir judiciaire la compétence de contrôler la constitutionnalité des lois : c'est le cas au Japon (art. 81 de la Constitution). En Inde, le 42e amendement à la Constitution, adopté durant la période d'état d'exception (1975-1977) et dont l'objet était essentiellement de restreindre les droits fondamentaux des individus, a limité le pouvoir du juge ordinaire de vérifier la constitutionnalité des lois à la Cour suprême statuant à la majorité des deux tiers et a exempté certaines catégories de lois de ce contrôle. Ces dispositions ont par la suite été abrogées par le 43e amendement (1978). Le contrôle par le juge ordinaire n'ayant pu s'imposer en Europe occidentale, c'est un nouveau type de justice constitutionnelle qui parvient à s'y établir après la seconde guerre mondiale, dont la conception est due à Kelsen[1]. Insistant sur la nécessité de ne pas laisser le législateur juge de la constitutionnalité des normes qu'il édicte lui-même, Kelsen considère que ce contrôle ne peut être exercé que par un organe indépendant du Parlement et par conséquent aussi de toute autre autorité étatique, c'est-à-dire une juridiction constitutionnelle spécialisée, dotée d'un statut constitutionnel garantissant son indépendance à l'égard des pouvoirs qu'il lui incombe de contrôler. Une telle juridiction a été créée pour la première fois par la Constitution autrichienne de 1920, dont Kelsen a été le maître d'œuvre, et se situait d'ailleurs dans le prolongement du tribunal d'Empire établi en 1867, mais elle disposait désormais d'une compétence générale et exclusive en matière de contrôle de constitutionnalité des actes du législateur. Ce modèle kelsénien a

---

1. V. L. Favoreu, *Les cours constitutionnelles,* 3e éd., Paris, PUF, 1996, p. 8-9, et p. 11 et s.

progressivement été adopté par les grandes démocraties européennes après la seconde guerre mondiale. Le modèle américain n'avait pu s'y implanter pour des raisons de fond ; il paraissait désormais inadéquat pour des raisons techniques : absence d'unité de juridiction, impréparation et manque de prestige du juge ordinaire (en comparaison avec le juge anglo-saxon). Par ailleurs, la nécessité d'établir plus solidement l'État de droit par une primauté incontestée des normes constitutionnelles, et en particulier celles relatives aux libertés publiques, s'est davantage imposée après l'expérience des dérives des régimes parlementaires allemand et italien vers le totalitarisme, dérives accomplies dans le respect du principe démocratique de majorité : le prestige ancien du législateur – et, plus accessoirement, celui du juge – s'en trouvait très amoindri, et c'est pourquoi les premières cours constitutionnelles ont été créées par la Constitution italienne de 1947 et la Loi fondamentale allemande de 1949 après qu'eut été rétablie la cour autrichienne en 1945. Le modèle kelsénien a enfin inspiré le constituant espagnol de 1978, de telle sorte que, depuis le rapprochement progressif du Conseil constitutionnel français (à partir de 1971) de ce type de contrôle de constitutionnalité des lois, orienté vers la protection des droits et libertés garantis par la constitution, ce modèle s'est finalement imposé dans tous les grands pays démocratiques du continent européen. Il s'agit là d'un développement et d'un progrès considérables de la notion d'État de droit, que le principe démocratique strictement entendu paraissait toujours susceptible de menacer. Ce n'est pas seulement le dogme de la loi « expression de la volonté générale » qui se trouve ainsi remis en cause (et qui explique pourquoi la France a mis un certain temps à se rallier au principe du contrôle de constitutionnalité), ainsi que toutes les conséquences dont était porteuse la doctrine rousseauiste de la démocratie, c'est la notion même de souveraineté, car celle-ci, comme l'observe Carl Friedrich, est incompatible avec le constitutionnalisme. Certes, le pouvoir constituant reste souverain. Mais il cesse d'être le seul qui permette à la norme constitutionnelle d'évoluer et de s'adapter dans le respect de son économie propre. Dans les pays où la rigidité de la constitution est la plus extrême, ainsi qu'aux États-Unis, et où cette rigidité pourrait engendrer une incapacité d'adaptation de l'ordre normatif aux réalités sociales, le rôle du juge constitutionnel vient pallier ces inconvénients et permettre une évolution ponctuelle de l'ordonnancement constitutionnel. Mais même dans des États où la procédure de révision constitutionnelle est relativement simple, ainsi qu'en Allemagne fédérale, le rôle du juge constitutionnel n'en est pas moins essentiel : c'est qu'en dehors des questions spécifiquement relatives aux pouvoirs et aux rapports entre leurs organes, la concrétisation de la supériorité de la norme constitutionnelle à l'égard d'une loi particulière donne nécessairement lieu à une interprétation des normes fondamentales que le juge constitutionnel est le mieux apte à donner. Le rôle interprétatif du juge en vient ainsi à acquérir plus d'importance dans l'évolution de la constitution que le pouvoir constituant dérivé. La question de la compétence et de la qualification du juge n'étant en général pas contestée, il reste à se poser celle de la légitimité du juge constitutionnel au regard du principe démocratique. Le contrôle de constitutionnalité des lois par le juge ordinaire s'est heurté, aux États-Unis particulièrement, au reproche du « gouvernement des juges ». Ce grief n'est pas moins envisageable dès lors qu'il s'agit d'un contrôle par une juridiction spécialisée, et même plus encore, selon certains, puisque la majorité des juges américains sont élus. En réalité, la situation est quasiment la même. Le contrôle de constitutionnalité des lois aux États-Unis incombe essentiellement à la Cour suprême, dont les magistrats sont nommés par le président avec l'assentiment du Sénat. Il en va plus ou moins de même pour les juridictions spécialisées du type européen ; la désignation des juges y relève, le plus souvent, de la compétence conjointe des organes exécutifs et législatifs, dans des proportions variables selon les pays. Par ce biais se trouve ainsi posé le caractère non exclusivement technique, mais aussi politique, de la juridiction constitutionnelle. Kelsen estimait « préférable d'accepter, plutôt qu'une influence occulte et par suite incontrôlable des partis politiques, leur participation légitime à la formation du tribunal »[1]. Le rôle moderne des partis politiques a dépassé cette alternative : il n'est certainement plus occulte mais il serait resté, en tout état de cause, incontrôlable. De manière plus fondamentale, la question de la légitimité démocra-

---

1. La garantie juridictionnelle de la Constitution, *RDP*, 1928, p. 197-257 ; cité *in* L. Favoreu, *op. cit.*, p. 19.

tique du juge constitutionnel s'insère dans la problématique de ce qu'il est convenu d'appeler la séparation des pouvoirs, telle qu'on l'envisage sous l'angle de l'indépendance du pouvoir judiciaire ou, plus généralement, de la fonction juridictionnelle, qui constitue la garantie la plus sûre de l'existence de l'État de droit.

II | LES GARANTIES DE L'ÉTAT DE DROIT

43 L'INDÉPENDANCE DE LA FONCTION JURIDICTIONNELLE. — La fonction juridictionnelle, c'est particulièrement frappant dans les pays qui connaissent un double degré de juridiction, ne se résume souvent pas au pouvoir judiciaire. La séparation des pouvoirs est l'un des principes auxquels la philosophie politique du XVIIIe siècle et les mouvements constitutionnels de l'indépendance américaine et de la Révolution française ont attaché le plus de prix. L'article 16 de la Déclaration de 1789 porte que toute société – et il y faut bien insister, il s'agit de la société, non de l'État – « dans laquelle la garantie des droits n'est pas assurée, ni la séparation des pouvoirs déterminée n'a point de constitution ». À la suite de Locke et de Montesquieu (v. n° 5), le principe de séparation des pouvoirs a été conçu comme le moyen le plus efficace de protection contre le despotisme. À cet égard, l'accent est mis, dans les Constitutions françaises de 1791 et 1795, sur la séparation de l'exécutif et du législatif. Or, entendu comme tel, ce principe est avant tout un fondement d'organisation et un critère de classification – d'ailleurs discuté – des régimes politiques représentatifs. Sous cet aspect, le principe de séparation des pouvoirs sera analysé plus loin (v. chap. 3), mais on peut affirmer d'emblée que sa portée n'est nullement décisive pour la protection de la liberté. Les régimes les plus respectueux de la liberté ne lui rendent pas un hommage très significatif. La séparation des pouvoirs n'est essentielle à la liberté et, plus généralement, à l'État de droit, que si elle s'entend de la nécessaire indépendance du pouvoir judiciaire. C'est Montesquieu, et non Locke, qui distingue, en tant que pouvoir, la puissance de juger de celle de faire les lois et de la puissance exécutive. Cette « séparation » de la fonction juridictionnelle ou, pour mieux dire, du pouvoir judiciaire correspondait cependant, et correspond toujours, dans les États de droit, à une réalité plus tangible que la séparation de l'exécutif et du législatif : celle-ci n'existait évidemment pas dans la France du XVIIIe siècle et elle n'avait, en Angleterre, rien du caractère systématique que lui donnera le constituant américain de 1787. L'indépendance de la fonction juridictionnelle était une réalité dans l'Angleterre, modèle de Montesquieu ; elle l'était aussi en France – du fait, notamment, de la patrimonialité des charges – mais avec cette particularité importante que constituait l'existence de cours souveraines qui, pour reproduire un lieu commun, s'immisçaient dans l'exercice des pouvoirs législatif et d'administration (à l'endroit d'un système qui ne reposait pas sur la séparation des pouvoirs, l'imputation est paradoxale). En réaction contre ces empiétements, la loi des 16-24 août 1790 affirme que « les fonctions judiciaires sont toujours distinctes et demeureront séparées des fonctions administratives ; les juges ne pourront, à peine de forfaiture, troubler de quelque manière que ce soit les opérations des corps administratifs ». Cette loi, relayée par celle adoptée sous le Directoire (décret du 16 fructidor an III), a été érigée en mythe fondateur, et servira à justifier *ex post facto* l'origine de l'existence en France d'un système de double juridiction. Bien que désigné ainsi par la Constitution de 1791, le judiciaire cesse d'être conçu comme un « pouvoir ». Le titre VIII de la Constitution de 1958 est intitulé « De l'autorité judiciaire » (cf. Constitution du 22 frimaire de l'an VIII, titre IV : « Des tribunaux »). Le senatus consulte du 12 octobre 1807, qui dérogeait à l'inamovibilité de la magistrature, a introduit une tradition que la plupart des régimes en France ont assumé et à laquelle la IIIe République n'a pas jugé indigne de satisfaire. Il arrive encore parfois que la formule de Montesquieu, mal comprise (Montesquieu ne fait qu'évoquer ici dans le chef du juge le prononcé de la sentence après que le jury a qualifié le fait), d'après laquelle la puissance de juger est en quelque façon nulle, serve d'argument pour déplorer, ou trouver bon, que le pouvoir judiciaire en France depuis 1790 (date de l'anéantissement du « dépôt des loix ») soit bien peu de chose. En 1790, l'Assemblée nationale, la même qui adopte le célèbre décret du 16 août, illustre une conception hégémonique de la séparation des pouvoirs en annulant (comme on peut s'en convaincre aisément par le recueil de Duvergier) plusieurs arrêts des chambres des vacations de divers Parlements. En 1797, le tribunal de cassation, rendant une décision dans un cas d'une extrême gravité, les 21-22 germinal an V, prononce l'annulation d'un jugement portant 32 condamnations à mort. Le Directoire exécutif ordonne au ministre de la Justice de tenir la cassation pour non avenue. Le Conseil des Cinq Cents approuve. Fameuse encore dans cet ordre est l'annulation (sous l'Empire) par le Sénat conservateur d'un arrêt de la cour d'assises des Deux-Nèthes. Aussi, par un corollaire, la séparation a-t-elle été envisagée, dans la tradition française, comme destinée à protéger l'administration contre le juge, protecteur naturel de la liberté du citoyen (cf. art. 66, al. 2 de la Constitution). D'où l'étrange fortune de l'article 75 de la Constitution de l'an VIII (cet article, ramené au rang de loi, disposait que les agents du gouvernement autres que les ministres ne pouvaient être poursuivis devant les juridictions ordinaires qu'en vertu d'une décision du Conseil d'État). L'article 75 ne fut abrogé qu'en 1870, lors du rétablissement de la République, par le gouvernement provisoire (décret du 19 septembre 1870), encore le tribunal des conflits s'empressa-t-il de limiter considérablement la portée de la mesure. Le principe de l'abrogation ne s'est imposé sans restriction définitivement qu'en 1918, à la suite de plusieurs arrêts du Conseil d'État. Ce paradoxe d'une conception unilatérale de la séparation des pouvoirs a longtemps eu pour effet, notamment aux yeux des juristes anglais, d'occulter le fait que la juridiction administrative française s'est assez rapidement imposée comme indépendante du pouvoir exécutif ; consacrant cette évolution, la loi du 24 mai 1872 a constitué le Conseil d'État en une juridiction souveraine.

De manière générale, dans les démocraties contemporaines, l'indépendance de la fonction juridictionnelle est assurée, que l'ordre de juridiction soit unique – comme dans les systèmes anglo-saxons et ceux qui s'en sont inspirés – ou qu'il y ait pluralité d'ordre juridictionnel, ainsi que dans la plupart des grandes démocraties du continent européen. La protection des libertés est peut-être cependant mieux assurée dans les systèmes anglo-saxons qui, bien loin d'être limités par le principe de séparation des pouvoirs, confèrent au juge ordinaire la compétence de donner des injonctions à l'administration. Une telle possibilité intéresse davantage la garantie effective des libertés publiques que les textes qui sont censés les consacrer. Elle réalise le plus concrètement ces deux exigences fondamentales de l'État de droit : que l'État et les autres personnes publiques soient soumis au respect du droit au même titre que les sujets, et que ce respect soit sanctionné par le juge.

44 Le respect des droits fondamentaux et de la structure fondamentale de la constitution. — La plupart des régimes démocratiques consacrent l'existence des droits individuels et des libertés publiques et les garantissent à des degrés plus ou moins poussés. Elles sont essentielles au fonctionnement du régime mixte qu'est la démocratie libérale, dont le principe est que l'opinion doit pouvoir se former et se modifier sans contrainte : la liberté individuelle est la condition de la liberté politique. Toutes deux impliquent la liberté d'opinion, d'expression, d'information, de réunion et d'association, qui sont les conditions du caractère authentique de la volonté populaire et constituent des garanties contre le pouvoir. Les techniques de protection des libertés sont donc essentielles, et de leur efficacité dépend la qualité du régime démocratique. La plupart des grandes démocraties proclament les droits fondamentaux dans leur constitution même. En Grande-Bretagne, ces droits sont l'objet de quelques-uns des textes constitutionnels les plus anciens et les plus notables : l'acte d'*Habeas corpus* (1679) et le *Bill of Rights* (1689). À la fin du XVIIIe siècle, les droits fondamentaux sont proclamés solennellement par la Déclaration d'indépendance américaine de 1776 et la Déclaration française de 1789. Mais la garantie des droits fondamentaux est ensuite intégrée dans la Constitution américaine par les dix premiers amendements, qui sont une forme de *Bill of Rights* et ont été ratifiés en 1791. C'est également en 1791 que la Déclaration française de 1789 vient précéder la Constitution du 3 septembre, dont le titre premier énonce les dispositions fondamentales qui sont garanties. Le *Bill of Rights* américain et le titre premier de la Constitution française comportent des injonctions au pouvoir législatif de ne pas porter atteinte aux droits garantis. Mais la Constitution française laissait cette prohibition sans sanction possible et donnait d'autre part au corps législatif le pouvoir de réglementer les conditions d'exercice et, en fin de compte, de déterminer la consistance même des libertés qu'elle prétendait garantir. Ainsi, par exemple, la garantie de la liberté de culte énoncée en 1791 doit-elle s'entendre sous réserve de loi sur la constitution civile du clergé (juillet 1790) et, plus tard, des décrets sur les prêtres réfractaires. Plus généralement, c'est la conception même du législateur comme pouvoir souverain, ainsi que le caractère abstrait des droits proclamés en 1789, qui font mesurer l'écart entre les deux conceptions, française et anglo-américaine, des droits fondamentaux. À l'époque du serment du Jeu de Paume, Jefferson engage La Fayette et d'autres patriotes « à entrer en arrangement avec le roi, à *assurer* la liberté de la presse, la liberté religieuse, le jugement par jury, l'*Habeas corpus* et une législation nationale, choses qu'on était certain de lui faire adopter, à se retirer ensuite chez eux, et à laisser agir ces institutions sur la condition du peuple, jusqu'à ce qu'elles le rendent capable de plus grands progrès (...) »[1]. Dans ses *Réflexions sur la Révolution en France* (1790), Burke met en évidence cet écart de conception entre des droits fondamentaux concrets, garantis et protégés par le juge, et les droits abstraits, « fatras métaphysique » (Bentham, dans *Anarchical fallacies,* a parlé de « sottises sur des échasses »), de la Déclaration de 1789, en vertu desquels « en ayant droit à tout, on finit par manquer de tout ». Or, remarquait Carré de Malberg, « pas plus que la Constitution de 1791, nos constitutions ultérieures n'ont précisé, d'une façon catégorique, à l'encontre du législateur, la portée effective des droits individuels des Français. Leurs dispositions à cet égard s'analysent, comme celles de la Déclaration de 1789, en des énonciations de principes plutôt qu'en des consécrations expresses de droits, c'est-à-dire de pouvoirs juridiques individuels susceptibles d'être invoqués par les intéressés devant le juge et de faire l'objet d'une reconnaissance juridictionnelle qui en assure le respect »[2]. La situation est restée comparable dans la plupart des grandes démocraties européennes jusqu'à l'instauration d'un contrôle de constitutionnalité des lois. Elle permettait d'offrir une

---

1. Lettre de Jefferson citée par Taine, *Les origines de la France contemporaine*, t. I, liv. II, chap. I. C'est nous qui soulignons.
2. *La loi, expression de la volonté générale*, Paris, rééd. Economica, 1984, p. 120.

garantie juridictionnelle des libertés contre les actes du pouvoir exécutif, mais non pas contre la loi. Telle est toujours la situation dans les pays qui continuent d'ignorer le contrôle de la constitutionnalité des actes du pouvoir législatif, ainsi en Grande-Bretagne où, en principe, le Parlement a toujours le pouvoir de modifier le droit positif, même en matière de libertés publiques, quoiqu'il soit implicitement bien entendu qu'il n'en doit rien faire.

On peut ainsi distinguer trois systèmes qui fondent les techniques de protection des droits fondamentaux. Le premier, dont il vient d'être question, est celui où les droits n'ont, en dernière analyse, pas d'autre valeur que celle de la loi ordinaire. Tel a donc été longtemps le *plerumque fit* dans la plupart des régimes démocratiques : la proclamation des droits par la constitution y restait sans portée réelle dès lors que le législateur n'avait pas adopté les textes destinés à organiser les principes proclamés, et cette intervention législative était exempte de contrôle de conformité à la norme fondamentale et, dès lors, de sanction juridictionnelle. Parmi les démocraties que nous envisageons, ne relèvent de ce système que deux pays, sous réserve d'importantes particularités : la Grande-Bretagne, sans constitution écrite, et où les textes de référence en matière de libertés publiques sont très anciens (v. cependant la question du *Human Rights Act*, n° 138 *bis*) ; la Suisse, où le contrôle de constitutionnalité du tribunal fédéral ne vise que les lois cantonales, mais où les lois fédérales sont soumises au référendum d'abrogation sur initiative populaire.

Le deuxième système, aujourd'hui le plus répandu, est celui où la plupart des droits fondamentaux ont effectivement valeur constitutionnelle. En Suède, par exemple, le chapitre II de la Constitution, qui a fait l'objet d'une importante révision en 1976-1977, est consacré aux libertés et droits fondamentaux. La Constitution contient aussi, en son chapitre premier, un article concernant en particulier certains droits sociaux, économiques et culturels. Pour ce qui est de la liberté de la presse et du droit d'obtenir communication de documents officiels, le chapitre II de la Constitution renvoie à la loi sur la liberté de la presse, dont les dispositions sont bien plus détaillées que la Constitution en matière de libertés et de droits, et assurent en conséquence une protection plus étendue. Cette loi a valeur de Loi fondamentale et est soumise à la même procédure de révision que la

Constitution. Les libertés et droits fondamentaux énoncés au chapitre II de la Constitution relèvent de deux catégories principales. La première est celle des libertés et droits absolus, qui ne peuvent être limités sans modification préalable de la Loi fondamentale. D'autres libertés et droits sont reconnus par la Constitution, mais peuvent être limités par une loi votée par le Parlement. La Constitution précise la portée de ces limitations, et des règles particulières définissent la procédure à suivre par le Parlement lorsqu'il se propose de limiter ces libertés et droits par voie législative. Le chapitre II de la Constitution contient également deux articles particuliers interdisant toute discrimination. En outre, l'exercice de certains droits et libertés est régi par des lois particulières.

Dans ce système, la violation des droits et libertés garantis par la Constitution elle-même équivaut à une violation de la Constitution et est sanctionnable comme telle par le juge constitutionnel. Cette sanction peut se heurter à la difficulté qui résulte du caractère éventuellement contradictoire des droits proclamés successivement par des textes ayant valeur constitutionnelle : tel est le cas en France où les droits énoncés par le préambule de la Constitution de 1946, intégré à la Constitution de 1958, ne s'accordent pas toujours avec ceux qui sont proclamés par la Déclaration de 1789. Il en résulte un pouvoir accru du juge constitutionnel dans l'interprétation des normes fondamentales et un risque plus grand de dérive vers le « gouvernement des juges ». Mais ce risque est encore, *a fortiori,* plus présent lorsque les dispositions constitutionnelles revêtent un caractère ancien et très général : c'est évidemment le cas aux États-Unis où la consistance des droits fondamentaux garantis par la Constitution est déterminée absolument par la jurisprudence de la Cour suprême. Telle est aussi devenue, très rapidement, la tendance dans les pays européens dotés d'une juridiction constitutionnelle spécialisée. Elle se marque moins dans les pays qui s'inspirent officiellement du modèle américain de contrôle par le juge ordinaire : en Suède, où la portée de ce contrôle est restée très limitée, au Japon, et surtout en Inde où elle s'est heurtée à l'obstacle du pouvoir politique qui, par la voie d'amendements à la Constitution, a sévèrement limité le rôle du juge dans la protection des droits fondamentaux.

Le troisième système consiste à proclamer la valeur supraconstitutionnelle des droits déclarés, excluant ainsi que toute atteinte leur soit portée même par le pouvoir constituant. Cette méthode revient à nier le concept de souveraineté en excluant toute intervention de l'État dans le domaine des droits fondamentaux ou qui porterait atteinte au ciment de la Constitution elle-même. Elle postule ainsi l'acceptation d'une philosophie du droit naturel, qu'elle soit ou non d'inspiration religieuse. Par un arrêt de 1967 *(Golak Nath)*, la Cour suprême indienne avait précisément interprété la IIIe partie de la Constitution relative aux droits fondamentaux comme étant intangible et s'était ainsi attribué le droit d'annuler un amendement à la Constitution. Cette prétention s'est heurtée à une très vive réaction du pouvoir politique : le 24e amendement à la Constitution (1971) réaffirme le droit du Parlement d'amender, dans le respect de la procédure de révision constitutionnelle, les dispositions relatives aux droits fondamentaux, tandis que le 25e amendement (adopté la même année) établit la primauté des « principes directeurs de la politique de l'État », visés à la IVe partie de la Constitution, sur les droits fondamentaux garantis par la IIIe partie et prévoit en outre qu'aucune loi ordinaire ne peut être annulée comme portant atteinte aux droits fondamentaux dès lors qu'elle est déclarée (par l'exposé des motifs) prise en application des principes directeurs. Du système de protection radicale que la Cour suprême avait tenté de promouvoir, on passait ainsi, au nom du principe de la souveraineté démocratique, dûment invoqué par le préambule de l'amendement, au système le moins protecteur qui permet au pouvoir législatif d'intervenir sans tenir compte des garanties constitutionnelles dans le domaine des droits fondamentaux. La Cour Suprême a tenu bon. En 1980, dans l'arrêt *Minerva mills v. Union of India,* elle pose en règle que le pouvoir constituant est dans l'impossibilité d'entamer la structure fondamentale de la Constitution. Cette situation illustre très clairement l'état de contradiction toujours latent qui existe entre le principe démocratique pur et celui de l'État de droit, auquel l'Inde est progressivement revenue à partir de 1977, mais en conservant une place à part dans le concert des grandes démocraties contemporaines.

La protection des droits fondamentaux par la reconnaissance de leur valeur supraconstitutionnelle est reconnue, d'une manière limitée, en Allemagne fédérale. L'article 79-3 LF prévoit en effet « qu'est inadmissible un amendement de la présente Loi fondamentale qui affecterait (...) les principes énoncés aux articles 1er et 20 ». L'article 20 établit les principes de la souveraineté populaire, de l'État de droit et du droit de résistance. L'article 1er proclame la dignité de l'homme, lui reconnaît des droits individuels et imprescriptibles et précise que les droits fondamentaux énoncés aux articles 2 à 19 lient le pouvoir législatif, le pouvoir exécutif et le pouvoir judiciaire à titre de droit directement applicable. L'énoncé et la consistance des droits fondamentaux peuvent donc faire l'objet d'une intervention du pouvoir constituant dérivé, mais non les principes de leur existence et de leur caractère normatif directement applicable.

La Constitution espagnole, pour sa part, sans reconnaître aux droits fondamentaux une valeur supraconstitutionnelle, soumet toute révision portant sur les droits fondamentaux et les libertés publiques (titre 1, chap. II, sect. I de la Constitution) à une procédure plus rigide que la procédure révisionnelle de droit commun, qui est utilisable en revanche en matière de droits sociaux (même chapitre, sect. II). En Inde, après les excès de l'état d'urgence, marqué par l'adoption du 42e amendement à la Constitution, a été voté le 44e amendement (1979) qui soumet toute révision constitutionnelle qui affecterait la matière des droits fondamentaux ou le principe démocratique d'élections librement et régulièrement disputées à un référendum de confirmation requérant la participation d'au moins 51 % du corps électoral.

45 CONTENU DES DROITS DÉCLARÉS. — Il faut constater d'emblée l'incertitude de la terminologie en la matière. À l'origine du libéralisme, les droits de l'homme sont « naturels, inaliénables et sacrés » (Déclaration de 1789). Puis s'est progressivement estompée la croyance que l'intérêt général pourrait être satisfait simplement par la recherche concertante des intérêts particuliers. Si les fondements de la philosophie libérale demeurent, ils coexistent avec l'idée que les libertés constituent des moyens d'atteindre certains résultats, individuels ou, surtout, sociaux. Les droits déclarés se trouvent ainsi marqués d'une certaine finalité et, en conséquence, d'une certaine relativité : la Constitution et l'interprétation qu'en donnent, le cas échéant, le juge constitutionnel, les lois et la jurisprudence, viennent déterminer les limites de l'exercice des droits et libertés dans le cadre du rôle assumé par l'État moderne. Ainsi s'explique l'incertitude terminologique. Tantôt il est question de droits individuels, mais la tendance à la finalisation des droits leur confère, à l'époque contemporaine, un caractère plus social, et les aspects de la vie en société entraînent des conséquences sur les droits de l'individu. Tantôt on utilise l'expression de libertés publiques, mais celle-ci ne rend pas compte du fait que les droits ne sont plus seulement entendus comme une protection contre les interventions du pouvoir mais qu'ils constituent aussi des titres à obtenir une prestation de l'État, conçu comme seul capable de réaliser les droits au profit des individus. On parle enfin de droits fondamentaux – et c'est l'expression reçue dans plusieurs constitutions –, ce qui ne leur ôte pas tout caractère de relativité car ils sont fondamentaux en fonction des orientations politiques, sociales, économiques du moment, c'est-à-dire en somme de la mentalité et de la croyance dominantes. Ainsi, en Inde, le droit de propriété a été rayé, par le 44e amendement à la Constitution, de la liste des droits fondamentaux et n'est désormais plus protégé que par la loi. Dans la plupart des pays, le plus « fondamental » des droits, le droit à la vie, s'est accommodé d'une législation relative à l'avortement (sauf, dans une certaine mesure, en RFA ; v. n° 254) quand ce n'est pas de la Constitution elle-même qu'un « droit à l'avortement » a été déduit, ainsi qu'aux États-Unis (v. n° 104). Ainsi, la protection de droits classiques, de libertés anciennes, peut-elle, à un certain stade de l'évolution politique et sociale, céder le pas à d'autres considérations, à des droits et libertés autrement conçus. Il en est particulièrement ainsi lorsque les textes de référence sont anciens, comme la Déclaration française de 1789 et la Constitution américaine. Le rôle du juge, particulièrement en matière de contrôle de constitutionnalité, en est considérablement renforcé. Mais il n'est pas moins essentiel dans les cas où les textes de référence sont contemporains. Se pose alors la question de savoir si le constituant a choisi d'inclure des droits sociaux parmi les droits constitutionnellement proclamés. En RFA, les auteurs de la Loi fondamentale ont renoncé à établir des droits sociaux en considération du fait qu'ils ne peuvent être formulés de manière suffisamment précise et contraignante pour être directement applicables par le juge ordinaire. Le Tribunal constitutionnel en a déduit la nécessité d'une interprétation des droits fondamentaux classiques dans le sens d'une obligation positive de l'État en vue de leur réalisation (v. n° 216). En Italie, au contraire, où la Constitution proclame des droits sociaux, auxquels les juridictions ordinaires n'ont pas reconnu, au départ, de portée en droit positif, la Cour constitutionnelle s'est attachée, dès qu'elle a fonctionné, à leur conférer une valeur concrète. Dans d'autres pays, où le contrôle de constitutionnalité ne revêt qu'une portée limitée, on s'est accordé sur la nécessité de compléter et d'actualiser le catalogue des droits constitutionnellement proclamés. En Suisse, c'est le caractère limité de l'énumération des droits fondamentaux dans la Constitution de 1874 qui est l'une des raisons ayant conduit l'Assemblée fédérale, après de nombreuses années de débat, à déclencher, le 4 juin 1987, la procédure de révision totale de la Constitution. En Suède, on l'a dit, certains droits sont constitutionnellement garantis (liberté de pensée, de culte, interdiction de la peine capitale, de la torture, de la rétroactivité de la loi pénale, etc.), d'autres restent de la compétence législative, moyennant des garanties de procédure particulière. De plus, les dispositions de la Constitution en matière de droits sociaux, économiques et culturels ne présentent pas le même caractère obligatoire que les autres règles constitutionnelles protégeant les droits fondamentaux, mais définissent seulement les buts à assigner à la collectivité (chap. 1er de la Constitution).

En dernière analyse, quels que soient l'étendue des droits constitutionnellement proclamés et le type de garantie dont ils bénéficient, il importe de se rendre compte – et l'exemple britannique, où demeurent constants le principe de la souveraineté du Parlement et, partant, l'inexistence d'un contrôle de constitutionnalité des lois, nous y incite – que la garantie des droits fondamentaux, qui ne peut qu'être le fait du juge, est moins d'ordre substantiel que de nature procédurale. Nul droit, nulle liberté, ne revêt un caractère vraiment absolu, mais il ne peut y être porté atteinte que dans des conditions déterminées et précises et dans le respect de règles strictes de procédure : c'est la règle du *due process of law,* selon l'expression du 14e amendement de la Constitution américaine. En ce sens, le premier ou du moins le plus essentiel des droits fondamentaux est la sécurité. Voilà pourquoi c'est, en fin de compte, dans les pays qui ont fait leur la tradition britannique de l'État de droit, fondée sur les vieux principes de l'*Habeas corpus* et du rôle primordial du juge, que les libertés se trouvent préservées le plus efficacement, car cette préservation ne dépend pas du respect par l'État des principes de sa constitution. L'exemple indien est encore, à cet égard, très significatif.

46 RÔLE ET STATUT DE L'OPPOSITION. — Les conceptions de la démocratie issues de la tradition du *Contrat social* ne font pas la part de la minorité, *a fortiori* celle de l'opposition. La démocratie conçue comme identité des gouvernants et des gouvernés ne laisse pas de place à la reconnaissance d'un droit d'opposition, pas plus qu'à la notion d'une souveraineté limitée de la volonté générale. La nocivité intrinsèque de cette conception peut cependant ne revêtir qu'un aspect essentiellement théorique dès lors que la loi, expression de la souveraineté, présente un caractère absolument général, anonyme, non finalisé. Dans cette hypothèse, la minorité ne conteste que l'opportunité de la loi, non sa légitimité, et se montre ainsi prête à s'incliner devant la volonté de la majorité, à considérer celle-ci comme la volonté générale présumée, jusqu'à ce qu'elle puisse en établir une autre formulation. Cette situation correspond à la pratique normale des régimes démocratiques où la loi n'a pas de caractère oppressif pour la minorité, car, faute d'être acceptée par tous à l'origine, elle est appliquée à tous sans discrimination ni injustice. Il en irait autrement si la majorité entendait soumettre la minorité à des obligations qu'elle ne s'imposerait pas à elle-même. Tel serait aussi le cas si la majorité portait atteinte au droit que réclame la minorité de pratiquer sa religion et, plus généralement, de conserver les éléments de sa culture propre, notamment sa langue. Cette nécessité d'une limitation de pouvoir de la majorité, et d'une reconnaissance d'une part d'autonomie aux minorités particulières, manifeste le lien qui existe entre principe démocratique et fédéralisme[1]. Mais la solution fédérale est restée liée à un critère de territorialité, et n'a guère trouvé d'expression sur la base de celui de personnalité. Y eût-elle réussi qu'elle n'aurait encore résolu que le problème posé par les minorités spécifiques mais non celui de la minorité en général, celui de l'opposition. On a vu de quelle manière subtilement pragmatique Kelsen avait abordé cette question

---

1. R. Capitant, *Démocratie et participation politique,* Paris, Bordas, 1972, p. 11.

(v. n° 14). Le pouvoir de la majorité, qui est l'expression fonctionnelle du principe démocratique, suppose, par définition même, une opposition qui doit être reconnue politiquement et juridiquement protégée. L'opposition est un caractère essentiel, un critère du régime démocratique, corollaire nécessaire de la libre concurrence politique et de la relativité des opinions dans les matières régies par l'ordre politique.

La situation qui est faite à l'opposition donne la mesure du caractère libéral d'un régime démocratique et, en fin de compte, de sa force, de son degré de légitimité objectivement mesuré. Le fonctionnement d'un régime démocratique est conditionné par l'état de l'opposition : selon qu'elle est unie ou divisée, organisée ou non, responsable ou purement négative, les crises politiques varient en degré et même en nature, et c'est l'efficacité même du régime démocratique qui est en jeu. Dès lors qu'il se trouve en face d'une opposition responsable, le pouvoir en place est conduit à aller au-delà d'une attitude de simple tolérance : l'opposition peut être entendue et, dans une mesure variable, associée à l'exercice de certaines fonctions. Les objectifs légitimes de l'opposition, dans un régime démocratique, correspondent ainsi à une fonction qu'elle exerce non pas seulement dans son propre intérêt mais en vue de l'intérêt général. C'est d'abord la limitation du pouvoir. La fonction de contestation qui est celle de l'opposition conduit à soumettre en permanence la politique gouvernementale au jugement de l'opinion et tend ainsi, de manière générale, à limiter l'exercice du pouvoir par la majorité du moment. Plus ponctuellement, dans certains pays où existe un contrôle spécialisé de constitutionnalité des lois, un droit de saisine de la juridiction constitutionnelle est prévu au profit de la minorité parlementaire. L'autre objectif normal de l'opposition est la collaboration à l'exercice du pouvoir : elle résulte d'abord de la fonction de contestation elle-même qui permet, le cas échéant, d'obtenir l'infléchissement de la politique du pouvoir en place ; elle se manifeste ensuite par la participation à certaines fonctions, comme la fonction législative, à travers le rôle des commissions parlementaires ; enfin, dans certaines hypothèses de crise, l'opposition est consultée et, éventuellement, associée à la prise de décision. Cette fonction d'intérêt général de l'opposition est essentielle en démocratie. Elle est encore rarement consacrée par les textes. Le modèle de consécration du rôle de l'opposition se trouve en Grande-Bretagne. L'opposition y fait partie du système constitutionnel même. Son organisation est favorisée par le bipartisme qui met face au parti gouvernemental un autre parti à vocation majoritaire et très structuré. L'opposition a ainsi son leader, rémunéré comme un organe de l'État, et une structure permanente d'action constituée par le *shadow cabinet* qui assume une tâche de contrôle spécialisé de l'activité gouvernementale et représente en même temps l'ébauche d'un gouvernement prêt à la relève. Dans nombre de pays, au contraire, l'opposition est peu organisée. Mais un minimum de reconnaissance lui est au moins assuré en ce qui concerne l'action parlementaire. La minorité, comme la majorité, dispose évidemment du droit d'initiative législative, mais celle-ci ne présente qu'une importance symbolique, les textes ainsi proposés n'ayant de chance d'aboutir que s'ils sont acceptés et repris par la majorité. Le droit d'amendement a la même signification, avec des résultats sensiblement plus tangibles.

L'opposition est, en outre, normalement représentée dans les commissions parlementaires – où s'effectue l'essentiel du travail législatif – en fonction de son importance. L'attribution de la présidence de commissions à des membres de l'opposition constitue l'une des notes significatives du statut effectif de celle-ci. En RFA, non seulement la composition des commissions, mais aussi l'attribution des présidences, est déterminée à la proportionnelle (v. n° 224). En Grande-Bretagne, la présidence du *committee of public accounts,* qui contrôle les comptes publics, est confiée à un membre de l'opposition. Dans la plupart des autres pays, cependant, les présidents des commissions parlementaires appartiennent à la majorité. Il en va de même, *a fortiori,* de la présidence des assemblées elles-mêmes, sauf, encore une fois, en Grande-Bretagne où le speaker de la Chambre des Communes est normalement réélu à son poste, même si la majorité parlementaire a changé, ce qui manifeste plus, en fait, le caractère exemplairement impartial de la fonction de présidence de la chambre que la volonté déterminée de confier un poste d'influence politique à l'opposition en tant que telle. En Italie, en 1978, l'élection à la présidence de la Chambre des députés d'un membre du parti communiste procédait du souci de la majorité d'associer un parti écarté du pouvoir au fonctionnement des plus hautes institutions de l'État.

Une autre question qui donne la mesure du rôle et du statut de l'opposition est celle du temps de parole. Les règlements des assemblées parlementaires comportent normalement des dispositions relatives à l'organisation des débats tendant à donner à l'opposition le pouvoir de s'exprimer sur toutes les questions importantes, en même temps qu'à prévenir les risques de l'obstruction. En Grande-Bretagne, c'est le gouvernement lui-même qui tient à préserver une part importante du temps des débats parlementaires (environ un tiers) à l'opposition. Au Sénat des États-Unis, la liberté de parole des membres de la minorité est scrupuleusement respectée et l'obstruction que constitue le célèbre *filibustering* (v. n° 79) ne peut être mise en échec que par un vote à la majorité qualifiée des trois cinquièmes. Ces exemples révèlent *a contrario* qu'on est encore assez loin, dans la plupart des pays démocratiques, d'un véritable statut de l'opposition que l'intérêt même de la démocratie commanderait pourtant de définir clairement. Un tel statut implique évidemment, en premier lieu, la reconnaissance des droits de l'opposition mais aussi, en contrepartie, de ses devoirs, qui sont d'accepter la loi majoritaire – ce qui pose notamment la question de l'obstruction – et surtout de demeurer dans le cadre démocratique. Cela soulève le difficile problème de l'opposition hostile au régime et de la défense de l'ordre démocratique libéral.

47 PROTECTION DE L'ORDRE DÉMOCRATIQUE. — La démocratie est-elle enfermée dans un dilemme tel qu'elle se renie en tant que régime libéral si elle est conduite à refuser à certains la liberté dont elle fait son but, ou qu'elle concourt à sa propre destruction en laissant à ses ennemis les moyens de la renverser ? Ainsi qu'il a été dit à propos des partis politiques (v. n° 27), l'existence de partis totalitaires peut, dans certaines conditions, contribuer à la démocratie, dès lors qu'elle permet de réaliser l'équilibre qui assure une certaine liberté à toutes les composantes du peuple : tel a été le rôle des partis communistes en France et en Italie[1] où, de toute manière, l'importance de ces partis rendait inenvisageables les mesures d'interdiction qui ont été prises en RFA à l'égard des partis extrémistes, et où surtout, malgré leur opposition idéologique initiale au régime

---

1. M. Duverger, *op. cit.*, p. 465.

libéral, ces partis n'ont pas franchi les limites admises de la lutte politique. Ce point est en effet essentiel. Cela signifie qu'*a contrario* le pluralisme et la liberté de vote ne sauraient impliquer la liberté de comploter et celle d'employer la force aux fins de renverser le régime démocratique. C'est ainsi qu'il est à peine besoin de distinguer les mesures par lesquelles un pouvoir majoritaire renie les principes de la démocratie libérale – comme le gouvernement d'Indira Gandhi faisant arrêter, en 1975, les dirigeants de l'opposition – de celles qui traduisent seulement un réflexe de légitime défense à l'encontre de forces qui se posent ouvertement en adversaires du régime démocratique. Mais si cette distinction paraît simple, l'application des principes sur lesquels elle repose présente de grandes difficultés. Une définition juridique de la notion de subversion expose toujours au risque de donner à la majorité le prétexte légal d'une législation d'exception destinée à réduire préventivement l'opposition : c'est effectivement ce qui s'était produit en Inde durant la période considérée. Pragmatiquement, mais en termes assez peu juridiques, il faudrait admettre que des mesures autoritaires visant à la protection de l'ordre démocratique ne sont légitimes que par la voie législative, en présence d'un danger réel, à condition que leur portée reste d'interprétation restrictive, et qu'elles interviennent sous le contrôle de l'opinion. Dès lors que ce contrôle est maintenu réellement, ces mesures doivent bénéficier d'une présomption de légitimité qui apparaît nécessaire au maintien de l'ordre démocratique[1]. Cette présomption ne pose pas de problème quand il s'agit de la défense de l'État lui-même ; les crimes et les délits contre la sûreté de l'État sont, de droit commun, pénalement réprimés. Mais elle peut être contestée dès lors qu'il s'agit de la défense de l'ordre politique établi, qui peut se présenter comme étant seulement celui du pouvoir ou de la majorité en place. À cet égard, il s'impose d'opérer une distinction rigoureuse entre les opinions, qui doivent toujours rester libres, et l'expression ainsi que l'action qui peuvent subir des restrictions commandées par la protection de l'ordre démocratique.

Les principales mesures susceptibles d'intervenir en ce sens sont relatives à l'accès et à l'exercice de la fonction publique et à

---

1. A. Mathiot, *Le pouvoir exécutif dans les démocraties d'Occident*, Paris, Les Cours de Droit, 1967, p. 208 et s.

l'activité des partis. En ce qui concerne la fonction publique, il semble que l'obligation de loyalisme à l'égard des institutions démocratiques soit une règle générale, mais la formulation de ce principe est variable quant aux exigences qu'il implique et quant à son degré de précision. Le maximum de garantie est normalement attendu des fonctionnaires de niveau supérieur. Quant aux autres, on distingue plusieurs solutions, selon que les obligations du fonctionnaire se limitent à un simple « devoir de réserve » – c'est la solution française, qui permet une large liberté d'action politique – ou qu'elles impliquent une plus stricte neutralité, à laquelle il ne peut être dérogé que sur autorisation de l'autorité hiérarchique – et c'est la solution britannique. Les États-Unis et la RFA posent un problème particulier. Aux États-Unis, la crainte, à la veille de la seconde guerre mondiale, d'une infiltration nationale-socialiste, puis, après la guerre, celle du communisme ont conduit, à partir de 1939, à imposer une exigence de loyalisme aux fonctionnaires, assortie de la possibilité de révocation dans les cas où une enquête apporterait des indices raisonnables d'un manquement à ces obligations et où un agent public pourrait être considéré comme un *security risk*. L'application de cette législation a connu des excès paroxystiques au moment du maccarthysme, durant la période de la guerre froide. En RFA, le problème est celui, qui s'est posé durant les années 1970, des « interdictions professionnelles » *(Berufsverbote)* – expression d'ailleurs erronée puisqu'elle ne recouvre, en droit positif allemand, que les sanctions prononcées par les juridictions, disciplinaires ou de droit commun, à titre de peine accessoire – qui concernent l'accès à la fonction publique. Il s'agit d'une conception particulière du « risque de sécurité » trouvant son origine dans une « résolution commune sur les extrémistes » prise en 1972 par le chancelier fédéral et les ministres-présidents des Länder après que les groupes d'extrême gauche eurent proclamé, à la fin des années 1960, leur stratégie de pénétration de l'État par l'occupation des fonctions publiques. Dans le cadre de ce texte, une procédure de vérification de la condition de loyalisme a été officialisée, qui a assuré la publicité des rejets de candidatures, et dont le caractère très formalisé, parce que respectueux des droits de la défense, a eu pour effet de prolonger les délais entre les candidatures et les décisions finales de sélection. Il en est résulté un nombre assez important de renonciations par lassitude ou découragement, alors que les mesures formelles d'exclusion ont revêtu un caractère très exceptionnel. Ainsi, paradoxalement, c'est à raison d'un souci très poussé des garanties juridiques, en une matière traitée ailleurs plus discrètement, que la RFA s'est attiré la réputation d'appliquer, pour l'accès à la fonction publique, une législation exorbitante du droit commun des régimes démocratiques[1].

La question de l'attitude de l'État à l'égard des partis hostiles au régime est évidemment différente et plus importante, puisque c'est le principe démocratique lui-même qui implique la libre concurrence politique, et donc la liberté de formation et d'activité pour les partis. Cependant, ce principe de libre concurrence suppose que la lutte politique soit menée à armes égales, sur le même terrain et en vue d'une conquête pacifique et d'un exercice limité dans le temps du pouvoir. Face à cette exigence, certaines des démocraties les plus anciennes et les mieux assises font prévaloir les conceptions de la démocratie libérale classique qui voit dans sa propre existence la garantie la plus sûre de son maintien : c'est le cas de la Grande-Bretagne. D'autres, non moins anciennes et non moins stables, ont été conduites, sous la pression de certaines menaces ou sous l'influence de certaines psychoses, à adopter, à l'égard des partis extrémistes, une attitude non libérale : ce fut le cas aux États-Unis dans les années 1950, à l'encontre du parti communiste. Ainsi, de 1950 à 1954, le parti communiste pouvait encore mener une action politique, mais il était astreint, avec toutes les organisations en dépendant, à se déclarer et à déclarer ses membres, et il était soumis à une surveillance particulière. Puis, en 1954, les *Communist control acts,* tout en laissant subsister le parti, qui conservait sa capacité de défendre en justice, lui ont interdit toute activité politique. La « chasse aux sorcières » qui résulte de cette législation d'exception prend fin en 1957, avec plusieurs décisions de la Cour suprême.

Le cas le plus particulier est celui de la RFA où le principe même de l'interdiction des partis extrémistes est posé, pour des raisons historiques évidentes, par la Loi fondamentale (art. 21-2) qui en remet la décision au Tribunal constitutionnel. C'est la conception dite de

---

1. V. J. Ziller, *Égalité et mérite,* Bruxelles, Bruylant, 1988, p. 152-155.

la « démocratie militante » *(streitbare Demokratie)* dont procède également la limitation du pouvoir de réviser la Constitution (v. n° 44) et qui a conduit à interdire le parti néo-nazi SRP en 1952 et le parti communiste en 1956, comme hostiles à l' « ordre fondamental, libéral et démocratique » (art. 21-2 LF). La décision du 23 octobre 1952 définit ainsi cette notion : « Ainsi l'ordre fondamental, libéral et démocratique peut-il être défini comme celui du pouvoir d'un État de droit, fondé sur l'autodétermination du peuple selon la volonté de la majorité, sur la liberté et l'égalité, à l'exclusion de tout pouvoir violent et arbitraire. Les principes fondamentaux d'un tel ordre comprennent pour le moins : le respect des droits fondamentaux concrétisés dans la Loi fondamentale, au premier rang desquels le droit de la personne à la vie et à son libre développement, la souveraineté du peuple, la séparation des pouvoirs, la responsabilité du gouvernement, le principe de légalité de l'administration, l'indépendance des tribunaux, le principe de la pluralité des partis et l'égalité de chances pour tous les partis avec le droit à la création et à l'exercice d'une opposition conforme à la Constitution (...). »[1] Cette définition très exigeante de la démocratie a frappé quand la décision fut rendue. Mais après celle du 17 août 1956 concernant le KPD, l'article 21-2 LF n'a plus été appliqué. C'est le renforcement même des institutions démocratiques qui l'a rendu inutile. Il a cependant été question d'y recourir en 2002, mais les autorités y ont renoncé quand il fut avéré que la faction néo-nazie visée avait été infiltrée et manipulée par la police (v. n° 236).

Le cas le plus récent concerne l'Espagne. En juin 2002, les Cortès ont adopté, à une très large majorité, une loi modifiant celle de 1978 sur les partis, dont l'objet est de permettre l'interdiction de ceux qui portent atteinte « de façon grave et répétée » aux principes démocratiques et aux valeurs constitutionnelles et accordent un soutien actif ou passif à l'action d'organisations terroristes. La demande d'interdiction est faite par le gouvernement ou 50 membres au moins de chacune des deux chambres. L'interdiction est prononcée par une section spécialisée du Tribunal suprême et non, comme en Allemagne, par le Tribunal constitutionnel. Cette loi vise

---

1. *BVerfGE*, 2, 14.

le parti Herri Batasuna, le bras politique de l'ETA, qui recueillit en 2001 10 % des suffrages et 7 députés au Parlement basque (v. n° 304 *bis*). À la suite d'un attentat survenu en août 2002, le Congrès des députés a voté, à près de 90 % des voix, une motion réclamant la saisine du Tribunal suprême en vue de l'interdiction du parti extrémiste basque. Le Tribunal a prononcé cette interdiction, par un arrêt du 17 mars 2003 (v. n° 306).

En dernière analyse, la question de l'opposition hostile au régime se pose moins en droit qu'en fait. Le régime démocratique ne peut fonctionner de manière satisfaisante sans un consensus minimal de la majorité et de l'opposition sur les principes fondamentaux. L'expérience montre que la démocratie est le plus solide et le plus stable des régimes là où ce consensus existe. Lorsqu'il fait défaut, elle est le plus vulnérable.

Pour aller plus loin

48 Deux titres peuvent préparer le lecteur et accompagner tout à la fois l'investigateur : Y. Mény, *Politique comparée*, 6ᵉ éd., Paris, Montchrestien, 2001 : ouvrage signalé par l'analyse et d'authentiques visées comparatistes (par segments, non fragmentaires) ; doté d'une précieuse bibliographie qui s'étend aux ouvrages et articles en anglais, allemand et italien. J.-L. Quermonne, *Les régimes politiques occidentaux*, Paris, Seuil, coll. « Points, Politique », 2001 : à l'usage des étudiants, ce livre présente les qualités symétriques du précédent (plus synthétique, il entre dans moins de diffusions et traite les données de façon plus compréhensive). Pour compléter, on aura recours à Ph. Braud, *Science politique. I. La démocratie politique*, Paris, Seuil, coll. « Points Essais », 2003 (1ʳᵉ éd., 1997) ; du même, le classique *Le suffrage universel contre la démocratie*, Paris, PUF, 1980 ; L. Boia, *Le mythe de la démocratie*, Paris, Les Belles-Lettres, 2002 ; M. Gauchet, *La démocratie contre elle-même*, Paris, Gallimard, 2002 ; P. Manent, *Tocqueville et la nature de la démocratie*, Paris, Fayard, 1993 ; P. Rosanvallon, *La Démocratie inachevée*, Paris, Gallimard, 2000 ; Ph. Buton, *Une histoire intellectuelle de la démocratie. 1918-1989*, Paris, Arslan, 2000 ; J.-L. Seurin (dir.), *La démocratie pluraliste*, Paris, Economica, 1980. V. également, sous un angle plus politiste : A. Lijphart, *Democraties in Plural Societies : A Comparative Exploration*, New Haven, Yale University Press, 1977 ; *Democraties : Pattern of Majoritarian and Consensus Governments in the twenty-one Countries*, New Haven, Yale University Press, 1985 ; O. Duhamel, *Les démocraties. Régimes, Histoire, exigences*, Paris, Seuil, 1993 ; P. Guchet (dir.), *Les systèmes politiques des pays de l'Union européenne*, Paris, Armand Colin, 1994 ; H.-P. Kriesi, *Les démocraties occidentales. Une approche comparée*, Paris, Economica, coll. « Politique comparée », 1994 ; J. M. Colomer (dir.), *Political Institutions in Europe*, Londres et New York, Routledge, 1996. L'article consacré aux îles britanniques est de Ian Budge, celui à l'Allemagne, de

Manfred G. Schmidt, celui à l'Italie, de Gian-Franco Pasquino, à l'Espagne et au Portugal, de Joseph M. Colomer, aux pays scandinaves, de Jan-Erik Lane et Svante Ersson. Nombreux tableaux ; R. Gambino et G. Ruiz (dir.), *Forme di governo. Sistemi elettorali. Partiti politici,* Rimini, Maggioli, 1996 ; C. Grewe et H. Ruiz-Fabri, *Droits constitutionnels européens,* Paris, PUF, 1997 : ouvrage indispensable, traitant le sujet de manière synchronique (on voudra bien noter que lui et le présent manuel se veulent complémentaires) ; J. Ziller, *Administration comparée. Les systèmes politico-administratifs de l'Europe des Douze,* Paris, Montchrestien, 1993 : excellente synthèse, grande maîtrise d'un donné assez hétérogène et d'articulations ardues. P. Magnette, *L'Europe, l'État et la démocratie. Le souverain apprivoisé,* Bruxelles, Complexe, 2000 ; J. Sapir, *Les économistes contre la démocratie,* Paris, Albin Michel, 2002. Ghassan Salamé (dir.), *Démocraties sans démocrates,* Fayard, 1994 ; J.-P. Le Goff, *La démocratie posttotalitaire,* Paris, La Découverte, 2002.

Les transitions démocratiques à l'est : v. Y. Masseraud, *Les nouvelles démocraties de l'Europe centrale,* Paris, Montchrestien, 1991 ; S. Milacic, Les transitions à l'Est, *Revue internationale de politique comparée,* III, 1 (avril 1996), p. 19-40 ; S. Milacic (dir.), *La démocratie constitutionnelle en Europe centrale et orientale,* Bruxelles, Bruylant, 1998, et *La réinvention de l'État. Démocratie politique et ordre juridique en Europe centrale et orientale,* Bruxelles, Bruylant, 2003.

Ch. Jaffrelot (dir.), *Démocraties d'ailleurs. Démocratie et démocratisation hors d'occident,* Paris, Karthala, 2000.

Sur les partis politiques, on se référera à la réédition du livre visionnaire de R. Michels, *Les partis politiques, Essai sur les tendances oligarchiques des démocraties,* Paris, Flammarion, 1971. Le classique français contemporain est M. Duverger, *Les partis politiques,* Paris, Armand Colin, coll. « Points, Politique », 10e éd., 1981. V. aussi J. Charlot, *Les partis politiques,* Paris, Armand Colin, 1971 ; du même, in *Traité de science politique* (M. Grawitz et J. Leca, dir.), Paris, PUF, 1985, *Les groupes politiques dans leur environnement* ; D.-L. Seiler, *De la comparaison des partis politiques,* Paris, Economica, 1986 : l'auteur entre dans des vues comparées et s'attache à appréhender un lieu commun ; du même, *Partis et familles politiques,* Paris, PUF, 1980, et *Les partis politiques en occident,* Paris, Ellipses, 2003. Également, P. Avril, *Essais sur les partis,* Paris, LGDJ, 1986 : l'opposition de termes parti (fonction) / faction (dysfonction) et leur tension récurrente au sein des partis contemporains qui tendraient à être de plus en plus partie (au système politique) et de moins en moins factieux. Sur le statut idéologique, v. L. T. Sargent, *Les idéologies contemporaines,* Paris, Economica, 1987.

Ph. Braud, *La vie politique,* Paris, PUF, 4e éd., 1996.

Les ouvrages anglo-saxons sont très nombreux : v. notamment J. La Palombara, *Political Parties and Political Development,* Princeton University Press, 1966 ; S. B. Wolinetz, *Parties and Party System in Liberal Democracies,* Londres, Routledge, 1988 ; S. Rokkan (ed.), *Citizens, Elections, Parties, Approaches to the Comparative Study of the Processes of Government,* Oslo, Universitats Forlaget, 1980 ; V. Bogdanor, *Coalition Government in Western Europe,* Londres, Heinemann Educational Books, 1983.

Les titres les plus récents : G. Hermet, J.-Th. Hottinger et D.-L. Seiler, *Les partis politiques en Europe de l'Ouest,* Paris, Economica, 1998 ; D.-L. Seiler, *Comportement politique comparé,* Paris, Economica, coll. « Politique comparée », 1985 ; *Les partis politiques,* Paris, Armand Colin, 1993 : la synthèse la plus parfaite sur la question (bibliographie exhaustive : p. 147-151) ; C. Emeri, Regards croisés sur les partis politiques, *Pouvoirs,* n° 78, 1996, p. 123 et s. ; J.-M. Donegani et Marc Sadoun, *La démocratie imparfaite. Essai sur le parti politique,* Paris, Gallimard, 1994 ; H. Faupin, *Le contrôle du financement de la vie politique. Partis et campagnes,* Paris, LGDJ, 1998.

Sur la souveraineté et la représentation : des auteurs classiques : dans l'ordre topique du développement historique, le recours au manuel d'Esmein s'impose (A. Esmein, *Éléments de droit constitutionnel,* Paris, 1927, 2 vol.). Mais l'ouvrage essentiel est celui de R. Carré de Malberg, *La loi, expression de la volonté générale,* Paris, rééd. Economica, 1984 : un classique, dont on tirera plus spécialement profit pour la méthode, surtout même dans les commencements, quitte à réapprécier plus tard certaines lectures. Pour une dénonciation à travers Carré de Malberg du lieu commun des deux souverainetés et la réévaluation d'une conception unitive propre à la Révolution : G. Bacot, *Carré de Malberg et l'origine de la distinction entre souveraineté du peuple et souveraineté nationale,* Paris, Éd. du CNRS, 1985. V. aussi O. Beaud, La souveraineté dans la *Contribution à la théorie générale de l'État* de Carré de Malberg, *RDP,* 1994, p. 1251. En relation étroite avec les œuvres de Carré, v. G. Jellinek, *L'État moderne et son droit,* Paris, 1913, qui contient notamment la formulation de la théorie monarchique allemande de la représentation, tant critiquée par Kelsen. Sur la représentation, on doit consulter avant tout la grande thèse de P. Brunet, *Le concept de représentation et la théorie de l'État,* thèse Paris X, 1997 (à paraître à la LGDJ), Paris, et d'O. Beaud, *La puissance de l'État,* Paris, PUF, coll. « Léviathan », 1994, thèse brillante, ouvrage désormais célèbre. B. Manin, *Principes du gouvernement représentatif,* Paris, Gallimard, 1995. M. Guénaire, *Le Prince moderne ou les limites de la volonté,* Paris, Flammarion, 1998, un plaidoyer pour le retour du politique, 1997, *Déclin et renaissance du pouvoir,* Gallimard, 2002, essai lucide sur le besoin de souveraineté. Autre essai, fondateur s'il en est : D. de Béchillon, *Hiérarchie des normes et hiérarchie des fonctions normatives de l'État,* Paris, Economica, 1996. M. Gauchet, *La révolution des pouvoirs. La souveraineté le peuple et la représentation, 1789-1799* (précité *supra*). Du même, *La révolution des pouvoirs,* Paris Gallimard, 1995, qui, au regard de l'état présent de la démocratie, renouvelle de façon originale la théorie célèbre de la souveraineté défendue par les *doctrinaires.* Appelle un parallèle avec les thèses de Bruce Ackerman. Pour un survol de ces dernières, v. la communication (où ces thèses figurent à titre incident) de S. Snowiss, The Constitution of law : problèmes and paradox, *in* Ph. Raynaud et E. Zoller (dir.), *Le droit dans la culture américaine,* Paris, Presses Panthéon-Assas, 2001, ici p. 103. V. aussi de L. Laroumand, *La guerre des principes. Les assemblées révolutionnaires face (...) à la souveraineté de la nation,* Paris, EHESS, 1999. Cette thèse, par la qualité du travail sur les sources découvre des vues neuves et souvent indemnes de conformisme (n'était que l'auteur a une idée un peu fantasmagorique du concept de souveraineté d'Ancien Régime). Enfin, deux ouvrages déjà un peu anciens : F. d'Arcy (dir.), *La représentation,* Paris, Economica, coll. « Politique comparée », 1985, et V. V. Bogdanor, *Representatives of the People ? Parlementarians and Constituants in Western Democracies,* Londres, Hants Gower, 1985.

Des recueils d'études et articles récents : *Pouv.* (n° 7), 1978 : Le régime représentatif ; *Droits* (n° 6), 1987 : La représentation : dans cette livraison, v. plus spécialement O. Beaud, Sur une distinction de Carl Schmitt (p. 11-20) ; C. Clavreuil sur Sieyès et la genèse de la représentation moderne (p. 45-56), L. Jaume sur L'impact du jacobinisme dans la notion (p. 57-67) ; D. Turpin, Représentation et démocratie (p. 79-90). V. de S. Rials, Constitutionnalisme, souveraineté et représentation, in *La continuité constitutionnelle en France de 1789 à 1989,* Paris, Economica, Presses Universitaires d'Aux-Marseille, 1990, p. 49-69 ; L. Jaume et M. Troper (dir.), *1789 et l'invention de la Constitution,* Paris, LGDJ, 1994 ; P. Pasquino, *Sieyès et l'invention de la Constitution en France,* Paris, Odile Jacob, 1998. G. Bacot est l'auteur dans le numéro précité de *Droits* (p. 69-78) d'un article sur le tournant de l'idée de représentation à la Monarchie de Juillet (ce tournant est d'ailleurs à mettre en regard de celui qui affecte alors la notion corollaire de séparation des pouvoirs). M. Gauchet, *La révolution des pouvoirs. La souveraineté le peuple et la représentation, 1789-1799* (précité *supra*).

Sur le suffrage : G. Hermet, *Le passage à la démocratie*, Paris, Presses de Sciences-Po, 1996 ; A. Garrigou, *Histoire sociale du suffrage universel*, Paris, Seuil, 2002.

Sur les élections et les systèmes électoraux, v. d'abord deux auteurs classiques : Condorcet, *Sur les élections et autres textes*, corpus des *Œuvres de philosophie en langue française*, Paris, Fayard, 1986. Condorcet, qui, comme Borda dès 1770, s'attacha aux effets théoriques des modes de scrutin, est surtout célèbre pour son paradoxe sur l'intransitivité des choix politiques (*De la probabilité des décisions rendues à la pluralité des voix*, 1785) ; E. Naville, *Rapport sur l'état de la question électorale*, Genève, avril 1871 ; J. S. Mill, *Considerations on Representative Government*, Londres, 1860 ; E. de Laveleye, *La crise et ses remèdes*, Verviers, 1886. Pour une synthèse récente, v. P. Favre, *La décision de majorité*, Paris, Presses de la FNSP, 1976. Sur l'abstention, v. C. Boutin et F. Rouvillois (dir.), *L'abstention électorale*, Paris, François-Xavier Guibert, coll. « Combats », 2002.

Sur les systèmes électoraux proprement dits, on se limitera ici à quelques références générales, qui peuvent être complétées dans les bibliographies relatives à chacun des pays envisagés. Un précis très utile : J.-M. Cotteret et C. Emeri, *Les systèmes électoraux*, 4ᵉ éd., Paris, PUF, coll. « Que sais-je ? » n° 1382. Un classique : M. Duverger, *L'influence des systèmes électoraux sur la vie politique*, Paris, Armand Colin, 1950. Deux recueils exhaustifs en ce qui concerne l'Europe : J. Cadart (dir.), *Les modes de scrutin dans dix-huit pays libres de l'Europe occidentale : leurs résultats et leurs effets comparés*, Paris, PUF, 1983 ; J. Georgel, G.-J. Hand, C. Sasse, *Les régimes électoraux dans la CEE*, Cujas, 1979. V. également C. Emeri, *Élections et référendum*, in M. Grawitz et J. Leca, *Traité...*, cité, t. 2 ; O. Passelecq, *Modes de scrutin et systèmes électoraux*, Documents d'études, « Droit constitutionnel et institutions politiques », n° 105, Paris, La Documentation française, 1995 ; J.-C. Zarka, *Les systèmes électoraux*, Paris, Ellipses, 1996 ; P. Martin, *Les scrutins électoraux et les modes de scrutin*, Paris, Montchrestien, 1997 ; *Systèmes électoraux. Étude comparative mondiale*, Genève, Union interparlementaire, 1993, Rapports et documents, n° 20 ; A. Lijphart, *Electoral Systems and Party Systems*, Oxford University Press, 1995 ; W. Rule, J. S. Zimmerman (dir.), *Electoral Systems in Comparative Perspective. Their Impact on Women and Minorities*, Londres, Greenwood, 1994.

Sur les conséquences des divers systèmes, l'ouvrage de base est celui, remarquablement clair, de D. W. Rae, *The Political Consequences of Electoral Law*, New-Haven Yale University Press, 1969. V. aussi B. Grofman et A. Lijphart, *Electoral Laws and their Political Consequences*, New York, Agathon Press, 1986.

À noter, *Pouvoirs* (n° 32), 1985, est consacré à la représentation proportionnelle, avec spécialement un article très documenté de B. Owen sur les origines de l'idée proportionnaliste (p. 15-29) et un panorama des proportionnelles par Dieter Nohlen (p. 31-42) : le bon usage de cet auteur suppose au moins qu'on ait déjà des vues sur la question. Au même lieu, Y. Mény et M. Sadoun, *Conceptions de la représentation et représentation proportionnelle* (p. 5-14).

Sur les procédures de démocratie directe : S. Deploige, *Le référendum en Suisse*, Bruxelles, 1892 : ouvrage précieux pour l'histoire générale (en dépit du titre) du référendum ; M. Guillaume-Hoffnung, *Le référendum*, Paris, PUF, coll. « Que sais-je ? », n° 2329, 1987 ; D. Butler et A. Ranney, *Referendums : A Comparative Study of Practice and Theory*, Washington, American Enterprise Institute, 1978 ; J.-M. Denquin, *Référendum et plébiscite*, Paris, LGDJ, 1976 ; C. Aikin, *The Initiative, the Referendum and Representative Government*, International Political Science Association, septembre 1986 ; A. Auer, *Le référendum et l'initiative aux États-Unis*, Bâle et Munich, Helbing und Lichtenhahn, 1999 ; R. Drago (dir.), *Études de droit comparé sur la pratique référendaire*, numéro spécial de la RIDC, 1976 ; F. Delpérée (dir.), *Référendums*, Bruxelles, CRISP, 1985 : contient 14 études, par des spécialistes nationaux, sur la théorie et la pratique du référendum dans la plupart des pays d'Europe occidentale et au Canada. F. Hamon, *Le référendum. Étude comparative*, Paris, LGDJ, 1995 ; J.-M. Denquin, Référendums consultatifs, *Pouvoirs*, n° 77, 1996, p. 79 et s. ; C. Emeri et Ch. Bidegaray, Du référendum négatif et du désarroi du comparatisme, *Pouvoirs*, n° 77, 1996, p. 61 et s. ; D. Roussillon, Contre le référendum ?, *Pouvoirs*, n° 77 (1996), p. 181 et s. ; D. Butler et A. Ranney, *Referendums around the World. The Growing of the Direct Democracy*, Londres, Macmillan, 1994. A. Auer et M. Bützer (dir.), *Direct Democracy : The Eastern and Central European Experience*, Burlington, États-Unis - Singapour - Sidney, Aldershot, 2001, accompagné d'une riche bibliographie (p. 356-362).

Sur le constitutionnalisme et l'État de droit : on peut encore renvoyer en premier le lecteur au livre de C. Friedrich, *La démocratie constitutionnelle*, Paris, PUF, 1958 (v. n° 19), ainsi qu'à P. Bastid, *L'idée de Constitution*, Paris, Economica, 1985 (réédition d'un cours de doctorat donné en 1962-1963). Sur la question non du droit constitutionnel en soi mais des manières de l'appliquer, v. l'essai novateur de P. Avril, *Les conventions de la Constitution*, Paris, PUF, coll. « Léviathan », 1997. Sur l'origine du contrôle de constitutionnalité, v. B. Nicolle, *Aux origines du contrôle de constitutionnalité : La jurie constitutionnaire de Siéyès (1795)*, Mémoire pour le DEA, Paris X, 1990 (beau travail sur les sources originales) ; sur le contrôle de constitutionnalité des origines (plus que l'inverse), un recueil de communications qui (sans prétendre à l'exhaustivité) aurait gagné à ouvrir plus d'horizons, E. Smith (dir.), *Constitutional Justice in the Old Constitutions*, La Haye, Londres, Boston, Cluwer, 1995, où l'on trouvera une étude de Rune Slagstad, The breakthrough of judicial review in the norvegian system, p. 81-111, ici p. 88-89. Sur le contrôle diffus, v. encore, sur la Grèce, pays qui (avec la Norvège) a réalisé longtemps un hapax en Europe, le précieux mémoire, d'une grande qualité, de Mme Papanikolaou, in J. Giudicelli et C. Papanikolaou, *La justice constitutionnelle : Italie-Grèce*, Paris, LGDJ, Travaux et Recherches, Panthéon-Assas Paris II (sous la direction de C. Goyard), 1997.

Sur la question de la préconisation ancienne du contrôle de constitutionnalité en France, on peut conférer Duguit (L. Duguit, *Traité de droit constitutionnel*, 3ᵉ éd., Paris, 1928, 5 vol.) ; Ch. Eisenmann, *La justice constitutionnelle*, PU d'Aix-Marseille, rééd. 1986 (avec la préface de Kelsen). Cet ouvrage, en dépit de l'apparence (le sous-titre porte sur la Cour constitutionnelle autrichienne), vaut d'être cité sous cette première partie. L. Favoreu et J.-A. Jolowicz, *Le contrôle juridictionnel des lois. Légitimité, effectivité et développements récents*, Paris, Economica, 1986 ; L. Favoreu, *Les cours constitutionnelles*, 3ᵉ éd., Paris, PUF, coll. « Que sais-je ? », n° 2293, 1996 ; D. Rousseau, *La justice constitutionnelle en Europe*, Paris, Montchrestien, coll. « Clefs », 1992 ; C. Guarnieri et P. Pederzoli, L'espansione del potere giudiziario nelle democrazie contemporanee, *Rivista italiana di cienza politica*, XXVI, 2 (1996), p. 269 et s. ; M. Troper, Démocratie continue et justice constitutionnelle, in D. Rousseau (dir.), *La démocratie continue*, 1995, p. 125 et s. ; S. Peyrou-Pistouley, *La cour constitutionnelle et le contrôle de la constitutionnalité des lois en Autriche*, Paris, Economica, coll. « Droit public positif », 1993 ; M. Capelletti, *Le pouvoir des juges* (trad. de R. David), Paris, Economica, coll. « Droit public positif », 1990. La notion de constitution à l'épreuve de la jurisprudence constitutionnelle a suscité un débat assez connu, réouvert par S. Rials en 1984, ponctué (en 1990) par un dialogue d'articles de L. Favoreu, D. Rousseau et P. Avril. Pour un état des positions, cf. L. Favoreu, M. Guénaire, S. Rials, D. Rousseau et M. Troper, in *Le Débat*, n° 64 (1991). *L'Annuaire international de justice constitutionnelle*, Paris, Economica-PUAM, 17 vol. depuis 1985 contient des chroniques de jurisprudence très complètes sur la plupart des pays dotés du contrôle de constitutionnalité.

Sur les droits fondamentaux : L. Favoreu (dir.), *Cours constitutionnelles et droits fondamentaux*, Paris, Economica, 1982 ; F. Delpérée (dir.), *Le recours des particuliers devant le juge constitutionnel,* Paris, Economica, 1991 ; *Droit constitutionnel et droits de l'homme* (Congrès de Paris et Aix-en-Provence de septembre 1986), Paris, Economica, 1987 ; S. Caporal, *L'affirmation du principe d'égalité dans le droit public de la Révolution française,* Paris, Economica, 1995 ; G. Cohen-Jonathan, *La convention européenne de sauvegarde des droits de l'homme,* Paris, Economica, 1991. V. également *Droits* (n° 2), 1985. « Les droits de l'homme », et la livraison de la même revue sous le n° 8, 1989 : « La Déclaration de 1789 ». V. également S. Rials, *La Déclaration des droits de l'homme et du citoyen,* Paris, Hachette, coll. « Pluriel », 1988 : livre érudit sur le processus qui a généré la Déclaration de 1789. Sur l'autre versant, on consultera M. Rossinelli, *Les libertés non écrites. Contribution à l'étude du pouvoir créateur du juge constitutionnel,* Lausanne, Payot, 1987.

Pour une approche dissidente, v. A. Troianiello, Les droits fondamentaux fossoyeurs du constitutionnalisme, *Le Débat,* 124, mars-avril 2003, p. 58-72.

Chapitre 3
Les systèmes constitutionnels

Section I
La classification des systèmes

49 CRITÈRES DE CLASSIFICATION. — Parmi les régimes démocratiques, certains critères de classification ont déjà été envisagés : ainsi celui de l'existence de procédures de démocratie directe, de nature à mitiger le caractère représentatif des régimes en cause, et, dans une mesure variable, leur fonctionnement (v. le cas de la Suisse, n°s 116 et s.) ; ou encore celui de l'existence d'un contrôle de constitutionnalité, lié à l'État de droit. Nous avons constaté que le référendum reste exclu du droit constitutionnel ou de la pratique de quelques-unes des grandes démocraties que nous envisageons (États-Unis, RFA, Japon). Le contrôle de constitutionnalité des lois est aujourd'hui très répandu ; il n'est absent, formellement, qu'en Grande-Bretagne, pour d'évidentes raisons, et en Suisse, jusqu'à ce jour, en ce qui concerne la loi fédérale. D'autres critères de distinction peuvent être mentionnés. Celui de la forme, monarchique ou républicaine, des régimes est aujourd'hui, comme son nom l'induit, essentiellement formel. Le principe démocratique exclut le principe monarchique. Celui-ci subsiste cependant, dans une certaine mesure et sur un plan purement juridique, dans le régime constitutionnel britannique. Dans les autres démocraties envisagées, le terme de « monarchie » signifie seulement l'hérédité de la fonction de chef de l'État, qui n'est même pas nécessairement le chef nominal de l'exécutif : c'est le cas en Suède et au Japon, où l'attribution du titre de chef de l'État à l'empereur est même controversée. La distinction formelle entre monarchies et républiques ne trouve à s'appliquer d'ailleurs qu'au sein des régimes parlementaires.

Le critère de la structure, unitaire ou non, de l'État est évidemment d'une autre importance, mais n'a pas de rapport direct avec le principe démocratique, même s'il détermine pour une grande part les modalités de son fonctionnement. Parmi les neuf grandes démocraties, on compte trois États unitaires : la Grande-Bretagne, la Suède et le Japon ; quatre États fédéraux : les États-Unis, la Suisse, l'Inde et la RFA ; et deux États qui répondent à un type intermédiaire et relativement récent, celui de la régionalisation politique : l'Italie et l'Espagne. Le constituant américain de 1787 a « inventé » le fédéralisme moderne. Ce modèle a été adopté par la Suisse en 1848 et il reste celui de la Constitution indienne de 1949 et, dans une mesure très atténuée, celui de la Loi fondamentale allemande de 1949. Le modèle de l'État régional a été conçu par les auteurs de la Constitution espagnole républicaine de 1931 sous la dénomination d'État intégral. Ce modèle a été repris substantiellement par le constituant italien de 1947 et, ensuite, par le constituant espagnol de 1978. Le critère de distinction entre l'État régional et l'État fédéral est essentiellement juridique. Dans l'État régional, il n'existe qu'un ordre constitutionnel, celui de l'État central originaire, et c'est la constitution de celui-ci qui détermine des modalités essentielles du statut et des attributions des organes régionalisés, mais selon le principe fédéraliste d'une répartition horizontale des compétences législatives. L'État fédéral, en revanche, comporte une dualité d'ordres constitutionnels, celui de l'État fédéral et celui des États fédérés. Il n'en demeure pas moins que, d'un point de vue substantiel, l'État des communautés autonomes en Espagne est plus proche du fédéralisme très atténué de la RFA que celui-ci l'est du fédéralisme américain, quelles que soient par ailleurs les tendances contemporaines de toute structure fédérale à la centralisation. La Grande-Bretagne a rejoint, mais sur un mode mineur, cette catégorie nouvelle des États régionalisés, après l'intervention, en septembre 1997, des référendums dits de dévolution en Écosse et au pays de Galles. La Grande-Bretagne et la Suède ont par ailleurs une tradition ancienne d'autonomie locale *(local government)*. Les

Constitutions de la Suède et du Japon garantissent ce principe d'autonomie. Les trois États unitaires sont donc en même temps des États réellement décentralisés.

Le critère essentiel de classification des régimes démocratiques peut être défini comme celui qui résulte de l'aménagement du principe de majorité, car il entretient un rapport direct avec la nature représentative de toutes les grandes démocraties contemporaines. Ce critère procède d'une interprétation fonctionnelle de la classification traditionnelle fondée sur l'agencement des pouvoirs et des organes. Celle-ci distingue, au sein des régimes représentatifs, trois systèmes constitutionnels, ou formes de gouvernement. Le terme de gouvernement doit être entendu en son sens classique, c'est-à-dire au sens large de principe politique, mais il peut l'être aussi dans son sens strict de pouvoir exécutif : comme le souligne Mirkine-Guetzévitch, « le régime, c'est le gouvernement »[1]. C'est pourquoi on parle de système présidentiel et de système directorial, par quoi l'on qualifie essentiellement le mode d'exercice du pouvoir exécutif, et qu'au terme, neutre à cet égard, de parlementaire ou système parlementaire on préfère parfois celui de système de cabinet. On utilise aussi plus généralement – car la terminologie est assez incertaine en cette matière – le terme de régimes, présidentiel, directorial, parlementaire. Cet usage en vaut un autre, et nous nous y conformerons ensuite, par habitude, même si le terme de « système » est plus évocateur d'un principe de logique institutionnelle propre à chacune des formules envisagées.

Les trois formes de régimes considérés comportent d'importants traits communs. Ils procèdent tous trois de la notion moderne de représentativité, n'existent réellement que dans les États dotés d'un régime représentatif. Ils sont sensiblement contemporains : le régime parlementaire anglais, produit de l'histoire, arrive à maturation en 1782 ; le régime présidentiel américain est l' « invention » du constituant de Philadelphie et le fruit d'une systématisation démocratique des institutions anglaises du début du XVIIIe siècle ; le régime directorial apparaît dans certains États américains après la Déclaration d'indépendance de 1776, et son prototype européen, institué par la Constitution française de l'an III, est imposé

---

1. *Les Constitutions européennes,* Paris, PUF, 1951, p. 18.

en 1798 à la Suisse, qui le fera librement et définitivement sien en 1848. La fortune de ces trois formes de régimes est très inégale. Le régime parlementaire, plus ou moins directement inspiré du modèle britannique, est aujourd'hui celui de la quasi-totalité des pays démocratiques. Le régime directorial n'a été appliqué, en dehors de la Suisse, que par la Constitution uruguayenne de 1918[1], jusqu'en 1933 puis remis en vigueur de 1951 à 1967. Le régime présidentiel américain est en principe le modèle de celui de la plupart des pays d'Amérique latine, mais l'on sait qu'il y existe sous la variante du présidentialisme, formule de régime présidentiel déséquilibré au profit du chef de l'État et au détriment du Parlement. Car, et ce n'est pas le moindre de leurs caractères communs, les trois formes de régimes tendent à l'équilibre, non pas, génériquement et abstraitement, entre pouvoir législatif et pouvoir exécutif, mais entre l'organe (ou les organes) exécutif et le Parlement. Mais chacune des trois résulte d'un aménagement propre du système constitutionnel, et plus particulièrement des rapports entre ces organes, exécutifs et parlementaires. C'est pourquoi la doctrine constitutionnelle classique relie la question de la classification des régimes représentatifs à celle, plus vaste – puisqu'elle concerne aussi le pouvoir judiciaire, dont l'indépendance est la condition première de l'État de droit moderne – de la séparation des pouvoirs.

50   LA DOCTRINE CLASSIQUE ET LES CLASSIFICATIONS MODERNES.
— La doctrine, classique, oppose ainsi principalement les régimes de séparation souple aux régimes de séparation rigide. Cette distinction n'est guère pertinente. Cet adjectif (« rigide »), véritable lieu commun de la doctrine constitutionnelle française, prête à confusion et il est même une source d'inexactitudes dans la mesure où dans la Constitution américaine – modèle de la séparation « rigide » –, les organes ne sont pas spécialisés dans leurs fonctions au point de ne pas en sortir (Élisabeth Zoller). Aussi est-ce là le corollaire de la théorie de la séparation des pouvoirs que la doctrine

---

1. Le millésime de cette Constitution varie dans les recueils, suivant qu'on retient la date d'adoption ou celle de promulgation. Du fait que l'adoption n'est devenue définitive qu'en vertu d'un référendum, ce texte doit être daté par la promulgation (3 janvier 1918).

a imposé durablement en France (v. n° 51). Ces termes de « souple » et de « rigide » n'en sont pas moins, hélas, encore communément en usage. Les régimes de séparation dite souple sont les régimes parlementaires, où se trouvent consacrés le principe de la responsabilité ministérielle devant le Parlement et, en contrepartie, le droit dont dispose généralement l'exécutif de prononcer la dissolution de celui-ci. Les régimes de séparation rigide comprennent des formules plus variées : tout d'abord le régime présidentiel américain, mais aussi la monarchie constitutionnelle créée par les Constitutions française de 1791, suédoise de 1809, espagnole de 1812 et norvégienne de 1814, ainsi que le régime directorial de la Constitution de l'an III (le Directoire). Ces différents régimes ont en commun de ne pas envisager, en principe, la responsabilité politique de gouvernement devant les assemblées et de ne pas reconnaître à l'exécutif le droit de dissolution. À ces régimes équilibrés – que ce soit par la formule souple ou par la formule rigide de séparation des pouvoirs – la doctrine classique tend à opposer toutes les formes de régimes où un organe unique détient la totalité des fonctions de l'État, qu'il s'agisse de régimes constitutionnels ou non, traditionnels et établis, ou au contraire, radicalement modernes et totalitaires, dans une vaste catégorie multiforme des régimes de confusion des pouvoirs. Il en résulte que ce second versant de la classification est purement négatif. Mais les deux types historiques qui sont le plus souvent mentionnés, parce que contemporains des précédents, sont le régime césarien (le Consulat et l'Empire) et le régime conventionnel (la Convention), selon que la confusion opère au bénéfice de l'exécutif ou de l'assemblée. « Dès l'abord, commente Burdeau, la réunion dans une catégorie unique de deux situations historiques aussi différentes ne manque pas d'être choquante pour l'esprit. Il est difficile d'admettre que la structure de l'autorité gouvernementale présente une importance telle qu'elle prime, parmi les facteurs de qualification du régime, ceux qui concernent l'origine du pouvoir et le titulaire des prérogatives gouvernementales. Entre la confusion des pouvoirs du système impérial et celle qu'aurait illustrée le règne de la Convention, il y a toute la différence qui sépare le pouvoir personnel de la démocratie gouvernante. »[1] L'argument n'est pas des plus convaincants, quand

---

1. *Op. cit.*, t. V, p. 316.

on considère en particulier que durant cette brève période de régime conventionnel, on peut distinguer une première phase, jusqu'au 6 avril 1793, caractérisée par certains auteurs comme étant celle du « despotisme de la liberté », une deuxième, jusqu'au 27 juillet 1794, qui est celle de la dictature du Comité de Salut public, puis de la dictature personnelle de Robespierre, une troisième enfin qui est celle de la réaction thermidorienne, d'où l'on peut conclure que ce régime n'a jamais fonctionné démocratiquement. Ce qui justifiait le rapprochement, aux yeux des auteurs classiques, c'est évidemment la mise en valeur de la nécessité de la séparation des pouvoirs comme garantie de la liberté, celle-ci s'étant de fait trouvée plus menacée par la confusion des pouvoirs au profit de la « démocratie gouvernante » de la Convention que par le pouvoir personnel de Bonaparte. Il reste que le fond de l'objection demeure. La catégorie des systèmes de confusion au profit de l'exécutif fait voisiner des régimes sans aucun principe commun : il n'existe, on l'a déjà souligné, aucun rapport, en droit ni en fait, entre une monarchie traditionnelle, un régime césarien plébiscitaire et une dictature totalitaire moderne. Quant à la catégorie des régimes de confusion au profit de l'assemblée, la question se pose de savoir si elle présente une consistance réelle. On parle, de façon souvent indifférenciée, de gouvernement d'assemblée ou de régime conventionnel, mais l'exemple classique de la Convention est, on vient de l'observer, assez peu probant, et ceux des exécutifs de certaines assemblées constituantes (comme celle de 1946 en France) essentiellement transitoires. Sauf à inclure, ce que font, à tort, certains auteurs, la Suisse parmi les régimes conventionnels, force est de reconnaître qu'on ne relève pas d'exemple durable dans cette catégorie. Faut-il donc renoncer à toute tentative de classification sur un fondement juridique, et en particulier celui de la séparation des pouvoirs, au profit de critères exclusivement politiques ? Telle paraît bien être la tendance actuelle. Ainsi, on oppose volontiers les systèmes démocratiques médiatisés et les systèmes démédiatisés (v. n°s 34 et 35). On ne saurait nier l'intérêt pratique de cette classification. Elle rejoint quelque peu celle qui consiste à opposer les régimes dans lesquels l'exécutif et le législatif sont deux branches de l'activité du parti au pouvoir et les régimes dans lesquels n'existe pas cette articulation simple entre les organes. Mais, à vrai dire, cette seconde classification ne peut opérer dans tous les régimes démocratiques : elle n'est pas utilisable, contrairement à la première, pour le régime américain (non plus d'ailleurs que pour le régime suisse). Certaines des raisons en sont politiques, mais il en existe aussi de nature institutionnelle : le système de partis américain ne permet pas de fait la symbiose entre l'exécutif et le législatif, mais la Constitution n'y oppose pas moins des obstacles juridiques. L'objection peut être poursuivie en ce qui concerne la première classification. Si la démocratie française est aujourd'hui démédiatisée, elle le doit, pour l'essentiel, à l'élection du chef de l'État au suffrage universel. Mais la France reste en régime parlementaire et, en tout état de cause – que le président soit le chef réel de la majorité parlementaire, ou qu'il soit en quelque sorte le chef de l'opposition à son propre gouvernement, ainsi qu'en 1986, 1993 et 1997 – le régime de la Ve République se range, en dépit des apparences, plus dans la catégorie des parlementarismes démédiatisés dont le modèle est la Grande-Bretagne, qu'il ne s'aligne sur le régime présidentiel américain, dont le fonctionnement implique le maintien de l'autonomie des organes législatifs, et en particulier du Sénat, à l'égard de l'exécutif présidentiel. Dans le même ordre d'idées, mais à l'opposé, parmi les régimes les plus médiatisés, l'Italie (jusqu'en 1994) et la Suisse connaissent toutes deux une démocratie sans alternance, mais le fonctionnement de leur régime est très différent, et l'on ne saurait comparer l'instabilité italienne, déterminée par la logique de crise qui est celle du régime parlementaire, avec la stabilité parfaite de la Suisse, corollaire d'un fonctionnement équilibré du régime directorial.

Il résulte de ce qui précède que si les classifications ne doivent pas s'abstraire de la réalité politique, sous peine de ne présenter plus aucun intérêt fonctionnel, on ne saurait non plus briser les cadres juridiques, desquels les phénomènes politiques ne peuvent être totalement séparés. En dernière analyse la typologie classique proposée au départ qui distingue les régimes parlementaire, présidentiel et directorial, n'est pas sans pertinence puisqu'elle correspond effectivement aux trois systèmes constitutionnels positifs des démocraties contemporaines, tels qu'ils se sont développés depuis le début de l'ère démocratique moderne. Le principe de séparation des pouvoirs reste le concept de référence, sans doute assez formel, de cette classification, selon l'acception qu'elle reçoit.

51 LES ACCEPTIONS DU PRINCIPE DE SÉPARATION DES POUVOIRS.
— Entendu au sens des Lumières, celui de Locke, de Montesquieu – lesquels, on l'a signalé, n'utilisent pas l'expression (v. n° 5) – le principe de séparation des pouvoirs signifie qu'une autorité unique ne saurait, sans danger pour la liberté, détenir entre ses mains l'autorité de l'État en son entier. Basé sur l'observation du modèle anglais du XVIII° siècle, le principe est effectué à travers la *mitigation* et la balance des pouvoirs, les fonctions étant distinguées – et la distinction qui prévaut est celle de Montesquieu (v. *ibid.*) –, mais une même fonction étant partagée, selon des modalités variables, entre plusieurs autorités concurrentes. Ainsi, une même autorité peut se voir investie d'une part de deux ou même des trois fonctions de l'État. L'exemple classique, en Grande-Bretagne, est celui du Lord chancelier : organe de l'exécutif, ministre de la Justice, il est aussi le président de la Chambre des Lords en tant qu'assemblée législative mais aussi en tant que cour judiciaire suprême. Ainsi il n'est pas étonnant que l'expression de séparation des pouvoirs n'est pas employée par Montesquieu, dès lors que le principe qu'il définit signifie la « distribution des fonctions avec suffisante indépendance originaire des organes » (Stéphane Rials). Et c'est ainsi que c'est encore au nom de la séparation des pouvoirs qu'en 2003, le gouvernement britannique a, par un contresens devenu imparable, justifié sa décision d'abolir la dignité de Lord chancelier, illustrée jadis par Beckett et Thomas More et partie du patrimoine spirituel de la Constitution d'Angleterre (v. n° 146).

En effet, le principe reçoit aussi à travers Rousseau et Mably une autre acception. Il est alors synonyme de *spécialisation,* chacune des trois fonctions de l'État étant réservée à des organes distincts de telle sorte qu'à une fonction correspond un organe et qu'une seule et même dénomination – le législatif, l'exécutif – désigne adéquatement l'une et l'autre. Or dans la terminologie constitutionnelle courante, c'est cette acception spécialisée qu'il l'a emporté : on assimile le chef de l'État et/ou le gouvernement à l'exécutif, même lorsqu'ils constituent, comme c'est le cas dans les régimes parlementaires dérivés du modèle britannique, des organes essentiels de la fonction législative ; et, en conséquence, le Parlement est assimilé à lui seul au législatif. Mais ce constat revêt une importance qui dépasse le cadre de la terminologie. Au XIXe siècle, en France tout au moins, le principe, désormais érigé en mythe fondateur, et qui a inspiré à ce titre toutes les constitutions républicaines, même les lois de 1875, qui doivent pourtant beaucoup aux Chartes, n'a plus été compris que dans cette seconde acception, alors pourtant que les constituants de 1791 l'avaient envisagé dans la première, en termes de mitigation des pouvoirs. Il en est résulté, ainsi que l'a montré Michel Troper[1], une suite de confusions, doublées de projections anachroniques dont la fortune est due à Carré de Malberg, appelées qu'elles furent par sa méthode[2]. Les unes et les autres ont entaché la lecture de la Constitution de 1791 mais aussi, en premier lieu, celle même du chapitre de la constitution d'Angleterre de Montesquieu (v. n° 5). Ce point de vue critique a donné lieu à une controverse de la part de François Furet, qui, par un retour à Carré, refuse d'admettre que le Roi en 1791 aurait été constitué dans une participation essentielle à la puissance législative[3]. Par la suite, la compréhension que l'on a eue de la séparation des pouvoirs (à tout le moins, depuis Saint-Girons[4]) s'est trouvée biaisée par la consécration que les grands constitutionnalistes du début du siècle (Duguit, spécialement) ont réservée à cette seconde acception, devenue univoque. La question n'est pas si théorique qu'on pourrait croire : à partir du moment où le sens second devenait le sens réservé, les procédures de collaboration entre les pouvoirs ne pouvaient plus figurer jamais que comme une exception au principe et non pas, comme il se devrait pourtant, la traduction et l'aménagement de ce principe même. Ainsi, par une confusion très répandue, le veto présidentiel aux États-Unis (ou celui du roi dans la Constitution française de 1791), ou bien l'initiative législative, même indirecte, reconnue à l'exécutif contreviennent-ils au principe de séparation, au lieu que dans la logique de l'acception originaire, ils ont précisément pour but de la réaliser. Le même présupposé a conduit à déformer grave-

---

1. M. Troper, *La séparation des pouvoirs et l'histoire constitutionnelle française*, Paris, LGDJ, rééd., 1980.
2. M. Troper, Sur l'usage des concepts juridiques en histoire, *La théorie du droit, le droit, l'État*, Paris, PUF, coll. « Léviathan », 2001, p. 59.
3. F. Furet, *Pour penser la Révolution française*, Paris, Gallimard, 1978, p. 133.
4. La compréhension qu'il a du régime de 1791 dans son *Manuel de droit constitutionnel* (Larose et Forcel, 1884) est *édifiante*. Son *Essai sur la séparation des pouvoirs* (même éd., 1881) a eu une grande influence.

ment la compréhension, au regard de l'exécutif, des mécanismes du système de l'équilibre *(checks and balances)* caractéristiques du modèle américain – en tout premier lieu, le veto – de même que les techniques équivalentes, et qui relèvent plus de la mitigation, retenues par le constituant français de 1791. L'ensemble a été compris comme des actes seulement de puissance exécutive, ou, tout au plus, de participation purement négative au pouvoir législatif (suivant l'interprétation erronée du chapitre de Montesquieu). Cette conception est d'autant plus extraordinaire que dans la république présidentielle de 1787 tout comme dans la république royale de 1791 le veto ne peut être levé à rien moins que dans les formes et suivant la procédure exigées liminairement pour réviser la Constitution, outre que par surcroît la pratique consacrée aux États-Unis du *pocket veto* offre même toutes les notes du veto absolu. Une part décisive de la Constituante en France était parfaitement consciente de la nécessité de cette condition mise à la levée du veto (v. n° 56). Mieux que d'autres, des constituants comme Mounier se sont exprimés là dessus, et Lally-Tollendal livre une exégèse du veto américain.

La conséquence la plus importante du primat de la seconde acception, qui comprend la séparation comme une spécialisation, par où se marque l'influence de Rousseau, est qu'elle implique la conception d'un exécutif nécessairement subordonné. C'est la loi, expression de la volonté générale, qui définit les autres fonctions, et celles-ci sont envisagées par rapport à celle du législateur. Or cette théorie de la séparation des pouvoirs est purement organiciste : tout le pouvoir législatif appartient au seul organe législatif, c'est-à-dire au Parlement. Il en résulte nécessairement que l'organe exécutif est réduit à la seule fonction d'exécution d'une loi à l'élaboration de laquelle il ne saurait avoir part. L'exécutif est donc nécessairement limité par la nature même de sa fonction, considérée comme rationnellement inférieure à la fonction législative, et, non moins nécessairement, subordonné au législatif, au Parlement qui seul a la qualité de représentant. Il est donc un organe commis. Le principe de spécialisation des fonctions qui caractérise la seconde acception de la séparation des pouvoirs aboutit ainsi, paradoxalement, lorsqu'elle ne s'accompagne pas, en fait et en droit, d'une séparation suffisante des organes, au modèle institutionnel que la doctrine française classique présente par ailleurs comme l'un des types mêmes de régime de confusion des pouvoirs : le gouvernement conventionnel.

52 CLASSIFICATION DES FORMES ORIGINAIRES. — Aucune des trois formes de régimes, tels qu'ils se présentent à leur origine, n'est absolument déterminée par le principe de séparation des pouvoirs, quelle que soit l'acception qu'il reçoit. Mais chacune entretient avec le principe un certain rapport conditionné par le degré d'infléchissement de la première acception vers la seconde. Au départ, la séparation est entendue, par Locke et par Montesquieu, comme la mitigation des fonctions de l'État entre ses organes. Cette conception ne procède d'ailleurs pas nécessairement, selon Montesquieu, d'une observation de la constitution anglaise comme elle fonctionne, mais d'une analyse de ses principes. C'est donc d'emblée sur le terrain des principes que se situe la question des rapports entre la séparation des pouvoirs et la forme du système constitutionnel. Ces principes de la constitution anglaise du début du XVIIIe siècle sont ceux qui inspirent le constituant américain de 1787[1] à une époque où le fonctionnement de la constitution britannique a déjà franchi l'étape vers le parlementarisme, c'est-à-dire la responsabilité solidaire du gouvernement devant la Chambre basse. Ce faisant, la constitution anglaise continue de développer sa logique de mitigation en ajoutant un élément fondamental : la possibilité de révocation des ministres de la Couronne par la Chambre des Communes sur le fondement d'une responsabilité purement politique. Le régime parlementaire ainsi constitué reste clairement lié à la conception originelle – celle de Locke et de Montesquieu – d'une mitigation des fonctions, en y adjoignant un élément essentiel d'équilibre entre l'exécutif et la Chambre basse. Plutôt que de séparation des pouvoirs, et même de séparation « souple », le terme de collaboration des pouvoirs sert souvent à désigner cette première forme de régime, produit d'une longue évolution constitutionnelle. Cepen-

---

1. À l'endroit d'un texte qui a inspiré sur plus d'un point celui de Philadelphie (v. n° 56), la Constitution de Massachusetts de 1780, dont l'auteur était Adams, texte qui réalise l'antitype de la Constitution virginienne, Mably avait déjà observé qu'elle était « calquée » (pour reprendre son mot) sur le gouvernement d'Angleterre (G. Bonnot de Mably, *Œuvres complètes,* Londres, 1789, t. VIII, p. 323).

dant, ce terme de collaboration ne doit pas induire à méprise. Il n'est pas d'un usage réservé au paradigme britannique et, n'en déplaise au préjugé, n'est pas étranger au modèle américain, dérivé presque tout entier, jusque dans ses différences, du précédent. Commentant la lettre 48 du *Fédéraliste* (dont l'auteur est Madison), à l'endroit du *check* et des *blended powers,* Mme Zoller écrit : « On ne saurait mieux dire, contrairement aux lieux communs de la doctrine constitutionnelle française, qu'il faut bien une certaine collaboration des pouvoirs entre eux. »[1]

Les deux autres formes de régime sont au contraire le fruit d'une démarche volontariste inspirée par le rationalisme qui anime un pouvoir constituant au sens moderne. Le constituant de Philadelphie entend sans doute s'inspirer des principes de la constitution anglaise du XVIIIe siècle, mais il entend aussi leur donner une expression systématique, et non plus seulement empirique, fondée sur l'adaptation d'institutions existantes. Il en résulte une tendance à interpréter le principe de séparation des pouvoirs non plus seulement dans son acception strictement originelle, en termes de simple mitigation, mais bien dans le sens d'une séparation confinant à une certaine spécialisation. L'acception originelle prévaut cependant encore, mais transposée : c'est d'elle que procède clairement la théorie des *checks and balances* (la balance est, dans le champ de la spécialisation, l'analogue de la mitigation pour la séparation des pouvoirs traditionnelle), avec notamment l'institution du veto présidentiel et les pouvoirs du Sénat en matière de traités et de nomination des fonctionnaires fédéraux. Mais la tendance à la spécialisation se fait jour : l'exécutif n'a ni le droit d'initiative législative, ni le droit de dissolution, attributs de la Couronne dans la constitution anglaise, évidemment dépourvus, à l'origine, de relation avec une quelconque notion de responsabilité gouvernementale. Cette tendance va de pair, logiquement comme on vient de le dire, avec une certaine conception subordonnée de l'exécutif : si celui-ci n'est pas politiquement responsable, c'est que ce type de responsabilité est advenu trop récemment en Angleterre pour apparaître comme un élément de la constitution anglaise ; mais le président est passible, comme en Angleterre les ministres de la Couronne, de la procédure

---

1. E. Zoller, *Droit constitutionnel,* Paris, PUF, coll. « Droit fondamental », 1998, n° 162, n. 1.

d'*impeachment,* qui sanctionne en principe une responsabilité pénale dont l'évolution de la pratique anglaise a cependant bien marqué le caractère inéluctablement politique. De manière générale, le savant mécanisme de « freins et contrepoids » tendant à l'équilibre du régime qui sera dit « présidentiel » est essentiellement dirigé contre l'exécutif et vise, conformément à l'intention du constituant, à renforcer la position du Congrès, assimilé logiquement au premier des pouvoirs, le pouvoir législatif. Le régime directorial créé par le constituant suisse de 1848 va plus loin encore, non pas dans le sens de la spécialisation des fonctions, mais, par d'autres voies, dans celui de la subordination de l'exécutif. Il n'a, en effet, pas seulement été influencé par la Constitution française de l'an III, et par la première Constitution suisse de 1798 qui en était démarquée, mais aussi par les constitutions des cantons « régénérés » des années 1830. Celles-ci avaient elles-mêmes, dans une certaine mesure, subi l'influence du modèle conventionnel de 1793. Le schéma était celui d'un Parlement élisant les membres de l'exécutif pour la durée de la législature et non, comme dans le modèle plus complexe du Directoire, d'un chef d'État collégial de cinq membres, renouvelé chaque année par cinquième, et ayant des ministres sous son autorité. Ce schéma institutionnel des cantons régénérés, adopté par le constituant fédéral de 1848 et conservé par les Constitutions de 1874 et de 1999, qui sont restées inchangées sur ce point, dérive du type révolutionnaire. Il n'en dérive pas seulement nominalement à travers le fugitif épigone de la Constitution helvétique de 1798 ; substantiellement c'est le plan même de la Constitution de 1848 qui procède à distance des vues révolutionnaires, à travers la conception d'un exécutif naturellement subordonné et d'une Assemblée fédérale à qui appartient l' « autorité suprême de la Confédération », qui est plus que le pouvoir législatif. Il s'ensuit une tendance récurrente de la doctrine constitutionnelle française à définir les institutions suisses en termes, réputés équivalents, de régime conventionnel ou de régime d'assemblée[1] et non de régime directorial, qui renvoie au Directoire de l'an III. En effet, au contraire du type suisse qui semble tendre à la confusion des pouvoirs, le système du Directoire se caractérise par un degré très élevé de spécialisation des fonctions, une sépara-

---

1. V. P. Bastid, *Le gouvernement d'assemblée,* Paris, 1956.

tion quasi schizophrénique entre les pouvoirs législatif et exécutif (dont les organes ne peuvent communiquer que par l'intermédiaire de « messagers d'État »). Mais cette spécialisation des fonctions a, on l'a vu, pour corollaire, la subordination de l'organe exécutif à l'organe législatif. Ainsi, dans la théorie constitutionnelle, la notion de régime directorial correspond-elle à deux types distincts procédant d'un rapport opposé avec le principe de séparation des pouvoirs : d'une part, le Directoire, qui pousse à l'extrême le principe de séparation ; d'autre part, le système suisse de 1848, inspiré du modèle révolutionnaire de 1793 et qui emporte avec lui une relative indistinction des pouvoirs, ou une indifférence « historique » à l'endroit de la notion. Mais les deux types ont en commun une conception subordonnée de l'exécutif qui est aussi, dans une moindre mesure, celle du régime présidentiel du constituant de Philadelphie.

On constate d'emblée qu'aucun des régimes correspondant actuellement aux trois types originaires ne répond à la description qui vient d'être faite de ceux-ci : le régime parlementaire britannique actuel est très éloigné de celui de la fin du XVIIIe siècle ; le régime présidentiel américain du XXe siècle n'est pas marqué par la prépondérance du Congrès, voulue par le constituant ; enfin, le régime suisse contemporain n'est certainement pas assimilable au gouvernement conventionnel. Et cependant, les trois systèmes ne continuent pas moins de suivre une logique constitutionnelle qui leur est propre, en dépit de toutes les convergences d'ordre politique déterminées par les caractères de la démocratie moderne. Il s'impose donc de reconsidérer chacun des trois systèmes dans leur évolution juridique et historique afin de mieux comprendre les raisons de cette pluralité conservée des formules constitutionnelles dans les démocraties contemporaines, que ne saurait expliquer le critère de classification fondé sur le principe de séparation des pouvoirs. En effet, au-delà de cette question assez formelle, s'en pose une autre plus fondamentale, commune à tous les régimes démocratiques, celle du rapport entre le principe de majorité et celui de responsabilité, qui continue de recevoir dans chacun des trois systèmes une solution différente.

Section II
Inventaire des systèmes

I | LE RÉGIME PARLEMENTAIRE

53 THÉORIES DU RÉGIME PARLEMENTAIRE. — Le régime parlementaire est né et s'est développé empiriquement à partir du modèle du régime représentatif anglais (v. n° 61). Dès avant le milieu du XIXᵉ siècle, il a cependant trouvé sa traduction définitive dans des textes constitutionnels durables. Il est la formule institutionnelle de loin la plus répandue du régime représentatif et de l'État de droit. Mais, généralement, le parlementarisme a précédé la démocratie. Il s'ensuit qu'il recouvre des types de régimes assez différents, notamment selon que leur fonctionnement est déterminé ou non par le principe démocratique tel qu'il est aujourd'hui entendu. La théorie constitutionnelle du régime parlementaire exprime cette diversité de conceptions.

La théorie classique ou dualiste se fonde sur le principe de l'égalité et de la collaboration des pouvoirs, c'est-à-dire le postulat d'une parité entre le Parlement et le chef de l'État, devant lesquels est responsable un gouvernement qui procède d'abord de ce dernier. Elle insiste sur « l'organisation fondamentale des institutions sur la base d'un certain rapport entre les pouvoirs »[1] plutôt que sur le critère de responsabilité politique du gouvernement devant le Parlement. Si le rapport est modifié, « on obtient un régime parlementaire bâtard, même si la responsabilité est proclamée » *(ibid.)*. L'égalité des pouvoirs ne saurait être tenue pour une fiction juridique : ce serait « contraire à l'esprit du parlementarisme authentique » *(ibid.)*. Si le régime parlementaire conduisait à la confusion des pouvoirs, rien ne le différencierait du gouvernement conventionnel. Or le parlementarisme se cristallise autour du cabinet, qui per-

---
1. G. Burdeau, *Le régime parlementaire dans les constitutions européennes d'après guerre,* Paris, 1932, p. 84.

met « l'*association sans confusion* des organes exécutif et législatif et répond ainsi à cette formule un peu mystérieuse : *deux pouvoirs et trois organes* » *(ibid.)*. Ces expressions, qui sont du concile de Chalcédoine, montrent à quel point les théoriciens dualistes, ainsi que l'écrit René Capitant, « se laissent séduire par une secrète tendresse pour cette théorie subtile du parlementarisme à son âge d'or, et l'on devine qu'ils préfèrent à la tristesse de savoir perdue une si rare et si précieuse institution, l'illusion de la croire encore vivante »[1]. Sauf à la considérer comme appartenant définitivement à un passé révolu : à propos de cette égalité qui doit être « parfaite pour que le régime parlementaire fonctionne normalement » et qui « n'est pas un idéal chimérique », Burdeau ajoute : « On peut parler de régime parlementaire authentique de 1830 à 1848 parce que le Parlement et le roi constituaient des forces sensiblement égales. » La responsabilité et la dissolution étaient « les armes équivalentes qui permettaient le maintien de cette égalité ». Par la dissolution, le chef de l'État tranche les conflits entre le gouvernement et l'assemblée « en tant qu'organe de l'exécutif, mais en dehors du conflit »[2]. La doctrine dualiste repose donc sur un double postulat : qu'une égalité entre les pouvoirs serait réalisable, et qu'elle aurait été effectivement réalisée, à un moment donné, par le jeu équilibré de la responsabilité ministérielle et de la dissolution. Et il est vrai que le régime parlementaire dualiste n'a pas seulement été un concept, qu'il a été réalisé conformément à l'analyse qu'en propose la théorie, c'est-à-dire sous forme d'une collaboration entre deux pouvoirs distincts, par exemple dans l'Angleterre prévictorienne et en France sous la Monarchie de Juillet. Certes, ni la responsabilité ni la dissolution n'y ont tenu le rôle qu'elle leur prête. Mais le système est effectivement dualiste : il implique que le gouvernement bénéficie de la double confiance du chef de l'État et du Parlement, non pas nécessairement toujours simultanément, mais en phases alternatives (A. Le Divellec).

Représentant le plus éminent, en France, de la doctrine moniste, Carré de Malberg critique la définition du régime parlementaire comme un système où la dualité des pouvoirs suppose leur égalité, avec l'intervention du binôme responsabilité-dissolution. De fait,

---

1. R. Capitant, Régimes parlementaires, *Mélanges Carré de Malberg*, Paris, 1933, p. 33 et s.
2. *Op. cit.*, p. 90 et s.

dans le même temps que Carré de Malberg construit la théorie moniste du parlementarisme, le modèle dualiste s'efface progressivement de la réalité. Le régime tend à se réduire à un équilibre entre la majorité parlementaire et le gouvernement qui en procède. L'Angleterre réalise cette structure depuis 1834, la France depuis 1877, d'autres pays au moment de l'instauration du suffrage universel. Cependant, les possibilités d'influence que conserve le chef de l'État au début du XXe siècle voilent la nouvelle réalité du parlementarisme aux constitutionnalistes classiques, qui continuent de raisonner dans le contexte de la monarchie parlementaire historique. Mais avec la généralisation du régime parlementaire dans l'Europe de l'entre-deux-guerres, la doctrine moniste en vient à considérer la responsabilité gouvernementale comme le seul critère du parlementarisme, critère qui continue d'être retenu par la plupart des auteurs contemporains. Ainsi, écrit Carré de Malberg, « la Constitution de 1875 a pu se borner, quand elle a voulu consacrer le régime parlementaire, à formuler la règle qui établit la responsabilité. Tout le reste en découle »[1].

54 CRITÈRE DU RÉGIME PARLEMENTAIRE. — Les deux théories ne sont qu'en apparence inconciliables, ainsi que l'avait fait observer René Capitant. Elles représentent deux moments de l'évolution du parlementarisme. Dès lors, peut-on donc voir dans la responsabilité ministérielle le critère définitif du parlementarisme, ou convient-il de renoncer à la notion même de régime parlementaire, dont Burdeau estime que « si l'on veut le rendre utilisable, il est nécessaire de lui adjoindre un qualificatif dont l'effet le plus clair est de priver le parlementarisme de sa signification comme catégorie juridique, abstraite et générale »[2]. On peut admettre cependant que le principe de responsabilité suffit à définir le régime parlementaire en tant que catégorie. Sans doute, on continue généralement de voir le critère du régime parlementaire dans l'association de deux éléments, la séparation en deux du pouvoir exécutif et la responsabilité du gouvernement devant une assemblée élue. Il semble désormais admis, cependant, que le droit de dissolution, « s'il est très répandu,

---

1. *Contribution à la théorie générale de l'État*, réimpr., Paris, CNRS, 1962, t. 1, p. 76.
2. *Traité*, t. V, p. 410.

n'existe pas dans des régimes indiscutablement parlementaires et ne peut donc être retenu comme un élément nécessaire de la définition »[1]. Mais si la considération des régimes « indiscutablement parlementaires » ne procède pas d'un *a priori* et doit se fonder sur un critère juridique irréductible, ce critère ne peut consister que dans la responsabilité du gouvernement. La séparation en deux du pouvoir exécutif est à écarter, sauf à omettre de considérer que dans certains grands États démocratiques, comme le Japon (depuis 1946) ou la Suède (depuis 1974), le chef de l'État, à supposer que ce titre lui appartienne autrement que par révérence à la tradition, n'est pas le chef nominal de l'exécutif, et que dans certains États fédérés à régime parlementaire, comme les Länder allemands, l'exécutif est purement gouvernemental.

Le seul critère du parlementarisme paraît donc être la responsabilité gouvernementale devant une assemblée élue. Ce critère présente à la fois un aspect juridique, parce que sa mise en jeu est régie soit par des textes constitutionnels, soit par la coutume, et un aspect politique, qu'il revêt par définition, et qui rend cette responsabilité susceptible d'être engagée en dehors même des procédures formelles. Dans le cadre de celles-ci, la responsabilité est le plus souvent simplement virtuelle parce qu'aujourd'hui elle fait rarement l'objet d'une mise en jeu vouée à l'aboutissement. D'une part, parce que, en régime de cabinet à majorité homogène, ou du moins stable, la responsabilité n'est susceptible de redevenir effective que si cette majorité cesse d'exister en raison de circonstances conjoncturelles ; d'autre part, parce qu'en régime de coalition un gouvernement démissionne le plus souvent dès la dislocation de sa majorité, sans attendre un vote, qu'ainsi la mise en jeu de sa responsabilité intervient en dehors des procédures formelles, non pas devant le Parlement mais devant les instances des partis qui y sont représentés, mais qu'on peut néanmoins considérer qu'il s'agit là d'une forme contemporaine du principe de la responsabilité gouvernementale. Cette prise en considération d'éléments à la fois politiques et juridiques est déterminée par l'ambivalence de la notion de responsabilité : elle est juridique parce qu'elle est impliquée par la coutume ou par les textes et, surtout, parce que sa mise en jeu produit des

---

1. J.-C. Colliard, *Les régimes parlementaires contemporains,* Paris, FNSP, 1978, p. 18-19.

conséquences d'ordre juridique ; elle est politique parce que cet engagement est lié à un contexte politique et n'est pas, quelles qu'aient été les illusions de certains constituants à cet égard, réductible à des situations et à des procédures prédéterminées.

55 Diversité des modèles. — À la fin du XIXe siècle pour nombre de pays, plus tard pour certains autres, le régime parlementaire se consolide dans sa forme moniste, mais sous les deux variantes opposées du type anglais et du type français, ou bien apparaît sous une forme dualiste renouvelée par le suffrage universel. Mais le modèle moniste va s'imposer dans presque tous les États, après la seconde guerre mondiale. La France fait, la première, notoirement exception aux grandes tendances de cette évolution en réinventant le dualisme, avec la Ve République, sous la forme du présidentialisme majoritaire. Une certaine diversité continue de régner ainsi dans le droit positif du parlementarisme contemporain.

Dans un premier temps, intervient donc le passage du dualisme, système dans la double confiance, au monisme, c'est-à-dire un système dans lequel le gouvernement ne doit plus bénéficier que de la confiance du Parlement, le chef de l'État ne revendiquant plus le pouvoir d'orientation politique et ne conservant qu'un pouvoir neutre d'arbitrage. Dans le courant du XIXe siècle, les régimes parlementaires les plus évolués, comme la Grande-Bretagne, la Belgique, les Pays-Bas, évoluent progressivement vers le parlementarisme moniste. À l'exception de la crise de 1834 en Grande-Bretagne (v. n° 132), cette évolution se produit sans heurt, chef de l'État et classe politique manifestant le souci de se ménager dans leurs fonctions. Nombre d'éléments dualistes subsistent jusqu'en 1918. Mais le parlementarisme moniste se trouve établi ou définitivement confirmé avec l'introduction du suffrage universel et son corollaire, la transformation de la nature et du rôle des partis politiques.

La France, où le suffrage universel existe depuis 1848, est ainsi le seul pays où le passage du dualisme au monisme s'est opéré brusquement, à la faveur d'une crise, celle du 16 mai 1877. Cette circonstance va donner au parlementarisme moniste français son caractère propre, marqué par la primauté et l'intangibilité des assemblées en tant qu'organes du pouvoir législatif, « expression de la volonté générale », et par la subordination de l'exécutif. De l'effacement du chef de l'État consacré par la « Constitution Grévy » (Prélot), il ne résulte nullement un renforcement du rôle du gouvernement. C'est la légitimité du pouvoir exécutif en tant qu'organe représentatif et autonome qui se trouve atteinte. Apparaît ainsi le gouvernement « par délégation parlementaire » (Burdeau), qui s'oppose au gouvernement de cabinet tel qu'il se pratique dans le parlementarisme britannique et que l'ont adopté les autres monarchies parlementaires, et se caractérise par une grande instabilité.

Ce type de régime est parfois qualifié aussi de gouvernement d'assemblée, soit que cette désignation revête une connotation polémique – ce qui est le cas lorsqu'on entend l'appliquer à l'ensemble de la période des IIIe et IVe Républiques françaises –, soit encore qu'elle exprime une déviation permanente ou une corruption passagère des principes du régime parlementaire. Par convention, on pourrait ainsi distinguer deux formules que la doctrine tient habituellement pour équivalentes : le régime conventionnel et le régime d'assemblée. De même que la première peut s'analyser en une variante, ou une corruption, du régime directorial (v. n°s 52 et 59), la seconde constituerait une variante ou une corruption du régime parlementaire. Dans ce type de régime, le gouvernement, étroitement contrôlé par les représentants des groupes politiques de la majorité, est réduit au rôle de commission exécutive de la chambre. Mais, contrairement à l'exécutif d'un régiment conventionnel, il demeure en droit politiquement responsable avec ces conséquences que son mandat n'est pas préfix, que le Parlement peut le renverser et, inversement, qu'il conserve au moins la liberté de se retirer volontairement et donc de faire pression sur l'assemblée en posant la question de confiance. Le ministère en régime d'assemblée conserve donc une marge irréductible, quoique faible, d'autonomie qui résulte du principe du régime parlementaire : la responsabilité politique. Ce régime se présente comme une corruption du parlementarisme lorsqu'il est fondé sur une pratique politique qui s'écarte des principes de la Constitution. Tel fut le cas à certaines périodes de la IIIe République où le schéma du régime d'assemblée a effectivement été réalisé : l'exemple classique est celui de la *délégation des gauches,* sous le ministère Combes (1902-1905). Mais il peut aussi représenter une variante formelle de régime parlementaire, lorsqu'il est voulu et créé comme tel par le constituant. C'est, par exemple, le cas, en France, du projet de constitution d'avril 1946, rejeté par référendum, et auparavant, celui des « constitutions de professeurs » de certains pays d'Europe centrale au lendemain de la première guerre mondiale. Ces systèmes constitutionnels sans chef d'État, sans droit de dissolution, avec des gouvernements élus par les assemblées, correspondent à la première vague de « parlementarisme rationalisé » et n'ont généralement connu qu'une existence éphémère (v. n° 34).

Dans le même temps, d'autres pays européens tentent l'expérience d'un dualisme renouvelé. C'est le cas de la Finlande et de l'Allemagne, en 1919, puis de l'Autriche en 1929. Le trait commun de ces régimes est qu'il confère une légitimité nouvelle au chef de l'État en instituant son élection au suffrage universel. Ainsi, comme aux origines du parlementarisme classique, le chef de l'exécutif se trouve investi d'une légitimité qui lui est propre, mais cette fois de même nature que celle du Parlement élu. Cette élection au suffrage universel vise à renforcer sa position vis-à-vis des autres organes constitués. La pratique a confirmé ou infirmé l'orientation dualiste que l'on avait ainsi voulu imprimer (v. n° 57 *bis*).

Dans la période du début de l'entre-deux-guerres, avant la dérive du nombre de pays européens vers les régimes autoritaires, coexistent donc trois modèles de démocraties parlementaires. Le premier, et le plus répandu, est le type britannique, c'est-à-dire moniste équilibré, qui comprend la Grande-Bretagne et ses anciens dominions (Canada, Australie, Nouvelle-Zélande) ainsi que la plupart des monarchies parlementaires européennes. Le second est le « parlementarisme à la française », ou moniste déséquilibré, auquel on peut rattacher les systèmes rationalisés de gouvernement d'assemblée en Europe centrale. Le troisième est le type weimarien ou dualiste renouvelé. Après 1930, l'échec des deuxième et troisième types (sauf le cas de la Finlande) est consommé.

Après la deuxième guerre mondiale, le mouvement constitutionnel s'oriente vers un parlementarisme absolument moniste mais, en principe, équilibré. C'est le cas de plusieurs grandes démocraties dont la constitution est toujours en vigueur : le Japon (Constitution de 1946), l'Italie (Constitution de 1947) et l'Allemagne fédérale (Loi fondamentale de 1949). Ces constitutions ont pour trait commun, conformément à leur orientation moniste, de maintenir le chef de l'État dans des attributions essentiellement formelles. C'est particulièrement le cas au Japon où l'on peut considérer que l'empereur n'est pas le chef, même nominalement, de l'exécutif. En Italie et en RFA, le rôle effacé du chef de l'État est mis en évidence par son mode d'élection, qui est l'œuvre d'une assemblée de type parlementaire, et qui contraste avec l'élection au suffrage universel qui caractérisait le modèle dualiste renouvelé de l'avant-guerre. Appartient également au type moniste la Constitution indienne de 1949. Le modèle est celui de la Grande-Bretagne, et, en cela, la façade dualiste est conservée dans cette nouvelle démocratie parlementaire. Le président de l'Union y dispose des mêmes attributions théoriques que la Couronne et ses représentants dans les régimes du type britannique. Mais ces pouvoirs ne sont pas exercés effectivement. Les principes du fonctionnement du gouvernement de cabinet ont prévalu, comme en Grande-Bretagne, sur la lettre du droit constitutionnel, avant d'être consacrés, en ce qui concerne les pouvoirs du chef de l'État, par le 42e amendement à la Constitution (1976).

Les constitutions les plus récentes, parmi celles des grandes démocraties que nous envisageons, restent conformes au modèle purement moniste. C'est le cas de la Constitution suédoise de 1974 et de la Constitution espagnole de 1978, inspirée de l'exemple suédois mais également de la Loi fondamentale allemande. Comme celles de l'immédiat après-guerre, ces nouvelles constitutions monistes se caractérisent par une réduction importante – même sur le plan formel – de la place du chef de l'État dans le système constitutionnel. En Suède, comme au Japon, le chef de l'État a perdu sa qualité de branche du pouvoir exécutif, et *a fortiori* – c'est aussi le cas en Espagne – du pouvoir législatif. Ces nouvelles constitutions sont également marquées par l'intervention, exclusive de toute autre en Suède, du Parlement dans la désignation du gouvernement.

Ainsi, parmi les régimes parlementaires, seule la France, en 1958 puis, à son exemple, le Portugal, en 1976, n'ont pas adopté le modèle moniste mais se sont inspirés du système dualiste renouvelé, expérimenté avant guerre, qui restitue une part d'autorité gouvernementale au chef de l'État sur le fondement de son élection au suffrage universel. Ce système a pris en France la figure du présidentialisme majoritaire dans lequel le chef de l'État est aussi le chef de la majorité parlementaire et gouverne en tant que tel. Les régimes parlementaires peuvent ainsi, aujourd'hui, être classés en deux types juridiques : monistes et dualistes renouvelés. Les seconds, Finlande, du moins jusqu'en 1995, France et Portugal, sont aussi qualifiés, à tort selon nous (v. n° 57 *bis*), de régimes « semi-présidentiels » ou encore, plus justement, de régimes parlementaires « à correctif présidentiel » (Jean-Claude Colliard). Les premiers comprennent deux catégories : ceux qui, conformément au type britannique, ont conservé la façade dualiste et ceux qui sont purement monistes. Ce monisme pur n'en est pas moins équilibré : aucune constitution parlementaire, dans les grandes démocraties contemporaines, ne correspond au modèle du régime d'assemblée. Ces catégories qui viennent d'être définies ont une portée essentiellement théorique et juridique et n'ont pas d'incidence directe sur la pratique politique des régimes dont il s'agit, pratique déterminée essentiellement, comme on l'a dit, par le jeu des systèmes de partis (v. n° 25). C'est particulièrement le cas dans les systèmes de dualisme renouvelé où la substance de la compétence du chef de l'État dépend de la conjoncture politique, ce qui correspond à l'alternance de phases observées dans le fonctionnement du parlementarisme dualiste classique (v. n° 53).

55 *bis* LA CONCURRENCE DES MODÈLES : LES CONSTITUTIONS DES PAYS DE L'EUROPE DE L'EST. — Pour les pays de l'Europe centrale et orientale qui ont accédé à la démocratie après 1989, le modèle constitutionnel de référence est essentiellement celui de la RFA, parce que ce régime a été construit sur les ruines d'un régime totalitaire et conçu délibérément pour en éviter le retour : c'est « un système occidental édifié sur une expérience d'Europe centrale » (Th. G. Ash). A travers ce choix, les pays de l'Est se sont référés au régime parlementaire comme au modèle pluraliste de régime politique européen, et cela d'autant plus naturellement qu'ils n'étaient pas dénués de tradition parlementaire. Mais cette tradition est elle-même, pour certains pays, mêlée de présidentialisme (par ex. la Pologne sous la Constitution de 1935).

Aussi bien, l'exemple de la France, pour être moins cité que celui de l'Allemagne, conserve son influence propre, précisément cristallisée autour de l'idée présidentialiste, celle d'un chef de l'État élu au suffrage universel et investi d'un pouvoir de direction politique, conformément au modèle dualiste renouvelé. L'influence française se traduit par des contradictions qui sont inhérentes à la logique elle-même contradictoire du présidentialisme majoritaire français. Ces contradictions sont perceptibles dans les débats institutionnels en Europe centrale, et on peut citer des exemples significatifs qui traduisent l'hésitation entre les modèles en présence. Le phénomène fut favorisé par le caractère au départ provisoire des institutions dans plusieurs pays qui se sont limités d'abord à une simple adaptation des constitutions de l'ère communiste. C'est en Hongrie que la concurrence entre le modèle strictement parlementaire et un modèle teinté de présidentialisme a été, dès l'origine du mouvement de démocratisation, la plus chargée d'implications politiques. En effet, une part du succès de l'évolution démocratique y a été un moment conditionnée par l'issue de la tentative menée par le parti socialiste (ex-communiste) de faire élire au suffrage universel le président de la République. Le référendum du 29 juillet 1990, marqué par une abstention massive, a abouti à ce que le chef de l'État reste élu par le parlement, conformément au vœu de la majorité parlementaire. En ex-Tchécoslovaquie, le président Havel, qui s'était d'abord déclaré partisan d'une réduction des pouvoirs présidentiels, a plaidé ensuite en faveur de leur renforcement, mais sans être entendu. Le modèle présidentialiste français n'est pas davantage prisé dans la nouvelle République tchèque. Candidat officiel de la majorité gouvernementale, M. Havel fut élu de justesse président de la République par la Chambre des députés. Il dut abandonner ses principales revendications lors de l'élaboration de la Constitution.

La question présidentielle fut encore largement débattue en Pologne après que, par une révision en date du 21 septembre 1990, la Diète eut décidé que le chef de l'État serait élu au suffrage universel. Le projet de « petite Constitution », termes d'usage en Pologne pour désigner un texte intérimaire (ainsi de celui qui précéda la Constitution de 1921), projet destiné à revoir les rapports entre chef de l'État, Parlement et gouvernement, aboutit le 17 novembre 1992. La loi fondamentale provisoire, qui remplaçait le texte de 1952 en attendant l'adoption d'une nouvelle Constitution, permettait au président de la République de nommer le Premier ministre et les membres du gouvernement, mais la Diète, en refusant la confiance à celui-ci, conservait le pouvoir de proposer une solution de rechange. La nouvelle Constitution adoptée par référendum en 1997 est allée dans le sens d'une réduction des pouvoirs présidentiels.

Dans d'autres pays le processus constituant a très tôt été mis en œuvre, et il est possible d'évaluer de façon plus précise l'apport respectif des deux systèmes concurrents de l'Europe occidentale. On relève d'abord des références significatives à la Loi fondamentale allemande dans la plupart des pays. L'apport du droit constitutionnel allemand est particulièrement sensible en Hongrie, mais on le ressent fortement aussi en République tchèque et en Slovaquie (Constitutions de 1992), en Estonie (1992) ainsi qu'en Slovénie (1991) où, cependant, le chef de l'État est élu au suffrage universel direct. Il en va de même en Lituanie, mais la Constitution de 1991 y doit plus à sa devancière, moniste et rationalisée, de 1922 qu'à des modèles étrangers – de même la Lettonie a purement et simplement rétabli la Constitution de 1922, dans le cadre de laquelle le chef de l'État demeure élu par le Parlement.

L'influence du courant français de la Constitution de 1958 est surtout sensible en Roumanie, et dans une moindre mesure en Bulgarie. Néanmoins, même dans ces deux pays, les emprunts plus ou moins importants et cohérents au système français n'avaient pas pour objet de remettre en cause le caractère foncièrement moniste des régimes parlementaires instaurés. Cela est tout à fait flagrant en Bulgarie mais s'impose non moins dans le cas de la Constitution roumaine, encore que dans ce dernier texte les contraintes visant à interdire une pratique présidentialiste y soient moindres et que le fait ménagé de la coïncidence entre élections législatives et présidentielle[1], comme l'a pointé Stefano Ceccanti, puisse induire éventuellement (à l'intérieur d'un système qui demeure moniste en substance) une certaine inflexion dualiste. Le rôle essentiel du Parlement dans la formation du gouvernement, le strict conditionnement du droit de dissolution, suffisent à éloigner substantiellement ces faux épigones du modèle dont en apparence ils se réclament. Seule la Cons-

---

1. Une occurrence que la Constitution lituanienne (à l'instar de celle de Portugal) vise à exclure en interdisant qu'une dissolution ne vienne provoquer les circonstances d'un couplage entre ces deux élections (art. 58, al. 3).

titution croate de 1990 appartenait clairement au modèle dualiste, envisageant expressément la double responsabilité du gouvernement devant le Parlement et le chef de l'État. Mais, sauf exception ponctuelle, elle se référait moins au modèle français qu'à l'archétype plus ancien du parlementarisme dualiste renouvelé. La révision consécutive à la mort du président Tudjman a institué, à l'opposé, un régime parlementaire purement moniste. Enfin, en Russie, le débat institutionnel a été en principe tranché par le référendum du 25 avril 1993, mais s'est trouvé particulièrement biaisé par les connotations politiques qui l'affectent. En effet, par un paradoxe dont on peut aisément découvrir les raisons, le parlementarisme est présenté en Russie comme un système d'assemblée qui permettrait à l'ancienne classe dirigeante de perpétuer son hégémonie ; le présidentialisme hypertrophié voulu par M. Elstine, et continué par son successeur M. Poutine, comme un régime soi-disant « présidentiel » qui joue en réalité d'un rapport ambigu avec le principe démocratique mais est perçu comme seul capable d'assurer la transition indispensable à la mise en œuvre de ce principe.

II | LE RÉGIME PRÉSIDENTIEL

56 CRITÈRES DU RÉGIME PRÉSIDENTIEL. — La qualification de régime présidentiel se réfère, ainsi qu'on l'a dit, et comme celle de régime directorial, à la forme de l'exécutif et non à une conception de primauté présidentielle sur les organes parlementaires. Au contraire, le constituant américain de 1787, inventeur du régime présidentiel, l'a plutôt conçu en termes de régime congressionnel, en refusant au président les prérogatives du monarque anglais dans ses rapports avec le Parlement : initiative et sanction des lois, dissolution. Aussi bien, la dénomination de régime présidentiel est relativement récente, notamment en France. En Grande-Bretagne, Bagehot l'utilise cependant (pour l'opposer à celle du régime parlementaire) soulignant que l'indépendance mutuelle des pouvoirs est la marque distinctive de ce type de gouvernement. Aux États-Unis, l'un des classiques du constitutionnalisme de la fin du XIXe siècle, œuvre du futur président Woodrow Wilson, s'intitule *Congressional Govern-*

ment[1], afin de mettre en évidence la prééminence effective, en même temps que voulue par le constituant originaire, du Congrès sur le président. Quel qu'en soit le nom, ce type de régime se définit par les traits suivants : un chef d'État, chef de gouvernement, chargé du pouvoir exécutif, assisté de ministres qui ne forment pas un conseil et sont politiquement irresponsables devant le Parlement (outre qu'ils n'en sauraient être membres), dépourvu de moyens de pression sur les Assemblées[2], qui gardent de ce fait une large autonomie dans la détermination du contenu de la loi, à commencer par l'initiative[3]. C'est donc une conception de la séparation des pouvoirs qui tend nettement vers la spécialisation, cependant atténuée nécessairement par les techniques de l'équilibre, au premier chef le veto suspensif. Ce dernier a été repris mot pour mot de la Constitution du Massachusetts de 1780, dont on a rappelé qu'elle avait été rédigée par Adams. Le veto a une importance capitale pour la définition du type. Ce conditionnement, à l'endroit du régime dit présidentiel, réclame une explication. Dans le gouvernement de type britannique, le monarque dispose du veto absolu et de la dissolution. – La dissolution y est conçue comme le corollaire du veto absolu, et non pas, comme plus tard, dans la théorie classique du régime parlementaire, comme le corollaire de la responsabilité politique du cabinet. – Cette relation a été merveilleusement comprise par Mirabeau[4]. C'est ce type de gou-

---

1. Paru en 1883. Trad. fr. 1901.
2. Spécialement à travers ses ministres. Ceux-ci peuvent entrer dans le sein des Chambres lorsqu'elles siègent en séance plénière – ainsi en est-il aux États-Unis, en vertu d'une convention de la Constitution, laquelle remonte à Hamilton (alors secrétaire au Trésor). Dans les systèmes en forme monarchique analogues au type américain, un cloisonnement du même ordre existe. Le plus étanche était celui de la Norvège (v. n° 64).
3. La classification des types de gouvernement ne décrit pas une réalité qui tienne à la substance. Il y a là une cause pragmatique. Dans le régime britannique de l'époque tel qu'il a inspiré le système américain, la convention s'était imposée que les bills sur lesquels le cabinet fonde son action devaient être proposés par de simples parlementaires, non par les ministres, qui sont le gouvernement de Sa Majesté, et ce dans le souci à la fois d'éviter que la dignité du monarque ne soit jetée en pâture dans les Chambres et que le prestige de la Couronne n'influe dès le stade initial de la délibération. Cette conception témoigne d'un stade encore fort éloigné du régime parlementaire, où il ne viendrait à l'idée de personne que le dépôt par les ministres d'un projet de loi, effectué formellement (dans la figure classique) au nom du chef de l'État, découvrirait les sentiments – ce qui n'est pas dire la volonté juridique – de ce dernier. Dans le système américain, où l'exécutif est rigoureusement monocratique (les secrétaires du Président n'y sont pas à proprement parler des ministres), le droit d'initiative manifeste la prégnance de la conception « archaïque ».
4. « Il (le monarque) n'a en effet qu'une ressource pour prolonger sa résistance, dissoudre la Chambre et provoquer de nouvelles élections. Si les nouveaux députés adoptent les mêmes résolutions, le Prince finira toujours par céder à la pression de l'opinion publique ; *mais, en droit, il importe que l'heure où sa résistance cessera ne soit pas prévue par la loi* » (Mirabeau, *Discours sur la sanction*, *Arch. parl.*, VIII, 537 et s.). C'est nous qui soulignons.

vernement en soi, non du tout spécialement, comme on croit, celui d'Angleterre, que le premier comité de Constitution, dominé par ceux qu'on a appelé les *monarchiens*[1], a échoué à consacrer en France[2]. Le rapport que les *monarchiens* entretiennent à l'endroit des institutions britanniques n'est nullement passéiste (Stéphane Rials). Le veto absolu avait à leurs yeux une importance telle que Mounier refusa le compromis d'un système amoindri de balance qui eût consisté à adopter le principe d'une seconde Chambre contre l'abandon de cette pièce maîtresse. Le veto absolu n'est que la face négative de la sanction au sens plein, participation substantielle à la puissance législative. Or la sanction réalise le mode le plus intensif d'une gamme de mitigations dont le régime parlementaire reprendra à son compte, à tout le moins, le volant central (initiative, ordre du jour, vote bloqué, confiance posée sur un texte). Dans le « régime » d'assemblée, qui en réalise la forme la plus affaiblie, les ministres entrent encore et toujours à cet égard dans des participations, même dégradées. Cette emprise légitime du gouvernement sur les travaux des Chambres est la note principale du régime parlementaire (suivant la formule célèbre, la majorité y appartient au gouvernement, v. n° 66), un trait que le régime directorial, dans une mesure moindre, partage avec lui (v. n° 58). *A contrario, il n'y a aucune emprise dans le régime dit présidentiel.* C'est cette absence d'emprise qui y nécessite l'existence du veto. Et c'est cette même absence qui, par compensation, emporte le principe constitutionnel, au sein de ce régime, qu'y est toujours présumée légitime (C.-M. Pimentel) l'action du titulaire de l'exécutif, dans son ordre, quand ce dernier y a aussi effectivement, comme aux États-Unis, la charge unique de ce pouvoir[3].

On est fondé à douter qu'une Constitution qui n'organiserait pas de balance en faveur de l'exécutif appartienne au régime dit présidentiel. Telle était à cet égard celle de Virginie (v. n° 51), encore qu'elle eût admis d'autre part le bicamérisme. Cette détermination est essen-

1. Ce nom leur venait, comme l'a dit Barnave, de ce qu'ils entendaient renouveler toutes les parties de la Constitution en les prenant pour ainsi dire en sous-œuvre, et en les plaçant à l'abri de cette pièce pour eux principale qu'était le monarque.
2. V. P. Pasquino, La théorie de la « balance du législatif » du premier comité de Constitution, ms, 1988, cité par Jon Elster, Limiting majority rule. Alternative to the judicial review in the revolutionary epoch, *in* E. Smith (dir.), *Constitutional Justice in Old Constitutions*, 1995, n. 15.
3. C'est ce qui explique *a contrario* que dans les régimes à exécutif en forme monarchique, où « le roi ne peut mal faire », édifiés d'après le modèle dit présidentiel, les moindres actes des ministres (autant que ceux-ci aient été capables d'action) y aient été l'objet d'une suspicion perpétuelle.

tielle. On peut en faire, pour donner un exemple, l'application à la Constitution française de 1848. Ce texte passe pour satisfaire au régime présidentiel. Qu'il doive être rangé ou non en réalité parmi les régimes parlementaires importe peu ici, il reste que dès lors qu'il répudie délibérément – effet du *revival* girondin – toute balance (rejet du bicamérisme comme de tout veto), il ne saurait être rangé parmi les régimes dits présidentiels. La Constitution américaine de 1787 tout comme celle de la République royale de 1791 en France imposent pour la suspension du veto les mêmes conditions que celles liminaires réclamées pour la révision constitutionnelle. Au regard de cette exigence, spécialement de majorité qualifiée, la responsabilité présidentielle est nécessitée dans sa mise en jeu par une condition analogue : le président des États-Unis ne peut être l'objet d'une destitution qu'à une majorité équivalente, ou du moins très approchante, de la majorité constitutionnelle, sans avoir à s'attacher ici à une autre garantie capitale[1]. Cependant, le veto exécutif « intense » demeure la condition certes non suffisante mais strictement nécessaire, au plan formel, du régime dit présidentiel. Le titulaire de l'exécutif n'est constitué dans l'indépendance qu'autant qu'il dispose, au premier chef, non tant d'un simple veto que de *ce* veto même. La raison d'être du veto rigoureux est qu'en son absence, pour emprunter à Roederer une formule énergique, l'exécutif serait obligé de prêter sa voix au décret (comprenez loi) qui prononcerait sa destruction et ses mains à son propre achèvement. Telle est encore la logique du refus de la sanction royale en Grande-Bretagne, sous Guillaume III et la reine Anne, et cette vérité était parfaitement comprise de la Constituante en France (v. n° 51). Le veto est là pour garantir l'exécutif dans la Constitution et sauvegarder la Constitution. Il relève par surabondance du *constitutional check* madisonien. À travers une mise en œuvre sur laquelle il n'y a pas à s'arrêter, cette conception était plus palpable encore dans l'autre Constitution, la seule avant 1787 avec celle de Massachusetts, à organiser le veto, la Constitution de New York de 1777[2]. Le veto en soi est fondé sur ce dessein garantiste ; et

---

1. La mise en accusation du président des États-Unis n'est pas suspensive des fonctions (v. n° 63).
2. Ce système fonctionna dans l'État de New York jusqu'à la révision de 1821. Il est bien remarquable qu'à l'occasion du bill tendant à abolir le comité dit de révision, en possession du veto, les Assemblées ne trouvèrent pas la majorité qualifiée pour surmonter l'opposition de cet organe et qu'il fallut trouver avec lui un compromis en vue de sa suppression.

c'est ce dernier qui impose les conditions mises à la suspension (et le fait que le mécanisme n'ait pas été conçu comme un *item veto*). C'est bien ainsi que les premiers présidents des États-Unis le comprirent jusqu'à John Quincy Adams (v. n° 89). Ces deux considérations ne valent pas moins en France sous la République royale de 1791. Le Corps législatif y est « tout puissant contre la Constitution, car aucun pouvoir n'a le droit, ni le devoir, ni la possibilité de restreindre son action, s'il vient à la violer : le roi ne peut jamais que suspendre cette action et souvent il ne le peut pas ; le peuple n'a que l'arme destructive de l'insurrection » (Clermont-Tonnerre)[1]. Lorsque Louis XVI refusa de donner la sanction pour la première fois, le 12 novembre 1791, il le fit (sur le conseil d'Alexandre de Lameth et de Barnave) en vertu d'un choix explicite pour retarder la ruine de la Constitution. Les trois autres refus exprimés obéiront au même but, y compris l'ultime veto du 19 juin, posé dans le paroxysme[2].

Si la Constitution américaine est le prototype de ce régime dit présidentiel, elle n'en est pas la seule expression. Il existe aussi à l'endroit de Constitutions qui établissent un pouvoir exécutif en forme monarchique : c'est bien sûr la Constitution française de 1791, comme celle d'Espagne de 1812 – le fonctionnement de l'une comme de l'autre a été peu probant – ainsi que la Constitution norvégienne de 1814, du moins pour cette dernière à s'en tenir à la lettre du texte. Ces trois Constitutions ont pour caractéristique l'existence du veto suspensif, lequel les fonde dans une figure analogue au modèle américain. La Constitution d'Espagne de 1812 est si bien informée à cet égard qu'elle s'emploie à exclure le *pocket veto*[3]. Cependant le veto suspensif y est conçu différemment des États-Unis, où il est alternatif et susceptible d'être levé par un seul et même Congrès : c'est au contraire, dans ces trois textes, un veto qui requiert pour être suspendu le vote de plusieurs législatures (trois en France et en Norvège, deux seulement en Espagne). Le sys-

---

1. *Analyse raisonnée de la Constitution française,* Paris, 1791, p. 221-222. Stanislas de Clermont-Tonnerre avait été le principal auteur du plan de Constitution rejeté en septembre 1789 (celui du premier comité). Il entrera dans le comité de révision, en vue des travaux de récapitulation des décrets constitutionnels, qui eurent lieu de mars à août 1791.
2. Taine a dit de Louis XVI, qui a accepté de donner la sanction au décret qui dissolvait sa garde constitutionnelle – gage éclatant de ses intentions pacifiques – avant de renvoyer le ministère brissotin, que son attitude était celle d'un chrétien dans un cirque.
3. *Constitution politique de la monarchie espagnole du 19 mars 1812,* art. 150.

tème en soi était issu d'un laborieux compromis échafaudé par Necker, qui prit l'avis de Clermont-Tonnerre, avec les vues de Barnave. Le principe du veto suspensif fut adopté par l'Assemblée constituante (dont le président était alors justement Clermont-Tonnerre), le 11 septembre 1789. Le lendemain, le comité de Constitution rendit sa démission. Ce système d'un veto suspendu par itération de plusieurs législatures est défectueux. Aussi est-ce à juste titre que Benjamin Constant en a fait la critique : « Le veto suspensif qui ajourne à un temps éloigné une loi que ses auteurs disent urgente paraît une véritable dérision ; la question se dénature, on ne discute plus la loi, on dispute sur les circonstances. »[1]. Son usage en France s'est révélé un pur désastre, et c'est une idée répandue (encore que fausse) que le mal est venu de ce que c'était encore trop d'avoir réservé au roi dans cet ordre une parcelle de pouvoir, et que cela aurait même accéléré la Révolution[2]. Dans le contexte de la Norvège – où les tensions dues à l'union réelle avec la Suède furent graves mais n'eurent pas de caractère idéologique –, ce type de veto a découvert toute sa nocivité dès 1821 et débouché cinquante ans plus tard sur une décennie politique d'une tension extrême (v. n° 64).

Le système de rapports de type américain se retrouve encore dans des Constitutions cette fois proprement monarchiques que sont la suédoise de 1809 – la seule du genre à établir une monarchie – et celle norvégienne de 1814, à l'endroit de laquelle, en son temps, il n'a jamais en définitive été préjugé officiellement de son caractère monarchique, en dépit de la lettre contraire. (Ce fut même le maintien concerté de l'indécision qui permit de sortir de la crise constitutionnelle.) Ces deux derniers textes ont fonctionné conformément au modèle dit présidentiel pendant le XIXe siècle. Mais la forme monarchique y prédisposait à l'évolution vers le

---

[1]. *Cours de politique constitutionnelle* (titre abrégé sous lequel l'ouvrage est communément cité), Paris, 1817, I, p. 28.
[2]. Ce lieu commun est passablement contradictoire au regard de son corollaire habituel qui veut que le veto dans la Constitution de 1791 n'aurait été qu'un acte de pouvoir exécutif. Il est d'usage de prétendre qu'avoir reconnu au roi fût-ce un tel pouvoir aurait « court-circuité » l'évolution vers le parlementarisme telle que l'a connue – à cet égard, et suivant le préjugé, depuis 1707 – l'Angleterre. Lally-Tollendal a déjà répondu à l'objection : « Parmi les privilèges usurpés (à la *Glorious Revolution*) dont les Chambres se dépouillèrent était le pouvoir absolu de créer des lois à elles seules ; il fut défendu par un statut, sous peine de *praemunire*, de soutenir que l'une ou l'autre des deux Chambres du Parlement ou les deux ensemble jouissent sans la participation du roi de l'autorité législative » (*Arch. Parl.*, VIII, p. 517-518). Sur le préjugé, v. n° 141.

régime parlementaire, dès lors que le roi perdait à mesure la maîtrise de la fonction gouvernementale au profit de ses ministres. Inversement, dans la variante républicaine, l'élection indirecte du chef de l'État par le peuple a permis la consolidation de ses pouvoirs face aux chambres et le maintien des ministres dans un rôle de conseillers. En prévoyant une procédure subsidiaire d'élection du président par la Chambre des représentants, dont il pouvait penser qu'elle deviendrait la règle, le constituant américain avait permis que le déséquilibre voulu des pouvoirs à l'avantage du Congrès puisse s'accentuer notablement (v. n° 83). Mais le mécanisme de l'élection présidentielle une fois conforté et déterminé par le système bipartisan, cette dérive ne s'est pas produite, même si durant une grande partie du XIXe siècle, le régime américain a effectivement fonctionné comme gouvernement congressionnel, tel que l'a décrit Wilson.

L'élection du président au suffrage universel a ainsi été progressivement perçue comme le critère essentiel du régime présidentiel, alors qu'à l'origine il s'agissait d'une formule constitutionnelle fondée sur l'indépendance des pouvoirs et susceptible de fonctionner – la Suède et la Norvège l'avaient montré – quelle que soit la forme, républicaine ou monarchique, du régime. Il s'ensuit que la complexité de cette formule très spécifique, qui n'a subsisté telle quelle qu'aux États-Unis, s'est souvent trouvée occultée par la simplicité du critère qui paraissait en être la condition essentielle : l'élection du président au suffrage universel. De là une confusion très répandue entre le régime présidentiel et les formes variées, démocratiques ou non, du présidentialisme.

57 RÉGIME PRÉSIDENTIEL ET PRÉSIDENTIALISME LATINO-AMÉRICAIN.

— Le régime présidentiel américain sert en effet théoriquement de modèle à la plupart des régimes d'Amérique centrale et d'Amérique latine. Mais ceux-ci se définissent essentiellement par la prépondérance du chef de l'exécutif, et sont le plus éloignés qu'il est possible du principe du régime américain, lequel tend essentiellement à rendre impuissant un président réduit à ses seules prérogatives propres. Au contraire, certaines constitutions d'États latino-américains accordent au président des pouvoirs que le chef de l'État ne possède pas dans le régime présidentiel des États-Unis, tels que le veto absolu et le droit de dissolution ou celui de passer outre l'opposition du Parlement en matière budgétaire, ou encore limitent les compétences législatives des assemblées en établissant un domaine réglementaire réservé. Un nombre appréciable de ces régimes réputés présidentiels sont en réalité éclectiques : sept États pour le moins d'Amérique latine ont, à un moment ou à un autre, posé en règle constitutionnelle la responsabilité politique des ministres, ou ont pratiqué durablement le régime parlementaire en marge de la Constitution, ainsi au Chili de 1892 à 1925 (v. n° 65 *bis*). Au surplus, pour nombre d'entre eux, ces régimes ne sont pas, sauf exception temporaire, réellement démocratiques. Le Mexique a vécu, jusqu'en 1997, sous la domination d'un parti révolutionnaire institutionnel dont le nom même indique qu'il ne pouvait tolérer un pluralisme susceptible de déboucher sur une alternance réelle. Avec le Venezuela, le Chili, jusqu'au coup de force de 1973, et la Colombie ont connu quelques décennies de démocratie. Les autres pays, Brésil, Argentine, Pérou, ne connaissent que des intermèdes démocratiques. Encore ce caractère démocratique qui est censé être imprimé par l'élection présidentielle a-t-il souvent été factice, en raison des très faibles taux de participation, de l'exclusion de la majorité analphabète de la population, ou simplement du contrôle exercé par l'armée sur les scrutins.

57 *bis* Présidentialisme et régime parlementaire. — La prise en considération comme critère essentiel du régime présidentiel de l'élection du chef de l'État au suffrage universel induit aussi certains auteurs à intégrer dans la catégorie présidentielle des régimes dotés d'un gouvernement politiquement responsable et donc essentiellement parlementaires. On parlera ainsi de régime présidentiel ou, indifféremment, de présidentialisme s'agissant de régimes incontestablement démocratiques, contrairement à ceux d'Amérique latine, mais non moins incontestablement parlementaires : Allemagne de Weimar, France sous la Ve République et même Islande, où le président ne dispose pourtant d'autres prérogatives que celles que détenait naguère le roi de Danemark dans ce pays, et où il n'exerce aucune influence politique notable[1].

---

1. V. en ce sens G. Burdeau, *Traité...*, t. V, p. 324-326.

Afin d'éviter cette confusion, Maurice Duverger a inventé et défini la notion de régime semi-présidentiel, régime dans lequel un président élu au suffrage universel et disposant de prérogatives propres coexiste avec un gouvernement responsable devant le Parlement. Mais il résulte de cette définition, et en particulier de ce troisième terme, que le régime semi-présidentiel n'est qu'une variante incluse dans la catégorie générale des régimes parlementaires, comme l'était le parlementarisme dualiste classique. Parlementaire parce que possédant un gouvernement responsable, dès lors, c'est le terme lui-même qui est générateur d'ambiguïté, non pas comme l'écrit Maurice Duverger, « parce qu'il semble suggérer que le chef de l'État a moins de puissance dans ce régime que dans le régime présidentiel américain »[1], mais parce qu'il tend à opérer une confusion entre celui-ci et des régimes relevant tous du type parlementaire, n'ayant en dernière analyse, comme trait commun, que l'élection du chef de l'État au suffrage universel. En effet, l'expression de « régime présidentiel » a, comme on l'a entrevu, un caractère essentiellement conventionnel et désigne une formule constitutionnelle caractérisée par un certain aménagement entre les fonctions et les organes de l'État et non par le mode de désignation du chef de l'État. En tant que telle, cette formule n'a de rapports que conjoncturels avec la notion de présidentialisme, qui n'est pas susceptible de définition juridique. Ainsi, la tendance et les nécessités du gouvernement à l'époque actuelle allant vers un renforcement de l'exécutif, le régime présidentiel américain est, en droit, « un régime congressionnel à présidence généralement forte aujourd'hui » (Stéphane Rials) (v. n° 103).

Dans le contexte de cette logique institutionnelle, les régimes dits semi-présidentiels constituent, au sein du parlementarisme, une catégorie presque aussi formelle que celle des monarchies parlementaires et sont aussi étrangers au modèle constitutionnel du régime présidentiel que celles-ci le sont à la monarchie au sens propre du terme. Au plus constate-t-on que certains régimes parlementaires peuvent, comme le régime présidentiel américain, connaître, plus ou moins durablement et continûment, une pratique présidentialiste. Et l'effectuation de cette pratique peut être déterminée par les deux

---

1. *Le système politique français,* 18ᵉ éd., Paris, PUF, coll. « Thémis », p. 178.

premiers critères du modèle de M. Duverger : l'élection du président au suffrage universel et l'existence de prérogatives qui lui sont propres. Mais là encore il n'existe pas de lien automatique entre tendance présidentialiste, élection directe et prérogatives. Ainsi, pour la France, il a justement été observé que « ce n'est pas parce que le président de la Ve République est élu au suffrage universel qu'il joue le rôle que l'on sait, c'est parce qu'il joue ce rôle qu'il est élu au suffrage universel : la révision constitutionnelle a été décidée en 1962 par le général de Gaulle précisément parce qu'il voulait assurer l'avenir de la fonction présidentielle. Le mode de désignation est la conséquence du pouvoir à exercer, il n'en est pas la cause, et cela est démontré *a contrario* par le fait que les présidents autrichien ou irlandais ont beau être élus au suffrage universel, leur fonction constitutionnelle n'en reste pas moins effacée » (P. Avril). Inversement, et plus paradoxalement encore, le choix de l'élection directe peut aller de pair avec l'institution d'un président doté de peu de prérogatives, comme en Roumanie et en Bulgarie, ou même avec la réduction de celles-ci : ainsi en Pologne et en Italie, où il est projeté d'élire le président au suffrage universel mais en lui ôtant certains des pouvoirs qu'il détient, et a exercé effectivement durant les dernières années, en application de la Constitution de 1947. Le cas le plus symptomatique est celui de la Finlande, l'un des prototypes, avec le régime de Weimar et celui de la Ve République, de la théorie semi-présidentielle de M. Duverger. Il était aussi le seul pour lequel ce terme revêtait une certaine adéquation, car, bien que parlementaire, la Constitution finlandaise de 1919 comportait un pan de système d'indépendance des pouvoirs du type présidentiel hérité du modèle suédois de 1809. Cela signifie que le président (élu au suffrage universel indirect) y détenait un domaine réservé de compétence, particulièrement en matière de politique étrangère et de défense, constitutionnellement indépendant du Parlement et, bien que pouvant être contrôlé par celui-ci, soustrait au principe de la responsabilité ministérielle. Mais alors que deux modifications constitutionnelles sont venues, en 1988 et 1991, renforcer la légitimité démocratique du président en instaurant son élection directe, un processus de neutralisation de la fonction présidentielle, entamé en 1991 par des révisions ponctuelles de la Constitution de 1919 et conclu avec l'entrée en vigueur d'une nouvelle « Constitution coordonnée » le 1er mars 2000, a ôté au chef de l'État une bonne part de ses attributions propres et fait passer le régime finlandais dans la catégorie du parlementarisme moniste, le gouvernement devant être désormais élu par le Parlement.

III | LE RÉGIME DIRECTORIAL

58 CRITÈRES DU RÉGIME DIRECTORIAL. — Le régime directorial est la survivance contemporaine des républiques d'ancien style revigorée par les idéaux révolutionnaires de la fin du XVIIIe siècle. La Suisse étant seule à l'époque actuelle à répondre à la dénomination de régime directorial, il a souvent paru plus simple de classer ses institutions dans le modèle dit conventionnel, en se fondant sur des critères théoriques, ou encore, lorsqu'il est pris conscience du décalage entre le principe de ceux-ci et le fonctionnement de celles-là, de se contenter d'y voir un régime *sui generis*. Or, écrit Jean-François Aubert, « le système suisse de règlement des rapports entre le Parlement et le gouvernement, qu'on tient pour original, doit cette réputation au fait que, l'étant fort peu quand il a été établi, il est resté le même pendant que ses modèles changeaient »[1]. Ses modèles, ce sont, on l'a dit, les cantons « régénérés » dont les nouvelles constitutions avaient subi l'influence du modèle révolutionnaire français de 1793 et, par-delà, en substance de la Constitution de Pennsylvanie ; ce sont aussi le projet de Constitution girondine, la Constitution de l'an III et ses épigones européens, dont la Constitution helvétique de 1798. Le régime directorial existe donc bien en tant que catégorie, et celle-ci comprend une certaine variété de formules, mais la définition commune en est celle-ci : c'est un régime où l'exécutif est généralement collégial, n'est pas responsable politiquement devant les assemblées, mais est tenu en dernière instance d'opérer dans le plan de celles-ci : c'est le sens originel du mot *directoire,* qui est une instruction. Le caractère collégial n'est donc pas essentiel à la définition, de même que le caractère monocratique ne l'est pas non plus en soi, à celle du régime présidentiel. Celui-ci

---

1. La formation du régime politique suisse, « La Suisse », *Pouv.,* n° 43, 1987, p. 11.

pourrait se présenter sous une forme collégiale et la Constitution française de l'an III en eût été très proche, dans sa conception d'indépendance des pouvoirs, si elle avait pour commencer attribué le droit de veto au collège des directeurs. Inversement, le régime directorial s'accommode d'un exécutif monocratique : ainsi, dans les républiques d'ancien style (par ex. les Provinces Unies), le pensionnaire[1] ou avocat du pays ou (en Suisse) l'avoyer et le *landamman*. Sous sa forme moderne, l'exécutif directorial peut être simple ou, au contraire, dual selon qu'il existe ou non des ministres distincts du collège directorial.

Le modèle du type dual est le Directoire de l'an III, où le collège des directeurs dispose de ministres qui lui sont hiérarchiquement subordonnés[2]. Les rapports entre le collège et ses ministres sont du même ordre que dans le régime présidentiel. Les ministres, en particulier, ne forment pas un conseil. Le collège, dans ses délibérations, n'est pas tenu à la solidarité : son mode de décision n'est pas celui du consensus collégial mais le principe majoritaire. Aussi le conseil exécutif dans le type dual est-il assujetti en général à un renouvellement partiel, à tout le moins par tiers. Le renouvellement annuel d'un membre du Directoire avait précisément pour but d'éviter un excès de rigidité dans l'application de cette règle de décision prise à la majorité, assurant à la fois la permanence et le mouvement au sein du collège[3]. Le nombre de cinq (sans parler de réminiscences depuis l'antique) fut retenu pour le Directoire comme *le plus nombreux susceptible en l'état de constituer un exécutif fort et respecté* (Boissy d'Anglas : « Vous devez créer un gouvernement ferme sans qu'il soit dangereux »). Ce nombre s'est avéré trop tangent[4]. Il a

---

1. Le pensionnaire *(raadpensionaris)* était celui des États de Hollande. La Hollande à l'endroit des États Généraux était dans la position équivalente à celle en Suisse du canton directeur pour la Diète.
2. Les directeurs ne tardèrent pas, soit qu'ils aient (à diverses époques) décidé de se ménager ou au contraire que la concorde ait régné entre eux, de s'arroger chacun, avec l'accord des autres, la haute surveillance sur un ou deux ministères.
3. Ce mode de renouvellement, en soi judicieux, n'en a pas moins emporté par ricochet des conséquences néfastes. Il a rétroagi en effet sur celui des Assemblées, lequel, dans le projet originel, avait été prévu pour être partiel, aussi bien, mais tous les deux ans. Le comité de Constitution, non sans logique, décida d'aligner le renouvellement des Conseils sur celui du Directoire et opta par suite pour un renouvellement annuel (par tiers). Il en est résulté un rythme fébrile d'élections, cause chronique de déstabilisation pour le régime.
4. Ce nombre de cinq ne donnait pas assez de jeu et a abouti à ériger une opposition frontale au sein du collège. Pour reprendre la formule de Mme de Staël (v. note suivante), la majorité n'y avait pas assez de force. Le basculement de la coalition décisive au sein du Directoire tenait de manière trop

passé dans les épigones, à commencer par la Constitution « helvétique » de 1798, et on le retrouve encore en 1832 dans le projet de Pellegrino Rossi (v. n° 108). La Constitution suisse de 1848, dont le dispositif en cet endroit est toujours en vigueur, a été bien inspirée de ne pas retenir ce nombre (v. n° 114)[1]. Nous sommes ainsi amenés à l'autre type majeur du régime.

Le modèle du type simple est le Conseil fédéral en Suisse. Selon le principe du dédoublement fonctionnel, le conseil est à la fois le chef d'État collégial de la Confédération et le ministère, chacun des conseillers ayant la responsabilité technique d'un département ministériel. C'est ce qu'exprimait l'article 83 de la Constitution de 1848 : « L'autorité directoriale et exécutive supérieure de la Confédération est exercée par un Conseil fédéral composé de sept membres. » En tant que conseil de ministres, le Conseil fédéral est très proche, à cet égard, d'un cabinet de type parlementaire, quoiqu'il soit dépourvu de chef. Aussi les membres de l'exécutif collégial sont-ils dans ce type indéfiniment rééligibles, au lieu que dans la variante duale ils ne le sont pas, du moins pas immédiatement ou seulement une fois. Cela explique encore (le collège étant composé de ministres) que le conseil exécutif soit l'objet d'un renouvellement intégral – ainsi en Suisse – ou tout au plus par moitié. Enfin, et par la même raison, son mode de décision est celui du consensus, et du moins, s'il est recouru à la règle majoritaire, il n'en résulte aucune fracture dès lors que les décisions d'importance prises par chacun des ministres dans le cadre de leur département sont réputées émaner du conseil exécutif lui-même. On retrouve déjà cette articulation dans le projet de Constitution française de 1793 (v. *infra*), lequel avait conçu un exécutif collégial qui préfigure grandement celui de la Suisse[2]. La Constitution suisse de 1848 disposait (art. 91) : « Les

---

critique au renouvellement d'un seul de ses membres. Pour amortir cet effet, on eut bientôt recours au subterfuge qui consistait à prescrire que le renouvellement du Directoire intervienne désormais *avant* celui des Conseils (décret du 15 ventôse de l'an VI).

1. « En fait de complexité, sept valent mieux que cinq et trois, parce qu'un tel pouvoir est plus accessible, que sa majorité a plus de force, que l'opinion publique y pénètre davantage » (Mme de Staël, Lettre du 1ᵉʳ septembre 1802). Mme de Staël résume les idées que son père venait d'exprimer dans ses *Dernières vues de politique et de finance*.
2. « Chaque ministre agira ensuite dans son département *en conformité* des arrêtés du Conseil, et prendra tous les moyens d'exécution *de détail* qu'il jugera convenables » (*Projet de Constitution de la République française adopté partiellement par la Convention nationale les 10-15 mai 1793*, titre V, section 1ʳᵉ, art. 17). (C'est nous qui soulignons.)

affaires du Conseil fédéral sont réparties par départements entre ses membres. Cette répartition a uniquement pour but de faciliter l'examen et l'expédition des affaires ; les décisions émanent du Conseil comme autorité. » Un auteur déjà un peu ancien (M. Bridel) a livré une bonne exégèse de ce texte : « Cette disposition était l'expression d'une conception très ferme, très logique du gouvernement, et du gouvernement pris *in corpore*. Non seulement les services de l'administration fédérale ne devaient pas être compétents pour liquider *sponte sua* les affaires qui leur seraient soumises, mais les chefs de département, les conseillers fédéraux eux-mêmes, n'auraient pas ce pouvoir individuellement. À propos de tout ils devraient en référer à leurs collègues, et rien, dans l'administration fédérale, ne devrait se faire que par la volonté du Conseil fédéral, déterminée en séance commune, à la majorité des voix »[1]. Ce système a connu depuis lors une évolution notable (v. n° 114). Il reste que telle est la forme originelle de la variante simple du régime directorial. Par là, le modèle simple se sépare évidemment du gouvernement de cabinet avec lequel il cultive des liens d'immédiate ressemblance (Bryce pour caractériser le Conseil fédéral suisse parle de *cabinet permanent*), car en régime parlementaire les ministres disposent pour chacun d'un pouvoir non seulement propre, mais encore à titre primordial. D'autre part, le modèle simple, dans ce refus de reconnaître (au plan formel) un pouvoir propre aux membres de l'exécutif collégial, vérifie ainsi sa profonde unité avec l'autre, la variante duale. À l'origine, les deux types étaient très proches. Ce n'est qu'à mesure qu'ils se sont différenciés.

Le régime directorial uruguayen était une adaptation complexe du type dual. Inspiré par le président Battle y Ordonez, à la suite d'un exaltant séjour d'études en Suisse (avant 1911), il se combinait avec un pan entier de régime présidentiel, conservé de la Constitution de 1830. Cette Constitution du 13 janvier 1918, qui avait ses défauts, était à bien des égards remarquable[2]. Elle a fonctionné de 1919 à 1933. Après un intermède de pouvoir autoritaire, l'exécutif directorial a été restauré par la Constitution de 1951. Au

---

1. M. Bridel, *Précis de droit constitutionnel et public suisse*, Lausanne, Payot, 1959, t. 2, p. 142.
2. Ce texte est le plus élaboré dont on ait fait la tentative au siècle dernier pour séparer le pouvoir de gouvernement du pouvoir proprement exécutif mais il ne ménageait pas assez les modes de coopération entre le président et le directoire qu'un gap des mandats vouait d'autre part à se heurter.

lieu de rétablir la Constitution de 1918 en la réformant d'après les leçons de l'expérience, on crut plus simple de supprimer l'institution présidentielle. Le Conseil national d'administration, l'exécutif directorial de neuf membres, comprenant trois membres de l'opposition, restait élu au suffrage universel direct. Mais la Constitution consacrait aussi le principe de la responsabilité des ministres devant le Parlement (articles 147-148) : on sortait ainsi du régime directorial proprement dit pour entrer dans la catégorie des régimes parlementaires, sous une variante de dualisme très complexe.

La question du mode de désignation de l'exécutif directorial est également à la base d'une différenciation. Sur ce point, le Directoire de l'an III et le Conseil fédéral suisse se trouvent substantiellement sur le même pied : l'élection des membres du collège est individuelle et, surtout, elle est l'œuvre des assemblées parlementaires. Il en est souvent déduit que le régime directorial impliquerait l'élection parlementaire de l'exécutif, d'où il est inféré que celui-ci procède du Parlement et se trouve *ipso facto* dans un lien de subordination à l'égard de ce dernier. Or, il est à remarquer que lorsque les assemblées parlementaires désignent l'exécutif directorial, elles n'élisent pas en tant qu'autorité législative. C'était vrai dans la Constitution de l'an III, où le Directoire était élu par le corps législatif « faisant alors les fonctions d'assemblée électorale au nom de la Nation » (art. 132), avec un rôle de présentation pour la Chambre basse (les Cinq-Cents) et de sélection pour la Chambre haute (les Anciens). C'est vrai aussi pour la Suisse où, comme on l'a dit, le Conseil fédéral est élu par l'Assemblée fédérale, réunissant les deux chambres, et à qui appartient l' « autorité suprême de la Confédération », qui est plus que le pouvoir législatif. Cependant, l'exécutif directorial peut aussi être élu au suffrage universel direct. Tel est le cas de la quasi-totalité des cantons suisses actuels. Mais ce mode d'élection est aussi historiquement ancien. En Pennsylvanie, le modèle précontemporain le plus notoirement démocratique, le collège exécutif de douze membres, appelé (réminiscence de la République anglaise) Conseil d'État – comme aujourd'hui dans les cantons suisses –, était élu au suffrage populaire par comtés, pour une durée de trois ans et renouvelé par tiers chaque année. Le modèle était bien connu en France à travers le recueil que Franklin (à qui la conception de cette

Constitution doit beaucoup) avait fait traduire en 1783. On pourrait ajouter à cette catégorie le projet de Constitution française de 1793 appelé girondin, dont l'auteur était (son ami) Condorcet, auteur, en 1788, des *Lettres d'un bourgeois de Newhaven*. Ce dernier y avait manifesté son opposition au suffrage indirect. Dans un système fondé sur l'unité de pouvoir et le monocamérisme, Condorcet s'est refusé de plus fort à ce que les membres de l'exécutif collégial puissent être élus par le Corps législatif, car en ce cas ils en seraient devenus, suivant son mot, « les créatures ». Même la Constitution montagnarde de 1793, qui n'est jamais entrée en vigueur, était sur ce point quelque peu inspirée du modèle de la démocratie quaker et satisfait encore aux principaux critères du régime directorial. Le conseil exécutif y est élu en dernier ressort par le Corps législatif, et cette désignation intervient formellement sur la base de propositions émanant, au suffrage indirect, des assemblées électorales. Cependant, le nombre pléthorique de ses membres (24) tend à l'éloigner du type directorial commun en lui faisant renouer, d'ailleurs de manière consciente, avec l'idéal des Indépendants, une des forme anciennes du type telle qu'elle fut mise en œuvre au début de la République anglaise[1].

59 Principe d'adéquation. — La question la plus complexe que pose le régime directorial est celle du principe d'adéquation fonctionnelle entre les organes. Il s'agit de savoir si l'exécutif est tenu, en droit, de déférer en dernier lieu (et quelle que soit auparavant sa marge habituelle d'appréciation) aux volontés arrêtées du Parlement. C'est en premier lieu dans le type directorial simple tel qu'en Suisse, c'est-à-dire à dominante ministérielle, que se pose le problème de l'autonomie du collège exécutif face aux chambres. Cette autonomie est réelle en Suisse, et c'est sur ce point qu'il est le plus facile de justifier que l'on tienne le régime suisse comme une pure exception, un système *sui generis*. On a vu par ailleurs, en effet, à quel point il paraît correspondre aux critères du régime conventionnel à travers la conception d'un exécutif subordonné. On ne saurait dire pour autant qu'il soit inspiré de celui de la Conven-

---

1. Le chiffre de 24 était repris du Comité de sûreté générale, auquel venait de succéder, en avril, celui de salut public (celui-là même qui, augmenté, a rédigé la Constitution).

tion. Il l'est, bien plutôt, des modèles constitutionnels élaborés sous ce régime, mais restés inactués, que sont la Constitution montagnarde et le projet girondin de 1793 (Constitution Cordorcet). Or, on vient de le voir, ces deux textes instituent des régimes de type directorial simple : c'est particulièrement vrai du second – conseil exécutif de sept membres, comme en Suisse, chargés d'un département et ayant accès à l'assemblée –, mais ce l'est aussi du premier[1], à travers le modèle pennsylvanien. Le point commun entre ces textes et le modèle constitutionnel suisse, dans les Constitutions de 1848, 1874 et 1999, réside dans l'absence de référence au principe de séparation des pouvoirs, ce qui les distingue évidemment de la Constitution du Directoire de l'an III. Il n'existe, dans ces modèles constitutionnels, et particulièrement en Suisse, qu'une fonction ou qu'un pouvoir, c'est le pouvoir gouvernemental au sens large. C'est pour cette raison que la séparation-spécialisation n'a pas lieu de s'appliquer et qu'opère plutôt, en Suisse, une forme originale de mitigation des fonctions d'initiative, de délibération et de contrôle (André Mathiot) qui n'est pas comparable à celle du régime parlementaire et s'accommode d'une conception subordonnée de l'exécutif. Comme modalité de mitigation du type parlementaire, on peut mentionner l'initiative législative qui appartient au Conseil fédéral. Mais la Constitution suisse attribue aussi au Conseil fédéral, en matière de politique étrangère et de défense, des compétences qui ne sont pas d'un organe de simple exécution. La question principale qui se pose, pour déterminer le degré de subordination de l'exécutif par rapport au Parlement, est de savoir si celui-ci peut intervenir dans l'exercice par le Conseil fédéral de ses propres attributions. Deux principes contradictoires s'affrontent alors, qui remontent aux sources divergentes du régime directorial suisse : celui de la suprématie du Parlement, hérité du modèle révolutionnaire de l'an I, et celui de la séparation des pouvoirs, dérivé du modèle de l'an III. L'un et l'autre principes l'ont tour à tour emporté. Mais la tendance moderne est à la consécration de l'autonomie de l'organe exécutif (v. n° 115).

---

1. Dans la Constitution de 1793, il n'y a plus de ministres. Le conseil exécutif nomme « hors de son sein » les « agents en chef de l'administration ». Cette disposition contient en germe le décret du 12 germinal an II, qui supprime les ministres, maintenus jusque-là, et organise une polysynodie de collèges miniatures.

En dépit de cette marge croissante d'appréciation, il n'en reste pas moins qu'en dernière analyse, l'exécutif est tenu de déférer aux volontés du Parlement. C'est dans le régime directorial – en cela contraire au régime présidentiel – la condition même de l'absence de responsabilité politique et de révocabilité des conseillers fédéraux. C'est par là que le régime directorial suisse est parfois analysé en termes de régime conventionnel ou d'assemblée. Comme l'écrit Jean-Claude Colliard, qui s'appuie sur le constat sagace de Jean-François Aubert – « nous répétons que tout revient à une question de majorité » (v. n° 68) – « à partir de là, le vocabulaire peut s'éclaircir et la terminologie qui confond volontiers comme appartenant au même type les dénominations de "régime d'assemblée", "régime conventionnel" ou "régime directorial" se précise. Dans le régime politique qu'est le régime d'assemblée, caractérisé par la désignation pleine et entière du comité exécutif par le pouvoir législatif, ou la majorité reste incertaine, divisée et changeante, et c'est dans sa décision permanente que se situera l'autorité politique, on parlera par référence à la Convention de gouvernement conventionnel, *ou bien cette majorité s'oblige à la solidarité, à la discipline par rapport à l'exécutif qu'elle choisit*[1], et par la même lui transfère une part importante de l'autorité et on adoptera alors, en s'appuyant sur l'expérience française du Directoire mais aussi sur le terme officiellement employé en Suisse, celui de gouvernement directorial »[2]. En réalité, là où le caractère d'assemblée est l'envers du régime parlementaire, le caractère conventionnel est l'envers du directorial ou, si l'on veut, sa corruption. Dans le régime conventionnel, l'exécutif s'incline toujours et ne se démet jamais. Au lieu que dans le régime d'assemblée, le gouvernement est aussi dans une posture diminuée mais à un degré passablement moindre, en ce qu'il conserve en dépit de tout un moyen de pression sur l'assemblée en posant la question de confiance. En régime conventionnel, cela ne lui est pas donné, puisque ses membres ne sauraient en principe se démettre (mais ils

---

1. Souligné par nous. Cette réserve de la part de la majorité se double de l'emprise légitime de l'exécutif sur les Assemblées, laquelle est établie par une convention de la Constitution en Suisse (v. n° 123), où elle s'appuie sur de puissants ressorts. Mais on omet trop souvent de considérer que le pouvoir d'influence sur les travaux des Conseils s'est affirmi aussi sous le Directoire de l'an III, au moins en 1797-1798, encore bien même – ce qui est remarquable – le plan de Constitution y était-il peu favorable.
2. J.-C. Colliard, L'élection du Premier ministre, *Mélanges Pierre Avril*, Paris, 2001, p. 527.

peuvent n'être pas réélus, comme il en advint de Danton). En effet, dans le régime conventionnel, les membres de l'exécutif, qui doivent être membres de l'assemblée, n'ont, en principe, aucune autorité propre et surtout leur mandat, préfix, est court (les membres du Comité de salut public étaient élus pour un mois) ou bien non renouvelable. Dans le régime directorial suisse, au contraire, les conseillers fédéraux, généralement élus en dehors de l'assemblée, quoique politiquement non responsables, ont chacun l'autorité sur un département ministériel, sont élus pour la durée de la législature, rééligibles et, dans la pratique, indéfiniment réélus. Le fonctionnement du régime repose ainsi sur une double autolimitation. Celle, d'abord, du Parlement : « C'est uniquement, écrit Jean-François Aubert, parce que les chambres se sont habituées, de longue date, à coopérer avec les magistrats dont elles n'approuvaient pas toujours toutes les opinions, que le système gouvernemental de la Suisse a pu fonctionner. »[1] Celle, ensuite, des conseillers fédéraux, qui s'abstiennent scrupuleusement, par égard à la primauté constitutionnelle du Parlement, de toutes attitudes de défi, de tout acte pouvant s'analyser en termes de question de confiance. Ainsi, la contention des chambres à l'endroit de l'exécutif les fonde à en obtenir, par une compensation qui a aussi son mystère, un alignement bien compris, conforme à l'économie de la Constitution et à l'esprit du régime directorial, qui implique un pouvoir d' « instruction », de la part des assemblées mais pas pour autant une subordination pure et simple du gouvernement.

Dans le type directorial dual, celui du Directoire, c'est en quelque sorte la question inverse qui semble se poser. L'indépendance du collège exécutif à l'égard des chambres étant garantie par la stricte séparation des pouvoirs, celui-ci pourrait s'apparenter, la collégialité mise à part, à la figure du régime présidentiel. Cependant, cette séparation n'est effectuée, rigoureusement, qu'à travers une extrême spécialisation des fonctions, et c'est cette dernière qui détermine le Directoire exécutif comme subordonné (v. n° 52). *A contrario,* si l'on avait doté, comme il en fut question lors des débats sur le projet de Constitution de l'an III, le Directoire d'un pouvoir de veto (finalement attribué au Conseil des Anciens), le sys-

---

1. *Traité de droit constitutionnel suisse,* Neuchâtel, Ides et Calendes, 1967, t. II, p. 456.

tème se fût fortement rapproché du régime présidentiel (ou congressionnel-présidentiel). Ainsi, bien que le modèle dual de l'an III, avec en particulier des ministres responsables devant le seul Directoire, réalise les conditions d'indépendance caractérisant le régime présidentiel, il comporte d'abord celles de l'alignement mesuré sur les vues des assemblées qui définissent le type directorial.

Section III
Fondements de la classification

I | LE PRINCIPE DE RESPONSABILITÉ

60 LA NOTION DE RESPONSABILITÉ. — Un terme domine la question de la classification des régimes constitutionnels, ainsi qu'il résulte de l'inventaire ci-dessus : la responsabilité. La responsabilité est une exigence politique de la démocratie en tant que celle-ci est liée à la notion d'opinion publique. Elle n'est pas moins impliquée par la notion même de régime représentatif, qu'il soit ou non démocratique. Ainsi que l'écrit Carl Friedrich, « la représentation est liée à la responsabilité. Dans la terminologie moderne, gouvernement responsable et gouvernement représentatif sont en conséquence presque devenus synonymes. (...) Il y a deux moyens fondamentaux d'assurer une telle responsabilité. L'un est la forme administrative de la responsabilité, l'autre la forme politique ou électorale »[1]. La responsabilité électorale n'est cependant pas complètement synonyme de responsabilité politique. Elle s'applique à tous les organes élus et en premier lieu aux membres des assemblées. Elle traduit ce critère premier du régime représentatif et *a fortiori* du régime démocratique : la révocabilité des détenteurs du pouvoir. Si le pouvoir émane du peuple, ceux qui l'exercent par délégation du corps électoral ne peuvent détenir qu'un mandat temporaire, et les élections sont l'occasion d'une reddition de comptes, d'une vérifica-

---

1. *Op. cit.*, p. 238.

tion de la conformité de l'action des élus à l'opinion des électeurs. La responsabilité électorale est ainsi le degré minimum de la responsabilité et en tant que telle, en tant qu'elle s'applique à tous les organes élus, parlementaires ou exécutifs, elle ne saurait constituer un critère de classification des régimes représentatifs démocratiques. Ce critère de classification, on le trouve dans le degré de formalisation juridique de la responsabilité politique de l'exécutif devant le Parlement. Ce type de responsabilité politique ne s'identifie donc nullement à la responsabilité électorale puisqu'elle concerne les rapports entre les organes eux-mêmes. En revanche, il paraît s'identifier au seul critère du régime parlementaire de sorte que la classification qu'il fonde se limiterait à opposer ce dernier régime, dont le critère juridique est la responsabilité politique du gouvernement devant le Parlement, aux autres régimes – présidentiel et directorial – où cette responsabilité n'existe pas. La réalité est cependant plus complexe. On peut le constater en examinant les conditions de l'émergence de la responsabilité politique dans deux pays d'Europe au XVIIIe siècle : l'Angleterre et la Suède.

61 ÉMERGENCE DE LA RESPONSABILITÉ POLITIQUE AU XVIIIe SIÈCLE. — Le modèle suédois peut être analysé comme un contrepoint du modèle anglais. Contrairement à celui-ci en effet, il a réalisé, à l'époque du *Frihetstiden* (l'Ère de la liberté), sous la Constitution de 1720, la figure du Parlement gouvernant[1]. Ce système maintient l'ancienne division des États en quatre ordres mais s'évade de la représentation d'ordres ou particulière pour fonder, en s'émancipant du mandat impératif, un parlementarisme d'essence moderne. L'un des traits les plus symptomatiques de la Constitution de 1720 réside dans le fait que les États entrent, comme instance exclusive de proposition, dans la désignation du Sénat, qui est le gouvernement, composé de 16 membres, et qui dispose, à l'endroit du roi, de beaucoup plus que d'un pouvoir de codécision. Aux termes de l'article 13 de la Constitution, « le roi gouvernera avec et non sans, bien moins encore contre l'avis du Sénat ». Le roi ne dispose dans le Sénat que d'un double suffrage avec voix prépondérante. La responsabilité intervient au cœur du système et elle est

---

1. V. C. Nordmann, *Grandeur et liberté de la Suède 1660-1792*, Paris, 1971.

définie en termes formels (art. 15). L'arme absolue du Riksdag dans cet ordre est le *licentiering,* l'équivalent de l'*impeachment* britannique. Cette responsabilité est individuelle dans le principe, mais sa mise en jeu revêt un tour plus répandu (10 sénateurs conduits à la démission en 1769) que dans l'Angleterre de la même époque. Aussi bien le Riksdag du Frihetstiden manifeste que l'ancien dualisme médiéval est définitivement relégué au profit d'un principe d'unité de pouvoir, le *redrofordrante,* qui soumet tous les organes de l'État à l'autorité, conçue comme hiérarchique, du Parlement : aussi pendant la tenue des États l'autorité du Roi et du Sénat demeurait-elle suspendue[1].

À l'opposé, l'Angleterre se signale par un précoce abandon du système de représentation par ordres et par un rejet de la figure du parlement gouvernant.

En effet, la Révolution d'Angleterre – la première, qui vit l'exécution en 1649 de Charles Ier – s'analyse comme une réaction à l'influence grandissante des théories absolutistes continentales, tandis que la seconde (la *Glorieuse Révolution* de 1688) pouvait se présenter comme la volonté d'un retour au schéma ancien de la constitution mixte. Mais tant avant qu'après 1688, quels que soient les compromis tactiques et quoique la question ait accusé un perpétuel déplacement dans ses termes, la royauté anglaise est toujours parvenue en définitive à maintenir l'exclusivité de la *Prérogative* s'agissant du « gouvernement ». Le système de monarchie représentative qu'encadrent les dispositions du *Bill of Rights* (1689) et de l'*Act of Settlement* (1701) peut être décrit comme un régime d'indépendance des pouvoirs. C'est ce régime que Montesquieu prit pour modèle, ou plutôt pour *réactif,* auquel il donne pour fondement la nécessité de la protection de l'individu contre l'arbitraire, et qui, au regard du ressort de modération qu'emportait le système des partis (cf. *Esprit des Lois,* XIX, 27[2]), devint le *régime présidentiel* tel que le conçut la Constitution américaine. La Couronne n'a pas seulement perdu son pouvoir législatif concurrent, par voie d'ordonnances, mais aussi celui de suspendre l'exécution des lois. Elle conserve cependant, dans

---

1. V. Dufau, *Recueil,* 1823, t. 3, p. 265.
2. Et le commentaire de Pierre Manent, *Histoire intellectuelle du libéralisme,* Paris, Calmann-Lévy, p. 130-139.

ses rapports avec les chambres, le pouvoir de veto et celui de dissolution. Par ailleurs, si l'*Act of Settlement* institue une incompatibilité entre fonction ministérielle et mandat parlementaire, cette prohibition est très rapidement rapportée. Mais les ministres restent subordonnés au roi, et l'indépendance des pouvoirs exclut encore la sanction de leur responsabilité politique. Cependant l'existence d'une responsabilité ministérielle a été consacrée dès 1711 : au terme d'un débat à la Chambre des Lords, il fut pour la première fois affirmé nettement (plus nettement que lors de *l'impeachment* de Danby, en 1678) qu'en conséquence de l'antique principe selon lequel « le roi ne peut mal faire », « ce sont les ministres qui sont responsables de tout » et qu'il n'était en outre aucune prérogative de la Couronne qui fût exempte du contrôle du Parlement. Dans le même temps, l'usage du contreseing reçoit un sens nouveau. L'exigence générale de cette procédure – au départ un simple acte de chancellerie – posée par l'*Act of Settlement* offre sa vraie signification lorsqu'on l'envisage comme la condition instrumentale tacite mais sans équivoque de la responsabilité ministérielle. Dès la Restauration (1660), le traumatisme de l'exécution de Charles Ier avait entraîné la prise de conscience de la nécessité accrue d'immuniser la prérogative, ce qui s'était traduit par une tendance, implicite mais très nette, à une pratique sans faille du contreseing. À cet égard, il a été de grande conséquence que la disposition de l'*Act of Settlement* en tant qu'elle imposait que l'ensemble des membres du Conseil privé adhérant à la décision mise en délibération dussent apposer le contreseing – disposition directement dirigée contre le pouvoir émergent du cabinet – ait été abrogée par un acte de la quatrième année de la reine Anne, chapitre 8. Par là, s'est trouvée enrayée une évolution « dangereusement » proche de celle qu'a connue l'autre grand type du régime parlementaire des origines, celui du *Frihetstiden* (v. n° 169). Ainsi, dès le début du XVIIIe siècle, la responsabilité ministérielle est reconnue tant en Grande-Bretagne qu'en Suède. C'est lorsque cette responsabilité recevra une sanction de nature essentiellement politique – précoce en Suède – que sera effectué le passage au parlementarisme.

61 *bis* LA QUESTION DE LA SANCTION DE LA RESPONSABILITÉ. —
La thèse classique en la matière veut que la responsabilité politique des ministres soit dérivée de la responsabilité pénale. De ce

que la responsabilité politique, à un moment crucial, a emprunté le chemin de l'autre responsabilité (dont elle s'est fait un instrument), de ce que, d'autre part, la responsabilité pénale des ministres, envisagée comme notion autonome, est inséparable par définition d'une dose de responsabilité politique, le constat d'une articulation est fondé, de toute évidence. Mais cela n'autorise pas nécessairement à en faire un système, en inférant une relation de type organique. En Suède, la Constitution de 1720 (art. 14) introduit en termes exprès un principe si général de responsabilité que celle-ci ne peut pas ne pas avoir compris aussi ce que nous appelons la responsabilité politique. Cette responsabilité, articulée sur le parlementarisme total illustré par le Frihetstiden, s'avère par là même susceptible de recouvrir une imputation exclusivement politique, jusqu'au manquement aux « véritables intérêts du royaume ». Une recension des principaux *licentierings* permet de vérifier qu'ils n'offrent plus d'implication spécifiquement pénale. L'arme du *licentiering* a le plus souvent joué en tant que menace et lorsque – c'est l'exception – la procédure a été poussée à son terme, la peine était dépourvue de caractère infamant comme de toute sanction directe autre que politique. Dans le contexte de parlementarisme quasi absolu du Frihetstiden, cette sanction s'analyse comme le licenciement par un supérieur hiérarchique d'un subordonné récalcitrant.

La situation prévalant en Grande-Bretagne était très différente, et son influence, en tant que paradigme, est sans commune mesure avec celle d'un « modèle suédois » qui n'a pas consciemment, même dans la Suède du XXe siècle, connu d'épigone véritable. L'*impeachment* britannique passe généralement pour être le préliminaire exclusif de la responsabilité politique, et il est incontestable que celle-ci s'en est fait circonstanciellement une arme. Procédure de droit criminel, apparue à la fin du Moyen Âge, tombée en désuétude sous les Tudors, réapparue sous Charles Ier puis à la Restauration, elle atteint au début du XVIIIe siècle à un point technique de perfection, avec des garanties accrues pour l'accusé, qui lui vaut de connaître bientôt une définitive obsolescence. À la suite de l'*impeachment* de 1716 qui avait frappé les ministres jacobites de la reine Anne, la procédure s'était avérée à la fois trop lourde et brutale, et s'est imposé le constat que le recours à cette arme, que Burke appelle encore le « ciment de la Constitution », offrait désormais plus d'inconvénients que d'avantages. Fox en opérera le constat définitif en 1806, l'année du dernier *impeachment* (celui de Lord Melville).

En 1715, la Maison de Hanovre succède à la Couronne du Royaume-Uni. Cet avènement d'un prince allemand moins attaché aux affaires britanniques et ne parlant pas la langue de ses sujets, très soucieux de ses terres ancestrales et ayant le mal du pays, permet à la fiction de devenir réalité. La prise de distance que réalisait le thème royal du retour en Hanovre[1], a été pour l'établissement du gouvernement parlementaire de plus d'importance que le latin barbare dont s'entretenaient George Ier et Walpole (donnée si souvent reproduite avec complaisance par les auteurs de langue française). Un autre facteur a été ici de grande conséquence pour la formation du paradigme. George Ier a maîtrisé le sentiment refoulé d'usurper, amorti chez lui par la conscience de l'antiquité de sa race, dont George II fut aussi très imbu. Bien au-delà du titre, disputé de haute lutte[2], qui fondait leurs prétentions, les armes mêmes de leur maison étaient déjà séculairement l'image vivante d'une descente depuis les rois d'Angleterre. Pareil constat n'en faisait pas des usurpateurs ordinaires. C'est cette balance de sentiments qui a conduit à la première prise de distance, fait précurseur du régime parlementaire. George Ier fut le premier souverain à ne plus entrer chez les Lords pour assister aux débats et – novation qui a une autre importance – il n'assista pas toujours au Conseil. Les ministres en apparurent plus clairement responsables, en tant qu'auteurs, des actes du gouvernement. Mais cette responsabilité demeure individuelle ; il n'existe pas de solidarité au sein du ministère. L'existence de celle-ci suppose celle d'un gouvernement dont le fondement ne serait plus seulement monarchique mais parlementaire. Or, à ce moment, les *whigs* deviennent les alliés privilégiés du roi, parce que certains *tories* sont suspectés de légitimisme, encore qu'après la déposition, quelques *whigs* aient refusé le serment, mais par objection de cons-

---

1. George III, premier roi de la dynastie à être né anglais, parla plusieurs fois de rentrer à Hanovre, et même encore, croirait-on, George IV. Ces velléités tenaient essentiellement du chantage constitutionnel (lors du vote sur l'India Bill ou pour contrer l'émancipation des catholiques). On connaît le mot célèbre du Lord Chancelier Thurlowe opposant à George III qu'il pouvait être du bon plaisir de Sa Majesté de regagner le Hanovre mais qu'il était plus facile de s'y rendre que d'en revenir.
2. Sans s'arrêter à la tentative de 1719, il a fallu lors de la très grave crise de légitimité de 1745-1746 toutes les fautes et l'apathie des jacobites anglais pour que la dynastie n'échappe pas au désastre. Aussi, le fait à lui seul que le fils du *Prétendant* n'ait pas professé la confession anglicane a ruiné l'entreprise.

cience. La présence parmi les whigs de quelques hommes de grande envergure politique et le détachement relatif des deux premiers Hanovriens des affaires anglaises favorisent la naissance de l'institution du Premier ministre et de la cohésion du cabinet.

Lorsque Walpole, bénéficiant de la confiance du roi, parvient à s'imposer à la tête du cabinet, il réalise la structure du régime parlementaire dit *classique* en s'assurant de la part décisive de la majorité *whig* aux Communes, dont il va ainsi apparaître comme le chef (les *whigs* « walpoliens »). Dès 1729 il existe donc – momentanément – en Grande-Bretagne un Premier ministre investi de la double confiance du roi et d'une majorité au Parlement, devant lequel il se présente comme responsable de l'action politique de la Couronne. Il reste à concrétiser cette responsabilité. Les délits de corruption qui sont à la charge de Walpole suscitent l'agitation de la menace d'un *impeachment*. Ayant d'abord réussi à faire rejeter une motion tendant à créer à son encontre une commission d'accusation, Walpole décide de se retirer sur le fait occasionnel d'une question « collatérale » (Burke), mais pour lui jugée lourde de conséquence : il s'agit bien là (en 1742) d'une démission quasi parlementaire, quoique individuelle encore, mais rendue possible par l'alliance de certains *whigs* (les *whigs* « patriotes ») avec l'opposition *torie* (*hanovrian tories* et *tories* jacobites, ces derniers constituant encore le gros du parti). Ce renversement exprime la nécessité où se trouve le Premier ministre de disposer du soutien d'une majorité (de 16 voix de majorité à la suite des élections de 1741, Walpole quand il est tombé ne tenait plus qu'à une seule). George II veille à imprimer un sceau à cette retraite en élevant Walpole à la pairie mais ne devient pas maître du gouvernement pour autant. Il doit souffrir la mise à l'écart de personnalités qui ont sa confiance et se verra imposer Pitt, un vieil adversaire de Walpole.

Certes l'évolution ne s'opère pas encore de façon irréversible. L'avènement de George III (en 1760) marque à partir de 1766-1767 – date à laquelle le monarque commence à reprendre la main – un retour à l'exercice personnel de la prérogative royale. Le roi reprend la présidence effective du Conseil, tandis que le ministère est à nouveau composé, comme sous Guillaume et Marie, de membres *whigs* et *tories,* sans que le premier des ministres exerce une autorité particulière (le duc de Grafton puis Lord North, à partir de 1770). Les partis ne sont pas encore assez structurés pour s'opposer à la volonté royale. Mais la mise en cause par l'opinion publique de la politique royale après les guerres d'Amérique pose à nouveau la question de la responsabilité. C'est alors qu'est employée à l'endroit du système la célèbre formule (motion Dunning, du 6 avril 1780, qui d'ailleurs sera adoptée) de « véritable euthanasie de la Constitution », laquelle repose sur une citation de Hume. Pour autant, devant la gravité de l'imputation, la menace d'*impeachment* est reléguée tout à fait dans l'arrière-plan, à titre de garantie ultime. En février 1782 et encore le 4 mars 1782 (motion Conway) à l'issue de l'adoption d'une nouvelle motion de défiance quasi explicite, Lord North tenta de faire front en recourant à une manœuvre dilatoire (v. n° 65). Mais la situation était intenable ; quelques jours après, alors que se profilait le danger en forme nominative, il devait démissionner avec le cabinet en son entier, alors qu'il n'avait pourtant fait qu'exécuter les volontés du Roi[1]. Par cette démission collective sont sanctionnés les principes naissants de responsabilité et de solidarité du ministère, qui sont les principes fondamentaux du parlementarisme. Dans la suite de cette séquence (1689-1782), l'*impeachment* se présente ainsi comme le moyen dont disposait le Parlement pour écarter du pouvoir des ministres sans paraître empiéter sur la Prérogative, puisqu'il consistait à invoquer à leur encontre un motif criminel, ou tout au moins parapénal. Mais cette procédure a revêtu très rapidement (dès le début de la période hanovrienne) un caractère essentiellement garantiste.

62 LA RESPONSABILITÉ DANS LES TEXTES. — Il faut ici se garder de tout anachronisme. En effet, « le régime parlementaire anglais n'est pas né tout entier de la mise en jeu de la responsabilité du cabinet Lord North en 1782. Il n'y avait là qu'une réussite techniquement irréprochable mais isolée »[2]. Sans doute, en 1783, le cabinet Shelburne est renversé à la suite d'un désaveu, inséré dans l'Adresse, sur les préliminaires de paix avec les insurgés américains, mais Pitt le Jeune (qui avait été membre du cabinet Shelburne)

---

1. Ce ressort d'obéissance, à l'œuvre déjà chez Danby, s'est maintenu assez longtemps encore. North n'est que le maillon d'une chaîne dont Guizot dans son grand discours du 29 mai 1846 (par une référence documentée au régime britannique) a fait une idée force.
2. S. Rials, art. cité, p. 100.

résistera en 1784 dans l'espace d'à peine quelques mois (de janvier à mars), à quatorze votes de défiance, le vote de cinq motions, six refus de subsides et l'ajournement du *Mutiny bill* (lequel sanctionne chaque année l'obéissance des militaires) – le refus de subsides est d'autant plus remarquable que le dernier précédent remontait à 1688 et que la première motion d'ajournement de cet ordre à avoir été débattue depuis cette date était celle que Pitt lui-même avait introduite en 1781 (l'année même de son entrée dans la Chambre) pour faire pression sur le ministère North. Peu intégré dans le fonctionnement de la constitution anglaise elle-même, le mécanisme du régime parlementaire ne pouvait dès lors qu'être méconnu (à ce point de précision) par le constituant américain de 1787 et par le constituant français de 1791.

Le premier se borne donc à envisager la question de la responsabilité pénale du président. Celui-ci, au même titre que les autres fonctionnaires fédéraux, et notamment les magistrats, est passible de la procédure d'*impeachment,* reprise du droit anglais. Les modalités sont identiques : mise en accusation par la Chambre basse et jugement par la Chambre haute, pour « trahison, corruption ou autres hauts crimes et délits » (art. II, sect. 4). Mais une différence manifeste l'évolution virtuelle vers un autre type de responsabilité : le jugement vise seulement à la destitution du coupable, qui est ensuite justiciable du juge ordinaire.

Le constituant français de 1791 fait du roi, conformément au principe monarchique, une personne « inviolable et sacrée » et n'envisage la responsabilité des ministres que sur le plan pénal : ils sont responsables des délits qu'ils commettent contre la sûreté nationale et la Constitution, contre la propriété et la liberté individuelle, et de toute dissipation des deniers de leur département (art. 96). Le décret des 27 avril-25 mai 1791 sur l'organisation du ministère, et toujours applicable en vertu des dispositions finales de la Constitution, dispose que « le décret du corps législatif prononçant qu'il y a lieu à accusation contre un ministre suspendra celui-ci de ses fonctions » (art. 33). Mais l'article 28 de ce même décret prévoit que « le Corps législatif pourra présenter au roi telles observations qu'il jugera convenables sur la conduite des ministres, et même lui déclarer qu'ils ont perdu la confiance de la nation ». Il résulte clairement des débats de l'Assemblée nationale lors de l'adoption de cet article que c'est bien une responsabilité politique des ministres qui a ainsi été envisagée : « Lorsque nous aurons acquis l'usage du gouvernement représentatif, déclare Beaumetz, nous saurons qu'il est impossible qu'un ministre marqué du sceau de la réprobation nationale conserve plus longtemps sa place. »[1] Si l'on ajoute à cela la règle du contreseing, qui conditionne la validité de tout acte du roi et comporte ainsi une présomption de responsabilité à l'endroit du ministre contresignant – ainsi que l'indique *a contrario* l'absence de responsabilité en matière de veto suspensif (v. l'article 16 du décret) –, il faut admettre que le système constitutionnel de 1790-1791 était riche de virtualités parlementaires, en dépit de son apparente conformité au modèle américain de séparation des pouvoirs. Cazalès a souligné d'ailleurs combien ces dispositions du décret sur le ministère vont à l'encontre du but, officiellement poursuivi, de l'indépendance de l'exécutif et proposait, pour assurer celle-ci en rétablissant l'équilibre, de reconnaître au roi le droit de dissolution. Le 20 octobre 1790, Cazalès, soutenu par Malouet, Clermont-Tonnerre, Bouthillier et Dupont de Nemours, parvient à faire repousser une motion tendant à assortir la déclaration de « perte de confiance » d'un effet obligatoire. La responsabilité politique, qu'ils l'admettent ou non (comme Bouthillier), était pour eux une question de fait qui n'avait pas à être enserrée strictement dans les déterminations du droit. Cette responsabilité, on peut l'appeler « inchoative » parce qu'elle apparaît en pratique comme un préliminaire potentiel de la pleine responsabilité politique (soit que le roi ait décliné l'adresse ou soit même, comme il advint, que la motion ait été repoussée à l'Assemblée lors du vote). L'autre mode de responsabilité est réglé aux articles 29 et suivants du décret. Au contraire de la précédente, il est contraignant, et seul, pour cette raison, à avoir été transporté en définitive dans la Constitution (t. III, chap. II, sect. IV, art. 5), encore que sans préjudice de la responsabilité organisée à l'article 28. Quoi qu'il en soit, comme le mode contraignant de responsabilité fut le seul à avoir acquis une valeur constitutionnelle au sens le plus strict, c'est ce système qui la plupart du temps a retenu l'attention des auteurs. C'est un système parajuridictionnel. Du fait des formes judiciaires qu'emprunte la procédure

---

1. *Moniteur*, Ire série, t. VIII, p. 69.

en question, la doctrine classique, sur cette apparence, a prétendu n'y reconnaître que la mise en œuvre d'une responsabilité civile et pénale.

Dans le temps même que la Constituante, en France, avait commencé de récapituler le « chef-d'œuvre de l'esprit humain » (emphatisme propre à l'époque), la Pologne adoptait les 3-5 mai 1791 une Constitution autrement remarquable puisqu'elle est *la première à organiser de la façon textuelle une monarchie parlementaire,* autrement dit une monarchie véritable établissant le régime parlementaire. La Constitution française de 1791, sans parler du rapport ambigu et *a priori* négatif qu'elle cultive avec la responsabilité politique (v. n° 64), n'a nullement établi une monarchie[1]. Les historiens ont loisir de parler à l'endroit du régime de 1791 de « monarchie républicaine », mais, d'un point de vue juridique, c'est une république royale. Et si la Suède du *Frihetstiden* a pratiqué le régime parlementaire dans toute l'étendue, et de manière non moins textuelle (v. n° 61), c'était une autre république royale, comme la Pologne d'avant la régénération. Aux termes de la Constitution de Pologne : « Si dans la Diète, la pluralité des deux tiers de voix secrètes des deux Chambres réunies demandait le changement d'un ministre dans le conseil ou dans telle autre magistrature, le Roi devra sur le champ en nommer un autre à sa place. »[2] Cette disposition consacre le principe du régime parlementaire.

Les autres constitutions de forme monarchique mais conformes au type américain, et inspirées de la Constitution française de 1791, contiennent également des dispositions significatives. La Constitution norvégienne de 1814 prévoit, en son article 5, que la personne du roi est sacrée, qu'il ne peut être blâmé ni accusé, et que la responsabilité porte sur son conseil. L'article 86 organise une procédure parlementaire de mise en accusation contre les membres du conseil, mais aussi contre ceux du Parlement et du Tribunal suprême pour les infractions commises dans l'exercice de leurs fonctions. La Constitution suédoise de 1809 distingue, comme le décret français du 27 avril 1791, deux types de responsabilité ministérielle : une respon-

---

1. La condition minima d'une monarchie est la participation du monarque au pouvoir constituant dérivé. Or il est évident que le roi dans la Constitution de 1791 est entièrement exclu de ce dernier, sans parler, jusqu'en 1791, de la question rémanente du pouvoir constituant originaire.
2. Constitution des 3-5 mai 1791, chap. VII, *in* Dufau, *Recueil,* 1823, t. 4, p. 68.

sabilité pénale, qui sanctionne la violation de la légalité (art. 106), et une responsabilité dite administrative, qui revient en fait à un contrôle d'opportunité (art. 107). C'est la commission de la Constitution du Parlement qui est compétente pour engager les deux procédures. La première conduit à faire poursuivre le coupable par le procureur parlementaire *(ombudsman)* devant la cour du royaume. La seconde permet à la commission de la Constitution de saisir le Parlement, lequel peut demander au roi de destituer les ministres contre lesquels des observations ont été faites. Cette procédure est susceptible de s'appliquer à l'ensemble du ministère. En dernière analyse, ces constitutions dites (suivant l'usage) de séparation rigide des pouvoirs contiennent des dispositions plus favorables à l'émergence de la mise en jeu de la responsabilité politique du gouvernement par le Parlement que les constitutions inspirées du modèle anglais prises à la lettre. En France, la Charte révisée de 1830 et, en Belgique, la Constitution de 1831 ne font que déclarer les ministres « responsables » en conséquence du principe de l'inviolabilité royale, mais à la lettre ne diffèrent pas à cet égard des constitutions de monarchie limitée (Charte de 1814, constitutions allemandes) et, si elles envisagent la responsabilité pénale, n'organisent aucune procédure de mise en jeu de la responsabilité politique des ministres. Il n'était pas besoin d'une loi pour obliger les ministres à démissionner solidairement là où le principe s'affirmait dorénavant, dans une monarchie représentative, comme une conséquence imparable du système constitutionnel. Il est clair non plus que la responsabilité politique n'avait pas à être spécifiée dans des monarchies représentatives « sur un socle neuf », comme la Belgique, où la Constitution émanait d'un Congrès national. Cette donnée allait de soi. Le cas n'était pas aussi débrouillé en France (il conservait à la marge une note perplexe) sous la Charte révisée. En revanche, contrairement aux épigones dérivés de 1791, la Charte de 1830 comme la Constitution belge, à l'exemple anglais, confèrent au monarque le droit de dissolution qui, à cette époque, n'est pas encore conçu, en Angleterre, comme contrepartie de la responsabilité politique : celle-ci est trop récente, et le droit de dissolution trop ancien pour que ce rapport, constitutif de la théorie du parlementarisme classique, soit clairement perçu.

Enfin, dans les constitutions du type directorial, la question de la responsabilité des membres de l'exécutif est également envisagée.

Dans le projet girondin est prévue une procédure pouvant aboutir à des poursuites pour forfaiture, et une autre, à la « simple destitution ». L'article 129 du projet précise que « la destitution d'un membre du conseil aura lieu pour les cas d'incapacité ou de négligence grave », ce qui éloigne d'une conception purement pénale de la responsabilité. La Constitution du 24 juin 1793 distingue également deux hypothèses : l'article 71 prévoit que les membres du conseil sont accusés par le corps législatif en cas de prévarication ; l'article 72 que le conseil est responsable de l'inexécution des lois et des décrets, et des abus qu'il ne dénonce pas. La Constitution de l'an III, quant à elle, dispose que les ministres sont responsables de l'inexécution des lois et des arrêtés du Directoire – en principe seulement devant celui-ci (décret du 10 Vendémiaire an IV, art. 12) – et que les directeurs peuvent être mis en accusation dans les mêmes conditions que les membres du Corps législatif. Conçues par la Convention après un grave traumatisme (celle-ci avait été contrainte sous la Terreur de proscrire ses membres par charrettes), ces garanties se voulaient une puissante sauvegarde. Elles revenaient à instituer au pénal un privilège absolu de juridiction en faveur des parlementaires ; la saisine, dont le mode était très précautionné, nécessitait (par une exigence rare) l'autorisation de l'une *et* de l'autre assemblées. Le comité des onze crut pouvoir appliquer par analogie ce dispositif aux membres du Directoire, dans l'intention de préserver l'indépendance de ce dernier. Une telle procédure était inadaptée s'agissant des titulaires de l'exécutif, dès lors que la simple mise en accusation était suspensive des fonctions. Aussi le constituant a-t-il manqué son but, comme l'histoire l'a prouvé. En fin de compte, seule la Constitution suisse n'envisage en elle-même, et ce depuis l'origine, aucune responsabilité spécifique, pénale ou non, des conseillers fédéraux. La loi de 1958 sur la responsabilité poursuit dans ses grandes lignes le système initial analogue à celui de l'an III mais qui, dans le contexte de la Suisse, s'est révélé en définitive, à tout prendre, sans danger (v. n° 65).

62 *bis* RESPONSABILITÉ PÉNALE ET RESPONSABILITÉ POLITIQUE. —
Si presque tous les textes constitutionnels traitant de la responsabilité l'envisagent en termes de responsabilité pénale, il est donc néanmoins clair qu'ils relèvent d'abord d'une conception géné-

rale des rapports entre les organes politiques de l'État (J. Rossetto). Plus précisément, les constituants y ont vu un moyen de contrôle de l'exécutif par le Parlement, en donnant à celui-ci le pouvoir de mettre les ministres en accusation et, généralement, celui de les juger, suivant le modèle anglais de la procédure de l'*impeachment*. Cette procédure devait être transposée pour le président (et le vice-président) dans la Constitution américaine, ainsi qu'il a été dit. En France, le système est déjà préconisé par Montesquieu au chapitre VI de *L'Esprit des lois*. Mais c'est surtout Benjamin Constant qui, au cours des débats institutionnels consécutifs à la chute de Napoléon, va se faire le théoricien de la responsabilité pénale comme principe inchoatif de la responsabilité politique. Le système proposé par Constant, et qu'il qualifie lui-même du terme d'arbitraire, consiste à donner à la Chambre populaire le droit d'accuser les ministres et à la Chambre haute le pouvoir discrétionnaire de caractériser le délit et d'infliger la peine. C'est ce système qu'on retrouve dans la Benjamine (Acte additionnel aux Constitutions de l'Empire, art. 41-42). Ce faisant, Constant invoque bien sûr, comme Montesquieu, le modèle anglais. Mais il s'agit à l'évidence d'un parallélisme factice.

En transposant le modèle, les Américains étaient restés conséquents. Sans doute le Sénat juge le président mis en accusation par la Chambre, mais la peine qu'il prononce ne peut être que la destitution. Il appartient ensuite au juge ordinaire de décider le cas échéant d'autres peines, selon le droit commun.

Benjamin Constant, quant à lui, ne pouvait ignorer qu'en Angleterre si le juge de l'*impeachment* est la Chambre des Lords, ce n'est pas comme Chambre haute au sens moderne du terme, mais en tant que juridiction judiciaire suprême[1].

De sorte que la revendication d'un pouvoir arbitraire en faveur des chambres, chez Benjamin Constant, ne se réfère à l'*impeachment* que sur la forme, mais, sur le fond, renvoie plutôt au *bill of attainder*, c'est-à-dire à l'exercice d'un pouvoir législatif de prononcer une condamnation sans jugement. Car ce que Constant entend par res-

---

1. Le Constituant belge de 1831 s'y trompera encore moins que celui des États-Unis : s'il confie aussi la mise en accusation des ministres à la Chambre des représentants – ce qui tend du reste également à les protéger –, c'est à la Cour de cassation qu'il réserve le droit de les juger : tel lui paraît bien être le véritable équivalent de la Chambre des Lords et non le Sénat, assemblée politique.

ponsabilité pénale des ministres, c'est avant tout la responsabilité politique : la responsabilité ne porte que sur le mauvais usage d'un pouvoir légal, le reste est du ressort du juge ordinaire.

Elle lui « semble devoir atteindre surtout deux buts : celui d'enlever la puissance aux ministres coupables et (c'est plus inattendu) celui d'entretenir dans la nation (...) un sentiment animé de vie politique. Il ne s'agit donc pas dans ce qui tient à la responsabilité, comme dans les circonstances ordinaires, de pourvoir à ce que l'innocence ne soit jamais menacée, et à ce que le crime ne demeure jamais impuni. *Dans les questions de cette nature, le crime et l'innocence sont rarement d'une évidence complète*[1] ». La doctrine de Constant se réfère ainsi aux précédents d'*impeachment* en Angleterre, qui même dès avant les révolutions du XVIIe siècle avaient constitué des moyens de mise en cause par une procédure parapénale d'une responsabilité essentiellement politique des conseillers du roi. On a vu que cet emprunt de la voie pénale n'avait, en Angleterre, d'autre objet que d'éviter l'apparition d'une contestation trop manifeste de la prérogative royale quant au choix et au renvoi des ministres (v. n° 61 *bis*). Et c'est encore exactement dans le même but que Benjamin Constant devait préconiser ce système au début du XIXe siècle, alors même qu'il était devenu dès longtemps obsolète en Grande-Bretagne. Du fait de sa qualité de cour judiciaire suprême, la Chambre des Lords ne s'était que peu prêtée au rôle de juridiction politique : même à la fin du règne de Charles Ier, le ministre Strafford n'avait pu être légalement condamné par la voie de l'*impeachment,* et le Parlement avait dû recourir au *bill of attainder.* Au début du XVIIIe siècle, comme on l'a dit, les garanties pour l'accusé que comporte désormais la procédure d'*impeachment* la rendait virtuellement impropre à un usage purement politique. Mais le faux parallélisme observé tant en Amérique qu'en Europe – et en France particulièrement sous l'influence de Benjamin Constant – en ce qui concerne le rôle judiciaire de la Chambre haute dans le procès des ministres emportera dans plusieurs pays des effets tangibles sur l'évolution vers une responsabilité spécifiquement politique de l'exécutif.

---

1. *Cours de politique constitutionnelle,* Paris, édition d'Édouard de Laboulaye, 1861, p. 420 (la première édition a paru en mai 1814 ; l'édition complète est de 1817 à 1820). C'est nous qui soulignons.

II | ÉVOLUTION DU PRINCIPE DE RESPONSABILITÉ

63 UN PRINCIPE GÉNÉRAL ÉVOLUTIF. — Il résulte ainsi de l'examen des textes que la responsabilité de l'exécutif, au moins dans l'ordre pénal, a valeur de principe quasi général dans les commencements du constitutionnalisme moderne. Étant admis que tous les exécutifs représentatifs modernes sont, par le fait même, responsables – comme l'avait encore mis en évidence Benjamin Constant (*De la liberté des Anciens et des Modernes*[1]) –, il faut encore ajouter que tous sont en quelque manière politiquement responsables, ou du moins ont vocation à le devenir. Une assemblée représentative qui s'opiniâtre peut, normalement, venir à bout d'un exécutif rebelle. Chateaubriand a très bien rendu cette idée dans un passage célèbre de *La Monarchie selon la Charte,* lorsqu'il parle des avanies que doit essuyer un ministère qui n'a pas la confiance des chambres, et qui, à terme, doivent finir par déterminer sa chute : « Si l'on dit que les ministres peuvent toujours demeurer en place, malgré la majorité, parce que cette majorité ne peut pas physiquement les prendre par le manteau et les mettre dehors, cela est vrai. Mais si c'est garder sa place que de recevoir tous les jours des humiliations, que de s'entendre dire les choses les plus désagréables, que de n'être jamais sûr qu'une loi passera, tout ce que je sais alors, c'est que le ministre reste et que le gouvernement s'en va. »[2]

Cependant la responsabilité politique ne se décrète pas. Tout au plus peut-elle être spécifiée dans les conditions et les formes juridiques de sa mise en jeu. Et c'est pourquoi il a fallu attendre si longtemps, après qu'elle se fut imposée comme principe constitutionnel du régime parlementaire, pour qu'elle soit saisie par les textes. C'est aussi pourquoi, *a contrario,* certains textes historiquement intervenus en la matière, notamment dans la Constitution suédoise de 1809, que n'inspire pas le modèle parlementaire anglais, l'ont été en quelque sorte pour esquiver la responsabilité politique à travers l'aménagement d'une procédure parlementaire de responsabilité dite

---

1. V. n° 8
2. 1ʳᵉ partie, chap. 39.

« administrative ». Cela vaut aussi *mutatis mutandis* pour un usage avancé de la monarchie limitée tendant vers le parlementarisme : le refus de concours, exprimé généralement à travers l'adresse en réponse au discours du trône (sous la Restauration, le cas de mars 1830).

Il reste donc que la responsabilité politique est liée au principe même du régime représentatif. Elle est, en somme, la règle qui, même inactuée, est porteuse de toutes ses virtualités. Ce qui explique qu'un exécutif dont la responsabilité n'est pas sanctionnée – comme c'est le cas du Conseil fédéral en Suisse – doive, le cas échéant, se soumettre en droit à la volonté de l'assemblée. Et si la responsabilité politique est la règle, le non-engagement de la responsabilité est l'exception, comme il résulte de l'évolution des régimes constitutionnels dont il vient d'être question.

64   ÉVOLUTION VERS LE PARLEMENTARISME. — L'expérience la plus frappante parce qu'éphémère est celle de la Constitution française de 1791. À s'en tenir au plan de Constitution, la responsabilité politique, sauf en forme de *flatus vocis* (v. n° 62), n'avait point de lieu, puisque les ministres ne pouvaient tout simplement mener aucune politique. En premier lieu, leur nomination par le Roi échappait à tout contrôle. Il y fallait le contreseing mais en cet endroit, purement formel, en vertu d'une exonération spéciale de responsabilité pour le ministre qui y souscrivait, corollaire des fonctions dites royales, par opposition à celles de pouvoir exécutif dans le chef du monarque[1]. – Le gouvernement en 1791 était monarchique uniquement dans ce dernier ordre[2]. – Ce système amphibie de prérogative était un élément peu propice à une évolution, du moins cohérente, vers le régime parlementaire[3]. Envisagé d'autre part comme titulaire du pouvoir exécutif, le monarque, donc, n'exerce à travers ses ministres que des fonctions purement mécaniques ou de contrôle (sous réserve encore d'appel devant l'Assemblée) et de simple maintenance ; au dernier cas, il ne dis-

---
1. V. le rapport de Démeunier au nom du comité de Constitution, le 16 juillet 1791 (*Arch. Parl.,* 28, p. 377).
2. Constitution du 3 septembre 1791, titre III, art. 4.
3. Il préfigure la théorie dite des droits de majesté défendue sous la Restauration. C'est en tant qu'elle eût entravé une telle évolution que cette théorie fut combattue sous la monarchie parlementaire.

pose même pas de la force publique : « Représenté dans ses volontés obligées par des ministres qui craignent tout et ne peuvent faire ni bien ni mal à personne. »[1] Ainsi, de quelque côté qu'on se tourne[2], on ne voit pas en effet de quoi les ministres auraient pu être comptables dans l'ordre politique. Il y a cependant un domaine où l'exécutif était moins captif, ce sont « les relations politiques au dehors et la sûreté extérieure ». Aussi est-il symptomatique que les cas d'engagement de responsabilité soient venus tous s'inscrire dans ce champ propice. La démission (le 20 novembre 1791) de Montmorin, ministre des Affaires étrangères, et celle (le 7 décembre 1791) de Duportail, ministre de la Guerre, sont quasiment parlementaires[3]. Duportail se vit d'abord reprocher de n'avoir pas remis à temps les comptes de son ministère, puis certains mouvements de troupes ; il finit par être acculé à la démission, sous le poids d'une avalanche de griefs, réels ou prétendus, tel le défaut d'entretien des places. Par la suite, cependant, l'Assemblée utilisa la procédure de responsabilité pénale. En effet, le simple jeu dans cet ordre des dispositions constitutionnelles et légales (v. n° 62) livrait des ministres à la merci de l'Assemblée, qui pouvait s'en défaire au moindre prétexte[4].

Le cas le plus significatif dans cet ordre est celui de mars 1792, alors que le parti brissotin était en passe de dominer l'Assemblée et cherchait à se débarrasser du ministère feuillant. Il dirigea d'abord son offensive contre Bertrand, ministre de la Marine. Une motion déclarant que le ministre avait « perdu la confiance de la nation » fut repoussée de justesse au motif, est-il argué, que certains des députés n'auraient pas été sûrs de la constitutionnalité de la procédure, compte tenu du caractère transitoire du décret (précité)

---

1. Jacques Necker, *Du pouvoir exécutif dans les grands États, in Œuvres complètes*, t. 8, p. 235.
2. Envisagé comme partie intégrante du pouvoir législatif, le Roi dispose bien d'un pouvoir discrétionnaire, mais ses ministres dans cet ordre, en tant qu'ils contresignent l'acte par lequel il donne ou refuse la sanction, échappent à la responsabilité, et ce en vertu d'une disposition expresse (v. n° 62). Le 29 juin 1792, le principe de l'exonération a été réaffirmé devant l'Assemblée par Duranthon, le dernier ministre de la Justice de Louis XVI.
3. Il y en avait eu d'autres. Celle de La Luzerne, le 21 octobre 1791, suite l'avant-veille à un éreintement parlementaire (cas d'insubordination à Brest), ou de Ségur, au lendemain de la séance du 29 octobre.
4. La notion d'infraction était si peu définie et si extensive que le Corps législatif pouvait accuser à tout moment n'importe quel ministre de n'importe quel délit ; et ce qui pratiquement résolvait tout : la simple traduction par l'Assemblée d'un ministre devant le Haut Juré, placé dans la dépendance du Corps législatif, était suspensive des fonctions (art. 33 du décret du 29 avril-25 mai 1791).

d'avril 1791 sur l'organisation du ministère[1]. Dès lors, l'Assemblée décida de présenter au roi des observations sur la conduite de son ministre, Bertrand, espérant ainsi créer un précédent générateur d'une forme indirecte de responsabilité politique (8 mars 1792) : la tactique avait réussi, l'hiver précédent, avons-nous vu, contre Duportail. Le surlendemain, le ministre de la Justice (Duport-Dutertre) fit connaître à l'Assemblée que le roi rejetait ses observations. Brissot profita de l'effervescence suscitée par ce message pour canaliser l'indignation de l'Assemblée contre Lessart, le ministre des Affaires étrangères, dont la mise en accusation aurait été complotée chez Mme de Staël. L'Assemblée délibéra dans cette agitation, ayant jugé inutile la consultation du comité diplomatique aussi bien même que l'audition du ministre. Le 10 mars 1792, le Corps législatif poursuivait Lessart. C'est clairement le refus de Louis XVI de renvoyer Bertrand qui avait provoqué le vote. Et par le biais de l'accusation portée contre Lessart (de droit, suspensive des fonctions), le dessein de démanteler le ministère apparut clair, et la menace fut comprise. L'objectif en effet n'était pas d'obtenir la condamnation (et il ne fut pas plus donné à l'intéressé de comparaître devant la Haute Cour). À cet égard, les 13 chefs d'accusation du décret pris par l'Assemblée ne doivent pas faire illusion. Brissot ne se cachait pas de reconnaître : « Je sais bien qu'il sera absous, car nous n'avons que des soupçons et pas de preuves. Mais nous aurons gagné notre objet en l'éloignant du ministère. »[2] Avec ce détournement de procédure, le système constitutionnel manifestait son aptitude à évoluer vers un parlementarisme que le contexte révolutionnaire et sa dynamique n'ont pas permis de stabiliser. La Constitution d'Espagne de 1812, quand il lui advint d'être appliquée, lors du *trienio* (1820-1823), devait connaître une évolution assez comparable (v. n° 285).

---

1. *Arch. parl.*, 1re série, t. 38, p. 94-96 ; P. Desmottes, *De la responsabilité pénale des ministres en régime parlementaire français,* Paris, LGDJ, 1968, p. 89-90. Il est permis de trouver ce scrupule exagéré quand ce même décret était resté en vigueur, comme on en tient des indices (cf. M. Troper, *op. cit.,* p. 79). Le fait que certaines de ses dispositions aient été reprises dans la Constitution, lors de la récapitulation de 1791, ne signifie pas pour autant que celles qui ne le furent pas seraient devenues caduques (simplement, elles sont demeurées au rang des lois) : c'est ce que confirme l'exégèse des textes érigés en norme constitutionnelle. Au surplus, on est fondé à soutenir que le décret du 27 avril était maintenu en vertu des dispositions finales de la Constitution elle-même.
2. P. Desmottes, *op. cit.,* p. 94.

Dans le contexte pacifique des deux royaumes scandinaves, l'évolution vers le parlementarisme est beaucoup plus tardive. En Norvège, c'est la procédure de mise en jeu de la responsabilité pénale des ministres qui ouvre la voie. On considère que les débuts du régime parlementaire remontent à la condamnation par la Haute Cour *(rigsret)* des ministres du gouvernement Selmer, le 24 février 1884. Les ministres avaient soutenu le roi dans son opposition à une loi constitutionnelle votée pour la première fois en 1874, et qui ouvrait une première brèche dans le système de séparation dite rigide des pouvoirs, puisqu'elle autorisait, et en fait prescrivait, l'accès des ministres au Parlement. La confirmation du principe de la responsabilité gouvernementale fut très rapide. Dès 1888, la droite, qui avait été en faveur du maintien de la séparation des pouvoirs, utilisa la motion de censure, et en 1891, alors qu'elle était au pouvoir, la question de confiance. En revanche, la tentative de la part du monarque, en 1836, tendant à créer un précédent de dissolution, et, par suite, à dégager une convention para-constitutionnelle en ce sens, a échoué devant la résistance du Parlement (le ministre responsable a été traduit en Haute Cour). Et les propositions tendant à inscrire le droit de dissolution dans la Constitution, restée en vigueur jusqu'à aujourd'hui, ont toujours été repoussées. Le cas de la Suède est le plus intéressant. L'établissement du parlementarisme, dans le cadre de la Constitution de 1809, y résulte essentiellement de l'évolution politique (v. n° 171) et non de l'utilisation des procédures constitutionnelles, en particulier de celle, si spécifique, de l'article 107. On considère que le régime parlementaire n'est définitivement établi qu'en 1917. Cela est d'autant plus frappant que la Suède avait expérimenté une forme de parlementarisme dès le XVIIIe siècle, sous la Constitution de 1720 (v. n°s 61 et 169). La Constitution de 1809 traduit d'ailleurs une certaine réaction contre cette expérience en restaurant, à travers la séparation des pouvoirs, l'autonomie de l'exécutif. La responsabilité dite « administrative » des ministres, pas plus que leur responsabilité pénale, n'a pas été le vecteur du passage au parlementarisme moderne. Le contrôle exercé sur les ministres par la commission de la Constitution, selon la procédure de l'article 107, est resté d'ordre administratif et non politique. Les dispositions de cet article, comme celles de l'article 106 (responsabilité pénale), ont été substantiellement reprises dans la nouvelle Constitution de 1974 (chap. XII, art. 3), qui organise par ailleurs des procédures rationalisées de mise en jeu de la responsabilité politique des ministres. Deux types de responsabilité continuent ainsi de coexister. En juin 1988, le ministre de la Justice, Mme Leijon, qui avait cautionné une enquête parallèle à celle de la police en vue de rechercher le meurtrier du premier ministre Olof Palme, a démissionné face à la menace d'une motion de censure qui aurait recueilli l'appui de tous les partis non gouvernementaux. Convoquée spécialement en juillet, la commission de la Constitution a ensuite remis au *Riksdag* un rapport concluant à la responsabilité *administrative* du ministre démissionnaire.

Ainsi, les quatre constitutions de forme monarchique qui ne dérivent pas du type britannique ont connu une évolution convergente vers le parlementarisme. Et s'il convient d'introduire une réserve pour la Constitution française de 1791 et celle d'Espagne (1812), victimes de la brièveté et des conditions défavorables de leur fonctionnement, l'une comme l'autre n'en ont pas moins accusé rapidement une dérive parlementaire. L'inviolabilité royale (qui, en France, n'a pas été respectée), la responsabilité pénale et/ou administrative des ministres étaient éminemment favorables à une telle évolution.

65 L'ÉVOLUTION ENRAYÉE. — Si l'on considère maintenant la Constitution américaine, prototype du modèle constitutionnel envisagé, les conditions sont évidemment très différentes. Le président est élu pour une durée assez brève ; cela détermine l'existence d'une responsabilité électorale qui apparaît à la fois nécessaire et suffisante. Il est seul investi du pouvoir exécutif, sous réserve de la collaboration du Sénat. Les ministres n'ont pas d'autorité constitutionnelle propre ; ils sont seulement qualifiés de « chefs de départements » ou de « principaux fonctionnaires des départements exécutifs ». Le président, d'autre part, n'est pas inviolable puisqu'il est passible, comme le vice-président, de la procédure d'*impeachment*. Certes, les secrétaires, ou ministres ont toujours existé, et, dès le début, les commissions du Congrès ont pris l'initiative de les convoquer et de les entendre. Mais cette pratique ne s'est pas étendue jusqu'à instaurer des rapports directs entre les secrétaires et les chambres elles-mêmes. Le premier président des États-Unis, Washington, a réussi à imposer le principe que les secrétaires, une fois nommés avec le consentement du Sénat, ne dépendent que du président, qui les révoque librement. Un vecteur d'évolution vers le régime parlementaire se trouvait ainsi, d'emblée, écarté. Le président lui-même ne défend pas sa politique devant les chambres. En 1789, Washington vint deux fois au Sénat pour la négociation d'un traité, le Sénat ayant été conçu par le constituant, du moins en cette matière, comme un organe quasi exécutif. L'expérience ne fut pas renouvelée sous Washington, et cette abstention acquit valeur de précédent. Aujourd'hui encore, le Congrès fait obstacle à ce que le président puisse défendre directement sa politique devant les chambres, au nom de la séparation des pouvoirs (v. n° 89), mais le président peut, inversement, s'opposer à la comparution de ses proches conseillers devant les commissions au nom du privilège de l'exécutif. Cette autre voie vers une pratique parlementariste a ainsi été évitée. Il restait la procédure d'*impeachment,* dont était issu le parlementarisme anglais, et qui permet accessoirement au Congrès d'imposer au président de comparaître devant lui. Le précédent décisif en la matière date de 1868, déterminé par l'extrême tension des rapports entre le Congrès et Andrew Johnson, devenu président à la suite de l'assassinat de Lincoln en 1865. L'usage du veto présidentiel à l'encontre des lois les plus radicales dirigées contre les États vaincus du Sud avait provoqué l'irritation de la majorité congressionnelle. La mise en œuvre de la procédure d'*impeachment* a revêtu, dans ces conditions, un caractère clairement politique et non pas pénal. Le prétexte en est significativement lié à la question de l'autorité du président sur ses ministres. Rompant avec le système que Washington avait réussi à imposer (v. n° 79), le Congrès, en 1867, avait voté le *Tenure of Office Act,* jugé inconstitutionnel par le président en tant qu'il interdisait toute révocation sans l'assentiment du Sénat, par une application stricte du principe de parallélisme des formes. La révocation, en 1868, du ministre Stanton, que la majorité sénatoriale avait auparavant imposé au choix du président, donna au Congrès l'occasion d'enclencher la procédure d'*impeachment.* Par décision de la chambre des représentants (128 voix contre 47), le président fut jugé par le sénat sur 11 chefs d'accusation, tous articulés sur la violation du *Tenure of Office Act*. Mais il manqua une voix (35 contre 19) pour atteindre la majorité des deux tiers requise pour prononcer la destitution (art. Ier, sect. 3 de la Constitution) sur les deux premiers chefs d'accusation. Sur le troisième, deux voix manquèrent de telle sorte que le procès fut ajourné *sine die* (26 mai 1868).

Les votes avaient été calibrés. Johnson destitué, et en l'absence d'un vice-président, devait être remplacé par Wade, président faisant fonction du Sénat, un radical dont se méfiaient les républicains modérés. Les élections présidentielles devant avoir lieu en novembre suivant, il parut préférable de laisser Johnson, de toute manière politiquement anéanti, terminer son mandat[1].

Ainsi des données conjoncturelles ont-elles exercé une influence sur la solution de fond. Certes le premier des éléments déterminants est dû à la procédure elle-même, qui n'entraîne pas une suspension des fonctions lorsqu'elle est déclenchée. Elle comporte ainsi moins de risque délibéré de détournement que celle de mise en accusation des ministres dans le système français de 1791. Il reste que cette virtualité de détournement eût été, par la suite, fortement favorisée si le président n'avait d'abord couru jusqu'à l'issue de la procédure le risque d'une condamnation. S'il avait démissionné préventivement, comme le fit Lord North en Angleterre, et comme devait le faire le président Nixon en 1974, la brèche vers le parlementarisme aurait incontestablement été ouverte. Certes, et beaucoup d'auteurs insistent là-dessus (depuis Lord Bryce), l'*impeachment* est une procédure très lourde, inadéquate pour un usage habituel. Elle ne l'était pas moins en Angleterre ; mais son sens y a changé dès lors qu'il a suffi d'en agiter la menace pour convaincre un gouvernement de se retirer volontairement. Le président, en n'opérant pas ce retrait volontaire, et le Sénat, en s'abstenant de prononcer sa destitution, ont ainsi permis sans doute d'éviter que l'*impeachment* débouche sur une responsabilité politique du président devant le Congrès. Les mêmes acteurs adopteront la même attitude lors de l'*impeachment* déclenché contre M. Clinton en 1999 (v. n° 90). Mais ces facteurs circonstanciels montrent bien que le cadre constitutionnel du régime présidentiel n'est, par lui-même, pas plus dans son prototype améri-

---

1. V. A. Kaspi, *Les Américains,* Paris, Le Seuil, coll. « Points-Histoire », t. I, p. 208.

cain et républicain que dans ses variantes européennes et monarchiques, insusceptible d'évoluer vers le parlementarisme.

Le régime directorial n'a pas plus échappé à une tentative d'inflexion vers le régime parlementaire. La dérive s'est faite jour sous le Directoire de l'an III, à travers un banc d'essai contre François de Neufchâteau, non comme directeur mais lorsqu'il fut redevenu ministre[1]. Il aboutit, le 30 prairial de l'an VII (18 juin 1799), à l'entier démantèlement de la majorité au sein du Directoire et, par ricochet, à la nomination, dans les semaines qui suivirent, de sept nouveaux ministres. La manœuvre parlementaire (avec la connivence de la minorité du Directoire) est en soi du plus grand intérêt, mais seulement pour elle-même. Il n'y a guère de conséquence à en tirer au plan de la dérive des types. Le renversement opéré s'inscrit à l'intérieur d'un système représentatif complètement déforcé, dès lors que les oligarques (pour avoir refusé de composer avec la majorité nationale[2]) eurent une première fois attenté à la Constitution.

La loi du 9 décembre 1850 en Suisse organisait un dispositif extrêmement proche de celui de l'an III, jusque dans la condition suspensive – point crucial – attachée à la mise en accusation (v. n° 62). Mais ce texte, comme en dépit de lui-même, dans le contexte en voie d'apaisement de la Suisse d'après le Sonderbund, est resté sans application. Par ailleurs, on peut relever, à la fin du XIXe siècle, quelques décisions intervenues à l'issue de délibérations des chambres, qui constituaient des votes de confiance au sens parlementaire. Ces précédents se placent en une période où le parti radical était majoritaire à l'Assemblée fédérale, face à une opposition catholique, et était seul représenté au Conseil fédéral. L'élargissement progressif de la participation des autres partis à l'exécutif, à partir de 1892, a enrayé ces tendances à une évolution du fonctionnement du régime vers le parlementarisme (v. n° 123).

Enfin, le régime parlementaire peut offrir prise à une dérive, la plus naturelle le conduisant à se porter vers la variante simple du

---

1. Plusieurs dénonciations furent introduites dans les Assemblées, dont le motif était la circulaire « musclée » qu'il avait prise (comme ministre de l'Intérieur) en vue des élections de l'an VII. Elles y reçurent un écho favorable, mais la majorité dans les Conseils à ce stade avait choisi l'attentisme et vota l'ordre du jour.
2. V. Adrien de Lezay Marnesia, *De la faiblesse d'un gouvernement qui commence et de la nécessité où il est de se rallier à la majorité nationale,* Paris (prairial) 1796 – en réponse à l'écrit mercenaire de Benjamin Constant, *De la force du gouvernement actuel de la France et de la nécessité de s'y rallier.*

type directorial. Un cas fort curieux se trouve dans le précédent North, « mythe fondateur » au regard de ce régime même. En février-mars 1782, à l'issue de l'adoption répétée de motions de défiance (v. n° 61 *bis*), le Premier ministre déclara qu'il allait dorénavant se conformer aux vues arrêtées du Parlement. Cette déclaration, qui prit un tour officiel, fut sévèrement dénoncée par Fox. La Chambre, au point d'impatience où elle avait atteint, n'était nullement encline à être la dupe de tels appeaux. North fut donc réduit à démissionner, comme on sait, avec tout le cabinet. On tient là une amorce, certes sans aucune suite, mais qui, dans un autre contexte, et moins conflictuel, aurait pu déboucher sur l'affirmation concrète d'un devoir de conformation (v. n° 59).

65 *bis* UNE TENDANCE RÉCURRENTE. — Si l'évolution a été enrayée aux États-Unis, elle a pu se produire au Chili, dans le cadre d'une Constitution du type présidentiel américain, et, qui plus est, constitution (très affirmée) de gouvernement présidentiel, celle de 1833, à peine édulcorée depuis l'origine[1]. À partir de 1891, une dérive parlementaire, appuyée initialement sur un mouvement insurrectionnel qui emporta l'éviction du président, a abouti, par la voie du blocage du budget, modalité ultime du refus de concours, à la subversion de la Constitution présidentielle, demeurée nominalement en vigueur. Cela s'est reproduit à l'époque contemporaine encore, sous la présidence d'Allende, à travers la mise en accusation des ministres du président, puis, en dernière instance, l'*impeachment* présidentiel qui fut déclenché juste avant le coup de force militaire de 1973[2]. Il existe ainsi une tendance récurrente à la poursuite d'une responsabilité politique du chef de l'exécutif en régime présidentiel, et cette tendance s'exprime à travers des voies diverses. La voie est strictement institutionnelle dans le cas de l'*impeachment,* et le caractère politique de la responsabilité engagée est, selon les cas, plus ou moins prononcé. Il était prépondérant aux États-Unis dans celui de Johnson et il reste important dans celui du président Clinton, au Chili, dans celui d'Allende. De même, au Pérou, alors qu'il avait

---

1. Sur la Constitution conservatrice du 25 mai 1833, v. J. V. Lastarria, *Elementos de derecho publico constitucional,* 3ᵉ éd., Gand, 1865.
2. V. R. Moulin, *Le présidentialisme et la classification des régimes politiques,* Paris, LGDJ, 1978.

annoncé sa démission le 19 novembre 2000 (depuis Tokyo), le président A. Fujimori est destitué le lendemain par le Congrès pour « incapacité permanente » mais dans le but principal de lui interdire tout retour politique. En revanche, il apparaît secondaire, aux États-Unis, dans le cas de Nixon, au Venezuela, dans celui de C. Andres Perez, destitué en septembre 1993, et au Brésil, dans celui de F. Collor, démissionnaire juste avant la réunion du Sénat qui devait néanmoins, par 76 voix contre 3, prononcer sa destitution pour avoir « toléré et bénéficié d'un réseau de trafic d'influence et de corruption entachant la dignité de sa charge » (29 et 30 décembre 1992). Sans qu'on puisse parler, dans ces hypothèses, de détournement de procédure, elles n'en traduisent pas moins un rapport de forces entre président et Parlement. Cette voie institutionnelle n'en exclut pas d'autres. En Équateur, le Congrès a destitué le président A. Bucaram, pour incapacité mentale, à la majorité ordinaire (février 1997), mais cette décision était manifestement inconstitutionnelle, et le président n'a été contraint de quitter le pouvoir que parce qu'il était privé du soutien de l'armée.

III | RESPONSABILITÉ ET PRINCIPE MAJORITAIRE

66 LA RESPONSABILITÉ COMME ARME DE GOUVERNEMENT. — Le parlementarisme apparaît ainsi comme la résultante en quelque sorte naturelle, quoique évitable, du fonctionnement de toute forme de régime représentatif. Il est impliqué par la logique même du principe de majorité qui est celui du régime représentatif. L'action conjuguée des principes de majorité et de responsabilité, qui induit le parlementarisme, s'inscrit de façon privilégiée dans la dynamique du pouvoir délibérant : les assemblées sont les premiers vecteurs de la formation du régime parlementaire. Mais il faut se garder de perdre de vue qu'elles ne sont pas les seuls. Responsabilité et principe majoritaire sont, dans le régime parlementaire, des atouts qui appartiennent tout autant au gouvernement qu'aux chambres. C'est la maîtrise de cette mécanique qui établit, dès les débuts, le parlementarisme anglais sur des bases si solides. Mais on en trouve aussi la préoccupation, et la pratique, aux origines du régime parlementaire français. Mirabeau déjà, à l'encontre du système de séparation des pouvoirs retenu par le constituant, et en particulier de l'incompatibilité des fonctions ministérielles avec le mandat de député, soulignait que « les premiers agents du pouvoir exécutif sont nécessaires dans toute assemblée législative » car « ils composent une partie des organes de son intelligence »[1]. Thouret, l'auteur principal du texte de 1791 dans sa version définitive, fit encore une ultime tentative en ce sens, le 13 août 1791, et dénonce dans l'incompatibilité un « état d'antipathie et de discordance contraire à l'esprit sain et solide d'une Constitution ». Il est résulté de ces diverses résistances que la Constitution de 1791, aussi dans cet ordre, est beaucoup moins cloisonnée qu'on croit[2]. Au début de la Restauration, le problème est très bien perçu par nombre d'auteurs, notamment par Vitrolles et Chateaubriand, alors même que le principe du gouvernement est monarchique et que le régime parlementaire anglais n'est pas encore reçu comme un modèle qu'il faut imiter, et arrive d'ailleurs à peine à maturité. Guizot pose le problème sous une forme interrogative : « Est-ce au gouvernement que doit appartenir la majorité, ou à la majorité que doit appartenir le gouvernement ? »[3], qui traduit bien la perception d'une interaction impliquée par la notion même de responsabilité. De même Vitrolles pour qui il faut que « la majorité de la Chambre exerce une influence utile sur la formation du ministère, et que les ministres puissent à leur tour trouver dans cette majorité un appui continuel »[4]. Villèle a porté au plus haut cette mainmise légitime, laquelle définit le « gouvernement de majorité » (le mot est de lui[5]), qui d'un simple mouvement sémaphore de son coupe-papier d'ébène gouvernait dans la Chambre le moindre battement de sourcil de ses *ventrus*. La présence dans les Chambres des membres

---

1. *Archives parlementaires,* IX, p. 710.
2. L'incompatibilité de fonctions à leur endroit était sévère, mais les ministres n'en avaient pas moins une place marquée dans la salle des séances de l'Assemblée et devaient être entendus, du moins sur des objets relatifs à leur département, quand ils le demandent – comme en régime parlementaire, dont c'est une note inséparable. Ce fut, parmi d'autres, l'un des traits qui inclinèrent à un glissement vers ce régime.
3. *Du gouvernement représentatif et de l'état actuel de la France,* Paris, 1816. V. encore Villemain, *Le Roi, la Charte et la monarchie,* Paris, s.d. (1816).
4. *Du ministère dans le gouvernement représentatif,* Paris, 1815. Cf. Yves Mény, *La pensée politique du baron de Vitrolles,* Rennes, Mémoires de DESS, 1972, Cujas, 23333/49.
5. Joseph de Villèle, *Mémoires,* V, p. 181.

du gouvernement et même de ses principaux membres, sans laquelle « tout gouvernement serait évidemment trop faible » (comme l'a dit de Serre), sera effectivement la pratique sous la Restauration, de la dissolution de la Chambre introuvable jusqu'à la réaction royale qui, en 1830, entraînera la révolution. Mais c'est au début de la Monarchie de Juillet que cet aspect dynamique de la responsabilité de l'exécutif trouve sa traduction procédurale. En effet, l'interpellation, expression de la dynamique parlementaire, née de l'habitude prise par les ministres sous la Restauration de répondre aux questions posées par les députés dans le cadre de la discussion des lois[1], suscite, dès 1831, la pratique nouvelle de la question de confiance. « On peut dire, écrit Jehan de Malafosse, que l'interpellation à peine formée engendre tout naturellement son antidote tactique. Attaque et contre-attaque organisées font désormais partie de la stratégie parlementaire. (...) (Casimir Périer) utilise les institutions parlementaires pour affirmer son autorité sur l'Assemblée. Interpellé, en septembre 1831, sur les affaires étrangères par Mauguin, le "père de l'interpellation", Casimir Périer retourne le procédé contre son inventeur qui rend d'ailleurs hommage à son habileté » (*Archives parlementaires*, t. LXX, p. 50). Le chef du gouvernement déclare qu' « il s'agit de la confiance publique qui cherche un appui » et alors que l'interpellateur s'efforce d'esquiver sans vote un débat qui a mal tourné pour l'opposition, Casimir Périer demande, au contraire, le vote d'un ordre du jour motivé favorable à sa politique. « Il faut, dit-il, dans tout gouvernement représentatif que le pouvoir exécutif trouve un appui, une majorité dans les chambres et quand il s'est expliqué sur un système, il faut qu'on sache si les chambres veulent s'y associer » (*ibid.*, p. 87). Le président de l'Assemblée constate avec placidité que l'un est « en dehors du règlement », comme en matière d'interpellation, mais que, « si la chambre le désire, il fera voter sur l'ordre du jour motivé ». Ce qui a lieu. Grâce à cette « voie révolutionnaire », on sait désormais que « la France a un gouvernement fort et une majorité », commente Thiers. Casimir

---

1. Les tentatives au début de la Restauration visant à obliger les ministres à répondre aux questions posées sur un mode spécial avaient échoué. Il semble que la dernière (en 1820) ait été celle de Camille Jordan.

Périer a donc mis à profit l'attaque de ses adversaires pour retourner la situation en sa faveur en donnant à sa majorité l'occasion d'affirmer sa cohésion. C'est en cela qu'il prélude aux gouvernements d'un Thiers, deuxième manière (1871), et plus encore d'un Clemenceau. En réponse à un contrôle accru des assemblées, il lance un nouveau style de gouvernement : « le *gouvernement offensif* »[1]. La responsabilité gouvernementale apparaît ainsi non comme une arme à sens unique, dirigée par le Parlement contre l'exécutif, mais comme la marque même de l'autonomie de celui-ci. On peut rappeler aussi, à cet égard, un incident significatif opposant, en décembre 1945, devant la première Assemblée constituante, le général de Gaulle, président du gouvernement provisoire, à André Philip, député socialiste. Celui-ci défendait un amendement visant à la réduction des dépenses militaires. De Gaulle ayant affirmé qu'il démissionnerait dans le cas où l'amendement serait adopté, le député socialiste lui répondit en invoquant la logique du régime conventionnel, refusant au chef du gouvernement le droit même de poser la question de confiance. À quoi le chef du gouvernement répliquait : « Vous êtes parfaitement en droit de vouloir une diminution des crédits militaires, mais, moi, je suis en droit de penser que cette diminution serait préjudiciable aux intérêts supérieurs de l'État et du pays. J'ai donc le devoir de vous dire que si vous, assemblée souveraine, vous votez la diminution des crédits militaires, moi, président du gouvernement provisoire, je ne conserverai pas les responsabilités qui m'incombent. » « Pour André Philip, commente François Goguel, le gouvernement est vraiment l'exécutif, et rien de plus, il doit "exécuter" les décisions de l'Assemblée nationale. Pour le général de Gaulle, le gouvernement est beaucoup plus que le simple exécutant des décisions du Parlement, il a une responsabilité propre, il a un droit de jugement sur l'opportunité d'une mesure : si les votes parlementaires le mettent dans l'impossibilité de faire ce qu'il juge nécessaire, il a non seulement le droit, mais le devoir de renoncer à sa responsabilité. »[2]

---

1. *Histoire des institutions et des régimes politiques de la Révolution à la IVe République*, Paris, Montchrestien, 1975, p. 89-90.
2. *Les institutions politiques françaises*, Paris, Les Cours de Droit, 1968, t. I, p. 129-130.

67 Non-usage de la question de confiance. — Cette responsabilité propre qui confère à l'exécutif son autonomie, même dans le cadre d'un régime d'assemblée, n'existe pas dans le régime directorial suisse, marqué à cet égard par son caractère « conventionnel ». On relève, en 1965, un incident survenu entre une majorité du Conseil national (la Chambre basse fédérale) et le conseiller Chaudet, chef du département militaire, incident comparable à celui qui vient d'être rapporté, mais qui n'a pas provoqué la démission du ministre visé (v. n° 125) parce que la question de confiance lui était interdite par les conventions constitutionnelles. Parallèlement, le cas du conseiller Chaudet est exceptionnel : normalement, l'Assemblée fédérale s'abstient de sanctionner la responsabilité gouvernementale. On ne saurait dire que celle-ci n'existe pas, mais son caractère est doublement limité : du côté de l'exécutif qui ne peut exercer de pression sur l'Assemblée et, en conséquence doit, le cas échéant, se soumettre aux vues de celle-ci ; et du côté du Parlement qui renonce, en principe, à mettre en jeu la responsabilité gouvernementale (v. n° 59). Dans le régime présidentiel, la responsabilité de l'exécutif ne saurait non plus être utilisée comme un moyen de pression sur les chambres. Étant admis que le Congrès et la présidence ont été constitués dans une indépendance formellement parfaite (sauf l'hypothèse d'un détournement de la procédure d'*impeachment*), il faut reconnaître encore que le président, s'il veut agir, a besoin du concours des chambres, alors que le Congrès n'est en aucune façon dépendant du président. En effet, le président ne détient aucun moyen constitutionnel, ni, du reste, politique, qui lui permette de s'assurer une majorité dans les chambres, alors que le Congrès peut toujours outrepasser un veto présidentiel. Cette hypothèse n'est pas si exceptionnelle, qui manifeste pourtant que le président ne dispose même plus de l'appui d'un tiers au moins de l'une des chambres du Congrès. C'est assez dire si la logique du régime présidentiel est éloignée de celle du régime parlementaire. Ainsi que le relève en 1983 le *Chief Justice* Burger dans l'arrêt Chadha (v. n° 106) en reprenant les termes de l'arrêt Myers (1926), il est absolument clair que les constituants « ont placé certaines valeurs au-dessus de l'efficacité ».

Cette philosophie libérale, qui préfère l'absence de décision à la décision qui résulterait automatiquement de l'appui d'une majorité parlementaire, est également conforme au principe fédéral, qui tend à limiter les pouvoirs d'intervention de la fédération pour mieux garantir l'autonomie des États. L'interprétation de la volonté des fondateurs vient ainsi légitimer les conditions du fonctionnement contemporain des institutions, mais on ne saurait dire qu'en l'occurrence elle le fasse à contresens. Comme un premier ministre en régime parlementaire, le président peut tout s'il dispose de l'appui du Congrès ; il ne peut plus grand-chose lorsque cet appui lui fait défaut, même si, à l'inverse de ce qu'implique le principe parlementaire, cette circonstance ne peut avoir pour effet de le conduire à démissionner. Aussi bien, aucun président n'a jamais brandi cette menace pour convaincre, par exemple, une partie du Congrès de soutenir un veto présidentiel. Pas plus qu'en Suisse, la question de confiance n'est envisageable aux États-Unis. Elle l'est moins encore dès lors qu'une même personne (et non un organe collégial) cumule à elle seule les qualités de chef de l'État et de gouvernement, et qu'en conséquence – selon l'interprétation que la Constitution a reçue de la pratique – ses rapports directs avec les chambres sont limités à ce qui est strictement nécessaire.

68 LES TRADUCTIONS DU PRINCIPE DE MAJORITÉ. — Parlant du régime constitutionnel suisse, Jean-François Aubert écrit : « Nous répétons que tout revient à une question de majorité. Quand la majorité est solide, tous les systèmes se valent, et le gouvernement, parlementaire, présidentiel ou collégial (*i.e.* directorial), peut agir fortement. La pierre de touche d'un système, c'est l'absence de majorité, et nous croyons qu'ici le nôtre soutient avantageusement la comparaison. »[1] Et en effet chacun des trois types de régimes représentatifs et démocratiques est fondé, par nature, sur le principe de majorité, c'est-à-dire sur l'existence d'un lien juridique de dépendance de l'exécutif à l'égard de la majorité au Parlement. Mais ce lien de dépendance existe à des degrés divers et selon des formules différentes dans chacun des systèmes constitutionnels. Dans le régime parlementaire, il se traduit en termes de responsabilité et implique le pouvoir qu'a la majorité de révoquer le gouvernement (mais non le chef de l'État) et en contrepartie la possibilité qu'a le gouvernement de

---

1. *Op. cit.*, n° 1510.

faire pression sur la majorité en mettant en jeu sa responsabilité. Le régime parlementaire confère ainsi le maximum d'autonomie à l'exécutif dans ses rapports avec la majorité. Dans le régime présidentiel, le lien de dépendance se traduit en termes de séparation et implique le pouvoir qu'a la majorité du Congrès de refuser son concours au président sans que celui-ci dispose de moyen juridique de pression sur elle. Dans le régime directorial enfin, la dépendance confine à la subordination et implique le pouvoir qu'a, en dernière instance, la majorité, de contraindre l'exécutif de se ranger à ses vues. Envisagées en ces termes, l'analyse et la typologie classiques des régimes, fondées sur les notions de collaboration, séparation et confusion des pouvoirs, se révèlent en fin de compte, quoique trop systématiques, moins formelles qu'il n'y paraissait. Cette classification traditionnelle, basée sur l'agencement des fonctions et des organes – et c'est à cet égard qu'il conviendrait de renoncer au terme, à la fois abstrait et équivoque, de « pouvoirs » – correspond à des formules distinctes d'aménagement du principe de majorité.

En se définissant par la responsabilité du gouvernement devant le Parlement, en exigeant ainsi le maintien permanent de l'accord entre majorité et gouvernement, le régime parlementaire va au bout de la logique du principe majoritaire. C'est en cela qu'il constitue un modèle institutionnel relativement simple. Certes, il est incontestable que l'adoption du régime parlementaire par les États d'Asie et d'Afrique qui ont accédé à l'indépendance après la Seconde Guerre mondiale a conduit à un échec, qui s'est ensuite traduit par l'avènement de régimes dictatoriaux ou, au moins, de type présidentialiste. Les désillusions du parlementarisme sont, selon R.-G. Schwartzenberg, de trois ordres : « En premier lieu, le régime parlementaire semble subtil (distinction du chef de l'État et du chef du gouvernement) et fragile (vulnérabilité aux crises ministérielles). (...) En second lieu, le régime parlementaire valorise l'opposition. Il suppose une opposition cohérente, prête à prendre la relève de la majorité au pouvoir. Il tend à mettre sur le même plan le gouvernement et l'opposition. (...) Enfin, un régime parlementaire s'adapte mal à un encadrement autoritaire du développement économique. »[1] Mais ces désillusions du parlementarisme ne procèdent-elles pas tout ensemble

---

1. *Sociologie politique,* Paris, Montchrestien, 1974, p. 294.

de l'actuelle impossibilité où se trouvent ces pays d'assumer la démocratie et l'État de droit ? En dépit de l'apparente complexité de sa structure organique, le fonctionnement des régimes parlementaires est moins subtil que celui des régimes présidentiel et directorial, car il postule clairement l'alternative entre la concentration des pouvoirs dans les mains du gouvernement responsable et la mise en jeu de sa responsabilité, et non pas un comportement général de *self restraint*, qui seul assure le bon fonctionnement des autres types de démocraties représentatives. C'est pourquoi le régime parlementaire est plus aisément transposable et applicable dans un contexte institutionnel vierge et dans un cadre politique encore conflictuel. Parmi les neuf grandes démocraties que nous envisageons, sept vivent en régime parlementaire. Trois des grandes démocraties européennes, l'Allemagne fédérale, l'Italie et l'Espagne, ont pourtant fait l'expérience du totalitarisme ou d'un régime autoritaire. Par ailleurs, l'adoption durable du régime parlementaire par le Japon, pays certes très occidentalisé, mais que sa culture politique et son histoire récente ne prédisposaient pas à une réception facile de ce type de régime, et surtout par l'Inde, témoigne de la vocation du parlementarisme à s'adapter à d'autres contextes sociologiques que celui de l'Occident.

À l'inverse, le régime présidentiel, tel qu'il fonctionne aux États-Unis, et le régime directorial de la Suisse ne pratiquent pas cette logique radicale du principe majoritaire. Le fonctionnement équilibré de ces régimes – caractérisé par une tendance à la primauté présidentielle de fait aux États-Unis, et par une réelle autonomie du Conseil fédéral en Suisse – est le résultat pragmatique d'une autolimitation des organes réglée par la coutume et les usages. La contention parlementaire, en particulier, est commandée par la nécessité objective de la montée en puissance de l'exécutif et de la primauté de l'action gouvernementale – en particulier en matière législative – dans les démocraties contemporaines. Il est clair enfin que cette autolimitation trouve d'autant mieux à se faire jour que le système politique est intégré et globalement consensuel. Le recours à des formules qui évitent l'émergence de situations de crise déclarée, caractérisant le régime parlementaire, ne peut dès lors être dissocié des systèmes politiques respectifs des États-Unis et de la Suisse. Ainsi la collaboration des pouvoirs entre le Congrès et le président fonctionne-t-elle en interaction avec la structure spécifique du bipartisme américain, si différent de celui qui existe dans les autres pays anglo-saxons, et génératrice du caractère particulier de la majorité, composite et souple, aux États-Unis (v. n° 102). De la même manière, le fonctionnement très particulier du régime directorial en Suisse est intimement lié à la structure politique du système de partis qui a permis la mise en place de la *formule magique* du gouvernement proportionnel (v. n° 123). Aussi bien serait-il vain de prétendre décréter par des textes cette autolimitation, qu'il s'agisse en particulier de celle du Congrès américain, qui s'abstient, en règle générale, de paralyser l'action de la présidence, ou de celle de l'Assemblée fédérale suisse qui renonce à sanctionner la responsabilité des membres du Conseil fédéral. Les partis politiques sont aussi, en régime parlementaire, tributaires du mode de fonctionnement de ce type de régime, en même temps qu'ils contribuent à le déterminer. Là encore, cette interaction est inéluctable. Ainsi, il serait abusif de croire que le régime présidentiel, ou le régime directorial, pourrait être simplement transposé, assorti de tous ses avantages, dans un système politique plus conflictuel, auquel répondent mieux les règles plus simples du gouvernement parlementaire.

On peut ainsi, sur la base d'un critère politique en partie déterminé par la logique des divers systèmes constitutionnels, distinguer les démocraties parlementaires – qui sont des démocraties de compétition – d'avec des démocraties de compromis que sont les régimes politiques des États-Unis et de la Suisse. Au-delà des différences profondes entre leurs systèmes constitutionnels, ces deux démocraties ont en commun cette importante propriété : leur gouvernement n'est pas, comme en régime parlementaire, un gouvernement de parti(s). Le rôle des partis politiques dans les démocraties de compromis est essentiel au fonctionnement de la logique d'autolimitation qui assure le maintien du compromis ; mais cela implique que ce rôle soit plus réduit que dans les régimes politiques vivant sous les règles du parlementarisme. Cette limitation du rôle des partis est compensée, dans les démocraties de compromis, par la place de la démocratie plébiscitaire aux États-Unis, qui s'exprime à travers l'élection présidentielle, par celle, en Suisse, des procédures de démocratie directe. Elle s'accompagne, dans les deux pays, de taux très forts de non-participation aux divers scrutins, qui distinguent encore, symptomatiquement, les démocraties de compromis des démocraties de compétition que sont les régimes parlementaires.

Pour aller plus loin

69 La question de la nature juridique des différents systèmes constitutionnels démocratiques n'a pas suscité la même abondance de littérature que les aspects théoriques et institutionnels abordés aux chapitres précédents. Il n'existe en la matière aucune synthèse générale sauf dans la doctrine italienne la plus actuelle, dans le contexte de la révision de la Constitution : v. G. Sartori, *Comparative Constitutional Ingeneering. An Inquiry into Structures, Incentives and Outcomes,* Londres, Macmillan, 1994, un essai passionnant et discuté ; S. Gambino, *Democrazia e forme di governo ? Modelli stranieri e riforma costituzionale,* Rimini, Maggioli, 1997 ; L. Pegoraro et A. Rinella, Forme di governo, definizione, classificazioni (chap. 1er), *in* L. Pegoraro et A. Rinella (dir.), *Semi-presidenzialismi,* Quaderni giuridici dell'Università di Trieste, Padoue, Cedam, 1997. M. Volpi, *Libertà e autorità, La classificazione delle forme di Stato e delle forme di governo,* Turin, Giappichelli, 2000. Le critère traditionnel de classification fondé sur la séparation des pouvoirs est utilisé et analysé par certains auteurs de manuels de droit constitutionnel. Les plus clairs à cet égard sont celui de M. Prélot et J. Boulouis (*Institutions politiques et droit constitutionnel,* Paris, Dalloz, 10e éd., 1987) et celui de J. Cadart (même titre, Paris, LGDJ, 2e éd., 1979).

Le livre le plus remarquable par sa conception, la critique développée et l'abondance des données de première main est celui de M. Troper, *La séparation des pouvoirs et l'histoire constitutionnelle française,* Paris, LGDJ, rééd., 1980. La *revised version* la plus audacieuse, et séduisante, est celle de C.-M. Pimentel, *La main invisible du juge : l'origine des trois pouvoirs et la théorie des régimes politiques,* thèse, Paris II, 2000. V. également R. Moulin, *Le présidentialisme et la classification des régimes politiques,* Paris, LGDJ, 1978. Les grands traités de science politique, celui de G. Burdeau (cit., t. V : *Les régimes politiques*) et celui de M. Grawitz et J. Leca (*Traité de science politique,* t. II : *Les régimes politiques contemporains,* Paris, PUF, 1985) tiennent à se distancer des classifications traditionnelles et n'envisagent pas (ce n'est pas leur propos) de critères juridiques de classification. La tendance est la même chez les auteurs anglo-saxons : v. not. G. A. Almond et G. B. Powel, *Comparative Politics System,* Boston, Little Brown, 1978 ; A. Lijphart, *Democraties,* New Haven, Yale University Press, 1984. Il faut donc examiner les points de vue par catégorie de régime.

Sur le régime parlementaire : la théorie du régime parlementaire est synthétisée, de manière classique, dans le premier ouvrage de G. Burdeau, *Le régime parlementaire dans les constitutions européennes d'après-guerre,* Paris, 1932 (v. aussi la remarquable synthèse de R. Capitant, Régimes parlementaires, *Mélanges Carré de Malberg,* Paris, 1933, p. 33 et s.). P. Lalumière et A. Demichel, dans *Les régimes parlementaires européens,* Paris, PUF, coll. « Thémis », 2e éd., 1978, sont pénétrés de la vulgate sociologique des années 1960. Au contraire, J.-C. Colliard, *Les régimes parlementaires européens,* Paris, FNSP, 1978, démontre implicitement à partir d'une définition minimale, que la logique juridique du parlementarisme développe des conséquences dans le fonctionnement des institutions qui sont propres à cette catégorie : v. Ph. Lauvaux, *Le parlementarisme,* Paris, PUF, coll. « Que sais-je ? », n° 2343, 1997.

Sur les formes diverses du parlementarisme, v. le grand ouvrage de K. von Beyme, *Die parlamentarischen Regierungssysteme in Europa,* Munich, Piper, 1970 ; D. Turpin, *Le régime parlementaire,* Paris, Dalloz, série droit public, 1997 ; la meilleure synthèse comparatiste est due à S. Ceccanti, Il modello neo-parlamentare : genesi e sviluppi, in *Scritti Galeotti,* Milan, Giuffrè, 1997 ; *La forma di governo parlamentare in trasformazione,*

Bologne, Il Mulino, 1997 ; G. Lombardi, Modelli di governo parlamentare razionalizzato. Riflessioni introduttive, in S. Gambino (dir.), *Democrazia e forme di governo*, Rimini, Maggioli, 1997, p. 329 et s. ; M. Volpi, *Lo scioglimento anticipato del parlamento e la classificazione dei regimi contemporanei* (publications de la Faculté de droit de Pérouse), Rimini, Maggiori, 1983. V. encore de J.-C. Colliard, L'élection du Premier ministre et la classification des régimes parlementaires, in *Mélanges Avril,* Paris, Montchrestien, 2001, p. 517-553, contribution de toute importance pour la théorie des classes.

Sur les gouvernements minoritaires : v. K. Strom, *Minority Government and Majority Rule,* Cambridge University Press, 1990, doté de tableaux fort utiles, couvrant tous les pays ; Edwin Matutino, *Les gouvernements minoritaires dans les régimes parlementaires contemporains depuis 1945,* thèse, Paris II ; Benoît Jeanneau, Pour une réhabilitation des gouvernements dits minoritaires, in *Mélanges Avril,* Paris, Montchrestien, 2001, p. 533-554, contribution précieuse s'agissant aussi du thème, d'ordinaire passablement délaissé, du « parlementarisme négatif » ; P. Bon, Las Constituciones espanola y francesa frente alfenomeno del gobierno minoritario, *Rivista Juridica de Navarra,* 22 (juil.-déc. 1996).

Sur le régime présidentiel : B. Gilson, *La découverte du régime présidentiel,* Paris, LGDJ, 1992, 2e éd. (la première est de 1968) ; W. Wilson, *Le gouvernement congressionnel,* trad. fr., Paris, 1901 ; J.-L. Seurin (dir.), *La présidence en France et aux États-Unis,* Paris, Economica, 1986 ; K. von Beyme, *Die präsidentielle Regierunssyteme der Vereinigten Staten in der Lehre der Herrschafts formen,* 1967. V. aussi J. Cadart, La transposition en France du régime présidentiel des États-Unis, une opération difficile et risquée, *Mélanges J. Lambert,* Paris, 1974, p. 559 et s. ; J. Lambert, La transposition du régime présidentiel hors des États-Unis : le cas de l'Amérique latine, *RFSP,* 1963, p. 583 et s. ; Ph. Lauvaux, L'illusion du régime présidentiel, in *Mélanges Pierre Avril,* Paris, Montchrestien, 2001, p. 329-347. M. Duverger (dir.), *Les régimes semi-présidentiels,* Paris, PUF, 1986 : ces régimes (Finlande, France, Portugal, Allemagne de Weimar) sont tous, comme l'on pourra constater, des régimes parlementaires. L. Pegoraro et A. Rinella (dir.), *Semipresidenzialismi,* Quaderni giuridici dell'Università di Trieste, Padoue, Cedam, 1997 ; Armel Le Divellec, Parlementarisme dualiste : entre Weimar et Bayeux, *Revue française de droit constitutionnel,* n° 20, p. 749 et s. : article d'une grande implication pour la construction d'un modèle théorique du parlementarisme à correctif présidentiel. V., sur Weimar, l'article de Stefano Ceccanti, dans *Semipresidenzialismi* (précité). D'A. Le Divellec : La neutralisation de la Présidence en Autriche, *Revue française de science politique,* n° 6, p. 936 et s. ; La chauve-souris, in *Mélanges Avril,* Paris, Montchrestien, 2001, p. 349-362, où l'auteur établit la notion de régime parlementaire « à captation présidentielle ». V. les travaux les plus récents et toujours stimulants de S. Ceccanti, *Il premierato. Matrici ideali e traduzione nell'oggi,* communication à la Fondation Italianieuropei, Rome, 9 janvier 2003 ; L'elezione del Governo e lo scioglimento anticipato delle Camere nei Paesi dell'Unione europea, avril 2003.

Le point de vue critique : J. J. Linz et A. Valenzuela, *The Failure of Presidential Democracy. Comparative Perspectives,* Baltimore-Londres, John Hopkins University Press, 1994 ; J.-F. Revel, *L'absolutisme inefficace, ou contre le présidentialisme à la française,* Paris, Plon, 1992 : essai d'une admirable acuité.

Sur démocraties de l'Europe centrale et orientale : J.-P. Massias, *Droit constitutionnel des États de l'Europe de l'est,* PUF, coll. « Droit fondamental », 1999 ; S. Milacic, Les ambiguïtés du constitutionnalisme postcommuniste, in *Le nouveau constitutionnalisme. Mélanges en l'honneur de Gérard Conac,* Paris, Economica, 2001. Sur l'impact des différents modèles sur ces institutions : C. Castano, La construction de l'institution présidentielle dans les pays de l'est, *in* Y. Mény (dir.), *Les politiques du mimétisme constitutionnel,* Paris, L'Harmattan, 1993.

Sur le régime directorial et les régimes dits conventionnels et d'assemblée : le bel et classique ouvrage de P. Bastid, *Le gouvernement d'assemblée,* Paris, Cujas, 1956, présente pour nous l'inconvénient d'entretenir une confusion entre les éphémères régimes de la Révolution française et le régime suisse. V. aussi Robinet de Cléry, *Le gouvernement d'assemblée et la Suisse*, *Revue de droit suisse*, 1962, 1, p. 173 et s. ; B. Chantebout, Le régime parlementaire moniste, gouvernement d'assemblée, *Mélanges Burdeau*, Paris, LGDJ, 1977, p. 43 et s.

Sur les différents aspects de la responsabilité, v. notamment : P. Desmottes, *De la responsabilité pénale des ministres en régime parlementaire français*, Paris, LGDJ, 1968 ; H. Desfeuilles, *Le pouvoir de contrôle des parlements nordiques*, Paris, LGDJ, 1973, ouvrage irremplaçable ; Marguerite Boulet-Sautel *et al.*, *La responsabilité à travers les âges*, Paris, Economica, 1989 ; D. Baranger, *Parlementarisme des origines*, Paris, PUF, coll. « Léviathan », 1999, qui, échappant aux ressassements d'usage, opère un développement original et sûr du concept. G. Glénard, *L'exécutif et la Constitution de 1791*, thèse, Paris II, 1999. C. Emeri, De l'irresponsabilité présidentielle, *Pouvoirs*, 41 (1987), p. 133 et s. ; C. Bigaud, *La responsabilité pénale des hommes politiques*, Paris, LGDJ, coll. « Systèmes », 1996 ; C. Bidégaray et C. Emeri, *La responsabilité politique*, Paris, Dalloz, coll. « Connaissance du droit », 1998 ; P. Ségur, *La responsabilité politique*, Paris, PUF, coll. « Que sais-je ? », n° 3294, 1998 ; O. Beaud, « Le traitement constitutionnel du sang contaminé, *RDP*, 4 (1997). O. Beaud et M. Blanquer (dir.), *La responsabilité des gouvernants*, Paris, Descartes & Cie, 1999, v. not. les contributions de P. Avril, C.-M. Pimentel, p. 57-94. D. Chagnollaud (dir.), *Responsabilité pénale et vie publique en France et à l'étranger*, Paris, Éditions Panthéon-Assas, 2002.

Les textes constitutionnels utilisables pour les chapitres suivants sont, à l'exception des constitutions du Japon et de la Suède, réunis dans le recueil édité par S. Rials et D. Baranger, *Textes constitutionnels étrangers*, Paris, PUF, coll. « Que sais-je ? », n° 2060, 2060.

DEUXIÈME PARTIE

LES DÉMOCRATIES DE COMPROMIS : LES ÉTATS-UNIS, LA SUISSE

Chapitre 1
Les États-Unis

Introduction historique

70 LA CONTINUITÉ CONSTITUTIONNELLE. — La plus ancienne des constitutions écrites en vigueur aujourd'hui, la Constitution américaine, est aussi l'une des plus rigides. La rigidité est, on l'a dit, la caractéristique dominante du constitutionnalisme moderne (v. n° 41). Elle peut cependant n'être que factice si c'est le pouvoir législatif lui-même qui est juge de la conformité de ses propres règles à la constitution, car cela aboutit à vider de son sens la distinction entre pouvoir constituant et pouvoirs constitués (v. n° 42). Pour les constituants américains de 1787, inventeurs du fédéralisme moderne, la garantie de cette distinction s'imposait d'autant plus que le compromis fédéral installait une pluralité de pouvoirs législatifs souverains dans leur domaine respectif. La garantie de l'autonomie se trouvait clairement conditionnée par la soumission du législateur fédéral à la Constitution et la participation des États au processus de révision constitutionnelle. Sur ce second point, le constituant a donc établi une procédure très exigeante quant à l'adoption des amendements constitutionnels. Aux termes de l'article V de la Constitution, l'initiative de la révision appartient au Congrès statuant à la majorité des deux tiers dans chaque chambre, ou bien, sur la demande des législatures des deux tiers des États, à une convention convoquée à cet effet par le Congrès. Une fois votés, les amendements doivent être ratifiés par les législatures des trois quarts des États ou par les conventions réunies *ad hoc* des trois quarts des États. De plus, la représentation paritaire des États au sénat fédéral, base du compromis constituant et garantie du principe de participation ès qualités des États au pouvoir fédéral, est spécialement protégée : aucun État ne peut, sans son consentement, être privé de son suffrage égal au Sénat (art. V, *in fine*).

Ainsi, le fédéralisme verrouille solidement le processus constituant. En témoigne la rareté des amendements finalement ratifiés, si l'on considère que les dix premiers, le *Bill of Rights,* font substantiellement partie du compromis constituant originaire (v. n° 72) : 16 amendements seulement, ratifiés entre 1798 et 1971. Chaque procédure de révision précise en effet un délai dans lequel doit intervenir la ratification par les trois quarts des États (généralement sept ans). Dans l'hypothèse où cette condition n'est pas remplie à l'expiration du délai, l'amendement devient caduc. C'est ce qui s'est produit, en dernier lieu, pour l'*Equal Rights Amendment* (ERA) qui visait à garantir une pleine égalité entre les sexes et qui a manqué de justesse la ratification de trois quarts des États dans le délai prévu, expiré en juin 1982, ainsi que pour l'amendement tendant à assurer la représentation au Congrès du district de Columbia, dont le délai de ratification expirait en août 1985. Il existe une exception, qui concerne la procédure la plus récemment mise en œuvre, avec l'adoption du 27ᵉ amendement (7 mai 1992), et qui fait l'effet d'une bizarrerie constitutionnelle. D'importance très secondaire, il prévoit qu'aucune loi modifiant la compensation (indemnité) offerte aux membres du Congrès ne peut entrer en vigueur avant l'élection d'une nouvelle Chambre des représentants. Il s'agit d'un amendement originellement inclus dans le *Bill of Rights* de 1789, qui en comportait 13. Dix avaient donc été ratifiés par les législateurs des trois quarts des États. Celui-ci, le douzième, ne l'avait été que par 6 États sur 13 entre 1789 et 1791. Aucun délai limite de ratification n'était prévu lors de ce premier processus révisionnel. Entre 1978 et 1992, 32 États ont décidé de ratifier ce texte, devenu par suite le 27ᵉ amendement. Tous les amendements passés, sauf un, ont été proposés par le Congrès et ratifiés ensuite par les législatures des États. Seul le 21ᵉ amendement, voté par le Congrès en 1933, qui concerne le rappel du 18ᵉ amendement, de 1919, sur la prohibition, a fait l'objet d'une ratification par des conventions convoquées à cet effet par le Congrès, parce que la voie habituelle risquait d'échouer.

Quelle que soit l'importance de certains des amendements – notamment en ce qui concerne les droits civiques et l'extension du suffrage –, il est clair qu'ils ne bouleversent pas le plan et le contenu originels de la Constitution. Or les États-Unis ont connu depuis deux cents ans un développement constitutionnel considérable. Formellement, la Constitution est restée celle que les *Founding Fathers* ont élaborée, dans un délai très court, pour fédérer 13 petites républiques, à l'économie essentiellement rurale, peuplées de quatre millions d'habitants dont deux millions et demi de colons, seuls appelés à la citoyenneté du nouvel État, à l'exclusion des populations autochtones et des Noirs. Les conditions nouvelles, les changements considérables que ce texte a progressivement été conduit à assumer en ont profondément modifié le contenu réel. « Mais si nous revenons au texte de base de 1789, écrit Edmond Orban, nous pouvons dire que, déjà à la fin du siècle des Lumières, ceux qui voulaient à la fois développer le capitalisme et unifier le pays ont réussi à forger un outil remarquable et bien en avance sur ce qui existe dans la plupart des pays à cette époque. Le phénomène est d'autant plus étonnant si l'on considère le peu de précédents dont on disposait alors en cette matière et les moyens artisanaux utilisés dans une société encore au stade préindustriel. La modernité de cette Constitution offre un singulier contraste avec la société qu'elle est supposée venir encadrer à cette époque. »[1] « De génération en génération, écrit en 1943 le juge à la Cour suprême Frankfurter *(Martin v. Struthers)*, on rendra hommage à la sagesse prophétique des rédacteurs de la Constitution, qui l'ont conçue en termes larges, afin qu'elle puisse s'adapter aux changements radicaux de notre société – changements qu'ils savaient inévitables encore qu'ils n'aient pu les prévoir – et qu'elle conserve toujours sa vitalité. »[2] Rigide quant à sa procédure de révision, la Constitution est flexible quant à son interprétation et c'est à cela qu'elle doit d'être durable. Elle reste le cadre de référence et, à bien des égards, ses principes continuent d'être respectés. Elle n'en a pas moins connu de profondes transformations qui sont essentiellement informelles puisqu'elle est particulièrement garantie à l'égard des

---

1. *Le système politique des États-Unis*, Presses de l'Université de Montréal et Bruxelles, Bruylant, p. 30.
2. V. A. et S. Tunc, *Le système constitutionnel des États-Unis d'Amérique*, Paris, Domat, 1954, t. I, p. 77-78.

modifications formelles. Tous les organes constitués ainsi que l'opinion publique ont contribué à cette évolution. Mais le rôle essentiel en la matière a été accompli, et continue d'être exercé par la Cour suprême. Dans le célèbre arrêt *McCulloch v. Maryland,* rendu en 1819 (v. n° 74), le *Chief Justice* Marshall a très précisément qualifié la nature de la Constitution comme norme de référence et défini le devoir de développement constitutionnel qui incombe au juge : « Nous ne devons jamais oublier que c'est une constitution que nous interprétons (...). Cette disposition figure dans une constitution destinée à durer dans les âges à venir, et par conséquent à être adaptée aux crises variées des affaires humaines. Avoir prescrit les moyens par lesquels le gouvernement aurait dû, dans le futur, exercer ses pouvoirs aurait été changer entièrement le caractère de l'instrument et en faire un code. C'eût été une tentative déraisonnable que pourvoir par des règles immuables aux situations qui, à supposer qu'on ait pu les prévoir, eussent été prévues obscurément, et auxquelles on ne peut vraiment bien parer que lorsqu'elles surviennent. » Ce rôle essentiel de juge, et en particulier de la Cour suprême, dans le développement et l'évolution de la norme fondamentale a été dès le début, quoique de façon sporadique, le garant de la continuité constitutionnelle.

71 LES ARTICLES DE CONFÉDÉRATION. — La Déclaration d'indépendance du 4 juillet 1776, rédigée par Jefferson, consacre la rupture entre les treize colonies unies et la Grande-Bretagne. Quelques jours de débat avaient suffi aux membres du IIe Congrès continental, qui siégeait depuis 1775, pour prendre la décision de rompre les liens avec l'Empire britannique, dont l'autorité s'exerçait sur ces territoires depuis 1607, dès lors qu'avait été connue la nouvelle selon laquelle la Grande-Bretagne recrutait des mercenaires allemands pour réprimer les mouvements de sédition dans les colonies américaines. On ne reviendra pas ici sur la philosophie politique qui sous-tend la Déclaration de 1776 (v. n° 7). Durant une dizaine d'années, les colonies émancipées vivent dans un cadre constitutionnel très incertain. C'est en 1781, alors que la guerre avec la Grande-Bretagne se poursuit depuis cinq ans, que le Maryland décide d'adopter les *Articles de Confédération,* à la suite des douze autres États, et que l'Union dispose ainsi d'une constitution.

Dans le même temps, chaque État a élaboré sa propre Loi fondamentale. Les nouvelles républiques sont, durant une décennie, un véritable laboratoire constitutionnel dont l'influence sera considérable (v. n° 58). Aux termes des Articles de Confédération, « chaque État garde sa souveraineté, sa liberté, son indépendance et tout pouvoir, juridiction et droit qui n'a pas été expressément délégué par cette Confédération aux États-Unis assemblés en Congrès ». Les États restent ainsi les seuls dépositaires de la souveraineté et conservent toutes les prérogatives qui n'ont pas clairement été confiées au gouvernement confédéral, dont l'organisation provisoire, à la suite de la proclamation de l'indépendance, est restée en place. Au sein du Congrès, chaque État n'a qu'une voix. Les membres, désignés par les treize législatures, reçoivent un mandat impératif et doivent résoudre entre eux leurs différends pour exprimer la voix de leur État. L'exécutif, composé d'un délégué par État, dépend du Congrès. Les compétences du Congrès sont en principe celles que détenaient la Couronne et le Parlement britannique avant 1776. Mais le Congrès n'a pas le pouvoir de réglementer le commerce entre États : l'Union ne constitue pas un marché commun. Le Congrès fédéral prend cependant une décision d'importance. Par l'ordonnance de 1787, il détermine la procédure d'extension du territoire des États-Unis. Un territoire dont la population atteint 60 000 personnes peut demander au Congrès d'entrer dans l'Union sur un pied d'égalité avec les États existants. Ainsi, les États-Unis renoncent à être une puissance coloniale. Cette procédure, d'abord seulement applicable au Nord-Ouest, est étendue ensuite à l'ensemble des territoires ouverts aux pionniers.

Cependant, le peu de succès de l'expérience confédérale, particulièrement ressenti en matière économique, suscite un mouvement favorable à la formation d'une union à caractère national entre les États. Les partisans de cette réforme sont appelés les fédéralistes.

72 L'ÉLABORATION DE LA CONSTITUTION. — À la suite d'une controverse entre la Virginie et le Maryland sur les droits de navigation et de pêche dans les eaux du Potomac, une convention est réunie à Annapolis en septembre 1786, pour étudier la question du commerce entre les États, mais elle ne regroupe que les délégués des cinq États. Ceux-ci réclament la convocation d'une nouvelle assemblée, plus représentative, et qui aurait aussi pour tâche d'examiner toutes les questions relatives au fonctionnement de la Confédération. Elle se réunit à Philadelphie en mai 1787, sous la présidence de Washington, avec des délégués de tous les États à l'exception du Rhode Island. Le 17 septembre 1787, elle adopte le texte d'une nouvelle constitution, signé par la plupart des délégués, et le transmet au Congrès qui l'envoie, à son tour, aux législatures des États en vue de sa ratification dans chaque État par une convention élue *ad hoc*. Cette ratification démocratique s'imposait à raison du caractère révolutionnaire du processus constituant. La convention de Philadelphie a, sans équivoque possible, outrepassé le mandat qu'elle avait reçu de procéder à la révision des Articles de Confédération. Il appartenait donc aux constituants de rentrer dans leurs États respectifs afin d'y plaider pour ou contre la ratification qui était finalement le résultat d'un compromis entre fédéralistes et antifédéralistes. C'est là qu'interviennent les *Federalist Papers* – 85 articles réunis en recueil sous le titre *The Federalist* – rédigés par trois des membres les plus influents de la convention, Hamilton, Madison et Jay, sous le pseudonyme commun de Publius, en vue de favoriser la ratification du projet constitutionnel. Ces textes ont fourni aux fédéralistes une analyse des fondements de la Constitution leur permettant d'argumenter en faveur des thèses qui avaient prévalu à Philadelphie.

Au sein de la convention avait d'abord été présenté le « plan de la Virginie », promu par les grands États. Ce projet envisageait un système de gouvernement national partagé entre les trois pouvoirs. Le pouvoir législatif serait bicaméral, une chambre étant élue directement et élisant la seconde sur une liste proposée par les législatures des États, chaque État disposant dans l'une et l'autre chambre d'une représentation proportionnelle à sa population. Les pouvoirs du Congrès seraient relativement étendus et il élirait le président investi du pouvoir exécutif, pour la durée d'un mandat unique, ainsi que les membres de la juridiction judiciaire suprême. Pour assurer la prépondérance du gouvernement national, l'Union aurait le pouvoir de recourir à la contrainte fédérale contre un État qui manquerait à ses obligations. Contre ce projet, qui reflète les vues fédéralistes plutôt modérées de Madison, les petits États proposent le « plan du New Jersey », lequel consiste en une simple révision des Articles de

Confédération, conformément au mandat initial de la convention, et tend seulement à donner à la Confédération le pouvoir de lever des impôts et de réglementer le commerce entre les États et avec l'étranger. En ce qui concerne les organes, le Congrès désignerait un exécutif collégial et les membres du pouvoir judiciaire, limité à une seule Cour suprême, mais resterait une chambre dans laquelle chaque État disposerait d'une voix. Le plan du New Jersey est rejeté le 19 juin 1787 par 7 voix contre 3. Intervient alors le compromis proposé par le Connecticut qui consiste, selon l'expression de Madison, en un système « partie national, partie fédéral » : dans le Congrès bicaméral, le Sénat incarne le principe fédéral et les États y disposent d'une représentation égale, tandis que la Chambre est l'expression du principe national et les États y sont représentés en proportion de leur population. Les antifédéralistes acceptent de se rallier à ce compromis car, entre-temps, un projet plus centralisateur que le plan de la Virginie avait été proposé par Hamilton. Une transaction du même ordre intervient en ce qui concerne l'exécutif. Hamilton était partisan d'un exécutif pleinement indépendant du Congrès, avec un président élu par tout le peuple et inamovible à l'instar des juges, exerçant ses fonctions *during good behavior*. Ne pouvant faire prévaloir leur conception d'un exécutif directorial, les antifédéralistes acceptent l'institution d'un président élu à deux degrés, avec un système subsidiaire d'élection par la Chambre des représentants, à raison d'une voix par État, dont ils escomptent qu'il pourrait devenir la norme (v. n° 83). D'autre part, si le principe d'une séparation rigide des pouvoirs, et donc de l'indépendance du président à l'égard du Congrès, est affirmé, c'est une conception subordonnée de l'exécutif qui prévaut. Le pouvoir judiciaire, quant à lui, reste assez mal défini, constitué de la Cour suprême et de tribunaux dont la création est confiée au législateur.

La Constitution devait entrer en vigueur dès lors que neuf États sur treize l'auraient ratifiée. Le Delaware vota la ratification le 7 décembre 1787, bientôt suivi par la Pennsylvanie, la Géorgie, le Connecticut et le Massachusetts. En mars 1788, le Rhode Island rejette le projet mais, en juin suivant, neuf États ont déjà ratifié la Constitution – qui peut ainsi entrer en vigueur – lorsque se réunissent les conventions de la Virginie et de New York, deux États fondamentaux. Le débat y est vif et les ratifications y sont obtenues de peu. Le pas est cependant décisif et il devient politiquement possible, sans attendre une nouvelle décision du Rhode Island et celle de la Caroline du Nord, de fixer la date de l'élection du collège présidentiel, puis du président, et de la première session du nouveau Congrès. Durant la campagne sur la ratification, les antifédéralistes s'étaient inquiétés de l'absence de déclaration des droits dans la Constitution, craignant que celle-ci n'annule celles des États, adoptées, depuis 1776, à la suite du *Bill of Rights* de la Virginie (qui influencera même la Déclaration française de 1789). Lors de la première session du Congrès, Madison prit alors l'initiative de proposer un *Bill of Rights* susceptible de rassurer la minorité antifédéraliste. Ainsi furent proposés, le 15 septembre 1789, puis ratifiés le 15 décembre 1791, les dix premiers amendements à la Constitution, qui précisent notamment les limites constitutionnelles des pouvoirs du Congrès (1er amendement) et confirment le principe de la compétence de droit commun des États (10e amendement). Par la suite encore, le 11e amendement (ratifié en 1798) viendra préciser le principe d'une immunité juridictionnelle des États à l'égard du pouvoir judiciaire fédéral : la compétence de celui-ci ne s'étend pas à « un procès de droit ou d'équité intenté ou poursuivi contre l'un des États par les citoyens d'un autre État ou par les citoyens ou sujets d'un État étranger ». Cet amendement résultait d'une réaction politique à un arrêt rendu en 1793 par la Cour suprême *(Chisholm v. Georgia)* déniant aux États la souveraineté et en conséquence leur immunité à l'égard du pouvoir judiciaire fédéral (v. n° 75 *bis*).

Section 1
Les données constitutionnelles

I | LE FÉDÉRALISME

Le fédéralisme est évidemment la donnée première du système constitutionnel américain. Comme l'ensemble du système, il a profondément évolué en deux siècles. Mais le fédéralisme américain reste l'un de ceux qui préservent le maximum d'autonomie aux États à l'intérieur d'une structure fédérale tendant, comme dans tous les régimes démocratiques, vers une certaine centralisation.

A - *Les principes*

73 L'AUTONOMIE CONSTITUTIONNELLE DES ÉTATS. — Le fédéralisme américain d'aujourd'hui a évolué au point qu'il ne serait sans doute pas reconnaissable par les « pères fondateurs » de la Constitution. Mais ceux-ci, comme en d'autres matières, ont permis cette évolution en inscrivant les institutions fédérales dans un cadre de dispositions très générales. D'autre part, il n'en reste pas moins que le système est fortement fédéral. Les États demeurent à certains égards ce qu'ils étaient à l'origine, des entités unitaires qui pourraient fonctionner par elles-mêmes en l'absence de la fédération. Par leur étendue, l'importance de leur population, leur poids économique, bien des États confèrent à leurs dirigeants des responsabilités plus grandes que n'en ont (sauf celle de la diplomatie et de la défense) ceux de certains pays démocratiques européens[1]. Avant tout, les États disposent en propre d'un ordre normatif complet. Leur autonomie constitutionnelle, condition de la formation du pacte fédéral initial, au moins pour les États originaires, n'est pas seulement une survivance historique. Elle correspond à une tradition continue de *self-government* qui implique non seulement l'attachement à un passé propre parfois ancien mais aussi à une revendication actuelle à la différence, dont il résulte un recours fréquent à la révision et parfois une certaine incohérence.

C'est pourtant plutôt l'uniformité qui règne en ce qui concerne la structure organique des pouvoirs au sein des États, bien que la seule limite de l'autonomie constitutionnelle en la matière soit celle de la forme républicaine du gouvernement. Les États ont un parlement – appelé *legislature* – bicaméral, à l'exception du Nebraska, qui a adopté le monocamérisme en 1937. Le pouvoir exécutif est exercé par un gouverneur élu pour un terme différent de celui de la

---

1. V. M. Skidmore et M. C. Tripp, *La démocratie américaine*, trad. franç., Paris, Odile Jacob, 1988, p. 70.

législature, au suffrage universel direct dans la grande majorité des cas. Les pouvoirs des gouverneurs varient considérablement selon les États. Certains d'entre eux doivent composer avec d'autres responsables étatiques, élus en même temps qu'eux, comme le lieutenant gouverneur, le trésorier et l'*attorney* général. Dans le même ordre d'idées, le pouvoir de nomination du gouverneur est généralement, *mutatis mutandis,* moins important que le pouvoir correspondant du président des États-Unis. En effet, au niveau des États, de nombreux responsables sont élus, et non nommés. Dans les États où les pouvoirs du gouverneur sont limités, celui-ci est élu pour une période courte – deux ans – mais dans les États où le gouverneur a des pouvoirs plus étendus, on constate qu'il est désigné pour une période de quatre ans. Enfin, dans 43 des 50 États, le gouverneur dispose d'un droit de veto sélectif – *item veto* – qu'il peut exercer à l'égard de certaines lois. La ressemblance avec la structure constitutionnelle de l'État fédéral est donc très forte. Une plus grande diversité existe en ce qui concerne l'organisation du pouvoir judiciaire. Le système juridictionnel de chaque État est, comme pour la fédération, couronné par une Cour suprême, mais une certaine variété existe à l'échelon des cours et tribunaux inférieurs. Dans la plupart des États, les juges sont élus et, dans certains d'entre eux, l'élection a conservé un caractère partisan. Dans quelques États existe aussi le *recall,* la révocation populaire des juges. Ainsi les juges, dans nombre d'États, ne connaissent pas la garantie de l'inamovibilité, qu'ils soient élus à terme et rééligibles ou bien révocables. L'application de ces règles n'entraîne pas d'abus notoires. Des propositions de lois sont cependant fréquemment déposées dans les États concernés pour supprimer ce mode de désignation ou du moins limiter le nombre de juges élus.

La diversité constitutionnelle se marque encore par l'existence, dans certains États, de procédures de démocratie directe : initiative populaire et référendums de consultation ou d'approbation. C'est à ce propos que s'est posée la question de la portée de la « clause de garantie » par laquelle « les États-Unis garantissent à chaque État membre de cette Union une forme républicaine de gouvernement » (art. IV, al. 4). Selon la jurisprudence de la Cour suprême (*Pacific States telephone and telephone Co. v. Oregon* [1912]), cette question de la clause de garantie constitue une « question politique » dont elle n'a pas à connaître. En recourant ainsi à cette réserve de la *political question* (v. n° 96), la Cour suprême s'est refusé d'exercer le contrôle de constitutionnalité à l'égard des normes institutionnelles des constitutions étatiques qui n'interfèrent pas avec celles de l'Union. C'est ainsi que, depuis le début du siècle, l'initiative populaire, le référendum et le *recall* des agents publics ont trouvé leur place dans les institutions de 40 États. Mais du reste, en application de la clause de suprématie de l'article VI de la Constitution (v. n° 74), il n'est pas contesté que la Cour suprême est compétente pour apprécier la validité des normes constitutionnelles des États (notamment lors de l'accession de nouveaux États) au regard de la Constitution fédérale. Ainsi l'autonomie constitutionnelle des États trouve ses limites dès lors que le Congrès et la Cour suprême considèrent que leur intervention est nécessaire pour assurer la protection d'un droit individuel garanti par la Constitution fédérale, en particulier par les 14e et 15e amendements. Il en est ainsi en ce qui concerne le suffrage. Les États étaient, depuis l'origine de la fédération, compétents en matière de législation électorale, qu'il s'agisse ou non d'élections fédérales. Afin de faire prévaloir la clause d'égale protection des lois du 14e amendement, et en particulier le principe que l'on traduit habituellement par la formule *one man, one vote,* la Cour suprême et le législateur fédéral ont peu à peu réduit la portée de la compétence étatique en matière de loi électorale. C'est notamment le cas en ce qui concerne la taille des circonscriptions et la répartition des sièges (*Baker v. Carr* [1962]). L'autonomie constitutionnelle ne saurait ainsi être revendiquée par les États dès lors qu'elle aboutirait à faire obstacle aux droits qui, selon l'interprétation de la Cour suprême, sont garantis aux citoyens américains par la Constitution fédérale. Avec l'intervention de plus en plus forte de la Cour suprême, c'est dans un cadre de plus en plus strict que les règles constitutionnelles d'État encadrent les droits liés à la citoyenneté. Ainsi l'arrêt *Term Limits Inc. v. Thornton,* rendu en 1995, est venu rendre inopérant un amendement à la Constitution de l'Arkansas limitant *(Term Limit Amendment)* en fait le nombre des mandats des sénateurs et représentants afférents de l'Union. L'impact de cette décision a été d'autant plus fort que 22 États avaient dès auparavant adopté une disposition similaire qu'ils avaient artificiellement rattachée au régime électoral des parlementaires fédéraux. Cette question, à première vue assez simple, se résumait à celle de savoir si le régime des inéligibilités concernant les membres du Congrès des États-Unis relève ou non de la Constitution fédérale. En réalité, à travers ce dilemme, c'est la conception même du fédéralisme américain, non moins que de la citoyenneté, qui était en jeu (v. n° 75 *bis*). De l'intervention croissante de la Cour suprême, il résulte que, contrairement à la période du début du siècle, qui fit de certains États des laboratoires d'expérimentation constitutionnelle, l'époque contemporaine tend plutôt vers une certaine uniformisation.

74 LES NORMES CONSTITUTIONNELLES DE RÉPARTITION DES COMPÉTENCES. — Le principe initial est celui d'une compétence d'attribution à l'Union et d'une compétence de droit commun aux États. Les pouvoirs attribués au Congrès sont énumérés à l'article Ier, section 8, de la Constitution. Au Congrès reviennent notamment les compétences en matière d'imposition, d'emprunts fédéraux, de réglementation du commerce, de naturalisation et d'octroi de la citoyenneté américaine, de monnaie, d'organisation et de fonctionnement du service des postes, de protection de la propriété scientifique et artistique, d'organisation de la justice fédérale, de relations extérieures et de défense. Il existe, en outre, un certain nombre de compétences qui sont déniées tantôt aux organes de la fédération, tantôt à ceux-ci et à ceux des États. À la première catégorie appartient notamment la suspension de l'*Habeas corpus.*

Dans la seconde catégorie, on trouve notamment la possibilité de taxer les exportations, de faire rétroagir les lois ou de conférer des titres de noblesse. Enfin, certaines compétences sont refusées aux seuls États, comme le droit de battre monnaie, de conclure des traités ou d'engager une guerre. Pour Madison, principal artisan du compromis constituant entre fédéralistes et antifédéralistes sur ce point, il est clair que les pouvoirs des autorités fédérales sont « en petit nombre et définis » tandis que les pouvoirs des États sont « nombreux et illimités » et doivent « s'étendre à tous les objets qui, dans le cours ordinaire des affaires, intéressent la vie, les libertés, la propriété des citoyens, l'ordre intérieur, les progrès et la prospérité de l'État » (*Le Fédéraliste,* n° 45). La méfiance des antifédéralistes, et les réticences exprimées au moment du processus de ratification conduisent le premier Congrès à préciser, dans le 10ᵉ amendement, que « les pouvoirs qui ne sont pas délégués aux États-Unis par la Constitution, ni refusés par elle aux États, sont réservés aux États respectivement, ou au peuple ». Le fédéralisme initial était donc, selon l'interprétation du *Chief Justice* Taney, strictement dualiste. Il ne comporte pas de domaine où les compétences pourraient être concurrentes, Dans chaque État coexistent deux systèmes gouvernementaux également souverains dans leur sphère. Pourtant, la Constitution elle-même ne semble pas avaliser complètement cette thèse du dualisme radical qui postulerait l'impossibilité de tout conflit entre les deux ordres. En effet, à l'article VI de la Constitution, la clause dite de suprématie énonce que « la présente Constitution et les lois des États-Unis prises en conformité avec elle, et tous les traités conclus sous l'autorité des États-Unis constitueront la loi suprême du pays et les juges de chaque État seront liés par eux nonobstant toute disposition contraire des constitutions ou des lois particulières d'un quelconque État ». Cette clause est essentielle dans la mesure où elle consacre la suprématie des organes fédéraux. On a pu en déduire que les sphères de compétences des États fédérés sont limitées non seulement par la délégation d'un certain nombre de compétences importantes aux organes de la fédération, mais encore par le fait que tout ce qui est ordonné par ces derniers constitue la *loi suprême,* applicable en tant que telle à tous les acteurs institutionnels et à tous les citoyens des États-Unis. Les lois et les actes émanant de chaque État restent, pour l'État considéré, la norme suprême tant qu'ils ne sont pas remis en cause par les organes fédéraux ou que, à supposer qu'ils soient remis en cause, ils soient considérés comme compatibles avec le droit de la fédération. Par contre, s'ils devaient s'avérer incompatibles avec l'exercice légitime du pouvoir par les autorités fédérales, ils seraient privés de validité[1].

Les contestations relatives à la portée des dispositions constitutionnelles sur le fédéralisme, et particulièrement celles du 10ᵉ amendement, culminent au moment de la guerre de Sécession. Celle-ci marque à cet égard un tournant puisqu'elle permet aux États du

---

1. V. F. A. Ogg et P. O. Ray, *Le gouvernement des États-Unis d'Amérique,* trad. franç., Paris, PUF, 1958, p. 51.

Nord victorieux d'imposer leur conception nationaliste du système constitutionnel fédéral. Les *Post Civil War Amendments,* qui sont les 13e, 14e et 15e amendements, ratifiés respectivement en 1865, 1868 et 1870, modifient l'équilibre établi en 1787-1791, même s'ils ont été très inégalement appliqués. Sans doute le 13e amendement, qui abolissait l'esclavage, a-t-il été immédiatement mis en œuvre. Mais le 14e amendement, relatif à la citoyenneté et aux droits civiques, et le 15e amendement, consacrant le suffrage et les compétences du Congrès en matière électorale sont longtemps restés lettre morte dans les États du Sud qui en contestaient la légalité constitutionnelle au regard de l'article V relatif à la procédure de révision. Leur application n'a connu son vrai développement que dans les dernières décennies (v. n° 75).

B - Tendances et résistances à la centralisation

75 LE RÔLE DE LA COUR SUPRÊME. — Aux termes de l'article Ier, section 8 de la Constitution et du 10e amendement, le Congrès n'a reçu que des pouvoirs limitativement énumérés. Mais, à la fin de la section 8, un dernier alinéa, la *necessary and proper clause,* donne au Congrès le pouvoir de « faire toutes lois qui seront nécessaires et convenables pour mettre à exécution les pouvoirs précédemment énumérés et tous autres pouvoirs conférés par la Constitution au gouvernement des États-Unis ». Dès 1790, lorsque Hamilton, alors secrétaire au Trésor, propose la création d'une banque fédérale, se pose la question de savoir si la Constitution permet ou non l'exercice par les autorités fédérales de pouvoirs implicites *(implied powers),* compétences impliquées par les nécessités relatives à l'exercice des pouvoirs qui sont expressément attribués par la Constitution aux États-Unis. Pour Jefferson, alors secrétaire d'État, la réponse est négative, mais c'est l'avis de Hamilton qui est retenu par le président Washington et le Congrès vota la loi nécessaire à la création de la banque fédérale. Devenu président, Jefferson utilise la doctrine qu'il avait combattue en justifiant par les pouvoirs implicites l'annexion de la Louisiane en 1803 et l'embargo sur le commerce extérieur en 1817. Mais c'est surtout la Cour suprême, avec son président John Marshall, qui encourage la tendance au renforcement des pouvoirs de la fédération en consacrant définitivement la thèse hamiltonienne des pouvoirs implicites. Dans l'arrêt *McCulloch v. Maryland* (1819), la Cour déclare que si les pouvoirs du gouvernement fédéral sont limités, lorsque les fins recherchées sont conformes à la Constitution, les moyens légitimement utilisés à ces fins sont également constitutionnels pourvu qu'ils n'interfèrent pas dans les matières qui sont expressément interdites au législateur fédéral.

Deux ans plus tard, avec l'arrêt *Cohens v. Virginia* (1821), la Cour élargit cette théorie par la reconnaissance, au profit du Congrès, de pouvoirs qualifiés de *résultants*. Cette notion signifie que certains pouvoirs du législateur fédéral peuvent être déduits d'un certain nombre d'autres pouvoirs, considérés dans leur ensemble ou combinés les uns avec les autres. Ainsi, en principe, la Constitution ne donne au Congrès que la compétence de réprimer cinq catégories de crimes fédéraux ; mais les pouvoirs résultants lui permettent de prévoir des sanctions réprimant les infractions à toute la législation fédérale et donc de promulguer un code criminel fédéral.

Cependant, la disposition constitutionnelle dont l'interprétation a été la plus favorable à l'élargissement des compétences fédérales est celle dite de la *commerce clause* qui donne au Congrès le pouvoir de « réglementer le commerce entre les États » (art. Ier, sect. 8, § 3). L'intention du constituant à cet égard se limitait sans doute à permettre aux autorités fédérales d'établir le marché commun qui avait fait défaut à l'époque de la Confédération.

Cependant, dans son arrêt *Gibbons v. Ogden* (1824), la Cour suprême, à l'initiative du *Chief Justice* Marshall, a jeté les bases d'une interprétation extensive de l'*interstate commerce clause*. Le pouvoir de réglementer le commerce, a-t-elle affirmé, implique celui de régler l'usage des moyens de communication entre États dès lors que cet usage n'est pas purement interne mais concerne plusieurs États. Au départ de ce principe, la Cour a pu, au long du XXe siècle, développer une jurisprudence fondée sur un accroissement constant des compétences de la fédération. En effet, le Congrès est compétent, aujourd'hui, pour régler les nouvelles formes de communication par téléphone, radiodiffusion, télévision, satellite, Internet. Avec cet arrêt *Gibbons v. Ogden*, la Cour suprême, si elle avait jeté les bases d'un accroissement des compétences du Congrès, n'avait pas pour autant affirmé le principe de l'existence de compétences concurrentes.

Jusqu'en 1937, elle est restée attachée à un respect strict du fédéralisme dualiste consacré par le 10ᵉ amendement. Elle a, en effet, invalidé toute législation fédérale qui empiétait sur les pouvoirs des États. À titre d'exemple, dans un arrêt *Hammer v. Dagenhart* (1918), elle a fait une application stricte du fédéralisme dualiste en invalidant le *Child Labor Act* de 1916 qui visait à interdire le commerce interétatique de marchandises provenant du travail des enfants. Constatant que l'objet véritable de cette loi était non pas de percevoir un impôt, mais de réglementer le travail des enfants, elle en a déduit qu'elle empiétait sur les compétences réservées aux États[1].

Ainsi, la Cour a longtemps freiné le transfert des compétences des États à l'Union, en particulier de la période de la Reconstruction (après la guerre de Sécession) jusqu'à celle du *New Deal,* se montrant spécialement vigilante contre l'interventionnisme fédéral en matière économique. Pour surmonter les obstacles établis par la Cour, c'est le pouvoir constituant lui-même qui est parfois intervenu (v. nᵒ 74). Les trois amendements adoptés au lendemain de la guerre de Sécession, en particulier le 14ᵉ, tendent à invalider les jurisprudences *Dred Scott* et *Ableman* sur le statut des esclaves. Le 16ᵉ amendement, ratifié en 1913, vise à faire échec à la décision de la Cour qui, en 1895, avait invalidé une loi par laquelle le Congrès établissait un impôt fédéral sur le revenu : il donnait à la fédération la possibilité d'augmenter considérablement ses ressources et ses capacités d'intervention. Mais c'est pourtant sans recours à la révision que l'évolution la plus radicale s'est produite dans le système fédéral américain. Le principe dualiste consacré par le 10ᵉ amendement est encore invoqué par la Cour suprême en 1936, dans un arrêt *United States v. Butler* invalidant l'une des premières et des plus importantes lois du *New Deal*. La crise qui en résulte se conclut rapidement au détriment du rôle assumé jusque-là par la Cour (v. nᵒ 104).

L'arrêt *United States v. Carolene Products Co.* (1938) inaugure alors un nouveau mode de contrôle des lois du Congrès fondé sur

---

1. V. A et S. Tunc, *op. cit.,* vol. Iᵉʳ, p. 331.

une présomption de constitutionnalité et assumé par une politique de *self-restraint* de la Cour. Elle renonce à contrôler la constitutionnalité des interventions de l'État fédéral en matière économique et est ainsi conduite à modifier radicalement sa jusrisprudence dans le sens de la centralisation. À cette fin, elle s'est non seulement fondée sur l'*interstate commerce clause,* mais également sur la clause en vertu de laquelle le Congrès est investi du soin de veiller à favoriser la prospérité générale. Elle s'est également référée à la doctrine du *cumulative impact* et à la théorie du *protective principle.* La doctrine du *cumulative impact* autorise le Congrès, en vertu de l'*interstate commerce clause,* à régler une activité qui se déroule normalement au sein d'un seul État si la multiplication de cette activité intra-étatique est de nature à affecter le commerce interétatique. Dans un arrêt *Wickard v. Filburn* (1942), la Cour suprême a estimé que des activités locales, qui n'ont pas un caractère commercial, mais qui ont une répercussion claire sur le commerce interétatique, lorsqu'elles sont cumulées avec d'autres activités du même type, relèvent de la compétence du Congrès : c'est le critère dit du « lien substantiel ».

L'interprétation extensive ainsi donnée par la Cour suprême de l'*interstate commerce clause* a notamment permis au Congrès de régler en partie la matière des assurances, d'adopter les règles relatives à la radio « interétatique » et même la loi sur les droits civiques de 1964. En vertu de cette jurisprudence, l'ensemble de l'économie, dès qu'elle prend une envergure nationale, ressortit à la compétence du Congrès[1]. Dès lors, celle-ci s'est étendue à la production industrielle, à l'agriculture, aux finances, au droit du travail. En effet, la théorie du *protective principle* autorise le Congrès à réglementer non seulement les aspects commerciaux, mais également les aspects non commerciaux du commerce interétatique en instaurant des obligations de toutes sortes pour les personnes qui participent à ce commerce. En d'autres termes, cette théorie permet au Congrès de se prévaloir de l'*interstate commerce clause* pour régler certains rapports de droit privé de manière uniforme dans l'ensemble de la fédération. Cette interprétation est définitivement consacrée en 1941 dans l'arrêt *United States v. Darby,* qui opère un revirement radical de la jurisprudence très contestée de 1918 relative au *Child Labor Act (Ham-*

---

1. V. M.-F. Toinet, *Le système politique des États-Unis,* Paris, PUF, coll. « Thémis », 1987, p. 102.

mer v. Dagenhart) en reconnaissant la constitutionnalité d'une législation sociale fédérale : le *Fair Labor Standards Act* de 1938 (FLSA). Le juge Stone, futur *Chief Justice,* affirme dans cette espèce que le 10ᵉ amendement s'apparente en somme à une tautologie réductible à la formule : « Tout ce qui n'a pas été délégué est réservé. » Dès lors, la Cour a estimé que le Congrès pouvait apprécier librement les produits qu'il convenait d'exclure du commerce interétatique, aux motifs, par exemple, qu'ils ont été fabriqués dans des conditions de travail inadmissibles. À la suite de cette décision, le Congrès a pu prendre un certain nombre de règles intéressant le droit du travail ou la sécurité sociale afin de les rendre applicables à l'ensemble de l'Union. Cette nouvelle jurisprudence a prévalu durant trente-cinq ans (v. notamment *Maryland v. Wirtz* [1968] et *Fry v. United States* [1975]). En 1976 cependant, appelée à statuer sur la constitutionnalité d'un amendement à la loi de 1938 imposant aux États de respecter une réglementation des horaires et des salaires pour leurs fonctionnaires, la Cour suprême a paru amorcer un nouveau revirement. Dans l'arrêt *National League of Cities v. Usery,* le juge Rehnquist, depuis lors *Chief Justice,* rappelle que le 10ᵉ amendement protège la « souveraineté » des États contre les immixtions de l'État fédéral dans les « éléments essentiels de la fonction gouvernementale » et conclut à l'inconstitutionnalité du texte amendant le *Fair Labor Standards Act.* Mais, en 1983, la Cour revient à nouveau sur sa position. S'agissant d'une loi imposant aux États d'appliquer aux employés du secteur public de nouvelles dispositions *(Age Discrimination in Employment Act),* la Cour relève qu'elle n'entendait pas, en 1976, « créer un domaine inviolable de l'autonomie étatique », mais seulement protéger les États contre « les interventions des autorités fédérales susceptibles de mettre en danger leur droit à une existence spécifique et indépendante » *(Equal Employment Opportunity Commission v. Wyoming).* La portée de l'arrêt de 1976 se trouve ainsi réduite au nouveau concept invoqué alors par la Cour d' « éléments essentiels de la fonction gouvernementale ». Dans son opinion dissidente, le juge Brennan avait soutenu que cette notion constituait une abstraction inutilisable en tant que critère de compétence. En 1985, la Cour confirmait le revirement amorcé en 1983 avec l'arrêt *Garcia v. San Antonio Metropolitan Transit Authority* (SAMTA), une fois encore rendu à propos de l'application du *Fair Labor Standards Act,* tel qu'amendé en 1974. Contre une décision des autorités fédérales lui enjoignant d'appliquer à son personnel les règles relatives au salaire minimum et aux heures supplémentaires, le SAMTA, autorité publique étatique, invoquait devant le juge fédéral la jurisprudence *National League of Cities,* c'est-à-dire la réserve du caractère spécifique de la fonction gouvernementale traditionnelle, et le juge lui donnait raison. Sur appel de Garcia, un employé, la Cour suprême infirme le jugement et renverse la jurisprudence de 1976. Par la voix du juge Blackmun – associé non sans réticence à la majorité de 5 contre 4 en 1976 mais également lors du revirement amorcé de 1983 – la Cour affirme que la SAMTA n'échappe pas à l'application de la loi fédérale prise en vertu de la clause de commerce car la compétence du Congrès qui procède de celle-ci « s'applique aux activités économiques du commerce intra-étatique qui affectent le commerce interétatique » (référence à l'arrêt Wickard de 1942). La Cour insiste alors sur le caractère incertain, insusceptible d'appréciation objective, du critère tiré des éléments essentiels de la fonction gouvernementale et en déduit que ce n'est pas au pouvoir judiciaire fédéral non élu de prendre des décisions quant aux politiques étatiques qu'il approuve ou qu'il condamne : ce qui, observe Jean Beauté, « est proprement étonnant pour un juge à la Cour suprême, suivi qui plus est par la majorité de ses collègues »[1]. La Cour en conclut que, pour défendre leur « souveraineté », les États doivent s'appuyer sur leur pouvoir de participation au processus législatif fédéral, en particulier à travers leur représentation paritaire au Sénat. Cette référence à l'ancienne conception de la réserve des « questions politiques » (v. n° 73) appliquée à la répartition des compétences (et dans une orientation elle-même indéniablement politique) a été avalisée par cinq voix contre quatre. La jurisprudence Garcia est cependant confirmée par sept voix contre une en 1988 *(South Carolina v. Baker)* à la suite de quoi une nouvelle réaction s'est dessinée (v. n° 75 *bis*).

Une évolution favorable à l'élargissement des compétences de l'Union s'est également produite dans le domaine des droits civiques *(civil rights).* Le 14ᵉ amendement avait attribué au Congrès le pouvoir de donner effet aux dispositions qu'il contenait, tendant à

---

[1]. Le partage des compétences entre les États et la Fédération, *Pouvoirs,* n° 59, La Cour suprême des États-Unis, 1991, p. 98.

garantir les libertés individuelles et les droits politiques des citoyens des États-Unis. Ainsi le Congrès peut-il, par sa législation, s'opposer aux lois des États susceptibles de contrevenir aux principes affirmés par le 14e amendement. Cette possibilité a d'abord été interprétée dans un sens très restrictif par la Cour suprême, comme étant conditionnée par une violation délibérée du 14e amendement par le droit étatique. Telle est la solution qui résulte des *civil rights cases* de 1883. Ensuite, la Cour a admis que le législateur fédéral peut intervenir en vue d'assurer positivement le respect de la garantie des droits civiques visés par le 14e amendement. Ainsi peut-il légiférer pour empêcher les discriminations en matière religieuse et raciale, notamment dans le logement, les services publics et, en particulier, l'école et les lieux publics. Par la suite, il n'est aucun domaine touchant aux libertés et droits fondamentaux qui n'ait fait l'objet d'une jurisprudence tendant à limiter les compétences des États et, le cas échéant, à inviter le Congrès à légiférer, en particulier durant la période d'« activisme judiciaire » qui était la note de la Cour sous la présidence de Warren (v. n° 105).

De l'extension indéfinie du champ d'application de la clause de commerce comme de ce déplacement des équilibres constitutionnels observés dans le domaine des droits fondamentaux est issu un développement considérable de la législation fédérale. Il en est résulté un vaste domaine de compétence concurrente qui déroge au principe du fédéralisme dualiste maintenu jusqu'en 1936.

Cette intervention croissante des autorités fédérales pose la question de savoir si les matières régies par le Congrès sont, de ce fait, enlevées à la compétence des États ou si, dans une moindre mesure, une fois admis un domaine de compétences concurrentes, les législatures des États se trouvent liées par les textes émanant du législateur fédéral. La Cour a élaboré à cet égard une doctrine dite de la *préemption,* ou de l'évocation. Dans certains domaines, en particulier ceux qui sont couverts par la *commerce clause,* mais aussi dans des matières telles que la lutte contre les activités subversives, la Cour a considéré que la législation fédérale posait des règles auxquelles les autorités des États ne peuvent déroger. Se fondant sur la clause de suprématie, la Cour considère que la délégation donnée au Congrès par la clause de commerce est absolue et qu'aucune attribution n'est réservée aux États. Elle est allée plus loin encore en développant une théorie de l'évocation implicite, par laquelle l'intention manifestée par le Congrès de légiférer dans une matière déterminée suffisait à préempter la compétence des États dans ce domaine (*Pennsylvania v. Nelson* [1956], à propos de la législation antisubversive). Dans certaines autres matières, et en particulier dans celles touchant aux droits fondamentaux, la jurisprudence de la Cour vient seulement limiter au profit du Congrès ce qui était jadis de la compétence normale des États. Dans d'autres encore, où la compétence des États est demeurée la règle – par exemple en matière pénale – et donc en l'absence de législation concurrente du Congrès, la Cour suprême a néanmoins imposé des limites très strictes à la compétence des États. Ainsi a-t-elle, en 1973, invalidé une loi du Missouri réprimant l'avortement au nom du principe de *privacy* (droit à la vie privée) qu'elle déduit de la Constitution. Ce faisant, la Cour a contraint les deux tiers des États à modifier leur législation en la matière pour la mettre en harmonie avec les règles qu'elle a elle-même édictées. Dans les opinions dissidentes, la minorité des juges a contesté la solution retenue en tant qu'elle aboutit à priver les législatures et le peuple des États du pouvoir de réglementer l'interruption de grossesse, que ne leur dénient pas, selon eux, les principes du fédéralisme tels qu'ils résultent de la Constitution. Cet arrêt de principe (*Roe v. Wade*, v. n° 105) a été suivi de plusieurs autres dans la même matière. Cette question est par ailleurs révélatrice de la différence d'attitude de la Cour à l'égard du Congrès et des législateurs étatiques. Après certains arrêts, qui laissaient entrevoir l'amorce d'un revirement, la Cour a réaffirmé dès 1982 sa position de 1973 *(Planned Parenthood of Southeastern Pennsylvania v. Casey)* mais cette réaffirmation, par un effet téléologique de l'évocation implicite, est concomitante de l'émergence au Congrès d'un mouvement d'opinion favorable à la consécration de la jurisprudence *Roe v. Wade* par la loi fédérale *(Freedom of Choice Act)*[1].

75 bis LES RÉSISTANCES NOUVELLES A LA CENTRALISATION. — Ainsi favorisées par la Cour suprême, les tendances à la centralisation du système fédéral américain ne vont cependant pas sans ren-

---

1. E. Zoller, Splendeurs et misères du constitutionnalisme : les enseignements de l'expérience américaine, *RDP*, 1994, p. 183.

contrer de limites. Certaines sont d'ordre objectif. En effet, les États demeurent, en tout état de cause, le cadre normal de la vie des citoyens américains. Le particularisme juridique continue d'être marqué dans un certain nombre de domaines affectant directement l'individu, que ce soit en matière civile, comme dans le cas du divorce, ou en matière pénale, dans les cas d'application de la peine capitale. La législation fiscale, la réglementation des jeux et du commerce des boissons alcoolisées continuent de différer notablement d'un État à l'autre, l'article IV de la Constitution, dans le *full faith and credit clause,* obligeant chacun des États à reconnaître comme valides les actes et décisions fondés sur le droit des autres. Ce sont là des aspects les plus visibles mais non les plus importants du rôle resté fondamental des États. La plupart des compétences étatiques sont dans la nature des choses mais, dans une large mesure, mal définies puisqu'il s'agit essentiellement de pouvoirs résiduels. Aux États appartiennent encore essentiellement le contrôle des collectivités locales *(local government),* la responsabilité du secteur de l'éducation – sauf les implications de la lutte contre la ségrégation raciale – et le maintien de l'ordre public. Il leur reste aussi de notables compétences en matière de transports et communications, en dépit de l'extension de la *commerce clause,* de protection de l'environnement, d'aménagement du territoire et, de manière générale, de commerce, de banques, d'industrie, d'agriculture, etc. Mais la plupart des interventions étatiques en ces domaines ont cessé d'être l'expression d'une compétence exclusive, en ce sens que la fédération a désormais un pouvoir quasi général d'évocation, déterminée par la possibilité qu'elle tient de financer des programmes assortis de conditions plus ou moins strictes. C'est la question du fédéralisme coopératif (v. n° 76).

D'autres limites sont liées à une volonté politique, fortement exprimée par l'exécutif sous la présidence Reagan puis par la majorité républicaine au Congrès sous la présidence Clinton (à compter de 1994), de donner vigueur à un « nouveau fédéralisme ». La Cour suprême elle-même a fini par prêter son concours à cette réaction néo-fédéraliste. En effet, l'abdication du pouvoir judiciaire que représentait l'arrêt Garcia a été rapidement remise en cause. En 1991, saisie à nouveau d'un litige relatif à l'application de l'*Age Discrimination in Employment Act,* la Cour revient encore une fois sur sa position exprimée dans l'arrêt *Equal Employment Opportunity Commission v. Wyoming* de 1983. Elle estime que, faute d'une volonté contraire manifestée clairement par le Congrès de préempter les fonctions traditionnelles des États, la loi fédérale ne doit pas s'appliquer (en l'espèce à la haute fonction publique étatique : *Gregory v. Ashcroft*). En 1992, la Cour franchit un pas supplémentaire en faveur du respect des compétences étatiques. Par l'arrêt *New York v. United States,* elle invalide partiellement une loi fédérale relative à l'environnement parce que celle-ci prétendait obliger les États à adopter ou à appliquer un programme fédéral de réglementation en la matière. Trois ans plus tard est rendu l'arrêt *United States v. Lopez* (26 avril 1995). Avec cet arrêt, « c'est toute la distribution des compétences entre les États et la fédération qui réinvestit d'un coup le champ du contrôle de constitutionnalité (...) »[1]. En effet, pour la première fois depuis 1937, la Cour a censuré une loi fédérale prise en application de la clause de commerce. L'opinion majoritaire (par 5 voix contre 4) a été rédigée par le *Chief Justice* Rehnquist. Le 22 mai 1995 est ensuite rendu l'arrêt Thornton, invalidant un amendement à la Constitution de l'Arkansas, à la même majorité. Le caractère contradictoire de ces deux décisions de principe a manifesté que « la juridiction suprême est à la recherche de repères doctrinaux susceptibles de guider pour l'avenir sa politique jurisprudentielle dans la redéfinition en cours du rôle respectif de la fédération et des États. Les solutions politiques jusqu'ici définitives qui se sont imposées à des périodes aussi décisives que la guerre de Sécession ou la seconde présidence de Franklin Roosevelt, et qui ont entraîné une centralisation accrue du pouvoir au détriment des États, pourraient se trouver remises en question si d'aventure devait se confirmer une lecture restrictive des clauses constitutionnelles distributives des compétences fédérales, et notamment la clause du commerce (affaire Lopez) et s'imposer finalement une vision » confédérale « des institutions, celle que défend avec conviction la (faible) minorité conservatrice dans l'affaire Thornton »[2].

---

1. P.-H. Prelot et M. Rogoff, Le fédéralisme devant la Cour suprême des États-Unis, *RDP,* 1996, p. 765.
2. *Ibid.,* p. 761.

L'affaire Lopez met en cause l'application du *Gun-Free School Zones Act,* adopté par le Congrès en 1990 sur la base de la clause de commerce, qui érige en délit le port d'armes dans les zones scolaires. Lopez, un élève d'une école texane, surpris en possession d'une arme à feu, fut traduit devant la cour fédérale de district pour infraction à cette loi alors qu'il avait déjà fait l'objet de poursuites devant les juridictions étatiques au titre d'une législation concurrente en la matière de l'État du Texas. Devant le juge fédéral, alors que ses défenseurs avaient soulevé l'incompétence du Congrès pour réglementer l'accès aux écoles, il devait être condamné au motif que le « business » scolaire affecte le commerce étatique. Cette motivation aberrante fit infirmer le jugement en appel et la Cour suprême décida de se saisir de l'affaire, qui a suscité de la part de la majorité et de la minorité des juges des opinions très contrastées. Pour les quatre juges minoritaires, c'est à raison que le Congrès a estimé, même s'il ne s'en est pas expliqué, que l'insécurité à l'école porte préjudice à l'éducation et que celle-ci constitue l'un des fondements du commerce et de la prospérité économique. La minorité s'en tient ainsi aux principes de l'arrêt Garcia : l'attribution générale de compétence par la clause de commerce, le *self-restraint* judiciaire et la confiance dans les mécanismes politiques de participation du système fédéral. À cette position, dont on observera qu'elle ne prend pas en compte l'existence d'une législation étatique concurrente sur l'insécurité à l'école, le *Chief Justice* Rehnquist, qui délivre l'opinion de la Cour, oppose que le *self-restraint* est contraire à la tradition issue de *Marbury v. Madison* et que le contrôle des actes du Congrès doit être intégral et systématique (qu'en conséquence également la vieille théorie des « questions politiques » n'a pas sa place en matière de répartition des compétences). Pour lui, ce contrôle n'a pas pour objet le démantèlement de la législation fédérale fondée sur la clause de commerce mais doit permettre d'éviter les empiétements dans les domaines relevant de la compétence étatique : droit pénal, éducation, ordre public, etc. Il propose donc de s'en tenir à la stricte application du critère du « lien substantiel » défini en 1942 par la jurisprudence *Wickard v. Filburn.* Cette opinion constitue une *via media* entre deux autres concourantes, celle du juge Kennedy, proche de la minorité, et celle du juge Thomas, partisan d'un revirement plus radical. Elle comporte aussi, pour l'avenir, une invitation au Congrès pour qu'il justifie l'utilisation de la clause de commerce en tant que base constitutionnelle d'une nouvelle législation.

Dans l'affaire *Thornton* – qui concerne, comme on l'a dit, un amendement à la Constitution de l'Arkansas interdisant la réélection indéfinie des représentants et sénateurs élus dans l'État (v. n° 73) – le juge Kennedy rejoint la minorité de l'arrêt Lopez et c'est le juge Thomas qui a rédigé le point de vue dissident des quatre juges s'opposant à la nouvelle majorité. Les inéligibilités au Congrès étant inscrites de manière limitative dans la Constitution (clause dite « de qualification » résultant de dispositions de l'article Ier, sections 2 et 3 : v. n°s 78 et 79), la question était de déterminer si l'édiction d'une inéligibilité supplémentaire – en l'espèce du fait de la limitation du nombre des mandats – relevait également de la Constitution fédérale ou des constitutions étatiques en application du 10e amendement réservant aux États les pouvoirs non expressément dévolus à l'Union. La minorité estime que s'agissant d'une compétence originelle non dévolue expressément à la fédération, elle est conservée aux États, même s'ils n'en ont jamais fait usage, en vertu du 10e amendement ; et le juge Thomas se réfère à une opinion de Jefferson allant dans ce sens. La majorité, par la voix du juge Stevens, affirme que le 10e amendement ne peut réserver aux États des pouvoirs qu'ils n'ont jamais possédés en propre puisqu'ils résultent uniquement de la Constitution fédérale et de l'existence des organes qu'elle institue. Le point de vue minoritaire aboutit à ne pas prendre en compte l'existence d'une citoyenneté fédérale en constatant qu'il n'existe à l'origine qu'une citoyenneté étatique, ce qui est exact, mais en omettant de considérer que le 14e amendement a bouleversé ce donné originel en plaçant la citoyenneté fédérale (ou *nationale,* selon l'usage ancien) au sommet de l'édifice constitutionnel américain. La citoyenneté étatique devient secondaire et elle se trouve aussi sous contrôle puisque le 14e amendement comporte une prohibition constitutionnelle, adressée aux États, de restreindre les droits bénéficiant aux citoyens de l'Union. « L'on peut s'interroger, écrivent P.-H. Prélot et M. Rogoff, sur les raisons qui ont pu cautionner une telle doctrine si contraire à la réalité du système constitutionnel américain depuis au moins la guerre de Sécession » ; et à propos de l'opposition radicale qui divise les juges : « La décision de la Cour suprême laisse finalement l'impression d'une juridiction schizophrène, où les juges ont réussi à force de persévérance à *désemboîter* les deux pièces maîtresses d'un mécanisme complexe, que les uns et les autres tiennent chacune pour le tout. »[1] Dans ce contexte, la seule opinion équilibrée est celle du juge Kennedy, dont la voix fit la décision : il donne raison aux deux partis en affirmant le caractère à la fois fédéral et étatique de la souveraineté, semblant ainsi redonner vie à la doctrine dualiste. Pour autant, les deux niveaux ne sont pas étanches, ils s'interpénètrent. Admettant une présomption simple de légitimité des interventions du Congrès du fait de la participation des États à l'échelon fédéral, il suggère que le rôle de la Cour est de préserver un noyau dur de compétences étatiques en sanctionnant les abus manifestes du pouvoir fédéral.

Cette position arbitrale va influencer la jurisprudence ultérieure. En 1997, la Cour censure, toujours par cinq voix contre quatre, les dispositions transitoires de la loi Brady sur la prévention de la violence armée, en tant qu'elles imposaient aux autorités étatiques l'exécution d'une réglementation fédérale *(Prinz v. United States)*. Rédigée par le juge Scalia, l'opinion de la Cour reprend les termes de l'arrêt *New York v. United States* de 1992 *(supra)* mais se réfère expressément aussi à la théorie du juge Kennedy en affirmant que « le système constitutionnel de double souveraineté » interdit au Congrès d'ordonner de telles mesures à des autorités locales.

De même, en 1997 encore, dans l'arrêt *City of Boerne v. Flores,* la Cour déclare inconstitutionnel le *Religious Freedom Restoration Act* de 1993 – adopté en réaction à une décision de la Cour de 1990 – en tant que la formulation générale du texte permettait aux autorités fédérales d'en revendiquer l'application en dehors des finalités constitutionnelles invoquées par la loi (en l'espèce la liberté religieuse). Elle considère dès lors que celle-ci n'est pas conforme aux « principes fondamentaux assurant le maintien de la séparation des pouvoirs et de l'équilibre fédéral » et affirme que le Congrès ne peut user des pouvoirs qu'il tient du 14e amendement jusqu'à s'immiscer dans les domaines traditionnels de compétence des États.

En 2000, avec l'arrêt *United States v. Morrison,* la Cour vient préciser et renforcer les principes de la jurisprudence *Lopez* relative-

---

1. *Ibid.,* p. 787-788. Le terme souligné est emprunté à Tocqueville.

ment à la clause de commerce. Elle établit que, même si la législation fédérale énonce les raisons susceptibles de justifier l'invocation de la *commerce clause*, ainsi que l'y invitait l'arrêt Lopez, certaines activités ne peuvent, par elles-mêmes, faire l'objet d'une réglementation fédérale sur la base de cette clause. L'affaire concernait l'application du *Violence Against Women Act* réprimant les comportements violents à connotation sexiste et créant une obligation de réparation civile à la charge des auteurs de tels faits. L'opinion de la Cour, rédigée par le *Chief Justice* et qui réunit cinq juges contre quatre, estime que des actes de cette sorte ne peuvent revêtir une quelconque nature économique, quels que puissent être leurs effets induits sur le commerce entre États, lesquels étaient évoqués dans les travaux préparatoires de la loi. Pour la majorité, la prise en compte de tels effets conduirait à autoriser le Congrès à user de la clause de commerce pour effacer la distinction entre les ordres de compétence fédéral et étatique (ce qu'en 1985, la Cour l'avait effectivement encouragé à faire avec l'arrêt Garcia). Le *Chief Justice* conclut en soulignant que la loi en cause – comme le *Gun-Free School Zones Act* dans l'affaire Lopez – ne limitait pas sa portée à des activités affectant substantiellement le commerce entre États[1].

La réaction néo-fédérale se manifeste encore dans la jurisprudence récente de la Cour relative à la portée du 11e amendement. On a dit que celui-ci avait été adopté à la suite des vives réactions qui avaient accueilli l'arrêt *Chisholm v. Georgia* de 1793, lequel prétendait soumettre les États à la juridiction des cours fédérales (v. n° 72). L'arrêt *Cohens v. Virginia* de 1821 avait apporté quelques doutes quant aux garanties réelles d'immunité que cet amendement devait procurer aux États. Plus tard cependant, par l'arrêt *Hans v. Louisiana* (1890), la Cour avait affirmé qu'un État, du fait de son caractère souverain, ne peut être poursuivi sans son consentement, même par un de ses ressortissants et en vertu d'une loi fédérale. Mais par un arrêt de 1908 *(Ex Parte Young)*, elle établit une distinction entre les instances dirigées contre les États et celles intentées contre leurs fonctionnaires faisant application de lois inconstitutionnelles. En permettant de poursuivre ceux-ci individuellement devant les juridictions fédérales, l'arrêt réduisait la portée du 11e amende-

---

1. S. Gardbaum et G. Scoffoni, Chronique, *RFDC*, n° 44 (2000), p. 923-924.

ment. La jurisprudence récente devait aller beaucoup plus loin. En 1976, le Congrès se voyait reconnaître le pouvoir de déroger au principe d'immunité juridictionnelle des États par une loi prise en application de la disposition finale du 14e amendement (sect. 5) : en l'espèce, la Cour admettait la validité du titre VII du *Civil Rights Act* de 1964 autorisant les juridictions fédérales à condamner les États fauteurs de discriminations à raison du sexe de leurs agents *(Fitzpatrick v. Bitzer)*. Puis, en 1989, la Cour (par 5 voix contre 4) a étendu ce pouvoir de dérogation à des lois prises en vertu de la clause de commerce, au motif que le pouvoir de réglementer le commerce serait incomplet s'il n'incluait pas celui de rendre responsables les États en cas de dommages *(Pennsylvania v. Union Gas Corporation)*. Cette jurisprudence aboutissait à vider le 11e amendement de tout effet utile.

La tendance néo-fédérale de la jurisprudence la plus récente traduit la volonté de la nouvelle majorité des juges de redonner une portée effective à cette garantie constitutionnelle des droits étatiques. Avec l'arrêt *Seminole Tribes of Florida v. Florida* (1996), rendu à propos d'une loi fédérale prise en application de la clause de commerce – l'*Indian Gaming Regulatory Act* de 1988, qui faisait aux États l'obligation de négocier « de bonne foi » avec les tribus indiennes pour définir le régime des jeux d'argent organisés par elles, et instituait la compétence des juridictions fédérales en cas de manquement à cette obligation – la Cour, par la même majorité que celle de l'arrêt *Lopez* et la voix du *Chief Justice,* a annulé le précédent *Union Gas* tout en confirmant la jurisprudence *Fitzpatrick* relative à l'application du 14e amendement. Avec l'arrêt *Idaho v. Cœur d'Alene Tribe of Idaho* (1997), par la même majorité, la Cour est venue ensuite relativiser la doctrine établie par la jurisprudence *Ex Parte Young* de 1908 dans le sens d'un renforcement de l'immunité juridictionnelle des États. Cette orientation a ensuite été fortement confirmée par des arrêts de 1999 *(Alden v. Maine)*, 2000 *(Kimel v. Florida Board of Regents)* et surtout 2001 *(Board of Trustees v. Garrett)* et 2002 *(Federal Maritime Commission v. South Carolina State Ports Authority)*. Dans l'arrêt *Alden,* l'opinion de la Cour, rédigée par le juge Kennedy, énonce que : « lorsque le Congrès légifère dans des domaines qui affectent des États, il ne peut pas traiter ces entités souveraines comme de simples préfectures ou entreprises.

Le Congrès doit accorder aux États la considération qui leur est due en tant que participants conjoints du système fédéral ». Dans l'arrêt *Garrett*, la Cour a jugé que le Congrès a excédé les compétences qu'il tient du 14ᵉ amendement (sect. 5) en ce que l'*American with Disabilities Act* octroie à certains employés des États une action en dommages et intérêts en violation de l'immunité garantie par le 11ᵉ amendement[1]. Avec l'arrêt *Federal Maritim Commission,* la Cour élargit le champ d'application de l'immunité aux poursuites devant des autorités administratives indépendantes (en l'espèce, la Commission fédérale maritime, devant laquelle était attrait l'État de Caroline du Sud). La Cour reprend dans cette décision les termes d' « entités souveraines » que constituent les États, et de la « considération » qui leur est due en tant que tels[2].

76 LE FÉDÉRALISME COOPÉRATIF. — La coopération fédérale opère entre l'Union et les États ainsi qu'entre les États eux-mêmes. Le fédéralisme coopératif est à la fois « vertical » et « horizontal ». La coopération entre États est ancienne et procède souvent d'une volonté commune d'échapper à l'emprise fédérale. La forme la plus notable de cette coopération est celle des *Interstate Compacts,* accords conclus entre les gouvernements de deux ou plusieurs États en vue de la réalisation de projets communs. Ce type d'accords est envisagé à l'article 1ᵉʳ, section 10, de la Constitution, qui subordonne leur conclusion à l'autorisation du Congrès. Cependant, cette autorisation n'a pas toujours été demandée et la Cour suprême a légitimé ce procédé, dans un arrêt *Virginia v. Tennessee* (1893), dès lors que les accords n'entraînent pas d'empiétement sur les compétences fédérales. Par ailleurs, le Congrès peut donner une approbation ayant une portée générale, couvrant tous les accords d'un certain type et dans des secteurs déterminés. Le premier objet des *Interstate Compacts* était très limité : il s'agissait de résoudre les conflits frontaliers. Par la suite, ces accords ont été étendus à toute une série de domaines, tant matériels (protection civile, aménagement urbain, entreprises économiques, commerce) que juridiques (harmonisation des législations, notamment en matière fiscale). Les

---

1. *Ibid.*, n° 48 (2001), p. 858.
2. *Ibid.*, n° 52 (2002), p. 871.

plus notables des *Interstate Compacts* sont intervenus en matière de développement économique. On peut mentionner ainsi l'accord conclu en 1921 entre les États de New York et de New Jersey portant création de l'autorité du port de New York, district (établissement public) administratif considérable qui, naguère, avait étendu son autorité sur tous les transports de la ville de New York ainsi qu'à des parcs, des voies de communication et des logements dans toute une partie de l'État (il est le propriétaire du site du *World Trade Center* détruit par l'attentat du 11 septembre 2000). On peut citer aussi les accords conclus pour l'aménagement du bassin du Colorado, d'abord entre sept États en 1922, étendus à d'autres par la suite à diverses reprises ; et, plus récemment, le *Southern Growth Policies Board,* organisme qui a pour tâche de favoriser la croissance économique dans les États du Sud et de créer les conditions d'un « marché commun sudiste », tout en insistant sur la coopération non seulement entre les États membres, mais aussi avec le reste de l'Union[1].

D'autres formes de coopération ont pour objets la coordination et l'harmonisation en matières administrative et législative. La coopération administrative a notamment suscité la « conférence annuelle des gouverneurs d'États », réunie depuis 1908, ainsi qu'une organisation permanente, le « conseil des gouvernements d'États », créé en 1925, organisme d'études et de recherches au service des gouvernements, qui publie un compte rendu détaillé des évolutions concernant les États *(The Book of the States).* En matière législative, la coopération fédérale est assurée, en ce qui concerne les problèmes politiques et en particulier la défense des droits des États, par l' « assemblée des États » qui réunit des parlementaires des divers États et, en ce qui concerne les questions techniques, par la « conférence nationale des commissaires pour l'uniformisation du droit des États », organisme créé en 1892 en vue de favoriser l'harmonisation des différents domaines législatifs et d'éviter ainsi l'intervention du législateur fédéral.

À l'inverse, le fédéralisme coopératif « vertical » est à l'origine de l'accroissement considérable, en marge de la Constitution, des compétences de l'Union, mais en retour il a fini par assurer aux États

---

1. V. M. Skidmore, M. C. Tripp, *op. cit.,* p. 84.

un rôle nouveau dans la mise en œuvre de programmes qu'ils n'auraient pu eux-mêmes initier. Même dans les domaines qui leur sont restés, l'intervention du pouvoir fédéral est importante en raison des subsides *(grants-in-aid)* qui sont devenus des sources importantes de revenu pour les États, mais dont l'octroi est généralement subordonné à des critères d'utilisation établis à l'échelon fédéral. Cette technique permet aux autorités fédérales de conduire les États à adopter une politique commune dans des domaines qui échappent en principe à la compétence de l'Union. Ainsi les États peuvent fixer librement les limitations de vitesse sur les routes de leur ressort, mais les autorités ont réussi à imposer une vitesse maximale uniforme en en faisant la condition des subventions fédérales dans le domaine de la construction routière. La fixation de conditions indirectes *(cross cutting)* pour l'octroi des subsides est devenue très courante, non seulement en ce qui concerne les États mais aussi les autres collectivités locales : le gouvernement fédéral impose alors des conditions qui n'ont pas de rapport direct avec les objectifs de l'aide financière accordée. Cette technique a surtout été pratiquée sous la présidence de Johnson et vise à éviter les discriminations dans l'attribution des avantages résultant de la mise en œuvre des programmes d'aide sociale ou de développement subsidiés par les autorités fédérales.

Sur le fondement des lois fédérales qui procèdent de la théorie de la *pre-emption* (évocation), le gouvernement des États-Unis élabore ainsi des politiques diverses dont l'application et la gestion sont ensuite confiées aux États, ainsi qu'aux collectivités locales, mais dans le respect des conditions et des critères préalablement définis. Ainsi est apparu un type nouveau de fédéralisme coopératif, marqué par la centralisation politique à l'échelon fédéral et la décentralisation administrative à l'échelon des États et du *local government*. Sans doute, les États restent libres de refuser d'appliquer la législation fédérale mais ils s'en trouveraient privés des ressources correspondantes sans pouvoir, au surplus, empêcher l'État fédéral d'exécuter lui-même les dispositions qu'il a arrêtées. D'où les critiques soulevées par cette évolution du fédéralisme, qualifié de technocratique et dysfonctionnel. La Cour suprême en a néanmoins constitutionnalisé le principe, tout en réaffirmant que l'Union ne peut imposer aux États d'appliquer une réglementation fédérale.

En 1992, par l'arrêt *New York v. United States* (v. n° 75 *bis*), elle a ainsi précisé que le Congrès ne peut placer les États devant le fait accompli mais qu'il lui incombe de leur présenter une option véritable *(legitimate choice)* éventuellement assortie d'incitations financières[1]. Il reste aussi que cette évolution a permis également un accroissement du rôle des États qui exercent des fonctions nouvelles et de plus en plus nombreuses, qu'ils n'auraient pu, en certains cas, assumer avec leurs propres moyens. Les *grants in aid* comptent aujourd'hui pour près du quart des ressources totales des États et des collectivités locales et contribuent efficacement à atténuer les disparités économiques existant entre les grandes régions des États-Unis, entre États riches et États pauvres.

Rencontrant les critiques adressées contre l'interventionnisme fédéral de l'administration démocrate dans les années 1960 et convaincu de la nécessité de restaurer l'équilibre entre l'Union et les États, le président Nixon a fait adopter, en 1972, le *State and local fiscal Assistance Act,* qui comporte un système de subsides directs et inconditionnels aux États et aux collectivités locales, utilisables dans des domaines non encore couverts par l'aide fédérale. Les fonds ainsi redistribués sont cependant peu importants par rapport au budget fédéral et ont encore été réduits sous la présidence de Carter. Ensuite, sous l'administration Reagan, la réduction des interventions fédérales, quelle que soit leur forme, a été voulue comme une condition préalable du redressement économique. Il s'ensuit une grave crise financière affectant tout le système de *local government,* en particulier les grandes villes. Les États, mieux armés pour résister à cette crise en raison de leurs larges compétences fiscales, se livrent à une certaine surenchère en vue d'attirer les investissements, mais leur situation financière s'est également détériorée. Le président Reagan, qui avait lancé, lors de son accession, l'idée d'un « Nouveau Fédéralisme », aurait souhaité la suppression des crédits fédéraux et leur compensation par des impôts à lever à l'échelon étatique, mais il s'est heurté à une très forte résistance des États. Il s'est dès lors borné à alléger les conditions imposées pour permettre aux États de bénéficier des aides fédérales. Le néo-fédéralisme reaganien est demeuré d'autant plus au stade symbolique que la Cour suprême rendait à cette époque ses

---

1. E. Zoller, art. cité, p. 178.

décisions les plus favorables à la centralisation (arrêt *Garcia* de 1985). L'élection de M. Clinton avait semblé, dans un premier temps, favoriser un retour aux pratiques des années 1960 en ce qui concerne les rapports entre l'Union et les États. Mais l'échec du programme ambitieux de réforme de l'aide sociale prôné par le président et la victoire au Congrès, en 1994, des républicains conduits par M. Gingrich et adeptes d'un nouveau « contrat avec l'Amérique » ont, parallèlement aux revirements de la Cour suprême, relancé également les thèses néo-fédéralistes dans le domaine de la coopération entre l'Union et les États. Le projet radical adopté à l'automne 1995 par le Congrès visait à transférer l'entière responsabilité de l'aide sociale aux États (*Medicare* et *Medicaid*) et à alléger en même temps les impôts fédéraux. Le président Clinton ayant usé du veto contre ce projet, la question s'est trouvée englobée dans celle, plus vaste, de la réduction du déficit budgétaire fédéral (v. n°s 90 et 103. Ce souci étant devenu prioritaire, les choses ont finalement peu changé durant le double mandat du président démocrate, qui a vu le maintien du même type de fédéralisme coopératif et de transferts financiers que sous les administrations précédentes, quoique les transferts aux États aient augmenté en valeur absolue (mais leurs responsabilités dans l'exécution des programmes s'est accrue plus encore). À la fin de son mandat, M. Clinton a tenté d'amorcer un revirement de la politique de désengagement fédéral initiée par Ronald Reagan. Cette nouvelle politique entendait maintenir ou rétablir le caractère centralisateur du fédéralisme coopératif, mais en créant des mécanismes consultatifs entre l'administration fédérale et les États ainsi que les collectivités locales [1].

II | LE RÉGIME PRÉSIDENTIEL

Il résulte de la définition qui a été donnée de ce type de système constitutionnel qu'il pourrait être plus exactement qualifié par l'expression de régime congressionnel-présidentiel (v. n°s 56 et 57).

---

1. G. Bernier, Le fédéralisme et les institutions politiques des États, *in* Éd. Orban et M. Fortmann (dir.), *Le système politique américain*, 2ᵉ éd., Presses de l'Université de Montréal, 2001, p. 70.

Ce régime institue face à face un Congrès qui, en tant que détenteur du pouvoir législatif, bénéficie d'une primauté de principe, et un exécutif présidentiel monocratique disposant d'une certaine indépendance à l'égard du Congrès. Cette relative indépendance juridique a été confortée par le développement d'une forte indépendance politique résultant de la mise en place des mécanismes de l'élection présidentielle, qui crée les conditions d'une démocratie plébiscitaire (ou immédiate, v. n° 35) à côté de la démocratie représentative voulue par le constituant et que continue d'incarner fortement le Congrès.

A - *Le Congrès*

77 L'ORGANE ESSENTIEL DE L'UNION. — L'existence d'un Parlement bicaméral dans lequel le principe de participation des États au pouvoir fédéral serait garanti par leur égale représentation au sein de la Chambre haute était, on l'a dit, à la base du compromis constituant (v. n° 72). Cette solution a déterminé l'attribution au Sénat d'une certaine participation au pouvoir exécutif, reliquat des origines confédérales des États-Unis. Il en est résulté, en dépit de l'intention probable du constituant, une supériorité durable de la Chambre haute sur la Chambre basse, qui a été assurée dès lors que les sénateurs ont procédé de l'élection au suffrage universel direct, supériorité unique dans les démocraties contemporaines, qu'il s'agisse ou non d'États fédéraux. Dans l'exercice du pouvoir législatif, cependant, les pouvoirs des deux chambres sont égaux.

En droit, le Congrès est l'organe essentiel de l'Union. La plupart des compétences fédérales qui sont énumérées par la Constitution le sont au profit du Congrès (art. Ier, sect. 8), alors que les attributions du président sont constitutionnellement assez peu précises. Le pouvoir législatif est théoriquement le monopole du Congrès, le pouvoir financier également. Pour gouverner, le président a besoin de la collaboration du Congrès auquel appartient ainsi le dernier mot.

78 LA CHAMBRE DES REPRÉSENTANTS. — Depuis une loi de 1929, la Chambre des représentants se compose de 435 membres, à côté desquels siègent cinq délégués qui représentent le district de Columbia et les territoires associés. Ils participent aux séances plénières sans droit de vote mais peuvent voter dans les commissions. Le mandat de la Chambre est de deux ans. Des élections pour le renouvellement intégral de la Chambre ont lieu en même temps que les élections présidentielles et à la fin de la deuxième année de chaque mandat présidentiel *(mid term elections)*. Cette durée de mandat est la plus courte que l'on relève parmi les chambres basses des grandes démocraties, et l'on dit parfois que les représentants américains sont en campagne électorale permanente. Leur réélection est cependant facile et l'on constate à la Chambre une longévité parlementaire plus notable qu'au Sénat. Pour être éligible, il faut être citoyen américain depuis au moins sept ans, avoir atteint l'âge de vingt-cinq ans et résider dans l'État où l'on est candidat, non pas nécessairement dans la circonscription.

La Chambre des représentants, qui représente le peuple des États-Unis, conserve une base étatique de représentation : c'est chaque État qui est représenté en fonction de l'importance de sa population (et non du corps électoral), mais, quelle que soit celle-ci, tout État doit avoir au moins un représentant. Sauf cette coïncidence entre État et circonscription, les circonscriptions doivent être raisonnablement égales en population, et la Constitution (art. Ier, sect. 2) a prévu à cet effet un recensement décennal dont les résultats déterminent un redécoupage électoral et, si c'est nécessaire, une nouvelle répartition des sièges entre États *(apportionement)*. Les modalités du découpage sont de la compétence de la législature de chaque État, avec parfois un droit de veto du gouverneur. La technique visant à favoriser par le découpage la reconduction de la majorité en place est désignée par l'expression de *gerrymandering,* du nom de Eldbridge Gerry, gouverneur du Massachusetts (et vice-président en 1812). La Cour suprême continue de refuser d'exercer son contrôle sur ces manipulations (contrairement à certaines cours suprêmes d'État en ce qui concerne la carte des élections à la législature) car elle reste avant tout préoccupée d'assurer l'égalité de population entre circonscriptions (v. *Kirkpatrick v. Preisler* [1969]). À cet égard en effet, après avoir longtemps refusé de se prononcer, au nom du respect de la compétence étatique, la Cour a posé le principe que les circonscriptions électorales doivent être égales en population tant en ce qui concerne les élections aux législatures des États (*Baker v. Carr* [1962]) que les élections à la Chambre des représentants (*Wesbury v. Sanders* [1964]).

Il en résulte notamment que si, d'un recensement à l'autre, un État gagne ou perd des sièges, il doit procéder à un nouveau découpage. Si l'État s'abstient de redécouper, en cas de perte de siège(s), tous les représentants doivent être élus *at large,* c'est-à-dire dans le cadre général de l'État ; en cas de gain de siège(s), seul(s) le ou les représentants supplémentaires doivent être élus *at large.* Le mode de scrutin pour les élections à la Chambre des représentants était à l'origine du ressort des États mais la Constitution prévoyait que le Congrès pourrait déroger par une loi fédérale aux législations étatiques en matière d'élections fédérales (art. Ier, sect. 4). Avec les lois adoptées par le Congrès en 1842, 1911 et 1929, le mode d'élection de la Chambre a été uniformisé. Tous les représentants sont élus au scrutin majoritaire uninominal à un tour.

La Chambre des représentants, comme le Sénat, est « juge de l'élection de ses membres, tant du point de vue de l'élection proprement dite et de ses résultats que de leur éligibilité » (art. Ier, sect. 5). Ce pouvoir a été exercé à diverses reprises de manière plus ou moins arbitraire. Il n'est pas susceptible de recours. Au début de chaque nouvelle législature, la Chambre adopte son règlement – généralement le même que précédemment – et elle élit son président, le speaker, qui, contrairement à son homonyme britannique, n'assume pas les fonctions d'un arbitre impartial. Il est en réalité désigné par le parti majoritaire à la Chambre, qui le choisit lors d'un *caucus* : c'est donc le chef élu du parti majoritaire, un membre ancien, occupant un siège sûr et qui est normalement réélu à son poste aussi longtemps que son parti conserve la majorité. À la fin du XIXe siècle, les pouvoirs du speaker étaient devenus considérables : il présidait de droit le *Rules Committee,* la puissante commission du règlement du travail de la Chambre, et s'était arrogé le pouvoir quasi discrétionnaire d'accorder ou de refuser la parole à la Chambre. Au début du XXe siècle, les abus d'autorité du speaker Clarence Cannon provoquent une réaction des représentants. Le speaker cesse de présider le *Rules Committee.* Désormais le rôle du speaker dépend plus de sa personnalité que de ses pouvoirs, qui restent cependant non négligeables : il juge du quorum et de la légalité des procédures, se prononce sur la recevabilité des amendements, répartit les affaires entre les commissions. Il conserve le pouvoir d'accorder la parole *(recognition)* et d'accepter la demande d'*unanimous consent,* procédure simplifiée permettant l'adoption immédiate d'un texte. Il conserve le droit de nommer les membres des commissions spéciales et des commissions de conférence (pour régler les désaccords entre les deux chambres) ainsi que le président du *Rules Committee,* mais n'a plus celui de désigner les membres des commissions permanentes. Le speaker est assisté dans sa tâche par les *floor leaders,* celui de la majorité et celui de la minorité. Ces chefs de groupe sont eux-mêmes assistés des *whips,* chargés comme en Grande-Bretagne de l'encadrement des parlementaires. Au-delà de ses compétences statutaires, la fonction du speaker conserve un important potentiel d'influence politique. En période de conflit entre le Congrès et la présidence, elle permet à son détenteur de figurer comme leader de l'opposition, voire comme *chief legislator* concurrent du président, ainsi qu'on l'a vu en 1994 après l'élection du républicain radical Newt Gingrich à la tête de la nouvelle Chambre républicaine. Mais il s'agit d'une conjoncture peu durable aussi longtemps que l'action du speaker ne trouve pas, à l'instar de celle du président, des relais efficaces dans l'opinion publique[1].

Par rapport au Sénat, les prérogatives propres de la Chambre sont peu importantes. La Chambre détient l'initiative en matière financière, conformément à la tradition démocratique du bicamérisme, mais le Sénat peut amender ou bloquer les propositions qu'elle lui transmet. Théoriquement plus important est le pouvoir qui revient à la Chambre des représentants d'élire le président des États-Unis lorsque, aucune majorité ne se dégage du collège des grands électeurs. Mais cette hypothèse ne s'est plus présentée depuis 1824 (v. n° 83). Cette prérogative est un signe de l'intention des pères fondateurs d'instituer la Chambre comme la première des deux assemblées. Elle est le premier organe dont parle la Constitution et le seul, à l'origine, qui procède directement du peuple. À la fin du XIXe siècle, elle était encore, au dire de Woodrow Wilson, « le pouvoir dominant et même irrésistible du système fédéral ». Ce n'est assurément plus le cas aujourd'hui.

---

[1]. Mis en cause en 1996 devant la Commission d'éthique de la Chambre pour une question relative au financement de sa campagne électorale, M. Gingrich a été réélu de justesse comme speaker en janvier 1997, avant d'être condamné au paiement d'une amende importante et l'objet d'une tentative de déstabilisation au sein de son parti. Très impopulaire, il n'a pas retrouvé la position de leadership qui était la sienne entre 1994 et 1996. Il a dû finalement démissionner après les *mid term elections* de novembre 1998.

79 LE SÉNAT. — Le Sénat est composé de deux sénateurs par État. La Constitution est restée inchangée sur ce point qui est spécialement garanti par la procédure de révision constitutionnelle (v. n° 70). Les sénateurs sont élus pour six ans et le Sénat est renouvelable par tiers tous les deux ans, au moment de l'élection de la chambre. Contrairement à celle-ci, le Sénat est donc un organe permanent *(continuous body)* qui, notamment, conserve son règlement à travers les renouvellements partiels. Le 17e amendement, ratifié en 1913, a modifié l'article Ier, section 3, de la Constitution qui prévoyait la désignation des sénateurs par les législatures des États, en instituant leur élection par le peuple. Les conditions d'éligibilité au Sénat sont plus restrictives qu'à la chambre : les candidats doivent être citoyens des États-Unis depuis neuf ans au moins et avoir atteint l'âge de trente ans. La condition de résidence est la même. Les sénateurs sont élus, comme les représentants, au scrutin uninominal à un tour, mais il n'y a pas de circonscription autre que l'État lui-même : ils sont élus *at large*. Le vice-président des États-Unis est, de droit, le président du Sénat et c'est à celui-ci qu'il revient de l'élire si aucune majorité de grands électeurs ne se dessine pour l'élection du vice-président. Cette présidence a un caractère plutôt honorifique ; le vice-président n'a pas le droit de vote sauf en cas d'égal partage des voix. Mais il arrive qu'il soit appelé à donner son suffrage alors qu'est en jeu une mesure d'importance capitale : la première fois que ce droit fut exercé, par Adams (alors le vice-président de Washington), il a servi à défendre la prérogative exécutive menacée par la prétention de la moitié du Sénat qui prétendait assujettir les nominations présidentielles (soumises à l'avis et au consentement du Sénat) au parallélisme des formes, en sorte que le président n'aurait pu exercer son pouvoir de révocation sans l'aval de la Chambre haute (v. n° 65). En cas d'absence ou d'indisponibilité, le vice-président est remplacé par le président *pro tempore,* désigné par ses pairs avec les membres du bureau. Le rôle du président est peu important car le Sénat décide de son activité par la procédure d'*unanimous consent* dans laquelle le leader de la majorité et celui de la minorité exercent une influence prépondérante.

En plus du pouvoir législatif qu'il exerce à égalité avec la chambre, le Sénat détient d'importantes prérogatives concurremment avec le pouvoir exécutif. La conception originelle du constituant sur le Sénat n'était pas seulement celle d'une assemblée législative mais aussi celle d'un Conseil ayant pour mission d'éclairer de ses avis le titulaire de la puissance exécutive dans tout ce qui se rapporte au pouvoir de gouvernement, à l'instar de celui en place dans les républiques originaires (qui y était une survivance explicite du Conseil privé tel qu'il fonctionnait encore sous la reine Anne). À la fois par économie et sur le constat que les sénateurs étaient en petit nombre mais, surtout, en tant que ceux-ci incarnent au premier titre la dimension fédérale du système, les « Pères fondateurs » ont fusionné cette institution avec la Chambre haute, en établissant ce pouvoir de conseil cependant de manière implicite. Cette suggestion faite au Sénat de s'affirmer comme mentor présidentiel s'est révélée une fausse piste : dès la présidence même de Washington, la potentialité en était reléguée (v. n° 65). Il en a été induit que les sénateurs, dans leurs rapports avec ce dernier, n'avaient pas su saisir leur chance, mais en réalité une telle conception, irénique, reposait sur un archaïsme incompatible avec les réalités d'un pouvoir présidentiel alors en pleine affirmation. C'est à un autre égard, s'agissant de l'emprise légitime du Sénat sur le pouvoir de gouvernement, que le plan des constituants a été véritablement accompli : le Sénat a été voulu comme un grand Conseil fédéral chargé d'assister le président, essentiellement en matière diplomatique, par où l'on voit trace des institutions confédérales antérieures (v. n° 77). Ainsi, le Sénat doit approuver les traités conclus par le président à la majorité des deux tiers (art. II, sect. 2 ; v. n° 86). Il lui incombe aussi de consentir à la nomination des hauts fonctionnaires fédéraux (*ibid.* ; v. n° 84). L'ensemble des éléments qui distinguent le Sénat de la chambre quant à leur statut et leur pouvoir sont à l'origine de la supériorité de celui-là sur celle-ci dès lors que, depuis l'adoption du 17e amendement, les deux assemblées bénéficient de la même légitimité démocratique. La durée de leur mandat rend les sénateurs plus indépendants à l'égard du corps électoral et favorise l'approfondissement de leur activité. Leur petit nombre contribue à leur prestige et à leur puissance politique dans leur État et au Congrès, qui fait d'eux les interlocuteurs obligés du pouvoir exécutif. La nécessaire collaboration avec celui-ci en matière de politique étrangère et de nominations fédérales – notamment en ce qui concerne les chefs des départements et les juges à la Cour suprême – confère au Sénat une autorité bien plus considérable que celle de la Chambre.

Une part du prestige et de l'importance du Sénat provient aussi de son pouvoir d'obstruction en matière législative, qui résulte de règles de procédure dont l'indépendance des sénateurs, et non l'efficacité, est le premier objet. C'est le cas de la procédure du consentement unanime qui règle, on l'a dit, la conduite des débats. C'est aussi celui du principe de la liberté de parole, qui peut être utilisé à des fins dilatoires ou d'obstruction pure et simple. La technique dite du *filibustering* permet ainsi d'empêcher la mise aux voix d'un projet de loi ou le vote de crédits aussi longtemps qu'un sénateur exerce son droit à la parole. Cette pratique, lorsqu'elle est organisée par une équipe de sénateurs, peut retarder un vote très longtemps et permet ainsi d'obtenir le retrait d'un projet. Jusqu'en 1917, il n'existait aucun moyen de procédure pour obtenir la clôture du débat. En 1917, le président Wilson a réussi à persuader le Sénat d'adopter dans son règlement la règle XXII, en vertu de laquelle la clôture peut être prononcée à la majorité des deux tiers. En 1975, à la suite de nombreuses tentatives, et notamment celle d'imposer le vote, comme à la Chambre, d'un nouveau règlement à la majorité ordinaire lors d'un renouvellement partiel, cette majorité qualifiée a été réduite aux trois cinquièmes. Pour obtenir cet amendement à la règle XXII, le Sénat avait dû voter une motion de clôture pour mettre fin au *filibuster* du sénateur Allen de l'Alabama. Cette motion obtint dix voix de plus que la majorité requise des deux tiers, et c'était la première fois qu'était votée la clôture d'un débat sur la motion de clôture elle-même. Si la motion de clôture peut désormais plus facilement être adoptée, elle n'exclut cependant pas d'autres techniques d'obstruction. Un sénateur peut encore prendre la parole pendant une heure après le vote de clôture. Mais il a la possibilité de proposer des amendements, demander la vérification du quorum, puis l'appel nominal, lors des votes sur ces amendements, sans réduire son temps de parole. C'est pourquoi, en février 1979, le Sénat, face à cette nouvelle pratique d'obstructionnisme, a adopté une résolution limitant à cent heures la durée des débats et procédures susceptibles d'intervenir à l'issue d'un vote de clôture à la majorité des trois cinquièmes.

Le *filibustering* a été fréquemment utilisé dans les années 1960, à propos des bills sur les droits civiques et la lutte contre la discrimination raciale, par la minorité conservatrice du Sénat. Un *filibuster* contre la loi de 1964 sur les droits civiques s'est poursuivi du 30 mars au 10 juin, où la clôture fut votée par 71 voix contre 29. Ce type de *filibuster* organisé est devenu rare depuis la révision de la règle XXII. Mais le *filibuster* individuel reste d'usage, et efficace, en fin de session.

80 LES COMMISSIONS DU CONGRÈS. — Les commissions parlementaires ont une importance particulière aux États-Unis, dans la mesure où l'exécutif est en principe pleinement indépendant du Congrès. L'absence de responsabilité politique devant les chambres détermine une mission de contrôle plus décisive, puisqu'elle est la seule, et plus libre parcequ'il n'existe pas de solidarité automatique entre exécutif et majorité. Par ailleurs, comme en régime parlementaire, les commissions sont aussi les organes de l'activité législative dans les deux chambres. Leur nécessité s'est imposée plus tardivement qu'en Grande-Bretagne, notamment au Sénat, dont l'effectif était à l'origine très réduit (aussi les commissions permanentes n'y existent que depuis 1816). À la Chambre sont d'abord apparues les commissions spéciales, par nature temporaires. Par la suite s'est développée la pratique des commissions permanentes *(Standing Committees)* spécialisées, qui connut au début du siècle une extraordinaire inflation. En 1946, la loi sur la réorganisation du Congrès *(Legislative Reorganization Act)* a réduit le nombre de commissions permanentes qui est aujourd'hui de 22 à la Chambre et de 17 au Sénat. Mais elles restent divisées en de très nombreuses sous-commissions. Il existe par ailleurs des commissions spéciales *(Select Committees)* qui sont en principe provisoires mais tendent dans certains cas à devenir durables. Elles disposent d'un pouvoir d'enquête sur un sujet déterminé. Les commissions de conférence *(Conference Committees)* se réunissent pour quelques jours, composées d'un nombre égal de représentants et de sénateurs, afin de concilier les différents législatifs entre les deux chambres. Enfin, les commissions conjointes *(Joint Committees)* sont également des instances mixtes paritaires mais plus durables que les précédentes et chargées de questions limitées, comme par exemple celles relatives à l'administration du Congrès. Mais il peut aussi s'agir de commissions de surveillance *(« Watchdogs »*

Committees) qui ont pour objet de contrôler la politique de l'exécutif et de coordonner le travail d'enquête dans un domaine déterminé, comme la réforme fiscale.

Les commissions les plus efficaces en matière de contrôle de l'exécutif sont les commissions d'enquête qui jouent aux États-Unis un rôle nettement plus important qu'en régime parlementaire. L'importance de ces commissions a crû à mesure que s'est développée la prédominance de fait du président sur le Congrès, comme un contrepoids nécessaire. L'organisation des commissions d'enquête peut revêtir plusieurs formes. Les plus anciennes ont été les commissions spéciales évoquées ci-dessus. La première fut instituée en 1792 pour rechercher les causes de l'échec de l'expédition contre les Indiens de l'Ohio. Elles se sont développées à partir de la présidence de Franklin Roosevelt. La plus célèbre est sans doute la commission de la Chambre sur les « activités non américaines » *(House UN-American Activities Committee)* créée en 1934, devenue en 1969 commission de la sécurité intérieure et finalement supprimée en 1976. D'autres commissions ont été formées pour enquêter sur l'assassinat du président Kennedy, le scandale du *Watergate* et, récemment, les activités de la CIA et l'affaire de l'*Irangate*. Mais la pratique la plus fréquente consiste dans la formation, par la commission permanente de l'une des chambres qui s'est saisie de l'enquête, d'une sous-commission *ad hoc*. Tel était le cas de la sous-commission sénatoriale que présidait McCarthy, durant la période de la « chasse aux sorcières », au début des années 1950. La question des pouvoirs des commissions d'enquête soulève des difficultés. D'une part, elles ne sont pas liées par les règles normales de la procédure juridictionnelle mais il a fallu, d'autre part, pour leur assurer une certaine efficacité, leur reconnaître le pouvoir de faire comparaître des témoins *(subpoena)*, d'exiger d'eux la production de documents *(subpoena duces tecum)* sous la sanction d'une condamnation pour *contempt of Congress*, analogue à celle dont disposent les cours de justice *(contempt of Court* : outrage à la Cour). Il est résulté de l'usage de ces pouvoirs de nombreux abus, principalement dans les enquêtes relatives au loyalisme et à la subversion. La sanction de *contempt of Congress* a été prononcée 135 fois par la commission sur les « activités non américaines » durant la période de la guerre froide. Les commissions ont tendance à considérer les témoins cités comme des accusés, voire des coupables, et les droits de la défense ne sont pas respectés. Ces abus ont entraîné des recours juridictionnels et la Cour suprême a tenté de préciser les limites des pouvoirs des commissions en rappelant qu'elles doivent avoir un objectif législatif dont les témoins cités doivent être informés (*Watkins v. United States* [1957]). Dès lors, cependant que les témoins ont été prévenus des objectifs de l'enquête, ils ne peuvent, sous peine de *contempt of Congress,* refuser de répondre aux questions qui leur sont posées (*Barenblatt v. United States* [1959]).

La désignation des membres des commissions permanentes revêt une grande importance au Congrès. La carrière d'un membre du Congrès dépend beaucoup de l'importance des commissions dans lesquelles il est admis à siéger, compte tenu de la publicité qui s'y attache et des possibilités qui s'offrent de servir sa circonscription. La répartition des sièges ménage au parti qui détient la majorité dans une chambre une majorité nette au sein de chaque commission et la présidence de celle-ci. En principe, aucun parlementaire ne peut appartenir à plus d'une des commissions dites exclusives à la Chambre (celles du règlement, du budget, des voies et moyens et des *appropriations*) ou à plus de deux commissions majeures au Sénat. Pendant longtemps, le critère d'affectation a été celui de l'ancienneté *(seniority rule)* qui aboutissait à assurer la présidence de chaque commission au membre le plus ancien du parti majoritaire. Aujourd'hui, les groupes politiques fixent eux-mêmes les règles et font les propositions de désignation des membres. En outre, en 1971, puis à nouveau en 1973, la Chambre a modifié son règlement de manière à permettre aux groupes politiques de désigner les présidents au vote secret et à présenter d'autres candidatures que celles du membre le plus ancien. Le Sénat a adopté des règles analogues en 1977. Les modalités de désignation des dirigeants du parti minoritaire dans chaque chambre au sein des commissions *(ranking minority member)* ont été pareillement modifiées de telle sorte que l'automaticité de la *seniority rule* est aujourd'hui battue en brèche. À la Chambre, il en est résulté, politiquement, le remplacement des démocrates sudistes conservateurs, assurés du bénéfice de l'ancienneté en raison du caractère sûr de leurs circonscriptions, par des membres plus libéraux.

Par sa complexité, le système des commissions du Congrès est sujet à de nombreuses critiques. Cela a déterminé la création de... commissions spéciales, entre 1980 et 1985, qui ont formulé des propositions de réformes. Elles sont restées sans suite en tant qu'elles impliquent inévitablement une remise en cause de l'influence traditionnelle qui est attachée au système existant. Par ailleurs, l'influence des sous-commissions s'est notablement renforcée depuis 1973.

81 Aspects de la procédure législative. — La procédure législative aux États-Unis est extrêmement complexe et on ne peut ici que se limiter à en indiquer les principales étapes. En principe, tout projet de loi provient de l'initiative parlementaire – souvent celle, conjointe, d'un membre de chaque chambre – et lorsque le texte est porté à l'ordre du jour de la Chambre et du Sénat, il porte le nom des initiateurs, même lorsque ceux-ci ne sont en réalité que les agents officieux de la présidence. Beaucoup de bills ne vont pas au-delà de cette première étape et n'ont d'ailleurs parfois été déposés qu'à des fins médiatiques. Mais même des initiatives authentiquement parlementaires peuvent, lors du dépôt, recevoir l'aval de l'exécutif et franchir alors plus aisément les étapes suivantes. Le bill est ensuite soumis à une commission, puis à une sous-commission dans chaque chambre. Le choix de la commission concernée peut avoir une certaine importance quant aux chances d'aboutissement du texte. Un bill peut être adressé par la majorité qui le soutient à une commission apparemment peu concernée afin d'éviter qu'il soit enterré par la commission compétente (cas du bill sur les droits civiques de 1964, examiné par la commission sénatoriale de l'*Interstate Commerce* plutôt que par la commission des affaires judiciaires, dominée par les Sudistes)[1].

Le rôle du président de la commission est également important, qui peut orienter intentionnellement les textes vers les sous-commissions les plus hostiles. Le pouvoir des commissions est considérable. Leur simple passivité suffit à bloquer définitivement le texte et, en effet, neuf dixièmes des projets échouent à ce stade. Les chambres peuvent cependant évoquer le texte devant elles en séance

---

1. V. M.-F. Toinet, *Le système politique des États-Unis,* Paris, PUF, coll. « Thémis », 1987, p. 326.

plénière en votant une motion déchargeant la commission de son rôle. Mais le vote d'une telle motion *(discharge petition)* est extrêmement rare. Les pouvoirs des commissions ne sont pas moins importantes lorsqu'elles décident d'examiner le bill. Elles procèdent d'abord à des auditions *(hearings)* en vue desquelles elles disposent du pouvoir de contraindre les témoins à comparaître. Ces témoins représentent les milieux intéressés par la législation projetée, et c'est à ce stade qu'intervient l'influence des *lobbies,* ainsi que celle du pouvoir exécutif et de l'administration fédérale. Après ces séances qui sont habituellement publiques, la commission se réunit, le plus souvent à huis clos, pour établir le texte du projet *(mark-up session)*. Celui-ci peut subir de profondes modifications par rapport à la version originale, allant parfois jusqu'à détourner complètement le sens du texte et l'intention de ses initiateurs. Il est notamment possible de greffer sur le projet des propositions nouvelles *(riders)* susceptibles d'être opposées à la ratio législative initiale, ou de n'avoir avec elle aucun rapport. Cette dernière technique permet en particulier de faire passer, notamment à travers le filtre du veto présidentiel, des textes qui par eux-mêmes n'y auraient pas échappé. Quoi qu'il en soit, c'est le texte de la commission accompagné de la liste des amendements proposés et d'un ou plusieurs rapports – émanant de la majorité et, le cas échéant, de la minorité – qui manifeste l'intention du législateur *(congressional intent)* et sert ultérieurement de référence au juge.

Le texte doit alors franchir une nouvelle étape qui est propre à la Chambre des représentants : celle de la commission du règlement. Le *Rules Committee* est, comme son nom l'indique, chargé en principe des questions du règlement et de l'organisation du travail de la Chambre en séance plénière. Les projets rapportés par la commission compétente ne peuvent – sauf exceptions, notamment en matière financière – être renvoyés devant la Chambre que sur décision du *Rules Committee*. Cette commission s'était aussi arrogé un pouvoir discrétionnaire quant à la transmission des bills car elle accordait ou refusait le renvoi non pas pour des raisons de procédures mais selon que la majorité de la commission était ou non favorable au projet sur le fond. La commission détermine les modalités du débat parlementaire, le temps de parole, les conditions relatives aux amendements ; elle impose parfois des modifications au texte avant d'autoriser son renvoi. La *discharge petition* existe cependant aussi à l'égard du *Rules Committee* mais l'aboutissement d'une motion de renvoi est également exceptionnel. Le renvoi à la chambre se traduit par l'attribution de *rules* au projet. L'exercice arbitraire de ses pouvoirs par le *Rules Committee* appartient au passé : ceux-ci, quoique réduits en 1967, restent importants mais doivent désormais être exercés suivant les suggestions du speaker, qui en désigne le président[1].

La mise à l'ordre du jour des débats d'une chambre suppose l'inscription du bill à l'un des rôles *(calendar)* de cette chambre. Il existe deux rôles au Sénat – l'*executive calendar*, pour l'approbation des traités et des nominations présidentielles, et le *calendar of business*, pour toutes les matières législatives – et six à la Chambre, dont les plus notables sont le *House calendar*, pour les projets les plus importants, et l'*Union calendar*, pour les projets de lois de finances, dont la Chambre a seule l'initiative.

Les débats en séance plénière de chaque chambre permettent aux parlementaires d'exercer leur droit d'amendement mais aussi, à travers ce pouvoir, de pratiquer certaines formes d'obstruction. Le droit d'amendement est pratiquement absolu au Sénat, ce qui permet – comme c'est le cas au stade de la commission – d'assortir le projet de *riders* (cavaliers) sans rapport avec lui, aux objectifs catégoriels et électoralistes (on appelle *Christmas trees* les lois comportant de telles adjonctions). À la Chambre, le droit d'amendement est réglé, on l'a vu, par le *Rules Committee* qui n'admet en principe que les amendements en rapport *(germane)* avec le bill discuté. La commission détermine, pour les projets les plus importants, une *closed rule* définissant l'admissibilité des amendements déposés en séance, mais elle peut aussi accorder une *open rule* qui rend possibles toutes les tactiques d'obstruction. Aussi, le débat peut être clos par le vote d'une motion, qui ne requiert pas comme au Sénat une majorité qualifiée, ou bien encore la Chambre peut décider de se constituer en commission de la Chambre entière *(Committee of the Whole)*. Le quorum passe alors de 218 à 100 et on peut limiter la durée du

---

1. C'est en 1962 que le speaker, sur l'instigation du président Kennedy, a fait passer l'effectif du *Rules Committee* de 12 à 15 membres afin de surmonter l'obstructionnisme du président de la commission, Howard Smith.

débat, interdire les nouveaux amendements et éviter le vote nominatif. Pour adopter le texte (ou le renvoyer en commission), le *Committee of the Whole* doit cependant se reconstituer en séance de la Chambre, présidée par le speaker, et recourir au vote nominatif. Le vote est électronique depuis 1973 mais reste nominatif (au Sénat, le vote électronique n'existe pas).

Dans les deux chambres, seuls les présents peuvent voter et les votes sont acquis à la majorité ordinaire, sauf les exceptions prévues par la Constitution (révision constitutionnelle, veto présidentiel, *impeachment*...) et quelques autres propres à chaque chambre (comme la motion de clôture au Sénat). Seul un vote positif permet l'adoption d'un bill ou d'un amendement mais un vote de rejet n'est pas nécessaire pour laisser un projet sans suite à ce dernier stade de la procédure législative. Les chambres peuvent toujours renvoyer le bill en commission, différer leur décision, voire supprimer la clause exécutoire, et même, après l'avoir adopté, reconsidérer leur décision dans les deux jours du vote, sur proposition d'un membre de la majorité.

La procédure d'adoption des lois de finances obéit à des règles particulières déterminées aujourd'hui notamment par le *Budget and Impoundment Act* de 1974 (v. n° 90).

À l'issue de la procédure devant chaque chambre intervient, si le bill n'a pas été adopté dans les mêmes termes par les deux assemblées, une commission mixte de conciliation *(Conference Committee)*. Les propositions de cette commission ne peuvent plus être ensuite modifiées par les chambres mais seulement ratifiées ou rejetées en bloc.

Mutatis mutandis, la procédure législative est applicable en ce qui concerne l'adoption des résolutions conjointes *(joint resolutions)* qui ont force de loi, par opposition aux simples résolutions concourantes ou concomitantes *(concurrent resolutions).*

B - *La présidence*

82 LE MANDAT PRÉSIDENTIEL. — Le président est élu pour un mandat de quatre ans en même temps que le vice-président et à date fixe. Le constituant de 1787 n'a pas limité le nombre des mandats mais Washington ayant refusé de se présenter pour un troisième mandat, établit un précédent qui fut suivi jusqu'à Franklin Roosevelt. Celui-ci, ayant demandé et obtenu trois fois sa reconduction, mourut dans l'exercice de ses fonctions au terme d'une maladie qui fut jugée dommageable au pouvoir présidentiel. C'est l'une des raisons pour lesquelles le 22e amendement, ratifié en 1951, exclut désormais cette possibilité (qui a été regrettée par le président Reagan à l'issue de son second mandat en 1988) : « Nul ne sera élu plus de deux fois aux fonctions de président et nul, s'il a occupé ou exercé les fonctions de président pendant plus de deux années durant la période de mandat de son prédécesseur, ne sera élu aux fonctions de président plus d'une fois. » Cela vise en particulier le cas du vice-président succédant à un président dans le cours de son mandat. La succession par le vice-président a été seule envisagée par le constituant de 1787, « en cas de destitution, de mort ou de démission du président, ou d'incapacité pour lui d'exercer les pouvoirs qui lui ont été conférés » (art. II, sect. 1). Aucun président n'a été destitué et seul Nixon a démissionné, de sorte que la vacance de la présidence en cours de mandat s'est essentiellement produite pour cause de décès (huit fois), et en particulier d'assassinat du président (quatre fois), circonstance dans laquelle ce système de continuité de l'exécutif revêt un avantage indéniable. Mais la Constitution ne précisait pas dans quelles conditions l'incapacité présidentielle pouvait être constatée ni comment la succession serait assurée en cas de vacance du poste de vice-président. Les inconvénients de la première de ces lacunes sont apparus au moins à trois reprises : entre l'attentat dont fut victime Garfield le 2 juillet 1881 et sa mort le 19 septembre suivant, lors de la maladie de Wilson en 1919, jusqu'à la fin de son mandat en 1920, et à la suite de l'accident cardiaque survenu à Eisenhower en septembre 1955. Dans les trois cas, il n'y eut pas de transmission de pouvoir au vice-président. Quant à l'hypothèse de la vacance de la vice-présidence, elle s'est produite chaque fois que le vice-président a succédé au président (neuf fois), mais aussi pour cause de décès (sept fois) et de démission (deux fois). Le Congrès est intervenu à diverses reprises, en 1792 déjà, puis en 1886, et enfin en 1947 pour donner des solutions législatives, assez différentes, à cette question. L'assassinat de Kennedy et son remplacement par Lyndon Johnson, qui n'était pas en très bonne santé, survenant après les difficultés rencontrées sous Eisenhower et celles causées par la maladie et la mort de Franklin Roosevelt, ont accéléré l'adoption et la ratification du 25e amendement, en 1967, dont le but est de combler les deux lacunes envisagées.

S'agissant de l'incapacité présidentielle, l'amendement institue une procédure assez complexe. Lorsque le président reconnaît son incapacité, il peut désigner le vice-président comme *acting president*. Ainsi M. George Bush a-t-il remplacé durant quelques heures, en juillet 1985, le président Reagan qui subissait une opération à la suite d'un attentat. Mais le président pourrait aussi ne pas reconnaître son incapacité. S'il n'est plus en état de la reconnaître, le vice-président, en accord avec la majorité du cabinet, ou bien « tel autre corps que le Congrès pourra désigner », peut prendre temporairement en charge la fonction présidentielle. S'il y a contestation entre le président et le vice-président concernant l'incapacité du premier, il appartient au Congrès, statuant à la majorité des deux tiers, de trancher le différend en déclarant ou non le président incapable. Cette majorité qualifiée constitue évidemment une protection pour le président mais non pas pour la fonction présidentielle qui risquerait d'être affaiblie si une majorité substantielle, quoique n'atteignant pas les deux tiers dans chaque chambre, opinait en faveur de l'incapacité.

En ce qui concerne la vacance de la vice-présidence, le 25e amendement prévoit qu'il appartient au président lui-même d'y pourvoir par une désignation qui est sujette à confirmation par les deux chambres, statuant à la majorité ordinaire. Aucun délai n'est cependant imposé au président pour procéder à cette désignation, ce qui a fait craindre qu'il ne soit tenté de laisser les choses en l'état. La procédure a cependant fonctionné, et démontré sa pleine utilité, en 1973 et 1974, dans le contexte du *Watergate*. Après la démission du vice-président Agnew en 1973, le président Nixon a nommé M. Gerald Ford comme son successeur. M. Nixon ayant lui-même démissionné, le 9 août 1974, M. Ford est devenu président et a nommé M. Nelson Rockefeller comme vice-président. Il en résultait que, pour la première fois, ni le président ni le vice-président n'étaient issus de l'élection. Ce risque a été assumé par le constituant, avec le 25e amendement, tant il paraissait opportun de maintenir la régularité quadriennale de l'élection présidentielle. En 1793, la loi du Congrès relative à la succession du président envisageait, quoique en dernier recours, des élections anticipées. La longueur et la complexité du processus de l'élection présidentielle à l'époque contemporaine ont conduit les auteurs du 25e amendement à ne pas envisager cette solution.

L'inauguration du président a lieu le 20 janvier suivant son élection, la proclamation des résultats intervenant le 6 janvier. C'est le 20e amendement qui a réduit une période de transition jugée trop longue (elle s'étendait jusqu'au 4 mars). Le président prête le serment constitutionnel sur la Bible entre les mains du *Chief Justice* (art. II, sect. 1, dernier alinéa).

83 LA MUTATION DU SYSTÈME D'ÉLECTION PRÉSIDENTIELLE. — L'élection du président des États-Unis est au centre du fonctionnement du système constitutionnel américain. Cette élection est aujourd'hui très différente du système de désignation de l'exécutif conçu par les « pères fondateurs ». Celui-ci reposait sur un compromis entre les partisans d'un exécutif élu par le Congrès, et donc plus dépendant du législatif, d'un président élu par les législatures des États et d'une élection populaire.

Les règles adoptées, qui figurent à l'article II, section 1, de la Constitution, sont inspirées par la double préoccupation de réserver la désignation du président à des citoyens éclairés et de ménager le rôle et l'influence des États. C'est ainsi que cette désignation appartient à des électeurs présidentiels dont le nombre est égal à celui des sénateurs et des représentants de chaque État et qui sont eux-mêmes choisis de la manière librement déterminée par les États. Pendant assez longtemps, dans la plupart des États, ce sont les législatures elles-mêmes qui ont élu les électeurs présidentiels. Les États y renoncèrent au fur et à mesure, et à partir de 1832 il n'en resta plus qu'un (la Caroline du Sud), laquelle maintint l'ancien système jusqu'en 1868. Dans d'autres États, les grands électeurs étaient élus directement par les citoyens auxquels la législation étatique reconnaissait le droit de vote. À l'origine trois États seulement étaient dans ce cas (Virginie, Pennsylvanie et Maryland). Mais le collège électoral était clairement conçu, quel que soit son mode de désignation dans les États, comme libre de son choix. Ainsi, en cas d'élection démocratique des électeurs, l'élection présidentielle pouvait encore fonctionner comme un filtre de la volonté populaire. Chaque grand électeur se prononçait en faveur de deux candidats afin de pourvoir aux postes de président et de vice-président. Pourvu que la majorité absolue des votes présidentiels fût réunie, le candidat qui obtenait le plus de voix était élu président, le second vice-président. Si les deux candidats les mieux favorisés ont le même nombre de voix (ainsi Jefferson et Burr en 1800), ils sont départagés par la Chambre des représentants. Ainsi les deux élus pouvaient appartenir à des tendances politiques adverses : à la suite des deux mandats de Washington, en 1796, c'est John Adams, fédéraliste, qui a été élu président tandis que Jefferson, antifédéraliste, était élu vice-président, comme venant en second dans le choix des électeurs présidentiels. Ainsi encore, lorsque Jefferson fut élu à son tour président, Burr devint-il le vice-président.

Les électeurs étaient appelés à voter dans leur État, sans se connaître et se concerter. L'exigence d'une majorité absolue sur deux noms avait donc peu de chances d'être rencontrée en cas de votes dispersés entre plusieurs noms, sauf exception. Au départ, cette exception était évidemment Washington, mais par la suite il était raisonnable de penser que la majorité absolue serait difficilement atteinte, et c'est pourquoi un système subsidiaire est envisagé, très favorable aux petits États et, en cela, élément essentiel du compromis constituant. La Chambre des représentants élit le président entre les cinq candidats ayant reçu le plus de voix des électeurs présidentiels. Après cette élection, le candidat resté le mieux favorisé des électeurs présidentiels devient vice-président. À partir de 1804, le 12e amendement a limité ce choix aux trois candidats arrivés en tête et prévu que le Sénat, chambre des États, élirait le vice-président, son président de droit, entre les deux candidats les mieux favorisés pour le poste de vice-président, les deux élections étant désormais distinctes. Mais l'intérêt, pour les petits États, réside surtout dans le fait que, pour l'élection du président par la Chambre des représentants, le vote a lieu par État, chaque État n'ayant qu'une voix. Celle-ci doit être déterminée à la majorité entre les représentants de chaque État (en tant que de besoin puisque les plus petits États peuvent n'avoir qu'un seul représentant, dont le pouvoir devient ainsi considérable). Si ces représentants se divisaient en nombre égal, la voix de l'État, ne pouvant être exprimée, serait perdue. Le processus peut en outre être bloqué par la prévision d'un quorum exigeant la présence de représentants des deux tiers des États. Faute d'une élection avant le quatrième jour du mois, le vice-président est appelé en qualité de président des États-Unis. Pour la plupart des « pères fondateurs », pour Madison notamment, ce système devait être appelé à fonctionner de manière habituelle, faute de concertation préalable entre les grands électeurs. Or l'élection du président par la Chambre n'est intervenue que deux fois : en 1801, pour départager (comme le prévoit la Constitution) Jefferson et Burr, qui avaient le même nombre de voix – partage égal qui, dans la Chambre, perdura encore un nombre épique de scrutins : Jefferson fut élu à une voix de majorité, le suffrage d'un fédéraliste transfuge[1] faisant basculer la voix d'un État – et en 1825, avec l'élection de John Quincy Adams, alors que les votes s'étaient partagés entre Jackson (99), Adams (88), Crawford (41) et Clay (37)[2]. C'est que dès 1800 un changement de fait s'était produit dans l'application du système, qui est l'invention du « ticket » présidentiel : tous les grands électeurs sauf un avaient inscrit sur leur bulletin soit les noms de Jefferson et Burr, soit ceux de John Adams et de Pinckney, et c'est pourquoi d'ailleurs c'est la Chambre qui a élu Jefferson, car lui-même et Burr, ainsi qu'on l'a dit, avaient obtenu le même nombre de voix. Ce blocage des votes sur deux listes de deux candidats est dû à l'entrée des partis dans le processus de l'élection présidentielle. À partir de ce moment, les électeurs présidentiels deviennent des relais partisans sans autonomie de décision et le système d'élection subsidiaire ne pourrait s'appliquer qu'à défaut d'une suffisante bipolarisation de la vie politique. Or celle-ci s'est trouvée assurée par d'autres transformations affectant le système de l'élection présidentielle : d'une part, l'organisation par les partis d'une sélection des candidats préalable à l'élection (élections primaires) ; d'autre part, avec le suffrage universel, l'émergence d'une élec-

---

1. Convaincu probablement par Hamilton, opposé à Jefferson mais qui préférait ce dernier à Burr comme un moindre mal. C'est alors que Burr provoqua en duel Hamilton.
2. John Quincy Adams fut élu par la Chambre des représentants alors qu'il avait obtenu moins de suffrages populaires que son principal concurrent. Jackson l'avait devancé de quelque 50 000 suffrages, outre qu'il l'avait emporté dans tous les États où les grands électeurs étaient à la désignation du peuple.

tion à caractère plébiscitaire à travers la formalité de la désignation des électeurs présidentiels. Formellement, en effet, l'élection présidentielle intervient toujours à l'issue des procédures imaginées par le constituant de Philadelphie, sous réserve de quelques modifications apportées par les 12e, 20e et 23e amendements. Les conditions d'éligibilité sont restées les mêmes : le président doit être né citoyen des États-Unis, avoir atteint l'âge de 35 ans et résider aux États-Unis depuis quatorze ans au moins.

La composition du collège des électeurs présidentiels est encore déterminée par les règles fixées en 1787. Chaque État désigne autant d'électeurs qu'il a de sénateurs et de représentants au Congrès. Les États les moins peuplés désignent donc au moins trois grands électeurs. Le district de Columbia, siège de la capitale fédérale, qui n'élit ni sénateurs ni représentants, a le droit de désigner trois grands électeurs, comme les plus petits États, depuis le 23e amendement (1969). Le collège comprend ainsi 538 électeurs correspondant aux 435 représentants, aux 100 sénateurs et aux trois précités. Conformément à la loi fédérale, les électeurs sont eux-mêmes élus le mardi qui suit le premier lundi de novembre (afin d'éviter que cette élection ait lieu un 1er novembre). Ils ne peuvent être membres du Congrès ni fonctionnaires fédéraux. En fait, leur rôle est à ce point formel et symbolique que dans certains États leur nom n'est même pas connu du corps électoral. C'est le système dit du *presidential short ballot* : le bulletin de vote par lequel les citoyens sont censés élire les grands électeurs ne comporte que les noms des candidats à la présidence et à la vice-présidence.

Depuis que leur élection est devenue démocratique, les électeurs présidentiels sont élus dans la quasi-totalité des États au scrutin majoritaire de liste à un seul tour. C'est la règle dite *unit rule,* ou encore *Winner-take-all* : la liste qui obtient la majorité, même relative, est élue en son entier. Cette règle résulte d'une uniformisation de la législation électorale des États, dont les législatures restent compétentes en la matière. Dans deux États (Nebraska, New Hampshire) subsiste le *district system* qui aligne de façon différenciée le mode d'élection des électeurs présidentiels sur celui des sénateurs et des représentants auxquels ils correspondent numériquement (l'État est divisé en autant de circonscriptions qu'il a de grands électeurs). Cette particularité est d'autant plus intéressante que le *district system* n'a plus été pratiqué pendant la majeure partie du XIXe siècle (il avait disparu en 1832). Dès qu'une majorité de 538 électeurs – soit au moins 270 – a été élue en faveur d'un candidat, le nom du futur président est connu et il est partout considéré comme élu. En droit, son élection n'est cependant acquise qu'après que les électeurs présidentiels ont voté, ce qu'ils font lorsqu'ils se réunissent, le lundi suivant le deuxième mercredi de décembre, dans la capitale de leur État. Depuis le 12e amendement (1804), ils élisent le président et le vice-président par des bulletins séparés, adressés ensuite au siège du gouvernement fédéral et à la présidence du Sénat. Aux termes du 20e amendement (1933), la proclamation des résultats a lieu le 6 janvier devant les chambres réunies sous la présidence du président du Sénat (normalement le vice-président sortant, à défaut le président *pro tempore*). Conformément à une loi de 1887, il appartient d'abord aux États, dont les électeurs sont réputés être les agents, puis éventuellement au Congrès, de statuer sur les contestations qui s'élèveraient lors du décompte des résultats. De telles contestations sont notamment susceptibles de s'élever lorsqu'un électeur présidentiel vote pour un autre candidat que celui de la liste sur laquelle il a été élu. Le cas n'est pas exceptionnel et on en relève des précédents récents (1968, 1972, 1976), car il reste que la Constitution laisse les grands électeurs entièrement libres, conformément à la volonté des « pères fondateurs », et que seuls quelques États autorisent les partis à imposer à leurs électeurs présidentiels de voter pour le candidat qui est le leur. De telles législations étatiques ne sont pas inconstitutionnelles aux yeux de la Cour suprême (*Ray v. Blair* [1952]), mais elles sont l'exception. C'est donc par convention constitutionnelle que les électeurs sont tenus de voter pour les candidats du parti tels que le corps électoral les a désignés et cette obligation coutumière est très largement respectée. La situation est différente dans l'hypothèse (exceptionnelle) où la législation étatique déroge expressément à la coutume en autorisant les électeurs présidentiels à voter pour qui ils l'entendent. Tel était le cas dans certains États du Sud où le parti démocrate, conservateur, s'oppose à la tendance libérale des démocrates du Nord ; en 1960, 15 grands électeurs, de trois États différents, ont voté pour le sénateur Byrd plutôt que pour Kennedy, le candidat du parti démocrate.

Le maintien du système d'élection présidentielle dans les formes et procédures originelles en dépit des profondes modifications intervenues quant au sens et à la portée de cette élection présente à la fois des avantages et des inconvénients. Les avantages sont évidents. L'ancienneté du système lui confère une légitimité de type traditionnel : nul ne peut prétendre qu'il soit *a priori* favorable ou défavorable aux candidats en présence, et les élections donnent des résultats généralement clairs. Mais les inconvénients sont frappants. Le système majoritaire de liste à un tour appliqué dans le cadre des États conduit à d'inévitables distorsions dans les résultats. Huit grands États (Californie, Floride, Illinois, Michigan, New York, Ohio, Pennsylvanie et Texas) détiennent 255 sur 538 votes présidentiels. Une victoire, même de très faible amplitude, dans ces États peut donc avoir une importance décisive. Il en résulte la possibilité qu'entre deux candidats celui qui obtient le moins de suffrages populaires à l'échelon fédéral soit néanmoins élu président, parce que obtenant la majorité des mandats de grands électeurs. Le cas s'est produit en 1876, Hayes ayant été élu avec près de 300 000 voix de moins que Tilden, mais l'emportant dans le collège, d'une voix (185 contre 184), et, en 1888, Benjamin Harrison étant élu contre Cleveland par 233 électeurs contre 168 alors qu'il avait obtenu environ 100 000 voix de moins. Un siècle plus tard, ces précédents paraissaient lointains mais des distorsions n'en continuèrent pas moins de survenir à l'époque contemporaine. En 1960, 118 000 voix seulement sur près de 69 millions d'exprimées séparaient Kennedy de Nixon et un déplacement de 4 500 voix en Illinois (où l'élection d'ailleurs était suspecte de fraude) et de 23 000 au Texas aurait assuré à Nixon une majorité de grands électeurs. En 1976, en dépit d'une différence de 1,7 million de voix en faveur de Carter, un déplacement de 7 000 voix (réparties entre l'Ohio et Hawaii) aurait conservé la présidence à Ford. Les péripéties extraordinaires qui ont marqué le scrutin de novembre 2002 (v. n° 83 *bis*) ont ensuite complètement renouvelé la question et le débat qu'elle entretient depuis très longtemps. En effet, les propositions de réformer le système de l'élection présidentielle ont été nombreuses. La plus ancienne date de 1797, et dès 1826 il était proposé que le président soit élu au suffrage universel direct. Un projet d'amendement à la Constitution préconisant l'élection directe à l'échelon fédéral a été adopté à la

Chambre des représentants en septembre 1969. D'autres propositions, moins radicales, tendent à maintenir le rôle des États dans l'élection en tant qu'élément traditionnel de l'équilibre fédéral et se limitent à suggérer l'abolition de la règle *Winner-take-all (unit rule)*. Les arguments pour et contre la réforme du système reviennent à l'occasion de chaque nouvelle élection mais aucune proposition n'a jusqu'à présent connu de suite, hors la proposition Celler de 26e amendement, adoptée en septembre 1969 par 338 voix contre 70. Ce projet de réforme s'était heurté au Sénat à la coalition des sénateurs sudistes et de ceux des petits États, qui ont organisé un *filibuster*, et devant l'impossibilité de réunir la majorité qualifiée pour voter la clôture du débat, la proposition fut retirée.

83 bis LE SYSTÈME À L'ÉPREUVE. — Le *statu quo* s'est trouvé favorisé par l'absence durable de contre-épreuve, telle qu'il s'en était produit à la fin du XIXe siècle avec Hayes et Benjamin Harrison. Mais le cas de figure s'est représenté, et dans des circonstances cette fois sans précédent, lors du scrutin présidentiel du 7 novembre 2000. Le candidat proclamé élu a en effet non seulement recueilli moins de voix populaires que son concurrent, mais il ne l'a été que près de cinq semaines après la désignation des grands électeurs et, surtout, à la suite de l'intervention décisive de la Cour suprême.

Le retard quant à la détermination du résultat était causé par l'issue incertaine de l'élection de Floride. La législation étatique relative à la désignation des électeurs présidentiels de cet État prévoit que dans l'hypothèse d'un différentiel inférieur à 0,5 %, un recomptage doit être organisé. Au lendemain du scrutin, George W. Bush était réputé l'emporter en Floride par 1 784 voix, ce qui imposait un recomptage mécanique dans plusieurs comtés, lequel aboutit à réduire encore la marge d'avance. La même législation électorale étatique permet aussi d'exiger un recomptage manuel, que le vice-président démocrate sortant, All Gore, candidat concurrent, réclama dans quatre comtés. Les problèmes techniques liés à ce recomptage étaient d'une telle complexité[1] qu'il ne pouvait manquer d'élever un contentieux entre les candidats. En vertu du principe de la compé-

---

1. V. E. Zoller, Le rôle de la Cour suprême dans le système américain de gouvernement, *Mélanges Waline*, Dalloz, 2001, p. 100.

tence étatique en matière électorale, les juridictions fédérales saisies par George W. Bush laissèrent aux juges de Floride le soin de trancher si le recomptage pouvait se poursuivre au-delà du 21 novembre, date limite pour la proclamation officielle des résultats dans les États. La Cour suprême de Floride ordonna de poursuivre le recomptage et repoussa la date de proclamation au 26 novembre (jour où George W. Bush devait être proclamé vainqueur par 537 voix d'avance). Saisi entre-temps par celui-ci, la Cour suprême fédérale enjoignait à la Cour de Floride de préciser les bases de son arrêt, et notamment son interprétation de la loi électorale étatique. Le 8 décembre, dans le contentieux particulier d'un comté de Floride, la cour suprême de l'État « restituait » des voix au candidat Gore et ordonnait un recomptage manuel des 9 000 bulletins écartés par les machines. Le lendemain, la Cour suprême fédérale, saisie par George Bush, sursoyait à l'exécution de cette décision et, le 12 décembre, rendait finalement un arrêt *per curiam* qui en prononçait l'annulation *(Bush v. Gore)*. Cela revenait à désigner le candidat républicain président des États-Unis, puisque avec les 25 mandats de Floride, il obtenait 271 grands électeurs contre 266 au candidat démocrate. La décision a suscité de vives controverses, jusqu'au sein de la Cour elle-même, et elle emportait une interprétation très hiérarchique de la loi de 1887 attribuant aux États la solution des différends liés à la désignation des grands électeurs (v. *supra,* n° 83) car elle était dictée par un sentiment de méfiance de la Cour suprême fédérale à l'égard des juridictions étatiques (v. *infra,* n° 106 *bis*). Mais ces controverses n'ont été si fortes que dans la mesure où elles aboutissaient à proclamer président le candidat arrivé en second, puisque Gorge W. Bush avait reçu 47,87 % des suffrages contre 48,38 % à Al Gore, soit un écart de plus de 500 000 voix. La circonstance inédite d'un président à la fois minoritaire et désigné par la Cour suprême est évidemment de nature à provoquer une forte remise en cause du système existant. Or s'il a beaucoup été question de réformes techniques[1], le mouvement en

---

1. L'incertitude des résultats en Floride tenait pour l'essentiel à la vétusté du matériel utilisé et à l'utilisation de bulletins introduisant une confusion entre les noms du candidat démocrate Al Gore et de celui du *Reform party,* Pat Buchanan. En 2002, le Congrès a adopté par une large majorité dans les deux chambres une loi, approuvée par le président le 29 octobre, visant à éviter la reproduction des accidents observés en Floride (qui se sont répétés lors de l'élection du gouverneur en 2002).

faveur d'une réforme de fond n'a pas réussi véritablement à l'imposer comme indispensable. Les exigences démocratiques continuent d'être relativisées par celles du fédéralisme et il n'est pas indifférent, à cet égard, de relever que si George W. Bush est, à l'époque contemporaine, le président le plus mal élu, il l'avait néanmoins emporté dans trente États, Al Gore étant vainqueur dans les autres et le district de Columbia. La légitimité de George W. Bush en tant que président n'a par la suite jamais été mise en cause, à commencer par son concurrent qui, en tant que vice-président sortant, président du Sénat, avait à proclamer officiellement son élection. Celle de Gérald Ford, qui n'avait pas été élu du tout (v. n° 82), ne le fut pas non plus, ce qui indique qu'il s'agit bien d'une légitimité spécifiquement constitutionnelle davantage que démocratique[1]. Ainsi, cette mise à l'épreuve sévère du système[2], n'est-elle pas pour autant le gage d'une proche réforme.

84 Les pouvoirs présidentiels. Le président et le cabinet.
— Si la Constitution est explicite dans la définition des pouvoirs du Congrès, qui se confondent avec ceux de l'Union, elle est assez imprécise en ce qui concerne celle des pouvoirs présidentiels. Aux termes de l'article III, section 1, « le pouvoir exécutif est confié à un président des États-Unis », mais il n'est pas sûr qu'il s'agissait, pour le constituant de Philadelphie, d'une attribution de la compétence gouvernementale en son entier puisque, d'une part, les sections 2 et 3 du même article II énumèrent certains pouvoirs attribués au président – de telle sorte que cette énumération pourrait avoir un caractère limitatif – et, d'autre part, plusieurs des attributions présidentielles sont exercées avec le concours du Sénat. Sous cette réserve cependant, et sur ce point la volonté du constituant est claire, le président exerce seul les compétences de l'exécutif, sans avoir à partager le pouvoir de décision avec des ministres. Le président cumule les attributions de l'exécutif : il est à la fois chef de l'État et seule instance de gouvernement, et à ce double titre il est aussi effectivement chef de l'administration fédérale, commandant

---

1. V. P. Pasquino, Constitutional adjudication and democracy, *Ratio Juris,* 11, n° 1 (mars 1998), p. 38 et s.
2. Pour les critiques, v. not. celles de R. Dworkin, A badly flawed election, *The New York Review of Books,* janvier 2001, p. 53-55.

en chef des forces armées et chef de la diplomatie. La Constitution lui confère en outre un pouvoir de veto et un droit de suggestion à l'égard du Congrès qui, bien que l'initiative législative ne lui soit pas reconnue, lui permettent d'être le moteur principal de l'activité législative fédérale.

En tant que chef de l'État, le président incarne l'unité et la permanence de la nation. Il exerce les fonctions de représentation et tous les pouvoirs traditionnellement attachés à la qualité de chef de l'État, tel que le droit de grâce.

En tant que gouvernant, le président détient la plénitude de décision en matière gouvernementale. Les décisions gouvernementales ne sont pas collégiales et le cabinet a un rôle essentiellement consultatif. On a déjà dit que la composition et le remaniement du cabinet dépendent du président et que l'offensive du Congrès contre cette prérogative, dans la difficile période de la Reconstruction, s'était soldée par un échec (v. n° 65).

Le cabinet n'avait à l'origine pas d'existence constitutionnelle. La Constitution prévoit seulement que le président « pourra exiger l'opinion, par écrit, du principal fonctionnaire de chacun des départements exécutifs sur tout sujet relatif aux devoirs de sa charge » (art. II, sect. 2). C'est Washington qui a instauré la pratique de réunir les chefs des départements, notamment parce que ses tentatives d'une collaboration directe avec le Sénat n'avaient pas été concluantes, et le précédent qu'il a établi, en cette matière comme en d'autres, a été suivi. Les départements sont créés par des lois du Congrès. En 1789, il n'y en avait que trois : le *State Department,* pour les Affaires étrangères, le département du Trésor et celui de la Guerre ; était également créé le poste d'*Attorney general,* chargé de la Justice, mais celui-ci n'est devenu membre du cabinet qu'en 1814 et ses services n'ont été organisés en département qu'en 1870. Les départements sont restés au nombre de neuf de 1913 (création du département du Travail, séparé de celui du Commerce) jusqu'en 1953 où fut constitué le département à la Santé, l'Éducation et le Bien-être (HEW), qui a été scindé en 1980. Après les élections au Congrès de novembre 2002, la présidence a relancé le processus législatif visant à la création d'un département de la sécurité. Le cabinet peut cependant comprendre un nombre de membres plus élevé que celui des chefs de départements. Le président en choisit librement tous les membres, Mais leur désignation requiert l'approbation du Sénat, comme celle des autres fonctionnaires, et les candidats présidentiels sont soumis à l'examen de la commission sénatoriale compétente. La tradition est celle d'une approbation par le Sénat des choix présidentiels, particulièrement en début de mandat, afin de ne pas entraver l'action du chef de l'exécutif nouvellement élu. Il reste que la discrétion du choix par le président de ses principaux collaborateurs est tempérée par la nécessité de prendre en compte la réaction prévisible de la majorité sénatoriale et qu'il existe non seulement des retraits de candidature déterminés par l'attitude du Sénat mais aussi des cas de rejet formel. Ces cas sont rares – on n'en relève qu'une dizaine dans toute l'histoire des États-Unis – mais ils constituent un grave revers pour le président. En juin 1959, vers la fin de sa présidence, Eisenhower se vit refuser l'assentiment du Sénat à la nomination de Lewis Strauss au poste de ministre du Commerce par 49 voix contre 46. En juin 1995, M. Clinton essuya un échec lorsque le Sénat a rejeté la nomination comme ministre de la Santé de M. Foster qui, dans le passé, avait participé à des avortements. Beaucoup plus grave est le revers essuyé par M. Bush lorsque, pour des raisons tenant à la vie privée du candidat, le Sénat a refusé, en mars 1989, d'approuver la nomination de M. John Tower, lui-même ancien sénateur, au département de la Défense, par 53 voix contre 47. En effet, c'est la première fois qu'un tel rejet intervenait au début d'une nouvelle présidence (période dite de la *honeymoon,* la « lune de miel » entre un nouveau président et le Congrès), s'agissant en plus d'un poste d'une importance considérable, et à l'issue d'un vote au caractère exceptionnellement partisan (52 démocrates et un républicain contre 44 républicains et trois démocrates). Cette défaite a mal auguré, selon la plupart des commentaires, du cours de la nouvelle présidence, et il a été reproché au président de n'avoir pas retiré la candidature de M. Tower plutôt que de subir un échec si marquant. Un tel retrait est en effet la solution normale en cas de fortes réticences du Sénat, que l'initiative en émane de l'intéressé ou du président lui-même : ainsi, en janvier 1993, M. Clinton nomme *Attorney general* Mme Baird mais celle-ci décide de se récuser après avoir révélé devant la commission sénatoriale qu'elle avait employé un couple d'immigrés clandestins ; nommée à sa suite, Mme Wood doit se retirer, et pour le même motif, cette fois sous la pression du président ; en janvier 1994, c'est l'amiral Inman, nommé secrétaire à la Défense, qui retire sa candidature avant même le début des auditions du Sénat, affirmant être victime d'une campagne de presse[1]. Normalement toutefois, le Sénat permet au président de désigner des personnalités qui bénéficient de sa confiance, en fonction de critères de représentativité dont il est seul juge. Ainsi, la nomination par George W. Bush, en janvier 2001, au poste d'*Attorney général* de M. Ashcroft, représentant de la droite ultra, a-t-elle soulevé bien des controverses dans la presse mais n'en a pas moins été approuvée par 58 voix contre 42, huit sénateurs démocrates votant avec l'ensemble des républicains. Mais il a dû par ailleurs renoncer à nommer Mme Chavez comme secrétaire au Travail, pour les mêmes raisons qui avaient conduit, sous M. Clinton, au retrait de Mme Baird et de Mme Wood. Le président est assez fréquemment conduit à remanier le cabinet, soit que des désaccords apparaissent entre des secrétaires et lui-même, ou entre les secrétaires entre eux, ou encore par démission volontaire, pour raison personnelle, ou par démission provoquée par des questions politiques ou des scandales. Toutes ces hypothèses se sont présentées durant la présidence de M. Ronald Reagan qui a connu un grand nombre de remaniements de cabinet. Le président ne nomme pas nécessairement des personnalités de son parti. Il peut évidemment faire appel à des indépendants mais aussi à des membres du parti adverse. Ainsi, au début de son second mandat, M. Clinton a-t-il désigné un républicain, M. William Cohen, à la Défense, concession significative à la majorité républicaine du Congrès et qui permettait d'éviter toute réticence de la part du Sénat, le président ayant éprouvé précédemment, en ce qui concerne ses nominations, plus de difficultés que ses prédécesseurs. Son successeur M. Bush a également désigné un démocrate dans son cabinet en janvier 2001. Le cabinet n'est qu'une instance consultative et son rôle en tant que tel dépend entièrement du président. Celui-ci le convoque ou non à sa discrétion. L'usage fréquent et régulier des réunions du cabinet a généralement été la

---

1. En d'autres occasions, l'obstination du président a pu être payante : la nomination par M. Reagan de M. Edwin Meese au poste d'*Attorney general* a été – difficilement – obtenue à l'issue d'une procédure ayant duré un an.

marque d'une présidence faible. Une telle pratique a encore été suivie sous la présidence d'Eisenhower. Mais on la rencontre aussi sous des présidents forts (Franklin Roosevelt, à partir de son deuxième mandat, Truman, Nixon). D'autres présidents se sont méfiés du cabinet : Jackson ne le réunissait presque jamais ; Lincoln, Wilson, Kennedy le convoquaient rarement. De manière générale, le président travaille en étroite collaboration avec les principaux secrétaires mais n'use pas du cabinet comme d'un organe de décision (seuls Jefferson et Eisenhower font exception). À cet égard, le régime présidentiel est bien défini par la formule célèbre attribuée à Lincoln consultant ses secrétaires sur l'abolition de l'esclavage : « Sept non, un oui : les oui l'emportent ». Le rôle de conseil du président est habituellement assuré par un organisme officieux, le *kitchen cabinet* dont certains membres sont des conseillers purement privés et d'autres peuvent se voir attribuer un poste officiel. Cette expression de *kitchen cabinet* date de la présidence de Jackson.

85 LES POUVOIRS DU PRÉSIDENT, CHEF DE L'ADMINISTRATION. — Les pouvoirs du président gouvernant dépassent largement ceux qui lui sont expressément attribués par la Constitution mais tous en dérivent par un processus de développement comparable à celui qui affecte les compétences législatives du Congrès. L'une des sources principales de l'autorité du président réside dans le devoir qui lui incombe de veiller à la fidèle exécution des lois (art. II, sect. 3) car il en résulte un considérable pouvoir réglementaire d'application à l'intérieur duquel le président dispose d'une marge notable d'appréciation. Mais on y rattache également un pouvoir réglementaire qui n'est fondé sur aucun texte législatif ni sur aucune attribution constitutionnelle expresse. Il en est ainsi des *executive orders, executive agreements, proclamations* qui sont considérés comme l'expression de pouvoirs inhérents à la tâche d'exécution des lois et qui constituent un véritable pouvoir réglementaire autonome. D'autres pouvoirs sont exercés par le président sur habilitation du Congrès. Il s'agit d'abord des pouvoirs spéciaux attribués à l'exécutif en temps de guerre ou de crise et qui ne sont pas nécessairement limités dans le temps. C'est ainsi que l'administration Roosevelt put utiliser en 1941, lors de la déclaration de guerre, des compétences qui avaient été déléguées par le

Congrès au président Wilson durant la Première Guerre mondiale. En outre, il existe des habilitations qui ne sont justifiées par aucune circonstance exceptionnelle. La Cour suprême a déterminé les conditions de validité de cette « délégation » de l'exercice de la fonction législative par l'exécutif. Dès lors que le Congrès fixe, dans la loi d'habilitation, les limites et les critères de l'action présidentielle, la Cour admet qu'il n'y a pas dépossession inconstitutionnelle par le Congrès de son propre pouvoir législatif mais une extension de la compétence présidentielle d'exécution des lois (*United States v. Rock Royal Cooperative* [1939], *Hood and Sons v. United States* [1939]).

La qualité de chef de l'administration fédérale, qui est aussi celle du président, dérive de la compétence que lui donne la Constitution en matière de nomination aux emplois publics fédéraux ainsi que de sa mission d'exécution de la législation fédérale en matière d'organisation administrative. Ainsi, on a vu qu'un nouveau département ministériel ne peut être créé que par une loi, qui détermine également les bases de son organisation, et les modifications ultérieures éventuelles. Il en va de même pour la création et l'organisation des agences exécutives, et aussi des commissions fédérales autonomes ne relevant pas directement de la présidence. Les pouvoirs du président en ce domaine sont donc subordonnés mais c'est à lui qu'il incombe de déterminer l'utilisation des crédits votés par le Congrès et de pourvoir aux emplois dans ces organismes créés par le législatif. Par ailleurs, la réorganisation administrative, tâche permanente que le Congrès est mal armé pour accomplir par lui-même, fait l'objet, depuis le *Reorganization Act* de 1949, de lois d'habilitations régulièrement votées au profit du président.

Mais l'aspect le plus notable du rôle du président en tant que chef de l'administration résulte du pouvoir de nomination des agents fédéraux qui lui est conféré par l'article II, section 2, de la Constitution. Ce pouvoir est pour l'exécutif une source d'influence considérable, et il en est résulté une politisation très grande de l'administration fédérale. Durant les premières décennies de l'Union, cette politisation est restée modérée mais, avec la présidence de Jackson (1829-1836) d'où l'on fait dater le caractère plébiscitaire de l'élection présidentielle, cette politisation s'est considérablement accrue, aboutissant au *spoils system,* par lequel les emplois publics étaient distribués comme des récompenses aux militants du parti du président. Ce système s'est poursuivi durant environ cinquante ans et a connu son apogée sous la présidence de Lincoln. Après la mort de Garfield, assassiné par un candidat évincé à un poste fédéral, le Congrès a voté, en 1883, le *Pendleton Act* qui jette les bases d'un système de recrutement impartial *(merit system)* et institue pour y veiller la commission du *Civil Service*. Le nombre d'emplois affectés par cette réforme était faible mais pouvait être étendu à d'autres catégories par des lois ultérieures. Cette extension s'est réalisée progressivement, nonobstant des périodes de réaction, et en 1940 le Congrès a voté le *Ramspack Act* qui permet au président d'étendre encore le *merit system* aux catégories qu'il juge opportunes, sous réserve des fonctions dont l'attribution doit faire l'objet de l'accord du Sénat. Il en résulte que le pourcentage des emplois fédéraux dont la présidence continue de disposer à sa discrétion est passé à moins de 10 % : tous les postes politiques (c'est-à-dire de direction) et des emplois moins importants dans certaines administrations telles que la justice et les postes fédérales.

En principe, l'accord du Sénat est nécessaire pour ces nominations, sauf si une loi du Congrès en dispose autrement. De manière générale, et en particulier pour les postes les plus élevés, on l'a déjà signalé, le Sénat ne refuse pas son accord. Les cas de rejet exprès sont assez rares mais le Sénat peut, par son attitude, conduire le président à retirer sa proposition ou bien, par exemple en fin de mandat présidentiel, préférer s'abstenir de statuer. L'autonomie du choix présidentiel est d'ailleurs limitée par l'usage de la *senatorial courtesy* qui impose au président, pour les nominations aux postes fédéraux dans les États, de consulter le ou les sénateurs de son parti, s'il s'en trouve, dans l'État concerné. Les propositions sénatoriales sont normalement suivies par l'exécutif, ce qui tend à faciliter l'approbation des nominations ainsi intervenues par le Sénat en corps. La Constitution, par ailleurs, ne dit rien quant au pouvoir de révocation. On a vu que c'est sur cette question que s'était cristallisé le conflit entre le président Andrew Johnson et le Congrès après que celui-ci eut voté, en 1867, le *Tenure of Office Act* qui imposait l'accord du Sénat pour l'exercice du pouvoir de révocation des fonctionnaires (v. n° 65). Une loi de 1876 a encore étendu cette nécessité aux officiers de service des postes fédérales. En 1926, la Cour suprême a été appelée à se prononcer sur la constitutionnalité de cette loi et l'a déclarée inconstitutionnelle *(Myers v. United States)*. Le pouvoir présidentiel de révocation était ainsi reconnu comme pleinement discrétionnaire pour les emplois relevant de l'exécutif, tels que ceux des postes fédérales, et donc, *a fortiori,* pour les fonctions essentiellement politiques, telles que celles des membres du cabinet. En revanche, et la Cour suprême l'a précisé par une jurisprudence ultérieure, la compétence du président peut être limitée par la loi pour les fonctions qui ne sont pas de nature exécutive ou qui ne dépendent pas directement de l'exécutif. Il en est donc ainsi en ce qui concerne les fonctionnaires des commissions autonomes, précisément créées comme telles par le Congrès pour leur ménager une certaine indépendance à l'égard de l'exécutif fédéral (*Humphrey's Executor v. United States* [1935]) ainsi que pour les agents fédéraux des organismes dont l'activité ne relève pas directement de l'exécutif (*Wiener v. United States* [1958]). En dépit de ces limitations, le pouvoir présidentiel de révocation – qui détermine en partie, lors de l'accession d'un nouveau président, l'étendue de son pouvoir de nomination – est très important et se trouve à l'abri des interventions du Congrès.

86 LES POUVOIRS EN MATIÈRE MILITAIRE ET DIPLOMATIQUE. —
Le président tient directement de la Constitution sa qualité de « commandant en chef de l'armée et de la marine des États-Unis, et de la milice des divers États » (art. II, sect. 2). Cependant, c'est au Congrès qu'appartient le pouvoir de déclarer la guerre, de lever et d'entretenir les armées et la marine de guerre, d'établir des règlements pour le commandement et la discipline des forces de terre et de mer et de pourvoir à la mobilisation de la milice. C'est évidemment aussi le Congrès qui vote le budget militaire. Mais c'est au président, en tant que commandant en chef, qu'il incombe de proposer ce budget ainsi que de veiller à l'adoption et à l'exécution des lois en matière militaire, de nommer les cadres des forces armées et de contrôler les départements et agences ayant compétence dans le domaine de la défense.

Mais c'est en temps de guerre que les pouvoirs du président en matière militaire prennent une importance prépondérante. Théoriquement, le président pourrait, comme l'impliquent les termes de « commandant en chef » utilisés par la Constitution, prendre lui-même le commandement des forces armées. Cela n'est plus guère concevable à l'époque contemporaine mais c'est en cette qualité qu'il est apte à prendre les décisions les plus essentielles en matière militaire. C'est en vertu de ce pouvoir que Truman a décidé le bombardement atomique des villes japonaises, puis a ôté au général McArthur la direction des opérations de la guerre de Corée, que Kennedy a ordonné le blocus de Cuba en 1962, que Johnson et Nixon ont pris les principales décisions relatives au bombardement du Vietnam et du Cambodge, que Carter a autorisé la fabrication de la bombe à neutrons et que Reagan a fait envahir la Grenade en 1983 et mis en œuvre le programme d'initiative de défense stratégique. En ces circonstances, les interventions du Congrès ont généralement pris la forme de résolutions s'apparentant à des blancs-seings. Ainsi, en 1962, le président Kennedy a pu fonder sa décision dans la crise de Cuba sur les résolutions que la chambre et le Sénat avaient auparavant votées à la quasi-unanimité, engageant le président à « empêcher par tous les moyens, y compris le recours aux armes, l'extension à Cuba du régime marxiste-léniniste ». Pour la guerre du Vietnam, la résolution dite de la baie du Tonkin, votée par le Congrès après le déclenchement du conflit, donnait à l'exécutif la mission de « prendre toutes mesures nécessaires pour repousser les attaques contre les forces des États-Unis et empêcher de nouvelles agressions ».

Le fait qu'une résolution aussi vague ait pu servir de base à une guerre de l'ampleur que prit celle du Vietnam a conduit le Congrès à envisager de préciser et de limiter les pouvoirs du président en la matière. C'est ainsi qu'a été voté en 1973 le *War Powers Act* après que le Congrès eut surmonté le veto présidentiel opposé par M. Nixon. Cette loi du 24 octobre 1973 impose au président de rendre compte au Congrès, dans les quarante-huit heures, de tout engagement des troupes américaines, d'en spécifier les raisons et la durée prévisible. Elle dispose que, à moins d'une attaque dirigée contre les États-Unis, les forces armées américaines seront, dans les soixante jours, retirées du conflit si le Congrès ne déclare pas l'état de guerre : un délai supplémentaire de trente jours pourra être accordé si le président certifie qu'il est nécessaire pour assurer la sécurité du désengagement des troupes. Enfin, elle prévoit que le Congrès peut, à tout moment, mettre fin à l'engagement des forces armées en votant une résolution commune ne requérant pas la signature présidentielle pour être mise en application. Cependant, cette autorisation pour un engagement à long terme (sans déclaration de guerre) n'est nécessaire que si les hostilités sont réputées imminentes, et non si le président déclare seulement au Congrès que les troupes sont prêtes pour le combat. C'est de cette manière que les soldats américains ont été envoyés au Liban en 1982. Ce n'est qu'un an plus tard que le président Reagan a sollicité du Congrès l'autorisation de les maintenir en place, ce que les chambres ont accordé pour une durée de dix-huit mois, peu avant qu'un attentat détermine un retrait précipité. De même lors de la guerre du Golfe, le président George Bush n'a pas consulté le Congrès avant d'envoyer des troupes en Arabie Saoudite après l'invasion du Koweit par l'Irak (août 1990) ni lorsqu'il en a renforcé le dispositif par l'envoi de 200 000 hommes (octobre 1990). Ce n'est qu'en janvier 1991, lors de l'expiration de l'ultimatum à l'Irak, qu'il a demandé et obtenu du Congrès le vote à une courte majorité d'une simple résolution concomitante autorisant l'utilisation des forces armées, laquelle se réfère expressément aux dispositions du *War Powers Act*. En revanche, à l'automne 2002, George W. Bush a demandé et obtenu du Congrès une autorisation en quelque sorte préventive pour une nouvelle guerre en Irak. Cette résolution a autorisé le président à utiliser la force « comme il le juge nécessaire pour défendre la sécurité nationale contre la menace continuelle posée par l'Irak », ce afin de renforcer la position de la diplomatie américaine au Conseil de sécurité des Nations Unies. Par ailleurs, le *War Powers Act* ne fait nullement obstacle à des opérations de brève durée, telles que celle de la Grenade en 1983 ou le raid sur Tripoli en 1986.

Les pouvoirs du président en matière militaire sont d'autant plus importants qu'ils sont liés à son rôle de chef de la diplomatie. Le constituant de 1787 a partagé les compétences de l'État fédéral en matière de relations internationales entre le président et le Sénat, chambre des États, maintenant ainsi un reliquat de logique confédérale dans l'ordonnancement constitutionnel. Le président nomme les ambassadeurs et autres représentants diplomatiques, reçoit ceux qui sont accrédités auprès de lui et négocie et ratifie les traités (art. II, sect. 2). Mais le Sénat doit donner son consentement à la nomination des ambassadeurs et, à la majorité qualifiée des deux tiers, son accord à la conclusion des traités. Ce partage de compétences ne confère pas au président une quelconque primauté dans le domaine diplomatique mais l'évolution qui a permis la croissance de l'exécutif a déterminé rapidement une primauté présidentielle en cette matière. Dès 1799, par la voix du *Chief Justice* Marshall, la Cour suprême reconnaît au président la fonction d'unique organe de la nation dans ses relations extérieures et d'unique représentant à l'égard des puissances étrangères. C'est notamment en tant que chef de la diplomatie qu'il appartient au président de reconnaître ou non les gouvernements étrangers. Le président contrôle la diplomatie par l'intermédiaire du secrétaire d'État, principale figure du cabinet présidentiel, qui a la charge du *State Department,* l'un des départements fédéraux les plus étoffés. Le contrôle présidentiel s'exerce aussi, au-delà de la nomination du personnel diplomatique, par la pratique des envoyés présidentiels chargés de missions et même de négociations à caractère officieux, dont l'action permet au président la conduite d'une diplomatie personnelle. En ce qui concerne le *treaty making power,* les dispositions constitutionnelles selon lesquelles le président ne conclut les traités que « sur l'avis et le consentement du Sénat » ont, après l'échec de la collaboration entre celui-ci et le président Washington, rapidement reçu un sens restrictif. Le président négocie seul et n'informe le Sénat que s'il le juge opportun. Ensuite le Sénat, comme les assemblées législatives dans les régimes parlementaires, vote, sur le rapport de la commission compétente, mais à la majorité des deux tiers, pour ou contre l'approbation de la ratification. Le poids de la minorité est donc considérable et il explique que nombre de traités importants ont été rejetés, le plus notable étant, en 1920, le traité de Versailles. Le Sénat peut aussi amender le traité, ce qui oblige le président à négocier (c'est parce qu'il refusait un rectificatif apporté au traité de Versailles que Wilson a engagé les sénateurs démocrates à le rejeter). Il peut encore, sans la rejeter formellement, ne pas donner suite à la demande de ratification d'un traité (c'est le cas du traité Salt II en 1980). Cependant, la grande majorité des traités soumis à l'approbation du Sénat ont été ratifiés. Tous les traités importants conclus depuis la dernière guerre l'ont été sans grande difficulté, et notamment la Charte des Nations Unies et les traités instituant l'OTAN et l'OTASE, à l'exception récente du *Comprehensive Test Ban*

Treaty, traité d'interdiction des essais nucléaires garantie par le contrôle international (13 octobre 1999). D'autres l'ont été à l'issue de longs débats : le traité relatif au canal de Panama, conclu par Carter en 1977, n'a été approuvé qu'au terme de trente-huit jours de discussions.

Mais le président n'est pas absolument contraint par les prescriptions constitutionnelles qui imposent l'approbation du Sénat. Il peut aussi recourir à la formule des accords en forme simplifiée que sont les *executive agreements*. Il s'agit d'une pratique ancienne : elle a notamment servi pour l'acquisition de la Louisiane par Jefferson en 1803. Elle a été légitimée par la Cour suprême qui leur a reconnu la même valeur qu'aux traités conclus en la forme (*United States v. Belmont* [1937], *United States v. Pink* [1946]). Le président l'a parfois utilisée après que le Sénat eut refusé d'approuver un traité : ainsi en 1845, pour l'annexion du Texas, puis en 1898 pour celle de Hawaii. En tant qu'actes de l'exécutif, ces accords peuvent être conclus sans intervention du Congrès mais ils peuvent l'être aussi par habilitation de celui-ci (par exemple les accords signés en vertu du *Lend-lease Act* de 1941) ou bien encore moyennant son approbation par un vote des deux chambres à la majorité ordinaire. Cette méthode est souvent utilisée – et elle l'a été en particulier dans les deux cas précités de 1845 et 1898 – pour contourner la difficulté de réunir la majorité constitutionnelle des deux tiers du Sénat. En réaction contre l'autonomie croissante que cette pratique laisse à l'exécutif, le Congrès a voté, en 1972, une loi *(Case Act)* imposant au président l'obligation de soumettre au Congrès tout accord dans les soixante jours de sa conclusion, mais ce texte, qui n'envisage aucune sanction, n'a pas été vraiment respecté.

87 L'EXERCICE DU POUVOIR LÉGISLATIF. — Enfin, le président détient, en droit comme en fait, un pouvoir considérable en matière législative. Il s'agit d'abord, avec le veto présidentiel, d'un pouvoir d'empêcher. Mais il lui appartient aussi de recommander au Congrès « telles mesures qu'il estimera nécessaires et opportunes ». Il peut encore convoquer les chambres en cas de nécessité, ainsi que les ajourner (art. II, sect. 3, de la Constitution). Ces pouvoirs seront envisagés sous l'angle des rapports entre le Congrès et la présidence (v. n° 89).

88 LES STRUCTURES DE LA PRÉSIDENCE. — La mise en place de structures propres à la présidence est assez tardive. Ce n'est qu'en 1857 que le Congrès autorise le recrutement d'un secrétaire de la présidence émargeant au budget fédéral, qui est à l'origine du *White House Office.* Cette structure était encore très légère au début du premier mandat de Roosevelt, en 1937. Elle compte aujourd'hui plus de 600 personnes, la plupart des conseillers, aux dénominations très variées. C'est le cabinet politique de la présidence. En outre, à la suite du rapport Brownlaw (1937), a été créé en 1939, par un ordre exécutif pris en vertu d'une loi du Congrès, l'*Executive Office of the President* (EOP), composé de divers organismes à l'existence parfois transitoire et aux désignations changeantes. Ils ont une mission plus technique et plus spécialisée, en aval de la décision politique. On peut citer notamment : le bureau des conseillers économiques, créé en 1946, composé de trois conseillers, que le président Reagan a conservé après avoir voulu le supprimer en 1984 ; le conseil national de sécurité (NSC), créé en 1947, qui a pour fonction de conseiller le président en matière diplomatique et de sécurité nationale : il est présidé par le conseiller du président pour la sécurité et a dû une partie de son importance dans les dernières décennies à la personnalité de celui-ci (M. Kissinger, M. Brzezinski) ; la *Central Intelligence Agency* (CIA), créée en 1947 également, qui est au centre du dispositif de renseignement des États-Unis ; l'*Office of Management and Budget* qui a succédé en 1970 au *Bureau of the Budget* créé en 1921 et transféré en 1939 du département du Trésor à la présidence : il prépare le budget fédéral qui sera soumis au Congrès, en harmonisant les demandes des différents départements avec la politique de la présidence et contrôle le fonctionnement de l'administration. Il existe aussi un conseil de l'environnement (1969), un bureau de la science et de la technologie (1976), un bureau de l'administration et un bureau de la politique intérieure (1977). L'ensemble des organismes de l'*Executive Office* comprend plus de 5 000 agents.

C - *Les rapports entre les deux pouvoirs*

On a vu comment le régime présidentiel américain, conçu comme un régime de séparation des pouvoirs tendant à la spécialisation, avait résisté à une évolution vers le parlementarisme par l'échec du détournement de la procédure de responsabilité pénale de l'exécutif (v. n° 65). Restés indépendants l'un par rapport à l'autre, les deux pouvoirs n'en sont pas moins contraints d'aller de concert dans l'exercice de leurs compétences, même si en principe le Congrès se trouve à cet égard plus favorisé que le président. Les procédures de collaboration entre les pouvoirs aménagés par la Constitution sont d'une portée relativement limitée mais elles ont fait l'objet d'un développement assez important, dont les termes ont été précisés par la Cour suprême. Cependant, c'est plus dans l'ordre politique que dans l'ordre juridique qu'il faut chercher les raisons de l'efficacité du fonctionnement du régime présidentiel américain (v. n° 102).

89 Les moyens d'action du président sur le Congrès. — Théoriquement, le Congrès s'identifie au pouvoir législatif, qui est le premier des pouvoirs, et il est donc maître de l'exercice du pouvoir législatif. Sur le plan de la balance des pouvoirs, la Constitution ménage toutefois au président trois possibilités d'intervention. La première, qui permet au président de convoquer les deux chambres, ou l'une d'entre elles, en session extraordinaire (et de fixer, en cas de désaccord entre elles sur ce point, la date de leur ajournement) a pu présenter un certain intérêt dans le passé, quand le Congrès siégeait peu. Mais aujourd'hui la convocation d'une session extraordinaire est sans objet car le Congrès siège pratiquement toute l'année, avec de simples suspensions que les deux chambres décident de commun accord. Dans le cas d'un usage de cette faculté d'ajournement qui serait préjudiciable au travail législatif, le président conserve la possibilité d'agiter la menace d'une session extraordinaire, ce qui suffit à stimuler le Congrès.

La deuxième capacité d'intervention du président est celle qui résulte du droit de message prévu à l'article II, section 3, de la Constitution : « Le président informera le Congrès, de temps à autre, de l'état de l'Union et recommandera à son attention telles mesures qu'il estimera nécessaires et expédientes. » L'évolution de la pratique du droit de message s'est orientée vers un véritable pouvoir d'initiative législative et de direction politique qui justifie le titre donné au président, par analogie à sa qualité de commandant en chef, de « législateur en chef » *(chief legislator)*. Le nombre et les formules des messages ne sont ni précisés ni limités. Le message de l'état de l'Union a été rendu annuel par l'usage. Il s'agit d'un bilan de l'action de l'exécutif mais aussi d'un exposé des projets que le président envisage de soumettre au Congrès. La présentation du budget permet aussi au président de faire des propositions législatives détaillées. Des membres du Congrès peuvent être contactés directement pour reprendre formellement à leur compte les initiatives présidentielles. Les autres messages présidentiels sont fréquents (souvent plusieurs par mois) et particulièrement nombreux au début d'une nouvelle présidence. Il est habituel que soit joint au message le texte entièrement rédigé d'un projet de loi. Les messages sont habituellement lus dans chaque chambre par le secrétaire de celle-ci ; mais le président peut aussi prononcer son message devant le Congrès, assemblé chambres réunies à cet effet. Telle fut la pratique sous Washington et John Adams, pratique interrompue ensuite pendant un siècle et reprise par Woodrow Wilson. Elle a depuis été inégalement suivie, selon la personnalité des présidents, et implique de toute manière que la question traitée soit suffisamment importante. Seul le message sur l'état de l'Union est toujours lu par le président.

La question s'est aussi posée de savoir si le président peut venir défendre sa politique devant l'une des chambres, comme un chef de gouvernement en régime parlementaire. Cette pratique n'a été que récemment utilisée, et généralement en temps de guerre. En juin 1986, le président Reagan, ayant souhaité défendre son projet d'aide aux *contras* nicaraguayens devant la Chambre des représentants, s'est vu refuser le droit d'y prendre la parole par le speaker démocrate, M. O'Neil, au motif qu'il s'agissait d'une procédure non orthodoxe, quasiment sans précédent en temps de paix. En avril 1987, cependant, M. Reagan s'est rendu au Sénat pour tenter, sans succès, d'obtenir qu'il ne soit pas passé outre à son veto contre la loi sur les transports et la circulation relevant la vitesse maximale sur le réseau fédéral d'autoroutes.

La troisième capacité d'intervention du président résulte de son droit de veto. Aux termes de l'article Ier, section 7, de la Constitution, lorsqu'un bill a été voté dans les mêmes termes par les deux chambres, il est soumis au président et est promulgué comme loi après avoir été approuvé par lui et revêtu, en conséquence, de sa signature. Celle-ci doit être donnée dans les dix jours de la transmission du texte, faute de quoi le bill devient loi sans avoir été approuvé. Mais le président peut, dans ce délai de dix jours, opposer son veto. La Constitution permet au président de renvoyer au Congrès le bill non signé en expliquant par un message *(message veto)* les raisons pour lesquelles il n'approuve pas le texte (en 1935 – précédent unique – Roosevelt a convoqué le Congrès pour lui exposer les raisons d'un veto). Le veto n'est pas seulement possible en matière législative : il peut être opposé à tout ordre, à toute résolution et à tout vote adopté par les deux chambres, sauf en ce qui concerne l'ajournement. Seuls échappent au veto les amendements à la Constitution, parce qu'elle ne le prévoit pas explicitement, qu'ils ne peuvent être adoptés dans les chambres qu'à la majorité des deux tiers et que les dix premiers amendements n'ont pas été soumis au président.

Mais le veto présidentiel n'est pas divisible. Le président approuve ou rejette la loi en bloc. Il ne peut utiliser le veto par articles *(item veto)* dont disposent la plupart des gouverneurs d'État. Les propositions de révision constitutionnelle tendant à accorder l'*item veto* au président sont récurrentes depuis Ulysses Grant (1869-1897) jusqu'à Ronald Reagan, très impliqué sur ce point, mais elles ont toujours été repoussées par le Congrès, hostile à cet accroissement des prérogatives présidentielles (v. cependant n° 90).

Le veto peut être renversé par le Congrès à la majorité des deux tiers dans chaque chambre. Par un arrêt de 1919, la Cour suprême a précisé que cette majorité est celle des deux tiers des membres présents lors de la seconde délibération *(Missouri Pacific Railway Company v. Kansas)*. L'exigence de cette double majorité qualifiée confère au veto présidentiel un poids considérable. Elle signifie qu'il suffit au président de bénéficier de l'appui de plus d'un tiers d'une chambre pour que soit anéanti le résultat d'un processus législatif long et difficile. Le cas se présente donc assez rarement mais n'est pas pour autant exceptionnel.

Il existe une autre forme de veto appelé *pocket veto,* que la Constitution a permise en disposant qu'un projet devient loi lorsque le président n'y a pas opposé son veto dans les dix jours de sa transmission, « à moins que le Congrès, par son ajournement, n'en empêche le renvoi, auquel cas le projet n'aura pas force de loi ». Le président peut ainsi ne pas signer les textes qui lui sont transmis dans les dix jours précédant l'ajournement du Congrès sans avoir à les rejeter explicitement et à justifier ce rejet. Une décision de la Cour Suprême de 1929 *(Okanogan Indians v. United States)* a établi que le *pocket veto* pouvait s'exercer à la fin de chaque session annuelle, jurisprudence confirmée en 1987 *(Burke v. Barnes)*. Les projets ainsi retenus sont anéantis par le seul effet de la caducité législative. En revanche, cependant, celle-ci n'opère que lors du passage d'un Congrès au suivant et non du seul fait de la suspension des travaux législatifs qui intervient lors des vacances parlementaires (M. Bush a tenté en vain de faire prévaloir l'interprétation contraire en 1989). L'intérêt particulier du *pocket veto* – outre qu'il ne peut être renversé et qu'il oblige ainsi le Congrès à recommencer depuis le départ d'ensemble d'une procédure législative – vient de ce qu'il permet d'écarter sans conflit les textes adoptés à la hâte en fin de session et en particulier ceux qui présentent, essentiellement ou accessoirement, des objectifs électoralistes.

Dans la conception du constituant de Philadelphie, telle que l'expose Hamilton dans le *Federalist,* l'usage du veto devait être réservé aux circonstances exceptionnelles. Telle a effectivement été la pratique des premiers présidents (Washington ne l'a exercée que deux fois). Il s'agissait essentiellement de défendre, en cas de besoin, la Constitution contre les empiétements du pouvoir législatif. Mais, sous la présidence de Jackson, le veto devient une arme politique du président contre le Congrès et est utilisé fréquemment (12 fois, soit nettement plus que sous les présidences antérieures). Il en a ensuite été de même dans les circonstances conflictuelles du temps de la Reconstruction, sous la présidence de Johnson (17 veto renversés sur 21). Mais ce n'est qu'à partir de la fin du XIXe siècle que l'usage du veto devient une procédure habituelle pour culminer sous les deux mandats (non successifs) de la présidence de Cleveland, avec 684 veto dont 346 veto exprès (il y en avait eu 77 en tout avant lui) – un nombre énorme de ces veto visaient à contrer des *private bills* attribuant des pensions à des anciens combattants prétendus de l'armée du Nord – puis, à nouveau, sous celle de Franklin Roosevelt, qui l'a utilisé 631 fois (dont 371 veto exprès, renversés neuf fois). En 1935, ce dernier porta lui-même son veto dans les chambres. Truman l'utilise 250 fois (180 veto exprès, renversés 12 fois) et son successeur Eisenhower, pourtant très modéré dans l'exercice de la fonction présidentielle, 181 fois (102 veto exprès et deux cas de renversement). C'est sous ces trois présidences (1937-1959) que l'usage du veto atteint son point culminant. Il est plutôt rare (et sans cas de renversement) sous Kennedy et Johnson, plus fréquent à nouveau sous Nixon et surtout sous Ford (61 fois en deux ans avec 12 cas de renversement) et à la fin de la présidence de Reagan (78 fois en huit ans avec neuf cas de renversement), ainsi que durant celle de G. Bush (46 fois mais un seul veto renversé). L'usage le plus fréquent correspond évidemment aux périodes où le président et la majorité du Congrès n'appartiennent pas au même parti. Ainsi, à la fin de 1986, les *mid term elections* donnent au Sénat, comme à la Chambre des représentants, une majorité démocrate. Il s'ensuit un usage plus fréquent du veto par le président Reagan et, sur certaines questions sensibles, ce veto a été renversé. Ainsi en a-t-il été, dès avant les élections de 1986 au Congrès, de la loi imposant des sanctions contre l'Afrique du Sud (septembre 1986), puis de la loi sur les transports et la circulation (avril 1987, v. *supra*). De même, Bill Clinton n'a pas du tout utilisé le veto durant les deux premières années de sa présidence (fait exceptionnel au XXe siècle) mais y a ensuite systématiquement recouru après les *mid term elections* de 1994 qui envoient une majorité républicaine très polarisée dans les deux chambres.

Outre ces moyens d'action à l'égard du Congrès, le président dispose d'un moyen de défense : le privilège de l'exécutif. Il autorise le président ainsi que ceux qui l'assistent à se retrancher derrière le secret d'État et éviter ainsi d'avoir à répondre aux demandes du Congrès et du pouvoir judiciaire. Ce privilège n'est pas garanti par la Constitution et il a souvent été contesté par le Congrès qui s'était toutefois résigné à admettre qu'il pouvait être invoqué par les conseillers du président lorsque celui-ci précisait par écrit qu'il entendait que l'information demandée – par exemple par une commission d'enquête du Congrès – ne fût pas donnée. L'invocation du privilège par Nixon dans le cours de l'affaire du *Watergate* a conduit le Congrès à porter la question devant le pouvoir judiciaire. Dans un arrêt rendu à l'unanimité de ses membres, la Cour suprême a reconnu l'existence du privilège de l'exécutif mais jugé qu'il ne peut être invoqué pour dissimuler les preuves nécessitées par l'instruction d'un procès criminel (*United States v. Richard Nixon* [1974]). Son utilisation a été envisagée en 1998 par M. Clinton dans le contexte des affaires Paula Jones et Monica Lewinsky, et dans le cadre de l'enquête du procureur Starr, mais le président y a rapidement renoncé (v. n° 90).

90 LES MOYENS D'ACTION DU CONGRÈS SUR L'EXÉCUTIF. — Ces moyens ont déjà, pour l'essentiel, été mentionnés et analysés. Rappelons le rôle du Sénat en matière d'approbation des nominations présidentielles – particulièrement en ce qui concerne celles des membres du cabinet et des juges à la Cour suprême – et des traités internationaux. L'arme constitutionnelle la plus décisive et la plus lourde est celle de l'*impeachment* contre le président. On a vu quelles en sont les principales modalités de procédure et dans quelles conditions elle a été utilisée, au XIXe siècle, contre le président Andrew Johnson. Il se trouve encore un autre précédent au XXe siècle, mais lors duquel le président n'a pu être « empêché » *(impeached)*, c'est-à-dire formellement mis en accusation : c'est la procédure initiée contre Nixon au moment de la crise du *Watergate*. Dans le contexte de cette affaire, ce n'est pas pour des raisons principalement politiques qu'elle fut engagée et qu'elle a déterminé, bien avant son aboutissement procédural, la démission du président. En juillet 1974, la commission des affaires judiciaires de la Chambre des représentants s'est prononcée en faveur de la mise en accusation du président sous trois chefs d'inculpation : obstruction à la justice, abus de pouvoir et *contempt of Congress,* dû au refus de comparaître. Le président a démissionné avant que la chambre ne fasse siennes les conclusions de sa commission.

Le seul autre cas d'*impeachment* arrivé à son terme est celui du président Clinton en 1999, dans un contexte d'affrontement entre la présidence et la droite républicaine devenue majoritaire à la Chambre depuis 1994. Il se présente dans le double cadre d'une instance de droit privé entre M. Clinton et Paula Jones, une de ses anciennes employées dans l'État d'Arkansas, l'accusant de harcèlement sexuel, et d'une enquête menée, au sujet de spéculations immobilières impliquant le couple présidentiel, par un procureur indépendant, en application de la loi sur l'éthique gouvernementale de 1978 (v. n° 106). Au cours de cette enquête, le procureur Starr établit que le président s'était parjuré lors d'un témoignage dans le procès Jones en niant avoir eu des relations sexuelles avec une stagiaire de la Maison-Blanche, Monica Lewinsky. M. Clinton réitéra sa position devant un Grand Jury. Le 9 septembre 1998, le procureur remit au Congrès son rapport, aussitôt rendu public, qui conduisit la Chambre des représentants à saisir sa commission des affaires judiciaires ; le 8 octobre, la majorité républicaine, renforcée de 31 démocrates, décida de l'ouverture d'une enquête en vue d'une mise en accusation du président. C'est dans ce contexte que se déroulèrent les *mid term elections,* dont les partisans de M. Clinton espéraient un désaveu de la majorité républicaine. Celle-ci a néanmoins été reconduite, mais avec une perte de six sièges, l'affaire Lewinsky semblant avoir eu peu d'influence sur le comportement du corps électoral. Les républicains n'en ont pas moins poursuivi leur offensive. Pour y répondre, les démocrates ont proposé un compromis consistant en un vote de *censure.* Cette motion de procédure n'a évidemment pas le même sens qu'elle a en régime parlementaire (où elle est normalement qualifiée de *vote of non confidence*). Elle n'est pas envisagée par la Constitution, et elle ne pouvait d'ailleurs pas l'être, contrairement à l'*impeachment,* et à ce titre n'emporte aucune sanction juridique (on en trouve un précédent avec la censure votée par le Sénat contre Jackson en mars 1834, à la suite d'un veto présidentiel). Pour justifier du refus de ce compromis auprès de leur aile modérée, les leaders républicains de la Chambre plaidèrent que se borner à un vote sur la censure revenait à laisser le président libre d'apprécier la portée de la sanction et, pour ceux qui doutaient que les accusations portées contre lui valussent *impeachment,* que « dans la mesure où il n'y avait pas de majorité pour la destitution au Sénat, la Chambre pouvait le voter comme une sorte de supercensure »[1]. L'option de la censure ayant été rejetée, la Chambre eut à se prononcer sur les quatre articles de mise en accusation : ceux de parjure dans le procès Jones et d'abus de pouvoir furent rejetés, ceux de parjure devant le Grand Jury et d'obstruction à la justice approuvés, cinq démocrates votant avec les républicains, eux-mêmes non unanimes. Cependant, au Sénat, aucun des articles n'obtint même la majorité ordinaire : celui relatif au parjure fut rejeté par

---

1. C. Doherty et J. Katz, House Opens Historic Drama, *Congressional Quaterly Weekly,* 12 décembre 1998, p. 3286, cité par B. D. Jones et J. D. Wilkerson, Le procès en destitution du président Clinton, *Pouvoirs,* n° 91 (1999), p. 150.

55 voix contre 45 et celui relatif à l'obstruction par la justice par 50 contre 50, dix et cinq sénateurs républicains ayant successivement voté l'acquittement avec l'ensemble des démocrates. Des représentants démocrates se sont ainsi joints aux républicains, essentiellement pour des raisons morales (l'atteinte à la confiance qu'emportait le parjure présidentiel), pour prononcer la mise en accusation, tandis que des sénateurs républicains ont rallié les démocrates, pour des raisons essentiellement politiques et institutionnelles, pour refuser la destitution. « L'exigence d'une procédure qui implique les deux chambres et d'une majorité des deux tiers au Sénat signifie que, sans un consensus large, la destitution d'un président est vouée à l'échec. Le système a fonctionné »[1]. Le Sénat a clairement refusé le détournement de procédure et l'inflexion parlementariste qu'aurait impliqué une destitution. Un sénateur républicain s'est interrogé en ces termes : « L'inconduite du président, même déplorable, représente-t-elle une menace si exceptionnelle et si immédiate pour la structure de notre régime que la Constitution exige qu'il soit révoqué ? »[2] On a vu, aussi bien, que pour une part, la Chambre elle-même n'avait voté la mise en accusation que comme une « supercensure » pouvant d'autant plus être risquée que le verrou des deux tiers au Sénat préviendrait efficacement la sanction. La responsabilité politique du président a ainsi pu être engagée, mais non sanctionnée (moins encore que dans le lointain précédent de 1868) par l'*impeachment* qui continue de viser « avant tout une responsabilité constitutionnelle de type criminel, en ce sens que l'on ne peut et doit qualifier de crimes (au sens de l'article II, sect. 4), que des infractions innommées contre la Constitution »[3].

C'est après le *Watergate* que réapparaît une forme classique et récurrente de moyen d'action du Congrès sur l'exécutif (plus praticable et moins inutilement dramatique que l'*impeachment*) : la rétorsion législative. Point culminant d'une dégradation progressive des rapports entre une présidence devenue « impériale » (Arthur Schlesinger) et le Congrès, l'affaire du *Watergate* est aussi le point de départ d'une certaine réaction congressionnelle contre une prépon-

---

1. Cité par D. Baranger, L'affaire Clinton, *Droits,* n° 29 (1999), p. 153.
2. *Ibid., loc. cit.*
3. *Ibid.,* p. 152.

dérance présidentielle jugée excessive quant à son ampleur et quant à ses méthodes. Cette réaction s'était déjà manifestée par le vote du *War Power Act* en septembre 1973, dans les circonstances dramatiques de la guerre du Vietnam. Elle apparaît également avec l'*Arms export control Act* de 1975, qui impose au président de soumettre à l'approbation du Congrès les ventes d'équipements militaires à l'étranger, ainsi qu'avec le *National Emergencies Act* de 1976, qui précise et limite les pouvoirs du président de déclarer l'état d'urgence afin de pouvoir agir librement par voie d'*executive orders* : le Congrès retient le droit d'apprécier les circonstances invoquées par le président pour recourir à l'état d'urgence.

La réaction apparaît plus nettement encore avec le *Budget and Impoundment Act* de 1974, qui réorganise la procédure législative en matière financière.

La Constitution a fait de l'établissement des impôts et du budget une prérogative du pouvoir législatif (art. Ier, sect. 8, al. 1 et 2). Et effectivement, durant tout le XIXe siècle, le Congrès ne s'est pas borné à débattre, amender et voter un budget établi par l'exécutif, comme cela se faisait en Grande-Bretagne et dans les autres régimes parlementaires. Le Congrès élaborait lui-même le budget et l'exécutif n'intervenait pas dans son établissement. Après la Première Guerre mondiale, l'augmentation et la complexité croissante des budgets fédéraux déterminent le Congrès à abandonner purement et simplement à l'exécutif la responsabilité de présenter le budget par le moyen d'un organisme nouveau rattaché au département du trésor, le *Bureau of the Budget* (*Budget and Accounting Act* [1921]). Le rôle du président est consolidé en 1939 lorsque Roosevelt fait rattacher ce bureau du budget à l'*Executive Office of the President* (v. n° 88) et fait de la présentation du budget un moyen essentiel de son programme législatif. La réforme suggérée par Nixon en 1970, avec la transformation du bureau du budget en *Office of Management and Budget*, vise à renforcer encore la position de l'exécutif, faisant de cet organisme « une plaque tournante de l'ensemble des activités fédérales, moins chargé d'établir un budget devenu présidentiel que de le défendre – contre le Congrès ou les ministères si besoin est »[1]. Parallèlement, les méthodes d'action de la présidence

---

1. M.-F. Toinet, *op. cit.*, p. 342.

ménagent de moins en moins le principe de la prérogative congressionnelle en matière budgétaire, en s'opposant à la dépense de crédits spécifiquement affectés par le Congrès *(impoundment)* et en prétendant passer outre à la règle de spécialité budgétaire. La plupart des présidents, depuis Jefferson, avaient recouru à l'*impoundment,* mais essentiellement pour des raisons de souplesse budgétaire. Sous la présidence Nixon, c'est l'abus de cette pratique constitutionnellement douteuse, et à des fins politiques, qui a provoqué la réaction du Congrès puis la condamnation de ces méthodes par le pouvoir judiciaire (*Train v. City of New York* [1995]).

C'est dans ces conditions qu'est adopté, en 1974, le *Budget Appoundment Act* après que le Congrès eut renversé le veto opposé par le président à cette loi. Sans prétendre restituer au pouvoir législatif la plénitude d'initiative en matière financière qu'il exerçait par le passé, ce texte, par lequel est créé un nouvel organisme, le *Congressional Budgeting Office,* permet au pouvoir législatif d'élaborer un projet en quelque sorte alternatif de budget, moyennant une procédure complexe, et de contrôler l'ensemble du processus budgétaire, par l'intermédiaire de commissions budgétaires centralisées, créées au sein de chacune des chambres. La loi institue d'autre part des limites précises à l'usage de l'*impoundment.*

Par la suite, devant l'impuissance conjointe du législatif et de l'exécutif à faire face à l'ampleur du déficit budgétaire, a été adoptée en décembre 1985 la loi Gramm-Rudman. L'objectif de ce texte est la résorption progressive du déficit, mais ses dispositions essentielles tendaient à prévenir les effets d'un désaccord entre le Congrès et le président concernant les coupes budgétaires en prévoyant que des réductions automatiques pourraient être effectuées par le *comptroller of the currency,* haut fonctionnaire dirigeant le *General Accounting Office,* correspondant approximatif de la Cour des comptes, créé en 1921 et dépendant du Congrès. Cette solution a été jugée inconstitutionnelle par la Cour suprême (v. n° 106). Plus récemment encore, en conclusion de la crise budgétaire survenue entre la majorité républicaine au Congrès et le président Clinton à la fin de l'année 1995, a été adopté le *Line Item Veto Act* de 1996 qui venait amender la loi précitée de 1974 réglementant l'usage de l'*impoundment,* en renforçant les pouvoirs présidentiels. La loi de 1974 permettait au président de différer l'utilisation de crédits et, dans certains cas, de les annuler pourvu qu'il obtienne l'accord des deux chambres dans un délai de quarante-cinq jours. Le nouveau texte transférait au Congrès la charge de rejeter les propositions présidentielles dans un délai de trente jours sous la forme d'un bill ou d'une résolution conjointe (*joint resolution :* c'est-à-dire ayant force de loi) sujets au veto présidentiel. Cependant, la loi prévoyait que si le président *signe* le bill ou la résolution, il peut ensuite en annuler certaines dispositions. Ce veto sélectif est assorti de conditions de forme (message spécial aux deux chambres) et de fond (relatives à la nature des dispositions sujettes à annulation et aux objectifs de celle-ci). Le *Line Item Veto Act* contenant une disposition permettant à tout membre du Congrès d'en contester la constitutionnalité, celle-ci s'est rapidement trouvée mise en cause devant la Cour suprême mais c'est à l'issue d'une procédure normale que la loi a été finalement déclarée inconstitutionnelle par la Cour (v. n° 106).

III | Le pouvoir judiciaire

91 Un pouvoir à part entière. — La Constitution ne mentionne que la Cour suprême, au titre de pouvoir judiciaire (art. III) laissant au Congrès la compétence d'organiser les instances inférieures de l'ordre judiciaire fédéral. Relativement détaillées en ce qui concerne les attributions des organes judiciaires, les dispositions constitutionnelles ne contiennent aucune clause relative au contrôle de la constitutionnalité des lois fédérales, alors que celui des lois étatiques peut clairement se déduire de la clause de suprématie (art. IV : v. n° 74). Il est toutefois vraisemblable que les constituants ont envisagé que le pouvoir de *judicial review* étendu aux lois du Congrès était inhérent au modèle institutionnel qu'ils avaient créé : celui d'une constitution écrite et rigide. Dans l'un des articles du *Federalist* (n° 78), Hamilton avait défendu cette conception et il en reste quelques traces dans les travaux préparatoires de la convention de Philadelphie et dans le plaidoyer que Madison fit devant le Ier Congrès en faveur de l'adoption d'un *Bill of Rights*. Les traits essentiels de l'institution judiciaire, conçue comme un pouvoir à part entière, se précisent d'ailleurs très rapidement, avec la législation du Congrès établissant les juridictions inférieures (la loi de base est adoptée dès 1789) et l'affirmation par la Cour suprême de son pouvoir de contrôle de constitutionnalité de la loi fédérale. Dès les débuts de l'histoire de la fédération, le système mis en place fait donc du judiciaire un pouvoir véritable, pièce essentielle de l'équilibre destiné à protéger la liberté, conformément aux principes libéraux des constituants.

A - *Organisation et compétences*

92 LE SYSTÈME JUDICIAIRE FÉDÉRAL. — Parallèlement à l'organisation judiciaire propre aux États, existe dans l'ensemble de la fédération un système judiciaire fédéral doté à la fois d'une compétence concurrente avec celui des États et, en matière d'affaires fédérales, telles que les définit la Constitution, une compétence exclusive. Sauf le cas des juridictions spéciales uniquement soumises à la Cour suprême, le système comprend deux degrés de droit commun. Le premier est celui des cours de district qui connaissent de la majorité des cas fédéraux, tant en matière civile qu'en matière pénale, comportant un juge unique statuant, en principe, assisté d'un jury, quelquefois sans jury. Le ressort de ces juridictions est constitué par un État ou une partie d'État. Il en existe plus de 90. Le deuxième degré est celui des cours d'appel, compétentes pour les recours formés contre les décisions des cours de district de leur ressort, ainsi que pour quelques litiges spécifiques. Le territoire fédéral est divisé en treize circuits d'appel, doté d'un nombre variable de magistrats. Les instances comportent en principe trois juges, statuant collégialement. La Cour suprême couronne l'organisation judiciaire fédérale. Sa compétence en premier et dernier ressort est très limitée. Elle est essentiellement une juridiction d'appel, le plus souvent de dernier appel, qui juge des recours formés contre les décisions des cours d'appel fédérales et des juridictions supérieures des États.

La Constitution garantit l'indépendance de tous les juges fédéraux, qui sont nommés par le président avec l'accord du Sénat. Elle prévoit que leur rémunération ne peut être diminuée tant qu'ils restent en fonction et ils conservent ces fonctions *during good behavior,* aussi longtemps qu'ils en sont dignes. L'inamovibilité des juges est donc totale ; ils ne peuvent être démis que par la procédure juridictionnelle de l'*impeachment,* qui appartient au Congrès et a précisément pour but d'établir l'indignité du magistrat accusé. À l'égard des juges, l'*impeachment* a été mis en œuvre onze fois et la procédure a abouti cinq fois, la dernière en 1986.

Le prestige des magistrats fédéraux est réel, d'autant qu'ils sont en nombre très réduit, de fait notamment qu'au premier degré les juges de district sont juges uniques. Cette rareté donne une certaine valeur au titre, compensant le caractère relativement politisé des désignations, qui ne répondent pas toujours strictement aux critères de compétence et de mérite.

La compétence des juridictions fédérales est dans l'ensemble déterminée par la Constitution et précisée par la loi. Les règles sont extrêmement complexes et il n'est guère possible que d'exposer quelques principes. En premier lieu, comme en matière législative, la compétence des juridictions fédérales est d'attribution, celle des tribunaux étatiques, de droit commun. Il s'ensuit que les cours fédérales ne connaissent, en règle générale, que des principaux litiges qualifiés d'affaires fédérales. Il faut entendre par là, selon les termes de la Constitution, les causes et controverses *(cases, controversies)* intervenues sous l'empire de la Constitution, des lois du Congrès et des traités conclus par les États-Unis et, au surplus, les causes d'amirauté (*admiralty,* terme du droit britannique) et de juridiction maritime. En outre, les cours fédérales ont une compétence *ratione personae* pour ce qui concerne les litiges mettant en cause les représentants des pays étrangers, les litiges dans lesquels les États-Unis sont parties, ceux qui opposent deux ou plusieurs États, le gouvernement d'un État à des citoyens d'un autre État (lorsque c'est le premier qui agit), entre gouvernement ou citoyens d'un État et gouvernement d'un État étranger ou ses citoyens, et surtout les litiges entre citoyens d'États différents (art. III, sect. 2). Ce dernier chef de compétence est évidemment à l'origine d'un contentieux très abondant, qui donne aux juridictions fédérales l'occasion d'appliquer, outre le droit fédéral, celui des États. Inversement, les tribunaux étatiques appliquent normalement le droit de leur État mais aussi le droit fédéral. Les juridictions des États peuvent connaître de certaines affaires fédérales, par exemple de litiges entre citoyens d'États différents dont le *quantum* est inférieur à un certain montant.

Les litiges qui sont de la compétence des juridictions étatiques suivent la hiérarchie propre à celles-ci et sont normalement traitées en dernier ressort par la cour suprême de l'État. Cependant, une affaire peut, moyennant certaines conditions, être transférée *(removal)* à une cour fédérale si le défendeur le demande.

93   La Cour suprême. Sa composition. — Composée de six juges à l'origine, la Cour suprême a eu un effectif variable, déterminé par la loi fédérale, avec un minimum de cinq et un maximum de dix. Depuis 1869, le nombre n'a plus été modifié et il est de neuf membres dont un président, le *Chief Justice*. Alors que le choix des juges des cours inférieures est généralement opéré par l'*Attorney general* en consultation avec les sénateurs de l'État concerné, appartenant au parti du président (v. n° 85), celui des magistrats de la Cour suprême est l'affaire personnelle du chef de l'exécutif. Mais cette désignation doit recevoir l'approbation du Sénat, comme toute nomination de fonctionnaire fédéral envisagée par la Constitution. La discrétion présidentielle se trouve ainsi tempérée par la nécessité de cet accord qui donne au Sénat l'occasion de recevoir l'audition du candidat présidentiel afin d'en apprécier les mérites. On relève une douzaine de refus d'approbation du Sénat ainsi qu'une quinzaine de propositions retirées par le président. C'est le cas, à l'époque contemporaine, des juges d'appel Haynsworth et Carswell que M. Nixon ne put nommer à la Cour, et sous la présidence de M. Reagan, du juge Bork. À cela, on peut ajouter que le président Johnson dut renoncer, face aux réticences du Sénat, à nommer son ami Abe Fortas, l'un des juges de la Cour, au poste de *Chief Justice* en octobre 1968, à la veille de la fin de son mandat présidentiel. De même, en mai 1994, M. Clinton a renoncé à proposer M. Babitt, secrétaire à l'Intérieur, de sensibilité proche des écologistes et partisan d'une conception militante de la Cour suprême, face à l'hostilité de la majorité républicaine au Sénat. Il a nommé un magistrat fédéral à la réputation de modéré, M. Breyer.

Étant donné l'inamovibilité absolue dont bénéficient les juges, c'est le hasard qui détermine les limites du pouvoir d'un président d'influer par ses choix sur la composition de la Cour, si déterminante pour son orientation. En 1937, pour surmonter l'opposition de la Cour à sa politique de *New Deal,* Franklin Roosevelt proposa un *Court-Packing-Plan* qui lui aurait permis de nommer autant de nouveaux juges qu'il existait de membres âgés de plus de soixante-dix ans, soit six juges supplémentaires. Ce plan rencontra la désapprobation de l'opinion publique et l'opposition du Sénat, et il dut être abandonné.

94 COMPÉTENCE ET FONCTIONNEMENT. — La Cour suprême domine l'ensemble de l'organisation judiciaire de l'Union et des États-Unis. Ainsi, il peut être fait appel d'une décision rendue par la cour suprême d'un État à la Cour suprême des États-Unis dans l'intérêt de la loi fédérale. Ce recours est toujours possible lorsque la cour d'un État a prononcé l'inconstitutionnalité d'une loi fédérale ou validé une loi de l'État arguée de contradiction avec le droit fédéral par le gouvernement des États-Unis. Dans les autres hypothèses, le recours est également possible dès lors que la Cour suprême accepte de l'accueillir. Compétente en premier ressort dans quelques cas limités, elle est essentiellement juge d'appel (sauf si le Congrès en décidait autrement, v. art. III, sect. 2, al. 2), mais elle reste, à ce niveau, libre d'examiner les litiges qui lui sont soumis. Elle peut refuser d'accueillir l'appel lorsqu'elle juge le cas « non substantiel ». Mais la procédure la plus courante est celle du *writ of certiorari*[1], ordre délivré par la Cour suprême à une juridiction – le plus souvent une cour d'appel ou la cour suprême d'un État – et tendant à ce qu'elle lui soumette une cause, sur la requête écrite de la partie succombante. La décision de la Cour d'accorder ou non à celle-ci le *certiorari* dépend de l'importance du cas au regard des principes constitutionnels en cause ou des divergences d'interprétation existant dans l'ensemble du système judiciaire. Elle peut aussi accueillir la requête lorsqu'elle estime opportun de créer un revirement de jurisprudence. C'est dire que la grande majorité des demandes de *certiorari* est inévitablement rejetée. Ces requêtes,

---

1. Procédure dont l'origine est dans le droit anglais et dont l'expression latine signifie « être rendu plus certain ».

ainsi que les appels dits de plein droit sont examinés par chacun des juges séparément. La permission d'appeler ou le *writ of certiorari* sont délivrés si quatre juges opinent en ce sens : cette règle dite des quatre a été adoptée en 1925. Le rejet de la demande est généralement peu motivé ; la Cour indique seulement : *Appeal dismissed* ou *Certiorari denied*. Lorsqu'elle accepte d'examiner l'affaire au fond, un quorum de six juges est nécessaire pour rendre la décision. Mais celle-ci peut encore consister en un rejet sommaire de l'appel *(dismissed)*. Un vote à égalité aboutit à un rejet et à la confirmation du jugement entrepris. Si la Cour émet un jugement motivé, celle-ci peut soit confirmer ledit jugement *(affirmed)*, soit l'infirmer en statuant au fond *(reversed)*, soit encore l'infirmer en le renvoyant au tribunal compétent pour qu'il statue à nouveau conformément à la décision qu'elle a prise *(reversed and remanded)*.

De façon générale, en effet, les arrêts de la Cour sont des décisions de principe et elle s'en remet aux juridictions inférieures pour l'application des principes énoncés. Ainsi une grande décision de principe peut être suivie d'une autre décision *(the implementation decision)* par laquelle la Cour donne des directives à l'ensemble des autorités judiciaires et, plus largement, adresse un message aux autorités politiques. Tel a été le cas à la suite des premières décisions dirigées contre la ségrégation raciale et contre les inégalités en matière de législation électorale.

La Cour est, on l'a dit, libre de disposer de l'affaire par un jugement sommaire, assumé solidairement par ses membres (jugement *per curiam*). Si, au contraire, l'arrêt est très motivé, sa rédaction incombe à un juge de la majorité – éventuellement, s'il en fait partie ou si la décision est unanime, au *Chief Justice* – mais les autres juges sont libres de rédiger une opinion séparée, dissidente *(dissenting)* pour les minoritaires, concordante ou concourante *(concurring)* pour ceux de la majorité qui approuvent la solution retenue mais non pas les motifs. Le processus décisionnel est relativement collégial et tend à favoriser les compromis. Les jugements unanimes sont cependant l'exception et une opinion dissidente peut annoncer, à terme, un revirement de jurisprudence.

B - Le contrôle de constitutionnalité

95 ORIGINE ET ÉVOLUTION. — Traditionnellement, l'on fait remonter le contrôle de constitutionnalité des lois *(judicial review)* au célèbre arrêt *Marbury v. Madison* rendu en 1803 sous l'autorité du *Chief Justice* Marshall (v. n° 42). C'est en effet la première fois que la Cour suprême s'est reconnu le pouvoir de prononcer l'inconstitutionnalité d'une loi fédérale, et ce précédent a acquis une importance considérable. Cependant, dès avant cette date, des juridictions d'État avaient déjà pris cette initiative concernant les lois de leur État, suivant à cet égard une tradition du conseil privé britannique à l'endroit des actes adoptés par les assemblées législatives durant la période coloniale. Au surplus, en 1796, la Cour suprême elle-même avait prononcé la conformité d'une loi fédérale à la Constitution *(Hylton v. United States),* ce qui impliquait la possibilité d'une solution contraire.

Le contrôle de la constitutionnalité des lois a donc été perçu d'emblée aux États-Unis – en cela contrairement à la France et à la plupart des pays d'Europe – comme inhérent à la notion moderne de constitution, écrite et rigide. La question juridique soulevée par l'espèce *Marbury v. Madison* était du reste d'un intérêt mineur. Marbury, magistrat du district de Columbia, n'avait pas reçu la commission lui permettant d'exercer ses fonctions et, conformément à la procédure instituée par la loi de 1789 sur l'organisation judiciaire, demandait à la Cour suprême un *writ of mandamus,* ordre adressé au secrétaire d'État Madison lui enjoignant de remettre la commission en cause. La Cour déclare alors la loi de 1789 inconstitutionnelle – ce qui donnait satisfaction à l'exécutif – en tant que la procédure de *mandamus* ne figure pas au titre des compétences du pouvoir judiciaire fédéral telles que les définit l'article III de la Constitution.

Cette affirmation du pouvoir du juge de contrôler non seulement la constitutionnalité des actes de l'exécutif mais aussi celle des lois et, en conséquence, de refuser de les appliquer n'a pas entraîné, au départ, une tendance au gouvernement des juges, que d'ailleurs le Congrès eût été en mesure de barrer en usant de son pouvoir de déterminer les exceptions à la compétence ordinaire d'appel de la

Cour suprême (art. III, sect. 2, al. 2, *in fine*). C'est ce qu'il fera, au lendemain de la guerre de Sécession, en ôtant à la Cour, par une loi, juridiction sur une affaire afin d'éviter qu'elle statue sur la constitutionnalité des *Reconstruction Acts*. En même temps, le Congrès tentait de manipuler la Cour en modifiant son effectif qui est passé de neuf à dix juges en 1863, de dix à sept en 1866, puis de sept à neuf en 1869. Entre 1803 et cette période, la Cour s'est essentiellement employée à préciser les règles et les contours du système fédéral, dans les termes que l'on a examinés, au profit de l'Union d'abord (*McCulloch v. Maryland* [1819]), des droits des États ensuite. À partir de 1810, la Cour déclare l'inconstitutionnalité d'un certain nombre de lois d'État au regard de la Constitution fédérale, mais non celle des lois du Congrès. L'habileté de Marshall dans *Marbury v. Madison* avait été de prononcer l'inconstitutionnalité d'une loi du Congrès qui attribuait juridiction à la Cour elle-même au détriment de l'exécutif fédéral. Ce souci d'autolimitation dans le contexte d'une affaire politiquement connotée avait contribué à faire accepter le principe de l'invalidation par la Cour des lois du Congrès. Il n'en ira pas de même pour la seconde décision d'inconstitutionnalité que rend la Cour, en 1857, plus de cinquante ans après *Marbury*, dans la célèbre affaire *Dred Scott v. Sandford*, qui mettait en cause le « compromis du Missouri » de 1820 interdisant l'esclavage dans certaines parties du territoire fédéral. Un esclave, Dred Scott, amené du Missouri, État esclavagiste, en Illinois, où l'esclavage était interdit, avait attrait son maître en justice, de retour au Missouri, en alléguant que son séjour en territoire libre l'avait affranchi. La Cour jugea d'abord qu'en tant qu'esclave Dred Scott ne pouvait être citoyen des États-Unis et que son action était donc irrecevable. Elle déclarait ensuite que le « compromis du Missouri » était inconstitutionnel comme excédant la compétence législative du Congrès. Cette décision a eu des répercussions capitales car elle a vraisemblablement contribué au déclenchement de la guerre de Sécession. En outre, elle a déterminé, comme on l'a dit, le Congrès à agir par la voie législative pour éviter que soit contrôlée la constitutionnalité des *Reconstruction Acts*, très durs pour les États du Sud vaincus, et par la voie constitutionnelle, pour imposer aux États le respect des droits garantis au niveau fédéral par le *Bill of Rights*. La clause *due process of law* du 5e amendement est imposée aux États par le

14ᵉ amendement. Dans un premier temps, on l'a vu, la Cour a interprété de façon très restrictive les *Post Civil War Amendments,* mais, par la suite, le seul 14ᵉ amendement a servi de base pour invalider un grand nombre de lois étatiques (184 arrêts entre 1910 et 1937)[1]. De plus, à partir de 1890, la Cour suprême utilise l'article Iᵉʳ, section 10, de la Constitution, qui interdit aux États de mettre obstacle aux effets des contrats, pour prononcer l'inconstitutionnalité de tout un secteur interventionniste des lois étatiques. C'est aussi en ce domaine, qui pose, à l'échelon fédéral, le problème des limites des pouvoirs du Congrès par rapport à ceux des États, que la Cour intervient le plus, après la guerre civile, à l'encontre de la législation fédérale (v. n° 74). En 1895, la Cour prononce l'inconstitutionnalité d'une loi par laquelle le Congrès établissait l'impôt fédéral sur le revenu, suscitant une réaction du pouvoir constituant qui aboutit en 1903 à la ratification du 16ᵉ amendement (v. n° 75).

96 LIMITES ET EFFETS. — Ainsi, les déclarations d'inconstitutionnalité de lois des États ont été relativement fréquentes, celles des lois fédérales plus rares et intervenant de façon plus sporadique. Il reste que, statistiquement, le nombre de lois invalidées, tant à l'échelon des États qu'à celui de l'Union, est dérisoire par rapport à l'ensemble des législations adoptées. Par ailleurs, le contrôle de constitutionnalité de la Cour suprême n'est pas général. Peu de dispositions constitutionnelles sont utilisées. On a déjà cité les principales : la *commerce clause,* la *due process of law clause* des 5ᵉ et 14ᵉ amendements, celle d'égale protection des lois. La Cour utilise aussi la section 8 de l'article Iᵉʳ énumérant les pouvoirs du Congrès pour sanctionner les excès de compétence du législateur fédéral. S'agissant des actes de l'exécutif, la Cour utilise, comme fondement d'invalidation, plutôt la violation de la loi fédérale que la non-conformité aux dispositions constitutionnelles réglant les compétences gouvernementales (v. *Cole v. Young* [1956]). Quant aux lois elles-mêmes, la Cour ne vérifie, de manière générale, leur constitutionnalité que si cet examen est nécessaire à la solution du litige porté devant elle. S'il ne l'est pas, la Cour tranche autrement. Par ailleurs, la Cour ne prend pas en considération l'intention du légis-

---

1. V. R. G. McCloskey, *La Cour suprême des États-Unis,* Paris, Seghers, 1965, p. 192.

lateur mais seulement les dispositions de la loi. Celle-ci bénéficie d'une quasi-présomption de constitutionnalité, de telle sorte que, si ces dispositions prêtent à plusieurs interprétations, la Cour retient celle qui n'est pas contraire à la Constitution afin de valider la loi. Enfin, en principe, la Cour ne s'immisce pas dans les questions d'ordre politique. On a vu que ce *self restraint* lui avait permis d'éviter de se prononcer sur la conformité des procédures de démocratie directe organisées par les constitutions de certains États au regard de la clause de garantie de la Constitution fédérale (v. n° 73). Il reste que la notion de question politique n'a pas de contenu précis et que c'est à la Cour elle-même qu'il revient de déterminer à cet égard les limites de sa compétence.

Les effets d'une déclaration d'inconstitutionnalité ne sont pas ceux d'une annulation au sens juridique du terme, qui eût été considérée par les fondateurs comme contraire au principe de séparation des pouvoirs. L'efficacité d'une déclaration d'inconstitutionnalité n'en est pas moins considérable quelle que soit la procédure utilisée pour y aboutir, et en dépit du fait que la Cour suprême ne dispose d'aucun moyen propre pour assurer l'exécution de ses décisions, qui dépend de la collaboration des autres pouvoirs et organes judiciaires, tant fédéraux qu'étatiques. La plus courante des procédures utilisées est l'exception d'inconstitutionnalité, soulevée au cours d'un procès par la partie à l'égard de laquelle l'application de la loi est défavorable. Si cette exception est accueillie par le juge, quel qu'il soit, la loi n'est évidemment pas annulée mais seulement rendue inapplicable *inter partes,* au cas d'espèce. Lorsqu'en dernier ressort la Cour suprême confirme l'inconstitutionnalité, l'effet reste théoriquement le même, mais l'invalidation aboutit à une suspension générale de la loi puisque, à l'avenir, elle ne sera – sauf revirement de jurisprudence – plus jamais appliquée, dans aucun litige, par les autorités judiciaires. L'exception d'inconstitutionnalité peut être soulevée contre n'importe quelle loi en vigueur. Mais d'autres procédures sont utilisables avant l'application de la loi au cas d'espèce. C'est le cas du jugement dit déclaratoire qui intervient *in limine litis* sur la question de constitutionnalité, avant qu'il soit débattu au fond de l'affaire. Il existe aussi une procédure d'injonction qui peut être mise en œuvre par le juge à l'encontre d'une autorité donnée ou d'un particulier en vue d'éviter l'application à un cas litigieux d'une loi suspectée d'inconstitutionnalité. Ces procédures préventives sont d'un usage plus rare. La déclaration d'inconstitutionnalité constitue un frein considérable à l'autonomie des législateurs. L'examen d'une loi par la Cour suprême peut servir de test de légitimation de l'ensemble d'un processus ou d'un programme législatif. Ainsi ont été arrêtées certaines entreprises, comme celle de la législation sociale dans les États, ou bien, au contraire, ont dû être modifiées radicalement certaines législations étatiques existantes sur un point déterminé, comme ce fut le cas en ce qui concerne l'avortement (v. n° 75).

Section II
Les institutions dans le cadre politique

I | LE SYSTÈME DES PARTIS

A - *L'évolution du système*

97 L'ÉTABLISSEMENT DU BIPARTISME. — Le bipartisme américain s'est établi sur le fondement de conceptions différentes de l'exercice du pouvoir et non sur des bases idéologiques, religieuses ou sociologiques comme c'est le cas dans bon nombre de systèmes de partis du type européen. La première bipolarisation a été, on l'a vu, réalisée au moment même de l'élaboration de la Constitution, entre fédéralistes et antifédéralistes. Cette première opposition s'est nettement atténuée à la suite de l'adoption des dix premiers amendements qui ont rassuré les antifédéralistes.

Le premier parti officiellement constitué est le parti républicain-démocrate, à l'origine de l'actuel parti démocrate, fondé par Jefferson en 1791, qui rassemble les adversaires d'un gouvernement fort. Il exprime donc la tendance antifédéraliste et soutient l'option constitutionnelle des pouvoirs strictement énumérés de l'Union : c'est le parti des *strict constructionists,* qui porte Jefferson à la présidence en 1800. En face, la tendance fédéraliste *(loose constructionists)* s'est organisée plus lentement, groupant des forces diverses auxquelles se joignent des dissidents du parti républicain-démocrate qui, après la défaite de Jackson en 1824, a éclaté entre les démocrates jacksoniens et les whigs. Ceux-ci disparaissent en 1852 et deux ans plus tard est officiellement constitué le parti républicain, qui regroupe des anciens whigs, des dissidents du parti démocrate, les membres d'une sorte de société secrète appelés les *Know Nothing,* et les *Free Soilers,* adversaires de l'esclavage. Rassemblement assez composite, dominant dans le Nord et le Middle West et avec comme tendances principales l'anti-esclavagisme et un certain nationalisme, le parti républicain parvient en 1860, et face à des adversaires divisés, à porter à la présidence son candidat Abraham Lincoln. Après la victoire du Nord dans la guerre de Sécession, le parti républicain conserve la présidence durant des décennies. Jusqu'en 1932, il n'y a que deux présidents démocrates : Cleveland (deux mandats non successifs) et Wilson. C'est ensuite le parti démocrate qui tient la présidence de 1933 à 1953 et, depuis lors, l'alternance s'est produite à des intervalles plus courts. Au Congrès, en raison du bicamérisme et du renouvellement bisannuel, la question de l'alternance se présente de manière nettement plus complexe. En tout état de cause, le bipartisme tel qu'il persiste aujourd'hui, avec les virtualités d'alternance qu'il comporte, existe depuis le milieu du XIXe siècle. Il est cependant peu marqué politiquement et surtout idéologiquement, à l'exception de certaines périodes critiques. La plus grave de celles-ci a été la Reconstruction. Après le conflit entre le Congrès et le président Johnson, modéré, élu vice-président de Lincoln, les républicains ont admis que les troupes fédérales se retirent des États du Sud. Des oppositions très vives se sont encore manifestées au moment du *New Deal,* puis dans les années 1960, sur le problème des droits civiques. Mais la bipolarisation qui en a résulté était transpartisane. C'est que, de manière générale, les partis ont réussi à surmonter non seulement les divisions strictement idéologiques, mais aussi les oppositions ethniques, religieuses et raciales. Le parti démocrate comprend, dans les États du Sud, des adversaires résolus de l'intégration raciale, mais c'est ce parti qui a accueilli les immigrants d'origine catholique, Irlandais, Italiens et Polonais, avant d'être le promoteur de la législation sur les droits civiques dans les années 1960. Le parti républicain a intégré plutôt les populations d'Europe du Nord et protestantes mais ne comporte pas les mêmes éléments ségrégationnistes que le parti démocrate dans le Sud. Enfin, et surtout, le bipartisme américain n'est pas fondé sur des oppositions sociales. Le rôle des partis, essentiellement déterminé par la compétition électorale, et surtout par l'élection présidentielle, n'a pas laissé de place à l'aspect « classiste » des luttes partisanes qui a prévalu presque partout ailleurs au moment de l'instauration du suffrage universel. C'est ainsi que le mouvement socialiste, dont l'influence a été et reste importante aux États-Unis, n'a pas réussi à fonder un grand parti de masse comme dans les pays européens et n'a pas reçu l'appui des syndicats, qui ont préféré continuer de soutenir le parti démocrate.

Il en résulte un système de partis très peu idéologisé, très peu différencié, connaissant régulièrement des altérations qui n'ont cependant jamais pu le remettre en cause durablement. Il existe, et il a existé nombre de partis mineurs dont certains ont acquis une réelle importance mais qui est demeurée temporaire. On peut citer ainsi le parti populiste, à la fin du XIXe siècle ; le parti socialiste, né d'une dissidence démocrate, dont les leaders, Eugène Debs puis Norman Thomas, ont été plusieurs fois candidats à la présidence, avec des résultats honorables jusqu'en 1932, mais qui connaît son apogée avant 1914 ; le parti communiste, présent surtout dans les années 1930. Le caractère temporaire des altérations au bipartisme est encore plus affirmé s'agissant des coalitions constituées en vue d'une élection déterminée : ainsi, en 1912, la coalition du *Bull Moose Movement,* dissidence progressiste du parti républicain qui soutenait Théodore Roosevelt contre Taft ; en 1924, le mouvement lancé par le républicain progressiste La Follette, qui obtient cinq millions de voix et les électeurs présidentiels du Wisconsin ; plus récemment, les coalitions formées pour soutenir les candidatures aux élections présidentielles de Henry Wallace (1948), George Wallace (1968), John Anderson (1980) et Ross Perot, qui emporte 18,9 % des voix en 1992 et 9 % en 1996.

On constate, dans l'évolution des exceptions au bipartisme, que l'apparition de tiers partis tend à devenir plus sporadique, que leur longévité est plus faible et qu'ils sont de plus en plus centrés autour d'un individu à l'occasion d'une élection présidentielle[1]. S'ils peu-

---

1. V. S. Rosenstone, S. Behr, E. Lazarus, *Third Parties in America,* Princeton, Princeton University Press, 1985.

vent ainsi permettre à leurs candidats d'obtenir un certain soutien populaire (13,5 %. des suffrages populaires pour Wallace en 1968, 6,5 %. pour Anderson), leur influence est devenue quasi nulle dans les élections au Congrès. Leur rôle n'est cependant pas tout à fait négligeable car, lorsqu'elles rencontrent l'appui populaire, certaines de leurs propositions et revendications peuvent être reprises à leur compte par l'un ou l'autre des grands partis ; ainsi le parti démocrate a-t-il progressivement absorbé l'essentiel des forces populistes, puis socialistes. Le bipartisme apparaît donc comme particulièrement solide aux États-Unis. Il est garanti en premier lieu par le système électoral majoritaire à un tour, qui prédispose l'électeur à voter utile, ainsi que par la logique de l'élection présidentielle qui tend à faire des partis des machines électorales unies en vue de la conquête de la présidence. Il en résulte que, malgré l'importance des résultats emportés par certains tiers candidats, le jeu du bipartisme a toujours fonctionné pour l'élection présidentielle depuis que les deux grands partis existent en tant que tels, c'est-à-dire que l'un des deux candidats principaux a toujours obtenu la majorité absolue des grands électeurs, évitant ainsi le recours à l'élection du président par la Chambre des représentants.

Le bipartisme est donc particulièrement solide à l'échelon fédéral. À celui des États, on relève cependant quelques particularités : d'abord l'existence d'assez nombreux petits partis qui ont leur importance à l'échelon local ; ensuite, dans un certain nombre d'États, particulièrement au sud, une tradition ancienne de parti dominant. Cette tradition ne met cependant pas en cause le bipartisme puisque le caractère dominant a toujours été l'apanage de l'un ou l'autre des grands partis. Il s'agit au surplus d'une tradition nettement déclinante : depuis la période reaganienne, le Sud conservateur et traditionnellement démocrate est majoritairement devenu républicain.

98 L'ÉVOLUTION POLITIQUE. — La longue hégémonie du parti républicain, de l'élection de Lincoln à 1932, semble conférer à ce parti un caractère quasi dominant qu'explique la qualité de *catch-all-party* qu'il assume à cette époque : parti bien implanté dans les États du Nord urbanisé mais également parti des agriculteurs du Middle West et de la population noire libérée par Lincoln et la guerre de Sécession. Cependant, dès avant la fin du XIXe siècle, cette quasi-domination est en déclin, les écarts de voix entre les deux partis sont faibles, le parti démocrate, avec Cleveland, emporte deux fois la présidence (en 1884 puis en 1892) et les majorités au Congrès tendent à devenir instables. Les questions nouvelles qui se posent, notamment le problème agricole, divisent les grands partis en leur sein même et provoquent l'apparition et le succès rapide du parti populiste, qui connaît son meilleur résultat aux élections de 1894. Ses effectifs viennent ensuite renforcer le parti démocrate tandis que le parti populiste est dissous en 1908. Du côté républicain, la division entre les conservateurs partisans de Taft (président de 1909 à 1913) et les progressistes du *Bull Moose Movement,* partisans de son prédécesseur Théodore Roosevelt, conduit à la victoire du démocrate Woodrow Wilson aux élections présidentielles de 1912. Le parti républicain reconquiert la présidence en 1920, avec Harding, à qui succéda, à sa mort en 1923, le vice-président Coolidge, très facilement réélu en 1924 contre le démocrate Davis et le républicain progressiste dissident La Follette ; puis en 1928 c'est l'élection, plus serrée, de Herbert Hoover contre le démocrate Al Smith. En effet, de 1928 à 1936 s'opère un transfert d'une partie considérable du corps électoral vers le parti démocrate et le parti républicain perd son caractère quasi dominant. Entre ces deux dates, le vote démocrate aux élections présidentielles est passé de 15 à presque 28 millions de voix. Cette reclassification résulte de la crise économique. Les thèmes de la campagne électorale de 1928 étaient encore des thèmes classiques : questions religieuses, prohibition. Mais à partir de 1932, la bipolarisation s'établit sur des fondements sociologiques. Le parti républicain tend à s'identifier aux éléments les mieux favorisés et les plus enracinés de la société américaine (WASP). Le parti démocrate devient le parti de la classe ouvrière dans les États industriels et urbanisés du Nord, mais aussi celui des minorités religieuses (catholiques) et ethniques (Noirs) tout en conservant sa traditionnelle hégémonie dans les États du Sud. Cet électorat très composite est réuni par une préoccupation commune face à la crise, celle de voir l'État prendre en charge la gestion des questions économiques et sociales : c'est la coalition du *New Deal*. Elle assure durant vingt ans l'hégémonie démocrate, qui n'est pas ensuite fondamentalement remise en cause par la victoire du républicain Eisenhower aux élections présidentielles de 1952. Les deux grands partis tendent vers une sorte de consensus autour des grandes questions sociales. Le parti démocrate devient moins interventionniste et le courant libéral (notamment avec Eisenhower) domine chez les républicains. La courte victoire de Kennedy sur Nixon en 1960 manifeste cette pérennité de l'hégémonie de la coalition du *New Deal,* qui trouve une nouvelle expression avec le programme de « grande société » de la présidence démocrate. L'opposition soulevée par cette politique chez les démocrates conservateurs du Sud, particulièrement hostiles à l'effort entrepris en faveur de la déségrégation raciale, conduit à la remise en cause du système du *New Deal.* Aux élections présidentielles de 1964, le républicain conservateur Goldwater emporte les votes présidentiels dans cinq États du Sud, et les élections suivantes de 1968 voient le succès dans le Sud du démocrate dissident George Wallace et de son parti indépendant américain auprès de l'électorat blanc défavorable à la politique d'intégration raciale. En 1972, tandis que Nixon développe, en vue de sa réélection, sa « stratégie sudiste », le choix par le parti démocrate de McGovern, représentatif du courant le plus libéral, comme candidat présidentiel marque la victoire des libéraux contre les centristes au sein du parti et accentue son déclin dans ses bastions traditionnels du Sud. Les résultats des élections présidentielles suivantes, en 1976, confirment la disparition du système du parti démocrate dominant dans le Sud, lié à des traditions culturelles datant d'avant la guerre de Sécession. Dans le même temps se développe le courant de la « nouvelle droite » qui finit par trouver une base politique au sein du parti républicain dès lors que celui-ci eut commencé de se renouveler après les traumatismes dus aux conditions de la fin de la présidence Nixon et de la guerre du Vietnam. « L'insertion politique était le problème de ce mouvement, écrit Jean-Pierre Lassale. Pour le réussir, il lui fallait additionner deux éléments : l'éthique conservatrice et le libéralisme économique, axé sur la défense de l'économie privée. C'est cette conjonction qui sera à l'origine de la victoire républicaine de 1980, qui sera non seulement une victoire personnelle de Reagan, mais aussi une victoire du parti républicain lui-même (sur 16 nouveaux sénateurs républicains, 11 soutenaient les thèses de la nouvelle droite). En 1980, Reagan réussit à dissocier la coalition du *New Deal* et à rallier à son bénéfice et à celui du parti républicain une large partie des classes moyennes. Le même schéma se répétera pour l'essentiel lors de l'élection présidentielle de 1984, et dans une moindre mesure en 1988. Les élections au Congrès de novembre 1994 se solderont par une très lourde défaite des démocrates qui perdront la majorité non seulement au Sénat, mais aussi à la Chambre des représentants. L'élection du nouveau speaker de cette assemblée, Newt Gingrich, et l'arrivée d'une génération d'élus à forte imprégnation idéologique symboliseront la *Révolution républicaine*. »[1] Il s'en faut cependant que cette alternance nouvelle se traduise, comme par le passé, en termes d'hégémonie. Depuis la fin des années 1960 s'est opéré un déclin dans l'identification partisane ainsi d'ailleurs que dans la participation électorale. La proportion d'électeurs qui se déclarent indépendants a notablement augmenté ainsi qu'en conséquence la pratique du *split ticket* (panachage) par laquelle l'électeur se prononce pour des candidats appartenant à des partis différents selon la nature des élections, en particulier des élections au Congrès et des présidentielles. S'agit-il d'une répartition consciente des risques – le corps électoral épousant la logique originelle de la séparation des pouvoirs – ou d'un simple effet de la prime au sortant qui bénéficie essentiellement, depuis des décennies, au parti démocrate ? Les deux facteurs ne s'excluent pas et d'autres sont encore susceptibles d'intervenir. Le *split ticket* était pratiqué par moins d'un quart des électeurs avant la guerre, il l'est désormais par plus de la moitié, avec des pointes aux élections de 1968, 1980, 1988 et 1992. Par ailleurs, les élus qui se représentaient étaient souvent assurés de leur réélection. C'était d'abord le cas du président lui-même : depuis Roosevelt jusqu'à Nixon, les présidents candidats à leur propre succession ont été réélus. Mais c'était aussi le cas au Sénat – 75 % des sénateurs en fonction réélus – et surtout à la Chambre des représentants – 90 % réélus. C'est dans celle-ci en particulier que cette prime à l'ancienneté a été le plus favorable au parti démocrate qui y détint la majorité sans interruption entre 1956 et 1994. Cette tendance a connu des exceptions récurrentes depuis deux décennies. Pour les présidentielles, la non-réélection de G. Ford en 1976 a été attribuée au fait qu'il n'avait pas été élu, même en tant que vice-président, et

---

1. *Les partis politiques aux États-Unis*, Paris, PUF, coll. « Que sais-je ? », 1996, p. 17.

celle de J. Carter aux circonstances particulièrement difficiles de la fin de son mandat (affaire des otages en Iran) ; mais celle de G. Bush a manifesté qu'il ne s'agissait plus d'une occasion exceptionnelle. À la Chambre des représentants, ce sont les élections de 1992 qui ont marqué le renouvellement le plus important, depuis 1948, en ce qui concerne les personnes (beaucoup de sortants ne se sont pas représentés) ; mais le changement a été plus perceptible lors des élections suivantes en 1994, quand le parti démocrate a perdu 50 sièges et la majorité qu'il détenait à la Chambre depuis 1956. Ces renouvellements ont été favorisés par les amendements constitutionnels, adoptés dans 23 États, prohibant la réélection indéfinie des membres du Congrès, mais dont la Cour suprême devait invalider le principe en 1995 par l'arrêt Thornton (v. n° 73).

Par ailleurs, la possibilité de voir un président appartenant à un parti et un Congrès dominé par l'autre parti est accrue par les *mid term elections,* lors desquelles le taux d'abstention est toujours particulièrement élevé (depuis 1974, la participation est inférieure à 40 %). Cette possibilité s'est donc présentée, de 1956 à 1992, en ce qui concerne la Chambre, chaque fois qu'un président républicain a été élu ou réélu. Le Sénat, en revanche, a pratiqué l'alternance de manière quasi pendulaire depuis la première élection de R. Reagan. Les résultats des élections de 1996 illustrent bien l'indépendance des électeurs américains à l'égard de l'affiliation partisane qui s'exerce à travers la pratique du *split ticket* :

— M. Clinton était réélu président avec 50 % des suffrages exprimés contre 41 au candidat républicain M. Dole et 9 % à M. Ross Perot. Il l'emportait dans 31 États contre 19 pour M. Dole. En 1992, M. Clinton avait été élu avec seulement 43 % (et dans 32 États) contre 37,5 à M. Bush (18 États) et 18,9 à M. Perot. En revanche, la participation tombait de 56 % en 1992 à 49 en 1996, le taux le plus faible enregistré pour un scrutin présidentiel ;
— la Chambre des représentants comprenait 225 républicains et 214 démocrates (dans la Chambre élue en 1994, le rapport était de 235 contre 209 et 1 indépendant ; dans celle élue en 1992, il était de 175 contre 259) ;
— le renouvellement d'un tiers du Sénat faisait passer la majorité républicaine à 55 sièges contre 45 aux démocrates ; elle était de 53 contre 47 en 1994.

Mais les élections de 2000, profondément atypiques quant aux résultats du scrutin présidentiel, ne contredisent pas non plus la propension du corps électoral au *split ticket,* dans la mesure où le candidat démocrate l'emportait en suffrages populaires sur le républicain (538 000), alors que les deux chambres restaient à dominante républicaine, quoique précairement : la majorité républicaine était de 221 à la Chambre (– 2) contre 212 aux démocrates (+ 2) ; au Sénat, l'équilibre s'établissait à 50 (– 4) contre 50 (+ 4). Au contraire, les *mid term élections* de 2002 ont manifesté (peut-être comme un effet décalé du soutien populaire qu'ont acquis au président le plus mal élu du XXe siècle les événements tragiques du 11 septembre 2001) une volonté électorale de réalignement politique sur la fonction présidentielle : le parti républicain a reconquis la majorité au Sénat (52 contre 47) et l'a conforté à la Chambre (228 contre 206). Les élus démocrates devaient prendre acte de ces résultats en promettant de coopérer avec la majorité dès avant le renouvellement officiel du Congrès en janvier 2003 (durant ce qu'il est convenu d'appeler la *lame duck session*).

B - *Structure et fonction*

99 SOUPLESSE DU SYSTÈME DES PARTIS. — La souplesse du système de partis tient d'abord à la circonstance que les règles d'affiliation sont très vagues et varient essentiellement selon les États. L'adhésion à un parti résulte généralement de l'indication qui est faite par l'électeur au moment de son inscription sur les listes électorales, qui lui permet notamment de participer aux élections primaires lorsqu'il s'agit de primaires « fermées » (v. n° 100). Mais l'affiliation même à un parti ne détermine pas nécessairement un vote automatique en sa faveur. Les comportements électoraux, on l'a entrevu, ne se prêtent guère, et de moins en moins, à la discipline et à la fidélité partisanes. La conquête de ce vaste électorat flottant impose aux partis de se recentrer en permanence, particulièrement à la suite d'un échec. Ainsi le parti républicain après 1964, le parti démocrate après 1972 ont-ils dû opérer un tel recentrage après l'échec sévère de leur candidat à la présidence. Le même phénomène se reproduit, dans une moindre mesure, en 1988 pour le parti démocrate, en dépit des succès remportés pour les élections au Congrès. De même pour le parti républicain en 1996 : après le succès de la droite aux élections de 1994 au Congrès, le recentrage s'effectue à travers le choix d'un candidat modéré, M. Dole, à la présidence. En effet, l'orientation politique des partis ne subit aucune contrainte idéologique et ce qui les unit *(agreement on fundamentals)* est plus important que ce qui les divise. Dans une société très libérale, où la liberté d'expression trouve à s'exercer par les canaux les plus divers, les partis sont un moyen parmi d'autres, nullement privilégié, qui contribue à exprimer les choix de société. Les partis apparaissent ainsi, de façon purement pragmatique, comme des coalitions formées dans la perspective d'un enjeu électoral mais qui ne supposent aucune homogénéité quant à leur composition ni aucune rigidité quant à leur programme. Les divisions qui affectent les deux grands partis traduisent ainsi les oppositions mêmes qui partagent l'ensemble de la société qu'ils ont également vocation à représenter : il existe au sein de chacun d'entre eux une opposition entre libéraux et conservateurs, même si, dans les dernières années, s'est accentuée la spécificité politique qui oriente le parti républicain vers une dominante conservatrice et le parti démocrate vers la dominante libérale. Le parti américain reste cependant, essentiellement, le lieu géométrique des compromis négociés, susceptibles de réconcilier ces tendances en s'écartant des solutions les plus extrémistes.

La souplesse du système des partis tient encore à leur style d'organisation. Les partis américains sont très éloignés des organisations structurées et centralisées que sont les partis du type européen. Il s'agit d'un système extrêmement complexe et diversifié qui donne en apparence l'image d'une structure hiérarchique. En effet, il existe une organisation pour chacun des grands partis, au sommet de laquelle se trouve le comité national du parti, instance collégiale réunissant des membres de droit et des membres élus tous les quatre ans par la convention nationale. Cet organisme élit son président, dont le nom est en fait proposé par le président des États-Unis ou le candidat à la présidence. C'est dire qu'il dispose d'une autonomie très réduite. Le comité national n'a longtemps eu que des fonctions secondaires, à l'exception de celle d'organiser les campagnes électorales, dans lesquelles son rôle n'est d'ailleurs pas exclusif, car il est également assumé par les organisations électorales des partis au

Congrès. Ce comité national n'avait pas le pouvoir de déterminer la politique du parti car celle-ci ne se décidait pas à l'échelon national. Le rôle principal appartenait aux autorités du parti dans chaque État. La structure politique à l'échelon des États reste plus importante qu'à l'échelon national mais elle est aussi extrêmement diversifiée. Certains États ont une organisation partisane très puissante, d'autres maintiennent une tradition de partis dont le rôle n'est actif qu'en période électorale. Mais la situation peut même être variable entre les circonscriptions d'un même État. La diversité n'est pas moins grande du point de vue institutionnel. L'organisation partisane est fortement centralisée dans certains États, décentralisée dans d'autres. Les structures communes essentielles sont celles du président du parti et du comité central du parti dans les États *(State central committee)*, dont l'organisation est réglée, dans certains États, par la loi elle-même, dans d'autres par des dispositions statutaires. Le rôle de ces organismes est assez limité. Il n'en va pas de même de celui du président qui est important car il lui appartient de coordonner l'action des unités de base *(grass-roots units)* et de régler les conflits qui surviennent à ce niveau. Cependant, l'autonomie des présidents de parti est également variable selon les États, en fonction de leurs rapports avec l'exécutif étatique. Dans certains États, le président du parti qui détient le poste de gouverneur peut n'être que l'agent politique du gouverneur qui le choisit lui-même ; dans d'autres États, le président du parti dispose d'une réelle autonomie à l'égard de l'exécutif ; en tout état de cause, le président du parti qui ne détient pas le pouvoir exécutif étatique peut agir en véritable leader. Cette organisation partisane se retrouve à l'échelon des comtés et des villes. En dessous, l'unité de base fondamentale est le *precinct* (« arrondissement ») à la tête duquel se trouve le *precinct committeeman,* parfois appelé *captain,* militant local généralement élu, à qui incombe la mission de propagande *(canvassing).*

Pendant longtemps, il n'a existé aucune relation de subordination à l'intérieur de cette structure apparemment pyramidale et le pouvoir des partis locaux était la règle. Cette situation a commencé de se modifier dans les années 1970, comme une conséquence de l'évolution centralisatrice du fédéralisme américain. Des réformes ont été proposées, d'abord au sein du parti démocrate, en vue de modifier les règles concernant le choix des délégués à la convention nationale du parti qui, tous les quatre ans, avant l'élection présidentielle, permettait aux partis d'État de jouer un rôle primordial dans le choix des candidats à la présidence et au Congrès. À la suite de l'adoption de ces réformes, les partis d'État ont été privés de ce rôle électoral essentiel, notamment en ce qui concerne l'investiture présidentielle, et se sont résignés à un repli sur la politique à l'échelon de l'État au sein duquel ils conservent une pleine autonomie. Ainsi s'est trouvé établi au bénéfice du comité national un pouvoir de direction qui lui a longtemps fait défaut, impliquant notamment le contrôle des procédures de sélection des délégués à la convention nationale.

Le parti républicain a connu une évolution comparable sous réserve que la prépondérance du comité national n'a en principe qu'un caractère facultatif et qu'une plus grande autonomie a été conservée aux instances étatiques quant aux modalités des processus électoraux internes. La tendance à la centralisation a encore été renforcée, dans les deux partis, par les effets de la législation fédérale adoptée, depuis 1971, en matière de réglementation des dépenses électorales.

Le renforcement du rôle des instances nationales des partis a été approuvé par la Cour suprême qui leur a reconnu le pouvoir d'imposer leur réglementation aux partis d'État[1] (v. n° 100).

Enfin, la souplesse se marque par l'indépendance des élus à l'égard de l'organisation partisane. Cette autonomie est un des éléments fondamentaux du système politique américain. Les élus jouent un rôle politique personnel et il n'existe aucune discipline partisane. Les votes dans les chambres, tant à l'échelon des législatures d'État qu'à celui du Congrès, sont fréquemment des votes non partisans (v. n° 102). Il en résulte un surcroît de médiatisation pour la démocratie américaine, qui contribue à expliquer les taux élevés d'abstention, particulièrement pour les élections au Congrès.

100 FONCTION ÉLECTORALE DES PARTIS. — En dépit des tendances récentes à une certaine centralisation, les partis américains restent essentiellement des coalitions dépourvues de cohésion idéologique et qui rassemblent des adhérents liés par un certain

---

1. V. J.-P. Lassalle, *op. cit.*, p. 39.

fonds culturel. La cohésion partisane ne se manifeste guère qu'en période électorale et la fonction essentielle des partis à l'échelon national est de nature électorale. Certes, la fonction électorale n'est pas la fonction exclusive des partis américains. Par le passé, les machines des partis, et en particulier celle du parti démocrate, ont rempli des fonctions plus diverses et plus importantes qu'aujourd'hui, allant de la prestation de services aux immigrants pauvres (en échange de leur vote) à une mainmise, dans certains États, sur l'ensemble de l'appareil administratif (avant le développement du *merit system*). Mais le rôle essentiel des partis dans le fonctionnement du système constitutionnel n'est pas – comme dans les régimes parlementaires qui sont des démocraties de parti – leur participation au gouvernement du pays, mais la conquête du pouvoir et d'abord, à l'époque contemporaine, celle du pouvoir exécutif, la présidence des États-Unis. Le rôle électoral des partis est essentiel en ce qui concerne le choix des candidats aux élections ; il se manifeste également dans l'élaboration de la plate-forme électorale. Le choix des candidats est évidemment une opération essentielle en raison des implications du bipartisme et du mode de scrutin, et aussi parce que la désignation des candidats est synonyme d'élection dans les États ou les circonscriptions à parti dominant. Au départ, les candidats étaient choisis par le *caucus*, c'est-à-dire le comité local du parti (v. n° 22) ; puis ils l'ont été, dans la plupart des États, par la convention du parti, afin de permettre un débat plus large et de limiter les risques de corruption. Dès la fin du XIXe siècle, cependant, le fonctionnement des conventions est perçu comme non démocratique, bloqué par le monopole des notables *(bosses)*. C'est ainsi qu'apparaît la pratique des élections primaires, dans le Sud d'abord et au sein du parti démocrate qui s'y trouve en position dominante. L'extension du système est rapide et il est aujourd'hui d'application quasi générale, pour les élections au Congrès. Mais il n'avait au départ qu'un caractère officieux : les primaires ne sont pas des élections, mais un processus de sélection à l'intérieur des partis. Cela permet dans les États du Sud, où le système est apparu, de réserver le choix du candidat – et donc la désignation de l'élu, puisque le parti démocrate était dominant dans ces États – aux seuls électeurs blancs, et de priver en fait les Noirs de toute influence électorale. Néanmoins, en 1944, par une célèbre décision *Smith v. Allwright,* la Cour suprême, revenant sur une jurisprudence antérieure, a considéré que les États, en abandonnant aux partis le pouvoir d'organiser et de déterminer les règles des primaires faisaient de l'action des partis une action de l'État *(State action)* et que le 15ᵉ amendement qui assure l'égalité de tous les citoyens dans l'exercice du suffrage devait s'appliquer aux règles déterminées par les partis.

Le système des primaires recouvre une grande variété de procédures dans les différents États. Il faut se limiter ici à quelques distinctions schématiques. D'abord en ce qui concerne les candidats eux-mêmes, il convient de distinguer le système dans lequel ceux qui souhaitent concourir dans une primaire déposent une pétition signée par un certain nombre d'électeurs, de celui qui continue de se combiner avec le système antérieur de la convention, laquelle établit la liste de candidats proposée aux électeurs. Ce système mixte favorise évidemment le maintien de l'influence des *bosses* sur le processus de sélection. On peut ensuite distinguer les primaires partisanes et non partisanes. Dans les secondes, les électeurs n'ont à indiquer aucune affiliation partisane pour participer et les bulletins qui leur sont remis n'indiquent pas l'appartenance politique des candidats. Ce système est resté marginal.

Les primaires sont généralement partisanes : les candidats se présentent sous le couvert de leur appartenance politique et le processus de sélection reste l'affaire des partis. Il faut alors distinguer deux modalités de ces primaires partisanes : les primaires ouvertes et les primaires fermées. La moitié des États pratiquent les primaires fermées, dans lesquelles sont seuls appelés à voter les adhérents du parti, cette qualité résultant d'une affiliation consignée lors de l'inscription sur la liste électorale ou d'une déclaration d'intention *(sworm statement).* Dans ce système, l'électeur appartient au parti qui organise la primaire et ne reçoit qu'un bulletin de vote.

Les primaires ouvertes permettent au contraire de voter pour le candidat de son choix mais sur la liste d'un seul parti. L'affiliation à un parti n'est donc pas vérifiée et l'électeur se détermine au moment du vote. Dans certains cas, il peut même panacher son vote en fonction du type de mandat électif qui est disputé. Le système des primaires ouvertes est apprécié par les électeurs car il leur permet de ne pas faire connaître leur appartenance partisane, mais il l'est moins par la classe politique qui considère qu'il favorise les tactiques de déstabilisation et, plus généralement, que la sélection des candidats revient aux partis. De multiples variantes existent, par ailleurs, au sein des deux principales modalités et, notamment, dans certains États du Sud, les primaires à deux tours *(run-off primaries)*. La volonté de démocratisation que manifeste l'organisation de primaires trouve ses limites dans le faible taux de participation. Pour les élections au Congrès, la tendance à l'abstention est renforcée par le caractère très sûr de la plupart des circonscriptions : l'effet décisif de la prime au sortant démobilise les électeurs, tant en ce qui concerne la primaire que l'élection proprement dite.

L'organisation des primaires revêt une importance particulière pour la désignation des candidats de chaque parti à l'élection présidentielle. Les candidats à la présidence et à la vice-présidence sont choisis l'année de l'élection présidentielle par la convention nationale de chacun des deux partis. Mais les conventions constituent essentiellement un événement médiatique car – au moins en ce qui concerne le candidat à la présidence – elles entérinent les choix résultant de la désignation des délégués qui y siègent.

Les modalités de cette désignation varient selon les partis, selon les États et selon les périodes. Les primaires présidentielles ne sont que l'une des procédures, l'autre étant le *caucus*. Les primaires n'ont pas acquis le même caractère de quasi-généralité que pour les élections au Congrès. Elles sont également apparues au début du siècle et ont été appliquées à la majorité des États en 1916. Depuis, le nombre respectif des primaires et des *caucus* a varié d'une année d'élection présidentielle à l'autre. En recul depuis 1920, le système des primaires s'est à nouveau développé à partir de 1968. Il paraît avoir atteint, au parti démocrate, un record en 2004 avec 41 primaires.

La désignation des délégués à la convention par *caucus* est restreinte aux membres du parti et se déroule au suffrage indirect : les électeurs désignent, au niveau du *precinct,* des délégués à la convention du comté, qui élisent des délégués à la convention de l'État, qui désignent alors les délégués à la convention nationale.

La complexité des modalités réglant les systèmes de primaires et des *caucus* (règles nationales superposées à des règles étatiques) est telle qu'il existe en pratique 100 systèmes de sélection des délégués aux conventions nationales – un pour chacun des partis dans les

50 États – et que ces 100 systèmes varient encore d'une élection à l'autre. Ainsi les démocrates ont changé de modalités de sélection à l'occasion de chaque élection présidentielle depuis 1972. L'augmentation du nombre des primaires à partir de l'élection de 1972 a correspondu à une tendance à l'ouverture et à la démocratisation du parti. Mais pour l'élection de 1984, le nombre des primaires a été réduit – sur proposition d'une commission nationale du parti constituée en 1982 – et elles ont été resserrées dans le temps. Le but était de favoriser la sélection de la candidature de l'ancien vice-président Mondale et de renforcer l'influence des cadres du parti. Ce faisant, le parti tente de prévenir le succès d'une candidature au départ marginale, comme celle de Jimmy Carter en 1976, qu'avaient permis les règles précédentes, plus ouvertes.

En principe, néanmoins, les conventions ratifient un choix déjà fait. Mais elles peuvent être l'occasion de négociations sur la vice-présidence. Elles ont également pour tâche de trancher, en appel des décisions du *committee on credentials,* les nombreux litiges que la complexité des règles a engendrés. La Cour suprême a reconnu en 1975, dans une décision *Cousins v. Wigoda,* que les règles nationales des partis l'emportent, pour les primaires présidentielles et les *caucus,* sur les règles des États. Enfin, la convention a encore pour tâche d'élaborer la plate-forme du parti. Celle-ci n'est pas un programme gouvernemental au sens parlementaire, et singulièrement britannique, du terme, c'est-à-dire l'engagement de réaliser un ensemble de mesures déterminées par des options politiques et idéologiques précises. La nature éclatée des partis américains, qui se réduisent structurellement à des coalitions et ne se distinguent pas par des critères idéologiques, ne permet pas l'élaboration d'un programme. La formulation de la plate-forme se fait donc normalement en termes très généraux – sauf exceptions (Goldwater en 1964, McGovern en 1972) qui n'ont pas été encourageantes – et ne lie de toute manière pas le président. Les divergences entre les partis tendent cependant à se marquer davantage que naguère dans leurs plates-formes.

101 La question du financement. — Le rôle des partis en ce qui concerne la participation aux campagnes électorales a décliné durant les dernières décennies. Les élections tendent à se personnaliser, les techniques de campagne à se professionnaliser et les candidats comptent davantage sur leur propre organisation et leurs moyens financiers que sur ceux des partis, en particulier pour les élections présidentielles. Les questions du financement des campagnes électorales et des partis restent néanmoins très imbriquées et elles se sont posées avec acuité lors des affaires qui ont conduit au scandale du *Watergate*.

C'est dans ce contexte qu'a été adopté, en octobre 1974, le *Federal Elections Campaign Act* (modifié en 1976 à la suite de la décision de la Cour suprême *Buckley v. Valeo*), qui pose comme principe la publicité des dépenses électorales et la limitation du montant des contributions pour les trois types d'élections fédérales. La loi prévoit aussi un financement public pour les candidats aux élections présidentielles. En ce qui concerne celles-ci, la matière est réglementée aux trois stades du processus électoral : primaires, convention et élection. L'aide publique provient d'un fonds fédéral alimenté par les contribuables qui décident, par la procédure du *check-off*, d'y affecter un ou deux dollars de leur impôt sur le revenu. La commission fédérale des élections, créée par la loi de 1974, contrôle les comptes de tous les candidats et verse les fonds publics dès la période des primaires, sur la base de critères financiers et géographiques, dès qu'un candidat a obtenu 10 % des voix dans deux primaires consécutives. Les candidats reçoivent des fonds publics à concurrence des contributions privées – ne pouvant être données que par des personnes physiques – qu'ils ont reçues, moyennant un plafonnement de celles-ci. Les conventions des deux grands partis reçoivent ensuite une contribution égale. Pour l'élection proprement dite, les candidats des deux grands partis – ceux qui, dit la loi, ont obtenu plus de 25 % des suffrages aux dernières élections – peuvent choisir de financer eux-mêmes, sans limitation, leur campagne électorale : les limitations à l'usage de fonds personnels, prévues par le Congrès en 1974, ont été jugées inconstitutionnelles par la Cour suprême. Mais s'ils acceptent un financement public, dont le montant évolue lors de chaque élection, leurs dépenses personnelles sont assez étroitement plafonnées. Les tiers candidats qui obtiennent au moins 5 % des voix bénéficient aussi de l'aide publique. Pour les élections aux deux chambres, les personnes morales – groupes d'intérêt, syndicats, entreprises – ne peuvent verser directement des fonds aux candidats ou aux partis. Leurs contributions, qui doivent être publiques, sont soumises à la création de *political action committees* (PAC) chargés de réunir les fonds et dont les versements sont limités à un certain montant par candidat et par élection. Cependant, la constitution des PAC n'est soumise à aucune restriction numérique et, d'autre part, les dépenses électorales des candidats au Congrès ne sont pas plafonnées. Il en est résulté une augmentation constante du nombre des PAC (d'environ 600 en 1974 à plus de 4 000 aujourd'hui) et du montant des sommes qu'ils réunissent. En principe, les PAC soutiennent des candidats, non des partis, mais ils tendent en fait à devenir des prolongements financiers des seuls deux grands partis et contribuent à faciliter la réélection des parlementaires sortants. Cette réglementation, qui vise à prévenir les abus des groupes de pression sur le Congrès, leur offre par contraste des moyens d'action importants dans le cadre légal. Ainsi les PAC « illustrent la dépendance de la classe politique américaine – démocrates comme républicains, et parfois démocrates plus que républicains – vis-à-vis de groupes d'intérêt de toute nature qui s'efforcent d'assurer leur influence, sinon de la monnayer », note J.-P. Lassalle, qui souligne la constante opposition du Congrès, larvée ou ouverte, à toute réforme de fond[1]. À la fin des années 1990, cependant, une initiative bipartisane des sénateurs Mac Cain et Feingold, soutenue par le président Clinton, a relancé la question. Ce projet très réformiste a été adopté par le Sénat en avril 2001, mais s'est enlisé, à la suite de diverses manœuvres, dans le cours de la procédure à la Chambre. Il avait suscité les réticences du président Bush. Le scandale Enron devait venir modifier radicalement ce contexte politique. Une nouvelle initiative bipartisane associant cette fois deux représentants, MM. Shays et Meehan, a abouti le 14 février 2002 au vote par la Chambre d'un nouveau projet. Le président avait annoncé qu'en cas d'accord entre les deux assemblées, il n'exercerait pas son veto. Très rapidement, le Sénat a lui-même approuvé le texte et le 27 mars 2002 le *Bipartisan Campaign Reform Act* a reçu la signature présidentielle. La nouvelle loi prévoit que les dons aux comptes de campagne doivent être limités et contrôlés de telle sorte que le contournement de la législation de 1974 par le biais des contribu-

---

1. *Op. cit.*, p. 111.

tions officieuses *(soft money)* des particuliers, entreprises et syndicats en faveur des partis et de leur propagande ne soit plus possible. La Cour suprême sera sans doute à nouveau très rapidement appelée à statuer sur la constitutionnalité de cette loi. Mais sa jurisprudence en ce domaine a entre-temps évolué. En 2000, elle a jugé qu'une loi étatique imposant des limites aux contributions politiques n'est pas contraire au premier amendement *(Nixon v. Shrink Missouri Government Pac)*. Cette jurisprudence a été confirmée l'année suivante s'agissant des dispositions du *Federal Elections Campaign Act* relatives aux dépenses des partis liées à des candidatures particulières au Congrès *(Federal Election Commission v. Colorado Republican Campaign Committee)*.

II | LE SYSTÈME DE GOUVERNEMENT

A - *Le régime présidentiel n'est pas un gouvernement de parti*

« En Grande-Bretagne, écrit André Mathiot, le bipartisme assure, sous le contrôle de l'opposition, le gouvernement du parti majoritaire. Aux États-Unis, où les partis sont des organisations extragouvernementales, simplement associées au système constitutionnel, le bipartisme, au contraire, tempère le gouvernement de la majorité. »[1] Ce qui a été dit de la structure et du rôle des partis américains l'explique assez. On le constate encore quand on examine les modes de participation des partis à la fonction gouvernementale. Le caractère réduit de cette participation a pour corollaire la primauté relative du président sur un Congrès inapte à mener durablement une action politique propre.

102 LA PARTICIPATION DES PARTIS A LA FONCTION GOUVERNEMENTALE. — Le régime présidentiel américain n'aboutit pas, comme les régimes parlementaires, à un gouvernement de parti. Là se trouve la première raison pour laquelle son fonctionnement est resté conforme au modèle constitutionnel d'indépendance des

1. *Op. cit.,* p. 471.

pouvoirs voulu par le constituant de 1787. Sans doute, on parle bien, après l'élection d'un président, d'administration républicaine ou d'administration démocrate, mais il s'agit d'une convention de langage : ce n'est pas le parti républicain, ou le parti démocrate, qui est au pouvoir. Le président n'est pas et n'agit pas en tant que leader d'un parti. Ses capacités d'action sont, dans la logique du régime présidentiel, conditionnées par l'indépendance qu'il conserve à l'égard de son propre parti et la collaboration qu'il peut obtenir du parti opposé. Ces deux éléments se manifestent en permanence dans l'action gouvernementale quotidienne. Ils sont la conséquence des caractères structurels et du rôle limité des partis américains. Leur rôle est, on l'a vu, essentiellement électoral et non pas gouvernemental. C'est la structure même des partis, simples coalitions électorales qui ne sont soudées qu'en vue de buts électoraux, qui exclut qu'ils jouent le rôle gouvernemental normalement tenu par les partis en régime parlementaire. L'indiscipline prévalant au sein des partis américains entre les échéances électorales est l'un des instruments mêmes du fonctionnement du régime présidentiel. Les partis n'étant ni structurés, ni homogènes, ni disciplinés, le président, fort de son élection populaire, n'est pas limité par son propre parti ni systématiquement empêché par le parti adverse. Les partis américains sont des ensembles trop hétérogènes pour prétendre mener une politique cohérente et durable. S'ils le pouvaient, le fonctionnement du régime présidentiel serait compromis. Le président se trouverait alors *de facto* dans la situation d'un chef de gouvernement en régime parlementaire bipartisan : son pouvoir dépendrait de l'existence dans les deux chambres d'une majorité de son parti, et subsidiairement de l'autorité qu'il exercerait sur cette majorité. Faute d'une telle autorité, exercée par hypothèse par d'autres leaders, son rôle deviendrait nominal. Bénéficiant de cette autorité, son pouvoir serait soumis au maintien de la majorité dans les deux chambres. Les *mid term elections* mettraient régulièrement en jeu la responsabilité électorale du président et il courrait le risque, chaque fois qu'il perdrait la majorité dans une chambre, d'être réduit à l'impuissance. L'indiscipline des partis, au contraire, assure de manière constante la collaboration entre le Congrès et le président. Quel que soit le rapport des partis au Congrès, que le parti du président soit majoritaire dans les deux chambres ou seulement dans une, ou encore qu'il soit minoritaire dans les deux, le président n'est jamais ni assuré du soutien permanent d'une majorité disciplinée ni en butte à l'opposition systématique du parti adverse.

Sans doute, le parti qui détient la majorité dans une chambre en contrôle officiellement l'organisation. Quand il s'agit de pourvoir aux divers postes électifs au début d'une session, la solidarité partisane joue sans restriction. Mais en temps ordinaire, en dépit de l'encadrement des élus de la majorité (système des *whips*, inspiré du Parlement britannique, v. n° 148), les leaders de chaque chambre ne sont pas maîtres des votes des membres de leur groupe. Souvent, et en particulier pour les mesures les plus controversées, il s'opère lors des votes un clivage en dehors de la frontière partisane. L'indiscipline des élus peut d'ailleurs être doublée – ou le cas échéant corrigée – par une certaine incohérence qu'autorisent les règles en vigueur au sein des chambres. Ainsi, les parlementaires peuvent voter dans un sens lors des différentes étapes de la procédure législative et dans un autre sens lors du vote final d'adoption d'un projet.

La proportion des votes partisans – selon l'expression usitée – et des votes bipartisans varie selon les périodes. La discipline partisane a été relativement marquée du début du siècle jusque dans les années 1930. Elle est plus faible ensuite, jusque dans les années 1970, avec une pointe durant la décennie 1960, caractérisée par l'alliance conservatrice entre républicains et démocrates sudistes. Il se produit ensuite un certain retour à la bipolarisation partisane. Elle s'est notamment manifestée au Sénat, avec l'élection de républicains reaganiens en 1980 et 1982 puis dans les deux chambres à compter des élections de 1994. Certes, la configuration antérieure n'est pas complètement dépassée : quand, aux *mid term* de 1986, sous le second mandat de M. Reagan, des sénateurs républicains ont perdu leur siège, ils ont été remplacés principalement par des démocrates conservateurs du Sud-Ouest qui n'étaient pas hostiles à la ligne politique de la présidence. Mais la tendance la plus récente est celle d'un regain de la polarisation idéologique. Après les élections de 1994, et dans la perspective de celles, présidentielles, de 1996, les clivages partisans ont été renforcés et la plupart des votes, en particulier à la chambre, ont été déterminés par eux. « À la fin du XXe siècle, la renaissance des républicains s'est traduite par le plus haut taux de partisanerie politique qui ait été observé au cours des cent dernières années » (H. M. Wahler). Mais l'échec de l'*impeachment* contre le président Clinton a néanmoins marqué les limites de cette polarisation (v. n° 90). Et les débuts de la présidence de George W. Bush ont révélé au sein du parti démocrate une volonté de collaboration que les républicains n'avaient pas manifestée à l'égard de son prédécesseur. Les votes sur le plan de réduction d'impôts (mai 2001), sur le *Farm Bill* (mai 2002), sur la résolution autorisant la guerre en Irak (octobre 2002) sur la réforme du système d'assurance médicale, *Medicare* (novembre 2003) ont présenté un caractère plus ou moins fortement bipartisan.

La fréquence des votes bipartisans est un élément permettant en général de mesurer l'efficacité et l'habileté politique de l'exécutif. Elle révèle son aptitude à la négociation et à la transaction, aboutissant à des solutions de compromis qui ne sont pas celles que tenterait d'imposer le *leadership* d'un parti discipliné. Inversement, certains votes bipartisans marquent un revers pour le président : c'est le cas des votes aux deux tiers par lesquels peuvent être outrepassés les veto présidentiels. Mais en tout état de cause, la généralisation des votes partisans pourrait aboutir à une paralysie de l'exécutif : c'est à une tentative de ce genre que s'est livré, entre 1994 et 1996, le nouveau speaker républicain Newt Gingrich, qui a usé de tous ses pouvoirs, avec des succès divers, pour renforcer la discipline de la majorité républicaine dans un objectif clairement dirigé contre la présidence (v. n° 103). On a vu que de tels votes n'étaient systématiques que pour pourvoir aux postes électifs au sein des chambres en début de session ; au contraire, les votes du Sénat approuvant la nomination des membres du cabinet au début d'une présidence sont normalement bipartisans : le rejet de la désignation de M. Tower en février 1989 à la suite d'un vote partisan du Sénat (démocrates contre républicains) a été perçu comme un revers sérieux pour le président Bush, au lendemain de son investiture (v. n° 84). La souplesse et l'indiscipline des partis contribuent ainsi à tempérer le principe de majorité – qu'il s'agisse de la majorité qui s'est exprimée par l'élection du président ou de celle qui existe au Congrès – par un mécanisme politique de *checks and balances* qui se superpose au mécanisme constitutionnel et en conditionne le fonctionnement effectif[1].

---

1. A. Mathiot, *op. cit.*, p. 490.

103 LA PRÉPONDÉRANCE DE L'EXÉCUTIF. — En droit, le régime américain est plus congressionnel que présidentiel, on l'a constaté, mais il se caractérise, à l'époque contemporaine, par une prépondérance de l'exécutif, qui n'a cependant jamais revêtu d'aspect absolu ni définitif. Au XIXe siècle, les périodes de primauté présidentielle sont l'exception, avec des hommes énergiques qui ont laissé leur marque : Jefferson, Jackson et Lincoln. Entre la mort de Lincoln – suivie de la crise entre le Congrès et Andrew Johnson – et la présidence de Théodore Roosevelt, c'est l'âge d'or du gouvernement congressionnel. C'est l'époque où Sherman déclare : « L'exécutif d'une république comme la nôtre doit être soumis au législatif. Le président doit être soumis aux lois et les faire respecter. » Le début du XXe siècle est marqué, en revanche, par les deux présidences fortes de Théodore Roosevelt et de Woodrow Wilson. Roosevelt réussit à trouver un appui à sa politique progressiste dans les ailes libérales des deux partis. Après la présidence plus effacée de Taft, Wilson pose de façon autoritaire les fondements du régime présidentiel contemporain. La réaction congressionnelle qui s'ensuit – marquée par le refus d'approbation du traité de Versailles – se poursuit durant les présidences successives des républicains Harding, Coolidge et Hoover. Avec Franklin Roosevelt, dans le contexte de la crise mondiale, s'ouvre la période de la présidence moderne qui sera plus tard qualifiée d'*impériale*. Par conviction ou par nécessité, les présidents successifs sont conduits à élargir le champ d'action de l'exécutif, même sous un président aussi réticent qu'Eisenhower. Les autres présidents républicains, surtout Nixon et Reagan, ont délibérément assumé la contradiction entre une conviction affirmée en faveur d'une réduction de la puissance fédérale au profit des États et l'exercice de pouvoirs aussi considérables que ceux qu'avaient développés leurs prédécesseurs démocrates, dans la tradition de Roosevelt : Truman, Kennedy et Johnson étaient clairement partisans d'une extension du rôle de l'exécutif fédéral pour faire face aux nécessités nouvelles. Les divergences apparentes en matière de politique intérieure s'estompent de toute manière dès lors qu'il s'agit du rôle du président dans l'ordre de la politique étrangère et militaire, dont les nécessités sont inhérentes à la position des États-Unis dans le monde contemporain. La crise du *Watergate* – précisément déterminée par la volonté, trop cyniquement affichée, du président de s'affranchir des règles et conventions constitutionnelles jusqu'alors respectées au moins formellement – et la réaction congressionnelle qu'elle a entraînée n'ont pas fondamentalement remis en cause la prépondérance de l'exécutif. « La question se pose donc de savoir, écrit Stéphane Rials, pourquoi le Congrès consent au président une latitude d'action qui – même si elle a décliné dans les années 1970 par rapport à la période antérieure – demeure aussi consistante. Et à quelles conditions ? La réponse semble devoir être recherchée essentiellement dans les relations de la Maison-Blanche avec le peuple. Il est notable que la présidentialisation ait accompagné la démocratisation de l'élection présidentielle, qu'au XIXe siècle les présidents forts aient été ceux qui jouissaient d'un large appui populaire – ainsi Jackson – et que le développement de la présidence moderne ait suivi celui des moyens de communication de masse qui favorisent la personnalisation du pouvoir. »[1] À ce facteur primordial peuvent s'ajouter des considérations plus contingentes.

On peut citer d'abord l'influence de la structure fédérale. Le fédéralisme, en tant qu'il limite les pouvoirs de l'État central, tend à favoriser la collaboration entre les organes fédéraux au profit d'une efficacité que l'exécutif est matériellement mieux armé à servir. Tempérés par l'autonomie des États, les pouvoirs fédéraux sont contraints à s'accorder et cette contrainte bénéficie d'abord à la présidence parce que, si elle est *a priori* constitutionnellement défavorisée, son action n'en est pas moins indispensable au fonctionnement du système.

En effet, le Congrès a besoin d'une direction. Le Congrès, écrivait Wilson dans son *Congressional Government*, « dispose de tous les pouvoirs, mais, en fait, il est impotent car il ne dispose pas d'un cabinet pour exécuter fidèlement ses décisions ». Faute de partis structurés, le Congrès ne peut guère se déterminer que sous la pression de l'exécutif et les parlementaires sont conscients qu'ils ne peuvent, par eux-mêmes, élaborer ni encore moins mener une politique suivie et cohérente. Le Congrès est à la fois moins armé techniquement et moins informé que la présidence, qui dispose de l'énorme machine de l'administration fédérale. De plus, la spécialisation du travail de Congrès, notamment avec la multiplication des sous-

---

1. Art. cité, p. 46.

commissions à partir de 1970, a contribué à une certaine dilution des pouvoirs de l'organe législatif et affecté davantage encore ses capacités en matière de définition d'une politique générale. Le rôle croissant des groupes de pression à l'égard des élus, notamment à travers l'action des PAC, conjuguée avec l'indépendance plus grande de ces mêmes élus à l'endroit de leur parti (v. n° 101), contribue à renforcer cette incapacité structurelle du Congrès à assumer un rôle de leadership politique. On l'a vérifié avec le peu de succès qui a marqué l'entreprise du nouveau speaker républicain Newt Gingrich à se poser en leader politique concurrent du président en tant que *chief legislator*. Après la réussite en 1995 de son initiative de « contrat avec l'Amérique », charte électorale signée par 200 parlementaires (v. n° 76), ses tentatives se sont peu à peu enlisées dans des négociations avec le groupe d'élus représentants de la nouvelle vague républicaine.

La présidence, de son côté, est loin d'être coupée du Congrès, ayant développé, depuis plusieurs décennies, son appareil de liaison et de coordination avec les chambres. Un assistant personnel du président, au *White House Office,* est spécialement chargé des relations avec le Congrès ; ensuite, sous la présidence d'Eisenhower, a été créé un *Office of congressional relations* et plus tard, sous Nixon, un bureau de relations publiques *(Office of public liaison).* Ce dernier service répond au développement du rôle des groupes de pression au sein du Congrès : la présidence elle-même s'organise en quelque sorte en groupe de pression de façon analogue à ceux qui, de l'extérieur du système politique, agissent sur les membres du Congrès. C'est pourquoi l'on dit du *lobby* présidentiel qu'il est le plus puissant de ceux qui existent à Washington.

Les moyens de pression de l'exécutif sont divers. Il y a d'abord le rôle des départements ministériels et des fonctionnaires fédéraux, agissant non seulement officiellement, au travers des commissions parlementaires, mais encore par le *lobbying* auprès des membres les plus influents des deux chambres. Les départements les plus importants (ceux d'État, de la Défense, notamment) disposent de services de liaison très étoffés avec le Congrès. Mais le président joue également un rôle personnel dans la tâche de persuasion du Congrès dont dépend l'issue du programme législatif de l'exécutif. Il importe que le président maintienne en permanence des contacts avec les membres influents du Congrès, ceux de son parti mais aussi, chaque fois que cela est possible politiquement, ceux du parti adverse. Le président s'emploie à susciter à l'égard de son action l'adhésion du plus grand nombre possible de parlementaires. À cette fin, l'un des moyens les plus traditionnels et qui reste efficace est celui du *patronage* par lequel le président s'engage à nommer à des postes vacants les candidats recommandés par certains membres du Congrès. Le président peut également, à l'occasion des *mid term elections,* soutenir la candidature de ceux qui lui sont favorables (Kennedy le fit avec un certain succès en 1962 et George W. Bush avec un succès inattendu en 2002). Tous ces moyens d'action ont évidemment leurs limites. Généralement, l'influence présidentielle sur les membres du Congrès a trouvé assez facilement à s'exercer dans les domaines, tels que la politique étrangère, qui sont éloignés des préoccupations des électeurs, alors qu'elle se heurte rapidement à des résistances sur les questions mettant en jeu les intérêts particuliers. C'est là que le *lobby* présidentiel doit alors s'exercer et c'est le lieu de ces négociations, de ces « marchandages » par le succès desquels on reconnaît un président efficace. On en trouve un bon exemple avec la résolution de la crise budgétaire qui a opposé le Congrès et la présidence après la victoire républicaine aux élections intermédiaires de 1994. Déclenché en octobre 1995, le conflit portait à la fois sur le budget de l'exercice à venir et sur les économies de nature à rétablir l'équilibre budgétaire fédéral. Un projet de loi en ce sens fut voté les 26 et 27 octobre 1995 par les deux chambres. Il transférait notamment aux États la responsabilité de l'aide aux plus démunis *(Medicaid)* et réduisait fortement les dépenses de santé en faveur des personnes âgées et handicapées *(Medicare),* ce qui devait entraîner le veto présidentiel (v. n° 76). De ce fait, l'administration fédérale ne disposait plus de l'autorisation légale du Congrès pour engager ses dépenses et une partie de la fonction publique fut mise en vacances forcées (mesure appliquée à quatre reprises depuis 1981). Un compromis a été conclu alors, prévoyant que le Congrès et l'exécutif mettraient en œuvre une loi pour équilibrer le budget au plus tard au cours de l'année 2002. Cet accord a été compris comme une victoire de la nouvelle majorité républicaine puisqu'il reprenait, ce faisant, l'un des points essentiels de son « contrat avec l'Amérique ». Les prévisions d'un retour à l'équilibre budgétaire en sept ans étaient basées sur les projections du *Congressional Budgeting Office*. Mais le président obtenait partiellement satisfaction en tant que les données économiques ainsi fournies devraient être établies après une consultation approfondie de l'*Office of Management and Budget* de la Maison-Blanche (v. n° 90) : les prévisions de celui-ci en matière de croissance économique étant nettement plus favorables que celles du Congrès, des économies moins drastiques que celles préconisées par la majorité républicaine pouvaient être envisagées. Aussi l'accord prévoyait-il que le budget devrait assurer la solvabilité de *Medicare* et un financement adéquat de *Medicaid*. Ce compromis a été scellé par le vote d'une loi de finances provisoire signée le 6 janvier 1996 par le président Clinton. Mais ce n'est qu'après de difficiles négociations – marquées par une nouvelle fermeture partielle des services publics – entre le président, le speaker de la Chambre des représentants, M. Gingrich, et le leader républicain du Sénat, M. Dole, qu'a été adoptée le 25 avril la loi budgétaire pour 1996, dans un climat politique déterminé par la proximité des élections présidentielles. Ce devrait encore *a fortiori* être le cas de la loi budgétaire pour 1997, adoptée cette fois comme d'usage le 30 septembre 1996. À quelques semaines du scrutin, le nouvel accord constituait une victoire du président sur la majorité républicaine, rendue largement responsable dans l'opinion de l'affrontement de l'hiver précédent et qui devait renoncer aux économies massives dans les budgets *Medicare* et *Medicaid*. Par la suite, en 1997, le Congrès s'est gardé de reprendre les hostilités avec un président affermi par sa réélection et qui s'est félicité de l'attitude de coopération des républicains, eux-mêmes reconduits majoritairement dans les deux chambres, et un accord est intervenu facilement en vue du budget pour 1998. En tout état de cause, le conflit de 1996 s'était – en même temps que par une adhésion du président au nécessaire retour à l'équilibre budgétaire prôné par le Congrès – soldé, sur le plan constitutionnel, par un notable accroissement des pouvoirs présidentiels en la matière, défini par le *Line Item Veto Act* du 9 avril 1996 (v. n° 90), qu'il a d'ailleurs eu l'occasion d'utiliser lors de la conclusion de l'accord budgétaire prémentionné, avant que la loi ne soit déclarée inconstitutionnelle (v. n° 106). À l'extrême fin de son second mandat, le 26 octobre 2000, M. Clinton s'opposait encore à un projet de réduction d'impôt ayant une incidence sur l'assurance médicale vieillesse et à un autre *bill* financier défavorable aux immigrés illégaux.

Mais dans le même temps, le Congrès a commencé de s'affirmer comme acteur à part entière dans la conduite de la politique étrangère. Ses initiatives se sont particulièrement développées à la fin de la présidence Reagan, dans un climat de tension entre le Congrès et l'exécutif, à propos des affaires d'Iran *(Irangate)* et du Nicaragua. Ainsi M. Jim Wright, speaker de la Chambre des représentants (ensuite contraint à la démission après sa mise en cause par le comité d'éthique en mai 1989), s'était employé à miner la politique présidentielle en négociant directement avec les dirigeants sandinistes. Par la suite, la tentative, d'ailleurs globalement réussie, du président Bush de mener la guerre du Golfe sans interférence congressionnelle, a été marquée par un vote partisan d'avertissement du Sénat qui n'a adopté la résolution portant sur l'utilisation des forces armées qu'à cinq voix de majorité, la plupart des démocrates se prononçant en faveur de simples sanctions (12 janvier 1991). Le président Clinton voit ensuite l'émergence d'un nouvel isolationnisme, conforté par la situation géopolitique résultant de la fin de la guerre froide. À partir de 1994, la nouvelle majorité républicaine du Congrès impose une législation pénalisant unilatéralement les sociétés étrangères commerçant avec Cuba et l'Iran (lois Helms-Burton et D'Amato) et refuse le vote des crédits nécessaires au paiement des contributions dues à l'ONU et au redressement du FMI. Une étape supplémentaire est franchie quand c'est l'aile progressiste de la minorité démocrate elle-même qui fait échouer, malgré un intense lobbying présidentiel, la remise en vigueur de la procédure du *fast-track*[1], ce qui a été ressenti comme un grave revers de politique étrangère pour la présidence. Cette situation s'est encore détériorée à la suite de l'affaire Monica Lewinsky : en suscitant la procédure

---

1. Cette procédure, instituée par une loi de 1974, permettait au président de demander au Congrès de se prononcer sur des accords commerciaux sans qu'il ait la possibilité d'en amender les termes. Elle devait cesser d'être valide à compter de l'entrée en vigueur de l'Accord de libre-échange nord-américain (ALENA) en 1994. Après avoir hésité, M. Clinton s'est résolu à demander l'adoption d'une loi lui accordant le bénéfice du *fast-track* jusqu'en 2001, ce qui lui a été refusé par la Chambre des représentants en décembre 1997. La question est restée une pomme de discorde entre le Congrès et le président George W. Bush, le Sénat ayant amendé le *bill* sur la compétence présidentielle en matière de traités commerciaux (loi TPA, ex-*fast-track*) d'une clause jugée inacceptable par l'exécutif (mai 2002).

d'*impeachment,* la droite républicaine entamait le crédit du président dans l'opinion publique, affectant sa marge de manœuvre sur la scène internationale.

Ces exemples récents manifestent bien l'étendue et les limites de l'action présidentielle. En fonction du soutien dont celle-ci dispose dans l'opinion publique, l'opposition qu'elle suscite de la part du Congrès ne saurait être ni globale ni permanente. De manière générale, le pays tend, à l'époque actuelle, à soutenir l'action présidentielle face au Congrès. Ainsi, entre 1994 et 1996, la politique délibérément hostile au président de la nouvelle majorité républicaine, personnifiée par le speaker Newt Gingrich, a bénéficié plus qu'elle n'a nui au président Clinton, et a favorisé les conditions de sa réélection. Il appartient donc au président, fort de sa légitimité populaire, de placer le Congrès, qui ne peut se contenter de contester ou de retarder les décisions, face à ses responsabilités en suscitant, s'il en est besoin, le soutien populaire à son action politique.

B - Le rôle décisif du pouvoir judiciaire

Sans que l'on puisse parler d'une primauté du pouvoir judiciaire sur les autres pouvoirs, aux États-Unis, il est certain que la Cour suprême occupe une place et joue un rôle, dans le système de gouvernement, qui sont incomparables à ceux des autres juridictions constitutionnelles dans les grandes démocraties. Ce rôle décisif du pouvoir judiciaire dans le fonctionnement des institutions américaines revêt deux aspects essentiels : il est d'abord un pouvoir de nature politique, et il est aussi l'arbitre entre les autres pouvoirs politiques fédéraux.

104 LE JUDICIAIRE, POUVOIR POLITIQUE. — La nature essentiellement politique du pouvoir assumé par la Cour suprême a été mise en évidence lors de l'examen de la répartition des compétences entre l'Union et les États (v. n°s 74-75). Au moment critique de sa lutte contre le *New Deal,* c'est-à-dire en somme contre le développement moderne des compétences fédérales, la Cour déclarait par la voix du juge Roberts : « Quand une loi du Congrès est contestée devant les cours comme contraire à la Constitution, la branche judiciaire du gouvernement n'a qu'un seul devoir : comparer l'article de la Constitution qui est en cause avec la loi contestée, et dire si celle-ci s'accorde avec celle-là. Cette Cour n'approuve ni ne condamne aucune politique législative. »[1] Cela n'aurait sans doute pas été dit si telle n'avait été précisément l'attitude de la Cour suprême à ce moment crucial. Mais même dans des périodes plus sereines où l' « activisme » judiciaire n'est pas la règle de la Cour, il est aisé de voir que la confrontation d'une loi actuelle aux dispositions très générales d'une Constitution aujourd'hui bicentenaire suppose la détermination du sens que l'on peut donner aujourd'hui à la Constitution, et que cela confère à la Cour un pouvoir d'appréciation considérable. Et on a vu qu'effectivement le rôle du juge dans le développement de cette Constitution formellement très rigide a été et reste essentiel (v. n° 70). « Nous sommes régis par une Constitution, déclarait Charles Evans Hugues, qui fut ensuite *Chief Justice* (1930-1941), mais cette Constitution est ce que la Cour dit qu'elle est. » Le célèbre juge Holmès allait encore plus loin lorsqu'il disait, en 1917 : « Je reconnais sans hésitation que les juges légifèrent et doivent légiférer. »[2] Il est donc clair depuis longtemps que la Cour est un pouvoir de nature politique.

Ainsi qu'on l'a dit à propos de l'évolution du système fédéral, le comportement politique de la Cour dépend très largement de sa composition. La Cour statuant à la majorité de ses membres, un seul changement de personne peut déterminer une orientation différente, mais c'est essentiellement le hasard qui préside aux modifications de sa composition (v. n° 93). Ainsi, après que Franklin Roosevelt dut renoncer en 1937 à son *Court-Packing-Plan* pour surmonter l'opposition politique de la Cour au *New Deal,* des raisons accidentelles permirent, la même année, de lever l'obstacle : des décès ou des demandes de mise à la retraite ont donné au président la possibilité de modifier profondément la composition de la Cour après que le revirement d'opinion d'un juge eut déjà permis de renverser la majorité hostile au *New Deal.* À partir de 1953, sous la présidence du *Chief Justice* Warren, la Cour se fait l'instrument d'une politique libérale, c'est-à-dire progressiste, confortée par l'action de

---

1. Cité par A. Mathiot, *op. cit.*, p. 410.
2. Cité *ibid., op. cit.*, p. 412.

la présidence et du Congrès. Cette période parfois dénoncée comme celle de l'*activisme* judiciaire prend fin en 1969 lorsque Burger prend la succession de Warren, et le changement d'orientation est assuré par les trois autres nominations que le président Nixon a pu faire de 1969 à 1972, non sans difficulté pour la première d'entre elles, puisqu'il s'est heurté deux fois de suite à l'opposition du Sénat (v. n° 93). Ces nominations ont correspondu à la volonté du président républicain, qui avait critiqué Warren et l'orientation politique que celui-ci avait imprimée à la Cour, de faire prévaloir la conception d'un juge se limitant à l'application du droit *(strict constructionist)*. Aucun juge n'ayant pu être nommé sous la présidence démocrate de M. Carter, la composition de la Cour à la date de l'élection de M. Clinton résultait essentiellement des nominations faites par des présidents républicains. Le *Chief Justice* Rehnquist, qui a succédé à Burger en 1986, avait été nommé en 1972 par Richard Nixon. Sa nomination à la tête de la Cour par M. Reagan a suscité la vive hostilité d'une minorité de sénateurs démocrates qui lui reprochaient ses positions conservatrices en matière de protection des minorités. L'année suivante, M. Reagan a vu sa proposition de nomination du juge Bork rejetée par le Sénat. M. Bork a été présenté par ses adversaires, notamment le sénateur Kennedy, comme un conservateur d'un juridisme étroit susceptible de remettre en cause les droits civiques ainsi que le droit à l'avortement. L'action de M. Reagan en ces matières a été à cette occasion publiquement critiquée par M. Marshall, seul juge noir de la Cour suprême, nommé en 1967 par le président Johnson. Une nouvelle fois, comme en 1971, avec le rejet des juges Haynsworth et Carswell, la question de la composition de la Cour est devenue l'objet d'un conflit ouvertement politique. Il était reproché au président de tenter de prolonger au-delà de son mandat les doctrines reaganiennes par l'instrument d'une majorité nouvelle à la Cour suprême. Outre qu'il a désigné M. Rehnquist, déjà membre de la Cour, comme *Chief Justice,* M. Reagan a nommé trois juges à la Cour durant sa présidence, le premier étant, en 1981, Mme O'Connor, première femme à y siéger, également réputée conservatrice, les deux autres étant M. Scalia, en 1986, et M. Anthony Kennedy, à la place de M. Bork. Son successeur, M. Bush, en a nommé un, M. Thomas. À compter de cette nomination, la Cour apparaît comme d'obédience « reaganienne », sous réserve du comportement très indépendant et porté aux solutions arbitrales du juge Kennedy (v. n° 75 *bis*). Les deux juges nommés ensuite par M. Clinton sont venus remplacer des membres de la minorité libérale. Pour la succession du juge Blackmun, l'une des personnalités les plus actives du courant progressiste, M. Clinton a préféré éviter un affrontement avec le Sénat en désignant un magistrat de réputation modérée, M. Breyer (v. n° 93).

105 LA PORTÉE DU « GOUVERNEMENT DES JUGES ». — L'expression de « gouvernement des juges » revêt évidemment une connotation péjorative et polémique : elle ne peut jamais correspondre totalement à la réalité, mais s'il est une démocratie à laquelle elle est susceptible de s'appliquer approximativement, c'est bien aux États-Unis, au moins durant certaines périodes. Il est clair que, si le pouvoir judiciaire ne « gouverne » pas à proprement parler aux États-Unis ni n'est l'élément dominant du système de gouvernement, son rôle y est décisif, comme on le constatera encore à propos de sa fonction d'arbitrage entre le Congrès et le président (v. n° 106).

L'histoire de la Cour suprême est traversée par l'opposition entre une conception restrictive qualifiée, en référence à la question du fédéralisme, de *strict constructionism* et une conception extensive dite d'activisme judiciaire ; il peut s'agir, selon l'époque, d'un activisme conservateur ou d'un activisme progressiste.

Avant 1937, la tendance hostile à l'extension des pouvoirs de l'Union et à l'interventionnisme fédéral, qui prévalait depuis la fin de la guerre de Sécession, s'était progressivement muée en activisme conservateur, ouvertement dirigé contre la politique des organes élus. Par là, la Cour manifestait la résistance du parti qui avait été au pouvoir dans le passé et « a ainsi assumé le rôle de défense de la minorité contre la tendance montante, différant les changements jusqu'à ce que soit confirmée l'existence d'une volonté réelle de changement »[1]. Mais elle s'autorisait en outre des bases constitutionnelles très fermes, qui sont celles du *strict constructionism* en matière fédérale (v. n° 74). Le changement de la composition de la Cour résultant des nominations que put opérer Roosevelt en 1937 a produit à cet égard, dans le contexte du *New Deal,* une révolution

---

1. A. Mathiot, *op. cit.*, p. 417.

silencieuse. « Avec le *New Deal*, écrit Élisabeth Zoller, les États-Unis ont changé d'État sans changer de Constitution. En effet, il ne faut pas oublier que, pour "conservateurs" qu'ils aient pu être, les juges de la Cour suprême qui invalidèrent la législation du *New Deal* aux motifs : 1 / que la Constitution des États-Unis n'autorisait pas le Congrès à déléguer ses pouvoirs au président sans aucune directive (*Panama Refining Co. v. Ryan,* 1935) ; 2 / qu'elle l'autorisait encore moins à procéder à de mêmes abandons au profit de personnes privées (*Schechter Poultry Corp. v. United States,* 1935) ; 3 / que la clause de commerce devait être combinée avec le 10e amendement sauf à renverser les principes du fédéralisme (*Carter v. Carter Coal Co.,* 1936) et 4 / que la Constitution n'attribue pas au Congrès compétence à l'effet de réglementer l'agriculture (*United States v. Butler,* 1936) avaient "juridiquement raison". La mise en place du *New Deal* aurait supposé une révision constitutionnelle préalable. Ils furent cependant impuissants à faire prévaloir le droit parce qu'ils étaient "politiquement minoritaires" (...). La crise s'est dénouée sur un plan purement politique. La Constitution n'a pas été amendée ; la Cour a simplement renoncé à la faire respecter. Elle a abdiqué ou, pour dire les choses en termes "plus techniques", "plus justes" comme l'écrivent André et Suzanne Tunc, elle a opté pour une politique de *self-restraint* (autolimitation). Ce faisant, elle a ouvert la voie qui allait permettre aux États-Unis dans la deuxième moitié du XXe siècle de perfectionner et de consolider un nouveau modèle d'État qui est à tout le moins très éloigné du modèle mis en place à la Convention de Philadelphie et qui n'a pu se constituer qu'à la faveur de la déférence de la Cour vis-à-vis du Congrès. »[1]

Durant les années 1937-1954, la Cour s'applique essentiellement à renverser la jurisprudence antérieure, respectueuse des orientations, sanctionnées par l'opinion publique, des pouvoirs politiques.

À partir de 1954, sous la présidence de Warren, nommé par Eisenhower, la Cour adopte au contraire une attitude d'activisme progressiste, consistant à devancer l'action des pouvoirs politiques et à leur suggérer les réformes qu'elle juge nécessaires. Cette attitude volontariste et réformatrice se manifeste souvent, significativement,

---

1. Art. cité, p. 166-167.

par des arrêts rendus à une courte majorité (cinq contre quatre) entraînée par le *Chief Justice*.

Les décisions les plus marquantes sont intervenues en matière de lutte contre la discrimination raciale et de droits civiques *(civil rights)*. Le premier arrêt important, *Brown v. Board of Education of Topaka* (1954), rendu à l'unanimité et rédigé par le *Chief Justice*, renverse, à propos d'un cas de ségrégation scolaire, la doctrine « *separate but equal* » qui prévalait depuis la fin du XIXe siècle (*Plessy v. Ferguson* [1896]). La Cour donnait ainsi à la clause d'égale protection des lois du 14e amendement une portée nouvelle, invitant le législateur fédéral à intervenir, contrairement à sa jurisprudence traditionnelle sur les droits des États. C'est ainsi que, conformément à l'alinéa 5 du 14e amendement, le Congrès a fini par adopter, non sans difficulté, les *Civil Rights Acts* de 1964 et 1968, ainsi que le *Voting Rights Act* de 1965, à la suite des décisions affirmant le principe « *one man, one vote* » (*Baker v. Carr* [1962] ; *Wesbury v. Sanders* [1964]). La portée d'autres dispositions constitutionnelles a également été étendue, ainsi la *due process clause* des 5e et 14e amendements, dont la Cour a précisé qu'elle avait plus qu'une portée procédurale, et qu'elle visait aussi le fond *(substantive due process)* (*Miranda v. Arizona* [1966]). La Cour s'est employée, face à l'impact considérable de ces décisions de principe, à en minimiser les effets immédiats par des décisions subséquentes qui en ont apparemment réduit la portée. Mais l'impulsion avait été donnée et elle n'a pas été fondamentalement remise en cause par la suite. On relève sans doute, à la fin des années 1970, certains arrêts relatifs à la procédure pénale et aux libertés, ainsi qu'en matière de presse, qui ont atténué les effets de la jurisprudence progressiste de la Cour Warren. Mais d'autres décisions fondamentales de celle-ci ont été développées par la jurisprudence de la Cour Burger, particulièrement en matière de déségrégation. Ainsi, la première décision (unanime) rendue sous la présidence de Burger a rejeté la demande de l'administration Nixon visant à pouvoir différer la déségrégation de certains systèmes scolaires du Mississipi (*Alexander v. Holmes County Bd of Education* [1969]). Cette jurisprudence a été prolongée, l'accent étant toujours mis sur l'obligation de faire disparaître les discriminations, y compris dans les écoles privées. La Cour a également poursuivi l'action entamée dans les années 1960 pour la mise en œuvre du principe « *one man, one vote* » : ainsi la

Cour a-t-elle sanctionné un plan de redécoupage électoral pour la législature du Mississipi parce qu'il tendait à priver les citoyens noirs de toute influence électorale (*Connor v. Finch* [1977]).

C'est encore la Cour Burger qui a sanctionné les législations d'État interdisant l'avortement – seul exemple d'une juridiction constitutionnelle ayant défini cet acte comme un droit subjectif relevant de la *privacy* des individus concernés (*Roe v. Wade, Doe v. Bolton* [1973]) – réduisant ainsi la sphère de compétence des États en matière pénale et leur autonomie dans une matière à nouveau très politique (v. n° 74). Dans un autre domaine très sensible, celui de la peine de mort, qui relève également du droit pénal des États, la Cour Burger a d'abord considéré que la peine capitale devait être écartée en tant que « châtiment cruel et inhabituel » au sens du 8e amendement (*Fürman v. Georgia* [1972]). Cet arrêt a suscité le trouble au sein de l'opinion et des réactions au Congrès et dans les États qui ont adopté de nouvelles législations maintenant la peine de mort. En 1976, prenant acte de cette résistance des autorités législatives, la Cour est partiellement revenue sur sa jurisprudence, reconnaissant que la peine capitale n'est pas « en elle-même » contraire au 8e amendement (dont les auteurs, en 1790, visaient évidemment tout autre chose) et qu'elle peut être justifiée dans certains cas (*Gregg v. Georgia*).

En 1985 encore, la Cour prenait plusieurs décisions qui ont mécontenté l'opinion conservatrice et le gouvernement Reagan, notamment en sanctionnant les programmes de financement public aux écoles paroissiales, jugeant que de telles mesures créaient un lien symbolique, et inconstitutionnel, entre le gouvernement et la religion. La Cour a également maintenu sa position en ce qui concerne l'inconstitutionnalité des prières dans les écoles publiques. Ces décisions allaient à l'encontre des vœux du gouvernement fédéral qui tentait de réduire les barrières séparant l'État des Églises, de même que celles par lesquelles la Cour a réaffirmé les droits des suspects et les limites des pouvoirs de la police.

On constate donc que l'activisme progressiste s'est poursuivi, en certaines matières, bien au-delà des années de la Cour Warren, en fait durant toute la période de la présidence de Burger.

1986 marque en revanche une année de transition, avec la nomination de M. Rehnquist comme *Chief Justice* et la désignation comme juge de M. Scalia. Les décisions progressistes de 1985 par lesquelles la Cour s'était heurtée au gouvernement ont le plus souvent été prises par cinq contre quatre. En 1985 encore, le département fédéral de la Justice avait vainement invité la Cour, en tant qu'*amicus curiae,* dans une démarche approuvée par M. Reagan, à revenir sur sa décision de 1973 relative à l'avortement, plusieurs fois confirmée (une fois encore en 2000 avec l'arrêt *Stenberg v. Carhart* invalidant une loi d'État interdisant les avortements *partial birth*)[1]. L'initiative du gouvernement visait essentiellement à préparer la perspective d'un renversement de majorité à la Cour et la crise qui a surgi, d'abord mineure, avec la nomination de M. Rehnquist, ensuite exacerbée avec le rejet du juge Bork, révèle toute l'importance de la question. Plusieurs décisions rendues depuis 1987 manifestent une évolution dans le sens d'un activisme conservateur. Ainsi, en avril 1987, la Cour a réaffirmé la constitutionnalité de la peine de mort en rejetant le moyen tiré de son caractère discriminatoire à l'égard des Noirs. La Cour a jugé (par six contre trois) que c'est aux législatures des États et non au pouvoir judiciaire qu'il revient de décider si, à la lumière des statistiques d'application de la peine capitale, il y a lieu de modifier la loi pénale. Pour la minorité, au contraire, la disparité énoncée est constitutionnellement inadmissible et contraire à la jurisprudence de la Cour selon laquelle la peine de mort doit être appliquée équitablement ou ne doit pas l'être *(McCleskey v. Georgia).* En janvier 1989, la Cour est en partie revenue sur sa jurisprudence favorable aux *quotas* destinés à garantir aux minorités raciales leur participation à la vie sociale et économique. Elle a jugé (par six contre trois) que le règlement par lequel la municipalité à majorité noire de la ville de Richmond accordait exclusivement à des membres de minorités raciales une proportion d'un tiers des contrats de travaux publics constituait une discrimination à rebours *(reverse discrimination) (Richmond v. Virginia).* La minorité a considéré qu'il s'agissait d'un très grand pas en arrière par rapport à la jurisprudence instaurée sous la Cour Warren et développée jusqu'en 1980[2]. Et c'était effectivement le

---

1. La même démarche a été refaite en novembre 1988 (v. n° 75).
2. Le *Public Works Employment Act* de 1977, qui permet de réserver 10 % des crédits prévus pour les travaux publics locaux à des entreprises gérées par des Noirs, avait été jugé conforme à la Constitution par l'arrêt *Fullivove v. Klutznik* (1980).

début d'une remise en cause générale de la doctrine de l'*affirmative action* promue jusqu'alors par la Cour et visant à un certain rééquilibrage en faveur des minorités. Ce revirement est particulièrement significatif en matière de découpage électoral. En 1993, la Cour déclara inconstitutionnel un plan de l'État de Caroline du Nord créant des circonscriptions délibérément tracées en fonction de critères destinés à favoriser l'élection de représentants des minorités raciales au Congrès *(Shaw v. Reno)*. Par la suite, elle a invalidé tout redécoupage électoral dès lors qu'il lui apparaissait que le critère racial constituait le point déterminant dans la création de nouvelles circonscriptions (*Miller v. Johnson* [1995]).

L'inflexion de la jurisprudence est également perceptible dans d'autres domaines sensibles, qu'il s'agisse par exemple des perquisitions de la police ou des questions éthiques. Ainsi, l'arrêt *Maryland v. Wilson* (1997) poursuit une tendance jurisprudentielle de plus en plus favorable à l'extension des pouvoirs de la police. Sur le second point, la Cour a rejeté des recours fondés sur le 14e amendement contre une loi d'État criminalisant l'aide médicale au suicide. Dans l'arrêt *Washington v. Glucksberg* (1997), la Cour invoque une tradition juridique constante d'interdiction du suicide assisté pour dénier l'existence d'un droit constitutionnel au suicide ou à l'aide au suicide. Dans l'arrêt *Vacco v. Quill* (1997), elle rejette une action fondée sur la clause d'égale protection des lois du fait de la différence de traitement entre des malades incurables demandant l'interruption de leur traitement – dispositif validé en 1990 *(Cruzan v. Director, Missouri Department of Health)* – et des patients réclamant une aide médicale au suicide ; elle écarte d'autre part une analogie entre droit à l'avortement et droit à choisir sa mort[1].

Le principe de la liberté d'expression garantie par le 1er amendement reste cependant un domaine dans lequel la Cour suprême persévère dans les tendances libérales de la période Warren. Ainsi a-t-elle, en 1997, déclaré inconstitutionnelle la réglementation fédérale d'Internet par le *Communications Decency Act* de 1996, qui criminalisait la transmission délibérée de données « indécentes » ou « agressives » en particulier à caractère sexuel, à raison du caractère vague et juridiquement mal défini des termes utilisés par le législateur

---

1. V. *Chronique* de G. Scoffoni et J.-D. Varat, in *RFDC*, p. 847-848.

(Reno v. American Civil Liberties Union). Dans le même domaine, la Cour a invalidé, en 2000, un texte réglementant les programmes sexuellement explicites de télévision câblée *(US v. Playboy Entertainment Group)*, et, en 2001, le *Child Pornography Prevention Act* de 1996 en tant que cette loi prenait en compte la possession ou la diffusion d'images « virtuelles » à caractère sexuel.

106 LE JUDICIAIRE, ARBITRE ET CENSEUR DES AUTRES POUVOIRS.

— Une jurisprudence nombreuse illustre le rôle de la Cour suprême en tant qu'organe régulateur du fonctionnement des pouvoirs constitués, en particulier dans les cas de conflit entre ceux-ci. Plusieurs décisions ont déjà été évoquées. Ainsi, par l'arrêt *United States v. Myers* (1926), la Cour a-t-elle tranché en faveur de la présidence la controverse qui s'était élevée entre le Congrès et le président Johnson sur la constitutionnalité du *Tenure of Office Act* de 1867, qui subordonnait le pouvoir présidentiel de révoquer les fonctionnaires fédéraux à l'accord du Sénat (v. n°s 65 et 85). Mais cette solution jurisprudentielle était rendue très longtemps après que le conflit se fut élevé. Cela traduit une certaine tendance de la Cour à n'entrer pas elle-même directement en conflit avec le Congrès, alors qu'elle n'a généralement pas hésité à sanctionner l'exécutif. Pour autant, cette tendance n'exclut pas que la Cour puisse manifester, au détriment du Congrès, la volonté de rétablir un certain équilibre entre les pouvoirs politiques, en se fondant sur le principe de séparation des pouvoirs. Mais elle s'accorde aussi avec une attitude traditionnelle de *self-restraint* visant à éviter l'immixtion dans les questions d'ordre politique.

En ce sens, on peut mentionner l'arrêt rendu en 1975 sur la question de l'*impoundment (Train v. New York),* certes défavorable à la thèse présidentielle (v. n° 90), mais qui résout le problème en se fondant sur l'exégèse de la loi en cause sans envisager celui de sa constitutionnalité. Dans le même ordre, on relève encore l'arrêt *Goldwater v. Carter,* rendu en 1979, qui ne tranche pas la question de savoir si le président peut dénoncer un traité sans l'avis et le consentement du Sénat (quatre juges estimant qu'il s'agit d'une *question politique,* un autre que le recours était irrecevable). S'agissant encore de l'*Item Veto Line Act* de 1996, la Cour a déclaré irrecevable la requête directe de plusieurs membres du Congrès

– requête pourtant ouverte par une disposition expresse de la loi (v. n° 90) – au motif que ceux-ci ne pouvaient justifier d'un intérêt à agir[1]. Se référant au précédent *Coleman v. Miller* (1939) dans lequel elle avait consacré une notion de préjudice institutionnel invoqué par des membres de législatures étatiques comme constituant un intérêt à agir, la Cour estime que des membres du Congrès « dont le vote aurait été suffisant pour rejeter (ou adopter) un texte, ont tout au plus un intérêt à agir si ce texte vient à s'appliquer (ou à ne pas s'appliquer) dans la mesure où leur vote aurait été privé de tout effet » (*Raines v. Byrd* [1996]). Or elle considère que rien dans le *Line Item Veto Act* ne prive d'effet ce vote à l'avenir dans la procédure législative normale et, de ce fait, elle écarte l'application du précédent Coleman. Conformément à sa tradition, la Cour se refuse à effectuer un contrôle abstrait de la loi, alors même que celle-ci en donnait la possibilité[2]. La Cour a néanmoins fini par se prononcer sur le fond en ce qui concerne le *Line Item Veto Act*. Dans l'arrêt *Clinton v. New York* (1998) la Cour l'a déclaré inconstitutionnel en tant qu'il autorisait le président à annuler partiellement une loi entrée en vigueur *(enacted statute)* alors qu'aux termes de la Constitution (art. Ier, sect. 7), le veto ne peut être exercé qu'à l'encontre d'un projet de loi (*bill*)[3].

Trois décisions célèbres illustrent le pouvoir que la Cour se reconnaît de sanctionner l'exécutif. La première est le *Steel Seizure Case* de 1952 *(Youngstown Sheet and Tube Co. v. Sawyer)* qui donna lieu à une « confrontation historique », selon les termes de l'actuel *Chief Justice* Rehnquist, entre le pouvoir judiciaire et l'exécutif. Pour invalider la décision du président Truman de réquisition des aciéries en vue de casser une grève, dans le contexte de la guerre de Corée, la Cour rappelle que les seuls fondements des pouvoirs présidentiels sont la Constitution et les lois du Congrès et constate que la mesure contestée est à cet égard dépourvue de base légale. Par le deuxième arrêt, *New York Times Co. v. United States*

---

1. Le président Clinton ayant usé pour la première fois du veto sélectif le 11 août 1997, lors de la conclusion de l'accord budgétaire pour 1998 avec le Congrès, la Cour souligne qu'elle sera rapidement amenée à statuer sur la constitutionnalité de la loi à l'occasion d'instances émanant de requérants justifiant d'un préjudice réel.
2. G. Scoffoni et J.-D. Varat, chron. citée, p. 846, et L. Fisher et V. A. McMurtry, The Line Item Veto Act : Procedural issues, *Congressional Research Service*, 96-973 GOV, 2 décembre 1996.
3. Sur les décisions de la Cour relatives au *pocket veto*, v. n° 89.

(1971), la Cour condamne l'interdiction faite par l'exécutif de publier les documents du Pentagone sur la guerre du Vietnam. La troisième décision, la plus notable et déjà évoquée, est celle rendue en 1974 sur la question du privilège de l'exécutif (v. n° 89). Dans les rapports entre le Congrès et le président, parvenus à un point d'exacerbation lors de l'affaire du *Watergate,* la Cour suprême a joué un rôle décisif en précisant les limites du privilège de l'exécutif, légitimant ainsi les chefs d'accusation envisagés par la commission des affaires judiciaires de la Chambre des représentants et précipitant par là la démission du président Nixon. Il s'en est inévitablement suivi un relatif abaissement de la présidence. Tout se passe comme si, par la suite, la Cour suprême avait voulu rétablir entre les pouvoirs politiques un certain équilibre, menacé par les traumatismes subis par l'exécutif à la suite de la guerre du Vietnam et du scandale du *Watergate.* Deux décisions sont à cet égard essentielles.

Par la première, *Immigration and Naturalization Service v. Chadha* (1983), la Cour a déclaré l'inconstitutionnalité de la pratique, pourtant éprouvée, du veto législatif. Celle-ci se greffe sur le mécanisme de la « délégation » législative (v. n° 85) et consiste dans le pouvoir que le Congrès se réserve, lors du vote comportant des habilitations, d'annuler certaines des mesures prises par l'autorité délégataire. Il s'agit d'une pratique relativement ancienne, apparue sous la présidence de Hoover (1929-1933) mais qui avait reçu récemment une extension considérable. Inclus dans plus de 200 lois, dont certaines d'une grande importance, il autorisait tantôt les deux chambres, tantôt l'une d'entre elles, et jusqu'à certaines commissions du Congrès à invalider les mesures prises par les autorités exécutives habilitées à cette fin et avait de ce fait soulevé l'hostilité des présidents successifs. À la base de sa décision d'inconstitutionnalité, la Cour, par la voix du *Chief Justice* Burger, relève que le bicamérisme égalitaire ne souffre que les exceptions limitativement prévues par la Constitution (essentiellement au profit du Sénat) et n'est donc pas compatible avec un veto législatif que pourrait exercer séparément chacune des deux chambres. Par ailleurs, toute résolution (sauf en matière d'ajournement), de même que toute loi votée par le Congrès, doit être soumise à la signature du président. Or il faut admettre que la résolution votée par l'une des chambres du

Congrès en vertu des dispositions de la loi sur l'immigration et la nationalité, permettant d'invalider les mesures que l'autorité exécutive compétente a été habilitée à prendre, est un acte de nature législative. Il s'ensuit qu'elle ne peut constitutionnellement être votée par une seule des chambres du Congrès ni dispensée d'être présentée à la signature présidentielle. Les dispositions précitées sont donc déclarées inconstitutionnelles et c'est en conséquence la pratique du veto législatif qui est jugée contraire à la Constitution, quel que soit par ailleurs son degré d'opportunité et d'efficacité. Comme l'énonce le *Chief Justice* Burger, « le fait qu'une loi ou une procédure soit efficace, adaptée et d'un usage propre à faciliter l'exercice des fonctions gouvernementales ne suffit pas à la prémunir quand il apparaît qu'elle est contraire à la Constitution ». Et il conclut, reprenant les termes du juge Brandeis dans l'arrêt Myers de 1926 : « La commodité et l'efficacité ne sont pas les objectifs primordiaux, ni les critères distinctifs d'un régime démocratique. »

La Cour suprême a donc tenu à rappeler la pérennité de la valeur du système constitutionnel voulu par les « pères fondateurs », système de séparation-mitigation des pouvoirs, qui distribue les compétences relatives à une même fonction entre plusieurs organes (en l'espèce par l'institution du bicamérisme et du veto présidentiel) – quitte à favoriser ainsi une certaine impuissance – pour se préserver de l'abus de pouvoir et garantir la liberté. Par cette décision, un nombre considérable de dispositions législatives (ainsi, par exemple, dans l'*Arms export control Act* de 1975) se trouvaient frappées d'invalidité. Le Congrès ayant persisté d'inclure dans certaines lois des dispositifs de contrôle des mesures prises en vertu des habilitations conférées par ces mêmes lois, la Cour, en 1991, a solennellement confirmé la jurisprudence Chadha en interdisant toute forme de recours au veto législatif *(Metropolitan Washington Airports Authority v. Citizens for the Abatement of Aircraft Noise)*. La Cour a jugé par ailleurs le veto législatif détachable des lois qui le contiennent de sorte que n'est aucunement mis en cause le procédé même de l'habilitation. « En réalité, observe Élisabeth Zoller, la Cour a essentiellement voulu mettre un terme à des pratiques qui favorisent des intérêts privés au détriment de l'intérêt général et qui privent la volonté majoritaire de la possibilité de se réaliser librement. On retrouve le même souci de moralisation de la procédure législative dans la décision *Bowsher v. Synar* (1986)... »[1] Ayant à se prononcer dans cette affaire sur la constitutionnalité de la loi Gramm-Rudman (v. n° 90), la Cour n'a pas considéré comme suffisamment indépendant du Congrès, qui peut en principe le révoquer, le chef du *General Accounting Office* chargé de procéder, en l'absence d'accord entre les deux pouvoirs, aux coupes budgétaires automatiques envisagées par la loi. Sans doute, précise la Cour, le Congrès peut décider lui-même les réductions de crédit en vertu de ses pouvoirs généraux en matière budgétaire, mais il ne peut, sans violer le principe de séparation des pouvoirs, les déléguer à un fonctionnaire dépendant de lui qui se voit ainsi investi du droit de donner des directives à l'exécutif[2]. Comme dans l'espèce précédente, la Cour a donc tenu à réaffirmer le principe de l'indépendance du pouvoir exécutif dans le contexte d'une réaction congressionnelle qui a connu son apogée sous la présidence Carter, mais dont les effets ont perduré.

La Cour n'a cependant pas manifesté le même souci de préserver le principe de séparation des pouvoirs dans l'arrêt *Morrisson v. Olson*, rendu en 1988, par lequel elle a admis la constitutionnalité de la loi fédérale sur l'éthique gouvernementale *(Ethics in Government Act)*. Cette loi avait été adoptée en 1978 en réaction au renvoi par le président Nixon du procureur spécial Archibald Cox dans le cours de l'affaire du *Watergate*. La révocation avait été fondée sur ce que, nommé par l'*Attorney general*, le procureur était un agent de l'exécutif et donc dépendant du président. Aussi la loi de 1978 a-t-elle créé une fonction de procureur indépendant *(independent counsel)* auquel peuvent être confiées l'enquête et la poursuite des infractions pénales commises par les hauts fonctionnaires, y compris les membres du cabinet, le président et le vice-président. Ce procureur est nommé par une commission de juges fédéraux et ne peut être révoqué que par le département de la Justice, à l'égard duquel il

---

1. Art. cité, p. 178-179. Par la pratique du veto législatif exercé en particulier par les commissions, les lobbies d'intérêt public voyaient leurs efforts anéantis en raison des pressions exercées au sein de celles-ci par des puissants lobbies privés.
2. Il est vrai que le Congrès avait lui-même envisagé l'invalidation possible par la Cour suprême des dispositions relatives aux compétences du *comptroller* dirigeant le *General Accounting Office* et prévu que les décisions concernant les coupes pourraient être prises par une résolution votée par les chambres et soumises à la signature du président. On en revient ainsi à la pleine orthodoxie constitutionnelle mais en laissant intact le problème que la loi avait pour objectif de régler.

exerce ses fonctions de manière indépendante, pour des motifs limitativement fixés par la loi. Un procureur fut ainsi désigné lors du scandale de l'*Irangate*. Devant la Cour, le département de la Justice a plaidé l'inconstitutionnalité de la loi en invoquant la séparation des pouvoirs. La Cour lui a donné tort, mais, dans une opinion dissidente, le juge Scalia a défendu le point de vue de l'exécutif et averti que le nouveau dispositif légal pourrait causer de graves préjudices à l'équilibre des institutions en affaiblissant la position présidentielle. Cette prévision a été rapidement plus que confirmée (v. n° 90), de telle sorte que la loi de 1978, dont la validité devait être renouvelée tous les cinq ans, et qui arrivait à son terme le 30 juin 1999, n'a pas été prorogée une quatrième fois, le Congrès ayant préféré l'abroger définitivement.

L'arrêt le plus notable rendu ensuite par la Cour en matière institutionnelle est relatif à la question de l'immunité juridique du président durant le cours de son mandat. À la suite d'une plainte pour harcèlement sexuel déposée par une ancienne employée de l'État d'Arkansas, Paula Jones, pour des faits datant de l'époque de son mandat de gouverneur, M. Clinton a tenté de s'opposer à un procès en invoquant, en tant que président, une immunité temporaire permettant de différer jusqu'à la cessation de ses fonctions toute poursuite civile relative à des faits antérieurs au début de celles-ci, immunité qui serait fondée sur le principe de séparation des pouvoirs. Par l'arrêt *Clinton v. Jones* (1997), la Cour a d'abord écarté cet argument en considérant que l'intervention d'un juge fédéral dans une telle affaire n'entraînerait « ni extension du pouvoir judiciaire, ni amoindrissement du pouvoir exécutif ». Elle établit ensuite que l'immunité du président liée à l'exercice de son mandat ne saurait s'étendre à ses comportements privés et exprime, à cet égard, sa conviction que l'autorité judiciaire est apte à protéger la fonction présidentielle des recours abusifs ou dictés par des considérations purement politiques.

106 *bis* « AIDER LE PEUPLE À SE GOUVERNER ». — L'arrêt le plus récent en matière de droit politique n'a pas eu pour objet de trancher un litige entre les branches exécutive et législative du gouvernement mais implique le peuple lui-même en tant qu'organe constitué : c'est la décision *Bush v. Gore* qui conclut le différend entre les deux candidats à l'élection présidentielle de novembre 2000, dont le contexte a été précédemment décrit (v. n° 83 *bis*) et a conduit la Cour à désigner elle-même le président des États-Unis. Il s'agit d'une décision *per curiam,* rendue sans échange complet de mémoires et de plaidoiries, qui annule un arrêt de la Cour suprême de Floride relatif au recomptage des voix dans plusieurs comtés, au motif que ce recomptage manuel était inconstitutionnel au regard de la clause d'égale protection des lois par défaut de critères uniformes. En imposant l'arrêt de ce recomptage, la Cour donnait pour acquise l'avance de 537 voix en faveur du candidat républicain George W. Bush, avance qui lui valait les vingt-cinq mandats des grands électeurs de l'État de Floride et, avec eux, la présidence des États-Unis. La Cour a statué par cinq contre quatre, ces derniers ayant rendu chacun une opinion dissidente, certains en termes virulents. Deux d'entre eux ont estimé qu'il n'y avait pas en l'espèce de question de constitutionnalité au niveau fédéral mais seulement au niveau étatique, et que le différend devait être réglé par l'État, la Cour suprême de Floride fixant elle-même des critères uniformes de recomptage. De fait, le point central de désaccord entre la majorité et la minorité de la Cour se trouve, selon les termes mêmes du juge Stevens, dans « un manque de confiance dans l'impartialité et la capacité des juges d'État qui auraient été amenés à rendre des décisions critiques en cas de poursuite des opérations de recomptage (...). Peut-être ne saurons-nous jamais avec une totale certitude la véritable identité du vainqueur de l'élection présidentielle de cette année. En revanche, l'identité du perdant est parfaitement claire. C'est la confiance de la nation dans le juge comme gardien impartial de la *rule of law* ». La majorité, conduite par le *Chief Justice* Rehnquist, ne répond pas à ce jugement trempé d'amertume, si ce n'est implicitement et par l'affirmation d'une sorte de « devoir d'état » : « Nuls ne sont plus conscients des indispensables limites de l'autorité judiciaire que les membres de cette Cour, et nuls (plus qu'eux) ne sont plus admiratifs de la volonté des constituants de laisser au peuple dans ses législatures, et à la sphère politique, la désignation du Président. Mais quand des parties en lutte en appellent (pour se départager) aux processus de la justice, alors, il devient, malgré nous, de notre devoir de résoudre les difficultés fédérales et constitutionnelles auxquelles le système judiciaire a été forcé de faire face » (trad. d'É. Zoller). La majorité de la Cour suprême a donc clairement refusé l'idée de renvoyer une nouvelle fois le litige devant les juridictions étatiques, ayant « semble-t-il, considéré qu'un tel renvoi constituerait, de sa part, un acte irresponsable » en raison de la suspicion qui prévaut quant à l'impartialité des juges d'État (tous les juges de la Cour suprême de Floride avaient été nommés par des gouverneurs démocrates). Dans ces conditions, la Cour n'a pas prétendu ni voulu usurper les droits du peuple à désigner le président des États-Unis. « La véritable raison de l'intervention de la Cour est à rechercher dans les mécanismes de la démocratie et la rançon des processus électifs. La Cour est intervenue, contre son gré et sans y prendre plaisir, pour résoudre un problème de confiance qu'elle seule pouvait résoudre. En cela, le rôle de la Cour suprême dans cette affaire a été conforme à sa vocation profonde. Il a consisté (ainsi conclut Élisabeth Zoller dans une formule très tocquevillienne) moins à gouverner qu'à aider le peuple à se gouverner »[1].

Pour aller plus loin

107 La bibliographie en langue anglaise est évidemment hors mesure ; celle, récente, en français, reste assez réduite. La base de ce chapitre est tirée de l'enseignement reçu du Pr Mathiot : v. *La vie politique aux États-Unis et les tendances récentes,* Cours IEP, Paris, Les Cours de Droit, 1974-1975 (avec mise à jour). Le classique américain, traduit en français, est F. A. Ogg et P. O. Ray, *Le gouvernement des États-Unis d'Amérique,* Paris, PUF, 1958. La sélection qui suit, d'ouvrages fondamentaux, d'ouvrages plus spécialisés et d'études est limitée aux sources accessibles en français et aux ouvrages en américain les plus récents.

I. — DES OUVRAGES FONDAMENTAUX

A. et S. Tunc, *Le système constitutionnel des États-Unis d'Amérique,* Paris, Domat, 1954, 2 vol. Le tome I est consacré à l'histoire constitutionnelle et, à cet égard, particulièrement précieux : ouvrage savant et d'une lecture agréable. Des mêmes auteurs, *Les États-Unis,* Paris, LGDJ, 3e éd., 1973. V. aussi *infra* l'édition du *Fédéraliste*. On peut aussi consulter R. Denenberg, *Introduction au système politique des États-Unis,* Paris, Economica, 1978. Les ouvrages les plus récents sont : E. Orban (éd.), *Le système politique des*

---

1. Art. cité, p. 107.

États-Unis, Presses de l'Université de Montréal, nouvelle éd., 2001, un regard canadien sur les institutions américaines. M. Skidmore et M. C. Tripp, *La démocratie américaine,* Paris, Odile Jacob, 1988 : livre assez désordonné, très peu académique mais à certains égards passionnant parce que rempli de notations concrètes, en particulier sur les problèmes budgétaires, les commissions parlementaires et le rôle du pouvoir judiciaire. M.-F. Toinet, *Le système politique des États-Unis,* Paris, PUF, coll. « Thémis », 2ᵉ éd., 1990 : il s'agit d'un ouvrage vraiment encyclopédique qui fait la part, soigneusement délimitée, du droit constitutionnel et de la politologie ; il faut se référer à l'orientation bibliographique donnée aux p. 37-41 ainsi qu'aux bibliographies spécialisées se trouvant à la fin de chaque chapitre.

Parmi les ouvrages de droit constitutionnel américain : outre celui déjà cité d'Ogg et Ray, v. E. S. Corwin, *The Constitution and what it means today,* Princeton, Princeton UP, 14ᵉ éd., 1979 ; G. Gungther, *Constitutional Law : Cases and Materials,* Mineola, The Foundation Press, 10ᵉ éd., 1980. Sur le système politique : W. D. Burnham, *Democracy in the Making : American Government and Politics,* New York, Prentice Hall, 1983.

L'instrument chronologique le plus utile, le plus complet et le plus précis en matière constitutionnelle est la publication périodique *Congress and the Nation. A Review of Government and Politics,* publié par Congressional Quarterly Press.

Sur les origines de la République américaine, à côté de l'ouvrage de Gordon Wood (cité dans la bibliographie du premier chapitre de l'introduction), v. C. C. Jillson, *Constitution Making : Conflict and Consensus in the Federal Convention of 1787,* NY, Agathon Press, 1988 et C. D. Matson et P. S. Onuf, *A Union of Interest,* University Press of Kansas, 1990.

A. Tunc (éd.), *Le Fédéraliste,* Paris, LGDJ, 1957 (trad. franç.) ; Jacob E. Cooke (ed.), *The Federalist,* Middletown (Conn.), Wesleyan University Press, 1961 ; M. White, *Philosophy, the Federalist and the Constitution,* New York University Press, 1987.

II. — OUVRAGES SPÉCIALISÉS

Recueil de communications, qui peut servir aussi d'initiation, Ph. Raynaud et É. Zoller, *Le droit dans la culture américaine,* Paris LGDJ, 2001.

Sur la démocratie américaine, les thèses décapantes – mais qui ont appelé la controverse – de Bruce Ackerman, *Au nom du peuple. Les fondements de la démocratie américaine,* Paris, Calmann-Lévy, trad. franç. J.-F. Spitz, 1998, et *We the People,* t. 2, Transformations, Harvard, UP, 1998 (v. la recension d'O. Beaud, in *RDP,* 2000, p. 585-593).

Sur le pouvoir constituant dérivé : I. Laborde, *La révision constitutionnelle aux États-Unis,* thèse, Paris II, 2001.

Sur le fédéralisme : M. Grodzins, *The American System,* Chicago, Rand McNally, 1966, étude très précise du système fédéral ; D. J. Elazar, *American Federalism : A View from the States,* New York, Thomas Crowell, 1972 ; A. Rosenthal et M. Moakley, *The Political Life of the American States,* New York, Praeger, 1984 ; M. D. Reagan et J. G. Sanzone, *The New Federalism,* 2ᵉ éd., New York, Oxford UP, 1981 ; R. Berger, *Federalism : The Founder's Design,* Tulsa, University of Oklahoma Press, 1987 ; Richard P. Nathan *et al., Reagan and the States,* Princeton University Press, 1987.

Sur le Congrès : C.-E. Longuet, *Le Congrès des États-Unis,* Paris, PUF, coll. « Que sais-je ? », 1989, une synthèse précise et très utile, peut-être exclusivement centrée sur l'institution congressionnelle, sans envisager ses rapports avec les autres pouvoirs ; M.-F. Toinet, *Le Congrès des États-Unis,* Paris, PUF, 1972 ; Ph. Brenner, *The Limits and Possibilities of Congress,* University St Martin's Press, 1983 ; W. J. Oleszek, *Congressional*

Procedures and the Policy Process, Congressional Quarterly Press, 1984 ; L. N. Rieselbach, *Congressional Reform,* Congressional Quarterly Press, 1986.
Sur la présidence et les relations avec le Congrès : J.-L. Seurin (dir.), *La présidence en France et aux États-Unis,* Paris, Economica, 1986 ; R. Neustadt, *Les pouvoirs de la Maison-Blanche,* Paris, Economica, 1980 ; A. Schlesinger, *La présidence impériale,* Paris, PUF, 1976 : une vue quelque peu polémique de la présidence avant la crise du *Watergate* ; E. S. Corwin, *The President : Office and Powers,* New York, New York UP, 1984 : édition révisée de l'ouvrage le plus précis au point de vue constitutionnel ; J. M. Burns, *The Power to lead. The Crisis of the American Presidency,* New York, Simon & Schuster, 1984 : analyse de l'état de la présidence depuis la réaction congressionnelle ; L. L. Fischer, *Constitutional Conflicts between Congress and the President,* Princeton, Princeton UP, 1991 : un tableau de toutes les hypothèses de conflit ; M. Nelson (dir.), *The Presidency and the Political System,* Washington DC, Congressional Quarterly Press, 1988, 2ᵉ éd. ; Richard E. Neustadt, *Presidencial Power and the Modern Presidents,* New York, Free Press, 1989, 3ᵉ éd. ; D. Lacorne, Une présidence hamiltonienne : la politique étrangère de Ronald Reagan, *RFSP,* août 1989, 539-561 ; C. Campbell et B. A. Rockman (dir.), *The Clinton Presidency. First Appraisal,* Chatam House, 1996. Sur le privilège de l'exécutif, on doit conférer l'excellente thèse de N. Mourtada Sabbah, *Le privilège de l'exécutif aux États-Unis,* Paris, LGDJ, 1999.
Sur les élections présidentielles : N. W. Polsby et A. Wildavsky, *Les élections présidentielles aux États-Unis,* 7ᵉ éd., Paris, Londres, 1988 ; S. Halimi, *À l'américaine : faire un président,* Paris, Aubier, 1986 ; P. Gérard, *L'élection présidentielle américaine de 1984,* Paris, LGDJ, 1987, et *George Bush président : histoire d'une élection,* Nancy, PU de Nancy, 1989.
Sur les prodromes du *judicial review,* on dispose désormais en français de la belle thèse d'Yves-René Guillou, *Aux origines du contrôle de constitutionnalité des lois aux États-Unis,* thèse, Paris II (1998).
Sur la Cour suprême : R. G. McCloskey, *La Cour suprême des États-Unis,* Paris, Seghers, 1965 : un livre court et passionnant ; du même, *The American Supreme Court,* 2ᵉ éd., Chicago UP, 1994 ; Ch. Cadoux, *La Cour suprême et le problème noir aux États-Unis,* Paris, LGDJ, 1957 ; Ch. Lerat, *La Cour suprême des États-Unis : pouvoirs et évolution historique,* Talence, PU de Bordeaux, 1987 ; P. Juillard et R. Pinto, *La jurisprudence de la Cour suprême des États-Unis,* Paris, PUF, 1966 ; P. Vialle, *La Cour suprême et la représentation politique aux États-Unis,* Paris, LGDJ, 1972 ; G. Calvès, *L'« Affirmative Action » dans la jurisprudence de la Cour Suprême des États-Unis,* Paris, LGDJ, 1998. Les ouvrages d'un avocat d'un rôle modéré de la Cour dans le système américain : A. M. Bickel, *The Caseload of the Supreme Court,* Washington, American Enterprise Institute, 1973 ; *The Supreme Court and the Idea of Progress,* New Haven, Yale UP, 1978 ; et surtout *The Least Dangerous Branch : The Supreme Court at the Bars of Politics,* 2ᵉ éd., Yale UP, 1986.
Sur les partis et les groupes de pression : J.-P. Lassalle, *Les partis politiques aux États-Unis,* Paris, PUF, coll. « Que sais-je ? », 1996 : un précis remarquable par la clarté et l'abondance des données ; J.-L. Seurin, *La structure interne des partis politiques américains,* Paris, FNSP, A. Colin, 1953. L'ouvrage classique est celui de V. O. Key, *Politics, Parties and Pressure Groups,* New York, Thomas Crowel, 1964 ; W. Goodman, *The Party System in America,* Englewood Cliffs, Prentice Hall, 1980 ; W. J. Crotty et G. C. Jacobson, *American Parties in Decline,* Boston, Little Brown, 2ᵉ éd., 1984 ; D. R. Mayhew, *Placing Parties in American Politics,* Princeton, Princeton UP, 1986 : la synthèse la plus claire et la plus complète ; J. Heffer et J. Rovet (dir.), *Pourquoi n'y a-t-il pas de socialisme aux États-Unis ?,* Actes du colloque tenu à Paris les 25-27 mai 1983, Paris, EHESS, 1988 ; Congressional Quarterly, *The Washington Lobby,* Washington,

Congressional Quarterly Press, 4ᵉ éd., 1982 ; J.-H. Cheula, *Le rôle des groupes de pression dans le processus législatif aux États-Unis : conditions juridiques de leur statut et de leur action,* thèse, Lyon, 1982 ; G.-A. Astre et P. Lépinasse, *La démocratie contrariée : les lobbies et le jeu des pouvoirs aux États-Unis,* Paris, La Découverte, 1985.

III. — QUELQUES ÉTUDES ET ARTICLES (en français)

La revue *Pouvoirs* a consacré une livraison aux États-Unis (n° 29, 1984), dont on retiendra ci-après quelques articles, en premier lieu, S. Rials, Régime congressionnel ou régime présidentiel ? Les leçons de l'histoire américaine (p. 35-48), une synthèse magistrale (citée par ailleurs, v. première partie, chap. III, n° 56) sur la nature du système constitutionnel américain ; v. aussi la remarquable étude d'A. Tunc, Le couple président-Congrès dans la vie politique des États-Unis, *Mélanges Burdeau,* Paris, LGDJ, 1977, p. 561-572, et F. Hamon, La loi sur les pouvoirs de guerre du président des États-Unis et du Congrès, *ibid.,* p. 539-560.

Sur le fédéralisme, v. les études contenues dans le numéro spécial de la *RFSP* : Des États-Unis à l'État-Uni ? Le fédéralisme américain en question, août 1980 ; J. Beauté, art. cité *infra* ; P.-H. Prélot et M. Rogoff, Le fédéralisme devant la Cour suprême des États-Unis, *RDP,* n° 3 (1996), p. 759-791 : une contribution essentielle. A. Klebes-Pélissier, La délimitation des pouvoirs entre l'État fédéral et les États fédérés (arrêt Prinz, 27 juin 1997), *RFDC,* 98, p. 278-288.

Sur la présidence et les relations avec le Congrès : P. Gaulmin, le droit de veto présidentiel aux États-Unis, *RFDC,* 1998, p. 251-275.

Sur la présidence et les élections présidentielles : J.-P. Lassale, L'élection présidentielle de 1996 aux États-Unis, *RDP,* 1998, p. 123-143 ; du même : La puissance et la fragilité, *RDP,* 1999, p. 535-555.

Sur la Cour suprême : A. Mathiot, La Cour suprême de Warren à Burger (1953-1983), *Pouv.,* n° 29, p. 59-74, complète, du même, La Cour suprême à la fin de l'administration Johnson, *RFSP,* avril 1969, p. 261-285 : synthèses très nuancées sur l'activisme judiciaire de la Cour : v. aussi Ch. Cadoux, Le pouvoir judiciaire aux États-Unis depuis l'élection de Richard Nixon : bilan d'une évolution, 1968-1977, *RDP,* 1978, p. 41-101.

Un autre numéro de *Pouvoirs* est consacré à la Cour suprême (n° 59, 1991), avec notamment des articles de R. Dworkin (sur l'interprétation de la Constitution, p. 5-16) ; M.-Fr. Toinet (« Puissance et faiblesses de la Cour suprême », p. 17-30) ; J. Beauté (« Le partage des compétences entre les États et la Fédération », p. 85-100).

Pour une approche renouvelée du contrôle de constitutionnalité, la synthèse la plus convaincante est celle d'E. Zoller au chapitre 9 de son ouvrage : *Droit constitutionnel,* Paris, PUF, coll. « Droit fondamental », 2ᵉ éd., 1999, nᵒˢ 54 à 82 (bibliographie). Du même auteur : Présentation générale de la Cour Suprême des États-Unis, *Les cahiers du Conseil constitutionnel,* n° 5, 1998, p. 34-43 ; États-Unis : le pouvoir discrétionnaire de juger de la Cour suprême, *Pouv.,* n° 84, p. 163-175. Et les précieux *Grands arrêts de la Cour Suprême des États-Unis,* PUF, coll. « Droit fondamental », 2000.

La jurisprudence de la Cour suprême fait l'objet des chroniques de G. Scoffoni, Chroniques de jurisprudence, *Annuaire international de jurisprudence constitutionnelle,* VI (1990), p. 595 et s. ; X (1994), p. 485 et s. ; *RFDC,* n° 27 (1996), p. 620 et s. V. également : M.-Fr. Toinet, *La Cour suprême. Les grands arrêts,* Presses Universitaires de Nancy, 1989.

Sur les arrêts importants en matière constitutionnelle : M. Marcus, The founding fathers, *Marbury v. Madison* – and so what ?, E. Smith (dir.), *Constitutional Justice,* La

Haye, Londres, Boston, Cluwer, 1995, p. 23-50. P. Juillard, Le privilège de l'exécutif aux États-Unis, *Pouv.*, n° 4, 1978, p. 168-170 ; du même, Mort du veto législatif aux États-Unis, *Pouv.*, n° 29, p. 75-88 ; v. aussi P. Vialle, Le privilège de l'exécutif et l'arrêt de la Cour suprême des États-Unis relatif à l'affaire du *Watergate, RIDC,* 1975, p. 833-857.

Pour une synthèse historique et prospective : É. Zoller, Splendeurs et misères du constitutionnalisme. Les enseignements de l'expérience américaine, *RDP,* 1994, p. 157-184. Sur la résistance du Congrès : G. Scoffoni, Le Congrès des États-Unis et la remise en cause des interprétations constitutionnelles de la Cour suprême, *RFDC,* n° 16 (1993), p. 675-706.

Sur les partis : J. Becquart-Leclerc, Les partis politiques aux États-Unis, *RDP,* 1982, p. 689-722 ; D. Lacorne, Le financement des élections fédérales américaines et le déclin des partis, et Y. Mény, L'affaiblissement des partis, *Pouv.*, n° 29, p. 99-110 et 111-120 ; C. Corbo, Les partis politiques, *in* E. Orban, *Le système politique américain,* 2001 (cité *supra*), p. 129-162.

Chapitre 2
La Suisse

108 Repères historiques. — La Suisse est, parmi les démocraties contemporaines, l'une de celles qui donnent le plus de pouvoir au corps électoral. Il s'agit en partie d'une tradition ancienne. Certains cantons suisses pratiquaient, depuis leur indépendance, une forme de démocratie directe qui donnait le pouvoir de décision à l'assemblée des citoyens en armes *(Landsgemeinde)*. On s'est beaucoup attendri sur les institutions de ces cantons montagnards, au premier titre Uri, Schwytz et Unterwald, les trois premiers forestiers *(Waldstätten),* les cantons originaires de la Suisse. Cependant, la distance de ceux-ci aux autres n'est pas si éloignée qu'on croit (v. n° 110). Ces derniers, principalement les cantons-villes, constituaient des républiques oligarchiques assez semblables aux cités italiennes.

Du XIIIe à la fin du XVIIIe siècle, ces cantons n'ont entretenu que des relations fondées sur des traités d'alliance. La Suisse était une confédération de 13 cantons de langue allemande dont les représentants se réunissaient en une diète tenue périodiquement. Cette structure était très souple mais aussi fort inégale quant aux statuts, soit entre cantons, soit entre alliés des cantons, sans parler des protectorats. S'ajoutaient de vastes terres de domination des cantons (bailliages et plat pays), seigneuries parfois communes à plusieurs, et dont les sujets étaient dans la situation d'hilotes. Cet assemblage s'était encore relâché à la suite de la Réforme, qui avait opposé les cantons en deux blocs, induisant la tenue d'Assemblées séparées en lisière de la Diète et aggravé la division à l'intérieur même de certains cantons (ainsi les deux Rhodes à Appenzel).

La première « Constitution helvétique » fut imposée à la Suisse en 1798 par le régime du Directoire[1] dont elle imitait l'organisation. Mal acceptée – elle établissait un État unitaire –, chaotique, elle fut de courte durée. De 1799 à 1802, la Suisse devient un laboratoire constitutionnel : trois projets officiels échouent ; un quatrième aboutit, mais pour la forme : c'est la Constitution de 1802. Ce texte, toujours rédigé sous influence, fut adopté à la faveur d'une procédure de veto populaire (v. n° 40). Quoiqu'il rétablisse les États cantonaux et en augmente le nombre, moyennant l'actualisation du pacte fédératif, il relève encore de ce qu'on a appelé *l'helvétisme* en ce qu'il manifeste une certaine tendance à la centralisation. La Constitution de 1802 entra en vigueur mais ne fut pas appliquée. L'affrontement violent entre unitaires et fédéralistes nécessita en 1803 l'*acte de médiation,* lequel en réalité est un arbitrage (J.-F. Aubert), œuvre de Bonaparte. La rédaction en fut confiée à une *consulta* composée à égalité de fédéralistes et d'unitaires voués à s'accorder par l'entremise de quatre sénateurs français. Les 19 cantons furent dotés d'office de Constitutions, d'après trois patrons (l'un pour les cantons de *Landsgemeinde,* l'autre pour les cantons-villes, le troisième pour les nouveaux cantons). Ces textes furent intégrés *in extenso* dans l'*acte de médiation,* la Constitution de la Suisse servant d'architrave. La Constitution de 1803 organise un État fédéral, de conception néanmoins assez lâche : elle réserve à la Fédération l'exclusivité des relations extérieures mais, contrairement à celle de 1802, ne prévoit plus d'organe exécutif indépendant (les fonctions d'exécution reviennent à un canton directeur). L'ensemble est donc moins modernisé mais maintient la tutelle française. Comme on l'a écrit, l'*acte de médiation* est fondé sur une transaction entre le droit historique de la Suisse et le droit philosophique de la Révolution. Les cantons deviennent égaux en droits, l'égalité est établie entre patriciens et combourgeois et la parité, instaurée entre ville et campagne dans les cantons ; tous privilèges persistent d'être abolis, la nationalité suisse, introduite en 1798 avec la liberté d'établissement, confirmée.

Après la chute de l'Empire, 22 cantons – les anciens cantons alémaniques et les nouveaux cantons latins agrégés de 1798 à 1815 –

---

1. Le texte en marge porte la main de l'un des directeurs, Merlin de Douai (l'auteur du *Répertoire*).

conclurent un Pacte confédéral qui restaurait les États membres dans l'essentiel de leur souveraineté. Par suite, il n'y eut plus de citoyenneté que celle uniquement enracinée dans un canton. Au sein de la Confédération, le Valais et les Grisons s'érigèrent à nouveau chacun en république fédérative. Ils ne deviendront pour eux-mêmes des États unitaires (respectivement) qu'en 1844 et 1854. Certains cantons rétablirent le régime de république aristocratique qui prévalait avant 1798. À partir de 1830, un mouvement de réforme politique appelé *régénération* s'est étendu tant au sein des cantons que dans la Confédération. Déjà, un ballon d'essai avait été lancé en 1826 dans le Grand Conseil de Vaud. Le mouvement s'est imposé en 1829 à Lucerne, ville de patriciat, premier de tous les cantons à s'être agrégé (en 1332) aux trois primitifs. Cet effort ne se fit pas sans résistance[1]. La révolution de Juillet en France l'a rendu irrésistible, mais de façon contrastée, et avec un retour éclatant de la réaction à Lucerne même, en 1841. Une dizaine de cantons se dotent de constitutions démocratiques élaborées par des assemblées élues au suffrage universel. Les cantons régénérés, essentiellement à majorité protestante, tentèrent avec succès d'imposer la réforme contre la ligue séparée des cantons catholiques, le *Sonderbund*. Le Pacte confédéral n'interdisait pas explicitement les alliances particulières ; du moins, prohibait-il de façon implicite mais claire celles conclues au préjudice de la Confédération. Le *Sonderbund* n'en a pas moins été appelé par une violation caractérisée de l'article XII du Pacte. Devenus majoritaires à la Diète en 1847, les régénérés créèrent une commission de révision du pacte confédéral qui aboutit à un projet de constitution fédérale reprenant l'essentiel d'un texte déjà proposé en 1832 (projet Rossi). La Constitution de 1848 fut ratifiée par 15 cantons et demi, et rejetée par six et demi, puis déclarée par la Diète applicable à toute la Suisse le 12 septembre. Les cantons opposants ne tardèrent pas à élire leurs députés à la nouvelle assemblée fédérale, admettant ainsi de façon implicite la révolution accomplie. La Constitution crée une fédération sur le

---

[1]. « Les uns parlent bien haut du vice des vieilles sociétés et prétendent, selon la théorie de ce qu'on appelle la volonté du peuple, ou de cette volonté philosophique, idéale, qui est censée celle de tous, extirper le vice et réveiller une vie nouvelle et meilleure en renversant d'antiques formes de gouvernement » Rapport de l'Avoyer de Berne Fisher à la Diète, 5 juillet 1830. (Berne était pour lors le canton directeur.)

modèle américain. Cela signifie, sur le plan des attributions, que les cantons gardent la compétence législative de droit commun tandis que l'État fédéral ne se voit reconnaître que des pouvoirs limitativement énumérés – monnaie, tarif extérieur, nationalité, etc. – et que sa primauté n'est reconnue qu'en matière militaire et dans le domaine des relations extérieures. Sur le plan organique, cela signifie que les cantons sont également représentés, quelle que soit l'importance de leur population, dans la Chambre haute fédérale (sous réserve de quelques exceptions : v. n. 2, n° 109).

En 1874, cette Constitution a fait l'objet d'une révision totale, qui ne visait pas à remettre en cause le régime créé en 1848, mais seulement à le compléter, notamment en ce qui concerne les attributions de l'État fédéral et par la création d'un tribunal fédéral. La Constitution de 1874 est restée en vigueur jusqu'en 1999, tout en ayant connu plus de cent quarante révisions partielles.

108 bis La réforme totale de la Constitution. — L'article 118 de la Constitution de 1874 disposait en effet que « la Constitution peut être révisée en tout temps, totalement ou partiellement » (v., pour les modalités, n°s 117 et 118). La première révision totale est donc intervenue en 1874. Cependant, la nécessité d'une nouvelle révision s'est réimposée dans la seconde moitié du XXe siècle. En 1965, l'Assemblée fédérale a chargé l'exécutif de procéder à un réexamen complet du texte. Une Commission d'experts a été réunie en 1974 et un avant-projet publié en 1977. Le 4 juin 1987, après plus de vingt ans de discussions, l'Assemblée fédérale a entamé formellement la procédure de révision totale. En 1994, les deux chambres ont adopté une motion demandant que l'Assemblée fédérale puisse se prononcer sur le texte d'une nouvelle constitution en 1998, cent cinquante ans après la création de l'État fédéral. Le projet a été publié en juin 1996 pour faire l'objet de nouvelles consultations. Remanié, il a été voté par l'Assemblée fédérale le 18 décembre 1998. Finalement, le 18 avril 1999, le peuple (par 59,2 % des voix et une participation de 36 %) et les états cantonaux (par 12 et 2/2 contre 8 et 4/2) ont adopté la nouvelle Constitution, qui est entrée en vigueur le 1er janvier 2000.

Les premiers objectifs de cette révision totale étaient de mettre à jour et de simplifier le dispositif constitutionnel, sans en altérer pour autant les traits essentiels. La mise à jour impliquait d'abord l'abrogation de dispositions devenues obsolètes, ou leur réduction au rang de la loi ordinaire. Elle comportait aussi l'introduction dans la Constitution de normes jusqu'ici non écrites mais consacrées par la jurisprudence du tribunal fédéral, en particulier dans le domaine des droits fondamentaux. Le nouveau texte énumère les droits reconnus et les ordonne de manière systématique. La simplification concerne au premier chef le système de répartition des compétences entre la Fédération et les cantons, qui fait l'objet d'une rationalisation tenant compte des acquis de la doctrine (v. n° 109 *bis*). En revanche, la nouvelle Constitution ne modifie pas les règles existantes relatives aux organes politiques fédéraux ainsi qu'à leurs rapports, qui restent inchangées depuis 1848.

Section I
Les données constitutionnelles

I | LE FÉDÉRALISME

109 LE SYSTÈME FÉDÉRAL. — Le système fédéral suisse a connu, comme son modèle américain, une profonde évolution. La moitié des révisions partielles de la Constitution ont eu pour objet de l'aménager en élargissant, le plus souvent, les compétences de l'État fédéral.

Mais il n'en reste pas moins que, comme aux États-Unis, le fédéralisme suisse demeure un fédéralisme fort, le plus fort sans doute en Europe.

Le renforcement du pouvoir législatif fédéral s'est particulièrement marqué dans les domaines du droit civil et du droit pénal et, par la suite, dans les nouveaux domaines d'intervention que sont l'économie, l'énergie, la circulation, la sécurité sociale. Mais la compétence fédérale reste une compétence d'attribution, ainsi qu'en témoigne l'importance quantitative de la législation cantonale. Les cantons sont notamment compétents dans trois domaines essentiels : le maintien de l'ordre public, les questions religieuses et l'enseignement. Relèvent également de leur compétence la santé publique, la voirie et les plans d'occupation des sols. Mais il faut aussi préciser que les cantons jouent un rôle essentiel dans l'exécution des normes fédérales, qui dépend en grande partie de l'administration cantonale, et surtout qu'ils sont restés à ce jour maîtres de leur organisation judiciaire et de la procédure, tant civile que pénale, qui est utilisée devant leurs tribunaux (v. cependant n° 111).

En outre, les cantons détiennent la compétence en matière de législation communale, les communes étant dotées de larges attributions, jouant un rôle essentiel dans le système de démocratie suisse et entretenant des rapports privilégiés avec le canton. Enfin, les cantons disposent du droit d'initiative législative devant le Parlement fédéral (art. 45-1 de la Constitution).

Le fonctionnement et la pérennité du système fédéral sont liés à la diversité communautaire de la Suisse, qui comporte des aspects linguistiques, culturels et religieux. La Suisse est quadrilingue : allemand (75 %), français (20 %), italien (4 %) et romanche (1 %), reconnu officiellement en 1938, et biconfessionnelle : la division entre catholiques romains et protestants a conduit, au XIXe siècle, à une quasi-guerre civile, lors de la formation du *Sonderbund*.

« Le fédéralisme suisse, de par ses principes, ses équilibres internes et son respect des libertés locales, a présenté cette hétérogénéité qui s'appuie ainsi sur les particularismes des cantons et des communes. »[1] La vigueur de ce fédéralisme enraciné dans l'histoire et son caractère multi-étatique (26 cantons – dont six qualifiés jusqu'en 1999 de demi-cantons[2] – depuis la création de celui du Jura, détaché de Berne en 1979) ont permis à la Suisse d'échapper aux difficultés que connaissent aujourd'hui certains États pluricommunautaires comme la Belgique, l'Espagne ou le Royaume-Uni.

109 *bis* Les compétences fédérales. — La Constitution suisse de 1874, contrairement à la Constitution américaine, ne comprenait pas une disposition d'ensemble contenant l'énumération

---

1. E. Weibel, Les institutions et la diversité culturelle, « La Suisse », *Pouv.*, n° 43, 1987, p. 17.
2. Les demi-cantons ne sont pas des moitiés de canton mais des États fédérés ayant un statut inférieur sur certains points. La nouvelle Constitution a abandonné la distinction entre cantons et demi-cantons (titre Ier, art. 1er). Mais cette égalité formelle entre les 26 États n'exclut pas le maintien de dispositions particulières pour la représentation des anciens demi-cantons au Conseil des États (v. n° 113) et le décompte des voix cantonales lors des référendums (art. 142).

des compétences fédérales. Celles-ci se trouvaient toutes comprises dans le chapitre Ier de la Constitution, mais « des articles attributifs de compétences sont dispersés par petits groupes, et ces groupes sont séparés, sans raison apparente, par des garanties des libertés individuelles », le seul principe d'unité étant que « l'éparpillement ne dépasse pas les limites du chapitre »[1].

La répartition des compétences a été systématisée par la doctrine qui opère la distinction entre quatre types de compétences fédérales : exclusives, concurrentes limitées aux principes, concurrentes non limitées, et enfin compétences admettant, par leur nature, des compétences cantonales parallèles. Les compétences exclusives sont notamment la défense nationale, les douanes, les communications ferroviaires, les postes, télégraphe et téléphone, la politique monétaire. À ces compétences, il convient d'ajouter certaines attributions qui appartiennent exclusivement à la Fédération mais qui créent néanmoins des obligations dans le chef des cantons. Il s'agit par exemple de l'obligation d'organiser un enseignement primaire, obligatoire, laïc et gratuit, et de la prohibition des maisons de jeu.

La deuxième catégorie de compétence est constituée de matières qui peuvent être réglées dans leurs principes par les autorités fédérales, les cantons restant maîtres de fixer les détails. Appartiennent à cette catégorie l'aménagement du territoire, la chasse et la pêche, l'harmonisation fiscale formelle.

La troisième catégorie comprend les matières dans lesquelles les cantons peuvent légiférer pleinement tant que la Fédération s'abstient de le faire. Lorsque celle-ci prend l'initiative d'agir, elle recouvre une plénitude de compétences. Il s'agit en principe du droit privé, du droit pénal, du droit du travail, mais aussi de la circulation routière et de la police du commerce.

Quant aux compétences parallèles, ce sont des compétences qui, sous l'un de leurs aspects, relèvent à titre exclusif du pouvoir fédéral, mais qui n'empêchent pas les cantons de légiférer parallèlement. Ces compétences se distinguent de celles comprises dans la seconde catégorie par le fait que la législation cantonale n'est pas destinée à compléter, sur des questions de détails, la réglementation fixée au niveau fédéral. Appartiennent notamment à cette catégorie des

---

1. J.-F. Aubert, *Traité de droit constitutionnel suisse,* Neuchâtel, Éd. Ides et Calendes, 1967, p. 234.

matières telles que les bourses d'études, la construction des routes, l'impôt sur le revenu, l'encouragement à la recherche scientifique.

La nouvelle constitution rationalise le dispositif de présentation des compétences fédérales. Désormais divisée en titres, la Constitution comporte un titre III exclusivement consacré à la répartition des compétences, le titre Ier l'étant à des dispositions générales et le titre II aux « droits fondamentaux et buts sociaux ». Au sein du titre III, les compétences fédérales sont spécifiées comme suit : pour les compétences exclusives : « ... relève de la compétence de la Confédération » ; pour les compétences concurrentes : « ... légifère », « peut légiférer » ou « promouvoir » ; pour les compétences concurrentes limitées aux principes : « ... fixe les principes applicables à... ».

La mise à jour opérée a pour effet de transférer clairement dans le bloc des compétences exclusives des domaines qui avaient depuis longtemps cessé d'être matériellement concurrents : ainsi du droit privé et du droit pénal. La nouvelle Constitution comporte désormais une disposition, directement inspirée du droit allemand, précisant que « le droit fédéral prime le droit cantonal qui lui est contraire » (art. 49, al. 1). Il s'agit d'une règle de conflit qui ne s'applique évidemment que pour les compétences concurrentes. Le projet consacre aussi la notion de « contrainte fédérale », également de droit allemand (art. 49, al. 2).

Ces emprunts à un système fédéral étranger impliquent en quelque sorte une révision indirecte de l'article 3 de la Constitution, demeuré inchangé par souci de continuité, et qui énonce : « Les cantons sont souverains en tant que leur souveraineté n'est pas limitée par la Constitution et ils exercent tous les droits qui ne sont pas délégués au pouvoir fédéral. »

La mise à jour et la clarification effectuées par la nouvelle Constitution confirment la tradition de clarté institutionnelle qui a marqué l'évolution de la répartition des compétences dans le système fédéral suisse, contraire en cela au système américain. Globalement, les transferts de compétence au profit de l'État fédéral ont été opérés par la voie de la révision constitutionnelle (v. n° 109), et toujours de manière pragmatique. Sur ce second point, on peut observer que le système suisse autorise une forme de fédéralisme coopératif (v. n°s 36 et 222) ou encore – puisque cette expression n'est pas utilisée – de cogestion de certaines matières entre les deux niveaux de pouvoir qui suppose une division des tâches fondée sur un critère matériel (compétences fédérales limitées aux principes et compétences parallèles) ou bien temporel (compétences concurrentes non limitées). Sur le premier, on doit constater que les cantons, par leur intervention décisive dans la procédure de révision constitutionnelle (v. n° 117), ont toujours été mis à même de consentir au processus d'attribution de compétences à l'État fédéral.

110 LES INSTITUTIONS CANTONALES. — Comme l'implique le principe fédéral, les cantons disposent de l'autonomie constitutionnelle. Certains sont très anciens puisque les premiers cantons libres se sont confédérés en 1291. L'histoire des institutions cantonales est essentielle car elle permet d'expliquer le succès du modèle suisse, lequel résulte de la mixtion paradoxale, unique en son genre, entre, d'une part, les valeurs traditionnelles héritées tant des petites démocraties alpestres que des oligarchies urbaines fondées sur la polysynodie et, d'autre part, les idéaux issus du jacobinisme (pas simplement de la Révolution) mis en œuvre de façon définitive après 1830. Jusqu'à la période de la Régénération, la diversité constitutionnelle était notable : constitutions de républiques patriciennes et constitutions bourgeoises voisinèrent avec des constitutions déjà démocratiques et les antiques institutions de démocratie directe, *Landsgemeinden*. Les institutions de *Landsgemeinde* subsistent dans les cantons de Glaris, Unterwald et Appenzell (ces deux derniers divisés en ce qu'on appelait naguère des demi-cantons et constituant donc quatre états cantonaux). Dans ces cantons, l'assemblée annuelle du peuple est assistée d'une assemblée consultative et d'un conseil exécutif présidé par le *landamman*. Pour l'Ancien Régime, il ne faut pas se méprendre sur ce mot de démocratie. Dans ces petits cantons montagnards, l'accès à la citoyenneté était très restrictif et la démocratie ne reposait pas sur la délibération. On votait à mains levées. La *chirotonie* a appelé un rapprochement de Bodin avec l'assemblée du peuple à Athènes, où tout se mouvait au gré des harangues, sans véritable débat. Car, du moins, dans les autres cantons la délibération existait, mais seulement dans le cercle intérieur de la polysynodie. Ces derniers constituaient, comme on l'a dit, des républiques oligarchiques assez semblables aux cités italiennes.

L'opposition y était marquée (Florence n'est pas Venise) entre oligarchie ouverte aux corps de métiers – ainsi à Zurich, la Florence de la Suisse[1] – et régime authentiquement patricien – comme à Berne ou Lucerne ou (cantons-villes d'agrégation moins ancienne) Fribourg et Soleure. Cependant il ne faut pas exagérer les différences, et l'on tient là un type intermédiaire au regard des cités du sud de l'Allemagne, plus enclines que les italiennes à entrer dans des formes de gouvernement mixte entre patriciat et jurandes (Nuremberg est le meilleur exemple). À côté des républiques aristocratiques, où les membres du Grand Conseil (comme à Venise) constituaient à eux seuls le peuple politique, existaient des républiques bourgeoises – ainsi à Genève, cité alliée des cantons – où l'ensemble des citoyens originaires s'étaient maintenus dans leur souveraineté. Cependant la délibération n'y était pas plus admise dans l'assemblée du peuple souverain (appelée Conseil Général) qu'au sein des *Landsgemeinden.* Le corps de peuple à Genève était composé des citoyens (par droit de naissance) et des bourgeois (admis au droit de cité). Par opposition, ceux qu'on appelait les *natifs* – Jean-Jacques Rousseau était un natif – ne jouissaient pas des droits civiques et bénéficiaient seulement de franchises. À plus forte raison en était-il des simples habitants, qui ne pouvaient prétendre à rien. L'agitation était endémique. Aussi les révolutions de Genève sont elles fameuses en Europe : 1739, 1765, 1781-1782 (pour ne retenir que les principales). Une république aussi tumultueuse, déchirée par les factions, tant à l'intérieur du corps civique que parmi les natifs, portait au paroxysme les rixes rudimentaires des démocraties à ciel ouvert *(unter Gottes freiem Himmel),* où l'on se battait à coups de poing. En regard, les républiques fondées sur l'aristocratie se posaient en parangon de décence, mais le gouvernement y était sévère. Le modèle des régimes patriciens, qui, adouci quelque peu, jeta ses derniers feux à la Restauration, était celui de Berne, lequel passait pour illustrer l'une des aristocraties les plus parfaites – Meiners, professeur à Goettingue dans les années 1780, écrivait : « peut-être même la plus parfaite ».

    Les institutions des cantons régénérés ont été la source des institutions fédérales en 1848 en tant qu'elles opéraient la synthèse entre

---

1. Le régime zurichois est bien connu par les travaux de Bluntschli.

certaines des institutions de l'Ancien Régime telles que remaniées à la Restauration – le Grand et le Petit Conseil des cantons-villes[1] – et le gouvernement collégial imposé à la Suisse en 1798. Mais si ce système est resté inchangé au niveau fédéral, il a connu une évolution dans les cantons où l'exécutif, appelé Conseil d'État, collège de cinq à onze membres, est élu directement par le peuple au scrutin majoritaire. L'assemblée unique ou Grand Conseil peut révoquer l'exécutif cantonal, mais ce caractère parlementaire des institutions cantonales n'en détermine pas le fonctionnement, qui est aligné sur la pratique du régime directorial existant à l'échelon fédéral. Dans quelques cantons existent aussi un droit de révocation de l'exécutif par le peuple ainsi qu'une dissolution d'initiative populaire de l'assemblée cantonale *(Abberufungsrecht)*. Cette procédure dérive du « droit de grabeau » *(Censur)*, par lequel un collège de censeurs tirés du corps électoral avait le pouvoir de destituer, après examen, les membres d'un Grand Conseil. Ces procédures ne sont toutefois pas utilisées dans la pratique des institutions cantonales. Les membres des parlements et exécutifs cantonaux peuvent être élus au Parlement fédéral, mais certaines constitutions de cantons limitent le nombre de conseillers d'État aptes à cumuler les mandats afin de préserver la permanence effective du gouvernement cantonal. Ce sont également les constitutions cantonales qui, dans la seconde moitié du XIXe siècle, ont élargi le recours au référendum aux lois ordinaires, inspirant sur ce point encore l'évolution ultérieure du droit fédéral.

111 LE TRIBUNAL FÉDÉRAL. — Sa création résulte de la révision totale de 1874. L'application de la législation fédérale restant du ressort des juridictions des cantons, il fallait au moins une cour fédérale pour assurer la cohérence de la jurisprudence et pour, d'autre part, trancher les conflits d'attribution entre la Confédération et les cantons ou entre cantons (art. 189). Le Tribunal fédéral connaît également des recours contre les violations des droits constitutionnels des citoyens. Mais, ce faisant, il ne contrôle que la constitutionnalité des lois cantonales, à l'exclusion des lois fédérales. Un tel contrôle, en effet, était jugé peu compatible avec le fait que,

---

1. Ce dernier englobait à son tour les conseils restreints. L'ensemble de ces conseils étaient organisés par emboîtement.

depuis 1874, à l'initiative des cantons et à l'occasion de l'extension des compétences fédérales au détriment de ceux-ci, les lois fédérales sont désormais sujettes à un référendum national. Il apparaissait peu logique que la nouvelle juridiction pût faire prévaloir son jugement à l'encontre de celui du corps électoral.

Cette conception a encore prévalu ; même si la doctrine en reconnaît la faiblesse du point de vue de la cohérence juridique, elle en admet la validité sur le plan des principes traditionnels de la démocratie suisse. Rompant avec cette tradition, le projet de nouvelle constitution envisageait d'introduire le contrôle de constitutionnalité des lois fédérales et des arrêtés fédéraux de portée générale, ainsi que de leur conformité au droit international. Cette réforme semblait s'imposer d'autant plus qu'elle évitait aux justiciables un détour par la Cour européenne des droits de l'homme afin de faire valoir leurs droits. Elle a néanmoins clairement été rejetée. L'article 190 de la nouvelle Constitution confirme en effet que le tribunal fédéral et les autres autorités sont tenus d'appliquer les lois fédérales et le droit international (v. l'art. 113-3 de la Constitution de 1874).

Dans toutes les matières où il est compétent, civil, pénal, administrative, ainsi qu'en matière de contrôle de constitutionnalité, le tribunal fédéral n'intervient qu'en dernier ressort, après épuisement des voies de recours auprès des autorités cantonales, tant judiciaires qu'administratives, dont relève l'application du droit fédéral, en particulier en ce qui concerne le droit processuel.

À cet égard, la Constitution énumère limitativement les compétences du tribunal fédéral (art. 188 à 191). Le tribunal fédéral n'est compétent qu'en dernière instance en matière de droit fédéral et n'est pas compétent pour appliquer le droit cantonal, sauf, à la demande des cantons, en matière administrative.

S'agissant des questions d'interprétation du droit fédéral soulevées devant les tribunaux cantonaux, et afin de favoriser l'unité de la jurisprudence, il existe, en matière de droit public et de droit pénal, des recours qui sont ouverts à certaines autorités fédérales. Ainsi, le procureur de la Confédération peut exercer devant le tribunal fédéral un pourvoi contre certaines décisions des tribunaux cantonaux en matière pénale. Et les ministères fédéraux peuvent saisir le tribunal de décisions cantonales appliquant le droit public fédéral. L'ensemble de ces compétences a conduit progressivement à une surcharge permanente du tribunal fédéral. Le 8 octobre 1999, c'est-à-dire après l'approbation de la nouvelle Constitution, l'Assemblée fédérale a adopté une nouvelle version des dispositions précitées relatives au tribunal fédéral (art. 188 à 191 c) ainsi que des articles 122 et 123. Alors que ceux-ci confirmaient la pleine compétence cantonale en fait de procédure, d'organisation judiciaire et d'administration de la justice tant en matière civile que pénale, la nouvelle version donne à la Confédération le pouvoir de légiférer sur la procédure civile et pénale, mais non de manière générale sur l'organisation judiciaire et l'administration de la justice. Cependant, le nouvel article 191 a doit également permettre à la Confédération d'instaurer un tribunal pénal fédéral et d'autres nouvelles instances juridictionnelles. L'article 191 b définit les obligations des cantons en ce qui concerne la création de tribunaux en matière civile, pénale et administrative.

L'innovation essentielle de cette dernière réforme se trouve dans l'unification des procédures cantonales civile et pénale, devant permettre de clarifier les règles procédurales, en particulier pour l'entraide judiciaire en vue de la lutte contre le crime et la corruption organisés à l'échelon international[1]. Le nouveau texte a été approuvé par référendum le 12 mars 2000 à une large majorité.

II | LE RÉGIME DIRECTORIAL

112 L'HÉRITAGE APPARENT DU DIRECTOIRE. — C'est, on l'a dit, la troisième forme de gouvernement représentatif et démocratique qui s'est développée depuis la fin du XVIIIe siècle.

Le régime directorial a été, en apparence, imposé à la Suisse par la France du Directoire et la Constitution « helvétique » de 1798 est une adaptation de la Constitution de l'an III, créant un parlement bicaméral élu et un directoire de cinq membres élu par lui. Ce modèle sera globalement adopté en 1830 par les cantons régénérés. En 1848, le constituant suisse ne fait guère que reprendre ce qui existait dans la

---

1. B. Knapp, La révision de la Constitution fédérale suisse, *RFDC*, 42 (2000), p. 419-420.

plupart des cantons (au titre de la tradition) mais, en désemboîtant les Conseils, institue un parlement d'essence moderne, bicaméral (exigence réclamée par le fédéralisme), mais à titre accessoire (sous l'influence des idéaux du jacobinisme), comprenant une chambre basse élue au suffrage universel direct. L'ensemble est sommé d'un directoire exécutif de sept membres élus, pour la durée de la législature, par les chambres *réunies*. En réalité, le succès de la formule tient dans la composition des idéaux régénérés – unité du pouvoir et subordination de l'exécutif – avec la rémanence du système polysynodique d'Ancien Régime (grand et petit conseils, outre les conseils restreints) qu'avaient continué les républiques de la Restauration. La formule ne sera pas remise en cause lors de la révision totale de 1874 et pas davantage à l'occasion de celle de 1999. La Suisse est aujourd'hui le seul État à pratiquer le régime directorial et connaît ainsi, depuis 1848, la seule expérience durable de gouvernement collégial non parlementaire. Ce système semble en effet particulièrement adapté à la diversité communautaire, linguistique et religieuse de la Suisse, à son type de fédéralisme et à la structure politique particulière qui est la sienne à la période contemporaine.

A - *L'organisation constitutionnelle des pouvoirs*

113 L'ASSEMBLÉE FÉDÉRALE. — L'article 148 de la Constitution consacre expressément la primauté de l'Assemblée fédérale, « autorité suprême de la Confédération ». L'Assemblée est composée de deux sections ou conseils, suivant le principe du bicamérisme fédéral, le Conseil national, représentant la population de la Confédération, qui comprend 200 membres élus au scrutin proportionnel, et le Conseil des États, dont les 46 membres représentent les cantons (deux membres) et les anciens demi-cantons (un membre).

Les termes utilisés par la Constitution de 1874 – sections ou conseils – semblaient impliquer que le Parlement suisse est monocaméral, et il existe incontestablement une tradition qui plaide en ce sens, de même qu'un certain nombre d'éléments. En effet, l'Assemblée fédérale siège en sections réunies pour la plupart des compétences qui ne sont pas de nature législative, en particulier celles qui sont significatives de son caractère d'« autorité suprême », l'exercice du droit de grâce et le règlement des conflits de compétences entre autorités fédérales. Mais c'est aussi en sections réunies que l'Assemblée procède à l'élection des membres de l'exécutif, le Conseil fédéral, des juges du tribunal fédéral et du chancelier de la Confédération. De plus, les membres d'une section peuvent assister, en tant qu'observateurs, aux séances de l'autre et elles disposent de commissions communes. En revanche, les deux conseils siègent séparément pour l'exercice de leurs attributions ordinaires : fonctions législatives (lois et arrêtés fédéraux, traités internationaux), contrôle de l'administration fédérale, relations avec les cantons et maintien de la sécurité intérieure. L'autonomie des conseils est bien réelle et leur différenciation bien marquée : le Conseil national comprend « 200 députés du peuple » (art. 149 de la Constitution) et le Conseil des États « 46 députés des cantons » (art. 150), ce qui les situe bien en épigones du modèle bicaméral américain. Dans la nouvelle Constitution, les « sections ou conseils » sont désormais désignés comme des « chambres » (art. 148), dans l'esprit d'actualisation précédemment évoqué.

La durée de la législature du Conseil national a été fixée à quatre ans lors de la révision constitutionnelle de 1931. Il ne peut y avoir de dissolution, que ce soit par l'exécutif ou par l'assemblée elle-même. En ce qui concerne le Conseil des États, il n'y a pas à proprement parler de législature, car la durée des mandats est fixée par le droit cantonal, de telle sorte que cette chambre n'est pas sujette à un renouvellement intégral. Les conseillers aux États sont aujourd'hui élus par le corps électoral cantonal au scrutin généralement majoritaire, ou en session de *Landsgemeinde*, à l'exception de trois cantons (Berne, Fribourg et Neuchâtel) où ils sont élus par l'assemblée cantonale comme par le passé.

L'Assemblée fédérale dispose de quatre courtes sessions annuelles (parlement dit *de milice*) mais peut être convoquée en session extraordinaire. La nouvelle Constitution prévoit seulement que les Chambres se réunissent régulièrement et que la loi règle la convocation aux sessions.

114 LE CONSEIL FÉDÉRAL. — Le Conseil fédéral, « autorité directoriale et exécutive supérieure de la Confédération » (art. 174), constitue, selon Jean-François Aubert, « probablement la figure la plus intéressante de notre système constitutionnel. (...) Notre gouvernement est un collège, comme dans la plupart des autres États ; mais c'est un collège d'égaux, qui n'admettent point de chef. Notre gouvernement est élu pour un temps déterminé, comme dans les régimes présidentiels, mais il procède du Parlement, et non du corps électoral. Ou, pour rendre la même idée en renversant les termes : notre gouvernement est issu de l'assemblée, comme dans les régimes parlementaires, mais la durée de son mandat dépend de la Constitution, et non de la bienveillance de ses commettants. Nous n'avons pas permis au gouvernement de dissoudre l'assemblée, pour faire juger leur conflit par le peuple, mais nous avons laissé au peuple le soin de choisir son moment. Nous n'avons pas prescrit la démission, mais nous ne l'avons pas non plus prohibée »[1].

Le Conseil est élu par l'Assemblée fédérale (v. *infra*). En 1848, son élection directe par le peuple fut repoussée par la commission de révision à une voix de majorité. Les tentatives depuis en ce sens ont échoué, notamment en 1865 (proposition du Conseil national rejetée par celui des États), 1872 (projet de constitution rejeté par le peuple et les cantons), 1874 (rejet d'un amendement lors de la révision totale) 1900 et 1942 (rejet par le peuple et les cantons). Depuis 1848, l'effectif du conseil est de sept membres, le nombre critique, choix qui s'est avéré assez judicieux (v. n° 58). Ce nombre a été et reste fixé par la Constitution (art. 175). Il oblige à un dosage délicat pour l'équilibre dans la représentation. Les cantons de Zurich et de Berne ont presque toujours un siège au Conseil fédéral, le canton de Vaud en a généralement un, et les autres cantons sont représentés suivant un système de rotation. Mais la conséquence la plus importante du faible effectif du Conseil fédéral est que chaque conseiller se trouve à la tête d'un département couvrant des services qui, dans d'autres États, relèveraient de plusieurs ministères. Cependant, les propositions de révision constitutionnelle visant à augmenter ce nombre ont jusqu'à présent toujours été rejetées[2]. De même,

---

1. J.-F. Aubert, *Traité de droit constitutionnel suisse,* Neuchâtel, Éd. Ides et Calendes, 1967, supplément 1982, n° 1474.
2. Il a été renoncé finalement au nombre de neuf, mis en avant par les avant-projets de la récente révision totale et qui déjà était celui proposé lors des initiatives rejetées par référendum visant à faire élire le Conseil fédéral au suffrage direct. Le but était non tant d'alléger les départements que de rendre plus aisé le dosage entre les différentes composantes de la Suisse. Un tel nombre n'aurait pu que nuire à la cohésion et à l'efficacité du collège exécutif, en rendant plus difficile la prise de décision par consensus (v. n° 124).

en juin 1996, un référendum a repoussé par environ 60 % des voix un projet visant à augmenter le nombre de secrétaires d'État (trois actuellement) pour seconder les conseillers fédéraux dans la gestion administrative de leur département. La question de la désignation de ministres délégués a néanmoins fait l'objet d'un nouveau projet de la part du Conseil fédéral en décembre 2001.

La durée du mandat des conseillers coïncide avec la législature du Conseil national. Il y a incompatibilité entre leurs fonctions et celles de membre de l'Assemblée fédérale, et il est fréquent aujourd'hui qu'ils soient élus en dehors de celle-ci. L'élection se déroule au cours de la première session de l'assemblée.

Les conseillers, qui ont voix consultative dans les deux chambres, sont indéfiniment rééligibles et en pratique généralement réélus aussi longtemps qu'ils le désirent : il n'est pas si rare qu'un conseiller soit reconduit dans ses fonctions pendant un quart de siècle : le record est détenu par Schenk, de Berne, demeuré en place trente-deux ans (il quitta ses fonctions en 1895). L'élection du Conseil fédéral s'opère par scrutins séparés, à la majorité absolue des suffrages exprimés. L'exigence de scrutins séparés est de grande conséquence. Le collège exécutif ne se constitue donc pas avant, mais après l'élection, et la solidarité gouvernementale ne peut théoriquement se fonder sur des affinités ou des alliances préalables.

L'intérêt principal de l'élection séparée, pour le système tel qu'il fonctionne, réside en ce qu'elle conserve à l'assemblée le contrôle de l'opération et permet que le gouvernement ne change jamais totalement de physionomie. Un renouvellement intégral en début de législature se traduit normalement par la reconduction de tous les conseillers qui le souhaitent, c'est-à-dire par l'entrée d'un nombre très limité de membres nouveaux.

Mais l'élection séparée permet aussi que, tout en respectant les règles de l'équilibre cantonal et politique dans la répartition des mandats, l'assemblée conserve le choix des personnes. « La rébellion du Parlement contre les organes officiels des partis est un phénomène qui se reproduit constamment, et qui conserve à l'élection un reste d'intérêt. »[1] C'est ainsi que, lors de l'élection du Conseil fédéral le 7 décembre 1983, à la suite des élections législatives d'octobre,

---

1. J.-F. Aubert, *op. cit.*, n° 1499.

l'assemblée a évincé Mme Uchtenhagen, candidate officielle du parti socialiste, au profit d'un autre socialiste, M. Stich. Un incident du même type s'est encore produit en mars 1993 : Mme Brunner, présentée par le parti socialiste à la succession de M. Felber (v. n° 125), s'est vu préférer M. Matthey, membre de l'exécutif du canton de Neuchâtel. Celui-ci ayant différé son acceptation, par discipline partisane, le parti socialiste, tout en maintenant la candidature de Mme Brunner, présenta subsidiairement celle de Mme Dreyfus, qui fut élue au troisième tour de scrutin. Sur six précédents de cette « rébellion du Parlement » depuis 1959, c'était la quatrième fois que le parti socialiste en était la victime : en 1983, cela faillit remettre en question sa participation à l'exécutif fédéral ; en 1993, la tactique utilisée devait lui permettre de sauver la face tout en manifestant une volonté de ne pas interrompre cette participation (v. n° 124).

La règle de la majorité absolue des suffrages exprimés est maintenue à tous les tours de scrutin. Mais dès le troisième tour, le candidat le moins bien placé est éliminé, tandis que de nouvelles candidatures sont irrecevables. Malgré cette exigence de majorité, la composition de l'exécutif n'est pas homogène, aucun parti n'étant assez puissant pour imposer ses candidats. L'élection résulte donc d'un accord politique et peut ainsi intervenir dès le premier tour de scrutin.

Il y a un président du Conseil fédéral, qui est aussi le président en titre de la confédération (art. 176 de la Constitution), *primus inter pares* désigné par l'assemblée pour un an et non immédiatement rééligible, qui se trouve également à la tête d'un département ministériel. Jusqu'en 1887, puis à nouveau de 1895 à 1914, le président dirigeait *ex officio* le département politique, en charge des affaires étrangères, de sorte que celui-ci changeait de mains chaque année. Ce système, qui donnait du lustre à la présidence, nuisait à la continuité de la gestion fédérale, et singulièrement à la cohérence de la politique étrangère (J.-F. Aubert). Un vice-président est élu dans les mêmes conditions. L'usage l'appelle généralement à succéder au président à l'issue de son mandat.

Le président n'est ni un chef de gouvernement ni un chef d'État, car c'est le collège en son entier qui, comme le Directoire de l'an III, est le chef de l'État. Il dirige les délibérations du Conseil fédéral, avec voix prépondérante en cas de partage, et exerce les fonctions de représentation.

Les décisions du Conseil fédéral sont en principe prises à la majorité, malgré la répartition des affaires entre les membres, titulaires des départements ; elles émanent du Conseil fédéral comme autorité (art. 177). Il n'y a pas eu de difficulté à cela, du moins au plan formel, tant que les décisions autres que de pur détail prises par chacun des ministres dans leur département ont été réputées, en droit strict, émaner du Conseil fédéral lui-même (v. n° 58). Cependant, « si logique qu'il fût, ce principe était inapplicable dans la pratique et devint de plus en plus chimérique, au fur et à mesure que se développait l'administration fédérale. Manifestement le Conseil fédéral ne pouvait s'occuper de tout et trancher de tout. En fait, il prit bientôt la liberté (très contestable à l'époque) de charger les départements et leurs services de statuer à sa place dans de nombreux cas d'importance secondaire. Toutefois, il se passa longtemps avant qu'on modifiât l'article 91 de la Constitution, passé dans celle de 1874 sous le n° 103. Enfin, cet article fut révisé en 1914... »[1]. Cette importante réforme a eu pour objet de faire rejoindre le plan de la réalité aux institutions formelles. Mais elle ne constitue pas un bouleversement. On constate le maintien d'un reliquat appréciable, même s'il est en partie révérenciel, du système originel. Ainsi, par exemple, la loi de 1978 (art. 26) ne manque pas de rappeler : « les affaires du Conseil Fédéral comme autorité collégiale ont la priorité sur les autres tâches de ses membres ».

S'agissant des décisions comme des prises de position du Conseil fédéral, le système subtil de la Suisse n'interdit pas à un membre du collège de faire état devant les chambres, à titre individuel, d'une opinion divergente, laquelle demeure une opinion, un simple dissentiment – ce n'est pas un désaveu. Une telle attitude constituerait une faute en régime parlementaire, où, aussi bien, la règle du secret des délibérations du conseil est par principe rigoureusement observée (farouchement en Angleterre et en France). Naturellement, ces épanchements sont très rares[2]. Et un adage de Jean-François Aubert rappelle que la divulgation de divergences est contraire à l'esprit de tous les gouvernements, pas seulement à celui du gouvernement suisse[3].

---

1. M. Bridel, *Précis de droit constitutionnel et public suisse*, Lausanne, Payot, 1959, t. 2, p. 142-143.
2. William Rappard, *The Government of Switzerland*, 1936, p. 79.
3. J.-F. Aubert, *Supplément (1967-1982)*, n° 1592.

Contrairement à l'exécutif américain, le Conseil fédéral dispose directement de l'initiative législative et il bénéficie coutumièrement à cet égard d'un monopole relatif. Son pouvoir réglementaire prend la forme d'ordonnances, destinées à l'application des lois et arrêtés fédéraux adoptés par le Parlement. Il existe aussi des arrêtés du Conseil fédéral, qui émanent de sa compétence particulière ou d'une habilitation du pouvoir législatif. L'incompatibilité avec le mandat parlementaire, n'interdit nullement aux ministres en Suisse, ainsi qu'on a dit, d'être entendus à l'ordinaire par les Assemblées, tant en séance plénière (différence avec les secrétaires du Président aux États-Unis) qu'en commission. Comme les membres du Conseil fédéral usent à plein de ce droit et bénéficient en outre d'atouts certains (v. n° 123 *in fine*), ils sont à même d'exercer une assez forte emprise sur les travaux des Chambres et le processus d'élaboration des textes normatifs.

B - *Les rapports entre l'Assemblée et le Conseil fédéral*

115 UN EXÉCUTIF SUBORDONNÉ ? — Le Conseil fédéral est, en vertu de la Constitution, apparemment subordonné au Parlement, tant par son mode de désignation que par le contrôle qu'exerce sur lui l'Assemblée fédérale.

Il est néanmoins assez difficile de déterminer les limites de cet état subordonné. Ainsi, remarque Aubert, « c'est une des questions les plus délicates de notre droit constitutionnel, de savoir si l'Assemblée fédérale peut signifier des instructions *(Weisungen)* au Conseil fédéral. Sans doute le gouvernement doit-il se conformer aux lois et aux décisions que le Parlement a prises dans les limites de ses attributions. Mais le Parlement peut-il prescrire au gouvernement la façon dont celui-ci doit user de ses *propres* compétences ? ». Selon l'auteur, deux principes contradictoires s'affrontent, d'une part la suprématie du Parlement, consacrée par l'article 71 de la Constitution, d'autre part la séparation des pouvoirs, « qui doit permettre au gouvernement d'être davantage qu'une réunion de commis, dépourvus d'autorité propre. Chacun de ces deux principes l'a tour à tour emporté »[1].

---

1. *Op. cit.*, n° 1369.

Ainsi il est admis que la primauté constitutionnelle du législatif n'exclut pas l'autonomie de l'exécutif, condition de l'efficacité de son action à l'époque actuelle.

116 LES PROCÉDURES. — Cependant, l'imprécision du système « se reflète dans les instruments mêmes du contrôle »[1]. Si le Parlement désire instruire le gouvernement, il doit user de l'une des deux formes du *postulat* ou de la *motion*[2]. Le *postulat* invite le Conseil fédéral à examiner si une mesure doit être prise. La *motion* est prévue sous la forme d'un vœu, d'une proposition conçue en termes généraux mais est réputée avoir une portée impérative pour le Conseil fédéral. Et cependant, il est considéré comme douteux qu'une *motion* puisse « contenir une véritable injonction dans les domaines qui sont de la compétence du seul gouvernement »[3].

La *motion* est présentée par un ou plusieurs parlementaires, remise au président de la chambre, puis développée au cours d'une séance ultérieure. Elle doit être approuvée successivement par la chambre où elle a été déposée, puis par l'autre.

Le *postulat* est transmis au Conseil fédéral dès lors qu'il a été approuvé par la chambre à laquelle appartient son auteur, sans passer par l'autre chambre.

Il faut aussi signaler l'*initiative parlementaire,* introduite en 1970, et qui devait en principe permettre au Parlement d'exercer à lui seul le pouvoir législatif, sans le concours du Conseil fédéral. Cette procédure n'est pratiquement pas utilisée.

Il existe généralement un droit d'interpellation. Celle-ci ne conduit jamais à une décision. Après avoir reçu la réponse du Conseil fédéral, l'auteur peut néanmoins déclarer s'il est ou non satisfait. Ces interpellations ne sont pas comparables à celles qui existent en régime parlementaire et qui sont suivies d'un vote de confiance ou de défiance au gouvernement.

Le Conseil fédéral n'a donc pas besoin d'une majorité parlemen-

---

1. *Ibid.*
2. Ce système a été transposé dans la Constitution autrichienne de 1920, à travers les procédures de l'instruction *(Weisung)* et de la résolution *(Entschliessung)* : art. 20-1 et 52 de la Constitution du 1er octobre 1920 (*in* Dareste, *Les constitutions modernes,* 1928, I, p. 310). Ce dispositif apparaît comme une anomalie à l'intérieur d'un régime expressément parlementaire n'était qu'il vient s'inscrire en renfort du caractère ultramoniste qui était la note principale de cette Constitution.
3. *Ibid.*

taire. Chaque membre de l'exécutif a bénéficié lors de son élection d'une telle majorité, mais il s'agit d'une modalité de désignation, qui n'exprime aucune tendance. En raison de la procédure d'élection séparée, et du fait qu'il n'est pas dirigé par un chef, le Conseil fédéral ne s'engage pas à exécuter un programme.

Mais cette absence de programme gouvernemental, au sens parlementaire du terme, n'est pas synonyme d'improvisation. Une loi de 1970 invite d'ailleurs le Conseil fédéral à déposer en début de législature un « rapport sur les grandes lignes de la politique gouvernementale ». L'assemblée est saisie de ce rapport, mais sa délibération ne peut être conclue par un vote. L'exécutif, en présentant ce texte, ne se lie pas politiquement par l'engagement de réaliser un programme. Ce rapport indique un ordre de priorité dans les mesures à prendre. Depuis 1979 est prévu un deuxième rapport, en milieu de législature, qui mentionne les modifications qui s'imposent en fonction des circonstances. Chaque année au printemps, le Conseil fédéral remet au Parlement un « rapport annuel de gestion », qui coïncide avec la reddition des comptes. À la fin de la législature, l'exécutif établit un rapport général, dans lequel il indique dans quelle mesure les « grandes lignes » ont été suivies, et qui est intégré dans le rapport initial de la législature suivante. Ainsi il n'existe aucune procédure permettant de constater si l'exécutif dispose d'une majorité. Le régime suisse ne connaît pas de crise telle qu'il s'en produit en régime parlementaire lorsque le gouvernement est mis en minorité sur un projet lié à son programme. Il est vrai qu'il est rare que l'ensemble d'un projet présenté par le Conseil fédéral soit repoussé. Mais les défaites sur des amendements sont assez fréquentes. Il s'ensuit simplement que le texte du projet est modifié. Le Conseil fédéral qui, en aucun cas, ne pose la question de confiance, n'a pas non plus à présenter sa démission, ni même celle du conseiller qui est l'auteur du projet.

On relève cependant quelques cas de démission ou de non-réélection de conseillers fédéraux pour des raisons politiques. Mais elles « doivent être considérées non comme un phénomène normal de notre vie constitutionnelle », écrit Jean-François Aubert, « mais bien comme autant d'accidents. La règle, c'est que les conseillers fédéraux se soutiennent mutuellement, même s'ils viennent de partis différents ; et que, lorsqu'ils ont été battus aux chambres ou dans un scrutin populaire, ils infléchissent leur ligne de conduite, plutôt que de faire un éclat. C'est précisément l'observation de cette règle qui leur permet de durer longtemps »[1].

Cette situation dans laquelle paraissent se trouver les membres de l'exécutif fédéral, de ne même pas disposer d'un droit de démissionner, semble les confiner dans un état d'autant plus subordonné.

Tous les éléments sont ainsi réunis, qui permettraient, dans d'autres pays, la domination de l'exécutif. C'est pourquoi la doctrine qualifie parfois le système constitutionnel suisse de « régime d'assemblée »[2] ou de régime conventionnel.

La réalité est cependant très différente (v. *infra*, n° 123).

III | LA DÉMOCRATIE SEMI-DIRECTE

« On ne peut pas comprendre l'histoire moderne de la Suisse si on ne comprend pas le référendum » (Jean-François Aubert)[3]. Ce terme est cependant quelque peu inapproprié en droit constitutionnel suisse car il ne désigne que l'une des procédures de démocratie directe. C'est pourquoi la doctrine parle généralement de *droits politiques* ou *droits populaires*.

A - Les procédures

117 RÉFÉRENDUM CONSTITUTIONNEL ET RÉFÉRENDUM LÉGISLATIF. — La Constitution de 1848 limitait le référendum à la révision de la Constitution, la révision partielle devant être proposée par l'Assemblée fédérale, tandis que la révision totale pouvait être promue par une initiative populaire. La Constitution de 1874 instaure le référendum législatif facultatif. En 1891 a été introduite l'initiative populaire tendant à la révision partielle de la Constitution. En 2003, est venue l'initiative en matière législative.

---
1. *Op. cit.*, n° 1482.
2. V. P. Bastid, *Le gouvernement d'assemblée*, Paris, Cujas, 1956.
3. La formation du régime politique suisse, « La Suisse », *Pouv.*, préc., p. 14.

Il convient ainsi de distinguer essentiellement :

— Le référendum constitutionnel obligatoire : tout acte du pouvoir constituant doit faire l'objet d'un référendum. Une révision de la Constitution n'entre en vigueur que si elle a été approuvée par la majorité des citoyens prenant part au scrutin et par la majorité des cantons.

C'est cette procédure qualifiée qui constitue le fondement formel de la supériorité hiérarchique de la norme constitutionnelle sur les autres normes. Les arrêtés urgents dérogeant à la Constitution font également l'objet d'un référendum obligatoire d'abrogation. Enfin, depuis 1977, l'adhésion de la Suisse à des organisations de sécurité collective ou à des communautés supranationales est soumise à un référendum obligatoire qui requiert également la double majorité du peuple et des cantons[1].

— Le référendum législatif facultatif : il s'agit d'un référendum auquel peuvent être sujets des lois, certains arrêtés fédéraux (lois de durée limitée) de nature législative (depuis 1949) et certains traités internationaux (depuis 1921). Ces actes n'entrent en vigueur que s'ils sont approuvés par la majorité des citoyens prenant part à la votation. Depuis 2003, l'initiative populaire existe aussi en matière législative.

Dans les deux cas, constitutionnel et législatif, le résultat du scrutin est impératif. Il n'y a pas en Suisse de référendum consultatif à l'échelon fédéral. Mais le référendum constitutionnel exige, en vertu du principe fédéral, non seulement la majorité du corps électoral mais aussi celle des cantons.

118 L'INITIATIVE. — L'article 120-1 de la Constitution dispose que 100 000 citoyens (depuis 1977) peuvent demander la révision totale de la Constitution fédérale. Si la révision est décidée, les deux chambres sont renouvelées de plein droit et exercent alors le pouvoir constituant : l'initiative populaire ne concerne que le principe de la révision. En revanche, l'initiative d'une révision partielle, qui peut être également demandée par 100 000 citoyens, dans un délai de dix-huit mois, implique un contenu déter-

---

1. C'est ainsi qu'en 2002, l'adhésion aux Nations Unies en tant que membre à part entière a dégagé une claire majorité des votants mais une très faible à l'échelon des cantons.

miné, qu'il s'agisse d'une demande d'abrogation ou de modification d'articles de la Constitution (art. 121-2), d'une proposition exprimée en termes généraux ou d'un texte entièrement rédigé (art. 121-4). Dans le cas d'une proposition générale, les chambres doivent décider dans les trois ans si elles approuvent l'initiative de révision qui est alors mise en forme par elles et finalement soumise au vote du peuple et des cantons. Si elle rejette l'initiative, la proposition est soumise au vote populaire et, en cas d'adoption, doit faire l'objet d'un projet élaboré par l'Assemblée fédérale, conforme au vœu des initiants. Dans le cas d'un projet rédigé, le texte doit être approuvé par l'Assemblée fédérale puis soumis au vote du peuple et des cantons. Si l'Assemblée fédérale ne l'approuve pas, elle peut élaborer un contre-projet, le corps électoral ayant le choix d'adopter l'un des textes ou de rejeter les deux ou encore, depuis 1987, d'approuver les deux en indiquant une préférence. Cette procédure du « double oui » a été perfectionnée par la révision de 2003. La décision d'approbation de l'Assemblée fédérale doit intervenir dans les quatre ans et, en cas de dissentiment entre les deux chambres, le Conseil fédéral doit ordonner la votation du peuple et des cantons. L'innovation la plus marquante de la révision partielle du 9 février 2003 concerne l'adoption ou la révision des lois fédérales ordinaires. La réforme étant au niveau législatif l'initiative conçue en termes généraux. Mais la faculté de proposer des textes entièrement rédigés n'est pas prévue et c'est l'Assemblée fédérale qui est appelée à mettre en œuvre les vœux des initiants.

L'initiative du référendum législatif facultatif classique (abrogatif) appartient à 50 000 citoyens (depuis 1977) ou à huit cantons. La demande a un effet suspensif (sauf pour les arrêtés urgents) et a un effet contraignant sur le Conseil fédéral qui doit organiser le scrutin.

Le projet de nouvelle Constitution comportait un important dispositif tendant au renforcement et à l'adaptation du système existant de « droits populaires ». Cette proposition n'a finalement pas été retenue par l'Assemblée fédérale, notamment parce qu'elle prévoyait un doublement du nombre de signatures requises pour le référendum facultatif et l'initiative constitutionnelle, cela pour pallier une certaine disproportion entre les exigences actuelles et l'augmentation de la population. C'est une réforme de moindre ampleur qui a finalement abouti avec la révision du 9 février 2003.

119 LES PROCÉDURES A L'ÉCHELON CANTONAL. — Comme en droit fédéral et en vertu de celui-ci, le référendum cantonal est obligatoire en matière constitutionnelle. La révision d'une constitution cantonale implique donc l'approbation d'une majorité de citoyens. Quant au référendum législatif, il est soit obligatoire soit facultatif, selon les cantons, les cantons romands se caractérisant par la prévalence du système facultatif. Il existe généralement par ailleurs, dans les cantons, un référendum contre les actes administratifs d'origine parlementaire, particulièrement en matière financière, qui n'existe pas à l'échelon fédéral.

Toutes ces procédures sont d'initiative populaire et qualifiées de référendums ordinaires. On y oppose les référendums extraordinaires qui sont proposés par le parlement cantonal (référendum dit obligatoire) ou par la minorité parlementaire seulement (référendum dit facultatif).

Enfin existe aussi, dans les cantons de Schaffhouse et de Saint-Gall, un référendum consultatif qui permet au pouvoir législatif d'organiser un scrutin concernant l'élaboration d'une loi en projet. Mais la différence principale entre le droit fédéral et le droit cantonal réside dans l'existence, à l'échelon cantonal, d'un référendum d'initiative législative qui permet à une certaine fraction du corps électoral soit de soumettre au peuple un texte de projet de loi, soit d'inviter le Grand Conseil à légiférer.

B - *Usage des procédures référendaires*

On constate en premier lieu qu'un quart seulement des projets de révision constitutionnelle présentés par l'assemblée ont été rejetés. La révision instituant le suffrage féminin n'a cependant été adoptée qu'en 1971[1]. C'est aussi une révision partielle qui a consacré la seule création d'un nouveau canton depuis 1848 : le Jura, détaché de Berne en 1979 après trente ans de lutte.

---

1. Par deux tiers contre un tiers, alors qu'elle avait encore été repoussée en 1959 par cette même majorité. Par ailleurs, le principe d'égalité des droits entre hommes et femmes a été inclus en 1981 à l'article 4, alinéa 2 de la Constitution par l'effet d'une disposition ayant été opposée comme contre-projet à une initiative populaire. Cela a contraint les derniers cantons réticents au suffrage féminin à aligner leur droit électoral sur le droit fédéral, le dernier (Appenzell Rhodes-Intérieures) s'étant exécuté en 1991 après un arrêt du tribunal fédéral.

En revanche, les initiatives populaires passent difficilement le cap de la votation, contrairement aux contre-projets du Parlement. En matière de référendum facultatif, plus de la moitié des projets législatifs sont rejetés mais il faut tenir compte qu'une faible proportion de textes susceptibles d'être soumis au référendum l'ont été effectivement (7 % environ).

120 LE RÉFÉRENDUM LÉGISLATIF FACULTATIF. — À la fin du XIXe siècle, il constitue l'arme de l'opposition parlementaire contre la majorité et l'hégémonie du parti radical puis connaît une éclipse relative jusqu'après la Seconde Guerre mondiale, période qui voit la remise en cause des privilèges obtenus par les branches de l'économie à la faveur de la crise puis de la guerre. L'invention de la « formule magique » de gouvernement (v. *infra,* n° 123) et la démocratie de négociation ou de concordance qu'elle implique le font à nouveau passer à l'arrière-plan durant une décennie. Mais le référendum facultatif connaît une nouvelle vigueur dès le milieu des années 1970.

Cet usage relativement limité ne doit pas occulter le fait que sa possibilité même influence les modalités du processus de décision, notamment dans la phase préparlementaire.

121 L'INITIATIVE POPULAIRE. — Elle constitue un moyen d'action privilégié pour les organisations d'opposition, partis non gouvernementaux, mais aussi parti socialiste, parfois isolé au sein de la coalition bourgeoise, syndicats, associations. À la fin du XIXe siècle, elle a effectivement été utilisée comme un recours direct au peuple par les minorités qui ne pouvaient faire prévaloir, ni même faire entendre leur point de vue au Parlement. Plus tard cependant, l'initiative est essentiellement devenue un instrument de négociation, ce que favorise la possibilité qui est donnée au Parlement de présenter un contre-projet reprenant éventuellement des éléments de l'initiative. Depuis 1952 a été légalisée la faculté de retrait du projet par les initiants, dont la pratique existait depuis le début du siècle, lorsque ceux-ci estiment avoir obtenu satisfaction par le moyen du contre-projet ou éventuellement d'un texte de niveau législatif. L'inexistence de l'initiative populaire en matière de loi ordinaire impose en effet le recours à l'initiative constituante dans des matières qui ressortissent pourtant spécifiquement à la loi ordinaire. Le détournement de procédure était donc inévitable et il a toujours été admis. C'est pourquoi à la fin du XIXᵉ siècle des dispositions interdisant la fabrication de l'absinthe et l'abattage du bétail selon le rite israélite ont été incluses dans la Constitution. Mais l'initiative populaire a permis aussi, en cette période d'hégémonie du parti radical, aux deux autres grands partis, catholique conservateur et socialiste, d'imposer en 1919, à la troisième tentative, l'instauration de la représentation proportionnelle qui va modifier le système politique en profondeur.

Les demandes d'initiatives sont assez nombreuses entre les deux guerres, émanant d'abord de la gauche politique et syndicale, puis comme conséquence de la grande crise. Mais c'est surtout depuis 1945 que l'initiative populaire est la plus utilisée, provenant de groupements très minoritaires, peu organisés et souvent constitués *ad hoc*. La pratique montre la grande diversité de thèmes abordés : politique sociale, immigration, environnement, questions éthiques. Cependant deux initiatives seulement ont été adoptées depuis 1945, ce qui manifeste bien le caractère d'instrument de pression et de négociation que revêt la procédure.

La réforme de 2003 qui étend l'initiative populaire à l'adoption sur la révision des lois ordinaires va désormais permettre à l'initiative de « déployer ses effets au niveau normatif adéquat » (M. Hottelien).

Section II
Les institutions dans le cadre politique

Le fonctionnement du régime suisse, en particulier pour ce qui est des rapports entre les pouvoirs, est essentiellement déterminé par la structure politique du pays, et se reflète dans des pratiques analogues aux *conventions* constitutionnelles régissant les institutions britanniques. Cependant, et la Suisse fait exception à cet égard en Europe, les partis jouent un rôle relativement limité, en raison notamment de l'importance des procédures de démocratie semi-directe.

I | L'INFLUENCE DE LA STRUCTURE POLITIQUE

122 LE SYSTÈME DES PARTIS. — La Suisse connaît une forme caractéristique de multipartisme, qui a conduit à la représentation des principaux partis au sein de l'exécutif, traduisant une union étroite entre celui-ci et l'Assemblée fédérale.

Le multipartisme, enraciné dans les cantons, traduit les nombreuses diversités de la Suisse ; il est favorisé par la représentation proportionnelle, qui a remplacé en 1919 le scrutin majoritaire à deux tours pour les élections au Conseil national. Quatre partis ont un caractère véritablement national : le parti radical, le parti socialiste, le parti démocrate-chrétien et l'union démocratique du centre.

À la fin du XIXe siècle, et jusqu'à l'instauration du mode de scrutin proportionnel, il existait une certaine bipolarisation qui traduisait le clivage confessionnel et les séquelles de la guerre du *Sonderbund*. Ainsi cette période est-elle marquée par l'opposition entre les libéraux-radicaux, d'origine protestante et en situation majoritaire, et les catholiques conservateurs. Le parti libéral a progressivement décliné à l'échelon fédéral, absorbé par l'expansion du parti radical qui était à l'origine une dissidence, populiste et centralisatrice, du libéralisme. Aujourd'hui nommé parti radical-démocrate, il reste le plus important des partis politiques suisses, de tendance droite modérée. Son hégémonie a définitivement pris fin lorsque les partis catholique et socialiste ont réussi, par la voie de l'initiative populaire, à imposer le scrutin proportionnel.

Adversaire historique du parti radical, le parti catholique ne s'est organisé à l'échelon fédéral qu'en 1912 sous le nom de parti conservateur populaire. En 1957, il fait une ouverture à gauche en absorbant le groupe dissident des chrétiens-sociaux et devient le parti conservateur et chrétien-social ; en 1970, il se réorganise et prend le nom de parti démocrate-chrétien. Il est devenu un parti centriste, correspondant aux partis du même nom qui existent en Italie et dans les pays du Benelux. Le parti socialiste s'est créé en 1887 et est resté un parti révolutionnaire jusqu'à la scission communiste, puis il a évolué vers la social-démocratie.

La réforme du mode du scrutin a favorisé, dans l'entre-deux-guerres, l'apparition de nombreux partis. Le plus notable est le parti agrarien, né de difficultés engendrées par la crise économique dans le secteur agricole. Ce parti s'est ensuite élargi pour devenir l'union démocratique du centre. Son évolution récente l'a conduit vers les courants populistes.

À côté de ces quatre grandes formations existent de nombreux petits partis, qu'ils soient d'origine confessionnelle comme le parti évangélique populaire et le parti chrétien-social indépendant, ou d'extrême gauche, comme le parti suisse du travail (communiste) et le parti socialiste ouvrier, ou liés à la mouvance écologiste, comme la fédération des partis écologistes de Suisse et, dans une moindre mesure, l'alliance des indépendants, formation consumériste sans équivalent en Europe, disparue en 1999. Ces partis mineurs, plus ou moins implantés à l'échelon fédéral et représentés au Parlement, ne participent pas à l'exécutif mais sont parfois présents dans les exécutifs cantonaux.

123 DE L'HÉGÉMONIE RADICALE À LA « FORMULE MAGIQUE ». —
Au XIXe siècle, et jusqu'en 1892, le parti radical était seul représenté au Conseil fédéral et il existait au Parlement une majorité radicale-libérale et une opposition catholique. Cette configuration était favorable à une évolution du régime politique vers le parlementarisme. Et, en effet, certaines décisions concluant les délibérations des chambres ont représenté, à certaines occasions, de véritables votes de confiance au sens parlementaire du terme. Cette tendance s'est trouvée contrecarrée par l'élargissement progressif de l'exécutif fédéral aux autres partis. En 1892, la réconciliation des adversaires de la période du *Sonderbund* est scellée par l'élection d'un conseiller fédéral catholique. La logique consensualiste de l'élargissement suivra son cours ; un second catholique est élu en 1920, un agrarien en 1930. Seul parmi les grandes formations nationales, le parti socialiste restait à l'écart. Il commence de participer au gouvernement à la faveur de la guerre. Le premier représentant du parti socialiste au Conseil fédéral, Nobs, fut élu en décembre 1943. Max Weber lui succède en 1952 mais démissionne l'année suivante, et les socialistes renoncent provisoirement à présenter une candidature.

C'est à l'occasion du renouvellement intégral de 1959, lors duquel quatre conseillers prirent leur retraite, que fut mise en place la « formule magique » qui régit depuis lors la répartition des mandats au sein du Conseil fédéral : chacun des trois plus grands partis détient deux sièges, le septième siège revenant à l'union démocratique du centre. Cette formule s'est maintenue jusqu'en 2003, en dépit de réticences régulièrement manifestées par le parti socialiste (v. n° 114) puis, plus récemment, par l'union démocratique du centre, qui, après les élections d'octobre, a obtenu l'un des sièges du Parti démocrate-chrétien.

Du fait de la stabilité du corps électoral, et du scrutin proportionnel, chacun de ces trois premiers partis était jusqu'à il y a peu assuré d'obtenir de quarante à cinquante sièges, le quatrième, une vingtaine[1].

Il s'agit donc d'une forme de gouvernement proportionnel : « La présence au gouvernement de membres de nos quatre plus grands partis (...) groupant environ les sept huitièmes de l'Assemblée, note Jean-François Aubert, dit assez la nature très particulière de notre parlementarisme. »[2] Il existe ainsi un rapport entre la composition du Conseil fédéral et la composition des chambres, qui s'établit par l'intermédiaire des partis. Ce lien entre la composition du Parlement et celle du gouvernement et l'interaction entre le régime directorial et le système des partis permettent de comprendre comment, bien loin de constituer un exécutif commis dans un régime d'assemblée (v. n° 115), le Conseil fédéral est en réalité la pièce maîtresse du système constitutionnel suisse. Le régime des sessions (v. n° 113) et le référendum facultatif rendent la procédure législative parlementaire particulièrement lourde et lente (de trois à cinq ans pour la mise en vigueur d'une nouvelle loi). En face d'une assemblée bicamérale relativement nombreuse, dont les membres ne disposent pas des

---

1. Cette configuration a évolué lors des derniers scrutins. En 1995, l'union démocratique du centre, en voie de radicalisation dans un sens nationaliste et populiste, avait obtenu 29 sièges (+ 4) approchant le score des démocrates-chrétiens (34 ; – 2). En 1999, l'UDC est passée à 44 sièges (+ 15), le parti radical en obtenant 43 (– 2), le parti socialiste 51 (– 3) et le parti démocrate-chrétien 35 (+ 1). Aux élections de 2003, l'UDC devient le premier parti au Conseil national avec 55 sièges (+ 11), principalement au détriment des chrétiens (28 sièges : – 7) et des radicaux (38 : – 7), les socialistes regagnent un siège (52). Il faut néanmoins noter que l'importance traditionnelle des partis chrétien et radical se perpétue au Conseil des États (15 sièges au PDC et 14 au PRD contre 9 au PS et 8 à l'UDC : le rapport est strictement inversé).
2. *Op. cit.*, n° 1498.

moyens matériels mis à la disposition des parlementaires dans les grandes démocraties modernes[1], et qui connaît un régime particulier de session, se tient ainsi un exécutif réduit de sept membres expérimentés, pratiquement inamovibles, composé des représentants de tous les partis importants du pays, et qui dispose de l'administration fédérale. Ainsi non seulement l'essentiel des lois émane de l'initiative du Conseil fédéral, mais, au surplus, le Parlement est conduit à habiliter l'exécutif à intervenir dans les domaines législatifs, par l'instrument des arrêtés du Conseil fédéral. Tous les textes importants procèdent donc de la délibération de ce conseil restreint où sont représentés les quatre grands partis nationaux. Le Conseil fédéral est ainsi le rouage essentiel de la démocratie dite de négociation et de concordance ; son rôle s'est considérablement renforcé dans les quarante dernières années. Si l'on en croyait Kelsen, il est responsable devant les Assemblées mais n'a pas d'influence sur leurs travaux [2]. La réalité, disions-nous, est très différente, elle l'était déjà même de son temps. Elle est tout simplement l'inverse.

124 RÉPARTITION ET COORDINATION DES TÂCHES. — Le Conseil fédéral répartit en son sein les différents départements au début de la période administrative – qui est au conseil ce que la législature est à l'assemblée – mais une tradition, récemment remise en cause, permet aux conseillers sortants de rester à la tête du département dont ils avaient la responsabilité. Chaque projet ou décision du collège est proposé ou discuté sous la responsabilité d'un de ses membres. Toutes les affaires sont ainsi réparties entre les différents départements. Mais les décisions doivent être prises collégialement. Elles peuvent en principe être adoptées à la majorité, mais la solidarité n'en est pas moins requise, comme au sein des gouvernements parlementaires. Bien plus, cette règle de solidarité, confondue avec la notion de collégialité, est souvent présentée comme une vertu spécifique du gouvernement suisse, alors qu'elle est pourtant commune à tous les gouvernements : « Si on insiste sur la collégialité du Conseil fédéral, ce n'est pas pour dire que le système suisse est, sur ce point, différent de celui des autres pays. C'est

---

1. Ils n'ont en particulier ni assistant ni secrétaire. Par votation du 27 septembre 1992, les électeurs ont rejeté l'augmentation de la rémunération et la possibilité pour eux d'engager un collaborateur.
2. H. Kelsen, Théorie générale de l'État, *RDP*, 1926, p. 643.

pour bien montrer que, malgré l'origine indépendante de tous ses membres, et quoique cela leur soit peut-être plus difficile, ils auront soin d'agir de concert, comme cela se fait ailleurs. »[1]

Cette exigence de solidarité est renforcée par la circonstance que l'exécutif fédéral constitue un « gouvernement de coalition quadripartite »[2], mais aussi par celle que, chacun des membres dirigeant une administration équivalente, en d'autres pays, à plusieurs ministères, il est encore plus indispensable que chaque conseiller obtienne l'assentiment de ses collègues à ses initiatives. Tous les membres de l'exécutif ont besoin les uns des autres, aucun n'étant pleinement indépendant, ne serait-ce que pour des raisons financières. Mais aucun n'est non plus entièrement soumis au collège. En effet, une grande partie du pouvoir de décision appartient personnellement à chacun d'entre eux en tant que chef de département ministériel, ce qui permet d'ailleurs une forme d'opposition des partis gouvernementaux à la politique menée par le Conseil fédéral, en tant que celle-ci peut être personnellement imputée, sous certains aspects, à un conseiller d'un autre parti.

Par ailleurs, le Conseil fédéral peut rejeter la proposition d'un de ses membres, qui n'en est pas moins ensuite tenu de soutenir la position adoptée collégialement.

La procédure de coordination au sein du Conseil fédéral est celle des « rapports conjoints » ou « corapports ». Toute proposition émanant d'un conseiller fédéral doit d'abord être envoyée aux autres départements qui formulent ensuite leurs observations par écrit. Cette procédure est mise en œuvre par la chancellerie fédérale qui joue à cet égard le rôle de secrétariat général de gouvernement. Les corapports, signés par les conseillers fédéraux, sont distribués à tous les membres du conseil avant la mise à l'ordre du jour. Ainsi, sur les questions techniques, l'accord peut se réaliser à ce stade, permettant au Conseil fédéral d'approuver la proposition sans débat.

Mais la procédure tend aussi à obtenir le consensus le plus large des personnes et groupes intéressés. S'il s'agit d'une affaire d'un niveau important, une consultation générale est ouverte auprès des cantons, des partis et des autres partenaires concernés. Les résultats

---

1. J.-F. Aubert, *Exposé des institutions politiques de la Suisse*, p. 230.
2. J.-F. Aubert, *Traité de droit constitutionnel suisse*, n° 1592.

de cette consultation à caractère politique et social déterminent l'élaboration d'un nouveau projet qui est renvoyé à la chancellerie, laquelle ouvre une nouvelle procédure de corapport au sein du Conseil fédéral. Celui-ci prend la décision et tranche les désaccords entre ses membres, qui n'ont pas été résorbés durant les procédures de corapports. Le rôle du président du Conseil fédéral est important à ce stade puisqu'il peut engager le collège à prendre une décision rapide à l'issue d'un vote majoritaire ou au contraire tenter d'atteindre, par d'éventuellement longues discussions, au consensus.

La recherche du consensus est d'autant plus nécessaire au maintien de la solidarité gouvernementale que le système de la formule magique présente l'aspect d'une coalition déséquilibrée entre un bloc bourgeois de trois partis et cinq membres et le parti socialiste représenté par deux membres. « L'on risque, en cas de votes, de trouver les mêmes majorités et minorités, ce qui à la longue ne manquerait pas de créer un fossé au sein du collège. Du souci de conciliation du président dépendent donc l'épanouissement et, peut-être, la survie du système de collégialité gouvernementale. (...) À défaut de poursuivre cette volonté de dialogue et de consensus au sein du gouvernement, le principe de la collégialité pourrait être remis en cause de même que la règle de fait de la représentation quasi proportionnelle des grands partis suisses au sein du gouvernement. Un tel bouleversement non assorti de changements des forces politiques en présence au Parlement poserait des problèmes vitaux pour la démocratie helvétique. »[1]

Or la question de la participation socialiste à la coalition fait, comme on l'a dit (v. n° 114), l'objet d'un débat récurrent, qui révèle la fragilité du consensus au sein du Conseil fédéral. La démission de M. Stich en 1995 (v. n° 125), les appels directs à l'opinion adressés par Mme Dreyfus dans le domaine de la condition féminine, apparaissent comme autant d'accrocs aux règles de la collégialité, alors que circulent depuis 1993 des échos insistants sur les désaccords ou les rivalités entre les membres de l'exécutif[2]. La nette progression du

---

1. F. Couchepin, Coordination des actes d'un gouvernement collégial, « La Suisse », *Pouv.*, préc., p. 70.
2. V. J. Rohr, La Suisse en 1994, *Les Pays d'Europe occidentale,* La Documentation française, 1995, p. 150. À l'appui d'un retrait socialiste est invoqué le précédent du canton de Genève où un exécutif « bourgeois » homogène a été élu en décembre 1993.

parti socialiste aux élections d'octobre 1995 (+ 12 sièges) aurait d'autre part pu susciter des exigences de sa part. Et cependant, en décembre suivant, l'Assemblée fédérale a reconduit les sept membres en exercice du Conseil fédéral, tandis que les partis gouvernementaux annonçaient leur intention de renforcer la concertation entre eux sur les problèmes fondamentaux. Une situation analogue s'est à nouveau produite après les élections de 1999, quand ce fut l'union démocratique du centre, devenue, sous l'impulsion de Christoph Blocher, un parti nationaliste et populiste, qui gagna 15 sièges, dépassant largement le score de la démocratie chrétienne (44 contre 35). En novembre 1999, l'UDC revendiqua un deuxième mandat au Conseil fédéral et présenta la candidature de M. Blocher. Opposé aux deux candidats socialistes, il n'obtint guère plus que les voix de son groupe. Les sept conseillers sortants, dont le représentant centriste de l'UDC, M. Ogi, ont été réélus. Mais après les élections d'octobre 2003, l'UDC, devenu le premier parti de Suisse (v. n° 123, n. 1), a été en mesure d'obtenir un deuxième mandat. Et M. Blocher, qui menaçait autrement d'entrer avec son parti dans une ligne d'opposition dure, a été élu conseiller fédéral au troisième tour par 121 voix contre 115 à Mme Metzler, du parti social-chrétien, vice-présidente sortante, qui pour la première fois depuis 1872 se voyait refuser la réélection.

125 LA RESPONSABILITÉ DU CONSEIL FÉDÉRAL DEVANT L'ASSEMBLÉE. — On serait tenté de déduire de ce que les chambres ne peuvent révoquer les membres de l'exécutif, la conclusion que les conseillers fédéraux ne sont pas responsables devant l'assemblée. Telle n'est pourtant pas la conception de la doctrine constitutionnelle suisse. « Le Conseil fédéral est naturellement responsable auprès du Parlement, écrit Thomas Fleiner-Gersten, mais cette responsabilité politique est limitée puisque le Parlement ne peut limoger un membre de cet organe. »[1] Et pour Jean-François Aubert, plus nuancé : « Il n'est pas tout à fait exact de dire que, pendant la période administrative, notre gouvernement n'est pas responsable devant l'assemblée. On ferait mieux de dire que l'assemblée renonce à sanctionner la responsabilité gouvernementale. C'est cette renon-

---

1. Le Conseil fédéral : Directoire de la Confédération, « La Suisse », *Pouv.*, préc., p. 57.

ciation, conforme à l'esprit de la Constitution, mais dont la lettre ne dit rien, qui assure seule la stabilité du Conseil fédéral. »[1]

Il en est de même pour le Conseil fédéral lui-même, qui accepte d'infléchir son action selon les vœux de l'assemblée, renonçant à user de l'arme de la question de confiance.

Il n'en a d'ailleurs pas toujours été ainsi. Au XIXe siècle, on l'a dit, certaines décisions de l'assemblée constituaient de véritables « votes de confiance » au sens parlementaire de l'expression. Mais à cette époque, le parti radical était seul représenté au Conseil fédéral et il existait à l'assemblée une majorité et une opposition (v. n° 123). Plus récemment, on peut mentionner le cas du conseiller Chaudet, dont l'action fut mise en cause par la réduction des crédits militaires obtenue, en 1965, par une alliance des socialistes et des conservateurs chrétiens-sociaux au conseil national, décision qui « ne pouvait être interprétée autrement que comme une marque de défiance à l'égard du chef du département militaire (Paul Chaudet). Dans un régime parlementaire, elle eût probablement conduit à la démission du ministre ainsi visé »[2]. Cette démission intervint d'ailleurs l'année suivante comme un effet à retardement de l'opposition marquée par deux des grands partis à un conseiller représentant le troisième (le parti radical). Ce cas est exceptionnel. De tels incidents ne pourraient être répétés sans mettre le système en péril. Le principe de collégialité tel qu'il est appliqué dans le processus de décision du Conseil fédéral permet de les prévenir. Les autres cas de démission sont, depuis lors, restés l'exception et généralement dépourvus d'implication parlementaire. Celui de Mme Kopp, ministre radical de la Justice, en janvier 1989, est marginal : c'était alors la responsabilité personnelle du conseiller fédéral (du fait des agissements de son mari) qui aboutit à sa démission, sous la pression de l'opinion publique. Celui de M. Felber, démissionnaire en janvier 1993 officiellement pour raisons de santé, est lié au rejet par référendum de l'adhésion de la Suisse à l'Espace économique européen (6 décembre 1992) que le responsable des affaires étrangères avait ressenti comme un échec personnel. Cependant, la démission, en septembre 1995, peu avant les élections législatives, de M. Stich, socia-

---

1. *Traité de droit constitutionnel suisse*, n° 1511.
2. J.-F. Aubert, *op. cit.*, n° 1357.

liste, chargé du département des finances, traduit un désaccord sur le projet de budget avec la majorité de droite du Conseil national qui lui refusait de nouvelles recettes[1].

II | LES LIMITES DE L'INFLUENCE DE LA STRUCTURE POLITIQUE

Du lien étroit qui existe entre la composition du Conseil fédéral et celle de l'assemblée par l'intermédiaire des partis, il ne faudrait pas conclure que le régime politique suisse présente un caractère particratique, entièrement déterminé par la structure politique. D'une part, en effet, la nature directoriale du régime tend à donner aux hommes une plus grande indépendance à l'égard des partis qu'en régime parlementaire. D'autre part, les procédures de démocratie semi-directe permettent de dépasser les clivages partisans, si bien que les partis sont loin de détenir le monopole de la médiation politique.

126 L'INDÉPENDANCE DES HOMMES À L'ÉGARD DES PARTIS. — La nature directoriale du régime suisse et le mode de désignation des membres de l'exécutif qui en procède tendent à limiter l'influence de la structure politique, et singulièrement des partis, sur le fonctionnement des institutions. L'existence du Conseil fédéral ne dépend pas, comme en régime parlementaire, du contrôle par lui d'une majorité dans les chambres. Les conseillers fédéraux en sont d'autant plus indépendants à l'égard des partis dont ils sont issus. Cette indépendance résulte aussi du mode d'élection des membres du Conseil fédéral : chacun d'entre eux doit avoir le soutien d'autres partis lors de son élection ou sa réélection. Enfin, l'usage qui conduit à réélire les conseillers sortants qui le souhaitent ne contribue pas moins à garantir l'autonomie des membres du gouvernement à l'égard de leur parti et de sa

1. Au total, on compte depuis l'origine 12 démissions de membres du Conseil fédéral : quatre suite à désaccord avec le résultat d'un référendum, quatre suite à désaccord avec la majorité du Parlement, deux suite à désaccord avec leurs collègues, deux suite à désaveu de l'opinion. Trois conseillers n'ont pas été réélus (1854, 1872, 2003), deux autres ayant préféré décliner une réélection qui s'augurait mal (1866, 1875).

politique[1]. C'est pourquoi les conseillers fédéraux ne sont pas choisis parmi les dirigeants des partis et qu'il advient même que les candidats officiels des partis soient récusés lors de l'élection du Conseil fédéral. Cette « rébellion du Parlement contre les organes officiels des partis » (v. n° 113) est une autre manifestation du caractère non particratique du fonctionnement des institutions suisses. Il s'exprime également à l'échelon des relations entre le Parlement et l'exécutif. Celui-ci ne disposant pas de l'arme de la question de confiance, les parlementaires des partis gouvernementaux bénéficient d'une grande liberté de critique, peuvent exercer sans restriction leur droit d'amender les projets présentés par l'exécutif, et même aller jusqu'à les rejeter. Il arrive en effet que les députés de ces partis soient divisés, à l'intérieur des groupes parlementaires, sur un projet de loi et qu'ainsi ce projet échoue devant le Parlement[2].

127 LE RÔLE DES PROCÉDURES DE DÉMOCRATIE SEMI-DIRECTE.
— Le caractère particulier des rapports existant entre le législatif et l'exécutif ainsi qu'entre les partis politiques et leurs représentants au sein du Parlement et du gouvernement s'explique par le rôle décisif du corps électoral. Les lois proposées par le Conseil fédéral, discutées et adoptées par le Parlement, et qui expriment le consensus existant entre les partis gouvernementaux, sont soumises à la décision finale du peuple. L'exécutif mais aussi le législatif peuvent être désavoués lors de chaque votation, même si celles-ci recueillent parfois un très faible taux de participation. De la même manière, l'initiative populaire tendant à la révision de la Constitution permet à une fraction de corps électoral d'en appeler directement au peuple ou, du moins, par l'usage de la clause de retrait, de susciter une initiative des organes constitués (v. n° 121).

Le Parlement et l'exécutif, et à travers eux les partis qui les contrôlent, sont ainsi régulièrement soumis au jugement du corps électoral, que ce soit au sujet des lois qu'ils ont adoptées, des initiatives

---

1. Le cas le plus notable actuellement est celui de M. Ogi, représentant de l'UDC au Conseil fédéral et favorable à la demande d'adhésion de la Suisse à la CEE alors que l'UDC y est devenue majoritairement hostile (v. n° 122).
2. V. F. Couchepin, art. cité, p. 71.

de révision qu'ils prennent ou des contre-projets et mesures législatives que l'initiative populaire les conduit à promouvoir.

C'est ainsi que la question de l'immigration a été soulevée par des initiatives populaires. Après la défaite, en 1970, d'une initiative visant à une réduction de 10 % de la population étrangère dans un délai de quatre ans, les autorités fédérales n'en élaborent pas moins une politique de stabilisation de l'immigration qui crée un consensus. Ainsi, en 1996, une initiative tendant à restreindre le droit d'asile se voit également rejetée. Et en septembre 2000, une autre visant à réduire l'immigration est rejetée par 63,7 % des votants. C'est également par la voie de l'initiative populaire qu'ont été débattues d'autres questions que le consensus résultant de la formule magique écartait du débat politique national : avortement, énergie nucléaire, objection de conscience. En 1987, une initiative tendant à la suppression de l'armée oblige les partis à débattre d'un sujet jusqu'ici préservé des discussions politiques[1]. Même si, deux ans plus tard, elle est rejetée par deux tiers des votants, elle permet ensuite l'aboutissement en 1992 d'une initiative sur la création d'un service civil.

En cas de rupture ponctuelle du consensus entre les grands partis, ce peuvent être les partis eux-mêmes qui ont recours aux procédures de démocratie semi-directe. Tel est le cas du parti socialiste, minoritaire dans la coalition (v. n°s 121 et 124). Mais on observe que les votations populaires mettent plutôt en évidence le rôle minoritaire du parti socialiste au sein du corps électoral qu'au sein des institutions fédérales où il profite de la recherche du consensus[2].

Une mesure préconisée par le parti socialiste peut être avalisée par le Conseil fédéral, mais elle encourt déjà le risque d'être rejetée au Parlement. Et si elle est adoptée par les chambres, moyennant les amendements que celles-ci auront imposés, elle peut encore être définitivement repoussée par un référendum législatif[3]. L'importance du rôle des procédures de démocratie semi-directe conduit les citoyens à considérer que les partis sont, dans une certaine mesure, inutiles : la

---

1. V. J.-D. Delley, La démocratie directe, *Pouv.*, n° 43, p. 111.
2. Ainsi, en avril 1987, est rejetée une initiative promue par le parti socialiste et visant à soumettre au référendum les dépenses militaires approuvées par le Parlement. Le rejet ayant été acquis par 60 % contre 40, le parti socialiste s'est estimé satisfait d'avoir réalisé un score honorable.
3. On trouve un exemple combiné de ces deux risques avec le rejet, en décembre 1996, d'une révision tendant à l'assouplissement de la loi sur le travail, votée par l'Assemblée en des termes nettement durcis par rapport au projet initialement présenté par le Conseil fédéral.

culture de cette forme de démocratie engendre, plus que partout ailleurs, un complexe antiparti. Les hommes des grands partis politiques hésitent cependant à critiquer le système de démocratie semi-directe, qui est le trait le plus remarquable du régime suisse[1]. C'est lui en effet qui assure sa pérennité et sa stabilité, voire son immutabilité. C'est en effet parce que le corps électoral a le dernier mot lors de chaque votation qu'il provoque, et non pas seulement lors d'élections périodiquement tenues, que le régime directorial se perpétue tel qu'il est. Il a souvent été proposé d'augmenter le nombre des conseillers fédéraux, mais une augmentation significative impliquerait que le collège soit dirigé par un chef, comme en régime parlementaire. Or que peut faire un chef, sauf se démettre, lorsqu'il est désavoué par le peuple ? C'est aussi ce dernier mot du peuple qui contribue à assurer le maintien de l'équilibre entre l'assemblée et le Conseil fédéral, car ce n'est pas seulement l'exécutif mais aussi bien les chambres qui, à l'occasion d'un référendum législatif, peuvent être désavouées par le corps électoral, de telle sorte que la subordination du Conseil fédéral à l'égard de l'assemblée revêt un caractère plutôt théorique ou, du moins, formel. Il appartient non seulement au gouvernement, mais aussi au Parlement, de prendre acte de la décision populaire et d'infléchir son action dans le sens qui lui est indiqué.

Il est souvent fait grief au système suisse de démocratie semi-directe d'être un facteur de conservatisme, voire d'immobilisme[2]. Ainsi que l'écrit Daniel-Louis Seiler, « peu de systèmes politiques témoignent d'une aussi grande capacité d'intégration ou de récupération des forces qui lui sont hostiles. Depuis 1848, aucun gouvernement n'a atteint une aussi grande stabilité ministérielle et une aussi extraordinaire continuité dans les politiques inspirées par un conservatisme ouvert à la modernisation et aux réformes lentes. La clef du système partisan suisse, la vraie formule magique serait : s'ouvrir au changement afin de changer le moins possible »[3]. Mais c'est précisément parce que le système partisan a en Suisse la part la plus congrue au sein des régimes démocratiques contemporains.

---

1. V. cependant R. Béguelin, *Un faux témoin, la Suisse,* Paris, 1973. Le socialiste Roland Béguelin est le père fondateur du nouveau canton du Jura.
2. Une autre objection fréquemment émise à l'encontre des procédures de démocratie semi-directe est la faiblesse, parfois très grande, de taux de participation aux votations. Mais ce taux n'est pas non plus très important lors des élections législatives.
3. Enjeux et partis politiques en Suisse, « La Suisse », *Pouv.,* préc., p. 137.

Pour aller plus loin

128 Le droit constitutionnel et les institutions politiques de la Suisse sont traités par une très abondante littérature en langue allemande. Il existe néanmoins en langue française un éventail suffisamment riche d'ouvrages fondamentaux, d'ouvrages plus spécialisés et d'articles qui permettent au lecteur français d'approfondir les éléments que contient ce chapitre.

I. — DES OUVRAGES FONDAMENTAUX

Le livre de W. Rappard, *La Constitution fédérale de la Suisse*, Neuchâtel, 1948, a longtemps été la principale référence. Un peu ancien, il reste intéressant pour l'exposé des principes généraux de droit constitutionnel suisse et pour l'histoire constitutionnelle. Il en va de même du livre d'André Siegfried, *La Suisse, démocratie témoin*, Paris, La Baconnière, 1948.

La référence constante de ce chapitre est le *Traité de droit constitutionnel suisse*, de J.-F. Aubert, Neuchâtel, Éd. Ides et Calendes, 1967, supplément 1982 : ouvrage complet, de présentation claire et d'un maniement aisé. Du même auteur, on peut aussi consulter l'*Exposé des institutions politiques de la Suisse à partir de quelques affaires controversées*, Lausanne, 1978, 2ᵉ éd., 1982, essai pédagogique au style alerte et direct. Titres plus récents : J. Rohr, *La démocratie en Suisse*, Paris, Economica, 1987, qui n'aborde pas seulement les questions institutionnelles et juridiques mais envisage et analyse avec précision les contextes sociologique, religieux, linguistique et aussi économique ; P.-M. Zen-Ruffinen et A. Auer (dir.), *De la Constitution. Études en l'honneur de Jean-François Aubert*, Bâle - Francfort-sur-le-Main, Helbing et Lichtenhalm, 1996 : v. en particulier : A. Auer, « La Belle et la Bête : les deux Constitutions de la Suisse » ; Raimund Germann, *Staatsreform : der Übergang zur Konkurrenz Demokratie*, Berne-Stuttgart, P. Haupt, 1994 ; H.-P. Kriesi, *Le système politique suisse*, Paris, Economica (coll. « Politique comparée »), 1995.

L'ouvrage le plus important, jusqu'à la publication, récente, du traité paru sous la direction d'Andreas Auer, est le *Handbuch Politisches System der Schweiz - Manuel du système politique de la Suisse*, Berne et Stuttgart, Verlag Paul Haupt, 1983, 3 vol., publié sous la direction d'A. Riklin. Il s'agit d'un ouvrage collectif comportant des études en allemand (principalement) et en français, avec des résumés en anglais, français et allemand. Le premier volume est intitulé : *Le contexte* ; le second, où sont envisagées les relations internes des institutions étatiques et du système politique : *Structures et processus* ; le troisième : *Fédéralisme* (v. *infra*). Les ouvrages de référence sont désormais celui d'A. Auer, G. Malinverni et M. Hottelier, *Droit constitutionnel suisse*, Berne, Staempfli, 2000, vol. 1 *(l'État)* et celui de D. Thürer, J.-F. Aubert et J.-P. Müller (éd.), *Droit constitutionnel suisse*, Zurich, 2001.

II. — OUVRAGES SPÉCIALISÉS

Sur l'histoire constitutionnelle : de J.-F. Aubert, la remarquable *Petite histoire constitutionnelle de la Suisse*, Berne, Francke, 2ᵉ éd., 1975.

Sur certaines particularités institutionnelles : Th. de Felice, *Institutions de la Suisse*, Paris, Didier, 1985. Ce petit ouvrage (145 p.) n'est pas un traité de droit constitutionnel mais un exposé concret de certains aspects de la vie civique suisse qui met l'accent sur ce qui diffère des institutions françaises.

Sur le processus de décision politique : W. Linder, *La décision politique en Suisse. Genèse et mise en œuvre de la législation*, Lausanne, 1987.

Sur la démocratie semi-directe en général : E. Grisel, *Initiative et référendum populaire. Traité de la démocratie semi-directe en Suisse*, Institut de droit public de l'Université de Lausanne, 1987 : clair et méthodique. À l'échelon local : S. Duroy et al., *Les procédés de démocratie semi-directe dans l'administration locale en Suisse*, Paris, Travaux de l'Université de Paris II, 1988, avec une préface de R. Drago.

III. — ÉTUDES ET ARTICLES

Sur les institutions fédérales : le lecteur consultera, dans la série d'articles publiés dans la revue *Pouvoirs*, 1987, n° 43, consacré à la Suisse, les études précitées de J.-F. Aubert, E. Weibel, Th. Fleiner-Gerster, J.-D. Delley. Une mention particulière doit être faite de la contribution de F. Couchepin, alors vice-chancelier de la Confédération, intitulée « Coordination des actes d'un gouvernement collégial » (p. 65-72), préc., approche par un praticien des institutions de l'une des questions les plus intéressantes que pose le régime directorial.

Sur le fédéralisme et les cantons : v. les études contenues dans le vol. 3 du *Manuel du système politique de la Suisse*, préc., et notamment celles de B. Knapp, « Étapes du fédéralisme suisse », p. 31-54 ; J.-D. Delley et A. Auer, « Structures politiques des cantons », p. 85-106 ; M. Bassand et R. Perrinjaquet, « La politique locale », p. 201-220. V. aussi l'article de B. Knapp, Confédération et cantons, *Pouv.*, préc., p. 31-48.

Sur la révision constitutionnelle : M. Hottelier, Suisse : réforme globale de la Constitution fédérale, *RFDC*, n° 25, 1996, p. 195 ; B. Knapp, La révision de la Constitution fédérale suisse, *RDP*, 42 (2000), p. 405-420.

Sur la réforme des droits populaires : J.-Fr. Aubert, Considérations sur la réforme des droits populaires fédéraux, *Revue de droit suisse*, CXIII (1994), p. 295-330 ; M. Hottelier, Suisse : réforme des droits populaires de rang fédéral, *RFDC*, n° 55, 2003, p. 657 et s.

Sur le système électoral : J.-Fr. Aubert, Vertus d'un système non majoritaire, *Pouv.*, n° 85 (1998), p. 119-131.

Sur la problématique européenne : O. Jacquot-Guillarmod, La nécessaire métamorphose européenne de notre droit constitutionnel matériel, *in* W. Schluep (dir.), *Staat und Politik : Festschrift zum 60. Geburstag Bundesrat Arnold Koller*, Berne-Stuttgart, P. Haupt, 1993, p. 683-705.

Sur les partis politiques : R. Girod, Le système des partis en Suisse, *RFSP*, 1964, p. 1114 et s. ; D.-L. Seiler, Enjeux et partis politiques en Suisse, *Pouv.*, préc., p. 115-138.

TROISIÈME PARTIE

LES DÉMOCRATIES DE COMPÉTITION : LES RÉGIMES PARLEMENTAIRES

Chapitre 1
La Grande-Bretagne

La Grande-Bretagne, qui a fondé le régime représentatif moderne, est ainsi la matrice du régime parlementaire démocratique. Elle est aussi la démocratie la plus atypique puisque les principes démocratiques ne sont affirmés nulle part. La Constitution britannique n'est pas seulement non écrite, elle n'est pas non plus essentiellement démocratique. Et cependant, la qualité du parlementarisme démocratique anglais, si fréquemment imité, n'a jamais été véritablement atteinte dans les autres pays qui s'en sont inspirés.

Introduction historique

129 LES ORIGINES DU RÉGIME REPRÉSENTATIF. — Certains éléments fondateurs de la Constitution britannique ont déjà été analysés dans la partie introductive. Néanmoins, à bien des égards, les institutions contemporaines ne peuvent être envisagées indépendamment de leurs origines et de leur évolution historique et il convient donc de rappeler les grandes étapes du développement de la Constitution en remontant aux origines du régime représentatif. Il importe de rappeler qu'on part d'une situation, au Moyen Âge, où le roi d'Angleterre était l'unique législateur. De même, lui seul était fontaine de justice. Toutes les libertés se rattachaient à lui comme à un anneau. Filmer (l'auteur de la *Patriarca*) a raison de rappeler que la Grande Charte, concédée par le roi Jean, a reposé sur une concession unilatérale du Prince (c'est parce que Filmer a été jugé malsonnant d'énoncer des vérités de cette sorte qu'on a brocardé ses descentes bibliques). La royauté anglaise après la Conquête était devenue très forte – à cet égard, on peut même parler, sans crainte d'anachronisme, de monarchie. En l'absence de grands féodaux (comme en a connu la France), le pouvoir royal d'édiction couvrait dès l'origine *réellement* l'ensemble du royaume. L'application du principe « *consensu populi et constitutione regis* » (formule qui à l'origine n'avait pas la portée qu'on lui a prêtée plus tard), suivant une tradition antique commune à l'Europe, impliquait à l'origine les *proceres* (comme les appelle toujours Jean sans Terre), et les *sacerdotes,* les évêques. Cette institution a été relayée de l'intérieur par ceux des vassaux immédiats du roi à raison de sa couronne que distinguait le titre de pair. Nul n'était en Angleterre en situation d'inquiéter la royauté tant qu'elle ne fut pas elle-même divisée. Aussi cette intervention, qui en soi revenait à consacrer la perpétuité de l'acte, est-elle demeurée en ce pays longtemps symbolique. Au regard des Lords, c'est par une survivance des temps où l'édiction par le Prince requérait l'autorité et la force de leurs sanctions (la force d'une sanction non la chose même) que la sanction des *bills,* émanée de la majesté royale, s'opère au milieu d'eux. C'est par cette raison encore que les paroles sacramentelles proférées à cette occasion par le clerc de la Chambre sont toujours dites en français[1]. Dès la conquête normande, apparaissent donc la *curia minor,* composée de l'entourage du roi, et la *curia major,* bientôt appelée Grand Conseil, où siègent les vassaux directs de la Couronne, tenus à l'obligation de conseil par le contrat féodal, que sont les hauts barons et parmi eux les pairs. Pour Bracton, ces consaux sont les comtes et barons. Les comtes, qui peuvent bien être aussi des *earls,* sont à comprendre ici comme les *proceres qui et magnates* (Bracton joue sur le latin *comites,* « compagnons », ce qui dans son esprit implique un devoir de veille). Ils sont la représentation

---

1. Au début tout au moins du règne de Victoria encore, à la réserve des cas où le souverain jugeait plus simple de donner la sanction par lettres patentes (par délégation au Chancelier sous l'autorité d'une patente royale), la majesté royale venait consentir en personne, et la reine se transportait à cette fin au milieu des Lords au terme de la session du Parlement. L'assentiment était prononcé pour chaque *bill* par une inclination de tête ; le clerc en faisait la déclaration en proférant à haute voix l'une des célèbres formules : « La reyne le veult » ou « la reyne s'avisera » (pour les *public bills*).

vivante du Prince. Nulle royauté médiévale qui n'ait été plus monarchique. Or la royauté anglaise, qui avait déjà été ébranlée à la mort d'Henry Beauclerc par une guerre de succession qui dura quelque quinze ans mais en était ressortie à terme grandie, fut affaiblie cette fois sans rémission à la suite du conflit entre le roi Henry II et ses fils, puis des disputes, que vint rehausser le crime, entre ces fils eux-mêmes. Il s'est trouvé que celui d'entre eux qui finit par cueillir l'héritage s'est avéré un malade mental. Les conditions favorables d'une lutte contre la Couronne étaient ainsi créées en faveur des barons. En 1215, le roi Jean est dans l'impuissance de surmonter leur opposition parce que celle-ci se double pour lui d'un conflit avec l'Église. Jean sans Terre doit concéder, le 16 juin 1215, dans la prairie de Runnymede (non loin de Windsor), la Grande Charte – *Magna Carta Libertatum* – qui établit les premières limitations non coutumières du pouvoir royal. Ce texte fondateur a été confirmé en 1297 par la *Confirmatio Cartarum,* encore contenue aujourd'hui dans le *Statute Book*. La Grande Charte constatait les griefs des différents ordres et tentait d'y remédier. C'est ainsi que l'on a accordé à l'Église le pouvoir de s'organiser d'une manière autonome, tandis que les villes eurent des privilèges et que leurs coutumes furent reconnues. Nul ne peut être jugé que par ses pairs, au cas de félonie, et selon la loi du pays. La justice devenait ainsi plus équitable : tout homme libre avait le droit d'être jugé par ses pairs, cela pour se prémunir contre une justice royale qui n'aurait pas respecté la « *law of the land* ». Mais les dispositions essentielles sont celles relatives au consentement à l'impôt. Aucune aide financière ne peut être levée sans le consentement du Grand Conseil, qui se voit aussi reconnaître le droit de pétition. À cette époque, le conseil comprend seulement des pairs laïcs et ecclésiastiques. La royauté, sous le règne mal assuré d'Henry III (prince influençable), ouvert par une longue minorité, se heurte aux célèbres Provisions d'Oxford (1258). Celles-ci s'inscrivent dans le droit fil des clauses *gravia et dubitalia* de la Grande Charte, dispositions qui n'avaient pas été reproduites dans la confirmation opérée par le roi Henry (le roi Jean était mort dans l'année qui suivit l'octroi). Elles illustrent la prétention d'inscrire les barons dans le pouvoir de gouvernement, en assujettissant le prince à un conseil échappant à sa désignation, novation dont l'exemple le plus éclatant de mise en œuvre en

Europe tient dans la Charte de Cortenberg pour le duché de Brabant (1312). Les Provisions d'Oxford seront annulées par un arbitrage de saint Louis (le Dit d'Amiens). La prétention ne sera pas éteinte pour autant. Ainsi le règne de Richard II verra le Parlement réclamer avec une obstination que ne démentirent pas les replis tactiques un droit d'emprise sur le choix comme le maintien des conseillers du prince. Ce règne fut la grande époque de l'*impeachment*. Richard II eut beau répondre un jour qu'il ne renverrait pas fût-ce le dernier marmiton de ses cuisines, son règne tragique marque, ainsi qu'on verra, une rupture irrémédiable. Il y a là depuis 1215-1216 une tendance récurrente à la défiance insatiable à l'endroit du conseil restreint des rois, qu'on verra ressurgir encore en 1701 lors de *l'Act of Settlement,* et qui eût pu conduire à la figure du parlementarisme total, qu'avait du reste préfigurée le « *mad parliament* ». La fin du règne d'Henry III est marquée, pour la tenue du Parlement, par la convocation de représentants des comtés. En 1265, le roi refusant de réunir le conseil, celui-ci est convoqué à l'initiative de l'un de ses vassaux, Simon de Montfort, qui a opéré en tant que sénéchal du royaume. Ce conseil comprenait, outre les pairs, deux chevaliers par comté et deux bourgeois par bourg. Le procédé ne devient définitif qu'en 1295, sous Édouard Ier, et le conseil convoqué cette année est connu (à vrai dire, seulement depuis Stubbs) sous le nom de *Model Parliament.* Chose bien remarquable, les lettres par lesquelles convocation était signifiée *(writ of summons),* en tout cas celles qu'on a conservées, invoquaient « *quod omnibus tangit »,* maxime dont Fortescue opposera la réalité au non moins célèbre « *quicquid principi placuit* » et qui a été pour toute l'Europe la pierre de touche du gouvernement parlementaire[1]. Le nom de « *Parlamentum »,* mot en soi déjà ancien (« parlement » est dans la Chanson de Roland), est officialisé pour la première fois, en 1248, par Henry III évoquant le grand acte concédé par son père. Il ne s'impose, au détriment de ceux, entre autres, de *colloquium, consilium* et de *curia,* qu'au milieu du XIVe siècle. Ce qui est remarquable dans le Parlement modèle (lequel

---

1. « *Quod omnes tangit ab omnibus comprobetur.* » Cette maxime est tirée d'une constitution de Justinien, qui figure dans le Code (V, 59, 5, 3). Nous donnons le texte original. La maxime a été mise à toutes les sauces et répétée à l'envi sous de multiples variantes. « *Quicquid principi placuit legis habet vigorem »,* une règle posée par Ulpien, est dans le Digeste (I, 4, fr. 1).

avait connu peu auparavant un précédent ou deux mais moins prononcés, ainsi en 1275), c'est que pour la première fois – novation capitale dans l'histoire – sont posées les conditions qui vont permettre à la procédure législative de se déployer au-delà du cercle, hérité de l'Antiquité tardive, des *maiores natu,* que réalisaient au Moyen Âge la noblesse, la chevalerie et le patriciat des cités et des ports, et impliquer à terme la part supérieure des *minores,* qui sont le menu peuple. Certes, les députés des bourgs n'ont été admis à l'origine que pour exprimer des doléances et consentir des aides ; mais déjà sous Édouard II on les voit commencer de participer à la délibération parlementaire (au sens législatif du mot). D'autre part, sous ce même règne, les chevaliers, qui représentent le plat pays, apparaissent pour nombre d'entre eux n'être plus de véritables chevaliers ni vérifier une extraction chevaleresque mais sont des *knights of the shire,* chevaliers par détermination de la loi, tirés de la *yeomanry.* Dans le même temps donc que l'éligibilité s'élargit, le suffrage s'est aussi restreint. La raison en est simple : un suffrage demeuré « universel » (aux conditions de l'époque) n'aurait fait que perpétuer le fait pour les francs tenanciers de manger dans la main de la *gentry* féodale[1] ; en obtenant l'instauration d'un cens assez élevé, la bourgeoisie rurale contrit la vieille chevalerie. Le système électoral cristallise sous le règne d'Henry VI, pour les élections de comté (avec le cens de 40 shillings), la dimension oligarchique qu'il ne manquait pas d'avoir déjà pour les cités et bourgs et qu'il va conserver près de cinq siècles, jusqu'aux premiers *Reform Acts.* En 1332 (aux débuts du règne d'Édouard III), apparaît pour la première fois la mention officielle d'une réunion séparée de ces chevaliers du comté et des bourgeois des villes qui délibèrent indépendamment des barons et des pairs d'une part et des évêques et abbés mitrés d'autre part (ces derniers avant la Réforme). Ceux des vassaux directs du roi *(tenentes in capite)* qui sont convoqués en masse ont rejoint chevaliers de comté et *burgesses* ; par un mouvement symétrique, ceux des barons pour qui la convocation est individuelle (par lettres closes) tendent à s'assimiler aux *barones maiores* et pairs.

---

1. En 1832, l'amendement au premier *Reform Act* (amendement de Lord Chandos) qui accordait le droit de vote aux tenanciers précaires *(tenants a will)* fut adopté dans le même esprit au profit de la *landed gentry.*

C'est le prélude à la séparation du Parlement en deux chambres, laquelle se fixera sous le règne de Richard II : la Chambre des Lords et la Chambre des Communes, qui représente la communauté du royaume et siège dans la maison du chapitre de l'abbaye de Westminster, où s'était déjà tenu le Parlement modèle. Dans le même temps que le Parlement se scinde définitivement, il s'érige, au plan organique, dans une figure d'indépendance à l'endroit du Prince. La présence du roi *(caput, finis et principium Parlamenti)* au milieu des Lords ne conditionne plus la validité des délibérations : à partir du règne d'Henry VI, on pose en règle que l'absence volontaire du roi ne périme plus les travaux du Parlement. Du même mouvement, le Prince (dont émane toute justice) ne se reconnaît plus en droit de participer aux décisions judiciaires de la *curia regis*. Cela vaut pour la *curia civium,* composée des Lords[1], l'ancêtre direct des actuels Lords judiciaires comme juges suprêmes du royaume (v. n° 146), comme pour l'*aula regis,* dont sont dérivées toutes les juridictions de dernier ressort. Et s'il arrive au roi d'assister discrètement aux débats, comme le fit encore Édouard IV au *King's Bench,* et même d'y apparaître à la place d'honneur (droit qui ne sera pas contesté à Jacques Ier), le Prince s'est constitué dans l'impossibilité de présider les débats comme d'opiner. Advient enfin un acquis secondaire au regard de ce processus de dissociation mais qui a son importance pour le développement du gouvernement représentatif : le clergé finit par ne plus figurer comme ordre au sein du Parlement. Il préféra voter à part le subside. Si les Lords spirituels s'y maintinrent, c'est qu'ils étaient compris à l'époque parmi les pairs, à raison, du moins aux temps médiévaux, des fiefs temporels attachés à leur siège. D'autre part, l'alignement du statut fiscal du clergé sur le droit commun, opéré à la Restauration, n'empêcha pas que les clercs, au siècle suivant, ne soient frappés d'inéligibilité aux Communes.

En 1376, apparut le speaker, porte-parole des Communes auprès du souverain, qui est élu par la chambre en son sein et (en tant qu'il est agréé par le roi) se transporte avec les Communes chez les Lords où il est confirmé par le Chancelier (un seul cas de refus de confir-

---

1. Comme l'a écrit Jean Durliat, un historien dont les travaux aboutissent à des conséquences impressionnantes sur le droit public, il faut prêter grande attention au glissement de sens de certains mots tels que *populus* et *civis*.

mation s'est trouvé, en 1679). Le speaker devient rapidement président des séances de l'assemblée.

Cependant, la durée de ces premiers parlements était très brève. Plusieurs parlements pouvaient être convoqués la même année (les Provisions d'Oxford entendent imposer « treis parlemenz par an »). Chaque fois qu'étaient traitées les questions qui avaient suscité la convocation, le congé royal entraînait la dissolution de l'assemblée. Une autre convocation, fût-elle dans le courant de la même année, devait être précédée de nouvelles élections.

La principale fonction des assemblées était de donner le consentement à l'impôt. C'est de cette fonction que naîtront tous les pouvoirs que le Parlement s'attribuera plus tard. Mais, jusqu'à la fin du règne des Tudors, une fois cette fonction accomplie, le Parlement se trouve dissous ou prorogé. Avec cette dernière procédure, le Parlement peut être convoqué chaque fois que le roi en éprouve le besoin, en plusieurs sessions que séparent des prorogations plus ou moins longues. La durée du Parlement lui-même est indéterminée. Avant 1694, aucune règle n'intervient pour la fixer. Elle tend à s'allonger sous les Tudors, où les parlements sont particulièrement déférents à la volonté royale : on compte un parlement de sept années sous Henry VIII (1529-1536) et un de onze années sous Elizabeth (1572-1583). Malgré cela, cet allongement ne manqua pas d'influer sur la nature de l'institution : les assemblées s'habituèrent à agir en organes collectifs puis en instances permanentes titulaires d'une certaine souveraineté. Par ailleurs, certaines compétences primitivement exercées par le Parlement en tant que successeur de la *curia major* ont été transférées à d'autres organes : le conseil privé, successeur de la *curia minor,* et la chancellerie. Cette période de paix favorise le développement de l'institution parlementaire, et particulièrement des Communes.

Le développement du gouvernement parlementaire (« les griefs avant les subsides ») tient à la fréquence des réunions du Parlement qui a dépendu des besoins d'argent du souverain. C'est en tant que les Tudors[1] furent en situation de s'en passer à la limite que la

---

1. Le système de la monarchie mixte, développée à partir d'un pouvoir royal fort, hérité des Plantagenêts et, de plus loin, de la conquête, fut supérieurement mis en œuvre par les Lancastre, et le principal ressort de la puissance de cette branche. Les York, au contraire, étaient, par un paradoxe qui n'est qu'apparent, moins parlementaristes mais plus libéraux. Les Tudors, qui, au demeurant, pré-

Chambre fut à leur endroit d'une grande humilité – elle n'a regimbé que quand il s'est agi justement des lois d'impôt. Et c'est la présomption d'être de taille à oblitérer le Parlement bien plus que la funeste tendance à concevoir (comme a dit Hume) les droits du souverain comme des substances métaphysiques et les savantes rodomontades de Jacques Ier appuyées sur la *Lex digna*[1], qui ont conduit la maison de Stuart à sa perte.

L'Angleterre avait déjà éprouvé le fait précurseur, la déposition de Richard II (en 1399), attentat d'une autre gravité que même la condamnation à mort de Charles Ier par le Parlement. La déposition du Richard II a signifié la négation du principe monarchique. Elle a revêtu un caractère officiel (et ce n'était pas une éviction au profit d'un fils comme celle qui avait frappé son aïeul). Aussi le précédent sera-t-il évoqué en 1688 contre Jacques II par les Communes, qui ne manquèrent pas non plus de produire le cas de la déposition d'Henry VI. Le Parlement, qui en réalité alors était et avait le caractère de ce que le droit anglais appelle une Convention, jugea plus expédient de prétexter la vacance sur l'apparence de la fuite du roi et de poser en principe que la couronne était un conquêt *(purchase)*, comme dit l'ancien droit, de Guillaume et Marie.

De même, les Lancastres avaient appuyé leur pouvoir sur ces Communes mêmes qui venaient de valider leurs prétentions et ils y étanchèrent leur soif de subsides aux fins d'annexer un autre royaume. Aussi le règne de cette maison fait époque dans l'affirmation des pouvoirs de la Chambre basse. Les guerres dynas-

---

tendaient tenir leurs droits propres des Lancastre, appuieront leurs penchants autoritaires sur le Parlement, et ce avec d'autant plus d'efficacité qu'ils en étaient moins dépendants, ayant eu tôt fait de reconstituer à leur profit le domaine de la Couronne par les deux procédés de la spoliation et de la sécularisation. Ce fut l'incapacité dans laquelle fut la maison des Stuarts d'intégrer à ses desseins le schéma de la monarchie mixte tel qu'il s'était imposé depuis 1399 qui causa en définitive la perte de cette dynastie.

1. Si l'on consulte les arguments que Jacques Ier a développés en diverses rencontres l'année 1616 pour défendre sa puissance et souveraineté suprême et impériale (allusion à un passage du *Code,* IX, 29, 2), puissance et souveraineté suprême « dont il ne convenait pas de disputer dans les discours vulgaires », il faut reconnaître que ce roi était fort savant. La *Lex Digna* est une constitution de Théodose le Jeune qui a servi aux juristes à justifier dans le chef du Prince la distinction posée en Dieu par la scolastique entre *potentia absoluta* et *ordinata* Cette distinction a été de grande conséquence parce qu'elle a mis le droit constitutionnel sur la voie de l' « invention » de la distinction inhérente au pouvoir constituant. Le *suspensing power* (la faculté reconnue au souverain de suspendre l'exécution d'une loi), que nous retrouverons, et dont Jacques II fut le dernier souverain à faire usage, n'est que l'une des facettes de cette prérogative extraordinaire.

tiques entre Yorks et Lancastres ont aussi préparé, jusque dans leur férocité, les conditions du gouvernement parlementaire. Si elles contribuent à terme à fixer la loi (coutumière) de dévolution à la couronne, elles déciment les pairs. Or les suites ont été incalculables pour le développement des institutions britanniques. Il en est résulté que la pairie nouvelle a été composée, pour un reste, d'éléments de condition noble ancienne mais que – par un phénomène unique en Europe – la noblesse s'est identifiée désormais à la pairie, et que l'identification a fini même par devenir absolue : les seuls nobles sont les pairs[1]. La noblesse en Angleterre aux temps modernes n'a jamais constitué une classe. Cette donnée a été capitale. L'établissement du régime parlementaire ne pouvait se fonder que sur une aristocratie, mais pour autant que celle-ci ne constitue pas un ordre[2]. D'autre part le phénomène d'éradication d'élites natives propre au XVe siècle a parachevé l'ascension de la bourgeoisie, qui va jouer un rôle déterminant avec les Tudors, en parvenant à asseoir le pouvoir des Communes, et ne tardera pas à constituer le vivier de l'aristocratie.

130 LA CRISE DU XVIIe SIÈCLE. — Le XVIIe siècle est la période de la lutte entre le Parlement et la monarchie.

Les règnes de Jacques Ier (1603-1625) et de Charles Ier (1625-1649) voient le Parlement prétendre de façon définitive au partage du pouvoir de légiférer avec le roi. Progressivement, en contrepartie de l'assentiment du Parlement à l'impôt, le roi s'est trouvé amené à sanctionner des lois nouvelles qui d'abord lui furent suggérées par voie de pétition. C'est en vertu de cette corrélation que la plus célèbre de toutes, la Pétition des Droits, rappelle le principe, qu'elle pose comme absolu, du consentement à l'impôt. À la suite d'une longue évolution, dont les prémisses remontent au règne d'Henry VI, la pétition (qui n'en servit pas moins toujours

---

1. Tous leurs enfants, même l'héritier du titre (à moins qu'il ne soit pair lui-même par droit propre), sont compris parmi les *commoners*. En tout, ils relèvent du droit commun. Le droit d'aînesse résultait du droit commun. De droit commun aussi les fidéicommis, destinées à asseoir les terres dans les lignages. Les substitutions étaient renouvelées à chaque génération et résultaient (à l'ère moderne) de dispositions de libre volonté.
2. Les pairs eux-mêmes ne bénéficiaient pas d'immunité ou privilège d'impôt. Tocqueville est allé jusqu'à dire que l'aristocratie a pris sur elle les charges publiques les plus lourdes afin qu'on lui permît de gouverner.

pour l'impulsion des *private bills*) avait fait place à une participation véritable à la puissance législative. C'est aussi sous ce règne que les Communes, et ce n'est pas sans lien, perdirent beaucoup de ce qui leur restait de la représentation par ordres et commencèrent de s'affranchir plus nettement du mandat impératif (qui fondait *peticiones* et *grievances*). Une participation se définit en ceci que le roi est tenu de prononcer en forme sur l'initiative (non plus simplement se contenter de l'éluder comme il en est d'une pétition). Cependant, le roi conservait encore dans sa « prérogative royale » le droit de prendre seul des ordonnances, le droit de dispenser de l'exécution de la loi et le droit de suspendre les lois. Ces trois éléments de la prérogative sont l'objet de la lutte entre le roi et le Parlement au XVIIe siècle, ponctuée d'une longue série de grands procès d'État depuis le *Bate's Case* (en 1606) jusqu'à *Godden v. Hales* (1686). Au départ, le roi ne peut se dispenser de réunir le Parlement quand il a besoin de fonds, mais, dès qu'il les a obtenus, il tente de reprendre seul l'exercice du pouvoir. Ainsi, trois ans s'écoulent entre les réunions des deux premiers parlements du règne de Jacques Ier, sept ans entre le second et le troisième. Charles Ier règne sans réunir le Parlement de 1629 à 1640. C'est pourtant cette période qui se révèle fatale à l'absolutisme. En 1640, pressé par le besoin, Charles Ier doit convoquer le Parlement et celui-ci parvient à le forcer d'abandonner ses pouvoirs discrétionnaires de convocation et de dissolution : c'est le *Long Parliament*.

Entre-temps, le Parlement a connu de nouvelles transformations. L'effectif de la Chambre des Lords a doublé sous Jacques Ier (ce prince a fait des nobiliations un système de gouvernement), mais son homogénéité s'en trouve ébranlée et elle cesse d'être le soutien sans faille du pouvoir royal qu'elle était depuis Henry VII. Surtout, il existe sous le règne de Jacques Ier, au sein des Communes, un groupe d'une quarantaine d'élus qui représente l'opposition à la Couronne au nom du pays. C'est ainsi qu'apparaissent au Parlement le parti de la Cour *(Court)* et celui du pays *(Country)*, dont le clivage subsistera jusqu'au XVIIIe siècle. Le conflit entre Charles Ier, qui a dû accorder, en 1638, la *Petition of Rights*, et le Parlement s'exacerbe lorsqu'en 1640 le roi tente en personne de faire arrêter les cinq opposants les plus radicaux au sein du *Long Parliament*.

L'échec de cette tentative entraîne le départ du roi de Londres et le début de la guerre civile.

La période du *Long Parliament* voit la mise en jugement de Charles Ier, son exécution (30 janvier 1649), l'abolition de la fonction royale et de la Chambre des Lords, l'institution du Commonwealth et, en 1653, celle du Protectorat. Mais le prestige du *Long Parliament* décroît avec ses effectifs. Après son épuration en 1648, il est devenu le « Parlement croupion ». Les *indépendants*, qui dominent désormais la Chambre (les presbytériens auraient incliné à ménager le roi), mettent en place un régime directorial d'ancien style (v. n° 58), lequel dura quatre ans. Le *rump parliament* est dissous par Cromwell en 1653 et remplacé par une assemblée désignée par lui qui adopte l'*Instrument of Government*, réorganisant l'institution parlementaire. Il confirme le principe du monocamérisme et instaure une représentation proportionnelle des comtés, avec un mode de scrutin très oligarchique mais rationalisé (dont Hume pensera encore grand bien).

Cette période est en fait marquée par la dictature de Cromwell. Celui-ci rétablit le bicamérisme (1658) et dissout le Parlement peu avant de mourir. Son fils et successeur s'efface rapidement devant l'armée. Le général Monk rétablit le « Parlement croupion » tel qu'il était avant son épuration. Le 1er mai 1660, la Convention des deux chambres accepte la Déclaration de Breda et la restauration de Charles II, et proclame que, « conformément aux droits anciens et fondamentaux de ce Royaume, le pouvoir y est et doit y être exercé par le Roi, les Lords et les Communes ».

En 1664, le Parlement adopte le *Triennal Act,* qui sauvegarde la règle de la réunion au moins triennale du Parlement. Mais elle est ignorée par Charles II et Jacques II. Le Parlement réuni après l'accession de ce dernier (février 1685) est prorogé en novembre et ne siège plus jusqu'à sa dissolution en 1687. Celle-ci n'est pas suivie d'élections et le Parlement ne siège pas au moment de la révolution de décembre 1688.

L'importance juridique de la révolution de 1688 a déjà été soulignée (v. n° 6). Recevant la couronne des chambres, Guillaume et Marie acceptent le *Bill of Rights,* texte fondamental de la Constitution britannique moderne. Le *Bill* enlève au roi le pouvoir d'imposer des normes législatives par voie d'ordonnance, sans l'accord des chambres, ainsi que celui de suspendre la loi, le grand objet du cas *Godden v. Hales* devant le *Kings' Bench,* en 1686[1]. Le roi cesse d'être une autorité concurrente de celle de la Couronne en Parlement, pouvoir désormais seul souverain. Le *Bill of Rights* établit également l'annualité du vote de l'impôt et de la loi sur le contingent, ainsi que la périodicité des réunions du Parlement et la liberté des débats parlementaires. En 1701, intervient l'*Act of Settlement* (Acte d'Établissement) qui officialise le changement dynastique illégalement opéré en 1688, en excluant de la succession à la Couronne la postérité catholique des Stuarts, confirme le statut et les privilèges de l'Église établie et institue l'inamovibilité des juges. L'Acte d'Établissement a entendu aussi sceller l'éviction d'une institution promise à un bel avenir, le cabinet, mais la disposition sera bientôt rapportée. En vertu de cette loi, à la mort de la reine Anne en 1714, c'est l'électeur de Hanovre, George Ier, qui devient roi de Grande-Bretagne[2]. La présence d'esprit des ducs *whig* avait fait échouer les

1. Le litige avait porté sur le *suspending power*. Le roi Jacques en faisait usage afin de modérer le sort de ses coreligionaires catholiques. En l'occurrence ici en faveur de Hales qui ne répondait pas aux conditions de l'Act du Test. Hales s'abrita pour sa défense derrière la dispense royale. Onze sur douze des juges du *King's Bench* prononcèrent pour Hales. Les motifs furent les suivants : que les *Acts* étaient en substance des lois du roi, qu'il était par suite loisible au souverain d'en suspendre l'exécution et qu'à cet égard, il était seul juge de l'opportunité.
2. La succession à la Couronne des Stuarts aux Hanovre.

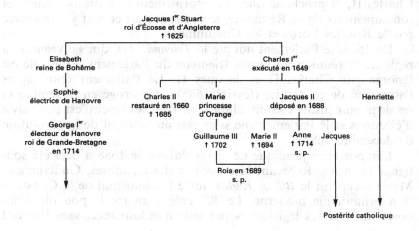

plans concertés, de l'aveu de la reine, pour rappeler son frère, le *Prétendant*. En 1707, un autre acte du Parlement était venu sceller l'union définitive entre l'Angleterre et l'Écosse.

131 DE LA RÉVOLUTION AU « REFORM ACT ». — On a vu dans quelles conditions le principe de la responsabilité gouvernementale, fondement du régime parlementaire, est né, s'est développé et finalement imposé en Grande-Bretagne lorsqu'en 1782 les Communes ont contraint le cabinet de Lord North à se retirer. L'année suivante, après les éphémères ministères de Lord Rockingham (auquel Burke a appartenu) et de Shelburne, North, allié à Fox (ils contraignirent le roi à les prendre en déclarant qu'ils ne gouverneraient qu'ensemble), gouvernait à nouveau avec l'appui des Communes au sein d'un ministère de coalition placé sous la direction nominale du duc de Portland. Lorsque le roi les renvoie, en 1783, à propos du *bill* sur le gouvernement des Indes, dont il obtient l'ajournement à la Chambre des Lords[1], il n'outrepasse évidemment pas ses pouvoirs. La confiance royale étant autrefois le seul titre à gouverner, elle reste nécessaire en premier lieu. Mais la chambre favorable au ministère réagit en marquant son hostilité à celui de Pitt, qui lui a succédé. Elle le fait d'abord à une majorité (énorme) de cent soixante voix. Durant plusieurs mois, l'opposition proclame inconstitutionnel le maintien du ministère qui n'a pas sa confiance et réclame la dissolution. George III et Pitt gouvernent avec l'appui des Lords, mettant en œuvre tous les moyens pour s'assurer un prochain succès électoral. L'opposition s'effrite dans la Chambre, au point qu'elle ne tient plus qu'à un fil. C'est alors que Pitt demande et obtient la dissolution. Lorsque celle-ci est prononcée en mars 1784, les résultats sont acquis. Avant même de prendre en charge les affaires, Pitt avait reçu les garanties que le roi userait de son influence pour lui procurer une victoire électorale. Le souverain lui consentit aussi des petits paquets de fournées qui aboutirent à entraver la domination séculaire de l'aristocratie *whig* dans la Chambre haute.

---

1. Fox après cette défaite que le roi avait provoquée ne se décidait pas à rendre sa démission. Il avait le soutien des Communes, qui votèrent une motion d'une énergie extrême flétrissant les procédés de la Couronne (la conduite de Lord Temple dans cette affaire est qualifiée par elles de *high crime and misdemeanour*). George III dans la nuit lui fit redemander les sceaux.

À la fin du XVIIe siècle et durant tout le XVIIIe siècle, en effet, et dans la mesure où, depuis la révolution, le contrôle de la Chambre des Communes est devenu un enjeu décisif, se sont développées des pratiques par lesquelles la grande aristocratie et la Couronne veillent à s'assurer de la composition de la Chambre basse. Ce résultat est obtenu par la réduction du corps électoral (au cours de la première moitié du XVIIIe siècle celui-ci a diminué de 17 %) et par le contrôle des électeurs. En premier lieu, il n'est pas tenu compte, pour l'octroi de nouvelles franchises, du développement que la plupart des villes doivent à l'industrialisation : ainsi Sheffield, Manchester, Birmingham n'ont aucun député. En revanche, la franchise est conservée à des bourgs dépeuplés, les fameux bourgs pourris, comme Old Sarum, un caillou déjà *omnino desertum* sous Henry VII, où cinq masures élisaient deux députés, et Dunwich, détruit par les flots (aussi les électeurs, qui sont au nombre de trois, outre le possesseur de la grève, y votent-ils dans une barque). Un cas, il est vrai unique, existait, Bonnisey, en Cornouailles, où il n'y avait même qu'un seul électeur[1]. La variété des modalités de franchise permet diverses manipulations. Dans certains des bourgs pourris, il suffit d'acheter la majorité des maisons, à l'occupation desquelles est attaché le droit de vote. Le système offrait prise à l'extravagance dans les choix, comme il y en a des exemples, mais il a permis à Fox et à Pitt (dont la famille a possédé Old Sarum) d'entrer très jeunes aux Communes, alors que ni l'un ni l'autre même n'avaient atteint leur majorité (ils n'eurent voix délibérative qu'avec elle mais dès auparavant eurent droit de parole). Ce système électoral, dont l'iniquité a été rarement dépassée, n'en aboutissait pas moins à ce résultat, comme les défenseurs de la réforme eux-mêmes en faisaient l'aveu, qu'il était impossible qu'une assemblée parlementaire fût mieux composée et peuplée d'autant de talents. Dans d'autres cas, ce sont les électeurs eux-mêmes qui sont achetés, simples individus, membres des municipalités ou des corporations (ces dernières seront dissoutes par un *Act* de 1835). Dans ces conditions, les élus se trouvent sous la dépendance de ceux qui ont

---

1. Le cas de fait d'un seul électeur n'était cependant pas rare car l'obligation de résidence (qui ne sera abrogée qu'en 1884) pouvait conduire à ce qu'un seul soit en situation de voter, les autres ne répondant pas aux conditions de domiciliation.

fait leur élection. D'une part, les conditions d'éligibilité ont plusieurs fois été restreintes, à partir de 1710, de manière à réserver des sièges aux propriétaires fonciers (l'exigence d'après laquelle le cens se détermine sur un bien fonds sera abrogée en 1838). D'autre part, depuis 1714, la Couronne dispose, avec le secrétaire politique de la Trésorerie, d'un système organisé de patronage qui lui permet de soutenir ses candidats au moment des élections et de les contrôler ensuite. La composition de la Chambre des Communes est ainsi déterminée par les moyens d'action du roi et de l'aristocratie et, de représentative de la classe moyenne qu'elle était encore au début du XVIIe siècle, elle tend à se rapprocher de celle de la Chambre haute. L'ensemble de ces pratiques a permis au roi, la plupart du temps, à des clans aristocratiques en d'autres moments, de contrôler une majorité à la Chambre basse[1], dans le même temps que s'impose la nécessité de cette majorité dans le cadre du parlementarisme naissant. Cependant, chaque majorité issue des élections, fruit de l'influence royale, tend à conférer au premier ministre une autonomie croissante. Elle constitue l'auxiliaire qui permet au ministère de s'émanciper de la tutelle du roi. Comme Walpole quarante ans auparavant, Pitt, ministre par la volonté de George III, peut gouverner ensuite comme chef de parti. Mais cette modification du titre à gouverner n'est pas apparente. Le roi conserve, en droit comme en fait, le pouvoir de renvoyer le ministre qui aurait cessé de lui agréer. En droit, parce qu'il peut user à tout moment de sa prérogative, nullement encore lié par ses conventions constitutionnelles qui prévaudront après 1832 ; en fait, parce qu'il dispose des moyens de pression ou de corruption qui ôtent aux résultats électoraux leur caractère aléatoire.

Le Premier ministre, même en gouvernant en chef de parti, a donc besoin de la confiance royale. Comme l'écrit Burdeau, « cette liberté qui implique que le premier ministre ne peut être contraint à

---

1. Avant le premier *Reform Act,* l'élection de 218 députés (sur 658) était dans la main de 87 pairs d'Angleterre, autrement dit de la noblesse. D'autre part, 171 députés voyaient leur élection dépendre strictement de la *landed gentry*. En 1789, 216 membres des Communes sont des fils de pairs britanniques ou sont des pairs d'Irlande. Cette donnée a été de grande importance pour la qualité du mode de gouvernement britannique comme pour l'efficience du travail parlementaire, en ce qu'elle a induit un dense réseau de passerelles. Aussi les Communes étaient-elles bien dans tous les sens du mot le séminaire des Lords. Dans les pays du Continent, et ils furent nombreux, où il a existé une chambre haute aristocratique, s'est installé entre les assemblées, au contraire, un climat de jalousie et de méfiance.

faire une politique qu'il réprouve ne va pas jusqu'à l'autoriser à imposer au roi une politique à laquelle celui-ci répugne »[1]. George III, hostile à l'abolition des incapacités politiques qui frappent ses sujets catholiques, oblige à la démission les ministres qui voudraient s'engager dans cette voie : Pitt d'abord, en 1801, Grenville ensuite en 1807. Lorsque celui-ci se retire, le roi appelle le duc de Portland et dissout les Communes, comme en 1784, afin de donner, selon les termes de la proclamation royale « aux sujets de Sa Majesté la meilleure occasion de montrer qu'ils étaient décidés à le soutenir dans tout exercice de ses prérogatives conforme aux devoirs sacrés qu'elles lui imposent, et utile au bien de son royaume et à la sécurité de la Constitution ». Ainsi, les élections ne sont pas réellement un appel à l'arbitrage de la nation, mais plutôt une sorte de plébiscite à l'issue conditionnée par l'influence royale, qui permet au roi de gouverner personnellement.

Mais, depuis le début du XIXe siècle, l'influence qui était partie intégrante des conventions constitutionnelles du siècle précédent est devenue, aux yeux de l'opinion publique, la corruption. Le problème de la réforme, depuis longtemps posé, n'est résolu en 1832 qu'après de nombreuses difficultés. Nommé en 1830 par le roi Guillaume IV, qui succédait à George IV, le ministère whig de Lord Grey, comprenant des tories réformistes, dépose un *Reform Bill* au Parlement. Mis en difficulté en avril 1831, au cours des débats sur ce projet, le cabinet obtient du roi la dissolution des Communes. Le roi, auparavant, était venu aux Lords proroger en personne le Parlement au fort du tumulte causé par l'excitation des pairs. Après avoir emporté les élections, le ministère Grey se retire (le 13 avril 1832) sur le constat que l'adoption du *bill* par la Chambre haute en deuxième lecture à neuf voix seulement de majorité compromet l'adoption finale. Il revient sur sa décision après que les Communes (motion du 10 mai 1832) lui ont renouvelé par un vote exprès leur confiance. Constitutionnellement, il ne l'a pu aussi qu'en tant que le monarque lui a conservé la sienne : dans le système de l'époque, le cabinet n'aurait jamais pu se soutenir à la fois contre l'aveu du roi et des Lords. D'autre part, le *Reform Act* n'aurait pas été adopté si le souverain n'avait consenti la promesse de fournées

---

1. *Traité de science politique*, t. VI, p. 291.

de pairs, dosées à chaque lecture, pour briser l'opposition des Lords. La menace convainquit les Lords de l'inanité d'une résistance. Guillaume IV, par son caractère de modération, a joué un rôle d'apaisement auquel se seraient difficilement prêtés George IV ou leur père. Le *Reform Act* du 17 juin 1832 marque une transition essentielle dans l'histoire constitutionnelle britannique. Même si ses effets sur l'extension du suffrage sont limités, il pose un jalon irréversible vers le suffrage universel et constitue la première étape significative vers le régime démocratique (v. n° 20).

132 Conséquence du « Reform Act ». — Le Reform Act porte une conséquence fondamentale sur la nature du parlementarisme britannique : au dualisme succède le monisme parlementaire.

Les expressions du dualisme sont, on l'a vu, notables entre 1782 et 1832. On en trouve une dernière en 1834 lorsque le cabinet *whig* de Lord Melbourne se retire à la suite d'une lettre de Guillaume IV, qui exprimait des réserves quant à l'appui dont disposait encore le gouvernement aux Communes. Melbourne fut remplacé par Peel, leader *tory* à la Chambre des Communes. On peut percevoir une évolution depuis George III en ce que, cette fois, et bien qu'il n'y eût pas à proprement parler de révocation, le nouveau Premier ministre voulut couvrir le roi en déclarant aux Communes qu'il était, par son acceptation, responsable du retrait du gouvernement précédent. La dissolution fut prononcée mais Peel perdit les élections, le roi n'étant plus en mesure, depuis le *Reform Act,* de lui apporter un soutien électoral concret. L'attitude modérée de Lord Melbourne ne rendit pas la situation de Guillaume IV trop difficile, dès lors qu'il fut contraint à le rappeler à la tête du ministère. Les événements n'avaient pas provoqué une crise telle qu'on eût pu croire que le roi ne reprendrait jamais l'initiative d'une dissolution contre le vœu du cabinet en fonction. Mais le cas montre bien les limites nouvelles de l'exercice d'une telle prérogative : le roi ayant perdu les moyens d'une politique personnelle, avec la fin des pratiques électorales du siècle précédent, la confiance royale, dont le ministère doit légalement être investi, a changé de nature. De subjective elle est devenue objective, et l'exercice des prérogatives de renvoi et de dissolution ne peut plus être envisagé qu'à des fins d'intérêt général, c'est-à-dire comme ultime moyen de résolution d'une crise où le monarque n'est plus partie mais arbitre. Bien loin d'être un tel précédent, le cas de 1834 s'inscrit dans les pratiques de la période parlementaire dualiste dont cet échec marque la fin.

Section 1
Les données constitutionnelles

I | LES SOURCES DU DROIT CONSTITUTIONNEL

133 DROIT ET CONVENTIONS DE LA CONSTITUTION. — En réaction contre le formalisme du constitutionnalisme classique (Blackstone), certains auteurs de la fin du XIXe siècle ont essayé de faire la part entre la théorie juridique et l'état contemporain du développement constitutionnel. Ainsi Bagehot : « On ne peut comprendre les institutions anglaises, ou d'autres, qui sont le fruit d'une évolution séculaire et qui exercent leur influence sur des peuples variés sans les séparer en deux catégories (...) : d'abord les parties dignifiantes *(dignified)*, si je puis ainsi dire, c'est-à-dire celles qui suscitent et entretiennent le respect du peuple ; et ensuite les parties efficientes *(efficient)*, qui le font agir et gouverner. (...) Chaque constitution doit d'abord conquérir l'autorité avant d'en faire usage, et obtenir l'adhésion et la confiance du peuple avant d'utiliser cette légitimation dans l'action gouvernementale. »[1]

La distinction que Bagehot articule sur le concept de légitimation, Dicey l'effectue quant à la nature des normes constitutionnelles. Il distingue ainsi le droit strict *(strict law)* comprenant la coutume ancienne *(common law)* ainsi que les sources écrites *(statutes)* du droit constitutionnel, des conventions de la Constitution *(conventions of the Constitution)*. Il s'agit, à l'origine, de pratiques, de simples manières de faire dont l'expérience a démontré l'utilité pour le fonctionnement harmonieux des institutions politiques dans le cadre du droit. Ces usages (au sens courant, non juridique, du terme) ne sont pas considérés comme constituant véritablement un élément de la *law of England* parce qu'aucune juridiction ne pour-

---

1. *The English Constitution*, Londres, Oxford University Press, rééd. 1974, p. 3-4.

rait les reconnaître comme tels et en faire application dans une espèce déterminée. Il faut cependant nuancer cette dernière affirmation, en considérant l'un ou l'autre cas d'application. Ainsi sont, par exemple, qualifiées de conventions de la Constitution celle qui veut que le Premier ministre mis en minorité devant la Chambre des Communes doit ou bien démissionner, ou bien dissoudre le Parlement et recourir à des élections, et celle qui veut que le roi donne son assentiment *(assent)*, c'est-à-dire sa sanction à tout projet de loi *(bill)* voté par les deux chambres. Voici comment Dicey explique l'absence de sanction judiciaire des règles qui ne sont que des conventions : « On admet que les conventions constitutionnelles ne sont pas des lois ; c'est-à-dire que ce ne sont pas des règles que les tribunaux sanctionnent. Si le premier ministre restait au pouvoir après un vote de censure de la Chambre des Communes, comme le fit Lord Palmerston dans des circonstances analogues ; s'il venait à la dissoudre, ou, pour parler exactement, s'il obtenait de la Couronne la dissolution du Parlement ; si, à la différence de Lord Palmerston, il venait à être de nouveau censuré par la Chambre des Communes nouvellement élue, et si, après tous ces événements, il restait à la tête du gouvernement, personne ne pourrait nier que le premier ministre aurait agi inconstitutionnellement. Et cependant, aucune cour de justice ne connaîtrait de sa conduite. Supposons encore qu'après le vote par les deux chambres d'un *bill* important le roi refuse son assentiment à la mesure, ou – en langage populaire – oppose son veto. Il y aurait là une grosse violation des usages, mais la question ne pourrait, par aucune procédure connue du droit anglais, être portée devant les juges. »[1] Mais le caractère contraignant de ces usages résulte, selon Dicey, de ce que leur violation « mettra presque immédiatement le délinquant en conflit avec les tribunaux et avec la loi du pays (...). Tôt ou tard viendrait le moment de voter le *Mutiny Act* ou l'*Appropriation Act* », c'est-à-dire l'équivalent de la loi du contingent et de la loi de finances. Or, une fois que le *Mutiny Act* de l'année antérieure est expiré, « tous les moyens de maintenir la discipline dans l'armée prennent fin » et « toute personne, y compris le commandant en chef, qui participe-

---

1. A. V. Dicey, *Introduction to the Law of Constitution,* dans la traduction d'A. Batut et G. Jèze, Paris, Giard & Brière, 1902, p. 340 et s.

rait au contrôle de l'armée et même tout soldat qui exécuterait les ordres de ses supérieurs s'apercevrait qu'il ne se passerait pas de jour sans qu'il commît ou sanctionnât des actes qui l'exposeraient à figurer comme criminel au banc des prévenus ». De même, à défaut d'*Appropriation Act,* « une grande partie de l'impôt cesserait d'être due légalement » et « la partie du revenu qui serait perçue ne pourrait être légalement appliquée aux dépenses du gouvernement » ; si les ministres passaient outre cette règle de droit, ils commettraient alors sûrement « des violations de lois bien définies », violations qui les conduiraient finalement devant les tribunaux[1].

Certes, on peut objecter que le véritable aventurier qui n'hésiterait pas à s'emparer du pouvoir par un coup d'État se moquerait des sanctions prévues par la loi et renverserait celle-ci sans respecter les procédures établies. En fait, le motif pour lequel les hommes politiques respectent effectivement les conventions est approximativement le même que celui qui les conduit à observer les règles du droit en général : c'est la crainte des conséquences politiques de la violation des conventions, la crainte d'être accusé d'avoir violé la Constitution, la crainte de paraître odieux à l'opinion publique, la crainte de perdre sa fonction, la crainte de provoquer une modification de certaines règles de droit, voire la crainte de provoquer une révolution[2].

Il reste que la violation d'une convention de la Constitution ne donne pas directement ouverture à un recours en justice. Mais il est aussi des règles de *strict law* dont la violation ne peut pas davantage fonder une action devant le pouvoir judiciaire : ainsi, certaines lois relatives aux industries nationalisées prévoient des obligations concernant l'exécution des services publics formulées en termes si généraux qu'aucun usager ne pourrait obtenir un jugement condamnant une *Public corporation* pour n'y avoir pas satisfait[3].

Par ailleurs, des règles qui sont des conventions en Angleterre sont inscrites dans des constitutions écrites d'autres pays. Le principe de la responsabilité ministérielle collective, par exemple, est indubitablement une convention constitutionnelle. Mais beaucoup de pays membres du Commonwealth, devenus indépendants, ont

---

1. *Ibid.,* p. 346 et s.
2. V. S. A. de Smith, *Constitutional and Administrative Law,* Penguin Books, 1985, p. 56 et s.
3. *Ibid.,* p. 51.

inscrit ce principe dans leur Constitution. Ces dispositions de la Loi fondamentale de ces États peuvent difficilement être exclues du droit même pris au sens strict et, pourtant, elles ne pourront pas être le fondement d'une action en justice[1].

À l'opposé, certaines conventions sont parfois utilisées par des juges pour motiver leur décision. Mais elles ne sont pas invoquées comme des règles de droit, applicables elles-mêmes directement, ainsi que le serait une loi *(statute)* ou la coutume proprement dite *(common law)*. Elles ne sont invoquées que comme des auxiliaires de l'interprète du droit véritable. Ainsi, les juridictions anglaises ont parfois fait valoir, à l'appui de leur refus de contrôler l'exercice par l'exécutif de son pouvoir discrétionnaire, que le gouvernement est responsable devant le Parlement de l'exercice de son pouvoir.

Par ailleurs, les conventions de la Constitution ne se caractérisent pas par le fait qu'elles sont du droit non écrit puisque c'est aussi celui de la *common law,* qui comporte nombre de règles du droit public anglais : ainsi la détermination de ce qu'est un *Act of Parliament,* ou le contenu de la prérogative royale, c'est-à-dire les pouvoirs discrétionnaires que la Couronne conserve et exerce sans intervention des chambres. Selon Dicey, la distinction entre droit strict et conventions diffère essentiellement « de celle entre la loi écrite *(statute law)* et la loi non écrite *(common law)*. Certaines lois constitutionnelles comme, par exemple, le *Bill of Rights,* l'*Act of Settlement,* les *Acts d'Habeas corpus* sont du droit écrit ; on les trouve dans les codes ; elles forment de véritables dispositions législatives. D'autres plus importantes (...) sont non écrites, c'est-à-dire ne constituent pas des dispositions législatives. Certaines lois de la Constitution – telle la loi régissant la transmission de la Couronne – sont maintenant écrites, alors qu'elles étaient jadis du droit non écrit ou de la *common law.* Les conventions de la Constitution, au contraire, ne peuvent être inscrites dans le *statute book*[2], quoiqu'il soit possible de les mettre sous une forme écrite. Ainsi, toute notre procédure parlementaire n'est

---

1. *Ibid.,* p. 52.
2. Cette affirmation est contestable – comme on l'a vu. Rien n'empêche, du moins théoriquement, de transposer des conventions dans le texte de véritables *statutes.* Cela s'est fait dans d'anciennes colonies de l'Angleterre au moment de leur émancipation. Cela s'est même fait en Angleterre en 1911 lorsque le *Parliament Act* a fixé les relations entre la Chambre des Communes et la Chambre des Lords au cours de la procédure législative, relations qui n'étaient jusque-là définies que par des conventions.

qu'une masse de conventions ; elle est cependant formulée en règles écrites ou imprimées. En un mot, la distinction entre le droit écrit et le droit non écrit ne coïncide nullement avec celle que nous faisons entre la loi de la Constitution ou droit constitutionnel proprement dit et les conventions de la Constitution »[1].

134 CRITIQUE DE LA DISTINCTION. — On peut observer qu'en définitive plusieurs des caractères des conventions sont communs aux règles de droit constitutionnel considérées comme de droit strict parce qu'elles relèvent de la *common law,* c'est-à-dire de la coutume ancestrale, appliquée par les tribunaux et censée avoir toujours existé : la *common law* régit certains rapports essentiels entre les pouvoirs ; elle n'est pas écrite ; lorsqu'elle contient un principe de droit public, elle ne trouve pas toujours à s'appliquer devant les tribunaux ; étant de nature coutumière, elle tire sa force obligatoire non de l'autorité qui l'a établie (puisqu'il est impossible de déterminer cette autorité), mais de son application même et de la croyance généralisée dans son caractère obligatoire. On comprend, dans ces conditions, qu'un auteur anglais moderne ait considéré la distinction entre *strict law* et *constitutional conventions* comme artificielle et superflue[2]. Pour Burdeau, cependant, il existe une véritable opposition entre la *common law* et le droit constitutionnel écrit, d'une part, qui règlent formellement le mécanisme des pouvoirs, et les conventions constitutionnelles, d'autre part, qui « sont à la base de l'organisation constitutionnelle comme du fonctionnement des organes de l'État ». Il fournit une explication de cet aspect insolite du droit public anglais : « L'explication de ce mystère apparaît lorsque l'on considère comment, selon la pratique anglaise, sont aménagées les relations entre le droit légal et les conventions. Lorsque les gouvernants entendent faire produire effet juridique à un acte accompli selon l'esprit d'une convention, ils le revêtent des apparences prévues par la constitution légale qui sont seules capables de valider juridiquement l'acte dont il s'agit. Si, par exemple, le Parlement, conformément à la convention admise, veut élargir les pouvoirs réglementaires de cabinet, la loi d'habilitation conférera ces pouvoirs à "Sa Majesté en conseil", seule

---

1. *Op. cit.,* p. 25.
2. G. Wilson, *Cases and Materials on Constitutional and Administrative Law,* Cambridge University Press, 1966, p. v.

autorité légale susceptible de les recevoir, encore qu'il soit bien entendu qu'elle ne saurait en user. De même, une convention constitutionnelle a enlevé au roi le libre choix des ministres ; mais comme, selon le droit "légal", le roi nomme ses conseillers, tout changement de gouvernement fait intervenir la nomination par le roi selon le droit strict alors qu'en fait il ne s'agit, par le truchement de cette fiction, que de donner valeur juridique à la convention qui impose la désignation du leader de la majorité. »[1]

En dénaturant le droit strict en « fiction », Burdeau est conduit naturellement à reconnaître aux conventions la qualité de règles juridiques et même à les considérer comme les seules règles efficientes. Le fondement des conventions n'est cependant, d'un point de vue juridique, pas des plus assurés. Ainsi, écrit Jellineck, non sans quelque morgue, « pour notre science qui a plus d'exigence en fait de netteté de concept que la science anglaise, la question reste toujours ouverte de savoir ce que cette éthique constitutionnelle ou politique, comme l'appelle Dicey, contient de droit coutumier ou de règles simplement politiques. Ainsi, par exemple, le principe que le Parlement doit être convoqué chaque année, bien qu'assuré par les garanties les plus sérieuses (nécessité de l'approbation annuelle du *Mutiny Act* et du consentement au budget), ce principe, Dicey ne le fait pas figurer parmi les règles de droit, mais parmi les règles conventionnelles, parce qu'il ne se trouve fondé ni dans la *common law* ni dans la *statute law* »[2] (v. n° 132).

Quelle que soit la valeur juridique de chacune d'elles, les conventions font partie du système constitutionnel britannique. Celui-ci est formé de la superposition des règles de droit strict, coutumières ou écrites, et des conventions. Ces dernières finissent d'ailleurs souvent par se cristalliser dans un *statute* et par acquérir ainsi la valeur formelle du droit strict. En somme, les conventions sont des règles coutumières de formation plus récente. Tandis que la *common law* remonte ou paraît remonter à la nuit des temps, on peut généralement situer dans l'histoire les conjonctures et les événements politiques qui les ont fait apparaître et qui en ont consacré l'existence. On peut dire, par exemple, quand, pour la dernière fois, le roi

---

1. *Traité de science politique*, t. IV, 1969, n° 13, p. 31-32.
2. *L'État moderne et son droit*, cit., t. II, p. 448 (n. 1).

d'Angleterre a refusé de sanctionner un *bill* voté par le Parlement : c'est la reine Anne qui, en 1708, refusa sa sanction au *Scotch Militia Bill* ; depuis lors, s'est établie la règle « conventionnelle » qui veut que la sanction royale ne soit pas refusée. Ainsi, les conventions tendent à modifier le droit existant. Elles traduisent un aspect de l'évolution du droit constitutionnel, lequel ne cesse de s'enrichir par l'apport de règles coutumières nouvelles dont l'existence et la force obligatoire ne s'imposent que progressivement. Seule leur introduction dans le droit strict peut leur donner une validité définitive. Autrement, le changement des conditions politiques qui ont déterminé la naissance d'une convention tend naturellement à rendre celle-ci caduque. Ainsi en a-t-il été dans l'entre-deux-guerres, lorsque l'altération du *two party system* a provisoirement libéré le roi de l'obligation que lui impose la convention, de désigner comme Premier ministre le leader du parti majoritaire.

135 LA SOUVERAINETÉ DU PARLEMENT. — Dans sa définition juridique, le Parlement s'entend de la réunion du roi, de la Chambre des Lords et de la Chambre des Communes. « Le principe de la souveraineté parlementaire signifie, ni plus ni moins, que le Parlement ainsi défini a, d'après la Constitution anglaise, le droit de faire ou de ne pas faire une loi quelconque »[1], c'est-à-dire qu'il détient une autorité législative illimitée et exclusive.

Le Parlement, selon la formule célèbre de De Lolme, peut tout faire sauf changer un homme en femme. Les exemples historiques de l'expression de la souveraineté parlementaire les plus notables sont l'établissement, et la modification, de la religion établie du pays ainsi que le règlement de la succession à la Couronne. Ce dernier point a été d'une importance considérable dans l'évolution du régime britannique. Dans l'histoire tourmentée de la monarchie anglaise, il ne s'est pas imposé, comme en France, alors même que la transmission de la couronne est dans les deux royaumes instantanée *(demise),* une loi fondamentale en vertu de laquelle le monarque, qui dispose ainsi d'un droit propre, est saisi de plein droit sans contestation possible. En témoignent la guerre des Deux-Roses et la succession d'Henry VIII. Mais c'est avec la révolution

---

1. A. V. Dicey, *op. cit.,* p. 36.

de 1688, le *Bill of Rights* et l'*Act of Settlement,* que cette question va entraîner une modification, du reste à l'époque contestée, de la nature du régime.

À l'encontre des jacobites partisans du fils de Jacques II, qui tient ses droits de la coutume, les *whigs*, acteurs de la révolution de 1688, ont fait prévaloir la théorie lockienne du *trustship,* justifiant le droit d'insurrection contre les dépositaires *(trustees)* du pouvoir qui ne leur est confié qu'en vue du bien public. À partir de 1688, le roi occupe le trône en vertu d'un titre parlementaire et son droit à régner résulte de la loi *(statute)* faite par le Parlement[1].

Un autre précédent de l'expression de la souveraineté parlementaire se trouve dans le *Septennial Act* de 1716. Cette loi, votée par un parlement élu pour trois ans aux termes du *Triennal Act* de 1694, a porté au bénéfice de ce même parlement la durée de la législature à sept ans afin d'éviter des élections que George Ier et son gouvernement appréhendaient favorables aux jacobites.

Passant outre la protestation de la minorité de la Chambre des Lords soulignant l'arbitraire de cette prolongation unilatérale du mandat confié aux Communes par le corps électoral, le Parlement a manifesté qu'il n'était ni l'agent ni le mandataire des électeurs mais bien le pouvoir législatif souverain. Conformément à ce précédent, rien n'empêche un parlement de prolonger son existence au-delà de la période légale de législature, ce qui fut fait, pour des raisons objectives et non contestées, lors des deux guerres mondiales.

L'autorité illimitée du Parlement implique une règle, qui paraît être la seule intangible du système constitutionnel anglais, selon laquelle le Parlement ne peut se lier lui-même, c'est-à-dire qu'il ne peut limiter la souveraineté d'un parlement futur.

Sans doute, bien des tentatives ont été faites en ce sens : certains Acts du Parlement traduisent l'intention du législateur de donner à ceux-ci une stabilité renforcée, voire l'intangibilité. On trouve notamment de telles dispositions dans les *Acts* d'Union avec l'Écosse (1706) et l'Irlande (1800). Mais l'histoire de la législation

---

1. Cette proposition n'a plus été contestée qu'à la fin du XVIIIe siècle. Au début, le Parlement a adopté des lois répressives rendant passibles de la peine de mort les jacobites contestant publiquement la légitimité de la reine Anne et le pouvoir du Parlement de régler la succession et de limiter les pouvoirs de la Couronne.

ultérieure relative à ces *Acts* montre bien la vanité de ces tentatives[1]. En conséquence, la première caractéristique de la souveraineté parlementaire est qu'il n'existe aucune loi que le Parlement ne peut modifier ni abroger dans les formes législatives ordinaires, c'est-à-dire que, selon la formule de Tocqueville, le Parlement est à la fois « une assemblée législative et constituante ». Il n'y a donc aucune distinction entre loi constitutionnelle et loi ordinaire. Sans doute, observe Dicey, « c'est une erreur de croire que le droit constitutionnel anglais tout entier ne pourrait pas être rédigé par écrit et être promulgué sous la forme d'un code constitutionnel. La Constitution belge ressemble beaucoup à une reproduction écrite de la Constitution anglaise ; la Constitution britannique pourrait aisément être convertie en un *Act* du Parlement, sans subir aucune transformation substantielle, à la seule condition que le Parlement anglais se réservât – ce que le Parlement belge, soit dit en passant, ne possède pas – le pouvoir sans restriction d'abroger ou d'amender le code constitutionnel »[2]. Les précédents montrent, à cet égard, comme il vient d'être dit, que l'intention du législateur, qui ne dispose d'aucun titre à s'ériger en constituant, n'a pu jusqu'aujourd'hui limiter l'autorité d'un parlement futur.

136 S<small>OUVERAINETÉ</small> <small>PARLEMENTAIRE</small> <small>ET</small> <small>RÉFÉRENDUM</small>. — Le principe de la souveraineté du Parlement s'oppose également à ce qu'il soit reconnu au référendum un caractère autre que consultatif. L'usage du référendum en Grande-Bretagne est récent. On a longtemps considéré qu'il était inutile, le caractère démocratique du système étant suffisamment assuré par le mandate.

La théorie du *mandate,* d'origine ancienne, a commencé d'être invoquée à des fins politiques dans la deuxième moitié du XIXe siècle, et fut développée par les conservateurs pour justifier l'opposition de la Chambre des Lords au gouvernement libéral, en 1909. Elle est ainsi définie par sir Ivor Jennings : un gouvernement, écrit-il, « s'assure une majorité en sollicitant le corps électoral d'appuyer une certaine politique. Le corps électoral est en droit

---

1. Sous réserve du fait que, de façon en principe irrévocable, les Parlements d'Écosse et d'Angleterre ont transféré chacun, par l'*Act* d'Union, l'autorité souveraine à un nouveau corps souverain, le Parlement de Grande-Bretagne.
2. *Op. cit.,* p. 81. C'est nous qui soulignons.

d'attendre que cette politique soit menée à bonne fin. Il ne s'attend pas à ce que des réformes importantes soient réalisées, sauf à être prévues dans le programme du parti gouvernemental ou à être la conséquence nécessaire de cette politique. Le gouvernement doit évidemment faire face aux urgences, mais, en dehors de cette hypothèse, des développements politiques importants ne devraient pas se réaliser sans cette approbation du corps électoral qui entraîne le retour au pouvoir d'un parti »[1]. La théorie du *mandate* a ainsi réalisé la synthèse entre le principe démocratique et celui de la souveraineté parlementaire. La dissolution du Parlement peut alors être utilisée comme le substitut du référendum, tout en maintenant dans son intégrité le principe de la souveraineté parlementaire. Cela suppose cependant que les partis à vocation majoritaire ne soient pas divisés, en leur sein même, sur une question qu'il serait souhaitable de faire trancher par le corps électoral. Or cette situation s'est présentée à plusieurs reprises dans le passé. Elle s'est naguère reproduite d'une manière plus caractéristique encore, à propos de l'appartenance de la Grande-Bretagne à la Communauté économique européenne. Entre 1964 et 1975, cinq dissolutions ont été prononcées sans que la contestation électorale ait porté sur cette importante question qui, en l'espèce, divisait aussi bien les conservateurs que les travaillistes en partisans et adversaires de l'appartenance. C'est en raison de la persistance de ces divisions qu'un référendum a finalement été organisé en juin 1975, afin de trancher la question. Les deux grands partis y prirent d'ailleurs officiellement position en faveur du maintien dans la CEE, mais cette attitude fut contestée aussi bien par la gauche du parti travailliste, alors au pouvoir, que par la droite du parti conservateur.

La majorité de 67 % obtenue en faveur du « oui » traduit l'existence de ce consensus des tendances modérées des deux grands partis, et du parti libéral, au-delà des clivages partisans. Du point de vue de la tactique, seul le référendum permettait l'expression de la volonté majoritaire, paralysée au Parlement par les rigidités partisanes. Mais en ratifiant le résultat du référendum, la Chambre des Communes n'exprimait pas une volonté qui aurait été extérieure à la sienne. Elle conservait du reste, en droit strict, la possibilité de ne

---

1. I. Jennings, *Cabinet Government*, Londres, 3ᵉ éd., 1959, p. 504.

pas le faire. Si cette hypothèse paraît peu probable en cas d'expression claire de la volonté populaire, elle n'est pas irréalisable en tant que c'est au Parlement lui-même de déterminer d'abord, et d'apprécier ensuite, la mesure des résultats d'une consultation référendaire. Ainsi, le *Scotland Act* et le *Wales Act,* adoptés en juillet 1978 en vue d'accorder l'autonomie politique *(devolution)* à l'Écosse et au pays de Galles, sont revenus devant le Parlement en juin 1979 à la suite des référendums locaux organisés en mars.

Par deux amendements votés contre le gré du gouvernement, la Chambre des Communes avait en effet exigé l'approbation explicite des populations concernées et que celle-ci ne soit tenue pour acquise que si le « oui » recueillait le soutien d'au moins 40 % des électeurs inscrits. Au pays de Galles, le « non » l'emportait nettement et l'abrogation de la loi s'imposait, mais en Écosse il y eut une faible majorité de « oui » (32,9 % des inscrits contre 30,7 pour le « non » et 35,4 d'abstentions) nettement inférieure cependant au seuil requis. C'est en s'efforçant de retarder l'abrogation du *Scotland Act* que le gouvernement travailliste de M. Callaghan a été renversé le 28 mars 1979 (v. n° 161). La chambre conservatrice élue le 3 juin étant encore plus défavorable à la dévolution que la précédente, le *Scotland Act* fut abrogé le 20 juin 1979 par la nouvelle majorité à la demande du gouvernement de Mme Thatcher[1].

Ces référendums n'ont pas pour autant enterré la question de la dévolution qui n'a pas tardé à revenir au programme du parti travailliste. Le processus engagé par le gouvernement de M. Blair au moment de la relance du processus de dévolution (v. n° 139 *bis*) a été à l'inverse de celui appliqué en 1979 : les populations concernées ont été, cette fois, consultées sur le principe de la dévolution et c'est ensuite qu'il est incombé au Parlement d'élaborer les statuts d'autonomie de l'Écosse et du pays de Galles, qui n'avaient fait encore l'objet que de *livres blancs* émanant du gouvernement. Cette procédure, qui a produit en l'espèce des résultats plus probants que la précédente en 1979 (v. n° 139 *bis*), est en même temps plus respectueuse, en soi, du principe de la souveraineté parlementaire.

---

1. V. J. Leruez, *gouvernement et politique en Grande-Bretagne,* Paris, Presses de la FNSP et Dalloz, 1989, p. 88-89.

La même procédure a été suivie pour la restauration du conseil du Grand Londres qui avait été aboli par le gouvernement de Mme Thatcher en 1986. Le *Greater London Authority (Referendum) Act* de 1998 a autorisé la tenue d'un référendum au mois de mai 1998 dont l'objet était d'obtenir le soutien de la population de Londres sur le principe de la création d'une « Autorité du Grand Londres », composée d'un maire élu selon un mode de scrutin préférentiel et d'une assemblée élue selon un mode de scrutin pour partie majoritaire et pour partie proportionnel. Les résultats positifs de ce référendum (72 % de votes favorables, mais un taux de participation très faible puisque deux tiers des électeurs se sont abstenus) ont conduit à l'adoption, par le Parlement de Westminster, du *Greater London Authority Act,* en 1999. Les premières élections, organisées le 4 mai 2000, ont été favorables aux travaillistes.

137 LA « RULE OF LAW ». — La souveraineté du Parlement étant ce qui vient d'être dit, on peut se demander ce que signifie, dans ces conditions, le principe de la *rule of law,* lequel est à la base non seulement du constitutionnalisme anglais mais aussi de tout le constitutionnalisme moderne. Dans le passé, la *rule of law* était censée reposer sur le droit naturel classique ou sur la *common law*. L'idée qu'un Act du Parlement ne pourrait pas violer les règles de la *common law* a eu, à l'époque de la suprématie royale, une signification réelle, mais elle n'a jamais reçu de sanction juridictionnelle systématique et, à mesure que le Parlement devenait plus représentatif, est tombée en désuétude. Par ailleurs, les auteurs classiques, tels que Blackstone, considèrent que l'autorité du Parlement est limitée par le droit naturel en tant que loi morale, ainsi que par le droit des gens et qu'en conséquence les juges doivent refuser d'appliquer les lois outrepassant ces limites. Dicey, théoricien de la *rule of law* à la fin du XIXe siècle, indique que cette conséquence doit en réalité seulement être comprise en ce sens que les juges chercheront à interpréter la loi dans son sens le plus favorable, en présumant que le Parlement n'a pas entendu violer les règles de la morale ni les principes du droit international[1]. Cette dernière question revêt une acuité particulière à l'époque contemporaine depuis l'intégration de la

---

1. *Op. cit.*, p. 56.

Grande-Bretagne dans le système juridique des Communautés européennes.

La doctrine de Dicey donnait trois significations au principe de la *rule of law*. En premier lieu, la soumission des autorités au droit régulièrement établi exclut l'arbitraire et même l'exercice d'un pouvoir discrétionnaire trop large. En particulier, une personne ne peut encourir une sanction pénale que pour une violation bien déterminée d'une règle de droit. Cette sanction ne peut lui être appliquée que par un tribunal ordinaire. Ensuite, les autorités publiques doivent être justiciables de ces mêmes tribunaux ordinaires, au même titre que les personnes privées. En troisième lieu, Dicey insiste sur le fait que le droit constitutionnel anglais n'est pas la source des libertés garanties à l'individu, mais, au contraire, il est la conséquence de l'application de ces règles aux autorités : les droits individuels et les libertés publiques sont garantis par l'application à celles-ci des règles applicables aux individus. Sans doute, dès l'époque de Dicey et plus encore par la suite, ces expressions du principe de la *rule of law* ont été entendues sous réserve de certaines exceptions. Ainsi de nombreuses infractions furent créées par des règlements *(statutory instruments)* et non par le Parlement. Mais le législateur anglais a veillé à ce que les règlements (comportant des incriminations) soient simples et reçoivent une certaine publicité pour que le citoyen sache toujours ce qui lui est interdit de faire. Tel est l'objet du *Statutory Instrument Act* de 1946. De plus, ces actes réglementaires font l'objet d'un contrôle parlementaire *a posteriori* (v. n° 139). Quant au principe de la compétence universelle du juge ordinaire, il a toujours reçu des exceptions prévues par la *common law* ou par la loi, en ce qui concerne les juridictions militaires *(martial courts),* ecclésiastiques (par exemple la cour des Arches) et disciplinaires (notamment pour les *solicitors* et les médecins). Plus récemment, ont été créées des juridictions du type administratif, composées de fonctionnaires désignés par l'autorité ministérielle. D'autres exceptions au principe de la compétence du juge ordinaire étendue aux autorités publiques résultent de certaines immunités – notamment celle des magistrats, tendant à garantir leur indépendance – et de certains privilèges, tels que ceux de la Couronne, qui permettent dans certains cas de refuser de communiquer des documents ou de répondre à certaines questions devant la justice (cela est à l'origine du privilège de l'exécutif aux États-Unis)[1].

L'intuition de Dicey reste néanmoins vraie : ce sont les libertés individuelles qui sont la source, et non la conséquence du droit public anglais. En effet, les droits et libertés existent en vertu de la common law, et donc en tant que tels, sans que le juge qui en assure le respect doive se référer à la loi écrite. Cependant, le Parlement est souvent intervenu depuis le XVIIe siècle – en particulier avec le *Bill of Rights* de 1689 et les *Habeas corpus Acts* de 1679 et de 1812 – pour préciser et éventuellement limiter le champ des libertés individuelles. Et aujourd'hui encore, il suffirait d'une loi ordinaire pour limiter, modifier ou même supprimer les droits et libertés classiques, de même qu'en d'autres domaines – droits économiques, sociaux, culturels – le législateur contemporain a dû intervenir pour fixer l'étendue de ces droits.

138 Droit international et nouveau « Bill of Rights ». —
La question d'un nouveau *Bill of Rights* se trouve posée par les implications récentes du droit international directement applicable sur le système juridique britannique.

La conclusion des traités relève de la prérogative royale. Suivant la *Ponsonby rule,* le gouvernement informe le Parlement des termes des traités qu'il signe et attend vingt et un jours « parlementaires » (au cours desquels le Parlement siège) avant d'envoyer les instruments de ratification. Bien que les traités ne doivent pas être approuvés, le gouvernement sollicite parfois l'approbation du Parlement avant de ratifier. L'exécutif a, en effet, parfois besoin de faire voter des lois pour l'exécution du traité. Dans pareil cas, il prend la précaution de faire voter ces lois d'exécution avant d'envoyer les actes de ratification, si cela paraît nécessaire.

---

1. L'importance de ce *public interest immunity* a décru à la suite d'un arrêt de 1968 *(Conway v. Rimmer)* mais il est resté un obstacle important dans certains litiges. Dans l'affaire Matrix Churchill, qui concernait des ventes de matériel militaire à l'Irak, des ministres ne communiquèrent au juge des documents de nature à disculper les prévenus qu'après avoir signé des *public interest immunity certificates* empêchant qu'il en soit fait état au procès. La commission d'enquête réunie sur cette affaire en 1992 a rendu un rapport (rapport Scott) proposant de nouvelles limitations au privilège de l'administration, qui aboutit à un projet de loi créant un droit d'accès aux informations gouvernementales, figurant au programme du gouvernement travailliste en 1997 *(Freedom of Information Bill).* Cette loi a été adoptée en novembre 2000 mais le gouvernement en a postposé l'entrée en vigueur à janvier 2005.

En règle générale, les dispositions d'un traité ne peuvent pas être invoquées devant les tribunaux par les particuliers. Autrement dit, les clauses d'un traité ne sont pas directement applicables dans l'ordre juridique interne. Les règles des traités instituant les Communautés européennes, néanmoins, font exception à ce principe d'inapplicabilité directe du droit international. L'*European Communities Act* de 1972 prévoit que même le « droit dérivé » des Communautés européennes est rendu directement applicable. Mais dans la mesure où il s'agit de traités modifiant le droit applicable aux sujets britanniques, la ratification parlementaire est nécessaire comme dans l'hypothèse de ceux nécessitant des lois d'application. On a vu les conditions dans lesquelles la ratification de 1972 a ensuite été contestée, jusqu'à provoquer la nécessité d'un référendum. Mais celle du traité de Maastricht a également donné lieu à une longue procédure qui « illustre remarquablement bien la façon de travailler du Parlement britannique » (J. Leruez). Entre le vote de principe aux Communes le 21 mai 1992 et la ratification officielle (2 août 1993), l'*European Communities (Amendement) Bill* a donné lieu à un débat de cinq mois en « commission de la chambre entière », un retour inusité devant des Communes après le vote d'approbation des Lords, un amendement de l'opposition repoussé grâce à la voix du *speaker*, en même temps que la motion du gouvernement était elle-même rejetée, une question de confiance – devenue rare aux Communes – et une requête devant la *High Court*, contestant la procédure adoptée et qui aboutit à un prévisible rejet (30 juillet 1993).

La question de la primauté du droit communautaire sur le droit interne ne paraît pas encore avoir été clairement résolue par la jurisprudence anglaise, contrairement à ce qui s'est fait dans la plupart des autres pays de la Communauté. Il en va de même en ce qui concerne la Convention européenne des droits de l'homme et des libertés fondamentales. La Grande-Bretagne a été le premier pays à ratifier cette Convention, le 22 février 1951, mais il restait à effectuer la réception des termes de la Convention dans le droit interne. Par deux fois, la Chambre des Lords a proposé cette incorporation mais les Communes l'ont rejetée. Le non-respect des règles imposées par la Convention n'était donc pas sanctionné par les juridictions britanniques qui s'en servaient au mieux comme standards d'interprétation du droit interne. Depuis 1966, cependant, le Royaume-Uni avait accepté le droit de requête individuelle devant la commission et la juridiction obligatoire de la Cour des droits de l'homme. Par conséquent, les personnes se trouvant sur le territoire britannique ne pouvaient se fonder sur les dispositions de la Convention pour agir devant un tribunal anglais en cas de violation d'un de leurs droits fondamentaux, mais elles avaient la possibilité, à défaut de remède efficace devant les juridictions anglaises, de saisir la Commission européenne des droits de l'homme et, par là, provoquer éventuellement l'intervention de la cour ou du conseil des ministres.

D'autres éléments, et d'autres évolutions, ont également suscité un regain d'intérêt en faveur d'une codification des droits et libertés. Jusque dans les dernières décennies, cette codification paraissait superflue, en raison notamment de l'autorité considérable du pouvoir judiciaire et de son rôle de créateur de droit comme interprète de la *common law*. Le prestige de la magistrature, en Grande-Bretagne, vient de la reconnaissance de son indépendance à l'égard du pouvoir politique : il n'existe notamment pas de ministère de la Justice au sens continental du terme, la fonction étant répartie entre le Lord chancelier, membre du cabinet et président de la Chambre des Lords, et l'Attorney général, chef du ministère public, mais qui n'a pas d'autorité sur la magistrature. Celle-ci est fondamentalement conservatrice des valeurs sur lesquelles reposent la société et le système politique britannique. « On ne trouve jamais chez eux l'attitude parfois radicale et réformatrice de la Cour suprême des États-Unis. Par contre, ils imposent avec constance le respect des droits fondamentaux de l'homme dans une société libérale et l'usage raisonnable par l'exécutif des compétences qui lui ont été légalement conférées. Ils défendent les institutions telles qu'elles ont été établies par le droit, avec cette nuance que les juges britanniques, avec leur intelligence, leur compétence et leurs préjugés, contribuent plus largement qu'ailleurs à la création autonome du droit. »[1] Le juge n'en a pas moins l'obligation d'appliquer la loi telle que le Parlement la fait. Or bien des textes contemporains sont venus apporter des limitations, parfois sévères, aux garanties anciennes

---

1. J. Dutheil de La Rochère, Le pouvoir judiciaire et les libertés du Royaume-Uni, « La Grande-Bretagne », *Pouv.*, n° 37, 1986, p. 107.

des droits et libertés, tandis que la mise à jour n'a pas été faite par des textes récents sur des droits plus récents, telles que la non-discrimination ou la liberté d'information. Des textes ponctuels sont intervenus, liés au problème de l'immigration (*Immigration Act* de 1971) ou à celui du terrorisme de l'IRA (*Prevention of terrorism Act* de 1976), paraissant porter atteinte aux libertés individuelles. Ce dernier *Act,* en particulier, affecte le principe de l'*Habeas corpus* en autorisant la détention sans jugement pendant plusieurs jours. Dans un arrêt du 29 novembre 1987, la Cour européenne des droits de l'homme a estimé que ces dispositions sont contraires à l'article 5 de la Convention qui prévoit que « toute personne arrêtée ou incarcérée doit être immédiatement conduite devant un juge ». Ce résultat est d'autant plus paradoxal qu'il est évident que l'article 5 est inspiré de l'institution anglaise de l'*Habeas corpus.* Dans un autre arrêt du 23 octobre 1990 (qui finit par aboutir à l'adoption du *Criminal Justice Act* de 1991), la Cour européenne a insisté sur la nécessité d'un contrôle judiciaire sur les décisions du *Home Secretary* (ministre de l'Intérieur) en matière de peine à durée indéterminée, ce qui a donné lieu ensuite à une abondante jurisprudence sur ce type de décisions. La question s'est ainsi posée non seulement d'une codification nouvelle des libertés et droits fondamentaux, mais encore d'une codification formellement constitutionnelle qui aurait une valeur supérieure à celle de la loi, rompant ainsi avec le principe constitutionnel le plus fondamental, celui de la souveraineté du Parlement. C'est ainsi qu'après avoir d'abord échoué à incorporer la Convention européenne dans le droit britannique, la Chambre des Lords a créé une commission spéciale chargée d'examiner la question d'un nouveau *Bill of Rights.* Le projet était essentiellement soutenu par les conservateurs et surtout les libéraux, mais il suscita peu d'empressement du côté du gouvernement et de la majorité conservatrice aux Communes et du côté de l'opposition travailliste. Celle-ci a dès lors résolu d'en revenir au projet d'intégrer la Convention européenne dans la loi. Ce point figurait dans le programme travailliste pour les élections générales de 1997 et s'est concrétisé dès 1998 par l'adoption du *Human Rights Act.*

138 *bis* LE *HUMAN RIGHTS ACT*. — L'incorporation de la Convention européenne dans le droit britannique a été voulue par le gouvernement travailliste élu en 1997 comme une partie essentielle de la réforme constitutionnelle plus générale (dévolution, Chambre des Lords) qu'il avait inscrite dans son programme[1]. Le *Human Rights Act* de 1998 se borne néanmoins à intégrer la Convention européenne, mais il ne comporte ni définition ni énumération des droits fondamentaux. Et l'objectif fonctionnel de la loi est demeuré le même qu'à l'époque où cette intégration divisait encore les deux chambres du Parlement : il s'agit d'éviter, ou du moins de réduire le nombre de recours intentés directement devant la Cour de Strasbourg. Le dispositif essentiel de la loi consiste à poser la Convention comme principe d'interprétation du droit interne. L'article 3 dispose que ce droit (qui comprend la *common law* mais aussi le droit nouveau issu de la dévolution) doit être interprété par le juge en conformité avec les droits proclamés par la Convention. Tout tribunal peut être saisi d'une demande d'interprétation de la norme interne par rapport à la Convention. Dans l'hypothèse où cette interprétation conforme ne serait pas possible, il incomberait au juge de prononcer une déclaration de non-conformité appelant en principe une modification du droit interne en vigueur. Seules les juridictions supérieures ont cependant le pouvoir d'une telle déclaration (outre la Chambre des Lords et la Commission judiciaire du Conseil privé, ce sont les *Court of Appeal* d'Angleterre et du pays de Galles, celle d'Irlande du Nord, la *Court of Session* d'Écosse et la *Martial Appeal Court*). La déclaration n'a pas pour effet d'écarter l'application de la norme interne incompatible mais de permettre au gouvernement, puis au Parlement s'il y a lieu, de prendre les mesures nécessaires à sa mise en conformité.

Une commission conjointe des deux chambres a été créée pour les questions relatives aux droits fondamentaux, et elle doit en particulier être compétente en matière d'application de la Convention. Le *Human Rights Act,* estime J.-F. Flauss « est une loi parlementaire très particulière, dès lors que *de facto* elle est revêtue d'une valeur supralégislative »[2]. La formulation paradoxale traduit l'ambiguïté de la situation, puisque, comme le relève le même auteur, « le juge britannique ne dispose pas de la prérogative minimale généralement reconnue au juge de l'exception d'incons-

---

1. J. Bell, La révolution constitutionnelle au Royaume-Uni, *RDP,* 2000, p. 427-431.
2. *Human Rights Act* 1998 : Kaléïdosope, *RFDC,* 2001, p. 695.

titutionnalité, à savoir le pouvoir de prononcer l'inapplicabilité de la loi », ce qu'il attribue à l' « obsession de ménager, à tout le moins formellement, la souveraineté du Parlement »[1]. Ainsi peut-on conclure, au moins provisoirement, avec J. Beatson, que la loi de 1998, même si elle doit opérer un profond changement dans la culture constitutionnelle britannique, « ne représente pas un rejet direct du modèle de Constitution défini par A. V. Dicey qui a été dominant au sein du Royaume-Uni au cours des cent dernières années. Ce modèle rejette les garanties constitutionnelles et place le principe de la souveraineté du Parlement au sommet de la Constitution britannique. Dans un sens, le modèle diceyen a proposé une Constitution politique plutôt que juridique dès lors que la Convention et un *autocontrôle* politique ont permis d'offrir une protection aux droits individuels »[2]. Mais cette conception ne fait pas cependant l'unanimité (v. 139 *in fine*).

139 LE SYSTÈME NORMATIF. — La souveraineté parlementaire, avec son corollaire, l'inexistence des normes constitutionnelles spécialement protégées, implique qu'il n'existe, en droit britannique, qu'une hiérarchie des normes très limitée. Il existe seulement un rapport hiérarchique entre les *Acts* du Parlement et les instruments normatifs qui sont pris par l'exécutif. Ce rapport est mis en évidence par cette conséquence de la souveraineté parlementaire selon laquelle toute règle de droit émane du Parlement ou bien doit nécessairement trouver sa source dans un *Act* du Parlement. Il n'existe donc pas de pouvoir réglementaire autonome et c'est le Parlement qui confère au gouvernement la compétence nécessaire pour assurer l'exécution des lois. Le seul domaine réservé de l'exécutif correspond à ce que l'on nomme la prérogative royale (v. n° 141), mais celle-ci recouvre essentiellement des actes sans contenu (par exemple, la dissolution du Parlement) et elle pourrait être modifiée, ou réduite, par un *Act* du Parlement. L'absence de pouvoir réglementaire propre a été ressentie par quelques rares juristes anglais comme une lacune. Ainsi Dicey regrette que n'ait pas prévalu la distinction entre loi proprement dite et ordonnance du pouvoir exécu-

---

1. *Ibid.*, p. 701.
1. Le Royaume-Uni et la nouvelle déclaration des droits, *RFDC,* 2001, p. 688 (c'est nous qui soulignons).

tif ayant force de loi : « Cette distinction existe, sous une forme ou une autre, dans la plupart des États du continent et ne laisse pas d'être d'une grande utilité pratique. Dans les États étrangers, généralement la législature se borne à poser des principes généraux de législation et abandonne au pouvoir exécutif, avec grand avantage pour le public, le soin de compléter les lois par des décrets ou des règlements. Le fatras et la prolixité des dispositions législatives anglaises sont dus, en grande partie, aux vains efforts du Parlement pour réglementer tous les détails de la législation. (...) Les statutes anglais s'efforcent, avec très peu de succès, d'assurer dans tous ses détails l'exécution des lois. Les lois étrangères sont ce que toute loi doit être, l'établissement de principes généraux. »[1]

Ces inconvénients ont été limités, depuis la fin du siècle passé, par le développement de la *delegated legislation*. La pratique en est ancienne, apparue en même temps que les Communes conquéraient le monopole du pouvoir législatif. Mais à mesure que le temps a fait défaut au Parlement pour délibérer sur une quantité accrue de matières et que la technicité de celles-ci a rendu nécessaire l'intervention de l'exécutif, le procédé a connu des développements considérables, d'autant qu'il s'exprime par des règles plus souples, pouvant être modifiées sans une nouvelle saisine du Parlement. Le système a été organisé et ses modalités de contrôle précisées par le *Statutory instruments Act* de 1946. Le contrôle du Parlement intervient d'abord évidemment au moment du vote de la loi d'habilitation. Ensuite, les règlements élaborés par les autorités gouvernementales sont pour l'essentiel soumis à l'approbation du Parlement : il peut s'agir d'une ratification expresse *(affirmative instrument)* ou, le plus souvent, d'une approbation tacite impliquant pour les deux chambres la possibilité de s'opposer, dans un délai de quarante jours, au maintien en vigueur de l'acte réglementaire *(negative instrument)*. Une commission spéciale de la Chambre des Communes avait déjà été créée en 1944 pour exercer le contrôle parlementaire, notamment quant aux atteintes éventuelles aux libertés ou aux dérogations à la common law. Depuis 1973, c'est une commission mixte des deux chambres qui examine la législation déléguée. En outre, celle-ci est sujette au contrôle du juge ordinaire qui en vérifie la légalité.

1. *Op. cit.*, p. 46-47.

Le principe de la compétence générale du Parlement est à l'origine de l'existence d'une catégorie de lois qui sont dépourvues de caractère général : les *private bills.* Le droit anglais distingue ainsi les *public bills,* projets de loi ordinaire, de nature proprement législative, c'est-à-dire destinés à créer ou à modifier des règles de portée générale, des *private bills* qui sont des projets de loi d'intérêt particulier permettant à des institutions privées ou à des collectivités locales de saisir directement le Parlement – sous la forme d'une pétition à la Couronne – en vue d'obtenir la réalisation de certaines opérations qui ne pourraient être entreprises dans le cadre de la législation existante.

La procédure d'élaboration des *public bills* et des *private bills* n'est pas fondamentalement différente, mais celle des *private bills* comporte des modalités particulières. Elle présente notamment un caractère contradictoire, quasi judiciaire, puisque la pétition fait l'objet de plaidoiries d'avocats devant la commission parlementaire des *private bills,* qui procède à des auditions publiques. Les projets sont l'objet d'une ratification en séance publique des deux chambres, le plus souvent formelle. Une concertation préalable entre les commissions de chacune des chambres – dont les pouvoirs sont identiques (v. n° 145) – permet normalement l'adoption des projets après une seule lecture sans recourir à la navette. L'importance des *private bills* a diminué à l'époque contemporaine. Le Parlement en adopte néanmoins encore une trentaine par an. Il existe également des *hybrid bills* qui sont au départ des *public bills* mettant en cause des intérêts privés ; la reconnaissance de la qualité d'hybrid bill ouvre le droit au dépôt de pétitions et, s'il en est fait usage, le projet suit alors la procédure des *private bills* (tel a été le cas du projet relatif au tunnel sous la Manche).

Il faut encore mentionner la catégorie particulière des *money bills.* Une distinction existe entre *money resolutions,* qui constituent de simples dispositions à caractère financier d'une loi, et *money bills,* qui sont les lois relatives aux impôts, aux emprunts ou aux dépenses. L'initiative des *money bills* et des *money resolutions* est, depuis le XVIIIe siècle, réservée à la Couronne, c'est-à-dire au chancelier de l'Échiquier : la Chambre des Communes ne peut proposer aucune dépense nouvelle, aucun impôt nouveau ni aucune augmentation d'impôt, mais seulement, et à titre essentiellement indicatif, la réduction des impôts et des crédits envisagés par le gouvernement. La qualité de *money bill* (en cas de doute sur celle-ci, la question est tranchée par le *speaker* des Communes) est encore importante en ce qu'elle détermine l'étendue des pouvoirs de la Chambre des Lords.

La question de la nature du système normatif en Grande-Bretagne a connu récemment une évolution notable, au point qu'on a pu évoquer une « révolution constitutionnelle ». L'ensemble des réformes conduites par le gouvernement travailliste depuis 1997 – le *Human Right Act* et la dévolution en particulier – a introduit dans le droit public du Royaume-Uni un corpus constitutionnel qui n'est pas exclusivement matériel mais présente désormais certaines des notes du constitutionnalisme fondé sur la hiérarchie des normes (v. 138 *bis* et 140 *ter*). « Pour la première fois, du moins depuis 1689, existe un volet de textes votés en même temps ayant pour objet d'établir une structure constitutionnelle (...). On est loin du moment où il serait opportun de codifier les réformes constitutionnelles dans un texte unique. Mais (...) il y aura un bloc de textes constitutionnels si importants que l'ont peut contester l'idée que les principes fondamentaux de la Constitution britannique restent l'œuvre des juges ou des conventions. On pourrait dire que le moment d'une Constitution écrite est en train de se réaliser. »[1]

II | LA FORME DE L'ÉTAT

Le Royaume-Uni est constitué, depuis 1921, de la Grande-Bretagne et de l'Irlande du Nord. La Grande-Bretagne réunit l'Angleterre, le Pays de Galles annexé en 1536 et l'Écosse, dont l'appartenance à la Grande-Bretagne n'a plus été remise en cause depuis les lois d'Union de 1706 *(Union with Scotland Act)* et de 1707 *(Union with England Act)*. Le Royaume-Uni a, pendant longtemps, présenté toutes les caractéristiques d'un État unitaire fortement centralisé. Ce n'est plus le cas aujourd'hui. En effet le processus de dévolution initié dans les années 1970 et les réformes

---

1. J. Bell, art. cité, p. 432-433.

substantielles introduites par les lois de dévolution de 1998 posent désormais de façon problématique la question de la forme de l'État britannique[1].

139 bis LA RELANCE DU PROCESSUS DE DÉVOLUTION — La dévolution au Royaume-Uni s'apparente à une forme particulière de décentralisation se traduisant par un transfert de certaines compétences du Parlement de Westminster au profit des institutions écossaise, galloise et nord-irlandaise. Elle présente cette particularité de ne pas s'appliquer de façon uniforme sur l'ensemble du territoire britannique. Elle a pour ambition d'apporter des réponses différenciées et évolutives, ce qu'illustre bien l'expression de Ron Davies : « La *dévolution* n'est pas un événement, mais un processus. »[2] La dévolution constitue, à l'origine, une réponse destinée à régler les problèmes soulevés par la question irlandaise dès la fin du XIXe siècle. En Irlande elle s'est traduite par l'adoption du *Government of Ireland Act* de 1920. Il a, par la suite, été question de l'étendre à l'Écosse et au pays de Galles en raison du succès des partis nationalistes écossais *(SNP)* et gallois *(Plaid Cymru)* à partir des années 1970 (v. n° 161). Néanmoins, après l'échec des référendums de 1978 lancés à l'initiative du gouvernement travailliste de M. Callaghan (v. n° 136), la question des *devolutions* écossaise et galloise a été suspendue par le retour du parti conservateur au pouvoir, ce parti étant traditionnellement plus hostile à la décentralisation. La victoire du parti travailliste aux élections du mois de mai 1997 a conduit à redonner une impulsion décisive au processus de *devolution* qui occupait une place centrale dans le vaste programme de « modernisation constitutionnelle » du parti de M. Blair. Les projets de création d'un parlement en Écosse ainsi que d'une assemblée au pays de Galles et en Irlande du nord faisaient partie des affaires en cours *(unfinished business)* que le nouveau gouvernement de M. Blair entendait mener rapidement à bien.

Dans le cas du pays de Galles et de l'Écosse, la réforme a été opérée en deux étapes. Les populations galloises et écossaises ont,

---

1. R. Hazell, Reinventing the Constitution : Can the State survive ?, *Public Law*, Sweet and Maxwell and Contributors, London, Spring 1999, p. 84.
2. Ron Davies : « Devolution is a process, not an event », cité par Noreen Burrows, *Devolution*, London, Sweet and Maxwell, 2000, p. 2.

dans un premier temps, été consultées, par référendum, sur le principe même de la dévolution. La loi nécessaire à la tenue des référendums *(Referendums (Scotland and Wales) Act 1997)* a été adoptée dès le mois de juin en procédure d'urgence aux Communes et a reçu la sanction royale le 31 juillet. Puis, dans un deuxième temps, prenant acte des résultats de ces deux consultations, le Parlement britannique a adopté le *Scotland Act* et le *Government of Wales Act* en 1998. En Écosse le référendum s'est tenu le 19 septembre 1997 et a porté sur deux questions distinctes : la création d'un parlement écossais et l'attribution à ce parlement de pouvoirs en matière fiscale. Avec une participation de 60,4 % du corps électoral – qui est celui habilité à voter aux élections locales en Écosse (art. 1-3 de la loi) – la première question a recueilli 74,3 % de votes favorables et la seconde, plus controversée, 63,5. L'issue positive du référendum écossais était prévisible et c'est pour bénéficier d'un possible effet d'entraînement que le référendum gallois, à l'issue beaucoup plus incertaine, n'a pas eu lieu simultanément, mais une semaine plus tard. Avec une participation de 49,7 % seulement, les électeurs gallois ont approuvé à la très courte majorité de 50,3 % le principe de la création d'une assemblée régionale. Ce médiocre résultat a pourtant été porté au crédit du Premier ministre, qui s'est très fortement impliqué dans la campagne, tant les chances de succès paraissaient faibles.

En Irlande du Nord, l'accord de Belfast *(Good Friday agreement)* conclu le 10 avril 1998 entre le gouvernement britannique et la république d'Irlande a relancé l'épineuse question de la dévolution. De 1921 à 1972 l'Irlande du Nord possédait son propre parlement. Néanmoins, en raison de la résurgence de la violence il avait été suspendu une première fois en 1972 *(Northern Ireland (temporary provisions) Act)* puis, une seconde, en 1974 *(Northern Ireland Act)*. Depuis cette date, le Parlement britannique votait la législation relative à l'Irlande du Nord sous la forme d'*orders in council,* préservant ainsi les apparences d'une simple suspension de l'ordre constitutionnel de 1920[1]. L'accord de Belfast se substitue au *Government of Ireland Act* de 1920 et met en place un nouveau modèle de dévolution associant plus étroitement les deux communautés d'Irlande du Nord,

---

1. John Bell, La révolution constitutionnelle au Royaume-Uni, *RDP,* 2000, p. 419.

les deux parties de l'île, et les gouvernements du Royaume-Uni et de la République d'Irlande. Il prévoit à terme – à l'initiative du Royaume-Uni – une consultation populaire pour déterminer le statut de l'Irlande du Nord (rattachement à la République d'Irlande ou maintien au sein du Royaume-Uni). Deux référendums soumettant l'accord de Belfast à la population de la République d'Irlande et à la population nord-irlandaise se sont tenus le 22 mai 1998. L'issue de ces référendums s'est avérée positive dans les deux cas (71,1 % de votes favorables en Irlande du Nord et 94 % de votes favorables en République d'Irlande). En conséquence, le Parlement de Westminster a adopté en 1998 le *Northern Ireland (Elections) Act* dont l'objet était de créer une assemblée nord-irlandaise chargée de prendre part aux débats législatifs visant à transcrire l'accord de Belfast dans une loi. Le *Northern Ireland Act* adopté peu après a doté la nouvelle assemblée de pouvoirs exécutifs et législatifs. Il prévoit que le transfert effectif des pouvoirs ne peut avoir lieu qu'avec l'accord du secrétaire d'État pour l'Irlande du Nord, qui détient également le pouvoir de le suspendre, s'il le juge opportun. Le transfert des pouvoirs a été opéré au mois de décembre 1999 pour être aussitôt suspendu compte tenu du contexte politique (*Northern Ireland Act* 2000). Il n'a été restauré que le 30 mai 2000 sur ordre du secrétaire d'État pour l'Irlande, Peter Mandelson.

139 *ter* LES INSTITUTIONS ISSUES DES LOIS DE DÉVOLUTION DE 1998. — Le *Government for Wales Act* de 1998 crée une assemblée élue non dotée de pouvoirs législatifs[1] (v. n° 140). Le mandat de l'assemblée galloise est un mandat fixe de quatre ans. Elle est composée de 60 députés, 40 d'entre eux sont élus au scrutin uninominal majoritaire à un tour et 20 sur la base de listes établies dans les cinq régions galloises par les partis selon le système d'Hondt, ce qui permet d'assurer une représentation proportionnelle. Les premières élections de l'assemblée galloise ont eu lieu le 6 mai 1999 : le parti travailliste a échoué dans son ambition d'obtenir une majorité absolue : il dispose de 28 sièges contre 17 au Plaid Cymru, 6 aux libéraux-démocrates et 9 aux conservateurs. Le comité exécutif est composé du Premier secrétaire de l'assemblée et des secrétaires. Aux

---

1. V. Norren Burrows, *op cit.*, p. 84.

termes de l'article 53, alinéa 1 du *Government for Wales Act,* le Premier secrétaire est élu par l'assemblée. Il lui revient ensuite de nommer les secrétaires parmi les membres du Parlement et de notifier leurs noms à l'assemblée (art. 53, al. 2). L'assemblée n'a donc pas son mot à dire dans le choix des secrétaires, tout au plus peut-elle en limiter le nombre (art. 53, al. 3 du *Government for Wales Act*). L'absence de pouvoirs législatifs de l'assemblée galloise a pour conséquence de créer un modèle inédit de cabinet qui « brouille » la séparation des pouvoirs. En effet l'assemblée galloise exerce les fonctions auparavant attribuées aux ministres de la Couronne et délègue la mise en œuvre de ces fonctions au comité exécutif qui agit avec elle et sous son contrôle. Ils forment ensemble le pouvoir exécutif du pays de Galles.

L'article 1er, alinéa 1 du *Scotland Act* énonce qu' « il sera institué un Parlement écossais ». Le nouveau Parlement écossais a été inauguré par la reine le 1er juillet 1999 au cours d'une cérémonie solennelle qui a revêtu une dimension symbolique particulière puisque cela faisait près de trois cents ans que l'Écosse n'avait plus de Parlement (lois d'Union de 1706 et 1707). Le Parlement écossais est composé de 129 membres élus pour une durée de quatre ans : 73 d'entre eux sont élus au scrutin uninominal majoritaire à un tour et les 56 députés restants sont élus sur la base de listes régionales établies par les partis, ce qui permet d'assurer une représentation proportionnelle (art. 1, al. 2 et 3 du *Scotland Act*). Les élections du 6 mai 1999 ont conduit le parti travailliste à former une coalition avec le parti libéral-démocrate. Ils disposent ensemble de 75 sièges (56 sièges pour le parti travailliste, 17 pour le parti libéral démocrate) contre 37 sièges pour le *Scottish National Party (SNP),* et 17 pour le parti conservateur. Aux termes de l'article 44 du *Scotland Act,* l'exécutif écossais est composé du Premier ministre *(First minister),* des ministres et de deux *law officers* (le *Solicitor General for Scotland* et le *Lord Advocate*). Le Premier ministre, qui est obligatoirement membre du Parlement est élu par lui et nommé par Sa Majesté (art. 45 du *Scotland Act*). Il nomme ses ministres parmi les membres du Parlement avec l'accord de Sa Majesté (art. 47 du *Scotland Act*). Ils forment ensemble le « cabinet », même s'il importe de souligner que ce terme n'est pas expressément utilisé par le *Scotland Act*. Enfin, les *law officers* sont nommés par la reine sur recommandation du Premier ministre et avec l'accord du Parlement (art. 48 du *Scotland Act*). Aux termes de l'article 53 du *Scotland Act* l'exécutif écossais exerce toutes les fonctions autrefois dévolues au ministre britannique pour l'Écosse, dans la mesure où elles entrent dans le champ de la compétence législative du Parlement.

Le *Northern Ireland Act* de 1998 crée une assemblée nord-irlandaise composée de 108 membres et élue au scrutin proportionnel pour une durée de quatre ans. Elle rétablit ainsi, sous une forme un peu différente, le Parlement de Stormont qui avait été créé par le *Government of Ireland Act* de 1920 et qui avait été suspendu en 1974 en raison des troubles politiques. L'organisation de l'assemblée nord- irlandaise reflète le contexte politique difficile dans lequel évolue l'Irlande du Nord. En effet les membres de l'assemblée doivent enregistrer leur « identité politique » (unioniste ou nationaliste) et il est expressément prévu que certains actes de l'assemblée exigent le soutien des deux « groupes » pris indépendamment (notamment en matière budgétaire, v. les articles 39, al. 7, 41, 63 et 64 du *Northern Ireland Act*). Les premières élections de l'assemblée nord-irlandaise ont eu lieu le 25 juin 1998 (*l'Ulster Unionist Party* a remporté 28 sièges, le *Social Democratic and Labour Party* 24, le *Democratic Unionist Party* 20, le *Sinn Fein* 18, l'*Alliance Party* 6, les 12 sièges restants se répartissant entre six autres partis). Ces élections consacrent une victoire des unionistes, mais ces derniers ne présentent pas forcément un front uni, dans la mesure où certains dénoncent l'accord de Belfast alors que d'autres le soutiennent. Le souci d'une représentation des deux « camps » se retrouve au niveau de la nomination des membres de l'exécutif : aux termes de l'article 16 du Northern Ireland Act l'exécutif irlandais est bicéphale. Il est composé d'un Premier ministre et d'un adjoint au Premier ministre *(Deputy First minister)* qui sont élus en même temps, mais de façon à ce que unionistes et nationalistes détiennent chacun un des deux postes. Dans le même ordre d'idée, aux termes de l'accord de Belfast, les postes ministériels sont répartis entre les différents partis selon le système d'Hondt, en fonction du nombre de sièges détenus par chaque parti à l'Assemblée. Enfin, il faut noter le rôle important joué par le secrétaire d'État pour l'Irlande qui peut, s'il l'estime nécessaire, suspendre le fonctionnement des institutions mises en place par le *Northern Ireland Act* (v. n° 139 *bis*).

140 LA RÉPARTITION DES COMPÉTENCES. — La nouvelle répartition des compétences issue des actes de dévolution de 1998 est complexe. Seuls le parlement écossais et l'assemblée d'Irlande du Nord disposent de véritables compétences législatives.

En effet, l'assemblée créée par le *Government of Wales Act* de 1998 ne détient que des compétences réglementaires. Le modèle de dévolution adopté dans le cas du pays de Galles est exclusivement de type administratif : il conduira progressivement l'assemblée galloise à exercer toutes les missions qui incombaient aux ministres du *Welsh Office* ou aux ministres de la Couronne dans la mesure où leurs attributions concernaient le pays de Galles. La dévolution concernera dans un premier temps une série de matières dont la liste est donnée à l'annexe 2 du *Government of Wales Act* (parmi lesquelles on peut citer : l'agriculture, le développement économique, la culture, l'environnement, l'éducation, le sport, etc.). Il importe néanmoins de souligner que le transfert de ces matières au profit de l'assemblée galloise n'est pas automatique. En effet l'article 22, alinéa 2 du *Government of Wales Act* réserve au secrétaire d'État le soin de décider des transferts qu'il juge appropriés. Des transferts plus larges pourront avoir lieu dans un second temps (annexe 3 du *Government of Wales Act*). On peut également noter que si l'assemblée galloise n'a pas de pouvoir législatif propre, elle peut participer à l'élaboration de la législation concernant le pays de Galles à Westminster. L'article 33, alinéa 1 du *Government of Wales Act* prévoit en effet que, lorsqu'il le juge approprié, le secrétaire d'État peut consulter l'assemblée galloise sur le programme législatif du gouvernement. De son côté, l'assemblée galloise peut faire connaître sa position sur tout projet concernant le pays de Galles (art. 33).

Contrairement au pays de Galles, le Parlement écossais détient une véritable compétence législative en vertu de l'article 28 alinéa 1 du *Scotland Act*. L'article 29 énonce les limites dans lesquelles s'exerce cette compétence législative. L'article 29, alinéa 1 dispose en effet qu' « une loi du Parlement écossais n'a pas valeur de droit dès lors qu'une de ses dispositions excède la compétence législative du Parlement », ce qui est le cas dans cinq hypothèses. La première est de type territorial : la compétence du Parlement écossais ne s'exerce qu'à l'égard de l'Écosse : il ne peut conférer ou retirer des pouvoirs qui trouveraient à s'exercer autrement qu'en Écosse et pour l'Écosse (art. 29, al. 2-*a*). La seconde limite, la plus importante, est relative aux matières réservées (art. 29, al. 2-*b*) : le *Scotland Act* opère une distinction entre les matières réservées au Parlement de Westminster *(reserved matters)* et les matières dévolues au Parlement écossais *(devolved matters)*. Le Parlement écossais peut légiférer sur toute matière qui n'entre pas dans le champ des matières réservées. L'imposante liste des matières réservées est donnée à l'annexe 5 du *Scotland Act* dont la première partie est consacrée aux interdictions générales (qui portent sur six domaines : les règles relatives à la Couronne, les règles d'enregistrement et de financement des partis politiques, les relations internationales, la fonction publique, la défense, la trahison), tandis que la seconde donne la liste des interdictions spécifiques, assorties, le cas échéant, d'exceptions (on peut citer parmi la liste des interdictions spécifiques : la politique économique, financière et fiscale – la compétence fiscale du Parlement écossais se limite à la modification du taux de l'impôt sur le revenu à l'intérieur d'une marge établie à 3 % –, la politique sociale, la politique des transports, la politique de l'énergie, etc.). La troisième limite à la compétence législative du Parlement écossais est énoncée à l'article 29, al. 2-*c*. Elle tient à l'interdiction qui lui est faite de modifier un certain nombre de lois dont la liste est donnée à l'annexe 4 du *Scotland Act* (on peut citer parmi ces dernières : l'*Act* d'Union de 1707, le *European Communities Act* de 1972 et le *Human Rights Act* de 1998). La quatrième limite porte sur la nécessité pour la loi écossaise d'être compatible avec le droit européen issu de la Convention européenne des droits de l'homme et avec le droit communautaire (art. 29, al. 2-*d*). La cinquième limite, enfin, pose le principe selon lequel la loi écossaise ne doit pas retirer au *Lord Advocate* son rôle de chef du système de ministère public et d'investigations criminelles en Écosse (art. 29, al. 2-*e*).

En outre l'article 28, alinéa 7 du *Scotland Act* dispose que la compétence législative accordée au Parlement écossais « ne porte pas atteinte au pouvoir du Parlement du Royaume-Uni de faire des lois pour l'Écosse ». Cette disposition était potentiellement de nature à réduire grandement la portée de la dévolution écossaise puisqu'elle signifie que Westminster peut continuer de légiférer dans les matières dévolues à l'Écosse. Néanmoins elle a, dès le début, été comprise de façon restrictive. En effet les débats parlementaires qui ont précédé l'adoption du *Scotland Act* ont donné naissance à une convention constitutionnelle dite « convention Sewel » en raison de l'intervention de Lord Sewel à la Chambre des Lords le 21 juillet 1998, où il a exprimé la position du gouvernement selon laquelle Westminster ne légiférerait pas dans les matières dévolues à l'Écosse sans le consentement du Parlement écossais. L'intervention britannique dans les matières dévolues à l'Écosse a, par ailleurs, été présentée comme devant rester exceptionnelle. Pourtant, un examen plus approfondi montre, que depuis l'entrée en vigueur du *Scotland Act*, le Parlement écossais a accordé de façon large à Westminster le soin de légiférer sur les matières dévolues. Alan Page et Andrea Batey relèvent ainsi que du mois de juin 1999 au mois d'avril 2002 le consentement écossais a été sollicité – et accordé – à 30 reprises[1]. Au cours de la même période, le Parlement écossais a adopté 36 lois. En proportion, le nombre de lois adoptées dans les matières dévolues par Westminster et par Holyrood est donc sensiblement le même. Aux yeux des deux auteurs, les raisons de ce qui s'apparente à une véritable et paradoxale délégation de compétences – même si il est entendu que le Parlement écossais garde la possibilité d'amender la législation issue de Westminster – sont multiples. La première raison tient au fait que Westminster demeure toujours le centre d'impulsion des réformes. La seconde est liée à la priorité accordée à la réalisation du programme législatif de l'exécutif écossais. La troisième s'appuie sur le fait qu'en autorisant Westminster à légiférer à sa place, le Parlement écossais évite tout risque de contestation devant les tribunaux puisque, contrairement à la législation écossaise, celle de Westminster ne peut être mise en cause.

Dans le système mis en place par l'*Ireland Act* la répartition des compétences est plus complexe que dans le cas écossais. Le principe de la compétence législative de l'assemblée irlandaise est posé à l'article 5 de l'*Ireland Act*. Alors que le *Scotland Act* ne distingue qu'entre les matières réservées et les matières dévolues, l'*Ireland Act* distingue quatre catégories de matières : les matières intan-

---

1. Alan Page, Andrea Batey, Scotland's other Parliament : Westminster legislation about devolved matters in Scotland since devolution, *Public Law,* London, Sweet and Maxwell and Contributors, Autumn 2002, p. 501.

gibles *(entrenched matters)* dont la liste est donnée à l'article 7 de l'*Ireland Act* (il s'agit du *European Communities Act* de 1972, du *Human Rights Act* de 1998 et de certaines dispositions de l'*Ireland Act*) ; les matières exclues de la compétence de l'assemblée nord-irlandaise (*excepted matters, art.* 6, al. 1-*b*) qui sont l'équivalent fonctionnel des matières réservées du *Scotland Act* et dont la liste est donnée à l'annexe 2 du *Ireland Act* ; les matières réservées (*reserved matters*, art. 8-*b*) dont la liste est donnée à l'annexe 3 (parmi lesquelles on peut citer le droit pénal, l'aviation civile, la poste...) et pour lesquelles le pouvoir législatif de l'assemblée nord-irlandaise ne peut s'exercer qu'avec l'accord du Secrétaire d'État (art. 8). Toutes les autres matières sont des matières transférées *(transfered matters)*. En vertu de l'article 6, « une disposition législative n'a pas valeur de droit dès lors qu'elle excède la compétence législative de l'assemblée nord-irlandaise ». Cet article vise six hypothèses : lorsqu'elle ne s'applique pas au territoire de l'Irlande du Nord, lorsqu'elle porte sur une matière exclue, lorsqu'elle est incompatible avec la Convention européenne des droits de l'homme, lorsqu'elle est incompatible avec le droit communautaire, lorsqu'elle institue une discrimination à l'égard d'une personne ou d'un groupe de personnes pour des raisons religieuses ou politiques, lorsqu'elle porte sur une matière « intangible ». Comme dans le cas de l'Écosse, la compétence législative de l'assemblée irlandaise ne porte pas atteinte au pouvoir du Royaume-Uni de faire des lois pour l'Irlande du Nord (art. 5, al. 6).

140 *bis* LE CONTRÔLE DE LA RÉPARTITION DES COMPÉTENCES. — Les juridictions compétentes pour contrôler la répartition des compétences issue des lois de dévolution sont celles de droit commun. Ceci posé, la question de l'organe chargé de trancher en dernier ressort les questions relatives à la dévolution a été longuement débattue au moment de l'adoption des lois de dévolution. Trois possibilités s'offraient au législateur : confier le contentieux issu des actes de dévolution à la Chambre des Lords, l'attribuer à la commission judiciaire du conseil privé ou créer un nouvel organe juridictionnel spécialisé dans ces questions[1]. Le choix s'est finalement

---

1. N. Burrows, *Devolution,* Londres, Sweet and Maxwell, 2000, p. 177.

porté sur la commission judiciaire du conseil privé, ce qui n'a pas été sans susciter des critiques. On a soulevé, en particulier, la question de l'impartialité de cet organe juridictionnel, dans la mesure où il est présidé par le Lord Chancelier qui exerce également la fonction de ministre de la Justice. Cette solution s'est imposée pour des raisons pragmatiques essentiellement. La commission judiciaire avait le mérite d'exister et, en outre, c'était déjà elle qui tranchait les conflits liées à la dévolution irlandaise suite à l'adoption du *Government of Ireland Act* de 1920 (même si elle n'est intervenue qu'à une seule occasion). Mais le système ne devrait qu'être transitoire puisqu'en 2003 a été supprimé l'office de Lord chancelier et que la création d'une cour suprême est envisagée (v. n° 146).

Les trois lois de dévolution donnent chacune une liste des « questions de dévolution » *(devolution issues)* susceptibles d'être portées à la connaissance des cours et de la commission du Conseil privé (v. *Scotland Act* : article 98, annexe 6 ; *Government of Wales Act* : article 109, annexe 8 et *Northern Ireland Act* : article 79, annexe 10). Il s'agit, pour l'essentiel, de problèmes de répartition des compétences.

La commission judiciaire du conseil privé n'est jamais obligatoirement saisie. Les conditions de sa saisine sont légèrement différentes selon la loi de dévolution en cause. On soulignera simplement qu'elle est susceptible d'intervenir *a priori* ou *a posteriori*[1]. Dans le cadre du contrôle *a priori* les *law officers* compétents (comme par exemple le *Lord Advocate, l'Advocate General* et l'*Attorney general* en Écosse) peuvent saisir la commission afin qu'elle tranche la validité d'une loi de dévolution au regard des principes de répartition des compétences. Cette saisine suspend la promulgation de la loi. Dans le cadre du contrôle *a posteriori* la commission judiciaire du conseil privé peut être saisie de trois manières différentes. Tout d'abord les *law officers* compétents ou l'assemblée galloise peuvent demander à n'importe quelle cour de déférer une question de dévolution à la commission judiciaire du Conseil privé lorsqu'ils sont parties à l'instance. Ensuite la commission judiciaire du conseil privé peut être saisie par les cours supérieures par la voie de l'appel. Enfin, lorsque la Chambre des Lords agit dans le cadre de sa fonc-

---

1. S. Dubourg-Lavroff, Le nouveau parlement écossais, *RFDC,* n° 43, 2000, p. 583.

tion contentieuse, elle peut, si elle l'estime approprié, renvoyer la question de dévolution à la commission judiciaire du Conseil privé. Les décisions de la commission judiciaire du Conseil privé bénéficient de l'autorité absolue de chose jugée.

En octobre 2001 la commission judiciaire du Conseil privé a rendu sa première décision concernant la validité d'une loi votée par le Parlement écossais au regard de la Convention européenne des droits de l'homme[1] (*Anderson, Reid and Doherty v. Scottish ministers* ; il a été conclu en l'espèce à la conformité d'une loi écossaise relative à la santé au regard de l'article 5 de la Convention européenne des droits de l'homme).

140 *ter* LES CONSÉQUENCES DE LA DÉVOLUTION SUR LE SYSTÈME NORMATIF. — Aux yeux de certains auteurs, les lois de dévolution de 1998 introduisent une forme de « quasi-fédéralisme » au Royaume-Uni[2]. La dévolution britannique emprunte, il est vrai, un certain nombre de traits typiques des systèmes fédéraux tels que la division formelle du pouvoir législatif ou l'existence d'une « cour suprême » chargée de trancher, en dernier ressort, les questions de répartition des compétences. La comparaison ne peut néanmoins être poussée trop loin. En effet, dans le système mis en place par les lois de dévolution, tout a été conçu pour préserver la souveraineté du Parlement de Westminster. Ce dernier conserve ainsi la possibilité de revenir, de façon unilatérale, sur les « acquis » de la dévolution. Il a eu l'occasion de le faire dans le cas particulier du Parlement de Stormont en 1972.

La préservation de la souveraineté du Parlement britannique tient également dans le fait que la création des assemblées galloise et nord-irlandaise ainsi que du Parlement écossais ne s'est pas accompagnée de la création simultanée d'un Parlement anglais. Cette question a fait l'objet de débats, mais c'est précisément parce qu'elle aurait constitué une avancée significative vers le fédéralisme qu'elle a été écartée. L'absence d'un Parlement anglais pose néanmoins un pro-

---

1. La commission judiciaire était déjà intervenue au cours des années précédentes au sujet de décisions administratives, mais elle juge ici pour la première fois de la validité d'une loi du Parlement, v. B. K. Winetrobe, Scottish devolved legislation and the courts, *Public Law*, Sweet and Maxwell and Contributors, Spring, 2002, p. 31.
2. R. Hazell, *op. cit.*, p. 92.

blème de représentativité à la Chambre des Communes : c'est la célèbre *West Lothian question* évoquée au moment de la première tentative de dévolution en Écosse[1], mais qui avait déjà été abordée en des termes similaires en 1893, au moment des débats relatif au *home rule* irlandais. La question qui se pose est celle de savoir si les députés d'Écosse et d'Irlande du Nord – dans une moindre mesure les députés gallois – pourront participer au vote des lois qui s'appliqueront dans des circonscriptions anglaises et dans des domaines qui sont, pour l'Écosse et l'Irlande du Nord, de la compétence de leurs propres Parlement ou assemblée (« *English votes on English laws* »). Cette délicate question n'a pas encore trouvé de solution satisfaisante : réduire le nombre de sièges attribués aux députés écossais et nord-irlandais ne résout pas le problème, même s'il en diminue l'ampleur et admettre que les députés gallois et nord-irlandais ne participent qu'à certains votes seulement porte atteinte à la cohérence de la représentativité à la Chambre des Communes[2].

Enfin, le maintien de la souveraineté du Parlement de Westminster trouve une manifestation particulièrement éclatante dans le fait que le contrôle de la répartition des compétences s'exerce de façon asymétrique. Dans la mesure où il est interdit aux cours de justice d'annuler ou d'écarter une loi votée par le Parlement britannique, aucun moyen relatif à la compétence de ce dernier ne peut être invoqué devant elles. En dernière analyse le respect de la répartition des compétences dépendra donc du « bon vouloir » du Parlement de Westminster.

III | LES INSTITUTIONS FONDAMENTALES

Le cabinet, sous la direction du Premier ministre, est la pièce maîtresse du système constitutionnel britannique. À ce titre, sa place pourrait être la première dans l'étude des institutions fondamentales. Mais on ne peut comprendre cette hégémonie qu'en ana-

---

1. T. Dalyell, *Devolution, the end of Britain ?*, London, Jonathan Cope, 1977.
2. V. sur ces questions : S. Dubourg-Lavroff, Le nouveau Parlement écossais, *RFDC*, n° 43, 2000, p. 595 et R. Hazell, The English question : Can Westminster be a proxy for an English parliament ?, *Public Law*, Sweet and Maxwell and Contributors, Summer 2001, p. 268.

lysant l'évolution des institutions qui l'ont formé et développé, et qui en droit constituent ensemble le Parlement : la Couronne, la Chambre des Communes et la Chambre des Lords.

A - Le Parlement

140 *quater* LA COURONNE. — La Couronne est la plus ancienne des institutions anglaises, dont dérivent toutes les autres, qu'elles soient parlementaires, judiciaires, exécutives et même ecclésiastiques. C'est le caractère, ainsi qu'on a vu, au départ fortement monarchique de l'État anglais – tel que l'on continue de parler de la Couronne pour personnifier la puissance publique plutôt que simplement de l'État – qui a évité la formation d'états particuliers ou d'ordres et a permis la transformation rapide de l'institution parlementaire en organes de l'État. Cette mutation a été facilitée par l'affaiblissement de la monarchie durant la guerre des Deux-Roses. La première révolution voit l'élimination de l'institution monarchique, mais elle est suivie de sa restauration sur les fondements traditionnels du droit divin et de la coutume. La révolution de 1688 opère ensuite une modification fondamentale en faisant du roi le premier magistrat de la Couronne en Parlement, mais sans affecter l'exercice de ses prérogatives exécutives. Le *Bill of Rights* de 1689 marque néanmoins la victoire définitive du Parlement puisque le roi règne désormais en vertu d'un titre parlementaire, qu'il se trouve soumis au droit sans détenir de pouvoir législatif concurrent ni faire exception à l'application de la loi, et que l'étendue de la prérogative royale peut toujours être réglée et limitée par un *Act* du Parlement. Ces conséquences, encore contestées jusqu'à l'échec des dernières tentatives de restauration des Stuarts (v. n. 2, n° 135), sont si bien admises à la fin du XVIIIe siècle que se développe la tendance d'une suprématie des seules chambres à l'encontre du principe monarchique, jusqu'alors maintenu dans son intégrité. En effet, lorsqu'en 1788 George III est frappé d'insanité, se produit une crise constitutionnelle au cours de laquelle s'opposent ceux qui estiment (Fox et Sheridan) que le prince de Galles possède un droit propre à exercer la régence et ceux qui considèrent que seul le Parlement peut pourvoir à la régence et que l'héritier de la Couronne n'a pas de titre particulier à être désigné. Cette tendance, défendue par Pitt, l'emporte au Parlement, mais le rétablissement du roi prévient l'adoption des mesures proposées et une dérive vers la souveraineté des chambres. Elle aboutissait en effet au délaissement du principe du roi en Parlement au profit d'un parlementarisme absolu qui n'est pas dans l'esprit de la tradition constitutionnelle anglaise. Elle a cependant reçu par la suite – en 1811, lors d'une rechute de George III – une application limitée lorsque le prince de Galles a exercé la régence à l'invitation du Parlement et en vertu d'un texte n'ayant pas reçu la sanction royale (la sanction au *bill* de régence fut donnée par une commission munie du grand sceau sous l'autorité du Parlement). La question sous-jacente était en effet celle de la prétention du Parlement à légiférer sans que le représentant de la Couronne soit partie à l'acte législatif, puisqu'une loi organisant la régence et limitant, le cas échéant, les droits du régent, ne pouvait être sanctionnée par le roi en raison de son état de santé. Cette tendance, dangereuse pour la monarchie, n'a pas connu d'autre développement effectif, mais on en trouve la trace dans la présentation que fait l'école constitutionnelle libérale, ou néo-whig, magistralement illustrée par Bagehot, des données relatives à la Couronne. Poussant à l'absurde la logique du mécanisme des conventions constitutionnelles, Bagehot écrit ainsi que la reine devrait signer son arrêt de mort si telle était la volonté du Parlement, ce qui revient à dire que l'institution monarchique est à la merci d'un simple vote de la Chambre des Communes. Sans doute peut-on observer que rien ni personne ne pourrait juridiquement contraindre la reine et qu'il faudrait donc, pour en arriver là, sortir de la stricte légalité. Mais la conjonction des précédents de la révolution de 1688 et de la fin du règne de George III montre assez combien cette issue peut s'intégrer dans la logique du principe de la souveraineté parlementaire. Du reste, à compter du règne de Victoria, la question ne s'est plus guère posée en ces termes, la monarchie cessant d'assumer, et de revendiquer un rôle politique pour se confiner désormais dans des fonctions plus symboliques, quoique non moins importantes. Néanmoins, si, dès le milieu du XIXe siècle, il était clair, pour les auteurs libéraux, que l'exercice personnel de la prérogative royale était désormais paralysé par les conventions constitutionnelles et appartenait en conséquence au seul cabinet, les crises survenues au début du XXe siècle ont suscité un regain de controverses sur le rôle de la Couronne, à l'initiative des constitutionnalistes conservateurs.

141 PRÉROGATIVE ROYALE ET CONVENTIONS DE LA CONSTITUTION. — La prérogative royale recouvre les compétences suivantes :

— la nomination des ministres, de certains magistrats, de très nombreux fonctionnaires, la création de nouveaux pairs ;
— l'attribution de titres de noblesse et de décorations *(honours)* ;
— le commandement en chef des forces armées ;
— le droit de convoquer, de dissoudre, de progorer le Parlement, de sanctionner et de promulguer les lois ;
— le droit de légiférer sur les territoires coloniaux ;
— le droit de déclarer la guerre, de conclure des traités ou de reconnaître des États ;
— le droit de grâce ;
— la permission d'un recours en appel auprès du conseil privé.

Toutes ces compétences sont normalement exercées par le gouvernement, sur son initiative et sous sa responsabilité, sauf évidemment la nomination même du Premier ministre, dont il assume sans doute lui-même la responsabilité, mais qui est déterminée par une convention constitutionnelle inhérente au *two party system*. Lors des difficultés constitutionnelles survenues à la veille de la Première Guerre, à l'occasion de la question de l'autonomie irlandaise, deux des aspects de la prérogative ont suscité un débat doctrinal : celui de la sanction législative *(assent)* et celui de dissolution.

Le gouvernement libéral d'Asquith, qui avait fait voter en 1911 le Parliament Act, fit adopter son projet de *Home Rule* en 1913, dans les conditions qui permettaient de passer outre l'avis de la Chambre des Lords. L'opposition unioniste, conduite par Bonar Law, prétendit, non sans quelque raison, que le gouvernement n'avait pas reçu en 1910 le mandat de trancher la question irlandaise, et particulièrement celle du statut de l'Ulster. Les deuxièmes élections générales de 1910 s'étaient en effet déroulées sur la question du *Parliament Bill* (v. n° 144). L'opposition s'avisa d'abord d'ouvrir un débat sur la possibilité d'un recours au veto royal.

Depuis la reine Anne, au début du XVIIIe siècle, ce pouvoir n'avait plus été utilisé et pouvait paraître tombé en désuétude. Bonar Law objectait que le Parliament Act avait changé les données de la question. À cet égard, le constitutionnaliste William Anson semblait s'accorder avec le leader conservateur. Le roi, selon lui, possédait toujours le pouvoir discrétionnaire de refuser sa sanction à un projet de loi et l'abolition des pouvoirs de la Chambre des Lords pouvait en effet suggérer des raisons nouvelles de le prendre en considération. La résurrection du veto parut pourtant inadéquate. Après l'avoir évoquée devant le roi, Bonar Law n'y revint pas mais le sollicita plutôt de prendre l'initiative d'une dissolution contre l'avis du gouvernement en charge. La proposition fit l'objet d'un rapport au roi le 31 juillet 1913 et fut appuyée par les deux grandes autorités en la matière, mais d'opinion conservatrice, Anson et Dicey. Pour Bonar Law, une dissolution royale dans ces circonstances ne constituait pas une latitude, elle était, pour le roi, un devoir, en considération des risques d'une guerre civile. Dicey et Anson, moins assurés, argumentaient en faveur de la constitutionnalité d'un pouvoir dont l'usage était laissé à la discrétion du souverain. Ils avançaient, comme des précédents concluants, le renvoi de Fox et North en 1783 et la démission de Melbourne en 1834 (v. n°s 131-132). Un éditorial du Times s'était, cependant, prononcé contre une rupture d'usages constitutionnels si bien établis que la valeur des anciens précédents s'en trouvait fort amoindrie. Tel fut également le fond de l'argumentation du Premier ministre Asquith qui, à la demande de George V, rédigea à son tour un mémorandum sur la question[1] : « Le Souverain, écrivait-il, a sans doute le pouvoir de changer de conseillers, mais il convient de relever que, durant cent trente années, il s'est trouvé un seul cas où le roi a renvoyé le ministère qui possédait encore la confiance de la Chambre des Communes. Rien n'est plus important, dans l'intérêt de la Couronne et du pays qu'une telle pratique, si bien établie et justifiée par l'expérience, soit maintenue » (...) sans quoi « le roi serait, qu'il le veuille ou non, jeté dans l'arène des partis politiques. Et quant à la dissolution qui suivrait le renvoi du ministère, il n'est pas exagéré de dire qu'elle ferait

---

1. Rapport qui, d'après G. Wilson (*Cases and materials on the Constitution,* Cambridge, 1966, p. 28), contient « la conception orthodoxe de la position du monarque constitutionnel au XXe siècle ».

de la Couronne le ballon que se renvoient les factions rivales ». Le roi parut se rendre à cet avis. La guerre vint d'ailleurs interrompre les avatars législatifs de l'autonomie irlandaise.

Le pouvoir royal de dissolution est encore envisagé d'une autre manière par la doctrine constitutionnelle : il s'agit de l'hypothèse du refus opposé par le roi à une demande de dissolution émanant du Premier ministre. Selon Churchill, « c'est une des rares occasions où la prérogative de la Couronne s'exerce et où la Couronne, dans des circonstances douteuses, pourrait en référer à d'autres conseillers. Cela s'est produit à plusieurs reprises. Je me dois de souligner que cette prérogative n'appartient pas au gouvernement en fonction »[1]. La doctrine dominante avant-guerre tendait en effet à considérer qu'il s'agit là d'une des dernières compétences discrétionnaires de la Couronne, pourvu que la demande de dissolution émane d'un gouvernement minoritaire ou qui vient d'être battu devant la Chambre des Communes. Significativement, c'est aussi la seule compétence propre qui est reconnue au président de la république dans la Constitution irlandaise de 1937 (art. 13, al. 2). Dans les deux cas, le refus du chef de l'État est conditionné effectivement par la possibilité de nommer un autre gouvernement en situation majoritaire. L'hypothèse a notamment été soulevée en mars 1974. Les circonstances étaient celles d'un gouvernement minoritaire envisageant une dissolution très peu de temps après la précédente. Au lendemain des élections du 28 février, le Premier ministre conservateur, M. Heath, avait démissionné, après l'échec d'un essai de coalition avec les libéraux. Le leader travailliste, M. Wilson, l'avait remplacé. Le parti travailliste comptait 301 députés sur 635 à la Chambre des Communes. Il pouvait compter sur l'appui des partis nationalistes écossais et gallois. Mais le dépôt par M. Heath d'un amendement à l'Adresse, approuvé par le parti libéral, mit le gouvernement en danger dès le début de son existence. La question se posait de savoir ce que ferait M. Wilson s'il était renversé. Il semble que M. Heath, leader de l'opposition, entretint un moment l'idée que le premier ministre démissionnerait. Les conservateurs et les libéraux rappelaient, en toute hypothèse, que, s'il choisissait la dissolution, la reine n'était nullement tenue

---

1. Séance de la Chambre des Communes, 29 mars 1944, cité par J. H. Le May, *British Government, Select Documents,* Londres, 1955, p. 185.

d'accéder à sa requête et qu'elle pouvait rappeler M. Heath. Mais le discours que tint M. Wilson à la veille du débat sur l'Adresse ne devait pas laisser de doutes quant à son intention d'en appeler au pays s'il était battu au Parlement. On pouvait même déduire des paroles du Premier ministre qu'il entendait bien que sa demande de dissolution ne fût pas repoussée et que, si elle devait l'être, l'opposition porterait devant le pays la responsabilité d'une crise constitutionnelle. Cette mise au point intervenue, et le gouvernement ayant manifesté, par la voix du ministre de l'Emploi, M. Foot, un signe de bonne volonté, l'amendement conservateur fut retiré. Cependant, dans une lettre adressée à M. Edward Short, Lord président du Conseil et leader de la Chambre, M. Norman Atkinson, et plusieurs membres du *Tribune Group* qui rassemble l'aile gauche travailliste s'en prenaient aux conservateurs et aux libéraux qui avaient rappelé le droit de la reine de repousser une demande de dissolution et se déclaraient inquiets des « vues académiques de certains théoriciens constitutionnels » sur lesquelles se fondaient les allégations des conservateurs. Dans sa réponse, M. Short, membre du cabinet, réaffirma pourtant la doctrine traditionnelle en la matière. Par ailleurs, les contacts que le parti conservateur avait eus avec le palais à la veille du débat sur l'Adresse l'avaient éclairé sur les intentions de la reine. Celle-ci estimait n'avoir pas la moindre obligation d'accéder à une demande de dissolution de M. Wilson, mais, en l'espèce, avait bien l'intention de ne pas la repousser. Le fait que ce fût un nouveau gouvernement qui réclamait une nouvelle dissolution après que le précédent eut tenté sans succès de rester en place, suffisait à indiquer à la reine qu'une solution de rechange viable n'était pas possible, qu'elle n'avait pas de motifs raisonnables de refuser la dissolution à M. Wilson en cas de défaite de celui-ci.

Sauf dans des hypothèses marginales de ce type, la question de l'exercice effectif par le roi et la prérogative a perdu de nos jours presque toute actualité. D'une part, il est implicitement admis que la famille royale puisse exercer à l'endroit du gouvernement une critique mesurée, pourvu qu'elle soit dépourvue de caractère officiel et essentiellement politique, et qu'il soit entendu qu'elle doit rester sans conséquence constitutionnelle. En témoignent les tensions survenues en juillet 1986 entre la reine et le Premier ministre Mme Thatcher à propos des effets de la politique sud-africaine du gouvernement sur la cohésion du Commonwealth ainsi que les critiques du prince de Galles contre les coûts sociaux des doctrines et de l'action économique du premier ministre. D'autre part, le maintien de la prérogative dans son intégrité juridique n'a guère été mis en question. S'il est acquis que ce qui était tenu pour une légitime influence du souverain à l'époque du suffrage censitaire ne l'est plus en une époque où prédominent les conceptions démocratiques, certains auteurs continuent de ménager l'éventualité d'un exercice personnel de la prérogative dans des circonstances véritablement exceptionnelles. Le cas s'est notamment présenté en Australie en 1975, le caractère de nécessité de l'intervention du représentant de la Couronne ayant d'ailleurs été âprement discuté[1]. En Grande-Bretagne, l'hypothèse paraît théorique et les circonstances qui la détermineraient sont, au sens strict, inimaginables.

Mais le maintien tel quel de la prérogative, cette résistance à un aggiornamento des formes constitutionnelles qui mettrait en accord le fait avec le droit peut recevoir une autre interprétation. Ainsi, pour Ronald Butt, la Constitution britannique reste celle d'une monarchie car le gouvernement exerce l'autorité (non dérivée, originelle) de la Couronne, et c'est ce qui explique « la ténacité dans la conservation de toutes les formes monarchiques », symboles de l'autonomie de l'exécutif face aux chambres[2].

Ce maintien toutefois ne fait plus l'unanimité. Lors d'un colloque tenu en 1993, notamment, le groupe de pression *Charter 88* a proposé que la reine soit privée, dans le cadre d'une réforme constitutionnelle globale – et comme il advint en Suède en 1974 – de ses prérogatives institutionnelles, en particulier dans la perspective d'un Parlement sans majorité. Des suggestions avaient déjà été faites auparavant en ce sens, tendant à transférer au *speaker* des Communes le droit de désigner le premier ministre.

141 bis LA COURONNE, LA REINE ET LA FAMILLE ROYALE. — En tant qu'institution de base du système constitutionnel britannique, la Couronne transcende largement la personne du monarque

---

1. En novembre 1975, le gouverneur général sir John Kerr a révoqué le premier ministre travailliste Gough Whitlam et nommé le leader de l'opposition libérale Malcolm Fraser, afin de couvrir sa décision de dissoudre simultanément les deux chambres.
2. *The Power of Parliament,* Londres, 1967, p. 403.

et c'est d'ailleurs lorsque celle-ci, vers la fin de la période hanovrienne, a commencé de perdre l'essentiel de son rôle politique que le vocable de couronne s'est progressivement substitué à celui de roi en tant que signifiant constitutionnel. Il reste que la Couronne est incarnée dans la personne royale et que cette quasi-identification semble avoir été la mieux admise alors même que le pouvoir effectif était passé au gouvernement, durant la période victorienne. Disraeli est de ceux qui ont le plus œuvré à ce que l'on a pu appeler l'invention d'une tradition, terme qui, dans son sens strict, suppose que cette tradition existait mais qu'elle devait être redécouverte. Le rayonnement de la royauté britannique sous Victoria contraste avec son discrédit sous les règnes précédents. La figure tutélaire de la reine, le talent de son successeur Édouard VII, la rigueur morale et le sens du devoir de George V et George VI ont établi fortement la personnification de la Couronne dans l'esprit public en Grande-Bretagne, personnification qui s'est continuée sous le règne d'Elizabeth II. L'accident que représentait le règne bref et controversé d'Édouard VIII puis son abdication (1936) avaient cependant manifesté le risque qu'encourt l'institution de la royauté face à la carence de son représentant à assumer sa fonction symbolique. Or cette question, qui ne s'est pas posée durant le présent règne du fait de la reine elle-même, se l'est trouvée du fait de la famille royale, comme jadis à la fin du règne de George III. Depuis 1992 – *annus horribilis* au dire d'Elizabeth II – l'interrogation sur l'avenir de la royauté, qui n'avait plus guère été posée depuis cette époque lointaine et était hier encore presque inconcevable, n'a cessé d'être agitée dans l'opinion publique britannique. Elle l'a été constamment sur fond de querelles familiales attisées par le médiatisme forcené et la tradition dépravée de la presse anglaise, dont les principaux titres sont au surplus contrôlés désormais par des intérêts étrangers réputés peu favorables à la tradition monarchique. Mais cette dérive eût été impossible sans le concours des personnes intéressées elles-mêmes. Dans ce contexte de dévaluation de l'institution à travers les personnes, l'exceptionnelle émotion soulevée par le décès tragique de la princesse de Galles (septembre 1997) révèle toute l'ambiguïté des relations entre l'opinion, la royauté et la famille royale : à la fois remise en question des traditions jusqu'alors respectées et fascination durable pour le mythe auquel la défunte avait apparemment su donner un visage nouveau. L'attitude des dirigeants politiques en ces circonstances, et en particulier celle du nouveau premier ministre M. Blair, a au demeurant manifesté leurs réticences face aux tendances radicales des remises en question et une forte solidarité avec la famille royale. À l'occasion du 50e anniversaire du mariage de la reine (novembre 1997), M. Blair s'est déclaré « de l'école de Disraeli en ce qui concerne les relations entre le premier ministre et le monarque », exprimant ainsi son souci de restituer la popularité de la monarchie. Son prédécesseur, M. Major, a accepté, à la demande du prince de Galles, les fonctions de conseiller légal des enfants de celui-ci pour les affaires relatives à la succession de leur mère.

En 1992, la reine a mis sur pied un groupe de réflexion sur les réformes à apporter à l'institution monarchique, notamment sur les questions suivantes : adoption de la primogéniture pure et simple (sans considération de sexe) pour la succession, resserrement de la qualité de membre de la famille royale, liens avec l'Église établie et leurs conséquences en fait de prohibition des mariages royaux avec des conjoints catholiques, question de la liste civile et des revenus propres de la Couronne.

142 LA CHAMBRE DES COMMUNES. SON MODE D'ÉLECTION. — Les députés aux Communes sont élus au scrutin majoritaire uninominal à un tour. Quant au cadre territorial, ce système suppose donc qu'il y ait autant de circonscriptions que de sièges à pourvoir. Les petites circonscriptions correspondaient, aux origines du Parlement, à la représentation des bourgs et des comtés, la représentation des Communes comprenant, dans le *Model Parliament* de 1295, deux bourgeois par bourg (ou deux citoyens par ville) et deux chevaliers par comté. Le *Redistribution Act* de 1884 pose comme règle générale la circonscription à un seul siège, tout en maintenant certaines exceptions, notamment pour la cité de Londres, trois comtés d'Irlande du Nord et les universités. Les *Representation of the People Acts* de 1948 et 1949 ont aboli ces survivances : les dernières circonscriptions à deux sièges ont été divisées, en même temps qu'il était mis fin au vote plural, qui permettait aux commerçants de voter à la fois dans la circonscription où se trouvait leur résidence et dans celle où ils tenaient commerce, ainsi qu'à l'existence des 12 sièges universitaires, pourvus par le double vote des *graduates*.

Le découpage des circonscriptions doit procéder du souci d'assurer la même valeur au droit de vote de tous les citoyens. Ce souci est apparu dès le début du XIXe siècle, et l'on a vu qu'une partie du *Reform Act* de 1832 avait pour objet de supprimer les bourgs pourris, vendus au candidat le plus offrant, et d'assurer la représentation des nouvelles villes industrielles. Mais le règlement de cette matière continuait de ressortir à la seule compétence du Parlement et n'était donc pas à l'abri des inflexions partisanes. En 1944, un projet déposé par le gouvernement d'union nationale se prononçait pour un nouveau système : le travail de découpage serait préparé par un organe non politique, afin d'en assurer l'impartialité. Ce projet aboutit au *House of Commons (Redistribution of Seats) Act* de 1949, modifié par la suite. Quatre commissions des limites *(boundary commissions)* sont instituées : une pour l'Angleterre et une pour chaque région, Écosse, pays de Galles et Ulster. La révision périodique doit avoir lieu entre dix et quinze ans au plus tard. Chaque commission recueille les doléances des partis politiques sur l'application du système en vigueur, établit un projet nouveau de tracé – avec éventuellement création ou suppression de sièges – et en transmet le rapport au *Home secretary*. Celui-ci doit le déposer devant le Parlement en même temps que les projets d'ordonnances en conseil *(orders in council)* qui rendront exécutoires les recommandations des commissions. La loi autorise le ministre à suggérer des modifications, mais il ne peut ignorer ou rejeter les recommandations. Les projets d'ordonnances doivent être approuvés par des résolutions des deux chambres avant d'être mis en la forme d'*orders in council* et de rendre les modifications effectives pour les prochaines élections. Le président des commissions est le *speaker* des Communes, assisté d'un haut magistrat. Il y a deux autres membres non parlementaires. L'avis de certains hauts fonctionnaires est sollicité. Les règles générales qui inspirent le travail des commissions résultent de l'*Act* de 1949. Le nombre total des sièges ne peut être – globalement – excessivement supérieur ou inférieur à 613 (il est aujourd'hui de 659) ; il faut au moins 71 circonscriptions en Écosse, 35 au pays de Galles et 12 en Irlande du Nord. Le but est évidemment d'obtenir des circonscriptions égales le plus possible entre elles. Mais ce maximum d'égalité n'est réalisé qu'entre les circonscriptions d'une même région. En 1969, le gouvernement travailliste, auquel le plan de la *boundary commission* pour l'Angleterre était objectivement défavorable, a tenté de remettre le système en question en déposant un nouveau *House of Commons (Redistribution of Seats) Bill* reprenant certaines des recommandations de la commission, mais destiné en fait à bouleverser tout le système de l'*Act* de 1949. En effet, ce projet aurait dispensé le *Home secretary* de son obligation de donner effet aux recommandations des commissions par le dépôt des projets d'ordonnances devant les chambres. Le gouvernement fut accusé de *gerrymandering* et les Lords, sans rejeter formellement le *bill*, l'amendèrent de façon radicale. Le gouvernement préféra retirer le projet, tout en faisant rejeter par sa majorité aux Communes les recommandations de la commission et les propositions d'ordonnances qui y étaient jointes[1]. Avant les élections de 1983, le gouvernement conservateur a fait procéder à une réforme profonde de la carte des circonscriptions, qui n'a laissé que 66 d'entre elles inchangées, et a porté leur nombre à 650. Des remaniements mineurs sont encore intervenus par la suite ; le nombre de sièges est passé à 652 avant les élections de 1992, puis à 659 avant celles de 1997. En 2000, sans pour autant toucher à nouveau à cet effectif, le Parlement a adopté, en vue des élections de l'année suivante le *Political Parties, Elections and Referendums Act* instaurant un nouvel organisme dénommé *Electoral Commission,* composé de personnes indépendantes et non présidé par le *speaker,* qui est chargé de veiller au respect du code électoral et surtout des limites en matière de dépenses de campagne. Le financement public n'est accordé qu'aux partis obtenant au moins deux sièges aux Communes. Cette législation, qui entend suppléer à la « réglementation la plus primitive du monde développé »[2] en la matière, est intervenue à la suite des scandales qui ont marqué la fin de la période du gouvernement conservateur (v. n° 159) et a été inspirée par le rapport du *Committee on Standards in Public Life* constitué en 1997.

---

1. Les élections de 1970 se tinrent donc sur la base du tracé des circonscriptions de 1954, ce qui n'empêcha pas les travaillistes de perdre les élections.
2. K. D. Ewing, The funding of Political Parties in Britain, *Griffith Law Review*, vol. 7, n° 2, 1998, cité par Y.-M. Doublet, La réforme du financement de la vie politique au Royaume-Uni, *Pouv.*, 1999, p. 185.

Si une personne frappée d'incapacité est élue, la chambre peut déclarer son siège vacant. Les cas d'inéligibilité à la Chambre des Communes sont relativement limités. Sont frappés d'inéligibilité ou d'incapacité, selon les cas, les étrangers, les mineurs de moins de vingt et un ans, les malades mentaux, les personnes convaincues de trahison ou de corruption électorale, les faillis, ainsi que, théoriquement, les ministres de la Couronne (mais 91 d'entre eux peuvent siéger aux Communes), la plupart des membres des autres corps constitués de l'État ainsi que les pairs *in their own rights*[1]. Le *House of Lords Act* de 1999 a aboli l'inéligibilité de ces derniers en même temps que leur siège héréditaire à la Chambre haute (v. n° 145), et une loi de 2001 celle qui frappait les membres du clergé des Églises établies et de l'Église catholique romaine.

Le système électoral britannique est ainsi défini : *first past the post*. Il est en vigueur depuis le XIIIe siècle, depuis la première élection de représentants des comtés et des bourgs. C'est ce système et la conjoncture bipartisane qu'il favorise qui ont façonné la structure constitutionnelle de la Grande-Bretagne. Ainsi les élections des membres du Parlement sont-elles devenues une élection indirecte du gouvernement, ce qui incite les électeurs à voter utile, au détriment des partis mineurs, déjà peu favorisés par la nature du scrutin. Seuls les grands partis sont en effet en mesure de présenter des candidats dans la plupart des circonscriptions.

Tout a été dit des inconvénients d'un tel système : en plus de ses effets néfastes pour les petits partis, il y a l'éventuelle distorsion des résultats qui procède de la répartition des sièges. Dans la logique objective du système, il est parfaitement concevable que le parti majoritaire à la Chambre, et donc majoritaire à l'échelon de plus de la moitié des circonscriptions, n'ait pas obtenu autant de suffrages au niveau national que son concurrent principal. Le cas se produisit en 1951 à l'avantage des conservateurs, qui obtenaient 321 sièges avec 48 % des voix, tandis que les travaillistes n'en avaient que 295

---

1. Ceux des pairs d'Écosse qui n'avaient pas été élus pour siéger à la Chambre des Lords n'en étaient pas moins inéligibles aux Communes. Le cas des pairs d'Irlande était différent. Ceux d'entre eux qui n'étaient pas membres de la chambre haute étaient assimilés aux *commoners* et donc éligibles (à moins qu'ils ne détinssent d'autre part un titre de pairie du Royaume-Uni). Ainsi Lord Palmerston, qui appartenait à la pairie d'Irlande, devint-il député, en suite de son élection (en 1807) par un bourg de poche de l'île de Wight.

avec 0,8 % en plus. En février 1974, les travaillistes recevaient 5 sièges de plus que leurs rivaux avec 0,8 % de suffrages en moins. Ces distorsions sont le simple résultat d'une concentration localisée des électeurs d'un parti. Mais d'autres éléments interviennent : la présence d'un troisième concurrent sérieux, le vote tactique, et, bien sûr, le découpage plus ou moins impartial des circonscriptions.

Tout a été dit également des avantages de ce système : il démédiatise incontestablement le choix de l'exécutif national, ce qui est considéré comme démocratique et vaut bien, selon certains, qu'on sacrifie les petits partis. Il assure la stabilité et l'efficacité gouvernementales. Enfin, il favorise en principe l'alternance au pouvoir, qui est également considérée comme un bien, car elle évite l'usure et permet à chacun des deux pôles de l'opinion nationale de voir son parti gouverner.

Depuis 1974, les résultats des élections successives ont cependant fait rebondir le débat sur la légitimité du mode de scrutin. Les élections de février 1974, en particulier, ont mis en évidence les défauts les plus criants : distorsion du résultat et injustice à l'égard du principal des partis mineurs, le parti libéral – qui obtenait 14 sièges avec près de 20 % des voix –, sans procurer en contrepartie les avantages habituels, puisque aucun des deux grands partis n'obtenant la majorité absolue des sièges n'avait un droit évident à former le gouvernement et que celui-ci, minoritaire, n'était ni stable ni fort. Sans doute, les résultats des élections ultérieures n'ont pas produit les mêmes inconvénients. Mais ils continuent de traduire le décalage qui s'est approfondi entre les aspirations du corps électoral et la logique implacable du *two party system* (v. n° 161).

143 ORGANISATION DE LA CHAMBRE DES COMMUNES. — La Chambre des Communes est présidée par le *speaker*, élu par les membres de la Chambre et dont l'élection est approuvée par la reine. Les caractères de cette institution, modèle de présidence dépolitisée et impartiale, ont déjà été évoqués (v. n° 46). En raison de cette impartialité, un *speaker* en fonction est réélu même après un changement de majorité. S'il ne se représente pas, l'élection de son successeur est habituellement consensuelle, à la suite d'un accord préalable entre les partis. De manière exceptionnelle au XXe siècle, la succession de M. Boothroyd (travailliste) a donné lieu, en octobre 2000, à une élection disputée à l'issue de laquelle devait être élu un candidat du parti travailliste au pouvoir. En mars 2001, il a été décidé qu'en cas de non-représentation du *speaker,* son successeur serait élu au scrutin secret. L'impartialité du *speaker* implique qu'il ne prend pas part personnellement aux débats et qu'il ne vote que rarement. Dans ce cas, la manière dont il tranche est généralement déterminée par les précédents. Mais du caractère dépolitisé de la fonction résulte aussi l'importance des pouvoirs du *speaker.* Il est juge de toute contestation au sujet de la conduite des débats. C'est lui qui décide (et non le gouvernement ou la majorité) si un *bill* est un *money bill,* ce qui détermine à l'endroit d'un projet l'étendue des pouvoirs de la Chambre des Lords (v. n° 145). D'une manière analogue, et dans le contexte récent de la dévolution, c'est au *speaker* qu'il appartient de certifier si un *bill* est uniquement relatif aux affaires écossaises, auquel cas il est transmis au *Scottish Grand Committee.* En outre, il désigne les présidents des commissions parlementaires au début de chaque session parlementaire ; il exerce le pouvoir disciplinaire au sein de la chambre : il peut suspendre un membre pendant un jour ou il peut désigner un membre *(« to name a member »),* ce qui pourra entraîner sa suspension pendant une plus longue période ; il intervient pour le maintien de l'ordre en prenant des sanctions à l'égard des personnes étrangères à la chambre, et ce pour assurer la tranquillité des débats. Enfin, il peut désigner une question comme importante et la faire discuter en priorité et accepter ou non une motion tendant à faire prononcer la clôture d'un débat.

La Chambre des Communes a son règlement écrit, mais celui-ci est incomplet. En effet, la procédure parlementaire n'est pas tout entière réglée par les dispositions de ce règlement. Beaucoup de règles importantes sont présumées connues car elles sont anciennes. La plupart de ces usages sont repris dans un ouvrage classique qui en constitue le code officieux : il s'agit du livre d'Erskine May : *A Treatise of the Law, Privileges and Usages of Parliament* (1re éd. en 1884).

Il n'existe pas à la Chambre des Communes (sauf quelques exceptions récentes) de commissions permanentes spécialisées. Les *standing committees* sont simplement désignées par les premières lettres de l'alphabet. Les affaires sont réparties entre elles par le *speaker.* Il existe également des *select committees* mais qui ne participent pas au travail législatif. L'origine des commissions permanentes n'est pas tellement ancienne. Jusqu'à la fin du XIXe siècle, l'organe normal de préparation du travail législatif était la commission de la chambre entière *(committee of the whole house)*. L'origine de cette institution se trouve à l'époque où le *speaker* était suspecté d'être un agent du roi : afin de procéder en pleine liberté, la Chambre débattait quand le *speaker* avait quitté son fauteuil. L'utilisation du *committee of the whole* s'est partiellement maintenue ; elle permet aux membres de la Chambre de délibérer plus rapidement, selon des formes moins solennelles et des règles de procédure plus souples que celles des séances. Le *speaker* est alors remplacé par le président de la commission des voies et moyens. La commission siège quand la chambre le décide et en vue d'un objet qui lui est assigné par elle. Le travail de la commission est conclu par un rapport qui est ensuite adopté par la chambre en séance. L'usage du *committee of the whole* exclut l'un des premiers avantages de la commission parlementaire qu'est le travail en groupe restreint. Aussi, la commission de la chambre entière ne subsiste-t-elle plus aujourd'hui que dans des matières non controversées ou, le cas échéant, pour des textes à caractère constitutionnel. C'est ainsi qu'elle a siégé, pour un débat au fond, à l'occasion de la ratification du traité de Maastricht *(European Communities Amendment Bill)* de décembre 1992 à avril 1993 (v. n° 138). C'est à la fin du XIXe siècle que l'obstruction des députés irlandais a paralysé le fonctionnement du *committee of the whole* et suscité, entre 1902 et 1907, l'institution des *standing committees*. En choisissant un système de commissions permanentes non spécialisées, le Parlement, conformément à la tradition selon laquelle son rôle n'est pas de combattre le gouvernement, a voulu éviter que les commissions parlementaires s'érigent en rivales de l'exécutif (comme c'était à l'époque le cas en France). Le nombre des commissions est réduit, entre cinq et dix selon les périodes. Elles comprennent au maximum 50 membres, chaque commission reproduisant, dans le même rapport entre majorité et opposition, la composition de la Chambre. Ces membres sont désignés par le comité de sélection de la Chambre des Communes, instance non partisane composée de 11 députés expérimentés et qui est constituée en début de législature. Les commissions comprennent un noyau permanent d'une vingtaine de membres, les membres supplémentaires étant choisis par le comité de sélection en fonction des projets que le *speaker* attribue à l'examen de chaque commission. Elles n'ont donc qu'un caractère semi-permanent. Les présidents des commissions sont désignés par le *speaker,* comme on l'a dit, à partir d'un « tableau des présidents » *(chairmen's panel)* établi en début de session sans considération partisane. Ces présidents doivent faire preuve de la même impartialité que le *speaker.*

Il existe cependant des commissions spécialisées, certaines étant anciennes. Il faut d'abord mentionner les commissions pour l'Écosse *(Scottish grand committee)* et pour le pays de Galles *(Welsh committee)* respectivement créées en 1907 et 1960. Les autres commissions spécialisées ont essentiellement un rôle de contrôle de l'action gouvernementale : ainsi, le *select committee on estimates,* créé en 1912 pour l'examen des crédits demandés par le gouvernement, ainsi que le *scrutiny committee,* institué en 1944 pour le contrôle de la législation déléguée *(statutory instruments).* D'autres commissions spécialisées ont été créées par la suite, notamment la commission des relations raciales et de l'immigration et la commission du *parliamentary commissioner for administration* (équivalent de l'*ombudsman*).

En 1970 a été institué, pour suppléer le *committee on estimates,* le *select committee on public expenditure,* divisé en plusieurs sous-commissions, qui a pris rapidement de l'importance en matière de stratégie financière et de politique économique. Le rôle de cette commission a cependant été perçu comme insuffisant par la chambre. C'est pourquoi une nouvelle réforme a été mise en œuvre en 1979 par la Chambre des Communes, en dépit des réticences du gouvernement. De nouveaux *select committees,* dits *policy committees,* ont été créés afin « d'examiner les dépenses, l'administration et la politique *(policy)* au sein des principaux départements ministériels et des autres organismes publics ». Au nombre de 14, couvrant pratiquement tous les départements, sauf celui de la Justice, ils ont d'abord été institués pour la durée du Parlement élu en 1979 et reconduits en 1983 et en 1987. Depuis 1983, chaque commission comprend 11 membres. L'activité de ces commissions spéciales a rendu une nouvelle vitalité et efficacité au contrôle parlementaire.

Par ailleurs, la Chambre a également institué des *special standing committees* pour l'examen des projets de loi. En 1986, contre le vœu du gouvernement, les Communes ont adopté le principe selon lequel tout membre peut demander qu'un *bill* soit soumis à l'une de ces commissions. Elles ont également créé par voie législative un *National audit office* chargé de veiller à l'efficacité du contrôle sur les départements ministériels, mesure qui a également été combattue par le gouvernement.

144 LA PROCÉDURE LÉGISLATIVE AUX COMMUNES. — La procédure législative à la Chambre des Communes comprend trois lectures *(reading)*[1]. Le gouvernement, et plus particulièrement le Premier ministre, dispose, sous le contrôle du *speaker,* de la maîtrise de l'ordre du jour, non pas en tant que tel mais en qualité de leader de la majorité. Cela permet, sous réserve des droits reconnus à l'opposition, de consacrer l'essentiel des séances de la Chambre des Communes à l'examen du programme législatif du cabinet. Un temps très limité est réservé aux propositions émanant de l'initiative des membres des deux chambres. La première lecture d'un *bill* se réduit essentiellement à une formalité : c'est une sorte de prise en considération du projet. La deuxième lecture donne lieu à un débat général et intervient avant le renvoi en commission. Le *bill* et les amendements proposés sont alors examinés par le *standing committee* auquel le *speaker* l'a attribué, et la commission établit un rapport. Le *bill* revient alors devant la Chambre pour la troisième lecture : les amendements sur le fond sont, à ce stade, irrecevables.

Les débats devant la Chambre des Communes sont très réglementés. Les procédures de parlementarisme rationalisé des États du continent sont essentiellement une tentative de traduction, en forme constitutionnelle, de ces usages qui déterminent, depuis le XVIIIe siècle, l'efficacité du régime parlementaire anglais. Sans doute, certaines règles sont très laxistes ; ainsi, il n'existe pas à proprement parler de quorum à la Chambre des Communes puisqu'il suffit que 40 membres (sur 650) soient présents pour que la Chambre puisse délibérer (à la Chambre des Lords, il suffit de trois membres). Mais aussi bien le vote aux Communes est strictement personnel, de telle sorte que la présence de l'essentiel de l'effectif de la Chambre est assuré dès lors qu'une question importante est débattue. Les scru-

---

1. Cette notion n'est pas la même qu'en droit parlementaire français : les trois *readings* s'inscrivent dans le cadre d'une seule lecture au sens français du terme.

tins essentiels, en effet, sont déterminés par la procédure du vote par division. Celle-ci comporte la sortie des membres qui soutiennent le cabinet par une porte de la Chambre et leur rentrée par une autre porte où ils sont comptés et leur nom consigné par deux *tellers* appartenant respectivement à la majorité et à l'opposition ; les membres de l'opposition font de même, sortant et rentrant par une autre porte. Ce système qui paraît archaïque est à la base du parlementarisme rationalisé car il exclut la possibilité de l'abstention. Cela veut dire que les députés qui hésiteraient à se prononcer doivent s'absenter de la Chambre, et que leur abstention est alors, en dernière analyse, plutôt favorable au gouvernement.

D'autres techniques de la Chambre des Communes, celles-là relatives aux débats proprement dits, ont été inventées vers 1880 pour pallier l'obstructionnisme des députés irlandais, et sont à l'origine de certaines procédures rationalisées instituées dans des régimes parlementaires continentaux. Il en est ainsi de la limitation du temps de parole et du nombre des interventions : c'est la procédure dite de la guillotine ou *allocation of time order,* qui consiste à découper préalablement un débat législatif en un certain nombre de tranches limitées, en jours ou en heures. La demande en est faite par le gouvernement et, normalement, acceptée par la majorité. Il incombe alors au *speaker* d'interrompre la discussion lorsque le terme imparti pour chaque phase de celle-ci est échu (le même système peut être appliqué en commission, sur résolution de la Chambre). Il en va de même en ce qui concerne la limitation des amendements : c'est alors la procédure dite du kangourou, évoquant le droit qu'a le *speaker* de sélectionner les amendements proposés, retenant les uns pour la discussion, et sautant par-dessus les autres qui lui paraissent non pertinents ou seulement accessoires. Des réformes en vue de simplifier la procédure de la Chambre des Communes pour accélérer le travail parlementaire qui figuraient dans le programme du gouvernement travailliste élu en 1997 ont depuis lors été mises en œuvre, avec notamment l'institution d'une modalité de vote bloqué applicable à compter de juillet 2001.

145 LA CHAMBRE DES LORDS. — La Chambre des Lords est à la fois la Chambre haute du Parlement et la juridiction suprême du royaume.

Quant à sa composition, la Chambre des Lords est restée jusqu'en 1999 essentiellement une chambre aristocratique, mais elle a connu des modifications sensibles dès avant cette date. Jusqu'à la seconde moitié du XXe siècle, la composition aristocratique d'une chambre de pairs héréditaires, répartis en cinq degrés nobiliaires, a été maintenue. Avaient aussi le droit de siéger les pairs de sang royal ainsi que (au nombre de 26) des évêques de l'Église établie – les évêques sont Lords du Parlement mais non pas pairs du royaume[1] –, parmi lesquels les deux archevêques (de Canterbury et d'York), 16 pairs écossais élus au sein de la pairie d'Écosse, des pairs irlandais (depuis lors éteints) ainsi que les lords judiciaires (*law lords,* pairs viagers créés en vertu de l'*Appellate Jurisdiction Act* de 1876). En 1958, le *Life Peerage Act* a quelque peu changé la nature de l'institution en donnant à la Couronne le pouvoir de créer des pairies viagères sans limitation de nombre. Diverses tentatives s'étaient faites jour en ce sens, ainsi en 1856 (on parvint à contourner l'hérédité lorsqu'on rédigea les patentes de Lord Wensleydale, mais les pairs entrèrent en révolte[2]) et en 1869 (rejet d'un *bill* sous le cabinet Russell). L'innovation avait été repoussée comme destructive de toute aristocratie, laquelle se définit par une participation *indépendante* à la puissance législative[3]. En outre, dans la mesure où on a introduit en Angleterre une pairie sélective, la mesure était contraire au principe même de l'institution (s'il y a des *pairs*, il ne saurait y avoir entre eux de disparité de statut). L'*Act* de 1958 a étendu aux femmes le bénéfice de cette création. Par la suite, le *Peerage Act* de 1963 a permis aux pairs héréditaires de renoncer à leur pairie ou d'obtenir la transformation de celle-ci en pairie via-

---

1. Coke représentait déjà une opinion dépassée quand il soutenait (*Institutes,* IV, 1, 12), non sans d'excellents motifs, que les évêques continuaient de son temps à siéger en mémoire des fiefs (temporels) jadis attachés à leur siège épiscopal. Il n'y a du reste dès longtemps plus de pairie en tenure, si l'on excepte peut-être le comté d'Arundel. Comme, d'autre part, les évêques siègent aux Lords par une suite sinon en vertu de leur titre d'intronisation, on ne voit pas bien ce qui pourrait en faire des pairs.
2. Cet échec a donc une cause politique. Au plan de la technique juridique, la difficulté était surmontable en ce que la mention de l'hérédité doit être explicite dans les patentes : il suffisait donc de l'omettre et de soutenir en droit (ce qui est déjà plus difficile) que la mention obligée n'aurait pas été déclarative. Ainsi en agit-on. Dans le cas de la pairie par *writ of summons,* la lettre close emporte par le seul fait même de la chose l'hérédité dès lors que le pair convoqué a pris rang et séance une fois.
3. Sur ce motif, l'institution de la pairie viagère en France, après 1830, trouva un adversaire dans Royer-Collard. Chateaubriand (pair de France), exactement à la même époque, prédit que « l'aristocratie anglaise sera étouffée sous une nombreuse fabrication de toges et finira par perdre son hérédité comme la pairie dénaturée l'a perdue en France » (*Mémoires d'Outre Tombe,* VIII).

gère et a donné aux femmes titulaires d'une pairie héréditaire le droit de siéger à la Chambre, ainsi qu'à tous les pairs écossais.

Depuis le *Life Peerage Act* de 1958, plus de 600 pairies viagères ont été créées alors que l'érection de pairies héréditaires devenait exceptionnelle. La composition de la chambre, encore massivement héréditaire en 1960, a dès lors été assez profondément modifiée. Les pairs héréditaires restaient néanmoins les plus nombreux mais le plus grand nombre est d'origine récente – moins de 150 avaient été institués avant le XIXe siècle – et le nombre des pairs viagers était important : environ 350, sans compter les lords judiciaires et les évêques. Ainsi, la grande majorité des membres de la Chambre des Pairs n'appartenaient pas à la véritable aristocratie traditionnelle[1] mais étaient issus de la classe politique et de l'élite des milieux socioprofessionnels. En ce qui concerne la participation effective aux travaux de la chambre, ces catégories étaient les plus représentées, l'absentéisme – de fait ou par congé légalement demandé – étant important parmi les membres héréditaires.

Les pouvoirs législatifs de la Chambre des Lords étaient, avant 1911, les mêmes que ceux des Communes, sauf en matière financière, et jusqu'à l'époque du *Reform Act,* elle pouvait également mettre en jeu la responsabilité du gouvernement. À partir de 1850 (cabinet Russell), le gouvernement ne démissionne plus en cas d'adoption d'une motion de défiance par la Chambre des Lords, et s'abstient même de demander un vote de renfort aux Communes (comme en avaient usé encore en 1833 Lord Grey, ainsi qu'on a vu, et Lord John Russell lui-même en 1839) : la défiance des Lords se trouve ainsi neutralisée par le concours simplement tacite des Communes. Dans le même esprit, la convention était, jusqu'alors, que les

---

[1]. 33 pairies ont été érigées sous les Tudors (il n'en subsistait plus que 25 à l'avènement d'Henry VII), 376 sous les Stuarts, 93 sous Guillaume et Marie ainsi que la reine Anne, 781 sous les Hanovres, non compris le règne de Victoria (chiffres tirés de C. Fischel, *La Constitution d'Angleterre,* Paris, 1864, trad. franç., II, p. 216 {à cette date, il y avait 432 pairs, en ne tenant pas compte des princes du sang}). En 1719, les Communes avaient rejeté le *Peerage Bill,* adopté par les Lords, et en vertu duquel l'érection de pairies nouvelles ne serait devenue possible qu'en dessous d'un seuil légal, après qu'un certain nombre d'entre elles seraient tombées en deshérence. C'est ce que Sir Robert Walpole, qui fit repousser (à une forte majorité) le *bill* aux Communes, appelait devoir accéder désormais au temple de l'honneur par un sépulcre. Pareille mesure aurait fait de la Chambre haute – redevenue depuis 1714, pour près d'un siècle, le bastion de l'aristocratie *whig* – un nid d'aigle et transformé la monarchie britannique en république de patriciens. La noblesse en Suède (qui s'était constituée par là définitivement en aristocratie) est parvenue à imposer un tel *numerus clausus* à la fin du Frihetstiden (v. n° 169).

Communes votaient le budget et que les Lords y consentaient, c'est-à-dire qu'ils pouvaient, sans prétendre l'amender, le rejeter en bloc ; mais dès ce moment – le rejet du budget étant synonyme de vote de défiance – ce consentement avait fini par sembler impliquer qu'ils ne pouvaient plus refuser. En 1909, le gouvernement libéral, dirigé par Asquith, décida d'une importante réforme fiscale, qui fut englobée dans le *Finance Bill*. Cette réforme parut dirigée contre l'aristocratie terrienne et suscita immédiatement l'opposition radicale de la Chambre des Lords et de la minorité conservatrice des Communes.

En novembre, la Chambre haute refusa de voter le budget pour 1910, déclarant qu'elle « n'avait pas qualité pour donner son consentement à ce *bill* jusqu'à ce qu'il eût été soumis au jugement du pays ». Les libéraux contestèrent énergiquement la prétention des Lords de mettre le gouvernement dans l'alternative de céder à leur volonté ou de dissoudre les Communes, qui possèdent pourtant la suprématie en matière financière. Toutefois, la dissolution dut être prononcée, le 10 janvier 1910. La coalition des libéraux, des travaillistes et des nationalistes irlandais revint avec une majorité réduite, mais encore forte de quelque 120 sièges. La question qui avait provoqué la dissolution et sur laquelle les élections avaient été disputées était à la fois le budget, avec ses aspects de réforme fiscale, et les pouvoirs de la Chambre haute. Tel était du moins l'avis du cabinet qui entreprit la mise en œuvre devant les Communes de projets qui réduisaient le veto des Lords dans la mesure où il l'a ensuite été par le *Parliament Act*. Le bill fut déposé aux Communes le 14 avril. Dans le discours prononcé à cette occasion, Asquith déclara que, si les Lords rejetaient le projet, il entendait obtenir du roi, avant une nouvelle dissolution, l'engagement de procéder à une fournée de pairs pour venir à bout de la résistance de la Chambre haute, engagement qui ne deviendrait évidemment exécutoire que dans l'hypothèse où le gouvernement libéral se maintiendrait au pouvoir après de nouvelles élections. L'on savait qu'Édouard VII était très hostile à cette perspective. Mais sa mort survint fort peu après (6 mai 1910). Après l'échec de tentatives de conciliation, son successeur George V finit par consentir aux demandes du cabinet. De nouvelles élections eurent lieu auxquelles les deux grands partis obtinrent le même nombre de sièges qu'aux précédentes. C'est dans ces conditions que, cédant à la menace du *packing*, de la fournée massive de pairs qui aurait dénaturé la physionomie de l'institution, la Chambre des Lords a consenti à voter le *Parliament Bill* adopté par les Communes.

Les pouvoirs législatifs de la Chambre des Lords ont ainsi été fortement limités par le *Parliament Act* de 1911 puis par celui de 1949. La Chambre des Communes peut passer outre à l'opposition des Lords, depuis 1949, si elle adopte le texte d'un public *bill* rejeté, au cours de deux sessions successives. Le *bill* doit être renvoyé à la Chambre haute un mois au moins avant la fin de la session et un délai minimal d'un an doit séparer l'examen par les Communes, lors de la première session, de l'adoption définitive du *bill* à la session suivante. Ainsi le *Parliament Act* de 1949 donne seulement aux Lords le pouvoir de retarder un *bill* pendant un délai qui ne peut être inférieur à treize mois (vingt-cinq mois sous le régime de l'*Act* de 1911) à partir du premier vote des Communes[1]. Ce veto encore reconnu à la Chambre haute permet à celle-ci de s'opposer efficacement aux projets déposés en fin de législature et même en fin de session, un certain nombre de ces *bills* n'étant pas redéposés au début de la session suivante. Quoique limitée, la possibilité d'obstruction des Lords détermine généralement le gouvernement à rechercher un compromis avec la Chambre haute. En outre, la Chambre des Lords conserve la plénitude de son pouvoir législatif et de contrôle en certains cas. D'abord, le *Parliament Act* ne s'applique pas aux *bills* déposés en premier lieu devant les Lords (c'est notamment toujours le cas des projets de codification). Sans doute, la plupart des *public bills* sont déposés en premier lieu devant les Communes, mais en vue d'assurer un certain équilibre dans les travaux des deux chambres, le gouvernement veille à déposer quelques projets importants devant la Chambre haute. Celle-ci conserve également tous ses pouvoirs en matière de *private bills* et en ce qui concerne le contrôle de la législation déléguée.

Il est cependant un domaine où la Chambre des Lords ne dispose quasiment plus d'aucun pouvoir, c'est en matière de *money bills,* qualifiés comme tels, en cas de doute, par le *speaker* de la Chambre des Communes : adoptés par celle-ci, les *money bills*

---

1. La réduction du délai de deux à un an par le *Parliament Act* de 1949 avait pour objet de permettre au cabinet travailliste de Attlee de faire adopter son programme de nationalisations avant les élections de 1950.

reçoivent la sanction royale s'ils n'ont pas été approuvés par les Lords dans le délai d'un mois.

Le *Parliament Act* était en principe un dispositif provisoire intervenant dans l'attente d'une réforme de la Chambre haute, et en particulier de sa composition, laquelle assure au parti conservateur une majorité automatique. Plusieurs commissions ont été constituées à cette fin et la menace de l'abolition a plusieurs fois été brandie par le parti travailliste. Un projet fut présenté par le cabinet Wilson en 1968. Les propositions du gouvernement furent âprement discutées et firent l'objet de nombreux amendements. La tendance conservatrice considérait que la réforme allait trop loin, tandis que certains travaillistes pensaient que la réforme n'allait pas assez loin et renforcerait les droits des Lords ; ces députés travaillistes espéraient que la Chambre des Lords s'écroulerait d'elle-même, en quelque sorte par désuétude, si aucun projet de loi ne venait confirmer ses droits. Devant cette opposition venant de diverses tendances, le gouvernement finit par abandonner son projet. Le livre blanc accompagnant celui-ci énumérait ainsi les sept fonctions de la Chambre des Lords :

— elle est la cour d'appel ou cour supérieure (composée de *law Lords*) ;
— elle fournit un lieu de discussion approprié pour des matières d'intérêt public ;
— elle adopte, avec la Chambre des Communes, les private bills ;
— elle réexamine des projets *(publics bills)* adoptés par la Chambre des Communes ;
— elle jouit de l'initiative législative pour les *public bills*. Cependant, ceux-ci doivent se limiter à des matières ne donnant pas lieu à des controverses politiques trop vives ;
— elle contrôle la législation déléguée (v. n° 138) ;
— elle contrôle l'activité de l'exécutif.

Cet ensemble donne à la Chambre des Lords une capacité d'intervention non négligeable. Or la modification progressive de la composition de la chambre par l'effet du *Life Peerage Act* (cette loi ayant finalement accompli ce qu'aurait fait jadis le *packing,* la fournée dont la seule menace avait suffi pour faire adopter le *Reform Act* et le *Parliament Act*) tend à lui conférer à nouveau l'aspect d'une chambre quasi politique. Si la majorité des Lords restait conservatrice, l'absence de contrainte électorale la rendait cependant très indépendante du leadership et du gouvernement conservateurs ; d'autre part, il existait un groupe important d'indépendants (*cross-benchers,* environ 250). Il en est résulté, depuis 1970, une tendance croissante à ne plus assurer aux gouvernements conservateurs la majorité quasi automatique qui existait auparavant : le cabinet Heath (1970-1974) a été battu 26 fois devant les Lords, le premier cabinet Thatcher (1979-1983) 45 fois, le deuxième (1983-1987) 70 fois. Les cabinets travaillistes Wilson et Callaghan (1974-1979) ont, quant à eux, subi plus de 300 défaites. M. Callaghan, néanmoins, avait exigé que l'abolition des Lords ne figure pas dans le manifeste travailliste pour les élections de 1979. Mais l'abolition de l'hérédité devait à nouveau figurer dans le programme travailliste pour les élections de 1997. Et l'une des mesures constitutionnelles rapidement mise en œuvre par le gouvernement Blair consista dans l'adoption du *House of Lords Act* de 1999. Aux termes de ce texte très bref, nul, désormais, « ne sera membre de la Chambre des Lords en vertu d'une pairie héréditaire ». La pairie héréditaire, qui subsiste comme institution nobiliaire (et il y a identité absolue de la pairie et de la noblesse en Angleterre), ne comporte plus de privilège ni de servitude de droit public et les pairs sont désormais électeurs et éligibles à la Chambre des Communes. Le gouvernement avait négocié l'acceptation par les Lords de cette réforme, prévue depuis un siècle et mettant à bas un monument historique du droit constitutionnel européen, moyennant un compromis qui permettait à 92 pairs héréditaires (dont deux *ex officio* : le comte maréchal d'Angleterre et le grand chambellan[1]) de continuer à siéger « à titre viager (ou) jusqu'à ce qu'il en soit disposé autrement par une loi du Parlement ». Cette parenthèse miséricordieuse devrait être de courte durée puisque, dès après sa réélection en 2001, le gouvernement Blair annonçait son intention d'abolir tout reliquat de la représentation héréditaire à la Chambre haute. Dans le même temps, une commission créée en mai 2000 pour revoir et examiner les candidatures spontanées à la nomination à la pairie viagère (la presse devait parler de « Lords du peuple ») a choisi, en avril 2001,

---

1. Dont les offices sont liés à titre héréditaire aux pairies du duc de Norfolk, premier pair d'Angleterre, et du marquis de Cholmondley.

15 personnalités indépendantes des partis mais dont on a relevé qu'elles appartenaient à l'establishment. Ce n'était qu'un prélude incertain à la recomposition d'une institution qui ne méritait pas l'acharnement destructeur dont elle fut la proie au nom de la modernité démocratique mais qui reste en principe l'objet d'une réforme plus fondamentale, du reste envisagée déjà par le *Parliament Act* de 1911. Aux termes du livre blanc présenté par le gouvernement en nombre 2001, un cinquième de la Chambre serait désigné par une commission indépendante, un autre élu directement et les trois derniers réservé à la désignation des partis politiques. Le nombre des évêques et des juges serait réduit et la qualité de membre de la Chambre ne serait plus liée à l'octroi d'une pairie.

La procédure parlementaire à la Chambre des Lords est très souple. Le règlement de l'assemblée *(standing orders)* est un document assez élémentaire et le principe est celui de la *self regulation*. Il en résulte notamment l'absence de présidence des débats. Sans doute, la Chambre – sauf quand elle siégeait jadis comme Cour des pairs – était jusqu'en 2003 (v. n° 146) présidée par le Lord chancelier, qui est aussi garde des Sceaux, ministre de la Justice et membre du cabinet[1] ; et quand la Chambre siège en commission, c'est le *Lord chairman in committee* qui assure la présidence. Mais, dans les deux cas, le rôle du président se limite à prononcer l'ouverture et la clôture de la séance, à mettre les délibérations aux voix et à proclamer le résultat des votes. Les débats ne sont pas réglementés. Le Chancelier n'est pas fondé à rappeler à l'ordre un membre de la Chambre ; seule celle-ci est en pouvoir de le faire. Il existe cependant des règles de recevabilité en ce qui concerne les amendements et le gouvernement conserve, en tout état de cause, la maîtrise de l'ordre du jour. Lorsque la Chambre siège en commission, prévaut le système de la commission de la Chambre entière. Il existe également, depuis peu, des *select committees* qui n'ont pas de fonction législative mais sont des commissions

---

1. C'est comme grand officier du royaume que le Chancelier « préside ». Le cas est frappant lorsqu'il n'a pas reçu encore ses patentes de pair. Ainsi, en 1830, de Lord Brougham. Du fait que le *sac de laine* est censé être hors de la Chambre, encore bien même le Chancelier n'est-il pas pair encore, comme grand officier il est fondé à prendre place sur le *woolsack*. Le sac de laine réalise une de ces fictions juridiques sur lesquelles s'est édifié le gouvernement d'Angleterre. Grâce à lui, ceux des secrétaires d'État (ministres) qui n'étaient pas membres de la Chambre des Lords ont néanmoins pu prendre place dans le sein même de la salle des séances. En effet, ils sont censés se tenir sur le sac de laine auprès du Chancelier (ce qui laisse penser qu'à l'origine, il s'agissait d'un meuble comparable à celui appelé lit de justice ou à une banquette).

de contrôle permanentes : ainsi le *select committee* des Communautés européennes, créé en 1974, et le *select committee* de la science et de la technologie, créé en 1980 à la suite de la suppression de celui qui existait à la Chambre des Communes.

146 LA CHAMBRE DES LORDS COMME JURIDICTION. — La Chambre des Lords est restée jusqu'en 2004 la juridiction judiciaire suprême du Royaume-Uni *(the Court of the King in Parliament)*. Elle connaît de tous les recours contre les jugements des juridictions d'appel en matière civile et (sauf pour l'Écosse) en matière criminelle.

Dans l'exercice de ces compétences judiciaires, la chambre siège en formation restreinte, limitée aux law lords, selon une procédure qui a été fixée par l'*Appelate Jurisdiction Act* de 1876. Jadis, seuls étaient en droit d'opiner dans cette formation les pairs qui se trouvaient être des légistes. Or il est arrivé qu'il n'y en eut qu'un seul, le Lord chancelier, qui demeura ainsi de fait unique juge suprême de tout le royaume de 1818 à 1827, avec deux pairs qui tenaient le rôle de *law lords*. À ce jour, les *law lords* sont les *lords of appeal in ordinary,* au nombre de neuf (qui peut être porté à onze), généralement pris dans les rangs des hauts magistrats, et ceux des lords qui sont versés dans la pratique judiciaire, c'est-à-dire, en pratique, les anciens lords chanceliers et *lords of appeal.* Ceux-ci peuvent être associés aux délibérations des *lords of appeal* en fonction, et tous sont également des pairs viagers, membres à part entière de la Chambre en tant qu'assemblée législative.

Lorsqu'elle siège en matière judiciaire, la Chambre se compose de cinq juges *(Appelate committee).* Elle reste théoriquement une commission d'assemblée délibérante et c'est pourquoi chaque membre expose son point de vue sur le litige (on parle alors de *speech*), le Lord chancelier le premier, lorsqu'il préside la Chambre (telle est l'origine de la *dissenting opinion*). La chambre est compétente pour juger dès lors qu'a été délivré un *leave to appeal,* soit par le juge *a quo* lui-même, soit par l'*Appeal committee of the House of Lords,* composé de trois juges. Le jugement strictement dit prend la forme d'une approbation du rapport de l'*Appelate committee* lors d'une séance à laquelle participent normalement les seuls lords qui ont pris part aux délibérations. La Chambre peut prononcer l'annulation d'une décision et renvoyer l'affaire devant la cour d'appel, mais elle peut aussi l'évoquer et substituer son propre arrêt au jugement entrepris.

Lorsque la Chambre siégeait en Cour plénière pour connaître en particulier d'un *impeachment*[1] ou en Cour des pairs au sens strict (ce qui, au dernier cas, exclut les évêques), elle était présidée par le sénéchal du royaume *(Lord High Steward*[2]*)*, qui remplissait les fonctions de comte du palais dont avait hérité le sénéchal. Cette dignité, la plus grande, qui autrement n'a plus eu d'usage que lors du sacre de 1820, supposait d'être recréée en cas d'*impeachment*[3]. Comme le dernier cas d'*impeachment* remonte à 1806, l'hypothèse était devenue théorique. Le *Lord High Steward* présidait sous le dais royal.

Le 12 juin 2003, à l'occasion du remaniement de son cabinet, le Premier ministre a annoncé une réforme fondamentale du système judiciaire. L'office de Lord chancelier a été aboli et ses fonctions provisoirement transférées à un nouveau secrétaire d'État aux affaires constitutionnelles, qui préside désormais la Chambre des Lords, mais sans plus siéger dans sa formation judiciaire. La création d'une cour suprême et d'une commission indépendante pour les nominations judiciaires est désormais prévue. La cour suprême se verrait transférer les compétences attribuées à la commission judiciaire du Conseil privé en matière de dévolution (v. n° 140 *bis*). Ces annonces ont été confirmées officiellement lors du discours du Trône prononcé le 26 novembre 2003.

B - Le cabinet

Pièce fondamentale du système britannique, le cabinet, avec à sa tête le Premier ministre, détient l'effectivité du pouvoir, ce qu'exprime le terme de gouvernement de cabinet appliqué en pre-

---

1. Les Lords spirituels étaient en droit de participer à la délibération d'un *impeachment* concernant un *commoner,* pour autant que la sentence n'emporte pas la peine capitale. De même en était-il à l'endroit d'un bill d'*attainder,* sous la même réserve. Cependant, au XVIIIe siècle, ce droit leur fut contesté, au motif qu'eux-mêmes n'étaient pas justiciables de la Cour. Du moins, lorsque les évêques durent se retirer de la délibération, protestèrent-ils à chaque fois de leurs droits. S'agissant de la procédure d'*attainder,* le motif de leur exclusion est discutable puisque les bills de pénalité ne sont pas des décisions de justice. Il paraît douteux qu'on ait pu refuser aux évêques de siéger lors de l'*attainder* qui frappa l'évêque jacobite Atterbury, en 1723.
2. Qu'on ne confondra pas avec le *Lord steward,* lequel tient un office de Cour.
3. L'abdication expresse de l'*impeachment* a été recommandée en 1968 par la *select committee on privileges* des Communes.

mier au régime parlementaire britannique. Trois éléments expliquent cette primauté du cabinet : c'est lui qui exerce tous les pouvoirs de la Couronne ; il détient le leadership de la majorité et tire sa légitimité politique de l'élection démocratique. Il n'a pourtant pas à proprement parler d'existence constitutionnelle.

147 L'ORIGINE : LE CONSEIL PRIVÉ. — Le cabinet est une émanation du conseil privé, lui-même issu de la *curia minor* médiévale. Il en constitue une commission officieuse, plus ou moins secrète : le *committee of State* ou cabinet. Dès le XVIIe siècle, le conseil privé est devenu un organe trop nombreux et les décisions importantes sont prises au sein de ce comité restreint, auxiliaire d'un monarque encore quasi absolu. L'actuel cabinet, d'une nature politique très différente, reste l'héritier du cabinet de Charles II.

Le conseil privé n'a pas pour autant disparu et demeure constitutionnellement le conseil de la Couronne. Il compte plusieurs centaines de membres, parmi lesquels tous les ministres passés et actuels, le *speaker,* les *law lords,* les archevêques de l'Église établie et bien d'autres personnalités nommées par la reine en conseil. Son président est un membre important du cabinet, le Lord président du conseil, qui n'est pas membre de la Chambre des Lords mais au contraire, généralement, le leader du parti au pouvoir à la Chambre des Communes. Les compétences du conseil privé sont essentiellement formelles. Il ne se réunit en séance plénière que pour le mariage et le décès du roi afin de proclamer le successeur à la Couronne. Ses réunions ordinaires sont en revanche très fréquentes mais donnent seulement lieu à la ratification formelle, en présence de la reine et de trois ou quatre ministres concernés, des décisions délibérées au sein du cabinet. C'est notamment sous la forme d'ordonnances en conseil *(orders in councils)* que sont pris tous les actes relevant de la prérogative royale et les *statutory instruments,* c'est-à-dire les règlements relevant de la législation déléguée.

Il existait au sein du conseil privé des commissions *(functional committees)* dont la plupart ont vu leurs attributions transférées aux divers départements ministériels. Il subsiste aujourd'hui quelques commissions consultatives (par exemple, celle des îles anglo-normandes) ainsi que la commission judiciaire *(judicial committee)* du conseil privé. Cet organe juridictionnel connaissait des appels de certaines décisions prises par de hautes juridictions des pays membres du Commonwealth. Il est composé du Lord président du conseil privé (qui n'y siège en pratique jamais) et de magistrats membres de ce conseil. Ses jugements sont prononcés officiellement sous forme d'*orders in council,* mais leur contenu est arrêté sous la forme d'un « avis » *(advice)* de la commission. La plupart des pays du Commonwealth ont aujourd'hui dénoncé la juridiction du *judicial committee,* qui reste le juge d'appel pour certaines juridictions disciplinaires internes et pour de hautes juridictions ecclésiastiques. Depuis 1998 et l'adoption du *Government of Wales Act,* du *Scotland Act* et du *Nordern Ireland Act,* la commission judiciaire du Conseil privé s'est vue confier de nouvelles attributions juridictionnelles puisqu'elle est juge en dernier ressort des conflits pouvant résulter du nouveau partage de compétences issu de la dévolution (v. 140 *bis*). La commission judiciaire exerce par ailleurs une fonction de conseil : le gouvernement lui demande aussi parfois un avis sur une question quelconque, généralement posant des problèmes juridiques. Enfin, la commission judiciaire peut statuer sur la requête dénonçant l'existence d'une incompatibilité dans le chef d'un membre de la Chambre des Communes.

En droit strict, le cabinet reste une simple commission du conseil privé, mais il exerce de façon pleinement autonome l'essentiel des fonctions, considérablement développées avec le temps, autrefois dévolues au conseil privé et qui restent formellement prises par la reine en conseil.

148 CABINET ET MINISTÈRE. — Il convient de distinguer le cabinet, organe décisionnel restreint, et le ministère, c'est-à-dire le gouvernement au sens large du terme, qui comprend une centaine de membres, chaque chef de département étant assisté de plusieurs ministres de second rang et certains ministres, sans portefeuille, jouant le rôle de *whips,* c'est-à-dire qu'ils sont chargés de veiller à la cohésion de la majorité et à la participation au vote des *backbenchers* (députés de base).

Le ministère ne se réunit pas en corps et n'est donc nullement un organe de décision, même formel, mais il forme le noyau stable de la majorité parlementaire qui assure la défense au Parlement de la politique décidée par le cabinet.

Les ministres répondent à des titres très variés. Le premier est normalement premier Lord de la trésorerie, fonction qui garantit le contrôle des nominations aux principaux postes administratifs. Il a déjà été parlé du Lord président du conseil, du Lord chancelier et de l'Attorney général. Le chancelier de l'Échiquier est le ministre des Finances. Les secrétaires d'État occupent les ministères importants de création ancienne : Affaires étrangères *(Foreign office)*, Intérieur *(Home office)*, Défense, Affaires d'Écosse. Le terme de *minister* est utilisé pour désigner les titulaires de départements de création plus récente. Les ministres de rang inférieur ont également des titres divers : junior lords de la trésorerie, officiers de la maison royale – qui font généralement fonction de *whips – junior ministers,* secrétaires parlementaires. En outre, certains titres correspondent pratiquement à des fonctions de ministre sans portefeuille mais pouvant être confiées à des personnes politiquement importantes, susceptibles d'être appelées à faire partie du cabinet : c'est le cas du Lord président du conseil, qui est souvent le leader de la majorité aux Communes, du chancelier du duché de Lancastre, du Lord du sceau privé, du Paymaster général, etc.

C'est le Premier ministre qui choisit les membres du cabinet, mais, selon la coutume, un certain nombre de membres du gouvernement en sont membres d'office : Lord chancelier et chancelier de l'Échiquier, secrétaires d'État aux Affaires étrangères, à l'Intérieur, à la Défense, à l'Écosse, etc. Cela ne limite pas la discrétion de choix du Premier ministre quant à la composition du cabinet puisque c'est lui qui détermine la répartition des portefeuilles, peut effectuer des permutations au sein du gouvernement, procéder à des remaniements et imposer le retrait des ministres. Aux membres d'office, le Premier ministre adjoint des ministres de quelques autres départements et quelques ministres sans portefeuille, à concurrence d'une vingtaine de membres : organe de décision, le cabinet doit garder un effectif restreint. La liberté de choix du Premier ministre en ce qui concerne la composition tant du gouvernement que du cabinet n'est limitée que par les nécessités politiques objectives[1]. Le souverain a longtemps exercé en ce domaine une certaine influence, mais tel n'est plus le cas à l'époque contemporaine.

1. Sous réserve des contraintes qui lui seraient imposées statutairement par son propre parti (v. n° 160).

Émanant juridiquement de la Couronne, le cabinet et le gouvernement se trouvent dans un rapport étroit avec le Parlement : c'est à partir de la nécessité d'un organe de contact entre la Couronne et le Parlement que se sont développés l'importance, l'autonomie et les pouvoirs du cabinet. Sans doute, aucune règle formelle n'impose que le Premier ministre, les membres du cabinet et les autres membres du gouvernement soient également membres du Parlement. La règle est même, paradoxalement, inverse puisque l'un des quelques cas d'inéligibilité à la Chambre des Communes concerne les ministres de la Couronne, étant admis que 91 d'entre eux peuvent néanmoins y siéger. Jusqu'à la fin du XIXe siècle, par ailleurs, bon nombre de membres du cabinet, et le Premier ministre lui-même, étaient souvent des membres de la Chambre des Lords. Au XXe siècle, on ne relève que très peu de membres du cabinet n'appartenant pas au Parlement, et la plupart d'entre eux – et en tout cas le Premier ministre – sont des élus de la Chambre des Communes. L'usage réservant l'accès à chacune des chambres aux seuls ministres qui en sont membres, l'hégémonie croissante des Communes au sein du Parlement a conduit à ce que les postes les plus importants et les plus nombreux soient réservés à ses élus. Le ministers of the Crown Act de 1937 prévoit que le cabinet doit comprendre au moins trois pairs en plus du Lord chancelier. De manière générale, la Chambre des Communes n'apprécie pas que des ministres importants soient membres de la Chambre des Lords, bien que le fait que chaque département comporte plusieurs ministres assure le contact nécessaire entre chaque ministère et la Chambre basse. En raison des compétences exclusives de celle-ci, le chancelier de l'Échiquier, les secrétaires financiers de la trésorerie et à la guerre sont toujours des *commoners*. Quant au Premier ministre, après Lord Salisbury, en fonction jusqu'en 1902, il a toujours été membre des Communes. C'est en vertu de cette exigence que Baldwin a été préféré à Lord Curzon comme leader conservateur en 1923 et que sir Alec Douglas-Home a renoncé à la pairie en 1963 pour succéder à Macmillan, comme Premier ministre.

149 LE PREMIER MINISTRE. — L'institution du Premier ministre a longtemps conservé un caractère quasi officieux. Alors que son autorité s'est affirmée dès les premières décennies du

XVIIIᵉ siècle, sous les premiers rois hanovriens, et qu'elle est définitivement établie, dans son sens parlementaire, à la fin de ce siècle, avec Pitt et Lord North, le Premier ministre ne voit son titre officiellement reconnu qu'à la fin du XIXᵉ siècle. Un rang officiel lui est attribué en 1905 (il vient après l'archevêque d'York), et ce n'est qu'en 1937 que le *ministers of the Crown Act* a consacré légalement l'office de Premier ministre et lui a affecté une rémunération.

Le Premier ministre est nommé par la reine, mais ce pouvoir de nomination est entièrement conditionné. En effet, dès le début du XIXᵉ siècle, alors même que l'affermissement du principe parlementaire lui impose de tenir compte de l'existence d'une majorité aux Communes, le roi tend à se plier à la nécessité de confier la formation du gouvernement à celui qui est le chef de la majorité et non simplement à une personne de sa confiance prise dans les rangs de cette majorité. La structure avancée, pour l'époque, des partis britanniques retient le monarque de s'immiscer dans les affaires des partis en confiant la charge du gouvernement à quelqu'un qui n'apparaîtrait pas comme détenant la confiance et le leadership au sein du parti. Une convention constitutionnelle s'est ainsi formée qui impose au roi de désigner comme premier ministre le leader du parti majoritaire. Inversement, le roi a pu, dans un passé récent, retrouver une certaine autonomie dans l'exercice de sa prérogative de nomination du Premier ministre, lorsque aucun parti ne détient la majorité ou lorsque le parti majoritaire n'a pas de leader. Tel fut le cas dans l'entre-deux-guerres, à l'époque du tripartisme, puis, dans les années 1950, lors de la succession de Churchill, d'Eden et de Macmillan (v. n° 159). Cependant, en règle générale, le Premier ministre ne peut être que le chef du parti majoritaire, désigné d'avance par sa position de leader, dont le choix dépend essentiellement du corps électoral lorsque celui-ci donne à l'un des partis la majorité des sièges à la Chambre des Communes.

Ainsi le Premier ministre est-il devenu le chef effectif de l'exécutif et, plus largement, du gouvernement de Grande-Bretagne, ou selon l'expression désormais consacrée *an elected monarch*. On a dit que la Constitution et le remaniement du cabinet étaient à sa discrétion. D'autres compétences relevant de la prérogative royale lui appartiennent en propre : ainsi, l'exercice du droit de grâce, l'octroi de titres et d'honneurs, la plupart des nominations et surtout le droit de dissolution. Il peut aussi soumettre ces matières à l'examen du cabinet, mais la décision en revient à lui seul.

Le Premier ministre préside les réunions du cabinet, détermine leur ordre du jour et tranche les désaccords entre ses membres. Son autorité effective y dépend évidemment en partie de sa personnalité et de celle de ses collègues, ainsi que du soutien dont il dispose au sein de son parti.

Structurellement, l'autorité du Premier ministre est renforcée par l'existence du cabinet office, organe administratif de secrétariat, qui prépare notamment l'ordre du jour et établit les procès-verbaux des réunions, par le contrôle du civil service dont le Premier ministre dispose par l'intermédiaire du département de la Trésorerie et par celui des comités ministériels spécialisés ou *cabinet committees*. Ces derniers ne sont pas composés uniquement de membres de cabinet, mais comprennent aussi d'autres ministres. Le nombre de ces comités ministériels, leurs compétences, leurs dénominations varient de gouvernement à gouvernement. C'est le Premier ministre qui détermine le nombre et les compétences des différents cabinet committees. Certains de ceux-ci sont plus ou moins permanents, d'autres ne sont que temporaires, n'existant que pour résoudre des problèmes bien précis. Un comité ministériel qui a beaucoup d'influence est le *parliamentary committee* qui prépare la discussion des questions politiques qui devront être traitées par le cabinet. Ce comité du cabinet n'a comme membres que des ministres de premier rang. Les principaux autres sont le comité de la politique de défense et des questions d'outre-mer, le comité de la politique économique et le comité des dépenses publiques, qui est présidé par le chancelier de l'Échiquier. Il faut aussi signaler deux comités de la législation, qui sont présidés par le leader de la majorité à la Chambre des Communes. S'il y a désaccord au sein des membres d'un comité, autrefois ils en appelaient directement au cabinet, mais aujourd'hui c'est le premier ministre qui doit apprécier si ce dissentiment doit être débattu au sein du cabinet.

Il existe aussi, en parallèle des comités de cabinet, des comités de hauts fonctionnaires des départements intéressés. Les comités de cabinet reçoivent ainsi le support technique nécessaire. C'est le cabinet office qui fournit tous les services administratifs pour le fonctionnement des comités de cabinet.

150 LES ATTRIBUTIONS DU CABINET. — Le cabinet est un organe de décision à caractère général qui n'empiète pas sur les compétences spécifiques des chefs de département. Ne sont décidées par lui que les questions que ceux-ci et le Premier ministre lui soumettent. Ensemble, le cabinet et le Premier ministre, dans son rôle de leader, déterminent la politique intérieure et extérieure du pays. Le cabinet exerce ainsi l'essentiel des pouvoirs de l'État, ou plus exactement de la Couronne : ceux que détient la reine en conseil, qui sont les compétences de l'exécutif, et ceux que possède la reine en Parlement, qui sont celles du législatif.

L'exercice effectif du pouvoir exécutif se traduit essentiellement par le contrôle de l'administration qui appartient au cabinet, sous réserve des pouvoirs propres du premier ministre en matière de nominations. L'administration britannique n'en a pas moins, tant au sein du *civil service* que dans l'administration semi-autonome *(corporations),* une solide tradition d'indépendance à l'égard du pouvoir politique, mais celle-ci implique aussi la neutralité et le loyalisme à l'égard du gouvernement quel qu'il soit. Ces vertus traditionnelles sont cependant, depuis une vingtaine d'années, quelque peu remises en question (v. n° 164).

Par ailleurs le cabinet détient le pouvoir effectif en matière financière et en matière législative. En matière financière, on l'a dit, l'initiative parlementaire est exclue. C'est le cabinet qui détermine les besoins de l'État, demande aux Communes l'autorisation de lever l'impôt et le vote des crédits, puis décide de leur répartition dans le cadre de l'autorisation budgétaire. Le cabinet, par l'instrument du chancelier de l'Échiquier, maîtrise l'ensemble de la procédure budgétaire. Il en va de même, plus généralement, en matière législative. L'initiative parlementaire des lois, qui fut même supprimée durant la Seconde Guerre mondiale, n'occupe, comme dans tous les autres régimes parlementaires, qu'une place très restreinte : les propositions de lois représentent environ 13 % de l'ensemble de la législation et elles ne peuvent aboutir, sauf exception, que si le cabinet ne s'y oppose pas. La prépondérance de l'exécutif en matière législative se marque encore, on l'a vu, par le recours fréquent à la législation déléguée, par laquelle le Parlement habilite le gouvernement ou certains ministres à prendre des règlements ayant force de loi *(statutory instruments).* La maîtrise du pouvoir législatif par le cabinet s'inscrit ainsi dans le cadre des mécanismes fondamentaux du parlementarisme britannique (v. n° 155).

151 LE FONCTIONNEMENT DU CABINET. — Organe essentiellement collégial quand il était encore sous la dépendance du roi et que le Premier ministre n'était qu'un *primus inter pares,* le cabinet paraît s'être progressivement effacé devant la figure du « monarque élu » qu'est le Premier ministre. La prépondérance du Premier ministre, qui s'est affirmée à la fin du XVIIIe siècle avec Pitt, s'est confirmée au XIXe avec Peel, Palmerston, Gladstone et Disraeli, a été renforcée encore à partir de la Première Guerre mondiale. Le fonctionnement du cabinet, à partir de ce moment où le Premier ministre détient seul le pouvoir de le composer et de le remanier, ne présente évidemment plus le caractère strictement collégial. C'est pourquoi l'on tend parfois à considérer, en particulier depuis la Seconde Guerre mondiale – qui a renforcé notablement la nécessité de l'unité d'action gouvernementale – que l'exécutif britannique répond désormais au type présidentiel. Cette impression a encore été consolidée par le type de gouvernement imposé successivement depuis leur accession au pouvoir par Mme Thatcher puis M. Blair. Elle n'est pas absolument fausse, mais néanmoins simpliste. Il est tout d'abord évident que le maintien durable de la primauté du Premier ministre est lié à l'homogénéité du cabinet, au fait qu'il s'agit du gouvernement d'un seul parti. Sans doute, Lloyd George pendant la Première Guerre, Churchill durant la seconde ont pu exercer une autorité considérable au sein de cabinets d'union nationale, mais c'était évidemment en raison des circonstances. En temps normal, l'hégémonie du Premier ministre est conditionnée par l'absence de nécessité de former une coalition, c'est-à-dire au maintien du *two party system.*

Au sein d'un cabinet homogène, qu'il compose et remanie librement, le rôle du Premier ministre dans le processus de décision gouvernementale est évidemment prépondérant. Son autorité est normalement destinée à s'imposer et il est plutôt rare que les membres du cabinet soient appelés à voter. Normalement, après un « tour de table » informel, le débat se poursuit jusqu'à l'émergence d'un consensus éventuellement obtenu par l'ascendant du Premier ministre. Mais ce dernier ne saurait imposer ses vues en toutes circonstances (comme le peut faire le Président des États-Unis) au moyen de la menace d'un remaniement. Lorsqu'un Premier ministre se trouve, sur des points importants et à plusieurs reprises, mis en minorité au sein de son propre cabinet – comme cela aurait été le cas pour Mme Thatcher en 1985 – il ne peut que s'incliner, sauf à provoquer une crise grave au sein du parti dont il est le leader. Inversement, en 1990, c'est pour éviter une telle crise et alors qu'elle est candidate à sa reconduction en tant que leader – et donc Premier ministre – que la même Mme Thatcher a vu le cabinet l'abandonner, élément qui fut déterminant dans sa décision de passer la main (v. n° 167). Après l'intermède en quelque sorte classique du gouvernement de M. Major, le problème de la « présidentialisation » n'a pas tardé à se reposer avec M. Blair, et dans un style sans doute moins respectueux des usages que n'était celui de Mme Thatcher (v. n° 164).

L'autorité que détient le Premier ministre au sein de son parti détermine également le respect plus ou moins strict par les autres ministres du principe de la solidarité ministérielle [1], qui a pu être, à certains moments, véritablement mis entre parenthèses.

C - Les mécanismes du régime parlementaire

152 MODALITÉS. — Le principe de la responsabilité politique du cabinet, exprimé pour la première fois par la démission en bloc du ministère North en 1782, est le critère du régime parlementaire. Le droit de dissolution, correspondant à une pratique plus ancienne de la monarchie britannique, et qui n'est donc pas lié au principe de la responsabilité politique, a cependant été interprété par la suite, par la doctrine constitutionnelle, comme étant sa contrepartie nécessaire. Et tels ont effectivement été, on l'a vu, les mécanismes essentiels du parlementarisme anglais au stade historique de sa formation et du passage du dualisme au monisme parle-

---

1. En juin 1975, lors du référendum relatif à l'appartenance de la Grande-Bretagne à la CEE, le Premier ministre M. Wilson a dû accepter que M. Benn, ministre appartenant à l'aile gauche du parti travailliste, puisse prendre position contre le maintien dans la CEE alors que le gouvernement appelait officiellement à voter en faveur de celui-ci. Les conflits au sein des partis entraînent aujourd'hui des manquements plus fréquents que naguère à la solidarité gouvernementale. Mme Thatcher l'a elle-même éprouvé quand M. Brittan a rendu public le débat sur l'avenir de l'entreprise Westland.

mentaire. Aujourd'hui, la mise en jeu de la responsabilité gouvernementale devant les Communes est devenue exceptionnelle car la responsabilité politique du cabinet revêt un caractère essentiellement électoral et non plus parlementaire. Il en résulte que la dissolution a changé de sens. Le contrôle parlementaire s'exerce désormais normalement par d'autres moyens que les procédures de responsabilité, mais, si le cabinet reste contrôlé par le Parlement, il n'en détient pas moins une primauté de fait qui se manifeste dans le mode d'exercice du pouvoir législatif.

Telles sont les modalités normales du fonctionnement du parlementarisme britannique contemporain. Mais si le bipartisme est compromis, toutes ces règles se trouvent caduques. On sait que ce fut déjà le cas durant une assez longue période de l'histoire récente de la Grande-Bretagne, au moment du déclin du parti libéral et de l'ascension corrélative du parti travailliste.

Une situation analogue s'est provisoirement reproduite en 1974 et elle peut survenir à nouveau, car depuis cette date le bipartisme est en crise (v. n° 157). De telles occurrences manifestent le caractère resté authentiquement parlementaire du régime britannique, que trois décennies de fonctionnement sans crise avaient paru occulter.

153 LA RESPONSABILITÉ GOUVERNEMENTALE. — Il s'agit en Grande-Bretagne d'une responsabilité essentiellement collective. On ne peut guère parler de responsabilité individuelle des ministres devant le Parlement, même si, en théorie, chaque ministre est responsable devant lui de la gestion de son département et si, en pratique, des démissions individuelles peuvent jouer le rôle de « fusible » pour préserver la position du Premier ministre (ainsi Lord Carrington, en avril 1982, lors de la guerre des Malouines). Les procédures de mise en jeu de la responsabilité gouvernementale, dégagées par l'usage à la fin du XVIIIe siècle, restent peu formalisées. Une seule procédure, la motion de censure *(vote of no-confidence)*, peut véritablement contraindre le cabinet à démissionner ou à faire prononcer la dissolution du Parlement. Néanmoins, sont équivalents d'une motion de censure pure et simple le rejet du budget et le vote d'un amendement à l'Adresse.

L'Adresse est le remerciement que la chambre exprime à la reine pour avoir manifesté les intentions de son gouvernement. Le vote de l'Adresse constitue donc une approbation du programme gouvernemental. C'est l'équivalent du vote d'investiture ou de confiance qui intervient dans d'autres régimes parlementaires lors de l'installation d'un nouveau gouvernement. Le refus de voter l'Adresse proposée ou, plus simplement, le dépôt d'un amendement qui est une critique directe du programme gouvernemental implique donc, sans équivoque, la censure. On ne relève au XXe siècle que deux cas de motion de censure : après les élections de décembre 1923, le cabinet conservateur de Baldwin, devenu minoritaire, s'est retiré à la suite du vote d'un amendement à l'Adresse et, en 1979, le gouvernement Callaghan a fait prononcer la dissolution après le vote d'une motion de censure présentée par Mme Thatcher, appuyée par l'ensemble de l'opposition. Deux autres motions, qui n'ont pas été adoptées, ont conduit l'une à la dissolution, l'autre à la démission du cabinet : en octobre 1924, le cabinet Mac Donald a décidé la dissolution, comme il l'avait annoncé, à la suite du vote d'un amendement libéral à une motion de censure conservatrice qui avait elle-même été clairement rejetée par 359 voix contre 198 ; la motion dite d'ajournement qui donna à Neville Chamberlain l'occasion de démissionner en mai 1940 fut repoussée par 81 voix, mais le Premier ministre se rendait compte que, s'il possédait encore formellement la confiance de la chambre, il avait perdu celle de l'opinion et de son propre parti.

Dans les autres hypothèses, le gouvernement, et en particulier le Premier ministre, apprécie librement la portée du vote par lequel il a été mis en minorité. Ainsi le gouvernement laisse-t-il le plus souvent les députés dans l'incertitude de sa réaction à une défaite parlementaire : il n'y a pas de focalisation sur la question de confiance.

On relève au XIXe siècle de très nombreux cas de mise en minorité du gouvernement sans que celui-ci démissionne ni ne demande la dissolution. Après la Première Guerre mondiale, durant la période du tripartisme, le cabinet minoritaire de Ramsay Mac Donald a accepté dix défaites entre janvier et août 1924, avant de poser clairement, en octobre, la question de confiance sur le rejet de l'amendement libéral à la motion déposée par les conservateurs. Après la Seconde Guerre, au contraire, et jusqu'en 1970, le système fonctionne dans le cadre d'un bipartisme strict et discipliné ; on peut toutefois relever le cas du gouvernement Attlee, battu en mars 1950 sur une question relative aux matières énergétiques et qui n'a pas démissionné. À partir de 1970, l'indiscipline au sein du parti conservateur au pouvoir et surtout, entre 1974 et 1979, la crise du bipartisme ont entraîné de nombreuses défaites du gouvernement devant les Communes[1]. Les gouvernements successifs ont accepté ces votes sans réaction, et notamment sans faire usage de la menace de dissolution (v. n° 167). De parlementaire, la responsabilité est devenue essentiellement électorale. Le cabinet et sa majorité parlementaire répondent solidairement de leur gestion devant le pays. Cela est bien manifesté par le sens que revêt en Grande-Bretagne l'usage du droit de dissolution.

154 LE DROIT DE DISSOLUTION. — Les règles de compétence relatives à l'usage du droit de dissolution ont déjà été évoquées : l'initiative de la dissolution revient aujourd'hui au seul Premier ministre, et non plus au cabinet, et la reine ne pourrait s'opposer à sa demande que s'il existait clairement la possibilité de former un gouvernement de rechange viable.

Quant à la fonction de la dissolution, elle traduit essentiellement la mise en jeu de la responsabilité électorale du gouvernement et de sa majorité (dissolution dite de majorité). En usant de la dissolution, le Premier ministre britannique tente, dans la plupart des cas, de profiter d'une conjoncture politique favorable à sa reconduction au pouvoir. Et la situation n'est pas très différente dans les cas – rares, on l'a vu, au XXe siècle – où la dissolution est consécutive à la mise en jeu de la responsabilité du cabinet, conformément à la théorie parlementariste. En effet, on ne peut plus prétendre, dans le cadre du régime britannique contemporain, qu'il s'agit de résoudre un conflit entre les pouvoirs. Ce caractère ne se présente plus, ou plus exactement s'estompe, dès le milieu du XIXe siècle, la dissolution de 1841 étant la dernière à comporter des éléments de ce type. Il s'agit plutôt, par la dissolution, de tenter de reconstituer une majorité parlementaire qui s'est désagrégée, tout comme dans les autres cas de dissolution, il s'agit de faire réélire et si possible de renforcer une majorité existante. Le point commun essentiel avec le type classique de dissolution-résolution des con-

---

1. Il en a été de même devant la Chambre des Lords, mais on a vu que celle-ci avait perdu le pouvoir de mettre en jeu la responsabilité du cabinet (v. n° 144).

flits, c'est l'appel au corps électoral contre une opposition devenue majoritaire : c'est en cela que réside la spécificité de la dissolution consécutive à un renversement du gouvernement par rapport à la dissolution de majorité. C'est évidemment le corollaire du fait que l'opposition et non le gouvernement prend alors l'initiative. Le gouvernement perd l'avantage tactique de la détermination du moment favorable pour la dissolution. Il n'est cependant pas à proprement parler contraint à la faire prononcer. Au XIXe siècle, les deux branches de l'alternative démission-dissolution sont également retenues. Dans l'hypothèse de la démission, la dissolution intervient néanmoins parfois à terme, sous la responsabilité du nouveau gouvernement. Il n'est en effet pas toujours certain que l'opposition devenue majoritaire puisse se constituer en majorité gouvernementale. La chute du gouvernement peut n'être due qu'à la coalition momentanée du principal parti d'opposition et de petits groupes indépendants ou dissidents du parti gouvernemental : tel était le cas du gouvernement Callaghan en mars 1979 (v. n° 161). Au XIXe siècle, dans dix cas, le gouvernement a présenté sa démission plutôt que demandé la dissolution du Parlement. En revanche, depuis 1832, la dissolution est intervenue dans sept cas consécutivement à une défaite du cabinet, et en particulier dans les deux derniers, en 1924 et 1979.

La menace de dissolution peut cependant aussi s'inscrire dans le cadre traditionnel des mécanismes parlementaires : tel a été le cas en mars 1974 lorsqu'elle a permis de prévenir le vote d'un amendement à l'Adresse contre le cabinet travailliste minoritaire qui venait d'être formé (v. n° 141).

155 FONCTION LÉGISLATIVE ET CONTRÔLE GOUVERNEMENTAL. —
Dans le régime britannique comme dans ceux qui s'en sont inspirés, les rapports entre le Parlement et l'exécutif se trouvent moins dans les moyens d'action classiques, et exceptionnels, que sont la mise en jeu de la responsabilité du cabinet et la dissolution, que dans l'exercice de la fonction législative et le contrôle courant de l'activité gouvernementale.

La primauté de l'exécutif, correspondant à la tendance de toutes les démocraties contemporaines, se marque dans l'exercice de la fonction législative. On l'a déjà signalé à propos de l'initiative des lois. Le quasi-monopole du gouvernement est assuré par la limitation du nombre de séances qui sont réservées à l'examen des propositions de lois *(private member's bills)*, mais surtout par le fait que ces textes ont peu de chances d'être adoptés en raison de tous les obstacles de la procédure législative qui permettent au gouvernement d'exiger la priorité pour ses projets et, éventuellement, de s'opposer expressément aux propositions parlementaires. Ainsi, l'ordre du jour de la Chambre des Communes est fixé, on l'a vu, par le Premier ministre non pas en tant que tel mais en sa qualité de leader de la majorité. Ce pouvoir est d'ailleurs exercé avec modération de telle sorte que l'opposition dispose d'un laps de temps suffisant (un tiers environ) pour exercer sa tâche de contrôle du gouvernement. Il en va de même en ce qui concerne le droit d'amendement. Les pouvoirs du speaker, arbitre impartial, ne sont pas exercés dans l'intérêt exclusif du gouvernement mais en vue d'éviter l'obstruction et d'assurer l'efficacité du travail législatif.

Ainsi, la primauté de l'exécutif n'exclut nullement, à travers la procédure parlementaire et en particulier le rôle des commissions, que soit exercé un contrôle réel du gouvernement, non seulement par l'opposition mais aussi par sa propre majorité. En effet, l'efficacité du contrôle parlementaire n'est pas nécessairement liée à la mise en jeu de la responsabilité gouvernementale. L'une des modalités les plus connues est le *question time* de la Chambre des Communes, c'est-à-dire la séance publique de la Chambre qui est réservée aux questions au gouvernement. Sans doute, la portée de ce procédé, présenté parfois comme celui du contrôle le plus efficace, est-elle souvent exagérée. Mais il constitue un moyen utile pour les *backbenchers* d'obliger le gouvernement à prendre position sur un point particulier. Il est également d'usage très courant puisque plusieurs dizaines de questions peuvent être posées au cours de la même séance – la réponse devant être très brève – et cela plusieurs fois par semaine. Un autre procédé, plus exceptionnel, est celui de la motion dite d'ajournement, qui ne consiste pas à demander l'ajournement de la chambre, mais à greffer sur cette motion une question sans rapport avec la matière en discussion. En fin de séance, si le *speaker* l'autorise, a lieu un débat limité à quarante minutes. Le vote concluant ce débat peut aboutir à la mise en jeu de la responsabilité gouvernementale : c'est à la suite d'un tel vote que Neville Chamberlain a démissionné en 1940 (v. n° 153).

À ces procédés très classiques, il faut ajouter le rôle nouveau des *select committees* créés par la Chambre des Communes en 1979 (v. n° 142). Leur activité, qui n'est pas de l'ordre du travail législatif, a permis à la chambre de renforcer ses moyens de contrôle, particulièrement en ce qui concerne les dépenses publiques. Ces commissions spécialisées permanentes ont le pouvoir de faire inscrire un point à l'ordre du jour de la Chambre.

Il faut encore signaler le rôle du *parliamentary commissioner for administration,* juriste désigné par la Chambre des Communes à la tête d'une commission chargée d'élaborer des rapports sur les cas de mauvaise administration.

Section II
Les institutions dans le cadre politique

Le secret de la Constitution britannique se trouve, selon Trevelyan[1], dans l'union étroite et les rapports de confiance qui existent entre le cabinet, état-major du parti majoritaire, et la majorité à la Chambre des Communes, également issus de la même élection démocratique. Le système de gouvernement est ainsi entièrement et très simplement déterminé par le *two party system,* qu'il n'est pas rare de voir présenté comme la donnée constitutionnelle fondamentale du régime britannique (Jennings). Mais le *two party system,* pour essentiel qu'il soit dans le fonctionnement des institutions, et pour durable qu'il apparaisse, n'en est pas moins sujet à des crises récurrentes qui permettent de vérifier que les institutions britanniques restent fondamentalement celles d'un régime parlementaire.

---

1. *The Two Party System in English Political History,* 1926.

I | LE SYSTÈME DES PARTIS

A - *L'évolution du système*

156 LES FONDEMENTS DU « TWO PARTY SYSTEM ». — Le bipartisme semble inhérent à la structure politique britannique : les conflits dynastiques du XVe siècle peuvent apparaître, jusqu'à un certain point, comme la lutte entre le parti de la rose blanche (York) et celui de la rose rouge (Lancastre). La division de l'opinion qui a donné naissance aux partis trouve son origine principale dans la Réforme. Dès l'avènement des Stuarts, le Parlement a été marqué par l'influence puritaine, hostile à l'Église établie, à l'absolutisme royal et à leurs défenseurs. La guerre civile, au XVIIe siècle, présente moins les caractères d'une révolution que d'une lutte entre des partis. Le parti des « cavaliers » défend le roi et l'Église, celui des « têtes rondes » défend le Parlement et la liberté des sectes dissidentes. Les uns sont surnommés *tories,* du nom de brigands irlandais, parce qu'ils sont suspectés d'être en réalité des catholiques, les autres *whigs,* du nom de paysans presbytériens écossais. Au XVIIe siècle, on oppose aussi le parti de la cour *(court)* à celui du pays *(country).* Cette bipolarisation est certes trop sommaire pour rendre compte de l'histoire britannique après la révolution de 1688. En particulier, sous les Hanovre, qui apparaissent aux yeux de certains *tories* comme des usurpateurs, les *whigs* deviennent les alliés privilégiés de la Couronne et le restent jusqu'en 1770. Mais la division originaire traduit un fait religieux et culturel resté très longtemps vivace. Le bipartisme commence à se structurer sous l'action des pratiques d'influence exercées par la Couronne et la haute aristocratie.

Le *Reform Act,* qui consomme la fin de ces pratiques, donne à l'action électorale un nouvel intérêt. C'est dans le courant du XIXe siècle que se dégage la structure du système moderne de partis lorsque ceux-ci, par l'intermédiaire de leurs comités locaux, vont se faire les agents de l'application effective des règles électorales, en poussant notamment les électeurs à se faire enregistrer (v. n° 22). Néanmoins, le système de partis conserve longtemps son caractère traditionnel. Le plus notable se marque en ce qu'il assure, durant encore près de cent après le *Reform Act,* l'alternance au pouvoir des deux mêmes partis. Les conservateurs et les libéraux, héritiers des tories et des whigs, se succèdent sans que soit affectée l'homogénéité du pays, car les principes politiques des uns et des autres ne sont pas fondamentalement différents. « Pendant fort longtemps, écrit André Mathiot, les deux grands partis n'ont eu aucune assise sociale particulière : tous deux ont été dominés par des intérêts semblables et l'influence de l'aristocratie, de la richesse, des propriétaires fonciers s'y faisait sentir. Un gentleman pouvait être *whig* aussi bien que *tory* et, bien avant 1832, il était aussi honorable d'appartenir à l'opposition qu'au parti gouvernemental. Les divers intérêts économiques et sociaux n'étaient pas tellement distincts qu'ils dussent favoriser les divisions au sein des partis où, comme aux États-Unis aujourd'hui encore, ils étaient représentés d'une manière sensiblement égale. Dans le domaine des idées, aussi, l'absence de divergences fondamentales a joué contre les scissions internes, le cas du parti nationaliste irlandais faisant exception. »[1] Cette homogénéité s'amoindrit avec l'émergence et la montée du parti travailliste, qui vient troubler le jeu du bipartisme de manière plus durable et plus profonde que les dissidences antérieures. Pourtant, dès lors qu'en 1945 le bipartisme a été rétabli – au profit du parti travailliste et au détriment du parti libéral –, les deux partis restant en présence correspondant davantage à l'expression d'intérêts de classe, il n'en est pas résulté une rupture du consensus national. Le terme de « butskellisme » a été fabriqué pour marquer ce consensus entre les deux partis, symbolisé par deux hommes politiques des années 1950, H. Gaitskell, le travailliste social-démocrate, et R. A. Butler, le conservateur modéré qui déclarait : aujourd'hui, nous sommes tous collectivistes. Le consensus a duré plus de trente ans. Inversement, en effet, le parti travailliste, ouvrier à l'origine et qui s'est ensuite imposé dans les milieux sociaux les plus variés, n'a pu réaliser un tel succès sans abandonner toute espèce de dogmatisme idéologique. Le Premier ministre Wilson, qui n'a pas peu contribué à l'instauration de ce pragmatisme, ne déclarait-il pas à la conférence du parti en 1966 : « Nous ne pouvons pas nous per-

---

1. *Le régime politique britannique,* Paris, FNSP, A. Colin, 1955.

mettre de nous attaquer aux problèmes des années 1960 en cherchant en vain la réponse dans le cimetière de Highgate. »[1] Cette modération dans le discours idéologique, doublée de celle des programmes politiques proposés recouvre un but tactique évident : il s'agit, lors des élections, de bénéficier du *swing*[2], de conquérir le vote flottant qui assure la victoire d'un parti aussi bien que l'alternance au pouvoir en attirant les électeurs indécis.

Ce modèle bipartisan s'est trouvé remis en question dans les années 1970 : d'une part, le *two party system* a été altéré par le retour en force de trois partis ; d'autre part, les hommes politiques des deux grands partis eux-mêmes ont ouvert la voie au réalignement partisan.

157 LES ALTÉRATIONS DU « TWO PARTY SYSTEM ». — Le bipartisme strict, symbolisé par l'architecture rectangulaire de la Chambre des Communes dans laquelle se font face les bancs du gouvernement et ceux de l'opposition, chaque camp composé d'un seul parti, ne correspond qu'à certaines périodes du système politique britannique. La simplicité de ce schéma a connu bien des exceptions depuis le *Reform Act*. On peut mentionner d'abord la scission des *tories* réformistes autour de Canning, puis de Peel, qui ont fini par se fondre avec les *whigs* pour former le parti libéral. Ensuite, de 1880 à 1918, la plupart des sièges des 100 circonscriptions irlandaises ont été tenus par des députés nationalistes, également indépendants à l'égard des deux grands partis britanniques. Dans le même temps et dans le même contexte, les libéraux unionistes font sécession et soutiennent le parti conservateur dans son opposition à l'autonomie irlandaise, avant de s'y intégrer. Au début du siècle, le parti travailliste, qui obtenait 26 sièges en 1906, devient en 1918 le premier parti d'opposition. La période d'entre-deux-guerres est particulièrement troublée puisque s'ajoutent au tripartisme les sécessions des libéraux nationaux et des travaillistes nationaux. « Depuis 1885, constate en 1985 David Butler, il y a eu trente-deux années pendant lesquelles aucun parti n'a disposé d'une majorité absolue à la Chambre ; en outre, dans les soixante-huit années restantes, on compte dix-huit années de gouvernement de

---

[1]. Où se trouve la tombe de Marx.
[2]. C'est-à-dire la moyenne du déplacement des voix d'un grand parti à l'autre.

coalition, malgré le fait qu'un des partis ait été en mesure de gouverner seul. Il n'en reste pas moins que dans la période de l'immédiat après-guerre on a pu penser que l'alternance bipartisane était devenue la norme. Les tiers partis ont à peine compté, de 1945 à 1970. Ce n'est plus le cas actuellement. »[1] Jusqu'à la fin des années 1960, en effet, la stabilité profonde du corps électoral, mesurée par les sondages, traduit la confiance dont bénéficient les deux partis à vocation majoritaire. Quelques traits manifestent cette versatilité nouvelle de l'électorat. Ainsi, en 1970, alors que le gouvernement travailliste est donné vainqueur aux élections générales, le parti conservateur l'emporte avec 46,4 % des voix contre 43 % aux travaillistes. Au cours du mois précédant les élections du 28 février 1974, les intentions de vote en faveur des grands partis varient de 5 %, tandis que celles en faveur du parti libéral passent de 11 à 20 % (il en obtiendra 19,3). Durant la campagne électorale de 1983, les intentions de vote pour le parti conservateur ont atteint 52 % et 37 % pour le parti travailliste, alors que le tiers parti (l'alliance) n'a parfois été crédité que de 14 % ; or les résultats des élections ont donné 42 % des voix aux conservateurs, 28 % aux travaillistes et 26 %. à l'alliance. Le nombre d'électeurs se déclarant fortement attachés à un parti est passé de 47 % en 1964 à 25 % en 1983.

Pour la première fois depuis l'avant-guerre, le bipartisme a été sérieusement altéré par les élections de février 1974, qui n'ont pas donné de majorité en sièges à aucun des deux grands partis, les résultats de chacun étant inférieurs à 38 %. Quant au reste, en plus d'un gain important en voix pour le parti libéral et d'un gain relatif en sièges, les autres sièges se répartissaient entre les partis nationalistes d'Écosse et du pays de Galles et le parti unioniste d'Irlande du Nord. Cette situation ne permettant pas le maintien au pouvoir d'un gouvernement stable, il a été procédé, en octobre de la même année, à de nouvelles élections générales qui ont permis au parti travailliste d'emporter une courte majorité de sièges (319 sur 635) avec 39,2 % des voix. Le score des tiers partis est cependant resté presque intact et il en est résulté, à la fin de la législature 1974-1979, une

---

1. Le système des partis : désalignement ou réalignement ?, « La Grande-Bretagne », *Pouv.*, n° 37, 1986, p. 24.

tendance à l'instabilité gouvernementale qui a fini par aboutir, pour la première fois depuis plus de cinquante ans, au vote d'une motion de censure (v. n°s 153 et 167).

Le reclassement politique, doublé d'un réalignement partisan, qui s'opère après les élections de 1979, semble avoir entraîné une altération durable du *two party system*, occultée par le fait que depuis l'accession, la même année, de Mme Thatcher au pouvoir, la Grande-Bretagne connaît une période exceptionnellement longue de gouvernement stable et fort. Lors des élections qui se sont succédé à compter de cette date, le tiers parti s'est maintenu à un niveau élevé en voix, signe d'une certaine désaffection du corps électoral à l'égard du système prédominant dans l'après-guerre. Aux élections de 1997, alors qu'il perd des voix, il se hausse pour la première fois à un niveau élevé en sièges (v. n° 158) qu'il renforce encore aux élections de 2001.

158 BIPARTISME ET SYSTÈME ÉLECTORAL. — Il résulte clairement de l'histoire des partis britanniques depuis le *Reform Act* que le maintien du bipartisme « n'est le résultat ni d'une harmonie préétablie ni des mystères de l'âme anglaise » (J.-M. Denquin) mais la résultante de facteurs divers parmi lesquels prédomine le système électoral. On a vu à quelles anomalies peut aboutir le scrutin majoritaire à un tour (v. n° 142). Mais son effet le plus normal est qu'il tend simplement à amplifier quant au nombre de sièges la victoire du parti majoritaire. C'est ce que traduit la loi dite du cube, établie par M. G. Kendall et A. Stuart : le rapport entre les pourcentages de suffrages obtenus par les deux grands partis étant de a/b, le rapport des sièges sera de a^3/b^3, c'est-à-dire que si le parti majoritaire obtient trois cinquièmes des voix et l'autre deux cinquièmes, le rapport des sièges sera non pas de 3/2 mais de 27/8. Mais même en période de strict bipartisme, la loi du cube ne joue pas toujours, comme le montrent les élections de 1951 (v. *ibid.*). C'est qu'un autre facteur interfère : celui de la répartition des électeurs d'un parti dans l'ensemble des circonscriptions. En Grande-Bretagne, comme aux États-Unis, nombre de circonscriptions sont des circonscriptions sûres – ainsi dans l'Angleterre du Sud-Est pour les conservateurs, en Écosse pour les travaillistes –, d'où l'importance des procédures de sélection des candidats, enjeu permanent entre les sections locales et la direction des partis et qui, au sein du parti travailliste, est au centre du conflit interne sévissant depuis les années 1970 (v. n° 160). La sélection est d'abord l'affaire des sections locales des partis. Chez les travaillistes, le choix est ratifié par le comité exécutif national. La procédure de sélection est sensiblement la même chez les conservateurs, avec en plus une première ratification du choix proposé par une assemblée générale des membres du parti dans la circonscription, qui précède celle du bureau central. Celui-ci ne refuse pratiquement jamais d'approuver le choix de la section locale. Les partis sont, en toute hypothèse, maîtres de la présentation des candidats et les candidatures indépendantes, sans investiture, sont presque toujours vouées à l'échec. Dans les circonscriptions sûres, le corps électoral tend à ratifier automatiquement le choix du candidat par le parti : il n'y a notamment pas d'inconvénient majeur à être « parachuté ». Il est nécessaire, pour un parti à vocation nationale, de présenter des candidats dans la plupart des circonscriptions[1]. Mais l'enjeu d'une élection générale se situe dans les circonscriptions dites « marginales » : c'est là que se produit le swing qui favorisera la victoire d'un parti. Lorsqu'il y a élection partielle, l'enjeu n'étant pas la désignation du gouvernement, les partis secondaires peuvent bénéficier du swing. C'est ce qui s'est produit en 1981-1982 en faveur de l'alliance, regroupant le parti libéral et les travaillistes modérés dissidents. Aux élections générales, en revanche, le corps électoral est davantage tenté par le vote utile. C'est ce réflexe qui fait du mode de scrutin le rempart solide du bipartisme. Ce réflexe s'est amoindri depuis les élections de 1974. Mais il n'en reste pas moins efficace car il suffit qu'il joue dans une partie seulement de l'électorat pour permettre l'élection d'une majorité gouvernementale. Ainsi, les élections de février 1974 n'ont donné la majorité à aucun parti, mais celles d'octobre ont dégagé une majorité travailliste, quoique le parti libéral ait maintenu un très bon résultat. De même, en 1983, l'excellent résultat de l'alliance (25,4 %) n'a pas empêché une très nette victoire du parti conservateur. Dans les deux cas, le handicap majeur du tiers parti résulte de la répartition équilibrée de sa force électorale dans l'ensemble du pays. Il s'ensuit que, dépourvu de circonscriptions sûres, il a besoin d'obtenir davantage

---

1. Rarement dans toutes. Les grands partis n'ont pas de candidats en Ulster, les libéraux non plus.

de voix que les grands partis pour emporter des sièges. D'après les analyses effectuées par David Butler à partir des résultats de 1983, on constate que les partis conservateur et travailliste peuvent obtenir une majorité absolue des sièges avec 38 % des voix, alors que l'alliance devait pour ce faire, en 1987, atteindre 41 %. Au surplus, le tiers parti pourrait obtenir plus de voix que les deux autres partis sans gagner pour autant davantage de sièges[1]. Ainsi s'expliquent les décalages entre pourcentages de voix et nombre de sièges qui affectent le tiers parti : aux élections de février 1974, avec plus de 19 % des voix, le parti libéral obtient 14 sièges sur 650 ; aux élections de 1983, avec 25,4 % ; l'alliance obtient 23 sièges quand les travaillistes en ont 209 avec 27,6 %. On comprend la persistance du tiers parti et de son électorat à réclamer l'introduction de la représentation proportionnelle et la résistance des grands partis à envisager cette réforme : le système électoral est le garant du *two party system* (v. n° 162).

B - *L'état des partis*

159 LE PARTI CONSERVATEUR. — Disraeli, rénovateur après Peel du vieux parti *tory* au XIXe siècle, déclarait : « Le parti conservateur, s'il n'est pas un parti national, n'est rien. Il n'est pas une association de nobles, il n'est pas une multitude démocratique, c'est un parti formé des nombreuses classes du Royaume. » Cette symbiose entre un parti à l'origine aristocratique, devenu ensuite un parti de notables et de cadres, et le corps électoral dans sa généralité a été effectuée avec succès : en témoigne la persistance du vote conservateur chez les ouvriers : *the tory worker*. Mais cette situation semblait depuis longtemps – dès avant la guerre – impliquer une politique modérée comme condition de l'accession et du maintien du parti conservateur au pouvoir. Effectivement, le parti gouverne de 1951 à 1964 sans remettre en cause les grandes réformes sociales ni les fondements du *welfare state* solidement établis par le gouvernement travailliste d'Attlee au lendemain de la guerre : il a, au contraire, contribué à les consolider. Durant toutes ces années, le fonc-

---

1. Art. cité, p. 29.

tionnement interne du parti conservateur est resté marqué par ses origines oligarchiques. Il en allait particulièrement ainsi en ce qui concerne le choix du leader du parti, opération décisive qui, en un temps de personnalisation du pouvoir, conditionne largement le succès électoral, l'accession et le maintien au pouvoir. Le leader n'était pas élu mais en quelque sorte le produit de consultations informelles. De plus, théoriquement, lorsqu'un leader conservateur quittait ses fonctions de Premier ministre en cours de législature, la reine retrouvait la possibilité de choisir son successeur, dont la désignation comme leader était ensuite avalisée par les membres du parti siégeant dans les deux chambres. L'occurrence s'est présentée trois fois, lors des démissions successives de Churchill (1955), Eden (1957) et Mac Millan (1963). Mais la réalité du choix appartenait au « cercle magique » des dirigeants conservateurs, qui ont écarté Butler au profit de Mac Millan en 1957 puis désigné Lord Home à la reine en 1963. Les conditions dans lesquelles est intervenue la succession de Mac Millan ont suscité des critiques et les règles de désignation du leader ont été modifiées. Lorsque sir Alec Douglas Home a démissionné de ses fonctions de leader, peu après avoir perdu les élections de 1964, c'est le groupe parlementaire de la Chambre des Communes qui a élu son successeur, M. Heath, le 28 juillet 1965. M. Heath, contrairement à ses prédécesseurs, n'appartenait pas à l'establishment conservateur, mais sa ligne politique allait encore renforcer la leur dans le sens d'un programme modéré. Dès lors qu'il est devenu premier ministre, ayant emporté les élections générales de 1970, l'aile modérée du parti (les *wets*, c'est-à-dire les mous) a dominé la politique du gouvernement. Au congrès de 1973, M. Heath promettait un « climat nouveau », une « tension constructive » dans les relations entre le gouvernement conservateur et les syndicats. Il devait parler aussi de « participation » dans les entreprises et de planification de l'économie en vue de « modeler l'avenir ». Jamais un Premier ministre conservateur n'avait tourné son parti vers une politique si délibérément social-démocrate. Mais la lutte contre l'inflation restait le problème dominant. Pour cela – et contre les conservateurs orthodoxes partisans d'une politique monétaire déflationniste et inévitablement génératrice d'un accroissement du chômage – M. Heath avait proposé un plan de stabilisation. C'est la troisième phase de ce plan, votée en 1973, qui détermina l'opposition du puissant syndicat des mineurs, puis leur grève générale qui, en quelques jours, allait paralyser le pays. Le Premier ministre resta sur ses positions et en vint ainsi à décider la dissolution du Parlement pour tenter de recueillir un vote de confiance pour son gouvernement. M. Heath faisait ainsi de la question « Qui gouverne en Grande-Bretagne ? » le thème des élections, ce qu'il avait probablement désiré éviter. Mais les revendications des mineurs étaient apparues assez largement fondées, et M. Heath n'avait pas obtenu de vote de confiance. Il avait démissionné, non sans hésitation, et mené entre mars et juillet une petite guerre parlementaire contre le nouveau gouvernement, qui avait été jugée assez sévèrement (v. n° 141). Et durant la même période, l'aile droite monétariste du parti s'était manifestée en la personne de sir Keith Joseph, dont les propos constituaient une critique directe de la politique anti-inflationniste de M. Heath, et, au-delà, de son leadership même, qu'une seconde défaite électorale, en octobre 1974, devait achever d'ébranler. En 1975, le parti amende les règles de procédure de désignation du leader en prévoyant notamment sa réélection annuelle, qui intervient tacitement si aucun concurrent ne se présente. C'est dans ces conditions que Mme Thatcher est élue leader à l'issue d'un scrutin assez difficile mais qui marque un désaveu à l'endroit de M. Heath et de la direction modérée du parti, groupée au sein du cabinet fantôme (dont la plupart des membres ont probablement voté contre Mme Thatcher).

L'accession au pouvoir de Mme Thatcher, après les élections de 1979, concrétise l'orientation radicalement nouvelle du parti conservateur, en rupture avec le consensus des décennies précédentes. Mme Thatcher est le premier leader issu de l'aile droite du parti, son seul point commun avec son prédécesseur étant de ne point appartenir à l'establishment, effet probable de la démocratisation du processus de sélection réalisée en 1965. Si elle a assez rapidement pu imposer une autorité sans partage sur le gouvernement (v. n° 164), son leadership continua néanmoins de rencontrer des résistances au sein du parti qui se sont régulièrement exprimées dans l'enceinte du Parlement (v. n° 163).

Ces résistances sont demeurées sans effet décisif tant qu'elle est apparue comme la plus apte à conduire le parti à la victoire électorale, ce qui s'est produit aux élections de 1983 et 1987. Par la suite, les questions de la *poll-tax* (taxe locale uniforme et par capitation) et de la politique européenne ont suscité des dissensions plus fortes entre le leader et certains secteurs du parti qui ont craint que l'impopularité croissante du premier ne mène à la déroute aux élections suivantes. C'est dans ces conditions qu'est intervenue, en novembre 1990, la démission de Mme Thatcher, conséquence de la mise en œuvre, à l'occasion de la réélection annuelle du leader, de la responsabilité du Premier ministre devant sa propre majorité. (En 1989 déjà, un candidat s'était, pour la première fois, symboliquement présenté contre Mme Thatcher.) Pour lui succéder, le groupe parlementaire élit M. John Major, chancelier de l'Échiquier, qui a repris les voix de la droite thatcherienne et « eurosceptique » et d'une bonne partie du centre, tandis que M. Hezeltine, concurrent de Mme Thatcher au premier tour, n'a pas refait le plein des voix reçues lors de celui-ci et a principalement été soutenu par les pro-Européens. Étranger à l'establishment comme ses deux prédécesseurs, M. Major, à la surprise générale, conduit d'abord les conservateurs à une nouvelle victoire électorale en 1992, mais ne réussit pas à maintenir ensuite un degré minimal d'unité au sein du parti à travers les vicissitudes de la crise de la livre puis de la ratification du traité de Maastricht (v. n° 138). Par-delà le changement de style du leadership et son rajeunissement – ainsi que celui du cabinet – se marque l'usure d'une longue période de pouvoir sans alternance. De nombreux scandales financiers – affaire Matrix Churchill, des ventes d'armes à l'Irak (v. n° 137), affaire Nadir – ou de mœurs, touchant des ministres (T. Yeo, Lord Caithness) ou députés conservateurs, viennent saper l'autorité personnelle de M. Major. En dépit de certains efforts en matière diplomatique (Irlande) et de « transparence » gouvernementale *(Open Government),* ainsi que de bons indices économiques, les sondages et les élections, locales ou législatives partielles, sont de plus en plus défavorables au parti conservateur. Repoussées à l'extrême fin de la législature, les élections du 1er mai 1997 voient la défaite la plus grave des tories depuis le *Reform Act* : 30,7 % des voix avec 165 sièges sur 659 (– 171), dont plus aucun en Écosse et au pays de Galles. Elles sanctionnent à la fois des erreurs économiques (ayant contraint à sortir du système monétaire européen), les divisions de plus en plus exacerbées du parti sur la question européenne, et la mise en évidence des scandales par le rapport Scott (v. n° 137) et le rapport Nolan concernant la déontologie des hommes politiques. Après la démission immédiate de M. Major en tant que leader, le groupe parlementaire conservateur a élu à la tête du parti, et à l'issue de trois tours de scrutin, M. William Hague, jeune député de 36 ans qui était membre du cabinet depuis 1995[1]. Mais la défaite de 1997 marque pour les conservateurs le début d'une traversée du désert. M. Hague échoue à imposer son autorité, notamment à l'égard de la minorité pro-européenne. Si le parti emporte les élections européennes de mai 1999 (36 sièges contre 29 au *Labour*), c'est seulement en raison du nouveau mode de scrutin (proportionnel régional) et d'une participation dérisoire (23 %). D'autres succès relatifs en mai 2000, aux élections locales et à celle de l'assemblée de Londres, n'empêchent pas une nouvelle et lourde défaite aux élections parlementaires du 7 juin 2001. S'il reprend 1 % des voix (31,7), il n'emporte qu'un seul siège de plus (166), regagné en Écosse. M. Hague démissionne immédiatement. Son successeur a été élu suivant un nouveau mode de désignation adopté en 1997 et utilisé pour la première fois, lequel introduit par rapport au système précédent des modalités sans doute inutilement complexes. L'élection a révélé l'acuité des divisions au sein du parti et vu la victoire d'un *outsider,* M. Duncan Smith, très « eurosceptique » et qui a favorisé cette tendance au sein du cabinet fantôme. Sur le constat de son échec à assumer le leadership, M. Smith a été contraint à la démission le 29 octobre 2003 à la suite d'un « vote de défiance » du groupe parlementaire (par 90 voix contre 75). Seul candidat à la succession, M. Michael Howard, ancien *Home Secretary,* également eurosceptique, a été élu le 6 novembre sur le programme d'une modernisation et d'un recentrage du parti.

160 LE PARTI TRAVAILLISTE. — Issu des syndicats et des sociétés de pensée socialistes, le parti travailliste a présenté dès l'origine des caractères notablement différents de ceux des partis traditionnels. En particulier, son organisation a été marquée par l'emprise syndicale, et les structures locales, assez tardivement créées, n'y ont jamais eu le même poids qu'au sein des anciens par-

---

1. J. Leruez, art. cité, p. 165-171.

tis. Ses effectifs sont notablement plus importants que ceux du parti conservateur, mais ils résultent de la pratique de l'inscription indirecte des travailleurs syndiqués. Le parti travailliste est longtemps apparu comme un modèle de parti social démocrate, réformiste et non dogmatique. C'était, on l'a dit, une des conditions de son succès, effectué au détriment du parti libéral, puis de son accession au pouvoir. Il était en cela appuyé par la puissante confédération des syndicats : le *trade-union congress* (TUC). Cette démarche réformiste a produit les effets les plus durables en conséquence de la politique menée par le gouvernement Attlee de 1946 à 1951. Elle était encore celle du premier ministre Harold Wilson, porté au pouvoir par les élections de 1964 et renforcé par celles de 1966. À la fin de la législature de 1966-1970, néanmoins, le leadership de M. Wilson s'est heurté de plus en plus souvent à la contestation de l'aile gauche du parti, obligeant le Premier ministre à agiter, en mai 1969, la menace d'une dissolution pour tenter d'y rétablir la discipline. Lors de la conférence travailliste en 1973, le parti, alors dans l'opposition, avait radicalisé son orientation, contre le vœu de son leader. Une chose était changée : les grands syndicats, naguère encore favorables à la politique pragmatique et modérée de M. Wilson, appuyaient maintenant l'aile gauche du parti, représentée par MM. Foot et Wedgwood-Benn, et partageaient notamment avec eux une hostilité de principe à l'adhésion britannique à la CEE. M. Wilson réussit pourtant habilement à éviter le vote par le congrès d'une motion exprimant cette hostilité. Mais il dut accepter le programme électoral adopté, qui comportait une série de projets de nationalisations et l'engagement d'une renégociation des termes de l'adhésion britannique à la CEE. Le radicalisme de ce programme devait être tenu pour responsable du faible succès électoral travailliste le 28 février 1974. Contraint cependant par l'échec conservateur à former le gouvernement, M. Wilson avait rayé du programme ce qui était de nature à mobiliser immédiatement une opposition alors majoritaire. Aussi bien, avec 37,1 % des voix, le parti travailliste n'avait pas reçu un « mandat » du corps électoral. Minoritaire, le gouvernement était justifié à mener une politique modérée sans trop risquer des défections au sein de son groupe parlementaire. Après les élections d'octobre 1974, qui ont donné au parti travailliste une courte majorité, les difficultés de M. Wilson avec l'aile gauche ont resurgi, principalement sur la question du maintien de l'adhésion à la CEE. C'est en raison de la division du parti sur ce problème que le gouvernement s'est résolu à l'organisation d'un référendum (v. n° 135).

« Après la défaite de 1979, écrit David Butler, le parti travailliste s'écarte violemment de la recherche du consensus. Une grande partie de ce que le parti avait réalisé au pouvoir fut rejetée. Michael Foot (l'un des dirigeants de l'aile gauche, avec M. Benn) fut élu leader (en 1980). Il y eut de plus en plus de partisans du désarmement nucléaire unilatéral et le parti souscrivit l'engagement de quitter la Communauté européenne. En outre, une véritable révolution interne transféra le pouvoir des parlementaires aux partis de circonscription et aux syndicats. »[1] En effet, dès la fin des années 1960, la gauche du parti avait contesté la procédure de sélection des candidats à la Chambre des Communes. Elle réussit finalement par faire adopter par le congrès du parti la règle selon laquelle les députés doivent être soumis automatiquement à un réexamen de leur candidature à l'issue de chaque législature. Mais c'est surtout en ce qui concerne la procédure capitale de désignation du leader que l'emprise de la gauche s'est manifestée le plus fortement. Jusqu'alors, le leader était désigné par le groupe parlementaire travailliste à la Chambre des Communes et c'est sur cette procédure simple que s'était aligné le parti conservateur en 1965. C'est par elle que, le parti étant au pouvoir, le modéré James Callaghan était devenu Premier ministre après la démission inopinée de M. Wilson en 1976. Le système a été contesté par le congrès du parti et son organe dirigeant, la commission exécutive nationale. En 1981, contre le vœu de la direction du groupe parlementaire, le congrès adopte de nouvelles modalités de désignation du leader : celui-ci est désormais choisi par un collège électoral comprenant les syndicats (à raison de 40 %), les sections locales (30 %) et le groupe parlementaire (30 %). Ce dernier se trouve ainsi dépossédé d'une attribution essentielle et placé sous la tutelle d'organisations aux mains de l'aile gauche. Au surplus, le groupe parlementaire lui-même, allant à l'encontre de sa direction, a modifié son règlement de manière à limiter l'autonomie d'un leader devenant Premier ministre : celui-ci devra appeler dans son cabinet tous les membres de la commission exécutive du groupe parle-

---

1. Art. cité, p. 27.

mentaire (c'est-à-dire le cabinet fantôme) et soumettre la liste des autres membres du gouvernement à l'approbation du groupe parlementaire[1]. Cette captation du pouvoir au sein du parti par les éléments de l'aile gauche a provoqué la sécession de certains travaillistes modérés et en particulier de l'ancienne minorité pro-européenne du parti (v. n° 161).

Après les élections de 1983, lors desquelles le parti travailliste a connu son plus mauvais résultat depuis 1945 (27,6 %), M. Foot, leader sans véritable autorité, a démissionné et a été remplacé, lors du congrès de Brighton, par M. Kinnock, également issu de la gauche du parti mais présenté plutôt comme un modéré. Lors du même congrès, la majorité s'est à nouveau prononcée en faveur du désarmement nucléaire unilatéral, prônée au congrès de 1982, option partagée par le nouveau leader mais qu'il aurait préféré laisser en suspens afin d'éviter d'accentuer les divisions au sein du parti. Les divergences manifestées à cette occasion donnèrent à l'opinion, plutôt hostile à l'abandon de la force de dissuasion, l'impression que le parti n'était pas en état de gouverner. C'est au congrès de 1985 que M. Kinnock a commencé d'imposer son autorité et de lutter avec succès contre l'aile radicale du parti afin de lui faire adopter des positions acceptables par le corps électoral. En 1986 néanmoins, M. Kinnock a admis que soit confirmée par le congrès l'option de la dénucléarisation. Aux élections de juin 1987, le parti travailliste a obtenu 30,8 % (+ 3,2) et regagné 20 sièges, dont 9 en Écosse où il apparaît plus que jamais comme un parti dominant (50 sièges sur 72). L'autorité du leader a été renforcée, malgré ces progrès limités, par la bonne campagne qu'il avait conduite et surtout, ensuite, par deux décisions importantes qu'il a fait avaliser par le congrès du parti : la réforme de la procédure de sélection des candidats aux élections et la révision globale du programme du parti, notamment en matière de défense. Tandis que décroît l'influence des syndicats, eux-mêmes transformés sous le coup des réformes imposées par Mme Thatcher, le recentrage du parti progresse peu à peu, en matière économique et européenne notamment, sous l'influence de M. John Smith, chargé des finances dans le cabinet fantôme. Les élections européennes de 1989 viennent conforter les espoirs d'un prochain retour au pou-

---

1. V. D. et M. Kogan, *The Battle for the Labour Party,* Londres, Fontana, 1982.

voir (45 sièges contre 32 aux conservateurs). À la veille des élections générales de 1992, la plupart des observateurs et des instituts de sondage prédisent une victoire travailliste. Celle-ci ne s'étant pas produite, M. Kinnock démissionne et est remplacé par M. Smith, représentant du centre droit pro-européen, élu à plus de 90 % des voix en juillet 1992 grâce au renforcement, entamé depuis 1987, du rôle de l'ensemble des adhérents dans le collège des partis locaux au détriment de celui des militants issus majoritairement de la gauche. Ce système dit OMOV *(one man, one vote)* est consacré au congrès de septembre 1993 et étendu au collège syndical par une révision des statuts acquise à une courte majorité de 47,5 % des voix contre 44,3 %, mais qui marque la victoire de la ligne modernisatrice du nouveau leader contre celle, qualifiée d'archaïque, des patrons des grands syndicats et de l'aile gauche du parti. La mort inopinée de M. Smith, le 12 mai 1994, est certes ressentie comme une lourde perte, mais elle se traduit dans l'électorat par un regain de faveur (aux élections européennes de juin, les travaillistes remportent 62 sièges sur un total de 84) et dans le parti par un climat plus consensuel. Lors du congrès spécial réuni en juillet pour l'élection du leader, M. Anthony Blair, représentant l'aile droite du parti, est élu dès le premier tour avec 57 % de voix contre 24 au candidat de la gauche et 19 à celui du centre ; il l'emporte de plus à la majorité absolue dans les trois collèges, la participation dans celui des syndicats tombant il est vrai en dessous de 20 %. Âgé alors de 44 ans et sans expérience ministérielle – le parti étant écarté du pouvoir depuis 1979 –, le nouveau leader affirme rapidement son autorité et acquiert une popularité notable dans l'opinion publique. Face à un parti conservateur usé par l'exercice du pouvoir et miné par les divisions, le « nouveau » *Labour* se présente sous sa direction comme un parti gestionnaire et réformiste de centre gauche. En avril 1995, M. Blair obtient « la révision de la fameuse clause IV des statuts de 1918, qui posait le principe de la » propriété collective des moyens de production, de distribution et d'échange « comme objectif central du parti et qui constituait, en quelque sorte, le critère ultime de son socialisme »[1]. Le leader peut alors se consacrer à l'élaboration d'un programme de gouvernement des plus consensuels, les seuls aspects réformistes forts apparaissant

---

1. J. Leruez, art. cité, p. 173.

en matière constitutionnelle (dévolution, autonomie locale, convention européenne, référendum sur le mode de scrutin). Aux élections du 1er mai 1997, le parti travailliste emporte une très large victoire en sièges (418 sur 659) mais plus modeste en voix (43,2 %). La formation du nouveau gouvernement est suivie pour M. Blair d'une longue période de « lune de miel » avec l'opinion publique, confortée par les résultats positifs des référendums de dévolution et l'attitude du Premier ministre lors du décès tragique de la princesse de Galles. La direction autoritaire de M. Blair (v. n° 164) et le clivage entre *Old* et *New Labour* créent des difficultés dès la fin de 1997, mais le Premier ministre saura toujours les contenir et les réprimer. Il n'en subit pas moins des échecs significatifs, en mai 1999, lors des élections européennes, puis en mai 2000, avec l'élection de M. Ken Livingstone comme maire de Londres, figure populaire de la gauche travailliste contre un candidat officiel issu des manœuvres conduites par M. Blair. Cependant, il réussit à mener à bien la réforme du *Welfare State,* non sans difficultés parlementaires avec la gauche, des avancées en Irlande du Nord et, surtout, son programme institutionnel. Les élections de 2001 sont un vrai succès avec 40,7 % des voix (– 2,4) et 412 sièges (– 6). Les plus graves problèmes finissent par surgir en 2003 avec la guerre en Irak. Étroitement aligné sur la politique du gouvernement américain, M. Blair est alors fortement contesté à la fois par l'opinion et au sein du parti : trois ministres démissionnent, dont M. Cook, leader de la Chambre des Communes, et 84 députés font défaut pour voter la résolution approuvant (par 412 voix contre 149) l'engagement des forces britanniques en Irak, qui est donc adoptée par une quasi-majorité travailliste (mais avec l'appoint de nombreux conservateurs). Pour la première fois depuis 1997, le *leadership* de M. Blair se trouvait sérieusement contesté au sein du parti.

À la suite du suicide d'un expert en armements impliquant à la fois – sur la question de l'existence d'armes de destruction massive en Irak – la BBC et le Premier ministre, celui-ci a fait constituer une commission d'enquête présidée par un magistrat de la Chambre haute, Lord Hutton. Remis à la fin janvier 2004, le rapport de la commission blanchit le Premier ministre, mais sans clarifier pour autant la véracité des motifs invoqués pour la guerre en Irak, et permettre de stopper la contestation dont M. Blair est l'objet.

161 LES TIERS PARTIS. — Depuis le rétablissement du bipartisme en 1945 et jusqu'aux élections de février 1974, le parti libéral a été le seul tiers parti représenté au Parlement, quoiqu'il soit tombé à 2,5 % des suffrages aux élections de 1951 et 1955 et n'ait dépassé 10 % qu'à celles de 1964, où il obtenait 9 sièges.

Les élections du 28 février 1974 apportent plusieurs éléments nouveaux : les deux grands partis ayant des résultats inférieurs à 38 %, le parti libéral obtient 19,3 % des voix (mais seulement 14 sièges) et les partis nationalistes écossais (SNP) et gallois *(plaid cymru)* ainsi que les unionistes d'Irlande du Nord totalisent 19 sièges à la Chambre des Communes. Les résultats des élections d'octobre suivant n'ont pas modifié fondamentalement les positions acquises en février par les tiers partis : les libéraux obtenaient 18,3 % et 13 sièges, les nationalistes écossais et gallois 11 et 3 sièges et les unionistes 11. Le cas des unionistes mis à part (ils sont une sécession conservatrice en Irlande du Nord, inexpugnable dans la situation actuelle), il semblait que le *two party system* se trouvait fortement remis en question dans les celtic fringes, au pays de Galles et surtout en Écosse où le SNP emportait 11 sièges au détriment des conservateurs et devenait le second parti avec 31 % des suffrages (38 % au parti travailliste). Durant la législature 1974-1979, les deux partis nationalistes ont généralement soutenu le gouvernement travailliste, mais, après l'échec des référendums de dévolution du 1er mars 1979, les 11 députés du SNP ont rejoint l'opposition pour voter la motion de censure. C'est l'appoint de cette formation qui a été décisif pour le succès de l'initiative du parti conservateur. En permettant à celui-ci de renverser le gouvernement et de provoquer des élections dans une conjoncture qui lui était favorable, les tiers partis et en particulier le SNP ont contribué à réaffermir le système majoritaire dont ils sont les victimes. Face à cette coalition contre nature, le Premier ministre Callaghan avait constaté que « c'était bien la première fois que les dindes demandaient que l'on avançât les fêtes de Noël ».

Aux élections de 1979, le SNP a perdu 9 des sièges qu'il détenait et le *plaid cymru* un : chacun des deux partis ne conservait que deux sièges. Le résultat était identique aux élections de 1983 et les deux partis ont gagné un siège en 1987. Ces résultats ont infirmé l'impression, dominante en 1974, d'une montée des nationalismes, mais manifesté aussi une capacité d'implantation durable. Aux élections de 1992, le SNP garde ses trois sièges, le *plaid cymru* en gagne un. En 1997, le SNP double son nombre de sièges (6), le parti gallois conserve les quatre siens. Les deux partis ont approuvé les projets de dévolution du gouvernement Blair, quoique avec réserve, mais y voyant les gages d'un renforcement futur de leur influence. Ils ont obtenu des résultats quasi inchangés aux élections de 2001 (5 sièges pour le SMP, 4 pour le *plaid cymru*). Aux élections consécutives à la mise en œuvre de la dévolution (mai 1999), le SMP emportait 35 sièges (sur 129) au Parlement d'Écosse et le *plaid cymru* 17 sièges (sur 60) à l'assemblée galloise. Ni l'un ni l'autre n'a participé à l'exécutif régional.

La crainte d'un radicalisme travailliste et la désaffection à l'égard des conservateurs avaient conduit l'électorat flottant à voter libéral lors des deux élections générales de 1974. Les résultats en sièges étaient certes décevants, mais l'importance du score en voix avait sérieusement ébranlé le *two party system*. En 1979, le parti libéral subit, comme le SNP mais dans une moindre mesure, le contrecoup de ses errements de tactique, qui l'ont conduit à faire alliance avec le gouvernement travailliste (pacte *lib-lab* de 1977) puis à voter la motion de censure du parti conservateur : il recule à 13,8 % et obtient 11 sièges.

Cependant, en 1981, la sécession de 13 députés travaillistes modérés entraînés par MM. Roy Jenkins et David Owen aboutit à la constitution du parti social-démocrate (SDP) qui conclut immédiatement une alliance avec le parti libéral, dans l'espoir de bénéficier du climat favorable à une troisième force, face au réalignement partisan des deux grandes formations. Le nouveau parti emporte des succès lors d'élections partielles. Pour les élections générales à venir, l'alliance élabore un programme commun et se répartit les circonscriptions. Les résultats des élections de 1983 sont très satisfaisants en pourcentages, compte tenu du succès prévisible du gouvernement conservateur après la guerre des Malouines : l'alliance obtient 25,4 % des voix mais seulement 23 sièges, alors qu'avec 27,6 %, le parti travailliste en reçoit 209. Entre 1983 et 1987, l'un des principaux problèmes de l'alliance est celui du leadership. Les tensions entre le leader libéral M. Steel et celui du parti social-démocrate, M. Owen, s'aggravent. Aux élections de 1987, l'alliance obtient

22,6 % des voix (– 2,8) et perd un siège. Le leader libéral appelle alors à une fusion complète qui finit par aboutir, malgré l'opposition de M. Owen, à la création du *social liberal democratic party* en janvier 1988, à l'issue de votes acquis à de faibles majorités. Le SDP minoritaire s'est maintenu sous la direction de M. Owen, tandis que M. Paddy Ashdown est élu leader du SLDP, ensuite plus connu sous son appellation parlementaire de « libéral-démocrate ». Ces affrontements sont jugés sévèrement par l'opinion et aux élections européennes de 1989, le score de l'ancienne alliance est décimé. Mais la troisième force, le LPD, se révèle solide au moyen terme. Après la dissolution du SDP (mars 1990), les élections partielles lui sont favorables. Les résultats aux élections générales de 1992 sont décevants par rapport à ceux de l'alliance en 1983 et 1987, mais manifestent que le nouveau parti consolide ses positions dans les fiefs de l'ancien parti libéral. En 1997, quoique perdant 1 % de ses voix de 1992 (avec 16,8 %), le tiers parti obtient 46 sièges (contre 20 en 1992), son meilleurs résultat depuis 1929. Attribuable à un vote tactique anticonservateur (v. n° 159), ce score exceptionnel a encore été amélioré aux élections de 2001 (18,2 % et 52 sièges), indice de l'enracinement du LDP, présidé depuis août 1999 par Charles Kennedy, dans le paysage politique britannique.

162 LA QUESTION DU MODE DE SCRUTIN. — Les difficultés du tiers parti, le recentrage du parti travailliste, le long règne des derniers gouvernements conservateurs sont autant de facteurs qui permettent d'augurer que, s'il subit aujourd'hui une altération durable, le *two party system* n'est pas vraiment menacé en Grande-Bretagne. Du moins ne l'est-il pas aussi longtemps que le système électoral restera inchangé. Mais le programme du parti travailliste contenait en 1997 la promesse d'un référendum sur la question et cette perspective de réforme renoue avec des tendances déjà anciennes. Au début du siècle, durant la période du gouvernement libéral Asquith, le courant proportionnaliste était en vogue chez certains conservateurs (notamment Balfour). La question de la réforme du mode de scrutin a été reposée en 1974. Les résultats des élections de février avaient fait ressortir les défauts du système sans permettre, en contrepartie, la formation d'un gouvernement majoritaire. C'est surtout l'injustice subie par le parti libéral qui plaidait en faveur de la réforme. Il avait recueilli six millions de suffrages et retrouvait à la Chambre la dérisoire représentation habituelle. Or, avec un tel soutien populaire, le parti libéral pouvait prétendre avoir part au gouvernement. Le 1er mars 1974, une tentative de coalition proposée par M. Heath échouait, le leader libéral, M. Thorpe, ayant posé le préalable de la réforme électorale. Le leader conservateur, persévérant dans son idée de coalition, finit cependant par admettre le principe de la réforme, en s'engageant à organiser une « conférence du speaker » sur le sujet. À la veille des élections d'octobre 1974, la représentation proportionnelle était au programme des libéraux, et le principe d'une réforme dont les modalités restaient à définir était au programme conservateur, comme gage d'une future coalition. Mais des « conférences du *speaker* » ont déjà été tenues sur le sujet en 1944 et en 1967, sans aboutir à des propositions concrètes. En effet, les deux grands partis savent que la représentation proportionnelle peut très bien leur ôter toute chance de constituer dans l'avenir un gouvernement de cabinet qui soit un gouvernement de parti. Depuis 1945, les grands partis n'ont jamais obtenu dans le pays une majorité absolue des suffrages (les conservateurs l'ont néanmoins approchée en 1955 et 1959), mais le vote en faveur des partis tiers restait marginal. Sa recrudescence depuis 1974 manifestait en revanche un certain scepticisme du corps électoral quant aux vertus, naguère peu contestées, du bipartisme et du mode de scrutin qui en assure le maintien. Ce changement de comportement a produit, durant la période 1974-1979, puis à nouveau de 1992 à 1997, des gouvernements affaiblis et peu stables, ou bien encore – lorsque le cabinet bénéficiait de majorités importantes, entre 1979 et 1992 – un déficit de représentativité pouvant aller dans certaines régions, notamment en Écosse, jusqu'à la mise en question de sa légitimité. « Certes, note J. Leruez, un bipartisme de fait continue à la Chambre des Communes (...). Il n'en reste pas moins que ce bipartisme parlementaire est uniquement lié au fonctionnement du mode de scrutin et n'exprime plus vraiment les sentiments profonds du pays. »[1] Le constat plaide donc, selon les intérêts en cause, en faveur du *statu quo* pour préserver les acquis du bipartisme, ou de la réforme pour répondre au nouvel état de l'opinion, mais évidemment, comme on l'a dit, les intérêts des deux grands partis ne

---

1. *Le système politique britannique depuis 1945*, Paris, Armand Colin, p. 135.

vont pas dans le sens de la réforme. Ceux-ci ont d'abord rejeté, en 1976, le rapport de la commission Blake, qui préconisait une adaptation mesurée du système allemand, avec double vote et seuil de 5 %. Le débat s'est ensuite enlisé après les élections de 1979, le gouvernement Thatcher étant fermement opposé à la réforme. Après la constitution de l'alliance en 1981, cette nouvelle formation centriste s'est prononcée en faveur du vote unique transférable, scrutin plurinominal utilisé en Irlande. Dans un rapport publié en 1988, la *Fabian Society* préconisait plutôt le vote préférentiel (circonscription uninominale) qui fonctionne en Australie. Le groupe réformiste dit *Charter 88* a œuvré au sein du parti travailliste pour faire avancer l'idée d'un changement constitutionnel global (v. n. 2, p. 419) qui comporte en premier lieu celui du mode de scrutin. On trouve des traces de ces propositions dans le manifeste travailliste pour les élections de 1992 et dans le rapport de la commission Plant, désignée sous le leadership de N. Kinnock, présenté en mai 1993. À une courte majorité, la commission suggéra de conserver le système uninominal mais avec un vote supplémentaire prenant la forme d'une seconde préférence qui départagerait les seuls deux candidats les mieux placés et permettrait d'obtenir par un seul tour des résultats comparables à ceux du scrutin à deux tours. À la suite de ce rapport, J. Smith, successeur de N. Kinnock, quoique favorable au maintien du système en vigueur, promit d'organiser un référendum sur la question en cas de victoire travailliste aux élections suivantes. Après sa mort, le nouveau leader T. Blair a repris cet engagement dans le manifeste pour les élections de 1997. Devenu premier ministre, il n'a cependant pas inclus ce projet référendaire dans le Premier train de réformes annoncées lors du discours du Trône le 14 mai 1997 et n'y est plus revenu par la suite. L'exemple récent de la Nouvelle-Zélande (v. n° 25) et l'appréhension, renforcée par celui-ci, d'un bouleversement des règles de fonctionnement du système politique, ont contribué à jouer (de même que l'incertitude sur l'avenir de la Chambre haute, éventuellement appelée à devenir élective) en faveur d'un ajournement de la réforme. Mais la question n'est pas enterrée et l'adoption consensuelle d'un mode de scrutin mixte (faute duquel le parti conservateur n'avait guère de chance d'être représenté en Écosse et au pays de Galles) pour les assemblées créés par les lois de dévolution était de nature à éviter une éventuelle relégation. Fin 1998, un rapport établi par une commission présidée par M. Jennys *(Independant Commission on the Voting System)* avait préconisé un système analogue, avec l'élection proportionnelle d'environ un cinquième de l'effectif des Communes[1], mais le Premier ministre avait choisi l'attentisme, craignant les réactions de la base travailliste. À nouveau, en février 2001, le Premier ministre et le nouveau chef du LDP, M. Kennedy, ont conclu un accord tendant à la mise à l'étude de la réforme du mode de scrutin dans le programme travailliste. Cependant, la crainte d'une alliance entre conservateurs et travaillistes réticents continue d'empêcher le gouvernement d'aborder la mise en œuvre de ses engagements en la matière.

II | LE SYSTÈME DE GOUVERNEMENT

A - *Le gouvernement de parti*

163 LE GOUVERNEMENT DE CABINET, GOUVERNEMENT DE PARTI. — Le *two party system* conjugué avec le mode de scrutin conduit normalement à l'élection d'une majorité de députés d'un même parti dont la fonction essentielle est de maintenir le gouvernement au pouvoir en l'aidant à réaliser son programme. Le gouvernement de cabinet britannique est un gouvernement de parti et, plus précisément, le gouvernement d'un parti. Les élections générales correspondent au choix d'un gouvernement dirigé par le leader de l'un des deux grands partis. Ce trait qui a longtemps été caractéristique du seul régime britannique est généralement perçu de façon positive par le corps électoral qui exerce, lors de son vote, un choix réel, clair et efficient entre deux partis, deux programmes, deux équipes gouvernementales et surtout, avec le développement médiatique de la personnalisation du pouvoir, deux premiers ministres. La doctrine du *mandate,* depuis longtemps invoquée, montre combien est forte l'intégration de cette fonction de choix pour le corps électoral. Elle explique largement le déclin du parti libéral dans l'entre-deux-guerres

---

1. Sur le rapport Jenkins et le système qu'il préconise (dit AV plus), v. D. M. Farrel, La réforme hésitante du système électoral de la Chambre des Communes, *Pouvoirs,* 93, 2000, p. 53-65.

et la restauration d'un bipartisme strict en 1945. Cette idée repose cependant sur une convention, habituellement admise mais parfois contestée, selon laquelle le *mandate* revient au parti qui a obtenu la majorité des sièges aux Communes, quelles que soient sa force dans le pays et la force conjuguée des partis de l'opposition (v. n° 166).

Dans le système de gouvernement de parti, le cabinet, d'un point de vue politique, n'est que l'équipe dirigeante du parti majoritaire à la Chambre des Communes. Aussi, au XIXe siècle, Bagehot définissait le cabinet comme le comité exécutif du législatif, et cette définition a été souvent reprise.

Un auteur contemporain fait le reproche « aux auteurs de l'école libérale individuelle de ne pas bien percevoir la nature essentielle de la Constitution, lorsqu'ils représentent le gouvernement comme un comité du législatif. (...) Les libéraux enseignant notre système constitutionnel créèrent la conviction qu'il était possible de combiner avec succès la forme britannique de constitution avec les conceptions qui prévalent sur le continent, issues de la Révolution française – combinaison décrite par Disraeli (*Défense de la Constitution anglaise*, chap. VII) sous l'expression de *anglo-gallic-scheme* et qualifiée comme « devant être classée parmi les plus grandes folies de la conduite humaine » –, c'est-à-dire la délégation du pouvoir politique du citoyen à travers le législatif à un exécutif dépendant de ce législatif »[1]. Là se trouve l'erreur, en effet, qui est d'ailleurs moins celle de Bagehot que de ses commentateurs : le terme de « comité du législatif » induit une connotation de subordination et c'est en cela qu'il est impropre à définir le rôle et le statut du cabinet. En droit, le cabinet procède de la Couronne – institution originelle, indépendante des chambres avec lesquelles elle constitue le législatif, le Parlement – et il exerce tous les pouvoirs réservés de celle-ci sans interférence parlementaire (v. n° 141) ; en fait, c'est-à-dire politiquement, le cabinet tire sa légitimité du corps électoral. Les élections à la Chambre des Communes ne sont que le canal institutionnel d'une désignation par le peuple de son gouvernement, et en particulier du chef de celui-ci. Bagehot ne mérite sans doute pas les reproches qu'on lui adresse, lui qui comparait le rôle des députés britanniques à celui des grands électeurs chargés d'élire le président des États-Unis.

---

1. S. Amery, *Thoughts on the Constitution,* Londres, 2e éd., 1953. C'est nous qui soulignons.

164 LE GOUVERNEMENT HOMOGÈNE MAJORITAIRE. — C'est la formule normale de gouvernement dans un système dont tous les éléments tendent à éviter le recours aux coalitions. L'Angleterre, selon Disraeli, n'aime pas les coalitions. Les périodes de coalition ont été peu nombreuses, souvent assez brèves sauf lorsque le recours à la coalition correspondait aux nécessités de l'état de guerre. Dès que cela a été possible, on en est revenu au gouvernement de parti. En outre, en l'absence d'une majorité parlementaire, la formule d'un gouvernement minoritaire d'attente est habituellement préférée à celle de la coalition. M. Wilson, à la tête d'un tel gouvernement entre mars et octobre 1974, déclarait pour justifier sa décision de dissoudre le Parlement : « Je voudrais voir un gouvernement travailliste fort – ou même un gouvernement conservateur, quoique nous ayons à déplorer son action – plutôt qu'une coalition avec laquelle les responsabilités sur les problèmes fondamentaux ne sont pas tranchées, et qui ne peut prendre les décisions nécessaires. » Cependant, l'homogénéité du gouvernement peut être mise en péril si des divergences apparaissent au sein du parti majoritaire. Ainsi qu'on l'a vu, les partis britanniques ne sont pas monolithiques : le bipartisme existe également en leur sein même. La division existant au sein des grands partis sur des problèmes importants est une figure récurrente de la vie politique britannique qui vient tempérer, et parfois altérer, le système de gouvernement de parti. Ce n'est pas seulement depuis que s'est posée la question de l'adhésion à la CEE que les partis sont divisés et que l'indiscipline agite les groupes parlementaires. Il n'était pas rare dans le passé de voir tous les partis divisés à propos d'une seule question : les *corn laws* au XIXe siècle, le protectionnisme après 1918 et, d'une manière générale, l' « interventionnisme »[1].

Dans de telles conditions, l'homogénéité du cabinet est conditionnée par l'autorité du Premier ministre et le poids qu'exerce au

---

1. André Siegfried écrivait en 1931 : « Ce qui complique à l'infini la topographie de l'opinion, c'est que chaque parti comprend, sous le drapeau d'une discipline commune, des individualités appartenant aux deux tempéraments opposés. Chez les conservateurs, Lord Beaverbrook est interventionniste, et M. Baldwin, au fond, ne l'est qu'à regret ; chez les travaillistes, sir Oswald Mosley (désormais dissident) est interventionniste, mais M. Ramsay Mac Donald et surtout M. Snowden ne le sont pas ; chez les libéraux enfin, M. Lloyd George est prêt à recommander tous les expédients étatistes, mais les sir Herbert Samuel ou les Lord Grey réprouvent, du fond de leur cœur, cette hétérodoxie » *(La crise britannique au XXe siècle).*

sein du parti majoritaire la tendance à laquelle il appartient. Les deux derniers chefs de gouvernements travaillistes, MM. Wilson et Callaghan, ont souvent été confrontés à des rébellions de l'aile gauche du parti, jusqu'au sein même du cabinet, et ont la plupart du temps été réduits à des concessions, parfois majeures. Ainsi M. Wilson, en 1975, a dû accepter une suspension du principe de la solidarité ministérielle, M. Benn appelant à voter contre la position du gouvernement dans lequel il occupait un poste important. En 1976, au moment où démissionne M. Wilson, aussitôt remplacé par M. Callaghan, le gouvernement a perdu sa courte majorité de trois sièges. Et cependant cette conjonction ne renforce pas la discipline au sein du groupe parlementaire du parti (v. n° 163), la plupart des dissensions étant le fait de l'aile gauche.

Le leadership des premiers ministres conservateurs s'est généralement manifesté de manière plus énergique. Les remaniements brutaux que Mac Millan fit subir à son cabinet sont restés célèbres et étaient d'ailleurs à l'époque plutôt sévèrement jugés : on disait alors qu'il gouvernait *on a gaullist way*. M. Heath, moins autoritaire, avait néanmoins composé son cabinet de façon homogène, où dominait l'aile modérée du parti (v. n° 159). Lors de son accession au pouvoir en 1979, Mme Thatcher a fait appel à nombre de ministres qui avaient servi sous M. Heath. Ce dernier, dès novembre 1980, réclamait un changement d'orientation et l'année suivante, à la veille du congrès conservateur d'octobre 1981, appelait au retour de la politique consensuelle de l'après-guerre. C'est au même moment que le Premier ministre effectue le premier remaniement important. Elle avait en effet plusieurs fois été contestée par la majorité d'un cabinet qu'elle n'avait pu d'emblée rendre homogène, s'étant rendue après sa victoire électorale à la tradition de dosage des tendances du parti. En septembre 1981, elle provoque la démission de trois de ses principaux opposants, Sir Ian Gilmour, M. Carlisle et Lord Soames, ainsi que celle de Lord Thorneycraft, président du parti, qui est remplacé par un *dry* (dur), M. Parkinson, également appelé au cabinet, mais qui devra démissionner en 1983 à la suite de la révélation d'une affaire privée. Le regain de popularité et de prestige acquis par Mme Thatcher avec la guerre des Malouines, consacré par la victoire électorale de juin 1983, a définitivement consolidé l'emprise du Premier ministre sur le gouvernement et son leadership n'a plus guère été contesté[1]. Après une nouvelle victoire électorale en 1987, elle élimine les derniers modérés (ainsi, M. Walker) du cabinet et y rappelle M. Parkinson : le cabinet est alors plus homogène que jamais. Afin de mieux contrôler les centres de décision, le premier ministre a confié à des fidèles la présidence des principaux comités du cabinet qu'elle ne présidait pas elle-même. Jusqu'à sa retraite en 1988, Lord Whitelaw a présidé le « comité de la chambre étoilée » qui arbitre les différends entre le département des finances et les autres. Mme Thatcher a présidé elle-même le comité économique et veillé à rester en étroite collaboration avec le chancelier de l'Échiquier (sir Geoffrey Howe jusqu'en 1983, M. Lawson ensuite, M. Major enfin). Le premier ministre n'a cependant pas réussi à mettre en place un département du premier ministre, s'étant heurtée à l'opposition des autres ministres et du civil service. À cet égard, néanmoins, la réputation d'indépendance et d'impartialité du civil service a été mise en question à la suite de certaines nominations et mutations effectuées par le Premier ministre et des membres du cabinet, auxquels il est reproché d'avoir politisé la haute administration, traditionnellement apolitique. Le style de gouvernement de Mme Thatcher a incontestablement modifié un certain nombre de conventions du gouvernement de cabinet. Certes, la gestion de son successeur a été marquée par un retour à un certain classicisme. Néanmoins, en juillet 1995, après avoir provoqué délibérément la contestation de la droite « eurosceptique » du parti en démissionnant du poste de leader, pour se représenter immédiatement et être réélu à une forte majorité (218 voix contre 89 à son concurrent M. John Redwood), M. Major, qui avait obtenu préalablement l'annonce de la démission du *Foreign Secretary,* M. Douglas Hurd, jugé lui trop pro-européen, procède à un remaniement énergique du cabinet, en ne faisant aucune concession à ses adversaires. De même, la première tentative de rébellion qui s'est produite en décembre 1997 sous le nouveau gouvernement travailliste a immédiatement été sanctionnée par le Premier ministre, M. Blair (v. n° 160). Les remaniements que celui-ci a opérés de son cabinet durant la première législature (trois à la fin de 1998 et un de « res-

---

1. M. Lee, Fonctionnement du gouvernement et rôle du premier ministre sous Mme Thatcher, « La Grande-Bretagne », *Pouv.,* préc., p. 50-51.

serrement » en octobre 1999) restent néanmoins de peu d'incidence politique, et celui consécutif aux élections de 2001 revient essentiellement à une permutation des postes. Le remaniement opéré en juin 2003 est, en revanche, de grande conséquence. À cette occasion, ont été aboli l'office de Lord chancelier, créé un département des affaires constitutionnelles et annoncée l'instauration d'une cour suprême, le tout sans que le cabinet semble avoir même été avisé. Cet événement sans précédent tend à confirmer que la centralisation du processus décisionnel aurait depuis 1998, selon les auteurs patentés (D. Kavanagh et A. Seldon), abouti à une destruction du système de cabinet, avec un *leadership* fort au centre et des structures *ad hoc*, contrôlées par des proches du Premier ministre et chargées d'appliquer ses décisions. Selon D. Kavanagh, on assisterait à une forte présidentialisation du régime qui se rapproche plus que jamais du modèle américain. Et, cependant, dans le même temps, le début du mandat de M. Blair a été marqué par une tentative inédite de coalition informelle[1] avec le LDP pour favoriser l'aboutissement du programme de réformes institutionnelles, mais élargie ensuite à d'autres matières. Si l'expérience n'a pas duré, ce n'est pas du fait des leaders, mais bien de la base des partis[2].

165 Dissolution et alternance. — La question régulièrement posée au corps électoral de savoir s'il choisit de maintenir au pouvoir le gouvernement du parti aujourd'hui majoritaire ou, au contraire, d'y porter le parti qui est dans l'opposition n'intervient pratiquement jamais, en Grande-Bretagne, au terme légal de la législature (même si ce fut le cas en 1992 et 1997). La dissolution, décidée par le Premier ministre, vient normalement abréger le mandat quinquennal de la Chambre des Communes. Cet usage n'est pas nouveau et peut être également rapporté à la théorie du *mandate*. Celle-ci, dès le milieu du XIXe siècle, a parfois été réduite au seul aspect partisan que revêt, à travers les élections parlementaires, la désignation du gouvernement par le corps électoral. Ainsi, en 1857,

---

1. « Mais aussi officielle » note J. Leruez, avec un comité mixte consultatif ayant rang de comité du cabinet (Chronique, *Les pays d'Europe occidentale,* LDF, 1999, p. 22).
2. Contre la thèse de la présidentialisation à outrance, on en trouve une autre qui n'hésite pas à évoquer l'existence d'une dyarchie : v. R. Parry, Dualisme au sommet : le Premier ministre et le chancelier de l'Échiquier, *Pouvoirs,* 93, 2001, p. 21-38.

le gouvernement de Lord Palmerston fit procéder à la dissolution à la suite d'une défaite parlementaire afin que le corps électoral se prononce entre lui-même et « toute autre administration qui pourrait être formée ». Lors de la dissolution de 1900, Lord Salisbury écrivait à la reine que « le gouvernement conservateur agirait avec beaucoup plus de confiance et d'efficacité s'il était pleinement informé des vœux du corps électoral sur la conduite de la guerre en Afrique du Sud et s'il était assuré de son appui ». En 1955, le Premier ministre Eden déclara que « l'un des principaux motifs de la dissolution est que ceux qui nous représentent dans les conversations internationales doivent savoir qu'ils ont un mandat de la nation ». Et, plus clairement encore, Mac Millan en 1959 : « Puisque d'importantes négociations internationales auraient lieu prochainement, il fallait permettre aux électeurs britanniques de dire par qui ils voulaient être représentés. » Mais, dans toutes ces hypothèses, la dissolution a en fait été décidée en considération de circonstances présumées favorables à un succès électoral. Telle est en effet la pratique de la dissolution en Grande-Bretagne, qu'elle constitue un moyen pour le gouvernement de chercher à se maintenir au pouvoir et, éventuellement, à renforcer sa majorité. C'est surtout à l'époque contemporaine que l'intérêt du parti au pouvoir détermine l'usage de la dissolution. Actuellement, le Premier ministre choisit la date qu'il estime la plus favorable aux intérêts de son parti. Tel fut le cas en 1959 lorsque Mac Millan, usant du prétexte rappelé ci-dessus, décida la dissolution en un moment où, la situation économique étant des plus favorables, le parti conservateur bénéficiait d'une excellente cohésion, tandis que les travaillistes étaient en proie à des dissensions internes. Les élections renforcèrent effectivement la majorité gouvernementale au Parlement : avec à peu près le même pourcentage de voix qu'en 1955, le parti conservateur emportait 21 sièges de plus, ce qui témoigne de l'effet amplificateur – le mode de scrutin aidant – d'une dissolution intervenant au bon moment. Il en a été de même en 1966 : en octobre 1964, le parti travailliste n'avait obtenu qu'une majorité de trois sièges ; en mars 1966, M. Wilson décida la dissolution, les sondages et une élection partielle ayant été favorables au parti travailliste : il obtint une majorité de près de 50 sièges. Les dissolutions de 1970 et de septembre 1974 furent également décidées par M. Wilson en fonction d'éléments présumés favorables, mais, dans le premier cas, le gouvernement travailliste subit un échec net lors des élections, et, dans le second, ne connut qu'un demi-succès. Les deux dissolutions décidées par Mme Thatcher, en revanche, ont donné d'excellents résultats en sièges au parti conservateur : la dissolution de 1983, après la guerre des Malouines, lui a permis d'en obtenir 397 (sur 650) avec 42,4 % des voix ; celle de 1987 lui en a conservé 376 avec 42,2 %. Il en va de même pour la dissolution décidée en 2001 par M. Blair, qui en retarda la date qu'il avait initialement prévue afin d'éviter de pâtir du contexte lié à une grave épidémie de fièvre aphteuse (que les autorités ont traité sans ménagement excessif pour les populations concernées) : le parti travailliste emporte 412 sièges (sur 418 en 1997) mais, pour la première fois depuis 1918, le taux de participation est inférieur à 60 % (59,4).

Le choix de la date des élections est intimement lié aux raisons qui commandent au Premier ministre de recourir à celles-ci, c'est-à-dire les intérêts du parti au pouvoir. Lorsque le gouvernement considère qu'un moment particulier est favorable au parti, il décide d'exploiter la bonne disposition que l'électorat semble entretenir à son endroit. Cela lui est devenu d'autant plus facile que se développe la science des sondages d'opinion. Ainsi, avant l'annonce de la dissolution de 1970, tous les sondages (sauf un) indiquaient le parti travailliste en tête pour la première fois depuis trois ans. En vain, M. Wilson protesta plus tard que sa décision avait été prise avant de connaître ces estimations, qui se sont révélées radicalement fausses, mais on peut se demander si quelqu'un l'a cru. Mais il avait certainement raison en prétendant qu'une atmosphère préélectorale s'était développée, qui rendait la situation du gouvernement, face au pays, inconfortable. Et sans avouer qu'il aurait été grugé par les sondages, il admit qu'il avait tenu compte des résultats des élections locales.

Ainsi, le procédé n'est évidemment pas infaillible, ne pouvant l'être, par nature, en régime démocratique, mais il donne généralement de bons résultats. À l'inverse, les dissolutions qui sont imposées par les circonstances, parlementaires – ainsi la motion de censure votée contre le gouvernement Callaghan en mars 1979 – ou extérieures – ainsi la grève des mineurs en février 1974 – donnent plutôt des résultats défavorables pour le gouvernement qui y recourt.

Mais que les circonstances soient ou non objectivement favorables au gouvernement qui la décide, la fonction de la dissolution est d'assurer la succession au pouvoir des deux partis ayant vocation majoritaire. Cette fonction spécifique du droit de dissolution en Grande-Bretagne est déterminée par ces deux éléments fondamentaux que sont le bipartisme et le système électoral, et par leur interaction constante. Lorsque, d'aventure, les effets d'une dissolution se traduisent par une altération de ces éléments, comme ce fut le cas en 1923 et en mars 1974, un second recours intervient dans l'année afin de restaurer le système.

En définitive, utilisée d'abord pour tenter de maintenir au pouvoir le gouvernement d'un parti, la dissolution a aussi pour effet de contribuer à l'alternance. Celle-ci est du reste tributaire d'éléments d'importance variable parmi lesquels le programme gouvernemental n'est pas toujours déterminant, à l'époque contemporaine en particulier. Le caractère personnalisé des élections générales en Grande-Bretagne, qui met en présence deux leaders de stature « présidentielle », constitue un facteur essentiel. Le corps électoral se prononce d'abord sur la personnalité du chef du gouvernement sans se soucier toujours des programmes gouvernementaux, dont les divergences ne sont pas toujours très clairement perçues par la catégorie d'électeurs indécis qui déterminent l'issue des élections. Le *mandate* se réduit ainsi de nos jours à un blanc-seing donné par l'électorat à un candidat premier ministre[1] : le succès de M. Blair, qui n'avait jamais exercé de responsabilité gouvernementale, en 1997, en est la plus récente et la plus claire illustration.

B - *Les tempéraments du gouvernement de parti*

166 LE PROBLÈME DE LA LIMITATION DU POUVOIR. — Le système britannique de gouvernement de parti, dominé par le Premier ministre, a parfois été dénoncé comme conférant à l'exécutif des pouvoirs trop étendus. Avant la guerre déjà, Lord Hewart of

---

1. Ce n'est d'ailleurs même pas toujours le cas : depuis 1945, les changements de Premier ministre en cours de législature n'ont pas donné lieu à une dissolution : un tel événement a sans doute été pris en considération en 1955, mais en 1957, lors de la succession d'Eden, en 1963, lors de celle de Mac Millan, en 1976, lors de la succession de Wilson, en 1990 enfin, lors de celle de Mme Thatcher, la dissolution n'est pas intervenue pour faire confirmer par le corps électoral le choix partisan du nouveau leader.

Bury, ancien *Lord Chief Justice,* dénonçait déjà le « nouveau despotisme »[1]. Or les nécessités de la guerre n'ont fait qu'accentuer la concentration du pouvoir au profit du cabinet et en particulier du Premier ministre. Les critiques de style journalistique contre la « dictature » du gouvernement sont excessives mais elles posent le problème de la limitation du pouvoir. Celui-ci est d'autant plus crucial que le gouvernement de parti, en Grande-Bretagne, n'est généralement pas majoritaire dans le pays, mais seulement à la Chambre des Communes. L'un ou l'autre des deux grands partis, on l'a vu, peut accéder au pouvoir avec 38 % des suffrages (v. n° 162), ce qui ne l'empêche pas de se prévaloir de la théorie du *mandate* : « Un parti politique, écrit Max Beloff, qui réussit à former un gouvernement grâce au système électoral, prétend également, une fois au pouvoir, mettre en œuvre n'importe quelle réforme pourvu qu'elle soit fondée sur une quelconque intention de programme contenue dans le manifeste électoral du parti. Les gouvernements travaillistes de 1974-1979 l'ont emporté avec le soutien de 37,1 % et 39,2 % des électeurs lors de ces élections (février et octobre), mais la rhétorique du *mandate* a persisté lorsque les projets législatifs du gouvernement ont été débattus au Parlement et dans le pays. »[2] Pour cette raison, la désaffection à l'égard du *two party system* s'est particulièrement manifestée lors des doubles élections de 1974. En mars, l'aile gauche du parti travailliste avait prétendu mettre en œuvre un programme qu'elle avait en grande partie inspiré et réclamé pour cela de nouvelles élections, espérant qu'un léger déplacement de voix assurerait la majorité des sièges au parti dont elle entendait constituer l'aile marchante. En face, l'opposition conservatrice et libérale se rendait compte qu'avec les 57,5 % des suffrages qu'elle avait obtenus aux élections de février, elle ne pouvait même pas constituer une coalition majoritaire au Parlement et le parti libéral insistait sur le fait que, avec le système électoral, une minorité active d'un parti minoritaire dans la nation, mais majoritaire à la chambre, pouvait exploiter la crise économique à des fins extrémistes. C'est au même moment, et pour les mêmes raisons, qu'une évolution s'est dessinée

---

1. *The New Despotism,* Londres, 1929.
2. M. Beloff et G. Peele, *The Government of the United Kingdom,* Londres, Weidenfold & Nicolson, 2ᵉ éd., 1985.

en faveur d'un nouveau *Bill of Rights* qui aurait valeur constitutionnelle[1]. Et le grief formulé à l'encontre des anciens gouvernements travaillistes peut aussi l'être à l'égard du gouvernement conservateur après 1979 puis des gouvernements *New Labour* depuis 1997 : ceux-ci n'ont-ils pas réalisé des programmes de réformes fondamentales alors qu'il n'ont jamais atteint 44 % des voix lors des élections générales. Ainsi, si le choix d'un gouvernement de parti fort est rendu clair par le système électoral, ce choix n'apparaît pas toujours clairement comme étant celui de la majorité des électeurs. Sans doute, cette majorité admet-elle très largement la convention sur laquelle le système repose, mais c'est à la condition qu'il n'en résulte pas d'abus de pouvoir. Le contrôle de l'opinion publique est à cet égard le meilleur garant. Mais le Parlement reste et, dans une certaine mesure, redevient le cadre traditionnel dans lequel ce contrôle s'exerce avec le plus d'efficacité.

167 LA REVALORISATION DU RÔLE DU PARLEMENT. — Le système de gouvernement de parti, tel qu'il a fonctionné de 1945 à 1970, dans un contexte de bipartisme strict et discipliné, a fini par donner du régime parlementaire britannique une image déformée. En effet, la primauté de l'exécutif, et en particulier celle du Premier ministre, ne signifie pas que le Parlement se trouve confiné au rang d'un simple organe d'enregistrement. La prédominance gouvernementale, on y a insisté, n'est pas chose neuve en Grande-Bretagne, où n'a jamais sévi le « parlementarisme absolu ». Sans doute, l'exceptionnel renforcement du pouvoir exécutif, dû d'abord aux nécessités de la guerre, a-t-il marqué les trois décennies qui ont suivi. Mais il est possible d'entrevoir depuis les années 1970 un renouveau du parlementarisme britannique. Le Parlement n'est certes pas le centre de la décision politique : aussi bien il ne l'a jamais été. Mais son influence politique et sa capacité de contrôle

---

1. Évoquant Lord Denning, l'un des magistrats les plus réputés du Royaume-Uni, Jacqueline Dutheil de La Rochère écrit : « Son évolution à propos de la question d'un *Bill of Rights* est très caractéristique. Il a d'abord été hostile à une codification calquée sur la Convention européenne des droits de l'homme, dont il estimait la rédaction trop vague et comportant trop d'exceptions, préférant faire confiance au juge (...). Puis son opposition personnelle à une loi de 1974 élargissant l'immunité des syndicats lui a fait prendre conscience de l'intérêt d'une codification des libertés à un niveau supérieur à celui de la loi et il a changé de point de vue, rejoignant les sociaux-démocrates et les libéraux » (art. cité, p. 114).

sur l'action gouvernementale se sont notablement accrues, comme l'a montré Ph. Norton[1].

Le renforcement du contrôle parlementaire est notamment l'œuvre des nouvelles commissions spécialisées, les *policy committees,* et des autres instances et procédures qui ont été instituées, contre le vœu du gouvernement, pour améliorer les moyens parlementaires traditionnels (v. n° 143).

L'influence politique du Parlement s'est non moins développée, en une période qui apparaît clairement dominée par un exécutif stable et fort. Ainsi, la majorité à la Chambre des Communes exerce, plus qu'auparavant, une pression indirecte sur le gouvernement par la « politique des réactions anticipées » : les ministres prenant les décisions, à l'échelon du cabinet ou des comités de cabinet, s'efforcent d'anticiper les réactions de la majorité afin de prévenir son éventuelle hostilité. Ainsi, dès la phase préparatoire des décisions, le poids du Parlement se fait sentir, en quelque sorte, en creux[2]. Mais l'influence des parlementaires, en particulier ceux de la majorité, se manifeste également de façon positive et expressive. Ainsi les *backbenchers* du parti au pouvoir parviennent dans bien des cas à freiner l'action du gouvernement ou à la maintenir dans certaines limites : tel est le cas lorsque la marche d'un projet est arrêtée à l'échelon d'une commission permanente, sans pouvoir alors être présenté devant la Chambre. C'est néanmoins au stade des différentes lectures devant la Chambre elle-même que l'action des parlementaires trouve le plus à s'exercer, par le moyen d'une liberté de vote retrouvée. Jusque vers 1970, la discipline de vote était l'un des traits spécifiques de la Chambre des Communes. Cette discipline était, sans doute, souvent le produit d'une coercition gouvernementale, mais elle était incontestable : les *whips* étaient non seulement en mesure de s'assurer de la présence de tous les membres de la majorité[3], mais encore de leur docilité au moment du vote, sauf dans l'hypothèse où le gouvernement renonçait de lui-même à

---

1. V. Ph. Norton, *Dissension in the House of Commons 1974-1979,* Oxford University Press, 1980 ; *The British Policy,* Longman, 1984.
2. V. F. N. Forman, *Mastering British Politics,* Londres, Macmillan, 1985.
3. C'est le système des *three-line whip* : lorsque, dans le programme hebdomadaire des travaux de la chambre, une question est soulignée de trois traits, la présence des députés du groupe est exigée sous peine de sanction.

exiger la discipline de vote (ce fut le cas, par exemple, lors du vote ratifiant l'adhésion de la Grande-Bretagne à la CEE, le 28 octobre 1971). À partir de la législature 1970-1974, les comportements des députés de la majorité commencent à se modifier, notamment en raison du manque d'habileté et de persuasion du Premier ministre, M. Heath, à l'endroit des députés de son parti. Les défections de députés conservateurs atteignent un tel niveau que le gouvernement est défait à six reprises : en particulier, en novembre 1972, plus de 50 députés votent avec l'opposition contre le *bill* sur l'immigration. Il en est résulté chez les parlementaires une prise de conscience de leur capacité d'influencer la politique du gouvernement sans pour autant mettre en danger son existence. La pratique des votes dissidents s'est développée au cours des législatures suivantes. Sans doute, si, entre mars et juillet 1974, le cabinet travailliste a été battu 17 fois, c'est parce qu'il était minoritaire et non en raison de défections dans ses rangs. Mais le gouvernement suivant, issu des élections d'octobre 1974, ayant au bout de deux ans perdu sa courte majorité de trois sièges, a subi 42 défaites dont la plupart ont été déterminées par des députés travaillistes joignant leur vote à ceux de l'opposition.

Ce qui était au départ un changement de comportement des députés paraît être devenu une pratique admise qui s'est perpétuée, quoique plus modérément, depuis le retour au pouvoir du parti conservateur en 1979. Aussi bien, le gouvernement a parfois préféré retirer certains projets, anticipant, comme on l'a dit, la réaction de ses députés. D'autre part, les majorités confortables dont a bénéficié le gouvernement de Mme Thatcher au cours de quatre législatures ont permis tout à la fois l'indiscipline d'une partie des députés et l'adoption des principaux projets gouvernementaux. On relève cependant quelques défaites significatives. Ainsi, en novembre 1984, les députés de la majorité ont contraint le gouvernement à modifier son projet de contribution des parents d'étudiants aux dépenses de l'enseignement supérieur. En avril 1986, le gouvernement a été battu en seconde lecture sur le *shops bill,* un projet pourtant contenu dans le manifeste électoral de 1983. Dans certains autres cas, la majorité s'est trouvée réduite au minimum par la défection de plusieurs dizaines de députés : il en a été ainsi sur la question de l'augmentation des traitements des magistrats et des hauts fonctionnaires et sur celle de la réforme de la fiscalité locale. La politique économique du cabinet n'a pas moins subi des infléchissements déterminés par la prévision des réactions parlementaires, ainsi que l'a reconnu elle-même le Premier ministre. Et – ce qui n'était plus le cas depuis longtemps – le chancelier de l'Échiquier tient aujourd'hui compte, en élaborant son projet de budget, de la nécessité de son adoption par la Chambre des Communes.

La vigilance parlementaire n'est pas moindre à la Chambre des Lords, où, jusqu'à ce jour, les gouvernements conservateurs bénéficièrent d'office d'une majorité. La Chambre haute exerce, notamment à travers son pouvoir d'amendement, un rôle non négligeable dans l'infléchissement de la législation gouvernementale (v. n° 145).

À compter de 1992, le gouvernement conservateur de M. Major, qui n'avait obtenu qu'une avance majoritaire de quelque vingt sièges aux élections d'avril 1992, s'est trouvé progressivement ramené à la situation qu'avaient connue les gouvernements travaillistes de 1974 à 1979. Cela apparaît d'emblée à l'occasion du très long et difficile débat sur la ratification du traité de Maastricht qui s'est poursuivi de mai 1992 à juillet 1993 (v. n° 138). Ainsi, le 4 novembre 1992, le *paving vote,* vote de principe permettant la poursuite de la discussion, n'est acquis que par trois voix de majorité et grâce à l'appui de 19 députés libéraux-démocrates. Le 22 juillet 1993, un amendement travailliste visant à annuler la clause d'exemption du « chapitre social » du traité n'a été repoussé que par la voix prépondérante du *speaker* (317 voix pour et 317 contre), tandis qu'une motion approuvant la position du gouvernement sur ce point était repoussée par 324 voix contre 316 : dans ces conditions, le Premier ministre a dû décider de poser la question de confiance, et ce n'est que par cette procédure devenue exceptionnelle aux Communes que la motion gouvernementale a finalement été votée par 339 voix contre 299. En novembre 1994, M. Major est encore contraint de recourir à la question de confiance pour le vote de l'augmentation de la contribution britannique au budget de l'Union européenne et il ne l'emporte alors qu'avec l'appui des députés unionistes d'Ulster. À l'issue du vote, huit députés eurosceptiques sont exclus du groupe parlementaire conservateur ; jusqu'à leur réintégration en avril 1995, le gouvernement s'est trouvé minoritaire, dépendant du soutien unioniste qui lui est parfois refusé :

ainsi, le 8 décembre 1994, le gouvernement est battu sur un vote budgétaire important concernant l'augmentation de la TVA sur l'énergie. Cette dépendance à l'endroit des députés unionistes a eu comme conséquence de paralyser les négociations sur l'avenir de l'Ulster pour le reste de la législature. Au fil des élections partielles, généralement remportées par les libéraux-démocrates, le nombre de députés conservateurs est passé en dessous de la majorité absolue au printemps 1996. Le gouvernement a subi plusieurs défaites significatives, notamment dans le contexte de la crise de la « vache folle » (ESB) mais aussi lors de la discussion du projet de loi sur l'éducation (27 janvier 1997). Ainsi le gouvernement de parti trouve-t-il ses limites dans la réaffirmation du rôle du Parlement. Quels que soient les résultats d'une élection générale, les gouvernements britanniques ne peuvent plus compter en toute circonstance sur des majorités automatiques, comme l'a montré la rébellion d'une partie de la nouvelle majorité travailliste en décembre 1997 contre certaines mesures d'économie en matière sociale décidées par le gouvernement. Cette rébellion s'est amplifiée lors de l'adoption de la loi sur la protection sociale et les retraites dont les dispositions les plus controversées par la tendance *Old Labour* n'ont été rétablies qu'après deux navettes avec les Lords (novembre 1999). Mais c'est surtout avec l'engagement britannique dans la guerre en Irak (mars 2003) que le Parlement a, en termes paradoxaux, réaffirmé son rôle : une grande partie de l'opposition appuyant le gouvernement, une part significative de la majorité votant contre (v. n° 160). Cette attitude rebelle s'est poursuivie. En juillet 2003, plus de 300 députés, dont sept ministres, enfreignent la consigne gouvernementale en votant pour l'interdiction totale de la chasse à courre. Fin janvier 2004, sur un projet très sensible de réforme des droits d'inscription aux universités, et de façon exceptionnelle, en deuxième lecture, le gouvernement n'échappe à la défaite que par cinq voix de majorité, ralliées par l'intervention du chancelier de l'Échiquier.

Sans doute cette revalorisation du rôle des parlementaires ne doit-elle pas être surestimée. Elle suscite le scepticisme de J. Leruez quant au caractère effectif du rééquilibrage entre Parlement et gouvernement établi par Ph. Norton, qui confondrait « quelque peu la modification dans le rapport des forces et dans les comportements qui s'est effectuée à l'intérieur des partis, en particulier au sein du parti conservateur, avec une transformation des relations Parlement-gouvernement »[1]. À juste titre, J. Leruez relève que, par exemple, Mme Thatcher n'a pas été renversée par la Chambre des Communes en tant qu'institution, la Chambre ayant au contraire repoussé une motion de censure travailliste au jour où le Premier ministre allait annoncer sa démission : cette « révolution de palais » ne peut être confondue avec un acte normal du contrôle parlementaire. Il n'en reste pas moins que, depuis 1974, le retour à l'usage des procédures classiques de ce contrôle – motion de censure, question de confiance – a constitué la manifestation objective d'un certain rééquilibrage au profit du Parlement qui s'est poursuivie au moins jusqu'en 1997 et qui peut trouver encore, dans l'avenir, d'autres occasions de s'exprimer.

Pour aller plus loin

168 Ces indications bibliographiques ne donnent que quelques éléments de l'abondante littérature en langue anglaise, limités aux classiques les plus éprouvés qui n'ont pas été traduits, et aux ouvrages les plus récents. Mais nombre d'ouvrages fondamentaux assez anciens ont été traduits, et les sources françaises sont plus abondantes sur la Grande-Bretagne que sur les États-Unis.

I. — DES OUVRAGES FONDAMENTAUX

W. Bagehot, *The English Constitution,* Londres, Oxford UP, rééd. 1974 ; il existe de cet ouvrage célèbre (et très succinct) au moins une traduction française : *La Constitution anglaise,* Paris, Germer-Baillière, 1869 (2ᵉ éd. française). C'est le premier essai moderne sur la Constitution britannique, qui pèche parfois par certains *a priori* et un caractère réducteur et systématique (v. la critique de S. Amery, n° 163).
A. V. Dicey, *Introduction to the Law of the Constitution,* v. la traduction française d'A. Batut et G. Jèze, Paris, Giard & Brière, 1902 : ouvrage fondamental sur les sources du droit constitutionnel britannique (v. n° 133). V. aussi les ouvrages non moins classiques de X. R. Anson, *Law and Custom of the Constitution,* 2 vol., Oxford, 1922 ; de M. Amos, *La Constitution anglaise* (trad. franç.), Paris, 1935 ; de S. Amery, *Thoughts on the Constitution,* Londres, 2ᵉ éd., 1953, et de sir Ivor Jennings, *The Law and the Constitution,* Londres, 1948 ; *The British Constitution,* Londres, 1950, et surtout le monumental *Cabinet Government,* Cambridge, 3ᵉ éd., 1959. V. aussi l'ouvrage de H. Laski, *Le gouver-*

---

1. *Le système politique britannique depuis 1945, op. cit.,* p. 56.

nement parlementaire en Angleterre (trad. franç.), Paris, 1950 (l'édition en anglais est de 1935).

Parmi les traités et ouvrages plus récents : il faut citer en premier lieu le manuel de S. A. de Smith, *Constitutional and Administrative Law*, Penguin Book, 5ᵉ éd., 1985 : synthèse très complète et particulièrement claire de l'ensemble du droit public britannique ; E. C. S. Wade et A. W. Bradley, *Constitutional and Administrative Law*, Londres, 10ᵉ éd., 1985 ; O. Hood Philips, *Constitutional and Administrative Law*, Londres, 7ᵉ éd., 1987 ; G. Wilson, *Cases and Materials, on Constitutional and Administrative Law*, Cambridge, 1966 ; C. Turpin, *British Government and the Constitution. Text, Cases and Materials*, Londres, Weidenfeld & Nicolson, 1985 : excellent ouvrage qui apporte de précieux éclaircissements sur certaines controverses constitutionnelles. Sur les évolutions récentes : Ph. Norton, *The Constitution in Flux*, Oxford, Basil Blackwell, 1982 ; J. Jowel et O. Oliver (ed.), *The Changing Constitution*, Oxford, Clarendon Press, 1985 : recueil d'études sur des questions constitutionnelles contemporaines mettant en évidence les évolutions et changements récents. Une mention particulière peut être faite du livre de R. Brazier, *Constitutional Practice,* Oxford, Clarendon Press, 1988 : modèle d'ouvrage synthétique, sans prétention théorique, mais clair, juridiquement très précis et comprenant de précieuses annexes. Du même auteur : R. Brazier, *Constitutional Reform*, Oxford, Clarendon Press, 1990. V. également G. W. Jones, *The British Bill of Rights, Parlamentary Affairs*, 1990, n° 1, p. 27.

II. — DES ÉTUDES ET OUVRAGES SPÉCIALISÉS

Sur l'histoire constitutionnelle : D. Keir, *The Constitutional History of Modern Britain*, Londres, 1953 ; A. B. Keith, *The Constitution of England from Queen Victoria to George VI*, Londres, 1940 ; G. B. Adams, *Constitutional History of England*, Londres, 1941 ; E. Fischel, *La Constitution d'Angleterre*, Paris, 1864. V. également l'ouvrage de D. Baranger : cf. n° 69.

Sur la dévolution : pour une présentation générale des réformes introduites par les lois de dévolution, v. J. Bell, La révolution constitutionnelle au Royaume-Uni, *RDP*, 2000, p. 413 et en ce qui concerne l'Écosse en particulier, l'article très clair et exhaustif de S. Dubourg-Lavroff, Le nouveau Parlement écossais, *RFDC*, n° 43, 2000, p. 583. Pour une présentation très complète des lois de dévolution en langue anglaise, v. l'ouvrage de N. Burrows, *Devolution*, Sweet and Maxwell, 2000. Sur des aspects plus pointus de cette question complexe, v. R. Hazel, Reinventing the Constitution : Can the State survive ?, *Public Law,* Sweet and Maxwell and contributors, Spring 1999, p. 85 ; R. Hazel, The English question : Can Westminster be a proxy for an English parliament, *Public Law,* Sweet and Maxwell and Contributors, Summer 2001, p. 268 ; A. Page, A. Batey, Scotland's other Parliament : Westminster legislation about devolved matters in Scotland since devolution, *Public Law,* Sweet and Maxwell and Contributors, Autumn 2001, p. 501 ; B. K. Winetrobe, Scottish devolved legislation and the courts, *Public Law,* Sweet and Maxwell and contributors, Spring 2002, p. 31 ; A. O'Neill, Fundamental rights and the constitutional supremacy of community law in the United Kingdom after devolution and the Human rights Act, *Public Law,* Sweet and Maxwell and Contributors, Winter 2002, p. 724.

Sur les conventions de la Constitution : G. Mashall, *Constitutional Conventions*, Londres, 1984. La question de la nature juridique des conventions est traitée dans deux thèses françaises récentes : B. Uwanno, *Les Conventions de la Constitution en Grande-Bretagne*, thèse de 3ᵉ cycle, Paris X, 1982, et J. Rossetto, *Recherche sur la notion de Constitution et l'évolution des régimes constitutionnels*, thèse de doctorat d'État, 1982, v. la recension d'O. Beaud, Les conventions de la Constitution : à propos de deux thèses récentes, *Droits*, n° 3, 1986, p. 125-135. V. surtout l'ouvrage de P. Avril, *Les conventions de la Constitution* : cf. n° 48.

Sur le référendum : V. Bogdanor, *The People and the Party System : The Referendum and Political Reform in British Politics*, Cambridge UP, 1981 : cet ouvrage fait découvrir combien sont anciennes les propositions et controverses relatives à l'introduction du référendum et à la réforme du mode de scrutin en Grande-Bretagne ; D. Butler et U. Kitzinger, *The 1975 Referendum*, Londres, Macmillan, 1976. Sur l'échec du référendum de 1974 : J. Leruez, Régionalisation et politique au Royaume-Uni, *RFSP*, 1979, n° 6.

Sur la dévolution : pour une présentation générale des réformes introduites par les lois de dévolution, v. J. Bell, La révolution constitutionnelle au Royaume-Uni, *RDP*, 2000, p. 413 et s. ?, et en ce qui concerne l'Écosse en particulier, l'article très clair et exhaustif de S. Dubourg-Lavroff, Le nouveau parlement écossais, *RFDC*, n° 43, 2000, p. 583. Pour une présentation très complète des lois de dévolution en langue anglaise, v. l'ouvrage de N. Burrows, *Devolution*, Sweet and Maxwell, 2000. Sur des aspects plus pointus de cette question complexe, v. R. Hazel, Reinventing the Constitution : Can the State survive ?, *Public Law*, Sweet and Maxwell and contributors, Spring 1999, p. 85 et s. ; R. Hazel, The english question : Can Westminster be a proxy for an english parliament, *Public Law*, Summer 2001, p. 268 et s. ; A. Page, A. Batey, Scotland's other Parliament : Westminster legislation about devolved matters in Scotland since devolution, *Public Law*, Autumn 2001, p. 501 et s. ; B. K. Winetrobe, Scottish devolved legislation and the courts, *Public Law*, Spring 2002, p. 31 et s. ; P. Le Galès, Dévolution à tous les étages, *Pouvoirs*, 93 (2000), p. 67-86.

Sur le *Human Rights Act :* A. O'Neill, Fundamental rights and the constitutional suprématie of community law in the United Kingdom after devolution and the Human Rights Act, *Public Law*, Winter 2002, p. 724 ; J. Beatson, Le Royaume-Uni et la Nouvelle Déclaration des Droits, *RFDC*, n° 48, 2000, p. 687-694 ; J.-F. Flauss, Human Rights Act 1998 : Kaléidoscope, *RFDC*, n° 48, 2000, p. 695-703 ; É. Picard, Les droits de l'homme et l' « activisme judiciaire », *Pouvoirs*, 93 (2000), p. 113-143.

Sur la Couronne et la monarchie : deux ouvrages classiques, A. B. Keith, *The Privileges and Rights of the Crown*, Londres, 1936 ; E. Barker, *British Constitutional Monarchy*, Londres, 1943 ; dans une perspective plus contemporaine : R. Rose et D. Kavanagh, The monarchy in contemporary political culture, in R. Rose (ed.), *Studies in British Politics*, Londres, Macmillan, 3ᵉ éd., 1976. V. Bogdanor, *The monarchy and the Constitution*, Oxford Clarendon Press, 1995 ; M. Charlot, La monarchie et l'opinion publique en Grande-Bretagne, *Pouv.*, n° 78 (1996), p. 73-84.

Sur l'institution parlementaire : R. Butt, *The Power of Parliament*, Londres, 1967 ; S. A. Walkland et M. Ryle (ed.), *The Commons Today*, Londres, Fontana, 2ᵉ éd., 1981 ; S. A. Walkland, *The Legislative Process in Great Britain*, Londres, Allen & Unwin, 1968. Le spécialiste actuel le plus prolifique de l'institution parlementaire est Ph. Norton : *Dissension in the House of Commons 1945-1974*, Londres, Macmillan, 1975 ; *Conservative Dissidents*, London, Temple Smith, 1978 ; *Dissension in the House of Commons 1974-1979*, Oxford, Oxford University Press, 1980 ; *The British Policy*, New York et Londres, Longman, 1984 ; *Parliament in Perspective*, Hull, Hull University Press, 1987 ; *Does Parliament Matter ?*, New York, Harvester Wetsheaf, 1993. Le même auteur étant l'editor de *Parliament in the 1980s*, Oxford, Basil Blackwell, 1985, recueil dont on retiendra en particulier deux études sur la Chambre des Lords : N. Baldwin, « The House of Lords : Behavioural Changes », et C. Grantharn et C. Moore Hodgson, « The House of Lords : Structural Changes » ; B. P. Lenman, *The Eclipse of Parliament. Appearance and Reality in British Politics since 1914*, Londres, Edward Arnold, 1992 ; Ph. Norton, La réforme de la Chambre des Lords, *Pouvoirs*, p. 39-52.

Sur le nouveau système de commissions parlementaires : v. G. Drewry (ed.), *The New Select Committees,* Oxford, Oxford University Press, 1985, et D. Englefield (ed.), *Commons Select Committees : Catalysts for Change ?,* Londres, Longman, 1984 : évaluation critique du bilan des commissions spéciales créées en 1979.

Sur le cabinet, le gouvernement et le Premier ministre : l'ouvrage déjà classique est celui de J. Mackintosh, *The British Cabinet,* Londres, Methuen, 3ᵉ éd., 1977 ; D. C. Pitt et B. C. Smith, *Government Departments : An Organisational Perspective,* Londres, Routledge & Kegan, 1981 ; A. King (ed.), *The British Prime Minister,* Londres, Macmillan, 2ᵉ éd., 1985 (avec un chapitre nouveau d'A. King sur Mme Thatcher) ; T. T. Mackie et B. W. Hogwood, *Unlocking the Cabinet,* Londres, Sage, 1985 ; P. Hennessy, *Cabinet,* Oxford, Basil Blackwell, 1986 : ouvrage non académique, d'un style très alerte, retraçant, à partir de sources de première main, l'évolution du fonctionnement du cabinet depuis Attlee jusqu'à Mme Thatcher. La question de la prédominance du premier ministre ou du cabinet est traitée par R. Crossman, *Introduction to Walter Bagehot's The English Constitution,* Londres, Fontana, 1963 ; du même, *The Diaries of a Cabinet Minister,* Londres, Hamilton & Cape, 1975 et 1977, 3 vol., et H. Berkeley, *The Power of the Prime Minister,* Londres, 1968, dans le sens d'une primauté du chef du gouvernement ; dans le sens opposé : v. H. Morrison, *Government and Parliament,* Londres, 3ᵉ éd., 1964 ; P. G. Walker, *The Cabinet,* Londres, 2ᵉ éd., 1972, et l'ancien Premier ministre Harold Wilson, *The Governance of Britain,* Londres, 1976. D. Baranger, La responsabilité pénale et politique des ministres en Grande-Bretagne dans la période contemporaine, in D. Chagnollaud (dir.), *La Responsabilité pénale et la vie publique en France et à l'étranger,* Paris, Éditions Panthéon-Assas, 2002., p. 36-57. R. Parry, Dualisme au sommet : Le premier ministre et le chancelier de l'Échiquier, *Pouvoirs,* 93 (2000), p. 21-37.

Sur le gouvernement Thatcher : D. S. Bell (ed.), *The Conservative Government 1979-1984 : An Interim Report,* Londres, Croom Helm, 1985 ; P. Ridell, *The Thatcher Government,* Londres, Martin Robertson, 1983 ; D. Kavanagh, *Thatcherism and British Politics : The End of Consensus ?,* Oxford University Press, 1990, 2ᵉ éd. ; J. Leruez, *Le phénomène Thatcher,* Bruxelles, Éditions Complexe, 1991.

Sur la question d'un gouvernement face à un « Hung Parliament » (sans majorité homogène), v. les excellentes analyses de D. Butler, *Governing without a Majority,* Londres, Collins, 1983.

Sur le système de gouvernement de parti en général : R. Rose, *The Problem of Party Government,* Londres, Macmillan, 1974.

Sur le système politique en général : l'ouvrage classique en français (mais aussi traduit en anglais) est celui d'A. Mathiot, *Le régime politique britannique,* Paris, A. Colin, « Cahiers de la FNSP », 1955, livre un peu ancien mais qui reste une excellente initiation, d'un style très pédagogique, à la compréhension de l'esprit des institutions anglaises. Avec des qualités comparables, v. J. Leruez, *Gouvernement et politique en Grande-Bretagne,* Paris, Dalloz, Presses de la Fondation nationale des sciences politiques, 1989 ; et *Le système politique britannique de Winston Churchill à Tony Blair,* Paris, Armand Colin, 2001. V. également : M. Charlot, *Le pouvoir politique en Grande-Bretagne,* Paris, PUF, 1990 ; Cl. Journès, *L'État britannique,* Paris, Publisud (2ᵉ éd.), 1994 ; J. Dutheil de La Rochère, *Le Royaume-Uni,* Paris, LGDJ, coll. « Comment ils sont gouvernés », 1979 ; M. Charlot, *Le système politique britannique,* Paris, A. Colin, coll. « U », 1984. La bibliographie en anglais est évidemment très abondante. On retiendra l'ouvrage de B. C. Smith, *Policy-Making in British Government,* Oxford, Martin Robertson, 1976, le manuel de F. N. Forman, *Mastering British Politics,* Londres, Macmillan, 1985 : ouvrage d'introduction clair, au style direct, par un universitaire député, conservateur non thatchérien, ainsi que l'excellent livre de M. Beloff et G. Reele, *The Government of the United Kingdom : Political Authority in a Changing Society,* Londres, Weidenfeld & Nicolson,

2ᵉ éd., 1985 ; B. Jones et L. Robins (dir.), *Two Decades in British Politics*, Manchester et New York, Manchester University Press, 1992.
Sur les élections et le système électoral : J. Cadart, *Régime électoral et régime parlementaire en Grande-Bretagne*, Paris, 1948 ; D. Butler et D. Kavanagh, *The British General Election of...*, Londres, Macmillan : analyse des élections générales successives depuis 1950 ; D. Butler et D. Stokes, *Political Change in Britain, The Evolution of Electoral Choice*, New York, St Martin's Press, 1976 ; A. Heath, R. Jawell, J. Cartice, *How Britain votes*, Londres, Pergamon Press, 1985 ; sur la question du mode de scrutin, v. l'article de M. Govoroff, Le débat sur la réforme électorale en Grande-Bretagne depuis 1974, *RDP*, 1986, n° 4. V. aussi J. Leruez, À propos des élections de 1983 : renouvellement des études électorales en Grande-Bretagne, *RFSP*, 1986, n° 4, et les chroniques du même auteur dans Pouvoirs, pour les élections ultérieures. D. M. Farrell, La réforme hésitante du système électoral de la Chambre des Communes, *Pouvoirs*, 93 (2000), 53-65.
Sur les partis politiques, en français, A. Mabileau et M. Merle, *Les partis politiques en Grande-Bretagne*, Paris, PUF, 4ᵉ éd., 1979 ; J. Leruez, J.-C. Sergeant, W. Toboul, *Les partis politiques britanniques, du bipartisme au multipartisme ?*, Paris, PUF, 1982. De très nombreuses sources en anglais, on retiendra S. H. Beer, *Modern British Politics : A Study of Parties and Pressure Groups*, Londres, Faber & Faber, 3ᵉ éd., 1982, et V. Bogdanor, *Multi-Party Politics and the Constitution*, Cambridge, Cambridge UP, 1983.
Sur le parti conservateur : Z. Layton-Henry (ed.), *Conservative Party Politics*, Londres, Macmillan, 1980 ; R. Blake, *The Conservative Party from Peel to Thatcher*, Londres, Fontana, 1985 ; R. K. Alderman et M. J. Smith, Can british PM be given the push by their parties ?, *Parlamentary Affairs*, 1990, n° 3, p. 260 et s. ; Ph. Norton, The conservative Party : « In Office but not in Power », in A. King (dir.), *Labour Triumphs : Britain at the Polls*, Chatam (NJ), Chatam House, 1997 ; M. Charlot, Les conservateurs peuvent-ils gagner ?, *Pouvoirs*, 93 (2000), p. 145-160.
Sur le parti travailliste : D. Kavanagh (ed.), *The Politics of the Labour Party*, Londres, Allen & Unwin, 1982 ; D. et M. Kogan, *The Battle for the Labour Party*, Londres, Fontana, 1982 ; D. Marquand, Le nouveau travaillisme, *Pouvoirs*, 93 (2000), p. 7-20 ; P. Seyd et P. Whiteley, *New Labour's Grassroots. The transformation of the Labour Party Membership*, Palgrave Macmillan.
Sur les tiers partis : v. J.-P. Boivin, L'épopée du parti social-démocrate britannique un rendez-vous manqué avec l'histoire, *RDP*, 1983, n° 3.
La revue *Pouvoirs* a consacré à la Grande-Bretagne une série d'études (n° 37, 1985) dont on retiendra l'excellente introduction de H. Berrington, « La stabilité institutionnelle masque-t-elle une société en crise ? » (p. 1-22), ainsi que les articles précités de D. Butler (v. nᵒˢ 157 et s.), M. Lee (v. nᵒˢ 151 et 164) et J. Dutheil de La Rochère (v. nᵒˢ 138 et 166). Dans la même revue (n° 85, 1998) v. l'article conclusif de Ph. Norton, « Le système britannique après les élections de 1997 », p. 21-34. *Pouvoirs* (n° 93, 2000) étudie « La Grande-Bretagne de Tony Blair » : v. les articles précités.

Chapitre 2
La Suède

169 UNE VIEILLE TRADITION CONSTITUTIONNELLE. — La Suède a une longue tradition de gouvernement constitutionnel. La première « constitution » suédoise *(Regeringsform)* fut promulguée en 1634. Elle avait principalement pour objet d'organiser la régence durant la minorité de la reine Christine.

Révisé et augmenté, ce texte fut remis en vigueur sous la régence (1660-1672) instaurée pendant la minorité de Charles XI. Mais sous le régime effectif de ce dernier et davantage encore sous celui de son fils Charles XII, le régime constitutionnel fit place à la monarchie absolue.

La mort de Charles XII, en 1718, marque pour la Suède le repli de la prépondérance politique dans le Nord et celui de l'absolutisme monarchique au-dedans.

Saint-Simon résume la situation : « La mort de Charles XII avait rendu l'autorité première aux États et au Sénat, et la couronne élective, et totalement énervé l'autorité de leurs rois, dont les deux derniers avaient fait un si funeste usage. » Ulrique-Éléonore, sœur de Charles XII, consent l'aveu que les États sont en puissance de déférer la couronne et, avant d'être désignée pour reine, au détriment de la descendance d'une sœur aînée, renonce préjudiciellement à l'exercice sans limites de la souveraineté (26 décembre 1718).

Par là se trouve fondé en Suède le gouvernement représentatif, qui connaît, dans ce pays, des développements brillants de 1719 à 1772 : durant cette période, appelée *Frihetstiden* (Ère de la Liberté), la Suède pratique une expérience très originale de parlementarisme.

La constitution libérale élaborée aux années 1719-1720[1] est la première constitution écrite à préfigurer globalement le type contemporain.

Des assemblées d'états siègent périodiquement en diète *(Riksdag)*, leur tenue est obligatoire tous les trois ans et minutieusement réglée par les *Riksdagsordningen* de 1723, l'un des règlements d'assemblée les plus remarquables de l'histoire parlementaire. Le système politique intègre le bipartisme dans une configuration moderne, avec l'alternance répétée entre deux partis (la comparaison avec les tories et les whigs peut induire en erreur), celui des « chapeaux » *(huts)*, partisans de la restauration de la Suède comme grande puissance et favorables à la France, et celui des « bonnets » *(caps)*, plus pacifistes et favorables à l'Angleterre ainsi qu'à la Russie. De même qu'en Angleterre, ces deux formations – surtout les bonnets – connurent un profond renouvellement ; semblablement, le clivage partisan est traversé par des obédiences assez subtiles (il y a un *country party*, un *Court-party*, etc.), souvent croisées (les *« Court-caps »* par exemple). La vie parlementaire est intense et le gouvernement de l'opinion assuré, en dernier lieu, par la loi organique de 1766 sur la presse, trois ans après l'arrêt célèbre qui assure cette liberté anglaise[2]. Les délibérations sont d'une qualité qui laisse peu à envier au modèle britannique, suivant des procédures assez comparables. L'institution, qui s'affirme alors, de fait, en Grande-Bretagne, du premier ministre, trouve son répondant en Suède dans un membre prééminent du Sénat, le président de la chancellerie, qui exerce un *leadership* : Arvid Horn (le Walpole suédois), Tessin, Höpken.

La sanction ultime de l'alternance repose sur un moyen de droit : la procédure du *licentiering*, équivalent de l'*impeachment* britannique, lequel va connaître une évolution assez comparable. Depuis le précédent de 1738 (qui signale la chute de Horn), il n'est plus recouru d'ordinaire qu'à sa menace. L'engagement de respon-

---

1. Une première constitution (celle de 1719), fut remplacée dès l'année suivante par une autre, celle du 2 mai, plus complète et qui s'analyse comme une prise de garanties après l'élection du roi consort pour souverain, alors même que la reine régnante venait d'abdiquer. Le roi désigné ne fut d'ailleurs couronné qu'après qu'il eut donné la sanction. La Constitution de 1720 s'appliquera durant tout le *Frihetstiden*. Le principe d'hétérolimitation qu'elle emporte continua de s'imposer, à travers le serment royal *(Konnunga försökran)*, aux rois suivants – le premier d'entre eux devant encore son titre à l'élection.
2. *Huckle v. Money* (affaire North Briton, concernant un écrit de Wilkes).

sabilité se résume à un signal potentiel qui conduit imparablement à la démission (v. n°s 61 et 61 *bis*).

Bien plus qu'en Angleterre (où la dimension consentie du risque s'esquive mais ne sera définitivement reléguée qu'à la fin du siècle), le « licenciement » prend déjà figure d'épure en Suède parce que rigoureusement déduit du principe générateur de la constitution, qui organise le parlementarisme absolu. Si le *Frihetstiden* devance donc quelque peu le type anglais quant au principe de responsabilité, c'est pour s'en séparer aussitôt de manière radicale puisque le système est gagé sur l'omnipotence parlementaire et l'abaissement du monarque[1]. Le roi de Suède est réduit à n'avoir plus qu'un double suffrage dans son propre conseil, appelé Sénat (il y a 16 sénateurs), la désignation de celui-ci lui échappe positivement puisque les trois ordres privilégiés y concourent à travers une liste de présentation. Aussi bien, dès après 1738, le Riksdag, lorsqu'il advient que plusieurs postes de sénateurs viennent à vaquer simultanément (occurrence qu'il est en droit de provoquer), répète avec constance les deux noms repoussés par le roi. Le détournement de procédure finit par être consacré : en 1766, à la suite du Riksdag « jeune-bonnet » (là encore, on se gardera d'une assimilation trop rapide avec *whig boy*), il fut établi que le monarque, dorénavant, ne pourrait refuser plus de trois fois le même nom.

Bien que n'ayant pas eu l'influence du modèle anglais, le *Frihetstiden* et l'expérience de liberté contrôlée qui lui fit suite devaient pareillement susciter en Europe un débat d'idées d'une grande importance[2].

Ce système de gouvernement représentatif, fortement marqué, comme dans l'Angleterre de la même époque, par l'oligarchie et une dépendance excessive à l'endroit des luttes partisanes, a été égale-

---

1. « Sa Majesté embrasse toujours le parti que le plus grand nombre des sénateurs a déclaré le plus avantageux, comme étant selon toute apparence le meilleur, et avec cela d'autant plus de raison que lorsqu'il résulte quelque pernicieux effet d'une pareille résolution, ceux des sénateurs qui en auront été cause par leurs mauvais conseils en seront responsables devant les états » (Constitution du 2 mai 1720, art. 15).
2. Plutôt que d'évoquer les auteurs à la file, il existe un cas, fort parlant, de résonance. La mise au point du Sénat de Suède intervenue en 1755, et dont un passage est reproduit ici plus loin dans le corps du texte, a été invoquée par le parti des remontrants lors des révolutions de Genève (v. n° 110), nommément l'année 1763. Les *remontrants* invoquaient cette autorité contre les *négatifs* pour imprimer un caractère contraignant aux représentations faites par les citoyens et les bourgeois telles que reconnues par la Médiation de 1738.

ment critiqué parce qu'il reposait sur le présupposé que l'avilissement de la prérogative royale était la condition du gouvernement parlementaire : à la suite de la crise de 1723, le monarque se voit cantonné à la figure d'un doge (la connaissance immédiate du courrier diplomatique lui est interdite) ; en 1755, devant le refus de sanction du roi, les états suppléent sa main par l'apposition d'une griffe. Cette année là, le Sénat consigna dans le procès verbal de ses séances que si le roi était à même d'examiner si les propositions des sénateurs étaient conformes à son serment et à sa conscience, « si tel était le droit de Sa Majesté, la conscience de S.M. serait la loi du royaume de Suède ». Par suite, le monarque n'eut d'autre ressource que le chantage à l'abdication, comme il advint en effet sept jours durant en 1768 : conséquemment, les « bonnets » se portèrent à proposer d'introduire dans le serment royal l'interdiction même d'abdiquer.

La grandeur du *Frihetstiden* aura été d'avoir signifié le terme le plus accompli du versant inabouti du parlementarisme en Europe.

En 1772, le jeune roi Gustave III provoque le constat d'un système incapable de se réformer et inaugure son règne par un coup d'État : c'est la *Révolution de Suède*. La Constitution de 1720 est anéantie : le roi soumet au Riksdag, et en fait impose une constitution nouvelle, libérale autoritaire[1]. Le trait saillant en est le pouvoir exclusif reconnu au roi de désigner les sénateurs ainsi que la relégation symétrique des états : leur convocation, désormais, est discrétionnaire[2]. La réaction royale trouve son aboutissement en 1789. Contre la noblesse (que Gustave III chasse des états), en s'appuyant sur les ordres roturiers, le roi promeut l'*Acte d'union et de sécurité,* dont le but affiché est de parachever la Constitution de 1772 mais qui, dans le fait, s'entend à en éluder les garanties. Cet acte d'absolutisme, posé au surplus dans des formes blessantes, provoque l'opposition de l'aristocratie.

Gustave III est assassiné en 1792. Le gouvernement velléitaire de son fils, Gustave IV Adolphe, les échecs militaires, la perte de la

---

1. En conséquence, les états déclarent : « Nous espérons que cette heureuse Constitution nous délivrera nous et notre pays des dangers et des désordres qu'entraînent à leur suite le pouvoir arbitraire, l'aristocratie et le pouvoir partagé entre trop de mains. Nous promettons de notre côté de nous soumettre à cette loi fondamentale et de ne jamais porter atteinte à la forme de gouvernement qu'elle établit ; nous faisons cette promesse avec d'autant plus d'assurance que Sa majesté a déjà déclaré que sa plus grande gloire est d'être le premier citoyen d'un peuple libre. »
2. La Constitution de 1772 est restée en vigueur en Finlande jusqu'en 1917 et n'a été abrogée, en droit, que par la Constitution de 1919 (art. 95, al. 2).

Finlande conduisent à sa déposition en 1809. Le Riksdag fait immédiatement procéder à l'élaboration d'un texte visant à éviter le retour à l'autocratie royale comme à la tyrannie parlementaire. La Constitution est adoptée par les quatre états et sanctionnée par le nouveau roi, Charles XIII, le 6 juin 1809.

En dépit de son échec, le despotisme éclairé de style gustavien manifeste sa vocation dialectique : par la répudiation du parlementarisme total du Frihestiden et l'assomption d'un gouvernement royal mais en forme représentative, puis la régression révolutionnaire vers l'autocratie, l'idéal gustavien réalise la condition historique du système de balance mis en place en 1809, lequel sera réinvesti à mesure par le régime parlementaire mais emporte dès lors l'assurance d'un régime équilibré. La Suède vérifie ainsi la continuité constitutionnelle la plus notable de l'Europe continentale.

Section I
Les données constitutionnelles

I | LES FONDEMENTS DU RÉGIME

170 LA CONSTITUTION DE 1809. — Jusqu'à sa révision totale en 1974, ce texte a été la plus ancienne constitution européenne qui soit parvenue à l'efficience sur une période probante. C'est dans le cadre de cette constitution que s'est développé le régime politique de la Suède contemporaine, qui s'en est pourtant écarté très sensiblement, justifiant ainsi son abandon en 1974. À l'origine, il s'agit d'une sorte de codification du droit public national et on a tenté de démontrer qu'elle ne comportait aucune institution empruntée à l'étranger[1]. Elle correspond cependant au modèle de séparation des pouvoirs qui est la note des constitutions américaine de 1787 et française de 1791. La Constitution norvégienne de 1814, encore en vigueur, suivra également ce même modèle.

---
1. P. Fahlbeck, *La Constitution suédoise et le parlementarisme moderne,* Paris, 1905, p. 50-51.

La Constitution de 1809 entend conjurer tout retour aux errements du passé. Aussi prescrit-elle une séparation des pouvoirs entre le roi et le Riksdag, le pouvoir exécutif étant attribué au premier sans partage (mais non pas sans contrôle), le pouvoir législatif en matières constitutionnelle et civile étant partagé entre le roi et le Riksdag et appartenant au roi seul en matière économique et administrative, et au Riksdag seul en matière fiscale et budgétaire.

Le roi nomme et révoque à son gré les ministres, dont l'avis est consultatif, même s'il est obligatoire, et qui doivent le contreseing (le refus de signature n'est permis qu'en cas d'illégalité). La Constitution perfectionne ici, sur des prémices gustaviennes, un mode de gouvernement subtil, dont le régime de la Finlande, jusqu'à tout récemment, a connu en partie la survivance.

Le constituant de 1809 – reprenant avec plus de succès une visée que ceux, polonais et français, de 1791 n'avaient pas ignorée – conçoit donc un mode original d'exercice tendant à ce que le roi demeure bien réellement le titulaire du pouvoir exécutif ; d'autre part, en même temps qu'il écarte le principe de la responsabilité politique des ministres au sens strict (la responsabilité régie par l'article 107 n'emporte pas d'effet contraignant), il soumet l'exercice de ce pouvoir à un contrôle parlementaire cohérent, et (contrairement au prototype français) compris dans le champ étroit du prescrit constitutionnel.

En conséquence, le Riksdag, à travers la Commission de la Constitution, peut prendre connaissance du registre des délibérations du conseil, un ministre n'exonérant sa responsabilité qu'autant qu'il ait exprimé un avis contraire (art. 9). Mais tout à l'opposé de la *Hemliga Utskottet* (le comité secret des états, sous le *Frihetstiden*) à l'endroit des sénateurs, les ministres ne sont ici nullement commis. Le système est fondé sur la séparation. Il distingue les deux types de responsabilité en les resserrant dans de fermes limites : une responsabilité d'ordre politique mais seulement suggestive (art. 107) ; une responsabilité pénale (art. 106), dont le déclenchement revient à la Commission de la Constitution, mais dont la procédure est rigoureusement conditionnée. Du premier mode dérivera, et se superposera, une responsabilité dite administrative, spécifique des institutions suédoises (v. n° 62).

La loi organique sur le Riksdag de 1810 maintient les états dans leur ancienne forme de quatre ordres représentant respectivement le clergé, la noblesse, la bourgeoisie et la paysannerie. Deux autres lois organiques, l'une sur la liberté de presse (1810) et l'autre sur la succession au trône (1809) viennent compléter l'ordonnancement constitutionnel. Les amendements apportés à celui-ci ont par la suite été si nombreux qu'il ne restait guère de disposition qui n'ait été modifiée au moment de la révision totale de 1974.

En 1810 a été adoptée une nouvelle loi sur la succession au trône qui appelait le maréchal Bernadotte à succéder à Charles XIII[1], et en 1812 est intervenue une nouvelle loi sur la liberté de la presse, qui sera remplacée à nouveau en 1949.

La réforme la plus importante pour le développement du régime date de 1866 lorsqu'une loi organique du Riksdag institue un parlement bicaméral, se substituant à l'ancien système des états. Le nouveau Riksdag comprend une première chambre, ou Chambre haute, dont les membres sont élus pour neuf ans, avec renouvellement par-

1. La succession au trône depuis Gustave III :

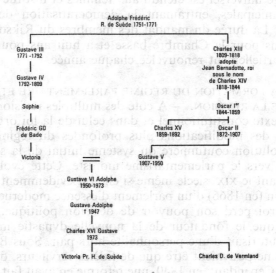

On remarque que le mariage de Gustave V avec Victoria de Bade scelle la fusion de la dynastie historique avec celle de Bernadotte.

tiel, par les conseils généraux et les conseils municipaux, et une seconde chambre, ou Chambre basse, dont les membres sont élus pour trois ans au scrutin direct dans des circonscriptions. Les pouvoirs des deux chambres sont identiques. Du fait que le mode de composition des assemblées n'était pas harmonisé, la réforme aboutit à ce résultat – ainsi, de même, au Danemark – de figer la vie politique en une « guerre de position » entre les deux chambres, chacune d'entre elles s'obstinant à refuser une mesure proposée par l'autre (dans le cas de la première chambre, de concert avec le roi), alors même que, depuis 1872, les mêmes questions (qui regardaient l'abolition de la taxe foncière et l'organisation de la défense) avaient été déclarées connexes. Le conflit ne devait prendre fin qu'en 1892, mais il est, dès lors, révélateur que la Couronne n'ait guère été l'auteur du compromis : l'artisan en fut le Premier ministre.

Le suffrage universel masculin pour les élections à la Chambre basse est instauré en 1909 en même temps que la représentation proportionnelle pour les deux assemblées. Par la révision de 1919-1921, le suffrage universel est étendu aux femmes et institué pour les élections municipales, entraînant la démocratisation de la première chambre. La durée du mandat des membres du Riksdag est fixée à quatre ans pour la Chambre basse et à huit ans pour la Chambre haute, partiellement renouvelée chaque année.

171 LA FORMATION DU RÉGIME PARLEMENTAIRE ET LA QUESTION DE LA RÉVISION. — À côté des multiples révisions intervenues dans le texte constitutionnel et dans celui de la loi organique sur le Riksdag, des modifications plus profondes du régime ont résulté d'une évolution coutumière du système initial de la séparation des pouvoirs vers le parlementarisme moniste. Cette évolution est très lente durant le XIXe siècle même si elle est évidemment favorisée par la création (en 1866) d'un parlement d'essence moderne. Progressivement le roi perd son pouvoir de décision politique. Le ton sans réplique que le fondateur de la nouvelle dynastie imprima à son règne s'autorisait d'une personnalité hors pair. Sous Bernadotte, les ministres ne pouvaient être que de fidèles serviteurs, des techniciens dévoués. Cependant, en 1840, une réforme en avait fait les chefs réels de leur département. Par un fait de routine, le gouvernement par l'entremise de ministres se poursuivit sous le roi Oscar (1844-1859).

L'amorce du gouvernement de cabinet n'apparaît qu'avec Charles XV, et ce dès le début, usage qui s'étend à tout le règne (1859-1872), alors même que ce dernier prolonge la tendance des grandes réformes libérales entreprises depuis 1845. Le savant système de la constitution connaît, de fait, un renversement de termes : la haute politique relève désormais des ministres en conseil, sauf pour le roi à exprimer un avis. Sous cette réserve (celle du pouvoir d'influence), ce sont les ministres qui décident, ainsi, dans la Question des Duchés ou de l'importante réforme de 1866. Le Riksdag, dont les sessions sont fixes et annuelles, est devenu l'axe de la vie politique, et c'est sur lui que le gouvernement s'appuie pour affirmer son ascendant. La fonction de premier ministre *(statsminister)* reçoit sa consécration légale en 1876 ; à partir de cette époque, le roi y appelle généralement le chef du parti le plus important à la Chambre basse. En 1905, au moment de la dissolution de l'union avec la Norvège, est formé un gouvernement de coalition effectivement majoritaire au Riksdag.

Cette évolution, cependant, ne se fit pas sans résistance de la part du monarque. On assiste, à partir de 1872, avec le règne d'Oscar II (de tempérament moins libéral que son frère), à une tentative en vue de réactiver la prérogative. Mais, quoique ce prince ait usé à plein du pouvoir d'influence, il ne parvint pas à renverser la situation. Aussi Oscar II avait-il fini par souffrir sans mauvaise grâce la montée en puissance du gouvernement (un fait inexorable dans une monarchie parlementaire). Par un paradoxe apparent, c'est un souverain moderne, son fils et successeur, Gustave V, qui devait reprendre le combat. À son avènement, en 1907, le roi Gustave s'abstient de se faire couronner – dédain des cérémonies, et, plus foncièrement, de la tradition, qui (par un travers souvent vérifié) trahit des penchants autoritaires. À la suite des élections de 1911 (les premières à intervenir au suffrage universel masculin), Karl Staaf forme un gouvernement libéral minoritaire qui entre en conflit avec le roi sur les questions de défense (le programme libéral prévoyait la réduction des dépenses militaires). En 1914, le conflit atteint au paroxysme : le 14 février, intervient le discours dit de « la cour d'honneur » (celle du palais de Stockholm), qui illustre un cas de démagogie royale, et dont le contrecoup fut la démission du gouvernement Staaf, remplacé par le cabinet Hammarskjöld, composé de fonctionnaires et bénéficiant de la confiance royale. Conséquemment, la Seconde chambre fut dissoute. Les élections ainsi provoquées favorisèrent en fait les sociaux-démocrates, qui deviennent le premier parti suédois. À la Chambre basse, le gouvernement de confiance royale ne dispose d'aucune majorité ; il ne put se maintenir qu'à la faveur du déclenchement de la Guerre mondiale. Vu d'aujourd'hui, l'intervention du souverain apparaît comme une « tentative pour imposer par des moyens extraparlementaires sa volonté personnelle en éludant le gouvernement légal », mais on est fondé à rappeler qu'en 1914 les termes de la Constitution d'après lesquels « il appartient au roi de gouverner le royaume » n'étaient pas « lettre morte »[1]. Cette tentative est la dernière manifestation du système originel de la Constitution de 1809, en même temps qu'elle suggère, au sein de l'évolution en cours, une figure de régime parlementaire dualiste qui fut sans lendemain. Dans la mesure cependant où l'intervention du roi affectait d'ignorer les exigences montantes du parlementarisme démocratique, les suites allaient s'avérer menaçantes pour le monarque, sinon même pour l'institution (des propositions d'instaurer la République fusent alors). Le déchaînement de la guerre, six mois après, vint conférer *ex post* un cachet de prémonition à l'usage qu'avait fait le souverain de son pouvoir d'avertissement. Le monarque « dut paradoxalement son salut à la question sur laquelle il avait fondé son action ». Le gouvernement Hammarskjöld démissionne en 1917, à la suite des attaques de l'opposition de gauche. Les élections de 1917 emportent la formation d'un gouvernement de coalition libérale-socialiste – les sociaux-démocrates participent pour la première fois au ministère –, composé de parlementaires et ayant la majorité à la Chambre basse, avec un programme de révision constitutionnelle tendant à l'instauration complète du suffrage universel. L'acceptation de cette formule par Gustave V scelle l'échec définitif de la tentative de regain monarchique. Le Premier ministre et chef du parti libéral, Nils Edén, avait demandé et obtenu de Gustave V l'assurance formelle de son acceptation des règles du système parlementaire et reçu la garantie d'une dissolution en cas de difficultés pour la révision de la Constitution. La crise une fois surmontée, le long règne de Gus-

---

1. Cette réflexion, et quelques autres, dont on trouvera les traits saillants entre guillemets, sont tirées des *Feuillets de documentation sur la Suède* (*La Monarchie en Suède,* janvier 1996).

tave V (qui permit à la Suède de traverser sans affres deux guerres mondiales) fut paisible.

Après la première élection démocratisée à la Première chambre, en 1919, le gouvernement contrôle une majorité dans les deux chambres. L'année suivante, la coalition se défait mais les principes du parlementarisme, dont cette période est considérée, en Suède, comme l'âge d'or, ne seront plus remis en question.

La décennie suivante est pourtant caractérisée par un parlementarisme minoritaire, parfois appelé « négatif »[1]. Les cabinets se retirent à la suite d'un vote de la Chambre basse ou, comme en 1921, de la Première chambre, ou même, sans attendre un vote exprès, devant les difficultés suscitées par les commissions parlementaires. Par la suite, ce parlementarisme de minorité fait place à un parlementarisme majoritaire, à partir de 1936, avec parfois gouvernement de parti homogène. Cette dernière configuration montre à suffisance combien le régime s'est éloigné du modèle initial de séparation des pouvoirs de la Constitution de 1809[2]. Cependant, on n'éprouvait pas la nécessité d'inscrire dans les textes le parlementarisme, régime de fait développé en marge de la Constitution mais unanimement accepté, et le parallèle était habituellement fait entre les régimes britannique et suédois[3].

C'est à partir des années 1950 que les questions institutionnelles telles que le bicaméralisme, le référendum et le système électoral ont commencé de faire l'objet de discussions politiques et que le besoin s'est fait sentir d'une mise à jour du texte constitutionnel. La première commission d'enquête sur la Constitution en vue de la révision est instituée en 1954. Il est apparu difficile d'actualiser la Constitution de 1809 et les travaux se sont orientés vers une révision totale, en prévoyant cependant d'appliquer certaines réformes sans attendre la promulgation d'un nouveau texte. Le premier projet, déposé en 1963, ayant suscité de nombreuses réserves, une nouvelle commission est réunie qui aboutit d'abord à la révision de 1969, abolissant le bicamérisme et modifiant le système électoral dans le cadre de la Constitu-

---

1. L'expression est reprise par R. Fusilier, *Les Monarchies parlementaires,* Paris, Éd. Ouvrières, 1960, p. 227, de la doctrine constitutionnelle scandinave. On la trouve pour la première fois en 1929, sous la plume du P' Axel Brusewitz (*Statsvetenskapelig Tidskrift,* 1929, p. 327-328).
2. Cette contradiction avait été relevée, et cette évolution pressentie par P. Fahlbeck qui écrivait : « Le partage du pouvoir entre différentes mains, qui est le fondement de la Constitution, ne saurait se concilier avec un gouvernement majoritaire exercé par un seul parti » (*op. cit.,* p. 240).
3. *Lois organiques de la Suède,* publié par le Riksdag suédois, Stockholm, 1975, Introduction, p. 10.

tion de 1809. Ensuite, en 1972, la commission a proposé une nouvelle constitution et un nouveau règlement du Riksdag qui, après avoir été soumis au gouvernement et remaniés par lui, ont été adoptés par le Riksdag deux fois consécutivement, en 1973 et 1974, conformément aux règles de la procédure de révision de la Constitution de 1809. La nouvelle Constitution est entrée en vigueur le 1er janvier 1975.

II | La Constitution de 1974

Contrairement à celle qui la précède, la nouvelle Constitution repose expressément sur les principes de la souveraineté populaire et du parlementarisme. La démocratie suédoise est essentiellement représentative et le régime parlementaire rationalisé et purement moniste. Ces principes inscrits dans la Constitution correspondent au régime qui fonctionnait *de facto* depuis plusieurs décennies.

A - *Une démocratie représentative*

172 Le riksdag, représentant du peuple. — « En Suède, la souveraineté émane du peuple » énonce l'article 1er du chapitre premier de la Constitution, en précisant : « La souveraineté nationale suédoise repose sur la liberté d'opinion et le suffrage universel et égal. Elle se réalise par un régime constitutionnel représentatif et parlementaire, et par une gestion autonome des collectivités territoriales. La souveraineté s'exerce conformément aux lois. »

En droit, le système ainsi créé était exclusivement représentatif, n'admettant pas de référendum de décision. La possibilité était seulement laissée de procéder au référendum consultatif. La Constitution donne au pouvoir législatif la compétence de déterminer les règles en cette matière (chap. VIII, art. 4). Il s'agit d'une consécration de la situation existante, le référendum consultatif ayant été institué en 1922 et le référendum de décision plusieurs fois rejeté comme non conforme aux principes du régime représentatif. Sous la Constitution antérieure, le texte constitutionnel lui-même, tel que révisé en 1952, prévoyait le recours au référendum consultatif à la demande d'une minorité du tiers des membres des deux chambres.

Depuis la révision de 1979, il peut être organisé en même temps que des élections générales un référendum de décision sur la modification de la Constitution ou d'une autre loi organique. Le recours à cette procédure est ouvert à la minorité parlementaire : il est décidé par un tiers au moins des membres du Riksdag, mais seulement en matière constitutionnelle.

L'organe essentiel du régime représentatif est le Riksdag qui est, aux termes de l'article 3 du chapitre premier de la Constitution, « le représentant du peuple ». Le même article 3 précise : « Le Riksdag légifère, décide des impôts perçus pour le compte de l'État et de l'utilisation des ressources de celui-ci. Il exerce son contrôle sur le gouvernement et l'administration de la Suède. » Ce parlement monocaméral compte 349 membres depuis 1975. En 1971, le nombre avait été fixé à 350 mais, au cours de la législature 1973-1976, le fait pour la gauche et les partis bourgeois d'être figés frontalement dans une parité de 175 sièges rendit la réduction d'une unité inévitable (le *talman*, le président du Riksdag, ne vote pas : son suffrage advient à un suppléant). Durant cette législature, l'équipollence de suffrages a nécessité de recourir à un mode de décision fort curieux[1] : l'adoption (ou le rejet) des projets de loi par tirage au sort, ainsi qu'en dispose le règlement du Riksdag (chap. V, art. 6).

Les membres du Riksdag sont élus au scrutin proportionnel suivant le système particulier de Saint-Lagüe (v. n° 36) en usage dans les royaumes scandinaves. Un système complexe de mandats « de compensation » (39 sur 349) permet d'opérer une répartition aussi proportionnelle que possible entre les partis ayant obtenu au moins 4 % des voix à l'échelon national ou 12 % dans une conscription (v. n° 180).

Quant à la durée de la législature, la nouvelle Constitution, entrée en vigueur en 1975, prévoyait de la ramener à trois ans, comme il en avait été pendant deux siècles ; ce retour n'aura duré cependant que deux décennies : en 1994, par une nouvelle révision, la législature a renoué avec le terme de quatre ans, celui pratiqué de 1921 à 1974. L'expérience a fait juger que le mandat de trois ans induit un rythme électoral trop tendu et s'avère préjudiciable à la continuité de l'action gouvernementale.

Ce terme emportait une conséquence qui a moins retenu

---

1. A. Sannersted et M. Sjölin parlent à cette occasion de « loterie ».

l'attention : du fait de l'existence, en cas d'élections anticipées, d'une législature intercalaire, le mandat de trois ans conduisait à « dépotentialiser » (Stefano Ceccanti) le pouvoir de dissolution.

Les élections ordinaires coïncident avec les élections locales. En cas de dissolution, la nouvelle assemblée achève seulement la législature commencée par la précédente qui a été dissoute, de telle sorte que cette coïncidence est garantie. Le gouvernement a le droit de dissoudre le Riksdag, sauf durant les trois premiers mois consécutifs à de nouvelles élections.

173 La primauté du Riksdag et la hiérarchie des normes. — C'est au Riksdag seul qu'appartient en droit le pouvoir législatif. Le régime suédois se trouve ainsi, en droit, aux termes de la Constitution actuelle, qui renoue avec le principe d'unité (le *redofordrande*) illustré par le Frihetstiden, déséquilibré au profit du Parlement et au détriment de l'exécutif. La hiérarchie des normes traduit cette situation (chap. VIII de la Constitution). Le système est simple et peu contraignant.

Au niveau supérieur se trouvent les lois organiques qui sont la Constitution elle-même, la loi de succession au trône et la loi sur la liberté de la presse.

L'adoption d'une loi organique et, partant, d'une révision de celles qui existent, résulte de deux décisions de teneur identique dont la seconde ne peut être prise que par le Riksdag issu de nouvelles élections. Il appartient donc à un nouveau parlement de confirmer la décision prise par le précédent, mais aucune majorité qualifiée n'est exigée pour l'un et l'autre de ces votes. La révision de la Constitution est donc relativement aisée. Vient ensuite le règlement du Riksdag qui occupe dans la hiérarchie des normes un rang intermédiaire et comprend des dispositions principales et complémentaires. Les dispositions principales ne peuvent être adoptées ou modifiées que dans les mêmes formes que les lois organiques ou par une décision unique acquise par les trois quarts des votants au moins et plus de la moitié des membres du Riksdag. On a vu, par ailleurs, que depuis 1979, la révision de la Constitution ou d'une autre loi organique peut résulter d'un référendum proposé par la minorité du Riksdag (un tiers).

Au deuxième niveau se trouvent les lois ordinaires et les dispositions complémentaires du règlement du Riksdag, ainsi que les normes budgétaires qui, selon le droit public suédois, constituent un mode particulier de décision parlementaire, qui n'a pas la forme législative. Le chapitre VIII de la Constitution énumère successivement les matières qui sont interdites au pouvoir législatif (par exemple la peine de mort), celles qui lui sont réservées et, parmi celles-ci, celles par lesquelles le Riksdag peut autoriser le gouvernement à intervenir par voie d'ordonnances. Ainsi, selon l'article 2 du chapitre VIII, « les dispositions régissant le statut des particuliers, ainsi que leurs relations personnelles et d'ordre économique sont déterminées par la loi ». Sous réserve de quelques dérogations, ce vaste domaine ressortit à la compétence obligatoire du pouvoir législatif. Selon l'article 3, les dispositions régissant « les relations entre les particuliers et les pouvoirs publics en matière d'obligations incombant aux premiers et d'interventions dans leur situation personnelle et économique sont déterminées par la loi ». Dans une large mesure, ces domaines peuvent faire l'objet d'une autorisation donnée par le Riksdag au gouvernement d'intervenir par la voie réglementaire, à condition de n'apporter aucune limitation aux libertés et aux droits politiques des citoyens et de ne pas interférer avec les matières fiscales.

Le troisième niveau dans la hiérarchie des normes est celui du pouvoir réglementaire qui comprend les ordonnances prises par le gouvernement et les arrêtés pris à l'échelon des départements ministériels. L'article 13 du chapitre VIII de la Constitution semble reconnaître au gouvernement un pouvoir réglementaire autonome. Outre la compétence relative à l'exécution des lois, cet article confie en effet au gouvernement le pouvoir de « prendre des dispositions ne relevant pas de la compétence du Riksdag en vertu d'une loi organique », c'est-à-dire essentiellement en vertu des articles précédents du chapitre VIII de la Constitution. Mais ce domaine réglementaire n'est nullement, comme en France, un domaine réservé et protégé puisque l'article 14 précise que le Riksdag conserve le pouvoir d'intervenir dans le domaine réglementaire ainsi défini. L'une des rares restrictions à la compétence générale du Riksdag résulte de l'article 8 du chapitre IX de la Constitution selon lequel « le Riksdag ne peut s'acquitter de fonctions juridictionnelles ou administratives que dans la mesure prévue par une loi organique ou par le règlement de cette assemblée ».

Le monopole du pouvoir législatif attribué au Riksdag, sauf le droit d'initiative qui appartient au gouvernement, représente une importante innovation juridique de la Constitution de 1974 par rapport à celle de 1809, de même que la primauté du Riksdag sur l'exécutif. Celui-ci ne possède pratiquement plus d'attribution réservée, même en matière de relations internationales où l'essentiel des affaires doit être traité par le gouvernement en collaboration avec la commission des affaires étrangères du Riksdag. Mais en fait l'influence du gouvernement sur l'œuvre législative reste entière puisque, comme dans la plupart des démocraties parlementaires, l'essentiel de la législation est d'origine gouvernementale et que son adoption est assurée par l'existence d'une majorité gouvernementale au Riksdag.

Enfin, il convient de souligner que la primauté du pouvoir législatif se manifeste encore par le fait que la Constitution n'envisage pas le contrôle de la constitutionnalité des lois. Les tribunaux ordinaires se sont progressivement attribué cette compétence et, en 1963, la Cour suprême l'a consacrée tout en précisant qu'elle devait s'entendre dans un sens restrictif. Il résulte des travaux préparatoires que les rédacteurs de la Constitution ont eu l'intention de confirmer cette jurisprudence mais le texte finalement adopté par le Riksdag n'en fait pas état[1]. Ces réticences contribuent à renforcer la prudence dont la Cour suprême a fait une règle aux cours et tribunaux. Le contrôle demeure très limité et ne sanctionne que l'erreur manifeste.

B - *Un parlementarisme moniste et rationalisé*

Alors que dans la lettre de la Constitution de 1809 le roi seul était le dépositaire du pouvoir exécutif, la Constitution de 1974 place le chef de l'État en dehors même de ce pouvoir. Le roi se trouve ainsi confiné dans un rôle de pure représentation et sa qualité de chef de l'État n'implique plus celle de branche du pouvoir exécutif, de telle sorte que l'on peut dire qu'il se situe en dehors du cadre institutionnel du parlementarisme, qui connaît ainsi l'aboutissement de son évolution moniste[2].

---

1. *Lois organiques de la Suède,* préc., p. 28.
2. En vertu des dispositions transitoires de la Constitution, ces règles ne devaient pas s'appliquer tant que le roi Gustave VI Adolphe occuperait le trône, mais celui-ci étant décédé avant la promulga-

174 LA FORMATION DU GOUVERNEMENT. — Le monisme parlementaire est mis en évidence par la procédure de formation du gouvernement, qui relève entièrement du Riksdag sans aucune intervention du chef de l'État. Pour autant, les règles de cette procédure n'en restent pas moins tributaires d'un héritage de la monarchie constitutionnelle commun aux trois royaumes scandinaves : le principe de la confiance présumée. En vertu de celui-ci, le gouvernement est constitué et entre en fonctions sans devoir solliciter un vote préalable de confiance, ce qui favorise la pratique du parlementarisme « négatif » (v. n° 171), marqué par le recours aux gouvernements minoritaires, ce qui est caractéristique des pays scandinaves.

Selon la Constitution de 1974, il appartient désormais au président du Riksdag de désigner le Premier ministre après consultation du vice-président et des représentants des partis siégeant au Parlement. Le Riksdag doit se prononcer dans les quatre jours sur la proposition de son président qui est réputée acceptée si plus de la moitié de ses membres ne votent pas contre (chap. VI, art. 2). Si le Riksdag rejette la proposition de son président, celui-ci doit recommencer la procédure, mais il ne lui est pas interdit, après les consultations requises, de renouveler sa précédente proposition. Cependant, pour éviter l'impasse, l'article 3 du chapitre VI prévoit que « si le Riksdag a rejeté quatre fois une proposition de son président, la procédure de désignation du premier ministre sera interrompue et ne sera reprise qu'après de nouvelles élections au Riksdag. Si de nouvelles élections ordinaires ne doivent pas avoir lieu dans les trois mois, il sera procédé dans le même délai à des élections générales extraordinaires ». Le constituant a donc escompté que la menace de nouvelles élections obligerait, avant le quatrième scrutin, les partis à dégager une formule gouvernementale.

Il n'est donc pas nécessaire que la majorité de l'assemblée se prononce en faveur du Premier ministre proposé et de son programme. La majorité absolue étant requise pour s'opposer à la proposition du

---

tion de la Constitution, elles ont été immédiatement appliquées à son successeur Charles XVI Gustave. En 1979, une nouvelle loi organique de succession au trône a institué la primogéniture pure et simple, abolissant la règle de masculinité de la précédente loi organique de 1810 et instituant la fille aînée du roi princesse héritière au détriment de son frère déjà né (v. n. 1, p. 583).

président du Riksdag, les députés absents ou s'abstenant sont donc réputés avoir voté en faveur du Premier ministre désigné. Ainsi, par exemple, en 1978, le gouvernement Ullsen (minoritaire libéral) est-il investi par 39 voix pour, 66 contre et 215 abstentions. À cette procédure favorable à une investiture rapide vient s'ajouter l'effet dissuasif d'une dissolution automatique à l'issue de quatre rejets consécutifs.

175 UN PREMIER MINISTRE FORT. — La position du Premier ministre est prépondérante. Seul investi de la confiance du Riksdag, il lui appartient de désigner les autres membres du gouvernement et de porter leur nom à la connaissance du Riksdag, qui n'a pas à se prononcer par un vote sur la composition du cabinet. Le Premier ministre a le pouvoir de relever les ministres de leurs fonctions. Les ministres suivent le sort du chef du gouvernement : s'il démissionne, ou est relevé de ses fonctions à la suite d'un vote de défiance, ou encore s'il vient à décéder, le président du Riksdag doit mettre fin aux fonctions des autres ministres. C'est encore au Premier ministre qu'il appartient, en droit, de répartir les différents départements ministériels entre les membres du gouvernement. L'ensemble des départements constitue la chancellerie du gouvernement *(regeringskansli)*. Le Premier ministre dispose de sa propre chancellerie *(Statsradsberedning)* qui assure une mission de coordination. Le conseil des ministres se réunit chaque semaine. La Constitution ne comporte aucune disposition relative au processus de prise de décision au sein du conseil des ministres. Il résulte des travaux préparatoires que les rédacteurs de la Constitution ont considéré que le gouvernement devait rester libre de fixer lui-même les règles en la matière[1]. La question se pose en effet différemment selon la situation du gouvernement, homogène ou de coalition. En droit, la position du Premier ministre est très forte puisqu'il a le pouvoir de répartir les départements entre les ministres et qu'il peut les révoquer. Mais l'usage effectif de ces prérogatives n'est assuré que si le Premier ministre est le chef d'un gouvernement de parti homogène. Or, dans ce cas, il devient alors le plus souvent superflu puisqu'un ministre qui s'estime désavoué choisit plutôt de se retirer spontanément (ainsi M. Aasbrinck, ministre des Finances, en avril 1999).

---

1. *Lois organiques de la Suède*, préc., p. 20.

176 LA RESPONSABILITÉ GOUVERNEMENTALE. — Elle figure au chapitre premier de la Constitution, au titre des principes constitutionnels et fait l'objet d'une réglementation qui participe de la tendance contemporaine du parlementarisme rationalisé. Toutefois, la Constitution n'envisage pas de procédure particulière concernant la question de confiance, qui reste donc du domaine de la pratique parlementaire, et ne requiert pas de conditions particulières de majorité. En revanche, elle envisage expressément, et sans condition limitative, le droit d'interpellation (chap. XII, art. 5). La procédure de la motion de censure, ou « déclaration de défiance », qui seule fait l'objet d'une réglementation rationalisée, n'est donc pas exclusive d'autres moyens, non rationalisés, de mise en jeu de la responsabilité ministérielle.

La « déclaration de défiance » est organisée par l'article 4 du chapitre XII de la Constitution. En vertu de cette disposition, la motion de censure doit être signée par un dixième des membres du Riksdag, déposée à deux séances successives et votée à la troisième. Le dépôt d'une motion de censure est très rare : depuis l'avènement d'un parlement monocaméral, on en compte trois, deux dirigées contre le Premier ministre (Thorbjörn Fälldin, en 1980, Göran Persson, en 1996), la troisième offrant la particularité de l'être contre un ministre (Lennart Boström, ministre des Affaires étrangères, en février 1985). Le dernier vote sur une motion de défiance, en novembre 1996, est intervenu à l'initiative des trois partis bourgeois[1]. La motion de défiance dirigée contre Thorbjörn Fälldin, en 1980, manqua de peu la majorité qualifiée (174 voix pour, 175 contre). La démission du ministre visé, ou du gouvernement en son entier, ne s'impose que si la motion est adoptée à la majorité des membres de l'assemblée. L'article 4 du chapitre XII, qui n'évoque explicitement que la déclaration de défiance à l'encontre d'*un* ministre doit être mis en relation avec l'article 5 du chapitre VI, lequel précise que « si le Riksdag déclare que le Premier ministre ou tout autre ministre ne bénéficie pas de sa confiance, son président devra les relever de leurs fonctions », ainsi qu'avec l'article 7, selon lequel « si le Premier ministre est relevé de ses fonc-

---

1. Il avait été provoqué par des propos jugés déplacés tenus par M. Persson en Chine.

tions ou vient à décéder, le président du Riksdag devra relever les autres ministres de leurs fonctions ».

La démission du gouvernement n'est cependant pas inéluctable puisque l'article 5, précité, prévoit que le gouvernement ne sera pas relevé de ses fonctions s'il décide, dans la semaine qui suit le vote de défiance, d'ordonner des élections anticipées.

Mais le règlement du Riksdag vient compléter la portée des normes constitutionnelles. C'est ainsi que le règlement (chap. V, art. 8) précise utilement que « s'il existe simultanément deux ou plusieurs propositions de déclaration de défiance contre le même ministre, il ne sera procédé qu'à un seul scrutin », ce qui permet d'obliger le Riksdag à prendre ses responsabilités. Par ailleurs, le règlement aménage aussi, de manière assez stricte, la procédure de l'interpellation. L'article 1er du chapitre VI énonce qu' « une demande d'interpellation ne peut être déposée que pour une affaire d'intérêt général majeur » et qu'il appartient au Riksdag de décider si l'interpellation peut être faite. De plus, si le ministre interpellé ne répond pas dans les quatre semaines, il est requis de communiquer à l'assemblée les raisons pour lesquelles sa réponse fait défaut ou est différée, mais cette communication ne peut donner lieu à un débat. Enfin, des dispositions complémentaires de procédure viennent encore restreindre en pratique la liberté d'exercice du droit d'interpellation. L'ensemble de ces dispositions permet d'éviter que soit mise en jeu par un vote décisif la responsabilité du gouvernement : si le vote autorisant l'interpellation est indicatif de la défiance parlementaire, il n'exclut pas de la part du ministère une attitude de défense passive, contre laquelle le Riksdag ne pourra réagir qu'en prenant l'initiative d'une motion de censure. Le caractère exclusif de la procédure de défiance organisée par la Constitution est ainsi assuré. Or, la Constitution limitant l'hypothèse de la démission obligatoire du gouvernement à l'adoption d'une déclaration de défiance, on peut en déduire que le rejet de la confiance à la majorité ordinaire permettra encore au gouvernement de subsister – en l'absence par exemple de toute formule de rechange – en attendant l'adoption éventuelle d'une motion de censure à la majorité absolue. Sans doute, rien n'interdit à un premier ministre qui a posé la question de confiance de démissionner après que celle-ci lui a été refusée, mais absolument rien juridiquement ne l'y contraint. Comme en droit allemand, le rejet de la confiance n'implique pas en soi l'obligation de démission, mais laisse une marge d'appréciation. Ainsi, en juin 1990, le gouvernement social-démocrate pose la question de confiance, celle-ci est alors rejetée. Le gouvernement (quoique rien ne l'y oblige en droit) présente sa démission. Quelque dix jours plus tard, il reprenait celle-ci, après avoir fait quelques concessions au parti de la gauche, afin de recouvrer une base parlementaire. Une telle latitude peut révéler toute son utilité lorsque la formation d'un gouvernement de rechange est impossible, et que de nouvelles élections ne peuvent être organisées dans l'immédiat. Mais, contrairement au système allemand, cette faculté de recourir aux élections anticipées est à la discrétion du gouvernement, qu'il soit ou non mis en minorité, et dans les formes constitutionnelles ou non, sauf durant les trois premiers mois d'une législature (chap. III, art. 4 de la Constitution).

177 AUTRES FORMES DE CONTRÔLE. — Le pouvoir de contrôle du Riksdag ne se limite pas à la possibilité de mettre en jeu la responsabilité gouvernementale, d'autant qu'il lui incombe de contrôler non seulement le gouvernement mais aussi l'administration. Ces autres formes de contrôle relèvent d'organes spécialisés de création ancienne qui sont repris dans la nouvelle Constitution (chap. XII). La prestigieuse *Commission de la Constitution* a notamment pour mission de contrôler l'exercice par le gouvernement et les ministres de leurs fonctions exécutives, ce contrôle étant d'ordre administratif et non politique (v. n°s 62 et 64). Elle peut se faire délivrer les procès-verbaux des décisions prises dans les domaines de la compétence gouvernementale. Aux termes de l'article 2 du chapitre XII de la Constitution, il incombe à la commission de « porter lorsqu'il y a lieu et au moins une fois par an à la connaissance du Riksdag ce qu'elle a jugé mériter l'attention, à la suite de quoi celui-ci peut adresser une demande au gouvernement ». C'est également la commission de la Constitution qui décide de la mise en accusation des ministres devant la Cour suprême pour les infractions pénales commises à l'occasion de leurs fonctions dans l'hypothèse où ils auraient gravement méconnu les devoirs de leur charge.

Les *commissaires de surveillance du Riksdag (revisorer)* sont élus, au nombre de six, par le Riksdag en son sein. Ils constituent un organisme autonome qui exerce ses fonctions en marge de celles des services d'inspection des finances relevant du gouvernement. Ils peuvent requérir la production des actes, des renseignements et des avis nécessaires à l'exercice de leur contrôle.

Le plus célèbre, et le plus ancien des organes de contrôle en Suède est l'*ombudsman,* ou procureur parlementaire. Sa création remonte à 1766 durant le *Frihetstiden.* Sous la Constitution de 1974, aux termes de l'article 6 du chapitre XII, le Riksdag désigne un ou plusieurs procureurs parlementaires (actuellement quatre) qui sont chargés de veiller à l'application des lois et règlements et habilités à agir en justice, conformément aux instructions données par le Riksdag. Les *ombudsman* peuvent assister aux délibérations des tribunaux et des services publics administratifs et s'en faire communiquer les procès-verbaux ainsi que les actes. Les fonctionnaires de l'État et des collectivités locales doivent leur communiquer les renseignements et avis qu'ils réclament. Ils peuvent requérir le concours du ministère public. Ils peuvent décider la mise en accusation de fonctionnaires mais, habituellement, se bornent à adresser des mises en garde. Les administrés ont la faculté de s'adresser directement aux *ombudsman* pour obtenir rapidement l'examen d'une affaire. Cette institution bénéficie d'une grande faveur et la quantité d'affaires qui lui est soumise ne cesse d'augmenter. Elle a servi de modèle à d'autres régimes démocratiques comme la France (le médiateur) et la Grande-Bretagne (le commissaire parlementaire). Dans un certain nombre de domaines particuliers (concurrence, consommation, égalité des sexes, discrimination raciale), d'autres *ombudsman* sont désignés par le gouvernement, et placés sous l'autorité des *ombudsman* parlementaires. Ils exercent chacun dans leur domaine des compétences analogues.

Section II
Les institutions dans le cadre politique

178 LE RÔLE DOMINANT DES PARTIS. — L'entrée en vigueur de la Constitution de 1974 n'a pas modifié les conditions de fonctionnement du régime qui s'est développé, depuis la fin du XIXe siècle, en marge de la Constitution de 1809, dans un cadre partisan dont le rôle est perçu comme nécessaire et essentiel. Lors de l'adoption de la Constitution, le Riksdag s'est prononcé en faveur du rôle médiateur des partis, présumant qu'à l'avenir, les activités politiques s'exerceraient essentiellement à travers eux dans le cadre d'un régime exclusivement représentatif[1]. L'article 7 du chapitre III de la Constitution relatif au Riksdag porte que « les sièges sont répartis entre les partis, ce dernier terme désignant tout groupement d'électeurs participant aux élections sous une dénomination qui lui est propre ».

I | LE SYSTÈME DES PARTIS

A - *Un système très stable*

179 LE MULTIPARTISME. — Le système suédois de partis est assez semblable à celui des autres pays scandinaves mais présente cependant quelques caractères propres. Le point commun avec les autres démocraties nordiques se trouve dans l'existence d'un multipartisme opposant un puissant parti social-démocrate à une coalition de partis appelés partis bourgeois, qui sont en Suède les partis conservateur, libéral et du centre (ex-agrarien). Les caractères spécifiques résident dans la stabilité et la relative simplicité du multipartisme suédois par rapport aux autres pays scandinaves, et au rôle du parti communiste. Tels sont les traits contemporains du multipartisme suédois. Ils résultent d'une évolution commencée à la fin du XIXe siècle dont le tournant se situe au moment de l'instauration du suffrage universel pur et simple en 1921. À cette époque, la bipolarisation oppose plutôt une droite et un centre issus de la tradition des états, parti conservateur et parti des paysans, à une gauche à la fois bourgeoise, avec le parti libéral, et socialiste. C'est une coalition libérale-socialiste, constituée en 1917, qui mène à bien la révision constitutionnelle achevant la démocratisation du régime avec celle des modalités d'élection de la Chambre haute (v. n° 171).

Cette démocratisation se traduit par l'essor du parti social-démocrate qui devient le premier parti de Suède et le pôle, positif

---

1. *Lois organiques de la Suède*, préc., p. 12.

ou négatif, de toute formule gouvernementale. La stabilité de cette configuration est remarquable dans le contexte scandinave. Aucun nouveau parti de quelque influence n'a pu émerger dans le système partisan suédois depuis le XIXe siècle, à l'exception du parti communiste et, plus récemment, du parti de l'environnement (Verts), depuis 1988, et du parti démocrate-chrétien, depuis 1991.

180 LE RÔLE DU SYSTÈME ÉLECTORAL. — Le maintien de cette stabilité est favorisé par le système électoral qui est le scrutin proportionnel selon la méthode de Sainte-Lagüe, avec un seuil de représentativité. La barre des 4 % et des 12 % ainsi que la méthode de l'équilibrage ont valeur constitutionnelle (Const., art. 7 et 8). En effet, si, selon la Constitution, les sièges sont répartis entre les partis, ceux-ci ne participent à la répartition que s'ils ont obtenu 4 % des suffrages dans l'ensemble du pays. Toutefois, si un petit parti n'atteint pas ce seuil mais qu'il recueille au moins 12 % des voix dans une circonscription (au nombre de 28), il prend part à la répartition des sièges dans cette seule circonscription. Cela permet de respecter à la fois certains particularismes politiques locaux et d'éviter l'émiettement partisan à l'échelon national. Seuls les partis qui ont emporté au moins 4 % des suffrages peuvent bénéficier de la répartition des 39 sièges dits « de compensation » qui permettent d'opérer une répartition aussi proportionnelle que possible. Pour la répartition des 310 sièges dits « mandats fixes de circonscription électorale », on utilise la méthode de l'équilibrage instituée en 1952 pour les élections à la Deuxième chambre. Elle consiste à remplacer les diviseurs de la méthode D'Hondt (2, 3, 4, 5, etc.), auparavant utilisée, par les nombres premiers sauf l'intercalation de la décimale 0,4 entre les deux premiers termes (1, 1,4, 3, etc.). Ce système a pour effet d'avantager les partis de force moyenne par rapport aux grands et aux petits partis. Il a été instauré en contrepartie de la suppression des coalitions électorales, ou apparentements, qui permettaient aux partis bourgeois de se présenter sur une seule liste en se réservant la répartition des sièges obtenus, pratique qui avait pour but de contrebalancer la puissance du parti social-démocrate. L'ensemble du système tend ainsi à perpétuer l'équilibre de la configuration partisane existante, entre le parti social-démocrate et le bloc bourgeois. Mais la révision constitutionnelle de 1969, en créant les mandats « de compensation », a fortement bénéficié au parti communiste. Celui-ci obtenait toujours un nombre de sièges plus faible que ne l'eût permis une répartition strictement proportionnelle appliquée au pourcentage de voix qu'il recueille dans l'ensemble du pays. Aux élections de 1964, il obtient 5,2 % des suffrages et seulement 8 sièges à la Deuxième chambre. En 1968, à la suite des événements de Tchécoslovaquie, il ne recueille que 3 % et 3 sièges. Aux élections de 1970, consécutives à la réforme électorale de 1969, le parti communiste remonte à 4,9 % des voix et obtient 8 « mandats fixes de circonscription électorale » dans le nouveau Riksdag monocaméral. Mais on lui attribue en plus 9 sièges « de compensation » (13 au parti social-démocrate et 18 seulement pour les trois partis bourgeois). Le système des mandats « de compensation » vient en effet corriger les effets défavorables aux petits partis de la méthode de Sainte-Lagüe : à peine franchi le seuil des 4 %, un parti est assuré d'au moins 14 sièges au Riksdag. Cela garantit aux partis mineurs de jouer un rôle dans la vie politique suédoise. Par ailleurs, pour les élections de 1998, la loi électorale a été révisée par l'introduction d'un correctif préférentiel permettant à l'électeur de modifier le classement des candidats sur la liste du parti de son choix.

B - La bipolarisation

181 LES PARTIS DE GAUCHE. — Le parti social-démocrate des travailleurs (SAP) est le parti pivot du système politique suédois. Il a été fondé en 1889. L'une de ses premières revendications a été celle du suffrage universel. C'est dès le départ un mouvement plutôt réformiste, inspiré par le socialisme allemand. À la suite de l'instauration du suffrage universel masculin, il devient le parti le plus important en Suède et l'est resté aujourd'hui. Il a été au pouvoir dès 1920, et presque continuellement depuis 1932, seul ou comme parti dominant d'une coalition, sauf durant la période 1976-1982. Il est cependant rare qu'il contrôle une majorité absolue au Riksdag, l'émergence de celle-ci n'étant pas favorisée par le mode de scrutin. Mais il se situe de façon permanente entre 40 et 50 % des voix dans le pays et détient la majorité relative dans la plupart des circonscriptions. De plus, le parti social-démocrate est intimement lié avec la confédération des syndicats (LO). Par la pratique de l'adhésion collective des sections locales de la confédération, un tiers des syndiqués ont aussi leur carte du parti social-démocrate. Celui-ci est présent dans la plupart des rouages de l'État-providence qui constitue le « modèle suédois ». Cette omniprésence et cette hégémonie ininterrompue depuis 1932 ont provoqué une certaine réaction qui s'est traduite par la victoire des partis bourgeois aux élections de 1976, suivie d'un succès, mais fort mitigé, à celles de 1979. Avec les élections de 1982, le parti social-démocrate revient au pouvoir pour une décennie. Aussi, lorsque les partis bourgeois l'emportent à nouveau, lors du scrutin de septembre 1991, même s'ils ne détiennent pas à eux seuls de majorité au parlement, le changement de gouvernement est ressenti comme ayant la portée la plus symbolique, et en tant d'abord qu'il s'accorde à un constat (au départ, difficilement avouable pour les sociaux-démocrates) : la fin d'une ère et d'un modèle[1]. Les élections de septembre 1994 ramènent un gouvernement social-démocrate, encore que minoritaire (dans le fait, quasi majoritaire), justement conscient de la nécessité de réarticuler « le modèle suédois ». Cette exigence explique le choix de la formule de gouvernement opéré par le leader social-démocrate, Ingvar Carlsson (v. *infra*) ; cette option était justifiée aussi par les profondes divisions qu'affichent les sociaux-démocrates à l'endroit de l'Europe à la veille du référendum sur l'adhésion (novembre 1994). La conduite de M. Carlsson, en faveur du « oui » mais de manière que l'unité du parti n'en soit pas affectée, a révélé une habileté consommée. Néanmoins, les suites ont été rudes. Au cours de l'année 1995, le parti social-démocrate a additionné une série d'erreurs médiatiques : les bribes d'alliance conclues avec le parti du centre, d'ailleurs si opportunes, ont été mal ressenties par l'électorat de base ; en outre, M. Carlsson, par l'annonce anticipée d'une démission, dont il est difficile pourtant de prétendre qu'elle aurait été inattendue[2], mais néanmoins démission impréparée, a créé les conditions d'une querelle de succession. Cette conjonction,

---

1. V. J. Arnault, *Le modèle suédois revisité*, Éd. L'Harmattan, 1992 ; Janine Goetschy, Les modèles sociaux nordiques à l'épreuve de l'Europe, *La Documentation française,* « Les Études », 1994 ; J. B. Board, La Suède : un modèle en crise, *Actualités suédoises,* n° 410 (sept. 1995).
2. Il a fallu, en 1986, l'assassinat d'Olof Palme pour qu'Ingvar Carlsson, alors vice-premier ministre, revienne sur sa décision de quitter la vie politique (pour des raisons professionnelles).

ajoutée au désenchantement qui a suivi l'adhésion, a dépassé, à l'occasion des élections européennes de septembre 1995, tous les effets prévisibles, en conduisant les sociaux-démocrates à un échec sans précédent (28 %) depuis l'instauration du suffrage universel masculin.

Après les élections européennes, en novembre, le retrait contraint du candidat favori[1], le vice-premier ministre, qui doit démissionner du gouvernement, n'emporte pas de changement de cap : les instances, en mars suivant, élisent pour leader un autre partisan du redéploiement de la social-démocratie, et européen convaincu, Göran Persson, ministre des Finances, l'artisan de la politique de rigueur. Le 21 mars 1996, M. Persson est porté à la tête du gouvernement. Celui-ci est l'objet d'un profond remaniement. Cette nouvelle équipe subit un échec aux élections de septembre 1998 (36,6 % des voix contre 45,3 en 1994). Mais le gouvernement regagnera une partie du terrain perdu lors de celles du 15 septembre 2002 (39,9 %).

L'un des facteurs du succès quasi permanent des sociaux-démocrates tient à leur esprit de suite et à l'envergure de leurs dirigeants successifs alors que peu de leaders des partis bourgeois, si l'on excepte, à la période récente, Gösta Bohman (dont Carl Bildt est le gendre), ont été bien marquants. En revanche, pour les sociaux-démocrates, de 1936 à 1986, Per Albin Hansson, Tage Erlander et Olof Palme ont connu, l'un à la suite de l'autre, comme premiers ministres, un record de longévité et aussi de prestige à l'échelon des démocraties parlementaires européennes. Avec Ingvar Carlsson et le Premier ministre actuel, Göran Persson, les sociaux-démocrates ont rejoint le standard européen.

Le parti communiste, devenu depuis le naufrage de l'idéologie mère le parti de la Gauche *(Vänsterpartiet),* quoique la désignation accessoire *Kommunisterna,* « les communistes », survive, est issu, en 1921, d'une dissidence des socialistes de gauche, eux-mêmes séparés des sociaux-démocrates en 1917. Marginal avant la guerre, il bénéficie d'un certain succès à la fin de celle-ci, comme partout en Europe : aux élections de septembre 1944, il emporte 10,3 des voix et 15 sièges à la Chambre basse. Depuis celles de 1948 jusqu'à 1994,

---

[1]. Mona Sahlin, compromise par une stupide affaire de carte de crédit, soupçon d'indélicatesse dont Mme Sahlin a depuis été relevée au pénal.

il oscille entre 6 et 3 % des voix, selon la conjoncture internationale. Les distances officiellement prises à partir de 1968 à l'égard de l'URSS n'ont guère modifié son score électoral qui se stabilise à environ 5 %, ce qui lui permet d'être représenté au Riksdag à l'échelon national et donc de bénéficier, depuis 1970, de la répartition des « mandats de compensation ». Passant ainsi de 3 sièges en 1968 à 17 en 1970, le parti communiste, qui avait apporté son soutien extérieur au gouvernement social-démocrate de 1957 à 1968, a demandé à participer au gouvernement, le parti social-démocrate ayant perdu la majorité et Olof Palme refusé de former une coalition avec les libéraux et les centristes. Partisan d'un gouvernement homogène et craignant de mécontenter une partie de son électorat, le leader social-démocrate a préféré la formule d'un cabinet minoritaire auquel le parti communiste a, malgré cet échec, continué d'apporter un soutien extérieur. Ce rôle d'appoint est devenu une constante de la vie politique suédoise. Il a repris depuis les élections de 1982 lorsque le parti social-démocrate est revenu au pouvoir, après six années de coalition bourgeoise, et a même été renforcé après le délitement du communisme. Depuis là, il n'était pas certain que le Parti communiste suédois – devenu sur ces entrefaites parti de la gauche – pût maintenir une représentation parlementaire. Aux élections de 1991, il ne passe la barre des 4 % que de justesse (4,5 %). Dès lors, aux élections suivantes, celles de 1994, le sort du Parti de la gauche n'est pas assuré. Or, contre toute attente, il obtient 6,2 % des suffrages. Ce succès s'explique par le fait qu'une fraction d'électeurs sociaux-démocrates ont porté leurs voix sur lui. Leur calcul était autorisé par le constat que le parti communiste soutenait au parlement traditionnellement (depuis 1970) les gouvernement sociaux-démocrates minoritaires. L'un des ingrédients de ce succès inespéré réside dans le fait que le Parti de la gauche dispose d'un fonds électoral irréductible depuis qu'il s'est érigé le défenseur de l'État-providence, assumant désormais le paradoxe de défendre une vulgate que les anciens communistes avaient dénoncé comme un leurre, et alors même que les sociaux-démocrates s'emploient à redéfinir le modèle suédois. Un ressort accessoire de la non-disparition des communistes en Suède, et qui vaut même depuis de reprendre des forces au parti, est leur opposition à l'Union européenne. Ce ressort, déjà à l'œuvre aux élections de septembre 1994 (alors que le référendum sur l'adhésion était prévu le mois suivant), s'est avéré efficace aux premières élections européennes de novembre 1995 et plus encore aux élections législatives de septembre 1998 lors desquelles, obtenant 12 %, le Parti de la gauche a vu doubler ses voix. Il en conserve 8,3 à celles du 15 septembre 2002.

182 LES PARTIS BOURGEOIS. — L'expression de « partis bourgeois » *(borgerlig)* désigne en Scandinavie les partis qui ne se réclament pas de l'idéologie socialiste et n'a pas de connotation péjorative. En Suède, cette désignation vient naturellement à la succession du troisième état de l'ancien Riksdag, celui de la bourgeoisie, de même que l'un des trois partis actuels du bloc bourgeois, le parti du centre, naguère parti agrarien, jadis parti des paysans est, quant à lui, le successeur du quatrième état du Riksdag d'avant 1866, celui de la paysannerie.

Le parti des paysans *(lantmannapartiet)* a été fondé dès 1867 pour représenter la classe paysanne, majoritaire dans le pays, et a pris ainsi le contrôle de la Deuxième chambre pendant une vingtaine d'années. Après 1880, la population agricole diminue et, en 1910, est devenue minoritaire. À partir de 1912, le parti des paysans absorbe d'autres éléments, notamment conservateurs, pour aboutir, en 1921, à la fondation d'une union agraire ou parti agrarien *(bondeförbundet)*. Durant les premières années, ce parti défend des positions proches de celles des conservateurs. À partir de 1930, il collabore à l'échelon local avec le parti social-démocrate. En 1936 est formée une coalition entre les deux partis, première d'une série de gouvernements majoritaires à prédominance socialiste. En 1957, le parti agrarien quitte cette coalition et devient le parti du centre *(centerpartiet)* afin de pallier le déclin numérique de sa base rurale et de favoriser l'élargissement de son électorat aux populations urbaines. Cette nouvelle désignation correspond bien à sa situation dans la configuration partisane. Proche du parti libéral, assez éloigné des conservateurs, ses thèmes sont ceux de la défense de la petite entreprise, agricole et industrielle, de l'écologie, de la décentralisation, de la lutte contre les excès de la bureaucratie. En cela, il s'oppose au système d'État-providence représenté par le parti social-démocrate et obtient un succès notable en 1973, au point de réunir un peu plus du quart de l'électorat. En 1976, élections qui furent pour la première fois emportées par la coalition bourgeoise, le parti du centre perd un point mais conserve l'avantage : son leader, Thorbjörn Fälldin, devient le Premier ministre. Au scrutin suivant, en 1979, élections qui interviennent à un an de la rupture de la coalition, les résultats du centre s'aggravent dangereusement (– 6 %). Ces élections rappellent au gouvernement les partis bourgeois, mais d'extrême justesse et dans un agencement bientôt voué à l'échec. Depuis, le parti de centre signale une décrue constante : à la suite des élections générales de 1994, il se réduit à 7,7 % des voix. À trois mois de ces élections, le chef du parti, Olof Johansson, qui était alors ministre de l'Environnement du gouvernement de la nouvelle coalition bourgeoise, donne sa démission, dès lors que la décision irrémédiable d'édifier le pont sur le Sund eut été annoncée par le gouvernement. Pour autant, il n'en est pas résulté une rupture de la coalition bourgeoise, les trois autres ministres centristes demeurant au gouvernement. Cette crise a servi de révélateur de la division du parti, tiraillé désormais entre ses racines agraires et la mouvance écologique. Ce clivage s'est approfondi, à quelques mois de là, à l'occasion du référendum de novembre sur l'adhésion à l'Union européenne – question avec laquelle, aussi bien, le débat sur le chevauchement des Détroits n'était pas sans rapport –, la base du parti, représentant les intérêts agricoles, inclinant au « oui » (avec une ampleur inattendue), le courant écologiste prônant le « non ». Ce dernier courant est désormais très minoritaire et la seule option écologique d'importance à demeurer une constante du centre tout entier est la tendance antinucléaire. L'alliance de la défense du monde rural et de la promotion de la « Société verte » (conjugaison auquel le parti avait dû son regain aux années 1970) est devenue une fracture. Le parti du centre n'a évité la scission qu'en présentant deux listes aux élections européennes (septembre 1995). Aux élections de 1998, il régresse à 5,1 %, sanction de l'amorce, après mars 1995, d'un soutien au parlement et la conclusion d'une ébauche de programme entre le centre et le parti social-démocrate.

Le parti libéral résulte de la fusion opérée en 1900 entre l'union libérale, fondée la même année, et le parti du peuple, créé en 1895, dont il porte officiellement le nom *(folkpartiet)*. À l'origine, c'est un parti de gauche (v. n° 179) et il est resté longtemps, à certains égards, proche des sociaux-démocrates. Il est le moins homogène des partis suédois et le moins organisé. Son électorat est essentiellement urbain et issu de la classe moyenne. Il a décliné à partir de 1973 mais s'est redressé en 1985. Néanmoins, malgré ce répit, il est en constante régression. En dix ans, il a perdu la moitié de son électorat : aux élections générales de 1994, il n'obtient que 7,2 % des voix, résultat décevant (− 2 %) qui conduira le leader du parti (Bent Westerberg) à présenter sa démission, après le rejet de ses avances par les sociaux-démocrates. En réalité, les causes du déclin sont ailleurs, et relèvent d'une forme d'anorexie : le parti libéral est celui dont le vivier électoral a été le plus éprouvé par le marasme de l'économie (et la montée du chômage). Au surplus, l'ambition où est ce parti de surmonter les sorts contraires le campe dans une alternative programmatique dont chacun des termes lui fait rejoindre les conservateurs ou les sociaux-démocrates, option qui, dans un cas comme dans l'autre, pose un cas d'identité. Après le succès du référendum sur l'adhésion auquel ils avaient contribué (novembre 1994), les libéraux ont commis l'erreur, aux élections européennes qui s'ensuivirent (septembre 1995), d'entonner un péan alors que l'électorat était désabusé : ils ont réalisé le score inquiétant (il les rapproche du seuil d'exclusion) de 4,8 % des voix, confirmé aux élections de 1998 (4,7). Cependant, à celles de 2002, ayant exploité le thème, jusqu'alors tabou, de l'intégration des immigrés, et réussi en particulier à focaliser la campagne sur sa revendication d'un examen de langue suédoise pour les étrangers candidats à la naturalisation, il a opéré un redressement spectaculaire, en triplant son dernier score, avec 13,3 % des voix.

Le parti conservateur, officiellement appelé, depuis 1968, parti des modérés *(moderata samlingspartiet),* a dominé la Chambre haute jusqu'à sa démocratisation en 1919, et représentait les intérêts des anciens états privilégiés et de la bourgeoisie. Fluctuant entre 1914 et 1932, il décline rapidement ensuite puis se stabilise dans l'après-guerre aux environs de 15 % des voix avant de connaître, depuis 1979, un certain essor au détriment des autres partis bourgeois. Ce succès ne s'explique pas que par les déboires des précédents. La poussée du parti conservateur est due au renouvellement imprimé par son leader Gösta Bohman, élu à la tête du parti en 1970. Du parti le plus vénérable de Suède, il parvint à en faire une machine de guerre, dans le même temps qu'au plan des idées, il revigorait cette formation compassée en la convertissant au credo néo-libéral. (Aussi est-ce un lieu commun de dire qu'il fut le Thatcher de la Suède.) Pour intrépide, cette option n'était pas intempestive car le « modèle suédois » commençait dès lors d'accuser ses limites. Alors même que sa mue n'est qu'entamée, dès 1973, l'ancien parti conservateur en récolte les bénéfices. En 1976, il participe au gouvernement de coalition bourgeoise ; si la coalition est rompue à son initiative, ses claires exigences font que le différend lui profite. Depuis, le parti des modérés voit régulièrement augmenter son électorat à chaque élection générale, à la seule exception du scrutin de 1988, où il recula de trois points ; mais il ne tarda pas, en 1991, à dépasser les résultats de 1985 : aux élections de 1991, à nouveau, les partis bourgeois l'emportent. Le parti modéré, avec, cette fois, un nombre de sièges double de l'un quelconque de ses partenaires, domine la coalition gouvernementale : il se taille la part du lion pour la répartition des ministères. Cette hégémonie a été mal vécue par les autres partis de la coalition, à plus forte raison rétrospectivement : l'expérience, en effet, s'est traduite à nouveau par une poussée de leur grand rival, légère, mais – en pleine crise économique – significative. Dans ce contexte, la coalition bourgeoise peut bien perdre les élections de 1994, il n'en atteint pas moins 22,4 % des suffrages, score renforcé aux élections de 1998 (27,7 %). Ici encore, on touche une contradiction : c'est que l'avancée du parti des modérés, gage d'un pôle d'opposition crédible, s'exerce au détriment de ses alliés libéraux et centristes, compromettant par la même le succès renouvelé d'une coalition bourgeoise. Les élections de 2002 opèrent d'ailleurs un nouveau reclassement entre les libéraux et les conservateurs qui tombent brutalement à 15,1 %.

Face au monolithe social-démocrate, le bloc bourgeois se présente ainsi de manière assez composite et pendant longtemps l'opposition commune au parti dominant n'a pas suffi à permettre aux trois partis de surmonter leurs divisions. Du reste, jusqu'en 1957, les agrariens participaient encore à une coalition dirigée par les sociaux-démocrates. Cette année-là, la question d'une nouvelle législation sur les retraites, très débattue dans l'opinion, a été soumise par le Riksdag, sur proposition du gouvernement Erlander, à un référendum consultatif. Trois projets étaient soumis au corps électoral : le premier, émanant des sociaux-démocrates, qui recueillit 46 % des voix ;

le second, émanant conjointement des conservateurs et des libéraux, qui obtint 35 % ; le troisième, projet de compromis, était proposé par les agrariens, membres de la coalition, qui reçut 15 % des voix. Le parti agrarien s'est alors retiré de la coalition, entraînant la démission du gouvernement. Devant le refus social-démocrate d'un gouvernement d'union nationale proposé par le roi, les deux partis de droite ont suggéré la constitution d'une coalition bourgeoise, qui aurait été majoritaire à la Chambre basse, mais que le parti agrarien, devenu parti du centre, a refusée au motif qu'elle aurait été minoritaire à la Chambre haute. Erlander forma alors un cabinet minoritaire homogène qui, l'année suivante, a vu repousser son projet de loi sur les retraites devant la Chambre basse par 117 voix (les trois partis bourgeois) contre 111 (socialistes et communistes). Le gouvernement a décidé immédiatement de dissoudre la chambre et son succès aux élections du 1er juin 1958 lui a permis d'élargir sa base parlementaire au détriment du parti libéral, la gauche et la droite contrôlant respectivement 115 sièges à la Chambre basse[1]. La bipolarisation s'est ainsi trouvée confirmée par les chiffres, mais le projet de loi sur les retraites a fini par être adopté le 14 mai 1959 par la défection d'un député libéral. Par la suite, après les élections de 1970, les centristes et les libéraux étaient encore favorables à participer à une coalition dirigée par Olof Palme. La consistance du bloc bourgeois ne semble donc s'être imposée qu'à raison des réticences socialistes à une nouvelle formule de coalition.

183 L'ÉMERGENCE DE NOUVEAUX PARTIS. — Le mouvement écologiste, appelé parti de l'environnement ou les Verts *(miljöpartiet - de Gröna),* est entré au Riksdag à la suite des élections de 1988, modifiant la configuration d'un système de partis restée inchangée depuis l'instauration du suffrage universel. Le parti de l'environnement obtient 5,5 % des voix (un peu moins que les communistes) et 20 sièges au Riksdag. Dans la mesure où le parti social-démocrate ne s'inscrit que dans un recul insignifiant, contrairement aux partis bourgeois, et alors que près de 3 % de voix qui se sont portées sur les démocrates-chrétiens (v. *infra*) ont été perdues, l'émergence des Verts a ainsi objectivement conforté la position du

---

1. Le parti social-démocrate était majoritaire à la Chambre haute.

parti gouvernemental. Le maintien, et même la légère progression, du parti communiste n'a cependant pas permis au parti émergent de jouer le rôle d'arbitre qu'il ambitionnait, puisque les partis de gauche détiennent la majorité absolue au Riksdag. À la suite des élections de 1991, le mouvement écologiste, victime de ses déchirements, perd sa représentation au parlement (il n'a obtenu que 3,4 % des voix). Ces mêmes élections de 1991 signalent l'irruption de deux formations, le parti démocrate-chrétien, rappelé à la vie, et un groupement inédit, Démocratie nouvelle, dont l'émergence est fulgurante, mais sans lendemain.

Démocratie nouvelle *(Ny Demokrati)*, parti poujadiste, anti-immigrés (hors de là, sans connotation fasciste) emporte soudainement 25 sièges, avec 6,6 % des voix. Ce parti venait à peine d'être créé, par le gestionnaire d'un parc forain et le comte Wachtmeister, mouton noir de la noblesse suédoise. L'intrusion de cette formation, dont la sensibilité tirait à droite mais dont l'anticonformisme était difficilement compatible avec les allées du pouvoir, s'avéra exaspérante pour les partis du gouvernement de coalition bourgeoise, que ces mêmes élections venaient de porter aux affaires : les bourgeois, en effet, faute de détenir à eux seuls la majorité au Riksdag, sont à la merci des foucades de ce parti vibrion. Démocratie nouvelle s'abstient lors du vote de confiance initial qui suit la désignation de M. Bildt. Cette réserve de bienséance a ensuite été démentie par des menées au Parlement, dont certaines ont offert un tour de scandale : en mars 1993, ce parti contribue, en réunissant ses voix successivement aux sociaux-démocrates puis à l'ensemble de la gauche, à faire repousser plusieurs réformes, s'opposant même à une mesure pourtant réclamée par lui avec insistance. Le Premier ministre Carl Bildt déclare ne pouvoir tolérer que « le Parlement soit transformé en parc d'attractions » et menace de poser la question de confiance. En l'occurrence, le parlementarisme rationalisé suédois a pu donner sa mesure. Ayant tout à perdre d'un renvoi devant les électeurs, *Ny Demokrati* ne pouvait prendre le risque de rejeter la confiance, car le refus de confiance, aussi bien, est sans incidence juridique sur le sort du ministère, et ce rejet même eût augmenté en faveur du gouvernement l'opportunité politique de dissoudre. À plus forte raison Démocratie nouvelle ne pouvait-il s'associer à une éventuelle motion de censure, dont l'adoption eût aussi provoqué les foudres de la dissolution. D'autre part, Wachtmeister ayant abandonné la direction, le chef du groupe parlementaire, Mme Colliander, en avril 1993, fut porté à la tête du parti, non sans péripéties. Ce nouveau leader était enclin à composer avec la coalition bourgeoise : celle-ci lui dut bientôt de pouvoir faire adopter une loi. Sur ce motif, Mme Colliander fut écartée, suite à l'adoption d'une motion déposée par les deux co-fondateurs. Miné par ses incohérences, le parti s'effondre aux élections suivantes de 1994 (il réalise depuis des scores dérisoires).

Les élections de 1991 voient l'entrée au Parlement d'une autre formation, déjà ancienne, mais dont le retour en grâce doit au télévangélisme, le parti démocrate-chrétien, ou, plus exactement, social-démocrate-chrétien *(krisdemokratiska samhällspartiet)*. Celui-ci, fondé en 1964, n'était plus représenté comme tel au Riksdag depuis trente ans (en 1985, il avait bien obtenu un siège, mais sur une liste commune au parti du centre). Le parti démocrate-chrétien fut appelé tout aussitôt à participer au gouvernement de coalition bourgeoise. Ce parti, ainsi responsabilisé, pouvait difficilement signaler des positions en flèche et, quoique ses puissants partenaires aient veillé à satisfaire deux de ses demandes (les parents au foyer et la dispensation de cours de morale), il réussit de justesse, aux élections suivantes de 1994, à passer le seuil de 4 %. Cependant, après un échec au scrutin européen de 1995, le parti connaît, aux élections de septembre 1998, un succès remarquable, avec un score de 11,8 % des voix, obtenu au détriment du centre et des libéraux. Il conserve 9,1 % aux élections de 2002.

Tirant la leçon de l'échec de 1991, les Verts se sont évertués à comprimer leur penchant congénital (séquelle du gauchisme) à la division et ont fait le choix du professionnalisme. Aux élections de 1994, ils retrouvent leur place au parlement, avec 18 députés (5 % des voix). Cette remontée a été non moins favorisée par des considérations tactiques qui, en leur faisant déclarer, à la veille des élections, leur préférence pour un gouvernement dirigé par les sociaux-démocrates, a convaincu une fraction de l'électorat de ces derniers de porter leurs voix sur eux. Les Verts ont eu aussi tout à gagner des divisions internes du grand parti à l'endroit de l'Europe : aux élections européennes de septembre 1995, alors que les sociaux-démocrates sont tiraillés, les franches positions anti-européennes des

Verts leur valent de tripler leur résultat de l'année précédente. L'accession, puis la réimplantation des Verts au Riksdag, confirmée aux élections de 1998 puis à celles de 2002 (4,5 %), modifient assez fortement les données traditionnelles du jeu politique suédois et sont de nature à influencer la politique du gouvernement, les partis de gauche ayant perdu en 1998 la majorité absolue au Riksdag et ne l'ayant pas reconquise en 2002.

II | LE SYSTÈME DE GOUVERNEMENT

A - *Les formules gouvernementales*

La formule minoritaire du gouvernement constitue une caractéristique des régimes parlementaires scandinaves, et notamment de la Suède (v. n° 171). Mais cette formule se présente selon des modalités variables et n'est pas exclusive de la formation de cabinets majoritaires. On peut distinguer sommairement les formules gouvernementales à caractère spécifiquement minoritaire, majoritaire et quasi majoritaire, et au sein de ces différentes formules, les gouvernements homogènes et les gouvernements de coalition.

La figure de « grande coalition » entre les sociaux-démocrates et le plus important des partis bourgeois (naguère celui du centre, aujourd'hui le parti des modérés), à l'exclusion de tous les autres, ne s'est pas rencontrée depuis 1957. En revanche, on peut évoquer la figure d'un gouvernement de coalition bourgeoise bénéficiant du soutien, mais cependant ponctuel, des sociaux-démocrates. Encore ce soutien demeure-t-il extérieur. Il y a quelques exemples, en période normale, de tels accords (ainsi de la réforme des retraites, au printemps 1994) mais, en général, ceux-ci sont appelés par une « crise nationale »[1].

---

1. C'est avec l'appui des sociaux-démocrates, que le gouvernement Bildt a présenté, le 20 septembre 1992, un plan en vue de rétablir la compétitivité et de défendre la couronne, balayée par la tempête qui secouait les marchés. Ce consensus remarquable n'a pas été suffisant. Devant la recrudescence des attaques, dans la nuit du 19-20 novembre, le gouvernement présenta des mesures de dernière heure auxquelles, cette fois, les sociaux-démocrates ne crurent pas devoir s'associer.

184 Les gouvernements spécifiquement minoritaires. —
D'un point de vue politique, le recours à la formule spécifiquement minoritaire de gouvernement trouve son origine dans les réticences des partis sociaux-démocrates scandinaves à gouverner avec les partis bourgeois. Étant donné la situation presque constamment très forte du parti social-démocrate, le recours à la formule spécifiquement minoritaire de gouvernement n'a pas été fréquent en Suède. On en compte une série d'une durée moyenne d'un an, sociaux-démocrates ou libéraux homogènes, entre 1920 et 1932. Mais à partir de 1936, le recentrage opéré par les agrariens leur permet de constituer une coalition avec les sociaux-démocrates. On peut également citer le cas du gouvernement Erlander de 1957 à 1958. Durant la période récente, ce recours s'est produit à deux reprises à la suite de la rupture des coalitions bourgeoises issues des élections de 1976 et de 1979. En octobre 1978, après la démission du gouvernement majoritaire de M. Fälldin (centriste), les sociaux-démocrates se prononcèrent en faveur d'élections anticipées, mais avec d'autant moins de conviction que la Constitution prévoit désormais que le Parlement issu de telles élections ne peut qu'achever la législature commencée par le précédent (v. n° 172). M. Ullsten, chef du parti libéral (30 sièges), fut désigné comme premier ministre à la tête d'un cabinet homogène minoritaire, bénéficiant finalement de la tolérance des sociaux-démocrates eux-mêmes, et qui acheva la législature. La même situation s'est reproduite en mai 1981. Après avoir provoqué la crise, le parti conservateur (73 sièges) décida de ne pas s'opposer à la formation d'un cabinet minoritaire composé de ministres centristes et libéraux et présidé de nouveau par M. Fälldin. Les 73 députés conservateurs s'abstinrent dans le vote d'investiture. Une fois encore a prédominé le souci d'éviter des élections anticipées, d'autant que les sondages étaient défavorables à la coalition. La formule spécifiquement minoritaire est donc essentiellement une formule d'attente.

185 Les gouvernements majoritaires. — Cette formule s'impose évidemment dès lors que le parti social-démocrate, parti dominant dans la plupart des pays scandinaves, dispose de la majorité des sièges au Parlement. Pour s'en tenir à la période contemporaine, le parti social-démocrate a pu constituer un gouvernement majoritaire homogène durant une brève législature, entre les élections de 1968 et de 1970 (dernier cabinet Erlander et premier cabinet Palme). Il s'agit là d'un cas exceptionnel. En revanche, la pratique du gouvernement majoritaire de coalition est assez fréquente, par rapport aux deux autres royaumes scandinaves. La première coalition majoritaire coïncide avec l'instauration définitive du parlementarisme en 1917 : c'est le gouvernement libéral-social-démocrate Edén. C'est ensuite la coalition social-démocrate-agrarienne, formé en 1936 sous la direction de Hansson, puis le gouvernement d'union nationale constitué en 1939 par le même et qui s'est maintenu jusqu'en juillet 1945. Après une période de gouvernement homogène social-démocrate, une coalition « rouge-verte » (social-démocrate-agrarienne) est reformée en octobre 1951 et se maintient à la suite des élections de septembre 1952, puis de septembre 1956, à travers trois législatures. Cette expérience de coalition dominée par le parti social-démocrate n'a pas été renouvelée, notamment en 1970, en raison des réticences du Premier ministre Olof Palme (v. n° 181). Cette attitude du parti social-démocrate, confortée par le soutien du parti communiste, détermine une bipolarisation qui se traduit par la formation d'une coalition bourgeoise lorsque les trois partis d'opposition obtiennent une majorité au Riksdag. Tel a été le cas lors des élections de 1976. Pour la première fois depuis 1945, les trois partis bourgeois se sont trouvés clairement majoritaires avec 180 sièges sur 349. Le chef du parti du centre (86 sièges), M. Fälldin, a été désigné comme Premier ministre à la tête d'une coalition majoritaire. La rupture prématurée de cette coalition n'a pas empêché la majorité bourgeoise d'être reconduite (avec 175 sièges) lors des élections de 1979.

186 LES GOUVERNEMENTS QUASI MAJORITAIRES. — Expérimentée par le parti social-démocrate de 1932 à 1936, cette formule correspond en Suède à une situation durable qui aujourd'hui tient tant à la position forte et stable du parti social-démocrate qu'au rôle charnière joué par le parti communiste. À partir des élections de 1958 jusqu'à celles de 1976 – les premières qui ont suivi l'entrée en vigueur de la nouvelle Constitution –, le parti social-démocrate s'est trouvé seul au pouvoir, avec seulement un changement de Premier ministre (c'est en 1969 que Tage Erlander s'est retiré en raison de son âge et a été remplacé par Olof Palme). De 1958 à 1968, le gouvernement est quasi majoritaire. À la suite des élections de septembre 1968, il dispose de la majorité absolue à la Chambre basse (125 sièges sur 233). Aux élections anticipées de 1970, déterminées par la mise en œuvre de la procédure de révision constitutionnelle, le parti social-démocrate perd des voix et n'obtient que 163 sièges sur 350 dans le nouveau Riksdag monocaméral. Le soutien communiste (17 sièges) lui redevient indispensable (v. n° 181). Les élections de septembre 1973 accentuent le recul des sociaux-démocrates qui perdent 7 sièges. Mais les communistes en emportent 19 : les partis de gauche et les partis bourgeois contrôlent ainsi respectivement 175 sièges dans le Riksdag. C'est en cette occurrence que le système de la confiance présumée a démontré toute son utilité pour le gouvernement en place, qui n'a pas démissionné au lendemain des élections et, au prix d'une certaine discipline parlementaire, a pu se maintenir jusqu'au terme de la législature[1].

Après l'expérience de la coalition bourgeoise, marquée par l'instabilité, les élections du 19 septembre 1982 ont ramené les sociaux-démocrates au pouvoir. Le parti d'Olof Palme emporte 166 sièges, la coalition bourgeoise 163, les communistes 20. Le 7 octobre 1982, sur proposition du président du Riksdag, Olof Palme est élu premier ministre d'un nouveau gouvernement homogène qui dispose du soutien communiste. Ce gouvernement s'est maintenu après les élections du 15 septembre 1985, en dépit d'une perte de 7 sièges pour les sociaux-démocrates et d'un siège pour les communistes, les partis bourgeois n'ayant emporté que 171 sièges.

À la suite de l'assassinat d'Olof Palme, le 28 février 1986, le vice-premier ministre, M. Carlsson, a été désigné par le parti social-démocrate comme candidat à la tête du gouvernement. Ce choix a évidemment conditionné la proposition qu'il incombe au Président du Riksdag de soumettre à l'assemblée pour l'élection du Premier ministre. Le 12 mars 1986, M. Carlsson a reçu les voix des 159 députés sociaux-démocrates et des 19 députés communistes, les 171 élus des partis bourgeois s'abstenant. Il a ensuite formé son gouvernement, constitué par les ministres en fonction sous Olof Palme et qui reste ainsi conforme à la formule de gouvernement

---

1. Pour éviter que se reproduise la situation parlementaire de septembre 1973, la Constitution a réduit de 350 à 349 le nombre de sièges au Riksdag (chap. III, art. 1er).

homogène quasi majoritaire. Ce gouvernement a été reconduit après les élections de septembre 1988, le parti social-démocrate n'ayant perdu que trois sièges, compensés par un gain de deux chez les communistes.

Les élections de 1991, qui voient à nouveau la victoire des partis bourgeois, conduisent à la formation d'un gouvernement de coalition quasi majoritaire. En 1991, les centristes et les libéraux ont mené campagne de concert avec les conservateurs, ces derniers et les libéraux arborant même un programme commun. Augmentées du parti démocrate-chrétien, dont on a dit qu'il entre alors au Riksdag, les trois formations bourgeoises traditionnelles avaient manifesté devant les électeurs vouloir gouverner ensemble. Le climat d'idées était cette fois propice à la coalition bourgeoise, même si cette dernière parvient au pouvoir alors qu'une crise économique se précise, et si les difficultés sont sans comparaison plus graves que celles auxquelles les droites furent confrontées après 1976. Forte néanmoins de ce contexte et d'une clarté d'intentions aussi inédite, la droite classique semblait courir vers le succès. Or, et contre toute attente, elle n'emporte les élections que par défaut : les quatre formations bourgeoises manquent de six sièges la majorité absolue au Riksdag. L'événement qu'a constitué la reconduction, après une décennie d'opposition, d'un gouvernement non socialiste en Suède, trouve ici sa limite. La coalition bourgeoise, que porte d'emblée un souci de cohérence – et qui, du reste, réussira l'exploit de demeurer solidaire – n'a pu se soutenir, de 1991 à 1994, que grâce au bon vouloir, ou (pour mieux dire) en surmontant les capacités de nuisance, de Démocratie nouvelle, parti trublion qui venait de faire irruption au Riksdag. Cette pratique signale une différence avec les gouvernements quasi majoritaires sociaux-démocrates en ce que les formations de gauche auprès desquelles ces derniers trouvent de coutume des appuis entretiennent avec eux quelque lien de famille, et des rapports souvent complices, au lieu qu'évidemment *Ny Demokrati* faisait figure de repoussoir pour la droite traditionnelle.

Le penchant établi des gouvernements sociaux-démocrates quasi majoritaires à chercher des appuis au parlement sur leur gauche, est mis en question à la suite des élections de septembre 1994 qui voient le retour aux affaires du parti, après trois ans de gouvernement bourgeois, alors que sévit une crise économique sans précédent. À la veille du scrutin, les sociaux-démocrates font montre de rigueur, déclarent un plan d'austérité (qualifié par M. Bildt de « mélange de neige fondue et de socialisme »), par lequel ils reprennent sans le dire le volume de coupes claires imposées par le gouvernement bourgeois. Ils deviennent, ce faisant, les favoris des marchés financiers comme des sondages. Les sociaux-démocrates réalisent à ces élections leur meilleur résultat (45,3 %) depuis un quart de siècle et se trouvent rétablis au niveau de 1970, néanmoins, ils n'atteignent pas à eux seuls la majorité au parlement (ils disposent de 161 sièges). Au vu des résultats, le président du Riksdag charge le leader social-démocrate, M. Carlsson, d'un mandat exploratoire aux fins de constituer un gouvernement « aussi largement représentatif que possible ». Une alternative s'offre : constituer un gouvernement majoritaire de coalition avec les libéraux, formule suggérée par ces derniers, avant les élections, et que le leader social-démocrate s'était bien gardé *a priori* de décourager ; ou bien former un ministère homogène minoritaire, qui se maintiendrait avec l'appui extérieur tantôt du Parti de la gauche et, accessoirement, des Verts, tantôt des libéraux, voire des centristes. Ingvar Carlsson, répudiant les amorces jetées par lui à la veille du scrutin, et quelque effort depuis qu'aient tentés les libéraux, récuse la formule de la coalition et opte pour un gouvernement homogène. Dans la figure d'un parti social-démocrate gouvernant, le fait pour lui d'être établi en position de quasi-majorité cantonne le parti libéral ou celui du centre dans la position de supplétif de la politique des blocs qui vaut à la social-démocratie de perpétuer sa domination. Par une application de ce principe, le Premier ministre préfère gouverner en recourant à des « majorités changeantes ».

Ce choix d'un gouvernement à la fois « énergique et ouvert à la coopération » s'explique par la volonté d'éviter que celui-ci ne devienne un champ de bataille : on a entrevu plus haut le premier motif, qui tient aux divisions des sociaux-démocrates sur l'Europe (alors que les libéraux lui sont très favorables) ; mais une raison plus impérieuse est que le pays affronte la crise et que la social-démocratie se voit contrainte à des révisions déchirantes − débat intérieur difficilement compatible avec un gouvernement de coalition. Dans un premier temps, le parti social-démocrate épuise un volet de « majorités changeantes », en cherchant des soutiens à gauche : il vérifie rapidement par là les limites de la politique des blocs. Après la crise monétaire de mars 1995, un gouvernement minoritaire riveté à gauche devient intenable : les sociaux-démocrates doivent en effet rétablir la confiance et accentuer la rigueur, politique contrée par la gauche idéologique. Par suite, il devient pour eux expédient de briguer des secours à droite. Or, les libéraux étaient mortifiés des refus de septembre 1994. Une avancée, en revanche, a été rendue possible vers le centre, du fait de la crise agricole : le parti du centre ne pouvait se résoudre, par inaction, à voir se désagréger le noyau de son électorat, aussi s'avoue-t-il prêt à rechercher les bases d'un accord avec la social-démocratie. D'un autre côté, la figure, évoquée par Gudrun Schyman, leader du Parti de la gauche, d'une coalition qui rassemblerait le parti du centre, les sociaux-démocrates et les néo-communistes, est récusée comme une *contradictio in terminis*. Le parti social-démocrate s'est d'abord concerté avec le centre autour d'un train de mesures aux fins de remédier à la crise agricole. Cet accord signalait les prémices pour le parti du centre d'un soutien étendu à toute la législature. À partir de 1995, les sociaux-démocrates ont gouverné habituellement avec le soutien extérieur du centre. En décembre 1996, l'adoption de l'important plan de défense (visant à redéployer celle-ci dans le nouveau contexte de la neutralité), objet d'un débat très vif au parlement, a été rendue possible par un accord préalable avec le parti du centre. Cela vaut aux sociaux-démocrates de devoir consentir des gages : ainsi, en décembre 1997, le Premier ministre, pour ne pas s'aliéner les votes des centristes à l'occasion du débat sur le démantèlement de l'énergie nucléaire, leur a fait le sacrifice d'un réacteur, ce qu'il avait du reste promis de faire avant les élections de 1998. Lors de celles-ci, les sociaux-démocrates et la gauche recueillent ensemble 174 sièges (un de moins que la majorité absolue), le bloc bourgeois, 159, et les Verts, 16. Ceux-ci deviennent ainsi les arbitres de la situation et ont ainsi permis la reconduction du gouvernement social-démocrate homogène de M. Persson. En 2002, le rapport demeure quasiment identique : 174 contre 158 avec 17 députés pour les Verts. Ceux-ci prétendent alors à une participation au gouvernement mais elle leur est refusée par M. Persson.

B - La stabilité politique

187 LA STABILITÉ GOUVERNEMENTALE. — Du point de vue restrictif de la stabilité ministérielle, la situation suédoise est très différente de celle des autres pays qui connaissent le multipartisme, et notamment des autres pays scandinaves. Elle se présente certes différemment selon que se trouve au pouvoir le parti social-démocrate ou le bloc des partis bourgeois. En effet, la formation des récentes coalitions bourgeoises a été caractérisée par l'instabilité. Ainsi la première coalition dirigée par M. Fälldin et issue des élections de 1976 a été rompue en octobre 1978 à la suite d'un désaccord sur la question nucléaire entre les centristes d'une part, les libéraux et les conservateurs d'autre part. Après les élections de 1979 qui ont vu la reconduction de la majorité bourgeoise, une coalition à nouveau dirigée par M. Fälldin a été reconstituée. Mais un référendum a été tenu en mars 1980 sur la question nucléaire, lors duquel le projet de compromis soutenu par les sociaux-démocrates et les libéraux a obtenu la majorité relative. Ensuite, en mai 1981, un accord conclu par les centristes et des libéraux avec l'opposition sur un projet de réforme fiscale a déterminé les conservateurs à rompre la coalition. Dans un premier temps, M. Fälldin s'est contenté de confier à des ministres en place la gestion des huit portefeuilles vacants. Mais finalement, le vendredi 8 mai, il dut remettre la démission du gouvernement au président du Riksdag. L'opposition social-démocrate et communiste, renforcée pour une fois par les députés conservateurs, avait menacé de déposer une motion de censure. Après quoi, cependant, le parti conservateur a consenti à la formation d'une coalition centriste-libérale minoritaire (v. n° 184).

Ces deux crises manifestent le peu de cohésion existant entre les partis bourgeois. L'alliance tripartite leur est imposée par les nécessités de l'opposition, et d'une éventuelle alternance, au monolithe social-démocrate. Mais celui-ci continue d'exercer une force d'attraction sur les autres partis : les centristes, essentiellement, leurs anciens alliés d'avant 1957 ; les libéraux, lors du référendum de 1980 sur l'énergie nucléaire ; les centristes et les libéraux, en mai 1981, sur le projet de réforme fiscale ; et jusqu'aux conservateurs, qui ont envisagé de s'allier aux sociaux-démocrates pour voter la censure contre leurs ex-partenaires de coalition. Ainsi le parti social-démocrate est la pierre d'angle du système politique suédois. La stabilité gouvernementale exceptionnelle que connaît la Suède doit lui être essentiellement attribuée. Y contribuent un élément politique, le soutien permanent du parti communiste, et un élément proprement institutionnel : le principe, constitutionnalisé en 1974, de la confiance présumée. Ce système évite, le cas échéant, à l'extrême gauche d'avoir à se prononcer de manière positive et explicite en faveur du parti gouvernemental. Il a démontré toute son utilité durant la législature 1973-1976 alors que la gauche et les partis bourgeois contrôlaient respectivement 175 sièges dans le Riksdag. Mais il s'est révélé tout aussi efficace lorsque les partis bourgeois se sont trouvés majoritaires : tant en 1978 qu'en 1981, la crise provoquée par la rupture de la coalition entre les trois partis de centre droit a été rapidement résolue par la formation d'un cabinet minoritaire bénéficiant du soutien implicite de l'ensemble des formations bourgeoises et même, en 1978, de celui des sociaux-démocrates.

188 La stabilité du système politique. — Ces éléments tendent à mettre en évidence les limites de l'alternance en Suède : l'imprégnation de la social-démocratie dans la société civile est trop forte, et les partis bourgeois trop divisés, pour imposer une politique vraiment différente. L'accession au pouvoir des partis de l'opposition, en 1976, après plus de quarante ans de gouvernement social-démocrate, puis à nouveau en 1991, n'a pas déterminé une nouvelle donne. La Suède n'a pas connu, à l'occasion de ces trois législatures, une alternance dynamique, telle qu'en connaissent la plupart des démocraties européennes. La stabilité gouvernementale, dans cette perspective, est presque un épiphénomène. Le parlementarisme ultramoniste organisé par la Constitution, qui paraît déséquilibré au détriment de l'exécutif, ne correspond pas à la réalité : le gouvernement de la Suède est un puissant gouvernement de parti homogène qui n'a même pas besoin de disposer d'une majorité absolue au Parlement. L'influence du parti dominant est si profonde et désormais si ancienne que l'on a pu dire qu'en quelques décennies, la Suède était passée d'une condition semi-féodale à un état semi-socialiste[1]. Le « modèle suédois » est celui d'un pays où règnent le consensus forgé par l'idéologie dominante de la social-démocratie[2] et le pluralisme démocratique le plus frappant. Les partis bourgeois, héritiers historiques des anciennes structures, assument trop de différences culturelles pour constituer un bloc cohérent face au parti social-démocrate par lequel s'est exprimée et s'est imposée la société issue de la révolution industrielle. Le défaut d'alternance marque, alors par exemple que la majorité des grands organes de presse n'est pas favorable au parti dominant, l'absence de volonté d'alternance et la stabilité fondamentale du système politique. Dans ces conditions, si la récente mise en question du « modèle » lui-même a pu favoriser l'évolution interne de ce parti, elle n'a pas remis en cause son hégémonie, garante de cette stabilité.

Pour aller plus loin

189 DES OUVRAGES GÉNÉRAUX. — Les développements récents du droit constitutionnel suédois semblent avoir été presque complètement négligés par les auteurs, notamment de langue française, mais aussi de langue anglaise. L'établissement d'une bibliographie mise à jour se révèle assez difficile et décevant. En revanche, on trouve bon nombre d'ouvrages anciens qui traitent notamment de l'évolution coutumière de la Constitution de 1809 et qui demeurent très intéressants, la Constitution actuelle étant la traduction du système façonné par cette évolution.

Le plus important de ces ouvrages est très ancien : c'est celui de P. Fahlbeck, *La Constitution suédoise et le parlementarisme moderne*, Paris, 1905, qui met fortement l'accent sur l'originalité de la tradition constitutionnelle suédoise et le lien entre l'histoire et le droit constitutionnel. On peut aussi consulter le livre de D. Verney, *Parliamentary Reform in Sweden 1866-1921*, Oxford, Oxford University Press, 1959.

La principale source en langue française est assez ancienne : il s'agit du chapitre II (p. 55-204) de l'ouvrage de R. Fusilier, *Les monarchies parlementaires*, Paris, Les Éditions Ouvrières, 1960 : la lecture de ce chapitre reste indispensable pour la connaissance du droit constitutionnel et du système politique suédois, tant il est vrai que les réformes de 1969 et la nouvelle Constitution ne sont pas une révolution mais la consécration d'un état qui est analysé de façon complète et très intéressante dans cet ouvrage devenu classique. Moins analytique, mais plus encyclopédique, est le livre de J. B. Board, *The*

---

1. D. Verney, *Parliamentary Reform in Sweden 1866-1921*, Oxford, Oxford University Press, 1959, p. 52.
2. Un certain décalage entre le système et l'état de l'opinion n'en est pas moins manifestement apparu lors du référendum du 14 septembre 2003 sur la monnaie européenne. L'adoption de l'euro était préconisée par le Premier ministre et la ministre des Affaires étrangères, Mme Lindh, assassinée à quelques jours du scrutin. Le non l'a emporté par 56,1 % contre 41,8.

Government and Politics of Sweden, Boston, Houghton Mifflin Company, 1970, ouvrage américain un peu sommaire sur le plan constitutionnel mais intéressant du point de vue de la science et de la sociologie politiques.

Dans cette même perspective, il faut citer les ouvrages de N. Andren, *Le gouvernement de la Suède,* Stockholm, Institut suédois, 1954 ; la 2ᵉ édition en anglais, plus récente, est une excellente introduction aux institutions politiques suédoises : *Modern Swedish Government,* Stockholm, Almqvist & Wiskell, 1968 (1ʳᵉ éd., 1961), dont on retrouve l'essentiel dans l'ouvrage plus général du même auteur : *Government and Politics in the Nordic Countries,* Stockholm, Almqvist & Wiskell, 1964. Voir enfin les remarquables *Feuillets de documentation et actualités* publiés par l'Institut suédois à Paris.

Ouvrages et études spécialisés. — Parmi les études et ouvrages plus spécialisés, il convient de relever :

— Sur le Riksdag d'avant la réforme de 1969, l'ouvrage le plus complet est celui d'E. Hastad, *The Parliament of Sweden,* Londres, The Hansard Society, 1957. Sur le passage au monocamérisme, v. l'excellent article de Nguyen Quoc Vinh, La réforme du Parlement suédois, *RDP,* 1973, p. 395-457.

— Sur le gouvernement, v. le livre de N. C. Elder, *Government in Sweden. The Executive at Work,* Oxford, Pergamon Press, 1970, ainsi que celui de P. Vinde, *Swedish Government and Administration,* Stockholm, Bokförlaget Prisma, 1971 et les études de T. Bergman, Constitutional design and government formation : The expected consequences of negative parliamentarism, *Scandinavian political studies,* 1993, n° 4, p. 285 et s., et E. Buonpensiere, L'organisazione del governo nella costituzione e nella esperienza svedese, *in* E. Spagnamusso (dir.), *Costituzione e struttura del governo,* Padoue, 1992, p. 517 et s.

— Sur les partis, il faut citer l'ouvrage, malheureusement ancien, de R. Fusilier, *Le parti socialiste suédois,* Paris, Les Éditions Ouvrières, 1954 ; M. D. Hancok, *Sweden : A Multiparty System in Transition,* University of Denver Press, 1968. Sur les développements récents, et notamment cette expression de la stabilité politique que marque le retour au pouvoir du parti social-démocrate en 1982 : R. Pybus, A change of government in Sweden, *Contemporary Review,* 242, février 1983, p. 63-70 ; S. Ersson, J. E. Lane, Polarisation and political economy crisis : The 1982 Swedish election, *West European Politics,* juillet 1983, p. 287-296. V. également A. Sannersted et M. Sjölin, Sweden : Changing parties relations in a more active parliament, *in* E. Damgaard (dir.), *Parliamentary Change in the Nordic Countries,* Oslo, Scandinavian University Press, 1992, et S. Ceccanti, L'esperienza svedese tra monismo radicale del testo costituzionale e bipolarismo assimetrico del sistema dei partiti, ovvero un neoparlamentarismo alternante ?, *in* S. Gambino (dir.), *Democrazia e forme di governo ? Modelli stranieri e riforma costituzionale,* Rimini, Maggioli, 1997, p. 537 et s.

La Constitution actuelle, traduite en français, et précédée d'une introduction tantôt très éclairante, tantôt assez formelle, a été publiée par le Riksdag sous le titre *Lois organiques de la Suède,* Stockholm, 1975. On relève un commentaire, assez sommaire, de J. B. Board, The Swedish Constitution : Practice and perfection, *Statsvetenkaplig Tidskrift,* 3, 1980, p. 163-169. Pour une mise en perspective plus complète v. T. Larsson, Sweden : The new Constitution : And old practice adjusted, *in* J. Blondel et F. Müller Rommel (dir.), *Cabinets in Western Europe,* Londres, Macmillan, p. 197 et s.

Chapitre 3
Le Japon

Introduction historique

190 L'ÉLABORATION DE LA CONSTITUTION DE 1946. — Avec la Constitution du 3 novembre 1946, le Japon adopte la doctrine démocratique de la souveraineté populaire et s'aligne sur les principes constitutionnels des États occidentaux qui l'ont militairement vaincu. Le Préambule de la Constitution exprime bien cette assimilation, qui commence, comme la Déclaration d'indépendance américaine, par les mots : « Nous, peuple... » et se poursuit par une démarque des formules du discours de Gettysburg, qualifiées de « loi universelle à la base de la présente Constitution ». En effet, la Constitution japonaise n'a pas seulement été élaborée sous le régime d'occupation des Alliés, elle lui doit ses principes les plus fondamentaux. Après la capitulation du 15 août 1945, le Japon s'est trouvé placé sous l'autorité du commandant suprême des puissances alliées, le général McArthur, auquel a incombé la responsabilité de prendre des décisions capitales. McArthur a pu convaincre les gouvernements américain et britannique d'imposer aux autres alliés représentés au sein de la commission d'Extrême-Orient le maintien de l'institution impériale et de renoncer à la mise en accusation de l'empereur Hirohito comme criminel de guerre. Ce faisant, le commandant suprême des forces alliées a réussi à éviter de provoquer une résistance aux conséquences imprévisibles et à utiliser l'autorité de l'empereur et de son gouvernement pour exécuter la politique des autorités d'occupation.

Ainsi, durant cette période, le Japon est-il gouverné par le commandement suprême allié, mais par l'instrument du gouvernement japonais. Parallèlement, McArthur a pu contraindre les autorités japonaises à inscrire dans la lettre des nouvelles institutions les principes de la Déclaration de Potsdam acceptée par le Japon au moment de la capitulation, lui imposant une transformation constitutionnelle radicale en un État démocratique et pacifique. Le souhait du gouvernement japonais, et de certains constitutionnalistes libéraux, aurait en effet été de conserver les grandes lignes de la Charte de 1889, fondée sur le principe impérial, dans le cadre de laquelle s'était développée une démocratisation du régime politique japonais après la Première Guerre mondiale et avant la montée du militarisme. Un premier projet constitutionnel, établi sous l'autorité du gouvernement, se bornait à renforcer le rôle du Parlement, maintenant par ailleurs le principe de la souveraineté monarchique et l'existence de l'armée. Averti de l'intention de certains pays du comité d'Extrême-Orient (URSS, Philippines, Australie) d'aboutir à l'abolition de l'institution impériale, McArthur a pris l'initiative d'une révision radicale de la Constitution de 1889 afin de rendre les nouvelles institutions acceptables pour tous les alliés. Sur la base de ses instructions, un avant-projet est rédigé par le grand quartier général du commandement allié, et présenté en février 1946 au gouvernement japonais. Très réticent, le gouvernement finit par accepter la proposition alliée, craignant qu'un refus n'entraîne l'abolition de l'institution impériale. L'empereur Hirohito approuve l'accord intervenu et accepte de collaborer à la mise au point de la rédaction japonaise de l'avant-projet.

Ce texte est ensuite soumis à la Diète dont la Chambre basse est élue le 10 avril 1946. La procédure se déroule, entre celle-ci et la Chambre des pairs, selon les règles prescrites par la Constitution de 1889. Certaines modifications sont apportées au projet, sous le contrôle des alliés. Le projet est finalement approuvé à la quasi-unanimité par les deux chambres le 6 octobre 1946, ensuite par le conseil privé, et finalement promulgué par l'empereur le 3 novembre. L'ensemble de la procédure de révision s'était déroulé conformément à l'article 73 de la Constitution de 1889. La nouvelle Constitution est mise en vigueur le 3 mai 1947.

191 LES ANTÉCÉDENTS CONSTITUTIONNELS. — La première constitution, au sens moderne du terme, est la Charte impériale octroyée par l'empereur Meiji en 1889. La restauration Meiji, proclamée en 1868, avait pour but de mettre fin à l'isolationnisme insulaire traditionnel du Japon et au régime féodal dominé par le Shogun, dans lequel le Tennô (l'empereur) ne disposait que d'une souveraineté nominale, de nature essentiellement religieuse. Le désir de s'ouvrir à l'Occident conduit le nouveau personnel politique à donner une forme constitutionnelle moderne au Japon, destinée à encadrer un système aux racines traditionnelles très profondes. La Charte de 1889 est fondée sur le principe du droit divin du Tennô, mais elle adopte la forme des constitutions de monarchie limitée du type allemand. Elle opère ainsi la combinaison entre le principe traditionnel du *Kokutai* et le système moderne de la monarchie administrative et centralisée de l' « État policé » européen. Le *Kokutai*, que l'on peut en principe traduire par « forme de l'État », mais aussi par « génie national », est une notion complexe comportant à la fois un aspect juridique, qui est celui de la souveraineté du Tennô liée à son origine divine, et un aspect mystique et moral, qui procède notamment du culte shintoïste dont le Tennô est le gardien. La combinaison entre le *Kokutai* et le constitutionnalisme monarchique européen fait ainsi apparaître une différence de nature entre l'empire de Meiji et les monarchies allemandes de la même époque. La Charte de 1889 parle du « Tennô de l'unidynastie pour l'éternité », contre l'avis de Roesler, conseiller juridique allemand du gouvernement, qui souhaitait seulement insister sur l'ancienneté immémoriale de la dynastie japonaise[1]. L'évolution du régime a cependant d'abord tendu vers une certaine interprétation positiviste du principe monarchique de la Constitution. Il faut mentionner à cet égard l'influence du constitutionnaliste Minobe, qui s'est attaché à appliquer au système japonais la théorie (de Jellinek) du monarque organe primaire de l'État, tentant ainsi d'écarter la notion de *Kokutai* du domaine proprement constitutionnel. La réalité extrajuridique du *Kokutai* n'est pas niée, en tant qu'il exprime « le fait historique que règne au Japon le Tennô héritier d'une

---

1. T. Fukase et Y. Higuchi, *Le constitutionnalisme et ses problèmes au Japon. Une approche comparative,* Paris, PUF, 1984, p. 64.

dynastie millénaire » et « le fait éthique que le peuple japonais a toujours gardé une fidélité intangible à l'égard de son souverain »[1]. Cette interprétation marquée de rationalisme est, un moment, dominante dans les milieux politiques et jusqu'au sein de la cour impériale. Parallèlement, le régime évolue dans le sens d'une certaine démocratisation, passant de la monarchie limitée proprement dite à une pratique parlementaire dualiste. En 1924, en effet, les partis « constitutionnalistes » parviennent à établir *de facto* la responsabilité du gouvernement devant la Chambre basse et cette pratique parlementaire se poursuit jusqu'en 1932. En 1925, avait été instauré le suffrage universel masculin. C'est en cette même année 1925 que s'amorce cependant la réaction, avec l'adoption de la loi sur la sécurité publique qui, en son article 1er, réprime toute tentative « de changer le *Kokutai* de l'Empire du Japon ». Et en 1935, Minobe est exclu de la Chambre des pairs et sa doctrine est condamnée parce qu'étant influencée par les doctrines occidentales et « osant contester le *Kokutai* sacré de l'Empire du Japon »[2]. Cette réinsertion du *Kokutai* dans l'ordre juridique sous l'influence des milieux militaristes et ultranationalistes conduit au « fascisme japonais », lequel, en comparaison du fascisme italien et du nazisme, n'a pas d'origine démocratique, par l'instrument d'un parti de masse, mais procède d'une subversion analogue du principe de légitimité, ici traditionnelle, apte à mobiliser la nation en vue d'une politique impérialiste et à organiser le peuple selon des méthodes totalitaires.

192 CONTINUITÉ ET DISCONTINUITÉ CONSTITUTIONNELLE. — Sur le plan des principes, la Constitution de 1946 opère une véritable révolution au regard du système constitutionnel précédent. Sans doute a-t-elle été formellement élaborée dans le respect des dispositions relatives à la révision de la Constitution de 1889 et conformément à celles-ci, acceptée et promulguée par l'empereur. Les éléments de rupture sont cependant évidents. L'idée de McArthur, telle qu'elle résulte de ses instructions au grand quartier général, eût été de faire du Tennô un monarque à l'anglaise. Cela n'impliquait pas une rupture absolument radicale avec le système de la Charte

---

1. *Ibid., op. cit.,* p. 21.
2. *Ibid., op. cit.,* p. 22.

de 1889. Chef d'État parlementaire, l'empereur pouvait continuer d'être, dans le contexte d'une proclamation de la souveraineté nationale, associé nominalement à l'exercice des pouvoirs exécutif, législatif et constituant. Le Japon restait ainsi une monarchie au sens défini par Jellinek, selon lequel c'est dans le consentement du monarque au terme de la procédure de révision constitutionnelle que se trouve le critère ultime du principe monarchique. La pratique constitutionnelle d'un tel régime pouvait n'être pas fondamentalement différente des expériences du passé : durant de longs siècles, en particulier sous le shogunat, le Tennô n'avait exercé qu'une souveraineté nominale et cela paraissait même encore avoir été le cas depuis la mort de Meiji. Pour le reste, le souci de McArthur était essentiellement celui du désarmement du Japon. Mais les rédacteurs du projet sont allés nettement plus loin, s'inspirant d'une proposition émanant d'un cercle d'intellectuels progressistes japonais, dont serait issue la rédaction de l'article 1er de la Constitution, proclamant la souveraineté du peuple et le statut de l'empereur-symbole de la nation. L'affirmation de la souveraineté populaire détruit le *Kokutai* dans son sens juridique, celui de la souveraineté du Tennô, mais la philosophie politique qui inspire le Préambule de la Constitution affecte également le sens mystique et moral de la notion de *Kokutai* avec laquelle elle est incompatible, car la souveraineté politique qui est ainsi définie n'est pas de la même nature que la souveraineté d'origine divine du Tennô.

Cette thèse de la rupture, de la discontinuité, est majoritaire dans la doctrine constitutionnelle japonaise. Elle présente un fondement juridique incontestable : dès lors que la Constitution – quelles qu'aient été par ailleurs ses modalités d'élaboration – proclame la souveraineté populaire et réduit au rôle de symbole de la nation l'ancien Tennô souverain, celui-ci devient un organe constitué. Et surtout cet organe n'a plus de pouvoir autonome en matière constituante, de telle sorte que le statut de l'empereur pourrait être modifié, ou même l'institution impériale abolie, par la libre volonté du pouvoir constituant, qui procède de la seule souveraineté populaire. L'article 96 de la Constitution dispose que l'initiative de la révision appartient à la Diète qui statue à la majorité des deux tiers au moins des membres de chaque chambre. Les projets de révision ainsi adoptés doivent être soumis à l'approbation populaire, pour laquelle est requise la majorité absolue des suffrages exprimés, lors d'un référendum spécial ou organisé à l'occasion d'élections législatives. L'empereur promulgue sans délai les amendements ainsi ratifiés au nom du peuple. La compétence impériale apparaît clairement, à la suite de la ratification populaire, comme une compétence liée. Elle pourrait par ailleurs être exercée en période de régence. L'institution impériale pourrait ainsi être abolie dans le cadre de la Constitution de 1946. La rupture avec le système constitutionnel antérieur résulte donc des données mêmes du droit positif. La thèse de la continuité a néanmoins été soutenue, notamment à l'occasion des débats constituants de 1946. L'argumentation ne se fonde pas sur le droit positif. Elle admet le changement du *Kokutai* dans son sens juridique mais soutient que « le vrai *Kokutai* au sens profond du mot n'est point changé, car il signifie ce fait historique incontestable que le Tennô s'est trouvé toujours au centre des aspirations du peuple japonais » et qu' « avec ce sentiment national profondément enraciné, le peuple s'unit autour du Tennô tout ensemble »[1]. L'article 1er de la Constitution ne fait que traduire cette réalité en énonçant : « Le Tennô est le symbole de l'État et de l'unité du peuple ; sa situation repose sur la volonté du peuple dans lequel réside la souveraineté. » Certains auteurs appuient cette interprétation en insistant sur le caractère purement juridique de cette acception nouvelle de la souveraineté, qui peut s'intégrer, sans le bouleverser, au sein du *Kokutai*. Selon l'historien du droit Ryosuka Ishii, « le caractère propre du régime de Tennô, c'est l'attitude de laisser faire les autres sans faire lui-même »[2]. La Constitution Meiji n'aurait ainsi été qu'une parenthèse et le parlementarisme démocratique succéderait aujourd'hui au shogunat dans l'exercice du pouvoir souverain dont l'essence réside dans le corps mystique (si l'on peut utiliser ici cette expression de la doctrine de la monarchie française traditionnelle) constitué par le Tennô et le peuple japonais. Incompatible avec les données du droit positif et l'acception que celui-ci donne à la notion de souveraineté, cette théorie n'en apparaît pas moins historiquement fondée. La souveraineté populaire proclamée par la Constitution japonaise n'a été ni conquise par le peuple ni

---

1. *Ibid., op. cit.*, p. 75. Les citations sont celles de Kanamori, ministre d'État chargé de la Constitution, en 1946.
2. *Ibid., op. cit.*, p. 76. Les auteurs cités sont T. Otaka, T. Watsuji, ainsi que l'écrivain Mishima.

voulue par ses dirigeants mais imposée par l'occupant. Elle n'a été acceptée par les dirigeants, qui ont d'abord tenté de préserver le *Kokutai* dans son sens juridique, que pour sauvegarder le *Kokutai* dans son sens fondamental, que suffit à exprimer la seule existence de l'institution impériale, quel que soit l'abaissement de son statut constitutionnel.

Les évolutions économiques et sociales, depuis 1946, ont sans doute créé un terrain favorable au fonctionnement des institutions démocratiques au Japon. Mais il vaut sans doute mieux parler « de l'établissement du constitutionnalisme démocratique *sous* la Constitution de 1946, non pas *par* sa promulgation »[1].

Section 1
Les données constitutionnelles

Le système constitutionnel organisé par la Constitution de 1946 est le parlementarisme moniste. La Constitution japonaise s'aligne en cela sur la tendance constitutionnelle prévalant au lendemain de la guerre dans les grands États européens (France, Italie, Allemagne). Parallèlement à ce modèle générique d'organisation des pouvoirs, la Constitution japonaise comporte des traits spécifiques qui résultent avant tout du principe de renonciation à la guerre, constitutionnalisée par les dispositions de l'article 9, du statut de l'empereur, qui fait l'objet du chapitre 1er, et du contrôle de constitutionnalité expressément attribué au pouvoir judiciaire par l'article 81.

I | LE PARLEMENTARISME

Le régime parlementaire japonais est strictement moniste, l'empereur n'ayant pas la qualité d'organe du pouvoir exécutif. L'article 41 de la Constitution définit la Diète comme « l'organe

---

1. *Ibid., op. cit.*, p. 27. C'est nous qui soulignons.

suprême du pouvoir d'État et le seul investi du pouvoir législatif ». Cela ne signifie pas que le gouvernement est privé de l'initiative législative mais qu'il n'existe pas comme sous la Constitution de 1889 de pouvoir réglementaire autonome, par voie d'ordonnance ayant force de loi, encore moins de pouvoir, pour l'organe exécutif, de sanctionner les lois votées par la Diète. Il n'y a pas, d'autre part, de référendum législatif, sauf le cas de ratification d'une loi s'appliquant à une seule collectivité locale (art. 95 de la Constitution). Le premier ministre, chef de l'exécutif, est élu par la Diète bicamérale et le gouvernement est responsable devant la Chambre basse.

193 LA DIÈTE BICAMÉRALE. — La Diète est bicamérale, comme sous la Constitution de 1889, mais les deux chambres procèdent désormais du suffrage universel direct. La Chambre des représentants est élue pour quatre ans, sauf dissolution anticipée. Le mandat des membres de la Chambre des conseillers est de six ans, et cette assemblée est renouvelable par moitié tous les trois ans. Les conditions d'électorat et d'éligibilité sont fixées par la loi, ainsi que le nombre des membres de chaque chambre. Ce nombre est actuellement de 500 pour la Chambre des représentants et de 252 pour la Chambre des conseillers. Chaque chambre est juge de la validité de l'élection de ses membres ; une décision d'invalidation requiert un vote à la majorité des deux tiers (art. 55 de la Constitution). Les membres de la Diète bénéficient des règles communes en matière d'inviolabilité et d'immunité, ainsi que d'indemnité parlementaire. La Diète se réunit en une session ordinaire annuelle mais le gouvernement peut la convoquer en session extraordinaire et il doit le faire lorsqu'un quart au moins des membres d'une des chambres le demande (art. 53). Les chambres élisent leur président et leur bureau et sont maîtresses de leur règlement (art. 58). Elles ont le droit d'enquête (art. 62). Le bicamérisme est inégalitaire : le dernier mot appartient à la Chambre des représentants – sauf en matière de révision constitutionnelle où les pouvoirs des deux chambres sont égaux – et le gouvernement n'est responsable que devant elle. La Chambre des représentants peut outrepasser, par un vote à la majorité des deux tiers, l'opposition de la Chambre des conseillers à un projet (ou une proposition) qu'elle aurait adopté (art. 59, al. 2). Les lois de finances doivent être soumises en priorité à la Chambre des représentants. En cette matière ainsi qu'en ce qui concerne les lois d'approbation des traités internationaux et aussi pour l'élection du premier ministre, la volonté de la Chambre des représentants l'emporte, sans qu'il soit besoin d'un vote à la majorité des deux tiers : si le recours à une commission conjointe des deux chambres n'aboutit pas à un accord entre elles, ou si la Chambre des conseillers ne s'est pas prononcée dans les trente jours suivant la réception du projet de loi adopté par la Chambre des représentants, la décision de celle-ci est considérée comme décision de la Diète (art. 60 et 61). Pour l'élection du premier ministre, ces règles ont joué pour la première fois en 1989.

194 Élection des membres de la Diète. — La loi électorale établissait des systèmes électoraux différents pour les deux chambres et comportant chacun de notables originalités. Le mode d'élection de la Chambre des conseillers a été modifié une première fois en 1982, tandis que la loi de réforme politique de 1994, adoptée à l'issue d'un long processus de crise, a institué un système entièrement nouveau pour la Chambre des représentants, d'ailleurs semblable à celui adopté en 1982 pour la Chambre haute. Mais il serait impossible de comprendre les particularités du régime politique japonais sans revenir sur le mode de scrutin utilisé jusqu'aux élections de 1993.

La loi de réforme politique de 1994 instaure pour l'élection de la Chambre des représentants un système dual ; 300 membres sont élus au scrutin majoritaire uninominal à un tour, 200 autres sont choisis au scrutin proportionnel sur des listes dans 11 circonscriptions. La répartition des sièges se fait selon le système de D'Hondt. Cette réforme a eu pour objectif de renforcer l'autorité des partis sur les candidatures.

Celle, moins essentielle, intervenue en 1982 pour l'élection de la Chambre des conseillers, obéissait au même but. Tandis que 152 sièges relevaient de circonscriptions locales (le département), au scrutin uninominal à un tour, 100 autres étaient répartis à la représentation proportionnelle, selon la méthode D'Hondt, à l'échelon national. Avant 1982, les 100 membres de circonscriptions nationales étaient élus au scrutin majoritaire, ce qui devait permettre à des personnalités non partisanes d'être présentes au sein d'une assemblée conçue comme instance de réflexion. La réforme a donc eu pour objet, et pour effet, de donner aux partis l'entière maîtrise des candidatures aux élections à la Chambre haute, mettant un terme au caractère personnalisé et, en principe, apolitique du système antérieur. Ce système a été remis en question par une nouvelle réforme adoptée en octobre 2000. les électeurs ont désormais, pour les 100 sièges répartis à la proportionnelle, le choix entre des candidatures individuelles (associées) et des partis. Le nombre des membres de la Chambre des conseillers a été réduit de 10 après que celui des représentants l'eut été de 20.

Répondant également au souci de renforcement du rôle des partis, la réforme de 1994 applicable à la Chambre des représentants constitue en outre un changement radical, car elle met un terme à une expérience unique parmi les démocraties contemporaines, qui fut lourde de conséquences sur la vie politique japonaise. Le système dit de scrutin non transférable à un tour avait pour caractéristique de combiner le vote majoritaire à un tour avec l'existence de circonscriptions dans lesquelles plusieurs sièges sont à pourvoir. Chaque circonscription comporte de trois à cinq sièges et sont élus ceux qui obtiennent la majorité, éventuellement relative, au scrutin uninominal à un tour. L'électeur ne vote donc que pour un seul candidat mais, selon leur situation dans chaque circonscription, les partis peuvent présenter un ou plusieurs candidats. Les électeurs d'un parti ont ainsi la possibilité de choisir entre plusieurs candidats de ce même parti. Ce mode de scrutin avait été introduit en 1925, en même temps que le suffrage universel. Il est aussi appelé système de circonscription moyenne parce qu'il réalise une *via media* entre les deux autres, expérimentés avant 1925 : le système à l'anglaise de circonscription uninominale, dite de petite circonscription, et le système dit de grande circonscription, où plus de dix sièges sont à pourvoir, qui a été utilisé pour les élections de 1946. Le système de circonscription moyenne a eu pour effet d'inciter aux luttes de tendances et au « factionnalisme » au sein du parti majoritaire, mais permettait aussi de donner à des candidats des partis n'ayant pas vocation majoritaire des chances d'être élus. Il produisait ainsi une certaine correspondance entre les suffrages et le nombre de sièges obtenus par les différents partis, pourvu que ceux-ci évaluent correctement le nombre de candidats à présenter, en fonction de leur force respective au sein de chaque circonscription.

195 LE GOUVERNEMENT. — Aux termes de l'article 67 de la Constitution, le premier ministre est élu par la Diète en son sein, sur résolution de celle-ci. L'initiative appartient donc aux seuls parlementaires, normalement aux membres de la Chambre basse. Dans l'hypothèse d'un désaccord entre les deux chambres, persistant après la réunion d'une commission conjointe ou par l'inertie de la Chambre des conseillers, la décision de la Chambre basse est réputée celle de la Diète (v. n° 193). Le premier ministre est ensuite formellement nommé par l'empereur. Il constitue librement son gouvernement, sous la réserve que la majorité des ministres doive être choisie au sein de la Diète et que tous doivent être des civils (art. 66). Le gouvernement se trouve sous l'autorité hiérarchique du premier ministre. Il révoque les ministres de manière discrétionnaire (art. 68). Le processus de formation du gouvernement relève donc entièrement du premier ministre élu par la Diète. En cas de vacance du poste de premier ministre, le gouvernement démissionne mais reste en fonction jusqu'à la nomination d'un nouveau chef du gouvernement. Cependant, cette autorité constitutionnelle du premier ministre n'a pas fait obstacle à l'institutionnalisation de « féodalités » au sein du gouvernement, comme le ministère des Finances et celui de l'Industrie (MITI). Elle est d'autre part fortement contrecarrée par les pratiques du factionnalisme au sein du parti dominant *(infra)*.

La mise en jeu de la responsabilité gouvernementale n'est pas formellement rationalisée. La Constitution prévoit seulement que le gouvernement est solidairement responsable devant la Diète (art. 66) et précise que si la Chambre des représentants adopte une motion de censure ou rejette une question de confiance, le gouvernement doit démissionner en son entier, sauf si dans les deux jours il décide de dissoudre la Chambre (art. 69). Le droit de dissolution est ainsi constitutionnellement conditionné par la mise en jeu de la responsabilité du gouvernement. La pratique s'est, sur ce point, écartée du prescrit de la Constitution (v. n° 196). Par ailleurs, en dépit de la lettre de l'article 66 (« responsable devant la Diète »), la Chambre des conseillers ne peut mettre en jeu la responsabilité du gouvernement.

L'article 73 de la Constitution énumère quelles sont, en plus de ses fonctions d'administration générale, les compétences du gouvernement. L'influence de la Constitution américaine est encore, à cet égard, frappante : au gouvernement incombe la fidèle exécution des lois, la conclusion des traités – sous réserve de l'approbation préalable ou non de la Diète –, la direction de l'administration conformément aux normes définies par le pouvoir législatif, l'élaboration et la défense du budget, etc. Cependant, le premier ministre, en tant que chef du gouvernement, dispose, comme dans tout régime parlementaire, de l'initiative législative et l'essentiel de la législation est d'origine gouvernementale. Il est le chef de l'administration. Le pouvoir réglementaire est limité à l'application de la loi mais la Constitution n'interdit pas au pouvoir exécutif d'agir par voie réglementaire sur habilitation de la Diète. Conformément à l'orientation moniste de la Constitution, le pouvoir exécutif se trouve dans une position juridiquement inférieure à celle de la Diète, « organe suprême du pouvoir d'État », mais cette infériorité ne signifie pas subordination. Le parlementarisme moniste japonais est relativement équilibré et n'exclut pas l'autonomie du gouvernement. Il ne la garantit pas non plus, de telle sorte que cette autonomie apparaît essentiellement déterminée par le contexte politique très stable dans lequel fonctionnent les institutions.

II | LES ASPECTS SPÉCIFIQUES

196 LE STATUT CONSTITUTIONNEL DU TENNÔ. — Depuis l'époque de la restauration Meiji, le terme de Tennô est conventionnellement traduit par celui d'empereur, ce qui s'entend dans le contexte de la Constitution de type allemand de 1889, mais ne correspond pas à la réalité religieuse qu'exprime le mot Tennô. Il signifie en effet « souverain du ciel » et est sans équivalent dans la langue japonaise qui utilise le terme de *kotei* pour désigner les empereurs qui ont régné en Europe et en Asie. Du reste, pour les observateurs occidentaux d'avant la restauration, le Tennô apparaissait plus comme une sorte de souverain pontife que comme un monarque, rôle qui était celui du shogun[1]. C'est dire que le fait que le premier chapitre de la Constitution démocratique de 1946 soit consacré au statut constitutionnel du Tennô représente plus qu'une simple révérence à la tradition et à la continuité historique, comme l'est par exemple le maintien de l'institution monarchique dans la Constitution suédoise de 1974 (v. n° 188). Sur le plan du strict droit positif cependant, c'est bien au système de « monarchie » à la suédoise qu'il convient de comparer le rôle constitutionnel du Tennô. Aux termes de l'article 4 de la Constitution, celui-ci « ne dispose pas de pouvoirs en matière de gouvernement ». Une certaine doctrine lui dénie même le titre et la qualité de chef de l'État[2]. Toutefois, l'article 7 lui confère certaines fonctions étatiques essentiellement formelles qu'il doit accomplir « sur l'avis et avec l'approbation du cabinet », formule démarquée de la Constitution américaine. L'article 7 énumère ainsi dix fonctions d'État qui sont assumées par l'empereur au nom du peuple : il s'agit de la promulgation des actes de révision de la Constitution, des lois, des décrets et des traités ; de la convocation de la Diète, de la dissolution de la Chambre des représentants et de la proclamation des élections législatives ; de l'attestation des actes concernant la nomination et la révocation des ministres et des fonctionnaires prévus par la loi, les lettres de créance des ambassadeurs et les instruments diplomatiques, l'amnistie, la grâce, etc. ; la réception des ambassadeurs, l'attribution des distinctions honorifiques et la représentation de l'État aux cérémonies officielles. En outre, aux termes de l'article 6 de la Constitution, l'empereur nomme le premier ministre ainsi que le président du tribunal suprême, l'un désigné par la Diète, l'autre par le gouvernement. Cette liste de fonctions d'État est strictement limitative, l'article 4 disposant que l'empereur ne peut exercer d'autres fonctions étatiques que celles prévues par la Constitution. La pratique s'est cependant quelque peu détournée de cette exigence constitutionnelle.

Il en va en particulier ainsi en ce qui concerne l'exercice du droit de dissolution. On a vu que celui-ci était conditionné par l'aboutissement d'une procédure de mise en jeu de la responsabilité gouvernementale (art. 69 de la Constitution). En août 1952, à la suite d'une crise au sein du parti majoritaire, le premier ministre Yoshida a

---

1. V. B. Gollnisch-Flourens, L'institution impériale au Japon, *RDP*, 1979, p. 1123-1151, en particulier p. 1139.
2. *Ibid.*, art. cité, p. 1138, et les références.

décidé la dissolution de la Chambre des représentants en dehors de la situation parlementaire visée par la Constitution, et fait signer par l'empereur la proclamation de la dissolution avant même la réunion du cabinet. Cette proclamation était ainsi rédigée : « Conformément à l'article 7 de la Constitution, je (l'empereur) dissous la Chambre des représentants. » Un dirigeant de l'opposition socialiste, Tomabechi, s'est alors pourvu devant le tribunal suprême afin de faire déclarer la dissolution nulle et non avenue au motif que la Constitution ne l'autorise pas en dehors de l'hypothèse de l'article 69 et que la proclamation avait été soumise à la signature impériale avant que le cabinet ne se fût prononcé sur la question. Le tribunal suprême s'est déclaré incompétent tant pour des raisons de procédure qu'en considération du caractère politique de la matière litigieuse (v. n° 198). Cette décision a été rendue, le 15 avril 1953, à l'unanimité des membres du tribunal mais comporte une opinion concurrente exprimée par le juge Tsuyoshi qui, en se rangeant à l'opinion unanime du tribunal, examine cependant le fond de la question constitutionnelle soulevée. Son argumentation tend à démontrer l'inconstitutionnalité de la dissolution intervenant en dehors de l'hypothèse de défaite parlementaire prévue à l'article 69 de la Constitution. On ne peut déduire de l'article 7, alinéa 3, qui confère à l'empereur la mission de prononcer la dissolution sur l'avis du gouvernement, qu'il existe dans le régime constitutionnel japonais un système de dissolution discrétionnaire, permettant au cabinet d'en appeler au corps électoral en n'importe quelle circonstance. L'article 7, alinéa 3, doit être lu en référence à l'article 69, qui institue seulement un système de dissolution conditionnée par l'aboutissement d'une procédure de responsabilité du cabinet devant la chambre. Il ne peut être interprété comme attribuant à l'empereur le pouvoir nominal de dissoudre la chambre, sur l'avis du gouvernement. Dans son ensemble, l'article 7 ne fait qu'énumérer limitativement les compétences formelles que détient l'empereur dans le domaine officiel, complétant ainsi l'article 4 qui énonce que « l'empereur n'a d'autres fonctions d'État que celles qui sont prévues par cette Constitution et ne dispose pas de pouvoirs en matière de gouvernement ». Ces compétences, l'empereur ne les exerce, selon l'article 3, que « sur l'avis et avec l'approbation du cabinet ». La répétition de cette formule dans le texte de l'article 7 n'est donc qu'une redite et l'on ne peut déduire, « parce que l'empereur, selon l'alinéa 3 de cet article, prononce la dissolution de la Chambre des représentants, que le gouvernement qui donne l'avis et son approbation possède substantiellement le pouvoir de dissoudre la chambre ». Or ce n'est que « parce que les fonctions d'État sont purement formelles et cérémonielles, et n'exercent pas d'influence effective sur les intérêts du peuple qu'elles sont conférées à l'empereur, symbole du peuple japonais : tel est l'esprit de l'article 4 »[1]. Quant à l'avis et l'approbation du cabinet, ils concernent l'exécution par l'empereur des actes officiels dont le charge la Constitution et non pas la décision politique de dissoudre la Chambre, matière de gouvernement qui n'a pas de relation avec les fonctions de l'empereur. S'il en était autrement, cela voudrait dire notamment que la promulgation des lois, autre fonction officielle dévolue à l'empereur par l'article 7, relève de l'autorité discrétionnaire du gouvernement.

Tirant les conclusions des motifs de procédure invoqués par le tribunal suprême pour rejeter sa requête, Tomabechi a introduit une nouvelle demande devant le juge ordinaire compétent qui, sur le fondement de l'argumentation développée par Tsuyoshi, a déclaré la dissolution de 1952 inconstitutionnelle. Cependant, appelé à statuer en dernier ressort, le tribunal suprême a, par une décision du 8 juin 1960, refusé définitivement de se prononcer sur la question de la dissolution en invoquant la théorie des « questions politiques » (v. n° 198).

Le rejet des requêtes concernant la validité de la dissolution du 28 août 1952 a eu pour conséquence de légitimer en quelque sorte la procédure utilisée. Malgré l'argumentation très solide de Tsuyoshi, la thèse qu'il s'employait à réfuter a effectivement prévalu ; la pratique constitutionnelle japonaise comporte un usage discrétionnaire du droit de dissolution par le gouvernement, fondé au départ sur le postulat inconstitutionnel d'une compétence de l'empereur en cette matière. Sans doute, en prenant acte de la pratique existante, la plupart des auteurs n'en rejettent pas moins la thèse qu'avait combattue le juge Tsuyoshi, selon laquelle la dissolution serait un pouvoir nominal de l'empereur, aux termes de l'article 7, et susceptible

---

1. J. M. Maki, *Court and Constitution in Japan. Selected Supreme Court Decisions, 1948-1960*, Seattle, University of Washington Press, 1964, p. 370-371.

d'être exercé librement sur l'avis et avec l'approbation du gouvernement. Selon eux, « la théorie selon laquelle l'article 7 n'est pas une simple disposition procédurale, mais une disposition substantielle investissant d'un pouvoir politique réel une personne irresponsable et non élue, n'est pas défendable dans un régime démocratique »[1]. Cette observation fait encore écho à celle du juge, dont l'expression est, il est vrai, plus nuancée lorsqu'il conteste l'affirmation selon laquelle le Japon aurait adopté, avec la Constitution de 1946, le système constitutionnel britannique. Le souverain britannique conserve en droit le pouvoir de nommer ses ministres et de dissoudre le Parlement ; au Japon, en revanche, souligne le juge, la désignation du premier ministre appartient à la Diète et l'empereur ne possède pas de pouvoir en matière de gouvernement. Il est sans doute vrai qu'en décidant la dissolution du 28 août 1952 par l'instrument d'un décret impérial signifié en forme de prérogative, le cabinet Yoshida a entendu infléchir le fonctionnement de la Constitution – constitution imposée, pas toujours assimilée de plein gré – dans le sens d'une intégration au modèle britannique qui paraît plus adapté à la continuité historique du Japon. Ce souci de marquer la continuité historique, contesté parfois violemment par ailleurs, a toujours été présent à l'esprit des dirigeants successifs du parti dominant, qui s'est maintenu au pouvoir depuis 1948. Quoi qu'on pense de l'opportunité et de la valeur de cette démarche, il paraît déraisonnable de soutenir que l'attribution nominale du droit de dissolution au monarque constitutionnel, à l'exemple britannique, est incompatible avec la nature démocratique du régime.

197 LA RENONCIATION A LA GUERRE. — L'article 9 de la Constitution est l'unique disposition du chapitre II intitulé « Renonciation à la guerre ». Il proclame : « Aspirant sincèrement à une paix internationale fondée sur la justice et l'ordre, le peuple japonais renonce à jamais à la guerre en tant que droit souverain de la nation, ou à la menace, ou à l'usage de la force comme moyen de règlement des conflits internationaux. Pour atteindre ce but, il ne sera jamais maintenu de forces terrestres, navales et aériennes, ou

---

1. *Comments and Observations by Foreign Scholars on Problems Concerning the Constitution of Japan*, 1946, Secretariat of the Commission on the Constitution, Tokyo, 1964, p. 256.

autre potentiel de guerre. Le droit de belligérance de l'État ne sera pas reconnu. »

Le Japon est ainsi le premier pays du monde à avoir constitutionnalisé le pacifisme ou, plus précisément, le désarmement unilatéral. L'article 9 est, à bien des égards, la disposition fondamentale de la Constitution et c'est à son sujet que les implications du processus constituant et de sa réception se font le plus vivement sentir : « Que l'insertion de cet article 9 dans la nouvelle Constitution japonaise ait été suggérée au gouvernement japonais par le général McArthur ou que ce soit M. Shidehara (premier ministre en 1946) qui en ait pris l'initiative ne change rien au fond du problème : le Japon a accepté de renoncer constitutionnellement à la guerre et au réarmement. »[1] L'application de ce principe pose un certain nombre de questions. Sans doute, le Japon a pu exciper de l'article 9, en 1958, pour refuser de participer à une action militaire internationale, dans le cadre et en tant que membre des Nations Unies. Mais il a commencé à déroger à la stricte application de cette disposition en procédant à un réarmement graduel, à partir de la guerre de Corée, en exécution du traité de sécurité américano-japonaise conclu en 1952 (révisé en 1960). Les articles 3 et 5 du traité prévoient le maintien et le développement d'une force armée apte à résister à une attaque extérieure ainsi que des actions militaires collectives. Par l'article 6, le Japon autorise l'installation sur son territoire de bases militaires américaines pour veiller à la sécurité japonaise et internationale. Le « développement graduel de la force défensive » envisagé par le traité s'est effectué à partir de la garde de réserve créée en 1950, devenue garde de sécurité en 1952 et transformée en garde de défense en 1964, sur l'initiative et sous le contrôle des États-Unis. Le renforcement de cette garde de défense a fait l'objet des plans successifs « d'équipement de la force défensive » qui ont abouti à la création d'une armée se trouvant aujourd'hui au rang des dix plus puissantes du monde.

En dépit de l'incompatibilité de ce programme de réarmement avec la Constitution, la révision de l'article 9 n'a pas été effectuée. Elle a une première fois échoué devant la Chambre des conseillers en 1956 puis devant la Chambre des députés en 1958, et, depuis, la

---

1. J. Robert, *Le Japon,* LGDJ, coll. « Comment ils sont gouvernés », 1969, p. 289.

majorité des deux tiers dans chaque chambre nécessaire pour proposer un amendement constitutionnel à la ratification populaire n'a pu être réunie. En 1999, le Premier ministre Obuchi a mis en place une commission parlementaire pour réexaminer la question. Parallèlement, des sondages tendent à indiquer qu'une grande majorité du corps électoral (environ 70 %) est devenue hostile à la révision de l'article 9 en même temps qu'elle est favorable au maintien du système de la garde de défense. L'existence de la garde de défense est justifiée par le parti au pouvoir (gouvernement et majorité parlementaire) comme étant une force de légitime défense qui ne contredit pas substantiellement le principe énoncé à l'article 9, étant admis un certain nombre de limites constitutionnelles concrètes : interdiction de l'envoi de la garde de défense dans un pays étranger, du service militaire obligatoire, de la fabrication d'armes nucléaires, de l'exportation d'équipements militaires, etc.[1]. Une nouvelle étape avait été franchie en 1992 avec l'adoption d'une loi sur la participation à des opérations de maintien de la paix des Nations Unies, qui a été justifiée par la poursuite des objectifs essentiellement pacifiques de l'ONU.

De son côté, le tribunal suprême, appelé à juger de la constitutionnalité de la garde de défense ainsi que du traité de sécurité américano-japonais au regard de l'article 9, a adopté une position nuancée qui illustre bien les caractéristiques du contrôle de constitutionnalité au Japon.

198 Le contrôle de constitutionnalité. — Le tribunal suprême est, aux termes de l'article 81 de la Constitution, « une juridiction de dernier ressort compétente pour se prononcer sur la constitutionnalité de toute loi, tout règlement, toute règle et tout acte ». Ce texte n'est pas parfaitement clair et n'a pas fait l'objet d'une mise en œuvre législative. C'est le tribunal suprême lui-même qui, dans sa jurisprudence, a déterminé la nature du mécanisme de contrôle de constitutionnalité. Il a notamment établi que l'article 81 ne fait pas de lui une juridiction constitutionnelle ès qualités mais une juridiction judiciaire qui, en dernier ressort, statue sur la constitutionnalité des dispositions applicables. Une décision du

---

1. T. Fukase, L'article 9, « Le Japon », *Pouv.*, n° 35, p. 41-45.

1er février 1950 a précisé que l'article 81 ne confie pas le monopole de la compétence de contrôle de constitutionnalité au seul dernier ressort. Cette exclusivité ne se justifie pas dans la mesure où la Constitution ne distingue pas entre la compétence judiciaire – ou juridictionnelle de droit commun – du tribunal suprême et sa compétence en matière de contrôle de constitutionnalité. Cette décision a été confirmée par celle du 15 avril 1953, précitée, relative à la constitutionnalité de la dissolution de 1952 (v. n° 196). À cette occasion, le tribunal a relevé que la requête lui était adressée comme à une juridiction constitutionnelle statuant en premier et dernier ressort, alors que l'article 81 de la Constitution ne peut être interprété – selon le principe établi par la décision précédente – comme lui conférant une telle compétence. C'est ainsi que le tribunal a jugé la requête irrecevable. Peu auparavant, par une décision du 8 octobre 1952, le tribunal avait également rejeté comme irrecevable la demande formée par le parti socialiste nippon tendant à faire déclarer la garde de réserve (qui a précédé la garde de défense) inconstitutionnelle au regard de l'article 9, au motif qu'il ne peut exercer un contrôle abstrait de la constitutionnalité des normes et que sa compétence doit s'inscrire dans le cadre d'un litige actuel.

L'article 81 signifie donc seulement qu'une partie invoquant un moyen d'inconstitutionnalité peut toujours le faire valoir jusque devant le tribunal suprême, ainsi que l'impliquent nombre de dispositions des Codes de procédure civile et pénale[1]. Le mécanisme de contrôle reproduit ainsi celui qui existe aux États-Unis : il s'agit d'un contrôle par voie d'exception dont l'effet juridique n'est en principe que relatif. Cependant, concernant la nature des normes contrôlées, il convient de relever que l'article 81 ne donne pas expressément compétence au pouvoir judiciaire pour vérifier la constitutionnalité des traités.

La question s'est posée à propos du traité de sécurité américano-japonais. Par une décision du 16 décembre 1959, le tribunal n'a pas décliné sa compétence en cette matière mais s'est abstenu de se prononcer en invoquant la théorie des « questions politiques », empruntée à la jurisprudence de la Cour suprême des États-Unis. Cette doctrine a également été utilisée pour la deuxième décision

---

1. T. Fukase et Y. Higuchi, *op. cit.*, p. 299.

relative à la dissolution de 1952 (8 juin 1960). Elle l'a encore été par une juridiction d'appel, en 1976, à propos de la constitutionnalité de la garde de défense, conformément à la jurisprudence de 1959. Elle est aussi sous-jacente dans les décisions relatives à la politique nucléaire (arrêts de 1965 et 1992). Le tribunal a ainsi évité d'avoir à prononcer l'inconstitutionnalité de textes ou de mesures probablement passibles d'une telle sanction du seul point de vue juridique. Une réserve est cependant ménagée, qui apparaît dans la décision du 16 décembre 1959 où le tribunal relève que le traité contesté « n'apparaît pas inconstitutionnel de manière très clairement évidente ». De manière générale, on observe une tendance du tribunal suprême à éviter la déclaration d'inconstitutionnalité, alors qu'il hésite nettement moins à affirmer la conformité à la Constitution des normes contestées devant lui. La réserve du tribunal en matière de déclaration d'inconstitutionnalité de la loi est très nette : ce n'est qu'en 1973 qu'une loi relative à la répression spécifique du parricide a été, pour la première fois, jugée contraire à la Constitution, et les décisions prononçant l'inconstitutionnalité ont gardé, depuis lors, un caractère exceptionnel. Il en va d'ailleurs de même, globalement, en ce qui concerne les actes du pouvoir exécutif, sauf en ce qui concerne les arrêts intervenus en 1954 et 1955, prononçant l'inconstitutionnalité de règlements « autonomes » pris par le gouvernement sur les instructions du commandement suprême des forces alliées. En revanche, la tendance du tribunal à reconnaître la constitutionnalité des textes ou actes contestés se manifeste dans le fait qu'il n'hésite pas à se prononcer en ce sens, par la voie d'un *obiter dictum*, alors même qu'un moyen de procédure lui permet de déclarer une requête irrecevable[1].

Cette attitude du tribunal suprême n'est pas nécessairement celle de l'ensemble des organes judiciaires. Ainsi, concernant le principe de renonciation à la guerre, un tribunal de région a interprété l'article 9 comme règle garantissant les droits des citoyens à une paix complète et, en conséquence, jugé l'existence de la garde de défense inconstitutionnelle (affaire Naganuma, 1973). Auparavant, le tribunal de Tokyo avait déclaré inconstitutionnel le stationnement de forces américaines sur le territoire japonais effectué en

---

1. *Ibid., op. cit.*, p. 302.

application du traité de sécurité de 1952 (30 mars 1959). C'est cette décision qui a été infirmée par celle du tribunal suprême en date du 16 décembre 1959. Dans la plupart des cas, en effet, le tribunal suprême renverse les jugements d'inconstitutionnalité prononcés par les juridictions inférieures, soit qu'il use d'un motif d'irrecevabilité – par exemple de procédure, ou déduit de la théorie des « questions politiques » – ou, plus fréquemment, qu'il s'oppose aux motifs juridiques retenus par le juge inférieur et déclare la constitutionnalité du texte ou de l'acte contesté. Par réaction, les tribunaux inférieurs ont développé la pratique de la déclaration de constitutionnalité, sous réserve d'interprétation conforme aux principes énoncés dans la décision, de la norme litigieuse. Le tribunal suprême a fait sienne cette technique par deux décisions du 2 avril 1969 acquittant des fonctionnaires grévistes mais a par la suite opéré un revirement (décision du 25 avril 1972). Les juridictions inférieures ont ainsi cependant réussi à exercer une certaine influence sur l'évolution de la jurisprudence du tribunal suprême.

Le décalage entre les deux niveaux de juridiction quant à l'exercice du contrôle de constitutionnalité, qui se traduit par une différence – du reste dépourvue de caractère systématique – entre une tendance plutôt libérale des instances inférieures, et plutôt défavorable aux pouvoirs politiques, et une tendance moins libérale du tribunal suprême, tient au caractère politique des nominations au sein de ce dernier. Le président du tribunal est désigné par le gouvernement et nommé par l'empereur, les 14 autres juges sont nommés par le gouvernement. La composition du tribunal suprême appartient donc entièrement au pouvoir exécutif et il n'existe pas de procédure qui garantisse un caractère plus consensuel des désignations, telle que l'approbation du Sénat aux États-Unis ou l'intervention du Parlement, à une majorité qualifiée, dans le cas des cours constitutionnelles européennes. Il est vrai que la nomination des juges du tribunal suprême doit être ratifiée par le peuple lors des élections à la Chambre des représentants consécutive à leur désignation et qu'ils peuvent faire, par la même voie, l'objet d'une procédure de *recall* à l'expiration de chaque période de dix ans au cours de leur mandat (art. 79 de la Constitution). Pour leur part, les juges inférieurs sont également nommés par le gouvernement mais sur une liste de personnes désignées par le tribunal suprême lui-même et pour un mandat de dix ans renouvelable. Le système est donc très insatisfaisant au regard du principe de l'inamovibilité. Sans doute le *recall* a-t-il pour objet de conférer aux membres du tribunal suprême une légitimité démocratique[1]. Mais la possibilité de ne pas renouveler le mandat décennal des juges, que ce soit par la volonté populaire pour les juges suprêmes, ou par celle du gouvernement et du tribunal suprême pour les juges inférieurs, n'est pas de nature à favoriser l'indépendance du pouvoir judiciaire. Ces particularités du statut des magistrats n'ont cependant pas donné lieu à des abus. Il reste que la nomination des juges au tribunal suprême revêt inévitablement un caractère politisé. L'absence d'alternance politique de 1948 à 1993 se répercute sur la composition du tribunal suprême. En revanche, les juges des tribunaux inférieurs sont nommés sur proposition du tribunal suprême parmi des candidats recrutés par concours et à l'issue de stages, sans acception de considérations politiques. La passivité du juge constitutionnel, en dernier ressort, sa relative complaisance à l'égard des pouvoirs politiques, qui contrastent si fort avec le rôle de la Cour suprême aux États-Unis, n'est pas synonyme d'immobilisme constitutionnel. Elles signifient qu'une plus grande latitude est laissée aux autres pouvoirs constitués, législatif et exécutif, pour interpréter et faire évoluer la Constitution. La constitutionnalité objective de l'action des pouvoirs politiques en cette matière est dès lors très sujette à caution. Mais la question ne peut être envisagée sans prendre en considération la genèse très spécifique de la Constitution de 1946. C'est le problème du révisionnisme constitutionnel.

199 LE RÉVISIONNISME CONSTITUTIONNEL. — Selon une doctrine apparemment dominante, « la Constitution japonaise de 1946 est le critère essentiel qui divise la gauche constitutionnelle de la droite anticonstitutionnelle. Les partis de gauche, y compris le parti communiste japonais, se déclarent, dans un sens ou dans un autre, pour la Constitution (...). Du côté de la droite, la chose est toute différente. Il ne s'agit pas ici des groupes d'extrême droite extraparlementaires, qui condamnent violemment la Constitution qualifiée par eux de « made in USA ». Le parti libéral-démocrate

---

1. *Ibid., op. cit.*, p. 291.

lui-même inscrit dans son programme officiel des vœux explicitement révisionnistes »[1]. Ainsi le parti dominant, qui depuis 1955 rassemble les deux grands courants conservateurs, ne s'est jamais complètement rallié à une constitution sous laquelle il s'est constamment maintenu au pouvoir et a permis au Japon de devenir l'une des premières puissances du monde. Mais l'attitude du parti libéral-démocrate sur le problème de la révision n'est pas monolithique. On peut distinguer deux courants, correspondant aux partis d'avant 1955. Le courant du parti libéral, celui du premier ministre Yoshida (en fonction de 1946 à 1947, puis de 1948 à 1954), s'est prononcé pour le *statu quo* constitutionnel tout en favorisant une « révision silencieuse » dans la pratique, notamment en ce qui concerne le réarmement (v. aussi n° 196 le cas de la dissolution). Les premiers ministres appartenant à la filiation politique de Yoshida ont suivi la direction qu'il avait imprimée. Au contraire, le courant du parti démocrate a traditionnellement été ouvertement révisionniste, dénonçant le caractère étranger de la Constitution imposée par l'occupant. Le courant révisionniste présentait au départ une certaine orientation militariste prônant l'abolition de l'article 9 et la reconstitution d'une armée japonaise et traditionnelle, proposant un renforcement de l'institution impériale et une réorganisation de l'ancien système familial. Ce programme était celui du gouvernement Hatoyama (1954-1956) et il n'a pas été mis en œuvre, le gouvernement n'ayant pu emporter une majorité des deux tiers des sièges aux élections législatives de 1955. Après cet échec, la revendication révisionniste est devenue plus modérée. Le parti libéral-démocrate, constitué en 1955, inscrit dans son programme sa volonté d' « élaborer une constitution autonome », mais cela apparaît plus comme une condition idéologique de l'adhésion de l'ancien parti démocrate que comme un objectif politique concret à réaliser par le nouveau parti unifié, dans lequel dominait la tendance de l'ancien parti libéral. Les controverses autour du révisionnisme ont connu un regain après les élections de 1980 qui ont vu une victoire importante et inattendue du parti gouvernemental (v. n° 201) et surtout à la suite de la désignation comme premier ministre, en 1982, de M. Nakasone, révisionniste déclaré

---

1. *Ibid., op. cit.*, p. 313.

depuis 1950. Tout en ne reniant pas ses convictions en la matière, le chef du gouvernement, issu des rangs de l'ancien parti démocrate mais désigné avec l'appui des deux plus importantes factions du courant libéral, a évité de proposer un programme concret de révision, tant au moment de sa désignation en 1982 qu'après l'échec, en 1983, puis la victoire électorale considérable du parti au pouvoir aux élections de juillet 1986. En novembre 1987, M. Nakasone a été remplacé par M. Takeshita, chef de la première faction du courant libéral et non révisionniste.

Le règlement de la succession de l'empereur Hirohito, mort le 7 janvier 1989, a manifesté la pérennité de la double tendance observée dans le traitement du problème constitutionnel au Japon : l'intangibilité formelle de la Constitution, faute d'un consensus entre partis politiques en faveur d'une révision, et une certaine inflexion de la pratique dans un sens traditionnel par le parti au pouvoir, tendant à affirmer la continuité historique et spirituelle par-delà les avatars constitutionnels. Dans sa première déclaration publique, évidemment inspirée par le gouvernement, l'empereur Akihito a dit vouloir œuvrer « dans le cadre de la Constitution actuelle ». Il n'est d'autre part pas exclu que le parti libéral atténue les termes de l'engagement révisionniste qui figure dans son programme. Par ailleurs, l'intronisation du successeur et les funérailles de l'empereur ont été réglées par le gouvernement selon les usages et aussi les rites antérieurs à 1946, sous réserve que certaines cérémonies religieuses se sont déroulées à huis clos, en considération du principe constitutionnel de la laïcité de l'État. C'est en 1979 que le parti gouvernemental avait fait redonner force de loi au système de la dénomination des ères impériales *(gengo)* contre l'opposition de la gauche socialiste et communiste. L'ère Showa (« paix lumineuse ») s'est achevée avec la mort de l'empereur qui porte désormais son nom. L'ère Heisei (« accomplissement de la paix ») a commencé avec le nouveau règne dans un contexte d'acceptation plus général des institutions, qui n'est pourtant pas incompatible avec une nouvelle forme de nationalisme de nature à marginaliser les principes constitutionnels de 1946 sans qu'il soit touché à la lettre de la Constitution. Le vote en 1992 de la loi sur la participation aux opérations de paix de l'ONU est l'une des manifestations caractéristiques de ce révisionnisme silencieux, alors même que l'anniversaire des cinquante ans de la Constitution, en 1996, a montré l'émergence d'un climat politique plus consensuel sur ces questions et d'un recul du révisionnisme officiel prôné naguère par la tendance démocrate du PLD.

199 bis LES LOIS DE RÉFORME POLITIQUE. — L'intangibilité de la Constitution n'exclut pas non plus la prise en compte de la nécessité de réformes plus spécifiquement institutionnelles, nécessité liée aux abus puis à la crise du factionnalisme. On a dit que le facteur le plus important du factionnalisme japonais – qui affecte principalement, mais non exclusivement, le PLD – était évidemment le mode de scrutin, puisque celui-ci présentait, jusqu'en 1994, la caractéristique de permettre aux candidats d'un même parti de se concurrencer dans une même circonscription (v. n° 194). À diverses reprises, et notamment en 1956 et 1963, le gouvernement avait proposé une réforme du système électoral tendant à l'adoption d'un scrutin majoritaire uninominal, mais il s'était heurté à une très vive résistance des partis d'opposition, qui craignaient que ce système n'aboutisse à une hégémonie absolue du parti dominant, et à ceux qui, au sein de ce dernier, bénéficiaient particulièrement des effets du factionnalisme.

Ce sont les scandales politico-financiers qui vont, bien plus tard, faire apparaître la réforme politique comme une nécessité. L'origine des lois de 1994 remonte aux révélations du scandale Recruit en 1988 (v. n° 201) qui provoquèrent une vive réaction de l'opinion publique à l'encontre de la corruption des dirigeants politiques, en particulier au sein du PLD. Une commission sur le système électoral a été réunie en 1989 afin d'examiner une réforme du mode de scrutin et du financement des partis et des élections. Deux rapports ont été déposés : le premier suggérait un système dual comprenant l'élection de 300 membres au scrutin majoritaire uninominal à un tour et l'attribution de 200 autres sièges à la représentation proportionnelle au sein de 11 circonscriptions ; le second préconisait un financement public des partis, la limitation des dépenses électorales et de fortes restrictions à la possibilité pour les entreprises de verser des contributions en faveur de candidatures individuelles. Le gouvernement Kaifu (1989-1991) ne réussit pas à faire passer ces propositions en forme de loi, de même ensuite que le gouvernement Miyazawa, qui sera renversé pour cette raison (v. n° 201), et c'est en principe notamment pour faire aboutir cette réforme qu'après les élections de 1993 sera formée la coalition anti-PLD dirigée par M. Hosokawa. Les projets déposés par le gouvernement ont rencontré l'opposition du PLD avec lequel le premier ministre choisit de négocier, en particulier sur la question du nombre de sièges à répartir entre les deux systèmes, qui a donné lieu à plusieurs variantes. Une formule de transaction n'a pas obtenu l'aval du PLD mais fut adoptée par la majorité de la Chambre des représentants en novembre 1993. Elle s'est heurtée à une opposition inattendue de la Chambre des conseillers où les membres du PLD ont été rejoints par 17 sénateurs socialistes, faisant échouer le projet (21 janvier 1994). La commission de conciliation n'ayant pu trouver un compromis, le premier ministre et M. Kono, leader du PLD, ont fini par s'accorder – pour éviter une nouvelle présentation des textes devant la Chambre basse où, étant donné la majorité requise des deux tiers, ils auraient été rejetés – sur un retour aux propositions initiales de la commission, présentées en 1989, en ce qui concerne la réforme du mode de scrutin tandis que, pour la question du financement politique, le PLD a obtenu le maintien de la possibilité des contributions aux candidatures individuelles. Ainsi amendés, les projets de loi ont été adoptés en mars 1994 par une vaste majorité réunissant les membres du PLD aussi bien que ceux de la coalition dans les deux chambres.

Section II
Les institutions dans le cadre politique

I | LE SYSTÈME DES PARTIS

200 LE MULTIPARTISME JAPONAIS. — Le premier parti politique japonais, le parti patriotique, a été fondé en 1874 et avait à son programme l'établissement du régime parlementaire. Plusieurs autres partis ont ensuite rapidement été créés en dépit de la politique répressive à leur égard du gouvernement de Meiji. En 1914, un gouvernement fut, pour la première fois, formé par un dirigeant de parti. De 1924 à 1932 fonctionne un régime parlementaire dualiste avec l'alternance au pouvoir des deux principaux partis, le club des amis politiques et le parti de politique démocratique (plus tard parti démocrate). Avec la montée du militarisme, les partis sont obligés de fusionner dans le « rassemblement » créé en 1940, sorte de parti unique étatique.

Dès 1946, des partis se reconstituent. La date charnière est celle de 1955, à laquelle les deux principaux partis conservateurs, le parti démocrate et le parti libéral, qui ont succédé, dans une certaine mesure, aux deux grands partis d'avant-guerre, se réunissent pour former le parti démocrate libéral. La même année se réunit le parti socialiste, fondé en 1945 et qui a connu une scission en 1951, provoquée par la question du traité de sécurité américano-japonais. Une nouvelle dissidence se produit cependant en 1960, qui est à l'origine du parti démocrate-socialiste. À gauche des socialistes se trouve le parti communiste, fondé en 1922 dans la clandestinité et qui n'est devenu légal qu'à la fin de la guerre.

Le Komeito (parti de la justice et de l'intégrité) est créé en 1964 pour servir de plate-forme à une organisation bouddhiste, la *Soka Gakkai,* dont il se sépare en 1970. Situé au centre gauche, il connaît son premier succès aux élections de 1969 qui voient aussi un net progrès du parti communiste, les deux s'effectuant surtout au détriment du parti socialiste. Ces résultats consomment la fin du bipartisme apparent résultant de l'union, en 1955, des forces conservatrices d'une part, socialistes de l'autre. Le système de partis japonais apparaît désormais clairement comme un multipartisme avec parti dominant, mais la situation de ce dernier se présente de manière assez particulière.

201 LE PARTI DOMINANT. — Né de la fusion du parti démocrate – le plus conservateur des partis japonais en 1946 – et du parti libéral, le parti libéral-démocrate (PLD) n'a jamais été un parti uni et centralisé. Son ciment le plus solide est l'exercice du pouvoir, ininterrompu depuis sa fondation en 1955. Le courant conservateur avait du reste déjà dominé la vie politique depuis 1946, sauf la brève période d'un ministère à direction socialiste, puis d'une participation socialiste au gouvernement, en 1946-1947. Cette stabilité au pouvoir du parti dominant s'explique à la fois par ses remarquables succès en matière économique et son pragmatisme politique, mais aussi par une pratique très perfectionnée du clientélisme. Sur cette triple base, le PLD a incontestablement vocation à être un *catch-all-party*. Il ne l'est pas moins, comme on l'a vu, du point de vue idéologique puisque ce parti, du reste peu idéologisé, comporte à la fois un courant traditionaliste hostile à la Constitution et un courant libéral pragmatique qui tend à éviter le débat sur la révision, les deux se rencontrant pour infléchir la pratique institutionnelle.

Mais le trait caractéristique du parti dominant au Japon, et qui paradoxalement ne concourt pas moins que les éléments précités à son succès, n'est pas cette relative bipolarisation, habituelle dans les partis à vocation majoritaire, mais le factionnalisme. « D'abord le factionnalisme du PLD oblige chaque faction à s'appliquer très énergiquement à ses activités auprès des électeurs et cette concurrence apporte au parti un effet heureux. Ensuite, il permet au parti de réaliser une sorte de "pseudo-alternance du pouvoir" entre diverses factions et empêche ainsi de voir se disperser les voix de ses clients électoraux lassés du trop long règne d'un même parti. »[1] Le PLD apparaît ainsi comme « une confédération de forces conservatrices qui fonctionne à la manière d'une coalition de clans politiques »[2]. Le nombre de ces clans est variable en fonction des circonstances – alliances, fusions, dissolution – mais jamais inférieur à cinq pour les grandes factions, sans compter les clans mineurs et les indépendants. Les clans ont une organisation et des moyens propres et leurs structures sont nettement plus rigides et plus disciplinées que celles du parti lui-même. Jusqu'en 1976, ils étaient, conformément à la loi, déclarés comme groupes politiques mais à la suite de l'échec relatif du PLD aux élections législatives de cette année, les factions ont été officiellement dissoutes et résorbées au sein du parti. Cette mesure n'a cependant eu qu'une portée strictement juridique. En effet, le système d'élection directe du président du parti – virtuellement, du chef du gouvernement – par ses adhérents, institué l'année suivante, en 1977, en vue de renforcer l'unité du PLD et de régénérer le parti, discrédité et ébranlé à la suite du scandale Lockheed, a contribué au

---

1. *Ibid., op. cit.*, p. 213.
2. Kishimoto Koichi, *Politics in Modern Japan*, Tokyo, Japan Echo Inc., 3ᵉ éd., 1988, p. 32.

contraire à un nouvel essor du factionnalisme. En vertu de ces règles, les membres du parti participent au premier tour de l'élection du président par l'envoi de leur bulletin de vote et il appartient au groupe parlementaire conjoint des deux chambres de départager, lors d'un second tour, les deux candidats arrivés en tête. Ce système de « primaires » a permis au PLD d'élargir sa base à l'occasion d'une élection qui a rencontré un succès d'opinion considérable, de telle sorte que dès sa première application, en novembre 1978, le premier ministre en fonction, M. Fukuda, s'est retiré avant le second tour devant M. Ohira, qui avait emporté la majorité des suffrages. C'est ainsi que, loin de renforcer l'unité du PLD, l'élection directe du président a au contraire stimulé le factionnalisme en incitant les clans à se réorganiser en vue de conquérir la direction du parti.

Le factionnalisme est intimement lié au clientélisme électoral : « Mis à part les activités « ploutocratiques » et plus ou moins corruptrices, le candidat est obligé de rendre service aux membres d'un cercle de soutien (...). La campagne électorale est poursuivie beaucoup moins par le parti en tant que tel que par des cercles de soutien pour chaque candidat, patronnés eux-mêmes par chaque faction. »[1]

L'hégémonie du PLD sur la vie politique japonaise se poursuit depuis sa fondation en 1955 mais elle connaît des intermittences. Le parti a perdu depuis 1967 la majorité des voix dans le pays et, pour la première fois en 1976, dans le contexte du scandale Lockheed, il n'a pas obtenu la majorité absolue à la Chambre des représentants, ne conservant une majorité gouvernementale qu'avec l'appoint d'élus conservateurs indépendants. Peu avant les élections, six députés avaient quitté le PLD pour constituer le club néo-libéral, qui a obtenu 17 sièges. Les élections de 1980, au contraire, sont un triomphe pour le PLD. Puis, en 1983, le parti connaît à nouveau la même situation qu'en 1976, perdant la majorité absolue à la Chambre basse, un an après l'investiture comme premier ministre de M. Nakasone. Mais, aux élections de 1986, celui-ci remporte pour son parti une nouvelle victoire écrasante, suivie de la dissolution du club néo-libéral, dont les membres font retour au PLD. Trois ans plus tard, en 1989, à un an du terme légal de la législature, le parti gouvernemental connaît une nouvelle crise due au scandale

---

1. T. Fukase et Y. Higuchi, *op. cit.*, p. 227.

Recruit (dans lequel sont impliqués l'ancien premier ministre Nakasone et le premier ministre Takeshita) et enregistre de très mauvais résultats lors des scrutins locaux puis aux élections partielles à la Chambre haute, où il perd la majorité.

Aux élections de 1990, une avancée notable du parti socialiste (+ 50 sièges) n'empêche cependant pas le PLD de conserver la majorité à la Chambre des représentants. Mais sous la pression de plus en plus forte des affaires qui se sont succédé depuis 1989, le factionnalisme finit par aboutir à la scission. En janvier 1993, le clan Hata quitte la faction Takeshita, majoritaire au sein du PLD, à la suite du scandale Sagawa qui met en lumière les liens entre les leaders politiques (dont l'ancien premier ministre Takeshita) et les syndicats du crime. Il en résulte une crise sans précédent pour le parti. Le 18 juin 1993, le gouvernement de M. Miyazawa est renversé du fait de la défection de 39 membres (sur 278) de la majorité libérale démocrate, protestant contre l'incapacité du premier ministre à faire adopter le projet de loi de réforme politique. Trois nouveaux partis conservateurs émergent de la scission puis des élections du 18 juillet 1993 : le nouveau parti du Japon (NPJ) – déjà fondé en 1992 mais jusque-là sans élu – et le parti pionnier (PP) constituent un groupe parlementaire commun au lendemain du scrutin, tandis que M. Hata dirige le parti de la renaissance, qui réunit les membres de son ancien clan au sein du PLD. Ils décident de s'allier au parti socialiste, aux deux partis sociaux-démocrates et au Komeito pour former un gouvernement de coalition anti-PLD. Le ciment de cette coalition est l'adoption du projet de réforme politique, finalement voté en mars 1994 avec l'assentiment du PLD, mais qui sera suivie d'une grande instabilité (v. n°s 202 *bis* et 205). À l'issue des élections du 20 octobre 1996, longtemps différées par crainte des effets de la réforme électorale, le PLD retrouve sa position historique dominante tandis que les promoteurs de la réforme politique subissent un revers : il emporte 239 sièges sur 500 (contre 211 sur 511 avant les élections). Il était revenu aux affaires, au sein de la coalition, dès juillet 1994, et avait retrouvé le poste de premier ministre en janvier 1996. Lors des élections du 25 juin 2000, annoncées comme un échec, il obtient 247 sièges sur 480 et en conserve 239 aux élections du 9 novembre 2003. Son hégémonie n'a donc jamais été réellement menacée. Assurément, elle ne signifie pas, ainsi que l'écrit Jacques

Robert, « que tous les Japonais soient satisfaits du bilan des libéraux démocrates, et beaucoup montrent volontiers leur mécontentement en votant pour les socialistes aux élections locales. Mais quand vient, lors des élections à la Diète, le moment des grandes décisions engageant le destin national, les Japonais se serrent, en rangs massifs, derrière les libéraux démocrates qui leur ont, après la défaite, redonné somme toute l'essentiel : la soif de vaincre et la fierté nationale »[1]. À cette persistance de l'hégémonie du PLD, il faut ajouter une autre cause : la faiblesse de l'opposition.

202 LES PARTIS D'OPPOSITION JUSQU'EN 1993. — Le parti socialiste est le principal parti d'opposition, formé en novembre 1945 par le regroupement de plusieurs mouvements prolétariens d'avant-guerre. Il a gouverné, à la tête d'une coalition avec le parti démocrate, de mai 1947 à mars 1948 puis s'est maintenu dans cette coalition, sous direction démocrate, jusqu'en octobre 1948. Il n'a depuis lors plus participé au pouvoir. Le parti socialiste se présente volontiers comme le « parti de la Constitution », à quoi il a peut-être dû quelques-uns de ses succès relatifs lors des élections générales. Il est très attaché au principe de la renonciation à la guerre et s'est opposé, dans sa majorité, au traité de sécurité américano-japonais, ce qui a provoqué sa scission en 1951. Réuni en 1955, il obtenait aux élections de 1958, 166 sièges avec 32,5 % des suffrages. En 1960, il a été l'artisan des grandes manifestations populaires qui ont marqué l'approbation parlementaire du nouveau traité de sécurité. Depuis lors, le parti socialiste a commencé un lent déclin, apparaissant comme exclusivement lié à la défense des intérêts de la confédération des syndicats (Rengo) dont il fut parfois présenté comme étant la simple section politique. Il en dépendait d'autant plus qu'il était dépourvu de militants et d'organisation propres. Imitant le procédé des « primaires » institué par le PLD pour l'élection de son président, le parti socialiste n'a réuni en 1980 que 60 000 électeurs (contre 1,5 million au PLD en 1978). Le parti a été moins affecté par le factionnalisme proprement dit que par une classique bipolarisation entre une gauche restée marxiste et une droite social-démocrate, qui se poursuivit en dépit de la dissidence d'une partie de la droite

---

1. Préface à l'ouvrage de T. Fukase et Y. Higuchi, cit., p. XX.

en 1960, à l'origine du parti démocrate social. Électoralement, depuis 1967, le parti socialiste a moins souffert de la concurrence de ce dernier, qui a notablement évolué vers la droite, que de celle du Komeito et du parti communiste. Sur le plan local, le parti socialiste a connu d'indéniables succès, mais le gouvernement des collectivités locales lui a posé en permanence un problème d'alliances. Après avoir choisi l'union avec le parti communiste, les socialistes, toujours sous l'impulsion de la confédération des syndicats, ont ensuite privilégié l'alliance centriste. Aux élections générales de 1986, le parti socialiste est passé de 112 à 85 sièges, subissant l'un de ses plus graves échecs électoraux, qui a paru marquer la confirmation de son déclin. Aux élections suivantes de 1991, cependant, sous la direction de la populaire Mme Takado Doï, le parti reconquiert 136 sièges et apparaît comme le vainqueur du scrutin. On croit entrevoir alors le retour à une certaine bipolarisation, comme dans les années 1950-1960. L'accentuation du virage du parti vers la droite, sous la pression syndicale, entraîne néanmoins la démission de Mme Doï en juin 1991. Un an plus tard, fidèles à leur conception traditionnelle en la matière, l'ensemble des députés socialistes remettent leur démission pour protester contre le vote de la loi sur la participation aux missions de paix des Nations Unies, qu'ils jugent anticonstitutionnelle (v. n° 197), et ouvrent ainsi une crise de procédure parlementaire sans précédent. En janvier 1993, le nouveau leader, M. Yamahana, pourtant issu de l'aile gauche, doit constater que l'opposition catégorique du parti à toute atteinte à la Constitution pacifique l'a conduit dans une impasse (Ph. Pons). Aux élections de 1993, le PSJ subit un grave échec et ne conserve que 70 sièges à la Chambre des représentants. Mais il reste le premier parti de la coalition anti-PLD qui se constitue alors. Son déclin se poursuit très vite : 18 sièges aux élections de 2000, 6 à celles de 2003.

L'une des causes du déclin du parti socialiste, à partir des élections de 1969, a été la poussée du parti communiste, qui a progressivement renoncé à ses références marxistes-léninistes dans le cours des années 1970. Depuis la fin de l'union de la gauche à l'échelon local, décidée par les socialistes, le parti communiste gardait une représentation parlementaire supérieure à 20 sièges (sauf aux élections de 1990 et 1993) mais apparaît comme très isolé sur l'échiquier politique japonais. Aux élections de 2003, il n'obtient que 9 sièges.

L'autre cause du déclin électoral des socialistes résulte de l'évolution du Komeito. Fondé en 1964 sous les auspices d'une secte bouddhiste, ce parti est d'abord apparu comme une force populiste de rassemblement des mécontents («parti de la justice et de l'intégrité»). Présent à la Diète dès 1967, il procède en 1970 à sa «laïcisation» et se présente alors comme un courant «novateur» – la distinction novateurs-conservateurs prévalant au Japon sur celle entre la gauche et la droite – qui milite notamment contre le renforcement de l'alliance militaire américano-japonaise. Bien organisé et structuré, le Komeito a d'abord participé à la gestion de collectivités locales avec les partis de gauche avant de commencer à les supplanter au sein de certaines d'entre elles et de se tourner, à l'échelon local, vers l'alliance avec le PLD. En 1978, il a fini par accepter le traité de sécurité américano-japonais. Parti centriste, le Komeito a conclu en 1979 et 1980 des accords de coalition avec les partis socialiste et social-démocrate afin d'établir un pont entre les socialistes et leur dissidence droitière. En 1999, il en viendra à conclure un accord de coalition avec le PLD.

202 bis Le réalignement partisan depuis 1993. — À la démission du cabinet Hosokawa, qui était soutenu par sept partis (à l'exclusion du PLD) et avait mené à bien le passage de la loi de réforme politique, le parti socialiste et le parti pionnier (PP) ont quitté la coalition, qui s'est poursuivie sur une base minoritaire avec le ministère de M. Hata, leader du parti de la renaissance, dissident du PLD. Cette défection était provoquée par la formation d'une alliance au sein de la coalition réunissant, autour du parti du premier ministre, le Komeito, le nouveau parti du Japon (NPJ), d'autres membres dissidents du PLD et les sociaux-démocrates, et qui aboutissait à isoler le parti socialiste dans la majorité gouvernementale. Ainsi devenu minoritaire, le cabinet Hata a démissionné dès juin 1994, prévenant le vote d'une motion de censure. Le PLD est alors revenu au pouvoir en formant une nouvelle coalition avec ceux des partis qui avaient quitté la précédente, le PP et le parti socialiste, dont le leader M. Murayama devient premier ministre. En novembre 1994, M. Hosokawa décide la dissolution du NPJ qu'il avait créé en 1992. Un nouveau parti élargi à l'ensemble du centre droit est alors constitué autour du parti de la renaissance, sur la base de l'alliance parlementaire conclue précédemment avec le Komeito et les sociaux-démocrates : c'est le nouveau parti du progrès (NPP), qui réunit 176 députés, et dont la direction est confiée à M. Hosawa, bras droit de M. Hata. Ainsi, dès la chute (pour cause de scandale financier) du cabinet Hosokawa, la configuration des forces politiques a revêtu une configuration tripartite : le PLD, la coalition de centre droit qui avait soutenu le gouvernement Hata et devait former le NPP, et une troisième force dotée provisoirement d'un rôle de parti pivot, constituée par le parti socialiste et le PP. Pour survivre en tant que pivot à des élections régies par le nouveau mode de scrutin, les deux partis ont tenté de trouver une voie commune mais ont échoué, tandis que s'est formé, dans la précipitation de l'annonce de la dissolution en septembre 1996, un nouveau parti démocratique du Japon (PD) qui a rapidement attiré un grand nombre d'anciens membres du parti socialiste et du PP. Les résultats des élections d'octobre 1996, marquées par un record d'abstention (40,3 %), sont caractéristiques des effets du mode de scrutin mixte adopté en 1994 : le PLD emporte 239 sièges dont 169 au scrutin majoritaire ; le NPJ obtient 156 sièges dont 96 au scrutin majoritaire ; le nouveau parti démocratique sauve la mise avec 52 sièges, dont 17 seulement au scrutin majoritaire ; le parti socialiste (rebaptisé parti social démocratique) obtient 11 des 15 sièges qu'il conserve grâce à la représentation proportionnelle et il en va de même du parti communiste (24 sur 26). Après ces premières élections consécutives à la réforme, le devenir du système de partis restait très ouvert, les partis autres que le PLD n'étant pas fermement établis. De fait, sitôt après son échec relatif aux élections, le NPP « commence à se déliter » (J.-M. Bouissou) et est entraîné dans des scandales. Nombre de ses députés vont constituer des groupuscules, tandis que d'autres rejoignent le PLD et que le Komeito reprend son autonomie. Le PD, pour lui, se trouve divisé quant à l'attitude à adopter à l'égard du gouvernement PLD minoritaire de M. Hashimoto. Mais la base parlementaire s'élargit progressivement jusqu'à la conclusion de l'accord de coalition avec le Komeito (octobre 1999). Aux élections de juin 2000, alors que le PLD réussit à préserver son statut de parti dominant (v. n° 201), le Komeito régresse de 42 à 30 sièges. Dans l'opposition, le PD progresse jusqu'à 137 sièges, le parti socialiste de Mme Doï en obtient 19, et les communistes 20. Ce reclassement de type traditionnel semblait signer la fin de la configuration qui avait permis une éphémère alternance. Aux élections de novembre 2003, la gauche s'effondre (v. n° 202), le Komeito récupère 4 sièges (34) mais le PD en gagne 40 (177) et rétablit ainsi en sa faveur une certaine tendance à la bipolarisation.

II | LE SYSTÈME DE GOUVERNEMENT

203 UN GOUVERNEMENT DE PARTI « SUI GENERIS ». — À première vue, le système de gouvernement japonais est celui d'un gouvernement de parti majoritaire homogène. Mais le cas du Japon est plus particulier que celui des autres régimes dotés d'un tel système : d'une part il n'y a pratiquement pas d'alternance puisque le parti libéral-démocrate a été au pouvoir de façon quasi permanente, et d'autre part ce parti gouvernemental est une formation profondément divisée. Ces divisions sont anciennes puisqu'elles perpétuent, pour une part, celle qui existait entre les deux partis, libéral et démocrate, avant leur fusion. Mais, ainsi qu'on l'a dit, il n'y a pas seulement les survivances des deux anciens courants, il existe toujours au moins cinq grandes factions distinctes qui se disputent la direction du parti. La conséquence est visible : tout gouvernement libéral-démocrate est en réalité un gouvernement de coalition. S'il y a continuité d'exercice du pouvoir par le parti dominant, la stabilité ministérielle est toute relative et la dissolution du Parlement est fréquente, opérée sous la pression des factions intéressées et sous l'influence de considérations tactiques.

Le trait le plus particulier de ce système de gouvernement est de permettre une sorte d'alternance au pouvoir au sein du parti dominant. Sans doute, il ne s'agit pas d'une réelle alternance politique. « Les factions sont fondées essentiellement sur des relations personnelles entre les parlementaires et sur les "cheminements" du financement de leurs activités. Elles se distinguent donc moins par des orientations politiques bien définies que par le style de leurs leaders. (...) L'opinion publique peut trouver certaines choses nouvelles dans un changement de visages qui se trouvent à la tête d'un parti toujours au pouvoir. Là réside le secret de la popularité de tous les nouveaux premiers ministres, laquelle monte à chaque fois, après la "pseudo-alternance du pouvoir". (...) La popularité des gouvernements conservateurs baisse déjà un an après leur investiture et remonte considérablement aussitôt après la "pseudo-alternance". Le PLD se voit ainsi assuré d'un soutien continuel en dépit de l'usure certaine causée par son règne trop prolongé. »[1] Cependant l'alternance entre les factions, même si la division entre celles-ci ne correspond pas fondamentalement à des orientations politiques différentes, n'en exprime pas moins de réelles inflexions dans la politique gouvernementale. Sans doute l'autorité du premier ministre au sein du gouvernement, fortement établie par la Constitution (v. n° 195), est dans la réalité très limitée par le phénomène du factionnalisme. La désignation à la tête du gouvernement du leader d'une faction donnée n'en est pas moins déterminée par la formation d'une majorité dans la majorité – indicatrice d'une certaine orientation politique – qui accepte cependant de se soumettre au contrôle du courant minoritaire, à défaut duquel serait compromise la cohésion minimale nécessaire du PLD. « Une "pseudo-alternance du pouvoir" peut avoir donc parfois, sinon toujours, la signification d'un choix politique que le parti fait pour élargir, ou au moins empêcher de voir se dégrader, son audience auprès des électeurs, en tenant compte de l'évolution sous-jacente de leurs sentiments. »[2] La préférence donnée en 1978, lors de la première élection du président du parti par ses adhérents, à Ohira contre le premier ministre en fonction Fukuda illustre ce processus, en manifestant la volonté d'un rééquilibrage centriste de la majorité des factions, par l'intermédiaire du vote de la base du parti.

204 LA FORMULE DE GOUVERNEMENT. — Du point de vue constitutionnel, le rôle du premier ministre dans la formation du gouvernement est exclusif et son autorité sur les ministres très fortement établie : seul désigné par la Diète, le premier ministre nomme librement les membres du gouvernement qu'il peut ensuite remanier à sa guise. Mais le factionnalisme au sein du parti dominant exclut en fait l'exercice de ces pouvoirs discrétionnaires. La situation d'un premier ministre japonais est très éloignée de celle d'un chef de gouvernement britannique et s'apparente plutôt à celle d'un dirigeant de coalition multipartite, même si le gouvernement est théorique-

---

1. T. Fukase et Y. Higuchi, *op. cit.*, p. 227-228.
2. *Ibid.*

ment composé de membres d'un seul parti. Le Japon a du reste connu le système de gouvernement de coalition entre partis autonomes avant la création du PLD : coalition libérale et démocrate en 1946-1947, socialiste et démocrate en 1947-1948, puis à nouveau libérale et démocrate de 1949 à 1952. Cette période a été marquée par de fortes dissensions au sein des partis, aboutissant à des scissions : en 1948 pour le parti socialiste, en 1949 pour le parti démocrate et en 1953 pour le parti libéral. Ainsi, « la formation du PLD apparaît comme une réponse à ce danger d'une paralysie de la majorité conservatrice provoquée par ses dissensions internes. Elle permit de déplacer l'affrontement des ambitions hors de la Diète, et de le codifier pour en réduire les effets disruptifs », écrit Jean-Marie Bouissou[1]. Selon lui, cette « codification », qui permet de concilier les rivalités avec la stabilité et l'efficacité gouvernementales, tient en quatre règles, écrites ou implicites. En premier lieu, la compétition entre les factions au sein des circonscriptions électorales était soumise à des conditions précises accordant une priorité absolue aux sortants et limitant l'introduction de nouvelles candidatures. Selon la deuxième règle, la participation au partage du pouvoir est réservée aux factions qui sont à l'origine de la constitution du parti : sous des patronages successifs, ce sont les mêmes cinq principales factions qui détiennent le monopole des fonctions d'autorité au sein du parti et du gouvernement. Au sein de ce dernier, le premier ministre ne fait que distribuer les postes à ceux qui lui sont imposés par les chefs des factions. La troisième règle est qu'aucune des grandes factions ne peut être totalement exclue de la répartition des postes. La formation d'une majorité au sein de la majorité, qui soutient le chef du gouvernement, ne peut aboutir à la mise à l'écart de la minorité. Tout d'abord, la majorité agit sous le contrôle de celle-ci (v. n° 203) mais elle reçoit en outre environ le tiers des portefeuilles ministériels, dont au moins un important, ainsi que l'un des trois principaux postes dans la direction du parti. Enfin, la quatrième règle consiste en ce que la répartition s'opère à intervalles réguliers et courts. Le gouvernement subit un remaniement annuel qui affecte au moins la moitié des postes. Et surtout, la charge de premier ministre est remise en jeu lors de chaque congrès de parti, tous les

---

1. Le parti libéral-démocrate, « Le Japon », *Pouv.*, n° 35, p. 78.

deux ans, et le nombre de mandats est limité par les statuts du PLD. L'application de ce système donne lieu au jeu le plus complexe de rivalités entre les factions. Les conditions n'en sont d'ailleurs pas strictement respectées. D'une part, les chefs de faction peuvent contraindre un premier ministre discrédité : ainsi en 1974 M. Tanaka, très compromis dans le scandale Lockheed, en 1989, M. Takeshita, impliqué dans le scandale Recruit, et, en 1993, M. Miyasawa, touché par l'affaire Sagawa. D'autre part, un premier ministre peut être conduit à se retirer en endossant la responsabilité d'un échec électoral : ainsi M. Miki, après les élections législatives de 1976. Il peut encore, volontairement, n'être pas candidat à un nouveau mandat, comme M. Suzuki en 1982. On a vu que le PLD a organisé, à partir de 1978, un système de primaires permettant la désignation du chef du parti par ses adhérents. Les modalités de ce système ont été changées en 1981 ; les primaires ne doivent avoir lieu que si quatre candidatures au moins, parrainées par 50 parlementaires ou plus, ont été déposées. À l'issue de ce scrutin, les parlementaires du parti peuvent encore choisir entre les trois candidats (au lieu des deux) arrivés en tête. Telles sont les règles. Dans la pratique, leur observation est assez inégale et l'application du système, contrastée. On a vu que la première expérience en 1978 avait obtenu une forte participation (1,5 million de votes) et un résultat jugé surprenant : l'élection de Ohira contre le premier ministre en fonction, Fukuda, qui s'est retiré avant l'intervention du vote des parlementaires. En 1980, après la mort subite du premier ministre Ohira durant la campagne des élections législatives, M. Suzuki, ami du défunt, a été désigné à l'unanimité comme son successeur par les groupes parlementaires, sans recourir au système d'élection directe pour le premier tour puisqu'un consensus existait sur la candidature Suzuki. Après les modifications intervenues en 1981, et le retrait volontaire de M. Suzuki, une « primaire » s'est déroulée en 1982 puisque quatre candidatures avaient été déposées. Cette fois encore, la victoire de M. Nakasone, candidat de la puissante faction Tanaka, a été jugée surprenante alors que M. Komoto, considéré comme très populaire auprès des adhérents de la base, obtenait deux fois moins de voix ; et, de même qu'en 1978, les autres candidats se sont retirés avant l'intervention du vote des parlementaires. Mais le plus frappant est que, tant en 1978 qu'en 1982, « ces deux résultats étaient exactement ceux qu'aurait donnés le congrès (du parti), compte tenu des alliances passées entre les factions. La procédure des primaires n'avait fait que rappeler que le PLD est avant tout la somme de ses factions »[1]. La « primaire » de 1982 n'a cependant pas suscité autant de participation qu'en 1978, ni autant d'intérêt dans l'opinion publique. En 1984, M. Nakasone a été candidat au renouvellement de son mandat et l'a obtenu par consensus mais moyennant l'acceptation d'une modification des statuts du parti limitant désormais le mandat d'un président – et donc d'un premier ministre – à un renouvellement, soit au maximum quatre ans, en vue de garantir une rotation plus rapide des fonctions ministérielles entre les principales factions. Cependant, dès la fin de son second mandat, en octobre 1986, M. Nakasone a obtenu qu'il soit dérogé à la nouvelle règle et a été reconduit pour une année supplémentaire. M. Nakasone avait en effet réussi à obtenir l'accord des autres factions pour que des élections anticipées à la Chambre basse soient organisées en même temps que le renouvellement partiel de la Chambre haute, afin de profiter d'un climat favorable dans l'opinion, et après avoir surmonté les réticences de M. Miyazawa, l'un des candidats à sa succession, qui craignait que le premier ministre ne profite du succès électoral escompté pour solliciter un troisième mandat. Après l'importante victoire électorale, au caractère très personnalisé, du 6 juillet 1986 (304 sièges sur 512 contre 250 aux élections de 1983), M. Nakasone a été réélu premier ministre à la tête d'un gouvernement presque entièrement renouvelé. M. Miyazawa prenait le portefeuille des finances tandis que M. Takeshita, « héritier » de la faction Tanaka, qui obtenait huit postes ministériels, devenait secrétaire général du PLD. L'accord s'est fait en octobre suivant pour prolonger d'un an le mandat de M. Nakasone, par dérogation aux nouveaux statuts. En 1987, trois dirigeants des cinq grandes factions se sont disputé le leadership, évitant ainsi le recours à la primaire. Le choix s'est porté sur M. Takeshita, successeur de M. Tanaka à la tête de la faction la plus importante du PLD. Quant à M. Hashimoto, il fut choisi par le groupe parlementaire du PLD en septembre 1995, alors que le poste de premier ministre n'était pas détenu par le parti. Issu du clan Takeshita, il était arrivé en tête

---

1. J.-M. Bouissou, art. cité, p. 76.

d'une primaire, en concurrence avec M. Koizumi. Il a été élu premier ministre à la démission de M. Murayama, socialiste, en janvier 1996, et est resté chef d'un gouvernement soutenu par le PS et le PP après le succès remporté par son parti aux élections d'octobre 1996. Il a été reconduit en septembre 1997 par consensus, aucun autre candidat ne s'étant présenté. Mais lors des élections à la Chambre des conseillers du 12 juillet 1998, le PLD connaît une défaite, n'emportant que 44 sièges sur les 126 renouvelables. Suite à cet échec, M. Hashimoto démissionne. Le ministre des Affaires étrangères, M. Obuchi, à la tête de son propre clan, est élu premier ministre par la Chambre des représentants tandis que la nouvelle majorité de la Chambre des conseillers vote pour M. Naoto Kan, leader du PD. En septembre 1999, M. Obuchi est largement élu président du PLD avec 68 % des voix. Il forme alors un gouvernement de large coalition rassemblant tout le centre droit, dont le Komeito, qui contrôle plus des deux tiers des voix à la Chambre des représentants et se retrouve en majorité à la Chambre des conseillers.

En avril 2000, M. Obuchi est victime d'une embolie. Il est remplacé par un membre de son clan, M. Mori, qui conserve le gouvernement en place. Le 2 juin, le premier ministre annonce la dissolution de la Chambre des représentants (dont le mandat courait jusqu'en, octobre 2000) alors que l'opposition avait déposé une motion de censure portant sur un propos très critiqué de M. Mori qualifiant le Japon de « pays des dieux, dont l'empereur est le centre ». La coalition ayant gardé la majorité à l'issue des élections du 25 juin 2000, M. Mori fut reconduit comme premier ministre. En avril 2001, il a dû céder la place à un autre membre de son clan, M. Koizumi, à la suite d'une de ces contestations internes au PLD qui s'analysent généralement en termes de crise de gouvernement.

205 CRISE DU PARTI ET CRISE DE GOUVERNEMENT. — Ainsi qu'il est logique dans un système de parti dominant, on constate au Japon une coïncidence presque complète entre crise du parti gouvernemental et crise de gouvernement. La portée systématique de cette coïncidence est renforcée par les caractères qui sont propres au PLD. Mais elle existait dès avant la création de ce parti en 1955. Durant les premières années d'application de la Constitution, le Japon a connu des crises politiques violentes, régulièrement marquées par l'éclatement des partis gouvernementaux, socialiste d'abord, ensuite démocrate et enfin libéral.

La crise de 1953 qui a vu l'éclatement du parti libéral est particulièrement symptomatique du fonctionnement confus du parlementarisme japonais à cette époque. À la suite de la dissolution d'août 1952 (v. n° 196) et des élections tenues en octobre, le parti libéral avait conservé une majorité absolue et son leader Yoshida avait formé un gouvernement homogène. Mais cette homogénéité n'était que de façade ; les mêmes dissensions entre le clan du premier ministre et celui de son rival Hatoyama continuèrent d'affecter le parti gouvernemental, comme avant les élections. Le 2 mars 1953, une motion de censure fut déposée par les deux partis socialistes et recueillit 196 voix (contre 241) : un quart des députés du parti gouvernemental s'était abstenu lors du vote. Finalement, une seconde motion, présentée par les trois principaux partis de l'opposition et visant l'attitude trop dépendante du gouvernement à l'égard des États-Unis, fut adoptée le 12 mars par 229 voix contre 218. 22 députés libéraux s'étaient joints à l'opposition pour voter la censure et annoncèrent leur intention de constituer un nouveau groupe politique sous la direction de Hatoyama. La dissolution fut immédiatement prononcée, cinq mois seulement après les élections précédentes. Le nouveau scrutin (19 avril 1953) vit la défaite du parti gouvernemental, qui ne conservait que 199 sièges (sur 466). Le parti dissident en obtenait 35 tandis que les partis socialistes progressaient. Le 19 mai, Yoshida fut cependant réélu premier ministre, au deuxième tour, grâce à l'abstention des deux groupes socialistes. Le groupe dissident de Hatoyama rejoignit le parti gouvernemental en novembre 1953. Mais cette réunion fut de courte durée. En décembre 1954, à la suite de l'attitude de Yoshida, refusant de venir se justifier devant la Chambre à l'occasion du scandale financier dans lequel il se trouvait impliqué, une partie du groupe libéral fit à nouveau sécession et forma, avec les démocrates, un nouveau groupe démocrate dirigé par Hatoyama. Cette formation déposa une motion de censure, conjointement avec les deux groupes socialistes. La défaite étant certaine, le cabinet Yoshida démissionna le 7 décembre, juste avant le vote, et Hatoyama fut élu premier ministre le 9, par la coalition de tous les partis, contre le candidat libéral, Oyata, vice-premier ministre sortant.

Ainsi qu'on l'a vu, la création du PLD en 1955 en tant que confédération des principales factions conservatrices et la codification des règles de répartition du pouvoir entre elles ont précisément eu pour but d'éviter la reproduction de telles situations qui auraient inévitablement conduit à la fin de l'hégémonie des conservateurs. On en trouve cependant encore un exemple – le seul depuis la création du PLD – en 1980. Le 16 mai 1980, le cabinet Ohira fut renversé à la suite d'une motion de censure déposée par le parti socialiste, alors que la législature venait à peine de commencer. En septembre 1979, en effet, Ohira avait décidé la dissolution de la Chambre basse dans le but de restaurer son autorité sur le parti, contestée par les partisans de M. Fukuda, l'ancien premier ministre battu lors de la « primaire » de 1978. Mais Ohira n'ayant pas obtenu la victoire électorale qu'il espérait, le courant minoritaire du parti a tenté en vain de le convaincre de se démettre. Ainsi, le 6 novembre 1979, pour la première fois dans l'histoire parlementaire japonaise, le parti dominant désignait deux candidats à la direction du cabinet, Ohira et son prédécesseur et rival Fukuda. Le premier a finalement été réélu au deuxième tour par la Diète mais cette élection n'a pas marqué un apaisement des tensions au sein du PLD. En effet, lorsqu'en mai 1980 le parti socialiste déposa une motion de censure – le rejet de celle-ci étant néanmoins considéré comme probable –, la motion fut adoptée par 243 voix contre 187, en raison de l'abstention d'une quarantaine de députés des factions Fukuda et Miki, qui ont ainsi délibérément provoqué la crise. Le premier ministre répliqua immédiatement par la dissolution de la Chambre, et les élections furent fixées au 22 juin. Le parti gouvernemental s'est présenté devant les électeurs dans un état proche du démembrement, miné par la rivalité entre le courant majoritaire, formé par l'alliance des factions Ohira et Tanaka, et les clans adverses Fukuda et Miki. Ayant dû être hospitalisé durant la campagne électorale, le premier ministre annonça qu'il se retirerait de plein gré, dans l'hypothèse d'un résultat satisfaisant du scrutin. Mais il mourut le 12 juin et cette fin a paru contribuer à améliorer l'image du parti gouvernemental dans le corps électoral, en même temps qu'à rétablir une certaine cohésion en son sein. En effet, le 22 juin 1980, les élections donnèrent au PLD une victoire nette et inattendue : il obtenait une majorité de 284 sièges sur 511 à la Chambre basse et, ces élections générales ayant coïncidé, pour la première fois, avec le renouvellement partiel de la Chambre haute, gagnait 9 sièges au sein de celle-ci (135 sur 252).

Depuis le précédent controversé de 1952, c'est l'arme de la dissolution qui a souvent été utilisée pour tenter de surmonter les tensions au sein du parti gouvernemental ou bien de faire prévaloir l'une des factions dominantes, généralement celle du premier ministre en exercice. Ainsi la dissolution d'avril 1958 vint-elle à la suite de l'élection de Kishi à la tête du gouvernement. Ayant d'abord repris le cabinet de son prédécesseur Ishibashi, Kishi forma, après les élections et sa réinvestiture, un gouvernement qui comprenait tous les principaux membres de son clan, parmi lesquels son frère. De même, en octobre 1963, la dissolution fut prononcée à l'initiative du premier ministre Ikeda dont la position était menacée par les autres chefs de faction. On peut aussi mentionner la dissolution du 7 septembre 1979 décidée par le gouvernement Ohira à la suite du dépôt par l'opposition d'une motion de censure – qui n'avait aucune chance d'être votée – dont l'objectif était de renforcer la position du premier ministre en butte à la critique des clans Fukuda et Miki, objectif raté puisque l'insuccès électoral a entraîné une contestation plus vive encore du chef du gouvernement, aboutissant à la motion de censure en mai 1980 (v. ci-dessus). Quant à la dissolution du 26 novembre 1983, elle visait à mettre fin à la situation politique résultant de la condamnation pour corruption, dans le cadre de l'affaire Lockheed, de M. Tanaka, chef de la faction la plus puissante du PLD, qui était aussi celle du premier ministre, M. Nakasone. Ainsi, dans le régime politique japonais, la fonction de la dissolution a souvent consisté à tenter de restaurer l'unité du parti gouvernemental et l'autorité du premier ministre en son sein. Les dissolutions consécutives à un renversement du cabinet, tout comme un certain nombre de celles qui ont été décidées sur la seule initiative du gouvernement, présentent ce caractère, assez spécifique, du fonctionnement du parlementarisme nippon. À titre d'exception, il faut cependant mentionner la dissolution de 1993 : elle intervient après la consommation de la crise (sécession du clan Hata et vote de censure obtenu avec le concours de ses membres). La séquence marque bien la perte d'autorité du premier ministre Miyasawa qui ne peut dissoudre la chambre pour éviter l'humiliation du scrutin de défiance parce qu'il en est empêché par le secrétaire général du PLD, soucieux de voir se démarquer les membres du clan rebelle, en vue de les expulser.

En dépit des dispositions de la Constitution, qui réservent la dissolution à l'hypothèse du renversement du gouvernement (dont on ne relève que quatre cas : 1948, 1953, 1980 et 1993), le mandat de presque toutes les chambres a été écourté par une dissolution anticipée, chaque fois en vue de pallier un état de crise dans le parti qui se traduit automatiquement par une crise de gouvernement.

Le PLD a manifesté ainsi pendant quarante ans son aptitude à résorber ses crises internes en faisant appel à l'arbitrage de ses électeurs. En créant une nouvelle donne entre les clans et en imposant une reclassification politique, les élections générales suppléent à l'absence d'une autorité disciplinaire au sein du parti, qui serait incompatible avec sa structure. À l'inverse, certaines des crises survenues depuis l'alternance de 1993 s'inscrivent dans le contexte classique des ruptures de coalition. Ainsi la constitution de l'alliance parlementaire de centre droit, au lendemain de la formation du cabinet Hata en avril 1994, pousse les socialistes et le parti pionnier à quitter la coalition et à se rapprocher du PLD. Devenu minoritaire, le premier ministre démissionne deux mois plus tard pour éviter un vote de censure jugé inévitable et une nouvelle majorité PLD-PSJ-PP lui succède au pouvoir sans passer par de nouvelles élections. D'abord présidée par M. Murayama (PSJ), cette coalition change de direction en janvier 1996, le premier ministre ne pouvant se mettre d'accord sur une politique cohérente avec ses alliés du PLD. C'est le nouveau leader de celui-ci, M. Hashimoto, qui lui succède, le parti socialiste étant très affaibli par ses dissensions internes et ses mauvais résultats aux élections de juillet 1995 à la Chambre haute (perte de 22 sièges sur 41). En revanche, la crise qui aboutit à la démission du premier ministre Mori en avril 2001 présente les aspects spécifiques des crises au sein du PLD antérieures à 1993. Elle est provoquée par la rébellion contre M. Mori du chef du second clan du PLD, M. Kato, inquiet, dans la perspective des élections à la Chambre haute de juin 2001, de l'impopularité du premier ministre. L'offensive est menée dès novembre 2000, avec le dépôt d'une motion de censure, votée par une partie des députés du PLD, à laquelle M. Mori n'échappe que de justesse. Sa succession est dès lors préparée par le clan principal du PLD, dirigé par M. Hashimoto.

En mars 2001, alors que la popularité du premier ministre est au plus bas et que le processus de décision gouvernementale paraît enrayé, l'assemblée générale du PLD désigne finalement M. Koizumi, l'un des leaders du clan Mori, qui bénéficie d'une image réformiste (Ph. Pons). Il est élu premier ministre par la Diète le 26 avril et connaît d'emblée un succès remarquable. Les élections à la Chambre haute du 29 juillet 2001, qui voient la première application de la nouvelle loi électorale d'octobre 2000 (v. n° 194), sont un triomphe pour la coalition qui, sur 121 sièges renouvelables, en emporte 74 dont 64 pour le seul PLD. Les partis de gauche régressent. C'est encore une fois l'arbitrage des élections qui termine la crise du parti dominant en avalisant le choix de son nouveau leader. M. Koizumi a été facilement réélu à la tête du parti en septembre 2003, a immédiatement remanié et rajeuni son gouvernement et décidé ensuite la dissolution de la Chambre.

Il est évidemment encore prématuré de vouloir appréhender quels seront les effets durables de la réforme politique de 1994 sur le système de gouvernement japonais et sa capacité à réguler ses crises. Pendant plus de quarante ans, un système très particulier d'alternance sans alternative politique a permis à la majorité conservatrice de perpétuer son hégémonie à travers des scandales récurrents. Les élections de 1993 et de 1996 ont semblé ensuite ouvrir la voie vers un système relativement bipolarisé, moins factionnaliste, susceptible d'offrir au corps électoral un choix effectif quant aux formules de gouvernement. Le PLD a subi une certaine mutation mais les autres partis ne sont pas encore établis sur des bases très fermes (v. n° 202 *bis*). L'avenir est, dans ces conditions, très incertain. Un retour à la situation d'avant 1993 n'est nullement à exclure, ce qui était la tendance générale des élections d'avril 2000. Inversement, le mode de scrutin désormais en vigueur peut conduire à une progressive « occidentalisation » du système politique.

Pour aller plus loin

206 La bibliographie en français est très réduite mais peut être complétée par un certain nombre d'ouvrages traduits du japonais en anglais.

I. — OUVRAGES FONDAMENTAUX

L'ouvrage de base en français est celui de T. Fukase et Y. Higuchi, *Le constitutionnalisme et ses problèmes au Japon. Une approche comparative*, Paris, PUF, « Travaux et recherches de l'Université de Paris II », avec une préface de Jacques Robert : livre très riche, à certains égards (système de Tennô, pouvoir judiciaire) probablement exhaustif (v. aussi la très riche bibliographie), qui pèche néanmoins par l'expression d'une révérence excessive et un peu naïve à l'égard du constitutionnalisme occidental et par un certain désintérêt pour les règles de fonctionnement du régime parlementaire. À ce sujet, on se référera très utilement à Kishimoto Koichi, *Politics in Modern Japan*, Tokyo, Japan Echo Inc., 3ᵉ éd., 1988 : cet auteur, secrétaire de la Diète, offre un exposé complet et précis des mécanismes du parlementarisme japonais en même temps qu'une synthèse remarquable du système de partis. Le livre de J. Robert, *Le Japon*, Paris, LGDJ, coll. « Comment ils sont gouvernés », 1969, reste une référence précieuse, très encyclopédique, sans négliger la précision sur certains points de droit fondamentaux, comme la question de la renonciation de la guerre ; il est regrettable qu'il n'y ait pas eu de nouvelle édition. Plus récent, et très riche, l'ouvrage collectif dirigé par Y. Higuchi, *Five Decades of Constitutionalism in Japanese Society*, University of Tokio Press, 2001.

Sur la Constitution : v. *Comments and Observations by Foreign Scholars on Problems Concerning the Constitution of Japan*, 1946 ; Secretariat of the Commission on the Constitution, Tokyo, 1964 ; D. F. Henderson (ed.), *The Constitution of Japan : Its First Twenty Years*, Seattle and London, University of Washington Press, 1968 ; R. Capitant, *Les problèmes de la démocratie et la Constitution japonaise*, Annales de l'Association japonaise de droit public, Tokyo, 1958 ; C. Monnier, *Les Américains et Sa Majesté l'empereur. Étude sur le conflit culturel d'où naquit la Constitution japonaise de 1946*, Genève, Imprimerie du Journal de Genève, 1967.

Sur le régime parlementaire : Th. McNelly, *Contemporary Government of Japan*, Boston, Houghton Mifflin, 1972 ; H. H. Baerwald, *Japan's Parliament : An Introduction*, Cambridge, Cambridge UP, 1974 ; J. M. Maki, *Government and Politics in Japan, the Road to Democracy*, New York, Praeger, 1962 ; F. R. Valeo et Ch. E. Morrison (ed.), *The Japanese Diet and the US Congress*, Boulder, Colorado, Westview Press, 1983.

Sur le système politique et les partis : R. A. Scalapino et J. Masumi, *Parties and Politics in Contemporary Japan*, Berkeley, University of California Press, 1964 ; H. Fukui, *Party in Power : The Japanese Liberal-Democrats and Policy Making*, Berkeley, mêmes éd., 1970 ; N. Ike, *Japanese Politics : Patron-Client Democracy*, New York, Knopf, 2ᵉ éd., 1972 ; T. Tsurutami, *Political Change in Japan*, New York, McKay, 1977 ; B. M. Richardson et S. C. Flanagan, *Politics in Japan*, Boston, Little Brown, 1984 ; J. Kyogoku, *The Political Dynamics of Japan*, Tokyo, Tokyo UP, 1987.

Sur le système impérial : l'ouvrage magistral d'Éric Seizelet, *Monarchie et démocratie dans le Japon d'après-guerre*, Paris, Maisonneuve & Larose, 1991.

II. — ÉTUDES (en français)

La revue *Pouvoirs* a consacré un premier numéro au Japon (n° 35, 1985) : v. l'article introductif de J. Robert, « Les Japonais et le pouvoir », p. 5-22, ainsi que les études précitées de T. Fukase sur la renonciation à la guerre et de M. Shimizu sur le régime électoral. Une mention particulière doit être faite de l'excellent article de J.-M. Bouissou, « Le parti libéral-démocrate existe-t-il ? » dont les données ont été ici largement utilisées ; du même auteur, Le phénomène des factions dans le système politique japonais : le cas du parti libéral-démocrate, *RDP*, 1981, p. 1271-1345. Un second numéro (n° 71) a été publié

en 1994 : v. en particulier les articles de J.-M. Bouissou, « Décomposition et recomposition politique », Y. Higuchi, « L'alternance de 1993 et l'enjeu constitutionnel » et E. Seizelet, « L'évolution de la culture politique ».
V. également : (sans nom d'auteur) *Le Japon 1994,* Paris, L'Harmattan, 1994 (coll. du « Bureau français de la maison franco-japonaise de Tokyo » (v. chap. 2 : « Le système représentatif », p. 73-102, spécialement p. 76-82 (système électoral) et 83-102 (système de partis)). J.-M. Bouissou, Fr. Gipouloux et E. Seizelet (dir.), *Japon. Le déclin ?,* Paris, Éditions Complexes, 1995 (v., de J.-M. Bouissou, « Le collapsus politique : vers un Japon ingouvernable ? », p. 11-56) ; du même, « Japon : la fin des turbulences », *Pouvoirs,* n° 82 (1997), p. 175-185.
Sur le système de Tennô, v. la remarquable étude de B. Gollnisch-Flourens, L'institution impériale au Japon, *RDP,* 1979, p. 1123-1151.
Sur le pouvoir judiciaire : S. Dando, La Cour suprême du Japon, *RIDC,* 1978, n° 1, p. 155-170 ; Y. Higuchi, Évolution récente du contrôle de la constitutionnalité sous la Constitution japonaise de 1946, *RIDC,* 1979, n° 1, p. 21-34 ; et la chronique de M. Ueno et S. Sato dans l'*Annuaire international de justice constitutionnelle.*

Chapitre 4
La République fédérale d'Allemagne

Introduction historique

207 UN RÉGIME NOUVEAU ET PROVISOIRE. — Ainsi que plusieurs autres régimes démocratiques contemporains, celui de la RFA se présente comme une nouveauté et non comme le fruit d'une longue évolution historique. À l'instar du Japon, et pour les mêmes raisons, le régime démocratique allemand doit d'abord son existence à la volonté des États vainqueurs de la Deuxième Guerre mondiale. C'est ainsi que les Alliés ont pris une certaine part à l'élaboration de la Constitution et qu'ils en ont approuvé le projet définitif, après l'avoir infléchi sur certains points, notamment en ce qui concerne la structure fédérale de l'État. En outre, le nouveau régime se présente comme essentiellement provisoire. En 1945, même si l'État allemand demeure, ses fonctions sont exercées par les alliés qui assument, de façon indivise, sa souveraineté. Mais le conseil de contrôle qui réunit les représentants des quatre puissances alliées fonctionne difficilement. Les divergences entre les Alliés s'accentuent dès 1946 et la rupture se produit en 1947 : le monde se partage en deux blocs et la guerre froide coupe l'Allemagne en deux. Une entité étatique va s'élaborer à part, au-delà de la ligne de démarcation, tandis que les rapports continuent de se dégrader entre les puissances occidentales et l'URSS. La RFA se crée à partir des Länder, restaurés par la volonté des alliés occidentaux, tandis qu'à l'Est prédomine le rôle du parti communiste satellisé par l'URSS. À Londres, le 7 juin 1948, les ministres de France, des États-Unis et de Grande-Bretagne recommandent d'autoriser les ministres-présidents des zones occidentales à réunir une assemblée constituante chargée de préparer un projet qui serait soumis aux Länder : « La Constitution, énonce la déclaration de Londres, devrait contenir telles dispositions qui permettraient aux Allemands de contribuer à mettre fin à la division actuelle de l'Allemagne, non par la reconstruction d'un Reich centralisé, mais par l'adoption d'une forme fédérale de gouvernement qui protège d'une manière satisfaisante les droits des différents États... »

En juillet 1948, après avoir reçu les recommandations des alliés occidentaux (les *documents de Francfort*), les ministres-présidents des 11 Länder de l'Ouest créent une commission d'experts pour les problèmes constitutionnels qui se réunit à Herrenchiemsee, en Bavière, et élabore un avant-projet de constitution. Ce texte est transmis au conseil parlementaire, composé de 65 membres désignés par les Länder. D'août 1948 à mai 1949, le conseil parlementaire, siégeant à Bonn, discute et amende le projet de la commission. Le texte définitif est adopté le 8 mai 1949, par 53 voix contre 12, sous la désignation de Loi fondamentale *(Grundgesetz)* et non constitution *(Verfassung),* pour marquer le caractère provisoire du régime institué dans les conditions créées par l'occupation alliée et la partition de l'Allemagne. C'est dans le même esprit que la petite ville de Bonn est provisoirement désignée comme capitale fédérale. Ainsi conçue comme transitoire, la Loi fondamentale est acceptée par les assemblées des Länder sauf celle de l'État de Bavière. La majorité requise des deux tiers est ainsi dépassée et la Loi fondamentale entre en vigueur le 23 mai 1949.

207 *bis* UN RÉGIME ÉTABLI ET DÉFINITIF. — Tel que rédigé en 1949, l'article 146 LF énonçait : « La présente Loi fondamentale cesse d'avoir effet au jour où entrera en vigueur la Constitution qui aura été adoptée par le peuple allemand libre de ses décisions. » Cette disposition faisait de la réunification un objectif et c'est à ce titre que le texte de 1949 se présente comme provisoire, en attendant que l'État puisse se doter d'une véritable constitution. La décomposition rapide du système communiste, marquée symboliquement par l'épisode crucial de l'ouverture du mur de Berlin (9 novembre 1989) est venue précipiter un événement que tous les acteurs considéraient encore comme lointain. L'exode massif que provoqua la chute du mur et la pression de l'opinion publique de l'Est ont déterminé le gouvernement du chancelier Kohl à agir plus rapidement que les dirigeants ne l'avaient envisagé. L'unification ne pouvait se faire sans l'aval soviétique : il avait été donné par M. Gorbatchev, mais la position intérieure de celui-ci se faisait de plus en plus précaire. Le pouvoir communiste est-allemand, de son côté, était en complète déliquescence. Après les premières élections pluralistes du 18 mars 1990, une forte majorité favorable à l'unification immédiate siège à la Volkskammer et un gouvernement d'union est formé, n'excluant que les communistes. Le 18 mai 1990, les deux gouvernements concluent un traité d'union monétaire, économique et sociale qui mentionne le principe d'économie sociale de marché comme fondement de l'union et se réfère, en matière politique, à celui d'« un régime libre, démocratique, social et basé sur l'État de droit »[1].

La voie constitutionnelle vers la réunification a fait l'objet d'un débat politique connoté d'implications décisives. Celle ouverte par l'article 146 (précité) était défendue comme la plus naturelle, et la seule qui fût à la mesure de l'événement, par l'opposition à l'Ouest et par les mouvements contestataires qui, à l'Est, avaient joué un rôle important dans la chute du pouvoir communiste. L'autre voie était celle de l'article 23 LF qui prévoyait : « La présente Loi fondamentale s'applique tout d'abord dans le territoire des Länder de Bade, Bavière (...). Pour les autres parties de l'Allemagne, elle entrera en vigueur après leur adhésion. » Il s'agissait donc d'un dispositif de type fédéraliste, tel que le prévoit l'article IV, section 3 de la Constitution des États-Unis, et fondé sur l'existence préalable de Länder[2]. La première voie présentait un inconvénient matériel majeur, celui de déclencher une procédure longue, complexe et aléatoire compte tenu des risques internationaux encourus. À l'Est, les élections de mars avaient marginalisé les partisans du recours à l'article 146. À l'Ouest, le chancelier Kohl, fort du soutien de sa majorité et de l'opinion publique, définissait le recours à l'article 23 comme la « voie royale » vers l'unité. En plus de ses avantages en

---

1. V. A. Kimmel, Aspects constitutionnels de l'unification allemande, *Pouv.*, n° 57, 1991, p. 143-151.
2. L'entrée de la Sarre dans la RFA en 1957 s'était faite dans le cadre de l'article 23. Le tribunal constitutionnel fédéral, dans son arrêt de 1973 sur le traité entre les deux Allemagnes, avait affirmé que cette procédure pourrait être utilisée en vue de l'unification.

termes de procédure, elle offrait celui, éminemment symbolique pour ses partisans, de présenter l'existence quadragénaire de la RDA comme une malheureuse parenthèse. Les anciens Länder orientaux supprimés en 1953 ont ainsi été reconstitués et la décision de demande d'adhésion pour ces cinq États fédérés a été adoptée le 23 août par la Volkskammer. La procédure autorisait du reste, par ailleurs, de prendre en compte des problèmes spécifiques à la RDA en instituant des processus d'exception et de transition, qui ont été négociés dans le cadre du traité d'unification signé le 31 août 1990. Le 12 septembre 1990 est intervenue à Moscou la signature du traité dit « 2 + 4 » entre les deux États allemands et les États-Unis, l'Union soviétique, le Royaume-Uni et la France, par lequel les Alliés ont mis un terme définitif à leur tutelle sur l'Allemagne.

L'entrée en vigueur du traité d'unification, le 3 octobre 1990, a donné lieu à des modifications de la Loi fondamentale, envisagées à l'article 4 du traité. En premier lieu, le texte du préambule a été modifié, incluant la liste des Länder réunifiés, pour conclure : « Ainsi la présente Loi fondamentale s'applique à tout le peuple allemand. » L'ancien article 23 est supprimé. Ces deux modifications confirment les dispositions du traité « 2 + 4 » concernant le caractère définitif de la frontière Oder-Neisse avec la Pologne. Une troisième révision concerne la clé de répartition des voix des Länder au sein du Bundesrat (v. n° 219). Une autre règle des dispositifs transitoires constituant des exceptions à la Loi fondamentale, contenus dans le traité d'unification, par exemple en matière de législation sur l'avortement ou de services publics (v. n° 254). La dernière modification porte sur l'article 146. Contrairement à l'article 23, il n'est pas supprimé mais reformulé ainsi : « La présente Loi fondamentale, qui s'applique après l'achèvement de l'unité et de la liberté de l'Allemagne à tout le peuple allemand, cesse d'avoir effet au jour où entrera en vigueur une Constitution adoptée par le peuple allemand libre de ses décisions. » Ainsi la voie reste théoriquement ouverte pour un processus constituant qui serait entièrement nouveau. En réalité, une hypothétique nouvelle constitution ne devrait pas apporter de modifications très profondes à la Loi fondamentale en vigueur, qui a largement fait la preuve de son adéquation. Texte novateur en 1949, dans le cadre allemand mais aussi, plus largement, européen, il ne se comprend bien pourtant qu'à la lumière des expériences du passé, qu'il les intègre ou qu'il les rejette.

208 L'HÉRITAGE RÉDUIT DE LA MONARCHIE LIMITÉE. — La Loi fondamentale doit peu à la première Constitution appliquée de l'Allemagne unifiée, celle de 1871[1]. Celle-ci, simplement adaptée de celle de la confédération de l'Allemagne du Nord, instituait un État de droit non libéral et encore moins démocratique, fondé sur le principe de la souveraineté monarchique. L'Empire forme une fédération de monarchies constitutionnelles et de quelques républiques urbaines, qui est dominée par la Prusse, à laquelle appartient depuis 1866 plus de la moitié de la population de l'Allemagne. Sur le plan de la structure de l'État, il s'agit en principe d'un système fédéral mais qui, d'une part, comporte en droit des éléments propres à la structure confédérale, reliquat du *Deutscher Bund* de 1815 (certains États ont une représentation diplomatique), et, d'autre part, réalise, en fait, une confusion entre l'État dominant, la Prusse, et l'Empire.

En droit, le Reich reste une confédération de princes souverains – et de quelques villes libres : c'est pourquoi la première institution de l'Empire est le Bundesrat (Conseil fédéral), émanation des souverains et composé de leurs délégués. Le roi de Prusse, qui porte le titre d'empereur allemand *(Deutscher Kaiser)*, ne détient en principe qu'une sorte de présidence héréditaire de la fédération.

Le troisième organe est celui qui exprime le plus clairement le caractère fédéral : c'est le Reichstag, chambre unique élue au suffrage universel, ce qui est exceptionnel dans l'Europe de ce temps. Mais en fait le système est fondé sur la primauté de la couronne prussienne. La Prusse contrôle 17 voix sur 58 au Bundesrat, détenant ainsi une minorité de blocage en matière de révision. Mais surtout, l'empereur exerce en pratique les pouvoirs d'un chef de l'État. Son ministre-président en Prusse est de fait chancelier d'Empire et, en tant que tel, président du Bundesrat. Selon les principes de la monarchie limitée, la participation du Reichstag au pouvoir législatif résulte seulement

---

1. Une première Constitution pour toute l'Allemagne avait été élaborée par l'Assemblée nationale de Francfort *(Paulskirchenverfassung)* du 28 mars 1849, suite à la révolution démocratique de 1848. Si elle n'entra pas finalement en vigueur, elle demeura longtemps la référence libérale pour les Allemands.

de la volonté du monarque de partager l'exercice de son pouvoir dont il conserve l'entière substance. En cas de refus de concours, le Reichstag peut être dissous et les lois prises sous forme d'ordonnances de nécessité. Telle avait été la pratique de Bismarck en Prusse lors du temps des conflits *(Konfliktzeit)* quelques années avant la proclamation de l'Empire[1]. Quoique Bismark (comme il s'en est exprimé) eût envisagé lucidement pour l'avenir que le régime parlementaire doive l'emporter en définitive, il a réussi à entraver la mise en place de celui-ci, en appliquant sa formule machiavélienne « combattre le parlementarisme par le parlementarisme »[2].

Certains éléments étaient cependant favorables à une évolution vers une forme de parlementarisme dualiste. Ainsi, la nécessité du contreseing : l'article 17 de la Constitution (clause Benningsen) prévoit la nécessité d'un contreseing des actes de l'empereur par le chancelier qui en est responsable. Des secrétaires d'État furent institués pour décharger le chancelier : à lui subordonnés, ils ne forment pas un conseil. Cependant ils ont le droit d'entrée et de parole au Reichstag. Celui-ci peut poser des questions et, vers la fin du régime, se développe la procédure d'interpellation.

Enfin, avec Bismarck, le chancelier joue un rôle essentiel et celui de l'empereur paraît plutôt effacé. Mais il reste le titulaire effectif du pouvoir. En 1890, deux ans après la mort consécutive de Guillaume Ier et de Frédéric III, Guillaume II révoque Bismarck et instaure son pouvoir personnel. Le début du siècle paraît pourtant à nouveau favorable à l'amorce d'une évolution parlementaire. Ayant la confiance de l'empereur, le chancelier Bülow s'appuie sur des majorités au Reichstag, collabore avec les partis et, tombé en disgrâce, choisit de démissionner après le rejet d'un projet de loi sur lequel il avait posé la question de confiance (1909). Mais son successeur Bethmann-Hollweg récuse ces pratiques et cette évolution, refusant de répondre à des interpellations et de démissionner après

---

1. V. J. Hummel, *Le constitutionnalisme allemand (1815-1848) : le modèle allemand de la monarchie limitée,* Paris, PUF, coll. « Léviathan », 2002, titre III, Le refus de la souveraineté parlementaire : le conflit constitutionnel prussien (1862-1866), p. 231-277.
2. Par là, en dépit du lieu commun qui érige un contraste entre ces deux grandes figures, Bismarck est de l'école de Metternich qui, dans son combat contre le constitutionnalisme libéral, entamé avec la *Burschenschaftbewegung,* comme, à vrai dire, même son dédain pour le constitutionnalisme conservateur (celui théorisé par Stahl), n'a pas entendu tant promouvoir un « absolutisme devenu raisonnable » que relever le défi pour les temps contemporains de *gouverner constitutionnellement sans Constitution.*

avoir subi des défaites au Reichstag. La détérioration de la situation européenne, puis les nécessités de la guerre confortent l'opportunité de cette mise à l'écart de la chambre populaire. Lorsqu'à la fin de la guerre l'empereur appelle un libéral, le prince Max de Bade, comme chancelier et accepte une révision constitutionnelle qui introduit la responsabilité politique du gouvernement devant le Reichstag (28 octobre 1918), il est trop tard.

L'influence de cette période sur le système actuel est donc faible. Outre une conception déjà ancienne et bien intégrée de l'État de droit dans le cadre monarchique (v. n° 214), on peut mentionner le caractère original de la structure fédérale, voulue par les Alliés, qui contraste avec le fédéralisme en quelque sorte subordonné et en sursis du régime de Weimar. Reste également la conception d'un exécutif « du chancelier » tel que Bismarck avait su le conforter dans un système autoritaire, avant 1890, et que Bülow avait commencé à l'infléchir, dans un sens parlementaire, durant la première décennie du XXe siècle. L'héritage le plus marquant du régime se trouve sans doute dans cette ébauche de collaboration entre le chancelier et les partis politiques déjà bien implantés grâce au suffrage universel. Les grands partis allemands actuels sont les successeurs directs – c'est le cas du parti social-démocrate – ou indirects – comme la CDU par rapport au centre catholique – des partis principaux du Reichstag wilhelminien.

209 L'HÉRITAGE AMBIGU DE LA CONSTITUTION DE 1919. — Élaborée dans le contexte de la chute du régime impérial, de la défaite militaire et des mouvements insurrectionnels communistes, la Constitution du 11 août 1919 dite de Weimar instaurait un régime démocratique et parlementaire appelé à fonctionner dans des circonstances difficiles. Marqué par la tradition impériale, le constituant n'entend pas créer un régime parlementaire imité de la Grande-Bretagne et encore moins de la France. « Le vrai parlementarisme, disait le rapporteur du projet de Constitution à l'Assemblée de Weimar, consiste en ceci que le Parlement ne doit pas être tout-puissant, mais qu'il se trouve soumis à un contrôle qui est exercé par une instance démocratique, et cette instance est, chez nous, le président du Reich. »[1]

---

1. Cité *in* W. Mommsen, *Max Weber et la politique allemande,* trad. franç., Paris, PUF, 1985, p. 469 (n. 134).

Élu au suffrage universel, le chef de l'État est en effet le personnage clef du régime. Sans doute, ses actes sont soumis au contreseing du chancelier responsable devant le Reichstag, et la responsabilité gouvernementale, critère du parlementarisme, est organisée par la Constitution (art. 54). Mais le rôle d' « instance démocratique de contrôle » du président du Reich doit pouvoir être assuré, même en cas de désaccord politique, avec la majorité parlementaire et le gouvernement qu'elle soutient. À cette fin, le président a le droit de dissoudre le Reichstag mais « seulement une fois pour le même motif » (art. 25), et aussi celui de soumettre au référendum un projet de loi voté par le Reichstag et refusé par le Reichsrat, la Chambre des Länder (art. 74).

Ultérieurement, pour assurer le caractère effectivement personnel des prérogatives présidentielles, la loi du 27 mars 1930 a précisé qu'il appartenait à un chancelier nommé par le président de contresigner le décret portant sa propre nomination. En effet, la pratique était de demander ce contreseing au chancelier démissionnaire qui, en cas de démission forcée, se serait trouvé en position d'empêcher le président de lui nommer un successeur, particulièrement dans l'hypothèse de la formation d'un gouvernement minoritaire chargé de procéder à la dissolution du Reichstag. En outre, héritage de l'ordre constitutionnel monarchique, l'article 48 de la Constitution dispose que « lorsque la sécurité et l'ordre public sont gravement troublés ou compromis dans l'État », le président du Reich peut, en décrétant l'état de siège, suspendre l'exercice des libertés publiques, et exercer le pouvoir législatif par voie d'ordonnances, qui peuvent cependant être invalidées par le Reichstag.

210 Les traumatismes de l'échec de Weimar. — Le régime parlementaire dualiste ainsi institué n'a guère été en état de fonctionner que durant une brève période, culminant avec la stabilisation économique et monétaire en 1923, jusqu'au début de la grande crise en 1928.

Le premier président du Reich, Friedrich Ebert, social-démocrate, n'avait pas été élu au suffrage universel direct. Face à une situation parlementaire complexe, marquée par l'extrême émiettement des partis représentés au Reichstag, le président joue avec plus ou moins d'adresse mais correctement le rôle régulateur qui est celui d'un chef d'État parlementaire. Pour tenter d'éclaircir un jeu politique troublé, Ebert consent notamment à dissoudre deux fois le Reichstag en 1924, à la demande du chancelier Marx, qui dirigeait une coalition centriste minoritaire. De mai 1926 à février 1928, Marx est à la tête d'une coalition majoritaire des partis du centre et de la droite, qui se disloque à l'occasion d'un projet de loi sur les écoles religieuses, à quelques mois seulement du terme de la législature. Les partis se montrant favorables à la dissolution, elle est prononcée par le maréchal von Hindenburg, élu président du Reich en 1925. Après les élections de juin 1928, un gouvernement dit de *grande coalition,* regroupant les partis social-démocrate, démocrate (libéral), du centre, du peuple bavarois et du peuple allemand, est constitué sous la direction du leader social-démocrate Hermann Müller. Les dissensions au sein de la coalition vont bientôt si loin que les membres du gouvernement se divisent, le 19 novembre 1929, lors d'un vote parlementaire sur la question de la construction navale de guerre, le chancelier et les trois ministres de son parti se trouvant dans la minorité. Le ministère finit par tomber, en mars 1930, les sociaux-démocrates, pressés par les syndicats, n'ayant pu s'accorder avec les autres partis sur le problème de la contribution au fonds d'assurance sur le chômage. Pour succéder à Müller, le président Hindenburg fait appel à Brüning, leader parlementaire du parti du centre, qui forma un *Präsidialkabinett.* Pour que cette entreprise ne soit pas immédiatement vouée à l'échec, le chef de l'État lui accorde par avance la dissolution du Reichstag et le recours aux ordonnances. Au début, le chancelier réussit à éviter d'abord les votes de censure et ensuite à obtenir une majorité en faveur de ses projets financiers et agraires. Bientôt cependant, il doit faire usage des ordonnances pour poursuivre son œuvre de redressement financier. Mais le 18 juillet 1930, la première de ces ordonnances, qui prévoyait la réduction du traitement des fonctionnaires, est invalidée par le Reichstag. La majorité (236 voix contre 221) était composée des communistes, des sociaux-démocrates, de l'aile droite des nationalistes et des nationaux-socialistes.

Certains membres du Reichstag ont alors dénoncé cette étrange alliance de partis incapables de s'unir dans un dessein positif mais pouvant empêcher le gouvernement de remplir sa tâche. La prévention de ces majorités d'obstruction sera l'un des soucis des constituants de Bonn. C'est aussi en fonction de ce phénomène, qui s'accentuait après chaque élection, que l'usage de la dissolution va se révéler néfaste sous le régime de Weimar. Celle-ci intervient à la suite du vote du 18 juillet et les élections, fixées au 14 septembre, sont marquées par le succès des partis extrémistes[1].

Le gouvernement Brüning parvient à se maintenir au pouvoir, soutenu par des majorités conjoncturelles. Assuré de l'appui des partis démocrates, du centre, du peuple et du peuple bavarois, il obtient généralement celui des sociaux-démocrates pour sa politique extérieure et celui de la droite nationaliste pour les questions intérieures, particulièrement en matière économique. Cependant, au début de 1932, le parti national-socialiste connaît des succès électoraux considérables : au deuxième tour des élections présidentielles, en avril 1932, Hitler obtient 36,8 % des voix (tandis que Hindenburg est réélu avec 53 %) ; fin avril, des élections dans les Länder voient une progression tout aussi importante. C'est dans ces circonstances que Hitler entreprend de comploter avec le général von Schleicher pour obtenir des élections anticipées, en intervenant auprès de l'entourage du chef de l'État. Le 29 mai, Hindenburg présente à Brüning un ultimatum : il ne lui conserve sa confiance qu'à la condition que le Reichstag soit dissous, l'interdiction des *Sturm Abteilung* levée et la réforme agraire abandonnée. Le chancelier démissionne et est remplacé par Papen, assisté de Schleicher. La dissolution est prononcée le 4 juin. Conformément aux espoirs de Hitler, les élections du 31 juillet 1932 augmentent de façon considérable la représentation nazie au Reichstag, qui passe de 107 à 230 sièges (sur 608). À partir de ce moment, l'ensemble des partis démocratiques est minoritaire au Reichstag, le fonctionnement du régime parlementaire, déjà bien compromis, devient impossible tandis que l'avènement de la dictature peut intervenir dans des conditions formellement légales. Après l'intermède du « ministère des barons » (Papen, puis Schleicher), une nouvelle dissolution le 12 septembre 1932 et des élections marquées par un certain recul des nazis et un progrès communiste, Hitler est

---

1. Des élections de 1928 à celles de novembre 1932, le nombre de sièges obtenus par les partis communiste et national-socialiste progresse comme suit : 1928 : 54 communistes, 12 nationaux-socialistes ; total : 66. – 1930 : 77 communistes, 107 nationaux-socialistes ; total : 184. – Juillet 1932 : 89 communistes, 230 nationaux-socialistes ; total : 319. – Novembre 1932 : 100 communistes, 196 nationaux-socialistes ; total : 296 (v. K. Loewenstein, Réflexions sur la valeur des Constitutions dans une époque révolutionnaire, *RFSP,* 1952, p. 313-314).

nommé chancelier le 31 janvier 1933. Il obtient immédiatement de Hindenburg une autre dissolution. L'incendie du Reichstag, dans la nuit du 27 février 1933, fournit l'occasion d'un décret « de nécessité » suspendant les garanties des libertés publiques, et redouble la violence de la campagne électorale. Les élections du 5 mars ne donnent pas encore la majorité absolue au parti de Hitler. Avec 43,9 % des voix, les nazis obtiennent 288 sièges sur 647. Mais avec le parti nationaliste, qui emporte 52 sièges, il existait une majorité gouvernementale, permettant le sabordage des institutions parlementaires. Le 23 mars, le Reichstag adopte à la majorité des deux tiers une loi de pleins pouvoirs pour quatre ans (par 441 voix contre 94) qui permet l'interdiction des partis politiques. Une dernière dissolution intervient le 14 octobre après que le parti national-socialiste eut reçu, le 14 juillet précédent, le statut officiel de parti unique. Cette instauration formellement légale d'une dictature totalitaire à travers les procédures démocratiques est fortement présente à l'esprit des constituants de Bonn en 1949.

Section I
Les données constitutionnelles

211 PRINCIPES FONDAMENTAUX. — La Loi fondamentale du 23 mai 1949 est ainsi marquée par la période de l'avant-guerre. Dans son Préambule, le peuple allemand des Länder occidentaux, « agissant également au nom des Allemands à qui il a été interdit de collaborer à cette tâche », se déclare « conscient de sa responsabilité devant Dieu et devant les hommes » et entend « donner un ordre nouveau à la vie politique durant une période transitoire ». Cet ordre nouveau repose sur une affirmation renforcée de l'État de droit mais reste fidèle à la tradition de l'État fédéral, que le régime nazi avait aboli, et au principe du régime parlementaire, que la République de Weimar avait finalement échoué à faire fonctionner, et qui se trouve renouvelé sous la formule d'un parlementarisme rationalisé élaborée à partir des leçons de l'échec du régime précédent. Ce parlementarisme rationalisé et renouvelé est exclusif de toute procédure de démocratie semi-directe (sauf en matière de réorganisation du territoire fédéral), bien que l'article 20-2 LF affirme que « la souveraineté émane du peuple et qu'elle est exercée par le peuple par la voie d'élections et de votations *(Abstimmungen)* » et alors même que l'usage du référendum sous le régime de Weimar n'avait donné lieu à aucune déviation. La démocratie parlementaire restaurée est entièrement médiatisée. Ce caractère exclusivement représentatif du régime n'a été remis en cause qu'assez récemment. En effet, conformément à ce qu'annonçait leur accord de coalition de 1998, les groupes SPD et Verts ont déposé en février 2002 une proposition de révision constitutionnelle tendant à introduire dans la loi fondamentale des mécanismes de démocratie semi-directe. Le projet prévoyait d'instaurer l'initiative législative populaire : 400 000 électeurs pourraient obliger le Parlement à examiner un texte de loi ; en cas de refus de celui-ci, 5 %, environ 3 millions des électeurs, pourraient alors déclencher le référendum sur la proposition initiale. La majorité des suffrages exprimés suffirait, avec toutefois un quorum de participation s'élevant à 20 % des inscrits. Les règles seraient un peu plus contraignantes pour les lois qui requièrent l'approbation du Bundesrat (le oui devrait l'emporter dans une majorité de Länder) et les lois constitutionnelles (l'approbation se ferait à la majorité des deux tiers, le quorum de participation montant à 40 % des électeurs inscrits). Il restait à définir les matières exclues de l'initiative et du référendum. Le 7 juin 2002, le projet a été repoussé au Bundestag ; il n'a recueilli que 348 voix alors que 444 (sur 666) étaient nécessaires (v. *infra*). La CDU-CSU et le FDP ont voté majoritairement contre (tandis que le PDS votait pour), arguant de la perversité de la « démocratie des minorités ». Les Verts ont alors annoncé qu'ils représenteraient le projet lors de la législature suivante. Ainsi, au début de l'année 2003, la coalition reconduite a déposé à nouveau un projet en y ajoutant une proposition d'allongement de la durée du mandat du Bundestag de quatre à cinq ans.

La révision de la Loi fondamentale est soumise à une procédure relativement rigide mais plutôt rapide, qui a été plusieurs fois mise en œuvre depuis 1949. Aux termes de l'article 79, une loi constitutionnelle doit recevoir l'approbation des deux tiers des membres du Bundestag et des deux tiers des voix du Bundesrat. La majorité qualifiée qui est requise est donc importante mais l'intervention des

Länder n'est pas prévue – celle du Bundesrat étant réputée suffire à sauvegarder le principe fédéral –, ce qui rend la procédure moins lourde et notablement plus rapide que dans les autres États fédéraux, d'autant plus qu'elle se déroule dans l'intervalle d'une seule législature. La Loi fondamentale ne peut être révisée sur le principe de la division de la Fédération en Länder, sur celui de la participation des Länder à la législation et sur les principes énoncés aux articles 1 et 20, notamment la dignité de l'être humain et le principe démocratique.

I | L'État de droit

212 Conception. — Plus que dans aucun autre système constitutionnel, on trouve en Allemagne un souci de garantir le caractère intangible d'un certain nombre de principes qui tendent à préserver la dignité de la personne humaine (art. 1er LF). La Loi fondamentale en son entier procède d'une théorie de l'État de droit dont les principes sont énoncés à l'article 20, qui proclame notamment : « Le pouvoir législatif est soumis à l'ordre constitutionnel, les pouvoirs exécutif et judiciaire sont soumis à la loi et au droit. À défaut d'autre recours, tous les Allemands ont le droit de résister à quiconque entreprendrait de renverser ce régime constitutionnel. » C'est en fonction de cette conception de l'État de droit que l'article 21-2 prévoit que « les partis qui, d'après leurs buts ou d'après l'attitude de leurs adhérents, cherchent à porter atteinte à l'ordre fondamental libre et démocratique, à le renverser ou à compromettre l'existence de la République fédérale d'Allemagne, sont anticonstitutionnels. Le Tribunal constitutionnel fédéral statue sur l'anticonstitutionnalité ». L'interdiction de partis d'inspiration totalitaire a ainsi été prononcée par la juridiction constitutionnelle (v. n° 236), en 1952 pour le parti socialiste du Reich (néo nazi) et en 1956 pour le parti communiste allemand.

Selon l'article 1er LF, les droits fondamentaux énoncés aux articles suivants (2 à 19) « lient le pouvoir législatif, le pouvoir exécutif et le pouvoir judiciaire à titre de droit directement applicable ». Les droits fondamentaux et leur protection juridictionnelle sont la base concrète de la notion d'État de droit telle qu'elle résulte de la Loi fondamentale. Ce système de garantie est intégré dans un contrôle global de la constitutionnalité des normes et des actes publics.

A - *Le contrôle de constitutionnalité*

Le principe de légalité, fondement de l'État de droit, est assuré dans tous les domaines du droit public et du droit privé par cinq tribunaux suprêmes (Cour de cassation, tribunal administratif fédéral, cour fédérale des impôts, tribunal fédéral du travail, cour fédérale d'arbitrage en matière sociale), au-dessous desquels se trouvent en général deux niveaux de juridictions. Il existe également des tribunaux constitutionnels à l'échelon des Länder. L'ensemble du système de contrôle juridictionnel est couronné par le Tribunal constitutionnel fédéral qui siège à Carlsruhe.

213 ORGANISATION DU TRIBUNAL CONSTITUTIONNEL FÉDÉRAL. — Cette juridiction spécialisée aux très larges compétences a été conçue non pas sur le type de la juridiction qui existait sous la République de Weimar, dont la compétence était pour l'essentiel limitée aux conflits d'attribution entre le Reich et les Länder, mais sur le modèle élaboré par Kelsen pour la cour constitutionnelle autrichienne en 1920. Mais il ne faut pas non plus négliger les premières expériences de cours constitutionnelles dans certains Länder (la Bavière, mais aussi Oldenbourg, Thuringe et Mecklembourg-Schwerin) sous la République de Weimar qui elles-mêmes pouvaient dans une certaine mesure s'appuyer sur les expériences développées dès le XIXe siècle.

Créé par la Loi fondamentale, le Tribunal constitutionnel fédéral a été établi par la loi du 12 mars 1951, révisée plusieurs fois. Il est composé de deux chambres appelées sénats, aux attributions définies par la loi pour chacune, et qui comprennent chacune huit membres, dont trois doivent avoir appartenu à l'une des cinq juridictions fédérales supérieures, les autres devant être des juristes diplômés âgés de plus de quarante ans. La moitié des juges de chaque sénat est élue par le Bundestag, l'autre par le Bundesrat (art. 94-1 LF) à la majorité des deux tiers pour un mandat de douze ans non renouvelable. La majorité qualifiée ainsi requise empêche que l'élection des juges soit à la discrétion de la majorité parlementaire du moment mais n'exclut pas la politisation des choix. Elle conduit seulement les partis à négocier une clef de répartition de leur influence au sein du tribunal, et même au sein de chacune des deux chambres de celui-ci[1].

214 COMPÉTENCES. — Le Tribunal constitutionnel est un véritable organe constitutionnel au même titre que les organes législatifs et exécutifs. Ses compétences sont larges et variées. Il tranche les conflits d'attribution entre l'État fédéral et les Länder, statue sur la mise en accusation du président fédéral par le Bundestag ou le Bundesrat, peut prononcer la déchéance des droits fondamentaux en application de l'article 18 LF et l'interdiction des partis politiques (art. 21), est juge d'appel du contentieux des élections au Bundestag. Il tranche également les *conflits entre organes constitutionnels* : c'est à ce titre qu'en 1983 il a statué sur la constitutionnalité de la dissolution du Bundestag (v. n° 255). Mais ses compétences essentielles pour ce qui concerne la garantie de l'État de droit sont le « recours constitutionnel » et le contrôle de la constitutionnalité des lois et des traités.

Les recours constitutionnels « peuvent être introduits par quiconque estime avoir été lésé par les pouvoirs publics dans un de ses droits fondamentaux » (art. 93-1, al. 4 *a* LF) quelle que soit la nature, législative, administrative ou juridictionnelle de l'acte contesté. Le recours constitutionnel est donc l'une des formes de saisine, par les particuliers, tendant au contrôle de la constitutionnalité des lois. Mais il permet principalement aussi aux individus de faire contrôler celle des jugements des cinq juridictions fédérales supérieures. Le Tribunal constitutionnel fédéral apparaît ainsi comme un juge de ressort ultime à qui il appartient d'imposer à l'ensemble des juridictions une jurisprudence conforme à son interprétation des règles constitutionnelles dans tous les domaines du droit.

Le contrôle de constitutionnalité des lois et des traités peut s'exercer aussi bien *a priori* qu'*a posteriori*. Le contrôle préventif est

---

1. V. L. Favoreu, *Les cours constitutionnelles, op. cit.*, p. 50 et s.

d'une portée assez limitée. Il peut être déclenché par un tiers du Bundestag, le gouvernement fédéral, ou par les gouvernements des Länder, notamment à l'encontre d'une loi approuvant un traité, ou bien pour obtenir la suspension de l'exécution d'une loi en attendant que le tribunal ait statué sur sa constitutionnalité. Si la loi est jugée inconstitutionnelle, elle n'entre pas (et n'est jamais entrée) en vigueur : ce fut le cas de la loi dépénalisant l'avortement votée en 1975 et de celle votée en 1992. Le contrôle *a posteriori* est nettement plus étendu et recouvre différentes formules. Le *contrôle abstrait* des lois fédérales ne peut être déclenché, comme le contrôle préventif, que par un tiers au moins du Bundestag, le gouvernement fédéral, ou par les gouvernements des Länder. Il est susceptible d'être exercé contre toute catégorie de lois, y compris celles révisant la Loi fondamentale, mais ne tend pas nécessairement à faire prononcer une annulation : au contraire, il peut s'agir d'une demande de confirmation de la validité et de l'applicabilité du texte, visant à contraindre l'autorité fédérale à exécuter la loi. Mais la forme la plus utilisée de contrôle est le *contrôle concret* des normes, qui s'exerce sur renvoi des tribunaux. L'exception d'inconstitutionnalité peut être soulevée devant tout tribunal et c'est à celui-ci qu'il revient, depuis 1956, de décider d'un éventuel renvoi devant le Tribunal constitutionnel fédéral, quelles que soient les conclusions des parties. De la même manière, le juge constitutionnel n'est pas lié par la demande du juge *a quo* et peut élargir son examen à toutes les dispositions du texte contesté. De ce double point de vue, le contrôle concret n'est pas sans rapport avec le contrôle abstrait. Il en va de même pour la décision d'annulation qui opère *erga omnes*. La dernière forme de contrôle est suscitée par le *recours constitutionnel* lorsque l'atteinte à ses droits fondamentaux invoquée par le demandeur résulte directement de la loi. Celle-ci peut être attaquée dans le délai d'un an qui suit sa mise en vigueur. Lorsque l'atteinte ne résulte pas directement de la loi mais de son application, le requérant doit épuiser d'abord les voies de recours ordinaires, suscitant normalement la procédure de contrôle concret. Lorsque le recours constitutionnel porte sur un acte administratif ou un jugement, le Tribunal constitutionnel fédéral peut soulever d'office l'inconstitutionnalité de la loi qui sert de fondement à l'acte entrepris. En dépit de ce champ d'application relativement large, peu de recours sont déclarés recevables. Le tribunal détermine lui-même, en section de trois juges, les affaires qu'il estime mériter d'être jugées au fond. Une loi de 1993 étend les pouvoirs de sélection des sections.

Quant aux effets du contrôle, l'article 78 de la loi sur le Tribunal constitutionnel fédéral prévoit que, lorsque la cour parvient à la conviction que la loi fédérale ou la loi du Land est contraire à la Loi fondamentale, « elle stipule dans sa sentence la nullité ». La sanction de la violation, par le législateur, de la règle constitutionnelle, est l'annulation avec effet rétroactif de la loi qui comporte cette violation. Mais le Tribunal constitutionnel a parfois reculé devant les conséquences de l'annulation rétroactive. Pour éviter certaines de celles-ci, il a notamment eu recours à la technique de la déclaration d'inconstitutionnalité : il se borne à déclarer la loi inconstitutionnelle mais n'en prononce pas formellement la nullité. Cette déclaration « apparaît (...) comme une sorte de sursis accordé au législateur pour mettre la réglementation contestée en accord avec la Constitution » et peut à maints égards « s'analyser comme une déclaration de nullité différée »[1]. D'autres techniques tendent encore à concilier l'exigence de rétroactivité inhérente à l'annulation avec les besoins de la sécurité juridique et de la stabilité des situations individuelles[2].

B - Les droits fondamentaux

215 LA PROTECTION DES DROITS FONDAMENTAUX. — C'est essentiellement le système de protection des droits fondamentaux qui caractérise l'État de droit créé par la Loi fondamentale. Le catalogue lui-même de ces droits reste très classique : égalité, liberté de croyance, d'expression, d'association, etc., et on n'y trouve pas inclus de droits sociaux. Mais la Loi fondamentale élargit considérablement le champ d'application de ces droits. Selon l'article 2 LF, tel que l'interprète le Tribunal constitutionnel fédéral, tous les intérêts légitimes des personnes, et notamment leur liberté d'agir, doivent être protégés par un droit fondamental. De plus, les droits fon-

---

1. J.-C. Béguin, *Le contrôle de la constitutionnalité des lois en République fédérale d'Allemagne*, Paris, Economica, 1982, p. 237.
2. *Ibid.*, p. 209 et s., et L. Favoreu, *op. cit.*, p. 60-62.

damentaux ne protègent pas seulement contre l'action de l'État, ce qui est la conception classique, mais ils peuvent constituer un titre à une prestation de la part de l'État.

Le Tribunal constitutionnel fédéral a d'autre part fait largement évoluer la conception classique elle-même en développant le *principe de proportionnalité,* dont s'est ensuite inspirée la jurisprudence des hautes juridictions européennes. Ce principe s'applique à la notion d'intérêt public justifiant l'action de l'État qui limiterait les droits fondamentaux et signifie que l'intervention de l'État doit être capable d'assurer l'intérêt public invoqué et rester proportionnée à cet intérêt, ce qui implique notamment que l'intérêt public doit être plus important que l'intérêt individuel affecté. Cette conception de l'action de l'État est apparue d'autant plus nécessaire qu'il ne s'agit plus seulement de protéger l'individu contre l'État mais que l'État étant aujourd'hui considéré comme seul capable de rendre effectifs les droits fondamentaux, il s'agit moins de prévenir et de limiter son intervention que d'assurer que celle-ci reste toujours conforme au droit.

216 La jurisprudence sur les droits fondamentaux. — La philosophie individualiste des droits fondamentaux, telle qu'elle résulte de l'intention du constituant, du texte constitutionnel et surtout de son interprétation par le juge n'est, dans cette perspective, pas incompatible avec une conception favorable au rôle de l'État dans la société. Ainsi, le principe de la liberté d'expression, sur lequel insiste beaucoup toute une jurisprudence du Tribunal constitutionnel fédéral, conduit celui-ci à insister sur l'obligation qui s'impose à l'État de garantir les conditions effectives de cette liberté, par exemple celle de la presse, en agissant de telle sorte que soient écartés « les dangers pouvant résulter de l'apparition de monopoles »[1]. On trouve la même attitude en ce qui concerne la protection de la vie. Le Tribunal constitutionnel fédéral interprète l'article 2 LF comme impliquant un devoir de l'État de protéger la vie humaine. C'est au nom de ce devoir qu'en 1975 il a déclaré inconstitutionnelle la loi dépénalisant totalement l'interruption de grossesse[2]. Et dans

---

1. Arrêt du 5 août 1966, *BVerfGE,* t. 20, p. 162.
2. La Cour constitutionnelle autrichienne avait pris en 1974 une position opposée au nom précisément de la conception classique des droits fondamentaux qui n'envisage qu'une protection contre les interventions de l'État, et non contre son abstention.

des affaires relatives à la création de centrales nucléaires, le tribunal a jugé que le droit à la vie proclamé à l'article 2-1 LF implique pour l'État l'obligation concrète de prendre des mesures garantissant la protection de la vie des administrés, notamment en subordonnant la construction des centrales nucléaires à une procédure d'autorisation permettant de vérifier que les précautions nécessaires ont été prises. Dans la deuxième décision concernant l'interruption volontaire de grossesse (arrêt du 28 mai 1993 relatif à la loi du 27 juillet 1992 : v. n° 254), le tribunal a opéré, concernant le devoir de l'État de protéger la vie en devenir, une substitution de fondement. Il ne fonde plus ce devoir sur l'article 2-1 mais sur l'article 1er-1 selon lequel « la dignité de la personne humaine est intangible. Tous les pouvoirs publics ont l'obligation de la respecter et de la protéger ». Ce faisant, le tribunal, note M. Fromont, « poursuit un premier objectif : soustraire sa jurisprudence à toute correction par le pouvoir constituant dérivé puisque l'article 1er est, à la différence de l'article 2, insusceptible d'être modifié lors d'une révision constitutionnelle (art. 79 de la Loi fondamentale). La cour poursuit également un deuxième objectif : mettre en lumière l'ambivalence de la consécration de tout droit fondamental : à la fois limiter les pouvoirs de l'État, mais aussi imposer à celui-ci une obligation d'agir et donc, en définitive, justifier de nouveaux pouvoirs de l'État »[1].

Concernant le principe d'égalité, très souvent invoqué à la base des recours constitutionnels intentés par les particuliers, le tribunal considère, de manière classique, qu'il impose au législateur de traiter de façon identique les situations identiques et de façon différente les situations différentes, mais tend à appliquer ce critère de manière restrictive, en subordonnant l'existence d'une violation du principe d'égalité à l'absence d'une justification raisonnable, caractère dont il est le seul juge.

Il n'est pas étonnant dès lors que le Tribunal constitutionnel fédéral se soit souvent vu reprocher de se substituer au législateur d'autant que, dans certains cas, par exemple pour éviter l'annulation pure et simple, il n'hésite pas à adresser à celui-ci de véritables injonctions de modifier la loi dans un certain délai, qu'il accompagne de directives précises sur la manière de rendre le texte

---

1. RFA : jurisprudence constitutionnelle en 1993-1994, *RDP*, 1995, p. 330.

conforme à la Loi fondamentale. Les arrêts du 25 février 1975 et du 28 mai 1993 relatifs à la législation dépénalisant l'avortement sont encore particulièrement exemplatifs de cette tendance et ils ont été critiqués non seulement pour des raisons de principe – immixtion du juge constitutionnel dans le domaine du législateur démocratiquement élu – mais aussi sur un plan plus technique parce que, jusque dans les exigences de détail, le tribunal se profile comme une sorte de législateur concurrent du législateur parlementaire, mais dont les décisions sont pleinement souveraines. Telle est en effet la conception de l'État de droit en Allemagne fédérale qu' « en forçant un peu les traits, on peut même dire qu'avant d'être une démocratie et un État fédéral, la RFA est d'abord et avant tout un État de droit »[1].

II | LE FÉDÉRALISME

217 UN FÉDÉRALISME RESTAURÉ. — La loi fondamentale consacre son titre II à la Fédération et aux Länder, immédiatement après le titre 1er consacré aux droits fondamentaux, marquant ainsi l'importance de la structure fédérale dans l'ordonnancement constitutionnel. Les contraintes de l'occupation par les alliés, qui ont mis « en pointillé » l'État allemand durant quelques années, font des Länder une réalité préexistant à la République fédérale. La Loi fondamentale a été élaborée par les autorités déléguées des Länder et est entrée en vigueur après avoir été approuvée par eux. La restauration du fédéralisme, en partie due à la volonté des alliés qui s'opposaient à la reconstitution d'un État allemand trop fort, coïncide ainsi avec la constitution d'un État fédéral nouveau, comme en 1871, à partir de Länder préexistants et pour la plupart déjà dotés d'une Constitution. Le constituant de Bonn s'est rangé à cette conception des alliés en dépit des tendances centralisa-

---

1. M. Fromont, *ibid.*, p. 334, Le juge constitutionnel, « La RFA », *Pouv.*, n° 22, 1982, p. 42. Selon l'auteur : « Cela tient tant à la tradition allemande qu'à la situation actuelle de l'Allemagne de l'Ouest : en effet, la monarchie constitutionnelle au a été le système politique allemand du XIXe siècle mettait évidemment plus l'accent sur la subordination des autorités publiques au droit que sur la démocratie et le parlementarisme et, depuis 1949, la RFA a entendu se démarquer vis-à-vis de son passé récent et du communisme et placer en quelque sorte la démocratie libérale sous la protection du droit. »

trices de certains membres sociaux-démocrates et libéraux, assez favorables à la conception restrictive qui avait prévalu au moment de l'élaboration de la Constitution de Weimar et à l'évolution qui s'était produite sous ce régime.

Le fédéralisme est perçu, par ailleurs, plus comme une méthode de limitation du pouvoir que comme une nécessité déterminée par les diversités de la nation allemande. Les Länder et le Bundesrat, la deuxième chambre du Parlement qui assure leur participation à l'échelon de l'État fédéral, sont envisagés comme des freins et contrepoids au pouvoir de celui-ci, essentiellement incarnés par le Bundestag et le chancelier fédéral. À partir de cette conception initiale s'est produite une évolution notable.

A - *Le système fédéral*

218 LA RÉPARTITION DES COMPÉTENCES. — Aux termes de l'article 30 LF, « l'exercice des pouvoirs publics et l'accomplissement des tâches étatiques appartiennent aux Länder, sauf disposition ou autorisation contraire de la Loi fondamentale ». Les Länder détiendraient ainsi la compétence de droit commun, mais en réalité ce principe ne reflète pas le rapport effectif de la répartition des compétences entre la Fédération et les Länder, mais seulement la volonté initiale du Constituant d'en fixer les termes avec précision. Tel est l'objet des articles 70 à 75 LF.

Les compétences fédérales peuvent être classées en trois catégories distinctes. Il s'agit des compétences exclusives, des compétences concurrentes à l'égard desquelles les pouvoirs de la Fédération sont entiers et des compétences concurrentes dans lesquelles les organes centraux sont seulement habilités à prendre des lois-cadres.

L'article 71 établit que lorsque la Fédération est investie de compétences exclusives, « les Länder n'ont le pouvoir de légiférer que si une loi fédérale les y autorise expressément et dans la mesure prévue par cette loi ». L'article 73, quant à lui, énumère les matières dans lesquelles la Fédération dispose de compétences exclusives. Il s'agit en particulier des affaires étrangères et de toutes les matières qui y sont liées : défense nationale, protection de la population civile, nationalité et immigration, relations économiques et monétaires internationales, et aussi de la politique monétaire, des communications, de la poste, du statut de la fonction publique fédérale et de la propriété intellectuelle. Appartiennent à la seconde catégorie de compétences fédérales les matières dans lesquelles les Länder « ont le pouvoir de légiférer tant que et dans la mesure où la Fédération ne fait pas usage de son droit de légiférer » (art. 72-1). Toutefois, l'intervention de la Fédération doit être motivée par une des circonstances prévues par la Loi fondamentale. Dans le texte originel, elles sont au nombre de trois. Il faut, en effet, que la question ne puisse « être réglementée efficacement par la législation des différents Länder », ou que la réglementation par une loi de Land puisse « affecter les intérêts d'autres Länder ou de la collectivité », ou encore que « la protection de l'unité juridique ou économique et notamment le maintien de l'homogénéité des conditions de vie au-delà des frontières d'un Land l'exigent » (art. 72-2). Ainsi, les conditions d'intervention de la Fédération étaient exprimées en des termes à ce point larges qu'elle était, en pratique, en mesure d'agir dès qu'elle le jugerait opportun (v. n° 221). Dès que la Fédération a pris l'initiative de légiférer dans l'une des matières appartenant à cette catégorie, sa compétence devient exclusive et les Länder sont mis dans l'incapacité d'intervenir encore dans la matière. Or, cette première catégorie de compétences concurrentes recouvre un domaine très large du champ normatif, défini à l'article 74 LF. À titre d'exemple, on peut relever le droit civil, le droit pénal, l'organisation judiciaire et la procédure judiciaire, la prévoyance sociale, le droit du travail, le trafic routier, la circulation automobile et la construction et l'entretien des routes. Dans ce large domaine concurrent, la Loi fondamentale énonce une autre règle favorable à la Fédération, et qui est une règle de conflit applicable par les juridictions. C'est le principe exprimé à l'article 31 LF, selon lequel *Bundesrecht bricht Landesrecht* : le droit fédéral a la primauté sur le droit des Länder.

L'article 72 LF, tel que révisé en 1994, définit de manière plus restrictive les conditions dans lesquelles la Fédération peut intervenir dans les matières de compétence concurrente et ouvre un recours spécifique aux Länder dans ce domaine. Le nouvel alinéa 2 précise que l'intervention du législateur fédéral doit être « nécessaire » – et non plus seulement répondre à un besoin – pour « produire » – et non plus maintenir – des conditions de vie « équivalentes » – et non plus leur « homogénéité » – ou pour garantir l'unité du droit et de l'économie dans l'intérêt de l'ensemble de l'État. Le respect de ces formules qui visent à limiter les conditions de l'intervention de la Fédération sera assuré par la cour constitutionnelle fédérale sur saisine du Bundesrat, du gouvernement fédéral ou d'un parlement de Land, innovation introduite à la demande des Länder (v. art. 93-1, 2 *a*). D'un point de vue matériel, la répartition des compétences a été peu modifiée ; on a même ajouté dans le domaine commun la responsabilité de la puissance publique, la fécondation artificielle des êtres humains et les manipulations génétiques.

L'innovation la plus significative se trouve dans la possibilité de revenir sur les interventions du pouvoir fédéral dans la législation concurrente, lorsque la nécessité à laquelle répondait la législation fédérale cesse d'exister (art. 72-3 LF). Chaque Land pourrait alors intervenir à nouveau, mais seule une loi fédérale peut décider un tel changement.

La portée réelle de ces modifications dépendra dans une large mesure de l'interprétation de la cour constitutionnelle qui n'examinait pas jusqu'ici, sauf erreur manifeste, l'appréciation par les autorités fédérales de la nécessité d'une intervention législative (v. n° 221).

Enfin, la troisième catégorie de compétences fédérales est constituée de matières à l'égard desquelles le législateur fédéral voit son pouvoir limité à l'adoption de lois cadres, les Länder ayant pour mission de les mettre en œuvre (art. 75 LF). Ceux-ci bénéficient donc en quelque sorte d'une compétence législative subordonnée. On trouve dans cette catégorie des matières qui, en principe, auraient dû relever de la compétence exclusive des entités fédérées, mais dans lesquelles il a paru utile de fixer un certain nombre de principes communs : le droit de la fonction publique des Länder et des communes, l'enseignement supérieur, la presse, etc. La liste a été légèrement modifiée par la révision de 1994. L'adoption des lois-cadres étant elle-même soumise aux conditions de l'article 72-2, les restrictions apportées par la révision de 1994 lui sont applicables, de même que la possibilité de revenir à la compétence législative du Land (art. 72-3). En outre, la conception de l'intervention fédérale est modifiée, s'inspirant un peu de celle des directives communautaires : aux termes de l'article 75 révisé, les lois-cadres fédérales sont adressées aux législateurs des Länder et les dispositions cadres ne peuvent qu'exceptionnellement contenir des règles allant dans le détail ou directement applicables. Cependant, si la Fédération intervient, les Länder sont obligés de légiférer dans un délai raisonnable fixé par la loi fédérale[1].

Les compétences exclusives des Länder qui, étant présumées de droit commun, ne sont pas énumérées se réduisent à peu de chose : on peut citer notamment les affaires d'intérêt local, l'ordre public, les matières religieuses et l'enseignement, sous réserve de l'article 75-1 *a* LF, issu de la révision constitutionnelle de 1970, qui confie à la Fédération le droit d'édicter les règles générales relatives aux principes généraux de l'enseignement supérieur.

En matière administrative, la présomption de compétence en faveur des Länder présente un caractère plus effectif. Quatre types d'administration peuvent être distingués : l'administration directe de la Fédération, pour les matières de souveraineté, l'administration propre des Länder pour les affaires locales, l'administration des affaires fédérales déléguées aux Länder et l'administration des affaires fédérales par les Länder en tant qu'attribution propre. C'est ce dernier type qui constitue le droit commun de l'administration fédérale aux termes de l'article 83 LF : « Sauf disposition contraire prévue ou admise par la présente Loi fondamentale, les Länder exécutent les lois fédérales au titre de leurs propres attributions. » Contrairement à l'administration déléguée, qui conserve à la Fédération des pouvoirs de contrôle importants, l'administration fédérale en tant qu'attribution propre n'est en principe soumise qu'à un contrôle de légalité. Mais la Loi fondamentale permet à une loi ordinaire, requérant toutefois l'approbation du Bundesrat, de limiter l'autonomie des Länder en matière de réglementation de l'organisation et de la procédure administratives et de confier au gouvernement fédéral le pouvoir de donner des instructions spéciales pour assurer l'exécution des lois fédérales. Le gouvernement fédéral peut encore, avec l'approbation du Bundesrat, édicter des règles administratives générales (art. 84 LF). En pratique, les services administra-

---

1. V. G. Marcou, L'évolution récente du fédéralisme allemand sous l'influence de l'intégration européenne et de l'unification, *RDP*, 1995, p. 904-908.

tifs sont pour la plupart du ressort des Länder mais assez étroitement contrôlés par les autorités fédérales.

219 LE BUNDESRAT. — Aux termes de l'article 50 LF, « les Länder participent à la législation et à l'administration de la Fédération par l'intermédiaire du Bundesrat ». Le principe de participation et la représentation des États fédérés à l'échelon fédéral sont ainsi assurés, comme dans les autres démocraties fédérales, par la Chambre haute du Parlement. Mais la Loi fondamentale ne s'est pas inspirée, en ce qui concerne la composition de cette chambre, des principes d'élection et de représentation paritaire qui prévalent notamment dans les systèmes fédéraux américain et suisse. Elle est revenue au modèle de 1871 qui faisait du Bundesrat une assemblée – caractérisée par un système de pondération des votes – des ministres des principautés de l'Empire (v. n° 208). Selon l'article 51 LF, le Bundesrat est composé de membres des gouvernements des Länder qui les nomment et les révoquent. La représentation est pondérée : chaque Land dispose d'au moins trois voix, les Länder de plus de 2 millions d'habitants en ont quatre, ceux de plus de 6 millions d'habitants en ont cinq. Depuis la révision consécutive à la réunification, ceux qui comptent plus de 7 millions d'habitants ont six voix (art. 51-2 LF). Les voix d'un Land ne peuvent être exprimées qu'en bloc et par des membres présents ou leurs suppléants (art. 51-3 LF)[1]. La majorité se calcule par rapport à l'effectif légal du Bundesrat. Il s'agit donc plus d'un conseil de ministres que d'une assemblée parlementaire classique. Les membres du Bundesrat sont seulement les porte-parole de leurs gouvernements dont ils reçoivent les instructions tout en ayant participé, en leur qualité de ministres, au processus de décision sur l'attitude qui doit être prise à la Chambre haute. La légitimité démocratique de la Chambre haute, si elle ne procède pas de l'élection, résulte de ce que ses membres représentent les diverses majorités parlementaires élues à l'échelon des Länder. La composition particulière du Bundesrat renforce son efficacité, en raison de la puissance administrative qu'elle implique et de l'expérience gou-

---

1. Le vote contradictoire, lors de la séance du 22 mars 2002, de deux membres du gouvernement du Land de Brandebourg a ainsi été considéré comme nul par le Tribunal constitutionnel fédéral qui n'a en outre pas reconnu au chef du gouvernement un droit d'exprimer seul la position de son Land (arrêt du 18 décembre 2002) (v. n° 255).

vernementale de ses membres. Le bicamérisme institué par la Loi fondamentale est inégalitaire. Les projets de loi du gouvernement fédéral doivent d'abord être soumis au Bundesrat qui se prononce à leur sujet, avant qu'ils soient transmis au Bundestag. Le Bundesrat dispose de l'initiative législative, mais ses propositions ne peuvent être transmises au Bundestag que par le gouvernement qui doit donner un avis sur leur contenu (art. 76 LF, révisé en 1994 quant aux délais). Le Bundestag se saisit lui-même directement des propositions de ses membres. Mais le caractère inégalitaire du bicamérisme repose essentiellement sur la distinction entre les lois qui ont un contenu fédératif et requièrent l'approbation positive du Bundesrat, et les lois qui relèvent essentiellement des intérêts de la Fédération, auxquelles il ne peut opposer qu'un veto suspensif, susceptible d'être levé par le Bundestag à une majorité qualifiée, variable selon la majorité de veto exprimée par le Bundesrat[1]. Le veto du Bundesrat est opposable après l'adoption des projets de loi par le Bundestag et est distinct de l'avis donné en première lecture aux termes de l'article 76 LF. Dans les trois semaines de la réception du texte adopté par le Bundestag, le Bundesrat peut demander la réunion d'une commission de conciliation composée de membres des deux chambres. Cette commission peut aussi être convoquée par le Bundestag ou le gouvernement si le projet en cause requiert l'approbation du Bundesrat. Elle n'a pas de pouvoir de décision et les propositions de modification du texte qu'elle présente doivent faire l'objet d'un nouveau vote (art. 77 LF) mais, en pratique, les deux chambres se rangent généralement à son avis et son rôle est déterminant dans le fonctionnement du bicamérisme. En moyenne, cinq projets seulement par législature échouent parmi ceux à l'égard desquels le Bundesrat détient un droit de veto absolu. Mais ceux-ci représentent plus de la moitié des lois fédérales[2,3]. Le Bundesrat dispose également de compétences importantes en matière administrative (v. n°s 218 et 230).

---

1. Art. 77-4 LF. Si le Bundesrat a émis son veto à la majorité ordinaire, il peut être levé par un vote acquis à la majorité simple au sein de la Chambre. Mais, lorsque deux tiers des membres de la Seconde chambre se sont opposés au texte, une majorité des deux tiers des suffrages représentant une majorité des membres du Bundestag est requise pour que la loi soit adoptée.
2. V. C. Grewe-Leymarie, Bilan et perspectives du fédéralisme, « La RFA », *Pouv.*, 1982, n° 22, p. 34, et *infra*, n° 221.
3. Ce sont les lois susceptibles d'affecter l'autonomie administrative des Länder. Il s'agit en particulier des lois qui définissent les modalités administratives de leur mise en œuvre (art. 84 LF) ainsi que celles relatives aux fonctionnaires et aux finances des Länder (art. 44 *a*, 91 *a* et 105 à 108 LF).

220 Les institutions des Länder. — Conformément au principe fédéral, les Länder bénéficient de l'autonomie constitutionnelle et plusieurs des constitutions des onze Länder qui composaient la RFA avant la réunification sont antérieures à la Loi fondamentale. L'article 28 LF trace toutefois des limites à cette autonomie : l'ordre constitutionnel dans les Länder doit être conforme aux principes d'un État de droit républicain, démocratique et social au sens de la Loi fondamentale. Cette disposition garantit l'exercice du suffrage universel direct à l'échelon des Länder et des collectivités locales, l'autonomie communale et la conformité de l'ordre constitutionnel des Länder aux droits fondamentaux ainsi qu'aux principes susvisés. Les institutions des Länder ne comportent guère de variantes. Tous sont dotés d'un parlement monocaméral, le Landtag, et d'un gouvernement dirigé par un ministre-président. Dans les villes-États (Hambourg, Brême et Berlin), le gouvernement est appelé sénat et est présidé par un bourgmestre. Seule la Bavière avait adopté une structure qui n'était pas parfaitement monocamérale puisqu'il y existait un sénat de 60 membres représentant, de façon composite, ce qu'il est convenu d'appeler les forces vives du pays. Mais cette assemblée, qui pouvait présenter des projets de loi au Landtag, lui donner des avis sur les lois votées, ainsi qu'au gouvernement, à la demande de celui-ci, n'était investie d'aucun pouvoir de décision. À la suite d'un référendum d'initiative populaire intervenu en février 1998, cette institution a été abolie.

Tous les Länder – les dix anciens, les cinq nouveaux et le Land réunifié de Berlin, qui s'est donné une nouvelle constitution en 1995 – ont instauré le régime parlementaire, avec cependant aussi une variante en Bavière où l'on a adopté la formule du gouvernement de législature (*Regierung auf Zeit* : v. n° 223, n. 1). Mais cette spécificité ne réside que dans la forme de la responsabilité politique, laquelle n'est pas enserrée – comme dans les autres Länder – dans des normes constitutionnelles contraignantes. L'article 44-3 de la Constitution de 1946 prévoit que le gouvernement « doit se retirer lorsque les rapports politiques rendent impossible une collaboration confiante entre lui et le Landtag », formule par laquelle le constituant pensait pouvoir limiter les occasions de censurer l'exécutif et lui laisser une marge d'appréciation. Contrairement à la Loi fondamentale, la plupart des constitutions des Länder prévoient pour le Landtag un droit d'autodissolution. La pratique institutionnelle de la plupart des Länder est marquée, comme à l'échelon fédéral, par le recours au gouvernement de coalition. Il en résulte des interférences politiques nombreuses et parfois complexes entre les deux niveaux de pouvoir. Les constitutions des Länder instituent des mécanismes de votation populaire, mais la pratique en reste modérée. Toutes ont aussi institué une cour constitutionnelle, sauf en Schlesvig-Holstein où la fonction incombe au Tribunal constitutionnel fédéral, conformément à une hypothèse envisagée à l'article 99 LF.

B - L'évolution du fédéralisme

221 LA TENDANCE À LA CENTRALISATION. — La logique institutionnelle des articles 72 et 75 LF contenait le germe potentiel d'une extension indéfinie des compétences concurrentes et du caractère irréversible de leur transfert au profit de la Fédération. La jurisprudence du Tribunal constitutionnel fédéral a permis que cette extension se réalise. Dès ses premières décisions en la matière, le tribunal a jugé que la question de savoir s'il existait un besoin, au sens de l'article 72 LF, de légiférer à l'échelon fédéral relevait de l'appréciation discrétionnaire du pouvoir législatif fédéral et échappait de ce fait à son contrôle. Tout au plus peut-il vérifier si le législateur n'a pas commis d'abus ou d'erreur manifeste dans l'exercice de ce pouvoir d'appréciation discrétionnaire[1]. Du fait de cette autolimitation du juge, aucune loi fédérale n'a été frappée d'inconstitutionnalité parce qu'elle aurait excédé la compétence législative de la Fédération au détriment des Länder.

Au surplus, plusieurs révisions constitutionnelles sont intervenues pour également étendre les domaines relevant de la législation concurrente. En pratique, avec le principe de la primauté du droit fédéral, cela se traduit par une omniprésence du législateur de la

---

1. V. notamment les arrêts du 22 avril 1953 (*BVerfGE*, 2, p. 224-225) et du 15 février 1955 (*BVerfGE*, 4, p. 127). Cf. G. Marcou, art. cité, p. 886-887, n. 11.

Fédération. Dans le domaine économique et financier, l'État fédéral joue un rôle nouveau qui n'avait pas été envisagé par le constituant de 1949. À partir des années 1960 s'est imposée la nécessité d'une politique économique conduite par les autorités fédérales. En matière financière, l'État fédéral a obtenu le pouvoir de répartir les recettes qui lui reviennent en commun avec les Länder : impôts sur les revenus et les sociétés, TVA. Il détient également, depuis la révision de 1969, la compétence de coordination du droit budgétaire et de planification financière en vue de garantir l'équilibre économique global.

Les compétences propres des Länder ont ainsi été progressivement réduites, même dans des matières comme l'ordre public et l'enseignement. Cette tendance à la centralisation a été cependant quelque peu compensée par un accroissement corrélatif du rôle du Bundesrat au sein duquel les Länder participent à l'élaboration des normes fédérales. Or les lois réputées avoir un contenu fédératif, qui requièrent l'approbation du Bundesrat, représentent plus de la moitié des lois fédérales, et la majorité des règlements administratifs sont également soumis à cette approbation. D'une part, le Bundesrat a réussi à imposer une conception extensive de son veto absolu, en exigeant son accord sur le projet en son entier même si une seule disposition a un caractère fédératif, ainsi que pour toute modification d'une loi adoptée avec son approbation. D'autre part, l'élargissement des compétences fédérales entraîne celle des matières, ayant un contenu fédératif, qui intéressent les Länder. La tendance à la centralisation est donc notable mais le rôle accru du Bundesrat garantit qu'elle est globalement acceptée par les Länder dans le cadre d'une coopération étroite entre eux et la Fédération.

222 LE FÉDÉRALISME COOPÉRATIF. — Ce type nouveau de fédéralisme (v. l'ouvrage de C. Grewe-Leymarie), né du constat de l'impossibilité d'une séparation rigide et de l'interdépendance des questions, s'est d'abord développé de façon spontanée, en marge de la Loi fondamentale. La concertation entre Länder s'est progressivement, sous la poussée de la tendance à la centralisation, transformée en une coordination entre la Fédération et les Länder, principalement dans les domaines de la politique économique et sociale et de l'aménagement du territoire. Cette coordination a été constitutionnalisée par la révision de 1969 sous la dénomination de « tâches communes » au sein desquelles on retrouve la plupart des matières restées de la compétence des Länder. La Fédération et les Länder se sont ainsi associés dans des structures destinées à la mise en œuvre de projets communs en matière d'économie régionale, d'agriculture, d'éducation et de recherche. Dans les domaines les plus sensibles, l'éducation notamment, la coopération est facultative (art. 91 *b* LF) et les Länder disposent d'une faculté d'empêcher qu'ils utilisent à leur gré. Dans d'autres matières, comme par exemple la construction d'établissements universitaires ou l'amélioration des structures économiques, la coopération est obligatoire (art. 91 *a* LF). Le fédéralisme allemand actuel se caractérise ainsi par sa souplesse, permettant aussi bien une coopération étroite entre l'État fédéral et les Länder qu'une certaine distance entre celui-là et ceux-ci lorsque existe entre leurs gouvernements une opposition politique.

À la marge, se pose la question de la péréquation financière entre Länder. La loi de péréquation du 23 juin 1993 adoptée après la réunification a été contestée devant la Cour constitutionnelle en 1998 par les Länder les plus riches (Bavière, Hesse, Bade-Wurtemberg). Une controverse a alors opposé les partisans du fédéralisme coopératif et ceux du « fédéralisme concurrentiel ». Par un arrêt du 19 novembre 1999, la Cour a déclaré cette loi inconstitutionnelle. Les principes applicables en la matière sont posés à l'article 107 LF. L'alinéa 2 dispose que « la loi doit assurer une compensation appropriée des inégalités de capacité financière entre les Länder » et « définir (...) les critères de détermination des versements de péréquation ». Enfin, la Fédération peut abonder cette péréquation en accordant « aux Länder de faible capacité financière des dotations destinées à les aider à couvrir leurs besoins financiers généraux ». Sur ce fondement constitutionnel, plusieurs lois ont été adoptées, en 1969, 1985 et en dernier lieu, donc, 1993. Les Länder requérants ont fait valoir que la péréquation établie par cette dernière loi était si poussée qu'elle aboutissait à un nivellement des ressources au profit des Länder qui mènent une mauvaise politique économique. Cependant, la Cour a prononcé l'inconstitutionnalité pour des motifs essentiellement relatifs à la procédure. Elle a estimé que la question devait faire l'objet de deux lois distinctes : une loi fixant les critères de péréquation (et la Cour crée ainsi, en quelque sorte, une nouvelle catégorie de loi) et une loi déterminant les règles de partage des ressources compte tenu de l'évolution démographique et financière de chaque Land. Trois éléments de péréquation sont à considérer selon la Cour. Le premier concerne la répartition du produit de la TVA. La Cour juge que la prise en considération des « dépenses nécessaires » auxquelles se réfère la Loi fondamentale doit faire l'objet de critères généraux de façon à éviter que la péréquation favorise les Länder les plus dépensiers. C'est par défaut de ce premier élément que la loi est déclarée non conforme à la Constitution. Le deuxième élément a trait à la péréquation horizontale (entre les Länder) qui, selon la Cour, ne doit pas éliminer les différences de capacité financière entre les Länder, mais seulement les atténuer. Le troisième élément de la péréquation est constitué des dotations complémentaires accordées par la fédération. Celle-ci peut aider les Länder les plus pauvres, mais seulement dans la mesure où leur capacité financière est inférieure à la moyenne après application de la péréquation horizontale. Cet arrêt vient fortement limiter l'autonomie du législateur dans cette matière essentielle à l'équilibre du fédéralisme.

222 bis LE RÉVEIL DES LÄNDER[1]. — Depuis l'adoption de l'Acte unique européen (entré en application le 1er juillet 1987), les Länder ont tenté de réagir à l'extension des compétences communautaires dans les domaines qui continuaient de relever de leur compétence propre. Cet effort de rééquilibrage a ensuite été poursuivi dans l'ordre juridique interne à l'occasion des révisions constitutionnelles qui ont conclu le processus de réunification de l'Allemagne. Depuis longtemps, l'élargissement continu des compétences communautaires dans les matières relevant de la législation des Länder (enseignement, environnement, culture et en particulier radiotélévision) a posé d'une manière croissante la question de la responsabilité de l'État fédéral qui s'engageait relativement à des compétences ne lui appartenant pas, et ceci d'autant plus aisément que l'article 20-4 LF autorise la Fédération à « transférer, par voie législative, des droits de souveraineté à des institutions internationales », c'est-à-dire, le cas échéant, sans l'accord du Bundesrat.

---

1. G. Marcou, art. cité, p. 886-900.

À partir de 1987, les Länder ont cherché à promouvoir le principe de subsidiarité afin de n'être pas relégués au rang de « simples entités administratives dépendantes de Bonn et de Bruxelles », et ont défendu l'idée de l' « Europe des régions » en sollicitant les autres collectivités infra-étatiques des pays voisins et en se posant comme interlocuteurs directs des instances communautaires. Ils ont ainsi obtenu avec la loi de ratification de l'Acte unique européen un renforcement de l'obligation faite au gouvernement fédéral d'informer les Länder : création d'une « chambre » permanente du Bundesrat chargée des projets communautaires et capable de statuer au nom du Bundesrat lui-même, rattachement de l'observateur des Länder au Bundesrat, quasi-monopole de la représentation allemande dans le Comité des régions mis en place par le traité de Maastricht (21 sièges sur 24), possibilité de faire représenter l'Allemagne par un ministre de Land (inscrite à l'article 146 du traité de Maastricht). En 1992, la révision constitutionnelle qui a accompagné la ratification du traité de Maastricht a permis aux Länder d'obtenir un renforcement de leur influence sur la politique européenne de la RFA et la constitutionnalisation des procédures instituées à cet effet. Le nouvel article 23 LF (l'ancien ayant été abrogé en 1990) précise les conditions de la participation des Länder à la politique européenne, participation dont le degré varie en fonction de celui de leurs compétences dans l'ordre interne. Il prévoit en particulier (al. 6) qu'un représentant des Länder désigné par le Bundesrat doit naturellement représenter la RFA au Conseil des ministres européens lorsque leurs compétences exclusives sont concernées de manière prépondérante par la décision envisagée. L'article 23 a donné lieu à la loi d'application du 12 mars 1993 sur la coopération de la Fédération et des Länder dans les affaires de l'Union européenne, complétée par une convention du 29 octobre 1993 entre le gouvernement fédéral et le gouvernement des Länder.

Il s'agit de soumettre la participation de l'Allemagne aux décisions communautaires aux pratiques du « fédéralisme coopératif » qui se sont imposées dans l'ordre interne. Ainsi, lorsque la position du Bundesrat doit être prise en compte « de manière déterminante » par le gouvernement fédéral (lorsque des compétences des Länder sont affectées de manière centrale par la décision projetée), la loi institue une procédure de recherche d'un accord, à défaut duquel le Bundesrat, statuant à la majorité des deux tiers, peut imposer son point de vue au gouvernement fédéral (art. 23-5-2). De plus, le gouvernement fédéral ne peut approuver un projet communautaire (sur le fondement de l'article 235 du traité sur la Communauté européenne) qu'avec l'accord du Bundesrat si l'approbation de ce dernier est requise par le droit interne (art. 23-5-3). Ce dernier point pose un problème délicat dans la mesure où il est difficilement compatible avec la « responsabilité des relations extérieures » incombant au gouvernement fédéral en vertu de l'article 32 LF. Les représentants des Länder doivent pouvoir participer, en liaison avec le gouvernement fédéral, aux négociations communautaires (Commission et Conseil) affectant leur compétence propre ou même seulement « leurs intérêts essentiels » (art. 23-6-1 et 6-2). Les Länder peuvent par ailleurs entretenir des relations permanentes directes avec les instances communautaires, pour l'exercice de leurs compétences au sens de la Loi fondamentale (culture, etc.). Enfin, le nouvel article 52-3 *a* LF constitutionnalise la chambre des affaires européennes *(Europakammer)* du Bundesrat.

Par ailleurs, les conditions que le Tribunal constitutionnel fédéral entend mettre à la construction de l'Union européenne bénéficient désormais aux Länder. L'arrêt du 22 mars 1995 concerne l'examen de la position du gouvernement fédéral relative à l'élaboration de la directive communautaire sur la « télévision sans frontière » (compétence exclusive des Länder, en vertu de la Loi fondamentale). Le tribunal a jugé que le gouvernement fédéral avait violé les droits des Länder en abandonnant, sans en référer au Bundesrat, la position commune établie avec eux. Bien que l'affaire fût antérieure à la révision de décembre 1992, il revenait au gouvernement fédéral de « prendre en considération le point de vue juridique des Länder », ce qui était une manière d'anticiper les effets du nouvel article 23 LF. Le tribunal s'appuie sur le « principe de loyauté communautaire » que doit invoquer, dans une telle situation, le gouvernement fédéral devant le Conseil des ministres pour éviter que la majorité n'impose à l'Allemagne une décision portant atteinte à l'ordre constitutionnel de l'État membre. Le tribunal précise enfin que le maintien du caractère fédéral de l'Allemagne oblige les organes fédéraux à s'opposer à une évolution à long terme par laquelle un élargissement progressif des compétences communautaires pourrait porter atteinte aux compétences matérielles qui demeurent aux États et de ce fait aux Länder. Parallèlement à ce rééquilibrage dans l'ordre communautaire européen, les négociations relatives à la réunification ont été une autre occasion pour les Länder de promouvoir un renforcement de leur position dans l'ordre interne. Ainsi, le traité d'unification a mis en place une commission commune du Bundestag et du Bundesrat chargée notamment de revoir la liste des compétences et le partage des ressources. Bien que ses conclusions aient été (en partie) repoussées en juin 1994, elles ont inspiré la révision constitutionnelle du 27 octobre 1994. Celle-ci constitue un compromis entre les objectifs de la Fédération et deux des Länder. Il s'agit de la première révision constitutionnelle favorable aux compétences des Länder. Elle définit de manière plus restrictive les conditions dans lesquelles la Fédération peut intervenir dans les matières de compétence concurrente et ouvre un recours constitutionnel spécifique aux Länder dans ce domaine (v. n° 218). « On perçoit dans ces dispositions, note G. Marcou, la prise en compte des demandes des Länder désireux de reconquérir une partie de leur compétence législative. Les innovations essentielles sont en fait la nouvelle rédaction de l'article 72 ainsi que la possibilité de saisir le Tribunal constitutionnel fédéral, y compris pour faire juger que la nécessité de la Loi fédérale a cessé. Mais la valeur de ces dispositions dépend de l'interprétation qu'en fera le juge constitutionnel. Or, il n'est pas certain que les nouvelles dispositions le conduisent à remettre en cause sa jurisprudence traditionnelle selon laquelle l'appréciation que porte le législateur fédéral sur les conditions qui justifient son intervention n'est pas susceptible d'être contrôlée par un juge sauf en cas d'abus manifeste. Cette objection avait été soulevée par la commission des lois du Bundestag, selon laquelle la nouvelle rédaction proposée de l'article 72-2 ne clarifierait pas la répartition des compétences entre la Fédération et les Länder, et serait de nature, avec le nouvel article 93-1, n° 2 *a,* à conduire le juge constitutionnel à remplir une fonction d'arbitrage politique, ce qui n'est pas conforme à sa fonction. (...) Il ne faudrait donc pas s'étonner si la Cour constitutionnelle fédérale neutralisait les effets attendus de la révision en maintenant que ces dispositions ne permettent pas un contrôle juridictionnel sur le pouvoir d'appréciation laissé au législateur, en dehors du cas d'un abus manifeste. La rédaction retenue de l'article 72 est beaucoup moins nette que celle qui avait été proposée par la commission d'enquête sur la Constitution (...) »[1]. Effectivement, la Cour continue depuis lors de développer une jurisprudence favorable à l'extension des compétences législatives de la fédération. On peut citer à cet égard l'arrêt du 27 octobre 1998 relatif à la compétence fédérale de réglementer les activités médicales liées à l'interruption volontaire de grossesse et surtout l'arrêt du 7 mai précédent sur l'« impôt écologique ». Dans cette affaire, la Cour a déclaré que les Länder ne pouvaient pas instituer des taxes sur les emballages (au titre de leur compétence en matière de taxes locales) car cette mesure va à l'encontre de la loi fédérale sur la protection de l'environnement (compétence concurrente de la fédération et des Länder dans le domaine de l'élimination des déchets). La Cour estime ainsi que la compétence législative pour réglementer un secteur d'activité prime sur la compétence fiscale en cas de conflit.

Les effets de la réforme constitutionnelle de 1994 ayant été limités, les deux grands partis de gouvernement (SPD et CDU-CSU) ont récemment paru vouloir réagir plus énergiquement contre cette tendance lourde à la « fédéralisation » de la législation et, corrélativement, à l'accroissement démesuré du poids du Bundesrat : Bundestag et Bundesrat ont constitué, en octobre 2003, une commission de réflexion composée de seize députés et de seize chefs de gouvernement des Länder, aux fins de formuler des propositions pour clarifier les compétences entre la Fédération et les Länder, et restituer à ces derniers un peu d'autonomie législative et financière. Ses conclusions sont attendues pour la fin de l'année 2004 (v. n° 252-253).

III | LE PARLEMENTARISME RATIONALISÉ

223 LE CHOIX DU RÉGIME PARLEMENTAIRE. — Le constituant allemand de 1949 s'est prononcé sans ambiguïté en faveur du régime parlementaire, face aux propositions qui avaient été faites, en cours d'élaboration, d'instituer un régime présidentiel ou un

---

1. Art. cité, p. 908-909.

régime de gouvernement de législature « à temps »[1], c'est-à-dire sans possibilité de mettre en jeu la responsabilité du gouvernement en cours de mandat.

L'une des questions essentielles, pour le constituant, était d'établir l'autorité de l'exécutif. La Constitution de Weimar avait particulièrement échoué sur ce point, en combinant différents principes de gouvernement qui à l'usage s'étaient avérés inconciliables. Voulant éviter un retour aux pratiques du régime précédent, le constituant de la République de Bonn a poussé la rationalisation des règles parlementaires relatives à la responsabilité politique jusqu'à un point extrême, dans le cadre d'un régime moniste. Les garanties instituées tendent à renforcer la stabilité de l'exécutif, c'est-à-dire essentiellement du chef du gouvernement, le chancelier fédéral. En effet, celui-ci est le seul à être directement investi de la confiance du Bundestag (art. 63 LF), condition de son accession au pouvoir, et de la même manière, il est le seul dont la responsabilité politique puisse être mise directement en jeu. Les rapports entre les pouvoirs s'articulent ainsi principalement entre le chancelier et le Bundestag. En effet, outre le Tribunal constitutionnel, les quatre *organes constitutionnels* constitués par la Loi fondamentale sont le Bundestag et le Bundesrat ainsi que le président fédéral et le gouvernement. Il a déjà été traité du Bundesrat, succédané de seconde chambre, qui n'a pas tous les caractères d'une assemblée parlementaire et devant lequel le gouvernement n'est pas responsable. Le parlementarisme institué par la Loi fondamentale étant de principe moniste, la branche essentielle de l'exécutif est le gouvernement fédéral, formé et dirigé par le chancelier responsable devant le Bundestag. Mais si la responsabilité politique est ainsi circonscrite entre ces deux organes, les procédures parlementaires de résolution des crises telles que la dissolution et l'état de nécessité législative, requièrent l'intervention ou le concours des autres organes, le président fédéral et le Bundesrat.

---

1. *Regierung auf Zeit.* Le Dr Dehler présenta une telle proposition devant la commission d'organisation, le 23 septembre 1948. Elle avait déjà été faite lors de la conférence préparatoire de Herrenchiemsee. Elle consistait à introduire le système de *gouvernement de législature* qui est pratiqué en Bavière (art. 44 de la Constitution de 1946). Une nouvelle proposition fut encore faite par Dehler devant la commission principale (57e séance du 5 mai 1949, p. 754), mais ne fut pas retenue ensuite par le conseil parlementaire, dernière instance constituante. On a vu qu'en réalité il s'agit également d'un régime parlementaire (v. n° 220).

A - L'organisation constitutionnelle des pouvoirs

224 LE BUNDESTAG. SON MODE D'ÉLECTION. — Le constituant de 1949 a manifestement voulu faire du Bundestag la pièce maîtresse du nouvel ordre constitutionnel. Cette primauté est attestée par la grande autonomie dont il dispose dans l'aménagement et l'exercice de ses compétences, notamment par rapport à l'exécutif. Mais la Loi fondamentale veut également prévenir toute tendance à la dérive de l'organe qui dispose, parmi les autres organes constitutionnels, de la plus grande légitimité démocratique, vers un régime dit d'assemblée. C'est pourquoi elle envisage le conflit entre organes constitutionnels (art. 93-I-1 LF) dont la compétence appartient au Tribunal constitutionnel fédéral (v. n° 214) et elle institue la rationalisation du parlementarisme. Mais celle-ci n'est pas synonyme, comme elle paraît l'être parfois en France, d'un abaissement de l'institution parlementaire. Au contraire, « il faut constater, relève M. Fromont, que le Bundestag a mieux résisté que d'autres assemblées à l'évolution générale qui tend à renforcer le poids du pouvoir exécutif dans les sociétés industrielles »[1].

Dans le système de démocratie très médiatisée qui est celui de la Loi fondamentale, les députés du Bundestag sont les seuls élus au suffrage universel direct. La Loi fondamentale ne contient pas de disposition relative au mode de scrutin, qui résulte de la loi du 7 mai 1956, plusieurs fois révisée, et se présente comme l'un des plus originaux parmi les grandes démocraties contemporaines. Il s'agit de système de la *proportionnelle personnalisée* qui combine le caractère substantiellement proportionnel avec les avantages du scrutin uninominal normalement attachés aux systèmes majoritaires. Tout électeur dispose de deux voix, la seconde étant déterminante pour la répartition effective des sièges au Bundestag. La première sert à l'élection directe au scrutin majoritaire à un tour d'un candidat dans l'une des 328 circonscriptions uninominales. La seconde voix est destinée aux listes qui sont présentées par les partis dans le cadre de chaque Land et visent également à pourvoir 328 sièges. La répartition des sièges du Bundestag entre les partis s'effectuait à la propor-

---

[1] M. Fromont et A. Rieg, *Introduction au droit allemand*, t. II, Paris, Cujas, 1984, p. 52.

tionnelle de D'Hondt, jusqu'aux élections de 1983, remplacée depuis par le système de Hare-Niemeyer (loi du 15 mars 1985). Les premières voix sont ensuite prises en compte pour établir la liste des élus effectifs compte tenu de la répartition abstraite déjà opérée, puis les sièges restants sont pourvus dans l'ordre de la liste présentée dans chaque Land. Inversement, il peut cependant arriver qu'un parti emporte plus de sièges directs qu'il n'en devrait obtenir en fonction de la répartition proportionnelle. Ces sièges lui demeurent alors acquis et viennent s'ajouter[1] à l'effectif normal du Bundestag. Cet effectif était de 416 sièges avant la réunification (plus les 22 voix consultatives pour Berlin) et est passé à 656 aux élections de 1990, pour être finalement ramené à 598 (sans compter les mandats de sur-représentation) à partir des élections de 2002. Cependant, et c'est un correctif essentiel aux conséquences habituelles de la proportionnelle, sont exclus de la répartition des sièges au Bundestag les partis qui n'ont pas obtenu 5 %. des voix à l'échelon fédéral ou trois mandats directs.

225 ORGANISATION DU BUNDESTAG. — Le Bundestag est compétent pour vérifier les pouvoirs de ses membres et pour prononcer la déchéance de leur mandat (art. 41-1 LF), ainsi que pour statuer sur les requêtes tendant au contrôle de la régularité des élections. Ces décisions peuvent cependant être portées en appel devant le Tribunal constitutionnel fédéral.

Conformément aux principes classiques du régime représentatif, la Loi fondamentale établit que les députés représentent l'ensemble du peuple, proscrit le mandat impératif (art. 38-1 LF) et définit les garanties du statut parlementaire : immunité, irresponsabilité, indemnité parlementaire (art. 46 et 48 LF). Elle fixe à quatre ans la durée de la législature et précise que celle-ci ne prend fin qu'à la réunion d'un nouveau Bundestag, même en cas de dissolution. Il appartient au Bundestag lui-même de fixer la clôture et la reprise de ses sessions. Il est tenu de se réunir s'il est convoqué par son président, *proprio motu* ou à la demande du chef de l'État, du chancelier ou d'un tiers au moins de ses membres (art. 39 LF).

---

1. Inexistants entre 1965 et 1980, ces mandats de surreprésentation étaient au nombre de 16 aux élections de 1994, de 13 en 1998 et de 5 en 2002.

Le Bundestag est maître de son règlement, conformément à la tradition parlementaire. Il s'agit d'un texte très important contenant certaines dispositions qui ajoutent à la Loi fondamentale (v. n° 228) mais sans tendre pour autant à favoriser la prépondérance parlementaire au détriment de l'exécutif. Le Bundestag dispose également de l'autonomie administrative et financière. Il élit son président, ses vice-présidents et ses secrétaires. Les commissions parlementaires sont au nombre d'une vingtaine. Leur composition et le choix des présidences sont déterminés à la proportionnelle par le conseil des Anciens qui réunit le bureau de la Chambre et des délégués des groupes politiques élus eux-mêmes à la représentation proportionnelle. Ce conseil, représentatif de l'ensemble du Bundestag et non de la seule majorité gouvernementale, est le véritable organe directeur de l'assemblée, qui en organise et en planifie les travaux.

Le Bundestag peut constituer des commissions d'enquête (art. 44 LF). Fait notable au sein du parlementarisme européen, la Loi fondamentale confère à une minorité (un quart des députés) le droit d'obtenir la création d'une telle commission. Une loi sur les commissions d'enquête a été adoptée en juin 2001, qui renforce encore les droits de l'opposition. Jusqu'alors le fonctionnement de ces commissions était régi par un ensemble de règles officieuses que les partis s'engageaient à observer.

Parmi les commissions du Bundestag, il faut citer la commission des affaires de l'Union européenne, qui a été constitutionnalisée en 1992 à l'article 45 LF. Celle des pétitions (au sens de l'article 17 LF) l'avait été en 1975 (art. 45 *c* LF) et celles de la défense et des affaires étrangères déjà en 1956 (art. 45 *a* LF). Il faut aussi mentionner la commission commune des deux chambres *(Gemeinsamer Ausschuss)* qui exerce, s'il est nécessaire, l'essentiel des pouvoirs du Parlement lorsque celui-ci ne peut se réunir valablement et qu'est proclamé l'état de défense (art. 115-*e* LF).

226 LE PRÉSIDENT FÉDÉRAL. — Inaugurant un régime parlementaire purement moniste, la Loi fondamentale rompt avec la République de Weimar, qui avait fait du chef de l'État la clef de voûte du régime, et maintient le président fédéral dans un rôle de représentation, à quelques exceptions près. Comme tout chef d'État parlementaire classique, le président fédéral est politiquement irresponsable, et il ne peut être mis en accusation que pour violation intentionnelle de la Loi fondamentale ou d'une autre loi fédérale (art. 61 LF). L'élection indirecte du président fédéral est significative de la volonté du constituant de lui conférer une légitimité réduite par rapport à son prédécesseur de Weimar. Il est élu pour un mandat de cinq ans, renouvelable une seule fois consécutive, par une assemblée *ad hoc*, l'assemblée fédérale, composée des membres du Bundestag et d'un nombre égal de délégués élus à la proportionnelle par les Landtage. La majorité requise aux deux premiers tours de scrutin est celle des membres de l'assemblée fédérale. Au troisième tour, la majorité simple suffit.

Les attributions ordinaires du président fédéral (pouvoir de représentation internationale, nomination des ministres, fonctionnaires et officiers) sont essentiellement nominales et soumises au contreseing du chancelier et du ministre fédéral compétent. Sont dispensées du contreseing la nomination et la révocation du chancelier, la dissolution du Bundestag prévue à l'article 63-4 LF et la demande adressée par le président au chancelier ou à un ministre démissionnaire d'expédier les affaires courantes jusqu'à la nomination de son successeur (art. 58 LF). Seule la dissolution du Bundestag conformément à l'article 63-4 LF constitue réellement une compétence discrétionnaire, de même d'ailleurs que l'assentiment qu'il est appelé à donner à la dissolution demandée par le chancelier à la suite du rejet par le Bundestag d'une question de confiance ou à la mise en œuvre de l'*état de nécessité législative* (art. 68 et 81 LF – v. n°s 232 à 234). La promulgation des lois, qui est en principe le type même de la compétence liée, pose un problème particulier dans la mesure où elle n'est enserrée dans aucun délai et dans l'hypothèse où le gouvernement fédéral passerait outre le veto du Bundesrat à l'occasion de l'adoption d'une loi censée avoir un contenu fédératif (v. n° 219). En cas de refus abusif par le président, le gouvernement peut en tout état de cause avoir recours à la procédure du litige entre organes constitutionnels réglé par le Tribunal constitutionnel fédéral (art. 93-1 LF).

227 LE GOUVERNEMENT FÉDÉRAL : STRUCTURE. — Aux termes de l'article 62 LF, « le gouvernement fédéral se compose du chancelier fédéral et des ministres fédéraux » et constitue l'un des cinq *organes constitutionnels* de la Fédération. Le gouvernement en son ensemble détient ainsi constitutionnellement une autorité que la Loi fondamentale ne reconnaît pas au seul chancelier. Mais elle lui attribue néanmoins un rôle déterminant dans la formation (v. n° 229) et dans la direction du gouvernement : l'article 65 LF dispose notamment que le chancelier « fixe les lignes directrices *(Richtlinien)* de la politique et en assume la responsabilité » et qu'il « dirige les affaires gouvernementales selon un règlement intérieur adopté par le gouvernement fédéral et approuvé par le président de la République fédérale ». Mais l'article 65 énonce aussi que « dans ces limites, chaque ministre fédéral dirige son département de façon autonome sous sa propre responsabilité » et que « le gouvernement fédéral statue sur les divergences d'opinion entre les ministres fédéraux ». L'article 65 réalise ainsi une synthèse entre le principe collégial, celui de l'autonomie des départements *(Ressortprinzip)* et celui du chancelier *(Kanzlerprinzip)*[1], laquelle synthèse est du reste tout à fait conforme à la tradition parlementaire telle qu'elle résulte de l'expérience britannique. Mais en droit, parce qu'il appartient au cabinet de trancher les conflits entre ministres, comme en fait, par la pratique nécessaire des gouvernements de coalition, la situation du chancelier ne saurait être assimilée à celle du Premier ministre en Grande-Bretagne. Le règlement du gouvernement fédéral visé à l'article 65 vient compléter les dispositions très générales de ce dernier en réglant la procédure administrative de mise en œuvre de ces principes qu'il énonce de façon apparemment quelque peu contradictoire. Par ailleurs, une loi ordinaire a instauré en 1967 des « secrétaires d'État parlementaires » *(Parlamentarische Staatssekretäre)*, sur inspiration de l'exemple britannique. Ils doivent être députés au Bundestag et sont nommés (et révoqués) par le président fédéral sur proposition du chancelier en accord avec le ministre de rattachement qu'ils déchargent de certaines fonctions de représentation (notamment dans les rapports avec le Bundestag : réponse à des questions orales, présence en commission...). Politiquement, ils assurent surtout la concertation avec les groupes de la majorité (la répartition politique des secrétaires d'État parlementaires entre les

---

1. V. M. Froment et A. Rieg, *op. cit.*, p. 46, et les références.

partis est très rigoureuse). Leur nombre a varié : 7 en 1967 (pour 21 ministres), 15 en 1969 (pour 26 ministres), 27 en 1994 (pour 17 ministres), 25 en 2002 (pour 15 ministres). Ils ne participent qu'occasionnellement au conseil des ministres.

228 Élection du chancelier fédéral. — L'article 63 LF dispose :

« 1 / Le chancelier fédéral est élu sans débat par le Bundestag sur proposition du président fédéral.

« 2 / Le candidat proposé est élu s'il réunit sur son nom les voix de la majorité des membres du Bundestag. Le président doit nommer le candidat élu.

« 3 / Si le candidat proposé n'est pas élu, le Bundestag peut, dans les quatorze jours qui suivent le scrutin, élire un chancelier à la majorité absolue de ses membres.

« 4 / À défaut d'élection dans ce délai, il est procédé sans délai à un nouveau tour de scrutin, à la suite duquel celui qui obtient le plus grand nombre de voix est élu. Si l'élu recueille les voix de la majorité des membres, le président fédéral doit le nommer dans les sept jours qui suivent le scrutin. Si l'élu n'a pas obtenu cette majorité, le président fédéral doit, dans le même délai, soit le nommer, soit prononcer la dissolution du Bundestag. »

Les dispositions de cet article sont dominées par le souci qu'avait le conseil parlementaire, dernière et principale instance constituante, de conférer au chef de gouvernement une légitimité parlementaire originelle particulièrement forte, en même temps que par la crainte que le Bundestag ne soit composé de telle façon que cette investiture renforcée se révèle impossible et qu'aucun gouvernement ne puisse être formé.

L'intervention du président fédéral pour proposer un candidat chancelier au Bundestag est voulue par le constituant comme la voie normale, les autres tours de scrutin étant conçus comme des procédés subsidiaires, dans l'hypothèse où le premier échoue. L'intervention du chef de l'État, pouvoir arbitral, est réputée, selon la tradition parlementaire, faciliter la résolution des crises ministérielles. Mais la proposition, formellement libre, du président fédéral, ne lie pas le Bundestag, qui garde l'initiative s'il le désire. Simplement, il est d'abord obligé de se prononcer, au premier tour de scrutin, sur le candidat présidentiel. Dans la pratique, le droit de proposition du chef de l'État est devenu une formalité solennelle. La conjoncture politique n'a pas permis, dès les débuts de la République fédérale, que s'exerce l'influence arbitrale du président dans l'exercice de cette compétence. Cette tendance n'a fait que s'accentuer. Le droit de présentation du chancelier est exercé par les partis, et la simplification progressive du système des partis allemands a déterminé les conditions politiques dans lesquelles se déroule l'élection du chancelier fédéral.

En ce qui concerne les modalités du scrutin, les alinéas 1 et 2 de l'article 63, complétés par le règlement de Bundestag, concernent essentiellement l'interdiction des débats, le caractère secret du vote et les conditions de majorité. Pour le premier point, il semble que la Loi fondamentale ait voulu que la proposition du président fédéral ne puisse être l'objet de critiques de la part des groupes parlementaires[1]. Le second point résulte du paragraphe 4 du règlement du Bundestag et renforce la règle relative à l'absence de débat. Quant à la majorité requise pour que le candidat soit élu, c'est la majorité des membres du Bundestag. L'article 121 LF précise qu'elle se calcule sur l'effectif légal et non sur le nombre de sièges effectivement pourvus. Il s'agit d'assurer au gouvernement nouvellement formé le soutien d'une majorité forte, de telle sorte que la constitution de celle-ci prenne le caractère d'un pacte de législature. Mais cette exigence rend le processus de désignation du gouvernement plus difficile, du moins lorsqu'on ne se trouve pas en situation de parlementarisme majoritaire, lorsque aucun parti n'est susceptible de réunir à lui seul une telle majorité. De ce fait, le constituant a pris en considération l'éventualité d'un échec. Et il n'a pas voulu que le chef de l'État dont la proposition aurait été rejetée dût recommencer la procédure à son début. Il a donc prévu des procédures subsidiaires.

Le Bundestag, dans l'hypothèse où il n'a pas élu le candidat proposé par le président fédéral, peut élire un candidat suscité par sa propre initiative. Les candidatures sont désormais du ressort des

---

1. J. Amphoux, *Le chancelier fédéral dans le régime constitutionnel de la République fédérale d'Allemagne*, Paris, LGDJ, 1962, p. 67.

groupes eux-mêmes et le Bundestag pourrait devoir choisir entre plusieurs candidats. Aussi le règlement du Bundestag vient compléter la Loi fondamentale en imposant une prescription visant à limiter le nombre des candidatures : celles-ci doivent avoir le soutien du quart des membres du Bundestag. L'élection doit avoir lieu, à la même majorité absolue que celle requise à l'alinéa 1er, dans un délai de quatorze jours à compter de l'échec du scrutin sur le candidat présidentiel. En principe, le Bundestag peut procéder à autant de tours de scrutin qu'il est nécessaire pour permettre d'atteindre la majorité requise. Si le délai vient à s'écouler sans que ce résultat soit atteint, il convient alors de procéder au dernier scrutin tel qu'il est réglementé par l'article 63-4 LF. À son issue, le candidat ayant obtenu la majorité relative sera nommé chancelier par le président fédéral, à moins que celui-ci ne décide de dissoudre le Bundestag. Le constituant a donc estimé que ce dernier scrutin peut résoudre la crise ou manifester une situation parlementaire si confuse qu'elle impose un recours à la dissolution. Un nouveau tour de scrutin, même pour tenter d'obtenir la majorité absolue, n'est plus possible : au terme du délai de quatorze jours, la Loi fondamentale fait obligation au Bundestag de procéder « sans délai » à ce dernier scrutin. Le président fédéral dispose de sept jours pour prendre sa décision. Le pouvoir de dissolution du chef de l'État est exercé sans contreseing. D'un point de vue juridique, l'autonomie du choix présidentiel est entière. Mais, en pratique, la dissolution paraîtrait difficile lorsque c'est un Bundestag nouvellement élu qui se montrerait incapable d'élire un chancelier à la majorité requise. Elle pourrait n'aboutir à aucune clarification de la situation parlementaire, et on évoque à cet égard les précédents de Weimar.

229 FORMATION DU GOUVERNEMENT. — Plus qu'aucune autre constitution, la Loi fondamentale distingue deux opérations spécifiques dans la naissance du gouvernement. Seul le chancelier doit obtenir la confiance parlementaire, et le rôle du Bundestag se limite à l'élection du chef du gouvernement. Et corrélativement, « l'un des traits essentiels sur lesquels repose la suprématie du chancelier vis-à-vis des autres structures gouvernementales tient à ce que l'ensemble des relations que le Parlement entretient avec le gouvernement s'effectue par l'intermédiaire de sa personne. Qu'il s'agisse de la nomination des ministres, de leur responsabilité, de leur retrait, le Parlement ne peut entrer en rapport avec eux qu'à travers le chancelier » (J. Amphoux). L'article 63 organise ainsi la procédure d'élection du chancelier, tandis que l'article 64 confère au chancelier élu le pouvoir de nommer et de révoquer les ministres – avec l'accord du chef de l'État – sans aucune intervention du Bundestag (art. 64 LF). La Loi fondamentale libère donc le chancelier du devoir de présenter son gouvernement au Bundestag et plus encore de la nécessité de solliciter un vote de confiance : dès les débuts du fonctionnement du régime de Bonn, le chancelier Adenauer s'est opposé catégoriquement à ce que les débats entourant la formation du gouvernement et la déclaration gouvernementale soient suivis d'un vote, ce que réclamait l'opposition. L'article 64 tend ainsi à renforcer l'autorité du chancelier sur les ministres et la discipline au sein du gouvernement.

230 ATTRIBUTIONS DU GOUVERNEMENT. — Elles sont définies comme suit par le § 15, alinéa 1, du règlement du gouvernement fédéral :

« Doivent être soumis au gouvernement fédéral aux fins de délibération et de décision toutes les affaires ayant une importance générale en matière de politique intérieure ou étrangère, en matière économique, sociale, financière ou culturelle, notamment :

a / tous les projets de loi ;
b / tous les projets de règlement du gouvernement fédéral ;
c / les prises de position du Bundesrat relatives aux projets du gouvernement fédéral ;
d / toutes les affaires sur lesquelles le gouvernement fédéral doit statuer aux termes de la Loi fondamentale ou d'une autre loi fédérale ;
e / les divergences d'opinions entre différents ministres fédéraux ; les divergences d'opinions en ce qui concerne les projets de planification financière, les projets de la loi et du plan budgétaire lorsqu'il s'agit de questions ayant une importance de principe pour les ministres fédéraux concernés ou une grande importance financière. »

L'initiative législative est évidemment, comme dans tout régime parlementaire contemporain, l'une des principales attributions gouvernementales. Quant au pouvoir réglementaire, il est partagé entre le gouvernement fédéral, les ministres fédéraux et les gouvernements des Länder, à l'exclusion du chancelier seul. La compétence des Länder en matière administrative étant de droit commun, le gouvernement fédéral ne dispose d'aucun pouvoir réglementaire autonome et n'intervient que dans les matières expressément prévues par la Loi fondamentale (art. 87 LF et s.) ou sur habilitation de la loi fédérale, mais il ne peut agir, dans la plupart des cas, qu'avec l'approbation du Bundesrat. La loi d'habilitation « doit préciser le contenu, le but et l'étendue de l'autorisation » (art. 80-1 LF) et ne constitue pas une loi de pouvoirs spéciaux, les actes réglementaires qu'elle autorise ne pouvant modifier la loi existante.

Le gouvernement fédéral dispose également du pouvoir de *contrainte fédérale* : aux termes de l'article 37-1 LF, « si un Land ne remplit pas les obligations de caractère fédéral qui lui incombent en vertu de la Loi fondamentale ou d'une autre loi fédérale, le gouvernement fédéral peut, avec l'approbation du Bundesrat, prendre les mesures nécessaires pour que le Land soit tenu, par voie de contrainte fédérale, de remplir ses obligations ». De même, lorsque l'ordre démocratique est menacé dans un Land, le gouvernement fédéral peut « soumettre à ses instructions la police de ce Land et les forces de police d'autres Länder » lorsque le gouvernement du Land ne veut ou est inapte à prendre les mesures nécessaires. Cette procédure doit prendre fin si le Bundesrat le demande (art. 91-2 LF).

Enfin, conformément à l'article 65 LF, le règlement du gouvernement fédéral confie à celui-ci, et non au chancelier, la compétence de trancher les divergences d'opinion entre les ministres fédéraux. Comme certains ministres ont des prérogatives particulières – tels que le ministre de la Défense, qui « exerce le pouvoir de commandement des forces armées » (art. 65 *a* LF), ou les ministres de la Justice et de l'Intérieur, qui peuvent faire opposition aux projets et mesures qu'ils n'approuvent pas, ou encore le ministre des Finances – le règlement du gouvernement fédéral organise une procédure de règlement des divergences entre ces ministres et le gouvernement fédéral. L'opposition du ministre concerné ne peut être outrepassée que lors d'une nouvelle réunion gouvernementale, à la majorité des voix des ministres comprenant nécessairement celle du chancelier[1].

B - *Les rapports entre les pouvoirs*

Conformément à la logique des articles 63 et 64 en vertu desquels seul le chancelier fédéral est investi de la confiance parlementaire, la Loi fondamentale organise les procédures de mise en jeu de la responsabilité gouvernementale à l'égard du seul chancelier. C'est lui qui a le pouvoir de poser la question de confiance et, corrélativement, le Bundestag ne peut exprimer sa défiance que contre lui. Les ministres fédéraux sont ainsi subordonnés au chancelier, et non au Bundestag. Cette idée de base appliquée par la Loi fondamentale est complétée par celle selon laquelle une motion de censure ne doit aboutir au retrait du gouvernement que pour autant qu'elle réunisse une majorité positive capable d'assumer la succession au pouvoir. Ces conceptions, développées sur la base de la critique du fonctionnement du régime weimarien, ont donc trouvé leur expression dans les procédures de mise en jeu de la responsabilité organisées par la Loi fondamentale.

231 LA MOTION DE CENSURE CONSTRUCTIVE. — La procédure organisée par l'article 67 LF est particulièrement célèbre et souvent considérée comme l'aspect caractéristique le plus notable de la Loi fondamentale. Elle est la seule par laquelle le Bundestag peut prendre l'initiative de mettre en jeu la responsabilité gouvernementale ; la motion de censure ne peut intervenir qu'à l'égard du chancelier et n'aboutit qu'à la condition que lui soit élu un successeur.

Formellement, l'article 67 n'interdit pas les interpellations, les motions de blâme et de désapprobation, mais celles-ci demeurent sans portée juridique. Ces diverses initiatives *(Anträge)* parlementaires (essentiellement ici résolutions et interpellations) doivent être

---

1. § 26 du règlement du gouvernement fédéral. V. M. Fromont et A. Rieg, *op. cit.,* p. 49.

déposées par 5 % des députés. Les résolutions de blâme *(Tadelsanträge)* ou les résolutions demandant au chancelier de démissionner ou lui demandant de révoquer un ministre ou un secrétaire d'État parlementaire sont extrêmement rares (une quinzaine depuis 1949)[1]. Par contre, les interpellations elles-mêmes *(Grosse Anfragen)* ont connu une forte augmentation depuis 1983 (notamment grâce aux Verts) : 175 furent déposées en 1983-1987 (contre 30 à 40 par législature auparavant).

Quant à la motion de censure, elle n'est pas recevable en dehors des conditions de l'article 67, ainsi que le prévoit le règlement du Bundestag. L'article 67-2 exige un délai de réflexion de quarante-huit heures entre le dépôt et le vote de la motion. Si plusieurs motions sont présentées, le délai doit être calculé à compter de la première, afin d'éviter que le vote soit différé par des contre-propositions. La majorité requise pour que la censure soit votée et le nouveau candidat élu est logiquement celle qui est requise pour l'élection normale du chancelier (art. 63-1 et 3), ainsi que celle qui est nécessaire pour le rejet de la question de confiance (art. 68) : c'est donc la majorité du nombre légal des députés, définie à l'article 121 LF.

L'article 67 ne permet qu'un seul scrutin sur une même proposition ; la motion de censure qui n'aboutit pas échoue définitivement. Les effets d'un tel échec peuvent varier assez fortement. Suivant les conditions dans lesquelles il intervient, l'échec de la motion de censure peut manifester la solidité et la cohésion de la majorité gouvernementale, et avoir ainsi l'effet d'un vote de confiance, ou au contraire, dans le cas d'un échec seulement dû aux exigences de majorité qualifiée, révéler au grand jour la faiblesse de la situation parlementaire du chancelier. Dans cette hypothèse, l'effet politique de la motion de censure peut être important, rendant la position du chancelier plus précaire encore. S'il n'est pas contraint à la démission, il est néanmoins probable que le chancelier doive prendre à son tour une initiative pour tenter de rétablir la situation.

La motion de censure constructive est-elle un élément essentiel de la stabilité gouvernementale que connaît le régime de Bonn ou, au contraire, constitue-t-elle un « mythe » qui ne résisterait pas à

---

1. Un exemple est celui de la résolution déposée par le groupe SPD contre le ministre des Finances, M. Waigel (CSU) en juin 1997. Elle a été rejetée par 328 voix à l'issue d'une intervention du chancelier en faveur de son ministre.

l'usage ? L'expérience de la procédure qui a été réalisée en 1972, puis en 1982, donne des éléments de réponse, mais elle est intervenue dans des situations parlementaires assez particulières (v. n°s 246 et s.). On ne peut évidemment imputer au mérite du seul article 67 la remarquable stabilité politique du régime. Mais cette procédure, du seul fait de son existence, peut aussi avoir contribué à renforcer les effets positifs de la structure politique – système des partis, régime électoral – de l'Allemagne d'après-guerre sur la stabilité gouvernementale. Ainsi que l'observe J. Amphoux, « l'article 67 est le signe d'un état d'esprit et cela n'est pas sans importance. Il est l'expression d'un préjugé favorable accordé au gouvernement en place et à l'ordre établi »[1]. L'effet « psychologique » de l'article 67, l'aptitude supposée de cette procédure à assurer la stabilité d'un exécutif dont l'autorité a préalablement été restaurée, paraît être en effet un élément qu'il faut prendre en considération. Une sorte de prime est donnée au chancelier en fonction, même s'il a perdu la confiance de la majorité ordinaire, même si – dans le cas d'une élection à la majorité relative – il ne l'a jamais possédée : c'est à l'opposition elle-même qu'il appartient de démontrer qu'elle est majoritaire, et qu'il s'agit d'une majorité de gouvernement. L'opinion est ainsi répandue que l'article 67 caractérise essentiellement le parlementarisme allemand contemporain et qu'il est la garantie la plus forte de l'autorité gouvernementale et de sa stabilité. Et cette opinion pèse apparemment d'un plus grand poids que la considération objective selon laquelle ce n'est pas à la motion de censure qu'il faut imputer les risques d'instabilité. Sous le régime de Weimar, deux gouvernements seulement sont tombés sur une motion de censure. En réalité, les risques d'instabilité procèdent du système des partis et du type de coalitions qu'ils sont susceptibles de former. Si les accords de coalition sont lâches et perpétuellement dénonçables, l'instabilité est inévitable et l'article 67 n'est d'aucun secours contre elle. Dans certaines situations déterminées par les partis, le chancelier n'aura d'autre solution que la démission volontaire. L'analyse des différentes crises de coalition survenues en RFA (v. n°s 246-247) conduit à la conclusion que la seule hypothèse dans laquelle l'article 67 assure véritablement la stabilité, c'est celle de

---

1. J. Amphoux, *op. cit.*, p. 453.

l'aboutissement effectif de la motion, qui réduit la crise pratiquement à un seul débat. En ce sens, on a parfois reproché au système de l'article 67 de favoriser l'« opposition dans la coalition » parce qu'il est nécessaire que les tractations préalables au dépôt d'une motion de censure proposant un candidat chancelier se déroulent alors que l'ancienne majorité soutient encore officiellement le chancelier en exercice. Et c'est effectivement ce qui s'est produit en 1982 (v. n° 247). Mais les avantages du système, si on l'envisage dans la perspective de son fonctionnement effectif, compensent largement de tels inconvénients : il oblige l'opposition parlementaire, actuelle ou virtuelle, à songer à la succession du chancelier avant de mettre en cause sa responsabilité. La procédure organisée à l'article 67 ne peut, par ailleurs, être considérée isolément mais doit être mise en relation avec les articles 63 et 64 concernant l'investiture du chancelier et son autorité hiérarchique sur les ministres, ainsi qu'avec l'article 68, qui organise la seconde procédure de responsabilité : la question de confiance.

232 LA QUESTION DE CONFIANCE. — La réglementation de cette procédure, et surtout de ses effets, est sans doute la plus complexe et la plus subtile de la Loi fondamentale, alors qu'elle est généralement occultée par celle de la motion de censure constructive. L'une et l'autre forment pourtant un tout dont il ne convient pas de dissocier les éléments sous peine de les rendre complètement inadéquats.

En effet, tout d'abord, le chancelier peut utiliser la question de confiance pour prévenir le déclenchement de la procédure de l'article 67. Ce faisant, il peut faire pression sur la coalition ou sur son propre parti, en cas de dissensions au sein de la majorité. Si la confiance est votée, la motion de censure ne peut guère intervenir dans l'immédiat ; si elle est rejetée, elle donne au chancelier la possibilité de demander la mise en œuvre du droit de dissolution ou de l'état de nécessité législative. Elle permet ainsi au chancelier de prévenir sa destitution et son remplacement. Car, contrairement à la motion de censure, par nature « constructive », dans la Loi fondamentale, la question de confiance n'implique pas, en cas de rejet, la démission du chancelier. La Loi fondamentale permet en effet au chancelier de rester en fonctions même après qu'il a perdu le soutien d'une majorité parlementaire. Dans cette perspective, la question de confiance est le moyen pour le chancelier minoritaire de se voir ouvrir les procédures exceptionnelles qui lui permettent de se passer de la collaboration du Bundestag. Condition préalable de la dissolution ou de l'état de nécessité législative, la question de confiance revêt ainsi une importance essentielle au sein du système complexe de rationalisation des procédures de responsabilité. Elle permet de « transformer une crise latente en crise ouverte et d'offrir au chancelier les moyens de gouvernement dont il a besoin »[1] dans l'hypothèse où elle viserait à prévenir l'emploi de l'article 67, mais elle conserve aussi tout son intérêt dans celle où la procédure de motion de censure constructive aurait été utilisée, sans toutefois aboutir. C'est d'ailleurs l'enseignement de la première expérience qui a été faite de l'article 67, en 1972 (v. n° 246) : dès lors que ni l'opposition ni le chancelier n'arrivent à faire la preuve qu'ils ont l'appui d'une majorité, il appartient au chef du gouvernement de recourir aux moyens que lui donne la Loi fondamentale pour surmonter cet état de crise latente.

233 LE DROIT DE DISSOLUTION. — En dehors de l'hypothèse de l'article 63-4 LF, liée à l'impossibilité d'élire un chancelier majoritaire, et qui relève de la compétence discrétionnaire du président fédéral, la dissolution n'est envisagée par la Loi fondamentale que dans le cas du rejet de la question de confiance posée par le chancelier. Ce caractère exceptionnel a été voulu afin d'éviter les abus qui avaient caractérisé les dernières années du régime de Weimar.

Appelé à juger de la constitutionnalité de la dissolution du Bundestag prononcée le 6 janvier 1983, le Tribunal constitutionnel fédéral a affirmé qu' « il est aisé de déduire de la genèse de l'article 68 LF que le constituant a tenté d'établir par cette disposition des limitations à la dissolution anticipée du Bundestag (...). On voulait instituer une norme fixant des limites et évitant pour la nouvelle République les dangers qu'évoquait le souvenir de Weimar, sans pour autant réduire la liberté d'action politiquement nécessaire. On ne voulait pas créer une « formule passe-partout » pour tous les cas

---

1. *Ibid.*, p. 458.

de conflit imaginables, mais une disposition qui, par son contenu particulier, par la participation du chancelier fédéral, du président fédéral et du Bundestag, avec les influences réciproques et les obligations de contrôle qui en découlent, garantisse une certaine sécurité contre les abus »[1].

Ce caractère exceptionnel de la dissolution est encore souligné par la prévision d'un délai, relativement court, hors duquel elle ne peut plus être exercée. Mais ce délai de vingt et un jours, lui-même, peut se trouver abrégé : le Bundestag a le droit d'élire un nouveau chancelier sans qu'il lui soit besoin, puisqu'il a déjà rejeté la question de confiance, de prendre l'initiative d'une motion de censure, telle que l'organise l'article 67. Toutefois, à l'issue du délai de vingt et un jours, si la dissolution n'est pas intervenue, le Bundestag ne pourra élire un nouveau chancelier qu'en ayant recours à l'article 67. À première vue, il pourrait paraître étonnant que le chancelier ne demande pas la dissolution dans le délai requis, après un rejet de la question de confiance. Mais, outre qu'il faut considérer le droit de refus du président fédéral, on peut aussi concevoir la situation suivante : si, pour obtenir le vote d'un texte législatif, le chancelier est conduit à poser la question de confiance, celle-ci peut être rejetée, parce qu'elle requiert la majorité absolue, alors que le texte se trouve adopté à la majorité ordinaire. Dans cette hypothèse, le gouvernement, ayant obtenu ce qu'il veut et n'étant pas tenu de démissionner, n'aurait plus, *a priori,* de raison contraignante de proposer la dissolution. Dans ce cas, et une fois passé le délai, l'opposition qui s'est manifestée par le refus de la confiance ne peut reprendre l'initiative que dans les formes de l'article 67, c'est-à-dire de la défiance constructive. En effet, les deux hypothèses de l'article 67 et de l'article 68 ne sont pas les mêmes : contrairement à ce qui se produit dans le cas de l'article 67, l'ancien chancelier peut être le candidat réélu dans le cadre de l'article 68. Cette hypothèse n'est pas invraisemblable, dans la mesure où le Bundestag n'élit que le chancelier, qui choisit ensuite librement les ministres, et qu'un accord pourrait intervenir, durant le délai de vingt et un jours, entre le chancelier et des groupes politiques exclus de la majorité mais qui se montreraient disposés à venir la renforcer. Dans la perspective de

---

1. *BVerfGE,* 62, 1, du 16 février 1983.

la conclusion d'un tel accord, autant que l'attribution de certains postes ministériels, la menace de dissolution pourrait être d'un intérêt déterminant.

234 L'ÉTAT DE NÉCESSITÉ LÉGISLATIVE. — Le gouvernement peut encore, s'il désire éviter des élections, avoir recours à l'article 81 de la Loi fondamentale, qui organise l'état de nécessité législative. Cette disposition permet à un gouvernement minoritaire de demeurer au pouvoir, en lui donnant les moyens de surmonter l'opposition du Bundestag, pourvu qu'il dispose de l'appui du président fédéral et du Bundesrat.

Car la possibilité pour le gouvernement de rester en fonction après le rejet de la question de confiance n'est effective que dans la mesure où le Bundestag ne se livre pas à l'obstruction législative, sans quoi le chancelier pourrait être contraint *de facto* à la démission. L'état de nécessité législative a été conçu pour prévenir ce risque.

Les dispositions de l'article 81 sont en étroite corrélation avec celles de l'article 68 et même de l'article 67. L'état de nécessité législative est l'*ultima ratio* à laquelle il peut être fait appel lorsque le Bundestag ne peut élire un nouveau chancelier dans le délai de vingt et un jours qui suit le rejet de la question de confiance et lorsque, dans le même délai, la dissolution du Bundestag n'a pas été prononcée par le président fédéral. L'éventualité d'un recours effectif à l'état de nécessité législative paraît ainsi assez peu probable : l'article 81 vaut plus par la menace qu'il comporte que par l'institution même qu'il établit. Il a pour fonction d'avertir le Bundestag des limites de son pouvoir, qui n'est légitime que dans la mesure où il est apte à collaborer avec le chancelier sur la base d'un rapport de confiance. Ainsi, une assemblée tentée par l'obstruction et le harcèlement parlementaire – comme l'était le Reichstag de Weimar – se voit directement menacée d'être privée, au moins ponctuellement, de son pouvoir législatif.

L'état de nécessité législative est en effet doté d'un caractère spécial il est proclamé pour un projet de loi, mais la proclamation peut être renouvelée pour d'autres projets, durant un délai de six mois. La proclamation est possible dans deux hypothèses, la condition commune étant le rejet de la question de confiance prévu à l'article 68. Dans la première, le Bundestag repousse un projet de loi que le gouvernement a déclaré urgent : peu importe que ce projet ait été présenté avant ou après la question de confiance. Dans la seconde hypothèse, il s'agit du rejet d'un projet de loi auquel le chancelier a formellement joint la question de confiance de l'article 68. Cette liaison ouvre trois possibilités. La question de confiance est votée ; dans ce cas, il n'y a aucune difficulté, le projet étant adopté par le même vote. La question de confiance est rejetée, n'ayant pas obtenu la majorité absolue, mais seulement la majorité relative : dans ce cas, le chancelier peut se satisfaire du résultat, puisque la loi est adoptée, que l'état de nécessité législative est donc inutile et que le rejet de la question de confiance n'implique pour lui aucune obligation de démissionner ni de demander la dissolution. La question de confiance est rejetée, n'obtenant même pas la majorité relative : le projet est donc repoussé, mais la liaison avec la question de confiance a pour effet de rendre inutile la déclaration d'urgence. Celle-ci supposait l'accord du gouvernement, tandis que dans cette seconde hypothèse, les conditions préalables de l'article 81 peuvent être réunies par la décision du seul chancelier. Cependant, l'article 81 requiert la collaboration du gouvernement, du Bundesrat et du président fédéral pour la proclamation de l'état de nécessité législative. La proposition émane du gouvernement, une fois réunies les conditions préalables, et elle doit recevoir l'approbation du Bundesrat et enfin, implicitement, celle du président fédéral à qui incombe la proclamation, et qui dispose en la matière d'un pouvoir discrétionnaire. Le président est ainsi, avec l'assentiment du Bundesrat, l'arbitre du conflit entre le Bundestag et le chancelier, qu'il peut contraindre à démissionner, surtout si le refus de proclamer l'état de nécessité législative avait été précédé d'un refus de prononcer la dissolution. Une fois la proclamation intervenue, le projet de loi qu'elle concerne doit être soumis une nouvelle fois au Bundestag, en vue de favoriser une dernière chance de compromis. Si celui-ci échoue, le projet devient loi par le seul assentiment du Bundesrat (art. 81-2). Il ne se substitue pas vraiment au Bundestag en tant que législateur : leurs pouvoirs ne sont pas de la même nature. En effet, le Bundesrat ne peut modifier le projet gouvernemental. Enfin, l'article 81-3 détermine les limites de l'état de nécessité législative en ce qui concerne sa durée et les matières sur lesquelles il peut porter. La durée est fixée à six mois, c'est-à-dire que dans ce délai, courant à partir de la première proclamation, l'état de nécessité législative peut être déclaré pour chaque projet de loi remplissant les conditions de l'article 81-1, la procédure étant chaque fois reprise en son entier. Le chancelier ne peut obtenir l'état de nécessité législative qu'une seule fois au cours de son mandat. Après le délai de six mois, si le conflit n'est pas apaisé et si la dissolution n'est pas demandée – et acceptée par le président fédéral – à la suite d'un ultime rejet de la question de confiance, le chancelier doit donc absolument démissionner. Durant le délai d'application, l'état de nécessité législative ne peut porter que sur les matières qui ressortissent à la compétence du législateur ordinaire, à l'exclusion de la révision de la Loi fondamentale. L'état de nécessité législative n'a jamais été mis en œuvre depuis 1949.

Section II
Les institutions dans le cadre politique

235 LE RÔLE DOMINANT DES PARTIS. — Constitutionnalisés par l'article 21 LF aux termes duquel ils « concourent à la formation de la volonté politique du peuple », les partis allemands se sont imposés dès les débuts de la République fédérale comme les acteurs exclusifs du jeu politique, allant ainsi au-delà du prescrit constitutionnel. Cette situation était inévitable : d'une part, les partis sont antérieurs à la République de 1949, d'autre part, la Loi fondamentale s'est écartée des précédents weimariens que constituent l'élection du chef de l'État au suffrage universel direct et l'institution du référendum. Les partis occupent du reste, avec l'article 21, une place de choix dans la Loi fondamentale puisqu'ils sont mentionnés, immédiatement après les droits fondamentaux, avant même les organes constitutionnels. L'article 21-1 précise : « Leur fondation est libre. Leur organisation interne doit être conforme aux principes démocratiques. Ils doivent rendre compte publiquement de la provenance de leurs ressources. » En dépit des critiques dont ils sont l'objet au regard de ces obligations constitutionnelles, tant en ce qui concerne l'organisation, et notamment le choix des candidats aux élections, que les opérations financières auxquelles ils sont trop fréquemment mêlés, les partis bénéficient en RFA d'une légitimité correspondant à leur rôle prédominant. En témoignent le taux important de participation aux élections, assorti d'un comportement très maîtrisé des électeurs quant à l'utilisation du mode de scrutin, ainsi qu'un niveau d'adhésion très satisfaisant à l'échelon des démocraties européennes. L'intégration de mouvements à l'origine ultracontestataires dans le système partisan manifeste également la vocation quasi monopolistique des partis à exprimer la « volonté politique du peuple ».

236 LE STATUT DES PARTIS. — Les dispositions précitées de l'article 21 LF sont constitutives d'un véritable statut des partis politiques. Dans les grandes lignes, il s'agit d'un statut de liberté surveillée par le juge constitutionnel. Le contrôle le plus important du Tribunal constitutionnel fédéral sur les partis porte sur la constitutionnalité même de ces derniers : aux termes de l'article 21-2 LF, « les partis qui, d'après leurs buts ou d'après l'attitude de leurs adhérents, cherchent à porter atteinte à l'ordre fondamental, libéral et démocratique, à le renverser ou à compromettre l'existence de la République fédérale d'Allemagne sont anticonstitutionnels ». Le Tribunal constitutionnel fédéral peut être saisi par le Bundestag, le Bundesrat ou par le gouvernement fédéral. Si l'inconstitutionnalité est prononcée, le parti est dissous et il lui est interdit de se reconstituer sous une autre forme. La procédure est évidemment très délicate à mettre en œuvre dans le cadre d'une démocratie pluraliste. Elle l'a d'abord été à l'endroit du SRP, néo-nazi, puis contre le KPD (communiste) par des recours du gouvernement en date des 19 et 22 novembre 1951. L'arrêt prononçant l'interdiction du SRP a été rendu le 23 octobre 1952. Le tribunal y relève notamment que le parti n'accepte pas les valeurs fondamentales attachées à la personne humaine, que son langage est empreint de connotations totalitaires et racistes et que les assurances qu'il donne concernant le respect de la Loi fondamentale sont dépourvues de valeur probante. L'arrêt déclarant l'inconstitutionnalité du KPD n'a été rendu que plus tard, le 17 août 1956, après de longues controverses sur la légitimité et l'opportunité de la procédure. Le Tribunal constitutionnel fait une analyse idéologique détaillée du marxisme-léninisme, qui est déclaré incompatible avec « l'ordre fondamental, libéral et démocratique » visé à l'article 21-2 LF et relève à l'encontre du parti et du fait de son idéologie une propension naturelle à la commission d'actes inconstitutionnels. Ce verdict frappait un parti moribond : aux élections de 1953, le KPD avait emporté seulement 2,2 % des voix et cessé en conséquence d'être représenté au Bundestag.

En dépit de l'interdiction de reconstitution sous une autre forme, difficilement appréciable en termes spécifiquement juridiques, un nouveau parti communiste (DKP) est apparu en 1968, tandis qu'à l'extrême droite s'est présenté le NPD, qui faillit passer le seuil des 5 % aux élections de 1969 et a connu ensuite un déclin rapide. Quelque peu hésitantes, les autorités fédérales ont longtemps renoncé à saisir le Tribunal constitutionnel, la liberté des partis politiques apparaissant, dans une démocratie désormais consolidée, comme plus importante que leur loyauté à l'égard de l'ordre existant. En janvier 2001, cependant, devant la recrudescence d'actes de violence à caractère raciste, le gouvernement fédéral, bientôt suivi par le Bundestag et le Bundesrat, a déposé une requête tendant à l'interdiction du NPD, pouvant insignifiant sur le plan électoral (0,3 à 0,4 % lors des deux dernières élections parlementaires). Controversée, l'initiative a tourné à la confusion lorsqu'il a paru que certains des membres du NPD convoqués par la Cour pour une audition publique s'avéraient être des agents d'observation (« taupes ») du ministère de l'Intérieur, employés par l'Office de protection de la Constitution. Dans ces conditions, le procès a d'abord été suspendu (arrêt du Tribunal constitutionnel du 22 janvier 2002) puis considéré comme clos (arrêt du 18 mars 2003, acquis par trois contre quatre : cette minorité suffit à prendre une telle décision dans la mesure où la loi sur le Tribunal dispose que les décisions défavorables à un parti politique doivent être prises à la majorité des deux tiers du sénat compétent).

Établi par l'article 21 LF, le statut des partis a été complété par la loi du 24 juillet 1967 qui définit plus précisément la notion et les fonctions des partis. Selon l'article 1er, alinéa 2, de la loi, les partis doivent « influencer l'évolution politique au Parlement et au gouvernement » et « introduire les buts politiques qu'ils ont élaborés dans le processus de formation de la volonté étatique ». Est ainsi confirmé le monopole des partis dans la fonction de gouvernement[1] et aussi dans celle de médiation et de participation des citoyens : ils sont « le lien vivant et permanent entre les citoyens et l'État » et le moyen indispensable pour faire « participer activement les citoyens à la vie politique ».

La loi de 1967, qui précise les conditions relatives à la liberté de création des partis, tend également à leur assurer des chances égales de développement. L'égalité de traitement n'est pas absolue, car il est tenu compte de l'importance du parti, mais est assortie d'un seuil minimum. Controversée, la fixation de ce seuil en matière de remboursement de frais électoraux a été arrêtée, par une décision du Tribunal constitutionnel fédéral en date du 3 décembre 1968, à 0,50 % des voix. La loi vient également préciser la notion d'« organisation interne conforme aux principes démocratiques » visée à l'article 21-1 LF, en déterminant un double objectif : le respect des droits des membres du parti – en réglementant notamment les procédures disciplinaires – et des structures démocratiques : organes délibérants, comité directeur élu, limitation de la cooptation.

Les règles de financement des partis sont également contenues dans la loi du 24 juillet 1967 (dans sa version du 1er janvier 2003) et font l'objet de fréquentes modifications, sous le contrôle très directif du Tribunal constitutionnel[2]. Aux termes du § 18 de la loi, la part de financement public ne doit pas dépasser pour un parti le montant de ses recettes propres annuelles (cotisations et dons). Si l'aide due à un parti excède cette somme, la part versée est diminuée à proportion du dépassement. D'autre part, la somme totale du financement public de tous les partis ne doit pas dépasser un seuil (fixé par la loi du 1er janvier 2003 à 133 millions d'euros).

Le scandale relatif au financement de la CDU, révélé en 1999[3], a conduit le législateur a réagir : les infractions à la législation sur le financement des partis sont désormais un délit passible d'emprisonnement et les dons des personnes morales aux partis politiques sont réglementés plus strictement (loi du 28 juin 2002).

1. V. C. Rotschild, Le statut des partis politiques, « La RFA », *Pouv.*, n° 22, 1982, p. 57.
2. S. Lovens, Stationen der Parteienfinanzierung im Spiegel der Rechtsprechung des Bundesverfassaungsgericht, *Zparl*, 2000, p. 285-298 ; et Die staaliche Parteinfinanzierung, *Zparl*, 2000, p. 298-308.
3. V. A. Kimmel, La crise de la CDU, *Pouv.*, n° 93, 2000, p. 131-140.

I | Le système des partis

A - L'évolution du système

237 La reconstitution. — Dès 1945, les forces alliées ont donné leur aval à la formation ou la reconstitution de partis démocratiques moyennant l'octroi préalable d'une « licence ». Les premières élections aux Landtage, en 1946, ne permettent pas de dégager un système partisan vraiment structuré, en raison des conditions difficiles dans lesquelles elles se déroulent, et qui paraissaient plutôt devoir favoriser l'émiettement des forces politiques et les tentatives de radicalisation. Mais la situation est différente de celle des débuts de la République de Weimar : la condamnation unanime du nazisme d'une part, les conditions de l'occupation soviétique d'autre part ne favorisent pas les extrêmes. Les courants dominants qui résultent de ces premières consultations électorales sont ceux qui monopoliseront ensuite la vie politique allemande : le courant social-démocrate, représenté par le SPD, le plus ancien des partis allemands, le courant démocrate-chrétien qui réunit dans une union (CDU-CSU) fondée sur une base interconfessionnelle les forces politiques d'inspiration chrétienne, et le courant libéral, à l'origine très dispersé, qui finit par se regrouper en 1948 en un mouvement décentralisé (FDP) au sein duquel persistent des tendances. À côté de ces trois courants, on trouve un nombre important de petits partis, notamment le parti communiste (KPD), le parti bavarois (BP), le parti allemand (DP), ainsi qu'un vestige du *Zentrum* catholique, un bloc des réfugiés (BHE) et un groupe d'inspiration néo-nazie (SRP).

Aux premières élections fédérales en 1949, le regroupement de la droite nationale emporte cinq sièges, le SRP n'en obtient qu'un, qui sera invalidé à la suite de l'interdiction du parti par le Tribunal constitutionnel.

238 La question du mode de scrutin. — La représentation proportionnelle avait été instituée comme mode de scrutin au niveau des Länder avant 1949, favorisé et ratifié par les alliés. Dans la plupart des Länder, il s'agissait déjà de la proportionnelle personnalisée assortie d'un seuil minimum de représentation (v. n° 225). Lors des débats sur le mode de scrutin en vue des premières élections au Bundestag, la majorité des partis, et particulièrement le parti social-démocrate se sont montrés favorables à la proportionnelle. Seule la CDU, mais non pas unanimement et sans la CSU, confrontée à la concurrence du parti bavarois, a manifesté sa préférence en faveur d'un système majoritaire de type britannique. L'extension de la proportionnelle personnalisée, pratiquée dans la plupart des Länder, à la Fédération, est ainsi apparue comme la base la plus commode d'un compromis. Le projet de loi électorale élaboré par le conseil parlementaire fut amendé par les ministres-présidents qui ont introduit le seuil de représentation de 5 % ou d'un mandat direct à l'échelon de chaque Land. La loi n'était applicable qu'à l'élection du premier Bundestag et, durant la législature, des députés CDU ont proposé l'adoption d'un système majoritaire à l'anglaise, assorti d'une possibilité de deuxième tour dans l'hypothèse d'une majorité relative inférieure à un tiers. Devant l'opposition des petits partis membres de la coalition, le gouvernement a proposé, en 1953, l'institution d'un véritable système mixte, la moitié des députés étant directement élus au scrutin majoritaire uninominal, l'autre moitié au scrutin proportionnel de liste à l'échelon du Land. Devant l'hostilité du parti libéral, le projet a été retiré et la nouvelle loi électorale de 1953, sans revenir sur le principe proportionnel, ne contient que des modifications à la loi de 1949, en instituant notamment le système des deux voix. Mais l'une de ces modifications est appelée à avoir des conséquences considérables sur le système des partis : elle porte le seuil de représentation de 5 % de l'échelon du Land à celui de l'ensemble de la Fédération. Cette clause a été jugée conforme à la Loi fondamentale par le Tribunal constitutionnel fédéral qui, dans un arrêt du 23 janvier 1957, lui a reconnu le mérite d'accroître les possibilités de dégager une majorité gouvernementale plus forte et plus stable.

La question du mode de scrutin a plusieurs fois été reprise depuis lors. Un nouveau projet de système mixte émanant de la CDU-CSU échoue en 1956 devant la menace du FDP, membre de la coalition, de s'allier avec le SPD dans les Länder. Le débat continue à partir de 1962 entre les deux grands partis, à l'occasion des contacts qui aboutiront en 1966 à la formation de la *grande coalition*. Le gouvernement Kiesinger (CDU-CSU et SDP) constitue une commission d'experts qui se prononce en faveur du scrutin uninominal à la majorité relative. Alors que l'abolition de la proportionnelle paraissait acquise, les deux grands partis ont finalement fait machine arrière, le SPD étant le plus réticent et ayant commencé d'engager des contacts avec le FDP en vue d'une coalition centre gauche. Après les élections de 1969 qui ont permis de dégager cette coalition, l'instauration du scrutin majoritaire n'a plus été envisagée, ce mode de scrutin étant alors perçu comme pouvant avoir des effets indésirables sur un système de partis désormais stabilisé et tenu pour globalement satisfaisant en ce qui concerne la stabilité gouvernementale.

239 DU TRIPARTISME AU QUADRIPARTISME. — En conséquence du seuil de 5 % porté à l'échelon fédéral, le système de partis se simplifie très rapidement. Aux élections de 1953, six partis sont encore représentés, notamment grâce aux mandats directs. En 1957, le seuil de mandats directs ayant été porté de un à trois, quatre partis sont présents au Bundestag, le parti allemand (DP), parti conservateur bien implanté en Basse-Saxe, conservant 17 mandats directs bien que n'obtenant que 3,4 % des voix à l'échelon fédéral. Lors de ces élections, la CDU-CSU obtient la majorité absolue et gouverne avec le seul DP jusqu'en 1961. Aux élections de 1961, la CDU-CSU perd la majorité et le DP cesse d'être représenté au Bundestag. Apparaît ainsi le tripartisme tel qu'il se maintiendra jusqu'aux élections de 1983 : aucun des deux grands partis *(Volksparteien)* n'emporte la majorité lors des élections successives et le parti libéral parvient, non sans parfois quelques difficultés, à garder sa représentation au Bundestag, qui fait de lui le pivot des coalitions et l'arbitre du jeu politique. Seule la période 1966-1969, durant laquelle se trouve au pouvoir la grande coalition, fait exception dans cette configuration politique. La mise à l'écart de la réforme électorale et le court échec du NPD, parti d'extrême droite qui avait franchi le seuil de 5 % dans certains Länder mais emporte seulement 4,3 % aux élections du Bundestag de 1969 tend à pérenniser le système. Quoique fragile, le tripartisme se maintient dans les années 1970, avant qu'un nouveau parti, celui des écologistes

(Verts), commence à contester la place du FDP dans la décennie suivante. Les Verts franchissent la barre des 5 % dans plusieurs Landtage (tandis que les libéraux y échouent plusieurs fois) puis entrent au Bundestag en 1983. Longtemps de nature composite et contestataire, ce parti finit par s'intégrer tant bien que mal au système et, en s'alliant au SPD, participe fréquemment à des gouvernements de Länder puis accède au pouvoir au niveau fédéral en 1998. Les libéraux ayant, de leur ôté, résisté à ce concurrent, le quadripartisme inauguré en 1983 s'est confirmé depuis tant au niveau fédéral que dans les Länder, en dépit de la menace d'un cinquième parti, le PDS (« néo-communiste »), dans les années suivant la réunification (v. n° 243 *bis*).

B - *La bipolarisation intermittente*

240 LE PÔLE DÉMOCRATE-CHRÉTIEN. — Fondée à Berlin en 1945, la CDU *(Christlich-Demokratische Union)* constitue au départ un élément nouveau dans le système des partis allemands car elle s'est formée sur une base interconfessionnelle nettement plus forte que celle du *Zentrum* catholique sous l'Empire et la République de Weimar. Inspirée à l'origine par des conceptions économiques et sociales diverses, elle ne tarde pas, sous l'autorité d'un leader prestigieux, Konrad Adenauer, à se situer résolument à droite de l'échiquier politique et à absorber progressivement tous les partis conservateurs et confessionnel (les restes de l'ancien *Zentrum*) présents aux premières élections en 1949. La démocratie chrétienne, qui est composée au départ de *Landesparteien* et ne s'est constituée à l'échelon fédéral qu'en 1950, conserve en Bavière un parti indépendant, la CSU *(Christlich-Soziale Union)*. Formé au départ de trois groupes aux tendances diverses (syndicaliste, conservatrice, fédéraliste), ce parti s'affirme rapidement comme plus conservateur que la CDU et très soucieux de son indépendance et de sa spécificité tant géographique que politique. Il a été dirigé depuis 1961 jusqu'à sa mort en 1988 par le ministre-président de Bavière, Franz Josef Strauss qui a joué un rôle politique essentiel en RFA, ayant été plusieurs fois ministre fédéral, et candidat, controversé et battu, à la chancellerie, aux élections de 1980. L'unité de la démocratie chrétienne allemande *(Unionsparteien)* était au départ indispensable pour accéder au pouvoir et elle ne s'est jamais rompue. Mais à diverses reprises, et particulièrement après les élections de 1976, F. J. Strauss a menacé de briser l'union et de constituer un quatrième parti à l'échelon fédéral, pour tenter d'élargir le potentiel électoral de la démocratie chrétienne, en vue d'obtenir une majorité absolue. Un compromis est intervenu sur la base d'un renforcement de l'autonomie de la CSU et de la désignation de son leader comme candidat chancelier aux élections de 1980. L'échec de celui-ci ayant « levé l'hypothèque Strauss », c'est la stratégie propre à la CDU, privilégiant l'alliance gouvernementale avec le FDP, qui l'a emporté à nouveau et qui a été mise en œuvre en 1982[1]. Elle a subsisté à travers les élections de 1983, 1987, 1990 et 1994, la CDU-CSU n'ayant pas obtenu la majorité absolue au Bundestag, ce qui rencontrait le souhait du chancelier Kohl, leader de la CDU, de n'être pas l'« otage » du parti bavarois. La dualité des formations composant la démocratie-chrétienne pose de façon récurrente la question du choix du candidat à la chancellerie. Pour les élections de 2002 encore, c'est le leader CSU, M. Stoiber, ministre-président de Bavière, qui a été préféré au leader de la CDU, Mme Merkel.

La démocratie chrétienne a dominé la vie politique allemande de 1949 à 1969 et de 1982 à 1998. Elle a donné à la RFA quatre présidents de la Fédération : Heinrich Lübke (1959-1969), Karl Carstens (1979-1984), Richard von Weizsäcker (1984-1994) et Roman Herzog (1994-1999), et quatre chanceliers : Konrad Adenauer (1949-1963), Ludwig Erhard (1963-1966), Kurt Georg Kiesinger (1966-1969) et Helmut Kohl (1982-1998). Les trois premiers ont été élus leaders de la CDU après leur accession à la chancellerie, tandis que Helmut Kohl a été élu chancelier en tant que leader, l'autorité du chancelier étant réputée pallier les inconvénients de la grande autonomie des fédérations régionales du parti et de l'indépendance de la CSU.

241 LE PÔLE SOCIAL-DÉMOCRATE. — Le parti social-démocrate (SPD) est le plus ancien parti allemand, né à Gotha en 1875 de la fusion entre l'association générale des travailleurs allemands

---

1. V. F. Hartweg, Le système des partis, « La RFA », *Pouv.*, n° 22, 1982, p. 78-79.

fondée à Leipzig, en 1863, par Ferdinand Lassalle, et le parti social-démocrate ouvrier fondé à Eisenach, en 1869, par August Bebel et Wilhelm Liebknecht. Réprimé sous Bismarck, il prend son essor à partir de 1890 et devient le parti le plus important au Reichstag de l'Empire. Il contribue activement à la fondation de la République de Weimar, participe par intermittence au gouvernement jusqu'en 1928 et est le seul parti, en 1933, qui refuse de voter la loi de pleins pouvoirs au gouvernement hitlérien. En 1945, son leader, Kurt Schumacher, s'oppose à la fusion forcée avec le parti communiste dans la zone d'occupation soviétique. Après les élections de 1949, la formation d'une coalition autour de la CDU permet l'élection, avec une voix de majorité, de Konrad Adenauer à la chancellerie, plaçant ainsi le SPD dans le rôle de principal parti de l'opposition parlementaire. À cette époque, son programme est inspiré d'un socialisme plutôt rigide, prônant les nationalisations et le dirigisme économique, et préconise une politique étrangère d'indépendance à l'égard des blocs et de l'intégration européenne. Le prestige et la popularité du chancelier Adenauer et les succès économique et politique du gouvernement renforçant l'hégémonie démocrate-chrétienne, d'une part, la disparition de Schumacher et l'image négative liée à l'opposition à l'économie libérale et aux alliances atlantique et européenne, d'autre part, vont confiner le SPD dans ce rôle d'opposition pour quinze ans, au sein d'un système bipolarisé où la CDU fait figure du parti dominant.

Cependant, en 1959, au congrès de Bad Godesberg, le parti social-démocrate abandonne la référence marxiste et reconnaît le contexte nouveau créé en RFA par l'économie de marché et l'ancrage occidental[1]. Le résultat est rapidement concluant : stagnant autour de 30 % de 1949 à 1957, le SPD progresse à 36 % aux élections de 1961 et approche les 40 % à celles de 1965, pénétrant notamment dans l'électorat catholique. Le départ d'Adenauer en 1963, l'échec de son successeur Ludwig Erhard et un certain recentrage de la CDU permettent alors la formation d'une coalition entre les deux grands partis en 1966. La bipolarisation relative qui subsistait depuis 1949

1. Le programme de Bad Godesberg et la doctrine de l' « économie sociale de marché » de Ludwig Erhard ont un inspirateur commun, le jésuite Oswald von Nell-Breuning, dont se réclame aujourd'hui Oskar Lafontaine, leader de l'aile gauche du SPd. Le P. von Nell-Breuning avait participé en 1931 à la rédaction de l'encyclique *Quadragesimo anno* de Pie XI.

se trouve réduite à néant. Cependant, la base du parti manifeste son opposition à la participation au gouvernement et le parti perd des voix aux élections dans les Länder. Ayant finalement refusé l'instauration d'un scrutin majoritaire qui aurait condamné le FDP, le SPD se rapproche des libéraux peu avant les élections au Bundestag de 1969. Celles-ci sont un succès pour le SPD (42,7 % des voix) et permettent, malgré les pertes du FDP, la formation d'une coalition sociale-libérale qui va rester au pouvoir durant treize ans, avec les chanceliers Willy Brandt (1969-1974) et Helmut Schmidt (1974-1982).

Président du parti lors de son accession à la chancellerie, Willy Brandt est réélu comme tel en 1970 par le congrès fédéral du parti. Mais le cumul du leadership partisan et de la fonction de chancelier n'est pas, comme à la CDU, une pratique constante. Durant les dernières années de la coalition sociale-libérale, Willy Brandt conserve la présidence du parti. Helmut Schmidt – qui lui a succédé à la chancellerie en 1974 après le scandale provoqué par l'affaire de l'espion Guillaume – « est bien perçu comme le chancelier d'une coalition plus que d'un parti et (...) ne semble pas appeler de ses vœux une majorité absolue du SPD qui le livrerait aux exigences de son aile gauche »[1]. De son côté, le président se montre soucieux d'attirer vers le SPD les mouvements nouveaux, pacifistes, écologistes, alternatifs qui constituent un repoussoir pour les couches salariées de la société industrielle que le chancelier cherche à reconquérir. Finalement, le partage des rôles a plutôt nui à ce dernier et contribué à son éviction de la chancellerie en 1982. Par la suite, en dépit de succès parfois considérables aux élections régionales, le SPD échoue régulièrement au niveau fédéral, jusqu'à la fin de la dernière décennie du XXe siècle, face à Helmut Kohl et sa coalition de centre-droit. Présentant successivement différents leaders (Hans-Jochen Vogel en 1983, Johannes Rau en 1987, Oskar Lafontaine en 1990, Rudolf Scharping en 1994), tous chefs d'un gouvernement régional, le SPD reconquiert finalement, avec l'appui des Verts, la chancellerie en septembre 1998 avec Gerhard Schröder, ministre-président de Basse-Saxe, représentant de l'aile droite du parti. Cette première alternance électorale est confirmée, quoique de justesse, en sep-

---

1. F. Hartweg, art. cité, p. 81.

tembre 2002. Au début de l'année 2004, les difficultés croissantes rencontrées par le chancelier dans la mise en œuvre de réformes impopulaires l'ont conduit à laisser la direction du SPD à Franz Müntefering, renouant ainsi avec la pratique des années 1970.

242 LE RÔLE DU PARTI LIBÉRAL. — Le nivellement des idéologies dans les années 1960 a conduit à l'expérience de la grande coalition, négation de la bipolarisation. Cependant, l'existence même de deux grands « partis populaires » et la logique du régime parlementaire, qui postule l'existence d'une majorité et d'une opposition, ont rapidement conduit au retour du système de la petite coalition. Les deux pôles démocrate-chrétien et social-démocrate sont, à partir des élections de 1969 et jusqu'à 1983, confortés dans leur hégémonie. À côté de ces deux partis attirant autour de 90 % du corps électoral, seul le parti libéral parvient à maintenir, parfois difficilement, sa représentation au Bundestag. Mais, ce faisant, son rôle est devenu essentiel dans la formation des coalitions dont il est le pivot.

Constitué en 1948 par l'union de plusieurs partis se réclamant, sous des appellations différentes, de la tradition libérale illustrée sous l'Empire et la République de Weimar, le FDP *(Freie Demokratische Partei)* a connu depuis 1949 des fortunes électorales diverses et une certaine instabilité sur le plan doctrinal. Aux élections de 1949, avec 11,9 % des voix et 52 députés au Bundestag, il vient en troisième position, mais loin derrière les deux grands partis. Participant aux gouvernements du chancelier Adenauer sous les deux premières législatures, il décline aux élections de 1953 et de 1957. Après quatre ans dans l'opposition, il fait campagne, aux élections de 1961, pour une alliance avec la CDU mais sans Adenauer et emporte son meilleur succès électoral (12,8 % des voix et 67 députés). Il se résigne cependant à participer au dernier gouvernement présidé par Adenauer mais contribue, en 1963, au départ du chancelier en s'entendant avec Franz-Josef Strauss et la CSU. Malgré des pertes sensibles aux élections de 1965 (9,5 % et 49 députés), le FDP semble rester le partenaire obligé de la CDU-CSU, à ce moment quasi majoritaire. Mais, l'année suivante, le parti libéral retire ses ministres et c'est la formation de la grande coalition. Nanti d'une réputation d'opportunisme et de versatilité, il connaît son plus mauvais score aux élections de 1969 (5,8 % et 30 députés) mais les progrès du SPD lui permettent de participer à une nouvelle formule de petite coalition. Dans l'intervalle, le FDP s'est vu menacé dans son existence par le projet de scrutin majoritaire et s'est transformé en un parti libéral de centre gauche, sous la direction de Walter Scheel, au congrès de Fribourg (janvier 1968) qui voit la victoire des réformistes sur la composante conservatrice. Les libéraux ont, durant la grande coalition, refusé de voter la révision constitutionnelle sur l'état d'urgence, puis contribué à l'élection de Gustav Heinemann, candidat du SPD à la présidence de la République, en mars 1969, préparant ainsi la constitution de la petite coalition de centre gauche. Les nouvelles orientations du FDP déterminent la stabilité de cette formule à travers trois législatures. Le succès de la coalition aux élections de 1980 est surtout celui du chancelier Schmidt et du FDP qui obtient son meilleur résultat depuis les élections de 1961 (10,6 % et 53 députés). Il apparaît ensuite assez rapidement que le FDP, en dépit des réticences de son électorat et des protestations officielles de ses instances, est prêt à envisager un retournement d'alliance vers la CDU-CSU. Le recentrage à droite de la nouvelle direction du parti, avec le comte Lambsdorff, ministre de l'Économie, alors que la base du SPD, toujours dirigé par Willy Brandt, réaffirme ses orientations socialistes, place le chancelier dans une situation des plus difficiles. La rupture intervient enfin en décembre 1982 et, par la mise en œuvre de la motion de censure constructive, Helmut Schmidt est remplacé par Helmut Kohl, à la tête d'une coalition CDU-CSU-FDP, qui s'engage à organiser des élections générales en vue de légitimer le changement de gouvernement. Aux élections de mars 1983, le FDP paie le prix de son revirement, obtenant son plus mauvais résultat depuis 1969, avec 6,9 % des voix, qui contraste avec l'excellent score de la CDU-CSU (48,8 %). Aux élections de 1987, le parti libéral remonte sensiblement et obtient 9,1 %, ce qui, joint avec le résultat décevant des partis chrétiens (44,3 %) et le mauvais score du SPD (37 %), déterminé par le succès des Verts, a contribué à assurer l'équilibre de la coalition de centre-droit présidée par M. Kohl, malgré certaines velléités récurrentes d'un nouveau renversement d'alliance.

Nanti de bons résultats, aux élections de 1990, avec 79 sièges et 11 % des voix (son meilleur score depuis 1961), le FDP est ensuite entré dans une crise, partiellement lié au positionnement globalement centriste de la CDU, qui s'est manifestée par des défaites répétées aux élections dans les Länder : à partir des élections à Hambourg en septembre 1993, il échoue dans douze Länder (sauf en Hesse) en raison de la clause des 5 %. D'autre part s'est posée également une question de leadership, due au retrait des chefs historiques : Hans-Dietrich Genscher quitte le gouvernement en 1992 et le comte Lambsdorff la présidence du parti en 1993. Son successeur Klaus Kinkel avait succédé également à M. Genscher aux affaires étrangères. Mais devant la détérioration de l'image du parti, qui recule à 6,9 % aux élections fédérales de 1994, il est remplacé à la présidence du parti par Wolfgang Gerhardt, ancien ministre de Hesse (congrès de juin 1995). Aux élections de septembre 1998, le FDP obtient 6,2 % des voix et doit quitter le pouvoir en même temps que le chancelier Kohl. Il remonte à 7,4 % aux élections de 2002 mais le résultat est considéré néanmoins comme un échec imputable à une campagne maladroite du nouveau président M. Guido Westerwelle, successeur de M. Gerhard.

243 LES VERTS. — Apparus dans les années 1970, les mouvements écologistes sont restés assez longtemps, au même titre que d'autres groupes d'extrême gauche, confinés dans l'opposition extraparlementaire (APO – *Ausserparlamentarische Opposition*). Les premières interventions des Verts dans la compétition électorale sont marquées par certains succès aux élections régionales et européennes, mais ils échouent aux élections du Bundestag de 1980, en partie à cause de la forte polarisation et de la personnalisation du duel électoral entre le chancelier Schmidt et M. Strauss, candidat de la CDU-CSU. Aux élections anticipées de 1983, ils obtiennent 5,6 % des voix et font leur entrée au Bundestag. Mais, en 1985, les élections aux Landtage de Sarre et de Rhénanie du Nord-Westphalie sont un échec. Ensuite les Verts réussissent à passer le seuil des 5 % en Bavière et obtiennent 10,4 % des voix aux élections à Hambourg. Cette nette remontée est confirmée par un excellent résultat aux élections du Bundestag de 1987 (8,3 % de voix et 42 députés) attribué à la campagne du candidat du SPD à la chancellerie, Johannes Rau, jugée trop centriste par l'électorat flottant entre le SPD et les Verts. En revanche, aux premières élections de l'Allemagne réunifiée, le 2 décembre 1990, les Verts de l'Ouest tombent à 3,8 % des voix et disparaissent donc du Bundestag. Les années suivantes voient cependant leur consolidation dans la plupart des Länder et, aux élections fédérales du 16 octobre 1994, ils reviennent presque à leur niveau de 1987 (7,3 % et 49 sièges) ayant réalisé leur unité pour l'ensemble du pays. En 1998, ils obtiennent 6,7 % des voix et 47 sièges.

Les Verts sont divisés entre « réalistes » acceptant la perspective d'une participation au pouvoir et « fondamentalistes » fidèles aux inspirations libertaires initiales du mouvement, et dont l'attitude sur la question du recours à la violence est jugée suspecte par beaucoup d'électeurs. Les succès des Verts, notamment aux élections de 1987, montrent que ce clivage peut être assez bien maîtrisé dans la conduite des campagnes électorales. Il a pu finalement l'être aussi, mais non sans difficulté, en ce qui concerne la participation au pouvoir. Dès lors, leur vocation gouvernementale est largement confirmée : en 1997, ils sont partenaires d'une coalition avec le SPD dans quatre Länder sur seize. Elle est acquise après les élections de 1998 dès lors que cette coalition obtient une nette majorité parlementaire (345 sièges sur 669), majorité reconduite en 2002 (306 sièges sur 603), les Verts obtenant, significativement, à cette occasion pour la première fois un mandat direct (à Berlin).

L'ancrage des Verts a montré la capacité de la démocratie allemande à intégrer de nouvelles forces politiques.

243 bis LE SYSTÈME DE PARTIS APRÈS LA RÉUNIFICATION. — La réunification n'a pas bouleversé le système de partis tel qu'il s'était fixé depuis l'émergence des Verts. Pour les grandes familles politiques (SPD ou CDU), les partis de l'Ouest ont opéré assez facilement la fusion avec leurs homologues de l'Est ; pour le FDP et les Verts, la fusion est intervenue avec des partis créés à l'image de ceux de l'Ouest, avec certaines difficultés dans le cas des Verts. Cependant, le maintien à l'Est du parti du socialisme démocratique (PDS, parti néocommuniste héritier du SED de la RDA) est venu temporairement perturber quelque peu le schéma quadripartite issu des élections de 1987. Entré au Bundestag en 1990 par l'effet de l'application séparée de la clause des 5 % au territoire de l'ancienne RDA, il s'est maintenu aux élections de 1994 (grâce aux quatre mandats directs emportés à Berlin) et 1998 (5,1 % des voix), mais a échoué à celles de 2002 (4 % et seulement deux mandats directs). En dépit de ce revers, il semble être en mesure de continuer à jouer un certain rôle dans les nouveaux Länder, en cultivant son profil d'*Ostpartei,* comparable à une formation régionaliste. Le SPD a fini d'ailleurs par accepter de passer des alliances avec le PDS (en Saxe-Anhalt, en Mecklembourg puis à Berlin), ce qui s'est révélé finalement profitable au parti social-démocrate.

Au reste, quelques autres partis (souvent de droite) parviennent à l'occasion à entrer dans des Landtage, mais ne se maintiennent pratiquement jamais au-delà d'une législature et semblent actuellement loin d'être en mesure d'entrer au Bundestag.

244 L'UTILISATION DU MODE DE SCRUTIN. — L'utilisation par les électeurs du mode de scrutin n'est pas de nature à favoriser une bipolarisation stable. Les résultats électoraux révèlent en effet des différences entre les premières voix (pour un candidat) et les deuxièmes voix (pour une liste déterminée par un parti à l'échelon du Land). Ces différences sont les plus importantes là où les candidats des deux grands partis ont les plus fortes chances de succès : ces chances sont augmentées par un fractionnement *(Stimmen-Splitting)* entre la première voix, qui s'exprime en faveur de tel candidat, et la seconde, qui s'exprime en faveur d'un parti autre que celui du candidat choisi. C'est le FDP qui profite le plus de cette pratique, obtenant plus de secondes voix, qui sont déterminantes pour la répartition des sièges, que ses candidats n'emportent de premières voix. Ainsi l'électeur peut-il, et veut-il, influencer la formation de la coalition par son vote. En 1980, 35 % des électeurs du FDP en tant que parti ont donné leur première voix à un candidat du SPD ; en 1983, après le renversement d'alliance, 58 % d'électeurs du FDP choisissent un candidat CDU. Un schéma identique s'est reproduit, *mutatis mutandis,* entre les Verts et le SPD depuis une vingtaine d'années. Ces éléments indiquent que la formule de gouvernement de coalition correspond à la volonté du corps électoral et montrent aussi le rejet d'un système partisan strictement bipolarisé. Le système n'en conserve pas moins une marge d'autonomie fonctionnelle échappant à toute prévision : aux élections de septembre 2000, si la défaite du candidat chrétien, M. Stoiber, est principalement due au demi échec de l'allié libéral, la reconduction de M. Schröder l'est à l'échec du PDS à atteindre le seuil de 5 % et/ou des trois mandats directs. L'eût-il atteint que la majorité la plus plausible devenait alors celle d'une grande coalition[1].

II | LE SYSTÈME DE GOUVERNEMENT

La RFA a expérimenté, depuis 1949, pratiquement toutes les formules gouvernementales impliquées par son système de partis : de 1949 à 1957, la coalition de la démocratie chrétienne, des petits partis de droite et du FDP ; de 1957 à 1961, le gouvernement quasi homogène CDU-CSU avec l'appoint du parti allemand ; de 1961 à 1966, la petite coalition de centre droit chrétienne-libérale ; de 1966 à 1969, la grande coalition CDU-CSU-SPD ; de 1969 à 1982, la petite coalition de centre gauche sociale-libérale ; depuis 1982, à nouveau la petite coalition de centre droit ; et depuis 1998, une petite coalition SPD-Verts. Ces formules successives ont normalement été dégagées de nouvelles élections mais aussi, au moins formellement, des procédures de parlementarisme rationalisé de la Loi fondamentale, dont le caractère contraignant s'est cependant révélé assez relatif. Le système de gouvernement de la RFA se caractérise également, et en dépit du recours nécessaire aux coalitions, par un phénomène de personnalisation du pouvoir équivalant à celui des autres grandes démocraties : c'est la « démocratie du chancelier », la *Kanzlerdemokratie*. Ce système de gouvernement est tempéré par les implications politiques de la structure fédérale et le rôle du Tribunal constitutionnel.

A - Coalition et parlementarisme rationalisé

245 COALITION ET ÉLECTION DU CHANCELIER. — L'élection du chancelier telle qu'elle est organisée par l'article 63 LF a toujours lieu, depuis 1949, au premier tour de scrutin, sur proposition du président fédéral, en application de l'alinéa 1er. Lorsqu'elle est consécutive à de nouvelles élections au Bundestag, elle intervient

---

1. A. Kimmel, Les élections du 22 septembre 2002 au Bundestag, *Pouv.*, 105, 2003, p. 145-158.

chaque fois dans les plus brefs délais, sanctionnant un accord de coalition préalable. Il en a été de même lorsque Erhard a remplacé Adenauer, en septembre 1963, puis lorsque Helmut Schmidt a succédé, en mai 1974, à Willy Brandt, contraint de se retirer à la suite du scandale provoqué par l'affaire Guillaume. Le retrait du chancelier étant lié à sa personne et non à une crise politique, il a suffi aux deux partis de la coalition de s'entendre sur le choix de son successeur, choix entériné ensuite par la proposition du président fédéral.

Le seul cas d'application de l'article 63 intervenu dans un contexte politiquement difficile est celui de la crise de coalition de 1966. Cette crise est particulièrement significative des limites de l'autorité constitutionnelle du chancelier face aux exigences politiques déterminées par les partis. Les élections du 19 septembre 1965 avaient clairement signifié la volonté du corps électoral de reconduire la petite coalition chrétienne-démocrate et libérale au pouvoir sous la législature précédente. Sur un total de 496 sièges à pourvoir, la CDU-CSU en obtenait 245, le FDP 49 et le SPD 202. Ainsi, au lendemain des élections, et conformément à ces résultats, Ludwig Erhard avait été réélu chancelier, et il avait reconstitué un gouvernement semblable au précédent. Cependant ce gouvernement n'a pu durer qu'un an. D'une part, le parti libéral n'a pas voulu maintenir sa caution à une politique qui, dans plusieurs domaines, ne correspondait plus à ses orientations. D'autre part, à l'intérieur du parti chrétien-démocrate, des tensions se sont manifestées, les unes traduisant une certaine hostilité au chancelier les autres exprimant la tendance d'une politique plus orientée à gauche et l'espoir de la constitution d'une grande coalition entre les chrétiens-démocrates et les sociaux-démocrates. Le 27 octobre 1966, le FDP décide le retrait de ses quatre ministres du gouvernement à la suite d'un désaccord sur le budget. Cette décision met en évidence le discrédit dans lequel est tombé le chef du gouvernement. « Tout se passe, note Alfred Grosser, comme si Ludwig Ehrard n'existait plus, au point que, le 28 novembre, la *Süddeutsche Zeitung* rappellera à ses lecteurs, dans un article à peine ironique, qu'il y a encore un chancelier en fonctions qui n'a été battu par aucun vote et qui n'a pas démissionné. »[1] Son propre parti, ayant abandonné le chancelier, lui cherche ouver-

---

1. *L'Allemagne de notre temps*, Hachette Litterature, coll. « Pluriel », 1978, p. 234-235.

tement un successeur et, le 10 novembre 1966, le groupe parlementaire CDU-CSU désigne M. Kiesinger comme candidat à la chancellerie. Celui-ci entame des négociations avec le FDP, qui échouent le 25 novembre. Le 26, les deux grands partis se mettent d'accord sur la formation d'un gouvernement. La crise, d'assez courte durée, s'est ainsi spectaculairement déroulée en dehors du cadre constitutionnel. La démission de Ludwig Ehrard est intervenue dès que l'accord de coalition fut conclu entre les instances des deux grands partis. Dans tout le déroulement de la crise, le Bundestag est demeuré à l'écart, n'intervenant à la fin que pour élire le candidat agréé par les nouveaux partenaires de la coalition et, en conséquence, désigné par le président fédéral en application de l'article 63-1 LF.

246 MOTION DE CENSURE ET QUESTION DE CONFIANCE : LA CRISE DE 1972. — Jusqu'en 1972, il n'a pas été fait usage des procédures organisées par les articles 67 et 68. La crise de coalition de 1966, en particulier, n'avait pas permis l'application des dispositions de la Loi fondamentale relatives à la responsabilité ministérielle.

La première expérience d'utilisation de la motion de censure constructive intervient en 1972. En 1969, le rapprochement entre le SPD et le FDP, illustré par l'élection de Gustav Heinemann, candidat du SPD à la présidence de la République avait conduit, après les élections du Bundestag du mois de septembre, à la formation d'une petite coalition de centre gauche. Les deux partis obtenaient ensemble 254 sièges, tandis que les chrétiens-démocrates en avaient 242. En octobre 1969, M. Brandt, leader du SPD, fut élu chancelier par 251 voix, soit deux voix de plus seulement que la majorité absolue (249) requise en vertu des articles 63 et 121 de la Loi fondamentale. À partir d'octobre 1970, la coalition est victime de défections individuelles qui sont allées en se multipliant jusqu'en avril 1972, à l'occasion des débats sur l'*Ostpolitik* du chancelier. La coalition ne contrôlant plus que 249 sièges, l'opposition chrétienne-démocrate décida le recours à l'article 67. Le 27 avril, l'ancien chancelier Kiesinger présenta la motion de censure. À quelques exceptions près, seuls les membres de l'opposition participèrent au scrutin qui donna 247 voix en faveur de la motion, 10 contre et 3 abstentions. L'analyse du vote permet de déduire que deux chrétiens-démocrates n'ont pas donné leur voix à M. Barzel. Le lendemain, un texte budgétaire fut repoussé par 247 voix contre 247. Il était évident que ni la coalition ni l'opposition ne disposaient d'une majorité. Dans de telles conditions, le gouvernement a invité l'opposition, qui continuait de demander le retrait du chancelier, à un compromis : le chancelier accepterait de poser la question de confiance si l'opposition renonçait à envisager une nouvelle motion de défiance constructive ; après le rejet de la confiance, la dissolution pourrait être prononcée par le président fédéral. En raison des réserves de la CDU, la mise en œuvre de ce scénario n'a eu lieu que quelques mois plus tard. Le 20 septembre 1972, le chancelier a posé la question de confiance. Après le délai de réflexion de quarante-huit heures, le vote est intervenu, les membres du gouvernement n'y prenant pas part. Ainsi la confiance a-t-elle été refusée par 248 voix contre 233 et une abstention. À la demande du chancelier, le président fédéral prononça alors la dissolution du Bundestag. Les élections du 19 novembre 1972 ont permis un renforcement notable de la coalition sortante, les deux partis gagnant 17 sièges au détriment de la CDU-CSU.

La crise de 1972 est riche d'enseignement quant à la pratique des institutions du parlementarisme rationalisé que sont la motion de censure constructive et la question de confiance. Elle prouvait que la première était vraiment utilisable et susceptible de jouer un rôle positif dans le déroulement de certaines crises politiques : à une voix près, l'opposition chrétienne-démocrate, confortée par les transfuges de la coalition, s'était trouvée en mesure d'élire un nouveau chancelier. D'autre part, ces événements montrent aussi qu'un chancelier qui fait l'objet de cette procédure, laquelle révèle, même si elle n'aboutit pas, qu'il ne possède plus de majorité au Bundestag, est pratiquement contraint de prendre à son tour une initiative. D'où l'intérêt de l'article 68 qui, sans impliquer aucune obligation de démissionner pour le chancelier, permet le recours à la dissolution. Dans une situation où ni le gouvernement ni l'opposition n'avaient une majorité, l'échec du recours à l'article 67 impliquait le recours à l'article 68.

Au prix d'un détournement de procédure, opéré par l'abstention des ministres lors du scrutin de confiance, le chancelier a pu créer les conditions de la seule issue qu'impliquait la situation parlementaire : la dissolution. La motion de censure constructive n'est donc pas une procédure qui se suffit à elle-même. Lorsqu'elle ne peut aboutir, il convient que l'exécutif dispose à son tour de moyens qui lui permettent de clarifier sa situation parlementaire : la question de confiance, assortie du droit de dissolution, vient naturellement compléter la procédure de censure constructive. Les institutions de la Loi fondamentale forment à cet égard un ensemble cohérent et indissociable.

247 LA CRISE DE 1982-1983. — Cette période d'instabilité politique a été marquée, du point de vue constitutionnel, par une série de recours inédits aux procédures instituées par la Loi fondamentale. C'est ainsi qu'au début de la crise la question de confiance a été posée une première fois par le chancelier Schmidt le 3 février 1982, que la phase parlementaire de cette crise s'est dénouée par l'aboutissement d'une motion de censure constructive le 1er octobre 1982, que la question de confiance a été posée une seconde fois par le nouveau chancelier le 13 décembre 1982, afin d'ouvrir la voie à une dissolution du Bundestag, prononcée le 6 janvier 1983, qu'enfin la légalité constitutionnelle de cette décision a été contestée devant le Tribunal constitutionnel fédéral, qui a rendu son arrêt le 16 février 1983[1].

En dépit du vote de confiance intervenu en février 1982, des tensions croissantes sont apparues entre les partenaires de la coalition, à l'occasion des discussions préparatoires au budget et à la suite de l'accord conclu entre le FDP et le CDU après les élections au Landtag de Hesse. La rupture a été consommée en septembre après un incident suscité par le comte Lambsdorff, ministre libéral de l'Économie. Le 17 septembre, avant que le chancelier puisse prendre l'initiative de révoquer les ministres libéraux, il apprit leur démission. Le chancelier a alors proposé au Bundestag de résoudre la crise par une dissolution consécutive à une question de confiance, conformément au précédent de 1972. Au nom de l'opposition, M. Kohl s'est opposé à cette solution et a annoncé la constitution prochaine d'une nouvelle coalition qui, après avoir pris les mesures jugées nécessaires, se présenterait devant le corps électoral. Les négociations entre la CDU-CSU et le FDP se sont déroulées ensuite, aboutissant à un accord annonçant

---

1. V. *supra*, n° 233.

l'élection de M. Kohl à la chancellerie le 1ᵉʳ octobre 1982. La proposition de voter la défiance contre le chancelier et de lui élire M. Kohl pour successeur a été déposée le 28 septembre par les groupes parlementaires CDU-CSU et FDP et le vote est intervenu à l'issue du délai imposé par l'article 67 LF. La motion a été adoptée par 256 voix contre 235 et 4 abstentions. Dès le 13 octobre, le chancelier a annoncé que son gouvernement et les partis de la coalition étaient convenus d'organiser des élections anticipées le 6 mars 1983, invitant l'opposition à discuter avec la majorité des moyens prévus par la Loi fondamentale pour le recours à la dissolution et des possibilités envisagées par une commission de réforme constitutionnelle en 1976. Plusieurs moyens pouvaient être envisagés. La référence à la commission de réforme constitutionnelle indique que le chancelier n'excluait pas une révision de la Loi fondamentale tendant à conférer au Bundestag un droit d'autodissolution, qui est d'ailleurs prévu par la plupart des constitutions des Länder. Une autre solution aurait consisté à utiliser l'article 63-4 LF qui attribue, ainsi qu'on l'a vu, le pouvoir de dissoudre le Bundestag au président fédéral, dans l'hypothèse où il déciderait de ne pas nommer un candidat chancelier qui n'aurait pas recueilli la majorité absolue des voix au Bundestag. La troisième solution, à laquelle se rallia M. Kohl, se trouvait dans l'application de l'article 68 LF. Le chancelier choisit donc cette voie, qui présentait l'avantage d'avoir été déjà expérimentée dix ans auparavant, mais sans être sûr que le président fédéral assentirait à sa demande : au contraire, le président Carstens avait manifesté ses réticences et fait savoir qu'il exercerait pleinement son pouvoir d'appréciation. Le 13 décembre 1982, le chancelier a posé devant le Bundestag la question de confiance en application de l'article 68 LF. La motion n'était pas motivée. Le débat a eu lieu le 17 décembre. La veille, le Bundestag avait voté la loi de finances pour 1983, lors d'un scrutin qui donnait une majorité de 226 voix contre 210 et 4 abstentions. Lors du vote nominal demandé par le chancelier sur la question de confiance, trois députés du groupe CDU-CSU et cinq députés du groupe FDP ont voté « oui ». Les membres du groupe SPD (210), trois membres du groupe FDP ainsi que cinq membres députés non inscrits ont voté « non » alors que la plupart des membres des groupes CDU-CSU et FDP (248 au total) s'abstenaient.

À l'issue de ce scrutin, le chancelier alla présenter sa demande de dissolution au président fédéral, lequel fit savoir qu'il ne communiquerait sa décision qu'à l'expiration du délai de vingt et un jours prévu à l'article 68 LF. Le 6 janvier 1983, le président Carstens a rendu publique sa décision d'accéder à la demande du chancelier, qu'il a tenu à expliquer lors d'une intervention radiotélévisée. Tout en affirmant l'effectivité de ses pouvoirs en la matière, le président ne s'est attaché aux arguments constitutionnels que d'un point de vue purement formaliste, et a surtout voulu justifier sa décision d'un point de vue politique, croyant pouvoir fonder celle-ci sur les seules déclarations *officielles* des principaux protagonistes. Ainsi, il semble que le chef de l'État a surtout voulu éviter les conséquences politiques imprévisibles qui pourraient résulter de son refus. L'attitude du Tribunal constitutionnel fédéral, qui a dû statuer sur la légalité constitutionnelle de la dissolution du 6 janvier, trois semaines à peine avant la date des élections, fixée le 6 mars, paraît procéder du même ordre de considérations (v. n° 255). Ces élections ont permis à la CDU-CSU d'emporter 244 sièges (+ 18), tandis que le FDP en conservait 34 (– 19), le SPD 193 (– 25) et que le parti écologiste, franchissant le seuil des 5 %, en obtenait 27. Le 29 mars 1983, M. Kohl a été réélu chancelier, sur proposition du président fédéral, par 271 voix contre 214 et une abstention.

247 bis LA QUESTION DE CONFIANCE EN NOVEMBRE 2001. — Pour la première fois depuis 1949, le chancelier a posé la question de confiance officielle de l'article 68 LF en la liant à une motion déposée par le gouvernement fédéral, motion visant à obtenir la mise à disposition de troupes de la Bundeswehr en Afghanistan, conformément à une hypothèse prévue à l'article 81-1-2 LF (bien que cette disposition parle de « projet de loi », il s'agissait en l'espèce d'un « projet de motion »).

Le 7 novembre 2001, le chancelier Schröder dépose devant le Bundestag ce projet de motion d'engagement de troupes en Afghanistan. Le 9 novembre, des voix opposés à la motion se signalent au sein de la majorité parlementaire, en particulier chez les Verts. Le 11, huit députés Verts prennent publiquement position contre. Quatre députés SPD seraient également hostiles. À cette date, la coalition compte 341 députés sur un effectif de 666 membres du Bundestag (la majorité absolue étant de 334). En revanche, l'opposition

CDU-CSU et FDP signale qu'elle votera en faveur de la motion (mais le président du groupe chrétien-démocrate demande au chancelier de ne poser la question de confiance qu'au cas où la motion ne serait pas adoptée par les voix de la coalition).

Le 12 novembre, le conseil du parti écologiste adopte par 12 voix contre 2 une résolution exigeant d'assortir la motion de précisions sur la nature de la mission des soldats de la Bundeswehr. Le 13, le chancelier annonce au président du Bundestag qu'il « propose la motion prévue à l'article 68-1 LF en liaison avec le vote sur la proposition du gouvernement fédéral relative à l'engagement de troupes armées allemandes pour soutenir l'action commune de réaction aux attaques terroristes contre les États-Unis d'Amérique sur le fondement de l'article 51 de la Charte des Nations Unies et l'article 5 du Traité de l'Atlantique Nord ainsi que des résolutions 1368 et 1373 (2001) du Conseil de sécurité des Nations Unies ».

La CDU-CSU et le FDP annoncent alors qu'ils voteront contre la motion militaire pour éviter d'avoir à accorder la confiance au chancelier. D'intenses pressions s'exercent pendant deux jours sur les députés Verts. Le chancelier se rend lui-même devant leur groupe parlementaire le 13 novembre ; les groupes SPD et Vert tiennent une séance commune le même jour et se mettent d'accord sur un projet de résolution déclarative destinée à faciliter l'approbation de leurs membres réticents. Une députée SPD, hostile à l'engagement militaire, annonce qu'elle siégera désormais parmi les non-inscrits. Dans un vote indicatif (interne à chacun des deux groupes parlementaires de la coalition), le 16 novembre au matin, tous les députés SPD votent pour la motion gouvernementale, tandis que chez les Verts, quatre voix hostiles demeurent. Le scrutin public unique se tient le même jour et dégage 336 voix pour, 326 contre, 4 députés n'ayant pas pris part au vote. La majorité absolue est donc atteinte.

À cette occasion, on a pu contester la régularité du fait d'obliger le Bundestag à procéder à un scrutin unique sur la confiance et le projet de motion[1]. Il manque en effet à cet égard un fondement textuel clair dans la Loi fondamentale. On pourrait admettre que le Bundestag décide par lui-même, en vertu du principe d'autonomie

---

1. V. Christoph Schönberger, Parlamentarische Autonomie unter Kanzlervorbehalt ?, *Juristen-Zeitung*, 2002, n° 5, p. 211-219.

parlementaire et de la maîtrise de sa procédure interne, de procéder à un scrutin unique, mais il serait contestable de reconnaître (sans texte) une telle prérogative au chancelier. D'ailleurs, l'aspect problématique de cette « liaison » des scrutins ne fait pas disparaître la dualité des majorités requises (majorité simple pour le projet de motion – art. 42-2 LF –, majorité absolue des membres pour la question de confiance – art. 68-1-1 LF –, qui n'a d'ailleurs pas été contestée en l'espèce, mais qui aurait pu aboutir à une situation dans laquelle, votée à la majorité simple, la proposition aurait été adoptée mais la confiance refusée. Néanmoins, pour paradoxale qu'elle soit, cette situation est parfaitement conforme à la logique de l'article 68, laquelle n'implique pas la démission du chancelier en cas de rejet de la confiance qui a pour effet de lui ouvrir le droit de dissolution (v. n° 232). Aussi bien celle-ci n'était-elle pas probablement perdue de vue par le chancelier lorsqu'il décida de poser la question de confiance, ni par les Verts eux-mêmes, qui se sont finalement résignés à continuer de le soutenir.

248 RÔLE DES PROCÉDURES RATIONALISÉES. — Le rôle effectif des procédures de parlementarisme rationalisé inscrites dans la Loi fondamentale sur le fonctionnement du système de gouvernement de la RFA, en particulier en ce qui concerne la stabilité des coalitions, est assez difficile à apprécier. En effet, les circonstances de crise qui ont déterminé l'usage des procédures rationalisées présentent des aspects assez contrastés.

La première constatation qui s'impose est relative à la rareté de cet usage. La cour de Carlsruhe le signale dans son arrêt du 16 février 1983 : « Alors que sous la République de Weimar aucun Reichstag n'est resté en place jusqu'à la fin de la législature déterminée par la Constitution, le recours à la dissolution par la procédure de l'article 68 LF n'a été emprunté qu'une seule fois, en 1972, au cours d'une période de plus de trente-trois ans, dans l'histoire de la République fédérale. L'article 63-4 n'a jamais été appliqué. De même il n'a été fait usage de la motion de censure constructive de l'article 67 LF que deux fois, dont une fois, en 1972, sans succès. Enfin, l'article 81 LF, qui doit permettre de répondre à de graves troubles dans les rapports entre chancelier fédéral et Bundestag, sans passer par des élections anticipées, n'a encore jamais été mis en œuvre. Cette constatation ne reflète pas seulement la stabilité relativement grande des rapports de force politiques, et la volonté comme la capacité de chacun des précédents parlements de former des majorités capables d'agir et de rendre le gouvernement possible. Elle prouve aussi que les groupes concernés n'ont usé qu'avec réserve du moyen de la dissolution. »[1] Et l'on peut en dire autant des autres procédures prévues par la Loi fondamentale.

Faut-il en conclure que le constituant allemand de 1949 a presque réalisé l'objectif du « gouvernement de législature », et que la rareté même de l'usage des procédures instituées attesterait leur efficacité préventive ? C'est assez peu probable et sans doute le raffinement des mécanismes rationalisés pèse-t-il de peu de poids au regard du fonctionnement du système de partis, dont la simplification a essentiellement déterminé la stabilité du régime politique allemand. Dès lors, celle-ci reste tributaire de la fragilité de la structure politique, qui ne saurait être comparée à celle qui existe dans les régimes du type britannique. Il suffit de se référer, à cet égard, aux événements d'octobre 1966, précédemment relatés, au cours desquels la conjonction d'une crise de coalition et de difficultés internes au parti le plus influent a suffi à rendre inapplicables les mécanismes imaginés par le constituant. On peut même avancer que nul n'a songé à les faire appliquer, tant les facteurs politiques débordent facilement les structures institutionnelles rigides. Encore, en cette circonstance, cette rigidité n'a-t-elle pas été un obstacle qu'il fallait contourner pour aboutir à une solution de la crise. Mais il n'en a pas été de même lors des crises de 1972 et 1982, où l'échec, dans le premier cas, et le succès lui-même, dans le second, de la mise en œuvre de la motion de défiance constructive ont conduit à la dissolution du Bundestag, qui n'a pu être prononcée qu'au prix d'un détournement de procédure.

Ainsi, les crises elles-mêmes, en vue desquelles ont été conçues et instituées les procédures de la Loi fondamentale, ont révélé les limites du parlementarisme rationalisé allemand. Il en est particulièrement ainsi de la crise de 1982-1983 : « Le système des partis en est sorti ébranlé et le rapport futur des forces est incertain. Les institutions parlementaires allemandes sont de plus en plus marquées par la personnalisation du pouvoir : incontestablement, d'un parlemen-

---

1. *BVerfGE*, 62, 1, C, II.

tarisme classique, la République fédérale d'Allemagne est passée à un régime parlementaire à tendances plébiscitaires. »[1]

En effet, l'économie même des mécanismes imaginés par le constituant se trouve mise en question par l'usage qui en a été fait dans le cours de cette crise. L'article 67 LF avait été conçu non dans l'objectif d'assurer le gouvernement de législature, mais, à l'inverse, pour permettre, le cas échéant, à une opposition parlementaire de se constituer en majorité de rechange en cours de législature, sans qu'il devienne nécessaire d'abréger celle-ci. L'article 68 LF devait permettre, quant à lui, le recours à la dissolution et, implicitement, n'était pas appelé à fonctionner dans l'hypothèse d'un aboutissement de la motion de censure constructive, mais seulement en cas d'échec de celle-ci. C'est effectivement ce qui se produisit en septembre 1972. Or, en 1982, le succès de la procédure de défiance constructive n'en a pas moins déterminé politiquement le recours à la dissolution, tandis que le poids de l'obstacle du mécanisme de l'article 68 s'est fait plus lourdement sentir encore qu'en 1972, et qu'il n'a pu être surmonté que par un assentiment quasi général quant à une application purement formaliste de la Loi fondamentale. On peut ainsi, avancer l'hypothèse que c'est le succès même de la motion de censure constructive, en octobre 1982, qui a mis en évidence la mutation, entamée de longue date, du régime parlementaire allemand en *Kanzlerdemokratie*.

Les procédures n'en ont pas pour autant perdu toutes leurs virtualités de fonctionner conformément aux prévisions des constituants. La question de confiance posée par le chancelier Schröder au mois de novembre 2001 en est une illustration. Menacé d'une sécession des Verts, le chancelier a utilisé l'article 68 dans la pure logique de celui-ci. Le premier objectif, et le plus officiel, était de ressouder la majorité ; le second, moins avoué, était, en cas d'échec du premier, d'ouvrir la voie à une dissolution dont les résultats étaient escomptés favorables au SPD au détriment de son allié de la coalition. Dans cette perspective, il n'est pas exclu que le chancelier ait secrètement regretté de n'avoir pu poursuivre ce second objectif dès lors que le premier – la remise en ordre au sein de la coalition – avait été atteint.

---

1. M. Fromont, Le parlementarisme allemand de 1981 à 1983 : crise et mutation, *RDP*, 1983, p. 963.

B - La démocratie du chancelier

249 FORMATION ET ÉVOLUTION[1]. — D'un point de vue constitutionnel, la situation du chancelier, telle qu'elle résulte des articles 63 et suivants de la Loi fondamentale, est très forte : seul élu par le Bundestag, il est seul responsable devant lui ; il choisit ses ministres et fixe les lignes directrices *(Richtlinien)* de la politique gouvernementale (v. n° 229). Mais ce n'est pas par la seule vertu des dispositions constitutionnelles que le système politique de la RFA s'est rapidement imposé comme une « démocratie du chancelier ». Sans doute, il ne s'agit pas d'un processus rigide : la démocratie du chancelier, fondée au départ sur l'autorité et le prestige personnel de Konrad Adenauer, premier titulaire de la fonction, a connu ensuite une évolution discontinue. L'importance du rôle de direction qui incombe au chancelier a varié selon les personnes et selon la conjoncture politique. Dès après le premier mandat d'Adenauer, le chancelier et son parti réussissent à transformer les élections au Bundestag en un scrutin personnalisé : « *Auf den Kanzler kommt es an* » (Tout dépend du chancelier) est le slogan qui s'impose dès les élections de 1953 et qui permet à la démocratie chrétienne d'emporter la majorité absolue aux élections de 1957. Durant près de quinze ans, la démocratie du chancelier est identifiée à la forte personnalité d'Adenauer, même si le règne de celui-ci connaît un trop long déclin. En 1959, Adenauer envisage d'être candidat à la fonction de président fédéral puis y renonce, ayant pris conscience du rôle limité du chef de l'État, en même temps pour empêcher Ludwig Erhard, ministre de l'Économie, choisi par la majorité des députés CDU, d'accéder à la chancellerie. La construction du mur de Berlin, les élections de 1961, qui voient la CDU-CSU perdre 5 % des voix, l'affaire du *Spiegel,* dans laquelle est compromis M. Strauss, alors ministre de la Défense, tendent successivement à ébranler la position du chancelier. Son autorité n'en reste pas moins encore forte. Dès lors que, après les élections de septembre 1961, la CDU perd la majorité au Bundestag, le chancelier est induit « à conclure avec le parti libéral un accord de coalition en principe secret, mais

---

1. V. H. Soell, La démocratie du chancelier, « La RFA », *Pouv.,* préc., p. 85 et s.

vite révélé, qui constitue une dépossession des institutions régulières : non seulement il fixe la future politique gouvernementale jusque dans ses détails, mais il soumet toute initiative du cabinet et du groupe parlementaire à l'accord préalable d'une « commission de la coalition ». De plus, les présidents des deux groupes parlementaires assisteraient de plein droit au Conseil des ministres. Mais, quelques semaines plus tard, le texte de l'accord était tombé dans l'oubli sans avoir jamais été appliqué, le chancelier continuant à gouverner comme auparavant »[1]. Après le scandale du *Spiegel,* Adenauer est contraint, sous la pression des libéraux, redevenus partenaires de la coalition, de fixer le temps de sa démission en septembre 1963. S'ensuit une période durant laquelle le *Kanzlerprinzip* cède le pas au *Ressortprinzip* et au principe collégial du gouvernement de cabinet (v. n° 227). Sous les deux gouvernements Erhard, la popularité du chancelier, dont témoigne le bon score (47,6 %) de la CDU-CSU aux élections de 1965, ne peut dissimuler son manque d'autorité et d'initiative. Il en résulte une période de « totale inertie législative »[2] durant laquelle le *Ressortprinzip,* l'autonomie ministérielle, apparaît dominant. La formation de la grande coalition modifie les données de la question en imposant quasi naturellement la pratique du gouvernement collégial, traduisant le partage du pouvoir entre les deux grands partis. Autant que le chancelier Kiesinger et le vice-chancelier Brandt, les chefs de groupe au Bundestag, Rainer Barzel pour la CDU et Helmut Schmidt pour le SPD, deviennent les protagonistes du processus de décision politique. Le rôle du chancelier tend à se limiter à celui de modérateur au sein du gouvernement et dans les débats internes à la coalition. La définition des « lignes directrices de la politique » lui échappe, étant l'œuvre d'un compromis entre les états-majors des partis. La dernière année de la grande coalition, année préélectorale, est marquée par l'immobilisme.

Dès son élection comme chancelier à la tête de la coalition sociale-libérale, Willy Brandt restaure le *Kanzlerprinzip,* notamment dans le domaine de la politique étrangère, en mettant en œuvre son programme de rapprochement avec l'Est *(Ostpolitik).* L'échec, en avril 1972, de la motion de censure essentiellement dirigée contre cet

---

1. A. Grosser, *op. cit.,* p. 234.
2. H. Soell, art. cité, p. 89.

aspect de la politique gouvernementale, puis le succès de la coalition aux élections de novembre suivant auraient encore dû renforcer la position du chancelier. Mais, bien qu'ayant les mains libres, M. Brandt échoue à composer un gouvernement cohérent et laisse se développer au sein du SDP dont il est le président un climat d'intrigues et de division. Les difficultés dues à la crise de l'énergie de 1973-1974 et les mouvements de revendication dans les syndicats de la fonction publique rencontrent un gouvernement mal préparé. En avril 1974, la découverte d'un espion de la RDA au sein même du cabinet du chancelier provoque un scandale – c'est l'affaire Guillaume – qui entraîne la démission d'un chancelier qui subit par ailleurs l'usure du pouvoir. Les premières années du mandat de son successeur Helmut Schmidt ne sont pas particulièrement marquées par la suprématie du chancelier. Willy Brandt reste président du SPD et l'équilibre de la coalition est assuré par une bonne coordination du chancelier, des chefs des partis et des chefs des groupes parlementaires, qui jouent un rôle important. Les élections de 1976 se soldent par une courte victoire de la coalition et Helmut Schmidt n'est réélu que d'extrême justesse. En quatre années, le chancelier va renverser la situation et restaurer dans sa plénitude la *Kanzlerdemokratie*. Il apparaît comme le vainqueur de la menace du terrorisme à la fin de l'année 1977, ayant réuni autour de lui un état-major de crise, organisme non officiel où ont siégé tous les chefs de partis et des groupes parlementaires ainsi que les principaux ministres-présidents. À la suite de nouveaux succès obtenus dans les domaines de l'économie et de l'emploi, la popularité du chancelier égale celle d'Adenauer à son apogée, ce que viennent confirmer les élections de 1980. Mais plus encore que le SDP, en proie à des divisions, c'est le FDP qui en tire bénéfice, ayant réussi à convaincre une partie de l'électorat que le renforcement de la démocratie du chancelier passe par le vote libéral.

250 LE RÔLE DE LA CRISE DE 1982. — Ainsi que l'a relevé le Tribunal constitutionnel fédéral dans son arrêt du 16 février (préc.), le SPD et le FDP ont mené la campagne électorale d'octobre 1980 dans le but avoué de reconduire la coalition sociale-libérale sortante. Un accord de coalition a été conclu et, le 5 novembre 1980, le Bundestag a réélu M. Schmidt comme chancelier avec l'ensemble des voix du SPD et du FDP.

À l'occasion de la préparation du budget pour 1982, le FDP manifesta son désir de voir réduire les dépenses sociales. Un premier incident se produisit en janvier à propos des programmes de lutte contre le chômage. Afin de s'assurer de son appui parlementaire, le chancelier résolut de poser la question de confiance en application de l'article 68 LF. « Considérant que les électeurs lui avaient confié personnellement en 1980 le mandat de conduire la coalition SPD-FDP, il posa cette question en termes personnels : « Conformément à l'article 68 de la Loi fondamentale, je dépose une motion tendant à ce que la confiance me soit exprimée. » C'était dans l'histoire constitutionnelle allemande une « première ». En effet, partant de l'idée de la confiance implicite, les chanceliers précédents n'avaient jamais utilisé cette procédure : jusqu'alors, les chanceliers s'étaient contentés de contacts politiques pour resserrer les rangs de leur coalition. »[1] La question de confiance n'avait été posée qu'une seule fois auparavant, en septembre 1972, dans les circonstances précédemment examinées. Cette fois, il ne s'agissait pas de permettre le recours aux élections anticipées, conditionné par le rejet de la confiance, mais bien, dans la plus pure tradition parlementaire, de tenter de ressouder la coalition et de restaurer l'autorité de son chef. À première vue, l'objectif a été atteint. Aucun député des partis gouvernementaux ne s'est risqué à refuser la confiance. Mais, en dépit de ce vote, des tensions croissantes se sont manifestées dans la coalition, minant le pouvoir du chancelier de définir les axes de la politique gouvernementale, et aboutissant, en septembre 1982, à la démission des ministres libéraux, et au vote de la motion de censure constructive le 1er octobre. Le débat qui a eu lieu à l'occasion de ce vote a été marqué par la mise en cause de la légitimité du recours à la procédure de l'article 67, en raison de l'attitude du parti libéral. Le chancelier Schmidt a notamment fait remarquer que le FDP avait été jusqu'à utiliser son nom sur ses affiches électorales et avait obtenu, de ce fait, un bon résultat lors des élections de 1980. Il en conclut que, si le recours à la motion de censure constructive est légal, il n'est pas légitime au regard de la morale politique et que c'est parce que la nouvelle coalition s'en rend compte qu'elle a annoncé des élections anticipées pour mars 1983. C'est également, en effet, dans le cadre de la démocratie du chancelier que

---

1. M. Fromont, art, cité, p. 943.

M. Kohl a d'emblée entendu agir. S'il fallait recourir à la motion de censure constructive plutôt que d'accepter des élections anticipées immédiates, c'est parce que c'était le seul moyen qui permettait à M. Kohl de se présenter aux élections en tant que chancelier et de bénéficier ainsi du *Kanzlerbonus* : la « prime au chancelier ». Selon Helmut Kohl, la nouvelle coalition n'avait de chance de succès que si elle exerçait déjà le pouvoir et se présentait aux électeurs comme une majorité gouvernementale viable. De la même manière, la dissolution controversée du Bundestag est apparue comme un instrument de la *Kanzlerdemokratie,* révélant une mutation du régime. À la suite de l'annonce de la dissolution par le président fédéral, le 6 janvier 1983, quatre députés, appartenant pour deux d'entre eux au FPD, et les deux autres à la CDU et au SPD, ont formé un recours devant le tribunal de Carlsruhe, en alléguant une violation de l'article 39-1 LF, qui fixe à quatre ans la durée du mandat de député. « Les requérants venaient donc de tous les horizons politiques, mais ils avaient en commun la volonté de s'opposer au passage d'une démocratie "représentative" à une démocratie "plébiscitaire". »[1] Et, au-delà du raisonnement juridique qui a conduit le Tribunal constitutionnel fédéral à admettre la constitutionnalité de la dissolution du 6 janvier 1983 (v. n° 255), le principe de la *Kanzlerdemokratie* a été reconnu dans l'opinion dissidente de Wolfgang Zeidler, alors vice-président, qui, approuvant le dispositif de l'arrêt du 16 février 1983, n'en a pas adopté les motifs. Pour lui, en effet, le chancelier Kohl a voulu la dissolution par tactique politique et non pour prévenir des risques d'instabilité. Mais un tel comportement n'est pas inconstitutionnel, dans la mesure où le système constitutionnel allemand a évolué depuis sa conception initiale de 1949 et où la démocratie parlementaire présente de plus en plus un caractère « plébiscitaire », comme le montre bien le slogan utilisé aux élections de 1980 : « Tout dépend du chancelier. » Dans ce contexte, un chef de gouvernement qui est élu à la suite d'un vote de censure constructive peut recourir à la procédure de l'article 68 LF pour renforcer son autorité, en évitant de voir mise en cause la légitimité de son accession au pouvoir. Mais il faudrait observer que le slogan en question n'est autre que celui qu'utilisait, dans les années 1950, la CDU de Konrad Adenauer, et

---

1. M. Fromont, art. cité, p. 955.

constater alors que le passage de la démocratie « représentative » voulue par le constituant de 1949 à la démocratie « plébiscitaire »[1] s'est effectué dès les premières années de la République fédérale, pour devenir ensuite moins apparent dans les années 1960 : c'est l'évolution de la démocratie du chancelier telle qu'elle a été décrite précédemment. La crise de 1982, dans ses implications juridiques, a seulement mis en évidence une réalité ancienne.

251 Un système fragile mais souple. — Dans le contexte politique allemand, le système de la démocratie du chancelier est affecté de deux correctifs importants : d'une part, et sauf exception (1957), la représentation proportionnelle ne permet pas qu'un des deux grands partis obtienne à lui seul la majorité absolue au Bundestag, d'où le recours nécessaire au gouvernement de coalition ; d'autre part, le choix d'un candidat chancelier reste grevé d'une hypothèque en ce qui concerne l'élection même du chancelier, qui tient au caractère secret de ce scrutin.

La crise de 1982 a mis particulièrement en évidence le défaut structurel de la démocratie du chancelier dans un système de gouvernement de coalition. La *Kanzlerdemokratie* implique que le chef du gouvernement puisse, conformément à la Loi fondamentale, imposer son pouvoir de définition et de direction de la politique gouvernementale. Konrad Adenauer, Willy Brandt et Helmut Schmidt y ont tour à tour réussi au moins durant une partie de leur mandat. Mais cela suppose un équilibre interne au sein de la coalition : « Lorsque les moyens d'action importants qui sont de la compétence du chancelier ne peuvent être mis en œuvre, non tant à cause de l'impuissance personnelle du détenteur de la fonction que du déséquilibre interne à la coalition *(un seul des partenaires peut changer d'alliances)*, alors il en résulte une incapacité d'agir, une perte de pouvoir et une crise de confiance. La démocratie du chancelier perdrait sa substance. »[2] Dans un gouvernement de coalition, le chancelier ne peut remplir son devoir de formation d'une volonté

---
1. Ce dernier terme doit évidemment s'entendre dans le cadre de la crise allemande de 1982-1983 et des controverses qu'elle a suscitées. En soi, il s'agit d'une expression impropre sauf à admettre que le parlementarisme britannique est à tendances « plébiscitaires ». Il conviendra plutôt de parler, plus simplement, de personnalisation du pouvoir.
2. H. Soell, art. cité, p. 95-96. C'est nous qui soulignons.

politique et mettre en œuvre les décisions solidaires du gouvernement que pour autant que son partenaire dans la coalition ne remette pas en cause sa participation à l'occasion de chaque décision. C'est cet équilibre interne qui garantissait la stabilité de la coalition chrétienne-libérale entre 1982 et 1998, sous la direction du chancelier Kohl, dont le prestige et l'autorité n'égalaient pourtant pas, au départ, ceux de son prédécesseur. La coalition « rouge-verte » de G. Schröder, à partir de 1998, a pu reproduire un équilibre plus ou moins comparable, en dépit des turbulences sus-évoquées (v. n° 247 *bis*). Toutefois, la consolidation du quadripartisme depuis vingt ans a affecté le rôle pivot des petits partis : concurrencé par les Verts, le FDP ne représente plus l'unique option de coalition pour le SPD. La « capacité de chantage » du petit parti (FDP à l'égard de la CDU-CSU, Verts à l'égard du SPD) demeure néanmoins réelle. Le système de la démocratie du chancelier ne saurait donc être trop rapidement assimilé à celui des « monarchies électives » prévalant, dans leur cadre constitutionnel respectif, aux États-Unis, en Grande-Bretagne et en France. Cette réserve s'impose d'autant plus si l'on considère que le caractère secret de la procédure d'élection du chancelier (qu'il s'agisse de l'article 63 ou 67 LF) affecte la question du choix des candidats à la chancellerie. À plusieurs occasions, en effet, le candidat chancelier de la coalition n'a pas fait le plein des voix des partis censés assurer son élection par le Bundestag. En 1949, Konrad Adenauer n'a été élu, par 202 voix sur 402, que parce qu'il a voté pour lui-même. Il est vrai qu'il s'agissait de la première élection d'un chancelier, et dans un contexte de multipartisme accentué. Mais dans un système partisan simplifié, et alors que la majorité requise est maintenant de 249 voix (sur 496), Willy Brandt, en 1969, en a recueilli 251 et Helmut Schmidt, en 1976, seulement 250 ; de même en 1994, le chancelier Kohl n'est réélu que par 338 voix, soit une de plus que la majorité absolue de l'effectif du Bundestag depuis la réunification ; et il faut rappeler qu'en 1972, lors de la première application de la motion de censure constructive, il a manqué deux voix à Rainer Barzel pour être élu chancelier. De plus, en 1959, il semble que si Adenauer a renoncé à se faire porter à la présidence de la République, c'est pour avoir compris qu'il ne pourrait pas imposer, en tant que chef de l'État, son propre candidat à sa succession à la chancellerie, car il suffisait que quelques députés de son parti choisissent l'abstention pour qu'il faille recourir à la procédure de l'article 63-2 LF permettant au groupe parlementaire CDU de proposer Ludwig Erhard, de le faire élire et de l'imposer à la nomination présidentielle[1]. Les règles constitutionnelles relatives à l'élection viennent ainsi interférer avec l'investiture populaire du chancelier, rendue possible par la publicité des accords de coalition et leur caractère préélectoral, et avec les procédures internes de sélection des candidats à la chancellerie. L'investiture populaire ne paraît s'imposer aux députés de manière contraignante qu'en cas de succès électoral massif : c'est du moins ce qu'induisent les élections successives de Helmut Schmidt en 1976 et en 1980. Inversement, une bonne élection parlementaire, comme celle de Helmut Kohl en 1982, consécutive à une désignation consensuelle comme candidat par le groupe parlementaire CDU-CSU[2] ne confère pas une légitimité suffisante : le renversement de Helmut Schmidt, chancelier prestigieux ayant bénéficié de l'investiture populaire, par des députés du parti libéral qui avaient été élus sous son égide, et les réactions de l'opinion publique à cet événement imposaient politiquement au nouveau chancelier de reprendre l'initiative. Légalement désigné, M. Kohl paraissait n'être pas légitime au regard du principe de la *Kanzlerdemokratie*.

Finalement prévalante, mais soumise à des interférences diverses, la démocratie du chancelier est un système certes fragile, mais souple et qui a finalement atteint à une certaine stabilité. Cette stabilité est plus l'effet de conditionnements politiques que proprement institutionnels. Le système allemand de parlementarisme rationalisé, en particulier, ne règle que les mécanismes de responsabilité du gouvernement devant le Bundestag mais il ne confère pas au premier, à l'inverse du système français de la Vᵉ République, des moyens contraignants dans le cours de la procédure parlementaire ordinaire. Ce point est spécialement important pour cerner les limites internes que rencontre le chancelier face à son partenaire de coalition, mais aussi

---

1. V. A. Grosser, *op. cit.*, p. 208-209.
2. M. Kohl avait été désigné comme candidat chancelier pour les élections de 1976 par le comité directeur de la CDU sans accord préalable avec la CSU. Il en est résulté des difficultés entre les deux partis et un compromis qui a conduit à la désignation de M. Strauss comme candidat pour les élections de 1980 (v. n° 240). Après l'échec de M. Strauss, les dirigeants chrétiens-démocrates se sont accordés à décider qu'en cas de changement d'alliance par le FDP en cours de législature, ce serait l'ensemble du groupe parlementaire CDU-CSU qui choisirait le candidat chancelier.

de son propre parti : il est exceptionnel qu'il puisse imposer des mesures à sa majorité par la seule voie d'autorité. Dans la pratique, la « démocratie de coalition » l'emporte généralement sur la « démocratie du chancelier », sous réserve d'exceptions, en particulier à l'époque d'Adenauer. Les partis de la majorité concluent systématiquement des accords de coalition, et les réunions régulières de coalition entre le chancelier, les chefs des partis et des groupes parlementaires *(Koalitionsrunden)* jouent un rôle majeur dans le processus décisionnel.

C - *Les tempéraments du système :*
fédéralisme et juge constitutionnel

Le système de gouvernement de la RFA, qui opère la synthèse entre la formule de gouvernement de coalition et la démocratie du chancelier, se voit encore tempéré par les implications de la structure fédérale de l'État et par le contrôle du juge constitutionnel.

Les tempéraments qui procèdent du fédéralisme sont de deux ordres : d'une part, le gouvernement fédéral est sous le contrôle permanent de l'opinion publique du fait des élections qui se déroulent dans les Länder ; d'autre part, le gouvernement fédéral est astreint à une collaboration permanente avec le Bundesrat. Le contrôle du juge constitutionnel opère en tant que le tribunal de Carlsruhe est le garant de l'État de droit et particulièrement du respect des droits fondamentaux, ce qui le conduit éventuellement à se faire le censeur du pouvoir législatif ; ce contrôle s'exerce également dans le cadre de la résolution des conflits entre organes constitutionnels.

252 LES ÉLECTIONS DANS LES LÄNDER. — La coalition et le chancelier qui la dirige sont, en raison des implications de la structure fédérale, sous le contrôle permanent de l'opinion publique. Les élections dans les seize Länder constituent à chaque fois un test pour le gouvernement fédéral et sont perçues et interprétées comme tel par les partis. Il en résulte une situation presque permanente de campagne électorale qui exerce son influence sur la vie fédérale, sans que soient exclus pour autant les facteurs régionaux. Les Landtage sont également les laboratoires de nouvelles alliances. Le renversement de coalition survenu à Bonn en octobre 1982 était préparé depuis 1977 par des alliances CDU-FDP dans les Länder. En Hesse a été expérimentée en 1984 la première formule de coalition entre le SPD et les Verts, qui se rompit en 1987 pour triompher à nouveau à partir de 1991. La même combinaison s'installa en 1989 à Berlin-Ouest puis en 1990 en Basse-Saxe. Ainsi l'alliance des deux partis, victorieuse au niveau fédéral en 1998, fut-elle préparée longtemps avant au niveau régional.

Les élections aux Landtage pèsent donc sur la ligne politique du gouvernement fédéral qui se trouve tantôt conforté, tantôt fragilisé par leur résultat : il en fut ainsi pour le chancelier Kohl affaibli en 1989-1990 (défaite de la CDU à Berlin puis en Basse-Saxe), avant que l'entrée des cinq Länder de l'Est, dont trois gouvernés par les partis de la coalition de Bonn et un (la Saxe) par la seule CDU, ne le renforce.

Revenu au pouvoir en 1998, le SPD a dû essuyer dès l'année 1999 une série de revers aux scrutins régionaux, directement liés à sa politique fédérale (ainsi notamment de la défaite des siens en Hesse, où l'opposition CDU avait fait campagne contre la toute récente loi sur la réforme de la nationalité). Ce scénario s'est reproduit en 2003, quelques mois après la reconduction de la coalition du chancelier Schröder (défaite en Basse-Saxe). Ces réalignements permanents n'ont pas que des conséquences purement politiques : ils en ont aussi d'institutionnelles en tant qu'ils impliquent des changements de majorité au sein du Bundesrat.

253 LE RÔLE DU BUNDESRAT. — Instrument privilégié du dialogue entre la Fédération et les Länder, le Bundesrat peut, selon la conjoncture politique, devenir un lieu d'opposition à la politique du gouvernement fédéral. Mais celle-ci ne s'exprime pas de la même manière que dans une assemblée parlementaire classique. Il faut rappeler ici la compétence des Länder en matière d'exécution du droit fédéral. Les projets de lois et de règlements fédéraux qui sont soumis à l'approbation du Bundesrat sont généralement le fruit d'une collaboration entre les départements fédéraux et ceux des Länder, permettant notamment d'alléger la navette parlementaire. L'opposition éventuelle du Bundesrat est normalement orientée plus vers la défense des intérêts des Länder que dans le sens d'une mise en cause générale de la politique du gouvernement fédéral. C'est notamment le cas dans les débats budgétaires. De ce point de vue, on a pu dire que le rôle dominant des partis trouvait dans le fonctionnement du Bundesrat, et des institutions fédératives en général, une limitation appréciable[1]. Il reste que, pour le gouvernement fédéral, le compromis, sinon l'entente avec le Bundesrat est nécessaire. Durant la plus grande partie de la période de la coalition sociale-libérale, les Länder gouvernés par les chrétiens-démocrates ont été majoritaires au Bundesrat, ce qui offrait à l'opposition CDU-CSU un puissant moyen de blocage des initiatives du gouvernement. La commission de médiation, composée paritairement de membres des deux assemblées, a ainsi été réunie 104 fois pendant la septième législature. À partir de 1977, la naissance de coalition CDU-FDP en Sarre et en Basse-Saxe, si elle rendait la situation politique générale plus confuse, a paradoxalement atténué l'obstacle du Bundesrat pour le gouvernement, mais au prix d'un nouveau réajustement des positions de la coalition sur celles du seul FDP. En 1982, la coalition chrétienne-libérale est majoritaire au Bundesrat. Des conflits entre la Chambre haute et le gouvernement fédéral ne pouvaient résulter que d'une appréciation divergente des intérêts des Länder, et il a été parfois déploré qu'un élément de la séparation verticale des pouvoirs voulue par le constituant se trouve affaibli par cette conformité politique entre les deux chambres.

Cette situation a duré jusqu'à l'été 1990 où, après les élections en Basse-Saxe, la coalition a perdu la majorité au Bundesrat. Elle l'a regagnée très temporairement à la suite de la réunification des Länder de l'Est (14 octobre 1990) puis reperdue en 1991. S'est reproduit ensuite le même phénomène que sous la coalition sociale-libérale : l'opposition fédérale emporte les élections dans les Länder au point que l'ensemble des gouvernements chrétiens homogènes et chrétiens-libéraux ne disposent plus à eux seuls du tiers des voix entre 1994 et 1996 (soit 23 voix sur 68). Le SPD aurait été ainsi en position de bloquer même tous les projets de loi à contenu non fédératif pour lesquels le veto suspensif du Bundesrat, exprimé à la majorité des deux tiers, ne peut être surmonté par le Bundestag qu'à cette même majorité (art. 77-4 LF, v. n° 219), si un certain nombre de voix n'avaient été neutralisées (cas des grandes coalitions CDU-

---

1. V. M. Fromont et A. Rieg, *op. cit.*, p. 66.

SPD) ou du moins indéterminées (coalitions SPD-FDP et SPD-divers). Mais en tout état de cause, le rapport de force fut défavorable au gouvernement fédéral, et si le Bundesrat ne pratique pas l'obstruction systématique, il n'est pas moins en mesure de bloquer des textes importants, comme il advint en 1997 du projet de réforme fiscale. Le même scénario s'est reproduit, au détriment de la majorité rouge-verte au pouvoir à partir de septembre 1998 : le SPD perd dès février 1999 sa majorité absolue au Bundesrat et, à partir d'octobre de la même année, ne contrôle même plus seul un tiers des voix dans cet organe. On entre alors dans une logique de grande coalition dès lors que la majorité gouvernementale n'est pas identique à la majorité législative fédérale. Les risques de blocage politique indéniables tendent à contraindre le chancelier et sa majorité à jouer une logique consensuelle qui permet à l'opposition de peser sur la politique fédérale.

Le gouvernement fédéral dispose toutefois d'un moyen de prévenir ou de résoudre certains problèmes susceptibles de s'élever entre le Bundesrat et lui : ce sont les réunions, régulières depuis 1969, du chancelier et des ministres-présidents des Länder, procédé institutionnalisé par le § 31 du règlement du gouvernement fédéral. Mais la concertation revêt normalement moins cette forme un peu solennelle que celle de contacts permanents à tous les échelons, notamment entre les représentants des Länder et le ministre fédéral à la chancellerie ainsi que les dirigeants des groupes parlementaires de la coalition.

254 LE TRIBUNAL CONSTITUTIONNEL, FACE À LA MAJORITÉ ET À L'OPINION. — On a vu que le Tribunal constitutionnel a plus d'une fois encouru le reproche de se substituer au législateur démocratiquement élu en se fondant sur l'idée que l'État de droit établi par la Loi fondamentale repose sur des valeurs liant l'État et le législateur ordinaire exprimant la volonté de la majorité du moment, volonté qu'il incombe au tribunal de subordonner, quand il le faut, à l'ordre constitutionnel. L'un des premiers arrêts les plus controversés à cet égard a été celui du 25 février 1975 annulant la loi dépénalisant l'avortement (v. n° 216). Pour les six juges majoritaires, le fait que d'autres États démocratiques aient « libéralisé » l'avortement ne constitue pas un argument en faveur de la loi incriminée, eu égard aux différences entre ces diverses législations et entre les ordres constitutionnels dans lesquels elles s'insèrent. L'histoire de l'Allemagne confère à l'État le devoir d'une vigilance particulière dans le domaine de la protection de la vie. « Face à la toute-puissance de l'État totalitaire (...) pour lequel l'égard dû à la vie de chaque individu n'avait aucun sens, la Loi fondamentale a établi un ordre lié à des valeurs qui place la personne et sa dignité au centre de toutes ses dispositions. (...) À la base, se trouve l'idée que la vie de chaque être humain individuel doit être inconditionnellement respectée, même s'il s'agit d'une vie en apparence socialement « sans valeur » (...). Cette décision de base de la Constitution détermine l'élaboration et l'interprétation de l'ordre juridique tout entier. Même le législateur n'est pas libre face à elle (...). Même un changement des conceptions régnant à ce sujet dans la population – à supposer même qu'il puisse être constaté – n'y changerait rien. »[1] Pour les deux juges minoritaires – le principe de l'opinion dissidente a été institué en 1971 – au contraire, ladite décision de base dans l'ordre des valeurs ne saurait justifier un transfert de la fonction législative, et de ses responsabilités, au Tribunal constitutionnel. Les juges relèvent que, en outre, il s'agit d'une décision prise par la majorité parlementaire, sur une question fort controversée et après de très longs débats ; le tribunal deviendrait ainsi un instrument politique d'arbitrage qui aurait pour mission de faire son choix entre des projets législatifs concurrents. Un contreprojet avait en effet été élaboré par l'opposition, dont les thèses ont été largement reprises par le tribunal, qui avait été saisi par les députés chrétiens-démocrates, ainsi que par les gouvernements des Länder à majorité chrétienne-démocrate.

En donnant ainsi raison à l'opposition contre la majorité, le Tribunal constitutionnel a subi le reproche d'avoir poussé son contrôle trop loin et de n'avoir pas respecté le pouvoir d'appréciation du législateur. Le tribunal ne s'est, en effet, pas contenté d'indiquer au pouvoir législatif des limites à ne pas dépasser : il lui a pratiquement imposé un nouveau projet qui, bien qu'il n'ait pas été voté par l'opposition chrétienne-démocrate, est assez proche du contre-projet

---

1. Arrêt du 25 février 1975, *BVerfGE*, t. 39, p. 1 et s. La présente traduction est empruntée à A. Grosser, *op. cit.*, p. 640.

qu'elle avait proposé. Cette nouvelle loi est entrée en vigueur le 18 mai 1976. C'est cette législation dictée par le juge constitutionnel et très restrictive en regard de l'intention initiale du législateur qui n'a pu être appliquée, lors de la réunification, aux Länder de l'ancienne RDA (v. n° 207 *bis*) où a été provisoirement maintenue une loi du 9 mars 1972 autorisant sans condition l'avortement durant les douze premières semaines de grossesse. L'article 31 du traité d'union imposait au législateur de l'Allemagne unie l'obligation d'adopter avant le 31 décembre une nouvelle législation protégeant la vie prénatale mais également l'intérêt des femmes en difficulté du fait d'une grossesse. Adoptée le 29 juin par une majorité non gouvernementale SPD-FDP et promulguée le 27 juillet 1992, la nouvelle loi a été déférée au tribunal constitutionnel par le gouvernement de Bavière ainsi que par 249 députés chrétiens-démocrates, comprenant le chancelier Kohl lui-même. Le 4 août 1992, le tribunal a suspendu l'application de la loi. L'arrêt a été rendu le 28 mai 1993. On a vu qu'il opère, par rapport à celui de 1975, une substitution de fondement en ce qui concerne le devoir de l'État de protéger la vie en devenir (v. n° 216). Autre différence au regard de la décision de 1975 : le tribunal admet que le législateur renonce à la répression pénale de l'avortement, au bénéfice d'une réglementation stricte de consultations prénatales. Mais les principales dispositions de la loi sont déclarées inconstitutionnelles parce que le législateur est resté, selon le tribunal, en deçà de son obligation de déterminer les conditions de déroulement des consultations et qu'il a abandonné le principe du caractère illicite de l'avortement en accordant le remboursement de l'acte par les caisses d'assurances sociales. Comme en 1975, le tribunal a édicté une législation provisoire, poussée dans les moindres détails au point qu'il donne l'impression de s'immiscer non seulement dans l'exercice du pouvoir législatif mais aussi du pouvoir réglementaire[1] et qui constitue autant d'injonctions à l'adresse des autorités politiques. Une loi conforme aux prescriptions du tribunal a ainsi été adoptée le 29 juin 1995.

Se pose ainsi la question de l'impartialité politique du juge constitutionnel, du fait notamment de la procédure de désignation des magistrats, qui conduit à un partage d'influence entre les deux

---

1. M. Fromont, art. cité, *RDP,* 1995, p. 330-333.

grands partis (v. n° 213). Mais, de manière générale, ce partage aurait plutôt avantagé les chrétiens-démocrates, qui ont notamment contrôlé, le plus souvent, la présidence du tribunal[1]. On a allégué, surtout, que le tribunal avait donné satisfaction aux demandes de l'opposition de manière plus sensible à l'époque de la coalition sociale-libérale qu'auparavant. Selon Alfred Grosser, quelques décisions ont pu le faire croire, mais, s'il fallait trouver une dominante à la jurisprudence du tribunal dans les années 1970, il faudrait plutôt souligner la tendance à favoriser l'État contre le citoyen, alors qu'antérieurement il avait privilégié sa mission de défenseur de l'individu contre l'État[2]. Les décisions les plus caractéristiques à cet égard sont relatives à l'interdiction de l'accès des extrémistes à la fonction publique *(Berufsverbot)* et aux mesures législatives ou administratives visant à combattre le terrorisme : dans ces affaires, le tribunal est venu renforcer la position du gouvernement fédéral, et de ceux des Länder, encourant des reproches apparemment contradictoires de ceux qui lui ont été adressés à l'occasion de l'arrêt du 25 février 1975 et de celui du 28 mai 1993. En réalité, ces griefs procèdent d'un même jugement de valeur : la loi dépénalisant l'avortement était tenue pour une loi « progressiste » ; en l'annulant, le tribunal a été inspiré par la même idéologie que celle qui l'a conduit à justifier le *Berufsverbot* ou les mesures de lutte contre le terrorisme. Les griefs sont donc eux-mêmes essentiellement d'ordre idéologique et sont en somme les mêmes, mais en sens opposé, que ceux qui sont généralement adressés à la Cour suprême des États-Unis depuis les années 1960. Le parallèle n'est pas fortuit : aucune juridiction constitutionnelle en Europe n'a reçu du constituant et n'a acquis dans sa pratique autant de pouvoirs et d'autorité que le tribunal de Carlsruhe. « Le danger d'un gouvernement des juges tendant à imposer ses volontés à l'exécutif et au législatif est plus réel aujourd'hui en Allemagne qu'aux États-Unis », estimait Alfred Grosser en 1978[3]. La décennie 1980, se présentant comme une

---

1. Le premier président du tribunal, Höpker-Aschoff, était libéral et est mort en 1954. De 1958 à 1971, le président a été Gebhard Müller, ancien ministre-président CDU de Bade-Wurtemberg ; son successeur (jusqu'en 1983) était Ernst Benda, ancien ministre CDU de l'Intérieur. De 1987 à 1994, le président du tribunal est Roman Herzog, ancien ministre de l'Intérieur de Bade-Wurtemberg, également CDU, ensuite élu président fédéral. Mme Jutta Limbach, ministre de la Justice (SPD) de Berlin, lui a succédé.
2. *Op. cit.*, p. 642-643.
3. Ibid., p. 641.

période moins conflictuelle, a donné lieu à moins de controverses sur le rôle du tribunal constitutionnel. Mais depuis 1994, et par contraste avec la période antérieure à 1980, le tribunal connaît une évolution dans le sens d'un progressisme « activiste » tout à fait comparable à celui qui a souvent été dénoncé s'agissant de la Cour suprême américaine. Cette tendance est manifestée par une série de décisions très contestées : un arrêt du 25 août 1994 dépénalise la possession de haschisch dès lors qu'il est destiné à l'usage personnel ; par deux décisions du 25 août 1994 et du 10 octobre 1995, le tribunal juge que l'apposition d'un autocollant portant la phrase de K. Tucholsky : « Les soldats sont des assassins » exprime seulement une opinion pacifiste couverte par le droit fondamental à la liberté d'expression (art. 5 LF) ; un arrêt du 10 janvier 1995, opérant un revirement par rapport à un précédent de 1986, déclare que le barrage d'un lieu public (effectué pour protester contre le stationnement des fusées Pershing 2) ne constitue pas une infraction pénale ; le 15 mai 1995, dans le cadre du procès de M. Wolf, chef des services d'espionnage de la RDA, le tribunal décide que ne relèvent pas non plus de la répression pénale les actes d'espionnage contre la RFA accomplis par les ressortissants de l'ex-RDA, notamment en ce que ceux-ci ne pouvaient pas prévoir la réunification allemande ; enfin, la décision la plus controversée est celle du 16 mai 1995 par laquelle le tribunal se prononce en faveur de la liberté négative de croyance en jugeant que la présence d'un crucifix dans les salles de classe ordonnée par un règlement bavarois porte atteinte aux convictions des non-chrétiens : cet arrêt suscite, pour la première fois, une manifestation de plusieurs dizaines de milliers de personnes[1]. Le tribunal, note A. Kimmel, « a ainsi pris une évolution aussi étonnante que profonde par rapport aux années 1970 où, par une série de décisions plutôt » conservatrices «, il avait mis plus d'une fois un frein à la politique réformatrice du gouvernement social-libéral. Il semble que cette évolution s'explique notamment par des changements dans la composition de la cour »[2]. Mais alors qu'à cette époque le juge constitutionnel était apparu d'abord

---

1. Sur cette affaire, v. Th. Rambaud, *Le principe de séparation des cultes et de l'État en droit public comparé*, Paris, LGDJ, 2004, p. 369-375.
2. Une crise de la cour constitutionnelle fédérale ?, *Pouv.*, n° 79, 1996, p. 149.

comme censeur de la majorité, il semble s'ériger aujourd'hui en censeur de l'opinion dominante. Aucune des décisions précitées n'est intervenue contre la loi votée par la majorité gouvernementale ; au contraire, d'autres décisions récentes et qui ont rencontré d'autres critiques – arrêts du 12 juillet 1994 concernant l'engagement de la Bundeswehr et du 14 mai 1996 relatif au droit d'asile – sont très respectueuses de l'autonomie d'action du pouvoir politique. Mais la confrontation avec celui-ci est inévitable s'il décide de relayer l'opinion publique choquée par certaines décisions en adoptant de nouvelles lois tendant à réaffirmer une volonté politique, ce qui pourrait être le cas, relève A. Kimmel, s'agissant de la protection de l'honneur des soldats ou de la présence de crucifix dans les écoles publiques. Même si les législateurs « n'ignorent pas complètement les décisions de la Cour *(Soldaten sind Mörder, Kruzifix)*, ils ne respecteront peut-être pas avec rigueur les limites tracées par la Cour. Or, il est difficilement concevable que la Cour constitutionnelle, dans le cas où elle serait à nouveau saisie, puisse annuler ces lois qui sont l'expression d'une légitimité démocratique affirmée. Si elle les accepte en corrigeant ainsi ses décisions antérieures, au moins partiellement, son autorité se trouve également amoindrie. La démocratie a cependant besoin d'une Cour constitutionnelle forte et acceptée par les hommes politiques et par tous les citoyens »[1]. Dans des décisions ultérieures, la Cour n'a cependant pas hésité à limiter l'autonomie du législateur, comme on l'a vu en matière de péréquation financière (v. n° 222), ainsi qu'en matière d'écoutes : par un arrêt du 14 juillet 1999, la Cour a déclaré inconstitutionnelle de nombreuses dispositions issues des lois du 28 octobre 1994 et du 17 décembre 1997. Ces lois élargissaient le domaine dans lequel l'Office fédéral du renseignement pouvait procéder à des écoutes. La Cour a estimé que si les restrictions apportées par le législateur au secret des communications sont proportionnelles au but assigné aux meures d'interception prévues par l'article 10 LF, les garanties concrètes prévues par la loi sont en revanche insuffisantes. Elle condamne en particulier l'imprécision des règles de procédure administrative.

    L'attitude de la Cour peut entraîner une réaction du pouvoir

---

1. Art. cité, p. 151-152.

constituant dérivé. C'est ainsi qu'aux termes d'une révision de l'article 20 *a* LF en date du 27 juillet 2002, la protection des animaux est devenue un « objectif de l'État » (*Staatsziel* équivalent des « objectifs à valeur constitutionnelle » du Conseil constitutionnel français) en réaction à l'arrêt du Tribunal constitutionnel fédéral du 23 novembre 2001 qui admettait la régularité de l'abattage des animaux par les musulmans selon des techniques traditionnelles (le caractère réactif de cette initiative est d'autant plus patent qu'une proposition analogue avait été repoussée en avril 2000 au Bundestag ; cette fois, la CDU et le FDP l'ont approuvée).

255 LE TRIBUNAL, RÉGULATEUR DES AUTRES ORGANES. — L'article 93-I-1 LF attribue au Tribunal constitutionnel la connaissance des litiges entre organes constitutionnels fédéraux *(Organstreitigkeiten)*. C'est essentiellement l'existence de cette compétence qui permet à Karl Loewenstein de qualifier le pouvoir judiciaire en Allemagne fédérale de « plus haut arbitre de la dynamique de puissance politique »[1]. Un tel contrôle de la constitutionnalité des actes des pouvoirs publics est une innovation propre à la Loi fondamentale. Seule la qualité d'organe fédéral supérieur ou de composante d'un tel organe, dotée de pouvoirs propres par le règlement intérieur de l'organe, permet de déposer une requête, dans le cadre d'un litige organique. La dissolution de 1983 a ainsi fourni au tribunal l'occasion de le rappeler en rejetant les 11 et 12 janvier 1983 les recours en inconstitutionnalité qui avaient été formés par deux avocats. Mais il faut encore que le requérant justifie d'une atteinte, ou d'un risque imminent d'atteinte aux droits et devoirs qui lui incombent en vertu de la Loi fondamentale.

Peu de décisions, et moins encore d'importantes, ont été rendues dans le cadre de ce contentieux jusqu'à l'arrêt du 16 février 1983 qui a admis, par une majorité de six juges contre deux, la conformité à la Loi fondamentale de la dissolution du Bundestag prononcée par le président fédéral le 6 janvier 1983. C'était la première fois que le tribunal avait à juger d'un litige entre organes concernant l'application des mécanismes du parlementarisme rationalisé. L'arrêt est

---

1. Cité par H. Laufer, *Verfassungsgerichtsbarkeit und politischer Prozess,* Tübingen, J. C. B. Mohr (Paul Siebeck), 1968, p. 14.

d'une grande importance en tant que le tribunal a été conduit à définir précisément ses propres pouvoirs dans le cadre du système de parlementarisme rationalisé, avant de marquer les limites des pouvoirs exercés par les autres organes constitutionnels.

La définition par le tribunal de ses propres pouvoirs fait apparaître un changement dans la conception qu'a le tribunal de son propre rôle. En 1957, il considérait que « c'est le tribunal qui est appelé, en première ligne, à contribuer au développement du droit constitutionnel »[1] ; en 1983, il considère que l'article 68 de la Loi fondamentale constitue une « réglementation ouverte », qui doit être concrétisée avant de pouvoir être appliquée à l'examen d'un cas particulier. Or, « la compétence en vue d'une telle concrétisation n'appartient pas seulement, en ce qui concerne le droit constitutionnel fédéral, au tribunal, mais aussi aux autres organes constitutionnels supérieurs ». Certes, le tribunal admet qu' « une interprétation de l'article 68 tendant à autoriser un chancelier fédéral, dont la majorité au Bundestag ne fait pas de doute, à se faire refuser la confiance au moment paraissant opportun, dans le but de faire dissoudre le Bundestag, ne serait pas conforme à cet article. De même, la difficulté particulière des tâches à résoudre durant une législature en cours ne permet pas non plus la dissolution »[2]. Mais après cette affirmation de principe, il indique les limites de son contrôle sur une décision qui requiert la collaboration des trois principaux organes constitutionnels : le président fédéral, le chancelier et le Bundestag.

Le rôle du tribunal n'est plus dès lors d'interpréter « en première ligne » la Constitution, mais de contrôler la constitutionnalité de l'interprétation à laquelle se livrent les trois autres organes constitutionnels supérieurs : or, ceux-ci étaient d'accord sur l'interprétation à donner en l'espèce à la norme constitutionnelle. On aurait mal compris dès lors que le tribunal s'oppose à cette interprétation, dans la mesure où elle n'était pas manifestement contraire à la Constitution. C'est ce qui explique l'attitude, de prime abord contradictoire, observée par la majorité des juges dans les motifs de la décision. Pour bien des commentateurs, le tribunal fixe dans sa décision des limites très précises à l'utilisation de l'article 68 LF, mais il leur

---

1. *BVerfGE*, t. 6, p. 222 et s. (décision sur question préjudicielle de la Cour fédérale de justice).
2. Préc., *loc. cit.*

paraît bien laxiste lorsqu'il considère que ces limites ont été respectées en l'espèce par le chancelier Kohl.

En fin de compte, le Tribunal constitutionnel fédéral admet et même adopte la thèse exposée par le président fédéral selon laquelle il n'y a pas lieu de vérifier la véracité des déclarations officielles du chancelier et des porte-parole de la majorité, lorsqu'ils affirmaient que la nouvelle coalition n'était pas en mesure de poursuivre sa tâche au-delà d'une certaine période : « Cette appréciation peut être mise en doute ou même rejetée dans le cadre du débat politique. On ne peut toutefois la contester sur le plan de la règle constitutionnelle. » Et le tribunal conclut : « *Une autre appréciation* conduisant à écarter la dissolution *ne s'impose pas à la place* de l'appréciation du président de la Fédération ; *l'examen du tribunal n'a pas à être plus approfondi.* »[1] Autrement dit, le contrôle du tribunal sur la décision du président ne doit pas aller au-delà de la recherche d'une erreur manifeste.

Ainsi située, la solution adoptée par la majorité des juges apparaît comme la plus conforme au rôle dévolu au tribunal. L'analyse juridique peut paraître éloignée de la réalité ; c'est en fait la pratique qui s'est éloignée du texte et de l'esprit de la Loi fondamentale, et c'est alors au pouvoir constituant, détenu par le Bundestag et le Bundesrat, non au Tribunal constitutionnel fédéral qu'il revient de mettre le cas échéant le droit en accord avec le fait.

La place du Tribunal constitutionnel fédéral dans le jeu des rapports entre les organes politiques semblait ainsi, après la décision du 16 février 1983, clairement établie : celle d'un juge de la légalité constitutionnelle exerçant à l'égard des pouvoirs publics un contrôle restreint, n'allant pas au-delà de la recherche de l'erreur manifeste d'appréciation dans la mise en œuvre de leur pouvoir discrétionnaire. Mais l'arrêt rendu quelque vingt ans plus tard, le 18 décembre 2002, sur l'affaire du vote au Bundesrat en mars précédent, révèle une inflexion très nette de la jurisprudence de la Cour dans le sens d'une interférence dans les mécanismes du droit politique. Le projet de loi sur les conditions d'entrée et de séjour des étrangers adopté par la majorité rouge-verte du Bundestag fut soumis au Bundesrat (où l'équilibre entre gauche et droite était

---

1. *Ibid., loc. cit.* C'est nous qui soulignons.

serré) en séance publique le 22 mars 2002. Il s'agissait d'une loi requérant l'approbation du Bundesrat. Les trois voix du Land de Brandebourg, gouverné par une grande coalition SPD-CDU, pouvaient faire pencher la balance. Lors du scrutin final sur le texte, le président du Bundesrat appela les voix de ce Land. Un ministre (SPD) annonça « oui », tandis que le ministre de l'Intérieur (CDU) exprimait un vote négatif (il avait annoncé sa position au cours de la discussion générale). Dans ces conditions, le Land ne répondait pas à l'exigence posée par l'article 51-III-2° LF (« les voix d'un Land ne peuvent être exprimées qu'en bloc ») (v. n° 219). Le président de séance (SPD), bourgmestre de Berlin, souligna ce point et reprit : « Je demande au ministre-président Stolpe (SPD) comment vote le Land de Brandebourg. » M. Stolpe répondit : « En tant que ministre-président du Brandebourg, je déclare ici : oui » tandis que le ministre de l'Intérieur du Land ajoutait : « Vous connaissez ma position M. le président. » Le président de séance conclut alors : « Je constate donc que le Land de Brandebourg a voté "oui". » Le texte considéré comme définitivement adopté par 35 voix sur 69 fut transmis au président fédéral (J. Rau, issu du SPD) pour signature, ce dont celui-ci s'acquitta, le 20 juin 2002, après avoir fait une déclaration publique expliquant sa décision. Conformément à l'article 93-I-2° LF sur le contrôle abstrait des normes, les gouvernements des Länder de Sarre, Bade-Wurtemberg, Bavière, Hesse, Saxe et Thuringe (tous dirigés par la CDU-CSU) ont déféré la loi au Tribunal constitutionnel. Par l'arrêt du 18 décembre 2002, le tribunal en a prononcé l'inconstitutionnalité sur le fondement du vice de procédure législative constitué par la nullité du vote brandebourgeois. La décision a été prise par six voix contre deux. La majorité de la Cour a considéré que les Länder ne participent qu'indirectement à la législation et à l'administration fédérales par le truchement des membres de leurs gouvernements désignés au Bundesrat. La pratique (courante) qu'un Land exprime son vote par un « meneur de voix » *(Stimmführer)* peut être à tout moment contrecarrée par le vote dissident d'un autre membre du Bundesrat appartenant à ce Land. S'il incombe en principe au président de séance de susciter, au besoin, une clarification lors d'un vote confus, il ne lui est pas permis de recommencer le vote d'un Land dès lors qu'il est manifeste qu'une volonté unique des représentants de ce Land fait défaut et que le contexte montre qu'elle ne pourra être établie durant le scrutin. La majorité de la Cour a donc considéré que le premier appel valait vote effectif et clair du Brandebourg et, dans ces conditions, qu'il n'était pas admissible que le président de séance demande une nouvelle fois, cette fois au seul chef du gouvernement, quel était le vote du Land de Brandebourg[1]. La minorité dissidente de la Cour a notamment critiqué la distinction entre vote « confus » et « clair », justifié le devoir du président de séance de susciter une clarification de son vote par un Land et fait valoir que la deuxième demande avait constitué une correction de la première et que le ministre de l'Intérieur de Brandebourg n'ayant alors pas dit une nouvelle fois qu'il votait « non » (mais seulement : « vous connaissez ma position... »), avait implicitement validé le « oui » du chef de son gouvernement. En effet, la Loi fondamentale n'exige pas que les membres d'une délégation d'un Land soient du même avis mais seulement qu'ils votent de façon homogène.

Politiquement, cette décision était un revers sérieux pour le gouvernement de M. Schröder, mais elle a surtout montré que la Cour ne se bornait pas à exercer, dans une affaire très sensible, un contrôle restreint de la décision interne d'un organe constitutionnel fédéral. Cette nouvelle tendance pourrait être favorisée encore du fait des possibilités ouvertes par le nouvel article 93-1-2 *a* LF en ce qui concerne les questions politiques liées au fonctionnement du fédéralisme, ainsi que des virtualités de conflit qu'impliquent les procédures du nouvel article 23 LF sur la participation des Länder à la politique européenne des autorités fédérales (v. n° 222 *bis*).

---

1. Un cas assez voisin s'était produit en décembre 1949 : Deux représentants d'un même Land avaient voté de façon contradictoire. On proposa au chef du gouvernement de ce Land de trancher le désaccord – il présidait d'ailleurs lui-même la séance du Bundesrat ce jour-là –, ce qu'il fit. Le texte n'avait pas été déféré au Tribunal constitutionnel.

Pour aller plus loin

256 Sauf quelques exceptions, auxquelles se sont attachés des noms désormais connus, les ouvrages ont longtemps manqué en français sur le droit constitutionnel et les institutions de la RFA. Depuis les années 1975, ces sources existent, mais pas suffisamment pour rendre compte, par réfraction, de l'abondance des travaux en allemand. Au-delà de la barrière de la langue, demeure celle des concepts (bien qu'elle ait cessé d'être infrangible depuis les travaux de M. Fromont). Sont mentionnés ici, outre la remarquable *Introduction au droit allemand* de ce dernier, quelques traités fondamentaux de droit constitutionnel, puis, par thème, des ouvrages et études spécialisés.

I. — OUVRAGES GÉNÉRAUX

Traités, manuels et commentaires de la Loi fondamentale. M. Fromont et A. Rieg, *Introduction au droit allemand*, t. 2 : *Le droit public*, Paris, Cujas, 1982 : ouvrage de référence, indispensable spécialement au lecteur non germaniste ; Sous la direction de M. Fromont, *Les cinquante ans de la RFA*, Publications de la Sorbonne, 2000 ; v. aussi Ch. Autexier, *Introduction au droit public allemand*, Paris, PUF, coll. « Droit fondamental », 1997 ; K. Stern, *Das Staatsrecht der Bundesrepublik Deutschland*, Munich, C. H. Beck, t. 1 et 2, 1980-1984. Le premier volume de ce traité de droit constitutionnel porte sur les principes fondamentaux de l'État de droit et la charpente originelle de la Constitution ; I. von Münch (ed.), *Grundgesetzkommentar*, Munich, C. H. Beck, 3e éd., 1995-1996, 3 vol. : ce commentaire est d'un maniement aisé ; à chaque article répondent en outre des renvois bibliographiques étendus ; K. Hesse, *Grundzüge des Verfassungsrechts der Bundesrepublik*, C. F. Müller, 20e éd., 1995 : l'utilisation de cet ouvrage de référence suppose déjà d'être bien introduit dans ces matières ; E. Benda, W. Maihofer, H.-J. Vogel (dir.), *Handbuch des Verfassungsrechts*, Berlin, De Gruyter, 2e éd., 1994, 2 vol. ; J. Isensee, P. Kirchhof (dir.), *Handbuch des Staatsrechts der Bundesrepublik Deutschland*, Heidelberg, C. F. Müller, 1987-1995, 7 vol.

II. — ÉTUDES ET OUVRAGES SPÉCIALISÉS

Sur l'histoire constitutionnelle : la monumentale *Deutsche Verfassungsgeschichte* de Huber, Stuttgart, W. Kohlhammer, 1957, 7 vol. (s'arrête à la chute de la République de Weimar) ; un bref recueil (sélectif) des constitutions anciennes, H. Hildebrandt, *Die deutschen Verfassungen des 19. und 20. Jahrhunderts*, Paderborn, F. Schöning, 1975. Sur un sujet jusqu'ici délaissé avec application en France par les constitutionnalistes (si l'on excepte une étude rapide, peu bienveillante, de Joseph-Barthélemy), v. la belle synthèse (limpide) de J. Hummel, *Le constitutionnalisme allemand (1815-1918) : le modèle allemand de la monarchie limitée*, Paris, PUF, coll. « Léviathan », 2002.

Sur le régime de Weimar : G. Krebs et G. Schnelin (dir.), *Weimar ou de la démocratie en Allemagne*, Asnières, Institut allemand, 1994.

Sur le *Rechtsstaat*, v. O. Jouanjan (dir.), *Figures de l'État de droit. Le Rechtsstaat dans l'histoire intellectuelle et constitutionnelle de l'Allemagne*, Presses Universitaires de Strasbourg, 2001. L'étude du constitutionnalisme allemand doit beaucoup à Olivier Jouanjan de commencer d'échapper aux lieux communs et à la routine.

Sur le pouvoir constituant : E. W. Böckenförde, *Die Verfassungsgewalt des Volkes,* Francfort-sur-le-Main, Metzner, 1986 ; D. Murswiek, Maastricht und der pouvoir constituant, *Der Staat,* 32 (1993), p. 161 et s. ; C. Autexier, Le traité de Maastricht et l'ordre constitutionnel allemand, *Revue française de droit constitutionnel,* n° 12 (1992), p. 624.
Sur les aspects constitutionnels de l'unification : M. Fromont, L'union de l'Allemagne dans la liberté, 1989-1990, *RFDC,* n° 1 (1991), p. 121 et s. ; du même, Les institutions allemandes depuis le traité d'union du 30 août 1990, *RFDC,* n° 3, p. 733 et s. ; A. Kimmel, Aspects institutionnels de l'unification allemande, *Pouv.,* n° 57 (1991), p. 143-151.
Sur l'État de droit, on citera un article de synthèse : A. Bleckmann, L'État de droit, *Pouv.,* n° 22, 1982, p. 5-25, rédigé par un spécialiste, est doublé d'une succincte et très utile bibliographie commentée (p. 26-27) ; D. Capitant, *Les effets juridiques des droits fondamentaux en Allemagne,* LGDJ, 2001.
Sur le parlementarisme et la démocratie de chancelier : J. Amphoux, *Le chancelier fédéral dans le régime constitutionnel de la République fédérale d'Allemagne,* Paris, LGDJ, 1962 : ouvrage classique qui est demeuré longtemps le seul accessible en français. Aujourd'hui, on dispose de la grande thèse d'Armel Le Divellec, *Le parlementarisme allemand,* à paraître, LGDJ, 2004 ; du même : vues générales sur le parlementarisme allemand, *RDP* (1), 2004, p. 243-273 ; Ph. Lauvaux et J. Ziller, Trente-cinq ans de parlementarisme rationalisé en République fédérale d'Allemagne : un bilan, *RDP* (4), août 1985 ; H. Soell, La démocratie du chancelier et le triangle du pouvoir, *Pouv.,* n° 22, 1982, p. 85-96.
Le Bundestag et le contrôle parlementaire : F. Schafer, *Der Bundestag,* Opladen, Westdeutscher Verlag, 1982 ; P. M. Stadler, *Die parlementarische Kontrolle der Bundesregierung,* Opladen, Westdeutscher Verlag, 1984 ; R. Kipke, *Die Untersuchungausschüsse des deutschen Bundestages,* Berlin, Berlin Verlag, 1985 ; W. Ismayr, *Der Deutsche Bundestag,* Opladen, Leske & Budrich, 2000.
La procédure législative : M. Fromont, La procédure législative en République fédérale d'Allemagne, *Pouv.,* n° 16, 1981 ; W. Hugger, *Gesetze : Ihre Vorbereitung, Abvassung und Einfung,* Baden, Nomos, 1983 ; O. Jouanjan, L'élaboration de la loi en RFA, *Pouvoirs,* n° 66, 1993, p. 81-97.
Le droit parlementaire : A. Santschy, *Le droit parlementaire en Suisse et en Allemagne,* Neuchâtel, Ides et Calendes, 1982 ; H.-P. Schneider et W. Zeh (dir.), *Parlamentsrecht und praxis in der Bundesrepublik Deutschland,* Berlin-New York, De Gruyter, 1989. Sur le point particulier du principe d'autonomie du droit parlementaire : Ch. Schönberger, Parlementarische Autonomie unter Kanglervorbehalt ?, *JuristenZeitung,* 2002, n° 5, p. 211-219.
Sur le rôle du Bundesrat : A. Kimmel, La cohabitation à l'allemande, *Pouv.,* n° 84 (1998), p. 177-189.
Sur le président fédéral : R. Arnold, L'élection et les compétences du président fédéral, *RDP,* 1995, p. 303-322.
Sur le système politique : K. von Beyme, *The Political System of the FRG,* Londres, Gower, 1985. On se reportera utilement aux développements consacrés par le même auteur à l'Allemagne dans le *Parlementarischen Regierungssysteme in Europa,* Munich, R. Piper, 1970, p. 349-366 ; A. Le Divellec, La variante allemande de la démocratie majoritaire, *Pouv.,* n° 85, 1998, p. 35-46.
Sous la direction de Klaus von Beyme : K. von Beyme, M. G. Schmidt (ed.), *Policy and Politics in the Federal Republic of Germany,* Hants, Gower, 1985 ; H. Menudier, *Système politique et élections en République fédérale d'Allemagne,* Berne, Lang, 1986.
Les élections et le système électoral : J.-C. Béguin, Le système électoral, *Pouv.,* n° 22, 1982, p. 128-133 ; R. Hrbek, La réalité du mode de scrutin allemand, *Pouv.,* n° 32, 1985 ; A. Kimmel, Les élections du Bundestag et la crise de la SPD, *Pouv.,* n° 42, 1987 ; A. Kimmel, Les élections du 22 septembre 2002 au Bundestag, *Pouv.,* 105, 2003, p. 145-158.
Sur les partis : v. la bibliographie de références exclusivement allemandes à la suite

de l'article de C. Rotschild, Le statut des partis politiques, *Pouv.*, n° 22, 1982, p. 83 ; G. Estiévenart, *Les partis politiques en Allemagne fédérale*, Paris, PUF, « Que sais-je ? », 1973 ; H. Kaak, R. Reinhold (ed.), *Handbuch des Parteiensystems der Bundesrepublik*, Opladen, 1980 ; F. Hartweg, Le système des partis, *Pouv.*, n° 22, 1982 ; C. Rotschild, Le statut des partis politiques, *Pouv.*, n° 22, 1982 ; J. Julg, *La démocratie chrétienne en République fédérale allemande*, Paris, Economica, 1985 ; W. Graf Vitzthum, La démocratie des partis politiques en Allemagne, *RFDC*, n° 24, 1996, p. 403-415. Les principales indications en français sur la vie politique et les partis peuvent être trouvées dans A. Grosser (dir.), *Les pays d'Europe occidentale*, La Documentation française (annuel) ; la revue *Documents* (six numéros par an, chronique politique régulière de Henri Ménudier).

Sur le Tribunal constitutionnel fédéral : la littérature sur le tribunal est devenue extrêmement dense en allemand : on renverra à la bibliographie établie par Y. Mény, *Politique comparée*, Paris, Montchrestien, 1996, p. 413, ainsi qu'à A. Bleckmann (cité *supra*) qui renvoie spécialement au recueil des juges Leibholz et Rinck (commentaire de la jurisprudence du tribunal). V. en particulier K. Schlaich, *Das Bundesverfassungsgericht*, Munich, Beck, 5ᵉ éd., 2001.

Un ouvrage écrit dans les deux langues, très utile : P. Koenig et W. Rüfner (éd.), *Le contrôle de constitutionnalité en France et en RFA*, Cologne, Annales universitatis Saraviensis, Reebtswissentschaftliche Stellung, Band 115, Heymans, 1985.

Deux spécialistes, auteurs d'ouvrages en français : M. Fromont, Le contrôle de constitutionnalité des lois en Allemagne et en France, in *Das Europa der Zweiten Generation*, Kehl, Engel, 1982 ; M. Fromont, Le juge constitutionnel, *Pouv.*, n° 22, 1982, p. 41-52. Du même, v. la chronique de jurisprudence consacrée chaque année au tribunal dans la *RDP*. V. aussi, présenté par M. Fromont, La Cour constitutionnelle fédérale d'Allemagne, *Cahiers du Conseil Constitutionnel*, n° 15, 2003.

J.-C. Béguin, *Le contrôle de la constitutionnalité des lois en RFA*, Paris, Economica, 1982 ; J.-C. Béguin, Les grandes décisions du Tribunal constitutionnel, *Pouv.*, n° 22, 1982, p. 135-143. V. également les chroniques de Michel Fromont et Olivier Jouanjan dans l'*Annuaire international de justice constitutionnelle*, ainsi que celles de Michel Fromont dans la *RDP*.

Un point de vue critique : A. Kimmel, Une crise de la Cour constitutionnelle fédérale ?, *Pouv.*, n° 79 (1996), p. 147-152.

Sur le Tribunal constitutionnel fédéral et les droits fondamentaux, v. O. Jouanjan, *Le principe d'égalité devant la loi en droit allemand*, Paris, Economica, 1992.

Sur la théorie des droits fondamentaux : A. Bleckmann, *Allgemeine Grundrechtslehren*, Cologne, 1979 : ouvrage fondamental sur la question, centré sur la théorie générale d'après la présentation même de son auteur ; E. Forsthoff, *Rechtsstaatlichkeit und Sozialstaatlichkeit*, Darmstadt, 1968 : entre essentiellement dans les visées propres à la démocratie sociale. E. Forsthoff est l'auteur d'un célèbre manuel de droit administratif.

Sur le fédéralisme : la plupart des ouvrages sont ici en allemand du fait de l'objet plus spécial et de sa technicité. V. notamment H. Laufer, U. Münch, *Das föderative System der BRD*, Opladen, Leske Budrich, 1998 ; A. Pfitzer, *Der Bundesrat*, Heidelberg, von Decker, 4ᵉ éd., 1995 ; F. W. Scharpf (ed.), *Politikverflechtung*, vol. 1 : *Theorie und Empirie des Kooperativen Föderalismus in der Bundesrepublik*, Taunus, Kronberg, Scripto Verlag, 1976.

En français existe néanmoins une bonne synthèse : C. Grewe-Leymarie, *Le fédéralisme coopératif en RFA*, Paris, Economica, 1981, et plusieurs études récentes : X. Volmerange, *Le fédéralisme allemand et l'intégration européenne*, Paris, L'Harmattan, 1994 ; S. Gosselin, *Fédéralisme et Bundesrat en RFA*, Presses de l'Université de Montréal, 1994, ainsi que l'article exhaustif et précis de Gérard Marcou, L'évolution récente du fédéralisme allemand sous l'influence de l'intégration européenne et de l'unification, *RDP*, n° 4 (1995), p. 883-919.

**Chapitre 5
L'Italie**

Introduction historique

257 L'ÉLABORATION DE LA CONSTITUTION DE 1947. — L'Italie est, en 1947, le dernier grand pays d'Europe continentale à illustrer le parlementarisme du type traditionnel, même si ce dernier y est conjugué avec une conception renouvelée de l'État.

L'Italie qui, en 1945, émerge de l'anarchie des comités de libération mais garde mémoire de l'autoritarisme centralisateur du fascisme sera reconstruite par les constituants deux ans plus tard sur des bases libérales entièrement repensées, on peut bien dire antithétiques de l'unitarisme organisateur du *piemontesimo*, celles cette fois de l'État des régions (v. n° 269).

La chute de Mussolini, provoquée par Victor-Emmanuel le 25 juillet 1943, est suivie d'une vive tension entre le gouvernement légal de Badoglio qui, à travers le roi, tient ses pouvoirs du Statut, et le comité de libération. Les partis représentés au sein de celui-ci refusent de reconnaître l'autorité du roi, suspect d'être entré dans des connivences, au moins objectives, avec le régime fasciste. L'incertitude est levée en avril 1944 lors du *pacte de Salerne* qui inaugure ce qu'on a appelé la trêve des institutions *(tregua istituzionale)*. Le retournement *(svolta)* est inspiré de façon dominante par les visées tactiques du parti communiste. Togliatti, de retour de Moscou, accepte de faire partie du gouvernement, d'abord comme ministre sans portefeuille. Le compromis est le suivant : d'un côté, les partis du comité de libération acceptent de reconnaître le gouvernement du roi moyennant un retrait de ce dernier (le prince de Piémont assumant la lieutenance générale) et entrent alors au gouvernement. En retour, la monarchie accepte de remettre son sort à la décision d'une Assemblée constituante (l'idée d'un référendum n'advient que plus tard) : cela revient, par préjudice, à tenir le Statut albertin pour abrogé. La trêve des institutions prend fin le 2 juin 1946 avec l'élection de l'Assemblée constituante et la tenue concomitante du référendum sur la monarchie. Le gouvernement De Gasperi a décidé (décret-loi *luogotenenziale* du 16 mars 1946) que la résolution de la question échapperait finalement à la Constituante pour être réservée au peuple, ce qui, « compte tenu de la structure sociale de l'Italie, n'était certes pas révolutionnaire »[1]. De Gasperi, sans doute, est favorable à la monarchie, mais on doit considérer que le gouvernement comprend des communistes, des socialistes et des actionnistes. En fait, il devient de moins en moins évident avec le temps que l'issue de la consultation doive être favorable à celle-ci, surtout depuis qu'en avril, la démocratie chrétienne, dans son congrès de Rome, a adopté une motion (l'ordre du jour Pellizzari) favorable à la République à une majorité d'ampleur inattendue (75 %). Le 9 mai 1946, Victor-Emmanuel III abdique en faveur du prince de Piémont, qui devient roi sous le nom d'Humbert II. Cette décision, à moins d'un mois de la tenue du référendum, est ressentie comme une rupture de la trêve. C'était trop ou pas assez[2]. Le référendum du 2 juin conclut en faveur de la République[3], qui est proclamée le 16 juin. L'Assemblée constituante se réunit le 25 juin et décide de proroger ses pouvoirs jusqu'au 31 décembre 1947. La rédaction de l'avant-projet de constitution est confiée à une commission de 75 membres, appelée commission Ruini. Celle-ci se divise en trois sous-commissions dont il est marquant de noter que deux sont consacrées à l'énonciation des droits fondamentaux, la troisième seulement

---

1. G. Bibes, *Le système politique italien*, Paris, PUF, 1974, p. 27.
2. Des opposants au fascisme fidèles de l'institution monarchique avaient suggéré en concomitance de l'abdication du roi une renonciation du prince Humbert, laquelle eût abouti au règne d'un enfant, innocent de toute compromission. Parmi eux était Croce, membre de la Constituante, et qui avait appartenu aux gouvernements Badoglio et Bonomi. Croce était un opposant déclaré depuis mai 1925 avec son *Manifesto degli intellettuali antifascisti* (que signèrent Mosca et Einaudi). Plus ancienne encore dans la résistance était la nouvelle reine.
3. Par 12 700 000 voix contre 10 700 000.

ayant à s'occuper des institutions, bien qu'elle-même divisée en deux sections. En fait, la rédaction proprement dite revient à un comité de coordination (comité des dix-huit). Le projet est adopté par l'assemblée le 22 décembre 1947, à une majorité de 453 voix contre 62. Le texte est promulgué le 27 décembre et entre en vigueur le 1er janvier 1948. La Constitution n'a connu jusqu'en 1998 que des révisions, somme toute, d'importance secondaire. La procédure de révision est relativement souple : aux termes de l'article 138, les lois de révision ainsi que les autres lois constitutionnelles – lesquelles sont prévues par la Constitution elle-même en vue de son application[1] – sont adoptées par les chambres en deux délibérations successives, séparées par un délai d'au moins trois mois, et elles doivent être approuvées à la majorité absolue des membres de chaque chambre lors de la seconde délibération. À la demande d'un cinquième des membres d'une chambre, ou de 500 000 électeurs, ou encore de cinq conseils régionaux, ces mêmes lois sont soumises au référendum populaire, sauf dans l'hypothèse où elles auraient été approuvées dans chacune des chambres à la majorité des deux tiers. Tel a été le cas lors des révisions de 1963 et 1967 ainsi que de celles qui ont suivi, la seule loi constitutionnelle à avoir été soumise (à ce jour) à référendum étant celle du 18 octobre 2001 (v. n° 273 *ter*). Le processus révisionnel initié en 1997 tranche radicalement avec la stabilité antérieure qui ne pouvait longtemps résister au bouleversement politique intervenu en 1993, avec l'adoption d'un nouveau système électoral. La crise du système a engendré l'idée de la nécessité d'instaurer un autre régime, ce qui fut rapidement appelé une « Seconde République ». En septembre 1996, le chef de l'État, M. Scalfaro, a invité le Parlement à mettre en œuvre le processus nécessaire à l'adoption d'une réforme constitutionnelle générale. Un projet de loi constitutionnelle avait d'ores et déjà été déposé devant les assemblées par des représentants de nouveaux groupes politiques en juillet. La loi constitutionnelle n° 1 du 24 janvier 1997 créa une commission bicamérale, composée de 35 députés et de 35 sénateurs, chargée de remettre au Parlement pour le 30 juin suivant un projet de révision

---

1. Il n'existe pas en Italie de norme intermédiaire entre la Constitution et la loi ordinaire, telle qu'en France la loi organique.

de la seconde partie de la Constitution[1]. La réforme projetée portait essentiellement, en effet, sur les organes constitués et la structure de l'État ; la première partie, qui contient les principes généraux et les droits fondamentaux définis en 1947, n'était donc pas soumise à révision : en termes juridiques, il n'y aurait pas de « Seconde République ». Mais le projet établi par la commission devait ensuite être adopté article par article par les chambres et finalement soumis à un référendum. La loi constitutionnelle dérogeait ainsi à l'article 138 de la Constitution sur un point essentiel. Le désaccord entre majorité et opposition, en juin 1998, a laissé inaboutie l'œuvre de la commission. Cet échec, qui n'impliquait pas nécessairement celui de l'ensemble du projet, réouvrait la voie à la procédure ordinaire de l'article 138.

258 LES ANTÉCÉDENTS : ÉPIGONES DES LUMIÈRES. — La première Constitution au sens contemporain du mot qu'ait connue l'Italie est celle dont l'un des fils de Marie-Thérèse, Léopold (Pietro-Leopoldo), le futur empereur, jeta les bases en 1782 pour la Toscane. Elle instituait une assemblée représentative mais ne fut jamais mise en vigueur. Ce parangon des Lumières ne doit pas faire oublier que l'Italie a une histoire constitutionnelle d'une richesse et d'une qualité insurpassables. Qu'il suffise d'évoquer Florence et Venise. À l'endroit de ces deux républiques, le cliché a prévalu de formes de gouvernement opposites, mais les contemporains, à la grande époque de ces cités, étaient beaucoup plus sensibles à ce qui pouvait les rapprocher. La République florentine du *trecento* fut tumultueuse, mais ses institutions, pour entraver les querelles, étaient d'une sophistication qui surpasse les efforts de l'ingénierie contemporaine. Les institutions vénitiennes visaient pour elles à combattre la brigue. La Constitution vénitienne, au plan formel, est probablement la plus parfaite qui fut jamais. Pour l'essentiel, ce n'était pas une constitution écrite, et elle a réalisé à cet égard une synthèse entre une tradition millénaire et les techniques propres au constitutionnalisme d'essence moderne.

---

1. Cette commission élit comme président le leader néo-communiste M. D'Alema. Deux commissions de ce type avaient auparavant été constituées, présidées par A. Bozzi et C. De Mita (septembre 1992). Les travaux sont restés inaboutis.

Les changements institutionnels qui survinrent en Italie dans le cadre du système d'autorité imposé par le génie de Napoléon (dont on n'a pas manqué de dire qu'il est à l'origine de l'unité italienne) n'offrent guère en eux-mêmes d'intérêt quant au développement du régime représentatif[1]. Il vaut mieux s'attacher aux textes repris pour l'Italie de la Révolution française. Ainsi le projet officiel de Constitution de la République parthénopéenne, dû à Mario Pagano[2]. Ce projet est surtout connu pour la critique célèbre qu'en a faite Cuoco, comme le symptôme du tour abstrait et chimérique qui fit sombrer la Révolution à Naples[3]. Ceux du moins des épigones, repris tous de l'an III, qui furent appliqués lors du *triennio giacobino*[4] pour l'Italie ont rétroagi en France sur les institutions du Consulat et de l'Empire. La Constitution de la République romaine (du 17 mars 1798) et celle remaniée (en août 1798) de la Cisalpine ont jeté par avance les bases de l'organisation administrative napoléonienne, celle-là même qui fut poursuivie sous la République italienne (décret du 24 juillet 1802) et sera réintroduite en 1865 dans l'Italie unifiée (v. *infra*). L'ensemble de cet appareillage fut de grande conséquence : le régime français, qui s'étend, directement ou non, près de quinze années ininterrompues à tout le nord de la péninsule, en accentuant, à l'égard du sud, par une législation ordonnée, des différences certainement moins accusées à la fin du XVIIIe siècle, a établi le ciment juridique (l'amalgame) de l'unité qui aboutira aux années 1860, en même temps qu'il prépare à terme la cause majeure des dysfonctions natives de la république constituée en 1947 : que l'on songe au dilemme d'une régionalisation retardée ou traversée (la loi Scelba de 1953) ou, par exemple, à la question institutionnelle de la caisse de compensation en faveur du Mezzogiorno. Il suffit d'évoquer encore le phénomène récent de la *Legha Nord,* combien irritant au regard de la version canonique de l'histoire de l'unité italienne (v. n° 277 *bis*). Cette

---

[1]. Ces Constitutions recèlent le despotisme en l'émaillant d'artifices. La plus réussie est celle de la République italienne de 1802 (dite de la Consulte de Lyon), dont l'auteur est Roederer. Cette Constitution, guère modifiée, deviendra en 1805 celle du royaume d'Italie.
[2]. Il est le premier en Europe où soit organisée une amorce de juridiction constitutionnelle, sous le nom d'Éphores. Fichte avait cultivé une idée analogue trois années auparavant, en recourant à la même désignation de termes.
[3]. V. Cuoco, *Saggio storico sulla rivoluzione napolitana del 1799,* 1801.
[4]. « Jacobin » en italien a conservé au besoin le sens extensif qu'il avait encore en Europe du temps de Stendhal.

première expérience durable d'unité, de 1800 à 1814-1815, encore qu'unité territorialement incomplète, a introduit lointainement le préjugé qui finit par dominer les acteurs du Risorgimento que les principes d'uniformité et de centralisation devraient être les garants de l'unité italienne, lorsque l'uniformisation piémontaise prévalut, héritée des principes français (loi de 1865 sur l'organisation provinciale). Les penseurs de l'unité italienne à ce moment illustraient de larges visées décentralisatrices. Mais les acteurs se sont très vite rendus compte de l'impossibilité de concilier avec l'unité l'effectivité de tels principes. Un nombre imposant de facteurs étaient pourtant favorables à la réussite d'un État décentralisé. Un premier gage de viabilité existait, à travers une réintégration qui, à elle seule, restituait en soi l'antique royaume d'Italie (888-962) : la réunion du royaume lombard-vénitien et des États annexes (la Toscane et Modène). Ce vaste royaume, en prise avec l'Europe, de standard inégalé, était rompu à une administration au dessus de tout éloge, de même qu'à un système pertinent de représentation des intérêts locaux. Autre circonstance propice : le renversement des petits princes de la péninsule (au prétexte de l'extranéité), lequel avait concrétisé en réalité la volonté d'oblitération des particularismes. De même encore l'éclipse (*de facto,* de 1870 à 1929) du plus vieil État centralisé d'Europe, les États de l'Église. Toutes ces données étaient favorables à la réalisation d'un État qui pouvait approcher du fédéralisme. Le point de grippage a été le suivant : l'annexion d'une puissance aussi importante, excentrée et de caractère spécifique que le royaume des Deux-Siciles. C'est elle qui a rendu l'option extrêmement risquée. Et c'est ce processus spécifique d'absorption qui a nécessité pour l'Italie l'État centralisé, aux dépens de l'idéal. Le ciment juridique évoqué plus haut n'avait induit pour lors au détriment du sud qu'un décalage modéré. Aussi bien, les réformes, à Naples, esquissées sous les Bourbons à la fin du *settecento* (encouragées qu'elles furent par une pléthore de talents), prirent un tour de réelle ambition avec Murat. Le royaume de Naples était alors régi par une Constitution factice (le Statut de Bayonne), consentie directement par Napoléon. Dans l'ordre du gouvernement représentatif véritable, la surprise est venue des Bourbons.

258 bis LE PARLEMENTARISME DE TYPE BRITANNIQUE. — La Constitution de Sicile de 1812, appliquée de 1812 à 1816 mais qui en droit ne fut jamais abrogée ni même abolie et connaîtra une résurgence en 1848, réalise en Europe un exemple de continuité remarquable, grâce une série de révisions dans les formes qui la feront déboucher sur le parlementarisme démocratique, et ce sans rupture aucune depuis l'état médiéval qui la définissait encore au début du siècle.

Après que le roi légitime, chassé de Naples, eut trouvé refuge *al di la del Faro* dans son royaume de Sicile, sous protection anglaise, le principe d'une Constitution fut accordé. Le mouvement qui a donné naissance à la Constitution de 1812 appellerait une description qui n'a guère sa place ici[1]. L'inspiration en a été bien résumée : « Modifier les antiques lois cardinales du *ius publicum* sicilien d'après les exigences modernes, afin d'assurer à la Sicile un Statut qui soit essentiellement le sien propre » (Balsamo) – où l'on retrouve l'exigence élémentaire qu'avait réclamée Vincenzo Cuoco. C'est cet effort de conciliation qui explique les disparates imputés au texte, que vient rehausser un cachet très assumé de *gothic revival*. Le parti pris en a été remarquable. Liminairement, il a consisté à se libérer du préjugé antiparlementaire des Lumières napolitaines (Caracciolo, Saverio Simonetti, *Il Voto*, 1785). Ensuite, et d'un côté, il a consisté à résister aux sirènes de la Constitution (démocratique) d'Espagne, promulguée en mars de la même année ; de l'autre, *et pour autant,* à se garder de faire concéder une Charte (octroyée) par le souverain. En conséquence, les trois Bras de Sicile discutaient et adoptaient librement avec la sanction royale la Constitution de 1812. La note capitale de cette Constitution est qu'elle illustre un fait « aborigène ». À son endroit, le paradigme anglais opère bien de façon exemplaire mais non comme un modèle qui doive appeler une copie[2]. La Constitution sicilienne de 1812 fondait dans l'Europe méditerranéenne le gouvernement parlementaire de type britan-

---

1. Il est dû au prince de Belmonte, du grand nom de Vintimille. Celui-ci, ami de Louis-Philippe duc d'Orléans (le futur roi des Français), réussit à convertir Lord William Cavendish (Bentinck), lequel tenait le parapluie britannique, à l'idée d'une adoption par le Parlement de la Constitution. Vintimille assurait les fonctions de Premier ministre.
2. V. la communication de J.-P. Machelon, Aux sources du constitutionnalisme sicilien. La Constitution anglaise de De Lolme, *in* A. Rossano (dir.), *Il modello costituzionale inglese e sa recezione nell'arrea mediterranea,* Milan, Giuffrè, 1998, p. 735-555.

nique. À ce titre, elle avait vocation au moins de tempérer (c'en était le contre-modèle) l'influence de la Constitution d'Espagne, qu'un soulèvement imposera guère plus tard à Naples[1].

Lorsque le roi eut été restauré dans ses États de terre ferme, en 1815, bien loin d'en consentir pour Naples une réplique, l'expérience fut condamnée. En Sicile même, elle le devint après la crise constitutionnelle de novembre, crise que de nouvelles élections avaient appelée, suite à une dissolution, et que le défaut de *self restraint* comme la propension à l'arbitraire de la *Camera dei Comuni* avaient cristallisée, mais qu'une tardive modération parlementaire avait permis du moins de surmonter. Le 15 mai 1816, le roi prononçait la prorogation du Parlement. Il était parfaitement clair que cela signifiait l'extinction de fait de l'institution. De fait seulement. Cela sera de grande conséquence en 1848. Le gouvernement constitutionnel une fois répudié tacitement en 1816, le Royaume-Uni des Deux-Siciles (Acte d'Union du 11 décembre 1816) se fit sur le socle de la monarchie administrative bourbonienne[2]. Les tentatives en faveur du constitutionnalisme radical, à commencer par la première, en 1820, échouèrent parce que (tout comme en Espagne) elles reposaient sur la contrainte et ne pouvait qu'inciter le monarque à torpiller le processus, à moins qu'il eût le courage, comme en Piémont, d'abdiquer plutôt que d'y consentir[3]. Lors de la révolution européenne de 1848, la Constitution de 1812 n'ayant jamais été en droit abrogée, le Parlement put se réunir à nouveau, librement élu (on vit alors, selon Marongiù des députés vêtus de peaux de chèvre descendre des montagnes). La Constitution connut une révision. Elle fut assez fortement modernisée et perdit une bonne part de ses archaïsmes. L'expérience sicilienne a eu contre elle d'induire une note d'indépendance au milieu du sursaut de 1848-49 en faveur de l'unité italienne et en même temps, contradictoirement, de ne pouvoir survivre au désastre des idéaux libéraux et parlementaires inséparables alors du désir d'unité. Elle ne put résister aux coups de boutoir du roi

---

1. Constitution du royaume des Deux-Siciles du 29 janvier 1821.
2. Comme il résulte du décret d' « actuation » du 11 octobre 1817. Le processus versa dans l'uniformisation à partir de 1837, en contravention manifeste des stipulations de l'Acte d'Union.
3. Victor-Emmanuel Ier abdiqua le 13 mars 1821. Le jour même, le prince-régent, Charles-Albert de Carignan, proclamait la Constitution d'Espagne. Le nouveau roi (Charles-Félix) se refusa purement et simplement de la reconnaître.

Ferdinand II *(Re Bomba)*, le dernier homme d'État en Europe, avec Schwarzenberg, à avoir défendu efficacement l'option de la monarchie absolue. Ces échecs ont conduit à l'élaboration d'un mythe tenace. Les cinquante dernières années de l'indépendance pour Naples et la Sicile, sous la Restauration, ne sont pas la nuit d'obscurantisme décrite par le radicalisme whig et qu'a consacrée un siècle de désinformation historique. Ce sont les schémas centralisateurs, destinés à apprivoiser le Mezzogiorno, comme les effets débilitants du progressisme sentimental (v. le personnage de Chevalley dans le *Guépard*) propre à l'oligarchie du *piemontesismo* qui ont littéralement édifié le décrochage.

258 *ter* L'UNITARISME ET LE GOUVERNEMENT CONSTITUTIONNEL SOUS LA MAISON DE SAVOIE. — Étendue à l'Italie entière, cette politique réductrice, qui globalement s'est poursuivie tout le XIXe et bien au-delà, s'explique d'abord en germe par l'échec du *néo-guelfisme,* mouvement d'idées peut-être attachant mais passablement irréaliste, dont certains aspects révisés seront réévalués par don Sturzo, à l'origine de la démocratie chrétienne ; en outre, la conception communautaire de l'État qui adviendra après la Libération, en 1947, est impensable en 1860 : l'on ne parvient pas à concevoir encore un terme concret qui dépasse l'opposition étroite de l'unitarisme et du fédéralisme ; de plus, l'idée républicaine (sur la lancée des écrits de Gioja dès 1796) est généralement perçue, eu égard aux temps, et surtout au morcellement de l'Italie, comme inséparable de l'État unitaire (Mazzini). À l'opposé, l'alternative d'un système fédératif s'évanouit politiquement en 1860, outre qu'elle n'a pas été l'objet de théorisation spécialement convaincante (Cattaneo). Par un singulier retour, ce fut à la doctrine germanique *(austro-tedesca)* d'influer sur l'invention de l'État italien à venir, conception qui aboutit dans les années 1930, en réaction au fascisme, et a prévalu depuis lors.

Au moment du sursaut national et révolutionnaire de 1848, l'Italie se hérisse de constitutions, jusque dans les États pontificaux[1]. Ces constitutions seront bousculées pour la plupart et, en dernier lieu, rapportées toutes en 1849 à la seule exception d'une, la charte

---

1. Pie VII avait déjà consenti une Constitution, le 6 juillet 1816.

concédée par Charles-Albert de Savoie et sauvegardée par son successeur. Le 8 février 1848, le roi de Sardaigne, qui avait déjà introduit des réformes l'année précédente, développe en 14 articles les bases d'une charte libérale : le Statut albertin est promulgué le 5 mars 1848. Ce statut est un acte de concession royale et par là il se rattache à la monarchie limitée ; néanmoins, comme en dispose son deuxième article, le gouvernement monarchique y est nommément conçu comme représentatif, ce qui suppose, au moins de manière implicite, le concept de souveraineté nationale. Ce principe devait recevoir une extension remarquable à partir de 1859 lorsque divers plébiscites conclurent à l'agrégation du royaume d'Italie. Pour la doctrine dominante, la condition explicite posée par ces plébiscites, à savoir le gouvernement constitutionnel sous la maison de Savoie, ne pouvait par suite faire l'objet d'une révision qu'autant que la nation y consente par une assemblée constituante ou une votation spéciale. C'est aussi ce qui fit décider en 1946 finalement en faveur de la tenue d'un référendum (v. n° 257). Dès 1848, le Statut fonde ainsi, de manière tacite mais indéniable, une monarchie parlementaire du type dualiste. Dans la pratique, ce texte introduisit d'emblée le Piémont, moyennant un suffrage censitaire très étroit, au régime parlementaire classique : la crise du 26 juillet 1848 (chute du ministère Balbo) peut passer pour un précédent ; plusieurs dissolutions survinrent ensuite, mais d'implications clairement parlementaires.

Le Statut est un texte laconique, susceptible d'autoriser des variantes appréciables d'interprétation. Le résidu de monarchie limitée aura des effets retors : incidemment, il alimentera sous le règne d'Humbert Ier, et encore après, la thèse du *retour au Statut,* autrement dit d'une réactivation de la prérogative royale ; surtout, et plus grave, sans commune mesure, cet arrière-fond servira de prétexte, lors de l'avènement du fascisme, *nolens volens* de la part du roi Victor-Emmanuel III, à pervertir entièrement la dimension parlementaire du régime, pourtant inséparable, et quoique le Statut dût être alors maintenu dans la forme. Une bonne part des préventions du constituant de 1947 (le complexe *garantiste*) et des inhibitions textuelles qui en résultèrent, à ce jour subsistantes, est entachée du souvenir de cette subversion de l'ordre constitutionnel par ses gardiens.

Cependant, si le Statut eut une influence, et celle-ci se fait encore sentir de façon précise dans les institutions actuelles, ce fut dans son versant libéral : la Constitution de 1947 hérite de la monarchie des Savoie son classicisme, du moins dans tout ce qui se rapporte au régime parlementaire, c'est-à-dire à l'exclusion du versant rénové par les concepts d'État communautaire et de démocratie sociale.

Le Statut albertin, sur une démarcation de la Constitution anglaise, est directement inspiré de la Charte française de 1830, et assez visiblement, bien qu'à titre accessoire, de la Constitution espagnole, alors récente, de 1845. Le Statut, dont il importe de rappeler que le texte faisant foi est rédigé en français, reprend à la lettre l'essentiel de certaines dispositions du modèle orléaniste.

Le régime libéral eut peine à se constituer, au travers des *formules* politiques successives. Après la période du libéralisme énergique de Cavour, celle du constructivisme modéré de ses successeurs, qui a achevé l'œuvre du Risorgimento, prend fin avec le renversement de Minghetti (1876) et la relégation qui s'ensuit de la *droite historique*. La nouvelle classe politique inaugure une formule laïque clientéliste d'extrême centre à travers le fameux *trasformismo* de Camille Depretis : cette formule, qui gage la politique du gouvernement sur le maquignonnage parlementaire, sera qualifiée d'*inceste* par ses détracteurs (Crispi) ; il s'agit d'ailleurs d'une actualisation du *connubio* des centres par lequel s'étaient accordés Cavour et Ratazzi. Mais on peut aussi relever que le transformisme préfigure en quelque façon le jeu de balance des coalitions partisanes propre au système politique dit de la « Première République ». Le système politique entre, à partir de 1882, dans les turbulences prévisibles du passage à la démocratie : cette année, le suffrage ultracensitaire (2 % de la population) est notablement élargi (7 %) par réduction de moitié du cens et l'introduction supplétive de capacités ; l'extension demeure modeste, puisque le pourcentage des citoyens actifs rejoint, avec cinquante ans de retard, celui introduit en Angleterre par le premier *Reform Act*. Cette dimension fut encore relayée par le contraste entre le propos réformiste timide de la classe politique et les nécessités de la question sociale (émeutes populaires de 1898). En 1887, la formule centriste est relayée par une autre, axée plus à gauche, nationaliste dédouanante, et trempée de manière forte, à laquelle est attaché le nom de Crispi, qui fut le président du Conseil presque sans interruption depuis 1887 jusqu'au désastre d'Adoua qui signifia sa chute en 1896.

En novembre 1903, Giolitti est appelé à la présidence du Conseil. Giolitti est certainement l'homme d'État le plus lucide de l'époque : non sans arrière-pensées, il fait le choix de l'extension de l'assise populaire du régime, par le double recours de l'intégration des catholiques et des socialistes et celui corrélatif de l'extension du suffrage doublé de l'instruction publique. Les catholiques étaient, comme on sait, écartés de la vie politique depuis le *non expedit* qui avait sanctionné la spoliation des États de l'Église ; en 1877, cette défense fut encore même aggravée, à travers le *non licet*. Par ailleurs, si les catholiques se sont exclus de la société politique, du moins ceux qui sont en droit de voter, les socialistes, qui, avec eux, bien que par d'autres voies et moyens, sont les seuls à entrer dans des vues sociales, ne sont pas représentés à leur mesure dans le cadre du suffrage restreint. En 1912, Giolitti introduit le suffrage quasi universel. En 1913 survient le pacte Gentiloni par lequel les catholiques acceptent, sous certaines conditions, de soutenir des candidatures libérales modérées. Les élections de cette année-là voient l'entrée d'une trentaine de catholiques à la Chambre, doublés de libéraux pactistes. Les socialistes obtiennent un peu plus de 50 sièges. L'option de Giolitti est paradoxalement risquée : la cohérence interne du système politique, telle qu'elle trouvait à s'exercer dans un cadre de représentation oligarchique, fut entamée du fait de l'élargissement des bases survenu en 1912 ; en 1919, au sortir de la guerre, le suffrage universel masculin est consacré, doublé de la représentation proportionnelle. L'intégration des nouveaux électorats demeura précaire ; il y a aussi qu'au moment de la venue du fascisme, leur accession était encore pour une large part très récente. Bon nombre des nouveaux électeurs sont analphabètes[1] – considération qui, à elle seule, n'est pas péremptoire – mais, plus encore, socialement fragilisés ou dépendants. Enfin, sur un plan idéologique, les socialistes se réclament d'un contre-système et les catholiques de contre-valeurs. Du côté catholique, le mouvement d'intégration initié par don Sturzo, aux origines de la démocratie

---

1. En 1909-1910, la population masculine en âge de majorité comptait 3 820 377 analphabètes contre 4 891 165 (source : Sidney Sonnino).

chrétienne, émerge seulement en 1919 ; à l'endroit du socialisme italien, scindé en 1921, il faudra attendre les révisions d'Antonio Gramsci.

Au sortir de la Grande Guerre, l'Italie traverse une grave crise de reconversion et d'identité. Alors que les grèves de caractère insurrectionnel de 1921 ont été surmontées, le régime succombe à la faiblesse sur la considération de dangers largement rétrospectifs, dont le fascisme, par un désordre de brimades et de saccages orchestrés, s'emploie à donner l'illusion continuée. La proportionnelle introduite en 1919 a entraîné un reclassement de la composition de la Chambre en trois groupes d'importance sommairement égale : or, les socialistes se refusent à gouverner avec les libéraux ; les catholiques du parti populaire sont travaillés de suspicions à l'endroit de ces derniers ; de plus, le penchant communautariste (dans la note de *Quadragesimo anno*) des populaires a été l'objet de captations de la part de l'unanimisme fasciste. La marche sur Rome est typique d'une péripétie qu'une brigade aurait pu briser net mais que l'énervement du pouvoir érige au niveau d'événement historique. Mussolini se présente devant le Parlement par le discours dit du bivouac dans lequel il se flatte de ne pas avoir réduit la Chambre à l'état de camp prétorien. Il est préconisé par le Roi le 28 octobre 1922. Dans un climat de compromissions et d'équivoques, la Chambre lui accorde la confiance. En 1923, il se donne les moyens parlementaires de son action par l'adoption d'une loi électorale. Le discrédit de la proportionnelle est alors tel qu'une réforme passe pour la condition du rétablissement d'un régime parlementaire d'autorité : c'est une des méprises dans lesquelles les libéraux tombèrent (Croce). La loi Acerbo est draconienne : elle accorde les deux tiers des sièges à la liste qui obtient une majorité relative répondant au moins au quart des voix. En suite de quoi, en janvier 1924, la Chambre est dissoute, et les élections se tiennent avec des résultats préparés de longue main. L'ouverture de la session est suivie de l'assassinat du député socialiste Matteotti et de la *sécession de l'Aventin* d'une part de l'opposition. Pour ceux qui pouvaient être encore dupes, le régime vient de se déconsidérer : s'ouvre alors pour lui une période de repli tactique (discours à la Chambre du 26 juin 1924). L'incertitude est dissipée par Mussolini devant la Chambre le 3 janvier 1925 (déclaration dite de l'association de malfaiteurs). Le fascisme assume dès lors de façon officielle la figure de ce que le grand juriste kantien et thomiste (il n'aurait pas renié l'oxymore) Del Vecchio a appelé l'*État délinquant*. On peut rapporter l'évanouissement du régime constitutionnel à cette date.

Section I
Les données constitutionnelles

L'adoption de la Constitution de 1947 à une très large majorité s'explique par le fait qu'elle repose sur un compromis étendu qu'on a parfois systématisé en des termes simplificateurs[1]. En application des analyses de Gramsci, la gauche d'obédience marxiste (y compris les socialistes) accepte globalement l'État libéral et la démocratie parlementaire contre la mention explicite des principes de démocratie sociale et d'État communautaire. Le compromis réalisé par la Constitution revenait à reconnaître le régime représentatif et parlementaire traditionnel ainsi que l'unité de l'État en même temps que la démocratie sociale et la démocratie directe, le pouvoir du juge constitutionnel et le principe de l'État régional. Ce système connaît depuis 1997 l'épreuve d'une transition institutionnelle – et dès 1994 d'une transition politique – en apparence radicale mais qui paradoxalement ne remet pas fondamentalement en cause la synthèse élaborée en 1947.

I | LA TRADITION DU RÉGIME PARLEMENTAIRE

259 LA CONCEPTION DU PARLEMENTARISME. — En 1947, la République italienne se constitue en un régime parlementaire nettement en retrait par rapport à celui qui prévaut à ce moment au sein du mouvement constitutionnel européen, caractérisé par un

---

1. Selon la formule de Calamandrei, « pour faire admettre par la gauche une révolution manquée, les forces de droite acceptèrent dans la Constitution une révolution promise ».

monisme assez radical et une tendance au monocamérisme de fait. Au lieu de quoi la Constitution italienne instaure un bicamérisme égalitaire du type classique (celui de la IIIe République française) au sein d'un régime parlementaire dont la conception n'exclut pas une interprétation relativement dualiste. La doctrine italienne est, en tout cas, sur ce point, au moins partagée. La Constitution est muette en ce qui concerne le pouvoir de révocation des ministres par le chef de l'État, et la responsabilité gouvernementale n'est définie qu'à l'égard des chambres (art. 94 de la Constitution). Le courant dualiste considère cependant que le pouvoir de nomination des ministres (art. 92) implique celui de révocation. Le premier projet de constitution (projet Tosato) envisageait la « nomination et la révocation des ministres » ; lors du débat sur le projet définitif où le terme « révocation » ne se trouvait plus, le rapporteur Ruini parla pourtant du président qui nomme et « conséquemment révoque » le président du Conseil et les ministres. De même, le fait de préciser explicitement que le gouvernement doit avoir la confiance des chambres constitue une reconnaissance expresse du principe parlementaire, qui n'exclut en rien que le gouvernement doive aussi bénéficier de la confiance du chef de l'État. La doctrine dualiste considère que ceux qui contestent au président le pouvoir de révocation l'admettent pourtant dans certains cas, par exemple celui où le ministère se refuserait à se présenter devant les chambres dans les dix jours pour demander la confiance, comme le prescrit l'article 94 de la Constitution, ou encore celui où, ayant fait l'objet d'un vote de censure, il refuserait de démissionner. Reconnaissant au chef de l'État un pouvoir de révocation et un droit de dissolution discrétionnaire, la doctrine dualiste estime en conséquence que le président peut, pour procéder à la dissolution, renvoyer le cabinet en fonction, même si ce dernier dispose de la confiance d'une majorité dans les chambres, et nommer un ministère nouveau qui prendra la responsabilité de l'intervention du chef de l'État. Une autre conséquence de la démarche dualiste est donc que le contreseing peut être apposé par un ministère qui ne s'est pas présenté devant les chambres, la nomination présidentielle et la prestation de serment suffisant à investir le gouvernement de la plénitude de ses attributions (v. n° 263).

Depuis ses débuts jusqu'au commencement des années 1990, la

Constitution italienne n'a pas, moyennant quelques nuances, fonctionné sur le mode décrit par la doctrine dualiste. Aussi la doctrine dominante se prononçait-elle pour une interprétation moniste des institutions parlementaires que la pratique a longtemps confirmée. À partir de cette dernière décennie et singulièrement depuis l'élection à la présidence de M. Scalfaro (mai 1992), les virtualités dualistes du système constitutionnel ont été largement révélées par la crise même qui l'affecte.

A - *L'organisation constitutionnelle des pouvoirs*

260 LE PARLEMENT : COMPOSITION ET ÉLECTIONS. — Le Parlement italien se compose de deux assemblées, la Chambre des députés et le Sénat, communément appelées « les chambres ». Toutes deux sont élues au suffrage universel direct, mais l'électorat pour le Sénat est soumis à une condition d'âge restrictive.

L'âge requis pour participer à l'élection de la Chambre des députés est fixé par la loi : depuis 1975, il est de 18 ans ; en revanche, s'agissant du Sénat, c'est la Constitution qui règle l'âge électoral : depuis l'origine, celui-ci est de 25 ans. La loi abaissant la majorité à 18 ans est donc venue creuser l'écart des électorats entre le Sénat et la Chambre : cet écart n'est cependant pas très important (12 % en 1996). La seule différence appréciable tient plutôt à l'éligibilité ; c'est la Constitution qui intervient cette fois dans les deux cas pour régler l'éligibilité à chaque chambre : nul ne peut être sénateur s'il n'est âgé de 40 ans ; l'âge requis pour la Chambre est de 25 ans. Il est clair que le constituant a entendu lier l'âge de l'électorat au Sénat à celui de l'éligibilité à la Chambre. Les incompatibilités, d'après la Constitution, sont réglées par la loi, mais certaines résultent directement de la Constitution même : ainsi, à l'endroit des fonctions de juge de la Cour constitutionnelle. La vérification des pouvoirs revient aux chambres (le projet de loi constitutionnelle de 1997 avait entendu attribuer le contentieux des élections parlementaires à la Cour constitutionnelle). La durée du mandat des chambres était à l'origine différente : six ans pour le Sénat, cinq pour la Chambre. En 1963, il fut décidé par une révision constitutionnelle d'aligner la durée du mandat du Sénat sur celui de la

Chambre : jusque-là, en 1953 et 1958, on avait recouru à une dissolution du Sénat de façon à établir de fait la concordance. Les deux chambres sont donc élues désormais chacune pour cinq ans mais leur mandat pourrait éventuellement ne pas concorder : en droit, il demeure loisible, le cas échéant, d'appliquer la dissolution à une seule d'entre elles.

La Chambre des députés est composée, depuis la révision de 1963, de 630 membres élus, dans des circonscriptions à proportion exacte de la population par la méthode des quotients. Auparavant, le nombre global des parlementaires variait suivant la population. Le cadre de l'élection de la Chambre est resté lié jusqu'en 1993 au réseau administratif du vieil État unitaire. La composition du Sénat, depuis la même époque, et d'après la Constitution, est invariablement deux fois moindre. Le Sénat est, en vertu de la Constitution même, élu sur une base régionale, au lieu que la désignation élective territoriale de la Chambre basse est constitutionnellement indéterminée. Chaque région élit au moins sept sénateurs (hors deux exceptions), ce minimum de représentation étant justifié par le concept même d'État des régions.

Si les députés ne forment qu'une catégorie, il n'en va pas de même du Sénat, du moins pour fraction, puisqu'il existe des sénateurs viagers, soit de droit, soit nommés. Les anciens présidents de la République sont sénateurs à l'expiration de leurs fonctions (sauf renonciation) ; en outre, le président de la République en exercice peut désigner cinq sénateurs, dernier reliquat du statut albertin. C'est là un des pouvoirs propres du président. Une convention de la Constitution oblige simplement un même président à ne pas désigner des personnalités entre elles sinon à lui trop conniventes. Cet article a été interprété par le président Pertini comme signifiant que chaque président peut désigner cinq sénateurs. La lecture a été discutée (à bon droit) par la doctrine, mais, comme la fournée est au fond sans incidence, elle a été reconnue par le Sénat. M. Scalfaro est revenu à la pratique ancienne. C'est encore une question de savoir si un président réélu pourrait en nommer cinq autres.

Le constituant de 1947 n'avait pas posé formellement le principe du système de représentation proportionnelle et cependant il est indéniable qu'il a eu en vue son application au régime électoral, lequel revient en l'espèce à la loi : l'Assemblée constituante a en fait préjugé du mode de scrutin par l'adoption d'une motion Giolitti préconisant la proportionnelle pour l'élection de la Chambre des députés. Cependant, en omettant d'ériger le principe en norme constitutionnelle, le constituant avait au moins réservé la possibilité à la majorité parlementaire d'introduire, à son avantage, un correctif majoritaire. Durant la première législature, le gouvernement De Gasperi fit adopter une loi électorale, fondée sur les apparentements, qui accordait 64 % des sièges à la coalition ayant obtenu la majorité absolue des suffrages. L'adoption de cette loi suscita une vive opposition de la part de la gauche *(la loi scélérate)*. Mais les listes apparentées de la coalition sortante de centre droit n'obtinrent pas la majorité absolue, et cet échec électoral fut interprété par l'opposition comme le rejet d'une volonté de truquage du parti dominant. La loi fut rapportée, et cet échec de la réforme de De Gasperi a longtemps permis d'ériger la proportionnelle en synonyme de la démocratie elle-même.

La possibilité d'un correctif majoritaire a cependant été ménagée pour l'élection du Sénat, lors des débats de la Constituante : la motion Nitti suggérait l'élection des sénateurs dans le cadre de circonscriptions uninominales. Cependant, le caractère strictement égalitaire du bicamérisme organisé par la Constitution interdisait que la disparité du système électoral dans chaque cas fût trop marquée dans la loi : en ce cas, on aurait pu induire des contrastes de représentation accusés entre des chambres dont aucune par définition ne peut faire prévaloir ses vues sur l'autre. Dès lors, le Sénat devait, jusqu'en 1993, être élu en droit et en fait à la proportionnelle : le système majoritaire qui, en droit et nominalement, régissait l'élection se trouvait circonvenu par l'artifice de la loi elle-même, du fait de l'adoption de l'amendement Doseti qui a imposé pour le mode de scrutin principal, majoritaire donc, une exigence de majorité qualifiée drastique, faute de quoi le mode de scrutin subsidiaire, proportionnel, s'appliquait. Il en est résulté un dispositif d'une grande complication et qui, en outre, offrait prise aux anomalies[1].

---

1. Comme le précise J. Giudicelli (*op. cit.* sous le n° 69 *ter*), le mécanisme rendait possible l'élection de plusieurs candidats dans un même collège et sa réciproque, l'absence d'attribution de sièges dans certains collèges.

Cette disposition de la loi électorale de 1948 relative au Sénat a revêtu une importante décisive dès lors qu'elle a permis à une proposition référendaire abrogative de se faire jour qui, par l'effet du référendum d'avril 1993 (v. n° 282), a instauré, cette fois de manière effective, le système majoritaire pour l'élection de la plus grande part des sénateurs. La proposition référendaire adoptée supprimait l'exigence de majorité hyperqualifiée dans les collèges (les circonscriptions uninominales) et lui substituait la règle de la simple pluralité des suffrages. La loi de 1948 avait fixé les collèges sénatoriaux au nombre de 238. La révision constitutionnelle de 1963, qui avait pour objet d'augmenter la composition du Sénat, a porté les sièges à 315, mais pour autant le nombre initial de collèges est demeuré inchangé. Cette anomalie délibérée (l'écart n'existait pas à l'origine) explique, par approximation, la proportion réservée au volant proportionnel de l'actuel système. Cette répartition a été transportée dans le nouveau dispositif au mode d'élection de la Chambre des députés. Après l'issue référendaire d'avril 1993, la loi électorale concernant la Chambre ne pouvait rester en l'état. Lorsqu'il s'est agi pour le Parlement de tirer les conséquences, dans le même temps que celui-ci a modelé le nouveau mode de scrutin intéressant le Sénat tel que la loi référendaire abrogative l'avait refaçonné, il opéra la refonte complète du système électoral propre à la Chambre mais suivant des principes équivalents. Ce procédé a obéi à la fois à l'analogie et à un principe d'économie. Les deux nouvelles lois électorales ont été adoptées le 4 août 1993 (loi n° 276, relative au Sénat, loi n° 277, pour la Chambre). Le dispositif apparaît très complexe. Cela résulte de ce que la loi référendaire qui a impulsé toute la réforme ne pouvait être qu'abrogative et a donc dû ruser avec un dispositif existant, déjà sophistiqué. Le système qui préside à cette loi byzantine est ironiquement dit le *Mattarellum* (G. Sartori), du nom de son rapporteur, M. Mattarella. Le mécanisme le plus notable en est le *scorporo*.

Le principe, qui vaut pour la Chambre comme le Sénat, est le suivant : les trois quarts des sièges sont pourvus suivant le système majoritaire, au scrutin uninominal à un tour, le quart restant l'est à la proportionnelle de liste. Le mode de scrutin est donc mixte mais il n'est pas de ceux qui procèdent par juxtaposition. Il opère une balance entre les deux volants du système (v. n° 36) : les sièges à la proportionnelle sont distribués après soustraction des suffrages utiles obtenus au majoritaire. À partir de là, le mode de scrutin diverge.

Pour la Chambre des députés, les candidats au majoritaire dans les collèges, qui sont les circonscriptions uninominales (au nombre de 475), sont tenus de s'affilier, pour le volant proportionnel du système, au sein d'une circonscription plus large, qui répond à la région ou partie de région[1]. Ces circonscriptions sont au nombre de 27. Le nombre des sièges à pourvoir, assez important (155), n'est pas tel qu'il n'aurait exclu, pour le quart environ d'entre elles, une proportionnelle sommaire si celle-ci avait été approchée[2]. Au contraire, et pour cette raison même, la répartition intervient sur une base nationale ; c'est seulement après qu'on descend dans les circonscriptions pour l'individuation des élus. Les candidats dans les collèges uninominaux ont l'obligation de s'affilier pour la part proportionnelle du scrutin à une ou même plusieurs listes, sous réserve que les affiliations soient homogènes (si un candidat est lié aux listes B et C, ceux des autres candidats qui veulent se lier à B doivent se lier aussi à C) ; d'autre part, un candidat pour la part majoritaire ne peut utiliser plus de cinq symboles, encore même serait-il lié à un plus grand nombre de listes. Parmi ces badges, quelques-uns peuvent d'ailleurs ne pas figurer dans la compétition proportionnelle (ainsi pour l'Olivier en 1996). Les candidats dans les circonscriptions uninominales ont le droit de se colliger pour le volant proportionnel dans d'autres circonscriptions que celle qui englobe leur collège, et ce sans limite. Cette faculté a été utilisée à plein par la coalition électorale gagnante aux élections de 1994. Cela a permis à Berlusconi de lier *Forza Italia* à la Ligue contre *Alleanza nazionale* au nord et, en même temps, au sud, de conclure un accord avec *Alleanza* (il l'a donc emporté avec deux alliances territoriales différentes). À l'intérieur d'un système d'alliances plus clair, il a été encore joué de cette opportunité lors des élections de 2001

---

1. Le Piémont, la Vénétie, le Latium, la Campanie et la Sicile sont divisés en deux circonscriptions. Seule la Lombardie en comprend trois.
2. Cinq circonscriptions, avec trois ou quatre sièges, ne pourraient connaître, si la proportionnelle avait été approchée, qu'une proportionnelle limitée, trois qui n'en ont que deux n'auraient pu pratiquer en ce cas qu'une proportionnelle fruste. Il est même un cas (le Molise) avec un seul siège, où celle-ci eût été impraticable.

(v. n° 277), de façon jugée néanmoins excessive (Ilvo Diamanti). L'électeur dispose de deux bulletins : l'un pour le majoritaire, l'autre pour la proportionnelle. Il lui est, par suite, loisible d'exprimer (sciemment) des votes opposés. Pour la part proportionnelle du scrutin, le vote préférentiel n'est pas permis. C'est là une conséquence du référendum de 1991 (v. n° 282). Au majoritaire, est élu dans chaque collège le candidat qui obtient la pluralité simple des suffrages. Pour ce qui est de la proportionnelle, les suffrages obtenus par les listes sont comptabilisés, disions-nous, au plan national. Par suite (afin d'amortir l'effet de la proportionnelle intégrale), la loi impose une clause de barrage : seules peuvent concourir à la répartition des sièges les listes qui ont obtenu 4 % des suffrages dans l'ensemble du pays. Suivant qu'il s'agit de la distribution des sièges non pourvus ou des voix non utilisées, on utilise le quotient naturel et la méthode des plus forts restes ou celle de D'Hondt. Les plus forts restes étaient le mode de calcul employé avant la réforme. La justification de son maintien réside dans le fait qu'au regard du caractère abrupt du scrutin uninominal à un tour, qui constitue la part dominante du système, les plus forts restes permettent d'offrir une compensation aux petites formations. La particularité la plus notable, et qui fait toute l'originalité du nouveau système, concerne le dividende de l'opération. Celui-ci se calcule de la manière suivante : nombre des suffrages obtenus par la liste moins le nombre, augmenté d'une unité, des suffrages qui se sont portés sur l'*outsider* dans chacun des collèges uninominaux où un candidat affilié à la liste est vainqueur. C'est le *scorporo* (« soustraction, désincorporation, démembrement »), mécanisme qui s'apparente un peu à la délibation, opération juridique par laquelle on prélève une partie sur le tout. Comme on voit, le *scorporo,* s'agissant de la Chambre des députés, est partiel. Ce mécanisme a été voulu pour éviter une excessive proportionnalisation et que les candidats pour la part proportionnelle aient intérêt à ne pas soutenir les candidats en lice dans les collèges[1]. Si en effet la soustraction des suffrages était entière, autrement dit si la liste devait se voir retirer tous les suffrages utiles recueillis au majoritaire, plus un candidat élu dans un collège aurait

---

1. C. Fusaro, *Le regole della transizione. La nuova legislazione elettorale, italiana,* Bologna, Il Mulino, 1995, p. 80.

engrangé de voix et moins les candidats pour la part proportionnelle auraient de chance de décrocher un siège.

Le mode d'élection pour le Sénat présente de sensibles différences. L'élection a lieu sur une base régionale. Cette exigence, qui résulte de la Constitution, a emporté une conséquence inattendue dès lors que la proportionnelle est réduite à la portion congrue. Du fait que le nombre total des sièges à pourvoir au Sénat est de 315, la part de sièges pourvus à la proportionnelle, qui est du quart, a été ramenée à 83. Le nombre de régions opérables étant de 18[1], il est évident que la proportionnelle pour bon nombre de régions (la moitié environ) ne peut qu'être très sommaire[2]. Une première différence avec le mode d'élection de la Chambre des députés est que les candidatures pour le Sénat dans les collèges uninominaux peuvent être indépendantes, autrement dit les candidats ne sont pas obligés de s'affilier à une liste. Ils ont donc la faculté de déclarer une affiliation, mais ne peuvent en ce cas arborer nombre de badges, contrairement à ce qui en est pour l'élection des députés (pour laquelle l'affiliation est obligatoire). Une autre différence, qui n'est pas moindre, est que l'électeur ne dispose ici que d'un seul bulletin. Il vote donc seulement au majoritaire, pour un candidat dans un collège uninominal. Cependant son vote est affecté d'une implication proportionnelle. L'ensemble des suffrages obtenus dans les collèges par les candidats affiliés est comptabilisé au plan régional. Ce nombre se voit déduire tous les suffrages obtenus par les candidats élus dans les collèges. Aucun des votes utiles au majoritaire ne concourt à la distribution des sièges à la proportionnelle. La soustraction est ici entière : le *scorporo* opère à plein à l'endroit du Sénat. Il en va autrement pour la Chambre, où un tempérament existe (la défalcation, avons-nous vu, n'y est pas entière). Ce parti pris s'explique pour le Sénat par la volonté d'avantager les petites formations, lesquelles pâtissent de l'existence d'un seuil d'exclusion de fait (v. *infra*). Le produit de la soustrac-

---

1. Le Val d'Aoste et le Molise n'ont en tout et pour tout qu'un et deux sénateurs.
Dans cinq régions, qui disposent à cet égard de deux sièges, la proportionnelle n'est pas impraticable mais fruste.
2. Dans les trois régions dotées de trois sièges, elle est réduite au plus simple. Dans une région (le Trentin Haut-Adige), la proportionnelle est impraticable, du fait que le siège afférent se réduit à un seul. En réalité, la proportionnelle ne peut s'appliquer sérieusement que dans neuf régions.

tion sert de dividende à l'opération proportionnelle. Pour la répartition des restes, on recourt à la méthode des diviseurs de D'Hondt, en vigueur avant 1993. Son maintien, en vertu de la propriété de ce système (v. n° 36 *bis*), s'explique par une logique de compensation dès lors que le choix de la soustraction entière favorise les perdants, et donc *a priori* les petites formations. Le fait que la proportionnelle est approchée et que le nombre des sièges assigné à chaque région, sauf exception rare[1], ne soit guère important explique qu'il ait été jugé inutile de fixer une clause de barrage. De fait, dans la région la plus peuplée (la Lombardie), où le seuil induit est le plus faible (3,8 %), celui-ci avoisine la clause de barrage en vigueur pour la Chambre. Dans les autres régions, il s'élève à mesure et peut s'avérer même un instrument de proportionnelle « renforcée » (22,9 % dans la Basilicate).

261 L'ORGANISATION DU PARLEMENT ET LA PROCÉDURE LÉGISLATIVE. — Le Parlement s'est en pratique avéré permanent par le fait des usages dès lors que le régime de sessions organisé par la Constitution prévoit bien une date d'ouverture mais ne fixe aucun terme. Une chambre peut être convoquée en session extraordinaire par le président de la République (dont c'est un pouvoir propre), par son président ou à l'initiative du tiers de ses membres. Il est à noter que le gouvernement ne dispose pas en tant que tel du droit de convocation, mais il peut l'obtenir sans difficulté par le biais de l'initiative du tiers des membres, sans parler du recours à l'une des deux autorités restantes. Le président de la République n'a jamais eu recours à la convocation. La réunion d'une chambre entraîne de plein droit celle de l'autre : ce parallélisme étroit, résidu du Statut, n'est sans doute plus très accordé aux nécessités actuelles du travail parlementaire. Le règlement des assemblées est spécialement développé dans tout ce qui se rapporte à l'idée de contre-pouvoir et à la nécessité du contrôle parlementaire. Dans cet ordre, le Parlement est loin d'être désarmé et même, du moins d'après les textes, il est, exemplairement en Europe, dans une situation équivalant à celle du Congrès américain, ainsi qu'il se verra des commissions d'enquête.

---

1. La Lombardie dispose de 12 sièges. Mais les deux autres régions à en avoir le plus après elle n'en ont que 7.

L'élaboration qui fut faite du règlement aux années 1949-1950 s'inscrit encore dans la tradition libérale illustrée sous le Statut. La révision intervenue en 1971, et qui avait été confortée par l'interprétation donnée du règlement, ainsi de la « jurisprudence Jotti » (Nilde Jotti, présidente de la Chambre de 1979 à 1992), était allée plus loin encore en garantissant à l'opposition (le PCI) un droit d'obstruction presque illimité : « Dans l'impossibilité d'accéder à la conduite du pays, la gauche se voyait attribuer la possibilité de bloquer l'action du gouvernement : les propositions de loi devaient donc être négociées avec l'opposition avant le débat en assemblée. »[1] Elle avait aussi pour corollaire de renforcer les pouvoirs (fonction d'impulsion) des présidents d'assemblée, en particulier de celui de la Chambre des députés (S. Ceccanti). Ainsi, l'obstruction était délibérément favorisée par le règlement de la Chambre, et ce n'est qu'en 1981, à la suite des excès du parti radical, qu'une réforme a été adoptée dans le but de la prévenir. Un autre exemple a trait au caractère secret du vote final sur l'adoption d'un texte, autre résidu du Statut (art. 63), qui n'a été abrogé qu'en 1988 (v. n° 281). Cette réforme devait être ressentie par l'opposition comme un attentat à l'esprit du *consociativismo* alors pourtant que le vote secret servait surtout d'instrument subalterne aux luttes internes de la majorité. En 1988 également intervient la révision du règlement du Sénat, essentiellement à des fins de rationalisation, et qui anticipe de deux ans une nouvelle révision à la Chambre. En revanche, les dispositions des règlements dans tout ce qui a trait au processus de décision parlementaire et à sa cohérence en regard de l'action gouvernementale furent abandonnées à la tradition : il est remarquable que la révision des règlements n'ait porté qu'incidemment sur cet aspect jusqu'en 1997. La révision intervenue alors, et qui résulte des orientations de la commission bicamérale, consomme une rupture avec la logique antérieure. Par un effet induit de la réforme électorale de 1993, elle impose un *majoritarisme de composition* (C. Fusaro)[2]. La Chambre a modifié son règlement, les 24 septembre et 4 novem-

---

1. P. Pasquino, L'Italie vers la démocratie majoritaire, *Pouvoirs*, n° 85, 1988, p. 64.
2. Jusque-là, et en dépit du climat nouveau résultant du bouleversement partisan, les usages anciens ont continué de prévaloir : pour faire obstacle au gouvernement Prodi, l'opposition a déployé des tactiques d'obstruction qui ont conduit le président du conseil à poser 28 fois la question de confiance en dix-huit mois.

bre 1997 – l'entrée en vigueur a eu lieu le 1er janvier suivant – de manière à conforter l'emprise légitime du gouvernement sur ses travaux[1]. Il faut signaler par ailleurs que la Cour constitutionnelle, dans une sentence de 1959, a conclu en sa faveur à la validité du contrôle de constitutionnalité exercé à l'endroit des règlements des chambres : ces derniers ne sont donc plus l'expression d'une souveraineté parlementaire, même si la Cour, à ce jour, a évité de donner des conséquences pratiques à cette déclaration de principe (en s'abstenant de déclarer l'inconstitutionnalité des règlements parlementaires ou de décisions prises en vertu d'eux).

Les commissions permanentes sont nombreuses dans les assemblées : en plus de la commission du règlement, 14 à la Chambre et 12 ou 13 au Sénat. La différence provient de ce que les affaires constitutionnelles et l'intérieur sont regroupés dans la haute assemblée et que les transports n'y sont pas traités par une commission propre. Leurs compétences ont été renforcées, particulièrement à la Chambre, par des modifications au règlement intervenues en 1987. Le Sénat, et plus récemment la Chambre, se sont dotés également l'un d'une *giunta,* l'autre d'une commission pour les affaires européennes. Les *giunte* sont des organismes également permanents des assemblées, dont la composition proportionnelle est déterminée par les présidents de celles-ci. Ces commissions sont subdivisées et entrent ainsi dans des rapports suivis avec les départements ministériels correspondants. Il existe aussi naturellement des commissions spéciales. Ainsi, en 1998, un train impressionnant de neuf projets de loi (les principaux volets concernent la transparence du financement des partis et les conflits d'intérêts) fut-il mis en œuvre par une commission spéciale de la Chambre.

La prolifération de leurs tâches et, surtout, le fait que certaines puissent entrer incidemment dans des fonctions d'administration active, insusceptible (à raison de l'autorité d'édiction) d'un recours judiciaire, ont rendu la doctrine perplexe. La révision des règlements intervenue en 1971 a développé les auditions sur le modèle américain. Le trait de loin le plus remarquable des commissions permanentes en Italie n'en demeure pas moins leur participation acces-

---

1. V. Andrea Morone, Quale modello di governo nella riforma del Regolamento della Camera dei deputati ?, *Quaderni costituzionali*, 3 (1998), p. 449-494.

soire immédiate à l'exercice du pouvoir législatif, titre qu'elles tiennent de la Constitution.

La Constitution, hors un seul cas d'application réduite (art. 126), ne prévoit pas l'institution de commissions communes aux deux assemblées *(bicamerali)*. Il a déjà été signalé que la commission bicamérale instituée pour établir le projet de révision de la seconde partie de la Constitution le fut par une loi constitutionnelle (24 janvier 1997) qui déroge à la procédure de révision organisée par l'article 138 de la Constitution (v. n° 257). Néanmoins, et tout particulièrement à partir de 1975, la loi (en marge de la Constitution) a créé des commissions bicamérales permanentes. Celles-ci se rapportent à des objets particulièrement sensibles d'intérêt constant comme l'audiovisuel, le Mezzogiorno ou encore les services secrets. Mais il n'existe pas, concurremment, de commissions mixtes paritaires destinées à régler les différends survenant entre les assemblées dans le cours de l'élaboration des lois. L'usage sans doute le plus intéressant ici est celui qui permet au Parlement, à travers une commission, de figurer comme conseil du gouvernement dans le processus ordinaire de législation déléguée.

On assiste depuis 1975 à une généralisation de l'usage des commissions bicamérales s'agissant des enquêtes parlementaires, le nombre de leurs membres s'accroissant avec le temps jusqu'à être porté à 20 pour chaque Chambre par la loi de 1980. Il convient de préciser que, jusqu'à cette date, cinq commissions ont été propres à la Chambre, mais une seule a été constituée par le Sénat. Les commissions d'enquête disposent en Italie de pouvoirs signalés, exemplaires parmi les démocraties européennes : elles procèdent, d'après la Constitution (art. 82), avec les mêmes pouvoirs et les mêmes limitations que l'autorité judiciaire, disposant d'un arsenal de citations à comparaître aussi contraignant dans son ordre que le type anglo-saxon. Les auditions ont pris de plus en plus un tour d'audience posant la question incidente des droits de la défense dans le cas de témoignages pouvant ouvrir droit à une action pénale. Au surplus, l'ouverture de poursuites devant les tribunaux n'interdit pas la constitution connexe de commissions par les chambres. Une sentence de la Cour constitutionnelle en 1975 est venue spécifier que les commissions d'enquête doivent transmettre à l'autorité judiciaire le résultat matériel de leurs investigations. Par ailleurs, l'une des lois référendaires abrogatives adoptées en novembre 1988 a réduit les pouvoirs de la commission bicamérale permanente, dite *inquirente*, qui pouvait instruire à l'endroit des ministres et même du chef de l'État, sans intervention de la chambre *(commissione inquirente di giudizi di accusa)*. L'ordre du jour est fixé pour chaque chambre par la conférence des présidents. Le président du Sénat s'est vu attribuer en 1971 un pouvoir d'arbitrage lorsque la conférence ne parvient pas à un accord (l'unanimité, en principe, est requise) ; en 1981, la Chambre des députés a introduit dans son règlement la même mesure.

L'initiative des lois appartient aux membres des deux chambres, au gouvernement, à 50 000 électeurs (v. n° 268) et aux organes habilités en vertu de la Constitution, les conseils régionaux et le Conseil national de l'économie et du travail (CNEL). La procédure législative s'ordonne en procédure normale, en procédure simplifiée et en simplifiée mixte ; on peut qualifier autrement en distinguant la procédure principale, la procédure accessoire et la procédure intermédiaire. Le choix du recours à l'une de ces procédures revient au président de l'assemblée concernée. La procédure normale est celle, classique, de la délibération en séance plénière de la chambre *(aula)* sur rapport de la commission permanente compétente *(in sede referente)* : la commission amende le cas échéant le texte ; la remise de ses conclusions est assortie, en outre, de l'opinion de la minorité. Autrement plus originale est la procédure simplifiée par laquelle la commission elle-même se voit reconnaître à titre accessoire par la Constitution, moyennant certaines garanties, l'exercice immédiat du pouvoir législatif *(in sede legislativa, deliberante)*. Ces garanties tiennent à la fois au fond et à la procédure. D'abord, certaines matières sont exclues (art. 72, al. 3) de la compétence des commissions et réservées de droit à la connaissance de l'assemblée en séance plénière : soit en matière constitutionnelle et électorale, s'agissant des lois de délégation législative, de celles autorisant la ratification des traités et des lois de finances. Une garantie de procédure, ensuite, tient (art. 72, al. 2) dans la possibilité pour le gouvernement, le dixième des membres de la chambre ou bien le cinquième des membres de la commission, de requérir la délibération en séance plénière. Cette possibilité de recours conduit naturellement les présidents des chambres à soumettre *in sede deliberante* les textes urgents ou ceux qui font l'objet d'un consensus de principe. Les textes législatifs adoptés selon cette procédure simplifiée sont qualifiés de *leggine*. Ces dernières représentent environ 70 % des lois adoptées (l'ordonnancement du *sottogoverno* relevait pour l'essentiel de *leggine,* ce qui en explique aussi le nombre). La troisième procédure est celle dite *in sede redigente* : il incombe en ce cas à la commission intéressée de rédiger un texte, lequel est soumis à l'approbation de la chambre en séance plénière. Cette procédure est mixte : par ce dernier trait elle rejoint clairement le stade final de la procédure normale ; en revanche, elle approche de la procédure simplifiée en ce que, par une analogie de droit, les mêmes matières que celles évoquées plus haut se trouvent exclues de la compétence des commissions.

262 LE PRÉSIDENT DE LA RÉPUBLIQUE. — Le président de la République est élu par un collège électoral spécial composé des membres du Parlement et de délégués des conseils régionaux. Ces derniers sont en nombre symbolique : leur présence est moins due à la volonté du constituant d'installer le président dans une figure d'autorité indépendante (comme il appert) des chambres qu'au fait juridique même de l'État régional. Il semble admis que la connaissance des contestations relatives à l'élection présidentielle doive revenir au collège électoral et non pas au Parlement. La question de savoir si c'est le Parlement réuni en séance commune de ses membres auquel s'adjoindraient simplement les délégués régionaux qui élit le président, ou bien si le collège est en droit d'une nature différente a été résolue dans le sens d'une distinction. Les délégués des conseils régionaux sont élus par ces derniers à raison de trois par région, à l'exception du Val d'Aoste qui n'a qu'un délégué. Il s'ensuit que leur nombre n'est pas très important en regard des membres du Parlement : 58, au lieu que les parlementaires sont 935 (sans parler des sénateurs à vie). Les délégués régionaux doivent être élus de façon que la minorité soit représentée. Le choix des conseils régionaux peut porter en dehors de ses membres à moins que les statuts n'en disposent autrement : en fait, ce sont pratiquement toujours des conseillers régionaux qui sont désignés. Aux termes de l'article 83, alinéa 3, de la Constitution, le président de la République est élu au scrutin secret à la majorité des deux tiers des membres du collège ; après le troisième tour, la majorité absolue suffit. Du fait que cette majorité demeure qualifiée d'après les membres (et non en suffrages), à quoi s'ajoute encore l'absence de procédures de ballottage, il résulte que le nombre des tours peut être très grand : les présidents Einaudi et Gronchi furent élus au quatrième tour, mais, lors de l'élection de 1962 – celle du président Segni –, on atteint 9 tours pour culminer enfin, de façon sans doute indépassable, à 23 tours, en 1971, avec l'élection de Giovanni Leone. Cependant, cette exigence de majorité qualifiée n'a pas que des inconvénients : au-delà de péripéties parlementaires (que les Italiens désignent sous l'expression malicieuse de *toto-Quirinale*), elle peut déboucher sur une élection relativement consensuelle. L'élection survenant après le troisième tour n'exclut pas en effet que le président puisse réunir sur son nom la majorité des deux tiers primitivement requise : ainsi en advint-il en 1955 dès le quatrième tour de scrutin pour le président Gronchi et au seizième tour seulement en 1978 pour Pertini et en 1992 pour M. Scalfaro. Seule l'élection de 1987 a pleinement rempli la dimension consensuelle souhaitée par le constituant : elle a été conclue en moins de deux heures en faveur du président du Sénat, Francesco Cossiga, dès le premier tour, et à une majorité approchant les trois quarts. L'âge requis pour être élu président, suivant la Constitution, est de 50 ans révolus : cette exigence de la part du constituant exprime son intention d'assigner à l'élu un magistère moral. Le président de la République est élu pour sept ans et rééligible sans limite. La durée de ce mandat s'explique moins, à l'origine, par des données comparatistes, reprises de l'avant-guerre, que par l'étendue respective de la législature des chambres dont le mandat du président doit être distinct pour garantir son indépendance, puisque le président est élu principalement par les membres du Parlement. La convention a semblé en passe de s'introduire, en tout cas depuis l'élection de Giuseppe Saragat en 1964, de l'alternance de présidents appartenant aux partis laïques et de présidents d'obédience démocrate-chrétienne. Mais elle a été battue en brèche avec l'élection, en 1992, du démocrate-chrétien Scalfaro succédant au démocrate-chrétien Cossiga. En tout état de cause, cette convention d'alternance a perdu une grande partie de sa raison d'être après la disparition de la DC en tant que parti hégémonique. Elle emportait pour effet que le président sortant, de fait, n'était pas rééligible, du moins dans des circonstances ordinaires. Déjà le président Segni avait introduit un message tendant à une révision de la Constitution en ce sens ; il fut relayé plus tard par le président Leone, sans plus d'effet. La suggestion de l'introduction formelle de la non-rééligibilité du président est généralement liée à la suppression, réputée devoir lui être concomitante, de la règle du *semestre blanc,* liée à l'exercice du droit de dissolution (v. n° 265).

L'approche du terme du mandat emporte en effet une conséquence importante : les chambres, ou l'une d'entre elles, ne peuvent être dissoutes au cours des six mois qui précèdent l'expiration du mandat présidentiel. Cette disposition était, semble-t-il, destinée à empêcher le président de favoriser indirectement sa réélection par un appel au peuple. Une explication plus limitée tend à considérer que le semestre blanc aurait vocation d'éviter seulement que le président, en recourant à une dissolution, ne parvînt à proroger son mandat. En effet, la date de l'élection présidentielle peut être retardée par la dissolution des chambres ou bien lorsque la législature est à moins de trois mois de son terme, et, en ce cas, il est procédé à l'élection du président par les chambres après leur renouvellement ; en attendant, les pouvoirs du président en exercice sont prorogés au-delà de leur terme. Il semble toutefois que la disposition relative à la prorogation n'a pas été coordonnée à l'amendement Laconi qui a introduit le semestre blanc. Ainsi donc, la prorogation des pouvoirs présidentiels ne peut distinctement avoir d'usage qu'au seul cas où les chambres avoisineraient le terme de la législature, une occurrence qui n'est encore jamais advenue.

En dépit de ce qui a été dit plus haut (v. n° 259) de la controverse initiale sur le dualisme, le président de la République italienne est demeuré incontestablement celui des chefs d'État parlementaires à disposer, en droit et en fait, des pouvoirs les plus larges et les moins contestés. Son rôle s'est en outre considérablement renforcé depuis 1992. D'un point de vue formel, la plupart de ses compétences, exercées avec le contreseing ministériel, sont celles d'un chef d'État de parlementarisme moniste. Cependant, si les compétences sont toutes assujetties au contreseing[1], certains des actes présidentiels

---

1. La préconisation du chef du gouvernement lors de l'*incarico* est verbale, mais la responsabilité en est assumée *ex post facto* par le contreseing qu'appose le Président du Conseil au décret de nomination (v. n° 263). V. d'autre part ce qui est dit ici même des *esternazione.*

sont néanmoins l'expression d'un pouvoir propre. Au regard de l'exigence du contreseing, cette donnée, à première vue, est paradoxale, les pouvoirs propres étant souvent assimilés aux actes qui en sont dispensés. Elle n'est pas non plus toujours bien comprise, même en Italie, où il n'est pas rare qu'on explique la notion par le recours à des concepts inadéquats, comme la catégorie des « actes complexes »[1]. On tient un exemple de pouvoirs propres présidentiels assortis tous, sans exception, du contreseing dans un système de dualisme explicite, celui de Weimar, où le Président du Reich était doté de pouvoirs propres considérables (ce qui ne veut naturellement pas dire que nombre d'autres actes présidentiels n'y étaient pas de compétence liée). Ce qui définit un pouvoir propre n'est pas qu'il soit assujetti ou non au contreseing. Le droit comparé produit bien des exemples d'actes dispensés de contreseing qui sont purement de compétence liée. Il y a pouvoir propre et discrétionnaire quand le contreseing, dans le cas où il est requis, est dû, sauf illégalité ou usage manifestement abusif (partialité entachée de dol par exemple). Contrairement à ce qu'on croit souvent, le pouvoir propre en tant qu'il lui arrive – c'est même la règle dans le parlementarisme classique – d'être assujetti au contreseing n'induit nullement en conséquence un pouvoir partagé ou concurrent. Dans le cas d'un pouvoir partagé, le ministre responsable est parfaitement en droit de refuser de souscrire et, pour autant, est fondé tout aussi bien à ne pas présenter sa démission. C'est d'ailleurs logique puisque l'acte intervient par un concours de volontés. Dans le cadre, au contraire, d'un pouvoir propre, la volonté est unique, et il en résulte que l'apposition du contreseing (lorsque l'acte en droit n'en est pas dispensé) induit une responsabilité nominale pour le ministre (il arrive même parfois que le contreseing donné se double d'une exonération formelle de responsabilité, v. n° 62). À l'endroit d'un acte de pouvoir propre, le refus éventuel d'apposer la souscription, en cas d'illégalité ou d'abus, est livré d'autant moins à une appréciation arbitraire s'il opère dans un système où une juridiction est fondée à poser des limites objectives au refus. Aussi dans les systèmes où ce type d'actes ou d'omissions est insusceptible de recours contentieux (théorie des actes dits de gouver-

---

1. Sur les « actes complexes », v. Antonino Troianiello, La transition inachevée du système politique italien vers la démocratie majoritaire, *Revue de la recherche juridique. Droit prospectif*, Marseille, Presses Universitaires d'Aix-Marseille, 2001-4, n. 34, p. 2003, qui renvoie à Vergottini.

nement), le pouvoir propre assorti du contreseing n'a pu se maintenir que par des moyens politiques. Le système italien est pleinement juridicisé à cet égard. Il y revient en effet à la Cour constitutionnelle d'arbitrer les conflits entre pouvoirs publics (v. n° 267).

Parmi les compétences propres du président de la République italienne, il faut mentionner la désignation du chef du gouvernement, à quoi on peut associer, dans le même ordre, l'acceptation de la démission du ministère. Le plus signalé des pouvoirs propres tient au droit de dissolution (v. n° 265). Deux pouvoirs propres encore offrent une grande implication : l'autorisation des projets de loi ainsi que la demande de nouvelle délibération. Les autres sont de moins d'importance : ainsi, par exemple, de la nomination du tiers des membres de la Cour constitutionnelle.

S'agissant de la désignation du chef de gouvernement, même si ce processus est objectivement dépendant de données propres à la situation parlementaire et à ce qu'on a pu appeler la partitocratie, le chef de l'État dispose d'une latitude notable : l'exemple le plus déterminé tient dans la désignation de Pella par Einaudi en 1953. Constitue aussi un pouvoir propre l'acceptation de la démission du gouvernement lorsque celle-ci n'est pas en droit obligatoire (ainsi en cas de mise en minorité dans les formes) ou juridiquement nécessaire (vacance de la présidence du Conseil) : cet acte est important puisque le statut juridique du gouvernement n'est pas le même suivant que sa démission a été rendue et acceptée ou non. Les présidents exercent ce pouvoir de façon pointilleuse, contraignant éventuellement le gouvernement à se présenter devant les chambres. Ce pouvoir n'est pas négligeable car il permet, le cas échéant, le « replâtrage » du ministère (ainsi du premier gouvernement Craxi lors de l'affaire dite de l'*Achille Lauro,* v. n° 280). Le pouvoir de désignation dans le chef du président à pu se restreindre mais il augmente aussi en latitude à proportion des crises. Andrea Manzella en a bien défini le caractère : « De tels "gouvernement du président" sont si nombreux et si bien répartis sur toute la période républicaine[1] qu'ils

---

1. Tramboni, par Gronchi(1960) ; Cossiga I, par Pertini (1979) ; Ciampi, par Scalfaro (1993) ; Dini, par Scalfaro (1995). Selon Enzo Balboni, une exacte considération conduit à ramener le nombre à quatre, bien que les médias et la doctrine aient décerné le label de gouvernement présidentiel à bien d'autres ministères : Pella, par Einaudi (1953) ; Tramboni, par Gronchi (1960) ; Spadolini, par Pertini (1981). Il est probable néanmoins que le gouvernement Amato I (1992) doive être tenu pour « devenu » présidentiel.

amènent à en conclure que les pouvoirs du *commissaire aux crises* (en fr. dans le texte) ne sont pas seulement de nature notariale, mais qu'ils marquent de manière permanente, puisque leur application est toujours possible, le rôle institutionnel du chef de l'État dans toute l'étendue de sa fonction »[1].

Un troisième pouvoir propre a trait à l'exercice, dans son principe discrétionnaire, d'une compétence législative du président qui vient parfaire celle du gouvernement : il s'agit de l'autorisation par le président de la République des projets de loi introduits par le gouvernement devant les chambres, autorisation requise par la Constitution (art. 87). La question de l'étendue de ce pouvoir est débattue : la doctrine dominante s'accorde à reconnaître qu'un refus d'autorisation ne peut être fondé de la part du président sur des raisons d'opportunité, sauf le cas de circonstances exceptionnelles, mais doit être motivé seulement par l'inconstitutionnalité du projet. Le refus d'autorisation pourrait ouvrir droit à un recours du gouvernement devant la Cour constitutionnelle. À l'autre bout de la procédure législative, un droit propre du président de la République tient dans la demande éventuelle de nouvelle délibération d'une loi par les chambres : contrairement à ce qui est du refus d'autorisation des projets de loi, la demande de nouvelle délibération est entendue unanimement de façon large, sauf évidemment les limites posées par la Constitution. Les ministres ne sauraient en conséquence refuser le contreseing. La demande de nouvelle délibération peut être fondée indifféremment sur des motifs de légitimité – ainsi en usa souvent le président Einaudi – ou bien d'opportunité, réserve faite de ce que le président ne doit pas se départir d'une certaine modération attachée aux devoirs de sa charge[2]. Les derniers pouvoirs propres ont trait aux nomina-

---

1. A. Manzella, La transition institutionnelle, *in* S. Cassese (dir.), *Portrait de l'Italie actuelle*, Paris, Documentation française, 2001, p. 63.
2. Dans le sens d'une demande fondée en stricte opportunité, on peut mentionner le renvoi effectué, en août 1991, par le président Cossiga d'un projet apportant des amendements au mode de scrutin pour le Sénat tel qu'ayant été prédéfini par voie référendaire et qui tendait à le rendre compatible avec les critères définis par la Cour constitutionnelle. Ce renvoi a été décidé, semble-t-il bien, parce qu'une partie de la classe politique craignait que le texte adopté n'augmente à l'excès la latitude de la Cour lors de l'admissibilité, mais le chef de l'État s'est dispensé d'évoquer ce motif dans la demande officielle de nouvelle délibération. Dans un autre cas (décembre 2003), le président Ciampi a renvoyé une loi sur l'audiovisuel, favorisant les intérêts de M. Berlusconi, au motif qu'elle allait à l'encontre d'une décision de la Cour constitutionnelle imposant une échéance précise à l'entrée en vigueur d'un nouveau paysage audiovisuel (v. également n° 278 *ter*).

tions effectuées par le président *intuitu personae* : soit les cinq sénateurs à vie et cinq des juges de la Cour constitutionnelle (sans parler de huit des membres du CNEL) ; la nomination du secrétaire général de la présidence est semblablement à la discrétion du président.

Il reste à dire un mot des célèbres *esternazione,* qui ont un grand cachet en Italie. Celles-ci se rapprochent en apparence des pouvoirs propres mais, en tant aussi que ce ne sont pas des décisions exécutoires, elles ne sont pas comprises sous cette notion, envisagée comme catégorie juridique. Les *esternazione* (qui sont les déclarations publiques par lesquelles le président exprime sa pensée, et délivre parfois ses états d'âme) supposent à l'ordinaire, comme en tout régime parlementaire de bon aloi, que le chef du gouvernement, au premier titre, soit au préalable averti de leur teneur, au moins succinctement. Mais il arrive que le chef de l'État prenne les devants. Le fait n'est pas rare quand il s'agit d'une commotion nationale et que l'opinion est très émue. Cependant, plusieurs cas se sont trouvés d'interventions à l'insu du président du Conseil que ne justifiaient pas de façon immédiate la gravité et l'urgence. Le président Cossiga, comme il est notoire, a illustré ce type d'*esternazione* à toute limite, et sans doute quelque peu au-delà. Il est de tradition, tant que ces déclarations en nom propre ne s'évadent pas, et encore par excès, des convenances permises, qu'elles soient couvertes par les ministres responsables, sauf, en cas d'abus, à ce que les ministres, à commencer par le président du Conseil, en obtiennent le désaveu officiel ou bien démissionnent. C'est d'ailleurs précisément encore en cela que les *esternazione* ne relèvent pas des pouvoirs propres.

Parmi d'autres constitutions parlementaires, la Constitution italienne envisage une responsabilité pénale du chef de l'État en cas de haute trahison ou d'attentat contre la Constitution. Le président est mis en accusation par le Parlement réuni en séance commune, à la majorité absolue de ses membres (art. 90 de la Constitution). Ces dispositions n'ont jamais reçu d'application. Jamais utilisées jusqu'en 1991, ces dispositions ont alors reçu un commencement d'application lorsque, de nombreux juristes s'étant prononcés contre l' « altération significative du rôle du président de la République », le parti néo-communiste (PDS) a déposé une motion en vue de sa mise en accusation pour attentat à la Constitution (7 décembre 1991).

La DC, son parti d'origine, a pris la défense du président Cossiga mais lui a demandé de cesser d'intervenir dans les enjeux politiques. La procédure a été rendue caduque par la dissolution du Parlement et la démission du président (25 avril 1992).

On signalera enfin une curiosité : le gouvernement Amato II a signalé plus spécialement la tenue d'un collège informel de renfort de la décision, sinon présidé par le chef de l'État, du moins auquel il assistait nécessairement, et composé avec lui des présidents des Chambres. Ce collège s'est réuni à maintes reprises pour conforter les décisions du chef du gouvernement[1].

263 LE GOUVERNEMENT. — Le gouvernement se compose du président du Conseil et des ministres qui ensemble constituent le Conseil des ministres (art. 92 de la Constitution). Le président du Conseil assume la présidence des séances. Sont compris dans le gouvernement au sens large les sous-secrétaires d'État – l'Italie a conservé la désignation de style ancien ; les sous-secrétaires, pour n'être pas cités dans la Constitution, voient leur existence consacrée par des lois antérieures (dont l'origine remonte à 1888). Leur nombre est assez pléthorique (il peut atteindre la soixantaine, presque en nombre triple des ministres chefs de département) : aux beaux jours de la particratie, tous les parlementaires routiniers du parti dominant étaient appelés un jour à le devenir, et le fait de ne pas y atteindre s'avérait pratiquement synonyme de non-réélection. Cette quête anxieuse était une des causes secondaires du déclenchement des crises ministérielles. Depuis la formation du premier gouvernement Amato (juin 1992), la tendance est à la baisse des effectifs, et le recrutement n'est plus exclusivement parlementaire. Les sous-secrétaires d'État ne siègent pas au Conseil (à moins de rapporter). L'un des sous-secrétaires à la présidence est cependant chargé de tenir le registre. Le poste de sous-secrétaire à la présidence du Conseil est de ceux qui comptent face aux ministres : ainsi aida-t-il à l'ascension de Giulio Andreotti, qui fut sous-secrétaire dans les trois derniers gouvernements De Gasperi. Si ces données sont classiques, une innovation, accessoire mais digne de remarque comme déduite de l'État des régions, tient dans le droit

---

1. G. Amato, *Un governo nella transizione. La mia esperienza di Presidente del Consiglio*, *Quaderni Costituzionali*, 1994, p. 366.

spécifique reconnu au président de la région de Sicile de prendre rang et séance au Conseil des ministres avec voix délibérative lorsque les projets qui se rapportent directement à cette région sont évoqués ; les présidents des autres régions à statut spécial ne se voient reconnaître en ce cas qu'une voix consultative (les modalités sont réglées par les statuts).

La Constitution prévoit (art. 95, dernier alinéa) que l'organisation de la présidence du Conseil de même que le nombre, les attributions et l'organisation des ministères doivent faire l'objet d'une loi. La loi relative à la présidence et à l'organisation générale du gouvernement s'est fait attendre longtemps (c'était pourtant l'une des urgences reconnues du débat institutionnel) : elle n'a été votée une première fois qu'en 1986 (gouvernement Craxi). En attendant, l'organisation gouvernementale est restée réglée par des textes antérieurs à la Constitution, spécialement par le décret Zanardelli pris au début du siècle, sous le régime du Statut albertin. Cette défaillance du législateur a conduit à faire perdurer des traits anachroniques : le président du Conseil ne pouvait s'aider que de son cabinet personnel ; or, celui-ci recouvre dorénavant des services qui ont pris une extension démesurée et n'en étaient pas moins réputés légalement inexistants. Des lois successives sont venues spécifier le nombre et les attributions des départements ministériels.

Le constituant de 1947 a répudié le titre de Premier ministre qui avait été introduit dans des visées de parlementarisme autoritaire lorsque le fascisme composait encore avec les formes (loi de 1925 relative au chef de gouvernement) : il est revenu à l'usage des temps du Statut. Pour autant, le président du Conseil n'est pas un *primus inter pares* comme sous la monarchie libérale : d'après la Constitution (art. 95, al. 1), il se voit conférer une fonction de direction de la politique générale du gouvernement, laquelle est délibérée en Conseil des ministres ; en outre, il a charge de maintenir l'unité d'orientation politique et coordonne l'action des ministres.

La désignation du gouvernement obéit aux formes du parlementarisme classique. Le gouvernement tient son autorité de la Constitution par la nomination du président de la République à qui il revient de le constituer, sauf aux chambres à devoir lui accorder la confiance. Responsable devant elles, le gouvernement n'est pas pour autant sujet à une investiture parlementaire. Avant de désigner un président du Conseil, le chef de l'État procède à des consultations qui obéissent à certains usages *(regole di corettezza)*. Le président de la République, au vu de la situation politique, ouvre alors une alternative : dans les cas difficiles, il charge une personnalité d'une mission exploratoire ; dans une situation normalement claire, il pressent directement un candidat à la présidence.

Le premier cas de figure est relativement rare : ce sont normalement les présidents des chambres, ainsi de Mme Iotti pour la Chambre en 1987 ou, en mai 1989, de M. Spadolini pour le Sénat. La désignation d'un candidat à la présidence est le procédé commun, celui de l'*incarico*. Il peut se faire qu'une mission exploratoire suive un *incarico* qui échoue (en 1987, dans le cas précité, après un « tour de piste » de Giulio Andreotti). Rien n'interdit non plus que les conclusions du mandat exploratoire puissent conduire à pressentir celui même qui en a été investi *(pre-incarico)*. Si le candidat pressenti l'accepte, il devient alors président du Conseil désigné : l'*incarico* résulte depuis 1958 d'une préconisation verbale, confirmée par un communiqué officiel du Quirinal (auparavant il y fallait un décret contresigné du président du Conseil démissionnaire). L'*incarico* peut être au besoin conditionné ou « lié » *(vincolato)*, une pratique inaugurée par le président Gronchi : en ce cas, la formation du gouvernement répondra à une formule politique préalablement définie par le chef de l'État ; en principe, la détermination qui en est faite repose sur un examen par celui-ci de la situation parlementaire et non sur l'expression de ses volontés propres. La présidence de M. Scalfaro a cependant manifesté par rapport à ce principe une inflexion nettement dualiste, caractérisée notamment par la formation de cabinets de confiance présidentielle (gouvernements Ciampi en 1993 et Dini en 1995, tentative de M. Maccanico en février 1996). Le président du Conseil désigné présente la liste des ministres au chef de l'État, qui l'agrée ou non dans le détail après avoir livré ses observations. Cette liste était, sous la particratie dominante, réglée d'après une arithmétique byzantine faisant intervenir les données complexes du système politique (v. n° 275).

Par la suite, au contraire, sous la présidence de M. Scalfaro, les ministres ont pu, dans certains cas, être choisis sans interférence partisane par le président de la République et le président du Conseil (le Cabinet Dini formé en janvier 1995 ne comportait même aucun ministre issu du Parlement).

Le président du Conseil est alors nommé formellement, par décret du président de la République, contresigné de lui-même (depuis la loi de 1925, sans changement). Sur la proposition du président du Conseil intervient la nomination des ministres. Les membres du gouvernement sont soumis à prestation de serment entre les mains du président de la République. De ce moment, le gouvernement est constitué, ce qui revient à dire qu'il entre dans l'exercice plénier de ses compétences.

La Constitution impose au gouvernement de se présenter devant les chambres, dans les dix jours qui suivent sa formation (art. 94, al. 3). Les gouvernements, du fait d'une simplification de procédure qui a prévalu, lisent leur programme alternativement devant l'une ou l'autre seulement des assemblées, un compte rendu étant simplement transcrit aux actes de celle devant laquelle il ne paraît pas. Il en va de même pour les débats (à une exception près, survenue en 1951). La confiance ne se présume pas : celle-ci doit donc être accordée successivement par chaque chambre. Il est arrivé une fois, en mars 1978, que le vote survienne en même temps dans les deux assemblées, à cause de l'urgence (enlèvement d'Aldo Moro). La confiance est accordée lors d'un scrutin public sur appel nominal par une motion motivée ; les motifs sont le plus souvent ici des plus formels, par simple renvoi au programme du gouvernement (sauf en 1981 et 1982, pour les deux gouvernements Spadolini, où les motifs étaient propres et distincts). Aucune condition de majorité qualifiée n'est requise. La confiance initiale suivant qu'elle est accordée ou non a valeur de condition résolutoire : ce n'est donc pas en droit une investiture (préalable). Un refus de confiance vaut donc seulement pour l'avenir : les actes antécédents d'un gouvernement demeurent dans toute leur intégrité. Le refus de confiance initiale est intervenu plusieurs fois : ainsi en 1953 à l'occasion du huitième gouvernement De Gasperi, en 1954 (Fanfani), et pour deux gouvernements Andreotti, le premier et le cinquième (1972 et 1979). Il est à noter que, dans ces derniers cas, le refus de confiance était largement factice, occasionné par un détournement de procédure (v. n° 180). Par ailleurs, un gouvernement qui, en définitive, n'a pas obtenu la confiance peut se trouver, au vu des circonstances, exercer des pouvoirs qui passent de loin l'expédition des affaires courantes (ainsi, spécialement, du cinquième gouvernement Andreotti qui bénéficiait de la confiance tacite des chambres, bien que celles-ci se soient ingéniées à la lui refuser formellement). La doctrine s'accorde du moins à reconnaître que le gouvernement, tant qu'il n'a pas reçu la confiance des chambres, doit faire preuve de réserve dans l'exercice de ses compétences : cette réserve est déterminée par les usages *(regole di correttezza)* ; elle ne résulte pas d'une obligation strictement juridique. De fait, des gouvernements qui ne se sont pas présentés encore devant les chambres ont pu user de tous leurs pouvoirs : ainsi en 1957, par le recours aux décrets-lois dits de nécessité et d'urgence.

Le fait qu'un gouvernement dispose de la plénitude de ses pouvoirs au jour de sa formation ne saurait, selon la doctrine moniste dominante, être compris comme autorisant le président à appeler un ministère qui appuierait une dissolution de celles qu'on appelle présidentielles. Cependant, même un refus formel de confiance de la part des chambres, lorsque le gouvernement se présente devant elles, n'interdit pas une dissolution dans le cas où aucune majorité de rechange n'existe, les principaux partis politiques d'ailleurs inclinant normalement d'eux-mêmes alors à la dissolution : ainsi advint-il avec le gouvernement Andreotti en mars 1979. La présentation de ce gouvernement confine au détournement de procédure, puisque le gros des députés de la majorité s'abstient et qu'en conséquence le gouvernement se voit refuser la confiance. On se trouve en présence d'une majorité virtuelle qui, travaillée de dissensions, récuse la responsabilité du pouvoir face à une opposition qui, pour elle, ne peut constituer de majorité de gouvernement. Dès lors, la dissolution autorisée de loin par deux mois de crise et l'usure de plusieurs *incarici* est ressentie comme inévitable (v. n° 280).

Le gouvernement exerce le pouvoir réglementaire, bien que la Constitution ne lui en fasse en aucun endroit l'attribution en propres termes et n'évoque à cet égard que les seuls décrets émanés du président de la République (art. 87, al. 5) : quelques décrets relèvent bien des pouvoirs présidentiels propres, mais ceux-ci ne viennent pas modifier au fond l'ordonnancement juridique (sauf l'exception de l'amnistie qui s'exerce d'ailleurs sur délégation) ; en ce qui concerne le pouvoir réglementaire, les décrets présidentiels doivent donc s'entendre comme l'édiction formelle par le président de la République d'actes pris par le gouvernement et du pouvoir propre de ce dernier. La compétence du chef de l'État à cet égard est liée. Les ministres ont pu se voir reconnaître un pouvoir réglementaire accessoire : cette pratique a été avalisée par une sentence de la Cour constitutionnelle en 1970 (3 avril, n° 79).

La Constitution est autrement précise, en revanche, s'agissant de la délégation, en faveur du gouvernement, du pouvoir législatif par le Parlement. Elle distingue une procédure ordinaire qui suppose une délégation formelle des chambres (art. 76) de la procédure des décrets dits de nécessité et d'urgence qui s'exerce sur habilitation directe de la Constitution (art. 77). La première procédure est classique. Elle s'accompagne d'un luxe de garanties, nullement incompatibles avec l'efficacité : les commissions parlementaires disposent d'un « droit de suite » s'agissant de l'élaboration même des décrets-lois ; cet instrument de contrôle est bien rodé, et le dispositif final doit en général beaucoup à leurs observations. Le contrôle de légitimité de la Cour constitutionnelle à l'endroit du respect par le gouvernement des termes de la délégation s'étend très loin (la sentence n° 174 de 1981 a introduit la notion de limites structurelles).

La seconde procédure est originale : la Constitution prévoit d'abord (art. 77, al. 1er) que ce recours intervient par exception à la procédure *praeter ordinem* de délégation expresse de la part des chambres. Aux termes des dispositions suivantes, « lorsque dans les cas extraordinaires de nécessité et d'urgence, le gouvernement prend, sous sa responsabilité, des mesures provisoires ayant force de loi, il doit, le jour même, les présenter pour leur conversion en lois aux chambres qui, même si elles sont dissoutes, sont convoquées à cette fin et se réunissent dans un délai de cinq jours. Les décrets sont abrogés *ab initio* s'ils ne sont pas convertis en loi dans les soixante jours qui suivent leur publication. Les chambres peuvent toutefois régler par une loi les rapports juridiques créés par des décrets non convertis ». La révision des règlements des assemblées en 1981-1982 a accentué le contrôle parlementaire à l'endroit des décrets d'urgence : elle a introduit à titre préjudiciel un contrôle politique de légitimité du recours qui intervient devant chaque chambre, dans des délais très brefs, impérativement avant le contrôle d'opportunité. Cet aménagement est en partie justifié par le fait que la Cour constitutionnelle, tant que leur conversion n'a pas été opérée, ne peut connaître en pratique de la validité de ces actes : une sentence de 1982 (n° 144) a récusé le recours au motif qu'un décret-loi d'urgence n'était pas encore converti. Mais cette procédure à double détente, encore renforcée lors de la révision des règlements en 1988, a ralenti la conversion des décrets-lois et conduit à la pratique quasi systématique de leur réitération par le gouvernement. En fin de compte, et la cause et son effet ont été sanctionnés par la Cour constitutionnelle. En 1995, la Cour rejette l'argument du gouvernement selon lequel la vérification de l'existence concrète des conditions d'urgence et de nécessité posées par l'article 77 est réservée à l'appréciation politique du Parlement, et ne reconnaît compétente pour contrôler, en tant que condition de validité constitutionnelle de cet acte, « la préexistence d'une situation de fait comportant la nécessité et l'urgence à pourvoir au moyen d'un instrument exceptionnel comme le décret-loi » (sentence n° 29). C'est ensuite sur son caractère provisoire que la Cour met aussi l'accent en octobre 1996 dans sa sentence n° 360, par laquelle elle décide l'annulation d'une disposition du décret-loi n° 462 de 1996, qui opérait la seizième réitération des normes du décret-loi n° 12 de 1994. Peu avant cette décision, le président de la République avait annoncé son intention de ne plus signer de décrets-lois réitérés. Dans le même esprit, la Cour dénonce « une pratique qui a de plus en plus dégénéré et qui a conduit à obscurcir des principes constitutionnels d'importance essentielle comme ceux énoncés par l'article 77 de la Constitution, principes dont la violation ou l'élusion est susceptible d'influer non seulement sur le développement correct des processus de production normative, mais aussi sur les équilibres fondamentaux de la forme de gouvernement »[1]. La prohibition par la Cour constitutionnelle de la pratique de l'itération des décrets lois de nécessité et d'urgence a permis au gouvernement, dont les capacités d'action se trouvent ainsi réduites, d'obtenir (par compensation) de la Chambre une modification de son règlement (v. n° 261).

---

1. V. M. Baudrez, Décrets-lois réitérés en Italie : l'exaspération mesurée de la Cour constitutionnelle en 1996, *Cahiers du Centre de droit et politiques comparées – Jean-Claude Escarras*, 1997, vol. 7, p. 64-82.

B - Les rapports entre les pouvoirs

264 LE CONTRÔLE PARLEMENTAIRE ET LA RESPONSABILITÉ GOUVERNEMENTALE. — Les chambres exercent à l'endroit du gouvernement les pouvoirs d'information, de contrôle et de direction. On examinera ensuite l'engagement de responsabilité, qui n'est pas de même nature.

L'information est procurée par questions, écrites ou orales : il y a peu à y insister. En 1983, la Chambre a introduit le *question time*. Se rapportent aux fonctions de contrôle les interpellations et les motions. L'interpellation consiste en une demande écrite qui ne porte plus simplement sur des faits mais a trait à la conduite *particulière* du gouvernement. La réponse du gouvernement est assignée au jour marqué par le règlement. L'interpellant peut déclarer s'il s'estime ou non satisfait de la réponse : au-delà, mais seulement à la Chambre des députés, l'auteur de l'interpellation peut introduire une motion. Cette disposition est critiquable : elle revient à consacrer formellement, par un biais du règlement parlementaire, une motion de défiance détournée. La motion, en effet, contrairement à la question et à l'interpellation, est suivie d'une discussion générale ; surtout, elle est suivie d'un vote : ainsi, en juillet 1980, une motion présentée par les communistes tend à obtenir la démission du ministre de la Justice. Une telle initiative se situe en dehors des termes des articles 94, alinéa 2, et 95, alinéa 2, de la Constitution qui régissent les cas de responsabilité du gouvernement.

Sauf à être introduite, le cas échéant, en suite d'une interpellation par l'intervenant, une motion doit être présentée par un président de groupe ou par 10 députés ou par 8 sénateurs (eu égard à l'effectif, les conditions sont donc plus restrictives au Sénat). Avec la motion, on quitte les pouvoirs de contrôle proprement dits pour atteindre, en marge, les pouvoirs d'influence ou directifs : aussi bien, le règlement de la Chambre, adopté en 1980, marque dans sa troisième partie, au moins implicitement, que la motion relève du pouvoir de direction, contrairement aux procédures précédemment évoquées. Les pouvoirs de direction *(indirizzo)* s'entendent des résolutions et des ordres du jour. La résolution, qui peut être adoptée par une commission, tend à fixer des orientations ou à définir des directives à l'endroit du gouvernement. L'ordre du jour, défini par le règlement de la Chambre comme une instruction donnée au gouvernement, peut être présenté au cours d'une discussion : il est soumis à délibération avant le vote final sur le texte, pour ce qui est de la Chambre, ou bien avant l'intervention du rapporteur et du commissaire du gouvernement au Sénat. Les résolutions ou les ordres du jour n'emportent pas d'obligation de fond soit en droit strict, soit même en vertu de conventions, à l'endroit de l'exercice par le gouvernement de sa compétence propre (auquel cas on rencontrerait la figure du régime directorial). D'un autre côté, il est clair que, sous le régime de la présente Constitution, les ordres du jour ne sauraient plus emporter en droit la mise en jeu de l'existence du gouvernement, ainsi qu'il en allait aux temps du parlementarisme d'ancien style, celui propre au Statut.

L'engagement de responsabilité du gouvernement nécessite le recours aux procédures spécifiques, désormais établies, de parlementarisme rationalisé, telles qu'énoncées dans la Constitution.

La motion de défiance *(sfiducia)* est réglée par l'article 94 de la Constitution. Les exigences posées sont minimales : il s'agit du *degré zéro* de la rationalisation. Il est requis que la motion soit présentée par un dixième des membres de la chambre ; en outre, la motion ne peut être débattue que trois jours après sa présentation. La Constitution ne distingue pas les procédures suivant que la motion est dirigée contre le gouvernement ou que c'est celui-ci même qui pose la question de confiance. De même que, pour la confiance initiale, le vote sur la motion de défiance intervient lors d'un scrutin public et sur appel nominal. Aucune condition de majorité qualifiée n'est requise par la Constitution, non plus qu'*a fortiori* par les règlements. Le constituant a pensé que le délai prévu de trois jours permet de battre le rappel des députés favorables au gouvernement.

Du fait de l'identité des procédures, parler de la motion de défiance, c'est évoquer aussi la question de confiance. Le constituant italien de 1947, contrairement à son homologue allemand ou français contemporain, évite sciemment d'entrer dans des distinctions à cet égard. La confiance est refusée de même façon, par les mêmes moyens. La Constitution (art. 94, al. 4) a simplement cru devoir préciser que le gouvernement n'est pas tenu de rendre sa démission en cas de vote contraire de l'une ou des deux chambres sur une proposition émanée de lui. Cette disposition a été insérée pour éviter (du moins, croyait-on) toute équivoque : on entend, à travers la Constitution, conjurer des situations qui verraient le gouvernement tomber hors des procédures formelles prévues par les textes. Sans se faire beaucoup d'illusions à son endroit, il serait exagéré non plus de tenir cette conjuration textuelle pour entièrement chimérique : preuve évidemment, par exemple, le second gouvernement Craxi qui aurait survécu à plus de 360 mises en minorité de fait. L'équivalence des procédures, déduite de la Constitution, a été étendue au règlement, au-delà des termes mêmes de celle-ci. Ainsi, bien que l'article 94, alinéa 5, ne prévoie de délai qu'à l'occasion du vote de défiance, le règlement de la Chambre des députés (mais pas celui du Sénat) a introduit un délai de vingt-quatre heures s'agissant du vote sur la confiance. Cette innovation est contestable en droit strict mais il est évident aussi qu'elle traduit l'effet d'une analogie juridique.

La question de confiance doit être autorisée en Conseil des ministres : on peut néanmoins penser, avec la doctrine, que le président du Conseil, dans les cas extrêmes, peut prendre les devants : il s'agit alors d'une question de confiance officieuse mais revêtue de sanction du fait de la gravité de l'engagement, eu égard aux circonstances qui la justifient d'être ainsi posée. La question de confiance ne reçoit aucune limitation d'objet : elle peut être pure et simple ou être associée au vote d'un texte, à l'exclusion du moins de ceux qui ont un rapport direct aux assemblées (mais à l'endroit du vote des règlements par exemple, et comme il advint en 1988, la question officieuse peut toujours être posée) ou bien de ceux qui ont trait au pouvoir de contrôle du Parlement à l'endroit du gouvernement même. Mais, dans ce dernier cas, la question de confiance officielle peut être posée sur le rejet d'une motion : ainsi, en juillet 1980, le gouvernement a eu recours à l'article 94, alinéa 2, de la Constitution pour empêcher le vote de la motion tendant à obtenir la démission du ministre de la Justice (v. *supra*). Même si la Constitution prévoit la responsabilité individuelle des ministres (art. 95, al. 2), il paraîtrait logique, au regard des dispositions de l'article 94, que la motion engageant une telle responsabilité n'ait pas le caractère d'une motion de défiance au sens de ces mêmes dispositions, mais d'une simple motion parlementaire, comme celle consécutive à une interpellation à la Chambre et sur le rejet de laquelle le gouvernement peut ensuite poser constitutionnellement la question de confiance. Cependant, en 1995, le ministre de la Justice, M. Mancuso, en conflit ouvert avec le président de la République, et dans une moindre mesure avec le président du Conseil, a fait l'objet d'une motion de défiance devant le Sénat, et cette motion a été adoptée (19 octobre). Dans ces circonstances très particulières, le gouvernement de M. Dini s'est gardé de poser la question de confiance sur le rejet de la motion, et c'est l'opposition qui a déposé une motion de censure à la Chambre, rejetée le 26 octobre par 310 voix contre 291. Entre-temps, M. Mancuso avait saisi la Cour constitutionnelle dans le cadre du contentieux des conflits d'attribution (v. n° 267). En décembre 1995, la Cour a rejeté la demande de M. Mancuso en jugeant constitutionnellement praticable la motion de censure individuelle. Néanmoins, de manière générale, comme dans la plupart des régimes parlementaires actuels, le principe de solidarité gouvernementale (art. 95, al. 2) prévaut sur l'individualisation de la responsabilité, quoique encore prévue par les textes. Aucun gouvernement, jusqu'à celui de M. Prodi en octobre 1998, n'est tombé à la suite d'un refus formel de confiance dans le cours de son existence (sur la confiance initiale, v. n° 263) ; il en est allé de même, symétriquement, de la motion de défiance, aucune n'ayant jamais été adoptée. Mais certaines démissions ont pu être déterminées par le risque imminent de l'adoption d'une telle motion (cas du gouvernement Berlusconi en décembre 1994). Cependant, la plupart des crises surviennent à travers des situations extraparlementaires (v. n° 281).

265 LE DROIT DE DISSOLUTION : UNE CONCEPTION TECHNIQUE. — Si l'on adopte l'interprétation moniste du régime parlementaire italien, on doit écarter l'hypothèse de la dissolution présidentielle antimajoritaire, impliquant l'exercice du pouvoir de révocation à l'encontre d'un gouvernement parlementaire et la nomination d'un cabinet de combat. Une telle démarche serait contraire au principe constitutionnel que contient l'article 94. La dissolution forcée est jugée inconstitutionnelle, qu'il s'agisse de la dissolution présidentielle de combat proprement dite ou de celle qui interviendrait dans le cas où les chambres ne seraient plus considérées comme représentatives de l'opinion publique, hypothèse souvent évoquée par la doctrine dualiste. Cependant, le droit de dissolution n'a pas été envisagé par le constituant italien comme un pouvoir ministériel mais bien comme l'attribution « la plus spécifiquement propre du président de la République » (Biscaretti di Ruffia). Cela résulte notamment des formalités requises par l'article 88 de la Constitution. Il eût été absurde de prévoir une consultation des présidents des chambres destinée à éclairer l'avis du chef de l'État si celui-ci devait ensuite s'en remettre à celui du gouvernement. De plus, en acceptant l'amendement Laconi instituant le « semestre blanc » durant lequel le président ne peut prononcer la dissolution, le constituant a sans doute voulu lui ôter, à proximité du terme de son mandat, la possibilité d'exercer un pouvoir important. Cependant, le droit de dissolution n'est pas dispensé de contreseing, pas plus qu'aucun autre acte du chef de l'État. La faculté qui appartient aux ministres de refuser le contreseing dans le cas des pouvoirs propres du président est beaucoup plus restreinte qu'au cas d'une compétences partagée ou concurrente. Dans les deux cas, elle leur permet d'exercer un contrôle de légitimité constitutionnelle quant à la manière dont le président use de ses pouvoirs, mais ce type de contrôle est encore plus prégnant s'agissant des pouvoirs propres, et notamment du plus éminent d'entre eux, le droit de dissolution. Elle leur permet de paralyser toute initiative illégitime ou manifestement abusive du chef de l'État en ce domaine, et de s'y opposer efficacement, puisque ce dernier ne détient pas le pouvoir de les révoquer et de nommer un autre gouvernement. Mais, dans le cas où l'acte de pouvoir propre est légal et, en outre, n'est pas entaché d'abus, il reste que le contreseing est dû. Le ressort de cette obligation est ici d'autant moins arbitraire dans le chef du ministre qu'il opère dans un système où la juridiction constitutionnelle, ainsi qu'on l'a rappelé, est fondée à arbitrer les conflits entre pouvoirs publics. Une fois les données mises au clair, dans ce contexte bien compris de relations, il n'est plus paradoxal que le constituant ait envisagé, et même non sans une certaine insistance, le droit de dissolution comme pouvoir présidentiel. S'il en est ainsi, c'est que sa conception de la dissolution est d'ordre technique plutôt que politique. Cette option excluait que la dissolution fût aménagée comme un pouvoir gouvernemental susceptible d'être exercé de manière incontrôlée et à des fins purement politiques. L'obligation de consulter les présidents des chambres s'inscrit dans cette perspective. C'est à des organes du Parlement et non de l'exécutif gouvernemental qu'il appartient de donner un avis sur le degré d'impossibilité où les assemblées se trouvent d'exprimer une majorité : telle devrait être, dans la conception du constituant, l'unique circonstance donnant lieu à l'exercice de la dissolution. C'est donc de sa fonction d'arbitrage procédural, technique, que procède le pouvoir de dissolution du président. L'autonomie de la décision présidentielle ne consiste pas en des moyens d'intervention à l'encontre de ministres refusant, par hypothèse, d'assumer la responsabilité de son initiative politique, mais réside dans le caractère personnel et à la fois objectif de son appréciation d'une situation de fait : l'inaptitude du système à fonctionner normalement. En ce sens, la nature discrétionnaire de la compétence présidentielle est limitée à son aspect négatif. La garantie de l'autonomie présidentielle réside dans le pouvoir, qui n'est pas contesté, de refuser au ministère une dissolution dite de majorité, projetée à des fins d'intérêt politique, aussi bien qu'une dissolution consécutive à la mise en minorité du gouvernement devant le Parlement, en conséquence de quoi le président se trouve disposer ainsi du pouvoir d'obliger le gouvernement à démissionner. Dans les circonstances normales, le gouvernement ne refusera pas le contreseing, se bornant à constater que le président use de son pouvoir aux fins pour lesquelles il lui a été attribué, c'est-à-dire la résolution des crises. En d'autres termes, le gouvernement n'a pas de raison objective de refuser le contreseing parce qu'il se trouve déjà dans l'impossibilité de continuer à gouverner. La « décision » présidentielle n'est que le constat de cette situation qui surgit d'un désaccord persistant entre les partis gouvernementaux, et donc le constat de la volonté de ces partis de porter le débat devant le corps électoral. Ainsi parle-t-on d' « autodissolution » dans le régime italien pour souligner le caractère partitocratique des élections anticipées. Cette volonté des partis apparaît comme assez diffuse, et si la compétence de la dissolution appartient effectivement au chef de l'État, c'est qu'il peut épuiser toutes les solutions viables avant de dissoudre les chambres, de même qu'il peut, dès le début d'une crise, interpréter la situation politique comme justifiant immédiatement la dissolution. Ainsi le caractère discrétionnaire de la compétence présidentielle est-il des plus limités, ce qui procède naturellement du caractère technique et non politique que le constituant a entendu donner à la dissolution. Mais le caractère discrétionnaire est maintenu en ce qui concerne le pouvoir de refuser une dissolution proposée par le gouvernement. De cette manière, la dissolution ne peut apparaître comme un pouvoir gouvernemental, malgré l'obligation du contreseing – c'est plutôt l'apposition du contresing qui est obligée –, tandis que cette même obligation dont est assorti l'acte du chef de l'État doit permettre d'éviter un usage partial (et *a fortiori* illégal) de la compétence présidentielle. La pratique la plus récente – correspondant à la présidence de M. Scalfaro – est venue successivement infirmer et confirmer la logique institutionnelle décrite ci-dessus[1]. D'une part, une lecture et une pratique dualistes de la Constitution vinrent se substituer à celles, monistes, qui prévalaient depuis 1948. Elles se caractérisent par la formation de gouvernements de confiance présidentielle à dominante technicienne et non parlementaire (v. n° 263). Mais il en résulte aussi un usage inédit du droit de dissolution. À la suite du référendum d'avril 1993 sur la loi électorale, le président de la République décide de dissoudre le Parlement non pour faire face à l'absence d'une majorité gouvernementale (le gouvernement Ciampi disposait au contraire d'une base indisputée), mais, conformément à la thèse dualiste évoquée ci-dessus, parce que les chambres, au vu des résultats du référendum, ne paraissent plus représentatives de l'état de l'opinion (v. n° 282). Cependant, ce même argument, invoqué par M. Berlusconi à l'appui d'une demande de dissolution présentée lors de sa démission en décembre 1994, suite à la rupture de la coalition par la Ligue du Nord (v. n° 280), a été rejeté par le président au motif, d'une part, que l'accord constitutif de cette coalition n'avait pas reçu la sanction du corps électoral et, d'autre part, qu'une majorité de rechange était à même de se trouver au Parlement. Mais, quel qu'en soit le motif circonstanciel, ce refus opposé au premier chef du gouvernement « élu » de la transition contient le rappel par le président d'une de ses prérogatives essentielles. Il avait été précédé, au début

---

1. Pour une appréciation de ces dissolutions, v. S. Ceccanti, La trasformazione strisciante delle istituzioni, *Convegno Ruffilli* (Forli, 11 avril 2003), p. 19.

de cette même coalition – alors que les leaders de la majorité, auxquels il manquait quelques voix au Sénat, avaient cru pouvoir agiter la menace d'une dissolution dans l'hypothèse où leur candidat à la présidence de la Chambre haute subirait un échec – par une mise en garde officielle du Quirinal réaffirmant le caractère exclusivement présidentiel de la prérogative de dissolution. En revanche, lors de la crise de décembre 1997, le président du Conseil, R. Prodi, soutenu par M. D'Alema a brandi la menace de la dissolution pour contraindre *Rifondazione Comunista* à réaffirmer son soutien au gouvernement (v. n° 280), menace qui était en réalité un bluff. C'était vouloir induire la suggestion que le président se prêterait à une dissolution, ou sinon même en aurait donné l'assurance. Pareille insinuation présumait hautement de la décision que le chef de l'État serait appelé à prendre. Aussi, lorsqu'en définitive, en 1998, le gouvernement Prodi fut renversé, suite à l'adoption d'une motion de défiance que RC avait eu enfin l'audace de voter, la question a été immédiatement rouverte. En faveur de la dissolution, un puissant argument (la raison peut même en paraître dirimante) était que l'adoption de la défiance n'avait pas obéi à une règle impérieuse du régime parlementaire, en tant que celui-ci réclame d'être stable et cohérent, celle qui exige qu'une commensurabilité existe entre les différents motifs par lesquels plusieurs groupes ont voté la censure. Il est évident que dans le cas du renversement du gouvernement Prodi il n'y avait aucune espèce de rapport – il y avait même contradiction – entre les motifs qui avaient conduit *Forza Italia* (pour ne citer que le principal parti de l'opposition) à voter la défiance et ceux allégués par *Rifondazione Comunista* pour faire tomber le gouvernement. Qui plus est, aucune majorité de gouvernement de rechange n'était possible dès lors qu'un soutien de RC à une coalition de droite était évidemment impensable. Or pourtant le chef de l'État a décidé de ne pas dissoudre. Ce refus tenait à la conception de principe qu'il avait des pouvoirs présidentiels mais semble n'avoir pas été non plus exempt accessoirement de calculs politiciens[1]. Aussi

---

1. La dissolution nécessitait d'être prononcée à bref délai parce qu'on allait entrer alors bientôt dans le fameux semestre blanc. Prononcée tout de suite, et donc dans le climat de consternation provoqué par la chute du gouvernement, la dissolution profitait manifestement à l'opposition (donnée gagnante par les sondages). D'aucuns ont avancé que le refus de dissoudre aurait été fondé sur la crainte qu'en cas de succès de *Forza Italia* les Chambres nouvellement élues ne portent Silvio Berlusconi à la présidence de la République. Cette supposition paraît passablement fantasmagorique.

surprenante qu'elle paraisse, une telle décision a tenu pour beaucoup au tempérament du président Scalfaro, parlementariste par toutes les fibres, et qui, à ce point, s'est inscrit dans la logique du parlementarisme intégral (P. Pasquino). Le chef de l'État s'est exprimé là dessus en une formule laconique : « Tant que le Parlement exprime une majorité qui fonctionne, les Chambres ne seront pas dissoutes. » Or, à moins que le pays ne soit confronté à une crise exceptionnelle, il se trouve toujours quelque majorité, au besoin alternative, dans une assemblée pour soutenir un gouvernement qui y cherche avec résolution des appuis mais il y a loin de cette majorité aléatoire à ce que les anglais appellent une *working majority*. M. Scalfaro « n'avait pas voulu dissoudre dans la mesure où il avait été possible de trouver ou de "fabriquer" une nouvelle majorité au Parlement »[1]. La sanction immédiate a été le retour aux *combinazione* et à l'instabilité gouvernementale (v. n° 279). À cette pratique circonspecte, le président Ciampi a fait succéder une conception moins parlementariste mais au fond plus parlementaire. Il semble que si le référendum de mai 2000 visant à établir un système électoral entièrement majoritaire avait abouti, référendum dont on a dit que M. Ciampi passe pour en avoir inspiré l'initiative (v. n° 282 *ter*), le chef de l'État aurait été enclin à prononcer la dissolution des Chambres, suivant le précédent que M. Scalfaro lui-même avait contribué à dégager en 1993. Mais il faut se garder de préjuger de l'appréciation par lui de circonstances qui ne se sont pas produites.

Ainsi la pratique de la dissolution s'est-elle éloignée de la conception essentiellement technique qui a longtemps prévalu, et si son caractère de prérogative présidentielle, qui en était le corollaire, s'est trouvé renforcé, même depuis la transition, celui-ci apparaît désormais comme assorti de connotations politiques inséparables d'une lecture dualiste de la fonction présidentielle.

---

1. P. Pasquino, Les transformations du système politique (1992-2000), *in* S. Cassese (dir.), *Portrait de l'Italie actuelle,* Paris, La Documentation française, 2001, p. 43.

II | LES GARANTIES NOUVELLES

Le constituant de 1947 dépasse le type *garantiste* étroit, d'obédience classique, par l'adjonction de garanties nouvelles. Ces garanties relèvent des notions de démocratie semi-directe, de justice constitutionnelle, d'État régional. La démocratie semi-directe intervient comme tempérament de la démocratie représentative ; l'État régional vient équilibrer l'État proprement classique à travers la conception unitive de l'État communautaire ; la justice constitutionnelle intervient enfin comme pouvoir d'arbitrage à la jonction de la démocratie parlementaire rénovée et l'État des régions : la Cour constitutionnelle est le soutien nécessaire des tempéraments ou des limitations apportés aux unes et aux autres ; à ce titre, elle intervient bien comme garantie par excellence, ainsi que prend soin de le marquer d'ailleurs la Constitution (titre VI). La Constitution de 1947 mettra longtemps à être appliquée en ces matières. La loi constitutionnelle qu'elle prévoit pour l'organisation et le fonctionnement de la Cour ne sera définitivement complétée qu'en 1953. Ce n'est qu'en 1970 qu'advient la loi qui réalise les régions de statut ordinaire. De même du référendum dont la mise en œuvre n'intervient encore que cette année-là. Il en résulte que la Constitution, dans les parties où elle entendait dépasser la forme de l'État classique et de la démocratie représentative, est demeurée pendant plus de vingt ans sans effet.

A - La Cour constitutionnelle

266 PRINCIPE ET ORGANISATION. — L'Italie au sortir de la guerre est la première grande démocratie restaurée à introduire un contrôle juridictionnel de constitutionnalité, parmi celles qui n'en avaient à aucun moment fait l'expérience. Elle va demeurer longtemps le seul pays européen qui ne soit pas un État fédéral à connaître une juridiction constitutionnelle : cette juridiction y est *a priori* puissante, incontestée dans son principe ; son autorité en fait va s'accroître insensiblement encore par le recours des juges à certaines prudences. Andrea Manzella a évoqué avec bonheur la considération dont jouit la Cour et sa « nécessité institutionnelle » grandissante en tant qu' « île de la raison »[1]. Le coup d'audace qui a fait jeter en 1947 la haute juridiction sur le papier est dû primordialement aux précautions garantistes, ainsi que le marque d'ailleurs l'intitulé (Constitution, titre VI, des Garanties, sect. 1) ; il tient aussi aux exigences nouvelles de l'État des autonomies : le titre qui a trait aux régions intervient juste avant celui relatif au contrôle de constitutionnalité. Ces principes générateurs n'ont pas été développés immédiatement du fait de retards institutionnels ou d'inerties. Il faut attendre 1953 pour que la loi constitutionnelle dite d'*actuation* soit complète, après le vote d'une première loi, en 1948 : cette loi est appelée à définir le contrôle de constitutionnalité ainsi que les garanties statutaires des membres de la Cour. Les autres dispositions relatives à l'organisation et au fonctionnement relèvent de la loi ordinaire : semblablement, cette loi n'est adoptée qu'en 1953 (loi n° 87). Encore même les juges ne sont-ils désignés qu'en 1955 : jusque-là, aucune majorité ne se dégage pour élire ceux d'entre eux qui se trouvent devoir l'être.

La Cour se compose, aux termes de l'article 135 de la Constitution, de quinze juges nommés pour un tiers par le président de la République, pour un tiers par le Parlement réuni en séance commune et pour un tiers par les juridictions suprêmes, ordinaire et administrative. La désignation par le président de la République relève de ses pouvoirs propres, sans interférence du gouvernement autre que formelle, le contreseing étant dû. Une convention de la Constitution s'est imposée qui veut que le chef de l'État soit tenu de nommer pour juges des personnalités de diverses sensibilités politiques de même que des jurisconsultes qui illustrent l'ensemble du spectre de la doctrine. L'élection par le Parlement suppose réunies, d'après la loi organique, des conditions de majorité qualifiée (deux tiers puis trois cinquièmes à partir du quatrième tour ; la majorité se calcule d'après le nombre des membres) ; la désignation par les hautes juridictions enfin n'est pas biaisée par des présentations : ces dispositions visent à renforcer l'indépendance originaire des juges de

---

[1]. A. Manzella, La transition institutionnelle, *in* S. Cassese (dir.), *Portrait de l'Italie actuelle*, Paris, La Documentation française, 2001, p. 71.

la Cour. Dans cet ordre, la Constitution exige que les juges soient pris au sein des juridictions supérieures ou soient des professeurs des facultés de droit ou des avocats confirmés. Les incompatibilités sont rigoureuses et peuvent être encore renforcées par la loi. Les juges disposent de la même immunité que les parlementaires, celle-ci pouvant être levée par la Cour ; la suspension d'un juge de ses fonctions (pour manquement grave) est de la connaissance de la Cour avec de sérieuses garanties de procédure et, spécialement, de majorité. Les juges ordinaires de la Cour sont élus, depuis la révision constitutionnelle de 1967, pour neuf ans ; depuis cette même révision, leur mandat n'est pas renouvelable. Le président de la Cour est élu par ses pairs et, depuis 1967, pour trois ans. Une convention veut que ce soit un juge à qui il ne reste plus à siéger que trois années de sorte que non seulement la présidence est brève, mais n'est pas dès lors sujette à renouvellement[1]. Noter enfin que, lorsque la Cour connaît au pénal des actions ouvertes à l'endroit du président de la République ou des ministres, elle se voit adjoindre seize juges, qualifiés communément d'*aggregati* : ces derniers sont élus par le Parlement parmi les citoyens éligibles au Sénat et, depuis la révision de 1967, de la même façon que les juges ordinaires et pour la même durée.

267 COMPÉTENCES. — L'article 134 de la Constitution attribue au juge constitutionnel trois fonctions : à l'ordinaire, c'est au principal le juge de la constitutionnalité des lois et, accessoirement, un tribunal des conflits d'attribution entre pouvoirs publics ; à titre extraordinaire, il peut être érigé en haute cour. La Cour constitutionnelle n'a aucune compétence propre et directe en matière d'élections : elle est appelée seulement à connaître du bien-fondé des recours *(ammissibilità)* au référendum abrogatif.

Lorsque la Cour statue comme juge des conflits, les débats sont contradictoires (*a fortiori* lorsqu'elle siège en haute cour) ; lorsqu'elle connaît d'un recours en inconstitutionnalité, le principe est inverse. Le jugement ne comprend pas d'opinions dissidentes.

La compétence de la Cour, en tant que juge de la constitutionnalité, s'étend aux seules normes écrites législatives ou ayant force de

---

1. V. L. Favoreu, *op. cit.*, p. 69.

loi. La Cour est juge de la constitutionnalité des traités, auxquels la doctrine ne reconnaît pas en Italie une autorité supérieure à celles des lois (la question des normes communautaires appelle bien d'autres difficultés). Les lois s'entendent des lois étatiques comme des lois régionales ; en revanche, si elle est compétente à l'endroit des décrets-lois étatiques, ceux des régions lui échappent. La question du contrôle des lois référendaires abrogatives a pu être controversée, au motif notamment que la Cour a déjà exercé le contrôle préalable dit d'admission à leur endroit. On a vu que la Cour est aussi compétente à l'endroit des règlements parlementaires. Elle exerce enfin un contrôle formel (vice de procédure) à l'endroit des lois constitutionnelles. La doctrine italienne inclinant en faveur de la reconnaissance de limites matérielles implicites posées à l'exercice du pouvoir constituant dérivé, le contrôle de la Cour a commencé de s'affirmer au regard de tels principes. La Cour de cassation suggère nettement une telle voie lorsqu'elle accepte que les lois d'exécution des traités puissent déroger (par l'effet d'une révision implicite) aux lois constitutionnelles pour autant que celles-ci n'établissent pas de principes supérieurs et n'expriment de droits inviolables. Le projet de loi constitutionnelle de 1997 avait attribué à la Cour la connaissance des recours d'*amparo* (v. n° 296). Dans le même esprit garantiste, le projet érigeait la Cour en autorité protectrice des provinces et des communes, s'agissant de leurs compétences. Enfin, il attribuait à la Cour, ainsi qu'il a été dit, le contentieux des élections parlementaires.

La compétence la plus importante, et pratiquement de loin la plus conséquente, regarde le contrôle de constitutionnalité des lois et actes assimilés. L'activité de la Cour revêt les deux aspects du contrôle abstrait et du contrôle concret. Le contrôle abstrait, aussi appelé principal *(procedimento principale)*, s'exerce par voie d'action : l'action est ouverte au gouvernement (ou aux autres régions) à l'endroit des actes régionaux ; aux régions de l'endroit des actes de l'État. Ici certaines dissymétries apparaissent : le recours de l'État contre les actes des régions peut intervenir *a priori* et *a posteriori* ; le recours des régions, à l'inverse, n'est jamais qu'*a posteriori* et seulement ouvert dans les trente jours qui suivent la promulgation. Les lois étatiques ne peuvent être contestées que lorsqu'elles empiètent sur les attributions des régions. Surtout, l'action ouverte par l'État emporte un effet suspensif des actes régionaux, du moins en cas de recours préventif. Du fait que la Cour n'est pas contrainte de statuer dans un délai, ou que la loi constitutionnelle n'a pas prévu de décisions de rejet implicite, l'activité des régions peut ainsi être entravée jusqu'à plusieurs années, et ce d'autant que rien n'interdit une saisine infondée (détournement de procédure).

En fait, et de beaucoup, la plus grande quantité des affaires qui sont de la connaissance de la Cour relèvent du second ordre de contrôle[1]. Le contrôle concret ou incident *(incidentale)* intervient par voie d'exception à l'occasion d'un procès. La Cour est saisie au titre d'une question préjudicielle par toute juridiction, soit d'office, soit sur demande des parties mais toujours alors dans les termes énoncés par le juge *a quo*. La notion de juridiction a été entendue extensivement par la Cour, d'où les saisines les plus diverses : ainsi, par exemple, les autorités portuaires, en certains cas, sont-elles de ce nombre. En revanche, la saisine a été restreinte dans son exercice par les moyens de la notion d'importance déterminante *(rilevanza)* et celui de l'absence manifeste de bien-fondé *(non manifesta infondatezza)* de la question d'inconstitutionnalité. Les décisions de rejet sur ce motif sont l'objet de simples ordonnances : celles-ci passent dorénavant du double le nombre des sentences rendues, au lieu qu'avant les années 1970 il en allait à l'inverse.

Le juge de constitutionnalité, à l'intérieur de la demande, n'est pas limité par l'énoncé strict de la question (il peut en réapprécier les termes) ; au-delà même il peut statuer *ultra petita* (en faisant porter son contrôle sur des dispositions qui ne sont pas contestées). Enfin, hors de l'acte qui lui a été déféré, il peut étendre l'annulation à d'autres actes dont l'illégitimité est la conséquence du jugement rendu ou même à des dispositions réputées par lui analogues. Les décisions d'annulation prennent effet au lendemain avec l'autorité de la chose jugée. À l'égard des décisions de rejet, le juge *a quo* n'est pas lié par l'adage *non bis in idem,* si bien qu'il peut être introduit par lui un nouveau recours aux mêmes fins à l'occasion d'une autre affaire. Ainsi, la Cour n'est pas liée par les précédents. Il existe pourtant des décisions de rejet, interprétatives, revêtues du *stare decisis*. Celles-ci ne prononcent pas l'annulation à proprement parler des dispositions

---

1. *Ibid.,* p. 73 et s.

incriminées – en ce sens, c'est bien une décision de rejet –, mais elles opèrent la dénonciation formelle d'une interprétation dont le texte est susceptible. En l'espèce, il s'agit de précédents par indication ou *persuasifs* (A. Pizzorusso). Cependant, pour imposer ses vues, la Cour en est venue à insérer dans le dispositif même de ses décisions l'interprétation qu'elle dénonce. Ce sont les fameuses *sentenze manipolative* : on débouche alors sur des décisions interprétatives d'admission auxquelles s'attache l'autorité de la chose jugée. Ces dernières décisions emportent annulation en somme restrictive. Les décisions manipulatives sont de plusieurs ordres, gradués et subtils. D'abord, elles peuvent se contenter de trancher en faveur d'une interprétation ou bien de déclarer inconstitutionnelle l'interprétation *a contrario* du texte même. Une différence de nature est franchie avec les sentences manipulatives dites de substitution : celles-ci substituent à la norme qui est l'objet de l'annulation une contre-norme, réputée seule conforme à la Constitution, dans l'explicitation procurée par la Cour. Restent les sentences dites d'habilitation : ces décisions viennent fixer des principes sur lesquels le législateur devra se régler pour remédier à la situation qui résulte de l'annulation. La fixation des normes de remplacement ou des principes directeurs a en quelque sorte valeur d'impératif, puisque les enfreindre à l'avenir revient clairement pour le législateur à s'exposer à une annulation. On peut ajouter encore les sentences appelées additives dont le dispositif élargit la sphère d'application de garanties reconnues. Ce procédé a connu des développements nouveaux : « Par la technique des arrêts dits "additifs de principe", écrit L. Favoreu, la Cour prononce l'inconstitutionnalité d'une omission du législateur, mais contrairement aux arrêts additifs classiques, elle n'introduit pas elle-même la règle destinée à combler la lacune de la loi contrôlée. Elle se borne, en effet, à "administrer" selon sa propre expression, un "principe" à l'aune duquel le législateur devra adopter lui-même la nouvelle règle pour satisfaire aux exigences constitutionnelles. Tant que le législateur n'est pas intervenu, les juges ordinaires peuvent se référer également au "principe" posé par la Cour pour tirer de l'ordonnancement juridique en vigueur la règle adaptée aux cas concrets qu'ils ont à trancher. »[1]

---

1. *Ibid.*, p. 78-79.

À côté de ses fonctions propres de juge constitutionnel, la Cour résout les conflits d'attribution. Ces conflits s'étendent à tous les pouvoirs de l'État, à ceux survenant entre l'État et les régions et aux conflits entre régions. Dans le premier cas, il s'agit de tous les pouvoirs publics au sens classique, Parlement, gouvernement, chef de l'État, autorité judiciaire (y compris le recours éventuel du gouvernement à l'encontre des actes du président de la République). Les litiges de cet ordre sont longtemps restés assez rares et portaient principalement sur les compétences reconnues au pouvoir judiciaire. Les conflits engendrés par les difficultés de la transition politique ont ouvert à cet égard un champ d'application plus large. La Cour, dans l'affaire opposant, en 1995, le ministre de la Justice au Sénat, a étendu le cercle des organes habilités à intervenir dans la cause en décidant que la Chambre des députés était également intéressée par la question litigieuse de la constitutionnalité de la motion de censure individuelle, et que le recours devait donc lui être notifié (v. n° 264). Les conflits du second type sont également devenus plus nombreux après la mise en place effective des compétences des régions ordinaires (v. n° 271) ; leur règlement tend d'ailleurs à se rapprocher du contrôle de constitutionnalité des actes des régions envisagé plus haut, si ce n'est qu'ici il peut porter sur des actes qui en eux-mêmes n'ont pas valeur de loi.

Il y a peu à dire des fonctions de la Cour au criminel, qui, en dernière analyse, se présentaient comme une entrave de fait à l'activité normale de la Cour : ainsi le jugement étendu sur trois années de l'affaire dite Lockheed à l'endroit des ministres Gui et Tanassi est venu aggraver dans des proportions considérables les retards à statuer de la part de la Cour. En juin 1989, le Parlement a approuvé une loi constitutionnelle qui confie désormais la connaissance des litiges engageant la responsabilité pénale des ministres au juge ordinaire, moyennant l'autorisation préalable du Parlement aux termes de l'article 96 de la Constitution.

La toute première décision de la Cour en 1956 porte sur sa compétence à l'égard des lois ou actes assimilés antérieurs au régime de la Constitution. La question est directement liée à celle des droits fondamentaux qui viennent d'être consacrés. La reconnaissance de ces droits entre en contradiction avec les textes passés, spécialement ceux élaborés sous le fascisme. La Cour s'est reconnue immédiatement compétente (contre l'avis du gouvernement). Par suite, la plupart des décisions d'annulation rendues depuis ont porté sur ces textes. Une autre question est alors posée, celle de la reconnaissance effective des garanties fondamentales : savoir si celle-ci nécessite l'intervention du législateur. L'opinion avait été entretenue par la Cour de cassation qui s'était employée avec une obstination sans faille (Calamandrei) à vider la Constitution de sa substance (l'Italie, en effet, a pratiqué de 1948 à 1955, dans l'attente que la Cour constitutionnelle soit instituée, un contrôle diffus de constitutionnalité, du type américain). La thèse de l'*interpositio legislatoris* pouvait être soutenue avec quelque raison s'agissant des droits économiques et sociaux ; elle devenait proprement inadmissible appliquée aux garanties individuelles (L. Elia). La Cour a décidé de l'applicabilité immédiate de la Constitution. Il s'en est suivi une jurisprudence dont les développements ont été constants : d'abord, la Cour a estimé que les droits susceptibles d'être invoqués dépassent l'énonciation littérale qui en était faite dans la Constitution ; enfin, elle en est venue à décider que les droits constitutionnels peuvent trouver à s'appliquer, le cas échéant, pour régler les rapports qui relèvent de la *privacy*. Dans un autre ordre, la Cour a entendu son rôle de façon tout aussi compréhensive en intégrant avec toutes ses conséquences la notion d'*excès de pouvoir* au contrôle de constitutionnalité des lois. Ce dernier procédé, doublé du recours aux sentences dites manipulatives (v. *supra*), constitue la haute juridiction dans une figure d'autorité indéniable qui en impose au Parlement, de l'aveu résigné de celui-ci même.

B - *La démocratie semi-directe*

268 L'INITIATIVE POPULAIRE. — Aux termes de la Constitution, l'initiative populaire revient à 50 000 électeurs inscrits. L'initiative, suivant la Constitution, doit présenter la forme d'une proposition rédigée en articles. Ce droit est demeuré longtemps abstrait du fait que la Chambre (contrairement au Sénat) estimait qu'une loi d'application de la norme constitutionnelle devait intervenir. La loi en question n'a été adoptée qu'en 1970 (celle relative au droit d'initiative du CNEL était intervenue dès 1957). La loi de 1970 entre dans des procédures tatillonnes. Le droit d'initiative demeure assez théorique : le fait n'est pas tant dû à la loi qu'à la Constitution elle-même qui ne prévoit pas que le refus de prise en compte de la proposition ou son rejet par le Parlement doivent entraîner un référendum, soit de plein droit (ainsi qu'en Suisse), soit même facultatif. Par suite, les auteurs jugent que la proposition d'initiative populaire ne doit pas être sujette dans son objet à des restrictions, étant, somme toute, sans suite dirimante, au contraire de ce qui se passe pour le référendum abrogatif : en vertu de la Constitution, certaines matières sont en effet exclues du champ de ce dernier référendum ; or, celui-ci est obligatoire (lorsque les conditions sont réunies), ce que n'est jamais le précédent.

269 Le référendum abrogatif : les règles. — L'Italie est avec la Suisse la seule des démocraties considérées à connaître le référendum abrogatif des lois.

La Constitution italienne (art. 75, al. 2) autorise le référendum à l'endroit des lois ordinaires[1], qu'elles soient formelles ou simplement des actes ayant force de loi, ainsi des décrets-lois. Le référendum est exclu à l'endroit des lois de finances, des lois d'amnistie et de celles qui autorisent la ratification d'un traité international. Cette réserve de la Constitution est interprétée de manière extensive par la juridiction constitutionnelle.

Le référendum est ouvert à l'initiative de 500 000 électeurs inscrits ou bien de cinq conseils régionaux. Participent à la consultation les citoyens en âge d'élire la Chambre des députés. Telles sont les dispositions constitutionnelles. La loi d'application n'est intervenue qu'en 1970 (loi ordinaire n° 352 du 15 mai 1970). Elle a été légèrement retouchée en 1978 (n° 199) et en 1995 (n° 173). Cette dernière loi impose que chaque demande référendaire soit assortie d'une nomenclature succincte, de manière pour l'électeur à recon-

---

1. Ceci exclut non seulement les lois constitutionnelles, portées en vertu de la Constitution même, mais les lois ordinaires dont le contenu est coactivement lié par la Constitution : les normes « à contenu constitutionnellement liant ». De même aussi sont exclus du champ de l'abrogation les organes dits « constitutionnellement liés ». La distinction est en réalité assez factice et, quant à sa vérification pratique, s'avère, à une espèce ou deux près, rarissime. La discrimination repose sur le critère appelé de « propagation progressive ». Sont encore exclus les traités internationaux de valeur supralégislative (le droit italien ne reconnaît pas en principe la supériorité des traités sur la loi). Ainsi du Concordat.

naître clairement l'objet de la proposition. Cette prescription révèle toute son utilité dans le cas, très fréquent, de trains référendaires (v. *infra*).

La loi de 1970 introduit des modalités de mise en œuvre. Les signatures qui appuient la demande référendaire doivent être réunies dans les trois mois qui suivent l'ouverture de la procédure, par dépôt initial de la requête auprès du greffe de la Cour de cassation. À l'endroit des conseils régionaux, les délibérations doivent être conclues toutes dans un espace de quatre mois. La liste des souscriptions est transmise à son tour au greffe. Elle doit être introduite entre le 1er janvier et le 30 septembre de l'année courante. Il y a deux exceptions notables à cette règle : la demande ne peut pas être produite dans la dernière année d'une législature, non plus que dans les six mois qui suivent la convocation des collèges en vue d'élections générales. Rien n'interdit *a priori* que les signatures ne soient rassemblées durant ce terme ; seule la demande est suspendue. La procédure n'est pas éteinte : le terme de celle-ci se voit reculé de plein droit d'une année. Une fois la demande appuyée des souscriptions nécessaires, la Cour de cassation, par le biais d'un office placé sous son autorité et qui opère les vérifications matérielles, constate que les conditions sont réunies au regard de la loi. La Cour statue entre le 31 octobre et le 20 novembre. Lorsque la haute juridiction accueille la requête, celle-ci est portée devant la Cour constitutionnelle, aux fins de vérifier la conformité de la demande à la loi fondamentale. Ce contrôle, dit d'admission, est réglé par la loi constitutionnelle relative à la Cour (loi n° 1 de 1953). La Cour constitutionnelle doit statuer entre le 20 janvier et le 10 février de l'année qui suit l'ouverture de la procédure (sauf l'exception précitée). Dans le cas où la Cour a prononcé l'admission, le président de la République, par délibération en conseil des ministres, ordonne la tenue du référendum. Celui-ci a lieu entre le 15 avril et le 15 juin. Cependant le référendum peut devenir sans objet ou être retardé.

Une demande admise par la Cour constitutionnelle peut être frappée de caducité par l'adoption *dissuasive* d'une nouvelle loi par le Parlement : ainsi en advint-il en 1978, 1981, 1990 et 1993 (v. n° 282). Le référendum, en outre, est reporté lorsqu'une dissolution survient entre-temps. La procédure est alors reculée d'une année. Cependant, lorsque le report pourrait conduire à ce que le référendum se tienne en dehors de la plage des trois mois prévus par la loi, la consultation est différée encore d'une année (conséquemment le référendum admis en 1972 eut lieu en 1974).

Lorsque le référendum a conclu à l'abrogation (être opposé à la loi existante en l'espèce, c'est voter « oui »), il revient au président de la République de promulguer la loi, sauf à en retarder l'effet sur demande du gouvernement à un terme qui ne peut aller au-delà de soixante jours.

269 bis LE RÉFÉRENDUM ABROGATIF : L'EFFECTUATION EN DROIT.
— Un constat liminaire s'impose. La loi d' « actuation » de 1970, dont la rédaction a été dépendante d'un contexte politique, est devenue inadaptée. Ainsi la loi n'a pas prévu d'assigner à une même consultation un nombre raisonnable de propositions, laissant la porte ouverte à la tenue de référendums « en rafale » (v. n° 282). Cependant on ne doit pas dissimuler que certaines défectuosités résultent directement de la Constitution. Le constituant, à la suite d'un oubli, ou par l'effet de la conception qu'il a du référendum abrogatif (v. *infra*), n'a pas fait mention de la loi électorale. Les conséquences de cette omission allaient s'avérer incalculables. De même a-t-il fixé par tête et non en pourcentage d'inscrits le nombre d'électeurs requis pour introduire une demande référendaire. Il en est résulté avec le temps un abaissement de fait du seuil qui a grandement facilité l'explosion du nombre des requêtes et la tenue d'un nombre excessif de référendums.

Une disposition de la loi du 15 mai 1970 (art. 27, al. 3) a été et demeure de grande conséquence. Elle autorise, en application de l'article 75, alinéa 1er de la Constitution, de proposer au référendum l'abrogation partielle d'une loi, mais sans prendre garde de resserrer dans des limites raisonnables, à l'endroit du dispositif de la loi, le champ même de l'abrogation. Ce faisant, le législateur ordinaire a pris quelque liberté avec la Constitution, en postulant en faveur du référendum abrogatif une portée bien au-delà du ressort réduit, strictement garantiste, dans lequel le constituant de 1947 avait entendu le comprendre. Il est clair qu'à partir du moment où l'on permet d'abroger telle ou telle phrase, ou membre de phrase, d'un texte de loi, on induit la possibilité d'en recomposer à volonté (sauf les limites inhérentes) le dispositif et, par ce biais, d'introduire comme en creux une législation nouvelle[1]. La subversion était d'ailleurs prévisible : forts du levier de l'abrogation partielle, les promoteurs des référendums n'ont pas manqué de recourir à la tactique qui a consisté à capter en faveur de la proposition référendaire d'initiative, dépourvue de toute suite obligée (v. *supra,* n° 268), la note contraignante qui s'attache aux propositions abrogatives.

La pratique des référendums d'initiative oblique s'est insinuée dans le cadre de l'article 75 de la Constitution, entraînant le glissement de cet article dans le champ de l'article 71, lequel concerne en propre le référendum d'initiative[2]. C'est la technique des propositions référendaires d'abrogation dites manipulatives, lesquelles n'ont pas tardé à devenir en fait « manipulatives créatives », autrement dit des propositions de loi qui, pour reprendre une expression de G. Ambrosini[3], masquent habilement de vrais et propres référendums d'initiative. La doctrine avait naturellement saisi toute l'implication mais, jusqu'à la sentence de 1991, elle demeura très réservée sinon hostile[4]. La Cour constitutionnelle, sans s'abandonner à consacrer formellement cette pratique, a autorisé des procédés qui en approchent, en limitant la faculté manipulative aux lois électorales. Mais elle n'y a consenti que par provision, sous les réserves de droit. Aussi cette avancée n'a-t-elle eu qu'un temps (v. n° 282 *ter*). La haute juridiction elle-même a fini par enrayer le processus, sur le constat du défaut de réaction du pouvoir constituant.

Il revient successivement à la Cour de cassation de contrôler la conformité de la proposition référendaire à la loi, à la Cour consti-

---

1. C'est pour parer à cette grave disparité que l'avant-projet de Constitution élaboré par la commission bicamérale prévoit la tenue obligatoire du référendum si le Parlement n'a pas délibéré dans les dix-huit mois sur la proposition d'*initiative*. (Néanmoins, le texte ne spécifie pas que si la proposition est amendée par le Parlement, un référendum alternatif doive s'ensuivre.)
2. « La Cour (avait) transformé ce qui dans le cadre de l'opération principale de démocratie directe qu'est le référendum abrogatif est éventuel et accessoire, c'est-à-dire la finalité propositive, réduisant à l'inverse à un simple élément concurrent (mais inapte à justifier la légitimité de l'intervention directe des électeurs) la *voluntas abrogandi* qui est au contraire le véritable aspect caractéristique et intouchable de l'institution même » (Paolo Carnevale, cité *in* J. Guidicelli, *op. cit.* sous le n° 69 *ter*, p. 32).
3. G. Ambrosini, *Référendum*, Turin, 1993, p. 108.
4. (Il est) « possible de parvenir à des résultats positifs et innovants sur le plan des normes avec des techniques d'apparence éliminatoire sur le plan des dispositions » (Gustavo Zagreelsky, cité *in* J. Guidicelli, *op. cit.* sous le n° 69 *ter*, p. 29). Ce dernier rappelle les réserves de Zagrebelky, « pourtant peu suspect de complaisance envers la classe politique », réserves qu'il partageait avec la part dominante de la doctrine (*ibid.,* p. 29).

tutionnelle d'opérer le contrôle en regard de la Constitution. Ces deux ordres de contrôle ne sauraient interférer en principe, mais la réalité est moins simple. L'office dépendant de la Cour de cassation n'est pas seulement chargé de vérifier l'authenticité de la récollection des signatures à l'appui de la requête ; il prend aussi connaissance, au plan technique, du contenu de la demande, et ses constats ne sont pas quelquefois sans entreprendre sur le prononcé. Lorsque la Cour de cassation accueille la requête, la proposition référendaire est donc portée devant la Cour constitutionnelle aux fins d'une décision d'admission. Ce contrôle est normalement distinct de celui qu'elle opère en matière de constitutionnalité (contrôle dit de légitimité), mais, là encore, la séparation n'est guère étanche en pratique (v. *infra*). La Cour constitutionnelle ne se borne pas à vérifier la conformité au sens étroit de la proposition d'abrogation à la Constitution. Dans son importante sentence n° 16 de 1978, elle est venue préciser que son contrôle s'étendait aux *structures* et aux *thèmes* de la demande. Ainsi ne sont pas admises des propositions non simples, peu claires, univoques, incohérentes, diverses, hétérogènes ou irréductibles les unes aux autres. Des sentences de 1981 sont venues compléter la jurisprudence précédente en posant des conditions. La demande n'est recevable que si elle comporte un choix et un choix qui, par définition, soit possible. L'électeur ne doit pas voir son jugement entravé par une alternative implexe ou une question obscure, mais rien n'interdit qu'une question posée soit complexe : il suffit que les termes généraux de la question soient clairs. Ainsi la Cour se reconnaît-elle le droit de sanctionner la contradiction interne des termes de la question (elle en use semblablement à l'endroit des lois du Parlement). Elle frappe aussi le défaut de cohérence externe d'une demande qui tendrait à l'abrogation d'une norme à l'exclusion d'autres analogues. La Cour est cependant allée beaucoup plus loin que ces exigences d'ordre logique, déjà passablement fluides (le concept de *ragionevolezza* agissant comme un véritable aimant). Elle a admis la recevabilité d'une proposition tendant à abroger des « phrases privées de signification normative autonome » et même des membres de phrase, sinon des mots, *singole parole* (sentences n° 5 de 1995 et n° 32 de 1993). D'autre part, en inventant le concept d'admissibilité dite implicite, la Cour s'est reconnu le pouvoir d'apprécier les intentions qui sous-tendent la proposition référendaire. Ainsi la sentence n° 1 de 1995 a-t-elle prononcé l'inadmissibilité pour défaut de conformité avec les buts poursuivis. Cette conception téléologique du contrôle a abouti en dernière instance à l'appréciation de la norme dite de résultat, autrement dit de la norme qui résultera de l'abrogation, la norme résiduelle (cf. sentences n° 47 de 1991, n° 32 de 1993, n° 5 de 1995). Le contrôle de la norme de résultat n'en a pas moins un fondement objectif, destiné à éviter la survenance d'un vide juridique (v. *infra*).

Les sentences du 30 janvier 1997, par lesquelles la Cour rejette 19 propositions référendaires (sur 30), offrent un bon condensé de la plupart des motifs reçus d'inadmissibilité, en même temps qu'elles laissent transparaître l'amorce de nouveaux critères[1]. Ces décisions de rejet ont suscité une querelle très vive (v. n° 282), amplifiée encore lorsque les motifs en eurent été publiés, débat auquel auront participé quatre anciens présidents de la Cour (Elia, Caianiello, Baldassarre, Conso).

Une demande admise par la Cour constitutionnelle peut, comme on l'a dit, être frappée de caducité par l'adoption *dissuasive* d'une nouvelle loi par le Parlement. La requête, par exemple, tendant à modifier le mode de scrutin municipal, requête non admise par la Cour en 1991, dans sa sentence n° 47, mais reformulée ensuite, devint sans objet suite à l'adoption par le Parlement d'une nouvelle loi, en mars 1993. Pour que la requête devienne caduque, il n'est d'ailleurs pas nécessaire que la loi dont l'abrogation est proposée au référendum soit refondue substantiellement, il suffit que la loi du Parlement vienne modifier en substance une disposition essentielle de celles dont il était intercédé.

Une demande référendaire, avons-nous vu, ne peut pas être produite dans la dernière année d'une législature. Le référendum, en outre, peut être reporté lorsqu'une dissolution survient entre-temps : tel fut le cas en 1972 à l'occasion du référendum sur le divorce et, en 1976, à l'occasion de celui sur l'avortement. Il y a là une possibilité de détournement de procédure, puisqu'une dissolution liée à une

---

1. Violation d'un principe constitutionnel exprès (en l'espèce celui posé à l'article 5), matière explicitement exclue par la Constitution du champ référendaire, loi ordinaire à contenu constitutionnellement liant, interdiction de créer un vide normatif, proposition référendaire directive ou emportant une question créatrice, questions non homogènes, absence de clarté.

situation parlementaire susceptible de la justifier peut esquiver un référendum d'implications gênantes : c'est ce qui s'est produit en 1976 avec le référendum sur l'avortement. À l'inverse, en 1987, des référendums ont été tenus, par le recours (sur des motifs politiciens) à une procédure dérogatoire contestable, permettant qu'ils aient lieu la même année que la dissolution (v. n° 282).

Le délai de promulgation de soixante jours, occasionnellement porté au double par la loi d'exception de 1987, permet au Parlement de procéder aux ajustements nécessaires et d'éviter qu'un vide juridique ne survienne (le cas s'est produit en 1988 : v. n° 282). Depuis que la juridiction constitutionnelle passe au crible la norme de résultat, le risque d'une lacune est devenu assez théorique. Néanmoins, le cas peut toujours se rencontrer où le contrôle de la Cour aurait été pris en défaut.

L'adoption de la loi référendaire abrogative pose la question délicate du *ius subsequens,* celle des rapports de « correction » qu'est tenue d'entretenir avec elle la loi postérieure adoptée par le Parlement. La thèse classique, à laquelle d'ailleurs la Cour a assenti (sentence n° 29 de 1987), pose un rapport d'équipollence relative entre loi référendaire et loi du Parlement. Mais depuis la tenue des référendums de 1993, une part croissante de la doctrine s'est portée à accorder à la loi référendaire une valeur supralégislative et même, pour certains auteurs, paraconstitutionnelle, en tant que celle-ci se pose le cas échéant pour l'acte originant d'un nouvel ordre constitutionnel (comme la loi référendaire abrogative d'avril 1993 relative au mode d'élection du Sénat). Cette théorie met en avant des motifs de la Cour, qu'en réalité elle sollicite[1]. Elle repose sur une confusion. La supériorité de la loi référendaire n'est nullement inhérente. C'est un effet incident de l'article 75 de la Constitution, lequel pose l'obligation de respect et de conformité – mais non pas de conformation – à la volonté populaire ; on ne saurait déduire de là que la loi référendaire aurait *de plano* une quelconque valeur supérieure à la loi du Parlement. Une sentence rendue le 9 janvier 1997, par ailleurs, vient éclairer le problème du contrôle du respect par la loi du Parlement de la volonté référendaire. La Cour était saisie d'un con-

---

1. Ainsi par exemple, dans la sentence n° 468 du 9 octobre 1990 : « À la différence du législateur qui peut corriger ou étendre ce qu'il a précédemment statué, le référendum manifeste une volonté définitive et irrépétible » (*Recueil,* vol. CXVII (1990), p. 205).

flit soulevé par le comité promoteur de celui des référendums abrogatifs du 18 avril 1993 par lequel la loi sur le financement public des partis avait été abrogée. Le conflit d'attribution dont la Cour avait à connaître était agité entre les électeurs qui avaient souscrit la proposition référendaire, envisagés comme pouvoir constitué, et le Parlement. Les Chambres venaient en effet d'adopter une loi dont il était fait grief, au motif que celle-ci visait à réintroduire, de manière subreptice, le financement public des partis que la loi référendaire venait précisément d'abolir. La Cour, tout en confirmant que les électeurs auteurs d'une proposition référendaire interviennent au titre d'une « fonction constitutionnellement relevante et garantie », et sont donc assimilés à un pouvoir de l'État, ne reconnaît pas qu'ils soient constitués à ce titre en organe de contrôle permanent (leur compétence trouve sa limite naturelle dans la conclusion du référendum). Par suite, les auteurs de la proposition adoptée ne sont pas en puissance, comme tels, d'interférer directement avec la volonté des assemblées, en se posant comme les gardiens de la loi référendaire. La Cour rappelle à cet égard que les lois du Parlement demeurent en permanence soumises au contrôle ordinaire de légitimité constitutionnelle, de sorte que c'est à elle-même qu'il revient de garantir l'observance des limites posées à la reprise, formelle ou substantielle, par le législateur du dispositif abrogé en vertu du référendum. Par ces motifs, la sentence se conclut sur un refus d'admission du recours (sentence n° 9 de 1997).

Le glissement imprimé au référendum abrogatif en Italie a été admis à la faveur d'une dynamique d'*accompagnement* jurisprudentiel, très discutée en doctrine. Certes, la Cour constitutionnelle a eu le grand mérite de discipliner la procédure référendaire (en domestiquant, tout spécialement, les référendums en rafale) et d'éviter que celle-ci ne se délite par l'effet d'un développement anarchique. La majorité de la doctrine reproche cependant à la Cour de fonder le contrôle d'admission sur une grille trop élastique (Florence Duvigneau). L'appréciation des intentions au départ desquelles la proposition référendaire se déploie a non moins suscité des réserves. Ce procédé revient pour la Cour à s'ériger, pour ainsi dire, en juge du for interne à l'endroit des promoteurs comme, et surtout, des opérateurs du référendum. Or ces derniers ne sont rien d'autre que l'électeur en personne. Ce penchant de la part de la juridiction constitutionnelle, au sentiment de certains auteurs, n'est pas exempt de condescendance ni même d'une note de paternalisme. Mais l'argument peut être retourné, si l'on songe que la sélection opérée par la Cour des propositions référendaires a mis l'électeur devant ses responsabilités en favorisant la clarté des enjeux. Un grief plus fondé de la doctrine repose sur le constat que l'examen de plus en plus acéré de la norme dite de résultat induit le contrôle d'admission à préjuger de celui de légitimité constitutionnelle, lequel est ainsi littéralement parasité par l'autre. Cette capillarité de deux ordres de contrôle pourtant séparés rend désormais passablement théorique le pouvoir qu'a la Cour, au titre du contrôle de légitimité, de rendre une sentence d'annulation *ex post* de la loi référendaire (étant saisie *ratione litis* par la voie du recours incident).

La reconnaissance de la faculté d'abrogation partielle « à la carte » mais non sans contrôle, par le recours aux référendums dit « manipulatifs créatifs » n'a pas été que le cheval de Troie de la procédure référendaire[1]. Par un paradoxe, elle a inculqué des comportements civiques insidieux (les référendums dits de rupture), mais qui, maniés avec adresse, ont été la condition et même, en un sens, la cause du regain démocratique. L'espace de liberté ouvert un moment par la Cour a pris figure de *licenza,* l'épilogue visant à « moraliser » la fin de la pièce.

269 *ter*LE DEVENIR EXEMPLAIRE D'UNE STRATÉGIE RÉFÉRENDAIRE. — On s'attachera à une série hautement exemplative de requêtes, puisque celles-ci ont emporté des conséquences historiques, en obligeant à la recréation de l'ordre politique tout entier. Il s'agit de la stratégie réformatrice abrogative qui, ayant fait choix comme point d'impact de la loi électorale relative au Sénat, échoua d'abord devant la Cour constitutionnelle, pour être finalement accueillie. L'admission par la Cour d'une nouvelle requête, reformulée, dans le même sens a autorisé la tenue du référendum d'avril 1993 (v. n° 282) dont l'issue favorable, en imposant

---

1. Andrea Manzella, Le référendum italien, *Pouvoirs,* n° 77, p. 137-138 ; G. Ambrosini, *Référendum,* Turin, 1993, p. 68 et 108 ; Fl. Duvigneau, *in* M. Baudrez (dir.), *La justice constitutionnelle en Italie. Année 1996, Cahiers du Centre de droit et politique comparée Jean-Claude Escarras* (1997), vol. 7, p. 135-139.

l'impossible réforme de la loi électorale, a signifié la péremption définitive du système politique en place depuis 1947.

Dans sa sentence du 17 janvier 1991 (n° 47), la Cour a imposé qu'une proposition référendaire tendant à abroger des dispositions essentielles de la loi électorale laisse subsister une norme de résultat immédiatement applicable[1]. Par ce motif, elle rejette la requête visant à modifier le mode de scrutin relatif au Sénat, en tant que cette réforme, du fait de l'incertitude qui s'attachait à la norme résiduelle, emportait un risque de « paralysie, même temporaire, du fonctionnement d'un organe constitutionnellement nécessaire ». Le vide juridique consistait principalement dans le fait qu'un quart des sièges du Sénat auraient été, suite à l'abrogation, dans l'impossibilité d'être pourvus, en cas d'élections générales inopinées. La Cour n'en déclarait pas moins concurremment l'inadmissibilité sur un autre motif, tiré de ce que la proposition abrogative visait non pas à introduire des modifications à l'intérieur du système électoral existant mais à promouvoir un changement de système. Pour les initiateurs, il convenait dès lors de tenter de remédier à la lacune accusée par les termes de leur requête, en suscitant une proposition de loi parlementaire et/ou en introduisant une nouvelle demande référendaire, modifiée en conséquence, et susceptible alors d'être admise par la Cour, sous la réserve de parvenir de surcroît à surmonter l'autre motif d'inadmissibilité. Une proposition de loi fut d'abord introduite à la Chambre, visant à pallier la *vacatio legis,* mais l'initiative parlementaire échoua. Les promoteurs produisirent alors une nouvelle proposition référendaire, reformulée, qui a été déclarée admissible par la Cour en 1993[2]. Selon la sentence n° 32, une requête est valide lors-

---

1. Le défaut de norme résiduelle concrètement applicable a été encore opposé par la Cour, lorsqu'en 1997 elle a refusé d'admettre, dans le droit fil de la jurisprudence n° 47 de 1991, une proposition référendaire qui, en visant à supprimer cette fois purement et simplement la part depuis désormais réduite de proportionnelle, n'avait pas veillé à combler la lacune résultant de l'abrogation (sentence n° 26 de 1997). Afin de contourner l'obstacle, une initiative fut introduite à la Chambre. La proposition de loi visait à poser en règle qu'en matière électorale la norme antérieure – celle donc, par hypothèse, abrogée à la suite du référendum – continuerait à s'appliquer jusqu'à la complète « actuation » et opérativité de la loi postérieure, ce qui revient à dire, tant que les lacunes de la norme de résultat n'auront pas été comblées par une loi du Parlement. Le 13 février 1997, la proposition a été rejetée par la Chambre des députés. Ses adversaires ont opposé l'inconstitutionnalité et le fait, d'autre part, qu'elle induisait à préjuger des travaux de la commission de révision constitutionnelle.
2. Ces diverses sentences ont été traduites, assorties d'un commentaire, par J. Giudicelli (J. Giudicelli - C. Papanikolaou, *La Justice constitutionnelle : Italie - Grèce,* Paris, LGDJ, Travaux et Recherches Panthéon-Assas Paris II (sous la direction de C. Goyard), 1997.

qu'elle emporte une norme résiduelle cohérente, immédiatement applicable, de manière à garantir, en cas d'inertie législative, l'opérativité constante de l'organe. Par ailleurs, la motivation intéresse l'autre objection opposée par la Cour en 1991, selon laquelle la demande devait être déclarée inadmissible parce que poursuivant deux objectifs non nécessairement coïncidents, celui de l'abrogation de la règle de majorité hyperqualifiée, au défaut de laquelle la proportionnelle opérait (v. n° 260), et le passage pur et simple à un système majoritaire. La Cour, dans la sentence n° 32 du 16 juin 1993, revient sur cette décision en reconnaissant (du bout des lèvres) la réformabilité référendaire de principe et en substance du système électoral, à la double condition que soit observée l'exigence « d'homogénéité ainsi que de matrice rationnellement unitaire et celle de la subsistance d'une norme résiduelle cohérente immédiatement applicable ». Une fois dûment vérifiés le caractère immédiatement opérant de la norme de résultat et son innocuité à l'endroit du fonctionnement de l'organe constitué, la proposition référendaire ne pouvait dès lors être qu'admise par la Cour, à partir du moment où cette dernière n'eut garde surtout de poursuivre plus longtemps la défense d'un système électoral discrédité.

C - *L'État régional*

270 DÉFINITION. — En réaction contre l'autoritarisme fasciste mais aussi contre le centralisme du XIXe siècle, l'aspiration autonomiste s'est affirmée lors de l'élaboration de la Constitution comme un élément du patrimoine de la résistance – exprimé notamment par la déclaration de Chivasso des maquis valdotains en 1943 – et un engagement pris dans l'entre-deux-guerres par le parti populaire. Depuis sa création, la régionalisation politique était l'une des revendications du parti catholique, qui avait été formulée dans les termes les plus achevés – autonomie représentative, législative, financière – par Don Sturzo lors du Congrès de Venise en 1921.

L'Assemblée constituante a largement fait sienne cette conception régionaliste, qui s'exprime à travers le titre V de la Constitution intitulé « Les régions, les provinces et les communes », mais dont, à l'époque, deux articles seulement sur vingt étaient consacrés aux collectivités subordonnées. Dans le même temps, le constituant a voulu prévenir les dérives séparatistes dont le mouvement s'étendait en Sicile en réaffirmant le principes de l'unité de l'État. C'est ainsi que l'article 5 comporte une apparente contradiction : il proclame que la République est « une et indivisible », mais il affirme en même temps qu' « elle met en œuvre dans l'État la plus grande décentralisation » et qu'elle adapte « les principes et les méthodes de sa législation aux exigences de l'autonomie et de la décentralisation ». Ce compromis est le fruit d'un accord entre la démocratie chrétienne et les partis de gauche, essentiellement le parti communiste, qui, réticents au départ à l'idée régionaliste, perçoivent au moment de leur exclusion du gouvernement national (juin 1947) les possibilités de contre-pouvoir que peut leur offrir l'autonomie régionale dans l'hypothèse d'une relégation durable dans l'opposition. Inversement, désormais maîtresse du jeu politique national, la DC tempère ses revendications régionalistes initiales.

La source théorique du constituant en ce qui concerne la construction juridique de l'État des régions peut être trouvée dans l'œuvre réalisée lors de l'élaboration de la Constitution espagnole de 1931 : c'est le concept d'État *intégral*, envisagé comme la synthèse de l'État unitaire et de l'État fédéral et inspiré de la théorie austro-allemande *(Staatsfragmente)* (n° 297). L'État régional italien est ainsi conçu en 1947 comme un État communautaire dont les éléments constitutifs sont, indivisément, l'État unitaire classique et les régions.

270 *bis*LA CRISE DU RÉGIONALISME ET LA REVENDICATION FÉDÉRALISTE. — La Constitution de 1947 avait cherché à instaurer un régionalisme qui d'une part procédait de la conception classique du fédéralisme dualiste, en comprenant l'autonomie comme séparation, et d'autre part marquait une certaine hésitation entre un modèle réellement politique et un système simplement administratif d'État régionalisé[1]. L'État central, de la loi Scelba au tardif décret n° 616, et la Cour constitutionnelle, par une jurisprudence d'abord délibérément restrictive puis avec la mise en place d'une construction peu probante de régionalisme coopératif (v. n° 273), ont contribué à accentuer les incertitudes du modèle original jusqu'à leur imprimer

---

1. M. Luciani, Un regionalismo senza modello, *Le regioni*, n° 5, octobre 1994.

un caractère de déviation. Mais celle-ci est également « due en partie au rang que les régions ont été contraintes d'assumer dans une réalité institutionnelle dominée par la présence de partis politiques nationaux centralisés. Cette présence a conféré au régionalisme italien l'aspect d'un *régionalisme de façade* (A. D'Atena). Les régions ne se sont jamais imposées comme des contre-pouvoirs susceptibles de s'opposer à l'emprise des partis centralisés en cristallisant une représentation des intérêts locaux ou en cherchant à modifier les canaux de formation du pouvoir politique »[1]. Ayant ainsi perdu sa propre raison d'être, le régionalisme a été ressenti à la fois comme inutile et obsolète. La revendication fédérale se fonde sur cet échec dont le caractère définitif paraît consommé avec l'implosion du système particratique qui en était précisément la cause.

Pointe de lance du programme institutionnel de la Ligue du Nord (v. n° 277 *bis*), cette revendication a été encouragée par le succès électoral de ce mouvement aux élections générales de 1992 et a commencé de s'étendre à d'autres secteurs du monde politique. C'est ainsi qu'au cours des années 1990, les partisans d'une révision constitutionnelle ont vu leurs rangs grossir, même si les conceptions défendues de part et d'autre étaient très différenciées. Pour la Ligue, le fédéralisme faisait partie d'un plan de bataille contre la « Première République » dont la dégénérescence était présentée comme un effet de l'État centralisé et particratique, inefficace et corrompu. Au-delà du point de vue strictement institutionnaliste, les visées fédéralistes de la Ligue reposent aussi sur l'argument du pillage des ressources du Nord, dynamique et laborieux, par l'État central (la *Roma ladrona*) et au bénéfice du Sud clientéliste et assisté. Dans cette perspective, la Ligue avait présenté en décembre 1993 un projet de réforme constitutionnelle préconisant un remembrement territorial permettant au Nord d'obtenir l'autonomie la plus large. La stratégie politique d'Umberto Bossi, leader de la Ligue, l'a conduit ensuite à l'extrémisation de la thématique identitaire avec la revendication pour le nord de l'indépendance politique. C'est ainsi qu'en mai 1996 il installa à Mantoue un « parlement du Nord » et qu'en septembre de la même année il organisa, à Venise, « les trois jours d'indépendance de la Padanie ». En octobre 1997 furent organisées

---

1. P. Richard, Fédéralisme en Italie ?, *Cahiers du Centre de droit et de politique comparée Jean-Claude Escarras,* 1997, vol. 7, p. 117.

des « élections législatives » au cours desquelles plus de 1 000 candidats partisans de l'indépendance se disputèrent les suffrages de 22 millions d'électeurs potentiels (le taux effectif de participation restant très controversé, de 700 000 à 6 millions selon M. Bossi). Il convient néanmoins de ne pas exagérer le danger de sécession. La montée aux extrêmes de la Ligue, destinée d'abord à dramatiser les enjeux lors des élections générales de 1996, s'inscrivait ensuite dans une stratégie de montée des enchères susceptible d'influencer le contenu de la révision constitutionnelle sur la question fédérale.

En maintenant à part cette conception radicale, force est de constater qu'à compter des années 1990, la plupart des partis italiens, à l'exception de l'Alliance nationale, se sont ralliés à l'idée d'une évolution vers le fédéralisme. Sur le plan théorique, des divergences manifestes apparaissaient entre les projets des promoteurs de l'évolution fédéraliste. Le fossé était profond entre les propositions du modèle de constitution fédérale du Pr Miglio, ex-idéologue de la Ligue, qui préconisait une révolution radicale de l'État-nation, et le « néo-fédéralisme communautaire » qui entendait rester dans le cadre de celui-ci, mais en prônant une interprétation plus large du principe de subsidiarité. Pour ce courant fédéraliste modéré, le modèle allemand présentait, notamment dans sa composante moderne de fédéralisme coopératif, les caractères les plus commodément adaptables à la situation italienne, et pouvait constituer un compromis acceptable pour les différents courants, y compris celui qui demeure partisan du statu quo[1].

Dans le vaste ensemble de demandes référendaires initiées en 1997 (v. n° 282), douze référendums ont concerné des propositions de conseils régionaux tendant à un accroissement de l'autonomie dans le cadre constitutionnel subsistant, mais allant dans le sens d'un affermissement du caractère fédéraliste du système régional. Le 30 janvier 1997, la Cour constitutionnelle n'a admis que cinq de ces douze demandes (qui ont été réitérées par les conseils régionaux en septembre 1997). Au-delà des motifs de procédure retenus, elle semble avoir estimé qu'une réforme d'ensemble trouvait mieux sa place dans le cadre des travaux de la commission bicamé-

---

1. V. L. Domenichelli, I progetti di riforma federale in Italia : quali possibili convergenze ?, in *Le ragioni del Federalismo*, « Ragioni a confronto », Rome, Philos Edizioni, 1997, p. 47-73.

rale chargée d'établir le projet de révision de la Constitution. Parallèlement, le gouvernement Prodi avait déposé deux projets de loi de nature à transformer profondément la structure de l'administration.

270 *ter* DES PROPOSITIONS DE RÉFORME DE LA COMMISSION BICAMÉRALE À L'ADOPTION DES LOIS CONSTITUTIONNELLES DE 1999 ET DE 2001. — La révision de la Constitution italienne sur la question régionale ne s'est pas faite sans heurts. Les étapes qui ont permis sa réalisation s'étendent en effet sur toute la durée de la treizième législature (mai 1999-mai 2001)[1]. Parmi les objectifs assignés à la Commission bicamérale instituée par la loi constitutionnelle n° 1 du 24 janvier 1997 figurait la modification de la forme de l'État par l'adjonction du terme « fédéral » au titre de la seconde partie de la Constitution, cette dernière devant s'intituler « Ordonnancement *fédéral* de la République » (art. 1er, alinéa 4 de la loi n° 1/1997). Le projet de la Commission bicamérale comportait trois éléments déterminants : le renversement du principe de répartition des compétences entre l'État et les régions, l'extension du principe d'auto-organisation et l'élargissement de l'autonomie financière des régions. Le premier aspect constituait évidemment le point central de la réforme puisqu'il devait permettre une nouvelle répartition des compétences entre l'État et les régions fondée sur le principe de subsidiarité et qu'il devait conduire à placer État et régions sur un pied d'égalité pour la résolution des conflits de compétence.

En mai 1998 l'échec de la révision constitutionnelle préparée dans le cadre de la commission bicamérale n'a pas pour autant mis un terme au processus de réforme. En effet, parallèlement aux travaux de la bicamérale, deux lois ordinaires ont été adoptées (les lois n° 59/1997 et n° 127/1997, dites Bassanini du nom du ministre de la Fonction publique du gouvernement Prodi) qui vont aussi loin qu'il est possible d'aller dans le cadre de la Constitution non encore révisée. L'article 1er de la loi n° 59/1997 instaure en particulier un « fédéralisme administratif », qui se traduit principalement par une rupture du parallélisme entre fonctions administratives et fonctions législatives avec la mise en place d'un système complexe de réparti-

---

1. G. Rizzoni, La riforma del sistema delle autonomie nella XIII legislatura, in *La Repubblica delle autonomie*, a cura di T. Groppi e M. Olivetti, G. Giappichelli Editore, Torino, 2001, p. 23.

tion des compétences administratives au profit des régions, même dans des matières ressortant de la compétence législative de l'État. Par ailleurs l'article 17, alinéa 32, de la loi n° 127/1997 restreint de façon considérable la catégorie des actes administratifs régionaux susceptibles de faire l'objet d'un contrôle étatique.

D'autre part, l'échec d'une « grande révision » dans le cadre de la commission bicamérale n'a pas mis fin à l'ambition de réaliser une révision constitutionnelle substantielle. En vérité, l'essentiel des propositions formulées par la commission bicamérale ont été adoptées lors de révisions partielles réalisées en deux étapes par les lois constitutionnelles n° 1/1999 et n° 3/2001. La loi constitutionnelle n° 1/1999 est consacrée à l'élection du président de la région au suffrage universel direct et à l'autonomie statutaire des régions. En 2003-2004, les nouveaux statuts de l'ensemble des régions sont encore en préparation. Des dispositions transitoires ont été prévues au bénéfice des régions à statut spécial jusqu'à l'adoption des nouveaux statuts (art. 10 de la loi constitutionnelle n° 3/2001). La loi constitutionnelle n° 3/2001 modifie, quant à elle, la répartition des compétences entre l'État et les régions et consacre l'autonomie financière de ces dernières. Elle a été adoptée par référendum à 64 % des suffrages exprimés le 7 octobre 2001, avec un taux de participation très faible (34 % des électeurs). L'approbation de la loi constitutionnelle n° 3/2001 par référendum constitue la première application des dispositions de l'article 138 de la Constitution relatives au référendum constituant. Ces deux lois renforcent l'État régional italien tout en empruntant certaines caractéristiques de l'État fédéral, mais sans modifier la forme de l'État (v. n° 273 *ter*).

271 RÉGIONS À STATUT ORDINAIRE ET À STATUT SPÉCIAL. — La Constitution distingue deux catégories de régions : les régions à statut ordinaire et les régions à statut spécial. En ce qui concerne les premières, les statuts déterminent, conformément à la Constitution, la forme de gouvernement et les principes fondamentaux d'organisation et de fonctionnement de la région (art. 123). Alors qu'une loi ordinaire sanctionnant le statut des régions ordinaires était requise par le passé, il suffit, depuis la modification de l'article 123 par la loi constitutionnelle n° 1/1999, que le statut soit adopté par le Conseil régional à la majorité absolue de ses membres.

Le statut peut également être soumis à un référendum populaire dans les trois mois suivant sa publication, à la demande d'un cinquantième des électeurs de la région ou d'un cinquième des membres du Conseil régional. Le texte soumis à référendum doit être approuvé à la majorité des votants. En ce qui concerne les régions à statut spécial, l'article 116 de la Constitution énonce que « la Sicile, la Sardaigne, le Trentin - Haut-Adige / Südtirol, le Frioul-Vénétie Julienne et la Valle d'Aosta / Vallée d'Aoste disposent de formes et de conditions particulières d'autonomie, aux termes de statuts spéciaux adoptés par des lois constitutionnelles ». L'exigence d'une loi constitutionnelle se justifie dans la mesure où les statuts spéciaux peuvent déroger aux dispositions du titre V de la Constitution. La reconnaissance de régions à statut spécial par la Constitution correspondait à celle des statuts d'autonomie octroyés par le gouvernement avant même l'élection de l'Assemblée constituante. Le Val d'Aoste fut constitué en région autonome par un décret de 1945, et la région autonome sicilienne naquit avec un décret de 1946. Comme l'impliquait l'article 116 de la Constitution, des lois constitutionnelles abrogèrent ces deux décrets et établirent en 1948 les statuts de quatre régions dérogatoires au droit commun : la Sicile, la Sardaigne, le Trentin - Haut-Adige et le Val d'Aoste. La loi constitutionnelle n° 3/2001 a permis, pour la première fois, de prendre en compte le bilinguisme de ces deux dernières régions en introduisant leurs noms en langue allemande et en français au sein du texte constitutionnel (« Südtirol » et « Vallée d'Aoste »). Cette même loi a, par ailleurs, donné à la région Trentin - Haut-Adige / Südtirol une spécificité supplémentaire par rapport aux autres régions à statut spécial, puisque l'article 116, alinéa 2 dispose que « la région Trentin - Haut-Adige / Südtirol est composée des deux provinces autonomes de Trente et de Bolzano ». Quant au Frioul-Vénétie Julienne, une cinquième loi constitutionnelle intervint en 1963. Ce caractère tardif s'explique par la nécessité de régler les questions territoriales que la guerre avait fait naître avec la Yougoslavie. Dans les autres cas, et en particulier pour la Sicile, il s'agissait de répondre rapidement à des revendications susceptibles de dégénérer en volonté séparatiste. C'est ainsi qu'il fut jugé prudent de convertir, sans modification, en loi constitutionnelle le statut sicilien élaboré par une consulte régionale en 1945 et approuvé par un décret-loi du 15 mai 1946 (loi constitutionnelle du 26 février 1948).

L'article 131 de la Constitution donne la liste globale des régions du nord au sud : en plus des cinq régions à statut spécial, il y avait, en 1948, 14 régions ordinaires auxquelles a été ajoutée la région Molise, à la suite du démembrement de celle des Abruzzes, réalisé par la loi constitutionnelle du 27 décembre 1963. L'article 132, alinéa 2 de la Constitution prévoit en effet qu'une telle loi est nécessaire pour opérer la fusion ou la création de nouvelles régions, à la suite des délibérations de conseils municipaux représentant au moins un tiers des populations intéressées. Cette initiative des communes doit, en outre, être sanctionnée et confirmée par un référendum adopté à la majorité des populations concernées. L'article 132, alinéa 2 prévoit, par ailleurs, que les provinces ou les communes qui en font la demande peuvent être détachées d'un région et agrégées à une autre. Le transfert est autorisé par une loi ordinaire, après délibération des conseils régionaux et organisation d'un référendum adopté à la majorité de la population concernée.

Mais la mise en œuvre de l'autonomie pour les régions à statut ordinaire a été longuement différée. À cet égard, l'application de la Constitution ne requérait pas de loi constitutionnelle, mais seulement une loi ordinaire. En 1953 est intervenue la loi n° 62 dite loi Scelba (du nom du ministre de l'Intérieur du dernier gouvernement De Gasperi), loi vraisemblablement inconstitutionnelle par les obstacles qu'elle instituait à l'encontre de la réalisation du principe d'autonomie voulu par le constituant. Ce texte mettait en évidence les contradictions et les renversements de tendance intervenus au sein des partis politiques : la DC, devenue hégémonique à l'échelon du pouvoir national, entendait freiner un processus d'autonomie à l'origine voulu par elle, mais qui pouvait désormais bénéficier aux partis de gauche, et singulièrement au PCI. Il a fallu attendre la loi du 17 février 1968 pour que soit mis en œuvre le processus des élections régionales. Les premières élections ont eu lieu en 1970, tandis qu'une loi dite financière promulguée le 16 mai de la même année venait donner un commencement d'effectuation aux dispositions constitutionnelles. Cette loi abrogeait les dispositions réputées anticonstitutionnelles de la loi Scelba de 1953 et prévoyait des lois-cadres pour mettre en œuvre l'article 117 de la Constitution qui, sans grande précision et sans fixer les frontières entre le rôle de l'État et celui des régions, avait cependant énuméré les matières de la compétence législative régionale.

Après les élections de 1975 aux cours desquelles les problèmes de l'autonomie régionale avaient été largement débattus, la loi de délégation et d'habilitation du 22 juillet 1975 connue sous son n° 382 a chargé le gouvernement d'établir les règles du pouvoir régional dans le délai d'un an. Le calendrier ne fut pas totalement respecté puisqu'il fallut attendre le décret du 24 juillet 1977, cité davantage sous son n° 616 que par sa date, pour connaître la consistance des compétences respectives de l'État et des régions (v. n° 273).

272 LES ORGANES RÉGIONAUX. — Les organes de la région sont, aux termes de l'article 121 de la Constitution, le conseil régional, la junte et son président. Le nouvel article 121 prévoit que le système électoral et le régime des inéligibilités et incompatibilités concernant le président, les membres de la junte et les conseillers régionaux sont définis par une loi régionale dans le respect des principes fondamentaux établis par le législateur national. C'est toujours ce dernier qui détermine la durée du mandat des organes électifs.

Le Conseil régional est le Parlement de la région. Il exerce le pouvoir législatif régional ainsi que les autres fonctions attribuées à la région par la Constitution et par la loi : ainsi, l'élection des délégués régionaux pour l'élection du président de la République (art. 83 de la Constitution) et la demande d'un référendum populaire régional (art. 75 et 132 de la Constitution). Il peut faire des propositions de lois aux chambres (art. 121, al. 2 de la Constitution).

Les lois constitutionnelles n° 1/1999 et n° 3/2001 ont permis un renforcement important de l'organe exécutif de la région. Le président de la région est désormais élu au suffrage universel direct (loi constitutionnelle n° 1/1999 pour les régions à statut ordinaire, étendue aux régions à statut spécial par la loi constitutionnelle n° 1/2001) sauf disposition contraire des statuts. Dans les faits, ce mode d'élection du président de la région avait été introduit suite à la réforme de la loi électorale du 23 février 1995, puisqu'il était admis que le chef de la liste régionale ayant obtenu le plus de suffrages était proclamé, sans autre formalité, président de la région. Le président est à la fois le représentant de la région (art. 121, al. 4) et un véritable chef du gouvernement puisqu'il nomme et révoque les membres de la junte (art. 122, al. 5), conduit la politique de la junte et en est responsable, dirige les fonctions administratives déléguées par l'État à la région en se conformant aux instructions du gouvernement central, promulgue les lois et dispose pleinement du pouvoir réglementaire régional, qui a été retiré au Conseil régional (art. 121, al. 4).

On peut penser que les lois constitutionnelles n° 1/1999, n° 3/2001 tendront à réduire la spécificité des régions à statut spécial par rapport aux régions à statut ordinaire tant sur le plan de l'organisation et du fonctionnement des organes régionaux que sur celui des compétences. Il est nécessaire d'attendre l'adoption des nouveaux statuts pour pouvoir prendre la mesure des particularismes qui différencieront désormais statuts spéciaux et statuts ordinaires. Ainsi que l'a rappelé la Cour constitutionnelle dans sa décision n° 230/2001, il appartient aux régions à statut spécial de donner de la substance à la spécialité en utilisant la possibilité qui leur est offerte de déroger aux dispositions du titre V. Dès avant la révision constitutionnelle, les statuts spéciaux comportaient un certain nombre de particularismes, comme la présence des présidents des régions à statut spécial au Conseil des ministres chaque fois que le gouvernement national était appelé à débattre de questions intéressant la région (seul le Président de Sicile ayant voie délibérative). Mention doit tout particulièrement être faite du statut sicilien dans ses dispositions relatives à la dénomination des organes : le conseil régional y est désigné comme l'assemblée, ses membres comme les députés et la junte comme le gouvernement. Les députés siciliens bénéficient, en outre, de l'irresponsabilité pour les votes et les opinions émis dans l'exercice de leurs fonctions, mais non de l'immunité.

La généralisation de la responsabilité du président de la région devant le conseil régional a été consacrée par la loi constitutionnelle n° 1/1999 qui est venue modifier en profondeur l'article 126. Le conseil régional peut déposer une motion de censure à l'encontre du président de la région selon une procédure proche de celle prévue à l'article 94 de la Constitution. Elle doit être signée par un cinquième de ses membres et doit être approuvée par appel nominal à la majorité absolue des membres. La motion de censure ne peut être débattue qu'à compter d'un délai de trois jours après son dépôt.

L'adoption d'une motion de censure à l'encontre d'un Président élu au suffrage universel direct entraîne la démission de l'ensemble de l'exécutif et la dissolution du conseil régional. Ce mécanisme conduit à un système de gouvernement original inspiré de celui qui fut en vigueur dans l'État d'Israël entre 1996 et 2002.

La destitution du président de la région ainsi que la dissolution du conseil régional peuvent également être prononcées par décret motivé du Président de la République. Il s'agit d'une modalité exceptionnelle du contrôle de l'État susceptible d'intervenir lorsque le président de la région ou le conseil ont commis des actes contraires à la Constitution ou de graves violations de la loi, ou encore pour des raisons de sécurité nationale. Le décret est adopté après consultation d'une commission mixte de députés et de sénateurs pour les questions régionales. Dans sa formulation actuelle, le statut de la Sicile prévoit que la dissolution ne peut être prononcée qu'après une délibération des chambres.

Le commissaire du gouvernement exerçait, en tant que représentant de l'État, un contrôle sur les régions (notamment par la procédure du « visto » apposé sur les lois régionales) et coordonnait les fonctions administratives exercées par l'État et par les régions. Sa fonction a été supprimée suite à l'abrogation de l'article 124 de la Constitution par la loi constitutionnelle n° 3/2001[1].

273 LA RÉPARTITION DES COMPÉTENCES ENTRE L'ÉTAT ET LES RÉGIONS JUSQU'À LA RÉVISION DU TITRE V. — L'ancien article 117 disposait que dans certains domaines et dans la limite des principes fondamentaux établis par les lois de l'État, les régions établissent des normes législatives dans la mesure où ces dernières ne sont pas contraires à l'intérêt national et à celui des autres régions. Alors que la compétence législative des régions à statut spécial était primaire et exclusive, c'est-à-dire qu'elle s'exerçait sans être limitée par les « principes fondamentaux résultant des lois de l'État », les régions à statut ordinaire n'exerçaient de fait leurs compétences que moyennant l'intervention de lois-cadres déterminant la consistance de la compétence régionale. Ce principe posé par la loi

---

1. E. Gianfrancesco, L'abolizione dei controlli sugli atti amministrativi e la scomparsa della figura del commissario del governo, in *La Repubblica delle autonomie,* a cura di T. Groppi e M. Olivetti, Torino, G. Giappichelli Editore, 2001, p. 117.

Scelba de 1953 n'avait pas été remis en cause à l'occasion de l'abrogation de cette disposition par la loi de 1970. La loi d'habilitation n° 382 du 22 juillet 1975 sur l'ordonnancement juridique régional et sur l'organisation de la fonction publique, suivie du décret-loi n° 616 du 24 juillet 1977, avait permis d'apporter des précisions sur ce système de répartition des compétences.

En plus de ces textes législatifs, la jurisprudence de la Cour constitutionnelle avait précisé non seulement les principes, mais aussi les modalités d'exercice du pouvoir législatif des régions. Dans un premier temps, la Cour avait maintenu ferme la position selon laquelle les compétences régionales demeuraient subordonnées aux intérêts nationaux assumés par le législateur italien, à tel point qu'elle avait été suspectée d'élaborer un type de gestion renforcée des intérêts nationaux au détriment de l'autonomie régionale voulue par le constituant[1]. Cependant, à partir de la loi du 22 juillet 1975 et du décret n° 616 du 24 juillet 1977, un assouplissement de la jurisprudence de la Cour constitutionnelle avait pu être constaté. Elle a précisé que la législation étatique ne pouvait déroger au transfert de compétences aux régions en se réclamant purement et simplement de l'intérêt national ; encore fallait-il que celui-ci soit établi. Par la suite la Cour a vérifié la validité, l'objet et le contenu de l'intérêt national invoqué matière par matière[2]. Mais elle n'en avait pas pour autant donné une définition très ferme. Ainsi, affirmait-elle dans la décision n° 110 de 1988 qu' « à la différence de toutes les autres limites constitutionnelles fixées à l'autonomie législative des régions, l'intérêt national ne présente pas du tout un contenu abstraitement prédéterminable, ni d'un point de vue substantiel, ni d'un point de vue structurel. Au contraire, il s'agit d'un concept à contenu élastique et relatif qui ne peut s'enfermer dans une définition générale aux contours nets et clairs ». Cette indétermination, notait J.-C. Escarras, « laisse en dernière analyse aux mains du législateur étatique la répartition des compétences normatives entre État et

---

1. La décision à cet égard la plus typique est celle n° 30 du 4 mars 1970 qui porte que, « loin de s'opposer à l'État, les régions en constituent seulement une organisation différenciée ».
2. En ce sens, v. la décision n° 70 de 1981, très commentée par la doctrine, qui reconnaît la constitutionnalité des lois régionales, contestées par le gouvernement, en matière d'industrie hôtelière, en validant une loi de la région du Trentin-Haut-Adige en matière de classement hôtelier. La Cour a relevé qu'il n'y a pas un « intérêt national » s'opposant à la compétence de la région. Cette sentence a été confirmée par la décision n° 71 du 12 avril 1982.

région. Bien sûr, la haute instance contrôle la détermination des attributions opérée par les Chambres, mais sa jurisprudence en la matière est loin d'être univoque (...). Par ailleurs s'il arrive à la Cour d'admettre que, dans une même matière, il y a place pour les deux compétences, c'est toujours à la loi nationale qu'elle laisse le soin d'harmoniser, mais si elle donne son aval à des solutions qui vont dans le sens d'une répartition équitable (décision n° 8 de 1985), elle ne prononce pas de décision d'annulation quand la norme centrale ne laisse pas à la compétence périphérique la place qui paraissait devoir lui revenir, préférant dire qu'elle "souhaite que soient prévus des moments de collaboration entre État et région, selon le paradigme coopératif" (décision n° 302 de 1988) »[1].

Une déviation du même ordre pouvait être observée en ce qui concernait une autre limite constitutionnelle de l'autonomie régionale, celle qui résultait des principes fondamentaux établis par les lois de l'État « envisagés à l'article 117 de la Constitution en tant que cadre des compétences (concurrentes) des régions à statut ordinaire ». En effet la Cour a été conduite à uniformiser sur ce point les deux types d'autonomie prévus par la Constitution : sa jurisprudence a tendu à « rétrograder la compétence *exclusive* des entités périphériques différenciées (*i.e.* à statut spécial) en une simple compétence concurrente. Il en résulte qu'on se trouve dans une situation où malgré leur diversité originaire, les compétences normatives régionales étaient soumises à des limitations telles que les différences entre les divers types de législation périphériques et les deux catégories de régions ont été considérablement réduites... »[2]. La loi Scelba (art. 9) avait posé le principe qu'il ne pouvait y avoir de législation régionale sans intervention préalable du législateur national par la voie d'une loi-cadre. Cette règle était destinée à s'appliquer aux régions ordinaires qui, à cette date, n'avaient pas été créées. Mais la Cour n'en avait pas moins affirmé que les régions à statut spécial, seules alors existantes, devaient respecter les principes fondamentaux qu'il leur incombait de rechercher dans la législation étatique en vigueur. Cette version édulcorée du système centralisateur de la

---

1. L'Italie, un État regional ?, *in* C. Bidegaray (dir.), *L'État autonomique : forme nouvelle ou transitoire en Europe ?*, Paris, Economica, 1994, p. 96.
2. *Ibid.*, p. 92.

loi Scelba avait été retenu dans la loi du 16 mai 1970 (art. 17) instituant les régions ordinaires, institutionnalisant la pratique appliquée aux régions à statut spécial depuis 1953, et qui a abouti à uniformiser par le bas deux statuts d'autonomie constitutionnellement très distincts à l'origine et dont le premier, en tant qu'il comportait l'existence de compétences primaires et exclusives, était, contrairement au second, de nature authentiquement fédérale. Mais les régions elles-mêmes avaient contribué à cette banalisation de la spécificité des statuts constitutionnellement garantis[1]. Il est vrai que pour les régions ordinaires, elle devait comporter des effets plutôt positifs. Ainsi la Cour avait-elle estimé sur la base d'une « interprétation extensive et globale, mais non arbitraire de l'article 117 de la Constitution, que les régions pouvaient réglementer de manière supplétive une matière dans laquelle n'est intervenue aucune législation étatique » (décision n° 225 de 1983). Mais dans le même temps, elle affirmait aussi que les lois-cadres ne se limitent pas obligatoirement à définir les principes fondamentaux, mais qu'elles peuvent aussi comporter des « normes ponctuelles de détail » (décision n° 214 de 1985). Or il est remarquable de noter que cette dépossession du champ normatif des régions a pu être en quelque sorte justifiée par la Cour (décision n° 15 de 1986) au nom des principes du « régionalisme coopératif » ou de « loyale coopération » même si elle n'est envisageable qu'en cas d'inertie de la part des acteurs régionaux. Comme l'observe J.-C. Escarras, on doit bien constater qu'un tel argumentaire est « parfaitement hétérogène avec la logique du régionalisme coopératif »[2].

273 *bis* LA RÉPARTITION DES COMPÉTENCES ENTRE L'ÉTAT ET LES RÉGIONS DEPUIS LA RÉVISION DU TITRE V. — La loi constitutionnelle n° 3/2001 a introduit un système de répartition des compétences entièrement nouveau dont l'inspiration est de type fédéral.

---

1. On en relève un exemple frappant concernant la Sardaigne. Le conseil régional, par une délibération du 27 avril 1978, avait demandé à la junte d'établir des propositions pour mettre en œuvre une actualisation « des pouvoirs reconnus à la région sarde en matière de développement économique et social de l'île » et une révision du contenu et des principes du titre III du statut (sur les finances régionales) en vue de « les adapter aux exigences concrètes de l'autonomie et du développement ». Le résultat de cette initiative a consisté en un décret-loi du 19 juin 1979 qui a été pris davantage pour appliquer à la Sardaigne les règles de droit commun, prévues à la loi n° 382 et au décret n° 616 des 27 juillet 1975 et 24 juillet 1977, que pour répondre aux demandes du conseil régional.
2. Art. cité, p. 110.

Le nouvel article 117, alinéa 1 prévoit que : « Le pouvoir législatif est exercé par l'État et par les régions dans le respect de la Constitution aussi bien que des contraintes découlant de l'ordre communautaire et des obligations internationales. » De façon symbolique, l'État italien n'a plus qu'une compétence d'attribution, tandis que les régions ont désormais une compétence de principe, puisqu'aux termes de l'article 117, alinéa 4, toute matière non expressément réservée à la législation étatique est de la compétence des régions. Cette compétence de principe demeure néanmoins résiduelle compte tenu de l'ampleur des compétences expressément réservées à l'État italien par l'article 117, alinéa 2. Enfin l'article 117, alinéa 3 énumère les matières de compétence concurrente pour lesquelles le pouvoir législatif appartient aux régions sauf pour ce qui concerne la détermination des principes fondamentaux, établis par les lois de l'État. On notera que la référence à l'« intérêt national » a disparu. Néanmoins la jurisprudence de la Cour constitutionnelle relative à l'interprétation des « principes fondamentaux établis par les lois de l'État » pourrait être maintenue pour les matières de compétence concurrente. Le pouvoir législatif régional rencontre une autre limite relevant d'un tout autre domaine, puisque l'article 117, alinéa 7 dispose que les lois régionales doivent combattre tout obstacle empêchant la pleine parité des hommes et des femmes dans la vie sociale, culturelle et économique et promouvoir la parité des hommes et des femmes aux fonctions électives. L'article 117, alinéa 6 concerne le pouvoir réglementaire. Ce dernier est dévolu à l'État dans les matières de compétence exclusive, sauf délégation aux régions. Il appartient aux régions dans toutes les autres matières.

En vertu de l'article 117, alinéa 2, la compétence législative exclusive de l'État s'exerce dans des matières limitativement énumérées. Il s'agit des compétences régaliennes parmi lesquelles on peut citer : la politique extérieure et de défense, la politique de maintien de l'ordre public et de la sécurité, l'organisation politique et administrative centrale (citoyenneté, lois électorales, référendums d'État, justice...), la politique économique (monnaie, contrôle des marchés financiers et de la concurrence...), la politique sociale (sécurité sociale, détermination des niveaux essentiels des prestations concernant les droits civils et sociaux...), les rapports entre l'État et les confessions religieuses, etc.

En vertu de l'article 117, alinéa 3, la compétence législative concurrente s'exerce notamment en matière de commerce extérieur et de relations internationales, mention étant tout particulièrement faite des rapports des régions avec l'Union européenne, en matière sociale (protection et sécurité du travail, protection de la santé...), en matière économique (organisation des réseaux de communication ; production, transport et distribution d'énergie...), en matière culturelle (éducation, mise en valeur des biens culturels...), etc.

Parmi les matières les plus importantes relevant de la compétence exclusive des régions en vertu de la compétence de principe établie à l'article 117, alinéa 4, on peut notamment citer l'industrie, les transports, la formation professionnelle, le tourisme, l'agriculture et l'artisanat. L'article 117, alinéa 8 prévoit que dans les matières relevant de sa compétence, la région peut conclure des accords avec des États étrangers et réaliser des ententes avec les collectivités territoriales d'États étrangers dans les hypothèses et selon les formes prévues par la loi de l'État.

L'une des innovations de la loi constitutionnelle n° 3/2001 tient à la possibilité d'introduire une forme de « régionalisme différencié »[1]. En effet le nouvel article 116 prévoit que des formes et des conditions particulières d'autonomie pourront être attribuées aux régions à statut ordinaire, à leur initiative et après consultation des collectivités locales. Cette disposition permet un transfert de compétences plus important que celui prévu à l'article 117. Les matières visées concernent toutes les matières de compétence concurrente énumérées à l'article 117, alinéa 3 et certaines matières relevant de la compétence législative exclusive de l'État (organisation des justices de paix, normes générales relatives à l'éducation, protection de l'environnement, de l'écosystème et du patrimoine culturel). Une loi est requise pour autoriser le transfert de compétences. Elle doit être adoptée par les chambres à la majorité absolue de leurs membres sur la base d'une entente entre l'État et la région intéressée et dans le respect des principes prévus à l'article 119. Ce dernier article concerne l'autonomie financière des régions et constituera sans doute une limite importante à la mise en œuvre de l'article 116 : soit

---

1. F. Palermo, Il regionalismo differenziato, a cura di T. Groppi, M. Olivetti, *La Reppubblica delle autonomie*, Torino, G. Giappichelli Editore, 2001, p. 51.

seules les régions les plus riches pourront avoir accès au « régionalisme différencié », soit l'État devra consentir à transférer également les fonds nécessaires à la mise en œuvre des nouvelles compétences. L'article 116 consacre potentiellement l'existence d'un système à trois vitesses avec tout d'abord les régions à statut spécial, ensuite les régions à statut ordinaire de droit commun et enfin les régions à statut ordinaire bénéficiant d'un transfert supplémentaire de compétences.

Le contrôle de l'État sur les actes législatifs des régions est défini par l'article 127 de la Constitution. La loi constitutionnelle n° 3/2001 a simplifié la procédure existante en supprimant le rôle du commissaire de gouvernement. Si l'État estime qu'une loi régionale excède la compétence de la région, il peut saisir la Cour constitutionnelle d'une « question de légitimité » dans un délai de soixante jours après la publication de la loi. Une procédure symétrique a été créée par la même loi au profit de la région. Elle bénéficie désormais d'un recours identique, inséré dans le même délai, tant à l'encontre des lois étatiques qu'à l'encontre des lois des autres régions.

273 *ter* L'AVENIR DU RÉGIONALISME ITALIEN. — La révision de la Constitution italienne peut s'analyser comme un renforcement très poussé de la régionalisation. Bien que s'inspirant ouvertement d'un modèle de type fédéral, elle ne modifie pas la forme de l'État. Par ailleurs certaines caractéristiques propres aux systèmes fédéraux continuent de manquer, parmi lesquelles une chambre haute de type fédéral. Depuis 2001, les virtualités d'évolution vers l'État fédéral se sont précisées et ce d'autant que le gouvernement issu des élections de mai 2001 avait fait de ce point l'une de ses priorités. Le projet de réforme constitutionnelle approuvé en septembre 2003 par des partis de la majorité prévoit l'extension des compétences exclusives des régions en matière scolaire, de santé publique et de police. Sur le plan institutionnel, il envisage la transformation du Sénat en assemblée représentant des régions et l'instauration d'un bicamérisme différencié (v. n° 283). Ce projet a commencé d'être discuté au Sénat en janvier 2004.

Section II
Les institutions dans le cadre politique

I | LE SYSTÈME DES PARTIS

274 BIPARTISME IMPARFAIT OU MULTIPARTISME POLARISÉ ? —
Au lendemain de la guerre, la République est créée par les dix partis groupés au sein du comité de libération. La configuration des partis, telle qu'elle résulte des élections à l'Assemblée constituante élue le 2 juin 1946, correspond à une nouvelle donne politique. Le parti le plus représentatif du système politique antérieur au fascisme, le parti libéral, emporte moins de 7 % des suffrages. Deux courants dominants sont issus de ces premières élections, qui correspondent aux deux grands partis de l'opposition parlementaire avant 1922 : la démocratie chrétienne, héritière du parti populaire de don Sturzo, qui obtient 35 % des suffrages (contre 20 % en 1921), et la gauche, qui recueille près de 40 % (34 en 1921) mais se trouve divisée presque également entre le parti socialiste (20,7 %) et le parti communiste (19 %). Cette configuration tripartite paraît moins significative que la bipolarisation : la revendication régionaliste de la DC dans l'Assemblée constituante résulte de son appréhension de voir une gauche majoritaire dominer l'appareil de l'État. Mais les premières élections législatives, en 1948, voient l'échec de la tentative de front populaire : l'alliance électorale du bloc démocratique populaire conclue entre le PCI et le PSI (provoquant une scission sociale-démocrate au sein de ce dernier) n'obtient que 31 % des voix, alors qu'avec 48,5 % la DC emporte la majorité absolue des sièges. Le parti catholique, sous la direction de De Gasperi, dispose ainsi des moyens parlementaires suffisants pour s'installer solidement au gouvernement, en ménageant toutefois une place aux petits partis laïques du centre[1]. Si elle perd la majorité absolue en 1953,

---

1. La DC avait obtenu 305 sièges sur 574 à la Chambre et 141 sièges sur 237 au Sénat mais ne disposait pas dans cette assemblée de la majorité absolue à raison de l'existence de 96 sénateurs nommés.

pour ne plus la reconquérir par la suite, la DC est restée jusqu'en 1992 le principal parti de gouvernement, parti pivot autour duquel se sont construites toutes les formules de coalition.

Deux théories ont été opposées pour rendre compte de ce système des partis italiens. Celle du bipartisme imparfait[1] énoncée par Giorgio Galli considère que le multipartisme italien recouvrait un duopole réel dans la mesure où seuls deux partis comptaient réellement, la DC et le PCI, les autres formations apparaissant comme des satellites de l'un ou de l'autre. Celle du multipartisme polarisé, défendue par Giovanni Sartori[2], reposait sur le constat de la spécificité qui résulte de la position centrale de la DC, parti pivot mobilisant une grande partie des électorats de centre gauche et centre droit, position qui exclut la notion même de bipartisme, fût-il imparfait. Ainsi que l'observe Geneviève Bibes, les deux définitions sont moins incompatibles que complémentaires et pouvaient également rendre compte des caractères du système de partis italiens, marqué à la fois par la fragmentation – tant du système en général qu'au sein même des partis le composant –, la polarisation et le rôle de parti pivot qui était celui de la démocratie chrétienne[3].

Le multipartisme italien d'avant la transition, favorisé par le système électoral, n'autorisait pas à parler de bipartisme : à gauche, à côté du parti communiste, trois partis représentaient le courant non marxiste, le PSI, le PSDI et le parti radical ; au centre droit, la DC était flanquée de deux partis laïcs, le PRI et le PLI. Il est vrai néanmoins que ce multipartisme éclaté ne pouvait occulter le fait de la domination de la DC et du PCI. Du moins, l'analyse de Galli – le bipartisme imparfait – a-t-elle correspondu à la réalité jusqu'en 1979. À partir de là, l'érosion progressive du PCI et la remontée du PSI ont provisoirement orienté à nouveau le système politique vers le tripartisme qui avait dominé l'Assemblée constituante en 1946.

274 bis L'IMPLOSION. — Le début des années 1990 va connaître l'implosion du système. La cause première réside dans la figure d'impasse que réalisait le régime et le blocage de la vie poli-

---

1. *Il bipartitismo imperfetto*, Bologne, Il Mulino, 1966.
2. European political Parties : The case of polarized Pluralisrn, *in* J. La Palombara et M. Weiner, *Political Parties and Political Development*, Princeton, Princeton University Press, 1966, p. 137-176.
3. *Le système politique italien*, Paris, PUF, coll. « Sup », 1974, p. 128-129.

tique. Le contexte a été celui à la fois de l'usure du parti qui a polarisé depuis 1947 toutes les formules de gouvernement, la DC, et du désarroi qui atteint son antitype, le PCI, désarroi aggravé d'incertitude depuis que ce grand parti, pour parer à la crise mortelle du socialisme réel, eut assumé le risque de sa propre transmutation, en devenant le parti démocratique de la gauche. Ce malaise symétrique a été le contrecoup de l'obsolescence des subcultures blanche et rouge. Le blocage de la vie politique s'explique par deux corollaires. D'une part, les tentatives pour obvier à la convention *ad excludendum* qui frappait le PCI et intégrer ce parti à l'aire de gouvernement (tentatives dont la stratégie de « compromis historique » n'a été que la plus emblématique), sans aboutir en dernière instance, se sont néanmoins soldées par la reconnaissance, en faveur des communistes, d'un réel pouvoir d'empêcher (v. n° 261). D'autre part, chaque fois que le parti gouvernemental par excellence, la Démocratie chrétienne, et le parti de gouvernement par défaut, le PCI métamorphique, le PDS, amorçaient un rapprochement en vue de la réforme des institutions, celui-ci était torpillé par le grand rival de ce dernier à gauche, devenu le comparse de la DC, le parti socialiste. Dès lors en effet que le PSI eut décidé de s'inscrire durablement (en réalité tant que le rapport des forces à gauche ne s'était pas renversé en sa faveur) dans la coalition gouvernante, il était réduit à entraver toute volonté réformatrice, à commencer par la sienne propre (qui naguère n'avait pas été mince). Or ce sont les effets de l'incrustation du PSI au gouvernement qui paradoxalement vont être la cause, bien plus qu'occasionnelle, de l'éclatement du système politique. À partir de février 1992, le pôle judiciaire milanais développe une série d'actions, qui ont reçu le nom de *mani pulite* (« mains propres »), enquêtes qui, au départ de la découverte de réseaux de captation destinés à financer le PSI (Milan est au cœur de l'aire historique du socialisme italien), vont aboutir, grâce à la ténacité des magistrats, à la mise en cause de l'ensemble des partis qui, à un titre ou un autre, sont entrés au gouvernement depuis 1947. Le PCI, devenu le PDS, n'est compromis que dans la mesure où il est demeuré en lisière. Cependant, même la Ligue se trouve égratignée, irruption partisane d'un genre tout nouveau. Seuls sont épargnés les néo-fascistes du MSI, « ostracisés » du pouvoir, et qui n'ont guère été à même d'en récolter les bénéfices. Ce brevet d'innocence ne sera pas sans aider à l'accréditation de l'image virtuelle qu'ils entendent désormais donner d'eux (v. n° 277 *bis*). Ce système invétéré de corruption, destiné à alimenter la partitocratie, était gagé, au plan élémentaire, sur les pots-de-vin *(tangenti)*. D'où le nom de *Tangentopoli*[1]. Le développement impitoyable des enquêtes, outre l'articulation patiente de celles qui regardent les agissements de *Cosa nostra* (le cartel de la pègre), va conduire, en deux ans, à une marée séculaire d'inculpations[2]. Ces dernières frappent en nombre ministres et parlementaires, élus locaux, et atteignent les principaux bailleurs de fonds, les chefs, ou héritiers, des plus grands groupes industriels italiens (Agnelli, De Benedetti, Gardini), parmi lesquels Berlusconi. Entrepeneur habile, ce dernier s'est taillé un empire télémédiatique, à couvert des protections de Craxi (cf. *infra*). Silvio Berlusconi deviendra en 1994, non sans paradoxe, le premier chef de gouvernement de l'Italie rénovée, après avoir lancé un parti « attrape-tout » *(Forza Italia)* sur les décombres de l'ancienne classe politique (v. n° 277 *bis*). Cependant, dans ce désastre des partis, ce sont deux mises en examen, quasiment concomitantes, qui revêtent de loin la plus haute importance symbolique. L'*avviso di garanzia* dont est frappé, en février 1993 (pour corruption et enrichissement personnel), le leader socialiste Bettino Craxi, « symbole le plus éclatant en bien et en mal de la partitocratie agonisante » (Andrea Manzella). La mise en examen, en mars 1993 (pour collusion avec une association mafieuse), de Giulio Andreotti, sept fois président du conseil, en charge de portefeuilles prestigieux dans pratiquement tous les gouvernements depuis 1947 (déjà jeune sous-secrétaire d'État, à la présidence du conseil, d'Alcide De Gasperi), sénateur à vie depuis 1992, encore candidat à la présidence de la République en mai 1992. L'opinion est traumatisée, alors qu'une classe politique aux abois vilipende les magistrats et que la mafia assassine les meil-

---

1. Littéralement, la « ville des pots-de-vin ». Ce nom évoque moins la grande cité lombarde qu'une ville métaphorique. *Tangentopoli* a fini depuis par désigner l'ensemble du système de corruption partitocratique.
2. Entre février 1992 et mars 1994, plus de 200 parlementaires, 1 000 administrateurs locaux et près de 2 000 responsables d'entreprise (J.-L. Briquet (dir.), *Italie : les changements politiques des années 1990*, Paris, La Documentation française, 1997, *Problèmes politiques*, n° 788, p. 24). Pour les chiffres précis, cf. Geneviève Bibes, *Les pays d'Europe occidentale. Année 1994*, Paris, La Documentation française, p. 73. Note 1 de la p. 753 (n° 274 *bis*) : sur *Tangentopoli*, v. H. Rayner, *Sociologie des scandales politiques : Tangentopoli et le basculement du jeu politique italien (1992-1994)*, thèse, Paris X, décembre 2001.

leurs d'entre eux. Le référendum de juin 1991 (v. n° 282) avait offert le signe, et les législatives d'avril 1992 confirmé la péremption du système des partis. Or, pourtant, ces dernières avaient eu lieu alors que les enquêtes ne commençaient que d'affleurer. Les révélations de *mani pulite*, l'exaspération suscitée par les contre-feux politiciens et le scandale des attentats emportent la révolte et un discrédit farouche. Le succès du référendum abrogatif d'avril 1993, dont la proposition la plus décisive vise à réduire à la portion congrue la proportionnelle (v. n° 282), impose le rejet du consociativisme à outrance comme de la *lottizzazione* et le passage dans une autre dimension, celle de la démocratie majoritaire. Les élections locales de juin 1993 se tiennent suivant un mode de scrutin désormais mixte et qui prévoit notamment l'élection directe des maires, réforme à laquelle le PSI était très opposé mais que le Parlement avait fini par adopter sur la menace d'un autre référendum. Leurs résultats frappent à mort la DC et le PSI. En juillet, la DC cherche une issue en renouant avec ses origines et devient le *Partito popolare*, mais, ce faisant, elle éclate. En décembre, le parti socialiste italien n'existe virtuellement plus. Le Parlement, sous la motion du référendum d'avril, a adopté, non sans mal, la nouvelle loi électorale, le 4 août 1993. Cette réforme radicale impose le renouvellement des assemblées. Les législatives anticipées de mars 1994 emportent une profonde recomposition. Contre une coalition de front populaire, menée par le PDS, et qui a revêtu le label de « progressistes », ces élections voient la victoire inattendue de la coalition des droites, appelée *il Polo* (le pôle), cartel hétéroclite – au-delà des modérés, il comprend à la fois la Ligue du Nord et les néo-fascistes d'Alliance nationale – sous la guide mal assortie de *Forza Italia*, le parti que M. Berlusconi vient d'ériger sur les ruines de la DC et des partis laïques. Le succès contraint les membres du cartel à entrer dans une coalition de gouvernement à laquelle *Forza Italia* (devenue soudainement le premier parti d'Italie) est censée servir de môle. Dès décembre 1994, le gouvernement tombe, irréparablement miné par son incohérence native. Après un gouvernement de maintenance présidentielle, composé de techniciens, et l'échec d'une prise de relais, les élections générales anticipées deviennent inéluctables, début 1996. Deux coalitions s'affrontent : celle du Pôle, composée cette fois de *Forza Italia* et d'*Alleanza nazionale* – la Ligue a décidé de courir seule ; celle dite de l'*Ulivo* (l'olivier), coalition de centre-gauche, lancée par un démocrate-chrétien, mais à laquelle le PDS (dont l'emblème est *la Quercia,* le chêne) a résolu de servir d'arc-boutant, par suite d'un ralliement habile. La nouveauté, par rapport à 1994, est que l'Olivier se présente devant l'électeur pour une coalition de gouvernement. Bien que l'axe de l'électorat n'ait pas changé sensiblement depuis 1994 et demeure au centre droit, cette manifestation de clarté conduit à la victoire paradoxale de l'Olivier aux législatives d'avril 1996. C'est la première réelle alternance politique qu'ait connue l'Italie. Depuis cette date, même si le constat s'accentue de filiations qui aspirent, et même tendent, à venir se couler dans leur ancien lit, le bouleversement d'horizon politique étayé par la logique propre au nouveau mode de scrutin (si imparfait soit-il) bannit la perspective d'un retour à un système de partis désormais condamné.

274 *ter* LA MARCHE VERS LE DUOPOLE : UNE BIPOLARISATION INCOMPLÈTE ET CONFUSE[1]. — Comme il arrive chaque fois qu'on met en place un système électoral profondément différent du précédent, s'ouvre une phase d'adaptation plus ou moins longue marquée d'indécision dans la mesure où un nouveau système de partis se cherche (à mesure des rétroactions du corps électoral et du mode de scrutin). C'est naturellement le phénomène qu'on peut observer depuis 1993[2]. Le reclassement a été passablement contrarié par deux tentatives opposées mais non contraires. La première signale un dessein de renouer avec ce que la configuration de partis propre à l'ancien système pouvait avoir d'avouable. Elle implique une certaine « remédiatisation » du système politique, ou, à tout le moins, le maintien de ce que le système actuel peut avoir conservé de médiatisé. D'où la création récurrente de partis appelés réversibles (v. n° 277 *ter*). La seconde tentative entend imprimer un tour beaucoup plus prononcé, rapide, et surtout *irréversible,* à la marche vers la démocratie majoritaire telle que le référendum de 1993 l'a imposée. Cet autre courant a provoqué la tenue, dans le même des-

---

1. L'expression est de Lucio Pegoraro.
2. Sur la transition jusques et y compris les élections de 2001, v. R. D'Alimonte et S. Bartolini (dir.), *Maggioritario finalmente. La transizione electorale,* Bologne, Il Mulino, 2002, et G. Pasquino (dir.), *Dall'Ulivo al governo Berlusconi,* Bologne, Il Mulino, 2002.

sein, de deux autres référendums (en avril 1999 et mai 2000) tendant, conséquemment, à supprimer la part de proportionnelle conservée par le nouveau mode de scrutin toujours en vigueur. L'une et l'autre de ces tentatives ont échoué. Est-on fondé par suite à prévoir un recul de la démocratie majoritaire telle qu'elle était parvenue à se déployer, non sans perplexités, depuis l'éclosion de 1993 ? Ou à induire une régression et un phénomène de réinvestissement, tout au moins partiel, du nouveau système par l'ancien ? Ou, bien plutôt, à discerner l'émergence de modes nouveaux, sinon inédits, de médiatisation. À cet égard, mieux vaut parler de décryptage des résidus (au sens de Pareto) susceptibles de mitiger la nouvelle donne de la démocratie majoritaire.

Le peu de succès de la première tentative évoquée plus haut – le retour à un grand parti central –, s'explique justement par la relative efficacité du système électoral, le *Mattarellum*, lequel compromet, ainsi qu'on l'a dit, le succès de toute coalition axée au centre, autrement dit conjonction des centres qui serait à la fois le terme médian et médiat (la « médiation centriste ») d'un système de partis tripolaire. Dès la première expérimentation du nouveau mode de scrutin, en 1994, le peu de succès du Pacte pour l'Italie (v. n° 275) confirme cette évidence. Le constat ne vaut pas moins pour les partis nouveaux dans la mesure où ceux-ci décideraient de se présenter seuls devant l'électeur : comme, et à l'endroit d'initiatives plus personnalisées, de l'échec de Mme Bonino, de Di Pietro ou de Sergio D'Antoni (v. 277 *bis*). Les partis réversibles ne sont pas moins dépendants de cette logique. D'où le capotage de l'Union des Démocrates pour la République (v. n° 277 *ter*), laquelle n'avait aspiré pourtant, à ce stade, que d'instaurer le système connu sous le nom de « deux partis et demi ». Non que l'UDR, dans cette figure, n'ait pas rejoint à un moment ou à un autre l'une des (deux) grandes coalitions affrontées, mais elle est ressortie brisée du va-et-vient auquel elle s'est prêtée (v. n° 279). Cette manœuvre manifestait la velléité d'un retour à *una cosa centrale*. Le sort de la Marguerite est tout différent. Ce cartel, formation à beaucoup égards réversible (v. n° 277 *ter*), cultive un rapport de pertinence au mode de scrutin. Le but de la Marguerite est de mettre fin à l'hégémonie des postcommunistes au sein de la coalition de centre-gauche. Or elle n'est pas loin d'y atteindre, à en juger par ses résultats aux élections de 2001. L'ensemble de la manœuvre s'inscrit dans la logique du système. Au-delà, le grand dessein, à peine voilé, est de supplanter, dans une configuration bipolaire, les démocrates de gauche à la tête de l'une des (deux) coalitions de gouvernement.

Il faut en venir maintenant à la seconde tentative. En avril 1998, une initiative « transpartis » (v. n° 282 *ter*) lance une procédure référendaire tendant à abroger la part subsistante de proportionnelle. Les démocrates de gauche avaient proposé simplement d'abolir le *scorporo* (v. n° 260), mais la proposition introduite en ce sens n'a pas intéressé l'électeur. La démarche se double d'une proposition de loi d'initiative populaire visant à instaurer pour les élections générales deux tours, comme pour les élections dites administratives (municipales et provinciales). La rédaction technique du dernier texte doit beaucoup à Giovanni Sartori. Mais une telle proposition était un vœu pieux : de telles demandes, en Italie, n'ont pas pour suite, en droit, que le peuple ait à se prononcer sur elles. En revanche, la demande abrogative débouchait nécessairement (dès lors que l'admission eut été prononcée) sur un référendum. Celui-ci s'est tenu en avril 1999. Il échoue (v. n° 282 *ter*). À la fin de l'année, Berlusconi déclare brusquement son adhésion à un mode de scrutin à l'allemande. Cette conversion n'est guère inspirée par le constat d'une lisibilité plus grande de ce dernier au regard du *Mattarellum* (ce qui n'est pas difficile). Elle repose sur l'intuition que la proportionnelle, pour autant qu'elle soit personnalisée, ne saurait nuire au type de coalition dont il détient la formule, prévision qui va s'avérer fondée même pour la part non personnalisée et proportionnelle du système actuel : aux élections de 2001, qui verront le succès de la stratégie de Berlusconi – la loi électorale étant demeurée inchangée –, *Forza Italia* obtient de meilleurs résultats encore pour le volant proportionnel. Mais il y a un plus sûr motif. Silvio Berlusconi sait que la préconisation du scrutin à l'allemande ne peut que lui valoir la reconnaissance des partis du centre, déjà menacés de mort par la part léonine de majoritaire en vigueur. Cette amorce est un élément de la stratégie berlusconienne de « réappropriation » de la DC (v. n° 277 *bis*). Le paradoxe est que Berlusconi, qui a défendu bec et ongles la démocratie majoritaire (n° 282 *ter*), se prononce pour la proportionnelle entière et, pour autant que l'on adopte le modèle allemand, même pour la proportionnelle intégrale, encore que personnalisée. En cela, il apparaît là encore comme l'un des avatars les plus éminents de la *(cosi detta)* Ire République (« tout changer pour que tout continue »). D'autre part, tout un courant doctrinal s'affirme, duquel on peut se faire une idée par Roberto D'Alimonte, courant qui, au regard de l'évolution en cours, exprime ses réserves à l'endroit des déviances de la démocratie majoritaire. Ce courant critique pose (dans une vision kelsénienne) la démocratie authentique comme nécessairement médiatisée.

En mai 2000, une nouvelle tentative a lieu en vue d'abroger la *dimidior pars*. La rédaction de la proposition, au plan technique, a été confiée à Andrea Manzella. D'où le « *Manzellum* » (G. Sartori). Le sarcasme est un peu court dans la mesure où la proposition référendaire (qui ne saurait être autre qu'abrogative) inscrit son modeste sillage entre les récifs du *Mattarellum* (v. n° 260). Or, contrairement à ce dernier, elle n'offre pas prise à l'arcane : il s'agit d'abroger tout simplement la quarte proportionnelle, en étendant le scrutin à l'anglaise à l'intégralité des sièges. La proposition se pose comme le préliminaire du passage à une « démocratie du chancelier »[1]. Néanmoins, le maintien pour ainsi dire obligé du tour unique appelait une réserve. Celle-ci été formulée par Giovanni Sartori, qui défend à d'autres égards (au plan du pouvoir de gouvernement) un modèle alternatif (v. n° 283). Il faut s'arrêter à ces objections parce que celles-ci réinscrivent la question *ad referendum* au cœur de la problématique globale du mode de scrutin. Non que Sartori, au plan civique, eût été foncièrement hostile au « oui », mais l'homme de science a cru devoir rappeler les limites inexorables d'une telle réforme[2]. Le scrutin uninominal à un tour, à moins que d'opérer sous un climat politique propice, n'est pas à même *à lui seul* de dégager un duopole. Aussi bien, la remarque vaut, intrinsèquement, s'agissant même du scrutin à deux tours – dont Sartori prône, pour l'Italie, l'adoption avec constance. (Les deux tours, à défaut de conditionnements plus spéciaux, n'emportent d'effet d'agrégation que provisoire ou précaire : v. n° 36 *bis*.) Que le contexte italien, il est vrai jusque-là défavorable, soit voué à demeurer rebelle à la réception du majoritaire à

---

1. « La stada è il premierato », comme l'intitule Andrea Manzella (*La Repubblica*, 17 avril 1999).
2. Referendum forse si forse no, *Corriere della Sera*, 18 mai 2000.

tour unique relève quelque peu de la pétition de principe. Aussi bien c'est oublier que c'est ce mode même qui, depuis maintenant trois élections générales, s'applique pour la très grande majorité des sièges.

Le référendum de mai 2000 échoue comme le précédent (v. n° 282 *ter*). Lors des deux votations, une majorité impressionnante n'en avait pas moins affirmé sa détermination en faveur de la démocratie majoritaire. Comme on l'a examiné en son lieu (v. *ibid.*), si une initiative référendaire *positive* avait pu se faire jour, elle aurait été à même de se produire en faveur des deux tours. Les deux tours avec ballottage n'emportent pas moins une dimension de démocratie démédiatisée que le système majoritaire intégral appliqué au tour unique. Une telle proposition, pour autant qu'elle eût maintenu un brin de proportionnelle (afin de complaire au centre), aurait probablement été adoptée, dès lors aussi que les deux tours s'autorisent déjà de la pratique en usage pour les élections dites administratives.

Le manque d'allant manifesté par le corps électoral lors du grand track référendaire peut s'expliquer par la rançon d'une dynamique que l'électeur a été lui-même à un autre titre en mesure d'imprimer : si décrié soit le *Mattarellum*, le système actuel, en raison du vecteur majoritaire qu'il emporte, et pour ainsi dire en dépit du *scorporo,* s'est avéré, déjà à l'époque où le second référendum a lieu, en mai 2000, capable *potentiellement* de dégager par accoutumance (les élections de 1994 peuvent être tenues pour un banc d'essai) une majorité de gouvernement. Et si celle issue des élections de 1996, déjà clairement gagnante, mais cependant par défaut, a présenté par suite des notes d'incohésion, l'électeur en tire la conséquence dès 2001. Sa décision, il la pose après avoir intégré l'échec référendaire de mai 2000. En effet, non seulement le corps électoral porte de façon la plus ferme une coalition au pouvoir, mais il ventile ses votes de telle sorte que la coalition gouvernante soit captive.

Un résultat qui n'est pas mince a du moins été atteint : « Aujourd'hui, comme l'écrit Lucio Pegoraro, le *Premier* est lié quasi directement au corps électoral, et la bipolarisation du système – même si elle est incomplète et confuse – permet la mise en œuvre d'une responsabilité politique plus visible non seulement devant les partis de la coalition gouvernementale, mais également devant le corps électoral. »[1]

À l'intérieur du système électoral, l'interférence captieuse (au regard du fait majoritaire) du *scorporo* est donc ressortie diminuée, à tout prendre, de cette série d'élections, même si elle s'accompagne en soi d'effets pervers (v. n° 260). On assiste à mesure que le système s'apprivoise à une optimisation de sa dimension majoritaire, dans les limites inhérentes au système. En outre, un des défauts du mécanisme électoral, comme le rappelle Pasquale Pasquino, est qu'il pouvait produire un *hung* ou même encore un *divided parliament* – une majorité différente à la Chambre et au Sénat a été bien près d'advenir en 1994. Le fait que cela ne se soit pas produit va fonctionner, ainsi que l'augure cet auteur, comme une incitation à ne pas changer le système électoral, au moins pendant quelques années[2].

275 LA DÉMOCRATIE CHRÉTIENNE. — Bien qu'elle n'ait détenu la majorité parlementaire que durant la seule législature 1949-1953, la DC est généralement présentée comme l'un des types de parti dominant. Restée sans interruption au pouvoir, ce n'est que dans la décennie 1980 qu'elle a parfois cédé la présidence du Conseil à un parti laïque : au parti républicain, avec M. Spadolini, puis, plus durablement, au parti socialiste, avec M. Craxi. Elle a continué de marquer la vie politique italienne d'une empreinte très forte jusqu'en 1994. La stratégie politique de la DC, depuis 1946, a connu trois grandes étapes. La première est primordiale : en 1947, sous l'impulsion de De Gasperi, résistant aux pressions de la hiérarchie catholique en faveur d'une alliance avec la droite, la DC choisit la voie du centrisme. « La vraie DC n'était ni de droite ni de gauche, et même pas du centre ! Elle était l'incarnation mondaine de ce que le grand juriste catholique Costantino Mortati avait appelé le "parti total" » (Pasquale Pasquino). Elle ne s'écartera pas de cette option fondamentale. En effet, c'est par sa situation de parti pivot de toutes les formules de coalition que la DC conserve son caractère de grand parti populaire et opère la synthèse des courants divers de

---

1. Lucio Pegoraro, Centralité et déclin du Parlement, *Pouvoirs*, n° 103, 2002, p. 125.
2. P. Pasquino, Le gouvernement Berlusconi : une année après, *Pouvoirs*, n° 103, 2002, n. 8 p. 14.

son électorat. La DC a cherché ainsi constamment à éviter d'être le parti conservateur d'un système bipolarisé voué à l'alternance. C'est pourquoi, dès 1954, après l'échec électoral de l'année précédente et le retrait de De Gasperi, Amintore Fanfani prépare la voie vers le centre gauche. Cette deuxième étape se concrétise en 1962 par l'alliance avec le parti socialiste. La troisième étape est annoncée en 1976 par Aldo Moro : c'est l'alliance avec le PCI. Dans chaque cas, il s'agissait de modérer les tensions sociales et de prévenir un clivage classiste du système de partis qui assignerait à la DC la fonction d'un parti de droite. L'intégration des communistes n'est pourtant pas allée jusqu'à la participation gouvernementale, « risque interne et international qu'aucun courant démocrate-chrétien, même le plus favorable à la poursuite de la collaboration avec le PCI, ne veut tenter. Toutes les solutions politiques sont donc bonnes : le centrisme, le centre gauche ou la grande coalition, dans la mesure où elles gravitent toutes autour d'une DC définie comme *country party* (...) »[1].

La DC était un parti aux multiples courants. La tendance au factionnalisme y est confortée par le mode de désignation des dirigeants du parti. À l'origine, les membres du conseil national, qui choisissaient ensuite le secrétaire du parti, étaient élus au scrutin de liste. À partir de 1964, sous la pression de l'aile gauche du parti, la représentation proportionnelle a été introduite. Cette réforme a contribué à stabiliser les courants dans la situation où ils se trouvaient à la fin des années 1960 : courants multiples, aux assonances vaguement byzantines (dorotéens, morotéens, dossettiens...) qui connaissent leur apogée vers 1970-1972, puisqu'il en existe à ce moment plus de dix. En 1972, on institue un seuil de 10 % destiné à freiner la multiplication des courants. Ce correctif a été de peu d'effet dans la mesure où il n'a pas de véritable impact à l'échelon régional, la fragmentation qui s'opère à ce niveau se répercutant ensuite à l'échelon national. En effet, c'est à ce moment que la régionalisation politique voulue par le constituant commence d'être mise en œuvre, notamment avec les premières élections régionales. Il en résulte un accroissement du clientélisme et une décentralisation du phénomène des courants qui conduisent le processus de fragmentation au seuil de l'atomisation (Hugues Por-

---

1. B. Bibes, Le système de partis, « L'Italie », *Pouvoirs,* n° 18, 1981, p. 82-83.

telli). Le principal courant, celui des dorotéens, se dissout en multiples sous-courants. La lutte des courants devient alors celle des coalitions de sous-courants, provisoirement constituées à l'occasion des congrès nationaux. En fonction des résultats obtenus lors du congrès par les diverses factions s'opère une répartition des postes au sein du parti et aux divers échelons des pouvoirs publics auxquels la DC peut prétendre en vertu des divers accords de coalition – nationaux, régionaux, locaux – en vigueur au même moment. La clef de cette répartition, opérée sur des bases mathématiques, aurait été codifiée dans un « manuel Cencelli ». « Peut-être ce manuel Cencelli n'a-t-il jamais existé, mais la réalité qui se reflète lors de la mise au point des gouvernements démocrates-chrétiens est bien exprimée par cette image. »[1]

Il était difficile, dans ces conditions, de parler d'une véritable direction de parti. Il existait certes un groupe dirigeant, comprenant encore nombre de membres originaires du parti, élus à l'Assemblée constituante de 1946, tels que MM. Fanfani et Andreotti. Tous les anciens présidents du Conseil et les anciens secrétaires généraux du parti siégeaient également à la direction de la DC, ce qui accentuait le caractère oligarchique et quelque peu gérontocratique du parti. De ce fait, la DC offrait peu de prise au phénomène contemporain de personnalisation du pouvoir qui s'est imposé successivement au PCI avec Berlinguer et au PSI avec M. Craxi. Dans les années 1970, Aldo Moro avait réussi, en dépit de la multiplication des courants, à assumer au sein du parti un certain leadership. Après son enlèvement et son assassinat en 1978, le parti connaît une période de vacuité durant laquelle il se voit enlever par les partis laïques quelques-unes des principales fonctions de l'État : la présidence de la République avec l'élection du socialiste Pertini en 1978 – mais celle-ci répondait à l'usage de l'alternance en faveur des partis laïques – et surtout, en 1981, et pour la première fois, la présidence du Conseil, qui échoit au républicain Spadolini. Aux élections de 1983, la DC, qui s'était maintenue autour de 38 % des voix depuis les élections de 1963, subit un grave revers en obtenant moins de 33 %. L'écart qui la sépare alors du PCI, pourtant lui-même en voie d'érosion, n'est plus que de 3 %. L'année suivante, aux élections

---

1. G. Baget-Bozzo, La crise de la démocratie chrétienne, *Pouvoirs,* n° 18, 1981, préc., p. 89.

européennes, le PCI, avec 33,3 % des suffrages, dépasse la DC, mais il s'agit d'un scrutin atypique, marqué par la mort inopinée du secrétaire du PCI Berlinguer. Aux élections législatives de 1987, la DC regagne du terrain avec 34,3 %. des voix, et son écart avec le PCI atteint à nouveau près de 8 %. Ce regain a été attribué pour une part au style renouvelé de direction du parti qui a suivi l'élection, au congrès de mai 1982, de M. De Mita comme secrétaire politique. Celle-ci a eu lieu directement par les délégués au congrès national afin d'atténuer les tendances oligarchiques jusqu'alors prédominantes. Cette élection marque un tournant en ce qu'elle manifeste que l'éclatement du parti en sous-courants ne permet plus que la formation d'alliances publiques et immédiates à l'occasion des congrès, et qu'elle tend à renforcer le pouvoir du secrétaire, renforcement également dû à la création d'une bureaucratie partisane à sa disposition et à l'usure du cercle des dirigeants historiques. En mai 1984, malgré les échecs électoraux, M. De Mita est réélu à son poste, mais à une majorité inférieure à celle de la coalition de courants soutenant sa candidature. Deux ans plus tard, en revanche, il obtient 74 % des suffrages au congrès de Rome. Entre-temps, il poursuit sa tâche de réorganisation ainsi que son dessein de « laïcisation » de la DC. Cependant, sa tentative de mettre fin à l'existence des courants a échoué et lui a valu des griefs d'autoritarisme. Il est par ailleurs contesté par certains des dirigeants historiques qui lui reprochent l'orientation antisocialiste de son action, et par le mouvement catholique « Communion et Libération », proche du Saint-Siège, qui conteste son projet de déconfessionnalisation. Après les élections réussies de 1987, sous la présidence du Conseil de M. Goria, M. De Mita apparaît néanmoins comme le véritable chef du gouvernement, et c'est logiquement qu'il finit par assumer lui-même cette tâche en avril 1988. La rivalité renouvelée entre la DC et le PSI, doublée de celle entre leurs deux leaders, MM. De Mita et Craxi, a conduit à une crise gouvernementale en mai 1989. L'éviction de M. De Mita de la direction du parti est l'effet du pacte officieux conclu avec Craxi par Andreotti et Forlani, formule appelée couramment du nom de CAF, contre la stratégie d'entente avec le PDS imprimée par De Mita. Il est bientôt contraint de quitter la tête du gouvernement. M. Andreotti constitue un gouvernement pentapartite (dit le « Giulio VI »). En février 1990, le projet de loi

Mammi sur l'information (texte inspiré par les socialistes et qui favorise les intérêts de Berlusconi) fait scandale. Suite à l'adoption du projet (le gouvernement a posé la confiance), l'aile gauche de la DC retire ses ministres. Le conflit d'intérêts entre les socialistes, qui inclinent à des élections anticipées, et la DC, qui s'y refuse, impose en avril 1991 une nouvelle formule gouvernementale, quadripartite (« Giulio VII »), gagée sur une promesse tacite faite à Bettino Craxi (v. n° 277). Les élections législatives d'avril 1992, qui se tiennent à leur date normale, voient la DC pour la première fois descendre en dessous des 30 % des voix. Le résultat est catastrophique dans les vieilles terres blanches que sont la Vénétie, le Brescian et le Bergamasque. En novembre, alors que les enquêtes de *mani pulite* commencent à prendre de l'ampleur, à l'occasion d'une simple consultation locale, dans le Mantouan, la DC réalise le score de 14 %. Le lendemain même, un nouveau secrétaire général du parti est désigné, l'intègre Mino Martinazzoli, M. Forlani ayant rendu sa démission. La Démocratie chrétienne tente alors un effort désespéré pour se rénover. Mais les réformes lancées depuis la Piazza del Gesù sont dépréciées sous l'effet des surenchères. Les « exaltés » entrent dans des convergences avec Segni, l'initiateur des comités référendaires, parlementaire d'obédience démocrate-chrétienne qui hésite encore à rompre le ban mais déploie avec brio une culture de la dissidence, et jette des amorces à gauche. En 1993, la DC ressort anéantie des élections locales de juin. Elle tente de renouer avec son passé et devient, en janvier 1994, le parti populaire italien. Ce retour aux sources provoque une scission de l'aile conservatrice, qui devient le centre chrétien-démocrate (CCD). En vue des législatives de mars 1994, le parti populaire s'allie (sous le label du Pacte) aux « Popolari per la Riforma », lancés entre-temps par Segni, ainsi qu'à un reste du PRI (v. n° 277). Le résultat, avec quelque 15 %, des voix, n'est pas à la hauteur des attentes, en grande partie à cause de la nouvelle loi électorale (v. n° 260) qui décourage la percée d'une coalition centrale. La dissidence des chrétiens-démocrates avait pour sa part rejoint les modérés du Pôle, vainqueurs inattendus de ces élections. Celle, symétrique, des chrétiens-sociaux, s'était ralliée au front des progressistes. Tirant les leçons de 1994, le parti populaire, lorsque s'annoncent les législatives de 1996, ne peut que constater que la gauche, en ralliant l'initiative lancée par Romano Prodi (un démocrate-chrétien), a tourné le dos à la stratégie des blocs. Cette option vaut au parti populaire de tenter l'ouverture sur ces bases et justifie en un sens son ralliement. La décision de la direction de s'inscrire dans l'Olivier provoque l'opposition du secrétaire général, M. Buttiglione, qui refuse l'ancrage à gauche. Un nouveau secrétaire est élu, Gerardo Bianco. Une scission s'ensuit qui conduit l'évincé à créer le centre des démocrates unis (CDU). Ceux-ci rejoignent le Pôle. À l'opposé, les sociaux-chrétiens finiront, en 1998, par se fédérer aux démocrates de gauche (v. n° 276). Les élections d'avril 1996 voient le succès de l'Olivier et l'entrée des populaires de Bianco au gouvernement Prodi. Au sein de la coalition, les populaires, unis à de minuscules formations (dont celles de Prodi et Maccanico), réalisent 6,8 % des voix. Mais le CDU et le CCD, qui se sont présentés ensemble et sont associés à *Forza Italia* au sein du Pôle, obtiennent 5,8 %. Les deux tronçons sont entrés alors dans des tentatives de fusion, mais, à ce jour, restées sans suite. L'ambition de Rocco Buttiglione est de supplanter le parti de M. Berlusconi. Elle se veut fondée sur le constat que celui-ci ne serait qu'une forgerie médiatique vouée à terme à s'évanouir, faute d'ancrage solide dans le pays. Les résultats des régionales de juin 1996 en Sicile semblaient pouvoir autoriser ces visées. *Forza Italia* y éprouve des déboires (une chute de 26 %) qui rappellent la cruelle déconvenue des élections locales de 1994. Les démocrates-chrétiens du centre-droit (avec 19 % des voix) connaissent un essor dans ce qui a été une terre d'élection de la DC, ce qui laisse augurer peut-être d'autres retours de fortune. En dépit de la loi électorale, on assiste à des velléités récurrentes de la filiation démocrate-chrétienne la plus conforme de renouer avec le parti populaire (qui bénéfice de la succession apostolique) afin de reconstituer un parti central, un indice en étant le retour en faveur de l'emblème de la DC. (Pour l'état présent des avatars de la DC, v. n° 277 *ter*.)

276 LE PARTI COMMUNISTE. — Le PCI a été de façon continue depuis l'après-guerre le pôle second du système de partis en Italie : cette situation de contre-parti dominant face à la DC a été pour lui difficile à gérer en dépit des remarquables capacités d'adaptation de ses dirigeants : le parti communiste italien oscille en effet naturellement entre le dessein d'une alternative de gouvernement à la DC, qui le tient inévitablement éloigné, à court et moyen terme, des responsabilités du pouvoir (la *longue marche*) et la tentative pragmatique d'un *compromis historique* avec celle-ci qui lui permette, sans préjuger d'autres développements, d'accumuler des gains tactiques en lisière du pouvoir. Entre 1944 et 1946, le PCI inspiré par Togliatti, sur le fondement des analyses de Gramsci, accepte l'État libéral et la démocratie réputée formelle dans le dessein d'investir la société civile : c'est la figure paradoxale d'un parti révolutionnaire jouant le jeu (rejet du schéma bolcheviste). Ce choix remarquable signifie l'intégration en puissance du parti communiste au système – aussi bien est-il compris parmi les partis de l'*arc constitutionnel* en 1947, ceux qui promeuvent la nouvelle Constitution. Cette intégration n'est pas néanmoins sans équivoque du fait que, jusqu'en 1979, il demeure officiellement un parti d'obédience léniniste. L'investissement est traduit dans les faits par un progrès constant de ses résultats électoraux. L'union avec les socialistes en 1948 a signifié par ses résultats que l'alternative à la DC n'était pas prête à jouer prochainement ; elle a du moins conduit à terme à inverser les rapports de force en faveur du PCI, la gauche non communiste, en quelque sorte doublée, étant cantonnée dans une position marginale dont elle ne commencera de sortir électoralement qu'en 1979. De près de 19 % des suffrages en 1946, le PCI atteint un peu plus de 27 % en 1972[1]. Le parti est désormais assez fort pour entrer à son avantage dans des compositions avec la DC. En novembre 1973, son secrétaire, Enrico Berlinguer, lance la formule du *compromis historique*. Après des succès saisissants aux élections régionales de 1975, le PCI parvient en 1976 au plus haut niveau auquel il a jamais atteint en termes de voix : 34,4 %. En 1976, par suite, il décide de soutenir implicitement le gouvernement monocolore DC au Parlement, en s'abstenant lors du vote de confiance ; en 1978, le soutien devient formel : en mars, à la suite de l'enlèvement d'Aldo Moro, il vote la confiance au quatrième gouvernement Andreotti. En se posant comme garant de l'ordre constitutionnel, écrit Hugues Portelli[2], le PCI « défend les institutions comme elles sont, alors qu'il vient de

---

1. Les pourcentages indiqués ainsi que ceux qui suivent sont, sauf mention contraire, ceux relatifs à l'élection à la Chambre.
2. Le communisme italien, *Pouvoirs,* n° 18, 1981, p. 98.

gagner à lui un électorat qui demande de les transformer ». L'auteur ajoute : « D'autre part, la progression électorale du parti s'est faite au détriment de sa cohésion. » Le compromis ne va pas durer assez longtemps pour permettre au PCI, qui a dû auparavant donner des gages dans les municipalités et, plus encore au plan syndical, d'obtenir des lots de compensation au sein des appareils administratifs et parapublics, en récompense de son abnégation constitutionnelle. Les électeurs ont été déconcertés par la situation de *milieu du gué* d'un parti qui se range dans les allées du pouvoir mais à qui le pouvoir échappe : cette situation a été habilement exploitée par les refus subreptices de la DC. Aux élections législatives et européennes de 1979, le PCI tombe à 30,4 % des suffrages : il vient de perdre l'électorat qui lui était venu dans le flux de l'*après-68* et dont une partie a voté pour le parti radical, d'inspiration libertaire (les référendums de 1978 constituaient une prémonition de ce phénomène). En 1980, les communistes traversent une période de réajustements difficiles en privilégiant le syndicalisme après l'électoralisme de principe : en octobre, la direction commet une erreur d'appréciation tactique en versant dans l'option prolétarienne au détriment de sa base la mieux assurée. 1981 est l'année des remises en question : le comité central réalise la *sterzata,* la rénovation en profondeur du parti. En 1979, le centralisme démocratique avait été rendu presque anodin ; le pluralisme et le rejet de la bureaucratie reçoivent ici leur conclusion dernière, eu égard aux limites posées par la nature du parti lui-même. Semblablement, en 1981, le comité central s'oriente vers l'alternative (autrement dit, une coalition avec les socialistes). Il n'est plus question de compromis historique, du moins en l'état : l'alternative est seulement ouverte aux « meilleurs éléments » du monde catholique, ce qui se passe de commentaire. En 1983, le parti descend à 29,9 % des voix : il est évident que les révisions auxquelles il s'est prêté dans un premier temps n'ont fait que l'affaiblir. Aux élections européennes de 1984, il profite de l'effet Berlinguer, la mort du leader prestigieux, survenue en pleine campagne, ayant été dramatisée : le PCI obtient 33 % et passe même la DC, un fait circonstanciellement historique. À Berlinguer succède un vieux hiérarque sans charisme, Alessandro Natta ; le parti traverse une crise d'identité : la controverse interne porte désormais sur sa nature même de parti communiste. En 1987, il descend à 26,6 % des voix pour plafonner enfin à son plus bas niveau aux élections administratives de l'année suivante (21,9 %). M. Natta rend sa démission (juin 1988) : Achille Occhetto devient secrétaire. La reprise en main se dessine, le PCI ne peut dès lors que se stabiliser. Aux élections européennes de 1989, il dépasse de quelques dixièmes son résultat des législatives de 1987. Par une rencontre extraordinaire mais fortuite, trois jours avant la chute du mur de Berlin (novembre 1989), M. Occhetto annonce que le parti va être recréé et prendre un autre nom. Le Congrès de Rimini (XXe et ultime du PCI), en janvier 1991, réalise en douceur un séisme. Le parti communiste italien répudie son nom, devenant le « parti démocratique de la gauche ». La novation ne se réduit pas à promouvoir ce vocable et un nouvel emblème. C'est une pure métamorphose, découlant d'un renversement fondamental de la perspective idéologique, et qui tient en substance dans l'abandon du référent marxiste. Par là, l'ancien PCI se rallie à la démocratie, sans déterminatif et sans phrase. La mutation est donc bien génétique, comme le marque Piero Ignazi[1]. Aussi est-elle récusée par les « purs et durs » du parti : ceux-ci (avec le huitième environ des inscrits) font sécession et créent *Rifondazione comunista*. Dans un tel contexte, un recul électoral était prévisible. Ce dernier prend néanmoins un tour inquiétant aux législatives de 1992 : le PDS obtient un résultat décourageant, avec à peine plus de 16 % des suffrages (aux élections précédentes, il atteignait encore près de 27 %). Le parti nouveau va parvenir dès l'année suivante à se tirer de cette situation préoccupante. Deux atouts, strictement liés, jouent en sa faveur : d'une part, l'échouement du PSI sur la « Grande Barrière » de *mani pulite* ; d'autre part, la candeur que le PDS, comme successeur du PCI, peut à bon droit afficher s'agissant de l'imputation de corruption (innocence au vrai toute relative mais crédible, par contraste avec les autres). Aussi l'électorat incline à porter ses voix sur le seul parti, à gauche, à n'avoir pas été gravement souillé. Par suite, le PDS est porté par la vague des élections locales de novembre 1993. Ce retour de fortune va le conduire à négliger délibérément l'ouverture au centre et à entrer dans une stratégie de front populaire (P. Ignazi). Le front s'étend depuis la part avancée du centre gauche jusqu'à comprendre les dissidents du PDS,

---

1. *I partiti italiani*, Bologne, Il Mulino, 1997, p. 96.

les communistes refondateurs. Or ce sont ces derniers, avec les catholiques progressistes de la *Rete,* la « nasse » (allusion combative à la pieuvre mafieuse), ainsi que les Verts, qui obligent à récuser la candidature de M. Ciampi, que la gauche eût consenti, en ce cas, à avouer d'avance pour président du conseil en cas de victoire pour elle aux élections. D'autre part, M. Occhetto s'est aliéné délibérément les pactistes, en finissant par écarter l'autre candidature possible, celle de Mario Segni. Cette option est remarquable en ce qu'elle apparaît comme la prémonition *a contrario* de la stratégie adoptée par le PDS en 1995-1996. Aux élections législatives de mars 1994, alors que le PDS, à la tête de la coalition des progressistes, était donné vainqueur, c'est le cartel de centre droit, le Pôle, qui l'emporte. La stratégie des blocs ne peut réussir que si la gauche atteint 40 % des suffrages : dès lors qu'en 1994, les tronçons de l'ancien PCI ne font à eux deux guère plus de 25 % et que le reste de la gauche est en miettes, c'est l'échec. Par l'effet de ce constat, une autre option s'ouvre : celle qui vise à favoriser la formation, depuis la gauche, d'une coalition appuyée sur le centre. M. Occhetto ayant remis sa démission, un nouveau secrétaire, Massimo D'Alema, est désigné à la suite d'une élection pour la première fois disputée. Il met en œuvre la nouvelle stratégie. Après le sabotage du gouvernement de la coalition adverse par l'une de ses composantes (v. n° 280), le parti accueille avec faveur la constitution du gouvernement de techniciens, présidé par M. Dini, formule d'attente qu'en janvier 1996 il tentera de proroger, et lorsqu'à cette date ce dernier passe la main, le PDS soutient une nouvelle tentative présidentielle. En vue des élections qui s'annoncent, M. D'Alema s'est déclaré ouvert, dès mai 1995, à une tentative de coalition : par suite, en juillet, il soutient la candidature à la présidence du conseil, et reconnaît le leadership de Romano Prodi, ancien président de l'un des deux grands groupes industriels para-étatiques, un catholique. Il parvient à étendre par cette amorce les alliances jusqu'au résidu officiel de la démocratie chrétienne, le PPI – lequel, par contrecoup, va connaître, en mars, une scission (v. n° 275). Dans le même temps, D'Alema réussit, à trois semaines du scrutin, à convaincre M. Dini de rallier un camp qui, objectivement, n'était pas le sien. (Cette capacité de gagner des personnalités dont l'horizon se situe dans le champ modéré est un atout auquel il sera encore recouru guère plus tard, en attirant le juge Di Pietro.) Sous le nom et l'emblème de l'Olivier, la coalition se présente devant l'électeur comme une majorité potentielle de gouvernement, conduite par un candidat président du conseil. Ce faisant et parce qu'elle est appuyée sur le centre, cette coalition ne saurait (contrairement à 1994) comprendre les communistes refondateurs, mais D'Alema parvient à négocier avec ses frères ennemis des accords de désistement. Les élections législatives d'avril 1996 donnent l'avantage à l'*Ulivo*. Les résultats sont tangents – et même, pour la quote-part proportionnelle du scrutin, légèrement inverses. La victoire s'avère donc incomplète, du moins à la Chambre (la coalition gouvernementale ne s'y maintient que par l'appui extérieur de *Rifondazione comunista*). Aussi bien, et paradoxalement, en dépit même du succès de l'Olivier, la dorsale de l'électorat s'inscrit toujours au centre droit. Le PDS, s'il devient le premier parti italien, n'accroît ses résultats que d'un piètre 1 % des suffrages. Cependant, le choix stratégique en est validé d'autant : l'Olivier est parvenu à l'emporter parce que, se réclamant du centre gauche, il s'est déplacé efficacement depuis cet axe le plus loin possible vers le centre, tout en réussissant à ne pas trop découvrir son autre flanc, grâce à une gestion sans faille de la non-concurrence conclue avec la gauche dure. L'événement est historique : c'est la fin de l' « anomalie italienne » (Norberto Bobbio). Il l'est, à l'évidence, en ce que pour la première fois l'alternance politique s'opère dans ce pays. Le PDS prend 9 ministères sur 20, et Walter Veltroni (l'ancien compétiteur de D'Alema) devient le vice-président du conseil.

Le projet de D'Alema, qui entre temps va prendre la tête du gouvernement (octobre 1999), est de structurer le versant proprement de gauche de la coalition. Le projet en soi a suscité les réticences de l'aile libérale critique du PDS, bien représentée par Walter Veltroni. Un congrès préparatoire s'est tenu dans ce dessein en février 1998, à Florence. Ce rassemblement, sous le nom de « démocrates de gauche », devait être opérationnel pour les européennes de 1999. Outre l'apport de cercles (comme les Amatistes), il s'étend du PDS aux chrétiens-sociaux et aux *Laburisti* (issus de l'aile gauche respectivement de la DC et du PSI). À cet égard, ce n'est pas sans raison que Massimo D'Alema a parlé d' « alliance complexe » et de « délicat équilibre de culture ». Le mouvement aura une structure fédérative, et le PDS est censé devoir se fondre, dans le délai d'un an, dans la galaxie de ce nouveau parti. Mais le résultat ne répond qu'imparfaitement au schéma prévu : si le nouveau mouvement parvient à agréger une part appréciable de la gauche réformiste et du syndicalisme chrétien, la diaspora de l'ancien PSI demeure rétive, qui préfère se compter à part (v. n° 277 *ter*), de même que Giuliano Amato ne rejoint pas. Ce succès mitigé de la dernière métamorphose du PCI[1] s'explique par la préférence donnée à la stratégie de D'Alema de couverture social-démocrate sur celle, pour ainsi dire blairiste, de Veltroni comme d'Occheto, option plus « moderne », mais qui n'en a pas moins aussi ses défauts. La stratégie de D'Alema est peu inventive mais témoigne du sens des réalités : le rétrécissement des bases de l'ancien PCI (tombé en dessous de 20 % des suffrages) exclut que le parti puisse maintenir une position dominante au sein d'une configuration partisane du type le plus œcuménique. Cependant, la stratégie mise en œuvre, en tant qu'elle repose sur un degré mesuré d'ouverture, ne permet pas de séduire les résidus des partis laïques (v. n° 277), alors qu'elle ne peut, de toute façon, qu'inquiéter (par la captation des catholiques progressistes) le parti populaire. Plus grave, l'obturation qu'emporte ce choix, si elle permet à l'ancien PDS de demeurer la pierre d'angle de l'ensemble, contrairement à l'option vaste (celle visant à impulser un Parti démocrate), laisse un vide qui ne peut qu'appeler de manière récurrente la constitution d'une « Chose blanche »[2], agrégation des centres appelée à devenir la composante rivale au sein de l'Olivier. Le point de coalescence sera atteint en septembre 2000 avec la constitution du regroupement dit de la Marguerite (v. n° 277 *ter*), qui est devenu très vite, à la suite des élections de 2001, de taille à disputer la prééminence aux DS.

L'accession de D'Alema à la présidence du Conseil en octobre 1998 revêt à première vue un cachet de banalité, dès lors que les anciens communistes, depuis deux ans, sont bien établis au gouvernement. Cette accession « met un point final à la grande anomalie italienne, la *conventio ad excludendum*, dont l'ultime avatar était d'écarter les anciens communistes de la présidence du Conseil » (D. Detragiache).

---

1. Le badge du nouveau parti substitue au pied du Chêne la rose du socialisme européen à la faucille et au marteau
2. Allusion *a contrario* à la « Cosa », terme par lequel on entendait cerner l'indécision qui a affecté en 1990 la nouvelle désignation du Parti lors de la métamorphose du PCI.

Le fait de l'accession « conclusive » des postcommunistes – c'est à peine un paradoxe – n'en est pas moins rigoureusement dépendant de leur considérable affaiblissement. Malgré les ravalements successifs, les bases électorales de l'ancien PCI n'en finissent pas de se rétrécir (les 1 % regagnés en 1996 peuvent difficilement être comparés à la progression de 1976), et le parti semble voué à un déclin irrémédiable. Lors des premières élections qui suivent, aux européennes de 1999, les démocrates de gauche, qui, à tout le moins, en termes médiatiques, signalent une offre nouvelle, font 17,3 % des voix. Aux élections administratives de la même année, la déperdition est grande entre les deux tours. Surtout, la gauche perd Bologne, ville entre toutes symbolique. Aux élections régionales d'avril 2000, qui pour cette fois sont de toute implication (v. n° 279), les démocrates de gauche remontent à un peu plus de 19 % des voix, mais ne parviennent pas à franchir le seuil des 20 % apte à leur conférer une masse critique. Les élections générales de 2001, qui pour la coalition sortante marquent la défaite, mais ne signalent malgré cela qu'un échec stratégique, sont en revanche en termes tactiques pour les démocrates de gauche un quasi désastre (v. n° 279). Le parti dominant de la coalition voit ses résultats tomber à 16,6 % (part proportionnelle, résultat pour la Chambre). Pour l'ancien PCI qui a été le plus puissant du monde démocratique cette décrue sévère est – non sans injustice – à la hauteur des métamorphoses, aucun autre parti communiste n'ayant eu à ce point l'intelligence de la rénovation. Aussi la métamorphose s'est-elle opérée dans un climat d'idées défavorable. Du jour que le socialisme idéocratique eut été répudié, la transformation conséquente (mais qui ne témoignait pas d'un excès d'audace) a consisté pour les postcommunistes à faire leur idéal de la social-démocratie. Or cela revenait à rallier un modèle lui-même en crise. Mais il y a plus. Le fil d'Ariane de la social-démocratie en Italie est des plus ténus (contrairement à ces racines puissantes qui plongent dans l'histoire d'Allemagne), et c'était se perdre que d'essayer de renouer avec un modèle dont les repères *in situ* ont toujours été aussi indécis. Enfin, le résultat de 2001 emporte un constat inquiétant pour DS : le rééquilibrage à l'intérieur de l'Olivier au profit des centristes, rassemblés dans le cartel de la Marguerite (v. n° 277 *ter*). Ce dernier, à peine formé, ressort des élections affermi, au point d'être en passe de pouvoir interdire, et non plus seulement entraver, l'hégémonie des démocrates de gauche. Si l'on songe que le but inavoué du positionnement social-démocrate de l'ancien PCI était de parvenir à « s'affranchir du centre » (Ciriaco De Mita), l'échec est patent. Mais il peut être prometteur. Car l'affaiblissement des postcommunistes est plutôt un prix inévitable à payer pour rendre la coalition de centre-gauche compétitive (Pasquale Pasquino).

En marge du PDS, se trouve *Rifondazione comunista,* qui s'est consolidée de manière « quasi granitique » (Gianfranco Pasquino) dans une hostilité à la stratégie de métamorphose propre au PDS. Au bénéfice, nonobstant, de fructueux accords de désistement avec celui-ci, *Rifondazione* a obtenu, aux législatives de 1996, 15 sièges au majoritaire, outre les 20 que, associée à l'extrême gauche, elle obtient à la proportionnelle (8,6 % des voix). RC exclut toute participation au gouvernement bourgeois de l'Olivier mais n'en vote pas moins la confiance initiale, ce qui laisse auguer d'une volonté de ne pas nuire. Cependant, dès l'adoption du budget de 1997, RC pose ses exigences. Celles-ci vont conduire à une capitulation du président du conseil, M. Prodi. Cette reddition provoque le ressentiment de la part des membres à part entière de la coalition. Le parti de Lamberto Dini éclate et D'Alema est ulcéré de ce que le chef du gouvernement ait offert à *Rifondazione* le brevet de défenseur des classes laborieuses. L'année d'après, le refus sans ambages de RC de voter le budget pour 1998 provoque, le 9 octobre 1997, la démission du gouvernement. La consternation est générale, et s'étend jusqu'aux modérés, car elle signifie l'arrêt de mort du premier gouvernement « à gauche » qu'ait connu l'Italie postfasciste. À la suite d'une crise de quatre jours, *Rifondazione* consent à donner une chance au gouvernement, lequel reprend ses fonctions. Le refus de concours de RC avait reposé sur un calcul politique de Fausto Bertinotti (son secrétaire), qu'ont déjoué les tenants de la coalition (v. n° 280). Un an plus tard, Bertinotti a réitéré la même manœuvre, qui aboutit au renversement du gouvernement (9 octobre 1998) mais aussi à la scission des communistes, avec le départ d'Armando Cossuta, président démissionnaire, résolu à fonder un nouveau parti, *Comunisti italiani.*

Rifondazione comunista s'est donc rendu fameux pour avoir mené la vie impossible au gouvernement Prodi, à force de surenchères, et, après avoir mêlé ses voix à celles de partis ennemis, consommé avec ces derniers le vote de défiance. La mise à mort du gouvernement Prodi par *Rifondazione comunista* a été, à tort ou à droit, jugée immorale. Il est certain que la capacité de nuire de RC au Parlement aurait été nulle si les partenaires de la coalition de gouvernement ne s'étaient désistés en sa faveur aux élections de 1996. RC réalise un attelage entre la *pars philosovietica* de l'ancien PCI et un amas de trotzkistes. À la faveur de la complaisance de la gauche, RC atteignait 8,67 % (pour la Chambre) en 1996. Aux élections de 2001, avec 5 % des voix, elle retrouve son étiage réel mais par là rejoint aussi le seuil d'exclusion. Il semble vérifié que RC est parvenu à surnager au dessus de la barre fatidique des 4 % en détournant l'attention sur son parcours suicidaire par l'investissement dans la cause de l'antimondialisme. Du fait du défaut d'accord de désistement pour les élections au Sénat, on peut estimer à une trentaine de sièges la perte accusée par la gauche du fait du maintien de candidats RC.

277 LES PARTIS LAÏQUES. — Bien que le parti communiste soit compris au sens large de ce nombre, l'expression de partis laïques s'entendait plus communément en Italie des partis de l'*arc constitutionnel* à l'exception du PCI et, par définition, de la DC. Ces partis étaient d'importance moyenne, ainsi du parti socialiste, ou bien faible, comme le parti social-démocrate (PSDI)[1], le parti républicain et le parti libéral. On adjoint aux partis laïques le parti radical dont l'entrée au Parlement ne remonte qu'à 1976. Ce parti *antisystème* s'est signalé dès le commencement par une propension spectaculaire au *filibustering* parlementaire ; sa vocation est d'introduire des trains de référendums abrogatifs. Dès les débuts de la transition, il n'a pas démenti ses capacités à sortir des sentiers battus (c'est Pannella qui, dans l'indifférence alors générale, a suggéré la candidature de Scalfaro) et sa vocation référendaire (le PR est coauteur de l'initiative Segni). Cependant, l'attitude de son « leader saturnien », en 1993, très hostile aux procédés des juges, et qui soutient avec provocation des parlementaires discrédités, sème le désarroi : le mouvement dont l'ambition a tendu à la déstructuration du système

---

1. Le parti social-démocrate n'avait pas d'existence au moment de l'élaboration de la Constitution mais, étant issu d'une scission du PSI, par le fait même, il est compris dans l'arc.

des partis (L. Morel) verse dans l'incroyable panégyrique du *parlamento degli inquisiti* (P. Ignazi). Aux législatives de 1994, le parti radical, sous le nom de « Réformateurs », réalise pourtant un résultat assez inespéré mais manque de 0,5 % la barre des 4 %. En vertu d'accords, quelques radicaux parviennent du moins à être élus sur les listes de *Forza Italia* et de la Ligue. La décision prise de se présenter isolément aux élections de 1996, devant le refus de *Forza Italia* d'assigner au courant laïque critique autant de sièges gagnables qu'aux franges ralliées de la DC, revient à un suicide, avec moins de 2 % des voix. En vertu de convergences prononcées, la plupart des anciens parlementaires radicaux ont rejoint les modérés. On citera pour mémoire un autre accès de conformisme dérangeant, lié à la figure d'Emma Bonino. Aux européennes de 1999, les incantations de l'Hécate européiste lui ont fait atteindre plus de 8 % des suffrages. Aux élections de 2001, la liste de Mme Bonino tombe à 2,2 % (pour la Chambre).

En revanche, la droite nationale du MSI ne figurait pas parmi les partis laïques : ce groupement rassemblait des éléments dits néofascistes ainsi que certains monarchistes (depuis 1972). La figure de *convivenza* du système de partis italiens fait que l'ostracisme à l'endroit de ce parti est sans doute moins radical qu'en d'autres pays. À compter de la transition, il a subi une complète métamorphose (v. n° 277 *bis*).

Le PSI était le parti le plus important de l'ensemble considéré et avait une vocation naturelle à en prendre la direction : ses visées hégémoniques étaient ressenties péniblement par les petits partis. Le parti socialiste en 1946 a légèrement plus de voix que le parti communiste (20,7 % des voix contre 18,9). Deux éléments vont entraîner son déclin dans les années 1947-1948, qui sont d'ailleurs liés : l'union avec le PCI et la scission interne. Le PSI aux élections de 1953 se retrouve avec près de deux fois moins de voix ; il se rétablira un peu aux deux élections suivantes, juste assez pour pouvoir compter, et entrer, en décembre 1963, au gouvernement (premier cabinet Moro). L'opposition de l'aile gauche du parti (la « nuit de Saint-Grégoire ») entraîne à cette occasion une nouvelle scission. Les socialistes vont être dès lors de tous les gouvernements jusqu'à ce jour, à la seule exception de ceux monocolores de la DC, illustrant la formule d'après laquelle « on ne gouverne pas sans les socialistes » :

la position charnière du PSI majore son influence bien au-delà de son importance numérique. En 1966, une réunification survient avec les sociaux-démocrates : elle sera sans lendemain, condamnée par les mauvais résultats électoraux de 1968. En 1976, une velléité opposée, de retour aux côtés des communistes, est sanctionnée : le PSI recueille 9,6 % des suffrages, résultat d'autant plus décevant que le parti venait de renforcer ses positions au plan régional l'année précédente (12 %). En 1978, le parti socialiste italien conclut tardivement son Bad-Godesberg. La même année, un socialiste, Sandro Pertini, est élu à la présidence de la République suivant un processus de composition laïque, sans rapport avec leur force réelle, qui avait déjà profité semblablement aux sociaux-démocrates en 1964 (élection de Saragat). Les élections de 1979 se traduisent par une poussée infime en faveur du parti, mais l'analyse des résultats prouve que si la DC perd des voix, celles-ci ne vont pas forcément au PCI. La leçon sera retenue. À la suite des élections, par une anticipation, le socialiste Bettino Craxi fait un « tour de piste » lors d'un *incarico*. Avec Bettino Craxi, le PSI avait retrouvé (depuis la mort de Nenni en 1980) un leader de qualités heurtées mais d'un ascendant réel. En 1983, le parti franchit nettement la barre des 10 %. Le 4 août 1983, M. Craxi réalise son ambition de former le gouvernement. Après le républicain Giovanni Spadolini, il est le premier président du Conseil à n'être pas démocrate-chrétien. Les conditions de formation du gouvernement, peu glorieuses, ne relèvent pas de l'intéressé : tous les ministères importants sont occupés par la DC. Cependant, M. Craxi va assurer rapidement son autorité par un style très personnel et le recours à des méthodes inédites (l'*inner cabinet*). Les deux gouvernements Craxi, de 1983 à 1986, vont être les plus durables qu'ait connus le régime, si l'on excepte la longévité mémorable qui s'attache aux ministères De Gasperi. Cette donnée profitable fut souvent invoquée par la suite par le PSI surtout même au moment de déclencher les crises dites de *clarification* dont il était coutumier. Aux élections de 1987, le parti socialiste passe les 14 % ; il rejoint ainsi son résultat de 1958. L'ambition du PSI était de réaliser l'alternance, autrement dit un pôle des partis laïques placés sous sa direction (à l'exclusion, inévitablement, du PCI) susceptible d'équilibrer la démocratie chrétienne. Aux élections européennes de 1989, le parti gagne encore un pour cent de voix. Mais les sondages prévoyaient des résultats encore plus favorables. On touche ici une des faiblesses de la stratégie du PSI qui repose essentiellement sur une entreprise de suggestion à l'endroit de l'opinion publique (et de séduction des élites) avec tous les éléments d'incertitude afférents. Le PSI ne pouvait provoquer l'inversion en sa faveur des rapports à gauche qu'en élargissant ses bases. Et il parut d'abord commencer d'y atteindre, avant que s'ouvre pour lui le temps des erreurs historiques. La faute liminaire a consisté à donner pour irréversible (à l'occasion des élections de 1992) l'alliance avec la démocratie chrétienne, contre la promesse du retour de Bettino Craxi au palais Chigi (Geneviève Bibes). Une erreur corollaire tient à la morgue dont le PSI se défendait mal d'accabler les petits partis laïques. Il a ainsi rompu le fil tissé depuis Nenni (dont Craxi se veut pourtant l'héritier direct), et ce au moment où un projet d'union n'avait jamais été aussi crédible, alors que l'hypothèque du communisme était en passe d'être levée. Mais l'erreur principale, dans ce dernier contexte, tient à une « asthénie stratégique et politique »[1], d'autant plus inexplicable que le PCI doit alors risquer la révision la plus radicale de son histoire. Dans l'immédiat, cette mue (v. *supra*) se traduit pour le parti démocratique de la gauche (PDS) par de graves déboires électoraux aux législatives de 1992. Or si ces derniers ont pu être surmontés, ils l'ont été pour une part par l'effet de la dérélection qui gagne le PSI, ravagé par les enquêtes judiciaires. Alors que 3 % seulement des suffrages les séparent désormais des anciens communistes, les socialistes avaient peut-être quelque chance encore de renouveler, mais cette fois à leur profit, la stratégie du « baiser mortel ». Ce manque d'audace insidieuse, qui a démenti la vocation mitterandienne du parti socialiste italien, aura été, en dernière analyse, la sanction des visées personnelles de Bettino Craxi. Un symptôme s'en manifeste à l'occasion du référendum de juin 1991, visant à supprimer le vote préférentiel. Le leader du PSI entend saborder la consultation, dont la portée antipartitocratie est évidente : s'il préconise l'abstention, ce n'est pas par indifférence relative mais de manière à empêcher que le quorum soit atteint, suivant le précédent de juin 1990. Dès lors cependant que l'abrogation a été adoptée à une majorité écrasante,

---

1. P. Ignazi, *op. cit.*, p. 51.

le PSI s'en trouve affecté d'une image rétrograde. Deux ans plus tard, juste avant le cataclysme référendaire d'avril 1993, devant le flot montant de l'exigence de clarté, qui s'exprime par la réclamation d'un mode de scrutin majoritaire, l'option du leader socialiste en faveur du maintien de la proportionnelle s'inscrira dans la même logique. Les élections législatives anticipées d'avril 1992, dont on a vu plus haut le caractère de rupture (et les dernières à intervenir suivant un système électoral discrédité), ne marquent pour le PSI qu'un recul de peu de portée en apparence (0,7 %), largement compensé par l'échec du PDS. Mais, à mieux voir, le parti perd des voix dans le Nord (où les résultats en Lombardie s'avèrent préoccupants) et ne parvient à surnager que grâce à l'emprise acquise dans le Sud. Avec les déboires concomitants de la DC, la coalition quadripartite ne conserve plus au Parlement qu'un avantage de huit sièges et ne répond plus à la majorité de l'électorat. L'assassinat, en mai, du juge Falcone rend dérisoire l'autre volet de l'accord conclu avec la DC par les socialistes, et qui eût consisté (contre la promesse en faveur de B. Craxi de recouvrer le palais Chigi) à faire élire à la présidence de la République Arnaldo Forlani, le hiérarque de la DC – en vertu du CAF (v. *supra*). Le nouveau président de la République, M. Scalfaro, inaugure ses fonctions par un acte d'autorité en refusant de désigner Bettino Craxi à la présidence du Conseil. Pour Craxi, sous le coup des mises en examen, cet *incaricato* fût revenu à bénéficier d'un « sauf-conduit » (A. Manzella). B. Craxi suggère une personnalité incontestée, M. Amato, qui lui doit certes son entrée dans la vie politique mais s'inscrit dans une figure d'indépendance. Le ministère que ce dernier parvient à constituer inaugure la série des gouvernements de maintenance présidentiels, « au-dessus des partis » (v. n° 280). Le gouvernement Amato obtient la confiance, en juillet, exprimée par la quadripartite (moins le PRI : v. *infra*). Cependant, les investigations impitoyables de *mani pulite* ont porté au grand jour, à partir de février 1992, les ressorts de la corruption partitocratique. Cette dernière, qui n'affecte qu'en lisière l'ancien PCI, entache substantiellement toutes les formations qui durant des décennies ont participé au gouvernement, à plus forte raison de celles qui en ont constitué le socle (la DC) comme l'alibi et la garniture réformatrice insincère (le PSI). Le développement, qui devient alors intense, des poursuites, comme, bien plus, l'image déplorable offerte par les contre-feux politiciens (cf. les attaques de B. Craxi contre le pôle judiciaire milanais dans *Avanti*) instillent un climat détestable.

En septembre 1992, l'élection de Mantoue (v. *supra,* n° 275) présage pour le PSI l'amorce de la fin. L'effet de répulsion *tangentopoli* s'affirme aux élections communales partielles de décembre. Les résultats mettent en jeu désormais l'existence même du parti. Aux élections municipales de juin 1993, le PSI voit son assise s'évaporer. Auparavant, en février, Bettino Craxi est contraint de résigner les fonctions de secrétaire général qu'il détenait sans partage depuis seize ans. Il a été depuis jugé et condamné définitivement en novembre 1996, par contumace. Le parti socialiste italien se disperse en myriades (P. Ignazi). Le lambeau officiel, après avoir changé de nom (PS, tout court), hésite dans ses alliances à la veille des élections législatives de mars 1994 : après avoir été tenté par un accord au centre, le centre « exigeant » du *Patto Segni,* que finira par rallier alors Giuliano Amato, le PS décide de s'inscrire dans une logique de front populaire en adhérant au cartel des progressistes. À l'issue de ces élections, le parti à lui seul tombe très en dessous de la barre des 4 %. Seules ses alliances lui valent d'obtenir 14 sièges à la Chambre.

Le parti social-démocrate résulte, a-t-on vu, d'une scission du PSI dans le contexte de tension des années 1947-1948. Sauf quelques intervalles, il a toujours maintenu son existence propre. Électoralement, il représentait, avant 1992, moins de 5 % des suffrages. De même que les socialistes, il a indéfectiblement goûté au pouvoir, et ce, pour lui, bien avant 1963. Depuis 1954, les sociaux-démocrates sont entrés dans tous les gouvernements, hors les monocolores et l'exception du second gouvernement Cossiga en 1979. Cette constance les a rendus plus perméables à certaines compromissions (ainsi lors du scandale de la loge P2 ou de l'affaire Lockheed). L'influence du PSDI était sans rapport avec son assise électorale et s'expliquait par d'autres raisons : elle lui valut en 1964 de voir un des siens, Giuseppe Saragat, être élu à la présidence de la République. La contradiction inhérente au parti social-démocrate italien a été parfaitement résumée par Piero Ignazi. À quoi pouvait « rimer » encore un parti réformiste comme le PSD dont tout l'espace politique traditionnel était désormais occupé par le PSI sous emprise craxienne ? Le seul ancrage possible résidait dans le clientélisme. Par là même, le parti social-démocrate italien allait s'avérer le plus poreux des formations laïques à *Tangentopoli*. Dans le discrédit où il est tombé, l'avènement du nouveau système électoral le condamne aux alliances. Or c'est l'alternative même qui s'offre à cet égard, à la veille des élections de 1994, qui va provoquer sa scission. Les héritiers officiels décident de s'allier aux front des progressistes ; la part minoritaire *(Rinascita SD)* rejoint la coalition dite du Pôle. Aux élections de 1996, la division perdure, les premiers obtenant un siège, les seconds, deux. L'influence du parti républicain est plus théorique dans tous les sens du mot. Le PRI n'est revenu aux affaires (il avait été de cinq des ministères De Gasperi) qu'en 1963. Depuis lors, il a été de tous les gouvernements à quelques brèves exceptions notables, ainsi en 1972, en 1974 et en 1979. Il a connu un leader dont l'autorité passait son propre parti, Ugo La Malfa ; un de ses membres, Giovanni Spadolini, a été symboliquement le premier président du Conseil, en 1980-1981, à n'être pas démocrate-chrétien. Seul des partis laïques à tenter de conjurer les sorts de manière imaginative, le PRI n'en a pas moins que les autres été sanctionné. Il a réclamé à partir de 1989 une politique de rigueur. En 1991, le parti s'inscrit dans l'opposition et apporte son soutien aux référendums Segni, s'affirmant comme la formation de pointe en faveur de la réforme du système politique. Une telle visée est imposée par G. La Malfa (le fils d'Ugo), alors que Giovanni Spadolini, président du Sénat, exprime ses réticences à l'endroit du processus référendaire. Cependant, les développements de *mani pulite,* à son sommet en février 1993, dévoilent des turpitudes anciennes et conduisent à la démission de La Malfa. Dans ce désarroi, la nouvelle direction, en vue des élections de 1994, propose d'intégrer le parti à l'Alliance démocratique, au sein du front des progressistes ; cette option est combattue par La Malfa, favorable pour lui à l'entente avec le *Patto Segni*. L'alternative déchire le parti en deux factions quasiment égales. Or les seuls élus sont ceux qui ont fait le choix du centre-gauche, et la percée manquée des pactistes affaiblit inévitablement La Malfa. M. Spadolini manque (d'une voix) la présidence du Sénat. Aux élections de 1996, le résidu officiel, mené par La Malfa s'inscrit au sein de la coalition de l'*Ulivo*, et parvient ainsi à faire élire deux des siens, mais un bon nombre de l'appareil a rejoint celle du Pôle. Le PRI se scinde avant les élections de 1994. La part qui a refusé d'adhérer au Pacte pour l'Italie (v. n° 275) se plie au nouveau jeu bipolaire et entre dans la coalition des progressistes. Elle s'y s'associe, au sein de l'Alliance démocratique, à des bribes de l'ancien PSI. L'Alliance fait 0,9 % des voix mais, forte de ses alliances, elle obtient au majoritaire 18 sièges. Sur le sort des républicains après 1996, v. n° 277 *ter*. En principe, à la droite du PRI, figure le parti libéral. Le PLI est le plus vieux parti d'Italie : il hérite de la tradition de Giolitti comme de celle de Benedetto Croce. Les deux premiers présidents de la République (De Nicola et Einaudi) étaient des libéraux. Déjà réduit en 1946 à 6,8 % des voix, son niveau électoral moyen depuis lors s'est situé entre celui du PSDI et celui du PRI. Cependant, au lieu que le parti républicain a repris singulièrement vigueur récemment, le parti libéral stagne indifféremment à 2 % environ des voix depuis les élections législatives de 1979. Le PLI a attendu 1980 pour entrer durablement au gouvernement : auparavant, une incursion était survenue en 1972, renouvelée en 1979. Son importance désormais dérisoire ne lui interdit pas de susciter une crise : ainsi en novembre 1987, en menaçant de rompre la coalition à l'occasion du budget. Le PLI semblait alors tenté par une évolution vers la gauche. Par la suite, le parti libéral poursuit son petit cabotage (P. Ignazi) dans tous les gouvernements jusqu'à la chute finale du système. Le séisme politique de 1993 conduit à la dissolution du parti, en décembre. Le segment officiel, baptisé Fédération des Libéraux, a maintenu l'option de centre gauche mais il est révélateur que la ligne temporisatrice ait été la seule à obtenir quelque succès en s'alliant au Pôle, alors même que la frange modérée des libéraux s'est fondue dans *Forza Italia*. La tentative de recomposition au sein de l'Union démocratique du centre a fait 0,6 % des voix en 1994 et, partie prenante dans le Pôle, obtenu quatre sièges. Cependant, nombre de libéraux, disions-nous, étaient passés à *Forza Italia*, et c'est le cas aujourd'hui de la plupart. Quelques-uns ont été tentés par des expériences sans lendemain, comme l'UDR (v. n° 277 *ter*).

277 *bis*LES NOUVEAUX PARTIS. — Deux nouveaux partis interviennent au premier titre. Ceux qui résultent de la transmutation consentie, pour l'Italie, par les héritiers des deux idéocraties du siècle. À l'endroit du PDS, cette métamorphose a été décrite dans le prolongement, et à la suite même, des développements qui concernent le PCI (v. n° 276), en tant que ce parti a été contre-pilier de tout l'ancien système politique. *Alleanza nazionale,* en revanche, emporte un rapport assez différent. Elle dérive d'une formation guère importante et qui n'était au départ (et est demeurée fort longtemps) qu'un réduit de nostalgiques.

L'Alliance nationale est issue du MSI. Rescapé de l'idéologie fasciste, le MSI a connu à son tour une métamorphose assez comparable à celle des héritiers du communisme. Cette évolution a été facilitée par la figure de la vie politique italienne. Mais elle a été aussi favorisée par d'autres facteurs, l'un d'eux, très parlant, étant que ce mouvement n'a pas consenti (sauf sur ses marges incontrôlables) à la pathologie xénophobe d'autres partis d'extrême droite européens – travers auquel la Ligue, qui cultive un rapport différent aux extrêmes, aura succombé. Cette contention ne s'est pas démentie lorsque le parti est repassé un temps sous emprise de son noyau fasciste, en 1990. D'autre part, la profonde transformation que va connaître le MSI a été accélérée par l'échec de cette tentative de régression. En 1990, Pino Rauti, vieux rival d'Almirante, parvient à supplanter Gianfranco Fini, successeur désigné et en place du leader historique. Rauti magnifie la dimension révolutionnaire du fascisme, postulat qui mène à récuser tout positionnement à droite. La tentative de Rauti s'avère, en termes électoraux, un désastre. Gianfranco Fini est rappelé à la direction. Le parti connaît aussitôt un léger regain aux législatives de 1992. Cependant, c'est alors l'effet dévastateur de *mani pulite,* balayant la pentapartite, qui va le propulser : le MSI, proscrit de l'aire de gouvernement, sort de cet exil « plus blanc que la blanche hermine ». Ce brevet de probité constitue un précieux emballage pour l'option dite d'Alliance nationale imprimée par Fini, stratégie qui vise à l'oblitération des résidus fascistes par le retour au bercail de la droite conservatrice traditionnelle. Cependant, au-delà des succès, assortis de très honorables défaites (à Rome et à Naples) aux municipales de 1993, la chance historique pour le MSI va être le contrecoup de la stratégie des blocs, imposée par le PDS en vue des législatives de 1994. Contre la coalition de front populaire, Silvio Berlusconi, au moment de lancer *Forza Italia,* se pose comme le rassembleur de la droite, sans exclusive, face à une gauche polarisée par l'ancien PCI. En novembre 1993, Silvio Berlusconi déclare ostensiblement apporter son soutien – option historique – à Gianfranco Fini, candidat à la mairie de Rome, demeuré en lice au second tour. Par suite, en vue des législatives de 1994, les premières à dominante majoritaire, le MSI, à couvert du trompe-l'œil d' *« Alleanza nazionale »,* accepte de conclure avec *Forza Italia,* sous le nom de *Polo del Buongoverno,* un accord électoral concernant toute la moitié sud du pays, gisement du MSI et terre d'élection de la vieille droite. La légitimation fournie par Silvio Berlusconi, la désintégration du vieux système des partis et le maquillage politique réussi par M. Fini (P. Ignazi) valent au MSI- « Alliance nationale » de gagner à ces élections plus de 8 % avec 13,5 % des suffrages. Lorsque le pôle victorieux se mue en coalition de gouvernement, le MSI aux couleurs de l'Alliance s'extirpe de sa figure d'exclusion *(ghettizzata)* en entrant pour la première fois au gouvernement, avec cinq ministères et l'une des deux vice-présidences du conseil, assortie du département en charge de la télévision – dossier de grande implication eu égard au conflit d'intérêt qui frappe Berlusconi. Porté par l'événement, le congrès double de Fiuggi entérine à la fois la dissolution du MSI et la naissance d'*Alleanza nazionale* (vocable qui jusqu'à cette date n'avait été qu'un label électoral). Le parti nouveau est fondé sur la dénonciation, probablement sincère, du totalitarisme, mais la conversion corollaire à la démocratie ainsi qu'à l'économie *(la svolta filocapitalistica di Fini)* s'avère moins candide et trahit plusieurs séquelles. En dépit de ces prétéritions, la vieille garde fasciste crie à l'apostasie et fait sécession. La crise du gouvernement Berlusconi, en décembre 1995, va conférer alors à l'Alliance une vertu inespérée. C'est la Ligue, en effet, qui, par la manière dont elle fait tomber le ministère, signale des procédés retors. La droite nationale, quant à elle, conforte son image d'allié fiable et de parti de gouvernement. L'intérêt de l'Alliance est d'aller aux élections. D'où la réticence, puis finalement le refus, à l'endroit des gouvernements de maintenance présidentiels. La dissolution des Chambres devient inéluctable le jour où Fini exclut toute prorogation de l'expérience (v. n° 280). Le résultat des législatives d'avril 1996 déçoit ces visées. L'Alliance franchit certes le seuil prometteur des 15 % et réalise même une percée dans le Nord, mais l'accroissement est trop mesuré pour déboucher sur le renversement escompté du rapport à l'intérieur du

Pôle. Depuis, le parti cherche ses marques. Le Congrès de Vérone, en mars 1998, en prenant la décision de proscrire les oripeaux du fascisme, se flatte de dissiper les dernières ambiguïtés. C'est la poursuite de la stratégie finienne d'inculcation au parti de l' « image virtuelle » (Piero Ignazi). Il demeure possible que Gianfranco Fini parvienne à parachever son dessein, qui est de donner à l'Italie le grand parti moderne de la droite qui à ce jour a fait défaut.

Ce dessein a été poursuivi avec ténacité : à Vérone, en 1998, Fini intensifie sa lutte d'appareil contre les fascistes qui se tapissent encore dans un parti lavé désormais de la macule originelle et qui avoue les droits de l'homme[1]. Le chef de la droite nationale s'offre même le luxe d'y snober l'anticommunisme de Berlusconi, dont ce dernier venait, au même moment (au congrès d'Assago), de renouveler le témoignage. Cependant, il est clair que plus l'Alliance réussit à devenir un parti d'honnêtes gens, plus elle est gênée par la stratégie de « respectabilisation » de *Forza Italia* engagée de plus fort depuis 1998 (v. n° 277 *bis*). Parallèlement, les visées d' « ordre moral » comme la pose de bon aloi d'*Alleanza,* si elles prétendent bien faire sentir la différence avec le libéralisme de *Forza Italia* et le mauvais genre de la Ligue, aboutissent à faire rejoindre aux postfascistes la figure d'un parti conservateur classique. Or cette stratégie a l'inconvénient de mettre AN en porte-à-faux avec l'électorat émergent du centre-droit. Dans cette contradiction, AN tombe à 10 % aux européennes de l'année suivante, bien qu'alliée à l'*Elefante* de Segni. Le parti s'investit dans les élections régionales de 2000, inédites et très disputées. Il connaît un important regain, avec 13 % des suffrages. Aux législatives de 2001, il obtient 12 %.

La Ligue, la « proteste » du Nord (Piero Ignazi) – rançon tardive et inédite du Risorgimento –, est passée *per saltem* de la défense de particularismes assez anodins à la revendication de l'indépendance d'une entité mythique (Geneviève Bibes), la Padanie. À l'origine, elle rassemble des mouvements locaux (elle s'appelle alors la *Liga*) propres à la Vénétie, terre blanche où le reflux de la subculture démocrate-chrétienne durant les années 1980 a laissé le champ ouvert à de petits amas identitaires, se réclamant de la défense de bonnes causes

---

1. M. Simone, La conferenza programmatica di Alleanza nazionale, *La Civiltà Cattolica* (198), 1, p. 601-608.

comme le dialecte ou le folklore. La Ligue sort de ce conservatoire par l'innovation d'une dimension grégaire qui la fait reconnaître et la propulse depuis que, sur ces bases, elle a développé une nouvelle et remarquable rhétorique – apport essentiel d'Umberto Bossi. Sous son impulsion, les diverses ligues se fédèrent en 1990-1991 et deviennent la *Lega Nord*. De source d'identité historique et culturelle, le territoire léghiste, tel que Bossi l'exalte, devient une « communauté d'intérêts » qui se confond avec la vie quotidienne du peuple « lombard », travailleur et productif, naturellement opposé à l'État et au Sud, foyers de gaspillage et d'assistanat (Ilvo Diamanti). Ce discours, appuyé par un verbe cru mais qui s'agrémente de toute une symbolique (le *caroccio,* le « chevalier » au glaive, l'abbaye de Pontida), a fait florès parmi l'électorat indépendant. Aux législatives de 1992, le succès est stupéfiant. Alors même (par définition) qu'elle n'a pas de candidats au sud des Apennins, la *Lega Nord* obtient, avec près de 9 % des suffrages, 80 parlementaires et devient le quatrième parti italien. En 1993, année de toutes les ruptures, la Ligue, qui s'était persuadée de pouvoir gagner de grandes cités du nord, marque le pas – si l'on excepte le succès paradoxal (et qui ne sera pas reconduit) de Milan. Cet effet de ressac, contrecoup de l'hypertension protestataire, va être surmonté par la tactique adoptée par Bossi en vue des législatives de 1994, scrutin dont la nouveauté radicale n'échappe à personne. Récusant les convergences trompeuses entre les protestataires du Nord et les *popolari per la Riforma,* Bossi refuse de ratifier un accord électoral conclu par son second, M. Maroni, avec le *Pacte Segni* et prend la brusque décision de s'allier à *Forza Italia*. Ce revirement n'est paradoxal qu'en apparence si l'on songe que la loi électorale nouvelle dessert nettement la constitution d'une coalition au départ du centre. La Ligue accepte ainsi de devenir, sous le label du *Polo delle Libertà,* le second partenaire de taille – l'autre étant *Alleanza nazionale* – du rassemblement des modérés *(Forza Italia)* que vient de lancer Berlusconi. Les élections de mars 1994 sont un grand succès pour le Pôle. La *Lega Nord* devient à la Chambre le premier parti de la coalition, devant *Forza Italia*. Elle marque un léger recul en voix (8,4 %), mais a réussi à emporter 70 % des sièges de la coalition dans son aire propre. Le cartel du Pôle, contraint par la dynamique du succès, devient par force, et après de pénibles négociations, coalition de gouvernement. La Ligue obtient l'une des deux vice-présidences du conseil, accompagnée de l'Intérieur (au profit de Roberto Maroni), et d'importants ministères, dont celui même des réformes institutionnelles. Elle reconvertit ainsi son image. C'est pourtant la Ligue qui va miner de l'intérieur puis enfin détruire, dès l'année suivante, le gouvernement Berlusconi. Ce parti pris n'est pas tant la séquelle des contradictions natives du Pôle que l'effet d'un constat opérable dès l'issue du scrutin : la moitié des voix que la Ligue avait gagnées en 1992 sur les partis de l'établissement (surtout la DC et le PSI) ont rejoint en mars 1994 *Forza Italia*. C'est cette menace qui va conduire Bossi à provoquer la rupture, consommée en décembre 1995. La décision de s'associer à l'opposition (le PDS et le PPI) pour déposer une motion de défiance à l'encontre du gouvernement provoque la stupeur mais surtout la révolte d'une cinquantaine de parlementaires léghistes, qui, à l'exemple du vice-président du conseil, M. Maroni, sont tenants du maintien de la coalition. Ces derniers récusent la perspective d'un accord de gouvernement avec le PDS et le PPI, comme Umberto Bossi en entretient unilatéralement l'idée. Bossi ayant repris en main ses troupes, le gros du groupe parlementaire s'associe au dépôt de la motion de l'opposition. Lorsque l'expérience des gouvernements techniciens est condamnée, en février 1996, et que les élections anticipées s'annoncent, le chef de la Ligue va opérer un choix déroutant, qui va révéler une fois de plus son profond instinct politique. La *Lega Nord* décline d'avance tout accord de non-concurrence et se présente seule au scrutin. Contre toute attente, c'est un grand succès. La Ligue dépasse les 10 % des suffrages sur le plan national (ce qui, rapporté à son aire, est énorme) et parvient même à gagner 39 sièges au scrutin uninominal. La stratégie de Bossi n'a pu réussir que par un renfort de démagogie et l'extrémisation de la thématique identitaire, autrement dit la revendication pour le nord de l'indépendance politique. Par la suite, en février 1997, Umberto Bossi a introduit le concept de « sécession consensuelle ». Cependant, Bossi ne va pas tarder, dès le mois d'août 1998, à abandonner la voie sécessionniste, au moins officiellement. Ce renoncement a avivé l'anti-européisme de la Ligue, laquelle cultive une figure, assez paradoxale pour un parti régionaliste, de suspicion à l'endroit de l'échelon européen, qui n'est perçu par elle que dans sa dimension eurocratique. Que la revendication de l'indépendance n'ait cessé qu'au plan officiel semble confirmé par plusieurs signaux émis par Bossi, certains muets, comme de ne pas entonner l'hymne de Mameli (dont le cachet risorgimentiste est très affirmé). Le comble du mauvais goût est atteint (avec une provocation vestimentaire) en 2001 lors de la prestation de son serment de ministre entre les mains du président de la République. Ce serment, Bossi déclarera, à Pontida, l'avoir prêté comme citoyen padan. En réalité, cette mise en scène relève des soins palliatifs : le vieux ferment léghiste est en plein désarroi. L'indépendance désormais est reléguée au tabernacle, et Bossi soulève le voile par intermittence pour consoler la foi du petit troupeau. À la suite de l'échec cinglant du parti lors des élections municipales de 1998, la stratégie de rupture qu'emporte la sécession – l'emballage « consensuel » ne trompant personne – n'est plus perçue dans l'aire culturelle de la Ligue, et ce dans la mesure exacte où la terre d'élection de celle-ci (le Nord-Est) est de plus en plus réceptive à *Forza Italia*. La moitié des suffrages qui s'étaient portés encore sur la Ligue en 1996 s'évanouit lors des élections européennes de 1999 (4,5 % des voix). Bossi laisse entendre qu'il est ouvert (par force) à un accord avec *Forza Italia*. Il a fallu beaucoup d'efforts du côté de cette dernière comme d'AN pour surmonter le traumatisme de décembre 1995 (qui vit le sabotage par la Ligue de la coalition de gouvernement). Aux élections pour les régions ordinaires de 2000, la Ligue est redevenue l'alliée du Pôle au sein du regroupement plus large de l'opposition, lequel va prendre le nom de *Casa delle Libertà*. Le succès, intense au plan médiatique, masque un peu le fait que la Ligue stagne. Il est vrai que ce résultat doit être relativisé dès lors que (par définition) on ne votait pas dans sa vieille terre d'enracinement, le Frioul Vénétie-Julienne. Or cependant les élections générales de 2001 sont pour elle un grave échec : la Ligue tombe en dessous du seuil légal des 4 % (ce qui lui interdit d'être représentée pour le volant proportionnel). Par suite, ses seuls élus le sont pour la part majoritaire, grâce à la non-candidature de ses alliés dans un nombre réservé de circonscriptions. Ces fructueux accords lui valent d'avoir 31 députés et 27 sénateurs. Bossi entre au gouvernement. Le héraut de l'indépendance padane, Castelli, devient ministre de la Justice (c'est lui qui retardera avec audace d'apposer son contreseing lors de la ratification des instruments du traité européen de Nice). Roberto Maroni est ministre des Affaires sociales. Bossi lui-même figure en troisième rang, comme ministre des réformes – ce qui engage l'avenir du fédéralisme. Ce choix intrépide de la part du président du Conseil suscite bien des réserves (pour Giovanni Sartori, c'est « une grave erreur »[1]), mais il a peut-être été voulu pour Umberto Bossi dans des visées édifiantes et comme le chemin de la rédemption.

Forza Italia est un parti créé de toutes pièces, par un appareillage d'ingénierie médiatique, et venu s'inscrire dans le vide provoqué par le délitement de la démocratie chrétienne. Au début de 1994, tout porte à croire que les législatives anticipées, dont le déclenchement va devenir en février inexorable, vont emporter la victoire de la gauche. C'est pour conjurer cette menace que Silvio Berlusconi s'applique à une coalition qui, au-delà des modérés, s'étend jusqu'à comprendre la Ligue du Nord et même l'Alliance nationale, qu'il venait ostensiblement d'arracher à l'ostracisme. Pour servir d'ancrage à cette combinaison, Berlusconi impulse *Forza Italia,* parti qui, en termes d'image comme de structures, est une projection personnelle et celle de son empire. Les termes hétéroclites de la coalition, qui n'est qu'un vaste cartel électoral, imposent l'adoption d'un montage ambivalent : à la faveur de la nouvelle loi électorale (v. n° 260), *Forza Italia,* pour toute la moitié nord de la péninsule, s'allie à la Ligue, sous le label de *Polo delle libertà* ; dans le Sud, elle s'associe à l'Alliance nationale, sous celui de *Polo del buongoverno.* Les élections générales de mars 1994 voient la victoire, contre toute attente, des forces du Pôle. À elle seule, *Forza Italia,* associée à de petits comparses (v. n°s 275, 277), obtient 20 % des suffrages. Elle devient le premier parti italien. Les membres du cartel, au départ, escomptaient seulement ratisser large, en enrayant la victoire prédite des progressistes. L'ampleur du succès les contraint à former une coalition de gouvernement. À la suite de longues et pénibles négociations, au cours desquelles la Ligue fait monter les enchères, M. Berlusconi parvient, en mai 1994, à constituer un gouvernement. Cette expérience de gestion des modérés dans le champ évanoui de la démocratie chrétienne s'avère en fait minée dès l'origine par une crise interne lancinante qui finit par éclater en décembre, entraînant le sabordage de la coalition et la démission contrainte du gouvernement. M. Berlusconi demande la dissolution

---

1. Interview au *Figaro,* 22 juin 2001.

des Chambres, que le président de la République lui refuse (sur les motifs, v. n° 280). *Forza Italia* maintiendra en vain cette exigence jusqu'en octobre 1995. L'échec final de 1994 tient aux circonstances, à la fois objectives (le contexte économique et social très difficile) et personnelles (les mises en examen qui atteignent le président du conseil, rattrapé par *mani pulite*). Mais, en dernière analyse, il se résume à deux causes : le caractère, déjà évoqué, artificiel et profondément équivoque de la configuration gouvernementale ; le conflit d'intérêt qui frappe M. Berlusconi, confronté à une alternative – en droit de plus en plus dirimante[1] – entre ses ambitions d'homme d'État et la propriété d'un holding télémédiatique. Cette alternative constitue même une aporie, dans la mesure où la formation qui est l'instrument même de son projet politique, *Forza Italia,* est un parti-entreprise, conçu suivant une logique entrepreneuriale et entièrement gagé sur des ressorts médiatiques. Cette ambivalence explique à la fois les graves erreurs tactiques de 1994[2], comme le succès stratégique de 1995, lorsque les référendums de juin, à la suite d'un énorme investissement publicitaire, confirment en faveur de Berlusconi le système télévisuel existant. Ce succès s'est traduit par la mise en place immédiate du « dialogue direct » entre MM. Berlusconi et D'Alema, le secrétaire du PDS, chacun se voyant reconnaître par l'autre vocation à dominer la coalition rivale. C'est sur cet axe que la commission bicamérale de révision constitutionnelle a été conçue à l'origine.

C'était une idée reçue que *Forza Italia* ne serait qu'une projection factice, visant à prodiguer une image virtuelle. D'où, à l'endroit de l'échec de 1994, la formule, reprise par Jacques Georgel, d'« illusion berlusconienne »[3]. Certains constats pouvaient l'accréditer. Ainsi les municipales de novembre 1994 : ces élections, encore que partielles, produisent un résultat symptomatique. *Forza Italia* s'effondre à 8 % des voix, alors même qu'aux européennes de

---

1. Ce dossier est très complexe. La péripétie la plus solennelle intervient en décembre 1994 lorsque la Cour constitutionnelle annule une disposition de la loi de 1992 (loi dont l'adoption avait été âprement combattue : v. n° 275). Le résultat de la sentence est que nul ne peut posséder plus de deux chaînes de télévision nationales, prohibition exécutoire en 1996.
2. Tentative de mise au pas de la RAI devenue indépendante, la RAI *dei professori* ; scandale provoqué par le décret-loi Biondi de nécessité et d'urgence, qui adoucit le sort des corrupteurs et corrompus mis en examen – dispositif suspect avant tout d'avoir été édicté au bénéfice de Bettino Craxi.
3. J. Georgel, *L'Italie au XXe siècle,* Paris, La Documentation française, 1996, p. 162.

juin (survenues dans la foulée de l'inauguration du gouvernement) ce parti passait les 30 %. On a pu en inférer que le parti n'avait pas pris racine dans le pays réel. Or rien n'était moins sûr. *Forza Italia*, du fait même de l'esprit d'entreprise qui l'anime, cultive une profonde connivence avec la classe moyenne libérale et indépendante et même celle, salariée, attachée aux performances. Ugo Bossi ne s'y est pas trompé, qui y a vu dès l'origine pour la Ligue une menace mortelle (v. n° 277). Ce constat, opéré aux législatives de 1994, vaut toujours après celles de 1996 : *Forza Italia*, dans la Lombardie, atteint à près de 35 % des voix. Le caractère remarquablement stable du parti sur le plan global (20,6 % aux législatives de 1996) confirmerait cette assise sociologique. Au-delà, par le jeu du ressort télévisuel, *Forza Italia* n'est pas sans pouvoir étendre son emprise sur les gens modestes. La difficulté cependant du parti de M. Berlusconi à augmenter son audience est qu'il est pris au piège du conformisme médiatique et que, dans ce registre même, il est soumis, à droite, au contre-discours talentueux de Gianfranco Fini, le leader de l'Alliance. D'autre part, la vocation du médiatisme à servir de substitution latente à la crise des valeurs, au moment où le catholicisme se pose pour médiatique, et la capacité de *Forza Italia* à venir dès lors occuper un terrain déserté semble trouver quelque démenti dans une certaine revivisence démocrate-chrétienne.

Silvio Berlusconi a perçu le danger. Aussi a-t-il lancé en 1998 une intense campagne de séduction à l'endroit des catholiques. – « Il faut se rappeler que l'Italie a une histoire que sa politique ne peut ignorer » (Pasquale Pasquino). – La stratégie nouvelle de Berlusconi, au regard des procédés du médiatisme, ne peut qu'appeler un rapprochement, pour l'Olivier, avec les signes d'intelligence donnés à l'Église par Franco Rutelli ou les avances du centre-gauche (après le D'Alema II) à Antonio Fazio, gouverneur de la Banque d'Italie. L'ouverture opérée par Berlusconi est habile. La hiérarchie catholique est pour lors passablement agacée par le manque de courage sur les questions de société du parti populaire, l'héritier légal de la Démocratie chrétienne. Cette stratégie globale d'intégration de l'électorat catholique de la part de Berlusconi a accéléré le retour au sein du Pôle des chapelles de la DC qui s'étaient fugitivement réunies dans l'UDR (v. n° 277 *ter*). Berlusconi ne sait que trop que *Forza Italia* a été lancée sur les ruines encore fumantes du parti total[1].

Les élections européennes de 1999 sont un grand succès pour FI, qui, sans renouer avec le résultat de 1994, n'en redevient moins le premier parti italien, avec un peu plus de 25 % des suffrages. Signe d'accréditation, au Parlement de Strasbourg, le parti populaire européen consent l'adhésion de *Forza Italia*, à la suite d'une transaction (les populaires italiens en sont déjà membres à part entière), qui porte sur 20 députés. Les élections régionales d'avril 2000 sont historiques (v. n° 279 *ter*). Le fait que l'opposition en ressorte cimentée (par la victoire) justifie la détermination croissante de Silvio Berlusconi à réclamer la tenue d'élections anticipées et explique le boycott – à la mesure de son irritation – auquel il appela lors des référendums de mai 2000, *nolle prosequi* dont l'effet fut probablement décisif (v. n° 282 *ter*). Les élections générales de mai 2001 sont emportées au bénéfice de ce rebond et de la dynamique d'ensemble, alors que la coalition gagnante (du fait des pertes de la Ligue) est loin d'avoir engrangé autant de suffrages qu'en 1994. Le succès a une cause : La conception inventive du système d'alliances et – contrairement à 1994 – la cohésion imprimée comme préalable à celui-ci (v. n° 279). Ferza Italia obtient 29,5 % des voix (+ 9) et 320 sièges à la Chambre.

1998 voit la naissance de l'« Italie des Valeurs » du magistrat Di Pietro, du mouvement *Centocittà* des maires de l'Olivier, comme Cacciari (Venise), Illy (Trieste) et Rutelli (maire de Rome), enfin de la Ligue Républicaine Vénète de Comencini. En janvier-février 1999, Di Pietro et Prodi – ce dernier allait être nommé à peu de jours de là président de la Commission de Bruxelles – fondent, avec l'apport des « Cent Villes », le parti des démocrates pour l'Olivier, bientôt appelés simplement les démocrates, qui connaît dès son entrée en lice, lors des européennes, avec près de 8 % des suffrages, un succès notable. Cependant, aux régionales de 2000, peu banales, les démocrates voient s'évanouir la moitié de leurs voix (pour l'état présent

---

1. Ce constat originel, doublé à l'époque de celui d'une forte demande latente d'offre politique de la part des classes moyennes émergentes, est probablement ce qui explique le choix en définitive de Silvio Berlusconi en faveur d'un positionnement au centre-droit lors du lancement de *Forza Italia*, alors que ses attaches de naguère, et sans doute même son inclination, l'auraient porté assez naturellement à adopter une ligne de centre-gauche. Une telle analyse s'autorise de Pasquale Pasquino, qui dit tenir l'information de bonne source (P. Pasquino, Les transformations du système politique, *in* S. Cassese (dir.), *Portait de l'Italie actuelle*, n. 41, p. 46).

des démocrates, qui ont intégré le cartel dit de la Marguerite : v. n° 277 *ter*). Hostile à la formation du second gouvernement Amato (en avril 2000), l'Italie des Valeurs de Di Pietro reprend sa liberté, et se présente aux élections de 2001 non seulement à part des démocrates, mais en congé de l'Olivier (v. *ibid.*). *L'Italia dei Valori* obtient 3,9 % des voix, ce qui lui fait manquer d'un rien la barre du seuil légal.

277 *ter* LES PARTIS RÉVERSIBLES. — Sont compris sous ce terme ceux des partis issus, par scission et/ou agrégation, des nouveaux partis (v. n° 277 *bis*), mais la condition n'est pas suffisante. Il faut que ces formations, et c'est en cela qu'elles manifestent la réversibilité, découvrent sinon l'appétit de renouer avec l'ancien système (v. n° 273 *bis in fine*), du moins une velléité de mitiger le type de la démocratie majoritaire, imposé, bon an mal an, depuis 1993 par la volonté de l'électeur. Ce tempérament a son corollaire : réaménager le système dans le sens d'une configuration plus malléable pour les appareils. Pour autant, on serait mal fondé de croire que les partis réversibles constituent forcément la *pejor pars* des nouveaux partis. L'inclination à la réversibilité ne doit pas être taxée trop vite de penchant à la régression. Elle découvre aussi, tant à l'égard de l'ancien parti communiste que de la défunte démocratie chrétienne, une aspiration, en partie sincère, à renouer avec ce que l'un et l'autre pouvaient avoir d'avouable ou de moins pernicieux. Cette fidélité, il y a peu encore inavouable, voit son expression désormais moins brimée à la faveur du processus en cours de réhabilitation de la « première République ».

Le cas le plus saisissant est représenté par l'Union des démocrates pour la république, reviviscence de la démocratie chrétienne, laquelle en connaîtra d'autres. L'UDR a manifesté une prégnance immédiate et emblématique jusque dans son ambiguïté : elle, qui s'inscrivait dans l'opposition, aura tôt fait d'entrer – pour sa perte – au gouvernement.

À l'origine de l'UDR se trouve au premier chef le CDU, formation rivale et cohabitante (il résulte d'une scission) du parti populaire – l'héritier légal de la DC – dans les locaux mythiques de la Piazza del Gesù. La fondation de l'agglomérat centriste, en février 1998, est concomitante de celle des démocrates de gauche (v. n° 276).

L'UDR a été lancée par l'ancien président de la République Cossiga, figure passablement incontrôlable. Elle rassemble les deux fractions de centre-droit de l'ancienne DC : d'une part, le gros du CDU, comme il vient d'être dit, sous l'impulsion de son chef, Rocco Buttiglione (un catholique intégral) ; d'autre part, le CCD de Formigoni, lequel rassemble les éléments qui ne sont pas passés (contrairement au CDU) par le parti populaire, et qui par suite proviennent de l'aile droite de la DC. À peine formée, l'idiosynchrasie de Francesco Cossiga provoque une scission, en mars 1998, avec la création du CDR de Mastella, qu'on retrouvera plus tard sous le nom d'UDEUR. Nonobstant, la constitution de l'avatar de la DC a permis de ramener au bercail bien des bribes, dont le courant de M. Segni ; au-delà, l'UDR s'étend à d'anciens libéraux et à des socialistes. D'où le sobriquet d'*Unione Dei Riciclati*. Cette recomposition illustre, à l'intérieur d'un système électoral qui dorénavant décourage une telle entreprise, une tentative téméraire (depuis l'échec du « Pacte pour l'Italie », en 1994) d'ancrer un pôle au centre, mais elle a en outre été au plan topique de grande conséquence, puisque, alors même que le gros de l'UDR provenait de l'opposition, c'est l'entrée de l'UDR même dans la coalition de gouvernement qui a été la planche de salut pour l'*Ulivo*, après la défection de l'extrême gauche, et a permis la continuation de l'expérience, au départ inédite, de ce désormais célèbre gouvernement probe (v. n° 279).

La chute du gouvernement Prodi a eu une autre conséquence : elle a provoqué une scission et la fondation, avons-nous vu, du PCDI (v. n° 276), parti réversible s'il en est puisqu'il entend renouer avec la culture de la responsabilité distinctive du marxisme italien sans pour autant se convertir à la social-démocratie. Aussi bien, une petite fraction de *Rifondazione comunista* (sous le nom de communistes unitaires) va-t-elle s'agréger à ces derniers. Cette même année 1998, déclinant de rejoindre l'orbite, même élargie (en démocrates de gauche), de l'ancien PCI, les lambeaux épars du PSI anéanti décident de s'unir sous le nom de socialistes démocratiques italiens. Ces derniers vont s'associer un temps à l'UDR et au dernier reste du parti républicain, en 1999, au sein du Trèfle, coalition passagère. L'UDR, pour elle, va voler en éclats. Cette ultime péripétie a été appelée par la déstabilisation que provoque le palindrome qui la conduit (en décembre 1999) à se retirer du gouvernement un an à peine après y être entrée comme transfuge – probablement contre son intérêt véritable (v. n° 279). Leurs comparses dans la défection, les socialistes réunis, se survivent comme ils peuvent.

Le CDU et le CCD, qui avaient fait encore près de 6 % des voix en 1996, avant leur première réunion passagère (en 1998), bien que revenus dans le Pôle (v. *supra*), ne sont pas parvenus aux élections de 2001, pourtant gagnées par l'opposition réunie *(Casa delle Libertà)*, à passer le seuil des 4 % (3,2 % pour la Chambre) et n'ont en conséquence pas droit à être représentés pour le volant proportionnel. Les quelques sièges qu'ils obtiennent le sont dans les collèges uninominaux au bénéfice des accords passés. Cet échec empêche Pierferdinando Casini (CCD) d'atteindre à la vice-présidence du Conseil. Rocco Buttiglione (CDU) devient ministre des affaires européennes. En décembre 2002, les trois partis issus de la DC établis au centre-droit et qui s'inscrivent dans la coalition gouvernementale se réunissent au sein de l'Union Démocratique du Centre. Ce regroupement a été appelé par le précédent réussi de la Marguerite, à l'endroit du versant opposé de cette même filiation, conséquence là encore du clivage entretenu par la loi électorale.

Il faut en venir en effet à la dernière et la plus notable (après l'échec de l'UDR) manifestation de réversibilité : le lancement, en novembre 2000, pour le centre-gauche, à l'intérieur de la coalition de l'*Ulivo* – laquelle à l'époque était encore au pouvoir –, du cartel *della Margherita*. La constitution de ce « réversible » est d'un grand intérêt : c'est la plus récente palingénésie de la démocratie chrétienne. Le badge de la Marguerite regroupe, à bien peu d'exception près (le mouvement de Di Pietro), l'ensemble des partis du centre qui appartiennent à l'Olivier : parti populaire, démocrates de Prodi et Rutelli, *Rinnovamento Italiano* de Lamberto Dini, UDEUR de Mastella. Fait significatif, n'ont pas rejoint la Marguerite les résidus des partis laïques et les partis nouveaux dont les ascendances sont les plus éloignées de la DC. Le regroupement de la Marguerite, impulsé par Franco Rutelli, est constitué en vue d'affirmer la présence « unique » du centre aux toutes prochaines élections générales. La position de Rutelli signale un dédoublement fonctionnel inédit : depuis septembre, il a été reconnu sans conteste pour celui qui doit mener l'Olivier au combat. Aux élections de mai 2001, la Marguerite connaît un beau succès, avec 14,5 % des suffrages. Ce résultat induit un contraste avec celui réalisé par l'autre pilier de l'Olivier, les démocrates de gauche (v. n° 276). Il autorise le centre à pouvoir contester désormais autrement que par des états d'âme la domination, désormais compromise, des postcommunistes. Les *democratici di sinistra*, dans leur déboires, ont surmonté la tentation de saborder l'Olivier (qu'ils avaient naguère eux-mêmes lancés). Cependant, Franco Rutelli a provoqué l'ire de la gauche en désignant pour le parlementaire de l'opposition chargé de représenter l'Italie à la Convention européenne, non pas Massimo D'Alema, qui paraissait indiqué, mais, et de façon inconcertée, M. Dini. Cela revenait pour le leader *bifrons* à favoriser sa propre formation, puisque Lamberto Dini a rallié la Marguerite. Aussi DS, alors même que son nouveau secrétaire, Piero Fassino, est le numéro deux de l'Olivier, a-t-elle exigé de Rutelli, en janvier 2002, qu'il choisisse avant la convention de l'automne entre la direction de la Marguerite et celle de la coalition, ce qui emporte aussi que Fassino n'en soit plus le second. En l'attente, Franco Rutelli a été flanqué d'un directoire. Le retour de M. Prodi à la vie politique italienne en 2004 est appelé à créer les conditions d'une nouvelle donne.

II | LE SYSTÈME DE GOUVERNEMENT

278 LA DÉRIVE DE PARTITOCRATIE ET LE « SOTTOGOVERNO ». —
Le système politique italien a très tôt été dénoncé comme une *partitocratie* (Maranini) ou particratie. Ce terme à connotation péjorative entendait stigmatiser le contrôle exclusif des partis sur l'ensemble du système politique et des institutions. Il traduit par ailleurs la nécessité objective qui fait de l'État démocratique moderne un État de partis. Le grief *partitocratique* résulte ainsi à la fois d'une vaine déploration des conditions de fonctionnement de la démocratie contemporaine et du constat que cette nécessité revêtait en Italie des aspects absolument exclusifs et éventuellement excessifs. Le système italien de gouvernement n'était pas, comme en Grande-Bretagne, un gouvernement de parti, mais un système qui impliquait les partis à tous les échelons et dans lequel l'ensemble de l'ordonnancement institutionnel profitait aux partis. Plus qu'un système de gouvernement, le régime politique italien apparaissait

comme un système en soi, tandis que c'est la notion même de gouvernement, dans son sens classique, qui semblait inapte à le définir. Sans doute, la Constitution consacre le rôle étatique des partis en leur attribuant la tâche de « contribuer démocratiquement à déterminer la politique nationale » (art. 49). Par ailleurs, les partis italiens ont connu généralement, par rapport à ceux de la plupart des autres pays européens, des taux d'inscription très élevés. C'est qu'en réalité les partis n'imprégnaient pas seulement le système de gouvernement, comme ç'aurait été leur rôle normal, mais aussi cette réalité plus mystérieuse que l'on désigne sous le nom de *sottogoverno*. Selon Norberto Bobbio, « l'on ne comprend rien à notre système politique si l'on ne veut pas admettre que sous le gouvernement visible, il y a un gouvernement qui agit dans la pénombre et un autre encore plus profondément qui agit dans l'obscurité la plus absolue. Le premier a déjà un nom (...) : le *sottogoverno*. Le second n'a pas encore de nom, mais on pourrait l'appeler *criptogoverno*[1]. (...) Par *sottogoverno* j'entends l'espace de pouvoir politique qu'occupent les organismes publics ou d'intérêts publics par lesquels se réalise une grande partie de la politique économique du pays. Un espace qui s'est démesurément étendu ces dernières décennies au fur et à mesure que l'État a rempli des fonctions, toujours nouvelles, qui étaient étrangères à l'État libéral classique. Le fait que, pour désigner cette sphère et les actions qui en découlent, on ait choisi celui de *sottogoverno* (qui a eu un succès immédiat) est déjà significatif en soi. Cela veut dire que les actions qui s'y déroulent sont strictement liées à celles du gouvernement proprement dit. Le lien est double, car il passe tant par le personnel dirigeant de ces organismes, désigné ou directement nommé par les partis, surtout par les partis gouvernementaux, que par la fonction latente qui est confiée à ce personnel : pourvoir au financement occulte des partis, c'est-à-dire procurer aux partis, toujours affamés et toujours voraces, les ressources financières dont ils ont besoin afin de pourvoir à leur propre subsistance et de gagner des soutiens »[2].

Le *sottogoverno* apparaissait ainsi comme une réalité indissociable de la partitocratie, et tous deux se présentaient comme les

---

1. L'auteur fait allusion à la loge maçonnique P2 dont la découverte a suscité un scandale qui a éclaboussé une partie de la classe politique, issue notamment de la DC.
2. La crise permanente, *Pouvoirs*, n° 18, 1981, p. 16-17.

conséquences lointaines du « complexe du tyran » qu'explique la réaction au fascisme. Ce complexe, qui hante le constituant italien en 1947, fait que ce dernier refuse jusqu'à un certain point à l'exécutif les moyens juridiques de la puissance. C'est ainsi qu'il appelle, dirait-on presque, de ses vœux le système de gouvernement énervé *(debole)* qui caractérisait le régime politique italien[1]. En confinant le gouvernement, d'après des peurs rétrospectives, dans un profil subalterne, le constituant de 1947 est tombé dans un effet pervers, celui du renforcement, par contrecoup, de toute la partie immergée et immuable de l'exécutif, la figure un peu inquiétante et souvent dénoncée du *sottogoverno,* dans tout ce que celle-ci réserve justement d'insaisissable et d'incontrôlé. D'une certaine façon, l'idéal garantiste de 1947 se trahissait ici lui-même.

Ainsi, les contre-pouvoirs créés par la Constitution – à l'exception peut-être de la Cour constitutionnelle – n'ont pu jouer leur rôle normal de tempérament du gouvernement des partis qu'impliquaient par ailleurs les exigences de la démocratie moderne et celles, spécifiques, du système partisan italien. Les institutions n'en ont pas moins longtemps continué de fonctionner selon leur propre logique à travers un cycle récurrent de formules de coalitions et de crises gouvernementales et la persistance d'un rôle actif du Parlement. Même les procédures de démocratie directe ont un temps été récupérées au profit de la partitocratie. Pourtant ce sont elles qui, en fin de compte, ont réussi à engager une réforme qui paraissait impossible, à travers la mise en cause du mode de scrutin, et ont permis la transition d'un système bloqué vers une forme d'alternance démocratique.

278 *bis* APRÈS LA RUPTURE. LE RÉINVESTISSEMENT DU SYSTÈME PAR LA PARTITOCRATIE. — Avec la fin du gouvernement Prodi, et le rapide retour aux *combine di palazzo* (trois gouvernements de 1999 à 2001), le déni de démocratie majoritaire, la remédiatisation galopante du système et ses corollaires, la réinvention – sous une forme plus adaptée et moins voyante – de la partitocratie et le réinvestissement par les clones de la vieille classe politique, sinon les rescapés, avec enfin le pic symbolique de mai 2000 (échec des sept référendums), le thème prend consistance du retour insidieux à l'« Ancien Régime ».

1. C. Donolo et F. Fichera, *Il governo debole,* Bari, De Donato, 1981.

D'un autre côté, on assiste à une réévaluation de la soi-disant Ire République (v. n° 277 *ter*). Silvio Berlusconi a divulgué sa théorie du *decline and fall,* dont le tour péremptoire peut choquer mais qu'on aurait tort de ravaler à une imputation gratuite : « Des juges que le parti communiste a infiltrés dans la magistrature ont effacé de la vie politique des partis qui avaient gouverné l'Italie pendant un demi-siècle. Des partis démocratiques comme la démocratie chrétienne, le parti socialiste, le parti social-démocrate, le parti libéral et le parti républicain n'ont pas eu la possibilité de se présenter aux élections de 1994. Tous les protagonistes ont disparu de la vie politique. Une certaine magistrature n'a donc visé que ces cinq partis, en épargnant le parti communiste et les partis de gauche, auxquels elle a ouvert la voie du pouvoir. »[1] Une approche nuancée est bien représentée par l'opinion suivante (Antoine Vauchez) : « Qu'est-ce encore que l'opération "Mains propres" si ce n'est une reconstitution minutieusement argumentée de la trame cachée du système italien des années 1990 » ?[2]

Aussi le phénomène de l'alternance, en 1996, a été exagéré. La coalition de centre-gauche gagnante n'est pas bien différente de celle qui venait de soutenir le second gouvernement de la législature précédente, celui de M. Dini (1995-1996), et son succès tient beaucoup à la recomposition de groupes issus de la DC. « Ce simple fait interdit de considérer la victoire d'avril 1996 comme celle d'une opposition historiquement constituée de manière homogène et exclue jusque-là du pouvoir. »[3] La novation de 1996 a vite trouvé sa limite dans le fait que trois gouvernements se sont succédé en trois ans. Aussi bien, le contraste est mince avec l'instabilité qu'a connue la dite Ire République. L'instabilité ministérielle était plus apparente que réelle et signalait, comme le rappelle Pasquale Pasquino, un *turn over* à l'intérieur de l'oligarchie dominante.

L'échec des référendums (celui de mai 2000, provoqué par Berlusconi), comme le succès de l'attelage mené par *Forza Italia* en 2001, est l'une des crêtes de cette apparente régression. Comme

---

1. Interview au *Figaro,* 30 janvier 2002.
2. A. Vauchez, La « parabole judiciaire » italienne, *Pouvoirs,* 103 (2002), p. 97. V. encore J.-L. Briquet, « Juges rouges » ou « Mains propres » ? La politisation de la question judiciaire en Italie, *Critique internationale,* 15 (2002), p. 44 et s.
3. J.-L. Briquet, La fin de l'anomalie italienne ?, *Politique à l'Italienne,* p. 41.

le pointe Hugues Portelli, Berlusconi est le « parfait produit (et grand bénéficiaire) de l'Ancien Régime – et donc capable d'en recycler ce qui pouvait l'être ». Et de poursuivre : « Il était paradoxalement le mieux placé pour réussir une fausse rupture, faire en sorte (l'auteur évoque la sentence du *Guépard*) que "tout change si l'on voulait que tout continue" ».

Un des symptômes a été la ré-instauration subreptice du financement des partis par le recours à des procédés détournés. L'abrogation officielle du financement public des partis, par le référendum d'avril 1993, avait contraint ceux-ci à réduire leur appareil, mais il n'ont pas tardé à trouver la parade[1]. En janvier 1997, une loi est adoptée, dont le mécanisme a été conçu par les trésoriers (ceux-ci ont tenu la plume). Elle permet à chaque contribuable de déduire une part d'impôt en faveur des formations politiques représentées au Parlement, et revenait en fait à organiser, de manière à peine voilée, le retour aux errements du passé. Au regard de pareil détournement, la loi n'a pas été adoptée sans protestations, et elle ne l'a d'ailleurs été qu'après renvoi présidentiel – officiellement, sur des motifs techniques – pour une seconde délibération (v. n° 262). Sans doute, elle a ménagé certaines précautions : les recompositions partisanes en cours de législature sont exclusives du droit au financement. Le *truccho* (pour reprendre la formule de Di Pietro) a vu sa partie recettes reconduite l'année suivante. Il ne faut pas faire une ténébreuse affaire d'un rétablissement simplement interlope. L'abrogation du financement public par le référendum de 1993, à une majorité énorme (90,3 %), avait été en réalité l'effet d'un vote *ab irato :* dans le décri qui les a emportés, ce sont les anciens partis que l'électeur voulait abattre. L'abrogation du financement n'était pour lui que l'instrument de ce dessein. Car en 1978, lors de la tenue d'un référendum similaire, plus de 56 % du corps électoral s'était alors prononcé en faveur du maintien du financement public. Un fait demeure, peu engageant. Le rétablissement oblique de ce dernier a abouti à ce résultat qu'en 1998, quarante sept groupements politiques bénéficiaient de la manne. Comme Denise Detragiache en fait le constat[2], le financement parapublic a produit, malgré l'abandon

---

1. Antonio Di Pietro, Soldi ai partiti, ultimo trucco, *La Repubblica*, 20 décembre 1998.
2. D. Detragiache, L'Italie en 1998. Le retour de la politique, *Les pays d'Europe occidentale*, A. Grosser (dir.), Paris, La Documentation française, 1999, p. 73.

de la proportionnelle réalisé six ans plus tôt, le même effet pervers qu'à peu près partout en Europe : la prolifération parasitaire de mouvements politiques fictices. Aussi la loi en question a été le banc d'essai de la tentative, apparemment en bonne voie, de tirer de ses cendres le « système déplorable » d'antan, palingénésie qui a reçu le nom de *partitinocratie*, suivant une formule attribuée à Ilvo Diamanti mais rendue par ce dernier à son inventeur, Shinischiro Murakami[1].

278 *ter* LES DÉMÊLÉS JUDICIAIRES. — Ne se sentant plus guère soutenu par l'opinion, le *pool* judiciaire *Mani Pulite* trahit, entre 1998 et 2000, des signes de découragement. La part suspecte d'une classe politique qui, même dans l'état d'innocence, est la plus retorse du monde multiplie entraves et manœuvres dilatoires avec un génie d'invention qui défie l'entendement : aussi les magistrats les plus aguerris, devant la menace lancinante de la péremption des enquêtes (par prescription), finissent-ils par baisser les bras.

Le sommet symbolique est atteint en décembre 2002 avec le « mystère d'iniquité » que représente la condamnation en appel d'Andreotti, figure légendaire. Jugé, à Palerme, pour concours externe à association mafieuse et, à Pérouse, sur le chef d'avoir commandité un assassinat, Giulio Andreotti avait été acquitté en première instance (automne 1999), faute de preuves. L'accusé a assumé lui-même sa défense. Il a paru dopé par le soutien transparent de l'Église. En appel, le premier jugement est confirmé à Palerme mais, à l'endroit du moins crédible des chefs d'accusation (celui de Pérouse), l'inculpé se voit condamné à vingt-quatre ans de prison (décembre 2002). La décision rendue est un nœud de contradictoires (les auteurs présumés du meurtre comme le donneur d'ordre en ressortent acquittés) et semble avoir été comme rédigée exprès pour encourir la cassation. Par un arrêt du 30 octobre 2003, la Cour de cassation déclarera Andreotti « complètement étranger » à l'assassinat qu'il avait été accusé d'avoir commandité. La condamnation de la cour d'appel de Pérouse s'explique par l'incertitude qui s'attache aux stratégies probatoires inédites forgées par des juges comme Giovanni Falcone au cours des années 1980-

---

1. D. Detragiache, *ibid.*, n. 28.

1990 (Antoine Vauchez). « Cette incertitude quant aux outils et aux catégories légitimes se manifeste aujourd'hui dans la multiplication des décisions contradictoires des juridictions de première instance, d'appel et de cassation ; mais elle transparaît également des multiples controverses qui traversent aujourd'hui la magistrature et plus généralement parmi les professionnels du droit sur le sens et la portée de ces stratégies probatoires. »[1] À la suite du procès du siècle, Andreotti déclare persister de faire confiance à la justice malgré l'absurde. Le scandale est horrible. Au point que le Quirinal juge qu'une *esternazione* s'impose. Le Cardinal Vicaire, devant la conférence épiscopale, émet une protestation d'incrédulité. La sentence est dénoncée par l'ensemble de la classe politique et, fait plus digne de remarque, la protestation s'étend à la part qui n'a pas été impliquée dans l' « Ancien Régime ». Un constat opéré dès 1999 en ressort aggravé : « La conclusion du procès Andreotti a été présentée comme le symbole de la fin de l'entreprise de dénonciation des élites de la "Ire République" et, par là, a pu être instrumentalisée afin de discréditer cette entreprise dans son ensemble » (Jean-Louis Briquet)[2]. Pareil sacrifice propitiatoire, qui (eu égard à la victime) réunit et consomme tous les autres, est pain bénit pour le chef du gouvernement, lui-même l'objet de la vindicte des procureurs comme la réincarnation la plus réussie de la Ire République. Berlusconi évoque la « victime d'une justice devenue folle ». La gauche, en état de choc, en vient à tenir des propos presque berlusconiens : Luciano Violante réprouve le fait que les juges « investissent un rôle politique qui ne leur appartient pas ». Piero Fassino, le secrétaire de DS, appelle à une réforme de la justice. Le ministre, Rocco Buttiglione, en prend acte.

Dès avant ce paroxysme, le climat délétère instillé par la perpétuation des enquêtes avait induit un sentiment croissant de lassitude. On assiste dès lors à une volonté de la part de la classe politique de tourner la page avec résolution. Cet état d'esprit sera bien exprimé par D'Alema, en novembre 1999. L'année suivante, au

---

1. A. Vauchez, La « parabole juridique » italienne, *Pouvoirs,* 103 (2002), p. 100. Il faut renvoyer à cet auteur pour une appréciation globale des tenants et aboutissants de ces démêlés judiciaires ainsi que de l'état présent de la magistrature italienne.
2. J.-L. Briquet, L'Italie en 1999. La transition sans fin, *Les pays d'Europe occidentale,* A. Grosser (dir.), Paris, La Documentation française, 2000, p. 87. V. en outre de Salvatore Lupo, Ma chi giudicherà l'era Andreotti ?, *Narcomafie,* décembre 1999, p. 37-41.

décès de Craxi, gloire et martyr de la partitocratie (seul politique de réelle envergure à avoir jusque-là été sévèrement condamné en dernier ressort, après avoir été écrasé sous 40 chefs d'inculpation), le chef du gouvernement demande des funérailles nationales. Il y a plusieurs marques de cette volonté de reléguer un passé dérangeant. Ainsi le rejet, du moins initial, en 1998, de constituer une commission d'enquête sur *Mani Pulite* ; en 1999, la Chambre refuse de lever l'immunité parlementaire de l'un des hiérarques de *Forza Italia,* accusé de collusion mafieuse (le parti populaire a rejeté la levée). C'est dans un dessein plus affirmé encore, au motif de conjurer le retour de procédures affolantes, qu'a été adoptée la modification du Code de procédure pénale (art. 513), visant à obliger les inculpés à réitérer devant le tribunal les déclarations intervenues au cours de l'instruction – cela vise au premier titre les « repentis ». Cette garantie a été la planche de salut pour Silvio Berlusconi qui a vu, par l'effet de cette nouvelle disposition, tomber *iure ipso* la plupart des déclarations portées contre lui ou ses comparses. Aussi la Cour de cassation avait-elle jugé (le 26 février 1998) que l'article 513 modifié s'applique aux procès en cours. Par un effet de cette décision de principe, la haute juridiction, le 16 avril, annule la condamnation – huit ans de prison – portée contre Berlusconi (affaire du métro de Milan). Saisie de nombreuses exceptions d'inconstitutionnalité, la Cour constitutionnelle, le 2 novembre, juge illégitime l'annulation des déclarations par le seul fait que celles-ci n'auraient pas été répétées devant le tribunal, lors même que l'exigence de réitération est posée par le nouvel article 513 – ce qui revient, de la part de la Cour, à prononcer l'annulation. Afin de surmonter la sentence, le 11 décembre, les deux plus importants partis au Parlement, *Forza Italia* et les *Democratici di Sinistra,* s'accordent en vue d'ériger l'article 513 au rang de norme constitutionnelle. Au surplus, le 18 juin 2003, est adoptée une loi instituant une immunité en faveur des cinq premiers représentants de l'État, permettant de suspendre des poursuites judiciaires dirigées contre eux pendant la durée de leur mandat. Ce texte bénéficie aussitôt à M. Berlusconi, à nouveau en instance à Milan pour « corruption de magistrats ». Le procès est suspendu, lui permettant ainsi d'assumer sans entraves la présidence semestrielle du Conseil de l'Union européenne. Sous l'impulsion de M. Di Pietro, une initiative est mise en œuvre en vue de l'abrogation de la loi, initiative validée le 3 décembre 2003 par la Cour de cassation. Saisie entre-temps, la Cour constitutionnelle annule le texte le 13 janvier 2004, comme contraire au principe d'égalité devant la loi (art. 3 de la Constitution) et d'égal accès au juge (art. 24).

279 LES FORMULES DE COALITION. — La complexité du système de partis italien autorise le recours à de nombreuses formules de coalition. Mais cette diversité n'est pas synonyme d'alternance, puisque toutes les formules ont été constituées autour de la DC et qu'elles ont toujours exclu le PCI de 1948 à 1994.

On peut distinguer plusieurs périodes, correspondant chacune plus ou moins à une décennie. La première va de 1948 à 1958, recouvrant deux législatures. Durant la législature 1948-1953, la DC a la majorité absolue à la Chambre, mais De Gasperi choisit l'alliance avec les petits partis laïques, qui lui assure une majorité au Sénat, lui permet un meilleur contrôle sur son propre parti et de tenir à distance les influences cléricales. Entre 1953 et 1958, la DC n'a plus la majorité absolue : les gouvernements sont du centre droit, soit monocolores (homogènes), soutenus par le PLI et le PSDI, soit de coalition, avec ces mêmes partis. La deuxième période est celle du centre gauche et couvre aussi deux législatures. Le PLI est écarté du pouvoir, et, à partir de 1963, le PSI rejoint le PSDI et le PRI au gouvernement. L'année 1968 est une date charnière : les élections législatives, lors desquelles le PSI et le PSDI réunifiés obtiennent un très mauvais résultat, mettent fin à la formule de centre gauche en tant que pôle stabilisé de la vie politique italienne. Sans doute, nombre de coalitions sont, par la suite, formées avec la participation du PSI, mais « celles-ci ont toujours été interprétées par les socialistes eux-mêmes comme une solution de repli, faute de mieux, et non comme le résultat d'une rencontre historique destinée à durer »[1]. La troisième période, de 1968 à 1981, est ainsi marquée par l'absence de continuité politique et une alternance erratique entre les formules de coalitions de centre gauche et de centre droit, les gouvernements monocolores de simple transition et ceux, d'union nationale, bénéficiant du soutien du PCI. Alors que, jus-

---
1. N. Bobbio, art. cité, p. 6.

qu'en 1968, toutes les législatures étaient parvenues à leur terme (sauf, pour des raisons techniques de concordance, les deux premières du Sénat), cette période est significativement marquée par trois dissolutions anticipées : en 1972, 1976 et 1979.

Une nouvelle date charnière est celle de 1981 : c'est cette année-là qu'un « laïc » (M. Spadolini) accède pour la première fois à la présidence du Conseil et qu'est expérimentée une formule de coalition entièrement nouvelle : la pentapartite. Jusqu'alors en effet, les coalitions étaient à deux, trois, ou, le plus souvent depuis 1963, à quatre partis. La marque de centre droit ou de centre gauche imprimée à ces formules résultait de la participation respective du PLI ou du PSI aux coalitions, étant entendu qu'aucune de celles-ci n'a jamais été de type pur, c'est-à-dire une coalition à deux, DC-PLI ou DC-PSI. La quatrième période a commencé en juin 1981 avec la formation du premier cabinet Spadolini, coalition de la DC et des quatre partis laïques. Cette formule s'est maintenue – à la brève exception du gouvernement monocolore de transition Fanfani VI, au printemps 1987 – à travers trois législatures, près d'une dizaine de cabinets et deux dissolutions anticipées (en 1983 et 1987) jusqu'à la crise d'avril 1991. À cette occasion, le parti républicain, qui avait critiqué certaines interventions du président de la République, est contraint de « s'auto-exclure » (A. Manzella) de la pentapartite, suite à une controverse sur la répartition des portefeuilles ministériels. L'épisode ne remettait d'ailleurs nullement en cause la logique du système.

C'est en juin suivant que la classe politique subit un premier désaveu majeur avec le référendum sur l'abolition des préférences pour l'élection de la Chambre des députés (v. n° 282 *bis*). Les élections législatives d'avril 1992 voient la quadripartite en net recul, même si elle garde la majorité des sièges au Parlement. Le président Cossiga ayant démissionné le 25 avril, son successeur, M. Scalfaro refuse de nommer M. Craxi comme président du Conseil mais accepte la suggestion de celui-ci de désigner M. Amato. Ce nouveau gouvernement apparaît ainsi comme le dernier du système particratique et le premier de la transition. Il démissionne en avril 1993 après le succès massif du référendum sur la réforme électorale. Le président de la République charge alors M. Ciampi, gouverneur de la Banque d'Italie, de former le cabinet, qui comprend trois ministres proches de l'ex-PCI. Mais après le vote de la Chambre refusant la levée de l'immunité parlementaire de M. Craxi, ceux-ci se retirent, et le PSD décide de ne pas voter la confiance : le soutien parlementaire au gouvernement reste celui de la quadripartite. Les élections anticipées voulues par le chef de l'État (v. n° 265) ont lieu en mars 1994 avec l'application du nouveau système électoral. Dans le contexte de la recomposition partisane – en janvier, la DC s'est dissoute et le PSI a éclaté – la droite emporte la majorité absolue à la Chambre et la majorité relative au Sénat. Pour la première fois apparaît dans le système une logique bipolaire, sinon majoritaire[1]. Structurellement, le gouvernement formé par M. Berlusconi en mai et sa majorité n'en restent pas moins une coalition – FI, CCD, AN, Lega – rassemblée sous le nom du Pôle démocratique et, du fait du comportement imprévisible de la Ligue, une coalition instable. En décembre, le parti de M. Bossi se joint à l'opposition en vue de l'adoption d'une motion de censure. M. Berlusconi démissionne avant qu'elle soit adoptée et presse le chef de l'État d'une demande de dissolution que celui-ci refuse. Ce faisant, le président de la République, essentiellement soucieux d'assurer avant de nouvelles élections, et face à M. Berlusconi, un égal accès des forces politiques aux médias *(par condicio),* récuse le préalable selon lequel la coalition élue aurait été censurée, « alors qu'il s'agissait en fait, estime Andrea Manzella, d'une simple coalition postélectorale ayant péniblement donné naissance à une coalition gouvernementale du type proportionnel »[2]. Ce refus, cependant, conduit à celui de sanctionner la Ligue pour avoir manqué à la logique bipolaire et à la formation d'une majorité de rechange. Néanmoins, le rejet d'un retour à la logique particratique, à cet égard, se marque par la nomination d'un cabinet de confiance présidentielle, présidé par M. Dini (également gouverneur de la Banque d'Italie) et sans ministre issu du Parlement, mais qui contrairement au précédent, dirigé par M. Ciampi, fait l'objet d'un accord parlementaire préalable et exprès. La nouvelle majorité réunit la Ligue et les partis vaincus en mars 1994 (PDS et PPI), mais le gouvernement bénéficie en fait de l'abstention des autres partis qui avaient soutenu le cabinet

---

1. V. S. Ceccanti et S. Fabbrini, Transitione verso Westminster ? Ambiguitá e discontinuitá nella formazione del governo Berlusconi, *in* G. Pasquino (dir.), *L'alternanza inattesa,* Messine, Rubbettino Editore, 1995, p. 257-284.
2. Art. cité, p. 134.

Berlusconi, en tant qu'il s'était engagé à poursuivre des objectifs limités d'intérêt général et à démissionner une fois ceux-ci atteints : par rapport aux cycles antérieurs à la transition, il s'apparente aux gouvernements monocolores d'attente.

L'étape suivante marque encore une avancée dans la logique majoritaire et de l'alternance. Les élections de 1996 voient la victoire d'une coalition de gauche rassemblant, sous le nom de l'*Ulivo* (l'Olivier), le PDS, le PPI et d'autres formations mineures, avec le soutien de *Rifondazione Communista*. Le gouvernement est constitué sous la direction de M. Prodi et comprend ses prédécesseurs MM. Ciampi et Dini. « La pratique de l'alternance, écrit Pasquale Pasquino, est entrée désormais dans l'expérience politique des Italiens. Le bipolarisme (Pôle-Olivier), malgré un multipartisme fortement présent dans le système politique, semble être devenu un élément stable dans la conscience des électeurs. »[1] Cette nouvelle donne n'est cependant pas exclusive de l'instabilité gouvernementale qui était la note principale du système italien avant la transition.

À cet égard, le renversement du gouvernement Prodi (9 octobre 1998) a réalisé un « chef d'œuvre de masochisme baroque »[2] : *Rifondazione Comunista* n'a pas voté la confiance au bout du compte (elle ne l'avait votée que « critique » les 21-22 juillet) – mais aussi avait-on cru devoir poser la confiance – et celle-ci fut refusée à une voix. Le classicisme des institutions italiennes, dont le mérite est ressorti encore grandi depuis 1993, manifeste en cet endroit ses limites, si on le compare aux modèles allemand ou suédois de la question de confiance (v. n° 232 et 176). Le président Scalfaro est confronté à un cas perplexe, de ceux qui signalaient les délices de l'ancien système. Les séquences, qu'a très bien résumées Denise Detragiache[3], relèvent de la pure régression. À la suite d'une série de vetos, vont échouer successivement : le cabinet de maintenance présidentielle, un ministère dirigé par le président de l'une des Chambres – ceux-ci appartiennent à l'opposition –, le gouvernement « de larges ententes »[4] (l'équivalent subalpin de la grande coalition).

---

1. L'Italie vers la démocratie majoritaire, *Pouvoirs,* n° 85, 1998, p. 65.
2. Curzio Maltese, La compagnia di Machiavelli, *La Repubblica,* 10 octobre 1998. (Cité par D. Detragiache.)
3. Art. cité, p. 85 et s.
4. Comme le rappelle l'auteur, la formule remonte à Togliatti pour qualifier le Pacte de Salerne (v. § 257).

D'un autre côté, la dissolution s'avère difficilement praticable parce qu'on va entrer dans le « semestre blanc » (v. n° 265). En désespoir de cause, Romano Prodi est rappelé, mais le caractère entier de ce dernier le rend peu enclin à se prêter au jeu du *trasformismo* (v. n° 258) en quémandant le soutien d'une frange de l'opposition – l'UDR –, condition *sine qua non* de survie pour toute continuation de l'expérience de centre-gauche. C'est Prodi lui-même qui suggère alors D'Alema. Ce dernier courbe l'échine et parvient à former le gouvernement, qui reçoit la confiance les 23-27 octobre 1998. Au regard du constat d'aboutissement historique pour l'ancien PCI (v. n° 276), on ne s'attardera pas à la composition du ministère qui rassemble, moyennant le coûteux appui du centre (l'UDR a trois ministres), l'ensemble du centre-gauche et de la gauche de gouvernement (y compris le PSDI et le PCDI) augmentés des Verts. « La majorité est horrible mais large » (Curzio Maltese). Le caractère hétéroclite de la nouvelle équipe est compensé par la perpétuation dans leurs portefeuilles de Dini, Ciampi, le concours d'Amato, et la déclaration d'intention la plus claire que l'action du gouvernement entend s'inscrire avec rigueur dans la continuité de l'expérience unique ouverte en 1996.

Alors que les résultats électoraux de la coalition, dans le courant de 1999, sont mitigés et que la gauche continue même à décliner (v. n° 276), ses chefs de file s'emploient, avec un embarras croissant, à surmonter la contradiction entre la nécessité d'affirmer avec plus d'allant les *Democratici di Sinistra* – attitude qui pose ces derniers dans un rapport privilégié au parti battant de l'opposition, *Forza Italia* – et les ménagements à consentir à l'UDR ainsi qu'aux socialistes, dont la susceptibilité à cet égard augmente, et à qui toute relance de l'Olivier répugne. L'élection à la présidence de la République de Carlo Azeglio Ciampi, en mai 1999, en offre l'exemple. Walter Veltroni (le secrétaire des DS) esquive la candidature d'une personnalité du centre, qui répondait pourtant à une logique d'équilibre au sein de la coalition, et préfère s'aboucher avec l'opposition pour faire élire au premier tour, à une majorité écrasante, Ciampi, une figure indépendante et qui (comme tel) avait détenu la présidence du Conseil, en 1993-1994, dans les passes dangereuses de la XIe législature. La crainte aussi a joué qu'une candidature tirée du Marais ne signale l'incongruité de l'un de ces scrutins à n'en plus finir qui donnaient du piquant à l'ancien système, alors que présentement l'Italie, d'une manière, était en guerre. Ce fut l'un des effets incidents du conflit du Kosovo. En décembre, le président du Conseil provoque une clarification : l'UDR et le PSDI quittent le gouvernement. Ce dernier ne peut se soutenir à moins d'un autre appui. L'issue est rapide. Il obtient la participation des démocrates de Prodi et Di Pietro (v. 277 *bis*), jusque-là des plus réservés mais qui se dévouent sur l'autel de l'Olivier, et de l'UDEUR de Mastella (v. 277 *ter*). Ces deux partis entrent donc au gouvernement. En suite de quoi, D'Alema essaie de reprendre la main, à commencer par le parti. Il proclame s'en remettre aux élections régionales prochaines pour trancher la question du leadership au sein de la coalition mais, en même temps, dénie que celles-ci puissent préfigurer les législatives. Ces élections – elles concernent les régions à statut ordinaire –, qui vont se tenir en avril 2000, sont de grande implication, puisque les présidents des *giunte* sont élus pour la première fois au suffrage direct (loi constitutionnelle du 22 novembre 1999) (v. n° 272). Le centre-gauche, à qui il était fait grief de s'agripper au gouvernement par le ressort du transformisme, était à l'endroit de deux régions dans une position peu glorieuse : sur les 11 détenues par lui, ces deux-là étaient tombées dans son escarcelle hors de toute élection, par les menées de *ribaldoni* (« ribauds »)[1]. Le résultat est amer. L'opposition l'emporte de peu en termes de voix (50,7 %) mais ravit quatre régions à la majorité en place, qui n'en gagne aucune. Son succès est d'autant plus ressenti que la campagne a été extrêmement médiatisée et que le thème de campagne à gauche revenait à faire une intense fixation sur Berlusconi. Rançon de l'excessive personnalisation des enjeux, le président du Conseil présente la démission du gouvernement le 19 avril.

Le maintien d'un postcommuniste à la tête du gouvernement est exclu par les partis du centre, qui sont favorables à un gouvernement technique, alors que le reste de la coalition est partisan de

---

1. Une loi, à laquelle a assenti l'opposition, visant à décourager les *ribaldoni*, les transferts d'obédience en cours de législature de la majorité à l'opposition et inversement, a été adoptée depuis, en 1998. Stefano Ceccanti pointe les limites inhérentes à un tel dispositif et voit là un exemple qui devrait faire réfléchir ceux qui, de bonne ou mauvaise foi, attribuent à des procédures élaborées de rationalisation la vertu d'imprimer pleinement une structure (S. Ceccanti, Letture e riletture. La forma neoparlamentare di governo alla prova della dottrina e della prassi, *Quaderni costituzionali*, XXII, 1, mars 2002, p. 176).

reconduire, à une nuance près, l'expérience des gouvernements dits de confiance parlementaire, terme du reste assez impropre, car il semble supposer que les cabinets de maintenance présidentielle n'auraient pas la confiance du Parlement. Le président Ciampi n'entend pas pour le moment se prêter à un cabinet d'affaires, parce qu'il a en vue le référendum – dont la tenue est imminente – pour imposer la réforme électorale, dont on a dit que l'initiative, suivant toute apparence, a été inspirée par lui (v. n° 282 *ter*), réforme qui, dans son esprit, est le préalable à une éventuelle dissolution. Un cabinet de maintenance présidentielle ne se justifierait que pour accompagner la réforme du mode de scrutin dans le cas où celle-ci doive emprunter la voie parlementaire, encore qu'il n'y eut pour lors aucune apparence de pouvoir y atteindre par cette voie. La solution adoptée est un gouvernement politique ayant à sa tête une personnalité indépendante. Dans cette occurrence, Giuliano Amato fut choisi, après qu'eurent été envisagés d'autres recours (dont le gouverneur de la Banque d'Italie). Il avait pour lui d'avoir déjà assumé la présidence du Conseil au début de la XIe législature, en des circonstances pénibles et mêmes dramatiques, lors de l'éclatement de l'ancien système (1992-1993). Et c'est M. Ciampi qui alors lui avait succédé dans ce poste difficile. La désignation de Giuliano Amato par le président Ciampi n'en suscite pas moins les réserves (Amato est dégagé des liens partisans mais il a été introduit dans le sérail par Bettino Craxi) et un refus. C'est alors que Di Pietro entre en opposition ouverte : l'ancien magistrat reproche à Giuliano Amato ses temporisations (alors que ce dernier était le chef du gouvernement) lors du déclenchement de *Mani Pulite*. Par suite, le « Mouvement des Valeurs » se met en marge de la coalition. Cela aura des conséquences aux élections de 2001. Ce retrait est compensé par le retour au gouvernement du PSDI (qui ne participait pas au D'Alema II), retour naturel puisqu'Amato peut faire fond d'attaches anciennes. La reconduction répétée de l'expérience de centre-gauche provoque la protestation du chef majeur de l'opposition, Silvio Berlusconi, qui exige la dissolution. Demande qui, à mesure de déception, va appeler très vite de sa part une réaction farouche. Les suites seront graves quant à l'issue du référendum de mai (v. n° 282 *ter*). Les motifs de la demande de dissolution sont clairs. L'expérience de gouvernement lancée en 1996 par

Romano Prodi avait été proclamée devoir embrasser la durée de la législature. (On rappellera que, pour bien marquer symboliquement le jour qui marquait le passage des ténèbres de la démocratie médiatisée à la lumière, il avait été décidé avant la préconisation de Prodi que le président de la République ne procéderait pas aux consultations d'usage.) La prise de relais opérée par D'Alema, en 1998, en tant du moins qu'elle proclamait s'inscrire dans une continuité rigoureuse (était-ce pour autant une simple césure ?), ne constituait pas une lésion bien sérieuse du principe de majorité. Cependant, et après un second gouvernement D'Alema, la ruine de la coalition n'avait été évitée que par un ultime replâtrage, à travers l'étrange figure d'un gouvernement à la fois neutre et politique. C'est ce déficit de démocratie majoritaire que dénonce Berlusconi. Ces péripéties, avec le retour à l'instabilité gouvernementale, sont la négation de la clarification que la révolution référendaire de 1993 avait entendu imposer. Elles soulèvent, par corrélation, la question de l'usage de la dissolution (v. n° 265) et jettent un sort fatal sur les référendums de mai (v. n° 282 *ter*). La formation du gouvernement Amato intervient le 25 avril 2000. Il a été pris grand soin d'écarter tous ceux sur lesquels plane une mise en examen ; dans un souci de clarté, l'exclusion s'augmente des personnalités qui avaient été ministres sous la précédente législature. À une unité près, ce gouvernement est presque aussi pléthorique que le précédent. Aussi le formateur a été dans l'impossibilité d'anticiper sur l'entrée en vigueur de la réforme qui impose une diminution sévère du nombre des postes ministériels.

Aux approches des élections générales de 2001, M. Amato a dû se résoudre, à corps défendant, à ne pas conduire la campagne en vue de la reconduction de la coalition de gouvernement qu'il dirigeait. C'était là encore fatalement une note discordante avec le désir de démocratie « de premier ministre » auquel la gauche avait efficacement répondu en 1996 et dont les gouvernements D'Alema et Amato II, de par les circonstances de leur formation (au grand dépit de leur chef), étaient objectivement la négation. Ainsi qu'on l'a vu, c'est Franco Rutelli qui fut choisi pour mener campagne. La coalition de centre-gauche connaît une honorable défaite, même assez prometteuse. L'*Ulivo* (qui regroupe huit formations) augmente de 40 % à 43,7 % ses suffrages. La coalition sortante est certes battue mais nonobstant un accroissement de quelque deux millions de voix par rapport à 1996. La coalition victorieuse *(Casa delle Libertà)* passe de 40,2 à 45,4 % (pour que la comparaison soit juste, il faut intégrer en 2001 les 3,9 % de la Ligue, qui faisaient bande à part en 1996). Le centre-gauche connaît donc l'échec, mais celui-ci, dû à la stratégie de l'adversaire, est à tout le moins un demi-succès pour lui en termes tactiques. Car l'Olivier accroît, ainsi qu'on vient de voir, ses positions en termes de voix. Le succès de l'opposition est dû à l'inventivité de concept du système d'alliances. Le concept témoigne d'un grand sens politique. Il s'explique par la cohérence imprimée comme le rigoureux préliminaire – contrairement à 1994 – de la coalition, dont la cohésion à venir est gagée sur la prévision que l'adhésion de la Ligue (v. n° 277 *bis*) ne présente désormais plus guère de risque (celle-ci sortira très diminuée des élections). Le fait qu'aux régionales d'avril 2000 des partis aussi différents soient allés ensemble au combat lors d'élections très disputées dès auparavant les législatives (ce qui n'avait pas été le cas en 1994) a cimenté l'opposition.

Le gouvernement est formé quinze jours après la préconisation de Silvio Berlusconi. La réforme Bassanini entrait en vigueur avec la législature. Elle imposait une réduction à douze du nombre des départements ministériels. Pareille contrainte a paru un peu exagérée au regard de la nécessité de représenter toutes les nuances d'une coalition aussi vaste. Aussi la loi est-elle immédiatement abrogée. Il y a 25 ministres. L'unique vice-premier est Gian Franco Fini. On a dit ailleurs quel était le portefeuille de Bossi (v. n° 277 *bis*). Les Affaires étrangères adviennent à une personnalité reconnue, Renato Ruggiero (ancien directeur de l'OMC). – Cependant, M. Ruggiero, qui n'avait accepté d'entrer au gouvernement qu'à la faveur des bons offices du sénateur à vie Agnelli, ne devait pas y demeurer : il démissionnera au bout d'un an. – Claudio Scajola, le directeur de campagne, est ministre de l'Intérieur. Tremonti reprend les finances, comme en 1994.

280 INSTABILITÉ ET CRISES GOUVERNEMENTALES. — L'Italie a connu plus de 55 gouvernements depuis la fin de la guerre. Cette instabilité ministérielle est la plus forte que l'on relève parmi les grandes démocraties contemporaines. La longévité des cabinets a été en général inférieure à un an. Alors que la longueur normale d'une législature est de cinq ans, aucun gouvernement n'a atteint une durée de trois années : le plus long, le premier cabinet Craxi, issu des élections anticipées de 1983, s'est maintenu pendant trente-cinq mois.

Les causes de cette instabilité se trouvaient dans les caractéristiques du système de partis : l'absence de parti à vocation majoritaire, le multipartisme accentué, l'existence d'un parti communiste fort, exclu de la participation au gouvernement. La persistance de ces caractéristiques était due essentiellement au système électoral. L'Italie, à cet égard, était la dernière grande démocratie à pratiquer une proportionnelle qui approchait le composé pur de l'entre-deux-guerres dont les effets déstabilisateurs ont été souvent décrits. Cependant, les inhibitions des partis à entrer dans une réforme, depuis l'échec de l'expérience de 1953, ont assuré la survie du système, en dépit de critiques parfois acerbes, émanant de la classe politique elle-même. Le quotient corrigé favorisait les petites formations ; le décompte des restes sur une base nationale ouvrait droit à la représentation de formations infimes et conduisait à une fragmentation sans doute exagérée de la Chambre ; le vote préférentiel, bien loin en l'espèce de dégager de l'emprise partisane, nourrissait le clientélisme ; l'absence de clause de barrage pertinente permettait tangentiellement à des groupements ayant obtenu près de 1 % des voix d'être représentés. Mais le système électoral ne créait pas seulement le morcellement de la représentation. Il contribuait aussi à sa stabilité et à sa pérennisation. Les élections législatives n'offraient pas, dans ces conditions, la possibilité de dégager de nouvelles solutions : en témoigne assez le fait que la DC a dominé sans interruption les formules de coalition de 1946 à 1994. Aussi bien, avant 1972, aucune dissolution des chambres n'est intervenue à l'occasion d'une crise politique, comme si la conscience avait prévalu de l'inanité d'un tel recours pour procéder aux reclassements politiques nécessaires.

Mais la période ouverte en 1968 avec la fin de l'expérience du centre gauche est marquée par des blocages plus rigides qu'auparavant. Officiellement, le centre gauche a survécu à l'échec socialiste lors des élections de 1968. Mais la formule est rendue d'autant plus fragile par les progrès du PCI et un certain recentrage à droite de la DC, illustré en décembre 1971 par l'élection de M. Leone à la présidence de la République, fruit d'une alliance de centre droit et d'une probable abstention des députés du MSI. Le gouvernement de centre gauche présidé par M. Colombo est contraint à démissionner en janvier 1972, d'autant que la DC se trouvait alors opposée aux partis laïques par la perspective du référendum abrogatif de la loi sur le divorce. Après une tentative de replâtrage par M. Colombo, le chef de l'État fit appel à M. Andreotti qui forma un gouvernement monocolore. Le 26 février 1972, le Sénat lui refusait la confiance par 158 voix contre 151 : la procédure relevait d'une mise en scène orchestrée par le parti dominant. La formation d'un gouvernement minoritaire destiné à subir un vote de défiance se justifiait seulement d'un point de vue formaliste, parce que l'éclatement de la majorité gouvernementale ne s'était pas traduit par une intervention parlementaire. Mais en promouvant une telle expérience, visant à éviter les soupçons d'abus dans l'usage du droit de dissolution qu'aurait entraîné, selon certains, le recours à celui-ci dès après l'échec de M. Colombo, le chef de l'État avait créé un précédent. Lors de la plupart des dissolutions intervenues par la suite, le scénario de février 1972 a été reproduit, et le bénéfice escompté des élections anticipées par le ou les partis qui ont provoqué la dissolution a été manqué. Les élections de 1972 sont suivies, à brève échéance, du retour au pouvoir de la coalition de centre gauche sortante. Celles de 1976, suscitées par une longue crise déclenchée en décembre 1975 par le PSI qui, soutenant le cabinet DC-PRI minoritaire d'Aldo, réclamait l'entrée du PCI au gouvernement, se sont soldées par une nette avance communiste (34,4 %) et un maintien de la DC, mais un recul du PSI et des autres partis laïques. Les élections de 1976 ouvrent la période des gouvernements dits de « solidarité nationale » dont le point d'orgue interviendra en mars 1978. L'expérience sera éludée en 1979. À partir de ces élections, la question de la participation communiste devient aiguë. Le cabinet monocolore Andreotti formé en juillet 1976 bénéficia de l'abstention de tous les partis de l' « arc constitutionnel ». Cette situation de fait reçut une sanction politique en juillet 1977, avec l'approbation par tous les groupes d'un accord sur un programme de gouvernement. Mais, en janvier suivant, la « majorité de programme » se disloqua lorsque le PCI réclama la formation d'un cabinet d'union nationale. M. Andreotti remit sa démission et fut bientôt chargé de reconstituer le gouvernement, qui fut presque identique au précédent. La DC était opposée à la nomination de ministres communistes mais avait accepté l'inclusion officielle, sanctionnée par un vote de confiance, du PCI dans la majorité parlementaire. Le 16 mars 1978, au lendemain de l'enlèvement d'Aldo Moro, le cabinet obtint une majorité de 545 voix sur 630 à la Chambre et de 267 voix sur 315 au Sénat. Le PCI appartenait « pleinement » à la coalition selon la formule du soutien sans participation. La crise se reproduisit, dans les mêmes conditions, exactement un an après. Les communistes renouvelèrent leur exigence d'entrer au gouvernement, lorsqu'il s'agit de débattre du plan triennal de développement économique proposé par M Andreotti. Avant même l'ouverture formelle de la crise, le PCI laissait entendre qu'il maintiendrait ses exigences jusqu'à provoquer la dissolution, tandis que le président Pertini faisait savoir qu'il ne s'y résoudrait que si le gouvernement était officiellement renversé devant les chambres. Mais le 26 janvier, Berlinguer annonçait que le PCI était arrivé à la conclusion que son maintien dans la majorité soutenant le gouvernement était devenu impossible. Et le scénario de l'année précédente se répétait point par point. Le 31, M. Andreotti remettait sa démission pour être chargé, trois jours plus tard, de reconstituer un gouvernement. Après un premier échec, suivi de celui de M. La Malfa (PRI), M. Andreotti finit par former un cabinet tripartite « électoral » qui fut battu devant le Sénat par 150 voix contre 149 : des sénateurs de la DC qui avaient quitté l'assemblée avant le vote ont dit qu'ils avaient fait tomber la fiction, pas le gouvernement. Le rite de la motion de défiance ayant été accompli, on pouvait procéder à la dissolution. Les élections anticipées de juin 1979, voulues par le PCI, ont commencé de marquer le repli de celui-ci et le regain du PSI. Ce n'est ensuite qu'au bout de deux mois, et après l'échec de trois *incarichi,* qu'un cabinet minoritaire DC-PSDI-PLI dirigé par M. Cossiga fut investi le 11 août 1979 grâce à l'abstention du PRI et des socialistes, ceux-ci annonçant du reste qu'ils considéraient la solution comme provisoire. La crise gouvernementale avait duré sept mois et aboutissait à la formation d'un « gouvernement balnéaire » (pour la durée des vacances). Elle ne s'est terminée véritablement qu'en avril 1980 avec la reconstitution de la majorité de centre gauche suivie, en juin 1981, du recours à la coalition pentapartiste.

La longévité de cette nouvelle formule a recouvert à la fois une stabilité réelle, durant les trois ans du premier cabinet Craxi, et la persistance de l'instabilité, marquée à nouveau par le recours à la dissolution et le détournement des procédures parlementaires à des fins particratiques.

La formation du premier gouvernement Craxi en août 1983 fait suite à de nouvelles élections anticipées provoquées par le PSI, après qu'il se fut retiré du gouvernement Fanfani, formé en décembre 1982 en raison principalement des réticences du président Pertini à prononcer la dissolution des chambres. Les élections de juin 1983 ayant, cette fois, été favorables au parti qui les avait suscitées – le PSI passait de 9,8 à 11,4 % –, l'accession à la présidence du Conseil de son leader devait inaugurer une forme de « gouvernement du premier ministre » inconnue ou oubliée. Cette autorité nouvelle apparaît clairement à l'occasion de la quasi-crise, marquée par le retrait du PRI, qui suit l'affaire dite de l'*Achille Lauro,* lorsque, avec le concours du chef de l'État, qui refuse la démission du cabinet, le président du Conseil en appelle directement aux parlementaires et, à travers eux, à l'opinion elle-même. Cette tactique a cependant rencontré ses limites en juin 1986 quand, après avoir demandé et obtenu un vote de confiance sur un projet de loi fiscale, le gouvernement a été mis en minorité lors du scrutin secret sur le même texte par des « francs-tireurs » de la majorité (v. n° 281). Mais le déplacement du centre d'autorité du gouvernement vers le président du Conseil a encore contribué finalement au retour de l'instabilité, dans la mesure où la DC ne pouvait qu'en ressentir plus fortement le regret d'avoir perdu ce poste essentiel. C'est pourquoi le second cabinet Craxi n'a été constitué que moyennant l'engagement d'une rotation (*staffetta :* passage du relais) de la présidence du Conseil en avril 1987. Le parti socialiste ayant dénoncé unilatéralement ce contrat, une nouvelle crise est survenue à cette date, les ministres de la DC démissionnant séparément afin de contraindre le président du Conseil à faire de même, et d'empêcher le renvoi du cabinet devant le Parlement ainsi qu'en octobre 1985. Nommé à la tête d'un gouvernement monocolore de transition, M. Fanfani a réédité le scénario de 1972 et de 1979, en se faisant mettre en minorité par l'abstention du parti gouvernemental lors du vote initial de confiance, alors que le cabinet obtenait les voix des partis laïques désireux de le contraindre à organiser les référendums que la dissolution allait repousser d'un an (v. n°s 281 et 282). Celle-ci ayant été prononcée, les élections de juin 1987, marquées par un nouveau progrès socialiste mais aussi un regain de la DC, ont conduit à la reconstitution de la coalition pentapartite, sous la direction du démocrate-chrétien M. Goria. Deux fausses crises se produisent, l'une dès novembre 1987, provoquée par le PLI (v. n° 277), l'autre en février 1988, du fait de la défection de « francs-tireurs » de la DC lors du vote du budget. Cela vaut au gouvernement Goria d'être affublé du nom de *cabinet Lazare* : la démission du président du Conseil est refusée par le président Cossiga, et cinq jours plus tard le gouvernement pose la confiance devant le Sénat et l'obtient. Elles révèlent cependant l'état de dislocation de la majorité et le manque d'autorité du président du Conseil qui, le budget finalement voté en mars 1988, démissionne pour passer la main à M. De Mita, secrétaire de la DC et seul apte à faire le poids face à l'ancien chef de gouvernement, M. Craxi. La reconduction de la coalition sous la direction de M. De Mita n'intervient qu'après un mois de crise et de nombreuses difficultés, mais elle manifeste clairement l'absence d'une solution de rechange. La pentapartite survit ainsi à travers plusieurs crises mineures au cours desquelles la question de la présidence du Conseil est la nouvelle pomme de discorde entre la DC et le PSI. La crise d'avril 1991, conclue par la formation du septième gouvernement Andreotti (le « Giulio VII »), est marquée par l'exclusion du PRI de la majorité (v. n° 279). En janvier 1992, le président Cossiga annonce son intention de nommer M. Craxi à la présidence du Conseil après les élections d'avril suivant. Or celles-ci sont l'occasion du *terremoto* qui bouleverse le système des partis. À compter de cette législature, qui débute avec l'élection à la président de la République de M. Scalfaro et du refus de celui-ci d'appeler M. Craxi à former le gouvernement, la question de l'instabilité change de nature. C'est la période des cabinets de confiance présidentielle, marquée par une formation nettement plus rapide des gouvernements : alors que, par exemple, il avait fallu vingt-huit jours pour constituer le cabinet De Mita en 1988, celui de M. D'Amato est formé en dix jours, celui de M. Ciampi en deux et celui de M. Dini en quatre jours. Ces cabinets présidentiels programment leur démission au gré d'impératifs non plus partisans mais institutionnels ou techniques : référendum (D'Amato), vote d'une loi électorale et dissolution (Ciampi), vote de la loi de finances et, à nouveau, dissolution, après l'échec de la tentative d'un gouvernement d'union en vue des réformes institutionnelles (Maccanico). Entre ces derniers, se place le gouvernement Berlusconi, qui prétend illustrer un nouveau type en se présentant comme le premier gouvernement « élu », ni particratique, ni présidentiel. Les conditions de son existence et son sort final témoignent cependant des récurrences fatales du système antérieur. Constitué en mai 1991 après les élections anticipées, le gouvernement est menacé de défection par la Ligue dès juillet, pour avoir proposé la mise en liberté des inculpés de l'opération *Mani pulite* en attente du jugement (ce projet de décret est rapidement retiré). En décembre, la Ligue vote avec l'opposition une proposition visant à instituer une commission spéciale pour la réforme de la télévision. Deux motions de défiance sont alors présentées à la Chambre contre le gouvernement, l'une émanant du PDS, l'autre du PPI et de la Ligue elle-même, qui accuse M. Berlusconi d'avoir trahi les accords sur les réformes institutionnelles relatives au fédéralisme. Les deux motions sont signées, avant l'ouverture du débat, par 343 députés, soit bien plus que la majorité absolue (316). Le président du Conseil démissionne le 22 décembre, sans attendre qu'il soit procédé au vote. Le gouvernement a duré sept mois, une longévité dans la note de la « Ire République », et tombe devant le Parlement, une circonstance quasiment sans précédent (hors les cas de refus de confiance initiale) mais qui n'éloigne pas non plus de l'esprit du système antérieur.

Cette rémanence se vérifie encore trois ans plus tard avec la crise ouverte par la défection de *Rifondazione Comunista* au gouvernement de centre gauche de M. Prodi formé après les élections anticipées de mai 1996. Plus que la coalition du pôle de M. Berlusconi, celle de l'Olivier peut prétendre à une investiture du corps électoral mais ne bénéficie d'une majorité absolue au Parlement qu'avec le soutien de RC. Le 9 octobre 1997, le cabinet démissionne à la suite du retrait de ce soutien en raison des mesures d'austérité prévues dans le projet de budget. Mais une semaine plus tard, le même gouvernement est reconduit, RC ayant accepté de réitérer son soutien en échange de la promesse d'une loi sur les 35 heures hebdomadaires de travail. Pasquale Pasquino analyse ainsi cette crise avortée et inédite : « L'intention de RC était de pousser le PDS et Prodi à former une nouvelle coalition avec *Forza Italia* pour éviter une crise politique et une campagne électorale (...). Il était clair que RC espérait forcer le PDS à se déplacer vers le centre droit, avec la perspective de monopoliser le vote de protestation aux prochaines élections. » Par son revirement, RC s'est épargné en fait d'avoir à payer ses procédés au prix fort en cas de dissolution, menace qu'avaient brandie (v. n° 265) les leaders de la coalition, Prodi et D'Alema, qui avaient immédiatement exclu la possibilité d'une « grande coalition ». Or l'hypothèse d'élections anticipées « était en réalité inacceptable pour RC. La loi électorale en vigueur prévoit, pour la partie majoritaire du scrutin, l'équivalent du « désistement » entre partis alliés, au moment de la présentation des candidatures ; en l'absence de ces accords de désistement, un parti comme RC serait réduit à une portion congrue, ne pouvant compter que sur les quelques sièges résultant de la partie proportionnelle du système électoral (...). La loi électorale a empêché la crise du gouvernement de coalition »[1]. Mais elle n'a pu empêcher RC de provoquer, un an plus tard, une nouvelle crise à propos du budget pour 1999, qui aboutit, ainsi qu'on l'a décrit, au renversement du gouvernement devant la Chambre des députés, le 9 octobre 1998 (v. n° 279). Cette vertu de prévention de l'instabilité imputable à la loi électorale n'a qu'une valeur relative, et il est prématuré de compter y voir un facteur habituellement efficient de contribution à la stabilité gouvernementale.

281 LE RÔLE DU PARLEMENT. — À l'instabilité du gouvernement prévalant sous la particratie répondait en corollaire la déficience d'institutions parlementaires caractérisées (d'après les *a priori* garantistes) par des mécanismes de contrôle étendus, et souvent même sophistiqués (v. n° 261), mais aussi par un défaut de cohérence des procédures et des renforts de la décision. La virtualité d'un parlement efficace existe pourtant. Elle est autorisée, presque négativement, par la Constitution mais elle repose aussi plus, en définitive, sur des données purement politiques (v. n° 280) que sur des éléments formels de rationalisation – d'ailleurs, ces derniers sont *a priori* d'un niveau et d'une efficience faibles. Les desseins de ratio-

---

1. P. Pasquino, art. cité, p. 66-69.

nalisation de la constituante (ordre du jour Perassi) n'ont en effet été traduits dans les textes que tardivement. Mais les inconsistances du pouvoir relevaient bien plutôt des inconséquences propres à la particratie. En effet, ou bien les procédures étaient utilisées à fond, auquel cas il s'agissait de procédures déstabilisantes héritées d'un autre âge, ou bien elles étaient résolument modernes et systématiquement éludées par un dévoiement calculé. Le meilleur exemple a trait au caractère secret du vote final portant sur l'ensemble d'un texte. Cette pratique, qui a pu bénéficier en son temps au *trasformismo,* était la négation en elle-même de toute politique arrêtée et suivie, gagée sur une assise parlementaire stable, puisqu'elle encourageait impunément le débauchage *(franchi tiratori).* Jusqu'en 1988, le vote secret final sur l'ensemble du texte subsistait de droit à la Chambre des députés ; dans chaque chambre, il pouvait encore être requis à la demande de 20 membres ou des présidents de groupe. En juin 1986, avec de telles armes, quelques voix dissidentes viennent à bout à la Chambre du second gouvernement Craxi : le gouvernement pose officiellement la confiance (laquelle suppose un vote au scrutin public) et l'obtient ; lors du vote final sur le texte (qui intervient au scrutin secret), 70 voix font défaut, le texte est rejeté, le gouvernement tombe, le 26 juin (c'était pour lui la 163e mise en minorité de fait). Même cause, mêmes effets : en février 1988, le gouvernement Goria traverse des moments difficiles lors du vote du budget. Défendu bec et ongles par les boucaniers parlementaires, relayés par le parti communiste, très en pointe sur la défense des libertés formelles, le vote secret n'a été abrogé à l'endroit des textes qu'en octobre 1988 ; encore le gouvernement (celui de M. De Mita) dut-il poser la question de confiance officieuse pour esquiver un rejet, le scrutin secret livré à lui-même pouvant conduire à pérenniser fatalement l'usage décrédité. Cette réforme qui attendait depuis 1848 a été qualifiée, entre autres, d'après les procédés emphatiques de la presse italienne, d'« immense innovation ».

Le *scrutinio palese* (public) ne tendait pas qu'à introduire des principes élémentaires de déontologie parlementaire : il touche la question essentielle des pouvoirs du gouvernement face au Parlement. Non seulement le légitime pouvoir de conviction qui s'attache dans les chambres au projet du gouvernement en régime parlementaire était bafoué par l'effet de procédés retors du genre décrit, mais le développement des textes en cours d'élaboration s'évanouissait dans les arcanes des procédures. On assistait au paradoxe d'un Parlement qui légiférait activement (le phénomène de pollution normative qui sévit généralement dans les démocraties) en regard d'un gouvernement qui ne pouvait le convaincre, en revanche, d'adopter certains projets essentiels. Cette donnée était d'ailleurs moins due à la maîtrise de l'ordre du jour, sur lequel le gouvernement avait peu de prise, qu'aux probabilités inexorables de l'enlisement. Le gouvernement, en conséquence, a été tenté d'user d'un biais décisif : celui des décrets-lois dits de nécessité et d'urgence (v. n° 263). Mais, sous le rapport normatif, il ne faut pas non plus dissimuler l'incapacité du gouvernement à agir du fait de ses tiraillements internes. Ainsi, en 1986, certains partis de la coalition gouvernementale, faute d'obtenir l'accord de leur partenaire dominant, initient des demandes de référendums ; une dissolution *dissuasive* survient (v. n° 282) qui a pour effet incident de laisser en suspens l'adoption en cours d'un projet de loi très important relatif à l'organisation de la présidence du Conseil. On aboutit, par rebondissement, à voir la procédure législative suspendue dans ce qu'elle a d'essentiel à cause de l'introduction *ad referendum* de textes d'importance inégale, que le gouvernement s'avérait incapable de soumettre au Parlement. Le rôle du Parlement est donc bien indissociable de la figure d'autorité du gouvernement à son endroit. D'un autre côté, ce dernier est rarement à même de trouver un appui dans les chambres, du fait de l'émiettement de la représentation et de la fluidité des allégeances parlementaires. L'équation semblait ainsi insoluble. Il est des cas même où c'est la majorité qui se refusait au pouvoir, en l'absence par ailleurs de solution de rechange de la part de l'opposition : conséquemment, cette majorité parlementaire refusait aussi la confiance à son propre gouvernement. À l'inverse, on a vu la minorité de la majorité, soutenue d'une part de l'opposition, s'acharner à voter une confiance fictive pour contraindre le gouvernement à se maintenir en place (v. n° 280).

Les deux cas de figure évoqués sont significativement liés à l'imminence probable d'une dissolution : le palliatif par excellence (v. n° 280). La dépréciation du rôle du Parlement tenait en conséquence au détournement ou à l'élision des procédures existantes par les menées de la particratie, comme à l'inanité de ce recours répété aux élections anticipées. Ainsi, le système particratique n'était pas exclusif d'un Parlement envahissant offrant toute l'apparence d'un pouvoir fort mais dans tout ce qui peut enrayer la décision ou lui faire décider par lui-même, en l'absence de toute cohérence, des questions ponctuelles[1]. Aussi bien, par voie de conséquence, la fin de la partitocratie a coïncidé avec une certaine marginalisation du Parlement, au moins dans le processus législatif. Avant la transition, la part de lois votées d'origine gouvernementale était d'environ 65 %, l'une des plus faibles dans les démocraties parlementaires. Elle passe à 90 % sous la 12ᵉ législature (gouvernements Berlusconi et Dini). D'autre part, l'usage des décrets-lois ordinaires s'intensifie fortement, et il s'est encore accru depuis la décision de la Cour constitutionnelle prohibant l'itération des décrets de nécessité et d'urgence (v. n° 263). À cet égard, les premiers mois de l'année 2002 font figure d'exemple. (Depuis 1999, les décrets présidentiels intervenus sur délégation législative ont été à peu de chose près en même nombre que les lois ordinaires et les lois de conversion.) Par ailleurs, des mesures liées au développement des affaires viennent signifier symboliquement la *diminutio capitis* des parlementaires : en mai 1993, ils se résignent à abolir le vote secret pour les demandes de levée de leur immunité (laquelle a vu son statut profondément modifié par la révision constitutionnelle de 1992) et, en octobre suivant, à réduire le champ même d'application de celle-ci. Ces tendances ne sont pas pour autant exclusives d'une réaffirmation par le Parlement de sa fonction de contrôle. Elle s'est particulièrement manifestée avec le gouvernement Berlusconi (mai à décembre 1994), aboutissant à un engagement décisif de sa responsabilité politique, dont la mise en œuvre était sans précédent effectif durant la période antérieure à 1992, et a été confirmée avec le renversement devant la Chambre des députés (par 313 voix contre 312) du gouvernement Prodi en octobre 1998.

282 L'APPLICATION DU RÉFÉRENDUM. — La loi dite d'*actuation* du référendum prévue en 1947 par la Constitution a attendu 1971 pour voir le jour, en relation explicite avec l'adoption, en 1970, de la loi qui établit le divorce. Ainsi, dès le premier moment de sa

---

1. L'usage des *leggine* (v. n° 261) y a contribué puissamment. On a entrevu au passage les pouvoirs exorbitants de certaines commissions *(ibid.)*.

mise en œuvre, l'institution référendaire entre-t-elle dans le rapport dialectique ambigu au régime représentatif qu'on lui suppose généralement.

La majorité parlementaire qui s'est résignée en 1970 à ne pas contrarier plus l'adoption d'une loi (celle du divorce) ne le fait qu'à la condition d'un accord sur la mise en place de la procédure du référendum. Ce faisant, les promoteurs de l'accord (les hiérarques de la DC) entendent bien évidemment que, le référendum étant ouvert, il conduise à rapporter la loi à laquelle le parti quasi dominant vient négativement de consentir. Le référendum sur le divorce se tient seulement en 1974, retardé qu'il a été de droit (v. n° 269) par la dissolution opérée en 1972. Ce référendum conclut au rejet de la proposition (les « oui » recueillent un peu plus de 40 % des suffrages). Ensuite, une demande tendant à abroger les dispositions répressives du Code pénal relatives à l'avortement est introduite en 1975. Celle-ci ayant été admise, le référendum est ordonné pour juin 1976, mais la dissolution des chambres en mai de cette année a pour effet (v. *supra*) de reporter le référendum à juin 1978. Entre-temps, le Parlement (en mai 1978) modifie les dispositions du Code, ce qui entraîne l'extinction de la procédure.

Deux référendums se tiennent en 1978, introduits par le parti radical (six autres ne furent pas admis), tendant à abroger l'un la loi sur le financement des partis, l'autre la loi *Reale*[1]. Le résultat fut négatif, bien qu'à des majorités diverses, puisque les « oui » en faveur de la première proposition ne sont pas loin d'atteindre les 44 %, la seconde étant rejetée à une majorité très forte. Deux autres référendums devaient avoir lieu en même temps : ils furent esquivés par le Parlement qui modifia à cet effet les lois contestées (celle sur l'*inquirente* notamment).

En 1981, rien moins que cinq référendums ont lieu après que la Cour constitutionnelle eut refusé l'admission de six demandes et qu'une autre, ayant été reçue, fut devenue sans objet (cette proposi-

---

1. Les promoteurs du référendum contestèrent devant la Cour constitutionnelle la décision de la Cour de cassation : cette dernière avait exclu du référendum abrogatif un article de la loi *Reale* qui avait été modifié entre-temps par le Parlement, en août 1977. En déclarant la demande recevable – et elle n'a pu le faire que par le fondement du conflit d'attribution (v. n° 267) –, la Cour constitutionnelle a reconnu au comité qui a introduit la demande de référendum la qualité accessoire de pouvoir constitué (sentence n° 17 de 1978 ; v. aussi n° 30 (1980)). La notion de fonction *costituzionalmente rilevante e garantita* a été précisée dans une sentence postérieure (n° 69, 1978) : elle relève de l'*État communautaire* (v. n° 270).

tion, relative à la justice militaire, a été éteinte du fait que le Parlement a statué entre-temps). Les six demandes rejetées étaient passées auparavant sans difficulté sérieuse au crible de la Cour de cassation, preuve que la juridiction constitutionnelle entend résolument s'opposer à une prolifération des référendums qui ne peut conduire qu'à l'avilissement de l'institution (le référendum n'intervient plus alors que comme un relais cathartique d'épiphénomènes). Le refus d'admission porte sur les demandes les plus contradictoires, éthiques, mais aussi d'inspiration libertaire, ou écologistes.

Les cinq référendums retenus en 1981 ont trait à l'abrogation totale ou partielle de la législation en vigueur dans un sens contraire à l'avortement ou, autrement, favorable à l'interruption de grossesse (deux propositions), à la suppression de l'*ergastule* (détention à régime sévère), au port d'armes, aux mesures d'urgence relatives à la sauvegarde de l'ordre démocratique et à la sécurité publique (loi Cossiga, contre les menées brigadistes). Les quatre dernières demandes sont à l'initiative du parti radical. Les consultations concluent toutes au rejet, la proposition ayant recueilli le plus de votes favorables étant celle qui tend à restreindre les causes d'exonération légale en cas d'avortement (32 % des suffrages). Le résultat de ce référendum particulier est intéressant : les votes favorables à la proposition initiée sont inférieurs au plein des voix potentielles de la démocratie chrétienne ; la remarque vaut d'autant que la droite nationale (le MSI) appuie l'initiative. Le référendum qui suit, en 1985, se conclut pareillement de manière négative ; cependant, il est de bien plus de conséquence : il est appelé à rejaillir sur la situation du gouvernement. À l'occasion de l'initiative populaire de 1985, le président du Conseil, Bettino Craxi, pose la question de confiance *ad referendum* : il déclare qu'il rendra la démission du gouvernement « dans la minute » qui suivrait la victoire des « oui ».

La question posée tend à décider de l'abrogation du décret-loi intervenu en février 1984, aux fins de réduire le barème de l'échelle des salaires. Le rassemblement des « non » favorables au maintien de la législation regroupe autour du gouvernement les cinq parties de la coalition, les radicaux et les deux branches syndicales réformistes. Les tenants de l'abrogation recouvrent le parti communiste, qui a pris l'initiative de la proposition, le gros de la centrale CGIL, le MSI. Par 54,3 % des suffrages, les électeurs rejettent la proposition. Ce référendum, jusque dans ses résultats, sert de révélateur des divisions propres à la gauche comme des fractures aggravées du mouvement syndical. Le référendum peut donc jouer, suivant l'occurrence, comme un catalyseur de visées politiques divergentes dont les contradictions n'apparaissent pas aussi clairement lors des élections générales, du fait que la proportionnelle, pratiquée dans toute son étendue en Italie, n'y génère pas d'effets simplificateurs décisifs. Cette fonction réductrice propre est encore plus latente lorsque, comme ici, le référendum ne porte que sur une seule question. Au contraire, et comme il est arrivé plus souvent, le grand nombre des demandes introduites, sur lesquelles la consultation est appelée à se prononcer le même jour, devrait produire ordinairement des effets de fragmentation qui ne sont pas loin d'approcher un effet proportionnel dans l'ordre des représentations. À plus forte raison en est-il lorsque des réponses à des questions non seulement diverses mais sans rapport peuvent ne pas intervenir, à l'évidence, dans le même sens. Or, et dans une certaine mesure, paradoxalement, les référendums d'objet divers ont pourtant toujours été tranchés en bloc. Les référendums de 1978 et de 1981 ont été globalement négatifs (ceux de 1974 et de 1985 portent chacun sur une question unique) ; ceux de 1988 ont eu une conclusion favorable. Sans doute ces référendums de 1988 font-ils bien figure de précédent : ce sont les premiers référendums tenus sous le régime de la Constitution qui s'avèrent conclusifs. Mais cette singularité ne dément pas une continuité avec les référendums antérieurs, puisque seul le sens de la décision varie. Les référendums des 8 et 9 novembre 1988, initiés en 1986 et retardés par la dissolution de 1987, appellent les électeurs à se prononcer sur cinq questions : la responsabilité civile des magistrats qui, traditionnellement, ne peut être engagée qu'aux seuls cas réservés, d'application rare ; les pouvoirs exorbitants de la commission *inquirente* (droit d'assembler des preuves à charge à l'encontre du président ou des ministres et ce, par provision, sans l'intervention du Parlement) ; trois questions enfin sont relatives au nucléaire. Deux des questions tendent nécessairement, en cas d'adoption, à renforcer les pouvoirs du Parlement (réduction de l'*inquirente* ; l'une des décisions sur le nucléaire relative au pouvoir de décision d'implantation des centrales). Une question, dont la connotation démagogique n'a pas échappé, bien que les partis aient promis d'en atténuer les effets, vise à responsabiliser les magistrats.

L'ensemble des partis appelle à donner une réponse favorable aux cinq propositions, sous les réserves suivantes : le parti républicain et *democrazia proletaria,* pour des raisons qui, distinctement, leur sont propres, préconisent le rejet de la proposition sur les juges ; le parti républicain et le parti libéral sont opposés aux trois propositions sur le nucléaire, la DC à une seule. Prévisiblement, le résultat des cinq référendums est favorable à de fortes conditions de majorité, le plus concluant a trait à l'*inquirente* (85,1 %).

Certaines conclusions sont à tirer du fait que la DC s'oppose seulement à l'une des propositions et que celle-ci est adoptée à 71 % des suffrages : c'est justement ce qui explique que ce soit la majorité la plus faible des cinq référendums. Mais on doit considérer les suffrages non exprimés (8 %) à un taux de 35 % d'abstentions. Dans un pays où le vote est nominalement obligatoire, ce taux est élevé : il traduit manifestement la lassitude des électeurs. L'usage des référendums en 1988 est en effet au plus haut degré particratique. L'initiative de deux des référendums (celui sur la responsabilité des juges et celui sur la construction des centrales) revient à trois partis de la coalition gouvernementale (PSI, PSDI, PLI). Il faut noter que le PSI est le parti du président du Conseil à la date où sont initiées les demandes (1986). Dans la mesure où ces textes auraient dû être normalement votés par le Parlement, dès lors justement que les partis initiateurs font partie du gouvernement, l'initiative revient à signifier la fin de la coalition. Ce référendum a, spécialement dans le contexte, une fonction déstabilisatrice : il ne tend plus comme en 1985 à renforcer *a contrario* la majorité de gouvernement ; il table ostensiblement sur sa chute. Qui plus est, on attend du référendum qu'il vienne suppléer une dissolution en indiquant les contours de la coalition à venir. L'initiative conduit d'abord, et paradoxalement, à une dissolution qui eut naturellement pour effet obligé de reculer la tenue des référendums. En effet, la DC, avec l'aval tacite du PCI (que l'aventure tribunitienne de 1985 avait rendu circonspect), parvient à l'imposer. L'utilisation du référendum est ici pervertie : elle revient à en faire un usage partisan aux fins de recomposition de la majorité politique et non – comme il se devrait – pour vérifier, sur l'initiative populaire, un point précis parmi les choix législatifs de la majorité parlementaire. Ce détournement de pouvoir, ainsi que l'écrit A. Manzella, est en soi contraire à la logique constitutionnelle du régime parlementaire. On récapitulera la séquence : initiative imprécatoire de référendums par la minorité de la majorité pour signifier la fin d'une coalition de gouvernement et tester une nouvelle majorité ; dissolution dissuasive des chambres provoquée par la complicité de l'opposition ; report consécutif des référendums ; tenue enfin des référendums dès lors que le Parlement nouvellement élu n'est pas parvenu à modifier les lois contestées : ce qui signifie là encore la précarité renouvelée de la majorité parlementaire.

282 bis L'USAGE DU RÉFÉRENDUM, DESTRUCTEUR DE LA PARTITOCRATIE. — L'incapacité dans laquelle le système politique italien s'était mis de réformer en profondeur les institutions par la voie parlementaire a trouvé une issue inédite, à certains égards révolutionnaire, par le recours au référendum[1]. C'est en effet par l'instrument du référendum abrogatif qu'ont pu être dominé le sophisme paresseux dans lequel se sont complu les acteurs officiels et surmontés les obstacles qu'opposait la classe politique. Au vrai, c'est le système lui-même qui s'avérait irréformable en substance du fait d'un excès de consociationnalisme (les vetos croisés dus à la recherche constante de l'*accordo generalizzato*) et de l'inertie inhérente au *paradoxe du réformateur réformé*[2]. C'est donc le référendum abrogatif qui a engagé l'impossible réforme de l'État. Il a opéré comme une véritable mine (Laurence Morel). Cet usage insidieux d'une procédure déjà éprouvée a supposé de la part des promoteurs de celui-ci un saut tactique, lequel a induit une modification radicale de la demande référendaire : le passage des requêtes adressées au système en guise de banderilles *(référendum di stimolo)* – les initiatives d'avant 1990 dont il a été fait état plus haut – aux référendums dits de rupture, visant à battre en brèche le système. À partir de 1990, ce qui est en jeu, c'est l'existence même du système politique (F. Hamon).

1. Cf. Pier Vincenzo Uleri, Dal'instaurazione alla crisi democratica. Un analisi in chiave comparata del fenomeno referendario in Italia (1946-1993), *in* M. Caciagli et P. V. Uleri (dir.), *Democrazie e référendum*, Rome-Bari, Laterza, 1994 ; M. Donovan, The referendum and Regime change : The collapse of the « First Republic », *Modern Italy,* I, 1 (Autumn 1995) ; Roberto Fedeli et Pier Vincenzo Uleri, I referendum non piovono dal cielo, *in* M. Caciagli et David I. Ketzer, *Politica in Italia,* Bologne, Il Mulino, 1996.
2. La réforme est voulue parce que les décisions sont difficiles, mais aucune décision n'est plus difficile, difficultueuse même, que la réforme elle-même (cf. G. Z. Zagrebelsky, I paradossi della riforma istituzionale, *Politica del diritto,* XVI, 1 (1986), p. 174).

Les événements précurseurs tiennent dans la constitution, en 1990, d'une majorité potentielle transversale, le *partito sommerso*, formée de personnalités du parti radical, ou d'obédience démocrate-chrétienne – la plus connue étant Mario Segni – ou issues des mouvements d'action catholique ou bien libérales ou encore, mais en rupture de ban, de sociaux-démocrates et de socialistes (v. *infra* Giannini). L'initiative obtient le soutien de Ciriaco De Mita, grande figure de la DC et, au moins depuis 1970, le « contempteur des errances » (J. Giudicelli). Trois demandes référendaires sont introduites, deux visant à modifier dans un sens majoritaire le mode d'élection du Sénat de la République ainsi que des conseils municipaux des communes importantes, une dont l'objet était l'abrogation du vote préférentiel pour l'élection des députés (le vote préférentiel n'existait pas pour le Sénat). La pratique des préférences multiples (quatre) était dénoncée comme un ressort de la partitocratie et l'instrument du clientélisme. Le fait que l'une des requêtes néglige en apparence le mode d'élection des députés et n'ait concerné que celui des sénateurs s'explique par une particularité de la loi électorale relative au Sénat, laquelle offrait l'opportunité d'une effectuation quasi instantanée du majoritaire[1]. Les requêtes furent âprement combattues par le gouvernement lorsque la Cour constitutionnelle eut à se prononcer sur leur admission. La Cour, en janvier 1991, n'admit qu'une seule d'entre elles (v. n° 269), celle visant à abolir le vote préférentiel. Ce fut donc la seule à être soumise à référendum. La proposition suscitait l'ire du PSI. Ce parti faisait même de son rejet la condition de la survie du gouvernement. Cette attitude, en tant aussi qu'elle s'entachait d'incivisme (B. Craxi prône l'abstention), ne fut pas sans susciter un grave malaise (v. n° 277). Le parti démocratique de la gauche, au contraire, avait appuyé l'initiative depuis le début (Occhetto fut l'un des premiers signataires). Les radicaux comme les républicains (ces derniers ne font plus partie depuis avril de la coalition gouvernementale) ont dès les commencements appuyé l'aventure. Les autres formations sont indécises. La DC aura le bon esprit de prescrire la liberté de vote (en fait, seuls les mouvements d'action catholique ainsi que

---

1. Le mode d'élection des sénateurs obéissait au principe majoritaire, bien que de manière purement nominale (v. n° 260). Par suite, il suffisait d'abroger l'exigence fixée par la loi de majorité hyper-qualifiée (au défaut de laquelle la proportionnelle opérait) pour transformer de manière effective en majoritaire le mode de scrutin existant.

son aile gauche, avec Ciriaco De Mita, ainsi qu'il a été dit, s'investirent dans le « oui »). La seule formation de quelque importance à avoir appelé à voter « non » fut la Ligue. Le 9 juin 1991, la proposition abrogative était adoptée au référendum : le quorum était dépassé avec aisance et le vote emporté à une majorité écrasante (95,6 % des suffrages). La modification qui en résultait était certes de bien peu d'importance, à envisager la hauteur des problèmes, mais elle était tout sauf *insignifiante*. La résonance fut considérable. Le succès, et plus encore son ampleur inattendue, démontrait que la réforme de l'État pouvait se faire jour à l'initiative d'un pouvoir constitué auquel on n'avait guère songé d'abord, le peuple lui-même. On se souviendra que lors de la formation, en pleine campagne référendaire, du septième cabinet Andreotti (dit le « Giulio VII »), son auteur avait donné l'assurance que le gouvernement n'aurait ni le pouvoir ni l'ambition de s'attaquer à la réforme des institutions. Comme le rappelle Laurence Morel, le référendum de juin, au-delà de ses effets plus immédiats (affirmation de la Ligue aux législatives de 1992 et torpillage du CAF : v. n° 277), a préparé la voie à la victoire massive du « oui » au second référendum. Or c'est ce dernier (celui d'avril 1993), plus encore, qui fera date. Il va imposer des élections anticipées et transposer son énergie protestataire aux fins de la recomposition du système de partis comme de la mentalité politique, condition de la reprise de la réforme par la voie parlementaire.

Forts de la consécration d'une majorité transversale, les comités de promotion référendaires poursuivent l'avantage : ceux inspirés par Mariotto Segni – qui va lancer peu après les « Popolari » – s'attachent à la réforme électorale ; les comités Giannini (du nom d'un ancien ministre socialiste) pour la réforme institutionnelle concentrent leurs efforts sur l'éradication des instruments de mainmise clientélaire. Le rassemblement des signatures (destinées à appuyer les requêtes référendaires) connaît un succès prodigieux.

La Cour constitutionnelle admet huit requêtes, celle relative au mode d'élection des sénateurs ayant été reformulée à bonne fin (v. n° 269). Sept des huit demandes sont dirigées contre la partitocratie.

La campagne référendaire d'avril 1993 est polarisée par la question de la réforme du mode de scrutin. L'initiative est comprise comme ayant l'ambition de faire passer l'ensemble du système dans une autre dimension politique, celle de la démocratie majoritaire. Tous les partis de l'Arc y adhèrent, y compris ceux qui n'ont guère de bénéfice à en tirer (les petits partis laïques) mais croient pouvoir se sauver portés par la vague, y compris encore même le PSI ou la DC – dont le ralliement est celui de la onzième heure. Font exception quelques personnalités anticonformistes (comme Craxi ou Ingrao). Forte de sa percée aux législatives de 1992, la Ligue est aussi favorable. Demeurent opposées les formations pour qui la relégation du système proportionnel est perçue comme une menace : *Rete*, Verts, *Rifondazione,* MSI. Pour les sept autres propositions référendaires, tous les partis se déclarent les adeptes mesurés du « oui », sous réserve donc de bien des nuances. Le plus réticent est le MSI : celui-ci appelle dans cet ordre à trois rejets (mais il partage deux d'entre eux avec la DC et même les trois, paradoxalement, avec le parti social-démocrate). Si l'on envisage les huit propositions, seuls le PRI et le parti radical auront appelé au « oui » pour l'ensemble.

Au référendum des 18-19 juin 1993, les propositions furent toutes adoptées. L'abolition de la dimension entièrement proportionnelle imposée *de facto* pour le mode d'élection du Sénat réunit 82,7 % des suffrages. Celle supprimant le financement public des partis dépasse même les 90 %. L'effet des autres abrogations n'est pas mince : le gouvernement perd le pouvoir de nommer aux directions, entre autres, des caisses d'épargne ; le contrôle de l'environnement lui échappe, et trois importants ministères sont supprimés, dont les compétences reviennent dès lors aux régions.

L'adoption de la réforme électorale relative au Sénat n'en est pas moins clairement la plus décisive. Elle revêt la plus haute valeur symbolique, en périmant définitivement l'ensemble du système, et condamne de fait le mode de scrutin encore en vigueur pour la Chambre des députés.

L'intérêt majeur de la procédure référendaire, à partir de là, tient dans sa rétroaction sur la démocratie parlementaire. La démission du gouvernement Amato, formé sur les anciens critères et avec l'ancien personnel politique, est le signe concret de cette rupture avec le passé (Geneviève Bibes). La vocation du nouveau gouvernement (formé par Carlo Azeglio Ciampi), gouvernement technicien, d'inspiration présidentielle, est d'assurer la maintenance jusqu'à ce que la réforme électorale soit menée à bien. Le nouveau mode de scrutin était appelé à s'appliquer à la Chambre mais intéressait aussi le Sénat, étant destiné à compléter dans ses effets l'abrogation décidée au référendum. La loi électorale sera adoptée par le Parlement le 4 août 1993. Dans l'esprit du président de la République, l'instauration d'un système électoral entièrement nouveau en substance, instauration conditionnée par le résultat du référendum, appelle inéluctablement le renouvellement des assemblées. La dissolution est conçue comme la suite obligée de l'issue référendaire (v. n° 265). Comme l'exprime Andrea Manzella : Scalfaro « a poursuivi jusqu'à son ultime conséquence – la dissolution – la réalisation "sous dictée" du principe majoritaire dérivant du référendum. Il a ainsi marqué la prévalence, même *ultra vires,* de la démocratie référendaire sur la démocratie parlementaire »[1].

À la suite d'un tel succès, l'initiative référendaire ne va pas se ralentir, mais ses effets ne peuvent plus atteindre une ampleur comparable. Parmi les référendums du 11 juin 1995 (12 propositions, 6 rejets), il faut mentionner le rejet de justesse de la demande d'abrogation partielle de la loi électorale municipale, tendant à instaurer un scrutin à un tour. Les référendums proposés en 1996 vont susciter une controverse sur le rôle de la Cour constitutionnelle.

Le 30 janvier 1997, la Cour déclare l'admission de 11 requêtes (sur 30 présentées) : 6 demandes, très diverses (du *golden share* à l'ordre des journalistes et à la carrière des magistrats, de la chasse à l'objection de conscience), ont été initiées par les comités Pannella ; 5 ont été introduites par des conseils régionaux (la plus importante propose l'abolition du contrôle de l'État sur les actes administratifs des régions : v. n° 273 *bis*). Parmi les demandes rejetées, deux avaient trait à l'éviction de la part proportionnelle pour le mode d'élection des Chambres (v. n° 269). Les sentences de rejet suscitent des protestations vives et mordantes, au point que les présidents des Chambres croient devoir assurer ostensiblement la Cour de leur soutien. Un débat assez âpre s'ouvre, relayé par la presse, dans lequel les sommités juridiques n'ont pas dédaigné de s'engager (v. n° 269 bis), et qui s'exaspère en février. Le président de la junte de la région Lombarde (Formigoni), dans le *Corriere della Sera,* parle de sentences « substantiellement politiques » et de « négation

---

1. L. Morel, *op. cit.,* p. 135.

de la démocratie » (jugements que l'intéressé devra modérer après que le président de la République l'eut semoncé).

Les référendums admis ont eu lieu le 15 juin 1997 mais le quorum requis de la majorité absolue des inscrits est très loin d'être atteint avec 30 % de participation. Ce défaut de quorum et la difficulté croissante à partir de là qu'il y eut à l'atteindre, du fait du désengagement du corps électoral, ouvrent alors une époque marquée par un net repli de la procédure référendaire.

282 *ter* Le reflux des référendums. — Il faut s'arrêter à l'échec des tentatives intervenues à la charnière du siècle (mai 1999 - mai 2000) en vue d'imposer par la voie référendaire un clair aboutissement à la réforme. Parmi sept autres initiatives (dont deux seulement intéressent le droit constitutionnel), celle portant sur le mode de scrutin n'a été que la plus emblématique – encore que celle sur le financement des partis ne l'est pas moins (v. n° 278 *bis*). Son échec est consternant parce que réitéré. Il a scellé la fin historique du moment « condorcien » de la République italienne. Le but des auteurs des référendums a été d'en finir avec les mitigations consenties à l'endroit de l'ancien système (le *Mattarellum,* en tant qu'il conserve une part de proportionnelle, qui plus est, alambiquée (le *scorporo*), comme de proscrire le retour des vieilles combines (cf. le financement parapublic des partis). Aussi « l'échec de la réforme du mode de scrutin marque le retour d'une ère que l'on croyait en voie de disparition, la fin des espoirs de réforme, le crépuscule de l'expérience de centre-gauche, la défaite de la bipolarisation. Il s'apparente à une époque de déjà-vu, celle de la Ire République, qui n'en finit pas de mourir et de ressurgir » (Michel Bôle-Richard). « L'incroyable bouderie des Italiens envers les urnes (...) marque d'une certaine manière la fin du recours aux référendums comme moyen de pratiquer les réformes. »[1]

En avril 1998, une initiative de Di Pietro, Segni et Occheto lance une procédure référendaire tendant à abroger la part subsistante de proportionnelle. Le référendum a lieu le 18 avril 1999, en pleine guerre du Kosovo. Par nature, les partis du centre (PPI, UDR), comme, et pour des raisons propres (qui tiennent à son isolement), la

---

1. *Le Monde,* 23 mai 2000.

Ligue, sont farouchement contre. *Alleanza nazionale* est la seule à soutenir l'initiative avec énergie. *Forza Italia* y est favorable, mais Berlusconi réservé, et le parti se dépense peu. Le « oui » connaît un succès prodigieux (91 %) ; la proposition n'en est pas moins rejetée, par défaut de l'exigence constitutionnelle de quorum : la participation n'a été que de 49,3 %. Au regard du nombre énorme des votes favorables, l'échec est pathétique. Il semble assuré que dans un contexte plus irénique, le quorum aurait été atteint avec aisance. En mai 2000, une nouvelle tentative a lieu en vue d'abroger la part proportionnelle – sept référendums, avons-nous dit, vont se tenir le 21 mai (v. *infra*). L'initiative relative au mode de scrutin passe pour avoir été directement inspirée par le Quirinal. Elle n'a pas été sans lien avec le refus (présidentiel) de dissoudre (v. n° 265). L'entreprise référendaire a pâti de la neutralité « officielle » du gouvernement Amato, des trames des politiciens – surtout ceux de la majorité – du boycott de la part hégémonique de l'opposition, dont le leader, assumant un refus qui autrement passerait pour cynique, se pose en recours (v. *infra*). Seuls, cette fois, les démocrates de gauche défendirent le « oui » avec détermination car Alliance nationale (qui s'était beaucoup dépensée lors du précédent scrutin) était démobilisée. C'est l'appel de Silvio Berlusconi qui a emporté la décision. Le fait pour Berlusconi de prôner l'abstention a été taxé d'irresponsable (par Mme Bonino notamment), dès lors que *Forza Italia* inclinait à la plupart des initiatives. En réalité, Silvio Berlusconi était très irrité des procédés dilatoires, il est vrai de moins en moins crédibles, visant à repousser jusqu'à leur terme extrême la tenue des législatives, et ce d'autant plus que la coalition gouvernante s'effilochait (v. n° 279) et que les élections de toute sorte empiraient pour elle. Le paradoxe est que l'appel au boycott se veut une réplique abrupte au déni de démocratie majoritaire et que l'abstention programmée ne peut qu'aboutir à ruiner, pourrait-on penser, tout espoir en l'établissement rapide, et surtout irréversible, d'une démocratie démédiatisée. Reste enfin le ressort décisif, celui de l'opinion, apparemment incapable désormais de se convaincre d'imposer *par elle seule* la réforme (comme elle y avait réussi lors de la révolution référendaire de 1993). Le référendum du 21 mai 2000 échoue, une fois de plus pour défaut de quorum, mais de manière cette fois tranchée, la participation pour le coup ayant été très faible (32,4 %). Plus des quatre cinquièmes des votants

(82 %) n'en avaient pas moins affirmé la volonté la plus claire en faveur de la démocratie majoritaire.

Il importe de revenir sur le processus référendaire et les limites rapides apportées à son déploiement, qui en réalité découlent de la Constitution elle-même. Ainsi qu'on a pu le vérifier (v. n° 269 *bis*), la technique du référendum abrogatif, manipulée avec adresse, a pu conduire *para legem* à des votations qui deviennent, à bien peu de chose près, des référendums d'initiative. Cependant, si ingénieuse soit-elle, la technique du découpage accuse des limites infrangibles. Ainsi une proposition en faveur des deux tours aurait eu de plus grandes chances (v. n° 274 *ter*). Mais il est extrêmement difficile d'introduire au plan technique les deux tours par le biais d'une manipulation. Or depuis 1997 (v. *infra*) cela est devenu impossible. On saisit ici combien la procédure référendaire organisée en 1947, et qui a sa logique, est en retrait sur les techniques plus élaborées qui à l'époque n'étaient pas ignorées du droit positif. Ce défaut a été de toute conséquence sur l'épanouissement des référendums, lequel, après un déploiement prometteur (depuis 1974) puis le saut dans une autre dimension (en 1993), a connu un double échec retentissant à l'extrême fin du siècle. Cet échec a, suivant l'apparence, été appelé, au plan du droit, par l'occlusion du référendum abrogatif, à travers la prohibition par la Cour constitutionnelle des propositions manipulatives, qu'elle avait un premier temps acceptées s'agissant de lois d'élection (v. n° 269 *ter*). Loin d'avoir été complotée par le juge, cette exigence de rigueur a été nécessitée par l'inertie du pouvoir constituant.

La révision en faveur du référendum du second type (le référendum créatif), à la charnière du siècle, aurait pu trouver un consensus dans les Chambres ; cependant, le motif de circonstance revenait à adopter une loi constitutionnelle aux fins, par ricochet, de parachever la réforme électorale que la nouvelle procédure référendaire était vouée à imposer. Or ce point d'aboutissement majoritaire, une part réduite encore qu'influente du Parlement ne pouvait l'accepter à moins d'un suicide (v. n° 274 *ter*). Mais c'est ne pas considérer qu'une proposition référendaire *positive* aurait eu de bien meilleures chances de pouvoir être acceptée par la minorité (v. *ibid.*). Le texte en eût été plus ouvert et le dispositif moins abrupt parce que rédigé hors des contraintes renforcées inhérentes à une proposition référendaire qui depuis 1997, à l'endroit des lois électorales, ne peut plus être qu' « ablative », comme elle doit l'être à l'endroit de toute loi (v. n° 269 *ter*). On n'aurait pas ainsi abouti à l'échec référendaire historique, lequel s'explique avant tout, et de plus fort, par le manque de ductilité du dispositif de substitution (v. n° 274 *ter*).

283 LA RÉFORME INSTITUTIONNELLE. — Longtemps demeurée un terme de débats, fussent-ils parlementaires, la question de la réforme des institutions est entrée dans une phase active depuis novembre 1987, date à laquelle les principaux partis d'alors (DC, PCI, PSI), avec une unanimité apparemment non contestée, l'ont placée au centre de leurs réflexions. Les premiers points d'accord ont porté sur le principe d'un bicamérisme différencié, le réaménagement du régionalisme politique et les conditions du référendum abrogatif (relèvement du seuil des signatures). Un autre volet s'est traduit, en 1988, par l'adoption d'une nouvelle loi sur l'organisation du gouvernement (prévue à l'article 95, alinéa 3 de la Constitution et votée seulement, une première fois, en 1986). Cette loi confirme le caractère classiquement collégial du système de gouvernement (autonomie des ministères, rôle décisionnel du Conseil des ministres), mais elle institutionnalise aussi les structures *oligarchiques* (S. Fabbrini) de ce système que sont le Conseil de cabinet et la vice-présidence du Conseil. Surtout, elle procure au président du Conseil des organes à sa disposition propre ainsi que des pouvoirs renouvelés de direction et de coordination : il peut en particulier suspendre l'acte d'un ministre qu'il estimerait incompatible avec l'orientation générale de la politique du gouvernement, la résolution du cas étant néanmoins renvoyée en dernier lieu au Conseil des ministres. On rappellera aussi qu'en 1988 intervint une révision des règlements des chambres, avec l'abolition du vote secret (v. n° 281)[1].

En fait, cependant, la question décisive du débat institutionnel tenait à la réforme du mode de scrutin : il est évident qu'elle seule, supposée résolue favorablement, pouvait être à même d'éviter

---

1. Dans un autre ordre d'idée, mais s'agissant d'une réforme qui prend tout son sens dans les circonstances de la transition, il convient de mentionner la loi constitutionnelle de juin 1989 qui attribue au juge ordinaire, et non plus à la Cour constitutionnelle, la juridiction pénale sur les ministres mis en accusation par le Parlement (art. 96 de la Constitution) (v. n° 267).

d'autres réformes, dès lors accessoires ou qui surviendraient alors d'elles-mêmes, étant soutenues par une majorité cohérente. Au surplus, à défaut d'une majorité claire et ordonnée qui puisse se dégager immédiatement d'élections, il ne fallait pas se faire d'illusions exagérées sur l'efficacité de procédures étendues de rationalisation visant à procurer, spécialement, la stabilité de l'exécutif. Ainsi, la réforme électorale figurait-elle comme la condition *sina qua non* de l'efficience de tout autre processus de réforme institutionnelle. Mais elle se trouvait entravée par l'absence de consensus, autre que rhétorique, sur la question du réformisme dans le cadre du débat constitutionnel. Or l'irréductibilité des intérêts partisans sur celle-ci était précisément générée, ou sinon aggravée, par le système électoral subsistant, à travers la perpétuation d'une représentation fragmentée[1]. De sorte que le débat risquait de demeurer pour jamais une conspiration de l'impuissance. Aucune initiative ne pouvant être attendue des élus, on a vu que ce fut celle des électeurs qui, par la voie du référendum abrogatif, a eu raison de ces contradictions (v. n° 282 *bis*). D'un point de vue fonctionnel, cette réforme électorale, mais aussi le contexte dans lequel elle est intervenue ont entraîné les profondes transformations précédemment décrites. Mais elle ne préjuge pas du contenu de la réforme institutionnelle qui s'est finalement inscrite dans le processus de révision intégrale de la seconde partie de la Constitution avec la loi n° 1 de janvier 1997 créant la commission bicamérale[2]. En septembre suivant, celle-ci a transmis aux chambres un projet portant essentiellement sur une nouvelle organisation des statuts et des compétences des organes de l'État. Les réformes envisagées par ce texte ont déjà été examinées pour la partie concernant la structure de l'État, centrée sur la perspective d'une évolution vers le fédéralisme

---

1. Laurence Morel relève que c'est un début de convergence de la DC et du PCI sur le mode de scrutin qui est à l'origine de l'éviction de M. De Mita de la direction de la DC puis de la présidence du Conseil (juillet 1989). Les artisans de cette éviction ont voulu éliminer tout risque d'entente entre la DC et les communistes sur cette réforme : « L'immobilisme institutionnel scellé dans un pacte politique recevra même un sigle, le CAF (v. n° 275) d'après les initiales de ses trois instigateurs, Craxi, Andreotti et Forlani » (*L'Italie en transition, op. cit.,* p. 154).
2. Avant l'institution de cette commission quasi constituante, deux bicamérales avaient été formées en vue de proposer des réformes institutionnelles. La première, présidée par A. Bozzi, a siégé de 1983 à 1985, et son échec est imputé à B. Craxi, alors président du Conseil. La deuxième, présidée successivement par C. De Mita puis par Mme Iotti, a été réunie en 1992, dans un dernier effort de la classe pour court-circuiter les référendums. Son échec résulte des vetos croisés des partis, malgré un début d'accord sur la réforme électorale.

(v. n° 273 *ter*). Mais la question essentielle, et la plus débattue, a été celle de la « forme de gouvernement », c'est-à-dire du modèle de régime parlementaire présumé apte à remédier aux carences de celui qui avait prévalu auparavant (le modèle garantiste dévoyé). Sur ce point, un consensus s'est manifesté sur le principe d'un renforcement du pouvoir exécutif en vue de le soustraire aux influences partitocratiques. Cet objectif s'était déjà imposé au sein de la commission bicamérale de 1992, un accord s'étant dégagé entre la DC et le PDS sur un système inspiré du modèle allemand *(cancellierato)*, tandis que le PSI s'affirmait favorable au modèle présidentialiste français. Le même désaccord est rapidement apparu au sein de la bicamérale réunie en 1997, chacun des points de vue s'appuyant principalement sur les rapports présentés à la commission par le constitutionnaliste Enzo Cheli et le politologue Giovanni Sartori[1].

Le projet du premier, favorisé par le PDS et la gauche de l'ex-DC, constitue un développement du système préconisé au sein de la bicamérale précédente : ce *premierato forte* est basé sur l'élection semi-directe du premier ministre, qui disposerait d'une autorité hiérarchique sur les membres du gouvernement et du pouvoir de dissolution en tant que moyen de pression sur la majorité. Le chef de l'État resterait élu par le Parlement, et son rôle s'alignerait sur celui des présidents d'Allemagne fédérale et d'Israël, dont les systèmes ont inspiré synthétiquement cette proposition.

Le projet de Sartori, essentiellement appuyé par le centre droit, est celui d'une *semipresidenziale*, c'est-à-dire d'un parlementarisme à correctif présidentiel plus ou moins inspiré du modèle français, comportant un exécutif bicéphale avec un président élu au suffrage universel direct. Ce système avait été préconisé dès avant 1987 par le PSI pour des considérations tenant alors à ce parti : l'aura de son chef, B. Craxi, et, plus généralement, la présomption, vérifiée jusqu'à un certain point en France et au Portugal, que l'élection directe du chef de l'État conduit à terme au renforcement de la gauche non communiste. Il était ensuite devenu, pour des raisons moins tactiques et plus programmatiques, le projet de l'Alliance nationale. Ce sont des conditions posées en ce sens à la « gouverna-

---

1. V. P. Pasquino, art. cité, p. 69 et s.

bilité constituante » (Andrea Manzella) qui ont provoqué, en février 1996, l'échec de M. Maccanico pour former un gouvernement d'union en vue de la réforme institutionnelle[1].

Lors du vote au sein de la commission bicamérale sur cette question, le 4 juin 1977, le projet inspiré par Enzo Cheli paraissait devoir l'emporter, mais le vote des commissaires de la Ligue, qui jusqu'alors s'étaient abstenus de participer aux travaux, a fait prévaloir le projet de parlementarisme à correctif présidentiel. Mais « le projet de la Ligue de faire purement et simplement déraper la réforme institutionnelle n'a pourtant pas abouti. Paradoxalement, le vote du 4 juin a produit un résultat opposé. Une alliance s'est établie entre le président de la Commission et le leader du PDS, Massimo D'Alema et Gianfranco Fini, le chef d'Alliance nationale, court-circuitant celle entre D'Alema et Berlusconi, qui avaient été à l'origine de la Commission pour les réformes constitutionnelles. La raison de ce résultat inattendu n'est pas difficile à comprendre : l'élection directe du président de la République a été depuis toujours le mot d'ordre et le cheval de bataille de l'extrême droite italienne. L'obtention de ce résultat a transformé Fini, qui s'était fait au cours des dernières années une réputation de Monsieur "non", en paladin de la réforme constitutionnelle, dans laquelle il voit maintenant la possibilité pour son parti de faire figure de cofondateur de la nouvelle Constitution. De son côté, D'Alema s'était engagé personnellement dans l'entreprise de la Bicamérale et avait tout intérêt à éviter son échec qui aurait terni gravement son leadership politique »[2].

L'ensemble de ce débat demeure en réalité dominé par la question de la loi électorale, « que l'on n'a pas fini de modifier », observe Pasquale Pasquino, mais qui, n'ayant pas le statut de norme constitutionnelle, ne pouvait figurer à l'ordre du jour de la bicamérale, « ce qui n'a fait que compliquer ultérieurement les débats hantés par ce *convive de pierre* ». Le projet inspiré de Sartori,

---

[1]. Ces conditions revenaient à exiger une déclaration formelle, et pour ainsi dire, un engagement du gouvernement (Andrea Manzella), en faveur du « présidentialisme à la française ». Cette surenchère revenait à condamner de plus fort le compromis Maccanino (auquel avait souscrit le PDS, lequel consistait à insérer le volet constituant dans la déclaration constitutive de la majorité parlementaire tout en l'excluant de la déclaration de programme du gouvernement (A. Manzella, art. cité, p. 122-123).
[2]. P. Pasquino, art. cité, p. 70.

en particulier, ne contient pas une définition très nette du correctif présidentiel envisagé – les pouvoirs du chef de l'État y apparaissent moindres que dans le modèle français mais en outre, dans le schéma retenu par la bicamérale, parfois en retrait par rapport à ceux inscrits dans la Constitution de 1947 : ainsi en matière de dissolution – mais il comportait au départ un objectif tacite bien plus prégnant dans l'esprit de son auteur, le scrutin uninominal à deux tours, auquel la droite italienne, par ailleurs favorable au présidentialisme, demeurait très hostile[1]. Mais le projet Cheli, en tant qu'il prévoit une élection semi-directe du premier ministre, n'est pas moins dépendant, dans ses modalités, du choix d'un système électoral apte à produire un tel résultat. Il en va d'ailleurs de même en ce qui concerne d'autres propositions qui étaient basées sur le principe de l'élection directe du premier ministre : celle-ci peut être effectuée par un vote séparé de celui pour la Chambre (modèle israélien) ou par un vote unique à deux tours, supposant une articulation majoritaire. À ces deux types répondent respectivement le dispositif prévu par loi sicilienne pour l'élection du maire et, d'autre part, le mécanisme érigé par la loi italienne de 1993 pour cette même élection[2].

La réforme électorale de 1993 a été le produit d'un compromis entre les partis de l'ancien système politique. Le nouveau mode de scrutin a eu l'immense mérite de provoquer la recomposition du système politique et, au-delà, de permettre l'alternance (v. n° 274 *bis*). Il n'en est pas moins l'objet de critiques. La principale est d'ordre théorique, et s'attaque au cœur du système, en mettant en cause le principe même de défalcation, fondé, est-il argué, sur une *contradictio in terminis* : imprimer un sens proportionnel à des votes émis au majoritaire. Cette perversité est encore plus saisissante s'agissant des élections pour le Sénat, où l'électeur ne dispose que d'un bulletin. Un défaut corollaire est que les bons rendements constatés pour le volant majoritaire, le fait que l'écart de voix ait tendance à se

---

1. Les politistes n'ont pas été cependant sans opérer le constat que si les deux tours avaient existé pour le scrutin d'avril 1996, la coalition de centre gauche n'aurait probablement pas été gagnante. C'est donc maintenant le Pôle, partisan jusque-là du tour unique, qui pourrait avoir intérêt aussi désormais au ballottage. Quant à la Ligue, elle conserve un intérêt vital au maintien d'un seul tour. Cependant, il est toujours périlleux de considérer les effets d'un scrutin passé en lui appliquant des règles auxquelles ce dernier n'aura pas obéi.
2. S. Ceccanti, Forma di governo e commissione bicamerale : gli itinerari incerti delle riforme, *Nomos*, 1997, n° 1, p. 31-42.

réduire dans les collèges entre le vainqueur et l'*outsider,* aboutissent à renforcer la dimension proportionnelle du système (le parti du vainqueur se verra retirer pour le volant proportionnel d'autant plus de voix que l'écart est mince). À ces arguments de fond mais techniques, est venu s'ajouter une critique d'ordre politique. Elle se résume à considérer que ce mode de scrutin n'est parvenu à dégager que de manière contrastée et aléatoire (pour la Chambre) ou tangente (pour le Sénat) une majorité de gouvernement. Aux élections d'avril 1996, il n'a pas réussi à emporter de majorité à la Chambre en faveur de la coalition de gouvernement gagnante ; à celles de mars 1994, à l'inverse, il avait atteint à ce résultat pour la Chambre mais pas au Sénat, même s'il en approchait. À cette objection, on a pu répondre que le nouveau système de partis est encore trop instable pour que le vecteur majoritaire qu'emporte l'actuel mode de scrutin ait pu donner toute sa mesure. De fait, à peine le mode de scrutin s'est-il déployé durablement que le risque ne s'est plus rencontré, jusqu'à nouvel ordre. Mais on peut objecter aussi que c'est la loi électorale elle-même qui, en autorisant (pour la Chambre) l'affiliation à plusieurs listes, favorise la fluidité des allégeances et retarde la constitution d'agrégats stables. On n'en a pas moins constaté en son lieu (v. n° 274 *ter*) qu'à mesure d'élections, ce mode de scrutin passablement décrié est en passe d'imprimer une cohésion au système de partis.

La question du mode de scrutin est également envisagée en relation avec les nouvelles données politiques : « Le bipolarisme dans le système politique italien reste suspendu au hasard des consultations électorales et du score atteint par la Ligue du Nord. L'ingénierie électorale ne peut pas faire de miracles. La Ligue risque de déstabiliser les gouvernements italiens à venir, même si (par une hypothèse irréaliste) on introduisait un système électoral à l'anglaise. »[1] Cette préoccupation conduit naturellement à revenir sur la question du mode de scrutin à deux tours. Préconisé, on l'a dit, par Giovanni Sartori, comme logiquement associé à l'élection directe du chef de l'État, c'est encore officiellement la revendication du PDS et l'échec, bien que de justesse, au référendum de juin 1995, de la proposition visant à réduire à un tour unique le mode de scrutin municipal en

---

1. P. Pasquino, art. cité, p. 67-68.

vigueur depuis 1993 qui a été sollicité comme l'indice de ce que le corps électoral inclinerait à l'instauration des deux tours pour les élections législatives. Il semble ainsi de l'on doive s'orienter, sur un mode qui reste à définir, vers un mixte assorti des deux tours, avec prime en faveur de la coalition de tête. En effet, un accord informel s'est dessiné entre les partis pour tenter d'exclure la Ligue des coalitions potentielles. Le mécanisme électoral envisagé, que l'on a appelé le « double tour de coalition », se présente ainsi « comme un pacte de législature entre partis de centre gauche, d'un côté, et de centre droit, de l'autre. Ce pacte, passé devant les électeurs entre le premier et le second tour, comporterait en outre, le choix pour chaque coalition d'un candidat au poste de premier ministre »[1]. Cette logique de parlementarisme majoritaire coexiste, parallèlement, avec une option en faveur de l'exécutif dualiste avec élection directe du chef de l'État, option qui semblait irréversible car elle représentait l'autre face du consensus bipolaire, ce que Pasquale Pasquino définit comme l'« axe de l'alliance entre les deux véritables leaders politiques du pays ». En effet, dans les systèmes à correctif présidentiel, « il y a deux postes à pourvoir au sommet de l'exécutif. MM. D'Alema et Fini sont déjà en course pour le poste, peut-être le plus important, de Premier ministre, en laissant le Quirinal à une personnalité plus centriste ». Pour les promoteurs du projet Cheli, au contraire, il eût été plus convenable d'opérer une véritable rationalisation du parlementarisme, et sur le modèle du titre V de la Constitution française de 1958, plutôt que d'en importer un système dit « semi-présidentiel » étranger à la tradition constitutionnelle italienne. La complexité du débat technique et les paradoxes de ses implications politiques ont fini par créer l'impasse (v. n° 257). En juin 1998, la Chambre des députés a interrompu ses débats sur le constat qu'aucun accord n'était possible entre majorité et opposition après que M. Berlusconi eut décidé de ne plus soutenir le projet de la commission bicamérale. Au reste, l'option faite par celle-ci ne pouvait réellement préjuger de la « forme de gouvernement ». Revenu au pouvoir après les élections de 2001, Sergio Berlusconi a présenté comme une priorité la poursuite de la transformation de l'État régional italien en un système fédéral. Mais par-delà, le projet

---

1. P. Pasquino, *ibid.*

de réforme constitutionnelle approuvé par les partis de la majorité en septembre 2003 comporte quelques options décisives en matière institutionnelle (35 articles de la Constitution sont sujets à révision). Outre l'instauration d'un bicamérisme différencié, avec un Sénat de type fédéral, le projet s'oriente clairement vers la formule du *Premierato forte* et la dépolitisation du rôle du chef de l'État, sous couleur d'un renforcement de ses compétences garantistes. La discussion sur ce texte s'est ouverte au Sénat en janvier 2004.

Pour aller plus loin

284 En préliminaires, un document de travail : B. Gaudillère, Les institutions de l'Italie, *Documents d'études,* n°s 1-17, 1994, excellent fascicule, qu'on ne saurait trop recommander. De même, la remarquable synthèse de Jacques Georgel, *L'Italie au XXe siècle (1919-1915),* Paris, La Documentation française, coll. « Les études de la Documentation française », 1996. V. aussi Giuseppe G. Floridia, La Costituzione, *in* Gianfranco Pasquino (dir.), *La politica italiana. Dizionario critico 1945-1995,* Roma-Bari, Laterza, 1995.

I. — OUVRAGES FONDAMENTAUX (en italien)

Giulano Amato et Augusto Barbera, *Manuale di Diritto Pubblico,* Bologna, nouv. éd. 1997 ; Temistocle Martines, *Diritto Costituzionale,* Milano, Giuffrè Editore, 9e éd. (a cura di Gaetano Silvestri), 1997.

II. — OUVRAGES SPÉCIALISÉS ET ÉTUDES PARTICULIÈRES

Le Parlement : Andrea Manzella, *Il Parlamento,* Bologna, 3e éd., 1995, par un spécialiste du parlementarisme ; Il Parlamento, *Digesto delle discipline pubblicistiche,* Torino, UTET, 1995, Stefano Sicardi. Stefano Ceccanti, *La Forma di governo parlementare in trasformazione,* Bologne, Il Mulino, 1997 ; du même, *La programmazione dei lavori. Maggioranza ed opposizioni nelle procedure parlamentari,* t. dact. (en cours de publication).
Composition et élection du Parlement. Nouvelles règles : Carlo Fusaro, *Le regole della transizione. La nuova legislazione elettorale italiana,* Bologna, Il Mulino, 1995 ; Ilvo Diamanti et Renato Mannheimer (dir.), *Milano a Roma. guida all'Italia elettorale del 1994,* Roma, Donzelli, 1994, chapitres de Giacomo Sani et Antonio Agosta.
Effets des nouvelles règles sur le système de partis : Roberto D'Alimonte, Les miracles du mode de scrutin, *in* Marc Lazar et Ilvo Diamanti (dir.), *Politique à l'italienne,* Paris, PUF, 1997 (élections de 1996) ; R. D'Alimonte, Stefano Bartolini, Come perdere una maggioranza. La competizione nei collegi uninominali, *Rivista Italiana di Scienza Politica,* 26 (3), décembre 1996 ; R. D'Alimonte et S. Bartolini (dir.), *Maggioritario per caso. Le elezioni politche del 1994 e del 1996 a confronto : il ruolo del sistema elettorale,* le

coalizioni, le scelte degli elettori, Bologna, Il Mulino, 1997 (dernier chapitre : « Il maggioritario dei miracoli ») ; Alessandro Chiaramonte, L'effetto mancato della riforma maggioritaria : il voto strategico, *RISP,* 26 (3), décembre 1996 ; S. Cicconetti, Sistema elettorali e sistema dei partiti, *Riviste trimestriale di diritto pubblico,* 1996 (4) (la réforme majoritaire a eu comme effet pervers la fragmentation partisane) ; Enrico Melchionda, Il bipartitismo irrealizzato. Modelli di competezone nei collegi uninominali, *in* G. Pasquino (dir.), *L'alternanza inattesa. Le lezioni del 27 marzo 1994 e le loro conseguenze,* Soveria Mannelli, Rubbettino Editore, 1995.

Le président de la République : Laurence Morel (dir.), *L'Italie en transition. Recul des partis et activation de la fonction présidentielle,* Paris, L'Harmattan, coll. « Logiques politiques », 1997 ; Il Presidente della Repubblica, *Digesto...,* 1997, Serio Galeotti (voir bibliographie) ; David Hine et Emanuela Poli, La presidenza Scalfaro nel 1996 : il difficile ritorno alla normalità, *Politica in Italia. I fatti dell'anno e le interpretazioni. Edizione 97,* a cura di R. D'Alimonte et David Nelken, Istituto Carlo Cattaneo, Bologna, Il Mulino, 1997.

Le gouvernement : Il governo, *Digesto...,* 1991 ; G. Pasquino, I governi, *in* Pasquino (dir.), *La politica italiana...,* 1995 ; Sergio Fabbrini, chapitre *in* Morel, *L'Italie en transition...,* 1997 (sur la désignation des gouvernements) ; Stefano Ceccanti et Sergio Fabbrini, Transizione verso Westminster ? Ambiguità a discontinuità nella formazione del Governo Berlusconi, *in* G. Pasquino, *L'alternanza inattesa...,* 1995 ; Giuliano Amato, Un governo nella transizione. La mia esperienza di presidente del Consiglio, *Quaderni Costituzionali,* XIV, n. 3, 1994 ; Guglielmo Negri, *Un anno con Dini. Diario di un governo « eccezionale »,* Bologna, Il Mulino, 1996 ; Maurizio Cotta, Italy : a fragmented government, *in* Jean Blondel et Ferdinand Müller-Rommel (dir.), *Cabinets of Western Europe,* London, Macmillan, 1988 ; Maryse Baudrez, *Les actes législatifs du gouvernement en Italie,* Paris, Economica, 1994.

La Cour constitutionnelle : La Corte costituzionale, *Digesto...,* 1989, article de Giuseppe La Greca ; Enzo Cheli, *Il Giudice delle leggi. La Corte costituzionale nella dinamica dei poteri,* Bologna, Il Mulino, 1996 ; Francesco Bonini, *Storia della Corte costituzionale,* Roma, Nuova Italia Scientifica, 1996 ; R. Ricci, *Le procès constitutionnel en Italie,* Paris, Economica, 1996 ; Th. Di Manno, *Le juge constitutionnel et la technique des décisions « interprétatives » en France et en Italie,* Paris, Economica, 1977 ; M. Baudrez (dir.), La justice constitutionnelle en Italie (année 1996), *Cahiers du CDPC,* 1997, vol. 7 (v. les études citées au texte) ; v. également les chroniques de J.-C. Escarras dans la *RFDC* et dans l'*Annuaire français de justice constitutionnelle* (avec M. Baudrez) ; v. enfin l'excellent mémoire de J. Giudicelli *in* J. Giudicelli et C. Papanikolaou, *La Justice constitutionnelle : Italie - Grèce,* Paris, LGDJ, Travaux et Recherches Panthéon-Assas Paris II (sous la direction de C. Goyard), 1997.

La démocratie semi-directe : Il référendum, *Digesto...,* 1997 ; Giangiulio Ambrosini, *Referendum,* Torino, Bollati Boringhieri, 1993 ; Andrea Manzella, Le référendum en Italie, *Pouvoirs,* n° 77, 1996 ; Piervincenzo Uleri, Italy : Referendums and initiatives from the origins to the crisis of a democratic regime, *in* Michael Gallagher et P. Uleri (dir.), *The Referendum Experience in Europe,* London, Macmillan, 1996 ; Hugues Portelli, Le référendum abrogatf en Italie, in *Mélanges Avril,* Paris, Montchrestien, 2001, p. 601-608.

L'État régional et le fédéralisme : A. Mastropaolo, La question régionale en Italie, et J.-C. Escarras, L'Italie, un État régional ?, *in* C. Bidegaray, *L'État autonomique : forme nouvelle ou transitoire en Europe,* Paris, Economica, 1994 : les synthèses récentes les plus accessibles sur cette question complexe et en évolution. Sur l'évolution vers le fédéralisme, v. les remarquables études contenues in I. Ciolli et L. Domenichelli, *Le ragioni del federalismo,* Philos. Roma, Éd., 1997. Pour un premier bilan des récentes révisions constitutionnelles dans cet ordre, v. notamment G. Rizzoni, La riforma del sistema delle autonomie nella XIII législature, Gianmario Demuro, Regioni ordinare e regioni speciali, Carlo Fusaro, La forma di governo regionale, *in* T. Groppi, M. Olivetti (dir.), *La Repubblica delle autonomie,* Turin, G. Giapichelli, 2001. Pour un bilan en langue anglaise, v. Peter Leyland, Justin O. Frosini, Chiara Bologna, Regional government reform in Italy : Accessing the prospects for devolution, *Public Law,* Summer 2002, p. 242 s.

Le système politique avant la transition : G. Bibes, *Le système politique italien,* Paris, PUF, 1974. Ce livre concis est plein d'aperçus ; en dépit de sa date, encore indispensable. En italien : G. Pasquino (ed.), *Il sistema politico italiano,* Bari, Laterza, Libri del tempo, 1985.

Sur le système électoral : G. Amato, Le système électoral, *Pouvoirs,* n° 18, 1981, p. 49-57. Cet article n'entre pas dans des précisions satisfaisantes à l'endroit du mode de scrutin, ce qui ne lui ôte rien de mérites évidents, par ailleurs. Pour une explication claire, on renverra à B. Baudrillière, art. cité, p. 20-21.

Sur le système des partis : la bibliographie est particulièrement abondante.

Pour le lecteur curieux des filiations : G. Galli, *I partiti politici in Italia, 1861-1973,* Turin, UTET, 1975.

Une vue d'ensemble nécessite d'avoir lu : G. Sartori, *Teoria dei partiti e caso italiano,* Milan, Sugario, 1982 ; on citera immédiatement après la clef en français : G. Bibes, Le système des partis italiens, *RFSP,* n° 29 (2), avril 1979. Du même auteur, Le système de partis, *Pouvoirs,* n° 18, 1981, p. 71-85.

Suivent les ouvrages généraux : S. E. Finner and A. Mastropaolo (ed.), *The Italian Party System,* Londres, Frances Pinter, 1985 ; G. Pasquino, *Istituzioni, partiti, lobbies,* Bari, Laterza, 1988 ; spécialement, sur un trait partisan typique *in situ* : le fractionnisme, G. Sartori (ed.), *Correnti, frazionismo e frasioni nei partiti politici italiani,* Bologne, Il Mulino, 1973. Pour le cas de la DC (en parallèle avec le PS français), v. la remarquable étude de H. Portelli, La proportionnelle et les partis : étude de cas, *Pouvoirs,* n° 32, 1985, p. 83-94.

Particratie et *criptogoverno* : T. Anselmi, *Relazione della commissione parlamentare d'inchiestà sulla loggia massonicà Pi due,* Carnera dei Deputati e Senato, Doc. XXIII, 1984.

Sur la démocratie chrétienne : A. Levi, *La DC nell'Italia che cambià,* Bari, Laterza, 1984 ; S. Romano, Le pouvoir des muets : la démocratie chrétienne en Italie, *Esprit,* octobre 1980 ; G. Baget-Bozzo, La crise de la démocratie chrétienne, *Pouvoirs,* n° 18, 1981, p. 87-96.

Sur le parti communiste : H. Portelli, Le communisme italien dans l'impasse, *Pouvoirs,* n° 18, 1981, p. 97-107 ; F. Puaux, De Gramsci à Berlinguer : le PCI à la recherche de son identité, *Commentaire,* n° 6 (21), printemps 1983.

Sur les rapports PCI/PSI : G. Amato et L. Lafagna, *Duello a sinistra : socialisti e communisti nei lungui anni 70,* Bologne, Il Mulino, 1982. La gauche, en regard du parti quasi dominant : G. Tamburrano, *PCI e PSI nel sistema democristiano,* Roma, Laterza, 1978.

Le parti socialiste à travers sa revue d'obédience intellectuelle : N. Bobbio, La questione socialista, *Monde operaio,* n° 9, 1979.

Le système électoral et système des partis lors de la dernière tenue des élections parlementaires, en mai 2002 : v. de R. D'Alimonte et S. Bartolini (dir.), l'ouvrage collectif en cours de publication en 2002 (Il Mulino).

Le système politique et la transition : Jean-Louis Briquet, Italie : les changements politiques des années 1990, *Problèmes politiques et sociaux,* n° 788, 1er août 1997, La Documentation française (v. la bibliographie) ; P. Ignazi, *I Partiti italiani,* Bologna, Il Mulino, 1997 : une synthèse particulièrement claire ; *Dal PCI et PDS,* Bologna, Il Mulino, 1992 ; From neo-facists to postfacists ? The transformation of the MSI into AN, *West European Politics,* octobre 1996 ; G. Pasquino, Il futuro dell'Ulivo, *Il Mulino,* Bologna, 3/1996 ; M Lazar, La curieuse victoire de la gauche, *in* Diamnati et Lazar (dir.), *Politique* à l'italienne, 1997 ; Marco Revelli, Forza Italia : l'anomalia italiana non è finita, in Paul Ginsborg (dir.), Stato dell'Italia, Milano, Il Saggiatore/Mondadori, 1994 ; Roberto Biorcio, L'échec de Forza Italia et du centre droit, in Diamanti et Lazar, Politique à l'italienne, Paris, PUF, 1997 ; Renato Mannheimer, Forza Italia, in... Da Milano a Roma, 1994 ; Ilvo Diamanti, La Lega : geografia, storia e sociologia di un nuovo soggetto politico, Roma, Donzelli, 1993 ; La Ligue du Nord, toujours plus !, in... Politique à l'italienne, 1997 ; Mauro Calise, Alla ricerca del centro perduto, Il Mulino, 362, novembre-décembre 1995 ; H. Portelli, La diaspora des centres, in Diamanti et Lazar, Politique à l'italienne, 1997 ; Laurence Morel, Du marxisme au craxisme : le parti socialiste italien à la recherche d'une identité, in Lazar (dir.), La gauche en Europe depuis 1945... ; Antonino Troianiello, La transition inachevée du système politique italien vers la démocratie majoritaire, Revue de la recherche juridique. Droit prospectif, Marseille, Presses Universitaires d'Aix-Marseille, XXVI-90 (2002), p. 1994-2032, article remarquable par la maîtrise et la profusion des données (assorti de copieuses références bibliographiques) ; P. Pasquino (dir.), Dall'Ulivo al governo Berlusconi, Bologne, Il Mulino, 2002 ; S. Cassese (dir.), Portrait de l'Italie actuelle, Paris, La Documentation française, 2001, qui rassemble (pour la part qui concerne le droit constitutionnel) des articles de Sabino Cassese, Andrea Manzella et Pasquale Pasquino. La livraison de Pouvoirs, 103 (2002), où l'on trouvera des articles d'Ilvo Diamanti, Daniele Caramani, Alfio Mastropaolo, Pasquale Pasquino, Lucio Pegoraro, Luciano Vandelli, Antoine Vauchez. Comme pour l'ouvrage précédent, nombre de ces articles ont été cités au texte (on trouvera dans les notes afférentes l'intitulé et la pagination). Les différents articles de la livraison de Pouvoirs spécialement s'appuient sur un grand nombre de références bibliographiques.

Le lieu du pouvoir : sur Tangentopoli, on dispose aujourd'hui de la thèse de H. Rayner, Sociologie des scandales politiques : Tangentopoli et le basculement du jeu politique italien (1992-1994), thèse, Paris X, décembre 2001 ; fin de la partitocratie et du sottogoverno ? : G. Cotturi, Cittadini, magistratura, informazione : dal terzo al sesto potere, Democrazia e Diritto, 33 (4), octobre-décembre 1993 ; P. P. Portinaro, Populismo e giustizialismo. Sulla logica della democrazia plebiscitaria, Teoria Politica, 12 (1), 1996 ; Carlo A. Marletti, I media e la politica, in Pasquino, La politica italiana, 1995 ; Marcello Fedele, Democrazia referendaria. L'Italia dal primato dei partiti al trionfo dell'opinione pubblica, Roma, Donzelli, 1994 ; C. Guarnieri et P. Pederzoli, Verso una democrazia giudiziaria ?, Il Mulino, 368, novembre-dicembre 1996 ; R. Scoppola, La Repubblica dei partiti, Bologna, Il Mulino, 1997 ; Mauro Calise, Dopo la partitocrazia. L'Italia tra modelli e realtà, Torino, Einaudi, 1994 ; Salvatore Vassallo, Il governo di partiti in Italia (1943-1993), Bologna, Il Mulino, 1994 ; M. Cotta et Luca Verzichelli, Italy : sunset of a partitocracy, in Cotta et Blondel (dir.), Party and Government. An Inquiry into the Relationship between Governments and Supporting Parties in Liberal Democracies, London, Macmillan, 1996 ; A. Pappalardo, Dal pluralismo polarizzato al pluralismo moderato. Il modello di Sartori e la transizione italiana, Rivista italiana di scienza politica, XXVI, 1 (1996), p. 103 et s. ; G. Cahin, L'évolution de la République italienne, RFDC, n° 48, 2000, p. 705-720.

La réforme institutionnelle. Rapport de la Commission bicamérale : Carlo Fusaro, La Rivoluzione Costituzionale, introduction de Augusto Barbera, Rubbettino Editore, 1993 ; Laurence Morel (dir.), L'Italie en transition..., chap. 6 (P. Pasquino) et 7 (Morel), 1997 ; C. Fusaro, Riforme istituzionali e mito dell'autoriforma dei partiti, Associazione per gli studi e le ricerche parlamentari, Quaderno n. 6, Seminario 1995, G. Giappichelli Editore, Torino ; S. Ceccanti, Una bicamerale in chiaroscuro, Quaderni costituzionali, 1995, n° 2, p. 317 et s. ; La trasformazione stricciante delle istituzioni, Convegno Ruffili, Forli, 11 avril 2003 ; M. Baudrez (dir.), La réforme constitutionnelle en Italie. Commentaire sur le projet de la Commission bicamérale pour les réformes institutionnelles, Paris, Economica, Presses Universitaires d'Aix-Marseille, 2002.

Chapitre 6
L'Espagne

Introduction historique

285 LES ANTÉCÉDENTS DE LA CONSTITUTION DE 1978. —
L'Espagne a une tradition constitutionnelle riche et complexe, et cependant à bien des égards homogène, en dépit même de son caractère apparemment chaotique. La première Constitution espagnole, au sens contemporain du mot, est celle élaborée en 1812 par l'assemblée des Cortès réfugiées à Cadix pendant la guerre de résistance contre l'occupant français.

Convoquées par la junte centrale qui suppléait une royauté captive à l'étranger, les Cortès étaient l'émanation, à des degrés divers, de la résistance ; bien que de représentation incomplète, le principe de leur autorité était indéniablement populaire. La Constitution dont les Cortès vinrent à bout introduit – mesure alors d'avant-garde en Europe – un suffrage quasiment universel (sauf l'éligibilité), encore que très indirect (à quatre degrés).

La Constitution de 1812 devait connaître une étrange fortune : la puissance d'évocation programmatique de ce texte est alors telle que deux fois répudiée, elle est deux fois rétablie (1820, 1836). Son influence s'étend au Portugal[1]. Au-delà, sa résonance dans l'Europe méditerranéenne est considérable, puisqu'en 1820-1821 elle est appliquée à Naples[2] et proclamée à Turin[3], dans un contexte semblablement révolutionnaire. Conçue pour s'appliquer de manière uni-

1. Constitution du 23 septembre 1822.
2. Constitution du royaume des Deux-Siciles du 29 janvier 1821.
3. Le 13 mars 1821.

forme à un immense empire (l'Espagne et les Indes), elle fut méditée pour la Russie, en 1825, par les décabristes (14 décembre, a. st.).

Ce texte célèbre est un épigone monumental de la Constitution française de 1791. Mais il importe aussi de considérer qu'il est empreint, et ce sur le mode le plus explicite, de l'idée d'ouvrir l'Espagne à la modernité sans répudier entièrement la tradition, ménagements dont la Constituante en France, dans ses visées systématiques, n'avait pas cru devoir s'encombrer. L'articulation du gouvernement représentatif et ensuite de la démocratie, sur une tradition souvent écartelée en elle-même, devait revêtir un tour particulièrement tendu en Espagne suivant les saccades de l'histoire constitutionnelle : la conciliation ne fut achevée en définitive qu'au travers de l'actuelle Constitution de 1978.

La Constitution de 1812 apparaît, en dépit de son échec, comme la référence obligée de la tradition constitutionnelle libérale en Espagne. Ainsi, certaines de ses dispositions, celles relatives à la dévolution de la Couronne, à la vacance, à la régence, passèrent toutes dans les constitutions monarchiques successives et figurent encore, certaines mot pour mot, dans la Constitution actuelle[1].

La Constitution des Cortès de 1812 commença par n'être pas appliquée. En 1814, le roi Ferdinand VII, de retour de captivité, à la demande d'un lot de députés (ils reçurent depuis lors le sobriquet de serviles ou Perses), relayé par un fort parti d'anciens résistants, refusa de la reconnaître par la déclaration de Valence[2]. En 1820, un mouvement complexe, initié par une rébellion militaire à Cadix, et conclu par une révolution de palais, contraint enfin le roi à accepter la Constitution des Cortès. Ensuite, de 1820 à 1823, la Constitution est appliquée en fait et en droit : elle connaît une dérive parlementaire aberrante (les *exaltés*) qui n'est pas sans rappeler équivalemment celle que connut la Législative en France (v. n° 64). En 1823, l'intervention française met fin à cette première expérience libérale, passablement dénaturée[3].

---

1. L'article 57, alinéas 1 et 3, de la Constitution de 1978 reproduit les articles 176 et 182 de la Constitution de 1812.
2. Ce refus fut concrétisé lorsque l'oncle du roi, le cardinal don Luis, qui présidait la régence au nom des Cortès, eut accepté de déférer à la cérémonie du *baisa mano* : cette révérence gothique, incompatible avec les formes civilisatrices de la Constitution, en avait signalé l'anéantissement.
3. *Manifeste de Port Sainte Marie* (dans la baie de Cadix, après la prise du Trocadéro) : « Declarando que por haber carecido de entera libertad desde el dia 7 de marzo 1820 hasta el 1 de octubre 1823,

En 1830, Ferdinand VII qui venait enfin de procréer une fille (la future Isabelle II) abroge en faveur de cette enfant la loi de dévolution en vigueur qui appelait à lui succéder son propre frère, don Carlos. Quelle qu'ait pu être la validité de cette abrogation, bientôt rapportée et confirmée à nouveau en 1833, cette décision, qui n'a pu être imposée en définitive que par une suite des événements de 1830 en France, déstabilisa durablement l'histoire constitutionnelle de l'Espagne.

Non seulement elle devait provoquer deux, sinon trois, guerres civiles qui reculèrent l'assimilation du régime représentatif dans ce pays, guerres qui en annonçaient lointainement une autre, mais encore la crise de légitimité conduisit à exaspérer les clivages. Elle aboutit à présenter comme contradictoires des constantes irréductibles à l'Espagne qui pouvaient être pragmatiquement dépassées, comme en dernier lieu, en effet, elles le furent : le principe d'autorité et le régime représentatif libéral ou, depuis, la démocratie ; le respect des autonomies périphériques et l'exigence de l'unité territoriale. Chacun de ces doublets alternatifs est alors illustré par des éléments opposés du système politique et, jusqu'à un certain point, par les sous-ensembles partisans. Toutes les constitutions monarchiques de l'Espagne au XIXe siècle s'essayèrent à résoudre l'équation : elles se portèrent même, en désespoir de cause, à chercher une issue hors de la dynastie historique (1869-1873). On peut même dire, sauf les transpositions, que le projet républicain fédératif original de 1873 et la moderne constitution des « autonomies » de 1931 n'y échappent pas plus. En définitive, ce fut encore à la Constitution de 1978 d'établir une synthèse.

286 CYCLES CONSTITUTIONNELS. — On peut jusqu'en 1876 distinguer sommairement trois cycles constitutionnels : un cycle conservateur, un cycle libéral, un cycle radical. À ces trois cycles répondent dans l'ordre politique les catégories suivantes : l'aile droite des modérés, issus des monarchistes réalistes, les unionistes, tiers parti constitué, en 1858, au départ d'une scission des modérés,

---

son nulos y de ningun valor todos los actos del gobierno llamado constitucional. » Depuis le 11 juin 1823, la prérogative était suspendue. Les Cortès avaient déclaré l'empêchement du roi (pour incapacité mentale) et pourvu à la régence.

les progressistes, issus des radicaux *exaltés,* qui dérivent ensuite en républicains.

Le cycle conservateur s'ouvre en 1834 par la première constitution espagnole d'inspiration monarchique, l'*Estatuto real* (Martinez de la Rosa)[1]. Vient ensuite l'importante Constitution de 1845 (Narvaez), point d'orgue de la *década moderada* (1834-1844), qui renforce l'autorité royale en même temps que la Chambre haute, désormais viagère ; le principe de la souveraineté nationale y est corrélativement estompé. Dans cette ligne, il convient de situer l'Acte de réforme de 1857, qui ouvre le droit de Sénat à l'aristocratie et recompose les catégories existantes dans un sens restrictif : cette révision de la Constitution de 1845 fut rapportée en 1864. On peut encore citer pour mémoire le projet mort-né de 1852 (Bravo Murillo).

Le cycle libéral commence sur un mode partiel avec la Constitution de transaction de 1837, en tant seulement qu'elle apparaît comme l'escamotage réussi de la Constitution de 1812, nominalement rétablie l'année d'avant, et son édulcoration par le recours du bicaméralisme, grâce au truchement de la Constitution belge ; relève de ce cycle l'Acte additionnel de 1856 (O'Donnell) qui vient partiellement réviser, dans un sens assez libéral, la Constitution conservatrice de 1845 alors remise en vigueur. Les constitutions de ces deux cycles, à l'exception du Statut royal qui relève de la monarchie limitée, intègrent toutes tacitement le principe de la souveraineté nationale ; le système représentatif propre aux deux cycles repose sur le suffrage censitaire.

Le cycle radical s'ouvre en 1836 lorsque la Constitution des Cortès de Cadix est, à nouveau sous contrainte, proclamée pour la forme (décret de Saint-Ildefonse), les élections devant se tenir suivant le mode universel médiatisé de 1812 ; la Constitution transigée de 1837 qui, officiellement, est une révision de celle de 1812, ressortit par bien des éléments encore au radicalisme (Sénat temporaire). On doit comprendre encore dans cette filiation la constitution *progressiste* de 1856, caractérisée par un dépassement délibéré des dispositions de 1837 (Sénat élu) : la Constitution des Cortès

---

1. Cette charte, dont Martinez de la Rosa est l'auteur, est de style troubadour. Martinez collabora aussi à la rédaction de l'austère Constitution de 1845.

extraordinaires de 1855-1856 ne fut pas sanctionnée. Interviennent enfin deux des textes les plus marquants de l'histoire constitutionnelle de l'Espagne : appliqué peu de temps pour l'un, réduit à l'état de projet pour l'autre, leur influence théorique néanmoins fut grande et trouve à s'exercer jusque dans la Constitution actuelle. La Constitution *révolutionnaire* de 1869, dont les débats préparatoires furent brillants : bien que tributaire des textes antérieurs (1856, spécialement), cette Constitution est purement radicale dans son principe (la Constituante avait été élue au suffrage universel). Elle instaure une monarchie, qui plus est démocratique et parlementaire, données qui, toutes choses égales, seront récapitulées dans la Constitution de 1978. Le projet novateur de Constitution de 1873 qui établit une république fédérale (à cette échelle, exemple alors unique en Europe), sommée d'un pouvoir présidentiel d'arbitrage *(Poder de relación)* : dans la Constitution de 1978, le principe de représentation paritaire dans le Sénat et jusqu'au nombre retenu de quatre sénateurs par province sont transposés des textes de 1869 et 1873 ; semblablement, la volonté de dégager le roi, en 1978, du pouvoir proprement exécutif est tributaire du projet de 1873. Les constitutions de ce dernier cycle sont fondées en termes exprès sur la souveraineté nationale ; celle de 1869 ainsi que le projet de 1873 sont foncièrement démocratiques, instituant le suffrage universel masculin.

Ces quarante années d'instabilité constitutionnelle (1834-1874) culminent sous la Ire République, en 1873, dans l'anarchie cantonaliste et l'offensive carliste. Les républicains, pour rétablir l'ordre, se déjugent et l'armée, après les avoir servis, les répudie. En 1874, le *pronunciamento* de Sagonte rappelle le fils d'Isabelle II. Une constituante est élue au suffrage universel. La Constitution de la restauration (1876) se veut un texte réparateur (manifeste de Sandhurst d'Alphonse XII : « La dure leçon de ces temps derniers ») : de conception réaliste, ce texte de récapitulation se rattache principalement au cycle libéral. De fait, cette Constitution de monarchie parlementaire fut la plus durable de toutes (1876-1923). Le système politique est de suffrage censitaire étendu, bipartisan (auquel s'attachent deux grandes figures, Canovas et Sagasta), fortement grevé par le clientélisme (caciquisme) et la noria au sein de l'oligarchie (rotativisme). En 1890, le suffrage universel est instauré :

il n'entraîne pas de bouleversement mais conduit à l'émergence de la gauche socialiste. Le système, miné par les intrigues parlementaires et l'absentéisme électoral, entre ouvertement en crise à partir de 1917 : l'instabilité ministérielle devient extrême. Ce désarroi politique est motivé par la perte d'efficience que vont traverser alors les démocraties, même les plus intégrées.

En 1923, le général Primo de Rivera impose un directoire militaire ; ce dernier fera place plus tard à un directoire civil sous influence. De 1923 à 1930, l'Espagne va connaître une dictature marquée par le réformisme étatiste et la technocratie : ces options lui valent un temps l'appui tacite d'une part de la gauche. En 1930, Primo de Rivera, abandonné par ses pairs, est remercié par le roi. Entre-temps, l'opposition au régime d'exception avait rejoint le camp républicain au point de s'identifier désormais à la cause de la République. La dégradation est telle que l'enjeu de simples élections municipales en 1931 devient celui de la monarchie elle-même : les résultats à peine connus, Alphonse XIII s'exile.

La IIe République entend répudier à la fois les formes parlementaires anciennes de la Restauration et, d'autre part, l'arrogance unitariste propre au régime autoritaire qui venait de disparaître. La Constitution démocratique de 1931 est fondée sur les principes du parlementarisme rationalisé et de l'État des autonomies : à ce titre, elle se veut l'un des textes les plus avancés de l'entre-deux-guerres (en 1933, le suffrage fut étendu aux femmes).

Ce texte éclectique doit à la tradition espagnole mais bien des influences étrangères s'y font sentir. La Constitution de 1812 inspire le parti pris du monocaméralisme. En revanche, la figure d'un pouvoir exécutif faible est résolument écartée au profit d'un pouvoir présidentiel fort, évidemment repris de la Constitution allemande de Weimar (dualisme explicite et responsabilité présidentielle). Le mode d'élection, mais sous une forme composite, comme le mandat présidentiel sont démarqués de la Constitution finnoise, un texte alors plus connu qu'il n'est aujourd'hui, dès lors que l'institution présidentielle en Finlande a rejoint le standard européen (v. n° 57 *bis*) ; l'État des autonomies, qui consacre et modernise la tradition des fors, doit beaucoup à la doctrine germanique *(Staatsfragmente)* ; il en va de même encore du contrôle de constitutionnalité de type kelsénien, institué à travers le tribunal dit des garanties. Les deux derniers éléments se retrouveront pour l'essentiel, au besoin complétés, dans la Constitution de 1978.

Le système politique est caractérisé par l'érosion des centres qui – de même qu'à Weimar – avaient initié le processus constituant, et conséquemment par une bipolarisation aggravée et doublée d'un émiettement du prisme parlementaire, qui vient déstabiliser toute alternance des majorités. Le phénomène est dû à la loi électorale mais, plus foncièrement, à l'exacerbation montante des clivages idéologiques et à l'irruption des mouvements centrifuges (nationalisme catalan et basque ; anarcho-syndicalisme).

En 1936, les élections sont remportées par la coalition des gauches *(Frente popular)*. La sédition des généraux rebelles ouvre la guerre civile. Les forces de la croisade, soutenues par les puissances de l'Axe, viennent à bout du gouvernement légal, lui-même rapidement débordé par les déchirements de l'activisme le plus extrême. En 1938, le général Franco qui a entre-temps acquis parmi les militaires un pouvoir dominant installe un régime dictatorial dont les connotations fascistes, au demeurant circonscrites, s'effacent à partir de 1942 ; la dictature finira par dériver en un régime autoritaire dont les aspects atroces ne seront désormais plus qu'épisodiques : le régime en vint, aux années 1960, à tolérer sur les marges des libertés de moins en moins précaires. Le parti unique avec le temps dérivera inexorablement vers la technostructure ; le syndicalisme horizontal, incompatible avec l'économie moderne à laquelle s'ouvrait plus que jamais le pays, tombera en léthargie ; la démocratie dite organique, dont les fondements avaient été posés en 1942, sera bientôt une forme vide, de même que le traditionalisme des « principes du Mouvement ». Franco crut pouvoir organiser l'après-franquisme : en 1947, le général qui, dix ans auparavant, a esquivé une restauration, institue par plébiscite une monarchie abstraite dont il devient le *locum tenens*. En 1967, la loi organique parachève l'édifice institutionnel complexe du régime. Sur le fondement des textes précédents, en 1969, le caudillo désigne son successeur sous le titre inédit de prince d'Espagne : ce dernier, par un risque calculé, dès longtemps concerté avec son père, est, d'après la tradition, l'héritier présomptif de la dynastie historique.

Le 20 novembre 1975, Franco meurt après une longue agonie. Paradoxalement, le régime d'ordre sévère dont il fut le gérant tenace et pragmatique, en favorisant un développement conséquent du pays à travers l'économie de marché, prépara les conditions de la réception définitive en Espagne du modèle démocratique.

287 LA TRANSITION ET L'ÉLABORATION DE LA CONSTITUTION. — Trois ans séparent l'intronisation de don Juan Carlos comme roi d'Espagne de la promulgation par lui de la Constitution démocratique du 29 décembre 1978. La transition s'est réalisée en plusieurs étapes. Dans un premier temps, le roi a reconduit le chef du gouvernement sortant, M. Arias Navarro, et maintenu les institutions existantes, dans le cadre desquelles ont été prises les premières mesures d'amnistie et de libéralisation du régime. Le 4 juillet 1976, suite à la démission de M. Arias Navarro, le roi nomme M. Adolfo Suarez chef du gouvernement. À la fin de la première année, les Cortès adoptent le projet de loi de réforme politique qui est approuvé par un référendum populaire le 15 décembre 1976. Ce texte établit le processus de la transition vers le régime démocratique. Les conditions politiques de cette transition sont assurées par le plein rétablissement de la liberté des partis (décret-loi du 8 février 1977) qui s'achève avec la légalisation du Parti communiste (9 mars 1977), et par la reconnaissance du droit de grève (4 mars 1977) et de la liberté syndicale (28 avril 1977). La loi de réforme politique prévoyait que des Cortès constituantes seraient élues au suffrage universel. Le système électoral avait été aménagé par un décret-loi en date du 18 mars 1977, qui conférait aux partis le rôle essentiel dans le processus électoral en instituant un mode de représentation proportionnelle avec listes bloquées. Les élections aux deux chambres des Cortès ont lieu le 15 juin 1977 et voient la victoire des options modérées. L'Union du centre démocratique (UCD), parti du chef du gouvernement, emporte la majorité dans les Cortès. Pour le Congrès des députés, l'UCD obtient 165 sièges sur 350 et le Parti socialiste ouvrier espagnol (PSOE) 118, tandis que l'Alliance populaire (AP, droite) et le Parti communiste (PCE) n'en ont respectivement que 16 et 20. Au Sénat, la victoire de l'UCD est renforcée par le mode de scrutin majoritaire (108 sièges sur 207 sénateurs élus, 41 autres étant désignés par le roi).

Les Cortès ainsi élues, investies du pouvoir constituant en même temps que du pouvoir législatif, ont entamé l'élaboration de la Constitution. La loi de réforme politique ne précisait pas quelle en serait la forme – texte nouveau ou simple révision des lois fondamentales existantes – ni la procédure initiale. Pour favoriser un consensus des partis représentés aux Cortès, le gouvernement et sa majorité ont accepté la formule d'une *ponencia* ou commission du Congrès des députés composée à la proportionnelle, chargée d'établir un avant-projet. Des amendements ont alors été proposés par les groupes parlementaires et le texte examiné par la commission des affaires constitutionnelles du Congrès des députés. Les débats eurent ensuite lieu devant le Congrès puis devant le Sénat, après un nouveau passage en commission. La discussion de certains amendements a nécessité la réunion d'une commission mixte, conformément aux dispositions de la loi de réforme politique. Finalement, le texte voté par les deux chambres, en seconde lecture, a obtenu une quasi-unanimité (325 voix sur 345 au Congrès, 226 voix sur 239 au Sénat). L'opposition et les abstentions rassemblèrent essentiellement les représentants des provinces basques et quelques membres de l'Alliance populaire.

Le référendum constituant a eu lieu le 6 décembre 1978 ; la Constitution fut approuvée par 87,8 % des suffrages contre 7,8 et 4,4 % de votes blancs ou nuls, avec un important taux d'abstentionnistes (32,8 %). La promulgation par le roi intervint le 29 décembre 1978.

Section I
Les données constitutionnelles

Les traits principaux du système constitutionnel sont définis au Préambule ainsi qu'au titre préliminaire de la Constitution. Le Préambule est une version actualisée de celui de la Constitution de 1869 ; il débute dans les mêmes termes : « La nation espagnole, désirant établir la justice, la liberté et la sécurité, et promouvoir le bonheur de tous ceux qui en font partie, en application de sa souveraineté, proclame (...). » Au titre préliminaire, l'article 1er constitue l'Espagne en État de droit social et démocratique et proclame que « la souveraineté nationale réside dans le peuple espagnol, dont émanent tous les pouvoirs de l'État » (al. 1) et précise que « la forme politique de l'État espagnol est la monarchie parlementaire ». L'article 2 affirme « l'unité indissoluble de la nation espagnole », mais il « reconnaît et garantit le droit à l'autonomie des nationalités et régions qui en font partie ». Le principe de l'État de droit est réaffirmé à l'article 9 qui précise que « les citoyens et les pouvoirs publics sont soumis à la Constitution et à l'ordre juridique ». Afin de garantir ce principe a été créée une juridiction constitutionnelle.

I | LA MONARCHIE PARLEMENTAIRE

288 DÉFINITION. — La monarchie parlementaire est « la forme politique de l'État espagnol ». Cette expression inusitée a été voulue par le constituant en tant qu'elle signifie que la monarchie n'est pas considérée comme une forme de gouvernement, au sens classique du terme ; cela signifie que la Constitution de 1978 n'est pas fondée, comme les précédentes constitutions monarchiques, sur un principe monarchique plus ou moins affirmé. Un tel principe, en effet, s'il est compatible avec la notion classique de souveraineté nationale, conformément au modèle et à la tradition du régime britannique, ne l'est pas, sur le plan théorique, avec l'affirmation d'une souveraineté nationale résidant dans le peuple. La monarchie, et non la république, est donc la forme, et seulement la forme de l'État. Par ailleurs, l'expression de « monarchie parlementaire » aurait été préférée à celle de monarchie constitutionnelle dans le même esprit, afin d'éviter toute confusion avec les régimes antérieurs de monarchie limitée. Mais elle rend compte par ailleurs de la nature du système constitutionnel voulu par le constituant : le régime parlementaire. Sur ce point, la Constitution espagnole porte la marque de l'influence de la Loi fondamentale allemande et de son modèle de parlementarisme moniste et rationalisé.

La forme monarchique de l'État est constitutionnellement garantie par le titre II de la Constitution relatif à la Couronne, lequel, comme le titre préliminaire et les dispositions essentielles du titre II relatif aux droits fondamentaux, doit faire l'objet d'une procédure de révision spéciale (art. 168 de la Constitution). Le régime parlementaire est aménagé par les titres III, IV et V de la Constitution, successivement relatifs aux Cortès Generales, au gouvernement et aux relations entre ceux-ci.

289 LE STATUT DE LA COURONNE : LA CONTINUITÉ CONSTITUTIONNELLE. — Le titre de la Couronne dans le plan de constitution intervient avant celui des Cortès Generales ; dans toutes les constitutions monarchiques de l'Espagne, il en allait rigoureusement à l'inverse. Leur plan était en effet calqué, sauf les variantes, sur celui du prototype de 1812. Cette préférence traduit la volonté du constituant de 1978 de situer la Couronne au-dessus des pouvoirs comme centre d'unité : il est frappant que le titre relatif à celle-ci fasse suite immédiatement à celui consacré aux droits et devoirs fondamentaux ; en outre, les dispositions les plus essentielles de ce dernier titre et le titre même dont il s'agit sont également sujets à des conditions restrictives de révision (v. n° 292).

Il ne peut être question, lorsque les débats constituants s'ouvrent en 1977, de consacrer une restauration comme en 1876. Supposée même pouvoir être accordée à l'état des mentalités, la notion apparaît inacceptable aux éléments politiques avancés de l'Espagne : la gauche, surtout, se renierait elle-même en croyant trahir l'idéal républicain. Une telle solution juridique peut bien répudier en effet la période franquiste, elle n'en conduit pas moins non plus à tenir pour non avenue la IIe République.

Par ailleurs, une restauration supposait des formules monarchiques fondées sur le concept de race régnante tel qu'illustré par la tradition constitutionnelle espagnole[1] ; or, ces formules s'avèrent, en 1978, dépassées : pour n'être pas contraires aux principes de la souveraineté nationale dans l'acception classique, elles lui devien-

---

1. « Le roi des Espagnes est le seigneur don Ferdinand VII qui actuellement règne » (Constitution de 1812, art. 179) ; les constitutions suivantes à partir de 1837 jusques et y compris celle de 1876 utilisent une formule analogue : le roi légitime de l'Espagne est... (suit le nom propre du roi). Il n'y a qu'une exception, par le fait, en 1869 (monarchie instaurée).

nent contradictoires dès lors que cette souveraineté est comprise comme résidant dans le peuple (art. 1ᵉʳ, al. 2).

Dès lors, à travers les débats constituants, s'ouvre l'autre option, la seule effectuable eu égard aux temps : celle de l'instauration monarchique.

Cependant, entre 1975 et 1978, le roi Juan Carlos n'est pas dans la situation d'Amédée de Savoie, roi désigné, qui accepte une constitution (celle de 1869) à laquelle il n'a eu aucune part : Juan Carlos, au contraire, entre pleinement dans le processus constituant, de concours avec les Cortès démocratiques que la loi de réforme politique a permis de désigner enfin librement. Il est le roi d'Espagne parce qu'il a été instauré comme successeur du général Franco. Le constituant se heurte ici à une aporie : c'est qu'il prétend instituer un monarque dont la réalité juridique est dans ce moment bien plus que simplement factuelle et est fondée en droit même sur un régime qu'il entend pourtant répudier, tacitement.

Ici intervient la mention elliptique, techniquement très remarquable, inscrite dans la Constitution de 1978 : le roi, que cette constitution désigne nominativement, dans le même temps qu'elle l'institue, est qualifié par elle de légitime héritier de la dynastie historique. Le recours à la notion de légitimité historique s'est imposé comme le plus petit commun dénominateur entre les libéraux, héritiers de la tradition constitutionnelle du XIXᵉ siècle, et en particulier de celle de 1876, les républicains qui ne sauraient admettre totalement l'effacement de la IIᵉ République et les droits que le roi tient de son instauration par le régime franquiste[1], ainsi que des héritiers de ce régime eux-mêmes, et notamment les forces armées, pour lesquelles la nouvelle instauration qu'effectue la Constitution ne présente pas de rupture temporelle avec celle qui était l'œuvre du général Franco. Ce recours intègre même les tenants de la tradition carliste, dans la mesure où la Constitution se garde de préjuger en vertu duquel des titres héréditaires qu'il cumule en sa personne le roi Juan Carlos se trouve le légitime héritier de la dynastie historique. Il conjugue en effet les droits attachés aux deux lignes, carliste et isabelline, dont les prétentions ont déchiré l'Espagne au XIXᵉ siècle, droits qui avaient fini par se fondre dans son aïeul

---

1. L'article 4, alinéa 1, consacre cependant le sacrifice des couleurs de la République.

Alphonse XIII[1]. Ainsi, la Constitution ne préjuge pas, du moins *a priori,* des droits d'une ligne sur l'autre, et c'est l'une des raisons pour lesquelles la succession est réservée à la seule descendance du roi Juan Carlos. Certes, en adoptant le mode de succession dit castillan (art. 57, al. 1), et dans les termes de la Constitution de 1812, le constituant est entré dans une présomption *a posteriori,* mais cette dernière n'est pas de l'ordre proprement juridique : il ne fait que reconnaître le fait que la tradition constitutionnelle monarchique dominante de l'Espagne contemporaine a été celle inaugurée par le règne d'Isabelle II. La plupart des autres dispositions relatives à la Couronne sont encore empruntées aux constitutions antérieures. Ainsi, en ce qui concerne la vacance du trône, l'article 57, alinéa 3, reprend les termes de la Constitution de 1812, répétés dans les constitutions ultérieures : « Les Cortès Generales pourvoient à la succession à la Couronne en la forme qui conviendra le mieux aux intérêts de l'Espagne. » La régence et la tutelle, le statut des consorts sont réglés d'après les termes mêmes introduits dans la Constitution de 1845 et la régence supplétive, à la désigna-

1. La succession au trône depuis Charles IV :

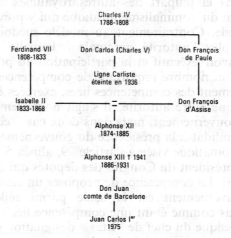

on remarque que l'usage du nom composé du roi régnant évite, par l'absence de numérotation, de préjuger des droits d'une ligne sur l'autre.

tion des Cortès, d'après ceux de la Constitution de 1837, ces derniers n'étant jamais en cet endroit qu'une amplification de celle de 1812. La connaissance des contestations relatives à la succession à la Couronne revient aux Cortès suivant la Constitution de 1845, moyennant une loi organique (art. 57, al. 5).

290 Les compétences du roi. — La Constitution de 1978 s'écarte sur cette question de ses antécédents espagnols et du modèle britannique, tel qu'il s'est maintenu, par exemple, dans la Constitution belge, pour s'inspirer en partie de la Constitution suédoise de 1974. Sans doute, il s'agit d'une réception limitée : on est loin du radicalisme qui a conduit le constituant suédois à écarter presque complètement le roi du fonctionnement des pouvoirs constitués. Mais on n'en perçoit pas moins la volonté de placer le chef de l'État en dehors des organes politiques. En particulier, la qualité de chef de l'État ne coïncide plus avec celle de chef titulaire de l'exécutif. Le roi est défini comme « le chef de l'État, symbole de son unité et de sa permanence ; il arbitre et tempère le fonctionnement régulier des institutions » (art. 56). Il s'agit ainsi d'une adaptation du rôle de la Couronne à celui que la coutume a donné à la monarchie dans la plupart des autres royaumes européens, mais sans le maintien du nominalisme juridique qui y prévaut, sauf précisément en Suède. Contrairement au modèle suédois cependant, le roi, s'il n'est plus l'autorité nominale à laquelle la Constitution attribue le pouvoir exécutif et la participation au pouvoir législatif, reste investi d'un nombre important de compétences formelles, qui sont essentiellement des compétences liées, exercées en outre avec le contreseing d'une autre autorité. Il s'agit normalement de celui du président du gouvernement, mais dans deux cas – celui de la nomination d'un candidat à la présidence du gouvernement et celui de la dissolution automatique visée à l'article 99, alinéa 5, de la Constitution – c'est le président du Congrès des députés qui donne le contreseing (v. n° 293). La compétence de proposer un candidat à la présidence du gouvernement est la seule parmi celles du roi qui n'apparaisse pas comme étant une compétence liée : « Des pouvoirs d'arbitrage classique du chef de l'État – désignation du président du gouvernement, dissolution des chambres, veto, recours au tribunal constitutionnel, référendum –, la Constitution espagnole, écrit

Miguel Herrero de Miñon, n'en conserve qu'un seul : celui de désigner le président du gouvernement qui doit recevoir l'investiture parlementaire, et de le renvoyer dans les hypothèses constitutionnelles, le tout avec une formule directement inspirée de la Constitution française de 1946, et comme alternative à la tentative des socialistes, des communistes et d'*Alianza Popular* d'adopter la formule suédoise de 1974, d'après laquelle le président du gouvernement est élu par la chambre. L'organisation des autres pouvoirs du roi, spécialement celui de dissolution, oblige à les considérer comme l'expression de sa fonction de modération, d'après laquelle le monarque, "magistrat moral", prévient, conseille et est informé, mais c'est le gouvernement qui, pour assumer sa responsabilité, doit prendre la décision en dernier ressort. Ici, une tendance rationalisant à l'excès ce que, dans les autres monarchies, la coutume et les conventions ont établi de manière assez régulière, a par trop affaibli les pouvoirs royaux. »[1] Contre la conception classique d'une monarchie formellement dualiste, défendue devant la constituante par l'UCD, et en particulier par Miguel Herrero de Miñon, membre de la *ponencia* chargée d'établir l'avant-projet, a en effet prévalu la thèse soutenue par les partis de gauche et par la droite (AP) selon laquelle il convient de placer la Couronne à l'écart du cadre des organes spécifiquement politiques que sont le gouvernement et le Parlement, afin de mieux manifester sa fonction essentielle d'incarnation de l'unité et de la permanence de l'État.

291 LES CORTÈS GENERALES. — Les Cortès Generales sont le Parlement espagnol, composé du Congrès des députés et du Sénat. Aux termes de l'article 66 de la Constitution, elles « représentent le peuple espagnol, exercent la puissance législative de l'État, approuvent le budget, contrôlent l'action du gouvernement (...) ». Les deux chambres sont élues, pour l'essentiel, au suffrage universel direct.

L'article 68 énonce les principales règles relatives au Congrès des députés. Le nombre des députés est fixé par la loi électorale dans les limites prévues par la Constitution : au minimum 300, au maximum 400. La durée du mandat parlementaire est de quatre ans, sauf disso-

---

1. Les sources étrangères de la Constitution, L'Espagne démocratique, *Pouvoirs* (8), 1979, p. 105-106.

lution anticipée. La Constitution établit que le mode de scrutin pour l'élection des députés est la représentation proportionnelle et que la circonscription électorale est la province. Elle impose à la loi électorale de répartir le nombre des députés entre les circonscriptions selon l'importance de leur population, tout en assurant à chacune d'entre elles une représentation minimale. La constitutionnalisation du mode de scrutin proportionnel procède de la volonté consensualiste qui a dominé le processus constituant. Contre une partie de l'UCD et l'AP, qui prônaient le scrutin majoritaire, a prévalu le souci d'intégrer les minorités dans les nouvelles institutions, afin d'éviter au maximum des formes d'opposition extraparlementaires. Sur ce point, la constituante rejoignait l'intention du gouvernement royal qui, pour les premières élections libres, en 1977, avait déjà retenu ce mode de scrutin, dont les modalités principales, quant aux circonscriptions et à leur représentation minimale, ont été inscrites dans la Constitution. C'est pourquoi le décret-loi du 18 mars 1977, organisant la représentation proportionnelle selon le système D'Hondt, a pu rester d'application pour les élections générales de 1979 et 1982. Ce mode de scrutin a finalement été intégré dans la loi organique du 19 juin 1985 sur le régime électoral général. En conséquence de la règle du seuil minimal de représentation, il n'y a pas de proportionnalité exacte entre l'importance de la population, non plus que du nombre d'électeurs inscrits, et le nombre de sièges à pourvoir dans chaque circonscription. En vertu du décret-loi de 1977, le Congrès comprend 350 députés et chaque province en élit au moins deux, auxquels s'ajoute un siège supplémentaire par tranche de 144 500 habitants et par reliquat de 71 000. En pratique, cette règle a assuré aux provinces les moins peuplées trois députés au moins, chiffre qui permet une véritable application de la représentation proportionnelle : assurée de deux députés, une province peuplée de 71 000 habitants au moins – et aucune n'est en dessous de ce chiffre – en obtient de droit un troisième. Les provinces les plus peuplées, comme Madrid et Barcelone, ont plus de 30 députés, mais l'écart de représentation peut aller de quatre à un entre ces provinces urbaines et les provinces les moins peuplées. Cette disparité est plus grande encore au Sénat. Sans doute, le bicamérisme n'est pas du type fédéral : le Sénat ne s'identifie pas à la chambre des communautés autonomes et l'État des communautés autonomes n'est pas, du point de vue constitutionnel, assimilable à l'État fédéral. Le Sénat est néanmoins défini comme la chambre de représentation territoriale (art. 69). Le principal ressort d'élection des sénateurs, comme celui des députés, est la province. Chaque province élit quatre sénateurs au suffrage universel direct ; les grandes îles en élisent trois, les territoires de Ceuta et Melilla (qui ont chacun un député) en élisent deux, et les petites îles un seul. Sont élus dans chaque circonscription les candidats qui obtiennent le plus grand nombre de suffrages à concurrence du nombre de sièges à pourvoir. Mais les communautés autonomes disposent également, en tant que telles, d'une représentation au Sénat. L'article 69, alinéa 5, déroge à cet égard au principe de représentation paritaire qui est de règle pour les provinces, en prévoyant que chaque communauté autonome dispose d'un siège de sénateur auquel s'ajoutent autant de sièges qu'elles ont de tranches d'un million d'habitants dans leur ressort. Ce système corrige ainsi le précédent, puisque les communautés autonomes regroupent elles-mêmes des provinces (v. n° 298). Mais ces sénateurs ne sont pas élus au suffrage universel direct comme ceux des provinces : ils sont désignés par l'assemblée législative (ou l'organe collégial supérieur, avant la mise en œuvre des autonomies) de chaque communauté autonome.

La durée du mandat des sénateurs est la même que celle de la législature du Congrès des députés, et il peut être semblablement abrégé par une dissolution anticipée.

La question du bicamérisme a fait l'objet de controverses lors des débats constituants. Le Sénat avait pour lui d'avoir été établi par la loi de réforme politique de 1977, d'être ainsi partie au processus constituant et de correspondre à la tradition constitutionnelle ; mais il était absent de la mythique Constitution des Cortès de 1812 et de la Constitution républicaine de 1931. Un consensus s'est finalement opéré sur le principe d'un bicamérisme très atténué. En premier lieu, seul le Congrès des députés investit le président du gouvernement et peut mettre en jeu la responsabilité gouvernementale. En outre, aux termes de l'article 89-2 de la Constitution : « Les propositions de loi prises en considération par le Sénat, conformément à l'article 87, seront transmises au Congrès pour y être traitées comme des propositions. » En d'autres termes, le Sénat ne peut se prononcer sur ses propres propositions qu'une fois celles-ci adoptées par le Congrès des députés. Lorsqu'un texte lui est transmis par la

Chambre basse, la seconde Chambre peut soit l'adopter tel quel, soit l'amender, soit encore exercer son droit de veto. Dans les deux derniers cas, elle est tenue de motiver sa décision. Enfin, il faut noter que les effets du veto sénatorial sont limités. En effet, celui-ci est levé par un vote à la majorité absolue des membres du Congrès ou par un vote à la majorité simple après un délai de deux mois, réduit à vingt jours en cas d'urgence invoquée par le Congrès ou le gouvernement. Dans la pratique, le Sénat n'use quasiment pas de son droit d'initiative législative. Mais par ailleurs il dispose d'un pouvoir de veto absolu en matière de révision constitutionnelle (v. n° 292).

Très rapidement, le Sénat de la Constitution de 1978 a été jugé inadapté au nouvel État des autonomies. En 1994, une sous-commission sur la réforme du Sénat a été constituée au sein de la commission globale des communautés autonomes. Deux fonctions principales devraient être réservées au Sénat rénové : la législation relative aux communautés et les relations entre ces dernières et l'État.

Les règles relatives au statut des parlementaires et au mode d'organisation des chambres obéissent pour l'essentiel au droit commun des démocraties parlementaires. Il convient de signaler que les contestations relatives à l'élection des membres des Cortès ne sont pas de la compétence des chambres elles-mêmes, ni du tribunal constitutionnel, mais de celle du pouvoir judiciaire (art. 70, al. 2, de la Constitution). Les chambres sont maîtresses de leur règlement, qui doit être adopté (et modifié) à la majorité absolue dans chacune d'elles. Elles élisent leur président et leur bureau pour la durée de la législature. Les commissions parlementaires, commissions permanentes et spécialisées, composées à la proportionnelle des groupes politiques, peuvent recevoir des chambres une habilitation à exercer la fonction législative, sous réserve que chaque chambre peut à tout moment reprendre son droit de discussion et de vote sur les textes qui ont fait l'objet de l'habilitation, et que ceux-ci relèvent du domaine de la loi ordinaire (art. 75, al. 2 et 3). Il existe par ailleurs dans chaque chambre une *délégation permanente,* également composée à la proportionnelle des groupes politiques représentés, qui assure la permanence des Cortès en dehors des sessions et en période de dissolution (art. 78). Dans ce dernier cas, les délégations exercent les pouvoirs des Cortès et en particulier les compétences de celles-ci en relation avec les différentes formes d'état d'exception. Dans le premier cas, elles disposent aussi de toutes les attributions des Cortès dont elles peuvent, au surplus, demander la réunion en session extraordinaire.

Il y a deux sessions ordinaires de quatre mois, l'une en automne, l'autre au printemps, et des sessions extraordinaires, sur un ordre du jour déterminé, peuvent être convoquées ainsi qu'il vient d'être dit, et également par la majorité absolue de l'une des chambres ou par le gouvernement (art. 73). Enfin, les chambres peuvent être réunies en session conjointe pour exercer les compétences non législatives qui leur sont attribuées au titre II de la Constitution relatif à la Couronne, concernant notamment la succession dynastique et la régence, ainsi que pour autoriser la déclaration de guerre et la conclusion de la paix (art. 63, al. 3).

292 LA PRIMAUTÉ DES CORTÈS ET LA HIÉRARCHIE DES NORMES. — La Constitution établit un ordonnancement normatif complexe à l'élaboration duquel participent les Cortès, le pouvoir exécutif et, dans certains cas, le corps électoral lui-même. Au sein de cette structure constitutionnelle, la primauté appartient aux Cortès Generales qui, aux termes de l'article 66, « représentent le peuple espagnol (...), exercent la puissance législative de l'État, approuvent le budget, contrôlent l'action du gouvernement et disposent des autres compétences que leur attribue la Constitution ». La primauté des Cortès ne subit une exception, du reste à caractère relatif, qu'en matière de révision constitutionnelle, qui fait l'objet du titre X de la Constitution. L'initiative de la révision appartient, comme en matière législative, aux chambres, au gouvernement et aux assemblées des communautés autonomes (art. 87, al. 1 et 2) mais non au corps électoral lui-même, et ne peut être exercée alors que sont en vigueur les différentes formes d'état d'exception. La Constitution prévoit deux procédures de révision, en fonction des matières qu'il s'agit de réviser. Dans l'hypothèse d'une révision totale ou si la révision envisagée porte sur le titre préliminaire, les dispositions essentielles du titre I relatif aux droits fondamentaux (chap. II, sect. 1) ou sur le titre II relatif à la Couronne, la procédure de révision est plus exigeante que lorsque la proposition affecte d'autres dispositions de la Constitution. Il s'agit des matières essentielles qui sont à la base du compromis constituant. L'article 168 prévoit alors que le principe de la révision doit être adopté à la majorité des deux tiers dans chaque chambre puis que les Cortès sont dissoutes de plein droit. La révision appartient alors aux chambres nouvellement élues. Ce système, emprunté à la Constitution belge, maintient la primauté des Cortès intacte tout en permettant au corps électoral d'intervenir par l'élection des chambres constituantes dans la procédure de révision. La procédure révisionnelle de droit commun est moins lourde. Les projets de révision doivent être adoptés à la majorité des trois cinquièmes dans les deux chambres. Faute d'accord entre elles, une commission mixte paritaire est réunie pour élaborer un texte de compromis qui doit être approuvé à la même majorité des trois cinquièmes dans chaque chambre. À défaut de cette double majorité, le projet peut être définitivement adopté par le Congrès à la majorité des deux tiers pourvu que le Sénat l'ait au moins voté à la majorité absolue. Les pouvoirs des deux chambres ne sont donc pas égaux, mais la majorité du Sénat conserve celui d'empêcher une révision. En outre, et surtout, le projet adopté aux Cortès doit être soumis au référendum populaire lorsque la demande en est faite par un dixième des membres de l'une ou l'autre chambre. La primauté des Cortès, au sein de cette procédure de révision, est ainsi mitigée par l'intervention possible du corps électoral, à la demande d'une très faible minorité parlementaire. Une seule révision est intervenue à ce jour : le tribunal constitutionnel ayant rendu une déclaration de non-conformité de l'article du traité 8B de Maastricht, relatif au droit électoral municipal des citoyens de l'Union dans les pays où ils résident, à l'article 13-2 de la Constitution, celle-ci a été révisée en vue de permettre la rectification du traité (août 1992).

Les Cortès détiennent l'essentiel du pouvoir législatif, sauf encore l'organisation par elles d'une procédure d'initiative populaire. Il existe en Espagne différentes catégories de lois qui sont sujettes à des procédures distinctes d'élaboration.

Au sommet de la hiérarchie se trouvent les lois organiques, qui développent la Constitution dans les matières que celle-ci définit à l'article 81 : il s'agit essentiellement des droits fondamentaux, de l'approbation des statuts d'autonomie et du système électoral mais aussi de l'organisation des juridictions supérieures, dont le tribunal constitutionnel, de la succession à la Couronne, de l'armée, du *défenseur du peuple* (équivalent de l'*ombudsman*), de l'initiative populaire, du référendum, des traités impliquant des abandons de souveraineté, etc. Certaines des lois organiques relatives aux autonomies ont une valeur supérieure dans la mesure où elles « établissent les principes visant à harmoniser les dispositions normatives des communautés autonomes » (art. 150, al. 3). Tel a été le cas de la LOAPA (loi organique d'harmonisation des processus d'autonomie) de 1982 (v. n° 299), dont plusieurs dispositions ont été déclarées contraires à la Constitution par le tribunal constitutionnel. Le vote des lois organiques requiert la majorité absolue des membres du Congrès des députés (art. 81).

Viennent ensuite les lois d'habilitation *(leyes de bases)* qui interviennent dans des domaines qu'elles déterminent, et pour une durée limitée, permettant au gouvernement de prendre des normes ayant force de loi, qualifiées de décrets législatifs. L'habilitation prend fin lorsque le gouvernement promulgue le texte qui y répond. Les lois d'habilitation ne peuvent autoriser la création de normes à caractère rétroactif (art. 82 et s.). Il faut également mentionner les lois de finances qui sont soumises à des conditions de présentation et d'adoption (mais non de majorité) particulières : comme en France, le gouvernement peut notamment s'opposer aux propositions tendant à augmenter les dépenses ou diminuer les recettes (art. 134).

La catégorie des lois ordinaires présente elle-même une certaine diversité : il peut s'agir, en plus des textes ordinaires proprement dits, de lois d'habilitation tendant à une simple refonte de textes existants (art. 82, al. 2) et des lois votées par les commissions parlementaires en application de l'article 75 de la Constitution. Ont également valeur de loi ordinaire les décrets législatifs précités et les décrets-lois gouvernementaux pris sur le fondement de l'article 86 et ratifiés par le seul Congrès des députés (v. n° 293).

L'initiative des lois appartient aux membres des deux chambres et au gouvernement, ainsi qu'aux assemblées des communautés autonomes et, virtuellement, au corps électoral lui-même. L'article 87, alinéa 3, de la Constitution prévoit en effet qu' « une loi organique déterminera les modalités d'exercice et les conditions requises pour organiser la présentation de propositions de lois par l'initiative populaire. Un minimum de 500 000 signatures certifiées sera en toute hypothèse exigé. Cette procédure n'aura pas cours dans les matières propres aux lois organiques, aux impôts, ou à caractère international, ni en ce qui concerne le droit de grâce ». L'initiative populaire est également exclue en matière de révision constitutionnelle (art. 166). Le système est, pour l'essentiel, emprunté à la Constitution italienne (v. n° 268) : cependant, la loi d'application n'a pas encore été adoptée. Les Cortès conservent donc leur primauté en matière législative dans la mesure où la Constitution ne leur impose aucun délai pour mettre en œuvre la loi organique relative à l'initiative populaire et qu'elle leur permet aussi de prévoir d'autres limitations que celles déjà prévues. Il en va de même en ce qui concerne le référendum proprement dit. L'article 92 de la Constitution prévoit que peuvent être soumises au référendum consultatif « les décisions politiques d'une importance particulière ». Le recours au référendum est subordonné à l'autorisation du Congrès des députés. Conformément à l'article 92, alinéa 3, une loi organique du 18 janvier 1980 est intervenue pour en définir les conditions et la procédure. Le Congrès, saisi d'une proposition du gouvernement, autorise le référendum à la majorité absolue de ses membres. Le référendum est convoqué par décret royal pris en Conseil des ministres, lequel décret mentionne la décision ou le projet de disposition qui fait l'objet de la consultation. Cette procédure référendaire n'affecte pas le principe de la primauté des Cortès puisqu'elle ne peut être mise en œuvre par le gouvernement qu'avec l'accord du Congrès des députés et que son caractère consultatif implique une ratification parlementaire. Le référendum a été utilisé en mars 1986 sur la question du maintien de l'Espagne au sein de l'OTAN (v. n° 308).

Les pouvoirs des Cortès sont également importants en d'autres matières non législatives. En premier lieu, l'autorisation des Cortès est nécessaire pour la ratification des traités les plus importants et les chambres doivent être immédiatement informées de la conclusion des autres traités et conventions (art. 92). Les Cortès peuvent aussi – mais cette fois par le vote d'une loi organique – autoriser la conclusion de traités par lesquels l'exercice de certaines compétences de l'État est délégué à des institutions internationales (art. 93). Cette disposition a été voulue par le constituant en vue de l'intégration de l'Espagne dans les communautés européennes. Les Cortès doivent également donner leur autorisation aux accords de coopération entre communautés autonomes (art. 145, al. 2) et elles décident de la répartition des recettes recueillies par le fonds de solidarité entre les communautés autonomes et les provinces. On a signalé, enfin, quelles sont les compétences non législatives exercées par les Cortès en session conjointe des deux chambres conformément aux dispositions du titre II de la Constitution relatif à la Couronne (v. n° 291).

293 LE GOUVERNEMENT. — Aux termes de l'article 38 de la Constitution, le gouvernement est composé du président, des vice-présidents, des ministres et des autres membres que la loi détermine. L'article 62 confère au roi le pouvoir de « proposer un candidat à la présidence du gouvernement et, le cas échéant, de le nommer selon les termes prévus par la Constitution ». Ces termes sont ceux de l'article 99, qui prévoit que sera nommé le candidat qui obtient l'investiture du Congrès des députés à la majorité absolue de ses membres, ou si elle n'est pas atteinte lors d'un second scrutin, à la majorité ordinaire. La compétence de proposition du roi est exercée, on l'a vu, moyennant le contreseing du président du Congrès des députés et après consultation des représentants désignés par les groupes politiques représentés au Parlement. Le candidat ainsi proposé expose, avant le scrutin d'investiture, le programme du gouvernement qu'il entend former. Si la majorité ordinaire n'est pas atteinte au second tour, il incombe au roi de faire de nouvelles propositions. L'article 99, alinéa 5, prévoit alors que, « si dans un délai de deux mois à dater du premier scrutin d'investiture, aucun candidat n'a obtenu la confiance du Congrès, le roi dissout les deux chambres et convoque de nouvelles élections avec le contreseing du président du Congrès ». L'exigence du contreseing du président du Congrès, dans ce dernier cas, comme celle de son « intermédiaire » dans celui de la proposition visée à l'article 62, a pour objet de garantir la neutralité de l'exercice du pouvoir royal de proposition, de manière telle que le chef de l'État ne soit pas tenté de créer, en désignant des candidats inacceptables pour la majorité du Congrès, des conditions qui déterminent l'application de l'article 99, alinéa 5. Ce système a les mêmes caractères que celui de la Constitution suédoise. La dissolution obligatoire a une fonction préventive : elle tend à susciter la formation d'une majorité dans un délai raisonnable. Cette fonction est principalement destinée à s'exercer en début de législature. D'autre part, la dissolution obligatoire peut devenir un succédané d'autodissolution dans l'hypothèse où la majorité du Congrès serait favorable à des élections anticipées. Cette dernière fonction pourra normalement s'exercer dans le courant et surtout à la fin de la législature, à la suite d'une rupture de coalition. L'ensemble du système emprunte à la fois à la Constitution suédoise – avec le rôle du président du Congrès et la dissolution automatique – et à la Loi fondamentale allemande, pour les modalités du scrutin. Conformément aux mêmes modèles, la Constitution établit l'autorité hiérarchique du président du gouvernement. Aux termes de l'article 100, les ministres sont nommés et révoqués par le roi sur proposition du président du gouvernement. La démission ou le décès de celui-ci détermine la fin du gouvernement, et lorsque le Congrès prend l'initiative de mettre en jeu la responsabilité gouvernementale, il doit présenter un candidat à la présidence du gouvernement (v. n° 294). L'article 98, alinéa 2, dispose encore que « le président dirige l'action du gouvernement et coordonne l'action des autres membres de celui-ci (...) ».

Le gouvernement est chargé de l'ensemble des fonctions incombant au pouvoir exécutif en régime parlementaire. Selon l'article 97 de la Constitution, il « dirige la politique intérieure et extérieure, l'administration civile et militaire et la défense de l'État. Il exerce la fonction exécutive et le pouvoir réglementaire conformément à la Constitution et aux lois ». Il dispose de l'initiative législative (art. 87) : les projets de loi doivent être approuvés en Conseil des ministres (art. 88). Il peut obtenir du Parlement une habilitation à prendre des décrets législatifs, moyennant certaines conditions (v. n° 292). Il a également compétence, en cas de nécessité urgente et extraordinaire, de prendre des décrets-lois – sans habilitation préalable – qui sont des actes ayant valeur législative mais doivent être soumis dans les trente jours de leur promulgation à la ratification du Congrès des députés pour conserver leur validité. Ces décrets-lois ne peuvent intervenir pour modifier la législation relative à l'organisation des institutions de base de l'État, le régime des communautés autonomes, les libertés publiques, le mode de scrutin, matières qui ne peuvent faire l'objet que d'une loi organique.

Notons que la Constitution prévoit encore la sanction et la promulgation par le roi, moyennant évidemment le contreseing ministériel, des lois approuvées par les Cortès. L'expression de « sanction » ne doit pas induire en erreur ; elle est donnée dans les vingt jours et ce délai impératif en fait donc une compétence liée et non une prérogative.

Le régime parlementaire espagnol étant, pour s'être délibérément écarté du modèle britannique classique, absolument moniste, le pouvoir exécutif se trouve dans une position juridiquement inférieure à celle des Cortès. Cette situation n'est pas vraiment corrigée, comme elle l'est en RFA et en Suède, par un système de parlementarisme rationalisé apte à garantir l'autonomie du gouvernement. Celle-ci n'est cependant pas contestable en fait, mais elle résulte essentiellement des données du cadre politique.

294 LE PARLEMENTARISME MONISTE RATIONALISÉ. — Concernant les rapports entre les Cortès et le gouvernement, le constituant s'est en principe inspiré du modèle de parlementarisme moniste rationalisé de la loi fondamentale allemande mais il l'a fait, sauf pour la procédure qu'on vient d'examiner, de désignation du gouvernement, sans souci très approfondi de cohérence et d'efficacité. C'est ce que l'on peut constater en analysant les dispositions constitutionnelles relatives à la mise en jeu de la responsabilité gouvernementale et à la dissolution.

Le principe de la responsabilité gouvernementale est affirmé à l'article 108 de la Constitution qui énonce que « le gouvernement est solidairement responsable de sa gestion politique devant le Congrès des députés ». Ainsi qu'il est logique dans un système de bicamérisme inégalitaire, la responsabilité gouvernementale n'existe que devant la Chambre basse, ce qui est un facteur de stabilité. Les procédures de responsabilité du gouvernement devant le Congrès sont organisées par les articles 112 et 113 relatifs à la question de confiance et à la motion de censure. L'article 113, imité de l'article 67 de la Loi fondamentale allemande, institue la motion de censure constructive, c'est-à-dire présentant un candidat à la présidence du gouvernement. La motion doit être présentée par un dixième au moins des députés qui, en cas d'échec, ne peuvent en présenter une autre au cours de la même session. Elle ne peut être votée qu'à l'issue d'un délai de réflexion de cinq jours et doit être adoptée à la majorité absolue des députés. Son usage, en 1980 et, surtout, en 1987, a manifesté la virtualité d'un retournement de l'arme contre son détendeur, car elle aboutit plus à la critique du programme du candidat proposé que de la politique gouvernementale (v. n° 307). L'article 112 réglemente la question de confiance, par une réception très partielle de l'article 49 de la Constitution française de 1958. Le président du gouvernement peut, après délibération du Conseil des ministres, poser la question de confiance sur son programme ou sur une déclaration de politique générale. En cas de rejet de la confiance, le gouvernement doit démissionner. Les termes de programme et de déclaration de politique générale sont ceux de la Constitution française. Selon l'interprétation habituellement reçue, ils s'appliquent respectivement à la question de confiance initiale d'une part et à celles que le gouvernement peut juger bon de poser ensuite, dans le cours de son existence, d'autre part. La première de ces questions de confiance est d'autant plus superflue que le président du gouvernement vient de recevoir l'investiture du Congrès et est susceptible d'aboutir à un mécanisme de double investiture – ainsi qu'en France sous la IVe République – préjudiciable à la stabilité gouvernementale. La seconde n'est pas moins inutile ou, du moins, il était inutile de la codifier en ces termes : elle correspond à la pratique traditionnelle – puisque la confiance est acquise à la majorité ordinaire – tout en paraissant ne viser que l'hypothèse où il s'agit de tenter de ressouder une majorité de gouvernement, car il n'est pas envisagé que la question soit posée sur un texte. Cette omission ne doit pas être regrettée car elle n'interdit pas au gouvernement de poser sur un texte une question de confiance officieuse, conformément à la tradition parlementaire classique, et, dans ce cas, le rejet de la confiance n'interdit pas au gouvernement de recourir à la dissolution, alors que dans les cas prévus à l'article 112 de la Constitution le gouvernement doit démissionner. On tient ici un cas de réception limitée et incomplète des modèles allemand et suédois (v. n°s 176 et 232), où le rejet de la confiance même officielle, que celle-ci porte ou non sur un texte, n'emporte nullement pour le gouvernement l'obligation de démissionner et ouvre (en Allemagne) ou maintient (en Suède) le droit pour lui de dissoudre.

Il apparaît en effet que le système de dissolution ne tend pas non plus à favoriser la stabilité gouvernementale. On a déjà vu quelles sont les conditions de la dissolution automatique prévue à l'article 99, alinéa 5, de la Constitution (v. n° 293). En ce qui concerne la dissolution sur l'initiative du gouvernement, l'article 155, alinéa 1, prévoit que « le président du gouvernement, après délibération du Conseil des ministres, et sous sa responsabilité exclusive, pourra proposer la dissolution du Congrès, du Sénat ou des Cortès Generales, qui sera décrétée par le roi. Le décret de dissolution fixera la date des élections ». Différentes limitations au droit d'initiative du gouvernement sont établies, certaines reprises de la Constitution française de 1958 (interdiction de dissoudre deux fois dans l'espace d'une même année, ou durant les états d'exception). La plus importante réside dans l'impossibilité de présenter une proposition de dissolution si une procédure de motion de censure est en cours. Le gouvernement ne peut ainsi prévenir son remplacement, corollaire de sa mise en minorité, en prenant l'initiative d'une dissolution avant qu'ait abouti la procédure de motion de censure (qui ne peut être votée avant un délai de cinq jours suivant son dépôt). Si la motion échoue, le gouvernement redevient évidemment libre de proposer la dissolution.

Mais une autre limitation, non moins importante, dérive implicitement de l'article 114, alinéa 1, de la Constitution, qui prévoit qu'en cas de défaite sur une question de confiance posée par le gouvernement sur son programme ou une déclaration de politique générale, celui-ci « présente sa démission au roi et il est aussitôt procédé à la désignation du président du gouvernement selon les dispositions de l'article 99 ». Lorsque le gouvernement prend l'initiative de la mise en jeu de sa responsabilité, il ne peut donc, en cas de défaite, pas plus proposer la dissolution que lorsque la procédure émane du Congrès lui-même : il est aussitôt fait application de l'article 99, relatif à la désignation d'un nouveau gouvernement. Ainsi le pouvoir de dissolution du gouvernement espagnol est conditionné par sa situation majoritaire au sein du Congrès des députés et ne permet pas au gouvernement d'en appeler à l'arbitrage du corps électoral à la suite d'un vote de défiance parlementaire. En somme, la dissolution n'est possible qu'aussi longtemps que le gouvernement est présumé disposer de la confiance de la majorité du Congrès. La Constitution ne retenant pas, comme en d'autres pays, l'hypothèse de la dissolution par le chef de l'État, c'est un système de dissolution automatique (art. 99) qui pallie la carence éventuelle qui pourrait résulter de l'impossibilité de dissoudre les chambres en l'absence d'un gouvernement en situation majoritaire.

Enfin, le système de parlementarisme rationalisé aménagé par la Constitution se trouve, en tout état de cause, obéré par la portée de l'article 111. Cet article reconnaît aux deux chambres le droit de formuler des interpellations et des questions au gouvernement et à chacun de ses membres, mais il prévoit au surplus que « toute interpellation pourra donner lieu à une motion dans laquelle la chambre manifestera sa position ». Ce faisant, le constituant a pris le risque d'obérer la portée des dispositions tendant à la rationalisation. En effet, l'efficacité de telles dispositions implique d'abord que leur usage soit exclusif de tout autre. Pour assurer la portée stabilisatrice des règles concernant la mise en jeu de la responsabilité gouvernementale, et en particulier de la motion de censure constructive, le constituant aurait dû établir, au moins implicitement, l'irrecevabilité de toute autre initiative tendant à mettre en œuvre la responsabilité de l'exécutif. C'est ainsi qu'en France le Conseil constitutionnel a pu déduire du système de l'article 49 de la Constitution que des dispositions de règlement de l'Assemblée nationale, élaboré en 1959, étaient inconstitutionnelles parce qu'elles tendaient à introduire à nouveau la procédure de l'interpellation, non envisagée par le constituant. Or, au contraire, le constituant espagnol n'a pas seulement envisagé l'interpellation, mais il a expressément prévu qu'elle pouvait être conclue par le vote d'une motion, qui, dans la tradition parlementaire, peut être celle d'un ordre du jour pur et simple, ou de confiance, ou encore de défiance. Et, dans ce dernier cas, il s'agit d'une motion de censure intervenant en dehors des conditions de la motion constructive organisée à l'article 113. Cette dérive ne s'est cependant pas produite dans la pratique du gouvernement homogène que connaît l'Espagne depuis 1979. Aussi bien, l'adoption de la motion n'oblige pas le gouvernement à démissionner, qui peut alors adopter une attitude de résistance passive en attendant, le cas échéant, un moment opportun pour décider la dissolution. Ce type de motion, utilisée en 1981 contre le cabinet de M. Calvo Sotelo, puis en 1984 contre celui de M. Gonzalez, a consacré son caractère de simple réprobation. De manière générale, on peut considérer que durant les périodes où le gouvernement n'a pas eu le soutien d'une majorité absolue, l'impossibilité pour l'opposition d'adopter une motion de censure constructive a assuré la stabilité gouvernementale (v. n° 307). Elle permet, d'autre part, de sanctionner une responsabilité ministérielle individuelle qui semblait *a priori* exclue par les dispositions constitutionnelles tendant à la rationalisation.

II | LE TRIBUNAL CONSTITUTIONNEL

La Constitution de 1978 a créé un tribunal constitutionnel selon le modèle kelsénien de juridiction constitutionnelle spécialisée existant en Italie et en RFA. Le tribunal fait l'objet du titre IX de la Constitution, en application duquel a été adoptée la loi organique du 3 octobre 1979 qui en définit le statut et les modalités de fonctionnement (art. 165). Cette juridiction succède, dans une certaine mesure, au tribunal des garanties institué sous la Constitution de 1931.

295 ORGANISATION DU TRIBUNAL. — Le tribunal comporte douze membres nommés par le roi, dont la désignation procède de quatre autorités différentes (art. 159, al. 1). Quatre membres sont proposés par le Congrès des députés et quatre par le Sénat, qui statuent à cet égard à la majorité des trois cinquièmes. Deux sont proposés par le gouvernement et deux enfin par le conseil général du pouvoir judiciaire. Ce mode de désignation est inspiré de la Constitution italienne. Le président est nommé par le roi parmi les membres du tribunal et sur proposition de celui-ci même (art. 160). Les membres doivent être des juristes ayant quinze ans au moins d'expérience professionnelle en tant que magistrats, professeurs, avocats ou fonctionnaires (art. 159, al. 2). Le mandat des juges est de neuf ans, quatre juges étant désignés tous les trois ans. Ce mandat n'est pas immédiatement renouvelable sauf si le premier mandat d'un juge a été inférieur à trois ans. Dès le début, la désignation des membres du tribunal a été marquée par la politisation et a fait l'objet de tractations (du fait de l'exigence d'une majorité qualifiée pour les deux tiers des membres) entre les principaux partis[1].

---

1. V. L. Favoreu, *op. cit.*, p. 95.

Le tribunal constitutionnel est composé de deux chambres au sein desquelles les membres sont répartis lors d'une réunion plénière. Ces chambres sont compétentes pour juger des recours d'*amparo*. Mais le tribunal siège normalement en formation plénière, notamment en ce qui concerne la fonction de contrôle de la constitutionnalité des lois.

Des sections de trois membres, enfin, se prononcent sur la recevabilité des recours.

296 Compétences. — Le tribunal constitutionnel dispose, outre le contrôle de la constitutionnalité des lois, des attributions principales des juridictions allemande et italienne dont s'est inspiré le constituant[1]. Il s'agit d'abord du règlement des conflits de compétence entre l'État et les communautés autonomes et entre les communautés autonomes elles-mêmes (v. n° 301). Il existe également, selon le modèle allemand, un règlement des conflits entre organes constitutionnels, dans l'hypothèse où s'élèverait entre les deux chambres, le gouvernement et le conseil général du pouvoir judiciaire, une contestation relative à leurs compétences telles qu'elles sont définies par la Constitution et les lois organiques.

Le tribunal est encore compétent pour déterminer, à la demande de l'une ou l'autre des chambres ou du gouvernement, si un traité international sur le point d'être conclu comporte des dispositions contraires à la Constitution et exige ainsi au préalable une révision de celle-ci (art. 95) (v. n° 292).

La compétence la plus notable du tribunal constitutionnel espagnol est celle du contrôle du respect des droits fondamentaux par les autorités administratives et juridictionnelles, par la voie du recours d'*amparo*, ouvert aux individus. Cette action peut aussi être intentée par le ministère public et le *défenseur du peuple*, et est exercé dans les cas de violation des droits fondamentaux définis aux articles 14 à 30 de la Constitution dont la révision est, on l'a vu, soumise à une procédure spéciale : il s'agit des libertés réellement opposables à la puissance publique, à l'exclusion des droits économiques et sociaux. L'*amparo* n'est pas absolument comparable au recours constitutionnel tel qu'il existe en RFA au profit des indivi-

---

1. *Ibid.*, p. 97 et s.

dus, car il ne peut être directement exercé contre une loi, mais seulement contre les mesures, administratives ou juridictionnelles, d'application de celle-ci, et après épuisement des voies de recours interne. Il peut cependant être dirigé contre les actes non législatifs des Cortès et des assemblées des communautés autonomes. Le recours d'*amparo* est à la base du contentieux le plus nombreux du tribunal constitutionnel, dont les sections ne retiennent pourtant qu'une faible minorité d'actions recevables.

Mais l'attribution la plus importante du tribunal reste évidemment celle du contrôle de la constitutionnalité des lois. Il s'agit d'un contrôle *a posteriori,* un système de contrôle préventif ayant été institué au départ, puis supprimé en 1985. La Constitution distingue, conformément au modèle allemand, contrôle abstrait et contrôle concret des normes. Le premier est l'objet du *recours en inconstitutionnalité* par lequel les lois et autres dispositions ayant force législative sont directement déférées au tribunal constitutionnel (art. 161, al. 1). Les autorités de saisine sont : le président du gouvernement, le *défenseur du peuple,* 50 députés ou 50 sénateurs, les présidents des exécutifs des communautés autonomes ainsi que, le cas échéant, les assemblées de celles-ci (art. 162, al. 1). Le recours doit être intenté dans les trois mois suivant la publication de la loi (art. 33 de la loi organique LOTC). La réforme introduite par la loi organique n° 1/2000 du 7 janvier 2000 porte à neuf mois le délai imparti pour saisir le tribunal constitutionnel. Toutes les autorités de saisine ne sont pas concernées par cette réforme : en effet, seuls le président du gouvernement (contre un acte d'une communauté autonome ayant force législative) et les gouvernements des communautés autonomes (contre un acte de l'État de même nature) en bénéficient. La réforme vise, en réalité, à éviter la saisine de la juridiction constitutionnelle puisque l'allongement du délai est soumis à des conditions dont l'objet est de favoriser un mode de règlement alternatif des litiges. En effet, le dépassement du délai initial des trois mois n'est possible que si une commission bilatérale de coopération entre l'État et la communauté autonome concernée se réunit et décide d'ouvrir les négociations en vue de résoudre le litige. Cette décision doit être transmise au tribunal constitutionnel dans les trois mois suivant la publication de l'acte faisant grief et doit, en outre, être publiée dans le *Bulletin officiel* de l'État ainsi que de la communauté concernée. C'est donc faute d'accord entre les parties au litige et en cas d'échec des négociations que le tribunal sera saisi. La nouvelle procédure introduite par cette réforme « en mélangeant négociations politiques et saisine de la juridiction constitutionnelle suscite bien des interrogations » (P. Bon).

Il convient encore de noter que dans sa première décision de déclaration d'inconstitutionnalité d'une loi de l'État (décision du 2 février 1981), le tribunal a admis la recevabilité du recours contre une loi antérieure à la Constitution, étant entendu que le juge ordinaire peut également connaître de la validité de ces lois au regard de la question de leur éventuelle caducité sous l'empire du nouvel ordre constitutionnel.

Le second type de contrôle est celui de la *question d'inconstitutionnalité,* question qui peut être posée par tout organe judiciaire lorsque celui-ci considère que l'issue d'un litige dépend du point de savoir si la norme applicable est conforme à la Constitution. La décision de renvoi, qui n'est susceptible d'aucun recours, n'a pas de caractère « suspensif », ce qui signifie seulement que la question d'inconstitutionnalité ne met pas en cause la validité de la norme contestée, et non pas qu'elle ne constituerait pas une question préjudicielle suspendant le cours du procès devant le juge ordinaire (art. 163)[1]. La question d'inconstitutionnalité peut aussi être posée dans la procédure du recours d'*amparo,* par la chambre saisie d'un tel recours, au tribunal siégeant en assemblée plénière, au sujet de la constitutionnalité de la loi fondant l'acte administratif entrepris. Contrairement au recours en inconstitutionnalité, le contrôle concret n'est évidemment pas enserré dans un délai. Par sa décision précitée du 2 février 1981, le tribunal a précisé que ce contrôle s'exerçait également à l'endroit des lois antérieures à la Constitution.

Pour les deux types de contrôle, la procédure est contradictoire en ce qui concerne les diverses autorités qui sont impliquées par la constitutionnalité de la norme contestée ; dans le cas du contrôle concret, les parties au procès principal n'ont pas accès au tribunal constitutionnel.

Les effets d'une déclaration d'inconstitutionnalité – dont l'article 161, alinéa 1, précise qu'elle est une norme « ayant rang de

---

1. P. Bon, F. Moderne et Y. Rodriguez, *La justice constitutionnelle en Espagne,* Paris, Economica, 1984, p. 178.

loi » s'imposant à la jurisprudence des tribunaux – sont identiques pour les deux types de contrôle. Aux termes de l'article 164, alinéa 1, les sentences, qui sont publiées au *Bulletin officiel* de l'État avec les éventuelles opinions dissidentes, ont la même autorité de chose jugée et ne sont susceptibles d'aucun recours. Les déclarations d'inconstitutionnalité s'imposent en totalité à toutes les autorités et produisent des effets *erga omnes*. Ces effets sont ceux d'une annulation avec un caractère rétroactif limité, car ils n'affectent pas les jugements passés en force de chose jugée (art. 161, al. 1), sauf éventuellement en matière pénale et de pénalités administratives (art. 40 de la loi organique LOTC).

De manière assez peu cohérente, l'autorité de chose jugée qui s'attache aux sentences du tribunal n'exclut pas que les deux types de contrôle ne soient exclusifs l'un de l'autre. Une question de constitutionnalité peut encore être posée par un juge ordinaire après que le juge constitutionnel a statué sur la validité d'une loi dans le cadre d'un recours en inconstitutionnalité.

Aux procédures de recours d'inconstitutionnalité et de questions d'inconstitutionnalité, il faut ajouter, depuis la réforme introduite par la loi organique n° 7/1999 du 21 avril 1999, celle du « conflit en défense de l'autonomie locale » qui fait désormais l'objet du titre IV de la LOTC. Cette réforme permet aux collectivités locales (municipalités et provinces), aux termes d'une procédure complexe, d'intenter un recours auprès du tribunal constitutionnel lorsqu'elles estiment qu'un acte de l'État ou d'une communauté autonome ayant valeur législative lèse leur autonomie dont le principe est consacré à l'article 137 de la Constitution. Lorsqu'il est saisi de cette manière, le tribunal ne peut immédiatement déclarer l'acte litigieux inconstitutionnel. Il doit se borner, dans un premier temps, à résoudre le conflit en défense de l'autonomie locale. Néanmoins, par un second arrêt, le tribunal peut de sa propre initiative prononcer la nullité de l'acte en cause. Cette bizarrerie procédurale qui consacre une forme d'autosaisine s'explique dans la mesure où la Constitution (art. 161) autorise certes qu'il soit confié au tribunal de nouvelles compétences par une loi organique, mais non que l'on modifie les compétences déjà existantes. Dès lors, il aurait été inconstitutionnel de permettre aux collectivités locales de déclencher une procédure de contrôle de constitutionnalité pouvant se traduire directement par l'annulation de l'acte contesté. On notera néanmoins que même si la seconde décision n'est pas rendue à l'initiative des collectivités locales, la constitutionnalité d'une autosaisine demeure sujette à controverse.

Au sein de l'abondante jurisprudence créée par le tribunal dominent les décisions rendues sur recours d'*amparo*. Les décisions rendues sur question préjudicielle concernent, quant à elles, essentiellement des normes législatives de l'État. Pour ce qui est de celles rendues sur recours d'inconstitutionnalité, on constate qu'elles n'interviennent que marginalement sur saisine des parlementaires (moins de 20 %) et qu'exceptionnellement sur celles du défenseur du peuple (3 %). « Il en résulte que, dans la mesure où les saisines quantitativement les plus nombreuses concernent le plus souvent des problèmes de répartition des compétences entre l'État et les communautés autonomes, la technique du recours d'inconstitutionnalité sert principalement à garantir le respect par les lois et les actes ayant force de loi des règles constitutionnelles de répartition des compétences (...). »[1]

III | L'ÉTAT DES AUTONOMIES

297 DÉFINITION. — La notion même de fédéralisme est restée associée en Espagne à l'éphémère et malheureuse expérience de la Constitution républicaine de 1873, qui avait dégénéré dans l'anarchie et le cantonalisme. Le fédéralisme a été compris comme impliquant une véritable fragmentation de la souveraineté, susceptible d'aboutir à la dissolution de l'État. Dans cet esprit, le constituant de 1931, essentiellement préoccupé par la question de l'autonomie catalane, a conçu un système original excluant la généralisation de l'autogouvernement inhérente au système fédéral mais ouvrant la voie à une autonomie facultative, pouvant être reconnue dans le cadre constitutionnel de l'État central à mesure que les autorités locales la revendiquent dans le respect d'une procédure prévue par la Constitution. Telle est la formule du concept d'*État intégral*

---

1. P. Bon, Le tribunal constitutionnel espagnol, *Les Cahiers du Conseil constitutionnel*, 1997, n° 2, p. 45.

défendu devant les Cortès constituantes de 1931 par le député socialiste Jiménez de Asua, qui se veut une synthèse de l'État unitaire et de l'État fédéral, respectueux de toutes les formes d'autonomie locale. Cette doctrine de l'État intégral était empruntée à Hugo Preuss[1]. Le système ne sera mis en œuvre réellement qu'en Catalogne, avec le statut de 1932, élaboré à la suite du référendum du 2 août 1931. Pour le Pays basque et la Galice, les statuts n'interviennent qu'après le déclenchement de la guerre civile et comme un moyen dans le cadre de celle-ci. Avec le régime franquiste, la suppression des autonomies mises en place sous la République est radicale et toute expression autonomiste est réprimée comme entachée de séparatisme. Le rétablissement de la démocratie, à la suite des élections de 1977, voit la mise en œuvre de statuts dits de préautonomie, c'est-à-dire d'autonomie préconstitutionnelle. Elle commence en septembre 1977 avec la restauration de la généralité de Catalogne, se poursuit au début de 1978 avec l'attribution de régimes de préautonomie au Pays basque et à la Galice et s'étend enfin quasiment à l'ensemble du territoire espagnol dès avant que soit mise en vigueur la Constitution. Le constituant a largement emprunté au modèle autonomique de la Constitution de 1931 et c'est sur ce point que celle-ci a marqué le plus d'influence sur la Constitution actuelle, après avoir inspiré les constituants italiens de 1947. Il a fait sienne la technique inventée en 1931, consistant à ne pas définir d'emblée un système de régionalisation politique unique et généralisé à tout le territoire mais à reconnaître aux différentes nationalités et régions un droit spécifique d'accéder à l'autonomie (art. 146 de la Constitution). En même temps, la Constitution n'envisage que dans ses grandes lignes le cadre de compétence des institutions autonomes, renvoyant la détermination du contenu concret des autonomies à une norme elle-même largement autonome dans son élaboration – même si elle doit être approuvée en la forme et par la procédure d'une loi organique de l'État – le statut d'autonomie, qui est propre à chacune des communautés autonomes. Ce double emprunt majeur à la Constitution de 1931 n'avait peut-être pas la même justification qu'alors, dans la mesure

---

1. V. D. Sevilla Andres, *Constituciones y otras Leyes y Proyectos Politicos de España,* Madrid, Editoria Nacional, 1969, t. II, p. 207.

où le constituant de 1978 a envisagé d'emblée l'extension du processus autonomique à tout le territoire, mais il permettait « de renvoyer la solution définitive des questions de fond à une période ultérieure, en soulageant ainsi les travaux constituants d'une énorme et complexe pression »[1].

298 Processus d'accès et statuts d'autonomie. — La Constitution a prévu différentes voies d'accès à l'autonomie et deux régimes d'autonomie distincts. Ces deux régimes correspondent à des niveaux de compétence d'une ampleur différente. Le premier niveau se caractérise par le fait que les compétences de la communauté autonome ne sont limitées que par celles qui sont exclusivement attribuées à l'État par l'article 149 de la Constitution et sont énumérées à l'alinéa 1, qui comporte 32 titres de compétences. Aux termes de l'alinéa 3, les matières non expressément attribuées à l'État *peuvent* revenir aux communautés autonomes en vertu de leur statut respectif. Quant au second niveau, le niveau inférieur de compétence, il correspond à une autonomie limitée aux matières énumérées à l'article 148, qui comporte 22 titres de compétence d'intérêt plus spécifiquement régional (collectivités locales, aménagement du territoire ; agriculture, pêche, forêts ; musées et patrimoine ; sport, culture, enseignement de la langue communautaire ; police administrative, etc.). Cette formule est en principe transitoire. L'article 148, alinéa 2, prévoit en effet qu'au terme d'un délai de cinq ans les communautés autonomes peuvent élargir leurs compétences dans le cadre établi à l'article 149, par une réforme de leur statut.

Plusieurs voies d'accès à l'autonomie sont envisagées par la Constitution. En premier lieu, l'accès à l'autonomie fait normalement l'objet d'une initiative locale, et, dans ce cas, trois hypothèses différentes doivent être distinguées. Mais l'autonomie peut également être mise en œuvre sur l'initiative de l'État. L'initiative locale fait l'objet de trois processus ; un processus normal, un processus spécial et un processus dérogatoire. Le processus normal est organisé à l'article 143 de la Constitution. L'alinéa 1 dispose que l'initiative doit émaner de provinces limitrophes aux caractéristiques

---

1. Garcia de Enterria, Les autonomies régionales dans la Constitution espagnole, *Administration publique*, 1986 (3), p. 172.

historiques, culturelles et économiques communes, de territoires insulaires ou de provinces isolées constituant une entité régionale historique. La mise en œuvre de l'initiative fait l'objet d'une procédure complexe décrite à l'alinéa 2 : « L'initiative du processus d'autonomie appartient à toutes les délégations intéressées ou à l'organe interinsulaire correspondant et aux deux tiers des municipalités dont la population doit représenter, au minimum, la majorité du corps électoral de chaque île ou province. Ces formalités doivent être accomplies dans un délai de dix mois à partir du premier accord adopté à ce sujet par certaines des collectivités locales intéressées. » L'alinéa 3 précise qu'en cas d'échec l'initiative ne peut reprendre qu'après un délai de cinq ans. Cette première voie, correspondant au processus normal, ne permet d'accéder qu'au second niveau de compétence, qu'à l'autonomie limitée définie à l'article 148 de la Constitution. Le processus spécial permet aux communautés autonomes d'accéder directement au premier niveau de compétence, limité seulement par les attributions exclusives de l'État énumérées à l'article 149, sans qu'il soit nécessaire de laisser courir le délai de cinq ans auquel se réfère l'article 148, alinéa 2. Tel est le cas lorsque l'initiative du processus d'autonomie a reçu, en plus de celle des délégations et organes interinsulaires concernés, l'approbation des trois quarts des municipalités de chacune des provinces engagées – et non plus seulement des deux tiers de l'ensemble des municipalités – si elles représentent la majorité au moins du corps électoral de chaque province et si l'initiative a été ratifiée par un référendum ayant recueilli la majorité absolue des électeurs de chaque province (art. 151, al. 1). Enfin, le processus dérogatoire, prévu par la deuxième disposition transitoire de la Constitution, vise le cas des nationalités dites « historiques », c'est-à-dire la Catalogne, le Pays basque et la Galice : « Les territoires qui dans le passé ont adopté par référendum des projets de statut et qui, à la date de la promulgation de cette Constitution, seront déjà dotés de régimes provisoires d'autonomie peuvent recourir immédiatement à la procédure prévue à l'article 148, alinéa 2, lorsque leurs organes collégiaux supérieurs de préautonomie les y auront autorisés à la majorité absolue, en en avisant le gouvernement (...). » Ces territoires définis de manière apparemment abstraite sont la Catalogne, le Pays basque et la Galice, seules communautés ayant adopté par référendum des projets de statut d'autonomie dans le passé, c'est-à-dire, comme on l'a vu, sous la II‍ᵉ République, et qui sont les premières à avoir reçu un régime d'autonomie préconstitutionnelle. À première vue, la disposition précitée ne concerne pas le processus d'accès aux autonomies mais seulement la possibilité de bénéficier du niveau supérieur de compétence sans l'exigence du délai de cinq ans visé à l'article 148, alinéa 2. La deuxième disposition transitoire a cependant été interprétée comme instituant un processus dérogatoire d'accès à l'autonomie, reconnaissant d'emblée celle-ci aux trois nationalités historiques, sans qu'il leur soit besoin d'engager aucune procédure, puisque l'autonomie leur a été acquise sous la Constitution de 1931. En second lieu, l'accès à l'autonomie peut être mis en œuvre avec le concours des organes de l'État central. Ce processus est envisagé à l'article 144 de la Constitution, qui distingue également trois hypothèses. Il est d'abord prévu qu'une loi organique votée par les Cortès peut autoriser, pour des motifs d'intérêt national, la constitution d'une communauté autonome lorsque son territoire ne dépasse pas celui d'une province et ne réunit pas les conditions de l'article 143, alinéa 1. Ensuite, et dans les mêmes conditions, l'article 144 dispose que les Cortès peuvent autoriser ou accorder un statut d'autonomie pour les territoires qui ne sont pas compris dans l'organisation provinciale : ceci vise les territoires africains de Ceuta et Melilla. Enfin, et c'est là la disposition essentielle, les Cortès peuvent, toujours par la voie de la loi organique et pour des motifs d'intérêt général, exercer l'initiative en lieu et place des collectivités locales visées à l'article 143, alinéa 2, c'est-à-dire les députations provinciales et les communes. Ainsi, en cas d'abstention des autorités locales, le Parlement national peut prendre lui-même l'initiative du processus d'autonomie. On a également interprété cette disposition dans le sens que les Cortès ont aussi le droit – en cas d'échec d'un processus en raison de l'opposition d'une des collectivités concernées – de débloquer ce processus en passant outre à cette opposition.

Dès lors qu'un territoire est érigé en communauté autonome, il lui incombe de se doter d'un statut qui, aux termes de l'article 147 de la Constitution, est sa « norme institutionnelle fondamentale ». L'autonomie statutaire des communautés autonomes n'est pas absolument comparable à l'autonomie constitutionnelle d'États réunis en fédération : elle est plus étroitement limitée par le cadre de la Constitution de l'État central, qui est la seule norme originaire. Celle-ci autorise sans doute une assez grande diversité dans les statuts, mais il apparaît que la distinction qui est faite aux articles 148 et 149 entre deux niveaux de compétences autonomes, détermine nécessairement l'existence de deux catégories de statuts, qui peuvent être qualifiés, selon l'exemple italien, de statuts ordinaires et de statuts spéciaux[1]. Les communautés autonomes à statut ordinaire sont celles qui accèdent à l'autonomie par le processus ordinaire d'initiative locale (art. 143) ou par l'initiative des autorités de l'État (art. 144). Les communautés à statut spécial sont celles qui acquièrent le niveau supérieur de compétence autonome par le processus spécial de l'article 161, alinéa 1, ou bien de plein droit, comme les trois nationalités historiques, en vertu de la deuxième disposition transitoire.

Les deux types de statuts diffèrent tant par leur mode d'élaboration que par leur contenu. Le statut ordinaire est élaboré par une assemblée réunie *ad hoc* et composée des membres des députations ou organes interinsulaires des provinces concernées et par les députés et sénateurs élus dans ces provinces. Le projet est ensuite transmis aux Cortès et soumis à la procédure des lois organiques (art. 146 et 81, al. 1). Le statut spécial fait l'objet d'une procédure nettement plus lourde, décrite à l'article 151, alinéa 2, qui prévoit l'intervention d'une assemblée *ad hoc,* composée seulement des membres des Cortès du territoire concerné, de la commission des affaires constitutionnelles du Congrès des députés, assistée d'une délégation de l'assemblée *ad hoc,* d'un référendum qui doit obtenir la majorité au sein de chacune des provinces concernées, puis des Cortès Generales. En cas de désaccord entre la commission du Congrès et la délégation précitées, ce sont les Cortès qui se saisissent du projet de statut et le référendum qui clôt la procédure. L'article 147 définit le contenu minimum des statuts ordinaires : le nom de la communauté, son assise territoriale, l'organisation et le siège de ses institutions et la détermination des compétences que la communauté décide d'assumer parmi celles qui lui sont limitative-

---

1. V. F. Moderne et P. Bon, *Les autonomies régionales dans la Constitution espagnole,* Paris, Economica, 1981, p. 72.

ment offertes par l'article 148 de la Constitution. Le contenu des statuts spéciaux est soumis à des règles nettement plus précises en ce qui concerne l'organisation institutionnelle (v. n° 301). Le statut doit également préciser quelles sont les compétences exercées par la communauté, dans les limites des compétences réservées à l'État par l'article 149. Les statuts sont conçus comme des mises en œuvre particulières de la Constitution mais qui bénéficient, à l'instar de celle-ci, d'une stabilité garantie par une procédure particulière de révision, et d'une supériorité à l'égard des lois, même des lois organiques de l'État. La conformité des statuts à la Constitution, dont la nécessité a été rappelée par le tribunal constitutionnel[1], est garantie, comme en matière de traités internationaux, par un recours en inconstitutionnalité, préalable à l'approbation du statut par référendum et qui est ouvert aux autorités pouvant former le recours normal (art. 79 LOTC).

299 LES PACTES D'AUTONOMIE. — La Catalogne et le Pays basque, bénéficiant d'un accès direct à l'autonomie, ont été les premières communautés à approuver leur statut, par des référendums organisés en octobre 1979, suivis en 1980 par les premières élections aux parlements autonomes. En décembre 1980 a eu lieu le référendum approuvant le statut de la Galice, troisième nationalité historique. Entre-temps s'était déroulé le processus d'accès à l'autonomie de l'Andalousie, qui avait choisi de recourir à la voie spéciale, permettant de bénéficier du niveau supérieur de compétence. Cette détermination avait d'abord reçu l'accord du parti gouvernemental, l'UCD, qui fit ensuite volte-face en recommandant à son électorat de s'abstenir au référendum du 28 février 1980 sur l'accès à l'autonomie. Mais une grande partie de ces électeurs n'a pas suivi la consigne de l'UCD de telle sorte que le référendum qui aurait permis à l'Andalousie d'accéder au niveau supérieur d'autonomie, à l'instar des nationalités historiques, n'a échoué que de justesse : il fallait la

---

1. V. l'arrêt du tribunal constitutionnel du 4 mai 1982 : « N'est pas admissible l'idée selon laquelle, une fois le statut d'autonomie promulgué, c'est seulement son texte qui doit être considéré, pour réaliser l'œuvre interprétative qu'exige la délimitation des compétences. En opérant comme cela, on méconnaîtrait le principe de suprématie de la Constitution sur le reste de l'ordonnancement juridique dont les statuts d'autonomie font partie... En plus d'autres conséquences, ce principe implique que le statut d'autonomie, au même titre que le reste de l'ordonnancement juridique, doit être interprété toujours en conformité avec la Constitution. »

majorité absolue du corps électoral dans chacune des huit provinces andalouses et cette majorité n'a fait défaut que dans la province d'Alméria. Il en est résulté une crise politique qui a été déterminante dans la décision qu'ont prise le parti gouvernemental et le PSOE de conclure un accord en vue d'une solution globale de la question autonomique. L'accord s'est concrétisé dans la réunion d'une commission d'experts présidée par le Pr Garcia de Enterria, qui mit l'accent sur les limites des principes « facultatif et dispositif » – c'est-à-dire relatifs à la libre initiative d'accès à l'autonomie et à la liberté statutaire – en soulignant la nécessité d'une rationalisation du processus et de son extension, susceptibles de désamorcer les risques centrifuges des autonomies historiques déjà mises en œuvre. Le processus d'accès au niveau inférieur d'autonomie prévu à l'article 143-2 n'avait, pour sa part, abouti qu'à la constitution de trois communautés : la Cantabrie, la Rioja et Madrid. Le gouvernement a adopté l'essentiel des conclusions de la commission et résolu d'utiliser la première disposition transitoire de la Constitution permettant de substituer à l'initiative des collectivités locales visées à l'article 143-2 une simple demande émanant des organes collégiaux dits de préautonomie. Il a voulu associer à ce processus le principal parti d'opposition. Cette démarche consensuelle s'imposait d'autant plus après la tentative de coup d'État militaire de février 1981 d'une part, et face à l'opposition des partis nationalistes basques et catalans d'autre part. De là les *pactes autonomiques* souscrits le 31 juillet 1981 entre le parti gouvernemental UCD et le Parti socialiste. L'accord a porté sur une généralisation du régime des communautés autonomes à tout le territoire espagnol et sur un contenu type de statuts, relevant du niveau inférieur de compétence, ainsi que sur le mode de scrutin, le financement, etc. Ce dispositif devait aboutir à la création de 17 communautés autonomes (en comprenant les quatre déjà constituées), auxquelles s'ajoutent les territoires de Ceuta et Melilla[1]. Le texte

---

1. Seule des 13 nouvelles communautés, la Navarre a bénéficié des modalités d'accès au niveau supérieur d'autonomie propre aux quatre premières, en vertu de la quatrième disposition transitoire de la Constitution relative à son incorporation au régime d'autonomie applicable au Pays basque. Cette communauté dite « forale » n'est donc pas dotée d'un statut, à la différence des autres, mais les règles concernant son organisation et ses compétences ont fait l'objet d'une loi particulière « de réintégration et d'amélioration du régime foral de la Navarre » qui a été élaboré comme celles portant statut des communautés de rang supérieur : accord entre l'État et la députation forale, référendum, ratification par les Cortès (v. P. Bon, Espagne : l'État des autonomies, in *L'État autonomique : forme nouvelle ou transitoire en Europe ?*, Paris, Economica, 1994, p. 119).

essentiel résultant des pactes est la loi organique d'harmonisation du processus autonomique, la LOAPA. Le projet, adopté le 29 juillet 1982, a suscité de vives controverses et des manifestations d'hostilité particulièrement en Catalogne et au Pays basque. En tant que loi organique, elle a été déférée au tribunal constitutionnel par des recours préalables en inconstitutionnalité (forme de recours abolie en 1985) qui ont abouti à l'arrêt du 5 août 1983, concluant à une annulation partielle de la LOAPA. L'inconstitutionnalité sanctionnée par le tribunal concerne cependant moins le contenu de la loi, qui a été maintenu pour l'essentiel, que la qualification de loi organique et d'harmonisation que le législateur avait prétendu lui donner. L'État avait en effet usé du pouvoir que lui donne l'article 150, alinéa 3, de la Constitution d' « édicter des lois établissant les principes nécessaires pour harmoniser les dispositions normatives des communautés autonomes, même dans le cas des matières attribuées à la compétence de celles-ci, quand l'exige l'intérêt général ». Il s'agit là d'un pouvoir exceptionnel dont l'utilisation exige une appréciation préalable, par un vote à la majorité absolue dans chaque chambre, de la nécessité en vue de l'intérêt général. Or, relève le tribunal, l'État disposait, pour procéder à l'harmonisation du processus autonomique, d'une compétence normale d'édicter des *lois de base* ou lois-cadres. En recourant à la loi organique et d'harmonisation, les Cortès auraient en quelque sorte fait un détournement de procédure. Mais le tribunal reconnaît à l'essentiel de la LOAPA la valeur d'une loi de base ordinaire. Amputée de 14 articles, elle a été promulguée le 12 octobre 1983, ce qui a permis l'entière exécution des pactes d'autonomie. Tous les statuts ayant été approuvés à de très larges majorités, les premières élections dans les 13 nouvelles communautés autonomes ont eu lieu le 8 mai 1983. Elles ont été suivies de l'installation des nouveaux organes autonomes. À l'exception de la Navarre – et sous réserve que, pour les communautés de Valence et des Canaries, des lois organiques particulières se fondant sur l'article 151 de la Constitution sont venues étendre les compétences au-delà des matières de l'article 148-1 (au point de les assimiler quasiment à celles du niveau supérieur) – les nouvelles communautés ne pouvaient donc bénéficier pendant cinq ans que du niveau inférieur d'autonomie. Ce délai est échu en 1987, année où ont eu lieu, le 10 juin – en même temps que les premières élections européennes en

Espagne, ainsi que les élections municipales – les deuxièmes élections aux assemblées communautaires. À la suite de ces élections, la revendication de la plénitude de compétence prévue par la Constitution a été vigoureusement soutenue par plusieurs communautés dotées de majorités politiques diverses, qui ont en particulier réclamé le plein exercice des compétences en matière d'éducation et de télévision. Le gouvernement, toutefois, avait manifesté avant les élections son intention de prolonger la situation existante jusqu'en 1990, en raison notamment des implications financières d'un transfert complet. Réactivisées en même temps que certaines tensions sécessionnistes en Catalogne, et surtout au Pays basque (déclaration du PNV le 5 janvier 1990 sur le droit du parlement basque à se prononcer sur l'autodétermination), les revendications des dix communautés ont fini par aboutir à la signature, le 28 février 1992, d'un nouveau pacte d'autonomie entre le Parti socialiste au pouvoir et le Parti populaire, principal parti d'opposition. Le pacte a été effectué par la loi organique du 23 décembre 1992, puis par dix lois organiques particulières du 24 mars 1994 (une onzième parachevant le statut valencien). Il résulte de ces textes que, moyennant certaines réserves, toutes les communautés autonomes ont désormais les mêmes compétences, qui sont en principe celles que l'article 149-1 de la Constitution n'attribue pas exclusivement à l'État[1]. L'article 148 définissant les compétences du niveau inférieur d'autonomie « n'a plus maintenant qu'un intérêt largement historique » (P. Bon). Par ailleurs, ce pacte dispose expressément que le principe de coopération est « consubstantiel au bon fonctionnement de l'État autonomique », ce qui constitue, relève L. Burgogue-Larsen, « le résultat conjugué de contributions doctrinales et jurisprudentielles »[2]. Certains auteurs, un moment relayés par des politiques, ont préconisé, pour permettre à l'État autonomique de trouver son point d'équilibre, le recours aux techniques du fédéralisme coopératif. La logique de celui-ci est du reste susceptible d'être appliquée au système de répartition des compétences tel qu'il résulte de la Constitution (v. n° 301), et le tribunal constitutionnel s'y est référé à diverses reprises, quoique de manière peu précise, notam-

---

1. Parachevant cette intégration, la loi organique du 27 décembre 1995 transfère à la Galice des compétences qu'elle n'avait pas inscrites dans son statut, pourtant d'autonomie supérieure en tant que nationalité historique, alors que les mêmes compétences étaient déjà exercées par les communautés du niveau inférieur d'autonomie.
2. *L'Espagne et la Communauté européenne*, Éditions de l'Université de Bruxelles, 1995, p. 63.

ment quant à l'usage des termes (coopération, coordination, collaboration). Pour rendre plus effectif le principe de coopération, le pacte de 1992 a institutionnalisé des « conférences sectorielles » qui doivent être considérées « comme le moyen habituel et normal, en termes de relations institutionnelles, pour articuler les activités des diverses administrations publiques » (2ᵉ partie, 3ᵉ point). Le fonctionnement des conférences repose sur « l'acceptation libre et volontaire des parties » (4ᵉ point) de sorte que « l'obtention de résultats au sein des conférences sectorielles sera fonction de l'assistance et de la participation de toutes les communautés autonomes à leurs réunions » (6ᵉ point). Les accords seront dès lors normalement conclus à l'unanimité, « même si la règle majoritaire peut s'appliquer dans certains cas d'intérêt commun » (8ᵉ point). Le pacte précise encore que, « selon les domaines et le niveau d'accord entre les parties, les conférences ne délivreront que des avis ou bien participeront à la prise des décisions, ces dernières garantissant la participation des communautés autonomes aux activités étatiques et aux politiques communes, et intégrant les problèmes régionaux aux intérêts de l'État » (5ᵉ point). Sans doute, la question de la force juridique des décisions adoptées au sein des conférences n'est pas clairement déterminée. Mais on perçoit nettement l'influence du modèle allemand de fédéralisme coopératif dans les dispositions du pacte qui viennent d'être citées. Et ce modèle fournit aussi une solution nuancée quant au caractère contraignant des décisions prises (v. n° 222).

300 LES ORGANES DES COMMUNAUTÉS AUTONOMES. — L'article 152 de la Constitution définit de manière précise quels doivent être les organes des communautés autonomes assumant le degré supérieur de compétence et ne laisse à cet égard que peu de champ à l'autonomie. *A contrario,* on peut en déduire que les communautés ne bénéficiant que du niveau inférieur de compétence peuvent déterminer plus librement leur structure organique. La mise en œuvre du processus, décrit précédemment, sur l'initiative de l'État et l'établissement de statuts types a cependant conduit à une uniformisation organique caractérisée par l'alignement des statuts ordinaires sur les exigences imposées aux statuts spéciaux par l'article 152. Chaque communauté est ainsi dotée d'une assemblée législative, d'un conseil de gouvernement et d'un tribunal supérieur de justice. L'organisation de l'assemblée législative relève de l'autonomie statutaire, mais l'article 152 impose que cet organe soit élu au suffrage universel selon un système de représentation proportionnelle assurant la représentation des différentes régions du territoire. Le conseil de gouvernement est l'exécutif de la communauté. Les modalités de sa désignation sont déterminées par les statuts, qui ont adopté un système d'investiture par un vote de la majorité de l'assemblée. La Constitution prévoit que le conseil de gouvernement est dirigé par un président élu par l'assemblée parmi ses membres et nommé par le roi. Au président appartiennent « la représentation suprême de la communauté concernée et l'organisation de l'État dans ladite communauté » (art. 152, al. 1), par une application classique du dédoublement fonctionnel. La Constitution impose encore aux communautés le principe parlementaire : le président et les membres du conseil de gouvernement sont politiquement responsables devant l'assemblée. Du point de vue de leurs compétences matérielles, l'autonomie législative et réglementaire des organes des communautés est entière. Les lois des communautés sont équipollentes à celles de l'État : le système des autonomies espagnoles est à cet égard analogue au fédéralisme. Il n'en va pas exactement de même en matière judiciaire. Le constituant a voulu maintenir l'unité de l'organisation judiciaire sous une seule cour suprême, avec ses chambres civiles et criminelles, du contentieux administratif et du droit du travail. Mais l'article 152, appliqué sur ce point encore par tous les statuts, a prévu la création dans la communauté autonome d'un tribunal supérieur de justice ayant à connaître des litiges dans lesquels est appliqué uniquement le droit propre communautaire.

Enfin, la Constitution établit dans chaque communauté, auprès des autorités de celles-ci, un délégué du gouvernement qui a la charge de diriger l'administration directe de l'État et de coordonner les tâches de cette dernière avec celles de la communauté (art. 154). Il existe aussi des organes de coopération et de relation, comme les conférences des ministres, les commissions mixtes, et, depuis les pactes d'autonomie de 1992, les conférences sectorielles.

301 LA RÉPARTITION DES COMPÉTENCES. — Le système organisé par la Constitution peut être défini d'emblée comme celui du fédéralisme coopératif. Sauf la primauté de la Constitution sur l'ensemble de l'ordonnancement juridique, il n'y a pas de rapport de hiérarchie entre les normes de l'État et celles des communautés. Les deux ordres juridiques sont articulés dans une commune subordination à la Constitution et aux statuts. Mais la séparation entre ces deux ordres ne procède pas de la doctrine classique du fédéralisme dualiste. Au contraire, conformément au principe de coopération qui est celui de tous les fédéralismes modernes, la plupart des compétences réparties entre les deux ordres sont des compétences concurrentes et non exclusives. Sans doute, l'article 148 énumère des compétences qui peuvent être attribuées aux communautés par leur statut et l'article 149 mentionne les matières dans lesquelles l'État « possède la compétence exclusive ». Mais très peu de ces compétences sont véritablement exclusives dans le sens absolu où elles excluraient toute intervention des communautés. Nombre de ces compétences sont mentionnées sous la réserve des compétences appartenant aux communautés autonomes (par exemple, le droit processuel et le droit civil), d'autres prévoient le pouvoir d'exécution par les communautés (en matière de droit du travail), d'autres encore sont limitées aux *lois de base* (contrats administratifs, environnement, presse, radio et télévision), d'autres enfin se définissent comme des compétences partagées (ordre public). La formule qui rend le mieux compte de ce système de compétences est celle par laquelle l'article 149 définit la compétence de l'État comme celle d'établir les bases ou la législation de base dans un grand nombre de matières. En effet, cette formule indique clairement qu'il appartient aux communautés de compléter par leurs propres normes le cadre normatif établi par l'État, en leur laissant une certaine marge pour des options politiques propres, ainsi que l'ont souligné plusieurs arrêts du tribunal constitutionnel. Il ne s'agit donc pas ici d'un système d'habilitation, que l'on verra par ailleurs, mais d'une répartition du champ normatif permettant notamment aux communautés de prendre leurs propres règles même en l'absence d'une loi de base de l'État. Cette possibilité a été admise par le tribunal constitutionnel, qui accepte que le fondement étatique de la norme communautaire soit déduit des règles antérieures à la Constitution (arrêt du 4 novembre 1982).

À un degré inférieur, la compétence des communautés autonomes peut encore s'exprimer en termes d'exécution de la législation étatique en vertu d'un droit propre, système emprunté au fédéralisme allemand (v. n° 218). Enfin, on peut aussi parler, pour l'exercice de certaines compétences (questions économiques, santé publique), de *coordination verticale,* selon l'expression du tribunal constitutionnel (arrêts des 28 avril 1983 et 2 février 1984), c'est-à-dire d'une coordination impliquant un pouvoir de direction générale de l'État[1].

En outre, l'État peut consentir expressément aux communautés des habilitations particulières. L'article 150, alinéas 1 et 2, prévoit deux types : l'habilitation législative et la délégation de compétences. Les Cortès peuvent, par le vote d'une loi de base ou loi-cadre particulière, habiliter les communautés à prendre des normes législatives dans des matières de la compétence étatique définie à l'article 149. Chaque loi détermine elle-même les modalités permettant aux Cortès de contrôler la conformité de la législation communautaire aux principes et directives énoncés dans la loi de base.

Le second type d'habilitation est la délégation ou le transfert, par une loi organique, de certaines compétences de l'État « qui par leur nature sont susceptibles d'un tel transfert ou d'une telle délégation » (art. 150, al. 2). De plus, la loi doit prévoir dans chaque cas un transfert correspondant de moyens financiers et, de même que précédemment, déterminer les modalités de son contrôle. Par l'expression de « transfert de compétences », il ne faut pas entendre celui des matières elles-mêmes dans leur ensemble, mais seulement celui des aspects « susceptibles de transfert ou de délégation ». Ainsi, l'État ne peut évidemment déléguer en bloc ses compétences en matière de relations internationales, mais il peut le faire de certains aspects de cette matière, par exemple en ce qui concerne la participation régionale dans les relations avec la CEE[2].

La Constitution prévoit par ailleurs des pouvoirs d'intervention extraordinaires de l'État, limitant l'autonomie des communautés. Tel est le cas des lois d'harmonisation envisagées à l'article 150, alinéa 3, dont il a été question à propos de la LOAPA (v. n° 299). Il résulte de l'arrêt du 5 août 1983 que ce pouvoir ne peut être exercé qu'en dernier recours, quand aucune compétence ordinaire de l'État n'est utilisable.

---

1. V. E. Garcia de Enterria, art., cité, p. 179.
2. *Ibid.,* art. cité, p. 180.

Il en va *a fortiori* de même du pouvoir reconnu à l'État par l'article 155 de la Constitution, adaptation de la procédure de *contrainte fédérale* qu'envisage l'article 37 de la Loi fondamentale allemande. Le recours à cette forme d'exécution forcée est conditionné par un manquement d'une communauté aux obligations que la Constitution et les lois lui imposent, ou par une atteinte grave à l'intérêt général de l'Espagne. Si la communauté ne se conforme pas à la mise en demeure adressée à son président par le gouvernement, celui-ci peut, avec l'accord de la majorité absolue du Sénat, prendre les mesures nécessaires de contrainte que l'alinéa 2 de l'article 155 définit essentiellement comme un pouvoir de substitution. Il convient de noter que la mise en demeure gouvernementale peut faire l'objet d'un litige devant le tribunal constitutionnel, ce qui permet dans une certaine mesure de porter un conflit politique, ou un conflit d'intérêt, sur le terrain juridique du conflit de compétences.

Le système espagnol de répartition de compétences contient encore une clause relative aux pouvoirs résiduels, une clause, également empruntée au fédéralisme allemand, de primauté du droit de l'État, et une clause de subsidiarité. L'article 149, alinéa 3, dispose en effet que « la compétence dans les matières qui n'ont pas été prises en charge par les statuts d'autonomie appartiendra à l'État dont les normes prévaudront, en cas de conflit, sur celles des communautés autonomes pour tout ce qui n'est pas attribué à la compétence exclusive de ces dernières. Le droit de l'État sera, en tout cas, supplétif du droit des communautés autonomes ».

La clause des pouvoirs résiduels vise l'hypothèse des compétences non énoncées comme exclusives de l'État à l'article 149, alinéa 1 ; il résulte de cette clause que les pouvoirs non énumérés par les statuts comme appartenant à la communauté restent des pouvoirs de l'État. La clause de primauté du droit de l'État vise l'hypothèse des compétences concurrentes. Comme en droit allemand, ce n'est pas une règle de compétence mais une règle de conflit destinée à s'appliquer en présence de normes régulièrement prises dans la sphère de compétences de chacun des deux ordres. Dans ce cas, une compétence communautaire ne peut faire obstacle à l'exercice d'une compétence exclusive de l'État, en vertu de la

« suprématie de l'intérêt général de la nation » (arrêt précité du 5 août 1983)[1].

Enfin, la clause de subsidiarité exprime le principe selon lequel le droit de l'État est le droit commun alors que celui des communautés est un droit particulier, et comme tel, fragmentaire. La subsidiarité du droit étatique ne doit en effet pas s'entendre comme visant seulement à combler des lacunes mais comme postulant une intégration dans un ordonnancement juridique global, dont l'application revient à un pouvoir juridique unique[2]. Il ne faut cependant pas voir dans cette clause une attribution à l'État d'une compétence normative à caractère général. Sans doute, dans un premier temps, le tribunal constitutionnel avait admis que l'État pouvait édicter des normes à caractère supplétif dans les matières relevant de la compétence exclusive des communautés, mais cette position avait été rectifiée par des arrêts postérieurs. L'interprétation de cette clause par le tribunal gardait en tout cas un caractère historique, lié au souci originel du constituant de prévenir les lacunes juridiques et à l'idée d'un ordre juridique en transformation. Mais cette conception a fini par soulever des problèmes techniques, limitant la capacité d'auto-organisation des ordres juridiques communautaires en train de naître. « D'un côté, note P. Bon, il était également très difficile de distinguer entre les lacunes au sens strict du terme qui, de ce fait, devaient être comblées, et les vides résultant d'une volonté normative négative, traduisant une option en faveur d'une déréglementation de la matière : difficulté technique qui débouche directement sur un problème politique d'importance, sur un choix de politique législative. » Allant au-delà de sa conception générale réduisant la clause du caractère supplétif à une règle d'intégration des ordres juridiques, le tribunal a d'abord déclaré nulles, et non pas seulement dépourvues d'effet, les normes supplétives que l'État prétendait édicter dans les matières où il ne dispose d'aucune compétence (arrêt du 4 juillet 1991), puis affirmé que l'État doit pouvoir se fon-

---

1. Un arrêt du 8 novembre 1995 est cependant venu vider de son sens la clause de primauté en établissant qu'en cas de conflit de normes, le juge ordinaire n'a pas à faire jouer lui-même la clause de primauté du droit de l'État mais, comme en toute autre hypothèse de doute sur la constitutionnalité de la norme applicable, en référer directement au tribunal constitutionnel par la voie de la question préjudicielle.
2. *Ibid.*, art. cité, p. 183-184.

der sur un titre de compétence propre et non pas seulement disposer d'une quelconque compétence normative dans le domaine en cause (arrêt du 27 juin 1996). Cette jurisprudence a été confirmée par un arrêt du 20 mars 1997 par lequel le tribunal a annulé une loi de l'État prise en matière d'urbanisme pour défaut de compétence, ce qui a conduit à la remise en vigueur de la législation antérieure. Ainsi l'État n'a-t-il plus la possibilité, qui s'était maintenue durant la phase inchoative d'élaboration des ordres communautaires, d'édicter des normes ayant un caractère *simplement* supplétif. Cette solution, parfaitement justifiée sur le plan théorique, pose néanmoins de réels problèmes d'ordre pratique dans la mesure où elle permet que subsistent des législations parfois peu adaptées aux nécessités actuels lorsque les communautés autonomes n'exercent pas leurs propres compétences.

Ce système complexe de répartition de compétences est de nature à engendrer de nombreux conflits. L'article 161, alinéa 1, de la Constitution donne au tribunal constitutionnel la connaissance des « conflits de compétences entre l'État et les communautés autonomes ou de celles-ci entre elles ». Le gouvernement bénéficie du droit de déférer directement les lois ou les actes des communautés qu'il conteste devant le tribunal, ce recours entraînant la suspension, éventuellement provisoire, de la norme ou décision attaquée (art. 161, al. 2). En revanche, les autorités des communautés doivent préalablement demander le retrait pour incompétence des actes qu'elles contestent ; au terme d'un délai d'un mois, le recours constitutionnel peut être formé. Le tribunal peut décider le sursis à exécution de la norme ou décision attaquée si son application lui paraît de nature à compromettre l'efficacité de son arrêt futur. Les actes déterminant les conflits élevés par les communautés ne sont pas des lois car il existe à l'endroit de celles-ci un recours spécifique en inconstitutionnalité (v. n° 296). La très grande majorité des conflits de compétence ont opposé l'État aux communautés autonomes et non les communautés entre elles[1]. Dans les premières années de fonctionnement des autonomies catalane et basque, le gouvernement a déféré un grand nombre de lois communautaires au tribunal constitutionnel, ce qui a

---

1. Pour un exemple de ce type de litige, v. l'arrêt du 22 juillet 1996 tranchant le conflit de compétence soulevé par le gouvernement de Castille et Léon contre celui de Cantabrie.

permis à celui-ci de clarifier la répartition de compétences et de lui donner cohérence. Cette entreprise a été marquée d'une notable prudence politique, qui a contribué à l'intégration du système des rapports entre l'État et les autonomies sur des bases incontestées. « À l'occasion des recours d'inconstitutionnalité intentés contre des lois, qui (...) soulèvent souvent des questions de répartition des compétences, à l'occasion également des conflits de compétence qui soulèvent exclusivement des problèmes de répartition des compétences nés d'actes administratifs, le juge constitutionnel a été conduit, non seulement à éclairer, matière par matière, les règles de répartition des compétences entre l'État et les communautés autonomes, mais aussi à définir ou préciser un certain nombre de concepts transversaux : notion de bases d'une matière, notion de lois de transfert, de délégation ou d'harmonisation... Il l'a fait en prenant en considération, certes la Constitution, mais également les statuts d'autonomie et certaines lois, puisque, en la matière, la LOTC étend la liste des normes de référence au-delà de la seule Constitution. »[1] Le tribunal a aussi contribué à garantir l'effectivité des compétences communautaires en empêchant l'État de porter atteinte à l'autonomie financière des communautés par le biais des subventions qui seraient régies par la loi de finances de l'État dans des matières relevant exclusivement de la compétence communautaire (arrêt du 6 février 1992). En ce qui concerne la législation des communautés autonomes, il faut aussi mentionner l'arrêt du 23 décembre 1994, rendu sur saisine du tribunal suprême, par lequel le tribunal constitutionnel a jugé conforme à la Constitution la loi catalane de 1983 renforçant l'usage du catalan dans les écoles « à condition qu'il n'exclue pas le castillan comme langue d'enseignement », décision qui, dans le contexte du moment, permet d'éviter une crise politique.

De manière générale, il résulte des arrêts récents rendus en matière de répartition des compétences que le tribunal tend essentiellement à se référer à sa jurisprudence antérieure « conçue comme un rappel et un cadre apte à permettre d'entrer dans l'examen et la résolution des problèmes concrets que posent les litiges qu'il convient de régler » (P. Bon). C'est en particulier le cas de ceux portant sur l'étendue de la compétence de l'État pour établir les

---

1. P. Bon, art. cité, p. 53.

« bases » d'une matière déterminée soumise à ce régime de répartition des compétences. Un arrêt important intervenu le 23 juillet 1998 semble refléter, selon Pierre Bon, une nouvelle conception du tribunal constitutionnel au regard de l'articulation des compétences de l'État et des communautés autonomes. En l'espèce, le Pays basque avait voté une loi relative au droit d'association, ce dernier n'ayant pas fait l'objet d'une réglementation étatique préalable. Or en vertu de la jurisprudence antérieure, une telle loi aurait été déclarée inconstitutionnelle au motif qu'elle empiète sur la compétence de l'État. Pourtant le tribunal a jugé la loi conforme à la Constitution dans la mesure où, dès lors que l'État exercera sa compétence, la loi étatique remplacera la loi de la communauté autonome.

Cependant, alors même que le juge constitutionnel espagnol (contrairement à son homologue italien, du moins naguère) s'avère sans complexe favorable dans l'ensemble au développement des autonomies, on assiste depuis un certain temps à une tentative, il est vrai mesurée, de reprise en main de la part de l'État. Cette régression, si c'en est une, s'appuie sur des données politiques : le fait que, depuis les élections générales de 2000, le gouvernement central n'a plus à dépendre du soutien parlementaire des partis périphériques. Dès lors, la revendication autonomiste a pris un tour nouveau vers l'indépendance, depuis qu'en février 2002 les nationalistes catalans ont introduit aux Cortès une proposition réclamant l'*Ausgleich* pour la Généralité : seules les affaires étrangères et la défense resteraient de la compétence de l'État. Le gouvernement central, fort de sa majorité absolue, a rejeté cette exigence de même que la demande conjointe des trois Communautés historiques de se voir représentées dans les délégations espagnoles aux conseils des ministres européens, dont l'Espagne venait alors de prendre la présidence. Par ailleurs, la majorité gouvernementale ayant voté, à la fin de l'année 2001, une loi imposant à l'ensemble des communautés autonomes de résorber leur déficit budgétaire, la Généralité de Catalogne a immédiatement déféré ce texte au tribunal constitutionnel.

Les communautés basque et catalane ont depuis poursuivi leur action. Le président du gouvernement basque, M. Ibarretxe (v. n° 304 *bis*) a déposé au Parlement de la communauté un projet de nouveau statut dit de « libre association du Pays basque à l'Espagne » qui prévoit en 2005 un référendum sur l'autodétermination – plan immédiatement dénoncé par le gouvernement Aznar. Le nouveau président catalan, M. Maragall, a quant à lui proposé, lors de son investiture le 16 décembre 2003, une « rénovation du pacte avec l'État ».

Section II
Les institutions dans le cadre politique

L'expérience contemporaine de la démocratie espagnole est très récente, et même si certains des partis qui y sont impliqués sont d'origine assez ancienne, leur rôle et leur comportement actuels ont été presque entièrement déterminés par les conditions très particulières de la transition qui s'est opérée, par la volonté du roi, du régime autoritaire à la démocratie. On se limitera donc, dans l'analyse qui suit du système des partis et de son rôle dans le système de gouvernement, à envisager la situation telle qu'elle existe depuis le rétablissement complet de la liberté politique, à la veille des élections de 1977.

I | LE SYSTÈME DES PARTIS

Le système contemporain des partis espagnols se présentait, jusqu'en 1993, comme un multipartisme comportant l'existence d'un parti à vocation majoritaire. De 1977 à 1982, ce parti a été l'Union du centre démocratique ; ce fut ensuite le Parti socialiste. La brièveté de la période envisagée n'autorise pas à parler de parti dominant en ce qui concerne le PSOE mais on peut au moins en déceler la tendance. Au sein de cette configuration partisane assez simple, il faut cependant considérer l'existence de partis régionaux d'obédience nationaliste, notamment dans les deux principales communautés historiques. Sous cette même réserve, on peut estimer qu'à compter des élections de 1993, le système a rapidement évolué vers le bipartisme : désormais deux partis ont vocation majoritaire et le Parti populaire a succédé au pouvoir au PSOE après les élections de mars 1996.

302 Le multipartisme originel. — Depuis 1977, l'existence d'une formation à vocation majoritaire tend à voiler la réalité d'une tendance très forte du système politique espagnol à la dispersion partisane. À la suite du décret-loi du 8 février 1977 relatif à la reconnaissance des partis politiques, 79 partis ont été légalisés en vue de la participation aux élections du 15 juin suivant. Il en existe actuellement plus d'une centaine mais cette multiplicité est essentiellement due à l'existence des communautés autonomes. En 1977, à l'échelon national, la situation paraissait toutefois relativement simple : à gauche, deux partis naguère réduits à l'exil, au rôle historique important sous la IIe République : le Parti socialiste (PSOE), le Parti communiste (PCE) ; à droite, la fédération des partis d'Alliance populaire (AP) héritiers du régime franquiste ; au centre, des indépendants et des formations d'orientation démocrate-chrétienne, libérale et sociale-démocrate, fédérées en Union du centre démocratique (UCD), dont le rôle a été essentiel mais qui s'est disloquée en 1982.

303 Les partis à vocation majoritaire. — L'UCD s'est constituée, au départ des forces centristes, à la suite de l'initiative prise par M. Suarez, chef du gouvernement de la transition, de former une liste pour les élections de 1977 en vue d'assurer son maintien au pouvoir sur une base démocratique. Cette fédération assez disparate a en effet emporté 167 sièges sur 350 qui ont permis à M. Suarez d'être reconduit dans ses fonctions de président du gouvernement. Mais il a échoué dans sa tentative d'en faire un parti unitaire. Sans doute, cette formation unifiée a été constituée, sous l'action de M. Calvo Sotelo, à la suite d'un congrès réuni en octobre 1978, et a maintenu ses positions aux élections générales de mars 1979. Cette nouvelle victoire a prolongé un temps l'accord entre les composantes du parti gouvernemental, que le processus constituant avait permis de maintenir depuis 1977. Mais la cohésion de l'UCD commence d'être ébranlée en 1980 : c'est d'abord la crise provoquée par le référendum sur l'autonomie de l'Andalousie (v. n° 299) lors duquel une grande partie de son électorat vote « oui », contrairement aux consignes ; viennent ensuite de très mauvais résultats aux élections en Catalogne et au Pays basque, puis la division du groupe parlementaire à l'occasion du vote sur la loi relative au divorce. Il en résulte un retour aux tendances, avec notamment la constitution d'un groupe critique formé de libéraux et de démocrates-chrétiens qui obtient plus d'un tiers des suffrages au deuxième congrès de l'UCD en février 1981, malgré la démission de M. Suarez, intervenue quelques jours auparavant, et son remplacement par M. Calvo Sotelo.

À la fin de 1981, le parti gouvernemental est encore marqué par un échec électoral aux élections de Galice et la démission de 15 parlementaires sociaux-démocrates. En mai 1982, l'UCD n'obtient plus que 13 % des voix aux élections en Andalousie (contre 32 % lors des élections générales de 1979). Elle est alors abandonnée par M. Suarez, son fondateur, qui crée le Centre démocratique et social (CDS), et par le courant de droite de la tendance démocrate-chrétienne, animée par M. Alzaga, qui fonde le Parti démocrate populaire et s'allie avec l'AP. Cette crise du parti gouvernemental conduit le président du gouvernement à dissoudre les Cortès. Aux élections du 28 octobre 1982, l'UCD n'obtient plus que 7,2 % des suffrages, 12 députés et 4 sénateurs. Le CDS de M. Suarez emporte moins de 3 % des voix et 2 députés. Cette formation réussit une percée aux élections générales suivantes du 22 juin 1986 en obtenant 9,2 % des voix, 19 députés et 3 sénateurs. Dans l'intervalle, l'UCD avait été dissoute (17 février 1983). Pendant les cinq années où l'UCD a été au pouvoir, le principal parti d'opposition était le PSOE, apparaissant dès les élections de 1979 comme une formation à vocation majoritaire en obtenant plus d'un tiers des sièges au Congrès des députés. Le Parti socialiste ouvrier espagnol, fondé en 1879, est le plus ancien des partis existant aujourd'hui en Espagne. Comprenant au départ la diversité de courants des partis sociaux-démocrates du XIXe siècle (marxiste, travailliste, utopiste, etc.), il connaît en 1920 la fracture qui donne naissance au Parti communiste. Le PSOE joue un rôle essentiel sous la IIe République, en dépit d'une représentation parlementaire inférieure à un quart des sièges, et c'est alors un parti centraliste mais qui, malgré ses orientations radicales, ne se définit pas comme marxiste. La référence au marxisme apparaît dans la déclaration politique adoptée lors du XXVIIe Congrès du PSOE en décembre 1976, malgré l'opposition de son secrétaire général, M. Gonzalez. Après les élections de 1979, celui-ci échoue à obtenir le retrait de cette référence, qui avait été utilisée par la droite contre le PSOE. Mais lors du congrès extraordinaire tenu en septembre 1979, M. Gonzalez reconquiert, par sa popularité, la majorité au sein du parti, et la référence marxiste disparaît de la définition du PSOE qui réaffirme seulement « son caractère de classe, de masse, démocratique et fédéral ». Le PSOE apparaît dès lors comme l'un des partis les plus modérés et les plus pragmatiques au sein de la famille socialiste européenne. Rompant aussi avec le centralisme antérieur, il a notablement régionalisé ses structures ; il est favorable à l'État des autonomies et, officiellement, ne rejette pas une évolution vers le fédéralisme. La signature des pactes d'autonomie, en juillet 1982, avec l'UCD en crise, le fait apparaître comme le seul recours. Aux élections du 28 octobre 1982, récoltant les fruits de sa modération, le PSOE obtient des voix jusqu'alors abstentionnistes, ainsi que de l'UCD et du PCE. Avec 46 % des suffrages, il emporte 202 sièges de députés (sur 350) et 134 sièges de sénateurs (sur 205 élus directement). Avec cette confortable majorité parlementaire, le Parti socialiste, sous la conduite de M. Gonzalez, a pu gouverner sans difficulté notable jusqu'au terme de la législature. Le point le plus délicat, celui de la participation à l'OTAN, confirmée par le référendum du 12 mars 1986, avait montré l'habileté du président du gouvernement, faisant vaincre la thèse qui n'était pas celle du PSOE ni la sienne avant leur accession au pouvoir. En assumant celle-ci, avec toutes ses contradictions, le Parti socialiste dérogeait à la tradition toujours scrupuleusement observée par les gouvernements de gauche en Espagne de conduire le pays dans un état d'anarchie sanglante. À l'issue de cette première législature, le gouvernement de M. Gonzalez a pu conserver facilement la majorité absolue dans les deux chambres, ce qui traduisait l'incontestable confiance du corps électoral à l'égard du président du gouvernement et de son équipe. Le PSOE conservait 44 % des suffrages, 184 sièges de députés et 124 sièges de sénateurs. Par ailleurs, après les élections des assemblées des communautés autonomes tenues en mai 1983, le PSOE avait obtenu le contrôle de 10 communautés sur 13. Il détenait déjà la majorité en Andalousie depuis les élections de 1982, majorité confirmée aux élections de 1986, qui ont eu lieu en même temps que les élections générales. Cette hégémonie socialiste à l'échelon de l'État central et de la plupart des communautés à statut ordinaire, ainsi d'ailleurs qu'à celui de la plupart des grandes villes, donne au PSOE en 1986 les caractéristiques d'un parti dominant.

À l'échelon national, l'opposition est alors faible et divisée ; seuls les gouvernements des trois communautés historiques font exception à cette conquête des différents degrés du pouvoir par le Parti socialiste. Encore est-il parvenu à participer au gouvernement du Pays basque à la suite des élections anticipées du 30 novembre 1986, déterminées par la crise du PNV, le Parti nationaliste modéré, en concluant avec celui-ci un accord de coalition. Les élections du 10 juin 1987 – scrutin, à la fois municipal, régional et européen – ont cependant mis en évidence une certaine dégradation de la situation du PSOE. Aux élections législatives de 1989, il régresse de quatre points mais, avec 39,9 % des suffrages, conserve la majorité au Congrès des députés (175 sièges sur 350). L'érosion se poursuit aux élections législatives de 1993 : avec 38,7 % des voix, le PSOE n'emporte plus que 159 sièges et Felipe Gonzalez doit rechercher le soutien des partis nationalistes modérés pour continuer à gouverner, ayant toujours récusé toute possibilité de coalition avec le Parti communiste à l'échelon national. Cette dernière législature voit le développement des nombreuses affaires dans lesquelles le PSOE se trouve impliqué à travers plusieurs de ses membres : affaire Filesa, liée au financement occulte du parti ; affaire Juan Guerra, frère du vice-président du gouvernement et rival de M. Gonzalez ; affaire Roldan, directeur concussionnaire de la garde civile ; affaire Mariano Rubio, directeur de la Banque d'Espagne, liée à un délit d'initié ; affaire du GAL *(Grupos antiterroristas de liberación)* surtout, mettant en cause José Barrionuevo, ministre de l'Intérieur de 1982 à 1988, et à travers lui M. Gonzalez lui-même ; affaire des écoutes téléphoniques, enfin, dont il résulte qu'un service officiel du département de la Défense aurait enregistré sans autorisation des conversations téléphoniques du roi, de M. Suarez, d'anciens ministres et d'autres personnalités, et qui conduit à la démission du ministre de la Défense M. Garcia Vargas, et du vice-président du gouvernement M. Narcis Serra, lui-même chargé de la Défense au moment des faits (28 juin 1995). C'est dans ce contexte que le Parti nationaliste catalan CIU décide le retrait de son soutien au gouvernement et qu'interviennent des élections municipales ainsi que les élections régionales dans 13 communautés (28 mai 1995). Le PSOE ne conserve que la présidence de trois communautés (sur huit), le Parti populaire passant de trois présidences à neuf. Les élections locales ayant une incidence sur la composition du Sénat, le PP y dispose alors de 115 sièges contre 111 au PSOE. En retardant de nouvelles élections générales, devenues inévitables, jusqu'en mars 1996, M. Gonzalez a néanmoins réussi à limiter les dégâts pour son parti : avec 37,4 % des voix, le PSOE garde 141 sièges et n'est distancé que de 1,3 % et 15 sièges par le Parti populaire, représentant ainsi une force d'opposition solide au nouveau gouvernement de centre-droit.

Quinze mois plus tard, lors du XXXIVe Congrès du PSOE, M. Gonzalez, pourtant mis hors de cause dans l'affaire du GAL par une décision du tribunal suprême en novembre 1996, a provoqué une certaine surprise en décidant d'abandonner ses fonctions de secrétaire général. Il a été remplacé par l'un de ses anciens ministres, M. Joaquin Almunia, élu pour un mandat de trois ans (22 juin 1997). En 1999, M. Almunia prend l'initiative d'étendre les primaires au sein du parti à la désignation du candidat à la présidence du gouvernement. Des deux compétiteurs, anciens ministres des gouvernements Gonzalez, Joaquin Almunia a plus la faveur de l'appareil, José Borrel, plus marqué à gauche, celle des adhérents. De façon assez inattendue, c'est ce dernier qui l'emporte. M. Almunia entendait conséquemment remettre sa démission de secrétaire général mais la tenue d'un congrès a été jugée inopportune et, après qu'on fut parvenu à un accord, il a accepté de demeurer à son poste. C'était consacrer une sorte de dyarchie. Il en est résulté une déstabilisation qui prit un tour préoccupant. M. Borrel, écorné par un scandale dans lequel il n'était pas impliqué, croit devoir rendre sa démission en mai 1999. Le véritable motif est qu'il n'avait pas réussi à s'imposer dans l'opinion. Les primaires sont alors supprimées. La hiérarchie désigne ensuite M. Almunia à la candidature. La gauche du PSOE renâcle mais reste loyale. En vue des élections législatives à venir, M. Almunia propose alors un pacte électoral et de gouvernement à IU. Cette dernière accepte l'accord de gouvernement et d'investiture pour la présidence du gouvernement mais rejette le pacte électoral, sauf pour le Sénat. Cette initiative est mal accueille par les militants des deux partis et ignorée par l'opinion publique. Dès lors, les élections de mars 2000 sont un échec pour le PSOE qui perd 3,5 % des voix et 16 sièges de députés (125 sièges et 34,08 %). M. Almunia démissionne, avec la commission exécutive du parti en son entier. En juillet suivant, le congrès du PSOE lui élit comme successeur M. Zapatero (par 414 voix contre 409 à M. Bono). Âgé alors de 39 ans, le nouveau secrétaire général entreprend un rajeunissement des cadres et son autorité s'affirme rapidement. Lors de la conférence politique du parti en juillet 2002, il a prôné un renouvellement idéologique du parti dans une direction centriste.

Le principal parti d'opposition au PSOE, depuis l'effondrement de l'UCD, était l'Alliance populaire, devenue le Parti populaire en 1989. L'AP a été fondée en septembre 1976 par M. Fraga Iribarne, ministre sous le général Franco et ministre de l'Intérieur du premier gouvernement formé par le roi. Le parti n'a emporté que 9 % des suffrages et 20 sièges aux élections de 1977, puis 5,8 % et 9 sièges à celles de 1979. Le premier succès de l'AP se produit lors des élections à l'assemblée de Galice en 1981 où elle obtient 25 sièges sur 71. Aux élections générales de 1982, l'AP, formant avec le Parti démocrate populaire de M. Alzaga la coalition populaire, emporte 26,2 % des suffrages et 106 sièges. Les résultats sont presque identiques aux élections suivantes en 1986 : 26 % des voix et 105 sièges. Cette stagnation a manifesté que, en dépit de la disparition complète de l'UCD, l'AP n'a pas réussi à se poser, face au PSOE, en un autre parti à vocation majoritaire susceptible de créer les conditions d'une alternance à droite. Il en est résulté d'abord une rupture de la coalition populaire : les 22 députés du PDP ont quitté le groupe parlementaire populaire. Cette crise a provoqué ensuite le départ de M. Fraga Iribarne, au lendemain de l'échec aux élections basques de novembre 1986, qui a confirmé la difficulté pour l'AP de s'implanter dans les trois principales communautés autonomes. Le congrès du parti tenu en février 1987 a désigné comme président national M. Hernandez Mancha, auquel s'opposait M. Herrero de Miñon. La nouvelle direction s'est rapidement révélée insuffisante. Aux élections du 10 juin 1987, privée du soutien du PDP qui par ailleurs s'effondre, l'AP perd, avec 24,6 %, près de 800 000 voix par rapport au scrutin de 1986. Elle conquiert cependant la présidence de quatre communautés autonomes – Cantabrique, Castille et Léon, Rioja et Baléares, dans ce dernier cas à la suite d'un accord avec les partis régionalistes –, présidence qu'elle perd en Galice au profit du PSOE à la suite d'une crise interne marquée par le vote d'une motion de censure en septembre 1987 contre le gouvernement de M. Albor. Ayant échoué à résoudre la crise traversée également par le parti au niveau national, M. Hernandez Mancha s'est effacé devant son prédécesseur M. Fraga qui a été réélu président de l'AP en janvier 1989. Plusieurs députés du PDP parmi lesquels l'ancien ministre UCD M. Oreja ont alors intégré l'AP. Le parti, ayant ainsi retrouvé une certaine unité, tente d'élargir son action vers le centre. En 1989, l'Alliance devient le Parti populaire, attirant à lui de nouveaux éléments démocrates chrétiens. Un nouveau candidat à la présidence du gouvernement, José Maria Aznar, est désigné et, en avril 1990, devient président du parti. À 44 ans, le nouveau leader, président de la communauté de Castille de Léon, n'a pas eu d'attaches avec le franquisme, et cela contribue à recentrer encore l'image du PP. Celui-ci pourtant ne progresse pas aux élections de 1989 mais améliore ses résultats aux élections locales et régionales de 1991. Le pas décisif est franchi lors des élections générales de 1993 : le PP atteint 34,8 % des voix et se présente désormais comme un parti de centre-droit apte à l'alternance, face au PSOE usé par le pouvoir et discrédité par les affaires, qui ne conserve qu'une majorité relative aux Cortès. Après une remarquable percée aux élections européennes de 1994 puis aux municipales et régionales de 1995 *(supra),* le PP ne remporte qu'un demi-succès au scrutin législatif de mars 1996 : avec 38,8 % des voix et 156 sièges, soit 20 de moins que la majorité absolue (mais il la conquiert au Sénat), il devient néanmoins le premier parti espagnol, et son leader est chargé de former le nouveau gouvernement.

    M. Aznar a imprimé l'évolution du PP depuis les positions propres à un parti conservateur assez traditionnel, encore qu'ouvert aux idéaux de la démocratie chrétienne, vers celles d'un rassemblement des modérés, suivant un processus auquel la plupart des partis de la droite classique se sont prêtés en Europe (v. n°s 182 et 277 *bis*). Cette métamorphose, déjà sensible, a été entérinée par le PP lors de son XIIIe Congrès, tenu en 1999 en vue des élections générales de l'année suivante. Ces élections donnent une victoire au PP qui obtient 44,54 % des voix et 183 sièges de députés. Avec cette majorité absolue, M. Aznar est délivré des entraves de l'appui des partis régionalistes et son style de gouvernement devient plus autoritaire, suscitant, lors de son soutien aux États-Unis dans la guerre en Irak (mars 2003) de fortes réactions dans l'opinion publique, des contestations au sein du PP et jusqu'à une intervention du roi.

En août 2003, M. Aznar a fait désigner M. Rajoy Brey, vice-président du gouvernement, comme son successeur pour mener les élections générales de 2004 et lui succéder à la tête de l'exécutif.

304 LES AUTRES PARTIS. — Depuis les élections de 1993, qui voient le CDS de M. Suarez (lequel avait réussi une percée aux élections de 1986, confirmée en 1989) être évincé du Congrès des députés (1,7 % des voix), le centre est représenté aux Cortès par les partis régionalistes.

Les deux grands partis régionalistes catalan et basque (v. n° 304 *bis*) sont dominants dans leur communauté respective et représentés également aux Cortès. La coalition « convergence et union » (CIU) formée pour les élections de 1979 entre l'Union démocratique de Catalogne (Parti démocrate-chrétien fondé en 1931) et la Convergence démocratique de Catalogne, créée en 1974 par M. Jordi Pujol, représentait en 1986, selon ce dernier, la seule formation politique moderne en Espagne avec le Parti socialiste. Majoritaire aux élections successives (1980, 1984, 1988, 1992) puis quasiment majoritaire (1995, 1999) à l'assemblée de la généralité, « convergence et union » a obtenu 3,7 % des voix et 12 députés aux élections nationales de 1982, et 5 % et 18 députés à celles de 1986, résultat en légère récession depuis lors (17 sièges en 1993, 16 en 1996, 15 en 2000). Aux élections de novembre 2003, après le retrait de M. Pujol, CIV a conservé la majorité relative au Parlement catalan, mais a dû céder la place à une coalition entre socialistes et républicains indépendantistes (ERC) sous la direction de M. Maragall (PSC). L'écart est néanmoins important entre les deux types de scrutin, et l'on qualifiait parfois de « schizophrénie électorale » le comportement des électeurs catalans qui votaient majoritairement, dans les années 1980, pour le PSOE aux Cortès et pour CIU au parlement de la généralité (la percée du PP en Catalogne ne date que des élections de 1995). Sur le plan national, la situation de CIU a été considérablement renforcée entre 1993 (perte de la majorité absolue par le PSOE) et 2000. CIU a néanmoins été marquée par l'insuccès relatif subi aux élections communautaires d'octobre 1999, où elle n'obtient que 37 sièges, 68 %, soit légèrement moins que le Parti socialiste, mais 4 sièges de plus que celui-ci. La coalition conservait ainsi une faible majorité relative (55 sièges sur 135) lui permettant de reformer un gouvernement homogène avec le soutien extérieur du PP (12 sièges). La perspective de la succession de M. Pujol a depuis lors réactivé les divisions latentes entre les deux composants de la coalition.

Les élections aux assemblées des communautés autonomes ont vu successivement la percée de plusieurs partis régionalistes, notamment en Aragon où, avec l'appui de l'AP, le parti régional aragonais a conquis la présidence de la communauté en 1987. Aux Canaries existe la *coalition canaria,* parti centriste présent aux élections générales depuis 1993 ; en Galice, le BNS, parti nationaliste de gauche.

L'extrême gauche espagnole, incarnée au premier chef en 1977 par un Parti communiste relativement puissant, se trouve, dix ans plus tard, dans une situation d'éclatement et n'a plus qu'un poids très faible dans la vie politique, tant à l'échelon de l'État qu'à celui des communautés autonomes. Aux élections de 1977, le PCE obtenait 9,2 % des voix et 20 sièges au Congrès des députés, en 1979, 10,6 % et 23 sièges. L'effondrement date des élections de 1982 où le PCE n'obtient plus que 4,1 % des suffrages et 4 sièges. Il en est résulté une crise que le parti n'a pas surmontée. La notion d'eurocommunisme, prônée par le secrétaire général M. Carrillo, a été très contestée par les secteurs traditionnels du parti, et notamment par sa puissante branche catalane, le Parti socialiste unifié de Catalogne (PSUC). Le Parti communiste basque a, contre le vœu de M. Carrillo, fusionné avec Euzkadiko Ezkerra. De plus en plus contesté, tant par les prosoviétiques, qui font sécession avec M. Gallego, que par les rénovateurs, M. Carrillo finit par être exclu du comité central du PCE et fonde sa propre formation. Aux élections de 1986, son successeur M. Iglesias a constitué une coalition de la gauche unie (IU) afin d'attirer les suffrages qui s'étaient portés sur le « non » au référendum sur l'OTAN. Bien que divisée, cette coalition a d'abord connu de notables succès électoraux : de 4,6 % en 1985, elle passe à 9,2 % en 1989 et 1993 et à 10,5 % en 1996, après une pointe de 13 % aux élections européennes de 1994. Elle est ensuite entrée dans une profonde récession, écartelée entre les déchirements et la recomposition perpétuelle. Aux européennes de 1999, elle s'effondre avec 5,76 %, baisse confirmée aux législatives de 2000 (5,46 %), avec une perte de 13 sièges (elle n'en conserve que 8), sanction probable de l'accord conclu avec le PSOE, qui avait été mal ressenti par les militants. IU tend ensuite à se réduire aux débris du seul PCE.

304 bis   Le cas des partis basques. — Au Pays basque, existe un système de partis qui présente un très haut degré de particularisme, lié à la question du terrorisme.

Le Parti nationaliste basque (PNV) est la branche politique modérée du nationalisme basque, qui comprend des courants indépendantistes radicaux, Herri Batasuna (coalition populaire), lié à l'ETA militaire, qui prône la lutte armée, et Euzkadika Ezkerra (gauche basque) soutenue par l'ETA politico-militaire, parti marxiste refusant la violence. Le PNV, influent sous la IIe République, a obtenu la majorité relative aux premières élections de l'assemblée basque en 1980 (25 sièges sur 60), transformée en majorité absolue de gouvernement du fait que les 11 députés de Herri Batasuna n'ont pas siégé. Le PNV a conquis une majorité absolue (32 sièges) aux élections de 1984. Aux élections aux Cortès en 1982, le PNV emportait 1,9 % des voix et 8 députés : en 1986, 1,5 % et 6 députés. En septembre 1986, le président du gouvernement basque, M. Ardanza, a décidé la dissolution de l'assemblée à la suite de la sécession de 11 élus du PNV conduits par son prédécesseur M. Garaikoetxea, qui fonde Euzko Alkartasuna (EA, Solidarité basque). Aux élections du 30 novembre 1986, le PNV a conservé la majorité relative des suffrages (23,6 %) mais a été battu en sièges par le Parti socialiste (18 contre 17). Un accord de coalition un peu inattendu est intervenu entre ces deux partis en février 1987, qui a laissé à M. Ardanza la charge de *lehendakari* (président du gouvernement). Le PNV a depuis lors toujours gardé la présidence de la communauté, reconsolidant ses positions par rapport à EA et au PSOE (28,5 % aux élections de 1990 et 29,9 % en 1994) malgré la fusion entre socialistes et EE intervenue en 1993.

Les élections de 1998 au Parlement basque entraînent un considérable reclassement. Celui-ci a été favorisé par le pacte d'Izarra (autrement appelé d'Estella), dont l'amorce a été le plan Ardanza, comme le rappelle P. Bon. Le processus de pacification avait été proposé à toutes les formations récusant la violence, celles dites du pacte d'Ajuria Enea – ce qui excluait *Herri Batasuna* – mais il était susceptible d'être accepté par la vitrine politique de l'ETA en ce qu'il n'était gagé sur aucun préalable. Le plan a été rejeté, pour excès d'irénisme, par le PP comme par le PSOE. Le premier, avec ses filiales (ainsi l'*Union del Pueblo Navarro*), est à ce moment décimé par l'ETA. Le PSOE à travers sa branche autochtone, *Euskadiko Esquerra,* est à l'époque le deuxième parti au Pays basque et, fort de cette position, siège, depuis 1987, au gouvernement. Les deux grands partis d'Espagne se sont accordés tacitement sur une ligne commune. Armés de ce refus, les auteurs du processus ont cru pouvoir faire rebondir la pacification en s'autorisant à partir de là de négocier avec la couverture de l'ETA les bases d'un accord conclu en définitive entre *Herri Batasuna* et ceux des partis qui, à l'orée du processus, s'étaient déclarés favorables, au premier chef le PNV. La seule formation non proprement basque à s'associer a été *Izquierda Unida*. Cette ouverture a été inespérée pour l'ETA, alors en très mauvaise passe, outre que sa direction (la très opaque « coordination ») était en pleine recomposition. La trêve est décrétée. Elle signifie la fin des attentats, pas celle de la violence, celle de rue, méthodique *(kale borroka)*. *Herri Batasuna* consent pour la première fois (2 juin 1998) à voter un texte au Parlement d'Euskadi. Cependant, le même mois de juin, un tour de passe-passe concerté permet d'esquiver le serment de fidélité à la Constitution. Les socialistes basques *(Euskadiko Esquerra)* protestent en quittant le gouvernement. Les élections se tiennent en octobre 1998. Mais *Herri Batasuna* se découvre sans équivoque comme un pur *transparent* de l'ETA, étant passée de la connivence muette au refus explicite de condamner le terrorisme. Aussi, dans cette phase dramatique, est-elle discréditée : l'opinion est révoltée par une série d'attentats dont le gibier consistait de manière privilégiée en de jeunes conseillers municipaux. Néanmoins, ces élections de 1998 favorisent singulièrement les extrêmes. La frange non pacifique du mouvement en faveur de l'indépendance emporte à cette occasion l'avantage, par le relais du camouflage que *Batasuna* vient de revêtir – crainte d'être interdite – sous le nom patriote d'*Euskal Herritarok*, qui obtient 18 % des suffrages. Le PNV préserve son rôle clé, mais il n'en fléchit pas moins de manière sensible (près de 2 %), de même qu'*Eusko Alkartasuna*. D'aucuns ont exprimé l'idée que les avances prononcées faites aux extrémistes, et qui ont débouché sur le pacte de Lizarra, et sa prise de distance à l'endroit de la Constitution et du Statut de Guernika, s'expliquaient par le récent glissement des partis nationalistes modérés vers des positions plus en flèche. En se gardant d'un jugement de valeur, on ne parvient pas à s'expliquer que des partis aussi basques et si bien implantés aient offert cette planche de salut à *Herri Batasuna* en plein désarroi, et ce dans le moment où, du fait de ce redéploiement, ils pouvaient commencer à contrer celle-ci sur le terrain de l'indépendance de manière efficace. Il est clair en effet que le Pays basque ne peut atteindre à la pleine souveraineté et rentrer dans ses limites historiques, lesquelles englobent la Navarre espagnole mais aussi la Basse-Navarre – huit lieues sur six en France – ainsi que le pays de Soule et de Labourd (Bayonne), qu'à l'issue d'un long et délicat processus que seuls les indépendantistes non violents sont à même peut-être de conduire. Le Parti populaire, objet des vindictes meurtrières de l'ETA, est porté exemplairement par le suffrage universel au rang de deuxième parti du Pays basque, devançant désormais *Euskadiko Esquerra*. Le PNV amoindri conserve la direction du gouvernement mais, en situation minoritaire au Parlement (21 sièges sur 75), il doit trouver des appuis. Le nouveau *lehendakari*, M. Ibarretxe (ce dernier offrait cette singularité de parler à peine le basque) est investi avec l'appoint d'*Eusko Alkartasuna* (6 sièges), lequel continue ainsi de participer au gouvernement, et le renfort des séparatistes d'*Euskal Herritarok* (14 sièges), dont le soutien demeure forcément extérieur. Les élections basques ont une autre conséquence. Le PNV avait été l'un des trois partis « périphériques » à voter, au plan national, l'investiture du gouvernement Aznar, cabinet monocolore du PP, parti dont il est en somme assez proche. Les élections basques devenant imminentes, il avait fait monter la pression afin d'obtenir des gages en faveur d'Euskadi ; il prend ensuite ses distances, à mesure d'ailleurs que la trêve s'effiloche dangereusement, et finit par passer dans l'opposition, en décembre 1999. En conséquence, le PNV vote contre la loi de finances pour 2000 (v. n° 307). En novembre, l'ETA venait de mettre fin à la plus longue trêve à laquelle elle ait consenti. En avril 2000, les députés d'*Euskal Herritarok* décident de ne plus siéger à l'ordinaire au Parlement puis, en novembre, démissionnent. Le *lehendakari*, dont le gouvernement ne dispose plus que du soutien de 27 députés, est dans une situation critique ; pour autant, il se refuse à démissionner comme de dissoudre. En octobre, deux motions de censure (l'une du PP, l'autre d'*Euskadiko Esquerra*) obtiennent la majorité relative mais sont repoussées, n'ayant pas atteint la majorité (qualifiée) requise par le Statut. Le chef du gouvernement parvient à tenir sur la corde quelques mois mais il est dans l'impossibilité de faire adopter le budget et, après avoir mordu la poussière pas loin de 60 fois au Parlement, Juan José Ibarretxe en est réduit en février 2001 à prononcer la dissolution. Les élections ont lieu en mai, avec une participation considérable. La coalition gouvernementale (PNV-EA) en sort grandement renforcée, gagnant six sièges (42,7 % des voix). Le PP gagne un siège mais est devancé désormais par le PNV en Alava (l'une des trois provinces de la Communauté autonome). Surtout, il manque son but, qui était d'évincer les nationalistes du pouvoir, en formant une coalition de gouvernement avec *Euskadiko Esquierra*. La ligne prônée par les socialistes basques, du moins leur direction de l'époque, n'accusait à cet égard que des nuances au regard de celle des populaires. *Euskadiko Esquierra* perd un siège mais ce recul est sans signification, étant dû à une anomalie du mode de scrutin (ses voix ont légèrement augmenté). Du fait de la même anomalie, *Izquierda Unida,* qui représente la gauche dure, est exactement dans la situation inverse. Le résultat majeur de ces élections est une sanction pour les séparatistes d'*Euskal Herritarok,* qui, avec 10 % de voix, voient fondre la moitié des sièges emportés en 1998, et n'en ont plus que sept, ce qui répond à une unité près en nombre à celui supplémentaire de sièges qu'ont emportés les partis nationalistes modérés. M. Ibarretxe est réinvesti comme *lehendakari* en juillet 2001, avec l'apport des voix, contre toute attente, d'*Izquierda Unida* (trois sièges), qui ne va pas tarder à entrer au gouvernement. L'issue des élections emporte bien d'autres reclassements. La crise interne qui affaiblit les socialistes *(Euskadiko Esquierra),* due à une lutte de courants, trouve un commencement de solution dans le sens de la responsabilité de son secrétaire général (Nicolas Redondo), qui démissionne, le résultat des élections n'ayant pas conforté ses vues. Un congrès, en mars 2002, aboutit à désigner Patxi Lopez, qui entame une politique d'ouverture à l'endroit des partis nationalistes modérés. La nouvelle option se défend de soutenir le gouvernement au plan parlementaire, mais elle n'exclut pas de chercher un terrain d'entente afin d'isoler *Batasuna* (car *Euskal Herritarok,* depuis juin 2001, avait repris son ancienne dénomination abrégée en *Batasuna,* v. n° 306). Cette nouvelle mue a conduit le courant *Aralar* à rompre et à se constituer en parti. Cette scission du mouvement séparatiste n'est pas sans conséquence dès lors qu'*Aralar* passe pour défendre une ligne moins extrémiste.

305 Fonctionnement du système de partis. — Vingt ans d'expérience démocratique ne permettent pas encore de déterminer dans le système de partis espagnols des règles de fonctionnement, mais seulement des tendances.

Le système de partis n'a pas trouvé son équilibre définitif. Il est difficile de prévoir si l'actuelle configuration bipartisane va s'installer durablement. Ce qui paraît acquis, en revanche, est la mise en place d'un double système, national et régional, de partis. En effet, la structure des partis nationaux ne couvre que partiellement les principales régions périphériques. Le fait que la Catalogne et le Pays basque représentent les régions les plus peuplées et les plus riches d'Espagne indique assez que le système de parti national reste fragile. Là se trouve peut-être la raison principale pour laquelle le PSOE a pu assumer durablement le rôle de parti dominant, car il était malgré tout, dans ces deux communautés, la seconde force politique après le parti régionaliste modéré. Là se trouve aussi la raison de l'effondrement de l'UCD, prévisible à partir de ses échecs aux élections catalane et basque en 1980, ainsi que celle de l'impossibilité où se trouvait, jusqu'en 1996, l'opposition d'assumer une vocation majoritaire, c'est-à-dire l'alternance.

Dans un premier temps, l'échec de l'AP dans les deux grandes communautés autonomes aux élections nationales de juin 1986, puis, dans une moindre mesure, aux élections basques de décembre 1986 et aux élections catalanes de mai 1988, ainsi que, dans ce dernier cas, les résultats dérisoires du CDS de M. Suarez ont manifesté clairement cette incapacité des partis d'opposition de s'implanter dans l'ensemble du territoire espagnol. Cette implantation qui était la condition d'une possibilité d'alternance passait au moins par un dédoublement du comportement électoral, tel que celui observé en Catalogne dans les années 1980, où une partie de l'électorat votait CIU pour la Généralité et PSOE pour les Cortès. Ce fut le cas à partir de 1995 où le PP a réalisé une nette percée aux élections de la Généralité, quatre mois avant de réaliser l'alternance à l'échelon national. Ce succès a été très nettement confirmé aux élections législatives de 2000.

II | Le système de gouvernement

306 Le statut des partis. — La reconnaissance du rôle prédominant des partis dans le fonctionnement des institutions s'inscrit dans la logique de la conception essentiellement représentative du régime démocratique aménagé par la Constitution. Aux termes de l'article 6 de la Constitution, « les partis politiques expriment le pluralisme politique, concourent à la formation et à la manifestation de la volonté populaire et sont un instrument fondamental pour la participation politique. Leur création et l'exercice de leur activité sont libres dans le respect de la Constitution et de la loi. Leur structure interne et leur fonctionnement doivent être démocratiques ». Ces dispositions, qui reproduisent celles de l'article 21, alinéa 1, de la Loi fondamentale allemande, traduisent la volonté du constituant de consacrer le statut et le rôle prédominant des partis dans le fonctionnement des institutions démocratiques. Ce statut avait fait l'objet d'une loi adoptée peu avant la mise en vigueur de la Constitution. Cette loi du 4 décembre 1978 précise les modalités relatives à la création des partis et définit les conditions de leur éventuelle dissolution par voie d'autorité. La liberté de création et d'action des partis est spécialement protégée par la possibilité d'intenter le recours d'*amparo* en vue de faire annuler les mesures qui y feraient obstacle. Cependant, la dissolution d'un parti peut être prononcée comme une sanction de l'exigence constitutionnelle de la conformité de sa structure et de son fonctionnement aux principes démocratiques, ou bien encore en cas de violation des dispositions du Code pénal relatives aux associations illicites (organisations clandestines, paramilitaires, etc.). Ces règles ont au départ reçu une interprétation très restrictive. Elles n'ont pas empêché la légalisation du parti nationaliste basque Herri Batasuna, lié à l'ETA militaire, par une décision du tribunal suprême en date du 2 juin 1986. Seize ans plus tard, la recrudescence des attentats terroristes au Pays basque a conduit à l'adoption d'une nouvelle loi (4 juin 2002) permettant d'interdire spécifiquement les partis ayant des liens avec le terrorisme (v. n° 47). La loi fut déférée au tribunal constitutionnel par le gouvernement basque mais le recours rejeté dans un délai très rapide, le 1er mars 2003. Entre-temps, le 26 août 2002, le Congrès des députés avait, en application de ce texte, demandé au gouvernement d'engager la procédure d'interdiction de Herri Batasuna. La requête du gouvernement se fondait sur le refus de Batasuna de condamner expressément les attentats imputables à l'ETA. Par un arrêt du 17 mars 2003, le tribunal suprême a décidé, à l'unanimité, l'interdiction du parti basque sous ses trois dénominations successives (v. n° 304 *bis*) et sa dissolution. Les dirigeants du parti ont annoncé leur intention de saisir la Cour européenne des droits de l'homme, tandis qu'ils présentaient, sous une nouvelle et quatrième appellation, des candidats aux élections municipales. Cette tentative a été déjouée par le tribunal constitutionnel par une décision du 9 mai 2003.

307 UN GOUVERNEMENT DE PARTI MAJORITAIRE. — Le fonctionnement des institutions est déterminé par l'existence, depuis 1977, d'un parti gouvernemental majoritaire ou quasi majoritaire. Cette persistance d'une majorité homogène, centriste jusqu'en 1982, socialiste jusqu'en 1996, a été garante d'une stabilité gouvernementale notable. Les conditions de fonctionnement de la majorité parlementaire se présentent néanmoins de façon différente selon que le parti au pouvoir détient ou non la majorité absolue.

De 1977 à 1982, en effet, l'UCD ne détient pas la majorité absolue au Congrès des députés. Après les élections de 1979, consécutives à l'entrée en vigueur de la Constitution, M. Suarez a été investi comme président du gouvernement, conformément aux dispositions de l'article 99, par 183 voix contre 149, soit sept de plus que la majorité absolue requise. Comme avec son précédent ministère, sous le régime provisoire de la loi de réforme politique, M. Suarez avait été obligé de chercher l'appui de la droite. La progressive décomposition de l'UCD et le remplacement de M. Suarez par M. Calvo Sotelo n'ont pas, de manière directe, mis en danger la stabilité gouvernementale. Alors qu'il n'avait pu atteindre la majorité absolue, M. Calvo Sotelo a obtenu, au lendemain du putsch du 23 février 1981, 186 voix sur 350, recevant notamment les voix de CIU (parti catalan), qui s'était abstenu au premier tour. Jusqu'à cette date, l'usage des procédures de responsabilité gouvernementale avait manifesté l'apparente cohésion de la majorité : une motion de censure déposée le 21 mai 1980 par le PSOE avait été repoussée le 30 mai suivant ; et à la suite d'un remaniement ministériel effectué en septembre 1980, le gouvernement Suarez avait obtenu un vote de confiance par 180 voix contre 164. La crise de l'UCD n'en était pas moins patente jusqu'à aboutir à la démission de M. Suarez le 29 janvier 1981. En conséquence, le gouvernement de M. Calvo Sotelo a été davantage marqué par une association du PSOE dans la prise de décision. Ce consensus, manifeste dans l'élaboration des pactes d'autonomie, n'a été mis en difficulté qu'en octobre 1981 au sujet de l'adhésion à l'OTAN qui a vu l'opposition de l'ensemble des partis du centre et de la droite à ceux de la gauche et de l'extrême gauche. Le 31 août 1982, M. Calvo Sotelo a annoncé la dissolution anticipée des Cortès, reconnaissant l'échec de son gouvernement et de son parti à la suite des défections successives des centristes et principalement celle de M. Suarez. Le gouvernement, qui ne contrôlait plus que 125 députés, avait perdu les moyens d'affronter une nouvelle session parlementaire. Évitant le risque de l'instabilité, M. Calvo Sotelo choisit donc le recours aux élections, souhaité par le PSOE, en constatant que : « Dans une démocratie, il n'y a pas de place pour le vide politique. » En permettant au Parti socialiste d'accéder au pouvoir avec une majorité absolue, ces élections ont déterminé l'ancrage de la stabilité gouvernementale. Le 1er décembre 1982, M. Gonzalez est investi par le Congrès des députés à une majorité de 207 voix contre 116. Cette hégémonie socialiste a assuré durant toute la législature une stabilité complète, marquée seulement par la critique de la tendance « gauche socialiste » du PSOE à l'encontre du traitement par le gouvernement de la question de l'adhésion à l'OTAN. Lorsque les Cortès ont à nouveau été dissoutes le 22 avril 1986, ce recours aux élections anticipées n'était pas, comme dans le cas précédent, lié à un état de crise politique. Cette dissolution concluait un débat au sein du PSOE. Les partisans des élections se fondaient sur des sondages indiquant que le moment était propice à la reconduction de la majorité gouvernementale. Le président du gouvernement, d'autre part, aurait préféré éviter la dissolution afin de manifester la solidité des institutions et de sa majorité. Les résultats, favorables à M. Gonzalez, du référendum du 12 mars 1986 relatif à l'adhésion à l'OTAN, ont emporté la décision du chef du gouvernement. Les élections anticipées du 22 juin 1986 ont effectivement permis au PSOE de conserver la majorité absolue au sein des Cortès. Sans doute, avec 184 sièges au Congrès des députés, le Parti socialiste en perdait près de 20 par rapport à 1982, mais l'AP, principal parti d'opposition, ne sortait nullement renforcé des élections. Dans ces conditions, le dépôt en mars 1987, par le nouveau leader de la droite, M. Hernandez Mancha, d'une motion de censure contre le gouvernement procédait d'une tactique maladroite et prématurée. Au sein du PSOE, et en dépit des nombreux problèmes sociaux auxquels le gouvernement a été confronté à partir de 1986, notamment avec les syndicats, l'autorité du Premier ministre est restée garante de la stabilité et de la liberté d'action gouvernementales. La situation n'a pas fondamentalement changé après les élections du 29 octobre 1989. Avec 39,9 % des voix, le PSOE emporte exactement la moitié des sièges au Congrès des députés (175 sur 350). S'il ne peut, dans ces conditions, réélire à lui seul M. Gonzalez comme chef du gouvernement à la majorité absolue requise à l'article 99-3 de la Constitution pour le premier tour, il conserve néanmoins la pleine maîtrise du Congrès[1]. Aussi bien, fait sans précédent, le gouvernement nommé après les élections de 1989 est exactement identique au précédent, sans aucune modification dans sa composition[2]. Néanmoins, M. Gonzalez a poursuivi sans délai l'élargissement de son assise parlementaire. Le 5 avril 1990, il pose la question de confiance pour prouver qu'il dispose d'une majorité incontestable : la confiance est accordée par 176 voix (175 voix socialistes et celle du député canarien indépendant) contre 130 (PP et IU) mais aussi 37 abstentions dues aux députés de CIU, du PNV et du CDS, qui manifestent que le gouvernement dispose d'une confortable marge de sécurité[3].

En 1986 comme en 1989, les élections ont été anticipées, à la manière britannique, par une décision du chef du gouvernement qui entendait tirer parti d'une conjoncture présumée favorable : la pre-

---

1. Les résultats définitifs des élections ne devaient être établis que trois mois plus tard – dans certains cas par de nouvelles élections – à la suite de recours qui suspendirent le mandat de 18 députés. L'investiture du président du gouvernement est dès lors intervenue au sein d'un congrès incomplet dans son effectif. Les résultats provisoires donnaient entre 174 et 176 sièges au PSOE.
2. A. Bar, Les *Cortes Generales,* in *Dix ans de démocratie constitutionnelle en Espagne,* Éd. du CNRS, 1991, p. 95.
3. P. Bon, Le fonctionnement des pouvoirs publics, in *L'Espagne d'aujourd'hui,* La Documentation française, 1993, p. 43.

mière fois à la suite du succès du référendum sur l'OTAN, la seconde à la suite de celui du scrutin européen du 15 juin 1989. En 1993, en revanche, la dissolution a été résolue par M. Gonzalez pour tenter de prévenir la dégradation d'une situation déjà défavorable, en raison des divisions au sein du PSOE (avec les implications de l'affaire Filesa) et de la crise économique et sociale. L'opération a été réussie dans la mesure où le PSOE est clairement demeuré le premier parti espagnol, mais avec 159 sièges (contre 141 au PP) il est loin d'atteindre la majorité absolue frôlée en 1989. Dans ces conditions, la coalition implicite dont le vote de confiance d'avril 1990 avait suggéré les contours est appelée à devenir officielle. Le CDS ayant été évincé du Congrès, M. Gonzalez a tenté d'obtenir une participation au gouvernement des partis nationalistes modérés, mais ceux-ci ont préféré le soutien sans participation. M. Gonzalez est reconduit comme chef du gouvernement par 181 voix (PSOE, CIU, PNV) contre 165 (PP, IU, CC). Le gouvernement est cette fois profondément modifié dans sa composition, décidée sans concertation avec l'exécutif du parti (dominé par l'aile gauche avec les partisans de l'ancien vice-président M. Guerra), et comprend un tiers d'« indépendants » non membres du PSOE.

Comme prix de leur soutien, les partis nationalistes obtiennent la cession aux communautés autonomes de 15 % du produit de l'impôt sur le revenu. Le PNV ne tarde pourtant pas à prendre ses distances, s'abstenant par exemple lors du vote de la loi de finances pour 1994, tandis que le parti catalan et son leader M. Pujol se trouvent associés de plus en plus étroitement au processus de décision gouvernementale. Ce soutien s'est maintenu jusqu'en février 1995 : à l'occasion du débat sur l'état de la nation (procédure instituée par le gouvernement de M. Gonzalez), le PSOE et CIU adoptent une résolution sur la poursuite du programme gouvernemental. Ce sont les affaires du GAL et des écoutes téléphoniques qui, jointes à la proximité des élections en Catalogne, ont déterminé les autorités du parti catalan à récupérer leur liberté d'action. Partisans d'une prompte dissolution des Cortès, ils se heurtent au refus du chef du gouvernement, récusant la perspective d'élections anticipées durant le semestre où il exerce la présidence de l'Union européenne. Pour tenter de lui forcer la main, le parti catalan annonce qu'il ne votera pas la loi de finances pour 1996. Le 25 octobre 1995, celle-ci est rejetée par 183 voix contre 158 (celles du PSOE), mais protégé par l'impossibilité où se trouve cette majorité négative de s'accorder sur le vote d'une motion de censure constructive, M. Gonzalez diffère la décision de dissoudre les Cortès. Celle-ci n'intervient que le 8 janvier 1996, une fois terminée la mission européenne de l'Espagne, et les élections ont finalement lieu à la date proposée initialement par le chef du gouvernement au leader catalan, soit en mars 1996. Cette procrastination a eu, comme on l'a dit, des effets bénéfiques pour le PSOE ; sa défaite est limitée comme l'est, à proportion, la victoire du PP qui obtient 156 sièges, le PSOE en conservant 141. Des accords étaient donc nécessaires avec les partis nationalistes. Deux mois de négociations ont été nécessaires, en raison surtout des réticences du CIU à prêter son soutien explicite, pour parvenir à un « accord d'investiture et de gouvernement » entre M. Aznar et M. Pujol. L'accord porte principalement sur de nouveaux transferts de compétences et la cession à toutes les communautés autonomes de 30 % (et non plus de 15 %) de l'IRPP. L'accord conclu avec le PNV porte sur le transfert au Pays basque des compétences revendiquées en vain sous le gouvernement précédent, et de la gestion de certaines infrastructures. Celui intervenu avec la coalition canarienne concerne la modification du statut de la communauté et le renforcement du système fiscal privilégié dont elle bénéficie. C'est au terme de ces marchandages que M. Aznar a été investi président du gouvernement le 4 mai 1996, par 181 voix (cinq de plus que la majorité absolue) contre 166 (PSOE, IU) et une abstention. Cette nouvelle « coalition sans participation » a connu sa première épreuve, lorsque le parti catalan a reproché au gouvernement de l'avoir lésé par un accord préférentiel avec le PNV relatif à la rétrocession du produit des impôts « spéciaux » sur la consommation (novembre 1996). On pouvait donc craindre que le soutien apporté par CIU, avec ses 16 députés, au gouvernement Aznar soit affecté des mêmes notes d'incertitude et de surenchère qu'à l'époque du dernier gouvernement Gonzalez. Mais le soutien parlementaire est demeuré quasi constant. Les résultats des élections catalanes d'octobre 1999 sont venus conforter le ressort de loyauté en instaurant une relation symétrique, dans la mesure où l'exécutif catalan, désormais en situation minoritaire, reçut depuis lors au Parlement de Barcelone le soutien du PP. En revanche, s'agissant des deux autres alliés parlementaires du premier gouvernement Aznar, le soutien n'a pas été sans faille. En décembre 1999, le rejet d'amendements par Coalicion Canaria (4 députés) fait échouer au Congrès le projet de loi sur l'immigration autour duquel un consensus s'était fait en première lecture, mais que le PP avait unilatéralement modifié au Sénat. Cette péripétie n'a pas empêché CC de voter la loi de finances pour 2000, tout comme CIU. Le PNV, en revanche, a voté contre avec l'opposition de gauche, mettant un terme définitif à son soutien. À ce moment, quelques mois avant les élections générales, le gouvernement Aznar ne contrôle plus que 176 voix au Congrès des députés, soit exactement la majorité absolue. Cette dernière ayant été conquise aux élections de mars 2000, M. Aznar n'en a pas moins proposé un pacte à CIU et CC, qui ont dès lors voté son investiture comme président du gouvernement (par 202 voix contre 148).

308 LES TEMPÉRAMENTS AU GOUVERNEMENT DE PARTI ET LA DÉMOCRATIE CONSENSUELLE. — Avant 1982 et après 1993, le système de gouvernement de parti trouve naturellement ses limites dans les contraintes liées à l'absence de majorité absolue aux Cortès. Mais même durant la décennie d'hégémonie du PSOE, ce système a pu être infléchi par les implications de l'État des communautés. Il faut mentionner également le rôle modérateur du tribunal constitutionnel et celui, plus ponctuel, du référendum consultatif.

Envisagé comme une limite au système de gouvernement de parti, le référendum consultatif pose évidemment un problème particulier puisque la procédure ne peut en être déclenchée que sur l'initiative du gouvernement et avec l'autorisation du Congrès des députés, c'est-à-dire des deux courroies institutionnelles du gouvernement de parti. On peut tirer cependant de l'expérience du référendum du 12 mars 1986 l'enseignement que cette procédure permet à l'exécutif de s'affranchir dans une certaine mesure des contraintes imposées par l'opinion dominante au sein du parti majoritaire. Il est vrai qu'avant même l'accession au pouvoir du PSOE, ses dirigeants, et en particulier M. Gonzalez, s'étaient déclarés partisans d'un référendum sur l'adhésion de l'Espagne à l'OTAN, contre laquelle ils se prononçaient. La question est donc bien moins celle du recours même au référendum que celle du traitement par le gouvernement socialiste de ce problème sur lequel la position du PSOE avait été claire jusqu'à sa victoire électorale d'octobre 1982. Les signes d'infléchissement apparaissent dès ce moment. En novembre 1982, M. Moran, futur ministre des Affaires étrangères, déclare, en l'état contre toute évidence, que « l'attitude du PSOE n'est pas celle d'une opposition à l'OTAN ». En juin 1983, la tendance « gauche socialiste » du parti critique l'ambiguïté du gouvernement, et un dirigeant du PSOE affirme que, vraisemblablement, le parti fera campagne pour la sortie de l'OTAN tandis que le gouvernement restera neutre. Mais telle ne sera pas la position du gouvernement. En février 1984, M. Serra, ministre de la Défense, déclare qu' « il faut que les Espagnols prennent conscience des difficultés qu'il y a à sortir de l'OTAN » et, en juillet suivant, le vice-président du gouvernement, M. Guerra, estime qu' « il ne serait pas honnête de dire que l'OTAN limite la souveraineté espagnole et augmente le péril nucléaire ». En septembre suivant, le maintien dans l'OTAN est fortement contesté dans la plupart des congrès régionaux du PSOE, mais M. Gonzalez tient à affirmer que la décision appartient au gouvernement et non au Parti socialiste. Le 23 octobre 1984, devant les Cortès, le président du gouvernement présente une argumentation en dix points en faveur du maintien de l'Espagne dans l'OTAN et annonce un référendum pour le début de l'année 1986. Pendant que se déroulent de nouvelles manifestations de la gauche espagnole contre l'OTAN, le gouvernement négocie la réduction de la présence militaire américaine en Espagne. Le 27 décembre 1985, le Congrès des députés adopte une motion favorable au maintien de l'Espagne dans l'OTAN à la quasi-unanimité : 340 voix contre 5 (PCE et extrême gauche basque). La preuve est ainsi donnée que le gouvernement contrôle entièrement sa majorité parlementaire. Le référendum consultatif est autorisé par un vote du Congrès le 4 février 1986 et, après une grande manifestation contre l'OTAN tenue à Madrid le 23 février – anniversaire de la tentative de 1981 –, le référendum a lieu le 12 mars, avec une participation de 59,4 % des électeurs : le « oui » l'emporte avec 52,5 % des voix contre 40 %. Ce succès a été mis au crédit du chef du gouvernement et a manifesté l'autonomie de celui-ci à l'égard des appareils strictement partisans.

Le rôle du tribunal constitutionnel a été essentiel en tant qu'il permet un ajustement consensualiste de la législation adoptée par le parti majoritaire. Tel a été le cas pour la LOAPA, même si la portée de son annulation partielle est plus réduite qu'il n'y paraissait à première vue (v. n° 299). De même, le tribunal a prononcé, le 17 décembre 1987, l'inconstitutionnalité de quatre articles de la loi antiterroriste du 5 décembre 1984, en mettant l'accent sur la nécessité d'un contrôle judiciaire permanent de l'action policière et d'un traitement pénal non discriminatoire des actes liés au terrorisme. On peut encore citer l'arrêt du 11 avril 1985 par lequel la loi, adoptée en novembre 1983, de dépénalisation partielle de l'avortement, a été déclarée inconstitutionnelle, le tribunal constitutionnel exigeant du pouvoir législatif des garanties supplémentaires en vue d'assurer le respect de la vie. En fonction des indications données par le tribunal, une nouvelle loi a été adoptée le 28 mai 1985 et est entrée en vigueur le 2 août suivant.

Enfin, à l'instar de l'Allemagne, c'est dans le dédoublement des niveaux de décision que le système politique trouve sa forme spécifique d'équilibre. Jusqu'en 1993, l'absence, face au PSOE, d'une opposition structurée et à vocation majoritaire, a fait que le parti gouvernemental fut conduit à occuper simultanément les principaux niveaux politiques. Dans cette situation, il existait certes des tensions résultant de la critique interne que les tendances minoritaires développaient à l'encontre de la direction du parti. Mais la question essentielle restait celle des limites extérieures du système de gouvernement de parti. On a dit que, de 1983 à 1987, le PSOE avait détenu la majorité dans la plupart des communautés autonomes à l'exception des nationalités historiques. Cette convergence politique a facilité le fonctionnement du système des communautés et réduit les risques de conflit. Mais le parti majoritaire s'est également adapté aux exigences de ce système en laissant une plus grande autonomie aux instances locales. Celles-ci, bien loin d'être les courroies de transmission de la direction du PSOE, ont réussi à assumer un rôle politique propre face à la direction nationale qui exerçait l'autorité de l'État central. De 1987 à 1998, la participation gouvernementale au Pays basque du Parti socialiste basque, associé au PNV, traduit cette marge de liberté croissante des instances politiques communautaires. Et c'est à la même date (élections européennes, régionales et municipales) que commence le déclin du PSOE en tant que parti hégémonique. Il ne garde la majorité absolue que dans trois communautés, même s'il conserve la présidence dans six autres, grâce à des accords de coalition. Dès ce moment, le dédoublement des niveaux décisionnels, qui était déjà une réalité dans les nationalités historiques, tend à s'élargir à l'ensemble du royaume. La situation ne change pas substantiellement à la suite des élections régionales de 1991. En revanche, après celles de 1995, le PSOE ne garde la présidence que dans trois communautés, alors que le PP en obtient neuf (v. n° 303). Sans doute ce mouvement traduit-il une tendance globale vers l'alternance, mais celle-ci ne sera qu'imparfaitement réalisée après les élections législatives de 1996. Venant au pouvoir avec 20 sièges de moins que la majorité absolue au Congrès des députés, le PP ne peut gouverner, tout comme le PSOE durant la législature précédente, qu'avec le soutien extérieur des partis catalan, basque et canarien. Dans cette conjoncture, si le fonctionnement du système politique s'apparentait toujours techniquement à celui de gouvernement de parti – dans la mesure où c'était celui, homogène, du parti détenant la majorité relative –, le processus décisionnel relevait à ce moment, de plus en plus, de la logique de coalition.

Cette situation met en évidence le caractère consensuel du régime politique espagnol. Les pactes d'autonomie de 1982 et de 1992 conclus à l'initiative du parti au pouvoir dans la perspective de l'alternance le manifestent symptomatiquement, dans la mesure où la formule de l'État des autonomies est la note la plus originale mais aussi la plus problématique du système constitutionnel élaboré sous la démocratie restaurée. Mis à part quelques poussées de fièvre sécessionnistes en Pays basque et en Catalogne (en 1990, puis en 2003), cette formule semble avoir globalement produit les effets espérés. Les risques courus par la démocratie liés à la poursuite de la lutte par l'ETA au Pays basque sont l'objet de réactions hostiles de l'opinion publique à l'égard des actions terroristes. Le rôle modérateur du Tribunal constitutionnel et celui, fédérateur, de la royauté contribuent encore à cette dimension consensuelle de la démocratie espagnole.

Pour aller plus loin

309 Sur la Constitution et le système constitutionnel : R. Tamanes, *Introducción a la Constitución española*, Madrid, Allianza editorial, 4ᵉ éd., 1988 : commentaire par articles ; M. A. Aparicio, *Introducción al sistema político y constitucional español*, Barcelone, Ariel, 3ᵉ éd., 1988 ; E. Sanchez Goyanes, *El sistema constitucional español*, Paraninfo, 1981 ; M. Martinez Sospreda, *Approximación al derecho constitucional español*, Valence, F. Torres, 1980 ; C. Ollero, *Derecho y teoria politica en el proceso constituyente español*, Madrid, Centro de estudios politicos, 1986 ; v. également M. Aparicio (dir.), *Lineamenti di diritto costituzionale spagnuolo*, Turin, Giappichelli, 1992. En français, Miguel Herrero de Miñon, Les sources étrangères, *Pouvoirs*, n° 8 (1984), L'Espagne démocratique, p. 98-107. Étude de référence : D. G. Lavroff, *Le système politique espagnol*, Paris, PUF, coll. « Que sais-je ? », n° 2228 ; G. Couffignal, *Le régime politique de l'Espagne*, Paris, Montchrestien, 1993 ; F. Moderne et P. Bon, *L'Espagne aujourd'hui (1982-1992)*, Paris, La Documentation française, 1993 ; *L'Espagne en 1995, l'Espagne en 1996*, Institut d'études juridiques ibériques, Université de Pau et des pays de l'Adour, 1996 et 1997 ; D. G. Lavroff (dir.), *Dix ans de démocratie constitutionnelle*, Paris, Éditions du CNRS, 1991 ; P. Bon (dir.), *Études de droit constitutionnel franco-espagnol*, Paris, Economica (coll. « Droit public positif »), 1994.

Sur la monarchie : M. Fernandez Fontecha Torres et A. de la Serna, *La Monarquía y la Constitución*, Madrid, Civitas, 1987 ; *Revista de estudios politicos* (55), mars 1977 : numéro spécial : « La corona en la historia constitucional española (1810-1978) », v. notamment les articles de L. Sanchez Agestà, « Los perfiles historicos de la monarquia constitucional », et de J. J. Solozabel Echavarria, « Sanción y promulgación de la ley en la monarquía parlamentaria », ainsi qu'un article de C. Seco Serrano sur le roi et les forces armées ; Y. Rodriguez, Le monarque dans le nouveau régime politique espagnol, *RDP*, 98 (1), février 1982, p. 65-96 ; M. Herrero de Miñon, Le rôle constitutionnel de la couronne en Espagne, *in* D. G. Lavroff (dir.), *Dix ans de démocratie constitutionnelle*, Paris, Éditions du CNRS, 1991, p. 71-82 ; P. Cambot, Le monarque espagnol, garant des institutions démocratiques, *Revue internationale de politique comparée*, III, 2 (sept. 1996), p. 291-315.

Sur le régime parlementaire : Antonio Bar, *Les Cortès Generales : dix ans d'expérience parlementaire*, p. 83-101, *in* D. G. Lavroff (cit.) ; P. Bon, Le fonctionnement des pouvoirs publics, *in* Fr. Moderne et P. Bon, *L'Espagne aujourd'hui (1982-1992)*, Paris, La Documentation française, 1993 ; I. Molas et I. E. Pitarch, *Las Cortès Generales en el sistema parlamentario de gobierno*, Madrid, Tunos, 1987 ; F. Rubio Llorente, El procedimiento legislativo en España, *Rev. esp. de derecho constitucional*, 6 (16), avril 1986, p. 83-115 ; R. Chuesa Rodriguez, Teoria y practica del bicameralismo en la Constitución española, *ibid.*, 5 (10), avril 1984, p. 63-90 ; L. Lopez Guerra, Modelos de legitimación parlamentaria y legitimación democratica del gobierno, *Rev. esp. de derecho constitucional*, 8 (23), août 1988, p. 7-97 : sur la démocratie démédiatisée ; F. Fernandez Segado, La cuestión de confianza, *Rev. esp. de derecho constitucional*, 21, décembre 1987, p. 37-98 ; Revista de la Facultad de Derecho de la Universitad Complutense, *Estudios de derecho parlementario*, Universitad Complutense, Madrid, 1986 : recueil d'articles, spécialement sur les règlements des assemblées en Espagne, les commissions, en particulier d'enquête, et les organes de direction des chambres, la notion de contrôle parlementaire. V., p. 221 et s., une bibliographie commentée de droit parlementaire espagnol qui s'étend de 1977 à 1985.

Sur le Tribunal constitutionnel : v. l'ouvrage très clair de P. Bon, F. Moderne et Y. Rodriguez, *La justice constitutionnelle en Espagne*, Paris, Economica, 1984 ; Francisco Rubio Lorrente, Le Tribunal constitutionnel, p. 103-109, *in* D. G. Lavroff (dir.), cité, la deuxième livraison des *Cahiers du Conseil constitutionnel* pour 1997 rassemble une synthèse de Pierre Bon, Le Tribunal constitutionnel espagnol, p. 38-53, ainsi qu'un entretien avec le président du tribunal (M. Alvaro Rodriguez Bereijo), p. 54-61. V. également Pierre Cambot, *La protection constitutionnelle de la liberté individuelle en France et en Espagne*, Paris, Economica (coll. « Droit public positif »), 1998.

Sur les autonomies : F. Moderne et P. Bon, *Les autonomies régionales dans la Constitution espagnole,* Paris, Economica, 1981. Une remarquable synthèse du système de compétence dans l'État espagnol des communautés, par le président de la commission d'élaboration des pactes d'autonomie : E. Garcia de Enterria, Les autonomies régionales dans la Constitution espagnole, *Administration publique,* 1986 (3), p. 169-186 (avec les nombreuses références d'études (en espagnol) du même auteur). J. Ramón Lasuen, *El estado multi-regional : España decentrada,* Madrid, Allianza universitad, 1986 ; A. Embid Iruja, *Los parlamentos territoriales,* Madrid, Tecuas, 1987 ; E. Tierno Galvan et A. Rivera, *La España autonómica,* Barcelone, Bruguera, 1985 : un recueil des statuts d'autonomie avec un index thématique renvoyant aux articles. On peut citer un autre recueil : *Legislación sobre comunidados autónomas,* Madrid, Tecnos, 1984, 2 vol. ; J. Daniel, Contestations, nationalités, régionalisme et décentralisation en Espagne, *Pouvoirs,* n° 40, 1987, p. 135-155. Voir également : F. Moderne, L'état des autonomies dans l' « État des autonomies », p. 129-143, *in* D. G. Lavroff (dir.), *Dix ans de démocratie constitutionnelle,* Paris, Éditions du CNRS, 1991 ; C. Bidégaray (dir.), *L'État autonomique. Forme nouvelle ou transitoire en Europe ?* (Journées d'études des 3-4 avril 1992), Paris, Economica (coll. « Droit public positif »), 1994 : articles de C. Diaz-Carrera, « La dialectique centre-périphérie en Espagne : consocialisme ou séparatisme », p. 49-60, et P. Bon, « Espagne : l'État des autonomies », p. 113-133. Sur les rapports entre régionalisme politique et Union européenne, v. L. Burgogue-Larsen, *L'Espagne et la Communauté européenne,* Études européennes, Bruxelles, Éditions de l'Université de Bruxelles, 1995.

Sur le système politique : pour le régime électoral, on se reportera à : J. M. Valles, Sistema electoral y democracia representativa : nota sobre la ley organica del regimen electoral de 1985 y su función politica, *Revista de estudios politicos,* 53, octobre 1986.

Le système des partis : P. Letamendia, *Les partis politiques en Espagne,* Paris, PUF, coll. « Que sais-je ? », 1995 ; F. J. Bastida Freijedo, Derecho de participación a traves de representantes y función constitucional de los partidos politicos, *Revista española de derecho constitucional,* 21, décembre 1987 : commentaire de la notion de parti suivant la jurisprudence du Tribunal constitutionnel. M. Ramirez, El sistema de partidos en España 1977-1987, *Revista de estudios politicos,* n° 59, mars 1988. Du même auteur, *Sistema de partidos en España,* Centro de Estudios costitucionales, 1991 ; Jose María Sauca, Le régime juridique des partis politiques, p. 111-128, *in* D. G. Lavroff (dir.), *Dix ans de démocratie constitutionnelle,* Paris, Éditions du CNRS, 1991.

Sur la vie politique : v. les chroniques de Pierre Bon, in *Les pays d'Europe occidentale,* Paris, La Documentation française.

Index des noms[1]

Abe : 204.
Ableman : 75.
Adams : 83, 89.
Adenauer : 229, 240, 241, 242, 245, 249, 250, 251.
Agnew : 82.
Akihito : 199.
Albor : 303.
Alezga : 303.
Allen : 79.
Allende : 65 bis.
Alphonse XII : 286.
Alphonse XIII : 286-289.
Alezga : 303.
Amato : 262, 277.
Ambrosini : 269 bis.
Amédée de Savoie : 289.
Amery : 163.
Amphoux : 228, 229, 231, 232.
Anderson : 97.
Andreotti : 262, 275, 278 ter, 279, 280, 281-283.
Anne Stuart : 130, 134, 135, 141.
Anson : 141.
Arias Navarro : 287.
Aristote : 8.
Arnault : 181.
Aron : 12, 15, 23.
Asquith : 141, 145, 162.
Atkinson : 141.
Attlee : 153, 159, 160.
Aubert : 58, 59, 68, 114, 115, 116, 123, 124, 125.

Avril : 48, 168
Aznar : 303-307.

Babitt : 93.
Badoglio : 257.
Baechler : 13, 15-18.
Bagehot : 25, 56, 133, 140, 163.
Bagget-Bozzo : 275.
Bähr : 16.
Baird : 84.
Balbo : 258.
Baldwin : 148, 153, 164.
Balfour : 162.
Balinsky : 36.
Bangeman : 242.
Baranger : 69, 90, 168.
Bariéty : 11.
Barrionuevo : 303.
Barzel : 246, 249, 251.
Bassanini : 273 ter.
Bastid : 116.
Battle y Ordonez : 58.
Batut : 133.
Baudrez : 263, 269 bis.
Beaud : 30, 48.
Beaumetz : 62.
Beauté : 75.
Beaverbrook : 164.
Bebel : 241.
Beguelin : 127.
Béguin : 215.
Behr : 97.
Beloff : 166.

1. Le présent index renvoie aux numéros des paragraphes.

Index des noms

Benda : 254.
Bénéton : 4, 13, 32.
Benn : 151, 160, 164.
Berlinguer : 275, 276, 279.
Bernadotte : 170.
Bernanos : 1.
Berlusconi : 274 bis, 277 bis - 280.
Berlinotti : 276.
Besançon : 12.
Bethmann Hollweg : 208.
Bibes ; 257, 274, 275, 283, 274 bis, 282 bis.
Bildt : 183, 186.
Bismarck : 18, 22, 27, 208, 241.
Blackmun : 75, 104.
Blair : 183, 141 bis, 145, 160-165.
Blackstone : 133, 137.
Blum : 11.
Bohman : 182.
Bon (F.) : 36.
Bon (P.) : 296-301.
Bonaparte : 50, 108.
Bonar Law : 141.
Bork : 93, 104, 105.
Bossi : 273 bis, 277 bis - 280.
Bouissou : 204, 205.
Brandt : 241, 242, 245, 246, 249, 251.
Braud : 31, 48.
Bravo Murillo : 286.
Breyer : 93, 104.
Briquet : 278 ter.
Brittan : 151.
Brownlaw : 88.
Brunet : 48.
Brüning : 210.
Brunner : 114.
Brusewitz : 171.
Brzezinski : 88.
Bülow : 208.
Burdeau : 1, 3, 6, 7, 8, 12, 50, 53, 54, 55, 57, 131, 134.
Burger : 67, 104, 105, 106.
Burgogue-Larsen : 299.
Burke : 2, 5, 7, 16, 30, 44.
Burr : 83.
Bush (G.) : 82, 84, 89, 98, 102.
Bush (G. W.) : 76, 82-83 bis, 86, 103, 106 bis.
Butler (D.) : 156, 158, 160.
Butler (R. A.) : 156, 159.
Butt : 141.

Buttiglione : 275.
Byrd : 83.
Calamandrei : 258.
Callaghan : 145, 153, 154, 160, 161, 164.
Calvez : 107.
Calvo Sotelo : 303.
Canning : 156.
Cannon : 78.
Capitant : 46, 53, 54.
Carlisle : 164.
Carlos (don) : 285.
Carlsson : 181, 186.
Carrington : 153.
Carré de Malberg : 1, 31, 32, 33, 39, 42, 44, 53.
Carrillo : 303.
Carstens : 240, 247.
Carswell : 93, 104.
Carter : 76, 83, 86, 98, 100, 104, 106.
Cattaneo : 258.
Cavour : 258.
Cazalès : 62.
Ceccanti : 55 bis, 69, 260, 261, 265, 279, 283-284.
Celler : 83.
Chadha : 67, 106.
Chamberlain : 153-155.
Charles Ier : 61, 130.
Charles II : 6, 130, 147.
Charles XI : 169.
Charles XII : 169.
Charles XIII : 170.
Charles XV : 170.
Charles XVI Gustave : 170, 173.
Charles-Albert : 258.
Charlot : 26.
Chateaubriand : 63, 66.
Chaudet : 67, 125.
Cheli : 283.
Chevallier : 66.
Christine de Suède : 169.
Churchill : 141, 149, 151, 159.
Ciampi : 276, 279-283.
Clay : 83.
Clemenceau : 17, 66.
Clermont. Tonnerre : 56, 62.
Cleveland : 83, 89, 97, 98.
Clinton : 65 bis, 75 bis, 76, 84, 89-93, 98.
Cochin : 4.
Coller : 65 bis.

Colliard : 54, 55, 59, 69.
Combes : 55.
Condorcet : 58, 59.
Constant : 2, 8, 62 bis, 63.
Coolidge : 98, 103.
Coquille : 16.
Cossiga : 262, 179, 280.
Couchepin : 124, 126.
Cox : 106.
Crawford : 83.
Craxi : 262, 274 bis, 275, 277, 279, 280, 282-283.
Crispi : 258.
Croce : 258, 277, 283.
Cromwell : 6, 61, 130.
Curzon : 148.

D'Alema : 276, 277 bis, 283.
D'Atena : 273 bis.
Davis : 98.
Debs : 97.
De Gasperi : 257, 260, 262, 271, 274-275, 277, 279, 283.
De Gaulle : 22, 33, 66.
Dehler : 223.
Delley : 127.
De Lolme : 5, 135.
De Mita : 275, 279, 280, 282 bis, 283.
De Nicola : 277.
Denning : 166.
Denquin : 38, 158.
Depretis : 258.
Descartes : 1.
Desmottes : 64.
Detragiache : 276, 278 bis, 279.
De Smith : 133.
D'Hondt : 36, 37, 194, 260.
Diamanti : 278 bis.
Dicey : 133, 134, 135, 137, 139, 141.
Dini : 263-281.
Disraeli : 35, 141 bis, 151, 159, 163, 164.
Doi : 202.
Dole : 99, 103.
Domenichelli : 273 bis.
Dred Scott : 75.
Dreyfus : 124.
Duguit : 51.
Duportail : 64.
Dutheil de La Rochère : 138, 166.
Duverger : 25, 26, 27, 67.
Duvigneau : 269 bis.

Ebert : 210.
Eden (A.) : 171, 185.
Eden (N.) : 171, 185.
Édouard Ier : 129.
Édouard VII : 141 bis, 145.
Einaudi : 262, 277.
Eisenhower : 82, 84, 89, 98, 103, 105.
Elizabeth II : 141 bis.
Elizabeth Tudor : 129.
Elstin : 55 bis.
Erhard : 240, 241, 245, 249, 251.
Erlander : 181, 185, 186.
Escarras : 273.

Fabbrini : 283.
Fahlbeck : 110, 171.
Fäldinn : 184, 185, 187.
Fanfani : 275, 277, 279, 280.
Favoreu : 42, 213-214, 266, 267, 295.
Ferdinand VII : 285, 289.
Fini : 277 bis, 283.
Flauss : 138 bis.
Fleiner-Gerster : 125.
Foot : 141, 160.
Ford : 82, 83, 89, 98, 104.
Forlani : 277, 283.
Forman : 167.
Fortas : 93.
Foster : 84.
Fox : 131, 141.
Fraga Iribarne : 303.
Franco : 286, 289, 303.
Frankfurter : 70.
Fraser : 141.
Frédéric III : 208.
Friedrich : 40, 42, 60.
Fromont : 216, 224, 227, 230, 248, 250, 253, 254.
Fukase : 191, 197, 198, 201.
Fukuda : 201, 203, 204, 205.
Furet : 19
Fusaro : 260, 261.
Fusilier : 171.

Gaitskell : 27, 156.
Gallego : 303.
Galli : 274.
Gandhi : 13, 15.
Garaikoetxea : 303.
Garcia de Enterria : 297, 299, 301.
Garfield : 82, 85.

Geissler : 240.
Genscher : 242.
Gentiloni : 258.
George Ier : 130, 135.
George III : 61, 131, 132, 140.
George V : 141, 141 *bis,* 145.
Georgel : 277 *bis.*
Gerhardt : 242.
Gerry : 78, 105.
Gilmour : 164.
Gingrich : 78, 102-103.
Gioja : 257.
Giolitti : 258, 260, 277, 283.
Giraudoux : 11.
Gladstone : 35, 151.
Gneist : 16.
Goguel : 66.
Goldwater : 98, 100.
Gollnisch-Flourens : 196.
Gonzalez : 303.
Gorbatchev : 10.
Goria : 275, 280.
Gramsci : 258, 276.
Grant : 89.
Grenville : 131.
Grévy : 55.
Grewe-Leymarie : 48, 219, 221, 222.
Grey : 131, 164.
Gronchi : 262.
Grosser : 245, 249, 251, 254.
Guénaire : 48
Guerra : 303.
Guillarme : 19.
Guillaume Ier : 208.
Guillaume II : 208.
Guillaume III : 6, 61, 130.
Guillaume IV : 131, 132.
Guillaume : 241, 245, 249.
Guizot : 66.
Gustave III : 169, 170.
Gustave IV Adolphe : 169, 170.
Gustave V : 170, 171.
Gustave Adolphe : 170, 173.

Hague : 159.
Hamilton : 72, 74, 89, 91.
Hanimarskjöld : 171.
Hamon : 282 *bis.*
Hanovre (maison de) : 156.
Hansson : 181, 185.
Harding : 98, 103.

Harrison : 83.
Hartweg : 240.
Hashimoto : 204.
Hata : 201, 202 *bis,* 205.
Hatoyama : 199, 205.
Hayek : 14, 15.
Hayes : 83.
Haynsworth : 93, 104.
Heath : 141, 145, 159, 162, 164, 167.
Hegel : 18.
Heineman : 242, 246.
Henry III : 129.
Henry VII : 130.
Henry VIII : 129, 135.
Hermens : 37.
Hernandez Mancha : 303.
Herrero de Miñon : 290, 303.
Hezeltine : 159.
Herzog : 240, 254.
Heuschling : 16, 19.
Hewart of Bury : 166.
Higuchi : 191, 198, 201.
Hindenburg : 210.
Hirohito : 190, 199.
Hitler : 11, 210.
Holmes : 104.
Home : 148, 159.
Hoover : 98, 103, 105, 106.
Höpker-Aschoff : 254.
Horn : 169.
Hosawa : 202 *bis.*
Hosokawa : 202 *bis.*
Hottelier : 118 *bis.*
Howe : 164.
Hrbeck : 238.
Hugues : 104.
Humbert Ier : 258.
Humbert II : 257.
Hund : 164.

Iglesias : 303.
Ignazi : 276-277 *bis.*
Ikeda : 205.
Imman : 84.
Ingrao : 282 *bis,* 283.
Iotti : 262, 283.
Isabelle II : 285, 286, 289.
Ishibashi : 205.

Jackson : 83, 84, 85, 89, 97, 103.
Jacques Ier : 130.

Jacques II : 6, 130, 135.
Jay : 72.
Jean sans Terre : 129.
Jefferson : 44, 71, 74, 83, 84, 86, 97, 103.
Jellinek : 32, 33, 134, 192.
Jenkins : 161.
Jennings : 136, 155.
Jèze : 133.
Jimenez de Asua : 297.
Johnson (A.) : 65, 85, 89, 90, 97, 103.
Johnson (L.) : 76, 82, 86, 89, 93, 103, 104.
Jones : 89, 106.
Joseph : 159.
Jouvenel : 14.
Juan Carlos : 287, 289.

Kanamori : 192.
Kelsen : 1, 2, 3, 11, 12, 14, 15, 18, 23, 31, 32, 33, 34, 39, 42, 46, 213.
Kendall : 158.
Kennedy (A.) : 75 *bis*, 104.
Kennedy (E.) : 104.
Kennedy (J. F.) : 80, 81, 83, 84, 86, 89, 93, 103.
Kerr : 141.
Kiesinger : 238, 240, 245, 246, 249.
Kimmel : 207 *bis*, 254.
Kinkel : 242.
Kinnock : 160.
Kirscheimer : 26.
Kishi : 205.
Kishimoto Koichi : 201.
Kissinger : 88.
Knapp : 111.
Kogan : 160.
Kohl : 240, 242, 247, 250, 251, 252.
Komoto : 204.
Kopp : 125.

Laconi : 262.
La Fayette : 44.
La Follette : 97, 98.
Lafontaine : 241.
La Malfa : 277.
Lambsdorff : 236, 242, 247.
Lancastre : 135, 156.
Laquièze : 18.
Lassalle : 98, 99, 101, 241.
Lauffer : 255.
Lawson : 164.

Lazarus : 97.
Le Divellec : 53, 256.
Lee : 164.
Leijon : 64.
Le May : 141.
Leone : 262.
Leruez : 159, 162, 167.
Lessart : 64.
Letamendia : 303.
Lewinsky : 89, 103, 106.
Lewis Strauss : 84.
Liebknecht : 241.
Limbach : 254.
Lincoln : 8, 65, 84, 85, 97, 98, 103.
Lloyd George : 151, 164.
Locke : 2, 5, 43, 51, 52.
Loewenstein : 210, 255.
Louis IX : 13.
Louis XIV : 16, 30.
Lubke : 240.
Luis (don) : 285.

Mably : 51.
McArthur : 86, 190, 192, 197.
Maccanico : 263, 275, 283.
McCarthy : 80.
McCloskey : 95.
McDonald : 153, 164.
McGovern : 98, 100.
MacMillan : 148, 159, 164.
Machelon : 258 *bis*.
Madison : 7, 72, 74, 83, 91, 95.
Major : 141 *bis*, 159, 164-167.
Maki : 196.
Malafosse : 66.
Mancuso : 264.
Manent : 48.
Manzella : 262, 269 *bis*, 274 *bis*, 274 *ter*, 277, 280-283.
Marbury : 95.
Marcou : 218, 221, 221 *bis*.
Marie II Stuart : 61, 130.
Marshall : 70, 74, 75, 86, 95, 104.
Martinez de la Rosa : 286.
Martinotti : 275.
Marx : 2, 12, 210.
Mathiot : 47, 59, 101, 104, 105, 156.
Mattarella : 260.
Matteotti : 258.
Mauguin : 66.
May : 143.

Index des noms

Meese : 84.
Meiji : 191, 192, 196, 200.
Melbourne : 132, 141.
Meny : 26, 27.
Metternich : 18.
Michels : 33.
Miglio : 273 bis.
Miki : 204, 205.
Mill (John S.) : 35, 37.
Minghetti : 258.
Minobe : 191.
Mirabeau : 66.
Mirkine-Guetzévitch : 49.
Mishima : 192.
Mitterrand : 28.
Miyazawa : 201, 204.
Moderne : 298.
Mohl : 42.
Mondale : 100.
Monk : 130.
Montesquieu : 2, 5, 7, 15, 16, 17, 43, 51, 52.
Montmorin : 64.
Moran : 303.
Morel : 273, 282 bis, 283, 284.
Moro : 275, 277, 279, 280.
Mosley : 164.
Moulin : 65 bis.
Müller : 254.
Murayama : 204.
Mussolini : 11, 257, 258.

Naganuma : 198.
Nakasone : 199, 201, 204, 205.
Napoléon : 257.
Narvaez : 286.
Natta : 276.
Nell-Breuning : 241.
Nemo : 14.
Nitti : 260.
Nixon : 65, 65 bis, 75, 76, 82, 83, 84, 86, 89, 90, 93, 98, 103, 104, 105, 106.
Nobs : 123.
Nordmann : 61.
North : 61, 62, 65, 131, 141, 149, 152.
Norton : 167.

Occhetto : 276, 282 bis, 283.
O'Connor : 104.
O'Donnel : 286.
Ogi : 126.

Ohira : 201, 203, 204, 205.
O'Neil : 89.
Orban : 70.
Oreja : 303.
Oscar Ier : 170.
Oscar II : 170.
Ostrogorski : 22.
Otaka : 192.
Othon : 11.
Owen : 161.
Oyata : 205.

Palme : 64,181, 182, 185, 186.
Palmerston : 133, 151, 165.
Palombara : 23, 26.
Pannella : 282 bis.
Papen : 11, 210.
Parkinson : 164.
Pasquino (G.) : 276.
Pasquino (P.) : 56, 261, 274 ter, 275, 276, 277 bis, 278 bis, 279 bis, 280, 283, 284.
Peel : 132, 151, 156, 159.
Pegoraro : 274 ter, 284.
Pella : 262.
Pellizzari : 257.
Périer : 66.
Perot : 97, 98.
Persson : 176, 181.
Pertini : 260, 262, 275, 277, 283.
Philip : 66.
Pie XI : 241.
Pilsudski : 11.
Pimentel : 56, 69.
Pinckney : 83.
Pitt : 131, 140, 149, 151.
Plantagenêts : 135.
Portelli : 275, 278 bis, 284.
Portland : 131.
Prélot (M.) : 55.
Prélot (P.-H.) : 75 bis.
Preuss : 297.
Prévost-Paradol : 20.
Primo de Rivera : 286.
Priouret : 34.
Prodi : 261, 265, 273 ter, 275, 276.
Pujol : 303.

Quermonne : 28.

Rae : 25.
Rambaud : 254.

Ratazzi : 258.
Rau : 241, 243.
Raynaud : 2, 17
Reagan : 75 *bis,* 76, 82, 84, 86, 88, 93, 98, 103, 104.
Rehnquist : 74, 75 *bis,* 104, 105.
Revel : 16, 69.
Rials : 17, 33, 51, 56, 57, 62, 103.
Richard : 273 *bis.*
Rieg : 224, 227, 230, 251.
Robert : 197, 201.
Roberts : 104.
Robespierre : 4, 50.
Rockefeller : 82.
Rockingham : 131.
Rogoff : 75 *bis.*
Roesler : 191.
Roosevelt (F. D.) : 75 *bis,* 80, 82, 84, 85, 88, 89, 90, 93, 98, 103, 104, 105.
Roosevelt (Th.) : 97, 98, 103.
Rosenstone : 97.
Rotschild : 236.
Rousseau : 1, 2, 3, 12, 14, 29, 31, 32, 42, 51.
Ruini : 257, 259.
Ruiz Fabri : 48.
Russell : 145.
Ryosuka Ishii : 192.

Saint-Just : 4.
Saint-Simon : 169.
Salisbury : 148.
Samuel : 164.
Saragat : 262, 277, 283.
Sartori : 12, 26, 260, 274, 274 *ter,* 283.
Savoie (maison de) : 258.
Scalfaro : 259, 262-265, 277, 280, 282 *bis.*
Scalia : 75 *bis,* 104, 105, 106.
Scheel : 242.
Schleicher : 11, 210.
Schlesinger : 90.
Schmidt : 241, 242, 243, 245, 247, 249, 250, 251.
Schmitt : 11, 30.
Schönberger : 247 *bis,* 256.
Schröder : 241.
Schumacher : 241.
Schwartzenberg : 68.
Scoffoni : 105, 106.
Segni : 262.
Segni (pacte) : 275-277.

Seigalat : 206.
Seiler : 127.
Selmer : 64.
Serra : 303.
Sevilla Andres : 297.
Shelburne : 131.
Sherman : 103.
Shidehara : 191.
Shimizu : 194.
Short : 141.
Siegfried : 164.
Sieyès : 30.
Simon de Montfort : 129.
Skidmore : 73, 76.
Smith (A.) : 98.
Smith (H.) : 81.
Smith (J.) : 160, 162.
Snowden : 164.
Soames : 164.
Soell : 248, 249.
Spadolini : 262, 275, 277, 283.
Staaf : 171.
Staline : 12.
Stanton : 65.
Starr : 106.
Steel : 161.
Stich : 114, 124, 125.
Stone : 74.
Strauss : 240, 242, 243, 249.
Stuart (A.) : 158.
Stuarts : 135, 140, 156.
Sturzo : 257, 258, 270, 274.
Suarez : 287, 303.
Suzuki : 204.

Tacite : 5.
Taft : 97, 98, 103.
Taine : 44.
Takado Doï : 202.
Takeshita : 199, 201, 204.
Tanaka : 204.
Taney : 74.
Thatcher : 141, 145, 151, 153, 156, 157, 159, 164, 167.
Thiers : 66.
Thomas : 75 *bis,* 97, 104.
Thorneycraft : 164.
Thorpe : 162.
Tilden : 83.
Tocqueville : 16, 18, 135.
Togliatti : 257, 276.

Toinet : 75, 81, 90.
Tomabechi : 196.
Tosato : 259.
Tower : 84, 102.
Trevelyan : 155.
Tripp : 76.
Troianiello : 48, 262, 284.
Troper : 51, 69.
Truman : 84, 86, 89, 103.
Tsuyoshi : 196.
Tudors : 61, 129, 135.
Tunc : 70, 75, 105.

Uchtenhagen : 114.
Uleri : 282 *bis*.
Ullsten : 184.
Ulrique Eleonore : 169.

Vauchez : 278 *ter*.
Vedel : 12, 13.
Veltroni : 276.
Velu : 37.
Verney : 188.
Victor-Emmanuel III : 257, 258.
Victoria : 140.
Vitrolles : 66.
Vogel : 241.

Wachtmeister : 183.
Waigel : 231.
Walker : 164.
Wallace (G.) : 97, 98.

Wallace (H.) : 97.
Walpole : 61, 131.
Warren : 75, 104, 105.
Washington : 65, 72, 74, 82, 83, 84, 86, 89.
Watsuji : 192.
Weber : 1, 123.
Weibel : 109.
Weiner : 26.
Weizsäcker : 240.
Westerberg : 182.
Whitelaw : 164.
Whitlam : 141.
Wilson (G.) : 134, 141.
Wilson (H.) : 141, 145, 151, 156, 160, 164.
Wilson (W.) : 11, 34, 56, 78, 79, 82, 84, 85, 86, 89, 97, 98, 103.
Wright : 103.

Yamahana : 202.
Yeo : 159.
York : 135.
Yoshida : 196, 199, 205.

Zagnebelsky : 282 *bis*.
Zanardelli : 262.
Zeidler : 250.
Ziller : 47.
Zoller : 52, 75-76, 83 *bis*, 105, 106, 106 *bis*, 107.
Zinoviev : 12.

Index des matières[1]

Alliance (Grande-Bretagne) : 161-162.
Alliance nationale (Italie) : 277 bis, 283.
Alliance populaire (AP) (Espagne) : 27, 287, 290, 302-304.
Alternance : 28, 123, 165.
Amendements : v. Procédure législative.
Amendement (dix premiers, États-Unis) : 7, 44-45, 72, 73, 75, 95, 104-105.
Amparo : 296.
Assemblée (régime dit d') : 55.
Assemblées : v. Chambres.

Bicamérisme 5, 38 (v. Chambre haute).
Bill of Rights : 2, 6, 44-45, 129-130, 134, 137-138.
Bipartisme : 97, 99, 156-158, 163-165, 174.
Bundestreue : v. Fédéralisme coopératif.

Cabinet : 84, 147-151, 163.
Caucus : 22 (v. Élections primaires).
Centralisation : 75-76, 221.
Chambre basse : 78, 113, 141-144, 171-173, 193-194, 224-225, 160.
Chambre haute : 79, 113, 145, 171, 190, 193-194, 253, 260.
Chancelier (Allemagne) : 208-209, 227-229, 231-234, 245-247, 249-251.
Chancelier (démocratie du) : 249-251.

Chancelier de la Confédération : 114, 124.
Chancelier du duché de Lancastre : 148.
Chancelier de l'Échiquier : 148, 159.
Chancelier (Lord) : 51, 145-146, 148.
Coalition : 123, 125, 163-164, 182, 185-187, 203-204, 228-229, 245-248, 252-253, 279-280, 283, 308.
Commissions d'enquête : 80, 261, 282.
Commissions parlementaires : 80, 143, 225.
Communisme : 11-12, 23.
Confédération : 71, 108-109.
Conflit de compétence : 74-75, 94, 109-111, 214, 218, 267, 273, 296, 299, 301.
Congressionnel (régime) : 1 56, 72, 71.
Conseil fédéral : v. Gouvernement.
Conseil des ministres : v. Gouvernement, Cabinet.
Conseil privé : 147.
Consensus : 58, 114, 124, 151.
Constitution (élaboration) : 72, 108, 171, 190, 192, 207, 257, 287.
Constitution (révision) : 70-72, 108-109, 111, 135, 173, 190, 192, 199, 207, 257, 292.
Constitutionnalisme : 41-42.
Contrat social : 2.

---

1. Le présent index renvoie aux numéros des paragraphes.

Contreseing : 61, 62, 262 ; 265, 290 (v. Responsabilité).
Contrôle de constitutionnalité : 42, 95-96, 104-106, 111, 198, 213-216, 267, 296, 299, 301, 307.
Contrôle diffus : 95-96, 173, 214-215, 267.
Conventionnel (régime dit) : 50, 55.
Conventions de la Constitution : 130, 133, 141.
Convergence et Union (parti catalan) (Espagne) : 304.
Couronne (Angleterre) : 6, 140-141 *bis*.
Couronne (Espagne) : 285-286, 289-290.
Crise gouvernementale : 153, 157, 164-165, 182, 184, 187, 205, 231-232, 246-248, 250, 252, 280-282.

Déclaration des droits de l'homme : 1, 44-45.
Déclaration d'indépendance américaine : 1, 7, 44-45, 71.
Décrets-lois : 263, 293.
Démocratie antique : 1, 8.
Démocratie chrétienne (DC) (Italie) : 27, 274-275, 278-280, 283.
Démocratie immédiate : 35.
Démocratie libérale : 9, 12-13.
Démocratie médiatisée : 34.
Démocratie semi-directe : 29, 39-40, 108, 117-121, 127.
Détournement de procédure : 246, 248.
Devolution : 136, 161.
D'Hondt (système) : 36, 37, 172, 224, 260, 291.
Directoire : 50, 52, 58, 108, 112.
Directorial (régime) : 58-59, 112-116, 123-125.
Dissolution (des assemblées) : 154, 165, 175-176, 195-196, 205, 226, 229, 233, 246-248, 250, 255, 265, 279-282, 294, 303, 306.
Droit de vote : 20.
Droits fondamentaux : 44-45, 215-216.

Égalité : 1, 2, 9.
Électeurs (grands) : 72, 82-82.
Élections *(mid-term)* : 78, 100, 102-103.
Élections parlementaires : 20-21, 36-38, 75, 78-79, 100, 113, 142, 194, 260, 291.
Élections partielles : 161.

Élections présidentielles : 72, 82-83, 100-101.
Élections primaires : 83, 100.
État de droit : 1, 11-12, 16-18, 41-47, 212-216.
État communautaire : 270, 282.
État intégral : 270, 297.
État de partis : 23.

Fascisme : 258.
Fédéralisme : 49, 72-76, 79, 103, 109-111, 113, 208, 217-222, 252-253.
Fédéralisme coopératif : 76, 222.
Fédéralisme dualiste : 74.
Fine Gaël (Irlande) : 27.

Gouvernement : 84, 114-116, 123-125, 148, 174-177, 195, 203-205, 227-230, 263-264, 278-281.
Gouvernement de parti : 163-165, 203, 306.

Habeas corpus : 2, 44, 130, 137-138.
Hagenbach-Bischoff (système d') : 37.
Hiérarchie des normes : 139, 173, 292 (v. Constitutionnalisme).

Idéologie : 1, 4, 11-12, 21-23.
Impeachment : 61-62, 65, 90.
Imperiali (système d') : 37, 260.
Interpellation : 66, 116, 176, 231, 264, 294.
Inviolabilité : 64.

Juridiction constitutionnelle : 42, 95-96, 104-106, 198, 213-214, 254-255, 266-267, 295-296.

Kokutai : 191-192.
Komeito (Japon) : 26, 202.

Law Lords : 146.
Leggine : 261, 281.
Législation déléguée : 85, 103, 106, 139, 145, 150.
Législative (fonction) : 87, 155.
Légitimité (principe de) : 1, 10-14.
Les grandes démocraties contemporaines
Libéralisme : 5-8, 12-13, 26.
Licentiering : 169 (v. *Impeachment*).
Ligue du Nord : 273 *bis*, 277 *bis*, 280, 283.

Index des matières

Manipolative (sentences) : 267.
Mid-term : v. Élections.
Ministres : v. Gouvernement.
Mitigation : v. Séparation des pouvoirs.
Modèle britannique : 5.
Modes de scrutin : 36, 78-79, 113, 122-123, 142, 158, 162, 172, 180, 194, 201, 224, 238, 244, 260, 280, 283.
Monarchie :
— absolue : 16, 17 ;
— constitutionnelle (ou représentative) : 6, 17-18, 30, 62, 64, 131, 160 ;
— « gothique » : 17 ;
— limitée : 18, 169, 191-192, 208, 258, 285-286 ;
— mixte : 129, 135 ;
— parlementaire : 288.
Motion de censure : 153, 231, 246-247, 264, 280.
Motions : 116, 264.
Multipartisme : 179, 200, 274, 302.
Navette : v. Procédure législative.
Nazisme : 11, 15, 209-210.
Nécessité législative (état de) : 234.
Obstruction : 79, 261.
Oligarchie : 4.
Ombudsman : 143, 177, 296.
Opposition : 46-47, 202.
Ordres ou états : 1, 16, 169-170.
Parlement : 34 ; Congrès : 77-81, 89-90, 102-103 ; Assemblée fédérale : 113-115, 116, 125 ; Parlement britannique : 129-131, 135-136, 142-145, 152-155, 167 ; Riksdag : 172-173 ; Diète : 193-194 ; Bundestag : 224-225, 231-234, 246-247, 250 ; Parlement italien : 260-261, 264-265, 281 ; Cortès : 291, 292, 294.
Parlementaire (régime) : 53-55, 171, 193-195, 223.
Parlementarisme dualiste : 53-55, 57, 191, 209, 258-259, 262, 265.
Parlementarisme moniste : 53-55, 132, 141, 163-164, 174-176, 190, 193-196, 223.
Parlementarisme rationalisé : 143, 174-176, 223, 228, 231-234, 246-248, 261, 264, 281, 294.
Partis : 22-28, 126.

Partis (financement des) : 24, 101, 236.
Partis (interdiction des) : 24, 47, 214, 236, 305.
Partis (statut des) : 24, 100-101, 178, 236, 278, 305.
Partis (systèmes de) : 25, 97-99, 102, 122, 156-158, 179-180, 200-202, 237-239, 274-277, 302-304.
Partis agrariens : 26 (v. Partis du centre).
Parti du centre (Suisse) : 27, 122-123, 125-126.
Parti du centre (Suède) : 27, 171, 182, 184-186, 188.
Parti chrétien-social (Suisse) : 27, 122-123, 125-126.
Parti communiste (PCE) (Espagne) : 27, 287, 302, 304.
Parti communiste (PCI) (Italie) : 27, 274, 274 *bis,* 276, 279-281, 283.
Parti communiste (Japon) : 202.
Parti communiste (Suède) : 181, 186.
Parti du Congrès (Inde) : 23, 27.
Parti conservateur (Grande-Bretagne) : 27, 156-159, 162.
Parti démocrate (États-Unis) : 27, 97-100, 102.
Parti démocrate-chrétien (CDU/CSU) (RFA) : 27, 237, 239-240, 244, 252-253.
Partis laïques et nouveaux (Italie) : 27, 274, 274 *bis,* 277, 277 *bis,* 279, 280, 282.
Parti libéral (FDP) (RFA) : 27, 237-239, 242, 244, 252, 253.
Parti libéral (Grande-Bretagne) : 156-158, 161-162.
Parti libéral (Suède) : 171, 182, 184-186, 188.
Parti libéral-démocrate (PLD) (Japon) : 201, 203-205.
Parti libéral-démocrate (Grande-Bretagne) : 161.
Parti des modérés (conservateur) (Suède) : 171, 182, 184-188.
Parti nationaliste basque (PNV) (Espagne) : 304.
Plaid Cymru (parti gallois) (Grande-Bretagne) : 161.
Parti populaire (Espagne) : 303-308.
Parti radical (Suisse) : 122-123, 125-126.
Parti républicain (États-Unis) : 97-100, 102.

Parti social-démocrate (SPD) (RFA) : 237, 239, 241, 243, 252, 253.
Parti social-démocrate (Suède) : 171, 181, 184-188.
Parti socialiste (PSOE) (Espagne) : 287, 299, 302-303, 306-307.
Parti socialiste (PSI) (Italie) : 274, 274 *bis,* 277, 279-280, 283.
Parti socialiste (Japon) : 202, 204-205.
Parti socialiste (Suisse) : 122-123, 125-127.
Parti travailliste (Grande-Bretagne) : 156-158, 160, 162.
Particratie (ou partitocratie) : 274 *bis,* 278, 281, 282 *bis.*
Postulat : 116.
Pouvoir judiciaire : 43, 91-94, 104-106, 137-138, 146.
Premier ministre : 131-132, 141, 148-149, 151, 163-165, 175.
Président des États-Unis : 56, 72, 82-90, 93, 100, 102-103, 106.
Président fédéral (RFA) : 226, 228, 233-234, 255.
Président de la République (Italie) : 259, 262, 263, 265, 283.
Président du Conseil (Italie) : 262-263, 283.
Président du gouvernement (Espagne) : 290, 293, 306.
Présidentialisme : 55 *bis,* 57, 57 *bis,* 283.
Présidentiel (régime) : 56-57, 77-90.
Primauté du législatif : 56, 58-59, 77, 173, 193, 195, 292.
Principe représentatif : 30-35.
Procédure législative : 81, 124, 144, 173, 225, 261, 281, 292.

Question de confiance : 64-67, 115-116, 125, 153, 232-234, 246-248, 264.
Question time : 155, 264.

Recours constitutionnel : 214-215, 296.
Référendum : 39-40, 136.
Référendum abrogatif : 120, 269, 269 *ter,* 282, 282 *bis,* 283.
Référendum consultatif : 172, 292, 307.
Référendum d'initiative : 118, 121, 127, 268, 292.
Régionalisation politique : 49, 270-273 *ter,* 297-301.

Renonciation à la guerre : 190, 197-199.
Représentatif (régime) : 6, 39, 129-130.
Représentation (théorie de la) : 30.
Responsabilité administrative : 62, 64.
Responsabilité gouvernementale : 60-68, 115-116, 125, 152-153, 176-177, 193, 195, 264.
Révolution française : 3-4, 17, 41, 43-45, 62, 112.
Révolution de 1688 : 6, 130-131, 135.
Rules Committee : 80-81.

Sainte-Laguë (système de) : 36, 172, 180.
Scottish Nationalist Party : 161.
Scruttinio palese : 281.
Semi-présidentiel : v. Parlementarisme dualiste et Présidentialisme.
Séparation des pouvoirs : 43, 49-52, 72, 89-90, 102, 106.
Shadow cabinet : 46, 160.
Social Liberal Democratic Party (Grande-Bretagne) : 161.
Solidarité (ministérielle) : 61, 114, 124, 136, 151, 175-176, 229, 264.
Sottogoverno : 278.
Souveraineté (conception de la) : 1-4.
Souveraineté nationale : 3.
Souveraineté du Parlement : 135-139.
Souveraineté du peuple : 3, 8.
Spoils system : 85.
Suffrage indirect : 38.
Suffrage restreint : 8, 20.
Systèmes constitutionnels : 49-52 (v. Régimes directorial, parlementaire, présidentiel).

Tennô : 190-192, 196, 199.
Ticket : v. Élection présidentielle.
Totalitaire (État) : 4, 12, 23.
Tripartisme : 239.

Union du Centre démocratique (UCD) (Espagne) : 287, 299, 302-303, 306.

Vérification des pouvoirs : 21.
Verts (RFA) : 241, 243, 252.
Verts (Suède) : 183.
Veto : 51, 62, 87, 89, 102-103.
Veto législatif : 106.
Vote féminin : 20.

Table des matières

Avant-propos 9

PREMIÈRE PARTIE INTRODUCTIVE

DÉMOCRATIE ET ÉTAT DE DROIT

Chapitre 1 / Les principes 15

1. Un principe moderne et universel, 15.

Section I - La démocratie, principe de liberté : l'ambivalence de l'héritage classique 18

I I La liberté par la souveraineté démocratique 18

2. Le contrat social, 18. — 3. Théories révolutionnaires de la souveraineté, 21. — 4. Le peuple selon la Révolution, 23.

II I La liberté par le gouvernement modéré 26

5. Le modèle anglais selon Montesquieu, 26. — 6. Le gouvernement représentatif : l'Angleterre du XVIIIe siècle, 30. — 7. La Constitution américaine, 31. — 8. La démocratie classique : le primat du libéralisme, 32. — 9. Une conception restrictive de l'égalité, 34.

Section II - La démocratie, principe de légitimité : les équivoques modernes 35

I I Un principe unique et réducteur 35

10. Le poids de l'histoire, 35. — 11. Un monopole réducteur et manichéen, 36. — 12. Deux types de démocratie ?, 39. — 13. Le critère minimal, 44. — 14. Une conception positiviste relativiste : Kelsen, 46. — 15. Critique du positivisme fidéiste, 49.

II | L'État de droit 52

16. Repères historiques, 52. — 17. Nécessité d'une rupture, 54. — 18. Continuité juridique et uniformisation du droit, 56. — 19. Pour aller plus loin, 60.

Chapitre 2 / Les fondements institutionnels 63

Section I - La concurrence démocratique 63

I | La démocratie élective 63

20. L'extension du suffrage, 63. — 21. Les règles de la concurrence, 68.

II | Le pluralisme politique.......................... 71

22. Naissance des partis modernes, 71. — 23. L'État démocratique, État de partis, 73. — 24. Statut des partis, 75. — 25. Les systèmes de partis, 76. — 26. Typologie des partis, 80. — 27. Classification par familles politiques, 83. — 28. L'alternance, 88.

Section II - Les expressions du principe démocratique 90

29. Les définitions classiques, 91.

I | Le principe représentatif 93

30. Théories de la représentation, 93. — 31. Critique démocratique de la représentation, 95. — 32. Nécessité et nature juridique de la fiction, 97. — 33. Représentation et démocratie moderne, 100. — 34. La démocratie médiatisée ou « parlementarisme », 101. — 35. La démocratie immédiate, 105.

II | Techniques de la représentation : les systèmes électoraux 108

36. Les modes de scrutin, 108. — 36 *bis*. Les effets des modes de scrutin, 115. — 36 *ter*. Mise en œuvre, 120. — 37. L'évolution des pratiques, 126. — 38. Le suffrage indirect, 130.

III | Les procédures de démocratie directe............. 130

39. Référendum et régime représentatif, 130. — 40. Les techniques de référendum, 135.

Section III - Le constitutionnalisme et l'État de droit 139

I | La primauté de la Constitution..................... 140

41. La notion moderne de constitution, 140. — 42. Le contrôle de constitutionnalité des lois, 143.

II | Les garanties de l'État de droit 149

43. L'indépendance de la fonction juridictionnelle, 149. — 44. Le respect des droits fondamentaux, 152. — 45. Contenu des droits déclarés, 157. — 46. Rôle et statut de l'opposition, 160. — 47. Protection de l'ordre démocratique, 163. — 48. Pour aller plus loin, 168.

Chapitre 3 / Les systèmes constitutionnels 175

Section I - La classification des systèmes 175

49. Critères de classification, 175. — 50. La doctrine classique et les classifications modernes, 178. — 51. Les acceptions du principe de séparation des pouvoirs, 182. — 52. Classification des formes originaires, 185.

Section II - Inventaire des systèmes 189

I | Le régime parlementaire 189

53. Théories du régime parlementaire, 189. — 54. Critère du régime parlementaire, 191. — 55. Diversité des modèles, 193. — 55 bis. La concurrence des modèles, 197.

II | Le régime présidentiel 200

56. Critères du régime présidentiel, 200. — 57. Régime présidentiel et présidentialisme latino-américain, 206. — 57 bis. Présidentialisme et régime parlementaire, 207.

III | Le régime directorial 210

58. Critères du régime directorial, 210. — 59. Principe d'adéquation, 215.

Section III - Fondements de la classification 219

I | Le principe de la responsabilité 219

60. La notion de responsabilité, 219. — 61. Émergence de la responsabilité politique au XVIIIe siècle, 220. — 61 bis. La question de la sanction de la responsabilité, 222. — 62. La responsabilité dans les textes, 226. — 62 bis. Responsabilité pénale et responsabilité politique, 231.

II | Évolution du principe de responsabilité 234

63. Un principe général évolutif, 234. — 64. Évolution vers le parlementarisme, 235. — 65. L'évolution enrayée, 239. — 65 bis. Une tendance récurrente, 243.

III | Responsabilité et principe majoritaire 244

66. La responsabilité comme arme de gouvernement, 244. — 67. Non-usage de la question de confiance, 248. — 68. Les traductions du principe de majorité, 249. — 69. Pour aller plus loin, 253.

DEUXIÈME PARTIE

**LES DÉMOCRATIES DE COMPROMIS :
LES ÉTATS-UNIS, LA SUISSE**

Chapitre 1 / Les États-Unis 259

Introduction historique 259

70. La continuité constitutionnelle, 259. — 71. Les articles de Confédération, 262. — 72. L'élaboration de la Constitution, 263.

Section I - Les données constitutionnelles 266

I I Le fédéralisme 266

A - Les principes............................... 267

73. L'autonomie constitutionnelle des États, 267. — 74. Les normes constitutionnelles de répartition des compétences, 270.

B - Tendances et résistances à la centralisation 272

75. Le rôle de la Cour suprême, 272. — 75 bis. Les résistances nouvelles à la centralisation, 279. — 76. Le fédéralisme coopératif, 287.

II I Le régime présidentiel 291

A - Le Congrès 292

77. L'organe essentiel de l'Union, 292. — 78. La Chambre des représentants, 292. — 79. Le Sénat, 296. — 80. Les commissions du Congrès, 299. — 81. Aspects de la procédure législative, 302.

B - La présidence 305

82. Le mandat présidentiel, 305. — 83. La mutation du système d'élection présidentielle, 308. — 83 bis. Le système à l'épreuve, 314. — 84. Les pouvoirs présidentiels. Le président et le cabinet, 316. — 85. Les pouvoirs du président, chef de l'administration, 320. — 86. Les pouvoirs en matière militaire et diplomatique, 323. — 87. L'exercice du pouvoir législatif, 327. — 88. Les structures de la présidence, 328.

C - Les rapports entre les deux pouvoirs 328

89. Les moyens d'action du président sur le Congrès, 329. — 90. Les moyens d'action du Congrès sur l'exécutif, 334.

III I Le pouvoir judiciaire 339

91. Un pouvoir à part entière, 339.

A - Organisation et compétences 340

92. Le système judiciaire fédéral, 340. — 93. La Cour suprême. Sa composition, 342. — 94. Compétence et fonctionnement, 343.

B - Le contrôle de constitutionnalité................ 345

95. Origine et évolution, 345. — 96. Limites et effets, 347.

Section II - Les institutions dans le cadre politique 349

I I Le système des partis........................... 349

A - L'évolution du système 349

97. L'établissement du bipartisme, 349. — 98. L'évolution politique, 352.

B - Structure et fonction......................... 357

99. Souplesse du système des partis, 357. — 100. Fonction électorale des partis, 360. — 101. La question du financement, 364.

II | Le système de gouvernement 367

   A - Le régime présidentiel n'est pas un gouvernement de parti. 367

     102. La participation des partis à la fonction gouvernementale, 367. — 103. La prépondérance relative de l'exécutif, 371.

   B - Le rôle décisif du pouvoir judiciaire. 377

     104. Le judiciaire, pouvoir politique, 377. — 105. La portée du gouvernement des juges, 380. — 106. Le judiciaire, arbitre et censeur des autres pouvoirs, 386. — 106 bis. « Aider le peuple à se gouverner », 391. — 107. Pour aller plus loin, 393.

Chapitre 2 / La Suisse 399

     108. Repères historiques, 399. — 108 bis. La réforme totale de la Constitution, 402.

  Section I - Les données constitutionnelles 403

   I | Le fédéralisme 403

     109. Le système fédéral, 403. — 109 bis. Les compétences fédérales, 404. — 110. Les institutions cantonales, 407. — 111. Le tribunal fédéral, 409.

   II | Le régime directorial. 411

     112. L'héritage apparent du Directoire, 411.

   A - L'organisation constitutionnelle des pouvoirs 412

     113. L'Assemblée fédérale, 412. — 114. Le Conseil fédéral, 413.

   B - Les rapports entre l'Assemblée et le Conseil fédéral 418

     115. Un exécutif subordonné ?, 418. — 116. Les procédures, 419.

   III | La démocratie semi-directe. 421

   A - Les procédures. 421

     117. Référendum constitutionnel et référendum législatif, 421. — 118. L'initiative, 422. — 119. Les procédures à l'échelon cantonal, 424.

   B - Usage des procédures référendaires 424

     120. Le référendum législatif facultatif, 425. — 121. L'initiative populaire, 425.

  Section II - Les institutions dans le cadre politique 426

   I | L'influence de la structure politique. 427

     122. Le système des partis, 427. — 123. De l'hégémonie radicale à la « formule magique », 428. — 124. Répartition et coordination des tâches, 430. — 125. La responsabilité du Conseil fédéral devant l'Assemblée, 433.

1054 Les grandes démocraties contemporaines

II I Les limites de l'influence de la structure politique.... 435

126. L'indépendance des hommes à l'égard des partis, 435. — 127. Le rôle des procédures de démocratie semi-directe, 436. — 128. Pour aller plus loin, 439.

TROISIÈME PARTIE

LES DÉMOCRATIES DE COMPÉTITION : LES RÉGIMES PARLEMENTAIRES

Chapitre 1 / La Grande-Bretagne 443

Introduction historique 443

129. Les origines du régime représentatif, 443. — 130. La crise du XVIIe siècle, 451. — 131. De la révolution au *Reform Act,* 455. — 132. Conséquence du *Reform Act,* 459.

Section I - Les données constitutionnelles 460

I I Les sources du droit constitutionnel 460

133. Droit et conventions de la Constitution, 460. — 134. Critique de la distinction, 464. — 135. La souveraineté du Parlement, 466. — 136. Souveraineté du Parlement et référendum, 468. — 137. La *rule of law,* 471. — 138. Droit international et nouveau *Bill of Rights,* 473. — 138 bis. Le *Human Rights Act,* 476. — 139. Le système normatif, 478.

II I La forme de l'État 481

139 bis. La relance du processus de dévolution, 482. — 139 ter. Les institutions issues des lois de dévolution de 1998, 484. — 140. La répartition des compétences, 487. — 140 bis. Le contrôle de la répartition des compétences, 490. — 140 ter. Les conséquences de la dévolution sur le système normatif, 492

III I Les institutions fondamentales 493

A - Le Parlement................................... 494

140 quater. La Couronne, 494. — 141. Prérogative royale et conventions de la Constitution, 496. — 141 bis. La Couronne, la reine et la famille royale, 500. — 142. La Chambre des Communes. Son mode d'élection, 502. — 143. Organisation de la Chambre des Communes, 506. — 144. La procédure législative aux Communes, 510. — 145. La Chambre des Lords, 511. — 146. La Chambre des Lords comme juridiction, 519.

B - Le cabinet...................................... 520

147. L'origine : le conseil privé, 521. — 148. Cabinet et ministère, 522. — 149. Le premier ministre, 524. — 150. Les attributions du cabinet, 527. — 151. Le fonctionnement du cabinet, 528.

C - Les mécanismes du régime parlementaire 529

152. Modalités, 529. — 153. La responsabilité gouvernementale, 530. — 154. Le droit de dissolution, 532. — 155. Fonction législative et contrôle gouvernemental, 533.

Section II - Les institutions dans le cadre politique 535

I I Le système des partis............................ 536

A - L'évolution du système 536

156. Les fondements du *two party system*, 536. — 157. Les altérations du *two party system*, 538. — 158. Bipartisme et système électoral, 540.

B - L'état des partis 542

159. Le parti conservateur, 542. — 160. Le parti travailliste, 546. — 161. Les tiers partis, 552. — 162. La question du mode de scrutin, 554.

II I Le système de gouvernement 557

A - Le gouvernement de parti...................... 557

163. Le gouvernement de cabinet, gouvernement de parti, 557. — 164. Le gouvernement homogène majoritaire, 559. — 165. Dissolution et alternance, 562.

B - Les tempéraments du gouvernement de parti 565

166. Le problème de la limitation du pouvoir, 565. — 167. La revalorisation du rôle du Parlement, 567. — 168. Pour aller plus loin, 572.

Chapitre 2 / La Suède 577

169. Une vieille tradition constitutionnelle, 577.

Section I - Les données constitutionnelles 581

I I Les fondements du régime...................... 581

170. La Constitution de 1809, 581. — 171. La formation du régime parlementaire et la question de la révision, 584.

II I La Constitution de 1974....................... 588

A - Une démocratie représentative................. 588

172. Le Riksdag, représentant du peuple, 588. — 173. La primauté du Riksdag et la hiérarchie des normes, 590.

B - Un parlementarisme moniste et rationalisé....... 592

174. La formation du gouvernement, 593. — 175. Un premier ministre fort, 594. — 176. La responsabilité gouvernementale, 595. — 177. Autres formes de contrôle, 597.

Section II - Les institutions dans le cadre politique 598
 178. Le rôle dominant des partis, 598.
 § I Le système des partis............................ 599
  A - Un système très stable 599
   179. Le multipartisme, 599. — 180. Le rôle du système électoral, 600.
  B - La bipolarisation 601
   181. Les partis de gauche, 601. — 182. Les partis bourgeois, 605. — 183. L'émergence de nouveaux partis, 609.
 § II Le système de gouvernement 612
  A - Les formules gouvernementales................ 612
   184. Les gouvernements spécifiquement majoritaires, 613. — 185. Les gouvernements majoritaires, 613. — 186. Les gouvernements quasi majoritaires, 614.
  B - La stabilité politique 619
   187. La stabilité gouvernementale, 619. — 188. La stabilité du système politique, 620. — 189. Pour aller plus loin, 621.

Chapitre 3 / Le Japon 623

Introduction historique 623
 190. L'élaboration de la Constitution de 1946, 623. — 191. Les antécédents constitutionnels, 625. — 192. Continuité et discontinuité constitutionnelle, 626.

Section I - Les données constitutionnelles 629
 § I Le parlementarisme 629
  193. La Diète bicamérale, 630. — 194. Élection des membres de la Diète, 631. — 195. Le gouvernement, 633.
 § II Les aspects spécifiques 634
  196. Le statut constitutionnel du Tennô, 634. — 197. La renonciation à la guerre, 638. — 198. Le contrôle de constitutionnalité, 640. — 199. Le révisionnisme constitutionnel, 644. — 199 *bis*. Les lois de réforme politique, 647.

Section II - Les institutions dans le cadre politique 648
 § I Le système de partis............................ 648
  200. Le multipartisme japonais, 648. — 201. Le parti dominant, 649. — 202. Les partis d'opposition jusqu'en 1993, 653. — 202 *bis*. Le réalignement partisan depuis 1993, 655.

II | Le système de gouvernement 657
    203. Un gouvernement de parti *sui generis,* 657. — 204. La formule de gouvernement, 658. — 205. Crise du parti et crise de gouvernement, 662. — 206. Pour aller plus loin, 667.

Chapitre 4 / La République fédérale d'Allemagne 671

Introduction historique 671
    207. Un régime nouveau et provisoire, 671. — 207 *bis.* Un régime établi et définitif, 672. — 208. L'héritage réduit de la monarchie limitée, 675. — 209. L'héritage ambigu de la Constitution de 1919, 677. — 210. Les traumatismes de l'échec de Weimar, 678.

Section I - Les données constitutionnelles 681
    211. Principes fondamentaux, 681.

    I | L'État de droit...................................... 683
        212. Conception, 683.

        A - Le contrôle de constitutionnalité................ 684
            213. Organisation du Tribunal constitutionnel fédéral, 684. — 214. Compétences, 685.

        B - Les droits fondamentaux......................... 687
            215. La protection des droits fondamentaux, 687. — 216. La jurisprudence sur les droits fondamentaux, 688.

    II | Le fédéralisme 690
        217. Un fédéralisme restauré, 690.

        A - Le système fédéral 691
            218. La répartition des compétences, 691. — 219. Le Bundesrat, 695. — 220. Les institutions des Länder, 697.

        B - L'évolution du fédéralisme 698
            221. La tendance à la centralisation, 698. — 222. Le fédéralisme coopératif, 699. — 222 *bis.* Le réveil des Länder, 701.

    III | Le parlementarisme rationalisé 705
        223. Le choix du régime parlementaire, 705.

        A - L'organisation constitutionnelle des pouvoirs ... 707
            224. Le Bundestag. Son mode d'élection, 707. — 225. Organisation du Bundestag, 708. — 226. Le président fédéral, 709. — 227. Le gouvernement fédéral : structure, 710. — 228. Élection du chancelier fédéral, 712. — 229. Formation du gouvernement, 714. — 230. Attributions du gouvernement, 715.

B - Les rapports entre les pouvoirs.................. 717
231. La motion de censure constructive, 717. — 232. La question de confiance, 720. — 233. Le droit de dissolution, 721. — 234. L'état de nécessité législative, 723.

Section II - Les institutions dans le cadre politique........... 725
235. Le rôle dominant des partis, 725. — 236. Le statut des partis, 726.

I I Le système des partis................................ 729

A - L'évolution du système........................ 729
237. La reconstitution, 729. — 238. La question du mode de scrutin, 729. — 239. Le tripartisme, 731.

B - La bipolarisation intermittente...................... 732
240. Le pôle démocrate-chrétien, 732. — 241. Le pôle social-démocrate, 733. — 242. Le rôle du parti libéral, 736. — 243. Les Verts, 738. — 243 bis. Le système des partis après la réunification, 739. — 244. L'utilisation du mode de scrutin, 740.

II I Le système de gouvernement...................... 741

A - Coalition et parlementarisme rationalisé......... 741
245. Coalition et élection du chancelier, 741. — 246. Motion de censure et question de confiance : la crise de 1972, 743. — 247. La crise de 1982-1983, 745. — 247 bis. La question de confiance de novembre 2001, 747. — 248. Rôle des procédures rationalisées, 749.

B - La démocratie du chancelier 752
249. Formation et évolution, 752. — 250. Le rôle de la crise de 1982, 754. — 251. Un système fragile mais souple, 757.

C - Les tempéraments du système : fédéralisme et juge constitutionnel 760
252. Les élections dans les Länder, 760. — 253. Le rôle du Bundesrat, 761. — 254. Le tribunal constitutionnel, face à la majorité et à l'opinion, 763. — 255. Le tribunal, régulateur des autres organes, 769. — 256. Pour aller plus loin, 774.

Chapitre 5 / L'Italie... 777

Introduction historique.................................... 777
257. L'élaboration de la Constitution de 1947, 777. — 258. Les antécédents : Épigones des Lumières, 780. — 258 bis. Le parlementarisme de type britannique, 783. — 258 ter. L'unitarisme et le gouvernement constitutionnel sous la maison de Savoie, 785.

Table des matières

Section I - Les données constitutionnelles 790

I I La tradition du régime parlementaire 790

259. La conception du parlementarisme, 790.

A - L'organisation constitutionnelle des pouvoirs 792

260. Le Parlement : composition et élections, 792. — 261. L'organisation du Parlement et la procédure législative, 799. — 262. Le président de la République, 804. — 263. Le gouvernement, 811.

B - Les rapports entre les pouvoirs.................. 818

264. Le contrôle parlementaire et la responsabilité gouvernementale, 818. — 265. Le droit de dissolution : une conception technique, 821.

II I Les garanties nouvelles 827

A - La Cour constitutionnelle 827

266. Principe et organisation, 827. — 267. Compétences, 829.

B - La démocratie semi-directe.................... 834

268. L'initiative populaire, 834. — 269. Le référendum abrogatif : les règles, 835. — 269 bis. Le référendum abrogatif : l'effectuation en droit, 837. — 269 ter. Le devenir exemplaire d'une stratégie référendaire, 843.

C - L'État régional................................ 845

270. Définition, 845. — 270 bis. La crise du régionalisme et la revendication fédéraliste, 846. — 270 ter. Des propositions de réforme de la Commission bicamérale à l'adoption des lois constitutionnelles de 1999 et 2001, 849. — 271. Régions à statut ordinaire et à statut spécial, 850. — 272. Les organes régionaux, 853. — 273. La répartition des compétences entre les régions et l'État jusqu'à la révision du titre V, 855. — 273 bis. La répartition des compétences entre l'État et les régions depuis la révision du titre V, 858. — 273 ter. L'avenir du régionalisme italien, 861.

Section II - Les institutions dans le cadre politique 862

I I Le système des partis............................ 862

274. Bipartisme imparfait ou multipartisme polarisé ?, 862. — 274 bis. L'implosion, 863. — 274 ter. La marche vers le duopole : une bipolarisation incomplète et confuse, 867. — 275. La démocratie chrétienne, 872. — 276. Le parti communiste, 877. — 277. Les partis laïques, 886. — 277 bis. Les nouveaux partis, 893. — 277 ter. Les partis réversibles, 904.

II I Le système de gouvernement 907

278. La dérive de partitocratie et le « sottogoverno », 907. — 278 bis. Après la rupture. Le réinvestissement du système par la partitocratie, 909. — 278 ter. Les démêlés judiciaires, 912. —

279. Les formules de coalition, 915. — 280. Instabilité et crises gouvernementales, 923. — 281. Le rôle du Parlement, 930. — 282. L'application du référendum, 933. — 282 bis. L'usage du référendum, destructeur de la partitocratie, 938. — 282 ter. Le reflux des référendums, 943. — 283. La réforme institutionnelle, 946. — 284. Pour aller plus loin, 953.

Chapitre 6 / L'Espagne 957

Introduction historique 957

285. Les antécédents de la Constitution de 1978, 957. — 286. Cycles constitutionnels, 959. — 287. La transition et l'élaboration de la Constitution, 964.

Section I - Les données constitutionnelles 965

I I La monarchie parlementaire 966

288. Définition, 966. — 289. Le statut de la Couronne : la continuité constitutionnelle, 967. — 290. Les compétences du roi, 970. — 291. Les Cortès Generales, 971. — 292. La primauté des Cortès et la hiérarchie des normes, 975. — 293. Le gouvernement, 979. — 294. Le parlementarisme moniste rationalisé, 981.

II I Le tribunal constitutionnel 985

295. Organisation du tribunal, 985. — 296. Compétences, 986.

III I L'État des autonomies 990

297. Définition, 990. — 298. Processus d'accès et statuts d'autonomie, 992. — 299. Les pactes d'autonomie, 996. — 300. Les organes des communautés autonomes, 1000. — 301. La répartition des compétences, 1001.

Section II - Les institutions dans le cadre politique 1009

I I Le système des partis 1009

302. Le multipartisme originel, 1010. — 303. Les partis à vocation majoritaire, 1010. — 304. Les autres partis, 1017. — 304 bis. Le cas des partis basques, 1019. — 305. Fonctionnement du système de partis, 1023.

II I Le système de gouvernement 1024

306. Le statut des partis, 1024. — 307. Un gouvernement de parti majoritaire, 1025. — 308. Les tempéraments au gouvernement de parti et la démocratie consensuelle, 1030. — 309. Pour aller plus loin, 1033.

Index des noms 1037

Index des matières 1045

Imprimé en France
MD Impressions
73, avenue Ronsard, 41100 Vendôme
Mai 2008 — N° 54 554